RTULIANO DE CARTAGO · ORÍGENES · ATANÁSIO DE ALEXA

· TIMÓTEO DE BAGDÁ · ANSELMO DE CANTUÁRIA · TOMÁS

AISE PASCAL · JONATHAN EDWARDS · WILLIAM PALEY · J

KEGAARD · JAMES ORR · B. B. WARFIELD · J. GRESHAM MA

FFER · EDWARD JOHN CARNELL · A. E. TAYLOR · G. K. CHE

IE NEWBIGIN · JOHN WARWICK   HARLES

ALISTER E. MCGRATH · TIMOT   O MÁR

O · ORÍGENES · ATANÁSIO DE ALEXANDRIA · AGOSTINHO

NSELMO DE CANTUÁRIA · TOMÁS DE AQUINO · RAIMUND

N EDWARDS · WILLIAM PALEY · JOSEPH BUTLER · SIMON

WARFIELD · J. GRESHAM MACHEN · CORNELIUS VAN TIL

· A. E. TAYLOR · G. K. CHESTERTON · DOROTHY L. SAYERS

CK MONTGOMERY · CHARLES TAYLOR · ALVIN PLANTINGA

HY KELLER · JUSTINO MÁRTIR · IRINEU DE LYON · ATENÁ

EXANDRIA · AGOSTINHO DE HIPONA · JOÃO DAMASCENO

Este volume conta com acadêmicos competentes para escrever sobre apologetas notáveis ao longo da história do engajamento intelectual da igreja com o mundo não cristão. Os apologetas não precisariam defender a fé em um vazio histórico, uma vez que deveríamos estar sobre os ombros de gigantes. Essa é a mais completa história que eu conheço a respeito, e recompensará o estudo cuidadoso para a defesa da fé dada de uma vez por todas para todos os santos.

DOUGLAS GROOTHUIS, professor de filosofia no Denver Seminary, autor de *Christian apologetics: a comprehensive case for biblical faith*

Este livro contém pesquisas ricamente desenvolvidas a respeito dos argumentos apologéticos e abordagens de um amplo conjunto dos maiores e mais influentes defensores da fé cristã ao longo dos séculos. Penso que o livro pode ser lido facilmente, é bastante informativo – como são as melhores obras apologéticas! Aprendi muito com a leitura desta obra, mesmo a respeito de autores cujos escritos eu já conhecia. Recomendo fortemente a todo cristão, e especialmente a clérigos e acadêmicos, para quem a tarefa da apologética cristã é um chamado urgente.

MATTHEW LEVERING, titular da cátedra James N. and Mary D. Perry Jr. de Teologia no Mundelein Seminary

Este é o mais valioso guia para a história da apologética cristã ao longo dos séculos. Autores especialistas fornecem resumos de fácil leitura que serão úteis tanto para os que estão sendo introduzidos ao assunto quanto para quem deseja examinar a ampla gama de opções.

GEORGE MARSDEN, autor de *A breve vida de Jonathan Edwards* e *C. S. Lewis's mere christianity: a biography*

A história da apologética deve estar na estante de todo estudante sério que se dedica à apologética. Com uma lista impressionante de personagens, ela fornece uma análise abrangente e detalhada de diversas abordagens para a defesa da fé cristã, desde a patrística até o período moderno. De particular valor é a diversidade de leituras representadas pelos apologetas incluídos, com verbetes notáveis entre figuras mais modernas, incluindo John Henry Newman, G. K. Chesterton, Dorothy L. Sayers e C. S. Lewis. Isso fornece um conteúdo substancial para enfoques na defesa da fé que se dedicam aos assuntos culturais e que se inspiram na imaginação e nas artes como metodologia. O resultado é um volume que apresenta uma genuína riqueza histórica e ecumênica da apologética como disciplina, e servirá como base valiosa para o trabalho apologético.

HOLLY ORDWAY, professora de fé e cultura no Word on Fire Institute, autora de *Apologetics and the Christian imagination*

A HISTÓRIA DA
APOLOGÉTICA

BENJAMIN K. FORREST
JOSHUA D. CHATRAW
ALISTER E. MCGRATH

A HISTÓRIA DA
APOLOGÉTICA

*Uma introdução biográfica
e metodológica*

THOMAS NELSON
BRASIL®

Rio de Janeiro, 2022

Título original: *The history of apologetics*
Copyright © 2020 by Benjamin K. Forrest, Joshua D. Chatraw, Alister McGrath
Edição original por Zondervan. Todos os direitos reservados.
Copyright de tradução © Vida Melhor Editora LTDA., 2022.
Todos os direitos desta publicação são reservados por Vida Melhor Editora LTDA.

Os pontos de vista desta obra são de total responsabilidade de seus autores e editores, não refletindo necessariamente a posição da Thomas Nelson Brasil, da HarperCollins Christian Publishing ou de sua equipe editorial.

PUBLISHER	Samuel Coto
EDITOR	Guilherme H. Lorenzetti
TRADUÇÃO	Daniel Kroker e Leandro Bachega
PREPARAÇÃO	Jean Carlos Xavier
REVISÃO	Guilherme Cordeiro
CAPA	Anderson Junqueira
DIAGRAMAÇÃO	Caio Cardoso

As citações bíblicas são da Nova Versão Internacional (NVI), a menos que seja especificada outra versão da Bíblia Sagrada.

Dados Internacionais de Catalogação na Publicação (CIP)

H578
1.ed.
  A História da apologética : uma introdução biográfica e metodológica / organizadores Benjamim K. Forrest, Joshua D. Chatraw, Alister E. McGrath. ; tradução Leandro Bachega, Daniel Kroker. – 1.ed. – Rio de Janeiro : Thomas Nelson Brasil, 2022.
  992 p.; 15,5 x 23 cm.

  Título original : History of Apologetics: a biographical and methodological introduction.
  Bibliografia.
  ISBN : 978-65-56893-80-8

  1. Apologética – História. 2. Apologistas – Pioneiros – Biografia. 2. Cristianismo – História. 3. Teologia. I. Forrest, Benjamin K. II. Chatraw, Joshua D. III. McGrath, Alister E. IV. Bachega, Leandro. V. Kroker, Daniel.

01-2022/31   CDD 239

Bibliotecária responsável: Aline Graziele Benitez CRB-1/3129

Thomas Nelson Brasil é uma marca licenciada à Vida Melhor Editora LTDA.
Todos os direitos reservados à Vida Melhor Editora LTDA.
Rua da Quitanda, 86, sala 218 - Centro
Rio de Janeiro – RJ – CEP 20091-005
Tel.: (21) 3175-1030
www.thomasnelson.com.br

Para Graham e Hudson: vocês receberam os nomes de homens que proclamaram fielmente a glória, a graça e a misericórdia de Deus. Sua mãe e eu oramos para que vocês façam o mesmo ao longo de suas vidas e por intermédio delas.

BKF

Para Mark Allen, um professor competente, um líder sábio, um amigo fiel.

JDC

Em memória de Michael Green, um evangelista inspirador, apologeta e amigo.

AEM

Sumário

Agradecimentos 13
Lista de colaboradores 15
Introdução 25

PRIMEIRA PARTE
APOLOGETAS DA PATRÍSTICA 29

Justino Mártir: revelação profética como a verdadeira filosofia 33
   Gerald Bray

Irineu de Lyon: polemista antignóstico 53
   Stephen O. Presley

Atenágoras de Atenas: filosofia grega como árbitra das crenças cristãs 73
   W. Brian Shelton

Tertuliano de Cartago: apologética africana entra na briga 95
   Bryan M. Litfin

Orígenes: um inovador na sofisticação apologética 115
   A. Chadwick Thornhill

Atanásio de Alexandria: o *Logos* como razão para crer 135
   Jonathan Morgan

Agostinho de Hipona: apologeta da fé e da razão em busca de
entendimento 157
   Chad Meister

SEGUNDA PARTE
APOLOGETAS MEDIEVAIS 183

João Damasceno: preparando os cristãos para a era vindoura do islã 187
Daniel J. Janosik

Teodoro Abucara: defendendo as doutrinas cristãs durante o crescimento do islã 205
Byard Bennett

Timóteo de Bagdá: um modelo de diálogo pacífico 229
Edward L. Smither e Trevor Castor

Anselmo de Cantuária: apologética e a *Ratio Fidei* 243
Edward N. Martin e Steven B. Cowan

Tomás de Aquino: defendendo razão e fé 267
Francis J. Beckwith e Shawn Floyd

Raimundo Lúlio: apologética como a arte das artes 291
Greg Peters

Gregório Palamas: defendendo a autoridade e o valor evidente da experiência religiosa na ortodoxia oriental 309
Byard Bennett

TERCEIRA PARTE
APOLOGETAS DO PERÍODO MODERNO 335

Hugo Grotius: razão, evidência e unidade como os meios da apologética ... 339
Bryan Baise

Blaise Pascal: apostando na veracidade do cristianismo 359
Tyler Dalton McNabb e Michael R. DeVito

Jonathan Edwards: dogmática como apologética 381
Michael J. McClymond

William Paley: apologética do desígnio e para a cultura 405
Charles Taliaferro

Joseph Butler: defendendo a probabilidade do cristianismo contra o deísmo 419
David McNaughton

QUARTA PARTE
APOLOGETAS DO SÉCULO XIX 439

Simon Greenleaf: uma defesa incansável 443
Craig A. Parton

John Henry Newman: apologética para os que têm mente lúcida
e coração santo 463
Cornelius C. Simut

Søren Kierkegaard: apologética do cristianismo para a cristandade 487
Sean A. Turchin e Christian Kettering

James Orr: defensor da cosmovisão cristã 511
Ronnie P. Campbell Jr.

B. B. Warfield: o leão de Princeton 531
Kim Riddlebarger

QUINTA PARTE
APOLOGETAS NORTE-AMERICANOS DO SÉCULO XX 551

J. Gresham Machen: salvado o cristianismo dos cristãos 555
D. G. Hart

Cornelius Van Til: apologeta pressuposicionalista 573
K. Scott Oliphint

Gordon Haddon Clark: a lógica e as Escrituras em uma apologética
pressuposicional 591
Robert A. Weathers

Francis A. Schaeffer: apologeta cultural 609
William Edgar

Edward John Carnell: em busca de uma base comum para a apologética 623
Steven A. Hein

SEXTA PARTE
APOLOGETAS EUROPEUS DO SÉCULO XX 647

A. E. Taylor: uma defesa da relação entre a moral e a religião 651
Michael O. Obanla e David Baggett

G. K. Chesterton: apologeta da imaginação literária 673
  Ralph C. Wood
Dorothy L. Sayers: buscando a verdade com histórias e padrões 703
  Amy Orr-Ewing
C. S. Lewis: a apologética imaginativa de um convertido relutante 729
  Alister E. McGrath
Dietrich Bonhoeffer: em defesa do testemunho cristão............................ 747
  Matthew D. Kirkpatrick
Lesslie Newbigin: apologeta missionário... 769
  Krish Kandiah

SÉTIMA PARTE
APOLOGETAS CONTEMPORÂNEOS 795

John Warwick Montgomery: apologeta luterano evangélico, evidencialista
e confessional... 799
  Craig A. Parton
Charles Taylor: apologética em uma era secular... 817
  Bruce Riley Ashford e Matthew N. G.
Alvin Plantinga: filosofia cristã como apologética...................................... 845
  James Belby
Richard Swinburne: pioneiro da apologética analítica............................... 865
  Greg Welty
William Lane Craig: filósofo como apologeta... 889
  R. Keith Loftin
Gary R. Habermas: um ministério de fatos mínimos para discípulos
e céticos 911
  W. David Beck e Benjamin C. F. Shaw
Alister E. McGrath: cientista e teólogo como apologeta............................ 931
  James K. Dew Jr. e Jordan L. Steffaniak
Timothy Keller: o pastor como apologeta.. 953
  Joshua D. Chatraw

Índice remissivo 977

Agradecimentos

Ben, Josh e Alister gostariam primeiramente de agradecer a James K. Dew Jr., William Edgar e Chad Meister pela assistência inicial para este livro. Eles rapidamente viram o potencial e concordaram em emprestar sua expertise e uma ajuda colegiada.

Em segundo lugar, gostaríamos de agradecer ao time Zondervan. É maravilhoso trabalhar com eles, pois encorajam a cada um de nós com sua parceria. Ryan Pazdur, Josh Kessler, Jesse Hillman, Sarah Gombis e Stan Gundry – obrigado! Uma pessoa merece particular elogio e apreço: Kim Tanner, cuja atenção aos detalhes e cujo conhecimento enciclopédico de técnicas de formatação e notas de rodapé são inigualáveis.

Além desses, há incontáveis outros por trás das cortinas que ajudaram de diversas maneiras – alguns deles são Jack Carson, Jordyn Ginn e Joshua Erb.

Também queremos agradecer aos nossos autores contribuintes, sem os quais este livro nunca teria sido possível! Seus anos de estudo e de dedicação à pesquisa deram vida a este texto, e nós esperamos que o projeto final honre o trabalho deles. Obrigado a cada um de vocês por responder ao nosso convite e à consulta iniciais. Foi um prazer trabalhar com vocês.

Ben: quero agradecer à minha esposa, Lerisa, por sua ajuda em meio a outro projeto editorial. Ela é uma excelente esposa, e o coração de seu marido acredita nela! Na reta final deste projeto, ela assumiu mais do que lhe cabia, e fez isso com graça. Também quero agradecer a Reagan, Hudson e Graham por seu amor incondicional. É uma alegria ser o papai de vocês, e espero que o legado deste livro traga frutos para a vossa vida e o vosso ministério, da mesma maneira que vocês fielmente proclamam os mistérios do evangelho (Efésios 6:19).

Josh: as pessoas que conhecem a família Chatraw não demoram a perceber que minha esposa, Tracy, é o pilar de nossa casa. Eu escrevo livros. Ela nos mantém no caminho correto. Eu não posso imaginar minha vida sem você. Serei eternamente grato e sempre te amarei. Agradeço aos meus filhos, Addison e Hudson. A alegria e curiosidade de vocês me inspira! Por fim, sou grato pelos muitos amigos que me encorajaram a continuar escrevendo e me dizendo quando minhas ideias não eram tão boas e quando (ocasionalmente) eles achavam que eu estava no caminho certo. Dedico este livro a Mark Allen, porque ele tem sido esse tipo de amigo, compartilhando a jornada comigo, alegrando-se quando me alegro e chorando quando choro.

Alister: com gratidão ao testemunho e ao ministério dos grandes apologetas do passado e do presente, que inspiraram este volume e seus autores.

Por último, queremos agradecer ao nosso Senhor e Salvador, que nos chamou e nos preparou para darmos uma razão da alegria que temos em Cristo. Somos abençoados e honrados por esse chamado de fazê-lo conhecido entre as nações.

Lista de Colaboradores

BRUCE RILEY ASHFORD (PhD, Southeastern Baptist Theological Seminary) é reitor e professor de Teologia & Cultura no Southeastern Baptist Theological Seminary. É o autor ou coautor de *Letters to an American Christian* (B&H, 2018), *One nation under God: a Christian hope for American politics* (B&H, 2015), e *Every square inch: an introduction to cultural engagement for Christians* (Lexham, 2015). Membro sênior em teologia pública no Kirby Laing Institute for Christian Ethics (Cambridge, UK), participante de colóquios no Institute on Religion & Public Life (New York, NY), e pesquisador sênior na Ethics and Religious Liberty Commission (Nashville, TN).

DAVID BAGGETT (PhD, Wayne State University) é professor de filosofia e apologética na Houston Baptist University. É autor ou editor de diversos livros, entre eles *Good God: the theistic foundations of morality* (Oxford, 2011) e *The morals of the story: good news about a good God* (IVP Academic, 2018), escrito em parceria com sua esposa.

BRYAN BAISE (PhD, Southern Baptist Theological Seminary) é professor assistente de filosofia e apologética no Boyce College.

W. DAVID BECK (PhD, Boston University) é professor de filosofia na Liberty University. Seus interesses de pesquisa incluem filosofia da religião; além disso, ele publicou numerosos artigos, em especial sobre a existência de Deus e o argumento cosmológico.

FRANCIS J. BECKWITH (PhD, Fordham University) é professor de filosofia e estudos sobre igreja-estado na Baylor University. Entre os diversos livros escritos por ele estão *Never doubt Thomas: the catholic Aquinas as evangelical and protestant* (Baylor University Press, 2019) e *Taking rites seriously: law, politics, & the reasonableness of faith* (Cambridge University Press, 2015), vencedor do American Academy of Religion's 2016 Book Award para excelência em estudos de religião na categoria estudos construtivo-reflexivos.

JAMES BEILBY (PhD, Marquette University) é professor de estudos bíblicos e teológicos na Bethel University. Em sua pesquisa, ele tem explorado a intersecção entre teologia, filosofia e apologética.

BYARD BENNETT (PhD, University of Toronto) é professor emérito de teologia filosófica e histórica no Grand Rapids Theological Seminary/ Cornerstone University. Suas publicações têm dado enfoque sobre textos filosóficos cristãos gregos dos períodos da patrística, bizantino e pós-bizantino.

GERALD BRAY (Doutor em Letras, University of Paris-Sorbonne) é professor pesquisador de teologia na Beeson Divinity School and Director of Research for the Latimer Trust, Londres. Ele editou Gálatas, Efésios, o primeiro volume do *Reformation commentary on Scripture* (IVP). Sua teologia sistemática, *God is love*, foi lançada pela Crossway (2012), e sua teologia histórica, *God has spoken*, foi publicada em 2014.

RONNIE P. CAMPBELL JR. (PhD, Liberty University) é professor associado de teologia na Liberty University. Entre suas publicações estão *Natural theology: five views* (Baker Academic, forthcoming) e *Worldviews and the problem of evil* (Lexham, 2019).

TREVOR CASTOR (PhD, Australian College of Theology) é professor de estudos islâmicos e interculturais na Columbia International University. Antes de lecionar na CIU, ele foi missionário no sul da Ásia, trabalhando com populações islâmicas.

JOSHUA D. CHATRAW (PhD, Southeastern Baptist Theological Seminary) serve como teólogo residente na Holy Trinity Anglican Church e como diretor executivo no Center for Public Christianity, Raleigh, na Carolina do Norte. Entre suas recentes publicações estão *Apologetics at the cross* (com Mark Allen, Zondervan, 2018), *Cultural engagement* (com Karen Swallow Prior, Zondervan, 2019), e *Telling a better story* (Zondervan, 2020).

STEVEN B. COWAN (PhD, University of Arkansas) é professor de filosofia e religião na Lincoln Memorial University. É autor e editor de diversos livros, incluindo *Five views on apologetics* (Zondervan, 2000), *The love of wisdom: a Christian introduction to philosophy* (com James Spiegel, B&H, 2009), e *Idealism and Christian philosophy* (com James Spiegel, Bloomsbury, 2016).

MICHAEL R. DEVITO (MA, Houston Baptist University; MSc, University of Edinburgh) é doutorando em filosofia e teologia no Reino Unido. Entre seus interesses de pesquisa estão a filosofia da religião, epistemologia e apologética. Antes de sua carreira acadêmica, DeVito passou nove temporadas na NFL com o New York Jets e o Kansas City Chiefs.

JAMES K. DEW JR. (PhD, Southeastern Baptist Theological Seminary; PhD, University of Birmingham) é presidente do New Orleans Baptist Theological Seminary. Entre suas publicações estão *Natural theology: five views* (Baker Academic, no prelo), *Introduction to philosophy* (Baker Academic, 2019), *God and the problem of evil: five views* (IVP, 2017), *God and evil* (IVP, 2013).

WILLIAM EDGAR (ThD, University of Geneva) é professor de apologética no Westminster Theological Seminary. Ele abraçou a fé em Cristo por meio do ministério de Francis Schaeffer enquanto esteve no L'Abri, na Suíça. É também professor associado na Faculté Jean Calvin.

SHAWN FLOYD (PhD, St. Louis University) é professor de filosofia na Malone University em Canton, Ohio. Seu trabalho tem sido publicado em diversos periódicos sobre ética e filosofia. Seus interesses de pesquisa e ensino incluem Tomás de Aquino, Aristóteles, os estoicos, Dante e Nietzsche. Atualmente, está escrevendo um livro sobre o tema do amor e obrigação.

D. G. HART (PhD, Johns Hopkins) atuou como diretor do Institute for the Study of American Evangelicals no Wheaton College e como deão acadêmico e professor de história da igreja no Westminster Seminary in California. Atualmente, é professor visitante de história no Hillsdale College. Ele é autor de *Defending the faith: J. Gresham Machen and the crisis of conservative protestantism in modern America* (P&R, 2003).

STEVEN A. HEIN (PhD, St. Louis University) lecionou teologia e apologética na Concordia University, Chicago, e no International Institute for Apologetics and Human Rights, Estrasburgo, França. Também lecionou teologia e apologética cristã no Patrick Henry College e na Colorado Christian University. Atualmente, faz parte do corpo docente do curso de doutorado em ministério no Institute of Lutheran Theology e como diretor do Christian Institute for Christian Studies, onde ensina educação teológica pastoral avançada na África Ocidental. Ele escreveu muitos artigos acadêmicos e é autor de *Christian life: cross or glory?* (NRP, 2015). Sua pesquisa de doutorado se concentrou na missão apologética de Edward John Carnell.

DANIEL J. JANOSIK (PhD, Londres School of Theology) é professor adjunto de apologética e estudos interculturais na Columbia International University. Sua tese de doutorado foi intitulada como *John of Damascus: first apologist to the Muslims* (Pickwick, 2018).

KRISH KANDIAH (PhD, Kings College, Londres) é o diretor fundador da Home for Good, uma recente instituição de caridade que busca fazer uma diferença real na vida de crianças em situação de risco. É coautor, junto com sua esposa, Miriam, do estimulante livro *Home for good, which blends the story of God's adoption of us and how to tackle the most pressing social challenges of our times*. Krish é autor de dez livros. O título de sua tese é *Toward a theology of evangelism for late-modern cultures: a critical dialogue with Lesslie Newbigin's doctrine of revelation*. Ele possui graduação em química, missiologia e teologia, e cargos docentes no Regent College, Vancouver, e no Regents Park College, Oxford University.

CHRISTIAN KETTERING (doutorando, North-West University) é instrutor de ética na Liberty University. Sua pesquisa se concentra sobre a teologia ética de Kierkegaard. Ele também contribuiu com diversas análises de livros para a Kierkegaard Research Series, pela Ashgate.

MATTHEW D. KIRKPATRICK (DPhil, University of Oxford) é tutor em ética e doutrina na Wycliffe Hall. Sua pesquisa enfoca sobre o pensamento de Søren Kierkegaard e Dietrich Bonhoeffer.

BRYAN M. LITFIN (PhD, University of Virginia) é professor de teologia no Moody Bible Institute em Chicago. É autor de *After Acts: exploring the lives and legends of the apostles* (Moody, 2015), *Early Christian martyr stories: an Evangelical introduction* (Baker, 2014), e *Getting to know the Church Fathers* (Brazos, 2007).

R. KEITH LOFTIN (PhD, University of Aberdeen) é professor associado de filosofia e humanidades, bem como deão associado no Scarborough College. Suas publicações incluem *Christian physicalism? Philosophical theological criticisms* (com Joshua R. Farris, Lexington Press, 2017) e *Stand firm: apologetics and the brilliance of the gospel* (com Paul M. Gould and Travis Dickinson, B&H, 2018).

EDWARD N. MARTIN (PhD, Purdue University) é professor de filosofia e copresidente na Liberty University.

MICHAEL J. MCCLYMOND (PhD, University of Chicago) é professor de cristandade moderna na Saint Louis University. Seu livro, *Encounters with God: an approach to the theology of Jonathan Edwards* (Oxford University Press, 1998) recebeu o 1999 Brewer Prize da American Society of Church History de melhor primeiro livro sobre a história do cristianismo. Seu livro, coescrito com Gerald R. McDermott, é *The theology of Jonathan Edwards* (Oxford University Press, 2012). Esse trabalho recebeu o prêmio Book of the Year Award em teologia/ética da Christianity Today.

ALISTER E. MCGRATH (Doutor em filosofia, DD, DLitt, University of Oxford) é professor da cadeira Andreas Idreos de ciência e religião na University of Oxford; diretor no Ian Ramsey Centre for Science and Religion; e professor de teologia no Gresham College.

TYLER DALTON MCNABB (PhD, University of Glasgow) é bolsista de pós-doutorado na University of Macau. Seus interesses de pesquisa estão na área de epistemologia reformada; tem publicado artigos acadêmicos na *Religious Studies, The Heythrop Journal, International Journal of Philosophy and Theology* e *Philosophia Christi*.

DAVID MCNAUGHTON (Bacharel em filosofia, University of Oxford) é aposentado e vive em Edimburgo. É professor emérito das universidades Florida State e Keele. Escreveu consideravelmente sobre filosofia moral e é o editor da obra *Joseph Butler: fifteen sermons and other writings on ethics* (Oxford, 2017). Atualmente, está editando um volume da obra de Butler, *Analogy of religion* (Oxford, no prelo).

CHAD MEISTER (PhD, Marquette University) é professor de filosofia e teologia no Bethel College. Algumas de suas publicações são *Contemporary philosophical theology* (Routledge), *Christian thought: a historical introduction* (Routledge) e *The Cambridge Companion to Christian philosophical theology* (Cambridge University Press). Ele também é coeditor geral da série de livros *Cambridge Studies in Religion, Philosophy, and Society*.

JONATHAN MORGAN (PhD, Marquette University) é professor associado de teologia na Indiana Wesleyan University e ministro ordenado na Wesleyan Church. Pesquisa sobre teologia histórica, com publicações concentradas sobre a soteriologia da igreja primitiva e interpretação bíblica.

MATTHEW NG (Medical Doctor, University of Virginia; PhD ABD Southeastern Baptist Theological Seminary) é médico, doutorando em teologia, ética e cultura. Sua pesquisa se concentra sobre Charles Taylor, neocalvinismo missional e o pensamento político de Richard John Neuhaus.

MICHAEL O. OBANLA (PhD, Liberty University) é instrutor de ética e estudos interdisciplinares na Liberty University. Sua pesquisa foi dedicada à filosofia moral de A. E. Taylor.

K. SCOTT OLIPHINT (PhD, Westminister Theological Seminary) é professor de apologética e teologia sistemática no Westminster Theological Seminary. Seus interesses de pesquisa incluem a apologética de Cornelius Van Til, a relação entre apologética cristã e filosofia e a doutrina de Deus.

AMY ORR-EWING (Doutora em filosofia, University of Oxford) é diretora do Oxford Centre for Christian Apologetics. Sua tese foca na apologética de Dorothy Sayers; publicou diversos livros sobre apologética cristã, incluindo *Why trust the Bible?* Ela viaja palestrando por todo o mundo.

CRAIG A. PARTON (Mestre, Simon Greenleaf School of Law, JD, University of California, Hastings College of the Law) é sócio da empresa Price, Postel, & Parma LLP em Santa Bárbara, na Califórnia, onde atua como presidente do departamento de litígio. É também o diretor, nos Estados Unidos, da International Academy of Apologetics and Human Rights, baseada em Estrasburgo, na França. Leciona nas áreas de teologia, Direito e direitos humanos por duas semanas em Estrasburgo, todo verão, na sessão anual. Na Simon Greenleaf School of Law, estuda apologética sob orientação de John Warwick Montgomery. É autor de três livros sobre apologética e contribuiu com diversas antologias dedicadas ao assunto.

GREG PETERS (PhD, University of St. Michael's College, Toronto) é professor de teologia espiritual e medieval no Torrey Honors Institute, na Biola University, e professor de estudos monásticos e teologia ascética no Nashotah House Theological Seminary. É autor de *The monkhood of all believers: the monastic foundation of Christian spirituality* (Baker, 2018), *The story of monasticism: retrieving an ancient tradition for contemporary spirituality* (Baker, 2015), *Reforming the monastery: protestant theologies of the religious life* (Cascade, 2014), e *Peter of Damascus: Byzantine monk and spiritual theologian* (Pontifical Institute of Mediaeval Studies, 2011).

STEPHEN O. PRESLEY (PhD, University of St. Andrews) é professor associado de história da igreja e diretor no Southwestern Seminary. Ele é também o diretor do Southwestern Center for Early Christian Studies e autor de *The intertextual reception of Genesis 1-3 in Irenaeus of Lyons* (Brill, 2015), assim como de muitos outros artigos e ensaios sobre a igreja primitiva.

KIM RIDDLEBARGER (PhD, Fuller Theological Seminary) é pastor sênior da Christ Reformed Church em Anaheim, Califórnia, e autor de *The lion of Princeton: B.B. Warfield as apologist and theologian* (Lexham, 2015).

BENJAMIN C. F. SHAW (PhD, Liberty University) é pesquisador e apologeta. Seu doutorado deu foco ao argumento dos fatos mínimos.

W. BRIAN SHELTON (PhD, Saint Louis University) é professor adjunto de teologia na Asbury University. Tem publicações sobretudo a respeito do cristianismo primitivo no ocidente, como *Martyrdom from exegesis in Hippolytus: an Early Church Presbyter's commentary on Daniel* (Paternoster, 2008) e *"Irenaeus" in shapers of Christian orthodoxy* (IVP, 2010).

CORNELIU C. SIMUT (PhD, Aberdeen, the UK; ThD, University of Tilburg, the Netherlands; Dr Habil, the Reformed Theological University of Debrecen, Hungary; DD, University of Pretoria, South Africa) é professor de teologia sistemática e histórica na Emanuel University de Oradea, Romênia e membro do programa Senior Vice-Chancellor Postdoctoral Research na University of Pretoria, South Africa, bem como supervisor de pesquisa na Union School of Theology, antiga Wales Evangelical School of Theology, no Reino Unido. Também é editor-chefe do *Perichoresis*, o periódico teológico da Emanuel University, publicado pela Emanuel University Press junto com a De Gruyter Open e ocasionalmente com a Refo500 Foundation.

EDWARD L. SMITHER (PhD, University of Wales-Trinity St. David; PhD, University of Pretoria) é deão e professor de estudos interculturais na Columbia International University e o autor de *Augustine as mentor: a model for preparing spiritual leaders, Brazilian evangelical missions in the Arab world* e tradutor de *Early Christianity in North Africa,* de François Decret.

JORDAN L. STEFFANIAK (PhD ABD, Southeastern Baptist Theological Seminary) é doutorando, com pesquisa em teologia e filosofia.

CHARLES TALIAFERRO (PhD, Brown University) é professor de filosofia no St. Olaf College. Ele é autor, coautor ou editor de mais de vinte livros.

A. CHADWICK THORNHILL (PhD, Liberty University) é professor associado de apologética e estudos bíblicos e diretor dos programas de pós-graduação em estudos bíblicos e teológicos na John W. Rawlings School of Divinity at

Liberty University. Suas publicações incluem *The chosen people* (IVP, 2015), *Greek for everyone* (Baker, 2016) e *Divine impassibility* (IVP, 2019).

SEAN A. TURCHIN (PhD, University of Edinburgh) é professor associado de filosofia na Liberty University e coordenador no College of Artsand Sciences. Sua pesquisa se concentra sobre a afinidade entre o pensamento de Karl Barth e Søren Kierkegaard. Ele publicou diversos artigos sobre Barth e Kierkegaard, e recentemente contribuiu para diversos volumes sobre o pensamento de Kierkegaard, publicados pela Ashgate.

JO VITALE (DPhil, University of Oxford). Seus interesses de pesquisa incluem questões sobre confiabilidade bíblica, desafios ao caráter de Deus (sexismo, guerra, escravidão e julgamento na Bíblia) e a singularidade de Jesus.

VINCE VITALE (DPhil, University of Oxford) é palestrante e autor. Sua pesquisa sobre o problema do mal será publicada como *Non-identity theodicy* (Oxford University Press, no prelo). Tem publicados diversos livros sobre apologética cristã, incluindo *Why suffering?* (com Ravi Zacharias, FaithWords, 2014) e *Jesus among secular gods* (com Ravi Zacharias, FaithWords, 2017).

ROBERT A. WEATHERS (PhD, Southwestern Baptist Theological Seminary) é professor assistente de filosofia e mentor educacional na Liberty University. É também pastor sênior da First Baptist, Shallotte, Carolina do Norte.

GREG WELTY (Doutor em filosofia, University of Oxford) é professor de filosofia no Southeastern Baptist Theological Seminary e coordenador do programa de mestrado em apologética e filosofia cristã. Concluiu seu doutorado sob orientação de Richard Swinburne. É autor de *Why is there evil in the world* (Christian Focus, 2018), coeditor de *Calvinism & Molinism: a conversation* (Wipf & Stock, 2019) e coeditor da série apologética *The big ten* (Christian Focus).

RALPH C. WOOD (PhD, University of Chicago) é professor de teologia e literatura na Baylor University. É membro do conselho editorial da *VII: an Anglo-American Literary Review*, dedicada aos trabalhos de G. K. Chesterton, C. S. Lewis, J. R. R. Tolkien, George MacDonald, Dorothy Sayers, Owen Barfield e Charles Williams.

Introdução

A cultura nunca está parada, ou seja, ela muda e se adapta à medida que as ideias evoluem, e isso significa que toda apologética é contextual. A apologética é uma resposta à cultura e suas *críticas sobre* ou *questões para* o cristianismo, e é sempre feita em diálogo com a cultura e o povo que a define. Mesmo a advertência bíblica de Pedro que nos insta a estarmos sempre preparados para responder a qualquer um que nos pedir a razão da esperança que há em nós (1Pedro 3:15) estava contextualizada.[1] Como Pedro, os grandes apologetas da igreja cristã se envolveram nas discussões ao seu redor e dentro de suas culturas. Algumas dessas discussões podem responder a objeções antagônicas ao cristianismo, ao passo que outras falam às preocupações mais passivas surgidas dentro do corpo de Cristo, como cristãos procurando cumprir fielmente seu chamado na cultura. Entre esses polos do esforço apologético, testemunhamos uma miríade de interações apologéticas – homens e mulheres fiéis envolvidos em suas culturas com as verdadeiras afirmações do evangelho. Essa realidade estabelece o contexto para a maneira como nós, editores do volume que você está lendo, recontamos a história da apologética.

A ESCOLHA DOS APOLOGETAS

Pelos próximos 44 capítulos, apresentaremos um retrato dos mais influentes apologetas do cristianismo, e, ao elaborarmos a lista de apologetas que será abordada, buscamos fazê-la abrangente e ampla, dando a cada era um

---

[1] Veja Joshua D. Chatraw e Mark D. Allen, *Apologetics at the cross: an introduction for Christian witness* (Grand Rapids: Zondervan, 2018), p. 15-24.

conjunto de vozes que contam sua porção única da história. No processo de seleção, os três editores do projeto se apoiaram fortemente sobre nosso conselho editorial consultivo (James K. Dew Jr., William Edgar e Chad Meister), que deu preciosos conselhos sobre como fazermos dessa lista um resumo proveitoso de história da apologética. Com certeza, poderíamos ter incluído muitos outros apologetas, mas em algum ponto as limitações para imprimir um livro se tornam realidade e cortes precisam ser feitos. Por exemplo, escolhemos privilegiar os apologetas ocidentais, embora ainda procurando reconhecer aqueles que foram mais influentes na tradição oriental; por isso, se falhamos em dar o devido reconhecimento a um segmento particular da história, esperamos que isso estimule uma pesquisa adicional no maravilhoso legado que temos na história da apologética.

MÉTODOS EDITORIAIS

Organizar um volume editado com a colaboração de autores dos mais variados conhecimentos e das mais variadas competências foi bastante encorajador e prazeroso. No decorrer deste projeto, embora soubéssemos que cada autor traria sua própria voz e seu estilo com sua contribuição, queríamos que o resultado fosse proveitoso e útil por causa dos futuros leitores. Dessa maneira, ao permitir uma voz autoral, nós também introduzimos uma estrutura editorial menos rígida por todo o livro, permitindo que os leitores possam facilmente seguir de um capítulo para outro sem um choque quanto ao estilo. Esperamos que essa decisão editorial torne o livro inerentemente mais fácil de ler, porém, é certo que ele também está enraizado em nossa crença de que a apologética é *sempre* contextual, e a estrutura de cada capítulo traz esse destaque ao apresentar a história da apologética por meio de um foco sobre o biográfico e o metodológico. Cada capítulo gira em torno de quatro ou cinco categorias, começando com uma breve introdução biográfica, que fornece o contexto acerca do envolvimento do apologeta com sua cultura. A partir daí, o autor traça os principais contornos e contextos teológicos daquela época e daquele lugar, e esse contexto teológico estrutura o *Sitz im Leben*[2] do qual cada abordagem apologética flui. A seção "Resposta apologética" oferece uma análise contextual, na medida em que o autor explora a maneira como o

---

[2] Termo usado principalmente pela crítica bíblica para se referir às circunstâncias (muitas vezes na vida de uma comunidade) nas quais uma história ou dito particular foi ou criado ou preservado e transmitido. Fonte: https://www.oxfordreference.com/view/10.1093/oi/authority.20110803100509259).

apologeta respondeu às questões culturais de sua época. Seguindo na exploração, o autor muda da resposta para o método ao examinar como o apologeta organizou as funções filosóficas, teológicas, bíblicas e práticas no exercício apologético. E, por fim, cada capítulo termina com reflexões sobre as contribuições do apologeta para um campo como um todo.

LENDO BEM

Nosso objetivo neste volume é recontar a história da apologética conectando sua atividade às pessoas que a fazem e seus contextos teológicos e culturais singulares. Nossa esperança é que os leitores entendam melhor como a apologética foi feita no passado e que possam fortalecer suas próprias "mãos enfraquecidas e os joelhos vacilantes" (Hebreus 12:12) para o trabalho apologético diante de nós hoje. A carga de cada apologeta é semelhante à profecia dada por Malaquias (1:1), ou seja, pesada por ser a verdade do Senhor e por causa do caráter da mensagem, que contém tanto graça quanto condenação. Nossa esperança é que você seja encorajado durante a leitura desses retratos (cf. Hebreus 11) e corra com perseverança a corrida que nos é proposta (Hebreus 12:1) – assim como aqueles homens e mulheres fiéis correram a corrida proposta a eles.

Soli Deo Gloria!

Benjamin K. Forrest
Joshua D. Chatraw
Alister E. McGrath

PRIMEIRA PARTE

APOLOGETAS DA PATRÍSTICA

O período da patrística é, de forma geral, compreendido como uma fase formativa da igreja primitiva, entre os textos finais do Novo Testamento e o Concílio de Calcedônia (451). Essa foi uma fase extraordinariamente criativa e importante para a consolidação do cristianismo no mundo mediterrâneo, na qual proeminentes pensadores cristãos consolidaram as principais ideias de sua fé conforme estabelecidas no Novo Testamento, levando à formulação de declarações definitivas sobre a identidade e a relevância de Jesus Cristo e a distinta compreensão cristã a respeito de Deus. O período viu um consenso emergente a respeito das fontes de teologia em particular por meio do fechamento do cânon das Escrituras.

Contudo, a igreja primitiva esteve diante de outros desafios durante esse período, com destaque para a necessidade de responder à crescente hostilidade ao cristianismo por parte de outros movimentos religiosos e filosóficos no mundo greco-romano. Embora o esclarecimento teológico fosse da maior importância para a proteção da identidade da igreja, as comunidades cristãs primitivas também enfrentaram desafios do judaísmo e da religião tradicional romana, cujos membros viam o cristianismo como uma ameaça. **Justino Mártir** produziu uma obra apologética de particular importância ao responder às críticas judaicas ao cristianismo. Seu *Diálogo com Trifão* afirma a fé cristã como o cumprimento da vida e do pensamento judaicos. O cristianismo era a verdadeira filosofia e substituiria seus rivais pagãos.

O surgimento do gnosticismo no século II ocasionou um desafio particularmente importante ao cristianismo. Embora nosso conhecimento sobre as origens e ideias próprias desse movimento não seja tão completo quanto gostaríamos, ele sem dúvida trouxe uma considerável ameaça para a igreja ao propor ideias alternativas de salvação que eram verbalmente similares àquela do evangelho, ou ao interpretar o Novo Testamento de maneiras não cristãs. **Irineu de Lyon** foi um dos mais efetivos críticos do gnosticismo, e sua estratégia apologética compreende uma poderosa crítica da coerência interna e as raízes históricas da fé gnóstica somada a uma lúcida descrição do núcleo das crenças cristãs, com ênfase na sua interconexão e superioridade frente às de suas rivais pagãs.

Assim que o poder político e militar de Roma começou o seu declínio no final do século II, muitos passaram a culpar o surgimento do cristianismo pelo enfraquecimento da religião tradicional romana. Os cristãos passaram a ser chamados de "ateístas" pelo fato de não se submeterem ao politeísmo da religião civil romana. Diversos apologetas cristãos do final do século II responderam a essa crítica, de forma especial **Atenágoras de Atenas**, com seu argumento de que o monoteísmo cristão era preferível ao politeísmo pagão. Atenágoras combateu a crítica de que o cristianismo subvertia as normas culturais do Império ao mostrar que os poetas e os filósofos pagãos eram monoteístas, implícita ou explicitamente. A questão sobre a fé cristã ter causado o declínio da religião tradicional romana, da qual dependia a estabilidade do Império Romano, teve o seu auge no ocidente latino por volta de 248, marcando o aniversário dos mil anos da fundação de Roma.

Nesse tempo, uma importante tradição apologética havia sido estabelecida dentro da igreja ocidental de fala latina. Um dos mais destacados dentre os primeiros apologetas latinos foi **Tertuliano de Cartago**, um orador do século III geralmente conhecido por ter se estabelecido em Cartago, a grande cidade romana localizada no norte da África. Tertuliano debateu sobre as verdades fundamentais da fé com diversos e importantes grupos culturais, incluindo a filosofia secular, o gnosticismo e o judaísmo.

A igreja oriental de língua grega também desenvolveu uma abordagem apologética distinta, em particular na grande cidade de Alexandria, e um dos primeiros e mais importantes a contribuir para essa abordagem foi **Orígenes**, teólogo do século III que respondeu à acusação do filósofo Celso de que o cristianismo era basicamente irracional. Contudo, a crítica de Celso não parava por aí; para ele, a fé cristã era uma inovação religiosa que levava o povo a abandonar sua religião tradicional. O contra-argumento de Orígenes para Celso, geralmente conhecido por seu título latino, *Contra Celsum*, é amplamente reconhecido como um dos mais importantes trabalhos apologéticos do cristianismo primitivo, mostrando que um filósofo cristão era capaz de debater conta um crítico pagão erudito. Essa obra representa uma refutação detalhada às críticas filosóficas, morais e religiosas de Celso contra o cristianismo, demonstrando uma impressionante confiança nas credenciais morais e intelectuais do evangelho. Apesar de ter se apoiado bastante em Platão para se sentir seguro, a resposta de Orígenes para Celso abriu caminho para que outros desenvolvessem abordagens apologéticas semelhantes.

A defesa da fé, à semelhança de Orígenes, foi desenvolvida no século IV por diferentes escritores de Alexandria e por outros baseados na região da Capadócia, tais como Gregório de Nissa. **Atanásio de Alexandria**, um dos mais importantes apologetas do século IV, deu considerável ênfase à coerência interna e consistência da fé cristã, demonstrando como a reduzida cristologia de Ário poderia ser facilmente identificada como incoerente. Sobretudo, os tratados de Atanásio, *De Incarnatione* e *Contra Gentes* (que muitos consideram ser um "duplo tratado") incluem importantes elementos apologéticos – tais como um apelo à história – que podem atuar como a base de uma defesa do cristianismo tanto para uma audiência greco-romana quanto judaica.

Embora a conversão de Constantino, por volta do ano de 312, tenha permitido ao cristianismo se tornar culturalmente aceitável e eventualmente dominante no cenário político a partir da segunda metade do século IV, teólogos patrísticos mas tarde perceberam que a aceitação cultural não necessariamente assegurava a aceitação racional do evangelho. Isso é evidente nos escritos do maior apologeta do ocidente latino, **Agostinho de Hipona**, cuja conversão à fé cristã em agosto de 386 é reconhecida de maneira ampla como um marco no desenvolvimento do cristianismo ocidental.

A contribuição de Agostinho para a apologética foi significativa em vários níveis, incluindo a defesa filosófica da racionalidade da fé cristã, o apelo à iluminação divina para a obtenção do conhecimento humano e a importância do mundo subjetivo da memória e dos sentimentos em matéria de fé. A teologia substancial de Agostinho estabeleceu uma base conceitual robusta para a apologética ao ter reconhecido o papel da graça e da iluminação divinas ao mesmo tempo que destaca a importância da atuação humana na tarefa apologética.

Acima de tudo, Agostinho talvez tenha reconhecido a vulnerabilidade do Império Romano ocidental e pensado uma estratégia de como o cristianismo poderia se engajar em um possível cenário pós-imperial. Foi um movimento sábio. Durante a segunda metade do século V, o Estado romano central ruiu. A cena estava pronta para o surgimento do cristianismo na Europa ocidental, com Agostinho reconhecido como uma das mais profundas e importantes fontes para as bases apologéticas e teológicas do cristianismo.

Justino Mártir
REVELAÇÃO PROFÉTICA COMO A VERDADEIRA FILOSOFIA

GERALD BRAY

Justino Mártir (100-164/7, aproximadamente) foi o primeiro escritor pós-bíblico a nos deixar escritos em defesa do cristianismo. É de especial interesse o que ele escreveu tanto para judeus quanto para gentios, o que nos permite ver um cristão primitivo lidando com interlocutores bastante diferentes. Ele pagou com a vida por suas crenças e permanece como uma inspiração para todos que seguem a Jesus e pregam o seu evangelho para um mundo hostil e incompreensivo.

CONTEXTO HISTÓRICO

Justino nasceu por volta de 100 d.C. na cidade de Flavia Neapolis (atual Nablus), fundada pelo imperador Vespasiano em 72 d.C., próxima à antiga cidade bíblica de Siquém, em Samaria. Ele descreve seu pai, Priscus, e seu avô, Báquio, como "nativos" da cidade, embora pareça provável que seu avô tenha lá chegado vindo de outro lugar, e é possível que tenha sido um dos primeiros habitantes.[1] O fato de Justino ter se dirigido tanto ao imperador quanto ao senado sugere que ele era um cidadão romano, o que, contudo, não é informado em seus escritos. Ele possuía um conhecimento considerável, não somente sobre os judeus, mas também a respeito dos samaritanos, que eram a maior população em sua pátria. Justino chega a dizer que Simão, o Mago, que era de origem samaritana, havia pertencido à mesma nação que ele, embora não seja claro o que ele queria dizer com "nação".[2] Certamente, Justino foi educado na Grécia, e é provável que conhecesse ainda o aramaico e o latim. Quando adulto, mudou-se para Roma, talvez para escapar da revolta

---

[1] Justino Mártir, *Primeira apologia*, 1 [no Brasil: *I e II Apologias; Diálogo com Trifão* (São Paulo: Paulus, 1995)].

[2] Justino Mártir, *Segunda apologia*, 15 [no Brasil: *I e II Apologias; Diálogo com Trifão* (São Paulo: Paulus, 1995)].

judaica sob Bar Kochba, e foi durante essa jornada que ele se tornou cristão.[3] Em Roma, Justino fundou uma escola que atraiu alguns alunos brilhantes, como Taciano, o Sírio.[4] Justino estava na capital quando Marcião também lá ensinava, embora seja mencionado de passagem na obra de Justino, já que os erros do herege não eram o foco de seus escritos.

Em sua juventude, Justino havia recebido uma educação grega, o que despertou nele o desejo de descobrir a verdade que os filósofos alegavam ser o centro de suas vidas. Nos anos seguintes, ele percebeu que a filosofia era um esforço que havia dado errado, conforme explica em seu *Diálogo com Trifão*:

> A filosofia é, na verdade, uma grande possessão e muito nobre diante de Deus, a quem somente ela nos leva e nos recomenda; e são homens verdadeiramente santos aqueles que dão atenção à filosofia. Contudo, o que é a filosofia e a razão pela qual ela foi dada aos homens é fato que escapa a muitos; pois não haveria platônicos, estoicos, peripatéticos, teoréticos ou pitagóricos sendo esse conhecimento singular. O que desejo explicar a você é por que ela passou a ter muitas cabeças.[5]

Justino acreditava que os grandes filósofos procuraram a verdade, mas encontraram apenas elementos dela, ensinados por eles de diferentes maneiras. Seus seguidores se limitavam a repetir suas palavras e transformá-las em novos dogmas, os quais eles consideravam incompatíveis entre si. Em sua busca por iluminação, Justino começou com os estoicos, mas abandonou o estoicismo quando descobriu que ele não fazia nenhuma afirmação sobre o divino. Em seguida, procurou pelos peripatéticos, apenas para descobrir que eles cobravam para compartilhar sua "sabedoria", o que os fez cair em completo descrédito para Justino. Sua terceira parada foi com os pitagóricos, que exigiam um profundo conhecimento sobre música, astronomia e geometria, uma vez que, de acordo com eles, era somente ao buscar aquelas disciplinas "do outro mundo" que a alma poderia ser preparada para a contemplação. Justino os abandonou, aflito, e voltou-se afinal aos platônicos, que eram muito mais satisfatórios. Assim ele explica:

---

[3] Simão Bar Kochba liderou uma revolta de judeus palestinos contra os romanos e governou a Palestina por volta de 132 e 135 d.C, antes de ter sido derrotado.
[4] Taciano é mais conhecido por seu *Diatessaron*, uma tentativa de harmonizar os quatro Evangelhos em um. Ele foi um defensor do ascetismo extremo, o que era rejeitado por muitos outros cristãos.
[5] Justino Mártir, *Diálogo com Trifão*, 2 [no Brasil: *I e II Apologias; Diálogo com Trifão* (São Paulo: Paulus, 1995)].

> Gastei todo o tempo de que dispunha com [um platônico] que havia se estabelecido em nossa cidade [...] e eu progredi, e fazia grandes avanços diariamente. A percepção das coisas imateriais se apoderou de mim, e a contemplação das ideias deram asas à minha mente, de forma que em pouco tempo eu acreditei que havia me tornado sábio; e essa era a minha estupidez, eu esperava ver a Deus de imediato, pois esse é o fim da filosofia de Platão.[6]

Conforme Justino descobriu, nem todas as escolas filosóficas eram de igual valor, mas os platônicos estavam próximos do que ele desejava – e do que ele por fim encontrou no cristianismo. Ele tornou-se cristão após conhecer um velho homem por acaso, o qual o convenceu de que os profetas hebreus eram melhores guias para a verdade do que qualquer filósofo. Foi dessa perspectiva que ele compreenderia, mais tarde, a tradição grega clássica,[7] e, para ele, portanto, foi importante argumentar que, de todos os pagãos, Platão esteve próximo da verdade, embora não a tenha alcançado.[8]

Justino teve uma vida muito feliz em Roma sob o governo de Antonino Pio (138-161), mas, sob seu sucessor, Marco Aurélio (161-180), ele foi preso, julgado e executado. A data de seu martírio não é certa, contudo, é provável que tenha sido por volta de 164 a 167. Ele nos deixou três importantes obras, duas *Apologias* e um *Diálogo* com o rabino judeu Trifão.[9] De acordo com Justino, Trifão havia se estabelecido em Corinto, logo após a revolta judaica na Palestina. Entretanto, o *Diálogo* se passa alguns anos antes, em Éfeso, pouco tempo após a conversão de Justino, e é de longe o maior trabalho de deste, tendo cerca de quatro vezes o tamanho da *Primeira apologia*.

OBRAS APOLOGÉTICAS

As datas e a ordem dos trabalhos de Justino são incertas, mas muitas pessoas entendem que a *Primeira apologia* é a mais antiga, tendo sido escrita por volta de 145-155. A obra foi seguida, anos mais tarde, pela *Segunda apologia*, e então pelo *Diálogo*, que seria a análise de um incidente ocorrido cerca de vinte

---

[6] Ibid.
[7] Ibid., 3.
[8] Em sua *Segunda apologia*, Justino escreveu: "Confesso que eu tanto me orgulho quanto, com todas as minhas forças, me esforço para ser um cristão; não porque o ensino de Platão seja diferente do de Cristo, mas porque eles não são em tudo similares [...] Quaisquer coisas que foram corretamente ditas entre todos os homens, elas pertencem a nós, os cristãos".
[9] Trifão tem sido identificado por alguns como Tarfão, supostamente um dos principais rabinos de seu tempo; entretanto, muitos acadêmicos judeus modernos acreditam que Justino o criou.

ou trinta anos antes. A *Segunda apologia*, a mais curta das obras de Justino, é geralmente apresentada como um apêndice à *Primeira*; contudo, como é muito mais específica na intenção e menos sofisticada quanto ao conteúdo, esse status de apêndice parece questionável. Além do escopo e do estilo como razões problemáticas para pensar que a *Segunda apologia* foi originalmente uma parte da *Primeira*, esse segundo trabalho não contém nenhuma referência à Bíblia, e sua descrição da Queda não possui nenhuma relação com a narrativa do Gênesis.[10] Também não há nenhum compromisso sério com a filosofia grega, apesar de os cínicos e os estoicos serem mencionados de forma breve, assim como Platão.[11] Talvez Justino tenha feito dessa a primeira tentativa de escrever uma apologia ou até mesmo seja o escrito de alguém menos erudito, mas não tempos como saber isso ao certo.

Justino não foi o primeiro cristão a escrever uma apologia para defender a fé cristã, e o gênero era de origem pagã. Contudo, ele criou um modelo padrão da literatura cristã, e hoje é considerado de maneira geral como o pai da tradição apologética cristã.[12] Alguns dos sermões de Paulo registrados no livro de Atos são muito parecidos em estilo e objetivo, e, dessa forma, Justino tinha um precedente apostólico para sua abordagem. O *Diálogo com Trifão* não é uma apologia no sentido literal, mas cumpre um papel parecido, além de ser uma defesa do cristianismo contra o judaísmo. A obra atrai interesse não somente por ser um dos poucos exemplos no qual um cristão procura persuadir judeus a aceitar seu Messias em um período pós-apostólico, mas também pelo fato de ser produto de uma época em que Marcião e seus seguidores buscavam distanciar o cristianismo do judaísmo o máximo possível. Pelos padrões dos cristãos gentios do século II, Justino era próximo ao mundo judaico de maneira incomum e apreciava suas qualidades mais do que a maioria. Isso não quer dizer que seu conhecimento sobre o judaísmo fosse muito preciso ou profundo, mas que o espaço dedicado por ele para refutá-lo demonstra como

---

[10] Justino Mártir, *Segunda apologia*, 5. Justino escreveu que os anjos "foram atraídos pelo amor das mulheres e geraram filhos, que são os assim chamados demônios [...] mais tarde [eles] submeteram a raça humana a si mesmos, em parte por meio de escritos mágicos e, em parte, pelo medo e pelas punições que causavam". É difícil acreditar que o Justino maduro tivesse escrito algo tão obviamente não bíblico como isso.

[11] Ibid., 3, 8, 12.

[12] Para os apologetas cristãos primitivos, tais como Quadrato, Aristídes de Atenas e Aristo de Pela, veja as breves informações em Johannes Quasten, *Patrology: The Beginnings of Patristic Literature* (Leiden: Brill, 1950), p. 190-6.

Justino o tratou com maior seriedade do que a maioria de seus contemporâneos cristãos.

RESPOSTA APOLOGÉTICA E METODOLOGIA

Os escritos apologéticos de Justino nos interessam por causa de sua abordagem dupla, refletindo sua proximidade da situação da igreja nos tempos do Novo Testamento. A partir de sua perspectiva, os judeus tinham a verdade, mas estavam cegos para ela, ao passo que os gentios, que não possuíam a revelação de Deus, mostravam-se muitas vezes desejosos em aceitá-la quando fosse proclamada a eles. Ele é o único escritor antigo que se dirigiu tanto ao mundo judeu quanto ao gentio, mais ou menos em termos iguais, e, dessa maneira, seu trabalho se aplica a uma comparação de métodos e argumentos usados em cada caso. Com os judeus, "diálogo" poderia apenas significar uma discussão sobre a correta interpretação da Escritura, uma vez que os dois lados criam nela como a Palavra de Deus escrita. Com os gentios, uma abordagem diferente era necessária porque a estes faltava a mesma familiaridade com o texto bíblico e por não aceitarem imediatamente a sua autoridade espiritual. De uma forma irônica, o enfoque de Justino era persuadir os gentios da validade do judaísmo antes que ele falasse a eles sobre o cristianismo, uma observação importante e que contradiz a fácil suposição de que a igreja havia rapidamente abraçado a visão de mundo helênica e se distanciado de suas raízes judaicas.

Em sua apologia pelo cristianismo, Justino dá lugar de destaque à filosofia grega, talvez porque esta fosse o caminho que ele mesmo seguisse na fé. Ao buscar essa linha de argumentação filosófica em seu *Diálogo com Trifão*, ele adotou a posição de um platônico que se vê em conversa com um ancião que surgiu de repente. O velho homem percebe que Justino é um filósofo procurando descobrir a verdade e passa a interrogá-lo. Justino garante a ele que a filosofia é o caminho para a felicidade porque ela é o conhecimento daquilo que de fato existe, associada a uma clara percepção da verdade, e a felicidade é a recompensa que se adquire desse conhecimento e sabedoria.[13] Deus, continua Justino, é um ser que permanece eternamente o mesmo e é a causa de tudo o que existe. Ele pode ser conhecido pelos seres humanos, mas não da maneira que as outras coisas são conhecidas. Em outros ramos do conhecimento, a visão e a experiência desempenham um papel essencial para determinar em que acreditamos, mas não é assim que nos aproximamos do conhecimento de Deus, que só pode ser discernido pela mente.

---

[13] Justino Mártir, *Diálogo com Trifão*, 3.

O ancião é cético quanto a isso e questiona Justino se a mente humana pode ver a Deus sem a ajuda do Espírito Santo. Dessa forma, o idoso traz um conceito cristão para a discussão, mas Justino não o considera nesse ponto do diálogo. Ao contrário, ele cita a doutrina platônica da alma racional como base para dizer que o homem pode obter conhecimento sobre Deus. Os animais são seres com uma alma, mas não podem ver a Deus porque eles não têm uma mente como a dos humanos. Contudo, nem todos os seres humanos veem a Deus, pois esse é um privilégio reservado para aqueles poucos que "vivem justamente, purificados pela justiça e por todas as outras virtudes".[14] Portanto, ocorre que o conhecimento sobre Deus não é puramente intelectual, mas exige uma retidão moral, e esta pode ser adquirida em algum grau nesta vida, embora apenas quando a alma se liberta do corpo é que o progresso real se torna possível.

O ancião apresenta o argumento de que as almas não podem ser imortais pelo fato de terem sido geradas. Elas fazem parte da natureza criada, de forma que não são naturalmente unidas ao divino. Todas as almas são mortais, mas isso não significa que elas necessariamente morrem. Como argumenta o ancião, as almas que viveram uma vida digna de Deus não perecem, pois, do contrário, isso seria uma vitória dos poderes do mal. Por outro lado, as almas que não viveram de forma agradável para Deus serão mantidas, contudo, serão punidas por suas transgressões. Elas são mortais de acordo com a natureza, mas preservadas no ser, pois é justo que sofram pelo mal que cometeram.

Nesse ponto, Justino se refere ao que Platão diz no *Timeu*, um tratado que os cristãos mais tarde considerariam como o escrito pagão que mais perto chegou ao ensino da Bíblia.[15] De acordo com Platão, o mundo é sujeito à decadência por ter sido criado, mas a vontade de Deus fará com que ele continue sendo apesar de sua mortalidade inerente. A alma pertence a este mundo decaído e morto, pois, se ela fosse imortal, seria como Deus, incapaz de pecar ou afastar-se dele. Contudo, há ainda muitas almas que nada sabem a respeito de Deus, e que não compartilham de sua imortalidade. Se a alma tem vida, é porque ela tem participação em uma vida que não é a sua. Platão não entendia essa dimensão moral relacionada à vida da alma, e sua afirmação de que ela é imortal não pode ser sustentada.

---

[14] Ibid., 4.
[15] Esse era o único diálogo platônico disponível em latim durante a Idade Média, e, como tal, exerceu considerável influência sobre diversos teólogos e filósofos medievais, que o interpretaram sob uma ótica cristã. A esse respeito, merece uma nota especial os trabalhos de Teodorico de Chartres e Guilherme de Conches, ambos ativos durante o décimo segundo século.

O platonismo, em outras palavras, tem alguns *insights* úteis sobre a natureza da alma, mas quem procura a verdade deve ir mais longe do que Platão foi.[16]

É aqui, quando Justino percebe que mesmo a melhor filosofia é inadequada, que o ancião avança com outra sugestão. Aquele que quisesse encontrar a verdade deveria olhar em outra direção, para aqueles a quem ele se refere como "profetas". Os profetas são superiores aos filósofos porque são mais antigos na origem, são justos aos olhos de Deus, falaram pelo poder do Espírito de Deus e predisseram o futuro de uma forma que hoje vemos revelado diante de nossos olhos. O que Justino precisa, diz o ancião, é uma revelação que somente pode ser dada a ele por Deus. Ele conclui o diálogo com o aviso de que o Justino "real" quer que seus leitores absorvam: "ore para que, acima de tudo, os portões de luz possam ser abertos a você; pois essas coisas não podem ser percebidas ou entendidas por todos, mas somente pelos homens a quem Deus e seu Cristo tenham transmitido sabedoria".[17]

Foi descobrindo a mensagem dos profetas que Justino encontrou a paz de mente e alma que ele havia procurado e tornou-se o filósofo que sempre quis ser. Para ele, a sabedoria transmitida pela revelação profética era a verdadeira sabedoria, o único sistema de pensamento que dá sentido ao universo e que combina tanto o intelecto e a moral em uma síntese harmoniosa.[18] Aqueles que a receberam são iluminados não apenas pela verdade, mas também salvos de seus pecados. Assim diz Justino: "As palavras do Salvador... são suficientes no intuito de inspirar aqueles que se afastam do caminho de retidão com temor, enquanto a mais doce paz é concedida aos que seguem diligentes nele. Portanto, se você tem alguma preocupação consigo mesmo, aspira por salvação e tem fé em Deus, você pode – uma vez que não seja indiferente a essas coisas – reconhecer o Cristo de Deus e, uma vez iniciado, alcançar a felicidade".[19]

Com isso, Justino conclui sua exposição. Para resumir o que ele diz, uma pessoa honesta como Justino procuraria na filosofia, de forma natural, por uma resposta em sua busca pela verdade. Depois de testados os muitos e

---

[16] Em sua *Segunda Apologia*, 12, Justino descreve sua própria jornada do platonismo como em parte devida ao destemor dos cristãos diante da morte. Em suas palavras: "Quando eu me deliciava nas doutrinas de Platão, ouvi os cristãos sendo caluniados, e os vi sem medo da morte... [eu] percebi que era impossível que eles pudessem viver em perversidade e amor aos prazeres".

[17] Justino Mártir, *Diálogo com Trifão*, 7.

[18] Veja Oskar Skarsaune, *The proof from prophecy: a study in Justin Martyr's proof-text tradition* (Leiden: Brill, 1987).

[19] Justino Mártir, *Diálogo com Trifão*, 8.

diferentes tipos oferecidos, ela acabará conformada ao platonismo, pois este é a forma mais elevada e pura de pensamento filosófico. Entretanto, um exame lógico do ensino de Platão revelará sua fraqueza interna e sua inabilidade para concretizar sua promessa de levar a alma curiosa até a presença de Deus. Para isso, é necessário buscar pelos profetas que Deus inspirou, cujas palavras revelam o divino para nós. Aquele que se volta para eles será levado até Jesus Cristo, cuja vinda foi prevista pelos profetas. O ensino de Cristo é a verdade, e aqueles que o recebem são os autênticos filósofos, atingindo o objetivo que os antigos gregos aspiraram, mas não conseguiram alcançar.

Justino desenvolve esse argumento no seu *Diálogo com Trifão*, o que causa estranheza, pois é presumível que Trifão concorde com ele sobre a inadequação da abordagem filosófica com a qual Justino inicia o diálogo. Mas, como muitos judeus helenizados de seu tempo, Trifão acredita que o platonismo era o melhor que um gentio poderia esperar e que era melhor se apegar a ele do que seguir o ensino de um falso Messias, que era a sua opinião a respeito de Jesus. Justino precisava mostrar aos seus companheiros gentios que o platonismo não era suficiente nem mesmo para fornecer a eles o grau de sabedoria possuído pelos judeus. Trifão tinha a verdade, mas não podia vê-la, ao passo que os gentios não dispunham dela, mesmo que a pudessem receber se a eles fosse proclamada. É claro que essa era a tarefa à qual a igreja cristã estava dedicada, e as *Apologias* de Justino devem ser entendidas e avaliadas sob essa ótica.

A apologética das virtudes cristãs e a esperança cristã

Justino foi feliz ao viver no período dos "cinco bons imperadores", que reinaram de 96 a 180 e deram ao Império Romano uma paz e estabilidade jamais conhecida antes, e que não foi vivenciada novamente.[20] Marco Aurélio, o último deles, é mais conhecido hoje em dia por causa de sua fama como filósofo.[21] Mas seus predecessores também afirmaram governar sob sábios princípios, e foram mais tolerantes a respeito do cristianismo do que Marco Aurélio. Não sabemos se as *Apologias* de Justino, dirigidas a Antonino Pio e ao senado romano, chegaram ao seu destino ou se foram lidas para aqueles a quem, em teoria, foram dedicadas. Mas a atmosfera da época era tal que escrever para eles dessa maneira não era uma perda de tempo. A abordagem de Justino ao

---

[20] Os imperadores foram Nerva (96-98), Trajano (98-117), Adriano (117-138), Antonino Pio (138-161) e Marco Aurélio (161-180). Justino viveu sob o governo dos últimos quatro deles.
[21] Suas *Meditações*, uma obra de filosofia estoica escrita em grego, chegaram até nossos dias.

imperador era um apelo tanto à sua posição enquanto chefe de Estado no tocante à sua consciência como um homem de princípios filosóficos. Ele até mesmo se referiu aos dois filhos adotados do imperador como filósofos, acrescentando que o mais jovem era "um amante do conhecimento".[22] Essa maneira de se dirigir a eles tem uma clara intenção de apelo para que agissem de forma consoante à sua reputação e dava a Justino o pretexto de que ele precisava para propor o seu ponto sobre princípios que ele considerava serem aceitáveis para todos os envolvidos.

Justino alegava representar "aqueles de todas as nações que são odiados e com frequência abusados de maneira injusta", dos quais ele era um. Antes de continuar esse assunto, ele deixou claro que "a razão dirige aqueles que são verdadeiramente piedosos e filosóficos somente para honrar e amar o que é verdadeiro", e que tal pessoa preferiria morrer a falhar em fazer a coisa certa. O uso das palavras *piedoso* e *filosófico* é particularmente salientado, e Justino estava sutilmente insinuando que alguém que possuísse tais virtudes jamais perseguiria os cristãos.[23]

O problema era que os cristãos haviam sido condenados simplesmente por chamarem a si mesmos de cristãos, e isso nos leva ao grande incêndio de Roma em 64, no qual Nero, procurando um bode expiatório, os culpou. De alguma maneira, sua interdição havia permanecido no livro nas leis, embora ninguém soubesse por quê. Em 111, Plínio, o Jovem, que havia sido governador da Bitínia, escreveu ao imperador Trajano sobre como lidar com as acusações feitas contra os cristãos, e sua carta é uma interessante leitura. Plínio não sabe por que eles eram ilegais, e suas investigações a respeito de suas práticas não descobriram nada que configurasse um crime. Ele não sabia o que fazer com eles, mas a resposta do imperador não ajudou muito. Trajano simplesmente disse que acusações anônimas feitas contra os cristãos não deveriam ser aceitas, mas ele não fez nada para desafiar a lei.[24]

Os cristãos estavam compreensivelmente infelizes com o decreto imperial, e, conforme indicado por Justino, um nome por si mesmo não é bom nem mau. Ele não pedia para que os cristãos fossem absolvidos apenas por serem cristãos, mas esperava que as autoridades procurassem condená-los a respeito

---

[22] Justino Mártir, *Primeira apologia*, 1. A saudação é confusa. O segundo filho, Lúcio, certamente é Lúcio Vero, herdeiro da família imperial e adotado por Antonino. O outro é simplesmente chamado "Veríssimo" ("mais verdadeiro") e é Marco Aurélio, também adotado por Antonino.

[23] Ibid., 2.

[24] Plínio, o Jovem, *Cartas*, 10.96-97.

de algum crime que tivessem cometido. Se fossem culpados, então deveriam ser punidos como malfeitores, mas, se não tivessem feito nada de errado, não deveriam ser punidos – uma conclusão que se espera de qualquer pessoa razoável.[25]

Na verdade, os cristãos sofreram perseguição porque forças demoníacas seduziram as autoridades e as cegaram para a verdade. Justino apresenta isso de forma clara em sua *Segunda apologia*, composta após Urbico, prefeito de Roma, incitar um ataque de particular ultraje contra os cristãos.[26] Nas palavras de Justino, "os malignos demônios, que nos odeiam e que mantêm esses homens submetidos a eles, usando de sua posição de juízes, os incitam, como governantes impulsionados pelos maus espíritos para nos levar à morte".[27]

O "ateísmo" era a única coisa da qual os cristãos eram culpados, mas essa não era uma acusação clara. Justino argumentou que os deuses adorados pelos gregos e romanos eram demônios que haviam aparecido aos seus ancestrais e os aterrorizaram para que os tratassem como deuses e os adorassem. De forma nenhuma os cristãos eram o primeiro povo a rejeitar esse tipo de religião, e, como indicado por Justino, isso já havia sido feito antes por Sócrates (469-399 a.C.). Contudo, "Quanto Sócrates se empenhou para trazer à luz essas coisas, por meio da razão verdadeira e do exame, os próprios demônios, por intermédio dos homens que se agradavam da iniquidade, planejaram a sua morte, como ateu e profano, sob a acusação de que ele 'estava introduzindo novas divindades'; e, no nosso caso, agem de maneira similar".[28]

Sócrates foi o herói e o mentor de Platão, e muito antes da época de Justino ele havia se tornado um sinônimo para quem fosse injustamente perseguido por fanáticos ignorantes. Justino chega a apresentá-lo como um tipo de cristão antes da vinda de Cristo por ter sido uma testemunha, à sua própria maneira, da Palavra da Verdade.[29] Contudo, a despeito de sua virtude, ninguém havia jamais elogiado Sócrates ou tentado segui-lo, mas, com Cristo, as coisas foram muito diferentes, pois ele não apenas ensinou as pessoas que acreditavam nele, mas também ensinou àqueles de pouco ou nenhum conhecimento, e, na mente de Justino, isso prova a superioridade de Cristo em comparação

---

[25] Justino Mártir, *Primeira apologia*, 4,7.
[26] Urbico serviu como prefeito de Roma de 146 a 160.
[27] Justino Mártir, *Segunda apologia*, 1.
[28] Justino Mártir, *Primeira apologia*, 5.
[29] Ibid., 46: "Aqueles que viveram forma razoável são cristãos, mesmo que tenham sido considerados ateus, como Sócrates e Heráclito entre os gregos, e homens semelhantes a eles".

inclusive com o maior dos filósofos: "Ninguém acreditou em Sócrates a ponto de morrer por sua doutrina, mas em Cristo, que era em parte até mesmo conhecido por Sócrates (pois Cristo foi e é o Verbo que está em todo homem e que previu as coisas que haveriam de acontecer tanto por intermédio dos profetas quanto em sua própria pessoa, quando se fez de paixões semelhantes, e ensinou essas coisas), creram não somente os filósofos e acadêmicos, mas também artesãos e todo o povo inculto".[30]

Além disso, muitos filósofos eram céticos quanto a religião pagã e também poderiam ser chamados de "ateus", mas nenhum mal aconteceu a eles. Por outro lado, os cristãos eram ardentes adoradores do "mais verdadeiro Deus, o Pai da justiça, da temperança e de outras virtudes, livre de toda impureza".[31] Eles adoravam a Deus como Pai, Filho e o Espírito profético, "conhecendo-os em razão e verdade, e declarando sem hesitar a todos que desejam aprender, e estes têm sido ensinados".[32]

O culto cristão era muito diferente de sua contraparte pagã porque era baseado na razão. Deus não quer nem precisa de sacrifícios e libações que tanto fazem parte do culto pagão, pois, como criador do universo, tudo já pertencia a ele. Os cristãos viam a si mesmos como cidadãos de um reino celeste, cuja vinda em glória eles aguardavam ansiosos, mas nem por isso eram subversivos ou rebeldes contra o Estado. Se fossem, estariam envolvidos em atividades clandestinas e se esconderiam, mas nada tinham a esconder. Na verdade, afirma Justino, um cristão que tentasse obter poder terreno estaria negando Cristo, cujo reino não é deste mundo.[33]

A verdade a respeito dos cristãos era fácil de descobrir, mas as autoridades romanas não se preocupavam em verificar os fatos; se o fizessem, logo perceberiam que os elevados padrões morais que os cristãos exigiam uns dos outros eram benéficos para o Estado.[34] A má reputação dos cristãos não era devido a nada que eles tivessem feito, e sim à influência de demônios que haviam enganado as pessoas para que pensassem o contrário da verdade.[35] Os ensinos

---

[30] Justino Mártir, *Segunda apologia*, 10.
[31] Justino Mártir, *Primeira apologia*, 6.
[32] Ibid.
[33] Ibid., 11.
[34] Ibid., 12.
[35] Ibid., 14.

e as práticas cristãs não consistiam em nenhum ritual secreto, mas estavam escritos em livros que todos poderiam ler.

Nesse ponto, Justino expõe os alicerces do ensino moral cristão ao citar exaustivamente passagens dos Evangelhos sinóticos, principalmente de Mateus, o que mostra que ele conhecia a tradição sinótica e a reconhecia como uma autoridade. Não há nenhuma indicação de que ele tenha lido o quarto Evangelho, e ele não faz uso do restante do Novo Testamento, embora não seja possível dizer o motivo, mas pode ser que ele tenha preferido citar palavras precisas de Jesus e não tenha ido além disso. É provável que ele tenha desejado imprimir o ensino do Mestre aos seus leitores, visto que nenhum deles era familiarizado com a Escritura cristã. O que vemos aqui é o uso criterioso que Justino faz da fonte material que ele selecionou para apoiar seu argumento. As palavras de Jesus eram importantes porque seu ensino direto pretendia impressionar os pagãos com sua autoridade.[36]

As virtudes cristãs salientadas por Justino estão evidentes na *Primeira apologia*. A primeira coisa que ele menciona é a castidade, talvez por ser uma virtude de grande valor entre muitos filósofos, mas quase inexistente na religião pagã, que muitas vezes era pouco mais do que um culto de fertilidade. Depois veio a paciência, a honestidade sem artifícios e a obediência civil.[37] Justino poderia mencionar muitas outras coisas, mas é patente que o desejo de impressionar sua audiência moldou suas escolhas. As virtudes que ele enaltece naqueles que têm a mesma fé que a sua são as dos filósofos, um fato que deve ganhar sua simpatia e fazê-los perceber quão irracional são seus preconceitos anticristãos.

Justino passou da ética comum para questões mais difíceis sobre morte e ressurreição. Muitos pagãos se recusaram a acreditar que uma pessoa morta pudesse voltar à vida, contudo, Justino os refuta de duas maneiras. Primeiro, ele apela às práticas pagãs, como a necromancia e sua crença geral de que a alma dos mortos poderia influenciar o comportamento dos vivos. Se isso é verdade, argumenta Justino, o que impediria que as almas voltassem à vida em um corpo, como os cristãos acreditam que ocorrerá?[38] O segundo argumento é tirado da vida humana. Se uma gota do esperma humano pode se transformar em um ser humano completo, o que impediria que um cadáver voltasse a viver se Deus assim desejasse? As duas coisas são milagres porque não podemos causar

---

[36] Veja Arthur J. Bellinzoni, *The sayings of Jesus in the writings of Justin Martyr* (Leiden: Brill, 1967).
[37] Justino Mártir, *Primeira apologia*, 15-7.
[38] Ibid., 18.

nenhuma delas por nossos próprios meios, mas, como vemos bebês nascendo todos os dias, por que duvidaríamos da possibilidade da ressurreição de um morto? Esse não era um argumento particularmente forte, e Justino não insistiu nele; contudo, não se preocupava em apelar aos mistérios da vida humana reconhecidos comumente no intuito de justificar o mistério raro e limitado a Jesus Cristo.

A apologética baseada na singularidade do cristianismo

Justino não hesita em comparar as práticas religiosas pagãs e cristãs, ora para mostrar as semelhanças entre elas, ora para mostrar o exato oposto. As similaridades claramente procuravam provar que os pagãos não estavam de todo errados – alguns elementos da verdade ainda estavam presentes em suas mentes, e por vezes eles surgiam, em especial no ensino dos grandes filósofos. Como afirma Justino: "Em alguns pontos nós ensinamos as mesmas coisas que os poetas e filósofos [...] e, em outros pontos, somos mais plenos e divinos em nosso ensino".[39] Ele apresenta esse argumento em referência à vida de Jesus, destacando que os mitos pagãos contam histórias sobre nascimentos virginais e ascensões ao céu, para não ir mais longe. Os críticos modernos podem ser tentados a dizer que os cristãos pegaram essas ideias emprestadas das fontes pagãs e as aplicaram a Cristo, mas Justino tinha uma resposta pronta para isso. Ele cria que os espíritos malignos haviam corrompido a mente dos pagãos ao tomar elementos da verdade e distorcê-los, causando similaridades desse tipo. Como ele diz, embora houvesse muitos "filhos de Zeus/Júpiter" que faziam coisas extraordinárias, não há nenhuma sugestão de que qualquer um deles tenha jamais sido crucificado – o evento central na vida de Cristo é completamente ausente da mitologia pagã.[40]

Por outro lado, Justino também acreditava que Platão havia obtido suas ideias básicas de Moisés e que no *Timeu* ele havia previsto a crucificação de Cristo ao escrever que "Ele [Deus Pai] o colocou [Cristo] em forma de cruz no universo".[41] Leitores modernos acham isso um pouco exagerado, para dizer o mínimo, mas isso demonstra como Justino estava determinado a associar o platonismo à revelação bíblica. Justino também estava ciente de que havia similaridades entre o cristianismo e alguns dos cultos de mistério que eram

---

[39] Ibid., 20.
[40] Ibid., 55.
[41] Ibid., 60.

populares em seu tempo, mas, como dito anteriormente, ele não atribuía isso a um empréstimo que os cristãos tivessem feito do paganismo, e sim às atividades dos espíritos malignos que corrompiam a verdade. Seu debate sobre a Eucaristia cristã, por exemplo, a descreve como um rito "que os demônios perversos imitaram nos mistérios de Mitra, ordenando que as mesmas coisas fossem feitas. Pois [...] pão e um copo de água são colocados com certos sortilégios nos ritos místicos de quem está sendo iniciado".[42]

Observações desse tipo não provam que os cristãos tomaram qualquer coisa de seu entorno pagão, e, a despeito de escritores sensacionalistas de hoje por vezes citarem tais "evidências" com essa intenção, acadêmicos sérios geralmente as descartam. Entretanto, as observações de Justino mostram que alguns de seus contemporâneos acusavam os cristãos de tais empréstimos, e ele sabia que deveria refutá-los, mesmo se o argumento escolhido para isso não pudesse ser usado hoje.

Uma das grandes diferenças entre os mitos pagãos e os Evangelhos está na incoerência e nos relatos não históricos nos primeiros, visto que os Evangelhos eram organizados ao redor de um único indivíduo de forma sistemática e, também, que testemunhas haviam confirmado seus relatos em tempos relativamente recentes aos fatos. Jesus Cristo era uma pessoa real, coisa que os principais personagens da mitologia grega não eram, e tanto o seu ensino quanto o seu comportamento foram, de longe, mais morais do que qualquer coisa encontrada entre os deuses olímpicos, os quais não possuíam nenhum ensino para transmitirem e que, não raro, eram atrozes em suas perversidades.[43]

Quanto à ideia de que Jesus foi uma espécie de mago, o fato é que essa designação pertencia mais aos homens que se levantavam em oposição a ele. Dentre esses, havia um, Simão, o Mago, que foi para Roma, e, lá, após a sua morte, foi deificado. Os verdadeiros cristãos rejeitaram todas essas pessoas, considerando-as como possuídas por demônios.[44] Justino não hesitou em afirmar que os maus espíritos, tendo corrompido a verdade sobre Deus ao produzirem mitos pagãos, estavam fazendo exatamente a mesma coisa ao suscitarem magos como Simão.[45]

---

[42] Ibid., 66.
[43] Ibid., 23-25.
[44] Ibid., 26. De maneira interessante, Justino afirmou ter havido uma lista de todas essas "heresias", as quais ele produziu sob encomenda! Se isso foi verdade, seu trabalho de catalogação precedeu o de Ireneu por uma geração.
[45] Ibid., 56.

A apologética com base na profecia judaico-cristã

O principal elemento da plataforma apologética de Justino era a sua confiança na afirmação de que a profecia do Antigo Testamento foi cumprida em Cristo. É nesse ponto que sua apologia ao cristianismo contra os pagãos encontra sua defesa do cristianismo contra os judeus. As profecias foram traduzidas do hebraico para o grego muito antes da vinda de Cristo e estavam disponíveis para qualquer um que quisesse lê-las.[46] Assim, era possível mostrar que elas não tinham sido inventadas após os eventos que haviam descrito. Além disso, elas eram críveis de uma forma que os mitos pagãos não eram, e foi possível associar o que elas diziam às coisas que aconteceram na vida, na morte e na ressurreição de Jesus. Em última análise, foram nesses laços que os argumentos apologéticos de Justino se baseavam.

Uma das provas sobre as quais Justino depositava sua confiança era a extrema antiguidade da profecia. De acordo com ele, as profecias eram de cerca de cinco mil anos atrás e haviam sido revividas em intervalos periódicos na história de Israel. Não foi um evento único, de um passado distante, mas uma tradição viva que começou nas brumas do tempo e continuou até poucos séculos antes de ser cumprida em Cristo. Aqui, claro, Justino estava exagerando, visto que, mesmo para o cálculo mais generoso, a tradição profética não voltava mais do que dois mil anos (até Abraão), e nem mesmo Justino afirmou ser tudo isso. Ele, por exemplo, cita Moisés, a quem descreve como o primeiro dos profetas ao dizer:

> O cetro não se apartará de Judá nem o bastão de comando de seus descendentes até que venha aquele a quem ele pertence, e a ele as nações obedecerão. Ele amarrará seu jumento a uma videira e o seu jumentinho, ao ramo mais seleto; lavará no vinho as suas roupas, no sangue das uvas, as suas vestimentas.[47]

Na interpretação de Justino, essa profecia (e outras como ela) predizia a vinda de Cristo, o legislador supremo de Israel, e sem dúvidas ela teria essa intenção. O que surpreende é que ele a atribuísse a Moisés quando, na verdade, citava as palavras de Jacó. Uma vez que se atribuía mais de quatro mil anos para a antiguidade da profecia, por que Justino não mencionou isso? A razão pode estar no fato de que ele tenha se concentrado sobre o caráter *escrito* da profecia, que era mais importante para ele. Jacó pode ter falado as palavras, mas foi Moisés

---

[46] Ibid., 31.
[47] Ibid., 32. A citação é de Gênesis 49:10.

quem as registrou, e, portanto, as colocou em domínio público. Para Justino, sabedor de que os oráculos e as "profecias" dos antigos gregos e romanos eram enigmáticos e comunicados por tradição oral, tornando incerto seu significado, essa era uma diferença fundamental entre o paganismo e a religião judaico-cristã. As profecias bíblicas eram história mesmo antes de ocorrerem, o que, para a mente de Justino, aumentava grandemente sua autoridade.

Como seria de se esperar, muitas das evidências de Justino vêm dos Evangelhos, em especial de Mateus, que se especializa no tema da profecia cumprida; contudo, ele foi além dos versículos citados como tais no Novo Testamento. Justino foi especialmente parcial com Isaías e os Salmos, que ele considerava serem livros proféticos. Ocasionalmente, ele poderia ser bastante criativo. Por exemplo, quando citou o Salmo 96:10 como "O Senhor reina de uma árvore", querendo dizer "da cruz", apesar de nem o original hebraico nem a tradução grega conterem as três últimas palavras. De onde Justino as retira é um mistério. Sua leitura pode refletir uma variante que circulava em sua época, embora não haja nenhuma evidência disso.[48] O certo é que Justino sabia que a maioria das versões do texto não continha essas palavras extras, o que, segundo ele, ocorria por conta da censura exercida pelos "governantes do povo".[49]

Argumentos sobre a verdadeira interpretação da profecia hebraica obviamente desempenhariam um papel mais central no "diálogo" de Justino com os judeus do que em seus argumentos contra os pagãos apenas porque aqui judeus e cristãos tinham pontos em comum. Em algumas ocasiões, como no exemplo dado anteriormente, eles estavam lendo textos diferentes, e, quando isso acontecia, a estratégia de Justino era dizer que a versão judaica era imprecisa, pois havia sido "academicizada" pelos judeus.[50] Muitas vezes, contudo, ele fazia alegorias do Antigo Testamento, fazendo-o falar de Cristo mesmo quando o texto não fazia isso.[51] Leitores modernos são compreensivelmente constrangidos por tais afirmações, uma vez que quase sempre se demonstram falsas, mas, sendo justos com Justino, ele também percebeu que tais "provas" não eram convincentes, e estava determinado a mostrar que Cristo cumpria as antigas profecias em seu sentido literal e histórico.[52]

---

[48] Ibid., 41.
[49] *Diálogo com Trifão*, 73.
[50] Ibid., 70, 72-3.
[51] Ibid., 40-3.
[52] Ibid., 55.

A principal diferença entre Justino e Trifão é concernente à natureza do cumprimento "literal" da profecia. Presume-se que Trifão ecoou a opinião judaica geral de seu tempo, afirmando que as palavras de Davi (nos Salmos) e de Isaías se referem aos eventos de seu tempo e não a algum futuro distante. Eles podem ter "predito" algo sobre Salomão ou Ezequias, mas não sobre um Messias cuja vinda estaria postergada por centenas de anos. A resposta de Justino foi mostrar que a interpretação de Trifão estava errada, pois o que os profetas disseram estava muito além de qualquer coisa que Salomão ou Ezequias pudessem ter "cumprido".[53] Ele também rejeitou a afirmação de Trifão de que os mitos pagãos tinham influenciado os cristãos usando os mesmos argumentos que aparecem em sua *Primeira apologia*.[54]

A partir de um ponto de vista moderno, Justino estava sobre um alicerce mais forte quando disse, contra Trifão, que não era necessário manter a Lei mosaica mesmo que ela fosse uma revelação divina, pois seu propósito havia sido cumprido em Cristo.[55] Seu tratamento extensivo sobre o assunto pode ser lido como similar ao que Paulo disse em Romanos, embora Justino nunca tenha indicado que lera os escritos do apóstolo.[56] Ele também estava ciente de que Jesus Cristo não cumpriu completamente todas as profecias, um ponto que Trifão usou para desacreditar as afirmações cristãs. Em resposta a isso, Justino disse que Cristo voltaria novamente e, então, se daria a completude da mensagem profética.[57]

Mais importante, Justino deu foco à cruz, o que, em sua opinião, era a prova final de que Jesus era o Messias prometido.[58] Intimamente associadas a isso estavam as profecias da subsequente ressurreição de Cristo, que Justino também menciona.[59] Longos argumentos estão interligados com suas explicações desses eventos-chave para mostrar que o Antigo Testamento prenuncia a revelação da Trindade em Deus, embora Justino nunca use essa palavra, mas distingua o Deus que revelou a si mesmo a Moisés do Pai de Jesus Cristo (que permanece em eterna transcendência e não revela a si mesmo a ninguém

---

[53] Ibid., 33-4, 83-4.
[54] Ibid., 67, 69-71.
[55] Ibid., 10-30.
[56] Isso não significa que ele não os conhecesse, e sim que ele não os usou em seu diálogo com Trifão, que não teria aceitado como evidência da revelação divina. Justino adaptou sua abordagem às crenças e aos preconceitos de seu interlocutor, uma manobra tipicamente apologética.
[57] Justino Mártir, *Diálogo com Trifão*, 31-2, 110-1.
[58] Ibid., 86, 89-91, 94-99, 104-05.
[59] Ibid., 106-7.

diretamente) e afirme que as referências à Palavra de Deus no Antigo Testamento também são cristológicas.[60] O objetivo de Justino era mostrar que as profecias relevadas no Antigo Testamento foram cumpridas em Cristo e que a igreja é a verdadeira herdeira das promessas que Deus fez a Abraão. O judaísmo é verdadeiro até certo ponto, mas não o suficiente, e nunca se esperou que fosse definitivo. Desde o começo, era algo provisório, que deveria preparar o caminho para a vinda do Messias. Os cristãos acreditam que Jesus era o Messias, mas os judeus não aceitam isso, e esse desacordo se tornou um motivo de amargura e mal-entendidos entre nós e eles.[61] Na era moderna, as autoridades cristãs dominantes discriminaram os judeus, mas, nos primeiros dias da igreja, o desejo de perseguir era muito maior no outro lado.

Justino não aprovava os cristãos que anatematizavam os judeus convertidos caso estes continuassem a observar seus hábitos judaicos tradicionais. Trifão o questiona a respeito disso, e, embora Justino precisasse admitir o fato de que alguns cristãos eram intolerantes dessa forma, ele não era um deles. Pessoalmente, ele entendia que manter a Lei judaica era um assunto de indiferença, uma vez que ninguém procurava forçá-la aos cristãos como necessária para a salvação. Essa era, é claro, a atitude do apóstolo Paulo, mas, no século II, era um sinal de mente aberta por parte de Justino e que se tornaria raro nos anos a seguir. A atitude de Justino com relação aos judeus era tentar persuadi-los a ver como a Escritura deles deve ser interpretada e orar por eles, apesar da dureza de coração desse povo.[62] É uma estratégia da qual temos muito a aprender, e mesmo a esse respeito, Justino é nosso contemporâneo como era de Trifão.

CONTRIBUIÇÕES PARA A APOLOGÉTICA

Devemos nos perguntar o que os cristãos podem aprender hoje da apologética de Justino Mártir. Seu mundo era muito diferente do nosso, e de muitas formas sua abordagem parece irrelevante e inaplicável em nossos dias. Contudo, se olharmos de maneira mais profunda, veremos que existem lições que podemos aprender com ele se distinguirmos entre seus princípios e sua aplicação nas circunstâncias de sua época. Há muita coisa em seu pensamento que podemos afirmar e abraçar, embora devamos descartar uma boa parte de sua interpretação bíblica.

---

[60] Ibid., 56-63.
[61] Ibid., 39, 108, 115.
[62] Ibid., 133.

Para começar, Justino fez um sério esforço para entender aqueles a quem ele estava se dirigindo. Ele não presumiu que seus leitores já entendessem o cristianismo nem os interpelou de uma forma que não fizesse sentido para um descrente. Ao lidar com aqueles educados pela filosofia grega, ele admitiu as virtudes dos filósofos e indicou que, muitas vezes, os cristãos concordavam com eles, principalmente em assuntos morais. Ele apelou à racionalidade como a base da verdade, pois esse era um princípio que, em teoria, ambos tinham em comum. Ele dizia que os cristãos eram os melhores aliados dos filósofos; de fato, eles eram os *verdadeiros* filósofos e então os eruditos gregos deveriam ter uma causa comum com eles e pararem com a perseguição de pessoas que compartilhavam muitas de suas próprias ideias.

Esclarecido esse ponto, Justino então lembrou a eles que, apesar de todas as virtudes, os filósofos eram incapazes de concordar entre eles, mesmo que todos reconhecessem que havia somente uma verdade. Justino afirmava que o cristianismo tinha um sistema que poderia abraçar a totalidade da verdade, encontrada em Cristo, cuja integridade intelectual de ensino e honestidade moral vinham junto. Como o Deus Criador, Cristo é a fonte de todo conhecimento, e como o Redentor que sofreu e morreu na cruz, ele superou e derrotou o poder do pecado que nos impedia de realizar nosso potencial como criaturas de Deus. Cristo não somente pregou o caminho da verdade, como também percorreu todo o trajeto até a cruz, e, ao fazê-lo, trouxe mudança real e renovo para aqueles que nele acreditam.

Ao lidar com os judeus, Justino reconheceu as bases comuns da revelação das Escrituras, as quais unem os cristãos a eles, e argumentou que isso só fazia sentido na pessoa e na obra de Cristo. Muitos de seus exemplos podem parecer exagerados, mas o princípio básico é fundamental para o cristianismo. Não podemos nos afastar do Antigo Testamento, que forma a estrutura de nossa fé, mas também não podemos nos prender a ele de forma que exclua a revelação divina dada a nós em Cristo. Sendo assim, interpretar a Bíblia hebraica de forma cristológica não é uma opção para nós – é essencial. Se estamos em diálogo com os judeus, que compartilham conosco o interesse no verdadeiro significado do texto como Palavra de Deus, ou se lidamos com cristãos que não têm nenhum amor particular por Israel nem entendimento acerca de sua importância permanente no plano de Deus para nossa salvação, interpretar o Antigo Testamento à luz de Cristo continua sendo fundamental para nossa fé e para nossa apologética também.

Por fim, o objetivo de Justino era defender a fé cristã, não impô-la às pessoas que não houvessem sido persuadidas por ela. Os pagãos para quem ele escreveu não aceitavam o que ele dizia, e Trifão vai embora sem ter sido convencido. Isso não significa que a apologética de Justino era falha, mas é um alerta de que a conversão é uma obra do Espírito Santo, não o resultado de um argumento convincente ou perspicaz. Como diz Paulo, quando escreveu aos coríntios: "Eu plantei, Apolo regou, mas Deus é quem fazia crescer" (1Coríntios 3:6). Justino via a si mesmo como seguindo os passos de Paulo e/ou Apolo, e ele sabia que seus esforços trariam frutos somente se Deus os abençoasse com o poder do Espírito Santo. Era assim então, e é assim agora, e dessa forma Justino permanece um modelo para nós de como devemos dar testemunho da fé que está em nós.

BIBLIOGRAFIA

Textos e traduções

FALLS, T. B. *Justin Martyr: Dialogue with Trypho* (Washington: Catholic University of America Press, 2003). Apenas tradução.

GOODSPEED, E. J. (ed.). *Die ältesten Apologeten* (Göttingen: Vandenhoeck und Ruprecht, 1914). Texto crítico.

MINNS, D.; P. PARVIS (eds.). *Justin, philosopher and martyr: Apologies* (Oxford: Oxford University Press, 2009). Edição crítica com tradução.

ROBERTS, A.; J. DONALDSON, ed., *Ante-nicene fathers*, I, p. 159-270. (Edinburgh: T&T Clark, 1867). Apenas tradução.

Pesquisas

ALLERT, C. D. *Revelation, truth, canon and interpretation: Studies in Justin Martyr's Dialogue with Trypho* (Leiden: Brill, 2002).

BARNARD, L. W. *Justin Martyr: His life and thought* (Cambridge: Cambridge University Press, 1967).

BELLINZONI, A. J. *The sayings of Jesus in the writings of Justin Martyr* (Leiden: Brill, 1967).

PARVIS, S.; P. FOSTER, *Justin Martyr and his worlds* (Minneapolis: Fortress, 2007).

QUASTEN, J. *Patrology.* Vol 1 of *The beginnings of patristic literature* (Utrecht: Spectrum, 1950).

SHOTWELL, W. A. *The biblical exegesis of Justin Martyr* (Londres: SPCK, 1965).

SKARSAUNE, O. *The proof from prophecy: A study in Justin Martyr's proof--text tradition* (Leiden: Brill, 1987).

IRINEU DE LYON
POLEMISTA ANTIGNÓSTICO
Stephen O. Presley

Durante o século II, a igreja enfrentou um terrível desafio diante de numerosos gnósticos que atuavam para abalar o ensino dos apóstolos. Irineu (130-200, aproximadamente) dirigiu seus esforços apologéticos sobre uma cuidadosa análise e crítica dos pensadores gnósticos. Ele compôs um método teológico que procurava combater os pressupostos básicos do mito gnóstico, e a aplicação de seus argumentos apologéticos estava fortemente baseada em estratégias retóricas que revelavam as contradições e inconsistências das visões de seus adversários. Por meio de sua obra, Irineu ajudou a lidar com a ameaça do gnosticismo e a preservar a fé da igreja no século II.

CONTEXTO HISTÓRICO

Irineu nasceu em Esmirna por volta de 130 e, quando ainda era bastante jovem, tornou-se discípulo de Policarpo antes de migrar para a Gália, a oeste, e estabelecer-se em Lyon.[1] No ano de 177, as igrejas próximas a Lyon e Vienne sofreram violentas perseguições, e Potino, líder da igreja em Lyon, foi martirizado.[2] Uma carta descrevendo esses terríveis atos de perseguição foi redigida e enviada com Irineu para o bispo Eleutério, em Roma, a fim de reportar a fidelidade da igreja em meio ao sofrimento e para encorajar a comunidade cristã romana. Após o fim das perseguições, Irineu retorna para Lyon e assume o cuidado pastoral da igreja. Durante seu ministério, ele procurou curar a igreja de divisões e manter a unidade, especialmente durante as controvérsias

---

[1] Eusébio, *História eclesiástica*, 4.14. As citações de Eusébio são tiradas de: *Eusebius, Ecclesiastical history*, Trad. C. F. Crusé (Peabody: Hendrickson, 2000) [no Brasil: *História eclesiástica* (São Paulo: Paulus, 2000)]. Veja também Irineu, *Haer.* 3.3.4. Para mais informações sobre a vida de Irineu, veja: Hubertus R. Drobner, *The fathers of the church: a comprehensive introduction* (Grand Rapids: Baker Academic, 2007), p. 117-22 [no Brasil: *Manual de patrologia* (São Paulo: Vozes, 2008)]. Muito do que sabemos sobre sua vida se deve a Eusébio; veja Eusébio, *História eclesiástica*, 5.4-25.

[2] Eusébio, *História eclesiástica*, 5.1.29.

entre montanistas e os quartodecimanos (ou seja, aqueles cristãos que celebravam a Páscoa conforme o calendário judaico, em 14 de nisã). Mas havia alguns gnósticos ativos em sua congregação, e também outros que rejeitavam o ensino dos apóstolos e as convicções básicas de fé da igreja. Diferente dos primeiros cristãos apologetas do século II, que escreviam petições aos líderes ou aos intelectuais públicos, Irineu é lembrado por seus esforços apologéticos contra essa crescente onda de pensadores gnósticos que ameaçavam as comunidades cristãs primitivas.[3]

Embora a pena de Irineu fosse bastante ativa, somente duas de suas obras sobreviveram: uma refutação do gnosticismo em cinco volumes intitulada *A refutação e derrota da falsamente assim chamada gnose (conhecimento)* (ou seu título menor, *Contra as Heresias – Adversus haereses*) e um pequeno manual catequético intitulado *Demonstração da pregação apostólica*.[4] Eusébio relata que Irineu escreveu diversas outras obras, incluindo uma chamada *Sobre o conhecimento*, escrita contra os helênicos; um livro sobre Sabedoria de Salomão e Hebreus; algumas cartas escritas para Florino intituladas *Sobre a única soberania*, ou *Deus não é o autor do mal*, e *Sobre Ogdôada*; e uma carta escrita para Blastos chamada *Sobre o cisma*.[5] Os tópicos e temas nesses títulos, juntamente com os dois trabalhos existentes mencionados anteriormente, apresenta as preocupações apologéticas, eclesiásticas e teológicas de Irineu. Essas obras confirmam o fato de que ele era, acima de tudo, um pastor de uma congregação local profundamente preocupado com os ensinos heréticos que se infiltravam entre os cristãos de Lyon e em outras cidades.

Ao traçarmos a contribuição apologética de Irineu, devemos começar situando-o dentro do universo teológico do século II e do contorno básico do pensamento gnóstico, o que ajuda a explicar o contexto histórico e teológico que estrutura seus argumentos e métodos teológicos próprios. Irineu gasta bastante tempo detalhando cuidadosamente os fluxos interconectados

---

[3] Robert M. Grant, *Greek apologists of the second century* (Philadelphia: Westminster, 1988), p. 186.

[4] Traduções inglesas de *Contras as Heresias 1-3* são de: Dominic J. Unger; John J. Dillon, *St. Irenaeus of Lyons: Against the heresies* (Book 1), ACW 55 (New York: Newman, 1992); Dominic J. Unger; John J. Dillon; Michael Slusser, *St. Irenaeus of Lyons: Against the heresies* (Book 2), ACW 65 (New York: Newman, 2012); Dominic J. Unger; John J. Dillon; Matthew Steenberg, *St. Irenaeus of Lyons: Against the heresies* (Book 3), ACW 64 (New York: Newman, 2012). As traduções para o inglês de *Contra as heresias 4-5* são de: A. Roberts; J. Donaldson, *Ante-Nicene Fathers*. Vol. 1 (Peabody, MA: Hendrickson, 1994).

[5] Eusébio, *História Eclesiástica*, 5.20.1.4-8; *História Eclesiástica*, 5.24.11-7; *História Eclesiástica*, 5.26.

da corrente gnóstica de diversos mestres, e, em sua defesa da fé, ele não teme recorrer à sua educação secular e utiliza alguns argumentos filosóficos básicos, embora se apoie muito mais nas estratégias da retórica clássica greco-romana.[6] Por seus esforços apologéticos, Irineu permanece um dos mais importantes teólogos do século II e um representante essencial da forma como os pais da igreja primitiva defenderam a fé.

CONTEXTO TEOLÓGICO

O foco primário da defesa apologética de Irineu é um conjunto mais ou menos conectado de mestres religiosos e comunidades chamados "gnósticos". Esses gnósticos baseiam-se em uma mistura complexa de filosofia pagã, judaísmo helenista e pensamento cristão, sendo que cada mestre ou comunidade forma sua própria visão de mundo misturada. Embora haja evidência de preocupação para um pensamento gnóstico inicial no Novo Testamento, as principais escolas do gnosticismo surgiram no século II. As linhas iniciais de *Contra as heresias* contêm uma alusão a 1Timóteo 1:3-4, que descreve seus oponentes "rejeitando a verdade e introduzindo mitos e genealogias intermináveis". Isso concebe seus oponentes gnósticos como uma manifestação dos alertas de Paulo.[7] Irineu nos conta que era bem conhecido entre os gnósticos; ele havia lido algumas de suas obras e tinha conversas pessoais com eles,[8] e também estava motivado a responder quando os viu tentando persuadir cristãos a abandonar a igreja e o ensino dos apóstolos, incluindo aqueles de sua congregação.[9]

Na academia contemporânea, os rótulos "gnóstico" ou "gnosticismo" se tornaram extremamente controversos, com diversos trabalhos argumentando que devemos rejeitar o termo, pois nenhuma definição coerente pode circunscrever

---

[6] Robert M. Grant, "Irenaeus and Hellenistic Culture", *Harvard Theological Review* 42 (1949), p. 41-51; William R. Schoedel, "Philosophy and Rhetoric in the Adversus Haereses of Irenaeus", *Vigiliae Christianae* 13 (1959), p. 22-32; Pheme Perkins, "Irenaeus and the Gnostics: Rhetoric and Composition in Adversus Haereses Book One", *Vigiliae Christianae* 30 (1976), p. 193-200; Anthony Briggman, "Literary and Rhetorical Theory in Irenaeus, Part 1", *Vigiliae Christianae* 69 (2015): p. 500-27; Anthony Briggman, "Literary and Rhetorical Theory in Irenaeus, Part 2", *Vigiliae Christianae* 70 (2016), p. 31-50.
[7] Irineu, *Haer.* 1.pf.1. O título de sua principal obra, *A refutação e derrota da falsamente assim chamada gnose*, também alude a 1Timóteo 6:20.
[8] Irineu, *Haer.* 1.pf.2.
[9] Ibid.

a diversidade das assim chamadas visões gnósticas.[10] Em certa medida, isso é correto. O ensino de vários escritores gnósticos é tão variado que agregá-los dentro de uma definição coerente se torna um desafio.[11] Mesmo Irineu se queixa de que os novos textos e mestres gnósticos estão sempre brotando.[12] Contudo, apesar do desafio, há um conjunto compreensível de proposições e uma visão de mundo basicamente dualista que permeia muitos textos gnósticos. Em sua introdução ao gnosticismo, Christoph Markschies elabora uma definição tipológica simples que lista um "conjunto particular de ideias ou motivos" encontrados em diversas obras gnósticas. Essas premissas gnósticas básicas incluem:

> 1) A experiência de um Deus supremo, distante, completamente de outro mundo; 2) A introdução, que, entre outras coisas é condicionada por essa experiência, de outras figuras divinas ou a fragmentação de figuras existentes em outras que estão mais próximas aos humanos do que o remoto supremo Deus; 3) a opinião de que o mundo e a matéria são uma criação má, e um sentimento condicionado por isso da alienação do gnóstico no mundo; 4) a introdução de um Deus ou assistente criador distante: dentro da tradição platônica ele é chamado de "artífice" – do grego, *demiurgos* –, e é por vezes descrito como um mero ignorante, mas, em outros momentos, também é descrito como mal; 5) a explicação do atual estado de coisas por um drama mitológico no qual um elemento divino cai de sua esfera em um mundo maligno e adormece nos seres humanos de uma classe, como uma fagulha divina, e pode ser libertado disso; 6) o conhecimento ("gnose") sobre esse estado que, contudo, somente pode ser conquistado por meio de uma figura redentora de outro mundo, que desce de uma esfera mais alta e ascende a ela novamente; 7) a redenção dos seres humanos por meio do conhecimento "daquele Deus (ou da fagulha) neles" [...] e, por fim, a tendência a um dualismo de diferentes tipos que pode expressar-se em um conceito de Deus, em oposição do espírito e da matéria, e na antropologia.[13]

Unidos, esses pontos formam um conjunto de dualismos que flui dessas pressuposições gnósticas, incluindo um dualismo *metafísico,* que separa o

---

[10] Karen King, *What is gnosticism?* (Cambridge: Harvard University Press, 2003); Michael A. Williams, *Rethinking "gnosticism": an argument for dismantling a dubious category* (Princeton: Princeton University Press, 1996).

[11] A situação se tornou ainda mais complexa desde a descoberta de uma coleção de antigos textos gnósticos em 1945, chamados de Biblioteca de Nag Hammadi. Veja: Marvin Meyer, ed., *The Nag Hammadi Scriptures: the revised and updated translation of the sacred gnostic texts* (New York: HarperCollins, 2008).

[12] Irineu, *Haer.* 1.29.1.

[13] Christoph Markschies, *Gnosis: an introduction* (New York: T&T Clark, 2003), p. 16-7.

mundo espiritual acima do mundo material abaixo; um dualismo *teológico*, que separa o Deus Supremo do criador, ou demiurgo, e a divisão de éons no pleroma; um dualismo *cristológico*, que distingue as figuras de Cristo e de Jesus, e do Logos e do Salvador; um dualismo *antropológico* que distingue entre entes espirituais que possuem conhecimento da fagulha divina e os que não a possuem; um dualismo *canônico*, que separa a unidade das Escrituras, em especial o Antigo e o Novo Testamentos; e um dualismo *soteriológico*, que celebra a salvação do elemento espiritual e rejeita a ressurreição do corpo.[14] Esse conjunto de motivos e suposições gnósticas, junto com os dualismos que emanam deles, competem com os contornos básicos da visão de mundo cristã alicerçada nas Escrituras. Além disso, mesmo que os gnósticos rejeitem a autoridade do Antigo e do Novo Testamentos, eles os integravam muitas vezes aos seus escritos na medida em que explicavam e defendiam as visões mencionadas anteriormente. Assim, por exemplo, em muitas elucidações gnósticas, o Criador no Gênesis é frequentemente visto como uma deidade perversa que criou o mundo material e que, de forma insensata, afirmou ser o Deus único (Isaías 45:5).[15] Eles também apelam para outros textos, como 1Coríntios 15:50: "Carne e sangue não podem herdar o Reino de Deus", como uma defesa contra a ressurreição do corpo.[16]

Em sua obra principal, Irineu perde pouco tempo antes de começar seu resumo e sua crítica do gnosticismo nos primeiros dois livros de *Contra as heresias*. Ao começar no livro 1, ele percorre de forma sistemática cada uma das principais escolas do gnosticismo, incluindo os discípulos de Valentim (*Haer.* 1.1-8), os discípulos de Marcos (*Haer.* 1.13-20), Simão, o Mago, e Menandro (*Haer.* 1.23), Saturnino e Basílides (*Haer.* 1.24), Carpócrates, Cerinto e os Ebionitas (*Haer.* 1.25), Nicolaítas (*Haer.* 1.26), Cerdão e Marcião (*Haer.* 1.27), Encratitas e Ticiano (*Haer.* 1.28), os discípulos de Barbelo (*Haer.* 1.29), Ofitas (*Haer.* 1.30) e os Cainitas (*Haer.* 1.31).[17] Acadêmicos modernos debatem sobre o resumo de Irineu a respeito dos gnósticos, questionando a exatidão de

---

[14] Gérard Vallée, "Theological and non-theological motives in Irenaeus's refutation of the gnostics". In: E. P. Sanders, *Jewish and Christian self-definition*, 1: the shaping of Christianity in the second and third centuries (Philadelphia: Fortress, 1980), p. 179-80.

[15] Stephen O. Presley, *The intertextual reception of Genesis 1-3 in Irenaeus of Lyons* (Leiden: Brill, 2015), p. 49-50.

[16] Ibid., p. 191.

[17] Para uma leitura introdutória com a seleção de respostas cristãs ao gnosticismo e outras heresias do período da igreja primitiva, veja: Arland J. Hultgren e Steven A. Haggmark, eds., *The earliest Christian heretics: readings from their opponents* (Minneapolis: Fortress, 1996).

suas descrições; contudo, os estudos continuam mostrando que a exposição de Irineu é correta.[18] Em cada caso, ele descreve as origens e as crenças de cada grupo com críticas intermitentes sobrepostas por floreios retóricos. Em *Contra as heresias*, ele discute em alguns casos a fé da igreja e introduz sua própria perspectiva teológica (conforme *Haer.* 1.8-10, *Haer.* 1.22), mas reserva um tratamento mais elaborado de seu próprio pensamento para *Haer.* 3-5. De todos esses pensadores gnósticos, Valentim, um mestre eloquente e persuasivo, era o principal alvo da polêmica de Irineu, e a descrição do sistema valentiniano abrange oito capítulos.[19]

RESPOSTA APOLOGÉTICA E METODOLOGIA

A resposta de Irineu ao gnosticismo permanece na linha de diversos outros apologetas gregos do século II. Sua contribuição é a primeira resposta aos sistemas gnósticos que temos agora. Ao mesmo tempo, seu revide à gnose não é apenas polêmico, mas também construtivo; ele resume a fé ortodoxa da igreja que foi transmitida pelos apóstolos e afirma que essa fé precede qualquer desvio herético. Esse é o motivo pelo qual os esforços apologéticos de Irineu devem começar com um conhecimento mais amplo de seu método teológico geral, que situa sua polêmica dentro de uma humildade epistemológica e alicerça sua teologia em uma doutrina das Escrituras. Sob a direção de seu método teológico, os argumentos apologéticos aplicados por Irineu dependem, muitas vezes, da retórica greco-romana extraída de sua formação. Ele utiliza uma série de termos retóricos diferentes e outras estratégias apologéticas para refutar seus interlocutores gnósticos.

Apologética e o método teológico

Vimos até aqui o método teológico de Irineu, que, após catalogar todos os diversos grupos gnósticos no livro 1 de *Contra as heresias*, dirige no segundo livro uma resposta mais acurada a algumas das principais crenças do gnosticismo. Em sua refutação da gnose, em especial em *Contra as heresias* 2.25-28, ele oferece algo que William Schoedel chamou de "tratado sobre o método

---

[18] Matthew C. Steenberg, *Irenaeus on creation: the cosmic Christ and the saga of redemption* (Leiden: Brill, 2008), p. 11-2.

[19] Valentim foi para Roma no meio do segundo século e procurou ativamente se tornar bispo cristão, mas, depois de rejeitado, ele deixou a igreja e criou suas próprias comunidades. Ele pode ser o autor de *Evangelho da verdade*, descoberto entre os textos da biblioteca Nag Hammadi, apesar de muitos outros escritos dessa mesma coleção se parecerem com seus escritos.

teológico" de Irineu.[20] O primeiro ponto de seu método teológico é um apelo à humildade epistemológica, pois as criaturas de Deus devem apreciar os limites do conhecimento empírico e reconhecer que o que foi revelado por Deus é compreensível à cognição humana, ou, nas palavras de Irineu, que está colocado "diante de nossos olhos".[21] Os gnósticos não partem dessa suposição, mas, em vez disso, apresentam-se a si mesmos como eruditos e capacitados intelectualmente, rejeitando o aviso de Paulo de que "O conhecimento traz orgulho, mas o amor edifica" (1Coríntios 8:1).[22] Certamente, Irineu reconhece que nem todas as questões teológicas e filosóficas podem ser respondidas com a revelação dada (na natureza ou nas Escrituras); além disso, nem toda revelação é igualmente clara e compreensível. E, segundo ele escreve, a "mente sólida, segura, piedosa e amante da verdade" se dedicará à revelação sensível e perceptível por intermédio de um devido "método de investigação".[23]

Segundo, esse "método de investigação" reconhece que Deus revela o conhecimento sobre si de duas formas: criação e Escrituras. Irineu acredita que há coisas na criação que são evidentes, como o fato de que a criação existe, ou a pecaminosidade das criaturas de Deus, mas nem tudo é revelado.[24] Por exemplo, nenhuma passagem das Escrituras ou observação empírica da ordem natural revela o que Deus estava fazendo antes de ter criado o mundo ou como ele produziu a matéria, tampouco de que fonte a produziu.[25] Os gnósticos, por outro lado, escolhem procurar por outro deus para explicar esses mistérios e presumem conhecer o que está além da revelação disponível.[26] De acordo com Irineu, a única revelação definitiva está "expressa pelas próprias palavras nas Sagradas Escrituras de forma clara e inequívoca".[27] Por isso ele acreditava que a revelação especial deve ter primazia em relação à revelação geral, e as próprias Escrituras dizem: "Pois em parte conhecemos e em parte profetizamos" (1Coríntios 13:9). A mais acertada e segura revelação é aquela

---

[20] William Schoedel, "Theological method in Irenaeus ("Adversus Haereses" 2.25-8)", *The Journal of Theological Studies*, vol 35.1 (1984): p. 31-49.

[21] Irineu, *Haer.* 2.27.1.

[22] Irineu, *Haer.* 2.26.1.

[23] Irineu, *Haer.* 2.27.1-2.

[24] Irineu, *Haer.* 2.28.7.

[25] Irineu, *Haer.* 2.27.3, *Haer.* 2.28.3,7. Como observa Schoedel, Irineu não é um completo empirista, pois sua visão de mundo é feita com uma expectativa escatológica que molda sua leitura das Escrituras. Veja Schoedel, "Theological method", p. 36.

[26] Irineu, *Haer.* 2.28.6.

[27] Irineu, *Haer.* 2.27.1.

contida nas Escrituras, e essa revelação deve ser a base para toda reflexão teológica ou resposta apologética.

Contudo, quando Ireneu escreve que o conhecimento de Deus é expresso "de forma clara e inequívoca pelas palavras das Sagradas Escrituras", ele não quer dizer que toda a Escritura é igualmente clara. Há parábolas e dizeres enigmáticos que requerem uma atenção especial, por exemplo no Antigo Testamento e nos Evangelhos. Um intérprete dos textos bíblicos nunca deve adaptar assuntos "ambíguos", como o mito gnóstico, aos dizeres enigmáticos nas Escrituras, pois isso distorceria sua totalidade e tornaria obscuras tanto as passagens claras quanto as enigmáticas.[28] A única opção é ler o incerto com o certo, o obscuro com o evidente e o intrigante com o simples. Assim escreve Ireneu:

> Dessa forma, as parábolas não podem ser adaptadas às questões ambíguas. Assim procedendo, aquele que os interpreta o fará de forma acertada, e as parábolas serão explicadas por todos de maneira similar. Portanto, o corpo da Verdade continuará íntegro, inabalável e em harmonia com seus membros. Contudo, é irracional associar as explicações das parábolas com coisas que não estão totalmente claras ou colocadas diante de nossos olhos e que qualquer um pode imaginar como quiser. O resultado disso seria que ninguém teria a Regra da Verdade. Mas, ao contrário, tanto quantos sejam os intérpretes das parábolas, assim muitas verdades seriam vistas em guerra uma com a outra e formando opiniões contraditórias, como é o caso com as questões dos filósofos pagãos.[29]

Aqui, Ireneu forja a unidade do "corpo da verdade" em contraste com a desunião, desarmonia e multiplicidade das interpretações gnósticas. Quando textos obscuros ou parábolas são lidos em continuidade com outras afirmações obscuras, em particular aquelas que não estão nas Escrituras, e sim encontradas nos filósofos pagãos, o resultado é uma multiplicidade infinita de leituras, carentes de qualquer unidade ou coerência. Isso cria uma cacofonia de vozes hermenêuticas em conflito e discórdia, não apenas por distorcer as parábolas nas Escrituras, mas também contradizendo o que é ensinado nas passagens mais claras. Ao contrário, se o cristão lê os textos bíblicos com a "regra da verdade", o texto será "harmonioso" e "inabalável", organizado por meio da iluminação do obscuro. Embora exista uma diversidade de passagens das Escrituras, "por meio das muitas vozes das passagens ouviremos uma melodia

---

[28] Ibid.
[29] Ibid.

harmoniosa que entoa hinos de louvor a Deus, que fez todas as coisas".[30] Para Irineu, os gnósticos erram ao rejeitar o método básico pelo qual alguém pode conhecer tudo sobre Deus. Eles são orgulhosos em seu entendimento sobre a criação e o raciocínio filosófico, e privilegiam o tipo errado de revelação; assim, eles distorcem o ensino claro das Escrituras cristãs e as desconstroem ao moldá-las ao seu sistema.

Uma retórica apologética

Enquanto alguns autores patrísticos se baseiam em argumentos filosóficos, Irineu está mais interessado em utilizar estratégias retóricas. Isso não significa que ele evite usar argumentos filosóficos; estudos mais antigos sugerem que seu uso limitado da filosofia indica um conhecimento apenas superficial, derivado de fontes doxográficas, ou obras introdutórias sobre assuntos filosóficos. Abordagens recentes descrevem um cenário mais equilibrado, de Irineu "tão informado das posições filosóficas gerais, quanto educado nas artes retóricas, e também capaz de utilizar bem certos métodos filosóficos em sua argumentação".[31] Em suma, ele está mais interessado em retórica do que em filosofia.[32] Desde as primeiras páginas de *Contra as heresias*, ele mostra sua dependência dos modos de argumentação retóricos clássicos ao insistir que *não* é especializado em retórica, dizendo, "De nós que vivemos entre os celtas e estamos acostumados a negociarmos praticamente tudo em idioma bárbaro, você não pode esperar uma arte retórica, coisa que nunca aprendemos, ou a arte da escrita, a qual não praticamos, ou estilo elegante e persuasão, com a qual não somos familiarizados".[33] O uso que Irineu faz da retórica é complexo e variado, verificado em uma variedade de termos, ilustrações e conceitos que

---

[30] Irineu, *Haer.* 2.28.3.

[31] Anthony Briggman, "Revisiting Irenaeus' philosophical Acumen", *Vigiliae Christianae* 65 (2011), p. 115-24. Na ocasião, Irineu acusará os gnósticos de plagiar os filósofos e, em um dado exemplo, ele sugere que o pensamento de Platão é superior ao de Marcião. Veja *Haer.* 2.14.2-6 e *Haer.* 3.25.5. Para críticas de filosofia, veja: Irineu, *Haer.* 2.14.2 e *Haer.* 2.33.2-4. Há uma pequena dúvida de que a relação de Irineu com a filosofia poderia ser mais clara caso alguns de seus trabalhos fossem descobertos, como sua obra sobre o problema do mal, mencionado por Eusébio. Christopher Stead, *Philosophy in Christian Antiquity* (Cambridge: Cambridge University Press, 1994), p. 90 [no Brasil: *A filosofia na antiguidade cristã* (São Paulo: Paulus, 2012)].

[32] Robert M. Grant, "Irenaeus and Hellenistic culture", in: *After the New Testament* (Philadelphia: Fortress, 1967), p. 164.

[33] Irineu, *Haer.* 1.pf.3. Schoedel, "Philosophy and rhetoric", 27. Schoedel sugere que a estrutura de *Adversus haereses* nos livros 1-5 segue aproximada aos modelos de retórica helenista, incluindo: *exordium, narratio, divisio, confirmatio, confutatio* e *peroratio*. Schoedel, "Philosophy and rhetoric", p. 27-8.

apresentam contradições, objeções e insultos contra seus oponentes.[34] Nas mãos de Irineu, a retórica é uma ferramenta que serve à sua teologia, e três termos retóricos fundamentais se destacam – embora muitos também sejam termos das Escrituras –, incluindo hipótese (*hypothesis*), economia ou dispensação (*oikonomia*) e recapitulação (*anakephalaiôsis*).[35]

Hipótese: a apresentação de um enredo

O primeiro termo retórico é *hipótese*, que é "a apresentação (por vezes em um resumo) de um enredo ou de uma estrutura pretendido por um autor, tal como Homero".[36] No contexto antigo, Sexto Empírico usou o termo para descrever o "argumento" ou "enredo" de um drama.[37] No pensamento de Irineu, esse termo descreve o argumento das Escrituras como um todo, o que ele sugere quando critica os métodos interpretativos dos gnósticos valentinianos por meio da ilustração da hipótese de um canto homérico. Um canto era uma ferramenta pedagógica na educação greco-romana em que um estudante selecionava frases ou palavras isoladas de um famoso poeta ou escritor, como Homero, Hesíodo, Virgílio ou Ovídio, e as juntava em uma disposição da escolha do estudante, a fim de transmitir seu próprio poema ou sua narrativa.[38] Irineu cita um canto, com linhas de dizeres desconectados, oriundos das obras de Homero, e então compara o canto à tendência dos gnósticos de comporem sua própria hipótese de linhas desconectadas das Escrituras, dizendo:

> Depois de fabricarem completamente seu próprio sistema, eles reuniram dizeres e nomes de lugares diversos e os transferiram, como já dissemos, de seus significados naturais para um significado não natural. Eles agem como aqueles que propõem temas [*hypothesis*] com os quais se deparam e então tentam colocá-los em versos de poemas homéricos, e assim, os inexperientes pensam que Homero compôs os poemas com aqueles temas, quando na verdade são de recente composição... Que uma pessoa de mente simples não seria enganada por esses versos e acredite que Homero os compôs daquela maneira, com aquele mesmo tema? Alguém que é bem versado nos temas homéricos reconhecerá os versos, mas não reconhecerá

---

[34] Perkins, "Irenaeus and the gnostics", p. 195.
[35] Grant, *Irenaeus of Lyons*, p. 46-53.
[36] Ibid., p. 47.
[37] Ibid., p. 48. Briggman, "Literary and rhetorical theory in Irenaeus, Part 1", p. 502-3.
[38] Robert L. Wilken, "The Homeric Cento in Irenaeus, 'Adversus Haereses" 1.8.4", *Vigiliae Christianae* 21 (1967): p. 25-33.

o tema, pois ele sabe que alguns deles falam de Ulisses, outros falam do próprio Hércules, outros ainda de Príamo, outros de Menelau e Agamenon. Contudo, se ele os toma e os coloca cada um em seu próprio [tema], fará com que o tema fabricado desapareça. Da mesma maneira, alguém que mantém imutável em si mesmo a Regra da Verdade recebida por meio do batismo reconhecerá os nomes, dizeres e parábolas das Escrituras, mas esse tema blasfemo deles ele não reconhecerá.[39]

No pensamento de Irineu, os gnósticos unem um conjunto de frases soltas, de diversas partes das Escrituras, como quem compõe um canto homérico, e acaba compondo uma hipótese completamente diferente. Eles retiram frases, versículos ou expressões isoladas das Escrituras e as organizam num novo enredo, em consonância com seu próprio mito descrito anteriormente, e acabam, por fim, transmitindo uma história completamente nova, uma história que é distinta da verdadeira hipótese das Escrituras.[40] Irineu diz que qualquer um que esteja familiarizado com os escritos de Homero (ou com as Escrituras e a regra de fé) reconhecerá imediatamente que os versos foram tirados do contexto de seu enredo homérico, e então os remove e os coloca de volta em seu lugar apropriado nas narrativas originais. Da mesma maneira, os cristãos, que possuem as Escrituras e a verdadeira hipótese, ou "regra de verdade", não serão enganados pela forma que os gnósticos usam as Escrituras para apoiarem seu próprio sistema.[41]

O apelo de Irineu para a hipótese, ou regra de fé, tem sido por muito tempo um foco dos estudos sobre seu pensamento.[42] Imediatamente após sua discussão do canto homérico, Irineu diz novamente os pontos chave de sua regra de fé (eles próprios derivados das Escrituras), que estão orientados em torno de três capítulos, do Pai, do Filho e do Espírito, e detalham o enredo das atividades econômicas de cada um, dizendo:

---

[39] Irineu, *Haer.* 1.9.4.

[40] Essa dissecação das Escrituras também aponta para a preocupação de Irineu com a forma gnóstica de alegorizar o texto, especialmente seu uso da numerologia ou da gematria. Eles davam atenção especial ao significado simbólico dos números nas Escrituras e os conformava ao seu sistema. Veja Irineu, *Haer.* 1.1.3; *Haer.* 1.18-19; *Haer.* 2.20-25; e *Haer.* 5.35.1-4. D. Bruno Reynders, "La polémique de saint Irénée: Méthode et principes", *Recherches de théologie ancienne et médiévale* 7 (1935): p. 5-27.

[41] Grant, *Irenaeus of Lyons*, p. 49.

[42] Philip Hefner, "Theological methodology and St. Irenaeus", *Journal of Religion* 44.4 (1964): p. 294-309.

> Com efeito, a Igreja, embora esteja espalhada por todo o mundo, mesmo até aos confins da terra, recebeu dos apóstolos e de seus discípulos a fé no Deus Pai Todo-poderoso, o Criador dos céus, da terra, dos mares e de todas as coisas que estão neles; e em um só Jesus Cristo, o Filho de Deus que se tornou carne para nossa salvação; e no Espírito Santo, que, por intermédio dos profetas, pregou as economias, a vida, o nascimento de uma virgem, a paixão, a ressurreição dos mortos e a ascensão corporal aos céus do Filho amado, Cristo Jesus, nosso Senhor, e sua vinda dos céus na glória do Pai para recapitular todas as coisas e para levantar toda carne do gênero humano, de forma que, para Cristo Jesus, nosso Senhor e Deus, Salvador e Rei, de acordo com o bom propósito do Pai, todo joelho se dobre [daqueles] nos céus e na terra e debaixo da terra, e toda língua confesse a ele, e que ele execute justo julgamento de todos; e que, por outro lado, ele envie ao fogo eterno as forças espirituais da iniquidade, e os anjos que transgrediram e se tornaram rebeldes, e as pessoas impiedosas, perversas, desregradas e blasfemas; entretanto, por outro lado, pela doação da vida sobre o justo e santo e àqueles que guardaram seus mandamentos, e foram preservados em seu amor – tanto os que o fizeram desde o começo quanto aqueles que os guardaram após arrependimento –, ele concederá a eles, como uma graça, o dom da incorruptibilidade e os vestirá com glória eterna.[43]

Irineu não acredita que apenas sua congregação confesse essa fé, mas sim que todas as igrejas, independentemente da localização geográfica. Não são os gnósticos que confessam essa fé, mas "a Igreja, como dissemos anteriormente, embora espalhada por todo o mundo, guarda de maneira cuidadosa esse ensino e essa fé que ela recebeu, como se habitasse em uma casa. Da mesma forma, ela acredita nessas coisas como se tivesse apenas uma alma e um só coração; ela os prega, ensina e transmite harmoniosamente, como se possuísse apenas uma boca".[44] Assim como o sol brilha sobre toda a terra, continua Irineu, também a pregação de sua fé brilha sobre toda a igreja, e nenhum mestre cristão, por mais talento que tenha, ensinará algo diferente dela.[45] Esse apelo para uma confissão unificada forma o propósito orientador da apologética de Irineu; a igreja, em qualquer era ou localização, é chamada a receber, defender e transmitir essa fé.

---

[43] Irineu, *Haer.* 1.10.1. Para outras descrições da regra de fé em Irineu, veja: Irineu, *Haer.* 1.22.1, *Haer.* 3.11.1, e Irineu, *Epid.* 6.
[44] Irineu, *Haer.* 1.10.2.
[45] Ibid.

Economia: o arranjo do enredo

O segundo termo, *economia*, representa o "arranjo de um poema ou o propósito e direção do enredo",[46] o que significa que os episódios da história podem ser arranjados (ou rearranjados) em coordenação com a hipótese da narrativa. O retórico Quintiliano cita a prática de Homero de começar uma história no meio ou no fim, baseado na necessidade da narrativa.[47] Nesse sentido, *hipótese* e *economia* estão intimamente conectados nas obras de retórica, uma vez que "a intenção de todo um trabalho literário ou retórico reside em sua hipótese, e, assim, um arranjo econômico pressupõe a hipótese – ele considera a hipótese como seu ponto de partida".[48] A noção da economia se torna a "base lógica para a polêmica de Irineu contra a interpretação gnóstica das Escrituras", de forma que a hipótese das Escrituras articuladas na regra de fé citada anteriormente estrutura a atividade econômica de Deus, orientada para o *telos* de contemplar a glória dele.[49]

Irineu sugere que o problema com os gnósticos reside no fato de eles misturarem e adaptarem o enredo das Escrituras conforme suas hipóteses particulares. Os seguidores de Valentim "reúnem suas visões de outras fontes que não as Escrituras", entrelaçam os textos bíblicos com outras fontes, que ignoram "a ordem e a conexão das Escrituras" e destroem a verdade.[50] A linguagem da economia não é explícita, mas inerente nesse contexto como um enredo subjacente que molda a ordem e a conexão das Escrituras e caracteriza a unidade da atividade de Deus dentro da criação. O problema com os gnósticos é que eles transferem passagens e as rearranjam, adaptando e acomodando-as conforme as diferentes hipóteses, e, assim, criam um arranjo econômico completamente diferente.

Irineu confirma esse ponto alguns capítulos mais tarde, quando descreve a forma da economia divina, incluindo a natureza e as atividades do Pai, Filho e Espírito, e como elas são orientadas para o cumprimento da salvação humana. As Escrituras não devem ser distorcidas e moldadas a uma concepção diferente de Deus e de suas atividades, mas, ao contrário, devem explicar "o proceder

---

[46] Grant, *Irenaeus of Lyons*, p. 49.
[47] Briggman, "Literary and rhetorical theory in Irenaeus, Part 1", p. 517.
[48] Ibid., p. 518.
[49] Ibid., p. 523.
[50] Irineu, *Haer.* 1.10.3.

divino e a economia, que ele fez por causa da raça humana".[51] Contrário aos gnósticos que pensam outro deus além do Criador de todas as coisas, Irineu argumenta que o significado das Escrituras está enraizado nas conexões ordenadas entre a economia, formada pelo método divino, e a hipótese ou regra da verdade. Os diversos episódios da economia divina unidos apoiam a hipótese, que detalha os eventos salvíficos das Escrituras, e estes culminam na pessoa e obra de Cristo.

Recapitulação: o resumo conclusivo

O terceiro termo é *recapitulação*, muitas vezes utilizado em contextos de retórica para se referir ao "resumo conclusivo" de um ato, uma palestra ou um trabalho literário.[52] Na teologia de Irineu, o termo indica o resumo da obra de Cristo que une a narrativa e explica a obra redentora de Cristo dentro da hipótese das Escrituras. Ele diz ter sido necessário "que o Senhor, quando veio à procura de suas ovelhas perdidas para recapitular tão grande economia, em busca de sua própria obra, salvasse também cada homem, feito à sua imagem e semelhança".[53] *Recapitulação*, portanto, é um termo sumário para a cristologia de Irineu, que une a economia divina (o argumento do enredo) em uma pessoa e uma obra de salvação. Ele estabelece uma unidade entre Adão e Cristo, bem como entre a deidade e a humanidade de Cristo que refuta os diversos dualismos gnósticos mencionados anteriormente.

OUTRAS ESTRATÉGIAS APOLOGÉTICAS

Por fim, uma série de outras estratégias apologéticas molda a defesa de Irineu e mostra como as abordagens gnósticas são inconsistentes, improváveis e até mesmo absurdas.[54] Esse método inclui: um padrão básico para a análise de perspectivas heréticas, usando questões e dilemas, paródia, crítica às suas fontes e à sua imoralidade. Essas estratégias são algumas das variadas formas em que Irineu usa as ferramentas à sua disposição para defender a fé da igreja e explicitar as falácias do sistema gnóstico.

Primeiro, em muitos casos, pode-se perceber que a descrição de Irineu sobre o gnosticismo e a crítica a respeito de algumas seitas gnósticas específicas

---

[51] Ibid.
[52] Grant, *Irenaeus of Lyons*, p. 50. Esse é um importante termo paulino encontrado em Efésios 1:10.
[53] Irineu, *Haer*. 3.23.1. Veja também: Irineu, *Haer*. 3.21.10-22.2, Irineu, *Epid*. 6, e *Epid*. 30.
[54] Perkins, "Irenaeus and the gnostics", p. 195.

seguem um padrão. Por exemplo, em *Contra as heresias*, 1.23-28, sua análise de cada heresia gnóstica segue o mesmo esquema básico, que inclui: (1) rejeição do Deus do Antigo Testamento; (2) suposição de que anjos maus ou um poder inferior criaram o mundo; (3) falso ensino sobre Jesus – especificamente cristologia docética; (4) as práticas mágicas de seus seguidores; (5) a idolatria e outras formas de práticas imorais de seus seguidores; e (6) a afirmação feita por seus seguidores de que eles foram liberados da obediência aos anjos maus e/ou ao criador.[55] Irineu não apenas cataloga essas heresias, como também segue a estratégia apologética do *paradosis*, que cria uma genealogia histórica das heresias e segue suas raízes até o ensino de Simão, o Mago (*Haer.* 23, veja Atos 8:9-24).[56] Acima de tudo, sua crítica sobre o gnosticismo é um modelo de análise cuidadosa das heresias cristãs e estabelece o contexto para a aplicação de seus métodos apologéticos por todo o restante de sua obra.

Segundo, uma das principais estratégias apologéticas de Irineu é o uso de dilemas e questões, embora tenha ocasiões de paródia, quando os argumentos racionais se exaurem e ele passa a discutir o absurdo do mito gnóstico.[57] Por meio de sua refutação, Irineu, de fato, nunca utiliza de silogismos, mas, ao contrário, apresenta aos seus oponentes proposições concorrentes, ou dilemas intelectuais, de forma consistente. Praticamente todos os capítulos de *Contra as heresias* 2 contêm exemplos de questão e dilema.[58] Por exemplo, em *Contra as heresias* 2.1.1-5, Irineu começa a comparar a natureza do único verdadeiro Deus com a variedade de deuses gnósticos emanando do excelso Deus no pleroma, dizendo:

> Pois é necessário ou que haja um que contenha todas as outras coisas e que criou dentro de seu próprio reino cada criatura, conforme desejado; ou que exista, por outro lado, muitos criadores e deuses, cada um começando onde termina o outro; e que todos estejam do lado de fora e sejam contidos por algum outro que é maior. E seria necessário reconhecer que cada um deles esteja, por assim dizer, reduzidos ao seu próprio reino. Contudo, nenhum destes seria Deus, pois cada um deles seria deficiente, uma vez que possuem somente uma pequenina porção em relação

---

[55] Perkins, "Irenaeus and the gnostics", p. 198. Perkins criou essa lista usando os argumentos comuns em cada capítulo.
[56] Ibid.
[57] Reynders, "La polémique de saint Irénée", p. 8-9.
[58] Ibid., 9. Por exemplo, veja: Irineu, *Haer.* 2.1.1-5, *Haer.* 2.3.1, *Haer.* 2.4.1, e *Haer.* 2.5.1-3.

a todo o resto. E, dessa forma, o nome Onipotente seria destruído, e tal opinião cairia necessariamente em impiedade.[59]

O dilema intelectual levanta o problema da mais alta deidade gnóstica contendo todas as outras realidades espirituais, pois ou as emanações divinas devem ampliar *ad infinitum*, ou deve haver um Deus que é maior. Para os cristãos, há somente um Deus que criou todas as coisas por intermédio de seu Filho e do Espírito, e esse é o único Deus que está acima de tudo e que criou todas as coisas.

Irineu também combina sua estratégia do dilema com uma enxurrada de questões que interroga a visão de seus oponentes e suscita mais problemas intelectuais. Por exemplo, em *Contra as heresias* 2.15.2, ele questiona o número e a divisão dos trinta éons no pleroma de Valentim, que são divididos em grupos de oito, dez e doze, chamados respectivamente de Ogdôada, Década e Duodécada.[60] Irineu pergunta, "Por que, afinal, é dividido em três partes, a saber, a Ogdôada, a Década e a Duodécada, e não por algum outro número diferente desses? E por que a divisão foi feita por três, e não por quatro, cinco ou seis, ou algum outro número?" Ondas de questionamentos como esses aparecem repetidamente por meio de seus argumentos à medida que ele suscita problemas de inconsistências e contradições nos mitos gnósticos.

Há ainda outras vezes, no seu uso de questão e dilema, em que Irineu considera o mito gnóstico tão absurdo que chega a recorrer à paródia ou à ironia.[61] Nessas ocasiões, ele muitas vezes sugere novas explicações errôneas das visões deles ou ridiculariza o despropósito de suas crenças. Por exemplo, quando os seguidores de Valentim sugerem que o mundo foi criado como resultado da rebelião de um éon chamado Acamot, cujas lágrimas criaram as águas, Irineu pergunta como essa deidade criou a água doce e a água salgada, apesar de as lágrimas serem somente salgadas. Ele sugere, de forma sarcástica, que talvez as lágrimas de Acamot tenham produzido água salgada e seu suor, água doce.[62] Em outro momento, ele ridiculariza o sistema de Valentim ao sugerir novos nomes e títulos, pois os nomes de suas deidades são criados sem significado ou conexão com o sistema valentiniano. Irineu sugere, por exemplo, chamar o mais alto Deus no sistema de o Cabaça, ao passo que o

---

[59] Irineu, *Haer.* 2.1.5.
[60] Veja também Irineu, *Haer.* 2.11.2.
[61] Reynders, "La polémique de saint Irénée", p. 25-6.
[62] Irineu, *Haer.* 1.4.4; *Haer.* 2.10.3.

segundo poder ele nomeia de Vazio Absoluto, e estes, juntos, produzem uma nova deidade que ele chama de "Pepino" e "Abóbora". Juntos, "esses poderes – Cabaça, Vazio Absoluto, Pepino e Abóbora – geram o resto das multidões de delirantes Abóboras de Valentim".[63]

Terceiro, Irineu adiciona diversos argumentos para a fonte dos erros gnósticos, que incluem tanto a filosofia pagã quanto os demônios. Ao contrário de outros teólogos cristãos antes dele, Irineu não é apaixonado pela filosofia pagã e geralmente afirma que os gnósticos baseiam de forma errada suas visões sobre ela, em vez de o fazerem sobre uma correta leitura das Escrituras.[64] As ideias gnósticas não são originais, mas foram ditas antes deles "por aqueles chamados filósofos e que ignoram a Deus".[65] Em *Contra as heresias* 2.14.2-7, Irineu cita, entre outros, Anaxágoras, Demócrito, Epicuro, Empédocles, pitagóricos, cínicos, Platão e Aristóteles, e menciona de passagem como cada um desses filósofos influenciou elementos do sistema gnóstico. Ao fazê-lo, eles apresentam doutrinas que têm sido costuradas com a filosofia antiga, como um "tipo de canto feito dos piores trapos, e assim, de forma sutil, preparam para si um manto fictício".[66] E Irineu não para por aí. Em certos casos, ele sugere que a guerra espiritual também pode explicar as origens do sistema gnóstico. Os gnósticos estão "completamente cheios com erros de todo tipo, inspiração apóstata, obras demoníacas e os fantasmas da idolatria".[67] Na visão de Irineu, eles são dotados de um "espírito de perversidade" que se esforça para levar a igreja a se perder.[68]

Quarto, Irineu ataca a imoralidade dos gnósticos e sublinha sua depravação, comportamento libertino, que também invoca os clássicos argumentos *ad hominem*.[69] Os valentinianos acreditam que serão salvos por natureza e, portanto, nada que eles façam no corpo material pode corrompê-los. Mesmo o "perfeito entre eles age de forma desavergonhada, fazendo todas as coisas proibidas sobre as quais as Escrituras garantem que 'os que praticam essas coisas não herdarão o

---

[63] Irineu, *Haer*. 1.11.4.
[64] Irineu, *Haer*. 1.25.6; *Haer*. 2.14.2-7; *Haer*. 2.27.1; *Haer*. 2.32.2.
[65] Irineu, *Haer*. 2.14.2.
[66] Ibid.
[67] Irineu, *Haer*. 2.31.3.
[68] Ibid.
[69] Reynders, "La polémique de saint Irénée". p. 9-10. Perkins, "Irenaeus and the gnostics", p. 195. George W. Macrae, "Why the Church rejected gnosticism", in *Jewish and Christian self-definition, 1: The shaping of Christianity in the second and third centuries*, ed. E. P. Sanders (Philadelphia: Fortress, 1980), p. 128-30.

Reino de Deus"[70] (Gálatas 5:21). Eles não se importam em comer alimentos sacrificados aos ídolos, são os primeiros a se reunirem em cada festival religioso pagão ou jogos de gladiadores, e participam de todos os tipos de imoralidade sexual.[71] Irineu afirma que recebeu alguns relatos em primeira mão de pessoas, agora convertidas à igreja, que já haviam se envolvido em tal comportamento imoral quando participavam desses grupos.[72] Como os valentinianos, os discípulos de Carpócrates também se gabavam de "praticar todo tipo de ato ímpio e perverso", pois suas almas devem partir deste mundo satisfeitas por terem experimentado todo tipo de liberdade.[73] Irineu comenta que essas práticas eram tão imorais que as pessoas na igreja não ousavam falar ou mesmo pensar a respeito delas.[74]

CONTRIBUIÇÕES PARA A APOLOGÉTICA

Não há dúvidas de que o impacto de Irineu sobre a apologética nos últimos anos do século II na igreja primitiva foi imenso. John Behr escreve: "À época de sua morte, Irineu tinha feito mais do que qualquer outro para denunciar aqueles que haviam saído da igreja pelo que eram e para refutar os seus ensinos".[75] Por toda a resposta apologética de Irineu, ele enfatiza a importância da fé transmitida pelos apóstolos e a preservação de sua unidade e pureza. A análise detalhada que Irineu faz sobre o fluxo do pensamento gnóstico moldou o tipo de reflexão teológica cuidadosa que um apologeta cristão deve exercer, e essa resposta ao gnosticismo estruturou seu método teológico, o qual argumenta que, entre todo o conhecimento revelado, a revelação das Escrituras é clara e correta. No intuito de defender a fé e explicar a crença revelada nos textos sagrados, Irineu não relutou em usar estratégias retóricas derivadas de sua educação secular.[76] Acima de tudo, os argumentos apologéticos dele ajudaram a igreja a passar pela ameaça do gnosticismo no século II e, também, ajudou a preservar a fé da igreja.

---

[70] Irineu, *Haer.* 1.6.3.
[71] Ibid.
[72] Ibid.
[73] Irineu, *Haer.* 1.25.3.
[74] Irineu, *Haer.* 1.25.4. *Haer.* 1.25.5.
[75] John Behr, *Irenaeus of Lyons: identifying Christianity* (Oxford: Oxford University Press, 2013), p. 70.
[76] Grant, "Irenaeus and Hellenistic Culture"; William R. Schoedel, "Philosophy and rhetoric"; Perkins, "Irenaeus and the Gnostics"; Briggman, "Literary and rhetorical theory in Irenaeus, Part 1"; Briggman, "Literary and rhetorical theory in Irenaeus, Part 2".

BIBLIOGRAFIA

Fontes primárias

EUSEBIUS. *Ecclesiastical history*. Traduzido por C. F. Crusé (Peabody: Hendrickson, 2000).

ROBERTS, A.; DONALDSON, J. *Ante-nicene fathers*. Vol. 1 (Peabody: Hendrickson, 1994).

UNGER, Dominic J.; DILLON, John J. *St. Irenaeus of Lyons: Against the heresies* (Book 1). *Ancient Christian writers 55* (New York: Newman, 1992).

UNGER, Dominic J.; DILLON, John J.; SLUSSER, Michael. *St. Irenaeus of Lyons: Against the heresies* (Book 2). *Ancient Christian writers 65* (New York: Newman, 2012).

UNGER, Dominic J.; DILLON, John J.; STEENBERG, Mathew. *St. Irenaeus of Lyons: Against the heresies* (Book 3). *Ancient Christian writers 64* (New York: Newman, 2012).

Fontes secundárias

BEHR, John. *Irenaeus of Lyons* (Oxford: Oxford University Press, 2013).

BRIGGMAN, Anthony, "Literary and rhetorical theory in Irenaeus, Part 1". *Vigiliae Christianae* 69 (2015): p. 500-27.

____. "Literary and rhetorical theory in Irenaeus, Part 2". *Vigiliae Christianae* 70 (2016), p. 31-50.

____. "Revisiting Irenaeus's philosophical acumen". *Vigiliae Christianae* 65 (2011), p. 115-24.

DROBNER, Hubertus R. *The fathers of the Church: A comprehensive introduction* (Grand Rapids: Baker Academic, 2007).

GRANT, Robert M. *Greek apologists of the second century* (Philadelphia: Westminster, 1988).

____. *Irenaeus of Lyons* (New York: Routledge, 1997).

____. "Irenaeus and hellenistic Culture". *Harvard Theological Review* 42 (1949), p. 41-51.

HEFNER, Philip. "Theological methodology and St. Irenaeus", *Journal of Religion* 44.4 (1964), p. 294-309.

HULTGREN, Arland J.; HAGGMARK, Steven A. (eds.). *The earliest Christian heretics: readings from their opponents* (Minneapolis: Fortress, 1996).

KING, Karen. *What is gnosticism?* (Cambridge: Harvard University Press, 2003).

MARKSCHIES, Christoph. *Gnosis: An introduction* (New York: T&T Clark, 2003).

MEYER, Marvin (ed.). *The Nag Hammadi Scriptures: The Revised and Updated Translation of the Sacred Gnostic Texts* (New York: HarperCollins, 2008).

PERKINS, Pheme. "Irenaeus and the Gnostics: Rhetoric and Composition in Adversus Haereses Book One". *Vigiliae Christianae* 30 (1976), p. 193-200.

PRESLEY, Stephen O. *The Intertextual Reception of Genesis 1-3* in *Irenaeus of Lyons* (Leiden: Brill, 2015).

REYNDERS, D. Bruno. "La polémique de saint Irénée: Méthode et principes". *Recherches de théologie ancienne et médiévale* 7 (1935), p. 5-27.

SCHOEDEL, William R. "Philosophy and Rhetoric in the Adversus Haereses of Irenaeus". *Vigiliae Christianae* 13 (1959), p. 22-32.

____. "Theological Method in Irenaeus ('Adversus Haereses' 2.25-28)". *The Journal of Theological Studies* 35.1 (1984), p. 31-49.

STEAD, Christopher. *Philosophy in Christian Antiquity* (Cambridge: Cambridge University Press, 1994).

STEENBERG, Matthew C. *Irenaeus on Creation* (Leiden: Brill, 2008).

VALLÉE, Gérard. "Theological and Non-Theological Motives in Irenaeus's Refutation of the Gnostics", p. 174-84 in *Jewish and Christian Self-definition, 1: The Shaping of Christianity in the Second and Third Centuries*. Ed. E. P. Sanders (Philadelphia: Fortress, 1980).

WILKEN, Robert L. "The Homeric Cento in Irenaeus, 'Adversus Haereses' 1.8.4". *Vigiliae Christianae* 21(1967): p. 25-33.

WILLIAMS, Michael A., *Rethinking 'Gnosticism': An Argument for Dismantling a Dubious Category* (Princeton: Princeton University Press, 1996).

YOUNG, Frances. "Greek Apologists of the Second Century", p. 81-104 in: *Apologetics in the Roman Empire: Pagans, Jews, and Christians*. Ed. Mark Edwards; Martin Goodman; Simon Price (New York: Oxford University Press, 1999).

Atenágoras de Atenas
Filosofia grega como árbitra das crenças cristãs

W. Brian Shelton

A sociedade romana do século II tinha uma falsa percepção de que os cristãos praticavam canibalismo, incesto e ateísmo. Esses equívocos crescentes entre o povo deixavam os cristãos vulneráveis diante da sociedade e dos tribunais por causa de sua fé, por vezes resultando em morte. Em duas obras dirigidas à mais alta autoridade do Império Romano, Atenágoras (133-190, aproximadamente) reuniu literatura e filosofia populares, técnicas convencionais de argumentação e uma petição justa, a fim de abrir um precedente para o cristianismo. Ele afirma que a ética praticada pelos cristãos era igual ou superior à dos outros cidadãos romanos, ao passo que doutrinas como a da ressurreição tinham validação lógica e científica.

CONTEXTO HISTÓRICO

O século II foi a era inaugural da apologética cristã formal, e entre os principais articuladores na defesa da fé estava o erudito filósofo helênico Atenágoras. Quando os filósofos pagãos satirizavam a nova fé e o populacho espalhava opiniões erradas sobre as práticas religiosas cristãs, esse pai da igreja assumiu um ministério de apologética baseado nos padrões intelectuais de seu tempo e na dedução lógica em defesa da fé. Historicamente, são pouco conhecidos os antecedentes pessoais de Atenágoras; o que se sabe é que ele nasceu aproximadamente por volta do ano 133 na cidade de Atenas e era de origem grega. A cidade gozava de grande reputação, tanto por ser o berço da filosofia grega quanto por se manter como centro simbólico de seu legado. A carreira obscura de Atenágoras terminou por volta de 190, e somente dois de seus trabalhos apologéticos sobreviveram a nós, um em defesa do cristianismo contra as acusações dos críticos contemporâneos e outro em defesa da ressurreição.

O primeiro manuscrito para essas duas obras é intitulado "Atenágoras de Atenas, um filósofo cristão" e foi escrito "a respeito dos cristãos". A aparição sucessiva dos dois trabalhos no códice sugere que ambos foram atribuídos a Atenágoras desde a Antiguidade e dirigidos aos "Imperadores Marco Aurélio Antonino e Lúcio Aurélio Cômodo, vencedores dos armênios e sármatas, e, acima de tudo, filósofos", o que situa seus escritos em algum momento durante a regência imperial de pai e filho por volta de 176-180.[1] Barnard sugere que Atenágoras pode ter apresentado pessoalmente o trabalho apologético geral aos imperadores, os quais estavam em visita ao oriente do império, e a obra sobre a ressurreição parece "ser baseada em palestras públicas proferidas a uma audiência regular".[2]

Todavia, o que sabemos sobre esse filósofo de Atenas é limitado. Clemente de Alexandria, Tertuliano, Eusébio, Jerônimo e Suidas não o mencionam, mas não era mesmo comum nessa época ver escritores cristãos citarem seus contemporâneos.[3] Metódio de Olimpo cita Atenágoras um século mais tarde, e também tardiamente Epifânio e Fótio repetem o fragmento, citando o filósofo de forma explícita. Filipe de Side, um diácono sob a direção de Crisóstomo, fornece uma rara e excepcional biografia:

> Atenágoras foi o primeiro diretor da Escola de Alexandria; seu *floruit* [florescimento] ocorreu no tempo de Adriano e Antonino, a quem ele dedicou sua *Embaixada* em favor dos cristãos. Atenágoras foi um homem que professou o cristianismo enquanto ainda usava a veste de filósofo e era o líder na Academia. Antes de Celso, ele planejava escrever contra os cristãos, mas, ao ler as Sagradas Escrituras para fazer um ataque mais expressivo, foi conquistado pelo Espírito Santo a ponto de se tornar, como o grande Paulo, um mestre, e não um perseguidor da fé que ele atacava. Filipe diz que Clemente, autor de *Stromata*, foi seu discípulo, e Panteno, discípulo de Clemente. Panteno também era ateniense, sendo pitagórico em sua filosofia.[4]

Enquanto Clemente e Panteno eram bem conhecidos por liderarem a escola catedrática de Alexandria, a afirmação de Filipe de que Atenágoras foi

---

[1] Leslie W. Barnard, *Athenagoras: a study in second century Christian apologetic* (Beauchesne: Paris, 1972), p. 19-20.
[2] Ibid., p. 17-8.
[3] Ibid., p. 16.
[4] David Rankin, *Athenagoras: philosopher and theologian* (New York: Routledge, 2016), p. 5-6.

o primeiro a presidir a escola não possui uma comprovação clara.[5] É de particular valor nessa curta biografia a descrição da conversão de Atenágoras, a quem Filipe compara ao apóstolo Paulo. Parece que esse filósofo, antes de perceber o valor destes ensinamentos, lia os escritos cristãos para contestar a fé cristã. É provável que sua abordagem filosófica para avaliar o cristianismo exigisse aferição dos méritos da visão de cultura, lógica e escritos cristãos, algo que estava apenas surgindo naquela época. De alguma forma, o mérito do cristianismo tomou conta de Atenágoras, redirecionando seus esforços, que antes eram contra essa religião, para então passar a defendê-la. Filipe expressa a razão de sua conversão intelectual: "Ele foi conquistado pelo Espírito Santo".[6]

Qualquer que seja o caso, uma possível estada em Alexandria teria conquistado mais simpatia à sua abordagem ao cristianismo do que a cultura de Atenas. O cristianismo logo encontrou uma base de apoio na cosmopolita Alexandria, e evidências da filosofia de Filo podem ser notadas nos escritos de Atenágoras.[7] São evidentes em seu pensamento os amplos apelos à filosofia grega antiga, demonstrando princípios fundamentais para o pitagorismo, estoicismo, epicurismo e médio platonismo.[8] Esses filósofos faziam parte do ambiente intelectual da época, e Atenágoras estava consciente e confortável quanto ao uso deles, o que é importante principalmente conhecendo a predileção filosófica da liderança imperial, que era o público-alvo desses tratados.

---

[5] Uma vez que Eusébio sugere ter havido dois períodos de supervisão na escola catedrática (Eusébio, *História Eclesiástica.*, 6.14), talvez o conhecimento do papel assumido por Atenágoras esteja perdido. Além disso, Barnard está correto ao reconhecer que, embora a sucessão da liderança na escola seja questionável e a referência de Filipe a Antonino seja uma provável confusão com Marco Aurélio Antonino, outros detalhes históricos merecem reconhecimento (Barnard, *Athenagoras*, p. 14-5). Sócrates de Constantinopla, no quinto século, descreve Filipe como excessivamente detalhista, mas não sugere que ele seja impreciso (Socrates, *Hist. eccl.* 27; NPNF2 2:168). Pouderon conclui: "Não é, portanto, um testemunho desprezível, mas meramente uma fonte não segura, que deve ser usada com infinita precaução". (Bernard Pouderon, "Les écoles chrétiennes de Rome, Athènes, Alexandrie et Antioche à l'époque des Antonins: Remarques sur la circulation des maîtres et de leurs disciples", *Bulletin de Littérature Ecclésiastique* 113 [2012]: p. 387. Traduzido pelo autor do capítulo.)

[6] Rankin, *Athenagoras*, p. 5-6.

[7] Rankin, *Athenagoras*, p. 9-10. Ele conclui que "absolutamente nenhuma conexão alexandrina substancial" pode ser feita, incluindo a presença do filósofo em Alexandria, p. 9.

[8] David Rankin, "Athenagoras, Philosopher and First Principles", *Studia Patristica* 45 (2010), p. 420-3.

CONTEXTO TEOLÓGICO

As duas obras de Atenágoras refletem um ambiente de hostilidade com relação à fé cristã, e sua resposta nesse contexto o coloca diretamente entre os maiores dos primeiros apologetas. Esse antagonismo vem de públicos distintos: filósofos, que empregavam a lógica e a retórica contra a nova religião, e o povo comum, que fazia alegações simples, porém infundadas, contra o cristianismo. Esse é o período no qual encontramos críticos como Celso, cujo *Sobre a doutrina*, ou *O verdadeiro mundo*, criticaram o cristianismo por meio de uma série de temas, de uma biografia absurda de Jesus à zombaria de seus seguidores. Juntamente com as linhas filosóficas, Celso diz: "Não há nada novo ou impressionante sobre seu ensino ético; na verdade, quando alguém o compara a outras filosofias, sua simplicidade se torna aparente".[9] Da mesma forma, "De fato, não há nada incomum sobre o que o cristianismo acredita, exceto pelo fato de crerem, excluindo as verdades mais compreensíveis sobre deus".[10] Com argumentos *ad hominem*, ele também critica os cristãos: "É claro para mim que os escritos dos cristãos são uma mentira e que suas fábulas não são bem construídas o suficiente para ocultar essa monstruosa ficção: tenho ouvido que alguns de seus intérpretes [...] baseiam-se em inconsistências e, pena em mãos, alteram os escritos originais, três, quatro e muitas outras vezes, a fim de serem capazes de negar as contradições diante da crítica".[11]

Orígenes atribui a Celso a acusação de fé cega, até mesmo estúpida, entre os cristãos: "Ele fala de certas pessoas que não desejam ou dar ou receber uma razão para sua fé, e que continuam a repetir, 'Não examine, mas acredite!', e, 'Sua fé salvará você!'".[12] Apesar dos pensamentos de Aristóteles e Platão serem evidentes nos escritos de Atenágoras, não encontramos nenhum embate com Celso, mas, mesmo assim, a atitude desse crítico reflete a visão de muitos filósofos pagãos da época, e pode ser uma das razões que levaram Atenágoras a responder a eles em seus próprios escritos.

Havia outros críticos nessa época que também formavam a opinião pública a respeito dos cristãos. Dois deles foram Luciano, um satirista e retórico em Samósata da Armênia Romana, e Galeno, um médico e filósofo em Pérgamo. Luciano descreve a fé cristã da seguinte maneira: "Eles são irmãos uns dos

---

[9] Celso, *Sobre a Verdadeira Doutrina*, 2.
[10] Ibid., 121.
[11] Ibid., 37.
[12] Orígenes, *Contra Celso.*, 1:9.

outros após terem transgredido de uma vez por todas, negando os deuses gregos e adorando aquele sofista crucificado, vivendo sob suas leis [...] recebendo tais doutrinas de forma tradicional, sem qualquer evidência definitiva".[13] Galeno critica a falta de erudição os cristãos: "Muitas pessoas são incapazes de seguir qualquer argumento demonstrativo de maneira consecutiva; consequentemente, elas precisam de parábolas [...] assim como agora vemos o povo chamado cristão receber sua fé de parábolas".[14]

Entre as acusações contra o cristianismo feitas nesse período estão diversas crenças e práticas consideradas estranhas pela sociedade. De Atenágoras, aprendemos que os cidadãos acusavam os cristãos de imoralidade com base em uma má compreensão de sua fé. A sociedade os acusava por sua falta de fé nos deuses greco-romanos, comumente aceitos na época, ao passo que outros os acusavam da prática de incesto por causa da celebração ágape, em que os cristãos chamavam uns aos outros de irmãos e irmãs em Cristo; alguns, ainda, os acusavam de canibalismo, pois eles comiam metaforicamente o corpo e o sangue de Cristo.[15] Eusébio parece validar as duas acusações quando cita como a igreja na Gália foi "acusada dos festivais de Tiestes e dos incestos de Édipo".[16]

Além desse antagonismo cultural e filosófico contra o cristianismo, alguém que vivesse em meados do século II provavelmente estaria familiarizado com as diversas perseguições imperiais e sociais. Eusébio descreve como o reinado de Marco Aurélio promoveu "as maiores perseguições levantadas na Ásia",[17] as quais Frend descreve como "tendo todo o peso da opinião pública por trás delas".[18] A reputação do imperador como um filósofo estoico ampliou as tradições populares do pensamento greco-romano. Os cristãos dessa época passaram pelos martírios de Justino em Roma, Policarpo em Esmirna, Sagaris em Laodiceia, Papias e Carpo em Pérgamo, os cidadãos de Lyon e Vienne, e

---

[13] Lucian, Peregr., citado em W. H. C. Frend, *Martyrdom and persecution in the Early Church: a study of a conflict from the Maccabees to Donatus* (New York: University Press, 1967), p. 202.

[14] Frend, *Martyrdom and persecution*, p. 238.

[15] Atenágoras, *Embaixada*, 3 [no Brasil: *Padres apologistas*. Coleção patrística. São Paulo: Paulus, 1997].

[16] Eusébio, *História eclesiástica*. 5.1.14. As duas alusões seriam familiares aos antigos. Na mitologia grega, o rei Atreu de Micenas viu seu reino e a afeição de sua esposa irem para seu irmão, Tiestes. Em um ato de vingança, Atreu matou os filhos de seu irmão e os serviu em um banquete, do qual Tiestes comeu, sem saber da procedência da carne. Da mesma forma, a tragédia de Sófocles, Édipo Rei, mostra o personagem principal solucionar o segredo da esfinge para conquistar o trono de Tebas, casando-se inadvertidamente com a rainha viúva, sua mãe.

[17] Eusébio, *História eclesiástica*. 4.15.1.

[18] Frend, *Martyrdin and persecution*, p. 197.

Apolônio em Roma. O imperador Marco Aurélio é conhecido por sua promoção do culto da religião de Estado em conjunto com os mais sublimes ideais da filosofia para benefício do império.[19] Atenágoras dirige sua apologia a Marco e Cômodo, imperadores durante essas perseguições.

Devemos ainda notar que o *Sitz im Leben* não era apenas aquele dos julgamentos das e perseguições aos cristãos, mas também de envolvimento teológico cristão. Lógica e retórica foram surgindo juntamente com as mortes dos mártires em defesa da fé e diretamente relacionados aos argumentos feitos por religiosos e filósofos sociais. Atenágoras está em meio a esses escritores, dando sua contribuição à primeira era de apologetas. A diferença entre a abordagem dos mártires e a dos apologetas tem sido entendida como uma variação dos enfoques integrativo e dissociativo da cultura.[20] O martírio e as respostas monástica e apocalíptica são dissociadas da cultura, ao passo que as réplicas jurídicas e as sínteses filosóficas integradas à cultura oferecem testemunho para a fé. Para Atenágoras, sua resposta apologética era do segundo tipo e procurava empregar os ideais da filosofia grega tanto na argumentação e em sua expressão quanto no apelo às mentes da elite filosófica da época.

RESPOSTA APOLOGÉTICA E METODOLOGIA

As duas obras de Atenágoras refutam as visões culturais predominantes sobre o cristianismo e justificam o sentido das práticas cristãs mal compreendidas. Embora os dois escritos representem uma defesa da fé contra críticas contemporâneas, a *Embaixada* é uma desoneração do cristianismo usando fontes pagãs e judaicas convencionais, enquanto que *Ressurreição* é uma exposição sobre a doutrina cristã central.

A *defesa do cristianismo*

O primeiro tratado de Atenágoras é uma apologia ao cristianismo contra a perseguição legal e cultural romanas da igreja e suas crenças. Geralmente referida como a *Embaixada*, a obra também tem sido chamada *Uma petição em favor dos cristãos*. Historicamente, o termo "embaixada", ou *presbeía*, significa uma comissão enviada entre os governantes dos Estados por meio de

---

[19] Frank McLynn, *Marcus Aurelius: a life* (Boston: Da Capo, 2010), p. 227-8.
[20] W. Brian Shelton, "Learning from patristic responses to culture", *The contemporary Church and the Early Church: Case Studies in Resourcement*, ed. Paul Hartog (Eugene: Wipf & Stock, 2010), p. 104-28.

embaixadores. O espírito da obra é um apelo diplomático aos líderes romanos, cuja perspectiva sobre o cristianismo é mal-informada. Em particular, a intenção de Atenágoras é refutar a acusação comum de ateísmo que havia sido aplicada aos cristãos, que não participavam do louvor ao imperador ou do panteão de deuses romanos. Somada a essa defesa geral, a obra também aborda a evidência da mais alta vida moral entre os da fé e os defende das acusações de canibalismo e incesto. A lógica e a razão para comportamentos cristãos particulares são explicadas ao mesmo tempo que o tratamento ilógico e irracional dado aos cristãos é contestado como incongruente com os valores predominantes da cultura e dos próprios imperadores. Sua explicação procura justificar a igreja diante do filósofo pagão que governa o Estado por meio da lógica, da razão e dos padrões e literatura gregos.

A estratégia usada por Atenágoras possui diversos elementos que confrontam e refutam as acusações feitas contra os cristãos. Primeiro, a obra é dirigida aos "Imperadores Marco Aurélio Antonino e Lúcio Aurélio Cômodo, vencedores dos armênios e sármatas, e, acima de tudo, filósofos".[21] Ao escrever para o próprio imperador, Atenágoras esperava que os governantes da época pudessem eventualmente conceder leniência aos cristãos por meio de sua legislação, de seus escritos e de sua influência. Reconhecer as conquistas dos imperadores é igualmente estratégico, pois apela às suas realizações como soberanos e à sua sabedoria como filósofos. Eles são citados como filósofos, honrados por sua erudição, que era uma fonte de orgulho, enquanto estabelece o próprio método de Atenágoras, apelando como um colaborador na busca pela sabedoria. Eles são chamados de "os maiores dos reis" com "naturezas tranquilas e gentis",[22] aclamados como "ilustres e benevolentes, os soberanos mais eruditos"[23] e considerados "superiores a todos os homens em inteligência".[24] São destinatários da esperança de que "a sucessão de seu reino cresça à medida que todos os homens se tornem sujeitos a vocês".[25] Essas honras atribuídas são típicas para o etos régio que os embaixadores deveriam dirigir.

---

[21] Barnard, *Athenagoras*, p. 19-20.
[22] Atenágoras, *Embaixada* 1.1, 1.2; *Legatio* and *De Resurrectione*. Ed. e trad. William R. Schoedel (New York: Oxford University Press, 1972), p. 3.
[23] Atenágoras, *Embaixada* 2.1 (ANF 2:130). Apesar desses editores darem o título *Petição em favor dos cristãos* à obra, o título *Embaixada* permaneceu por causa de sua consistência.
[24] Atenágoras, *Embaixada* 6.2, 31.3 (ANF 2:131, 145).
[25] Atenágoras, *Embaixada* 37.2; *Leg.* 87.

Em segundo lugar, Atenágoras reconhece estratégica e engenhosamente que os cristãos são obrigados pela mesma ordem civil que os imperadores pagãos procuravam para seus cidadãos. Políticas sociais são repetidamente reconhecidas por alguém que é um cidadão obediente; nesse sentido, os cristãos oram pelo imperador, pelo governo e pela sucessão imperial mesmo se tais coisas forem estipuladas "no interesse dos próprios cristãos".[26] O cristianismo oferece paz e ordem ao Estado ao se conformar à vontade de Deus, que é coerente ao conformar-se com a vontade do Estado. A congruência é explícita: "Essa também é a nossa vantagem, de que levamos uma vida pacífica e sossegada, e, ao mesmo tempo, desejamos fazer tudo o que nos é ordenado".[27] Barnard reflete sobre essa abordagem como um apelo "aos pontos comuns compartilhados com seus leitores e propõem um *modus vivendi*", ou modo de vida, que caracteriza o cidadão romano ideal.[28]

Esse ideal é honrado pelos cidadãos cristãos, observadores dos ensinos religiosos morais que também respeitam o Estado. Os cristãos amam seus inimigos em vez de agir com vingança quando fazem algo errado a eles, reduzindo o conflito, a violência e os litígios. Eles se esforçam a viver uma vida de pureza em honra a Deus, chamando uns aos outros de "irmãos e irmãs", e compartilhando um beijo de saudação sem que se corrompam sexualmente. Eles priorizam a fidelidade no casamento, enquanto outros permanecem virgens em honra a Deus. Desaprovam os torneios de gladiadores, por promoverem o assassinato, provando o ponto de Atenágoras de que a acusação de canibalismo não poderia permanecer sobre os cristãos.[29] Sem citar os escritos do Evangelho, o filósofo ecoa as palavras de Jesus, de que os cristãos seriam conhecidos por amor característico (João 13:35). Embora ele apele utilizando meios filosóficos, admite que alguns cristãos "são incapazes, em palavras, de provarem o benefício de nossa doutrina, mas exibem em seus atos as vantagens que surgem pela persuasão de suas verdades" quando amam seus próximos como a si mesmos. Ele não se acanha em reconhecer que não possuem nenhuma erudição acadêmica, chamando-os "pessoas pouco

---

[26] Claudio Moreschini e Enrico Norelli, *Early Christian Greek and Latin literature* (Peabody: Hendrickson, 2005), 1:207 [no Brasil: *História da literatura cristã antiga grega e latina* (São Paulo: Loyola, 1996)]. Atenágoras, *Embaixada* 37.2; *Leg.* 87.

[27] Atenágoras, *Embaixada* 37.3; *Leg.* 87.

[28] Leslie W. Barnard, "The father of Christian anthropology", *Zeitschrift für die neutestamentliche Wissenschaft und die Kunde der älteren Kirche* 63 (1974), p. 257.

[29] A ética positiva dos cristãos é definida em Atenágoras, *Embaixada* 11, 31-5.

instruídas, artesãos e senhoras idosas" como cidadãos modelo que vivem sua fé em sintonia com a ética desejável da sociedade.[30]

Atenágoras é tão confiante em sua reivindicação que chega a pedir punição imperial para qualquer um que a mereça e, claro, permite e até mesmo protege os cristãos, uma vez que eles não merecem a pena correspondente. Por exemplo, a respeito das acusações de canibalismo e incesto, ele destaca: "Se essas acusações são verdadeiras, não poupe ninguém: proceda de uma vez contra nossos crimes; destrua nossa raiz e nosso ramo, com nossas esposas e filhos, se qualquer cristão for encontrado vivendo como os rudes". Por outro lado, da mesma forma: "Se essas coisas são apenas fofocas e calúnias vazias, originadas do fato de que a virtude é oposta ao vício por natureza resta a vocês fazerem uma investigação a respeito de nossa vida, de nossas opiniões, de nossa lealdade e de nossa obediência a vocês, à sua casa e ao seu governo, e, dessa maneira, garantir a nós, de forma ampla, os mesmos direitos (não pedimos nada além disso) daqueles que nos perseguem.[31]

Terceiro, Atenágoras conecta similaridades teológicas entre os filósofos gregos e diversos escritores cristãos. Eurípedes, Platão, Aristóteles, os estoicos, Sócrates e os pitagóricos, todos citados pelo nome, dando evidências ao monoteísmo, e em potencial o Deus cristão.[32] Citações de trabalhos reconhecidos ajudam a apoiar a igreja em seu louvor do único e verdadeiro Deus. Ele descreve Pitágoras, quando este insiste que "Deus é um e 'acima da matéria'";[33] faz um perfil dos estoicos quando retrata Deus como indivisível ou simples;[34] e usa a noção de Deus como primeiro princípio quando cita Epicuro na articulação dos "indivisíveis últimos", que atribui somente a Deus.[35] Embora existam evidências de que Atenágoras tenha sido um platônico antes de sua conversão, Rankin encontra compatibilidade com Platão, mas com claras variações que ampliam o pensamento cristão. Ele descreve como, para Atenágoras, Deus é um primeiro princípio, enquanto a matéria não o é, e "nisso ele reivindicará (embora de forma dúbia) o testemunho e apoio de Platão".[36] Ainda por meio desse processo, seus argumentos afirmam certos

---

[30] Atenágoras, *Embaixada* 11.4 (ANF 2:134).
[31] Atenágoras, *Embaixada* 3.2 (ANF 2:130).
[32] Atenágoras, *Embaixada* 5-8.
[33] Rankin, "Athenagoras, philosopher and First Principles", p. 421. Atenágoras, *Embaixada* 6.1.
[34] Ibid., p. 421.
[35] Ibid.
[36] Ibid., p. 424.

fundamentos filosóficos e teológicos que seriam reconhecidos e apreciados por seu público greco-romano educado.

Ele então sintetiza esse testemunho com os profetas hebreus Moisés, Isaías e Jeremias, que pronunciaram seus oráculos "pelo impulso do Espírito Divino".[37] O "Espírito profético" testifica até mesmo ao reino dos dois imperadores, que descansa na mão de Deus.[38] Bingham destacou como Atenágoras situa os profetas e a inspiração divina como "autoridades cristãs doutrinais, racionais, acima dos poetas, dos filósofos e das opiniões humanas".[39] A retórica de Atenágoras é bíblica quando ele mobiliza os filósofos gregos e filosófica quando ele mobiliza os profetas bíblicos.

Maior assimilação com a filosofia grega

Essa mobilização dos filósofos leva Atenágoras a insistir que os cristãos não são ateus, e sim que adoram apenas um Deus, que é, na verdade, o Criador de todas as coisas e Juiz sobre todos.[40] A atribuição frequente de pensamento platônico a Atenágoras se justifica aqui, pois os cristãos não oferecem sacrifícios, não adoram o universo, não constroem ídolos, pois distinguem Deus da matéria: "Para nós, a cerâmica não tem mais valor do que aquele que a fez, tampouco os vasos de vidro e de ouro são mais dignos do que aquele que os forjou; mas se existe algo de belo em sua arte, nós elogiamos o artífice, e é ele quem recebe a glória dos vasos: assim também acontece com a matéria e Deus – a glória e a honra do arranjo ordenado do mundo pertence de direito não à matéria, mas a Deus, o Modelador da matéria".[41] Dessa maneira, ele pode refutar a acusação de ateísmo apesar de não aceitar um sistema politeísta, mas, ao contrário, permanecer com uma crença monoteísta.

A influência de Justino Mártir sobre Atenágoras e sua estratégia apologética é evidente. Antes de seu martírio (por volta de 165), Justino foi professor em Roma e também é conhecido por obras em defesa do cristianismo. Suas apologias patrísticas são endereçadas ao imperador romano e defendem o cristianismo de más interpretações, assim como objetam quanto às

---

[37] Atenágoras, *Embaixada* 9.1 (ANF 2:134).
[38] Atenágoras, *Embaixada* 10.4, 18.2. Leg. 3, 37.
[39] D. Jeffrey Bingham, "'We have the prophets': inspiration and the prophets in Athenagoras of Athens", *Zeitschrift fur antikes Christentum* 20 (2016): p. 211.
[40] Atenágoras, *Embaixada* 3-4, 12.
[41] Atenágoras, *Embaixada* 15.3 (ANF 2:135).

perseguições contra os que são meramente chamados cristãos. Elas declaram, de forma similar, a possibilidade de que a busca piedosa da verdade venha com o preço de suas vidas. Discursos de defesa são fundamentais para o método deles. Seus trabalhos integram filosofia popular e pensamento cívico em seus apelos, e seus escritos são ambos caracterizados pela excelência estilística. Eles fornecem excelentes exemplos de oratória com vistas a uma síntese das tradições do passado e centrados na crença monoteísta.

Em contrapartida, Atenágoras também apresenta o raciocínio inconsistente dentro do panteão greco-romano no intuito de rebaixar a lógica da perseguição pagã contra o cristianismo. Muitas nações sob o governo romano possuem diversas deidades que contradizem outros sistemas.[42] Pessoas que fazem ídolos estão ou inventando um deus que é indigno de deidade ou são como os cristãos quando procuram algo além da matéria, ainda que muitas vezes os pagãos encontrem aí demônios.[43] Muito da obra *Embaixada* é dedicado a mobilizar o ensino dos filósofos e poetas que são compatíveis com a instrução cristã, enquanto rejeita como absurdas as crenças irracionais e inconsistentes de outros filósofos religiosos. O imperador estoico Marco Aurélio certamente encontraria uma afirmação dupla, do melhor e do pior da tradição greco-romana. De forma resumida, Atenágoras ousa comparar a regência de Aurélio e Cômodo ao governo divino do Pai e do Filho: "Assim, ao único Deus e ao Logos que precede dele, o Filho, compreendido por nós como inseparável dele, todas as coisas são de igual maneira sujeitas".[44]

Para Atenágoras, o princípio mais importante no uso da filosofia é que as habilidades de retórica, persuasão e lógica não são teologicamente contrárias ao desígnio e à vontade do Deus cristão. Como alguém educado e experimentado na filosofia como uma arte, é provável que Atenágoras visse as habilidades filosóficas como divinamente providas, mais do que técnicas evangelísticas para proteger a fé ou converter outros. Rankin destaca: "Atenágoras nunca usa o termo 'filosofia' em um sentido pejorativo [...] porque esse é o jogo em que ele está envolvido. Filosofia é teologia, que é filosofia; tudo isso tem a ver com o amor à verdade e ao conhecimento certo e alcançável".[45]

---

[42] Atenágoras, *Embaixada* 1, 14.
[43] Ibid., 15-27.
[44] Atenágoras, *Embaixada* 18.2 (ANF 2:137).
[45] Rankin, *Athenagoras*, p. 70.

Racionalizando a ressurreição

A segunda obra de Atenágoras é *Sobre a ressurreição*, por vezes chamada *O tratado de Atenágoras*. A centralidade da doutrina da ressurreição foi bem estabelecida no pensamento cristão do século II, diretamente ancorada na ressurreição de Jesus como um protótipo e esperança para todos os crentes. O apóstolo Paulo articulou sua centralidade em 1Coríntios 15:42-57 e encontrou ceticismo entre os filósofos gregos atenienses em Atos 17:15-31. Atenágoras parece ecoar o confronto de Paulo com esse mesmo público em Atenas, defendendo a ressurreição como parte da economia geral de Deus em sua criação. Ele emprega precisão lógica, apelando aos princípios de filosofia, incluindo o ônus da prova, a causa do senso comum e o esquema de causa e fim, todos valorizados pelos dois imperadores. Barnard sugeriu que a preocupação de Marco Aurélio com a morte em suas *Meditações* presta-se como prova de uma obra descrevendo a esperança da ressurreição cristã.[46] A observação autoral na leitura da *Embaixada*, "Mas vamos adiar o discurso a respeito da ressurreição",[47] ajuda a justificar a conexão autoral com o tratado *Ressurreição* no manuscrito.

Criação é um tópico de frequente argumentação para Atenágoras. Segundo ele, aquele que criou a matéria do nada "pode reunir o que está dissolvido, erguer o que jaz, trazer o morto de volta à vida e colocar o corruptível em um estado de incorrupção".[48] A constituição natural da humanidade tem apoio da ressurreição, pois a alma não pode ser dissolvida.[49] Da mesma forma, o juízo se torna um argumento complementar para Atenágoras, citando que aquele que estabelece a ordem e a justiça deve também julgar para cumpri-la, especialmente como fonte e guardião da criação humana. A causa da existência humana significa que uma "argumentação a partir da justiça, de acordo com a qual Deus julga bons e maus, obtém sua força do fim de sua existência".[50] Essa justiça observa que criancinhas não serão julgadas, mas ainda assim ressuscitarão. Para Atenágoras, o juízo serve para promover justiça; contudo, a condição dos infantes não é vista por bom ou mau comportamento.[51] Para toda a

---

[46] Leslie W. Barnard, "Athenagoras, Galen, Marcus Aurelius, and Celsus", *The Church Quarterly Review* 168 (1967), p. 174.
[47] Atenágoras, *Embaixada* 36.3 (ANF 2:148).
[48] Atenágoras, *Res.* 3.2 (ANF 2:150); cf. Res. 12-3.
[49] Atenágoras, *Res.* 20; cf. Res. 15, 18, 21-3, 25.
[50] Atenágoras, *Res.* 18.1 (ANF 2:158).
[51] Atenágoras, *Res.* 14.

humanidade elegível à virtude, "o exame é relativo aos indivíduos, e o prêmio ou a punição para os que viveram de forma boa ou má são proporcionais ao mérito de cada um".[52] Tanto o começo quanto o fim do corpo humano apoiam a defesa da ressurreição dos mortos, dada a garantia pela lógica de que o ser e o comportamento da humanidade "devem, por todos os meios, ser acompanhados por um fim de acordo com a natureza". Essa virtude da humanidade deve ser regulada por uma causa final.[53] Novamente, o método de Atenágoras merece reconhecimento, como o currículo estoico clássico começava com lógica e ética e terminava com a física.[54] Atenágoras utiliza todas as três qualidades em seu tratado sobre a ressurreição dirigido ao filósofo estoico Marco.

O cristianismo obtém validação por meio dos escritos de Atenágoras à medida que lida com dignidade intelectual para defender a misericórdia merecida. Ele adota a postura e a retórica de um embaixador, conversando com a corte imperial, enquanto representa cidadãos sob pressão. Ele é um advogado religioso, explicando como as práticas cristãs são harmoniosas com os ideais romanos de cidadania, diferente dos bárbaros ou dos criminosos. Ele é um filósofo raciocinando para reconhecer a matéria como uma criação feita pelo Deus bíblico. Quando o platonismo dualista predominante da época exclui uma ressurreição material, Atenágoras mantém essa visão básica de mundo, mobilizando então a lógica virtuosa para a necessária ressurreição dos corpos no juízo final. Sua resposta apologética apresenta uma convicção profunda de que essa religião suspeita é valorosa, meritória e justificada, ao mesmo tempo que permanece respeitosa e modesta diante da sociedade que a persegue.

CONTRIBUIÇÕES PARA A APOLOGÉTICA

Atenágoras moldou o pensamento da igreja primitiva por reconhecer a compatibilidade entre o cristianismo e o sistema de valores romano contemporâneo a ele. Como outros teólogos associativos de sua época, defensores de que a religião pagã e a filosofia poderiam evidenciar uma busca genuína pela verdade alcançada pelo cristianismo, Atenágoras não deprecia as fontes e metodologias pagãs, mas, em vez disso, as reconhece e emprega. Na história da igreja moderna, os pensadores rotulariam esse fenômeno como "graça comum", na qual "a obra graciosa de Deus age com misericórdia

---

[52] Atenágoras, *Res.* 25.5 (ANF 2:162).
[53] Atenágoras, *Res.* 24.4 (ANF 2:162).
[54] Robert M. Grant, *Greek apologists of the second century* (Philadelphia: Westminster, 1988), p. 51.

mesmo entre não cristãos, criando sistemas de justiça e contribuindo para o bem-estar geral da sociedade".[55] Quando os pagãos agem ou pensam com bondade, evidenciam a bondade de Deus, e seu alcance nessa direção não apenas demonstra um desejo pela verdade, como também prova e defende a legitimidade do cristianismo.

Essa metodologia permite ainda uma conexão estratégica com o público, em lugar da separação que por vezes caracteriza a apologética cristã. No espírito de Paulo, Atenágoras se torna todas as coisas para todas as pessoas (1Coríntios 9:22), fundamentalmente para defender a fé, mas sem impedir que alguns a alcancem. As contribuições da análise de Atenágoras também incluem seu uso das Escrituras em seu contexto e sua antropologia adotada como instrutiva para a fé. Quatro apelos metodológicos emergem de suas duas obras.

Apelo à convenção cultural

Atenágoras reconhece os ideais da estrutura social romana e a obediência cívica antes de afirmar que o cristianismo é coerente com esses ideais. Como embaixador, o apologeta é respeitoso e convencional ao identificar o público que ele espera persuadir. Atenágoras mostra argúcia cultural quando emprega sabiamente as técnicas sociais aceitas em seu contexto, as quais estabelecem uma base para o cristianismo apenas por fazer um apelo usando padrões convencionais. Ele escreve diretamente ao imperador, empregando sagacidade política para lutar por sua causa e fazendo os devidos elogios diplomáticos que são culturalmente apropriados para um público austero e mais persuasivos de forma efetiva. Young descreve como o louvor ao imperador era também uma técnica retórica da época e chama a abordagem patriótica de Atenágoras como "declarações de lealdade".[56]

Como um cidadão exemplar, esse defensor do cristianismo apresenta os da fé como habitantes modelo, que obedecem às leis da pátria. Sua defesa dos cristãos como cidadãos romanos envolve a demonstração de compatibilidade de sua fé com os mandatos do império no qual eles vivem. Os cristãos proporcionam a paz ao mesmo tempo em que se conformam à vontade de Deus

---

[55] W. Brian Shelton, *Prevenient grace: God's provision for fallen humanity* (Wilmore: Asbury, 2014), p. 158.

[56] Frances Young, "Greek apologists of the second century", *Apologetics in the Roman Empire: pagans, jews, and Christians*, eds. Mark Edwards; Martin Goodman; Simon Price (New York: Oxford, 1999), p. 87.

e à vontade do Estado. A moral religiosa do cristianismo, como a moral de outras religiões aceitas sob o governo romano, mostra respeito ao império. O cristianismo vai além ao oferecer valores mais consistentes e a favor do Estado, ainda que sejam contraculturais, como não revidarem o mal com mal, mas, segundo Atenágoras, para demonstrar conformidade e compatibilidade, esses apelos não comprometem a dissemelhança ou santidade do cristianismo, tampouco seu sistema superior inerente de verdade e amor. Colocando de forma filosófica, outras religiões podem ser inerentemente inconsistentes, e de forma razoável ele não confirma totalmente seus sistemas. Essa tensão contínua entre a afirmação e refutação de outras religiões se mantém à medida que ele estabelece as bases para a fé cristã. Nesse sentido, Atenágoras é instrutivo aos cristãos contemporâneos que sejam propensos a um separatismo cultural. Em lugar de promover uma distinção da cultura por causa da santidade, Atenágoras destaca as semelhanças culturais, fazendo até mesmo uma idealização da cultura contemporânea em meio aos cristãos. Ainda que seus esforços tenham limites, como no caso da rejeição cristã dos jogos sangrentos entre gladiadores. Os valores bíblicos sempre rejeitam as atividades culturais impiedosas, mas se casam em apoio de outras atividades culturais.

Apelo à convenção filosófica

De forma estratégica, Atenágoras faz uso da filosofia grega para corresponder ao interesse de seus interlocutores intelectuais, o que o ajuda a encontrar apoio nos leitores pagãos antes de persuadi-los a respeito do cristianismo. Todos os princípios da razão, da lógica e do bom julgamento que sustentam o pensamento filosófico social têm lugar em sua fé, apesar de que, mesmo utilizando essas técnicas, Atenágoras permanece totalmente trinitário e articula as atividades de Deus nesse ambiente grego.[57]

Atenágoras utiliza uma metodologia consistente, empregando autoridades filosóficas e literárias por meio de referências diretas, bem como o uso de princípios ideológicos mais amplos, e tudo isso opera nas duas obras. Ele estabelece um direito à atenção e à simpatia do imperador ao apelar à razão, a ferramenta ideal para a fundamentação filosófica da cultura, ao império e também ao próprio orgulho dos imperadores. Seu uso dos heróis do pensamento greco-romano demonstra uma ampla familiaridade e generosa defesa

---

[57] Pui Him Ip, "Re-imagining divine simplicity in trinitarian theology", *International Journal of Systematic Theology* 18 (2016): p. 278-9.

da razão no apoio à liberdade política e à simpatia religiosa pelo cristianismo. Sobre as fontes de Atenágoras, Young afirma que "essas obras parecem ter uma variedade de diferentes antecedentes literários".[58] O que antecede o ensino de Jesus ou de Paulo não é utilizado tão diretamente quanto um apologeta contemporâneo gostaria, mas seu comedimento a esse respeito parece ser uma tentativa estratégica que evita argumentar em favor do cristianismo a partir dele próprio, preferindo debater sobre os méritos da fé baseado nos valores do imperador. Esse conceito de epistemologia será explicado a seguir com maiores detalhes.

Novamente, entendemos que os esforços de Atenágoras não são intelectualmente comprometedores; apesar de buscar uma síntese, Atenágoras não faz concessões, e declara o seguinte a respeito de seus perseguidores: "Pois nós devemos conquistá-los, entregando sem hesitação, como fazemos agora, nossas próprias vidas por causa da verdade".[59] Moreschini e Norelli descrevem como ele reconhece diferenças primárias e secundárias, faz acomodações culturais e concessões na tentativa de persuadir: "Ele professa uma devoção às suas leis, embora não ceda a respeito de sua divindade".[60]

Apelo à compatibilidade epistemológica

O uso que Atenágoras faz das Escrituras também esclarece nosso entendimento sobre a aplicação da Bíblia no teatro da apologética. Acadêmicos têm debatido a respeito do conhecimento preciso que ele possuía do Novo Testamento e seu entendimento da inspiração quando se refere aos dizeres de Jesus sem citá-los e pelo fato de não se referir a Jesus pelo nome.[61] Uma explicação para esse fato pode estar em seu conhecimento das Escrituras judaicas.

Atenágoras usou o Antigo Testamento em seus dois trabalhos apologéticos, variando entre a aprovação e a separação do judaísmo. Ele diz que a Lei e os Profetas anteciparam a educação cristã e são fundamentais para o ensino de Jesus. O entendimento greco-romano de que uma religião precisa de raízes em alguma tradição antiga é sustentado ao demonstrar que o cristianismo tem suas origens na Lei e nos Profetas do Antigo Testamento. Contudo, Bingham demonstrou que razões polêmicas podem ter impedido

---

[58] Young, "Greek apologists", p. 87.
[59] Atenágoras, *Embaixada* 3.2 (ANF 2:130).
[60] Moreschini; Norelli, *Early Christian Greek and Latin literature*, 1:207.
[61] Bingham, "We have the prophets", 211-42; Rankin, *Athenagoras*, p. 11-2.

Atenágoras de fazer citações excessivas ou diretas do ensino de Jesus.[62] Essa abordagem evita o problema de citar apenas as próprias Escrituras cristãs como autoritativas, embora ainda as use da maneira admitida pelo raciocínio filosófico. A epistemologia que ele usa, ou a fonte de conhecimento, é aquela que é aceitável para seus interlocutores, porém sem aliená-los. A Lei judaica se tornou um padrão moral para os cristãos, com referências veladas ao ensino de Jesus, que é claramente retirado da Lei. O termo grego *Logos* se refere ao ensino tanto do Antigo quanto do Novo Testamento dado por Deus que criou e espera uma boa vida. Bingham explica: "Os ensinamentos de Jesus são apresentados como uma continuidade daqueles dos profetas. A conexão é ininterrupta. As palavras dos profetas são aquelas de Jesus, pois o Espírito divino produziu a ambos".[63]

A estratégia de Atenágoras parece mostrar alguma resistência para a aplicação direta de muito da herança judaica ou do ensino cristão, uma retórica equilibrada e o sábio uso da linguagem, além de uma consciência consistente da necessidade de seu público para a conexão com a tradição antiga. Rankin insiste: "O uso que Atenágoras faz das fontes não cristãs em *De Resurrectione* não é significativo e ocorre principalmente na área da linguagem e não de conceito".[64] Ele utiliza valores bíblicos na medida em que podem ser recebidos pelos dois pensadores imperiais greco-romanos, evitando ser muito judaico ou cristão; além disso, ele evita ser não bíblico, embora argumente com técnicas filosóficas aceitas.

Apelo à antropologia

Barnard sugere que Atenágoras merece o título de primeiro antropólogo cristão por sua articulação da humanidade no relacionamento com o seu Criador: a ética de viver em pureza e justiça à luz de nosso relacionamento com o Juiz, nosso propósito de viver uma vida inteligente e nossa composição em relação à imagem de Deus. Atenágoras argumenta a partir da criação e da composição humana com o intuito de assegurar um suporte intelectual para a ressurreição.

---

[62] D. Jeffrey Bingham, "Scripture as apology in Athenagoras of Athens", *Studia Patristica* 45 (2010), p. 430.
[63] Ibid., 431.
[64] Rankin, *Athenagoras*, p. 12.

Por exemplo, a primeira parte de *Sobre a ressurreição* se defende contra a alegação de que Deus é incapaz de ressuscitar, pois seria indigno dele.[65] Contrário ao argumento de que alguns humanos se tornam comida, digeridos por animais, Atenágoras responde que comidas não naturais como ossos humanos são eliminados e não se tornam parte da composição animal. Além disso, a onipotência de Deus é capaz de superar obstáculos como esse. A segunda parte de *Sobre a ressurreição* argumenta que o evento se encaixa de maneira lógica nos propósitos da criação humana.[66] Na criação, a composição humana incluiu corpo e alma, e não apenas alma. No juízo, a justiça de Deus assegura que a pessoa inteira deve receber recompensa ou punição. Apesar de a origem da alma não ser explicitamente pronunciada, a *Embaixada* e *Sobre a ressurreição* requerem a visão platônica sobre a matéria e a visão estoica sobre a física. A ética tem origem na criação física nas duas escolas de pensamento.

A ciência é empregada como parte de um argumento geral para as crenças cristãs. Os antigos especularam mais sobre a natureza humana do que a estudaram empiricamente, mas a ciência ainda era um componente do pensamento. Em uma lição para apologetas contemporâneos, Atenágoras viu de forma positiva a substância e a natureza deste mundo, que nunca foi separado dos atributos de Deus e que foi destinado para a redenção. Por sua contribuição, Barnard coloca Atenágoras no mesmo nível que o médico pioneiro, Galeno: "Atenágoras é o primeiro pensador cristão que procurou harmonizar a teologia com a ciência médica de seu tempo".[67]

CONCLUSÃO

A obra de Atenágoras representa perfeitamente a era da apologética do século II, coincidindo com o estilo e o método de Justino Mártir, um apologeta mais bem conhecido. Essa foi uma época de má interpretação pagã e acusações contra os cristãos, o que compeliu crentes eruditos como Atenágoras a se dedicarem à cultura usando os mesmos padrões intelectuais da lógica e da razão em defesa da fé. Educado no pensamento helênico, esse apologeta ateniense respondeu às piores acusações religiosas com o melhor do comprometimento religioso.

Atenágoras mobilizou figuras, referências e doutrinas da filosofia para combater os inimigos do cristianismo mesmo quando eram eles que mobilizavam

---

[65] Atenágoras, *Res.* 1-10.
[66] Ibid., 11-25.
[67] Barnard, "Athenagoras, Galen, Marcus Aurelius, and Celsus", p. 172.

esses mesmos instrumentos contra a fé, e também manteve os seus argumentos sólidos e racionais, apelando ao soberano do império, que via a si mesmo como um exemplo desses mesmos princípios. Ele se vangloriou de como os cristãos eram cidadãos modelo, promovendo os mais altos valores da sociedade que o imperador administrava. E, embora as acusações contra o cristianismo sejam por vezes confrontadas diretamente, a maior parte de seus dois trabalhos procura refutar, por meio da lógica, a alegada descontinuidade entre essa nova religião e as outras religiões aceitas. A filosofia grega se tornou um árbitro para as crenças cristãs.

Ao utilizar uma restrição estratégica do uso das Escrituras, dos ensinos de Jesus ou dos apóstolos, Atenágoras foi capaz de permanecer sobre os mesmos termos que seus interlocutores. O cristianismo pode resistir quando provado interna ou externamente. A antropologia encontra um papel para maior compatibilidade entre o cristianismo e a tradição antiga, ao passo que a razão é o meio para demonstrar os argumentos em favor da ressurreição, central para essa religião incompreendida. Atenágoras está certo de que bondade, sabedoria e beleza têm sua origem no Deus cristão, e apelar a eles é um meio de apoiar a verdade do cristianismo. Infelizmente, a maravilhosa obra de Atenágoras foi logo esquecida por muitos na era patrística, o que levou Barnard a declarar, "Na antropologia, como em outras matérias, Atenágoras foi um pioneiro – e ser esquecido é o destino dos pioneiros".[68]

Quer tenha sido ou não diretor, Atenágoras ensina importantes princípios para o estudante de apologética contemporânea se dedicar. Uma compreensão da cultura é necessária como um fundamento para o diálogo em defesa da fé, e o uso erudito daqueles valores começa ao procurar uma compatibilidade com a fé cristã, sem deixar de notar a incompatibilidade insuperável com o cristianismo. Ele modela uma "graça comum" para a provisão divina da verdade e bondade, sugerindo que encontrar esses valores entre os pagãos não é uma ameaça, mas sim o fortalecimento da afirmação cristã sobre a criação. Se essas regras são honradas, Atenágoras acredita que o cristianismo pôde encontrar um espaço legítimo mesmo dentro de uma sociedade que ativamente perseguia a igreja. Em tudo isso, Barnard nota que seu "objetivo era apologético, não dogmático".[69] Seu contexto o forçou a perceber que a verdade possui

---

[68] Barnard, "Father of Christian Anthropology", p. 279.
[69] Ibid., p. 269.

seu próprio mérito e utiliza seu próprio poder de persuasão em lugar de uma atitude doutrinária de retidão.

BIBLIOGRAFIA

Fontes primárias

ATENÁGORAS. *De Resurrectione Mortuorum*. In: vol. 53 of *Supplements to Vigilae Christianae*. Ed. Miroslav Marcovich (Boston: Brill, 2000).

ATENÁGORAS. *A Plea for the Christians*. In: vol. 2 de *The Ante-Nicene Fathers*. Ed. Alexander Roberts; James Donaldson. Reimpr. (Edinburgh: T&T Clark; Grand Rapids: Eerdmans, 2001).

_____. *Legatio e De Resurrectione*. Ed. e trad. por William R. Schoedel (New York: Oxford University Press, 1972).

_____. *The Resurrection of the Dead*. In: vol. 2 de *The Ante-Nicene Fathers*. Ed. por Alexander Roberts; James Donaldson. Reimpr. (Edinburgh: T&T Clark; Grand Rapids, Eerdmans, 2001).

CELSO. *On True Doctrine*. Trad. por R. Joseph Hoffman (Oxford: Oxford University Press, 1987).

EUSÉBIO. *Ecclesiastical History*. Trad. por C. F. Crusé (Peabody: Hendrickson, 2000).

ORÍGENES. *Contra Celsus*. In: vol. 4 de *The Ante-Nicene Fathers*. Ed. por Alexander Roberts; James Donaldson (Grand Rapids: Eerdmans, 1994).

SÓCRATES. *Ecclesiastical History*. In: vol. 2 de *The Nicene and Post-Nicene Fathers*, Series 2. Trad. por Philip Schaff; Henry Wace (Edinburgh: T&T Clark; Grand Rapids: Eerdmans, 1997).

Fontes secundárias

BARNARD, Leslie W. *Athenagoras: A Study in Second Century Christian Apologetic* (Beauchesne: Paris, 1972).

_____. "Athenagoras, Galen, Marcus Aurelius, and Celsus". *The Church Quarterly Review* 168 (1967): p. 168-81.

_____. "The Father of Christian Anthropology". *Zeitschrift für die neutestamentliche Wissenschaft und die Kunde der älteren Kirche* 63 (1974): p. 254-70.

BINGHAM, D. Jeffrey. "Scripture as Apology in Athenagoras of Athens". *Studia Patristica* 45 (2010), p. 425-31.

_____. "'We Have the Prophets': Inspiration and the Prophets in Athenagoras of Athens". Zeitschrift für antikes Christentum 20 (2016), p. 211-42.

FREND, W. H. C. *Martyrdom and Persecution in the Early Church: A Study of a Conflict from the Maccabees to Donatus* (New York: New York University Press, 1967).

GRANT, Robert M. Greek. *Apologists of the Second Century* (Philadelphia: Westminster, 1988).

IP, Pui Him. "Re-Imagining Divine Simplicity in Trinitarian Theology". *International Journal of Systematic Theology* 18 (2016), p. 274-89.

MARCOVICH, Miroslav. *Introduction to De Resurrectione Mortuorum, by Athenagorae*. In: vol. 53 of *Supplements to Vigiliae Christianae*. Ed. por Miroslav Marcovich (Boston: Brill, 2000).

MCLYNN, Frank. *Marcus Aurelius: A Life* (Boston: Da Capo, 2010).

MORESCHINI, Claudio; NORELLI, Enrico. *Early Christian Greek and Latin Literature*. 2 vols (Peabody: Hendrickson, 2005).

POUDERON, Bernard. "Les écoles chrétiennes de Rome, Athènes, Alexandrie et Antioche à l'époque des Antonins: Remarques sur la circulation des maîtres et de leurs disciples". Part 1 of *Bulletin de Littérature Ecclésiastique* 113 (2012), p. 385-400.

RANKIN, David. "Athenagoras, Philosopher and First Principles". *Studia Patristica* 45 (2010): p. 419-24.

_____. *Athenagoras: Philosopher and Theologian* (New York: Routledge, 2016).

SCHOEDEL, William R. *Introduction to Legatio and De Resurrectione, by Athenagoras* (New York: Oxford University Press, 1972).

SHELTON, W. Brian. "Learning from Patristic Responses to Culture", p. 100-30 in: *The Contemporary Church and the Early Church: Case Studies in Ressourcement*. Ed. por Paul Hartog (Eugene: Wipf & Stock, 2010).

_____. *Prevenient Grace: God's Provision for Fallen Humanity* (Wilmore: Francis Asbury, 2014).

YOUNG, Frances. "Greek Apologists of the Second Century", p. 81-104. In: *Apologetics in the Roman Empire: Pagans, Jews, and Christians*. Ed. por Mark Edwards; Martin Goodman; Simon Price (New York: Oxford University Press, 1999).

TERTULIANO DE CARTAGO
A APOLOGÉTICA AFRICANA ENTRA NA BRIGA

Bryan M. Litfin

Na época em que Tertuliano (160-220, aproximadamente) era um escritor ativo, a fé cristã havia se tornado bastante conhecida, mas não era benquista. Escritores anticristãos como Galeno, Luciano, Fronto e Celso começaram a criticar o cristianismo por suas crenças e práticas. Para muitos pagãos, essa crença recente que celebrava um criminoso crucificado parecia estranha e suspeita. O público amplo que antipatizava com o cristianismo poderia, por vezes, irromper em perseguição aberta. Contudo, os seguidores da religião tradicional greco-romana não eram os únicos oponentes da igreja primitiva. Apologetas como Tertuliano também enfrentaram desafios de seitas pseudocristãs, tal como a dos gnósticos, ou dos judeus, que contestavam o significado do Antigo Testamento. A virada para o século III foi um momento perigoso para os cristãos, e esses tempos precários convocaram defensores da fé ousados e destemidos como Tertuliano.

CONTEXTO HISTÓRICO

Tertuliano tinha opiniões fortes, e, por conta disso, sabemos mais sobre seus pensamentos do que sobre o homem propriamente dito. Ele é apenas mencionado, de forma breve, por outros pais da igreja. Um escritor antigo, o bispo Cipriano de Cartago (morto em 258) certamente o reverenciou, tanto que dizem que o bispo nunca passava um dia sem ler Tertuliano. Na verdade, ele enviava seu secretário para buscar os livros com o seguinte pedido: "Dá-me o mestre".[1]

Contudo, além de outras referências questionáveis encontradas em alguns raros escritores cristãos, o pouco que podemos saber sobre a vida de Tertuliano pode ser reconstituído por intermédio de seus próprios escritos.

---

[1] Jerônimo. *Vir. Ill.* 53.

Felizmente, temos muitos deles. Eles retratam a imagem de um homem de personalidade forte, que nos diverte e nos afasta ao mesmo tempo. O intelecto de Tertuliano era brilhante, e seu espírito era afiado. Ele exigia admiração por sua audácia e, ao mesmo tempo, podia ter uma mente estreita e o coração frio, especialmente no fim de sua carreira de escritor. Tertuliano era um enigma – um herói do cristianismo antigo, de quem as obras foram consideradas dignas de preservação, embora seja também um dos poucos pais da igreja que nunca receberam o título de "santo".[2]

Tertuliano era africano e está no início de uma longa linha de importantes teólogos africanos. A região da qual estamos falando é o norte da África, que corresponde hoje em dia a Marrocos, Argélia, Tunísia e Líbia.[3] Personagens africanos tardios como Minúcio Félix,[4] Cipriano, Lactâncio e Agostinho, todos são devedores do legado teológico de Tertuliano. E também os grandes mártires da igreja africana, como a ilustre Perpétua, eram devedores à resistência obstinada de Tertuliano a qualquer forma de rendição à religião greco-romana.

Com exceção de alguns mártires citados brevemente por um escritor anônimo,[5] Tertuliano é o primeiro autor cristão cuja obra sobreviveu no latim original. Da época anterior a ele, apenas escritos cristãos gregos existem até os dias de hoje. Como a fonte de uma ilustre tradição do latim eclesiástico, Tertuliano legou para a igreja uma terminologia importante, incluindo a palavra *trinitas* para descrever o Deus trino, assim como o termo *novum testamentum*, ou Novo Testamento.

---

[2] Próximo ao final de sua vida, Tertuliano trocou a igreja católica por uma seita hoje conhecida como "Montanismo" (era chamada de Nova Profecia em seus dias). Por causa dessa identificação com um grupo reconhecido como heterodoxo e cismático, ele nunca foi considerado para canonização dentro da Igreja Católica Romana. Dessa maneira, ele é como Orígenes, que, da mesma forma, merece alta consideração como pensador e apologeta, apesar de sua vida não demonstrar a completa ortodoxia e fidelidade para com a igreja institucional, necessária para a santidade.

[3] O Egito também está no continente da África, é claro, mas o Nilo tinha uma civilização única, uma mistura de diversas culturas e que, de alguma forma, era distinta do Norte da África antigo.

[4] Minúcio Félix provavelmente é africano, embora não se tenha certeza. Ele viveu e escreveu em Roma. Seu único livro que restou, o *Octavius*, foi escrito por volta da época que Tertuliano estava ativo e pode ser devedor da obra de Tertuliano – ou ter influenciado este autor em uma relação reversa. Acadêmicos modernos debatem a questão da dependência literária entre os dois autores.

[5] A morte de doze mártires da cidade africana de Scilli em 180 é registrada em um texto chamado de *Os atos dos mártires escilitanos*. Fiz uma tradução dessa obra no capítulo 7 de Bryan Litfin, *Early Christian martyr stories* (Grand Rapids: Baker Academic, 2014). Apesar de essa narrativa esparsa ser o primeiro exemplo de um texto cristão em latim, foi Tertuliano quem mais moldou o futuro do discurso teológico latino.

A cidade de Cartago parece ter sido onde Tertuliano viveu por um longo tempo e o único lugar onde ele morou e trabalhou. Era uma metrópole grande e próspera, a capital da província da África Proconsular, e, apesar de ter sido uma antiga ameaça para a República Romana, Cartago foi capturada e destruída pelos romanos em 146 a.C., sendo posteriormente reconstruída na época dos imperadores como um novo posto romano no norte da África. Na virada do século III, Cartago era uma capital populosa e pujante, com um porto movimentado e uma igreja cristã vibrante.

Acadêmicos debatem exatamente como o cristianismo chegou pela primeira vez em Cartago, se de Roma ou Alexandria, se foram judeus convertidos ou gentios, ou de missionários gregos ou de fala latina. Em uma grande e diversa cidade portuária, com um vasto comércio internacional, qualquer hipótese singular de suas origens cristãs provavelmente precisa ser substituída por uma teoria mais complexa, em que diferentes tipos de missionários plantaram uma fé baseada em Jesus no norte da África romana. De qualquer forma, na época de Tertuliano, por volta do ano 200, a igreja proto-ortodoxa era uma força cultural bem conhecida; apesar de elementos oriundos do gnosticismo, do judaísmo e de sistemas de crença baseados em êxtases proféticos também terem influenciado a igreja cartaginense.

Os relatos biográficos mais antigos sobre Tertuliano dizem que ele era filho de um centurião, que cresceu e se tornou um famoso jurista e sacerdote, mas essas teorias têm sido desmistificadas, e hoje os acadêmicos não fazem afirmações seguras sobre esses assuntos.[6] Um dos fatos mais corretos sobre Tertuliano é o de que ele recebeu uma excelente educação. Ele conhecia tanto o grego quanto o latim e demonstra bastante familiaridade, por meio de seus 31 escritos remanescentes, com os mitos culturais e religiosos, e também com a literatura filosófica, de sua época. A habilidade de Tertuliano com idiomas é fruto tanto de um talento inato quanto produto de uma educação de elite. Muitos acadêmicos também acreditam que ele tinha alguma educação jurídica, pois demonstra conhecimento sobre o direito romano e familiaridade com o método de argumentação de um advogado.[7] À luz desses antecedentes,

---

[6] Para o contra-argumento do relato tradicional que se tornou o consenso acadêmico moderno, veja Timothy D. Barnes, *Tertullian: a historical and literary study*, 2. ed. (Oxford: Clarendon, 1984), p. 3-59.

[7] Veja David J. Rankin, "Was Tertullian a jurist?" *Studia Patristica* 31 (Louvain: Peeters, 1997), p. 335-42. Rankin argumenta que Tertuliano havia sido educado como um "advogado" que pleiteava casos no tribunal e conhecia as técnicas da retórica.

talvez fosse inevitável que Tertuliano acabasse se envolvendo com apologética de alto nível, mas a questão é: quais eram os desafios apologéticos que ele enfrentou?

CONTEXTO TEOLÓGICO

Tertuliano geralmente é chamado de *polemista*. Esse termo significa mais do que ele nunca ter fugido de argumentos e disputas. É provável que possamos dizer que todos os 31 trabalhos restantes de Tertuliano são escritos contra um oponente específico ou contra um falso conjunto de ideias. Ele não nos deixa nenhum conforto, nem ensaios com ternura para animar seu rebanho, tampouco encontramos em seu *corpus* qualquer exegese pastoral das Escrituras para um simples encorajamento. Em vez disso, Tertuliano escreveu tratados controversos que estabeleciam um ponto definitivo. Até mesmo sua carta para os mártires cristãos que aguardavam a morte em prisões os desafiava a permanecerem fortes e firmes – como se o que eles realmente precisassem na prisão fosse uma robusta admoestação para permanecerem na linha! Tertuliano gostava de dizer às pessoas o que elas deviam acreditar.

O *corpus* de Tertuliano pode ser dividido em três categorias principais: (1) obras apologéticas, (2) tratados de polêmicas e (3) obras disciplinares, morais e ascéticas.[8] A divisão tríplice faz parecer que a apologética ocupa um terço de tudo o que Tertuliano escreveu, contudo, o fato é que todos os seus escritos fazem uma *apologia*, a defesa de uma ideia contra aqueles que discordam dela. Em resumo, ele tinha quatro oponentes principais: pagãos greco-romanos, gnósticos ou cristãos hereges, judeus e cristãos dentro de sua própria igreja que sustentavam falsas noções – quer por simples ignorância (mais perdoável), quer por erro obstinado – que exigiam uma refutação. Essa quarta categoria, considerando ser dirigida internamente aos companheiros cristãos que necessitavam de correção, não pode ser considerada "apologética" em seu sentido tradicional de defesa da fé contra alguém de fora. Isso deixa os pagãos, hereges e judeus como os principais adversários apologéticos de Tertuliano. Cada um deles e suas visões de mundo serão considerados a seguir.

---

[8] Veja o sumário em Johannes Quasten, *Patrology*, vol. 2 (Westminster: Newman, 1950; reimpr. Allen: Christian Classics), p. x.

Os pagãos

O termo *pagão* significava originalmente um morador de uma vila e, por implicação, um agricultor rústico. O uso dessa palavra para descrever os seguidores da religião greco-romana tradicional reflete que o cristianismo era, acima de tudo, um fenômeno urbano em seus primeiros séculos. A nova fé se espalhou de cidade em cidade até que eventualmente se tornou a religião oficial do Império Romano, no final do século IV. Apesar de o cristianismo ser adotado como a fé principal das elites urbanas, muitos dos moradores do interior conservaram sua fidelidade à antiga religião dos deuses, e, assim, a palavra *pagão* passou a descrever essas pessoas. Mas, nos dias de Tertuliano, aqueles que hoje chamamos de pagãos não eram excluídos da sociedade, mas sim fiéis da prestigiosa e dominante religião da época, um sistema expansivo que cobria tudo, desde o poderoso Júpiter com um raio nas mãos até os menores espíritos da vida cotidiana. A religião civil romana era mais um meio cultural de acalmar os deuses do que uma atitude piedosa do coração, e a adoração ao imperador também servia para manter os cidadãos leais ao Estado. O paganismo era, portanto, entrelaçado ao governo, à cultura e à educação romanas, e também à monumental arquitetura, que devemos imaginar a fé de Tertuliano como a de um grupo minoritário: um culto religioso marginal que poucas pessoas entendiam e muitas outras desprezavam.[9]

Os hereges

O segundo grupo de oponentes da apologética de Tertuliano eram os hereges, tal como os gnósticos.[10] *Gnosticismo* é um termo genérico para os vários pensadores e as seitas nos tempos antigos cuja versão de cristianismo não se

---

[9] Um paralelo moderno para esse cenário não seria a URSS no auge do ateísmo comunista, quando um império não religioso perseguia pequenas seitas secretas de pessoas religiosas. Ao contrário, a Coreia do Norte poderia ser um exemplo melhor, onde o culto à pessoa do líder é estritamente cumprido e qualquer oposição cristã ao totalitarismo de Estado é confrontada com supressão violenta. Outro exemplo moderno pode ser um país do Oriente Médio onde a devoção intensa ao islã torna a vida difícil, até mesmo perigosa, para a minoria cristã vulnerável. Quando Tertuliano enfrentou o paganismo greco-romano, ele não estava enfrentando um inimigo superficial, mas um sistema religioso assustador, que estava enraizado nas estruturas de poder de sua sociedade de cima para baixo.

[10] Nem todos os hereges que Tertuliano confrontou era gnósticos. Um dos seus maiores oponentes era Marcião, um falso cristão que tinha uma visão negativa a respeito da existência terrena, material, da mesma maneira que os gnósticos. Entretanto, o Deus Criador do Antigo Testamento, dizia ele, era uma deidade tribal dos judeus, completamente diferente do Pai bom e amoroso revelado por Jesus. Marcião acreditava que Jesus veio para nos falar a respeito de um Deus absolutamente novo que era muito melhor do que o Javé de Israel. Tertuliano refutou Marcião em cinco enormes livros repletos de exegese bíblica.

centralizava na vida, na morte e na ressurreição do Filho encarnado de Deus, mas, ao contrário, focava no papel de Jesus como um mestre de mistérios. Os gnósticos se consideravam a elite dos crentes, os cristãos verdadeiramente espirituais, entendedores daquilo que os simplórios da igreja não compreendiam: que a salvação vem por meio da *gnosis* (conhecimento), não por meio de rituais e práticas comunais que celebravam a morte e a ressurreição corporal de Jesus. Em outras palavras, a fé cristã não é a adesão devotada à comunidade que Jesus fundou, e sim um despertar interior e a exploração mística de mitos secretos do mundo angélico. Fé na obra expiatória em uma cruz romana não salva; era a sabedoria esotérica que Jesus passou secretamente aos seus discípulos (registrados nos "evangelhos" gnósticos extras) que trazia salvação, quando os homens interpretavam corretamente esses ensinos celestiais. Muitas pessoas se sentiram compelidas por essa abordagem elitista e aparentemente intelectual do cristianismo.

Os judeus

Tertuliano também debateu contra os judeus. Obviamente, os rabinos do período antigo não aceitaram Jesus como o Messias de Deus e, dessa forma, foram dadas outras interpretações para toda escritura judaica que pudesse ser interpretada como uma citação a ele. Para refutar essa posição, os antigos apologetas listaram os "testemunhos" do Antigo Testamento que eles afirmavam predizer o verdadeiro Salvador de Israel. Outros argumentos cristãos procuraram mostrar que a salvação não poderia ser encontrada por meio da obediência à lei ou que os líderes judeus estavam errados ao serem cúmplices por enviarem Jesus para a execução na cruz romana. Considerados juntos, esses tratados e argumentos formaram um gênero cristão primitivo que leva o nome de uma das obras de Tertuliano: literatura *Adversus Judaeos*, que significa "contra os judeus". Juntamente com Tertuliano, outros apologetas, como Justino Mártir e João Crisóstomo, também escreveram ou fizeram críticas antijudaicas em sermões, pois era comum nesse contexto teológico para os cristãos primitivos disputarem contra os rabinos que ainda viam o cristianismo como herético.

O gênero apologético *Adversus Judaeos* pode ser categorizado de diferentes formas – algumas apropriadas e outras não. Devemos relembrar que as próprias Escrituras dizem que confiar nas práticas judaicas para a salvação é antitético ao evangelho da graça. "Ouçam bem o que eu, Paulo, lhes digo: Caso se deixem circuncidar, Cristo de nada lhes servirá [...] Vocês, que procuram ser justificados pela lei, separaram-se de Cristo; caíram da graça" (Gálatas 5:2,4). Os líderes judaicos assumiram a culpa da morte de Cristo sobre Israel (Mateus 27:25) e agora usam um véu que cega suas mentes para o Antigo Testamento (2Coríntios 3:14). De forma incorreta, eles acreditam em Moisés, pois não conseguem ver que o Antigo Testamento prediz a vinda de Cristo; apesar de ele mesmo ter dito que Moisés "escreveu a meu respeito" (João 5:45-46; cf Lucas 24:27). Por vezes, a literatura cristã primitiva *Adversus Judaeos* se envolveu positivamente com o pensamento rabínico e confrontou as leituras judaicas do Antigo Testamento que não davam espaço para a predição profética de Cristo. Dessa maneira, ela chamou Israel para receber seu verdadeiro Messias, mas, outras vezes, e isso deve ser admitido, alguns pais da igreja mergulharam em ataques caluniosos e insultos antijudaicos que não têm lugar no discurso cristão. A literatura *Adversus Judaeos* teve dificuldade em distinguir a linha entre a refutação bíblica da salvação por obras e o antissemitismo, que fere o coração de Deus.

Todas essas correntes de pensamento estavam circulando em Cartago quando Tertuliano escrevia, por volta do ano 200. Como um homem abençoado com um intelecto afiado, uma disposição corajosa e uma educação retórica a ponto de construir sólidos argumentos, ele tomou sobre si mesmo a defesa da fé cristã contra todos que se opusesse a ela. Vamos agora nos voltar para sua resposta apologética.

RESPOSTA APOLOGÉTICA
Apologia: refutação dos pagãos

Historicamente falando, a *Apologia* é, de forma ampla, o trabalho mais respeitado de Tertuliano, além de ser bastante conhecido como uma obra-prima da retórica, um exemplo de elegância da grande tradição latina do debate público e do discurso deliberativo.[11] Johannes Quasten, um eminente acadêmico do cristianismo primitivo, afirma isso de maneira suscinta quando chama a *Apologia* de "a mais importante de todas as obras de Tertuliano".[12] Por conta de sua importância, ela aparece em "inúmeros manuscritos"[13] e chegou inclusive a ser traduzida para o grego, um privilégio conferido a poucas obras latinas

---

[11] Para um olhar abrangente sobre as habilidades retóricas de Tertuliano, veja Robert Dick Sider, *Ancient rhetoric and the art of Tertullian* (Oxford: Oxford University Press, 1971).
[12] Quasten, *Patrology*, vol. 2, p. 256.
[13] Ibid., p. 260.

antigas. Em outras palavras, não apenas acadêmicos modernos, mas também leitores antigos e copistas posteriores consideraram a *Apologia* como o melhor que Tertuliano tinha a oferecer.

O texto é dirigido aos regentes do Império Romano na tentativa de deixar as coisas claras sobre o que o cristianismo realmente é – não um culto estranho que merece perseguição, mas uma contribuição produtiva e útil para a sociedade e, na realidade, a própria verdade de Deus. Contudo, Tertuliano não apresenta sua argumentação teológica logo no início. Um dos aspectos mais importantes de sua abordagem apologética está no fato de ele começar com *moralidade*. Os governantes do império, refletindo a opinião pública geral, têm um ódio irracional pelo cristianismo, pois pensam que ele é moralmente corrompido. Baseados em rumores e em opinião desinformada, eles desprezam qualquer um que se identifique como cristão, mesmo que essa pessoa não tenha cometido nenhum crime. Tertuliano pede que sua sociedade dê um passo atrás e descubra o que o cristianismo realmente é antes de julgá-lo digno de escárnio, pois a razão e a verdade devem prevalecer, e não fofocas difamatórias e insinuações sensacionalistas.

Quando o cristianismo é verdadeiramente compreendido, sua moralidade será reconhecida não apenas como boa e correta, mas como superior à prática pagã. Por exemplo, a Ceia do Senhor – que a igreja primitiva praticava em segredo e oferecia somente aos crentes batizados – era objeto de muita suspeita pagã. Eles achavam que era algum tipo de rito canibal no qual bebês eram sacrificados para consumo humano ou relacionado ao sangue de vítimas indefesas. Tertuliano não apenas nega que tais atrocidades aconteçam, como também para de jogar na defensiva e parte para o ataque contra os pagãos. Apontando o dedo para a sua sociedade, ele se opõe à sua sede de sangue assassina: sacrifício humano e outros rituais sangrentos, a injusta tortura e execução dos cristãos e, é claro, as cruéis lutas de gladiadores – incluindo a estranha prática de comer os animais da arena como carne de caça selvagem, sendo que aqueles animais tinham acabado de devorar seres humanos! São vocês, pagãos, diz Tertuliano, que têm sede de sangue humano; já as festividades cristãs são simples refeições de amizade e amor.

Essa abordagem "ofensiva" para a apologética, na qual a visão de mundo dos descrentes é mostrada como imoral, continua à medida que Tertuliano ridiculariza os deuses pagãos e suas histórias tolas. Acreditar nelas não passa de superstição, e os rituais pagãos de adoração são absurdos. Em contraste a isso, Tertuliano oferece seu próprio Deus como digno de fé. "O objeto da nossa adoração é o único Deus que, do nada, criou este enorme universo, apenas para a glória de sua majestade".[14] Baseado no judaísmo, e, portanto, respeitavelmente antigo, o cristianismo testifica a um Deus cuja santidade e honra ofuscam os cruéis deuses pagãos. Apesar de ser diferente do judaísmo, o cristianismo também ensina que esse único Deus enviou seu Verbo para se encarnar como Jesus Cristo. Os assim chamados deuses dos pagãos são, na verdade, demônios que se opõem – e serão julgados – pelo Senhor Jesus.

Tertuliano termina seu ensaio insistindo demoradamente que os cristãos podem respeitar a dignidade do imperador e seu direito de reinar sem que participem do culto imperial, uma vez que orar pelo imperador é mais útil do que sacrificar a ele. Aqui, Tertuliano volta para a defensiva novamente e refuta a acusação de que os cristãos são uma ameaça política ao mostrar o profundo apreço que eles têm pela lei e pela ordem. Eles não precisam adorar o imperador para provar isso, até porque, ao adorar o único Deus e viverem dignamente suas vidas, eles estão mais bem equipados para ajudar o imperador por meio da oração. Mesmo que não tenham participação em certos rituais públicos ou negócios imorais, como prostituição ou cartomancia, os cristãos são bons, cidadãos cumpridores da lei que pagam seus impostos e vivem pacificamente entre as pessoas. Mesmo que os filósofos zombem deles e a multidão clame por seu sangue, o cristianismo gera bons cidadãos que são morais, íntegros, obedientes e virtuosos.

Em um apelo final aos governantes imperiais, Tertuliano os desafia a tentar eliminar o cristianismo. "Mas continuem, bons oficiais, vocês se tornarão melhores aos olhos do povo se sacrificarem os cristãos para eles. Crucifique-os – torture-os – condene-os – nos destrua! Sua iniquidade é a prova de nossa inocência".[15] É nesse contexto que Tertuliano pronuncia um de seus mais conhecidos lemas. Embora muitas vezes registrado como "O sangue dos mártires é a semente da igreja", o que Tertuliano realmente disse foi: "Nos tornamos mais numerosos cada vez que que somos cortados por vocês: o sangue dos cristãos é semente".[16.] Em outras palavras, embora os cristãos não devam ser condenados – Tertuliano utiliza todo o seu ensaio insistindo nesse ponto –,

---

[14] Tertuliano, *Apol.* 17.1 in: Rudolph Arbesmann, Emily Joseph Daly e Edwin A. Quain, *Tertullian: apologetical works and Minucius Felix: Octavius* (New York: Fathers of the Church, 1950), p. 52.

[15] Tertuliano, *Apol.* 50 (Arbesmann et al., p. 125).

[16] Ibid. A frase "O sangue dos mártires é a semente da igreja" se tornou uma expressão cristã popular quando foi incorporada a uma canção de louvor de Steve Green, chamada *O fiel* (1998).

quando *são* maltratados ou mesmo martirizados, agem com tal dignidade que os observadores não podem deixar de admirar a fé dos mártires, até ao ponto de serem eles próprios convertidos. Seja por meio de uma vida moral ou de uma morte nobre, os cristãos apresentam um rosto realmente cativante diante do mundo.

Prescrição contra os hereges: refutação dos não ortodoxos

Os antigos pagãos da sociedade romana não eram os únicos oponentes contra quem Tertuliano dirigia seu considerável poder de fogo retórico. Ele também considerou os hereges em muitas de suas obras apologéticas. Diferente dos pagãos, os hereges afirmavam representar uma forma de cristianismo, mas esses causadores de problemas não eram ortodoxos; eles sustentavam doutrinas que não haviam sido ensinadas pelos apóstolos originais, nem encontradas nas Sagradas Escrituras, nem estavam em linha com os credos da igreja, e também não eram aprovadas pelos bispos respeitáveis. Para excluir os falsos mestres de reivindicarem a verdadeira doutrina, Tertuliano escreveu *Prescrição contra os hereges*.

Para compreender essa obra, devemos entender o que significa a palavra *praescriptio*. É um termo jurídico romano derivado especificamente do campo do direito imobiliário. A *praescriptio longi temporis* se refere ao direito de propriedade que surge por conta de um longo tempo de posse, isto é, o usucapião. Quando uma pessoa possui um lote de terra por um tempo considerável, ninguém pode vir e contestar a respeito da propriedade e, mesmo que a outra pessoa apresentasse uma escritura, ela não teria direito de propriedade, perdendo, assim, sua petição sobre o lote. A outra parte havia estado lá por muito tempo, de forma que aquele que reivindica é impedido de fazê-lo. É impedido de entrar na justiça, pois a parcela de terra pertence ao outro e tem sido assim por muitos anos. Caso encerrado.

Em uma brilhante peça de argumentação, Tertuliano aplica essa premissa legal aos hereges. A "propriedade" sob disputa é a Bíblia; e Tertuliano está dizendo, gesticulando com sua mão: "Saiam da minha terra, seus intrusos". Ele sabe que poderia vencer os hereges em um debate exegético face a face. Em outro lugar ele os envolve em argumentos sobre a Bíblia em sua grande obra em cinco volumes *Contra Marcião*, na qual refuta esse mestre apóstata verso por verso, mas aqui ele está usando um atalho da *praescriptio* para tirar os hereges do tribunal antes que eles possam começar a tecer argumentos. Tertuliano deseja mostrar que apenas a igreja verdadeira aponta para os apóstolos, mantendo os escritos bíblicos em sua posse desde o começo. Em outras palavras, Tertuliano está apelando à tradição cristã de longa data contra as ideias heréticas recém-chegadas, que surgiram mais recentemente.

Para provar que sua igreja mantém a fé apostólica, enquanto os hereges inventam novidades e seguem especulações imaginativas, Tertuliano recorre ao que é conhecido como a regra de fé. Na igreja antiga, a regra de fé era um breve resumo das doutrinas ensinadas para os candidatos ao batismo. Dado que a maioria dos primeiros cristãos era iletrada, era pedido que eles memorizassem credos curtos e os recitassem de volta para o bispo, na água. Antes do batismo, mestres capacitados instruíam os candidatos sobre o significado dessas palavras sagradas. O Credo Apostólico de hoje não foi escrito pelos apóstolos, mas tem origem na Alta Idade Média; embora seja um descendente direto da regra de fé do século II, conhecida pelos pais da igreja primitiva.

Tertuliano usou a regra batismal como um resumo conveniente da fé apostólica original, a fé que ele ainda mantinha íntegra. Em contrapartida, os hereges claramente divergiam dela. "Nós cristãos somos proibidos de introduzir qualquer coisa de nossa própria autoridade ou escolher o que outra pessoa deva introduzir sob sua própria autoridade", escreve Tertuliano. "Nossas autoridades são os apóstolos do Senhor [...] Eles transmitiram fielmente para as nações o ensino que receberam de Cristo".[17] Numa contínua possessão, desde o começo, a verdadeira igreja possui a Bíblia e sua mensagem imutável. A igreja apenas interpreta a Bíblia de acordo com as ideias aceitas, encontradas nos resumos dos credos, e isso impede que os hereges, tais como os gnósticos, venham mais tarde com mitos absurdos que nada têm a ver com o ensino original de Jesus e de seus discípulos. O trabalho do cristão é acreditar naquilo que já foi estabelecido, e não inventar novas ideias que a igreja nunca ouviu antes.[18] "Não saber nada contra a Regra é saber tudo".[19]

É no contexto de rejeição das especulações filosóficas dos hereges que Tertuliano fará uma de suas mais repetidas citações: "O que Jerusalém tem a ver

---

[17] Tertuliano, *Praescr.* 6 in S. L. Greenslade, *Early Latin theology* (Louisville: Westminster, 1956), p. 34.

[18] Isso não significa que Tertuliano rejeitava o bom debate teológico entre cristãos. No entanto, a ortodoxia fornece os limites para as discussões cristãs. Existem certas doutrinas essenciais que não podem ser debatidas. Ele escreve: "Uma vez que a essência da Regra não seja incomodada, vocês podem procurar e discutir como quiserem" (Ibid., 14; Greenslade, p. 40).

[19] Ibid.

com Atenas, a Igreja com a Academia, os cristãos com os hereges?".[20] Essa frase tem sido frequentemente usada para mostrar que Tertuliano rejeitava o uso da filosofia na defesa do cristianismo – uma ideia errônea que vamos desmantelar em breve. Embora esse famoso slogan mostre que Tertuliano tinha pouca paciência para reflexões pseudointelectuais dos assim chamados cristãos; sendo assim, se uma doutrina não é encontrada na Bíblia, vista através das lentes da ortodoxia histórica, a pessoa que defende esse falso ensino deve ser rotulada como herege. Teoricamente falando, o princípio da *praescriptio* excluiria tais intrusos do debate exegético, contudo, Tertuliano debateu com os hereges baseado nas Escrituras, mesmo que não precisasse fazer isso. Ele era um mestre da interpretação bíblica contra ideias heterodoxas, mas, como nós agora examinamos seu manuseio apologético da Bíblia, não vamos olhar para sua refutação dos hereges, e sim nos voltaremos para sua batalha com seu terceiro maior oponente: os judeus que disputavam o sentido do Antigo Testamento.

Contra os judeus: refutação dos rabinos

Como já vimos, o gênero literário de *Adversus Judaeos* era bastante difundido na igreja antiga.[21] Por vezes, ele poderia se desviar para o antissemitismo, mas nem toda objeção surgida contra a interpretação judaica pode ser considerada desprezível. O próprio Novo Testamento nos diz que:

> Na verdade, as mentes deles [dos seguidores de Moisés] se fecharam, pois até hoje o mesmo véu permanece quando é lida a antiga aliança. Não foi retirado, porque é somente em Cristo que ele é removido. De fato, até o dia de hoje, quando Moisés é lido, um véu cobre os seus corações. Mas quando alguém se converte ao Senhor, o véu é retirado (2Coríntios 3:14-16).

Na apologética de Tertuliano dirigida aos rabinos, ele procura remover esse obscuro véu ao esclarecer o verdadeiro significado cristológico das Escrituras judaicas.

Antes de nos dirigirmos aos textos sagrados, notemos que a hermenêutica era o principal ponto aqui. A verdadeira questão era: "Quais princípios interpretativos você traz para o texto?" e "O que ele significa, se seu oponente não interpreta a Bíblia pelos mesmos princípios?". Geoffrey Dunn, o maior

---

[20] Ibid., 7 (Greenslade, p. 36). Aqui, a "Academia" se refere à escola de Platão.
[21] Para uma completa visão dessa literatura, veja A. Lukyn Williams, *Adversus Judaeos: a bird's-eye view of Christian apologiae until the Renaissance* (Cambridge: University Press, 1935).

especialista sobre o *Adversus Judaeos* de Tertuliano, escreve: "No centro da compreensão cristã primitiva das Escrituras hebraicas está essa questão do relacionamento entre cristianismo e judaísmo. O *Contra os judeus* de Tertuliano é um *tour de force* na exegese cristológica. É um de seus tratados mais baseado nas Escrituras e deve ser importante para nós apenas por essa razão".[22] À medida que nos aprofundamos na obra, vemos que a devida interpretação bíblica era a parte principal da apologética de Tertuliano –, mas apenas quando seu oponente aceitava as Escrituras como uma fonte digna sobre a qual debater. Esse certamente era o caso dos judeus, e assim Tertuliano encarou seus oponentes rabínicos quanto ao Antigo Testamento.

Um evento real suscitou o panfleto *Contra os judeus*. Os historiadores sabem que havia uma grande população de judeus em Cartago, e, portanto, não seria incomum que cristãos encontrassem a comunidade judaica no dia a dia. Um debate ocorreu entre um cristão e um gentio que havia se convertido ao judaísmo, e este se estendeu ao longo do dia. Eventualmente, os transeuntes davam suas opiniões e sufocavam uns aos outros. Instigado por essa cacofonia, Tertuliano decidiu compor um tratado que esclareceria a posição cristã contra o judaísmo. Seu objetivo não era apenas converter os judeus a Cristo (ou por meio da leitura direta de sua obra ou por fornecer aos cristãos uma boa munição apologética), e sim evitar a surpreendente prática comum de cristãos abandonarem sua fé em prol do judaísmo.[23]

Na época de Tertuliano, o herege Marcião estava tentando forçar uma distinção entre o Deus de Israel e o Deus dos cristãos, e Tertuliano odiou essa ideia, tanto que sua volumosa refutação de Marcião em cinco grandes livros tinha o propósito central de inextricavelmente amarrar o cristianismo ao Deus dos judeus. Dessa forma, quando Tertuliano utiliza o Antigo Testamento contra os rabinos,[24] ele não o faz por rejeitar o único Deus Criador, mas por

---

[22] Geoffrey D. Dunn, *Tertullian* (Londres: Routledge, 2004), p. 68.

[23] Williams, *Adversus Judaeos*, p. 43. Para uma visão mais detalhada a respeito da leitura e propósito retórico do texto, veja Geoffrey D. Dunn, *Tertullian's* Adversus Judaeos: *a rhetorical analysis* (Washington, DC: Catholic University of America Press, 2008), p. 26-7, 56-7, 175-6. Sobre a real probabilidade de que os antigos cristãos devessem se converter ao judaísmo, veja Robert L. Wilken, *John Chrysostom and the Jews: rhetoric and reality in the late 4th century* (Berkeley: University of California Press, 1983).

[24] Embora Tertuliano não mencione especificamente os rabinos, precisamos ter em mente que esse tipo de debate letrado e educado sobre o significado dos textos só poderia ser conduzido entre uns poucos líderes intelectuais, tais como ele mesmo e os rabinos das sinagogas cartaginenses. Para a maioria das pessoas no mundo antigo, os textos eram entidades "orais" ouvidas quando lidas em alta voz. Apenas as elites podiam ler e escrever nesse alto nível.

afirmar ser o verdadeiro possuidor dessas promessas de Deus através de Jesus Cristo. Portanto, era essencial encontrar profecias sobre a vinda do Messias nas páginas do Antigo Testamento.

Muitos cristãos anteriores já reconheciam esse ponto, e, para ajudar na tarefa de acessar profecias messiânicas facilmente, parece que livros de "testemunhos" circularam na igreja primitiva. Eram excertos do Antigo Testamento que, entendiam os pais da igreja, prediziam a Jesus e/ou o surgimento do cristianismo. Tertuliano parece ter usado um livro desses quando compôs seu tratado antijudaico, e muitos dos textos padrões de prova messiânica aparecem na obra:

- O sacrifício duplo de Caim e Abel, sendo apenas um deles aceitável a Deus (Gênesis 4:3-16; cf. Malaquias 1:10-11).
- A maldição divina sobre aqueles "pendurados em uma árvore" (Gálatas 3:13; cf. Deuteronômio 21:22-23).
- Os horrores da crucificação (Salmo 22);
- A predição do nascimento virginal (Isaías 7:13-15).
- O servo sofredor (Isaías 53).
- A promessa de uma nova aliança (Jeremias 31:31-32)
- As setenta "semanas" de Daniel antes da chegada do Messias (Daniel 9:21-27)

Esses são exemplos representativos. A lista continua à medida que Tertuliano trabalha, à sua maneira, ao longo do Antigo Testamento, procurando demonstrar sua conjunção fundamental com o Novo.

Contudo, além de meros textos-prova, o que vemos representada aqui é a leitura cristológica que Tertuliano faz do texto bíblico. Embora o presente capítulo não pretenda envolver o imenso assunto da hermenêutica patrística, podemos ao menos pontuar que ele estava lendo a Bíblia de forma muito diferente dos líderes judaicos.[25] Falando de forma ampla, a exegese rabínica tendia a ser literal e era focada nas letras hebraicas ou no significado prático do texto para vida judaica, como os assuntos de pureza religiosa. Em contraste, todas as formas de exegese cristã – quer seja a abordagem mais conservadora de Antioquia, quer seja a mais alegórica de Alexandria – permitiam que

---

[25] Para maiores informações sobre esse assunto, veja Charles Kannengiesser, *Handbook of Patristic exegesis: the Bible in ancient Christianity* (Leiden: Brill, 2006).

significados espirituais fossem escondidos por trás do texto bíblico. Dessa maneira, Jesus Cristo poderia ser encontrado no Antigo Testamento, cumprindo suas próprias palavras: "Vocês estudam cuidadosamente as Escrituras, porque pensam que nelas vocês têm a vida eterna. E são as Escrituras que testemunham a meu respeito" (João 5:39).

METODOLOGIA APOLOGÉTICA

Para entender Tertuliano como um apologeta, devemos primeiro romper com a caricatura que constantemente tem sido feita dele. Muitos escritores, não familiarizados com todo o seu *corpus* de 31 volumes, dão muita importância à sua famosa frase: "O que Atenas tem a ver com Jerusalém?". Essa única afirmação – vinda de um autor apaixonado por floreios retóricos exagerados! – é vista como o tema de toda a sua abordagem apologética. Dizem que ele concluiu um divórcio completo entre a filosofia e a teologia, e talvez até mesmo tenha rejeitado a razão.

Por exemplo, nos amplamente usados *Documents of the Christian Church* [Documentos da igreja cristã], de Henry Bettenson e Chris Maunder, há uma seção de "Cristianismo e ensino antigo".[26] Nela, Justino Mártir e Clemente de Alexandria são colocados como "liberais", abertos para a filosofia e de espírito inclusivo; mas a passagem de Tertuliano é citada como representante de uma visão "negativa", na qual um rígido fundamentalista rejeita a sabedoria do mundo. Outro livro popular conclui de forma similar que Tertuliano "estabelece um profundo abismo entre o trabalho filosófico e a religião cristã".[27] Embora haja verdades nessas caracterizações, sob um exame mais detido, a questão se torna mais complexa. Com certeza Tertuliano tinha suspeitas sobre a filosofia; mesmo assim, ele a usava para propósitos apologéticos cristãos com mais frequência do que ele às vezes admitiria.

Nos estudos sobre apologética, Tertuliano também é associado com o *fideísmo*. De acordo com o *The Stanford Encyclopedia of Philosophy* [Enciclopédia Stanford de filosofia], esse termo:

> pode ser definido como uma "confiança básica ou exclusiva na fé somente, acompanhada por uma consequente desconfiança da razão e utilizada em especial na

---

[26] Henry Bettenson; Chris Maunder, *Documents of the Christian Church*, 4th ed. (Oxford: Oxford University Press, 2011), p. 5-7 [no Brasil: *Documentos da igreja cristã* (São Paulo: ASTE, 2011)].

[27] William Edgar; K. Scott Oliphint, *Christian apologetics past & present: a primary source reader*, volume 1, to 1500 (Wheaton: Crossway, 2009), p. 117.

busca de verdades religiosas ou filosóficas" [...] Um fideísta é alguém que "insiste em confiar mais na fé do que na razão, em assuntos filosóficos e religiosos", e que pode "desprezar e difamar a razão".[28]

Em outras palavras, um fideísta coloca toda a sua ênfase em um salto de fé (*fides* significa fé), mesmo quando a coisa acreditada é irracional ou absurda. Para um fideísta, quanto mais absurdo, melhor é, pois isso destaca quão extrema é a fé de uma pessoa.

O fato de Tertuliano ter sido marcado com o rótulo desfavorável do fideísmo é, mais uma vez, por causa de uma forte expressão retórica. De alguma forma, sua suposta afirmação se transformou durante os séculos em um *credo quia absurdum*, ou seja, "Creio porque [isso] é absurdo". O que ele realmente disse foi *certum est, quia impossibile*, ou seja, "É certo, pois é impossível". Isso faz parecer que o mero fato de ser absurdo leva à plausibilidade. Mas o contexto dessa afirmação é importante. A declaração completa aparece na obra de Tertuliano *Sobre a carne de Cristo*: "O Filho de Deus foi crucificado. Não há vergonha [em acreditar nisso], pois é realmente vergonhoso. E o Filho de Deus morreu. É certo que se deva acreditar nisso, porque é absurdo. E, tendo sido sepultado, ressuscitou. É certo, porque é impossível".[29] Aqui, Tertuliano está refutando um ensino de Marcião chamado docetismo: a crença de que Cristo na verdade não sofreu nenhuma afronta humana – em especial, nenhuma morte –, pois seu corpo fantasmagórico não era real e apenas parecia humano. Tertuliano quer provar que o verdadeiro corpo humano de Jesus sofreu na cruz, morreu e foi levantado dos mortos, mas ele não está apostando sua defesa em um salto irracional de fé. Ao contrário, ele está citando a descrição que o apóstolo Paulo faz da maneira confusa com que Deus faz as coisas: "Mas Deus escolheu o que para o mundo é loucura para envergonhar os sábios, e escolheu o que para o mundo é fraqueza para envergonhar o que é forte" (1Coríntios 1:27). Essa expressão não demonstra fideísmo, mas apenas afirma que Deus tende a operar por meio de coisas que os humanos acham repulsivas, tolas ou absurdas. Paulo não era um fideísta, tampouco Tertuliano o era.

É curioso que Tertuliano, longe de rejeitar a filosofia, parece ter tido um filósofo grego em mente: Aristóteles argumenta que, quando algo é

---

[28] Richard Amesbury, "Fideism", in: *The Stanford Encyclopedia of Philosophy*, ed. Edward N. Zalta (Edição do inverno de 2017). Acessado online.
[29] Tertuliano, *Carn. Chr.* 5 (tradução do autor).

extremamente improvável, apesar de muita gente acreditar nela de alguma forma, é possível que essa coisa seja verdade, pois quem inventaria algo tão inacreditável?[30] Embora não seja um argumento sólido, devemos ainda notar que Tertuliano está seguindo a boa lógica aristotélica – precisamente o oposto do que um fideísta faria!

Fato é que a apologética de Tertuliano – na verdade, todo o seu sistema teológico, se é que podemos usar esse termo – repousa fortemente sobre construtos filosóficos. Em particular, Tertuliano tinha uma afinidade com o estoicismo, em especial a sua ética, uma vez que o estoicismo acreditava que a "reta razão" governava o universo e, dessa forma, todas as coisas trabalhavam juntas por um propósito maior. A paciência era exigida diante da dificuldade, pois a mente estoica percebia uma racionalidade divina por trás do sofrimento, capacitando o corpo a suportá-lo. Segundo Tertuliano, uma filosofia feita sobre tal premissa se adequa bem ao pensamento cristão, especialmente em tempos de perseguição. Longe de insistir em uma fé cega, ele respeita a lógica e a razão, e incorpora muitas vezes a filosofia em sua argumentação.[31] Ao mesmo tempo, seu temperamento espiritual o preservava de permitir que todo pensamento filosófico humano triunfasse sobre o ensino claro das Escrituras.

CONTRIBUIÇÕES PARA A APOLOGÉTICA

À medida que estudamos e resumimos a abordagem apologética de Tertuliano, quatro aplicações de seu método podem ser úteis para os cristãos modernos:

Seja corajoso. Acredite ou não, uma mentalidade "politicamente correta" não é mais predominante hoje do que era na época de Tertuliano. A exigência de submissão absoluta às normas culturais era tão ruidosa no século III

---

[30] *Rhetorica* 2.23.21.
[31] Em *Tertullian: first theologian of the West* (Cambridge: Cambridge University Press, 1997), Eric Osborn investigou em detalhes esse assunto, e suas conclusões são dignas de serem citadas por inteiro. É necessário, escreve Osborn, "mostrar que Tertuliano não era um fideísta. Ele não só nunca disse '*credo quia absurdum*' como nunca quis dizer nada do gênero, e jamais desistiu dos argumentos de Atenas em favor dos de Jerusalém" (p. 27-8). "Tertuliano é o mais improvável fideísta; ninguém [jamais fez argumentos] tão irrepreensíveis" como ele (p. 29). "Tertuliano não rejeita ou aceita a filosofia como um todo. Ele conhece os filósofos melhor do que a maioria dos pais [da igreja] gregos. Os pontos em que a filosofia concorda com a verdade podem ser usados para convencer os pagãos letrados de que o evangelho é verdadeiro" (p. 31). As "concepções de Tertuliano sobre o ser, a alma, o conhecimento, Deus e a bondade trazem marcas claras da influência estoica. A mesma razão que é aplicada às questões naturais também deve ser aplicada à exploração inteligente de Deus. Pelo fato de Tertuliano ver a necessidade de investigação teológica racional, ele tem sido elencado entre os primeiros filósofos cristãos" (p. 35). Fica claro que esse era um homem longe de rejeitar a razão, provando sua fé com apoio racional!

quanto é agora, e a sociedade antiga, de maneira ampla, escarnecia da fé cristã (ao menos em suas formas mais dogmáticas) da mesma forma que ocorre no contexto contemporâneo. Dentro dessa cultura de hostilidade com relação ao evangelho, Tertuliano manifestou-se corajosamente com a verdade de Deus. Seu método apologético era apostar seu discurso em sua posse da verdade absoluta e atemporal que todos os humanos devem ouvir para alcançar a salvação, e ele não hesitou; não vacilou; não evitou o debate. Tertuliano defendeu sua fé no Cristo ressurreto com honestidade corajosa e convicção firme, e é justamente assim que devemos ser.

Enfatiza a moralidade. Nos dias de hoje, não é suficiente defender o cristianismo do ataque intelectual, como se nós sustentássemos um conjunto de doutrinas abstratas cuja defesa bem-sucedida por meio da lógica fará convertidos. São muitos os equívocos sobre a moralidade cristã na sociedade moderna. Somos considerados pessoas odiosas, arrogantes e hipócritas, e, embora ninguém suspeite que pratiquemos orgias ou canibalismo, como pensavam da igreja antiga, nossa moralidade é, contudo, questionada. Muitos cristãos que mantêm valores simples e honrados pelo tempo são retratados como intolerantes para que pareçam fanáticos perversos. É hora de não ficarmos calados e aceitarmos essa acusação. Como fez Tertuliano, os cristãos modernos devem falar direta e francamente sobre as verdades éticas e morais de nossa fé.

Usar a razão humana tanto quanto possível. Embora a moralidade seja importante, também o é a defesa racional da fé. Muitas vezes, os cristãos agem com uma suspeita sem fundamentos sobre a ciência secular e/ou sobre a filosofia. Tendemos a criar nossas próprias versões distintas de cada uma delas na tentativa de purificá-las das implicações ou conexões mundanas. Contudo, como vimos, Tertuliano não era um fideísta que enfatizava a fé às custas da razão, mas sim altamente educado e conhecia muito bem as pressuposições filosóficas e científicas de sua cultura. Embora nunca tenha permitido que as ideias pagãs contradissessem o ensino claro das Escrituras, ele certamente se dispunha a entrar em um debate racional com seus oponentes sobre as grandes ideias de sua época. Por conhecer tão bem o aprendizado não cristão quanto seus interlocutores, Tertuliano foi capaz de usar a razão humana na defesa do evangelho, o que era uma estratégia sábia e apropriada.

Proclamar Cristo no mundo. A argumentação bíblica tem seu lugar, ao menos com aqueles que afirmam aceitar a Palavra de Deus como autoridade. Mas, no fim, não se trata das minúcias da teologia, e sim sobre Cristo. A tarefa de estudar as Escrituras é importante e o discurso teológico é um trabalho nobre, mas, quando se trata de apologética no tocante a heresias e seitas que juram lealdade à Bíblia, é melhor não se atolar em assuntos estranhos. Tertuliano entendeu que os dois Testamentos apresentam uma narrativa única e coerente sobre Deus e sua obra no mundo, e essa obra culmina com Jesus Cristo. Ao vasculhar as Escrituras como parte de um empenho apologético, não deixe que os hereges desviem você com questões paralelas. Em vez disso, dirija o incrédulo para o Senhor Jesus e deixe sua majestade brilhar de cada página das Escrituras, pois, como ele mesmo disse, "Mas eu, quando for levantado da terra, atrairei todos a mim" (João 12:32).

BIBLIOGRAFIA

Textos e traduções

ARBESMANN, Rudolph; Daly EMILY Joseph; QUAIN Edwin A. *Tertullian: Apologetical Works and Minucius Felix: Octavius* (New York: Fathers of the Church, 1950).

DUNN, Geoffrey D. *Tertullian* (London: Routledge, 2004).

GREENSLADE, S. L. *Early Latin Theology* (Louisville: Westminster, 1956).

Pesquisas

BARNES, Timothy D. *Tertullian: A Historical and Literary Study* (Oxford: Clarendon, 1971, 2. ed. 1984).

BURROWS, Mark S. "Christianity in the Roman Forum: Tertullian and the Apologetic Use of History". *Vigiliae Christianae 42:3* (1988): p. 209-35.

DUNN, Geoffrey D. *Tertullian's* Adversus Judaeos: *A Rhetorical Analysis* (Washington: Catholic University of America Press, 2008).

EDWARDS, Mark J.; GOODMAN, Martin; PRICE, Simon; ROWLAND, Chris; eds. *Apologetics in the Roman Empire: Pagans, Jews, and Christians* (Oxford: Clarendon, 1999).

LIVERMORE, Paul. "Reasoning with Unbelievers and the Place of the Scriptures in Tertullian's Apology". *The Asbury Theological Journal 56:1* (Primavera 2001): p. 63-75.

OSBORN, Eric. *Tertullian: First Theologian of the West* (Cambridge: Cambridge University Press, 1997).

RIGGS, David L. "The Apologetics of Grace in Tertullian and Early African Martyr Acts", p. 395-406 in *Studia Patristica*, ed. Markus Vinzent, vol. 65 (Leuven: Peeters, 2013).

SIDER, Robert Dick. *Ancient Rhetoric and the Art of Tertullian* (Oxford: Oxford University Press, 1971).

ORÍGENES
UM INOVADOR NA SOFISTICAÇÃO APOLOGÉTICA

A. CHADWICK THORNHILL

Orígenes (185-254, aproximadamente) foi um dos mais prolíficos autores de seus dias e o primeiro a fornecer uma defesa filosófica da fé cristã em larga escala. Sua principal obra apologética é dirigida tanto aos críticos pagãos contra o cristianismo quanto aos críticos judeus por meio das lentes de um interlocutor imaginário. O corpo de seu trabalho também inclui numerosos escritos teológicos e exegéticos. Apesar de Orígenes ser muitas vezes lembrado por sua exegese alegórica e escatologia controversa, é indubitável que seu legado apologético moldou as futuras gerações de apologetas, e apologetas modernos ainda usam alguns de seus argumentos e evidências.

CONTEXTO HISTÓRICO

Orígenes é celebrado como o autor de muitos feitos acadêmicos dentro da história cristã. Ele é muitas vezes reconhecido como o primeiro teólogo sistemático, o primeiro filósofo cristão, o fundador da primeira universidade cristã,[1] e um dos autores mais produtivos em toda a história do cristianismo. Muito do que é conhecido sobre a vida de Orígenes vem da *História eclesiástica* de Eusébio (*Historia Ecclesiastica*). Orígenes nasceu em Alexandria, uma cidade de forte espírito intelectual no mundo antigo. De acordo com Eusébio, o pai de Orígenes, Leônidas, era professor de literatura[2] e foi decapitado durante as perseguições do imperador Severo, quando Orígenes tinha dezessete anos de idade.[3] Esse acontecimento levou Orígenes a ter um

---

[1] Do que foi listado, talvez isso seja o menos conhecido sobre as realizações de Orígenes. Veja John A. McGuckin, "Caesarea Maritima as Origen knew it". In: *Origeniana Quinta*, ed. Robert J. Daly (Leuven: Leuven University Press, 1992), p. 3-25.

[2] John A. McGuckin, "The life of Origen", in *The Westminster handbook to Origen*, ed. John A. McGuckin (Louisville: Westminster John Knox, 2004), p. 3.

[3] Eusebius, *Hist. eccl.* 6.1.1; 6.2.12.

zelo pelo martírio, apesar de sua mãe interceder para evitar que ele procurasse por isso.[4]

Por ordem de seu pai, Orígenes foi educado nas artes liberais e também nas Escrituras, "lidando com as mais profundas especulações"[5] a respeito de suas verdades. Ele foi aluno de Amônio, o pai do neoplatonismo e professor de Plotino.[6] Eusébio escreve que, ainda jovem, Orígenes desprezou os ensinos heréticos e sustentava firmemente as regras da igreja.[7] Ele ensinava na escola catequética em Alexandria, da qual também era supervisor, e sua reputação crescia como alguém fundamentado em assuntos filosóficos, mas também cheio de "gentileza e bondade", particularmente com aqueles que encaravam o martírio.[8] Eusébio registra que Orígenes viveu uma vida disciplinada, evitando o acúmulo de posses materiais, em jejum constante e recusando o conforto de uma cama.[9] Talvez o exemplo mais famoso de seu zelo e de sua disciplina, embora historicamente incerto, seja sua autocastração com o intuito de eliminar qualquer oportunidade de tentação ou escândalo.[10]

Eusébio cita que todo o tempo de Orígenes, no lazer ou no trabalho, era gasto no ensino e no estudo das Escrituras,[11] a ponto de ter aprendido hebraico e investigado outras traduções dos textos sagrados.[12] É famosa a compilação que ele faz, sem dúvida de forma meticulosa, da Hexapla, que comparava de forma crítica o texto hebraico com diversas traduções gregas.

Orígenes foi importante para que Ambrósio de Alexandria aceitasse as doutrinas ortodoxas da igreja e, de acordo com Eusébio, foi um instrutor muito procurado por hereges, bem como por filósofos e cristãos.[13] Ele era respeitado entre os filósofos por sua compreensão e competência na literatura

---

[4] Ibid., 6.2.1-6.
[5] Ibid., 6.2.9.
[6] Avery Dulles, *A History of Apologetics* (San Francisco: Ignatius, 2005), p. 42.
[7] Eusébio, *Hist. eccl.*, 6.2.14. Contudo, Eusébio é muitas vezes criticado por seus aparentes exageros.
[8] Ibid., 6.3.3.
[9] Ibid., 6.3.9-13.
[10] Ibid., 6.8.1. Embora Eusébio cite que isso foi por causa de uma interpretação de Mateus 19:12, o próprio comentário de Orígenes sobre Mateus zomba de tal interpretação do texto (*Comm. Matt.* 15.1-5). Se Orígenes realmente se castrou ou não é questionável (p. ex., McGuckin, "The life of Origen", p. 7).
[11] Ibid., 6.8.5-6.
[12] Ibid., 6.16.1-4.
[13] Ibid., 6.18.1-2.

e nos sistemas filosóficos gregos[14] e, de acordo com Eusébio, sua fama era tão vasta que até mesmo a mãe do imperador Alexandre Severo, Julia Maméia, o chamava com frequência para ensinar em Antioquia.[15]

Ambrósio de Alexandria eventualmente se tornou um financiador de Orígenes e forneceu a ele secretários, copistas e os meios financeiros para a produção de sua extensa obra, incluindo seus comentários sobre as Escrituras.[16] Graças a esse patrocínio, Orígenes produziu uma vasta coleção de escritos e, como resultado, tanto a literatura primária e secundária em torno da vida e das articulações teológicas de Orígenes é vasta. Com cerca de 45 anos, Orígenes viajou para Cesareia e lá foi ordenado presbítero, muito por conta das sempre crescentes tensões com o bispo de Alexandria, Demétrio,[17] sobre a crescente influência de Orígenes na igreja e de algumas de suas posições teológicas.[18] Em Cesareia, Orígenes foi educado por Teodoro (também conhecido como Gregório Taumaturgo) e seu irmão Atenodoro, entre outros.[19] Ele continuou sua produção de comentários lá[20] e trabalhou para fundar uma escola e aumentou a biblioteca eclesial.[21] Com sessenta anos, ele respondeu à obra de Celso, *O verdadeiro discurso*, em seu maior trabalho apologético, *Contra Celso*. Segundo Eusébio, Orígenes foi preso e bastante torturado próximo ao fim de sua vida, mas não renunciou à fé.[22] Ele foi solto antes do martírio por causa da morte do imperador e morreu aos 69 anos.[23]

Orígenes é creditado como o autor da primeira "teologia sistemática" com o seu *Sobre os princípios* (*De Principiis*), que explica os principais fundamentos da fé cristã. Entre suas outras muitas realizações literárias (que, de acordo com Epifânio, foram seis mil livros e, segundo Jerônimo, duas mil obras),[24] estão a produção de comentários a Cântico dos Cânticos, Ezequiel,

---

[14] Ibid., 6.19.1-8.
[15] Ibid., 6.21.3.
[16] Ibid., 6.23.1-4.
[17] McGuckin, "The life of Origen", p. 9-13.
[18] Henry Chadwick, *Early Christian thought and the classical tradition* (Oxford: Oxford University Press, 1966), p. 99-100.
[19] Eusébio, *Hist. eccl.*, 6.23.4; 6.26.1.; 6.30.1.
[20] Ibid., 6.32.1-3.
[21] McGuckin, "The life of Origen", p. 16.
[22] Eusébio, *Hist. eccl.*, 6.39.5.
[23] Ibid. 7.1.1.
[24] John A. McGuckin, "The scholarly works of Origen". In: *The Westminster handbook to Origen*, p. 26.

os Evangelhos de Mateus e João, Romanos e os comentários, em sua maior parte perdidos, sobre o Gênesis, livros dos Reis, Salmos, Isaías, Lamentações, Ezequiel, uma parte dos profetas menores, Lucas, Atos, Gálatas, Efésios, Filipenses, Colossenses, Tessalonicenses, Hebreus, Tito e Filemon. Outras obras principais incluem seu *Hexapla*, *Diálogo com Heráclides*, *Sobre a oração*, *Exortação ao martírio* e um *Tratado sobre a ressurreição*, que acabou se perdendo. Um grande número das cartas e homilias de Orígenes sobreviveu. A influência teológica de Orígenes deixou uma marca sobre muitos dos mais influentes pais da igreja, incluindo Basílio de Cesareia, Gregório de Nazianzo, Ambrósio de Milão e Jerônimo. A última denúncia contra Orígenes, feita pela igreja por alegadamente sustentar uma forma de universalismo e eternidade da alma, resultou na perda histórica de muitas de suas obras.

CONTEXTO TEOLÓGICO

Por conta de suas capacidades literárias, filológicas e filosóficas, Orígenes certamente era uma força apologética incontestável. Ele recebeu uma educação excepcional tanto na filosofia quanto na literatura, e sua reputação como homem disciplinado sem dúvida contribuiu tanto para seu rigor intelectual como também para sua vasta produção literária. Como é o caso de muitos pais da igreja, o contexto de Orígenes era complicado por fatores externos (paganismo, filosofia helênica, perseguição romana e heresias cristãs) e por sua história pessoal (o martírio de seu pai, sua educação filosófica no platonismo e sua disposição para explorar ideias com alguma honestidade intelectual). Por essas razões, traçar seu próprio pensamento não é uma tarefa fácil. Como Crouzel e Prinzivalli observam, ao comentarem sobre o *De Principiis*, "Orígenes muitas vezes examina diversas opções interpretativas e nem sempre indica qual ele defende".[25]

O perigo ao ler Orígenes e muitos outros grandes e prolíficos teólogos é que, em seus escritos muitas vezes focados, ele frequentemente não contrabalanceia uma afirmação. Assim, certas ideias, quando lidas isoladamente e sem considerar o todo de sua obra, levam a algumas interpretações com aparência herética.[26] Orígenes também é bastante conhecido por seu método alegórico de interpretação bíblica, que, embora pareça estranho e fantasioso

---

[25] Henri Crouzel; Emanuela Prinzivalli, "Origen", in *Encyclopedia of Ancient Christianity*, Vol. 2, ed. Angelo Di Berardino (Downers Grove: IVP Academic, 2014), p. 979.

[26] Ibid.

para o leitor moderno, é enraizado em sua firme crença de que as Escrituras são textos espirituais e, portanto, devem ser interpretadas como tais. Para Orígenes, as Escrituras têm um sentido simples e corpóreo, um sentido moral ou "psíquico" e um sentido espiritual ou alegórico (*De Principiis* 4.11-12). Mas esses significados não são tanto camadas exegéticas que estariam presentes em cada texto bíblico, e sim a sua relevância para a edificação espiritual, pois esse é o sentido que Orígenes deseja que o Espírito transmita. Parte de seu comedimento hermenêutico era por reconhecer que todas as Escrituras, ou talvez mais especificamente a regra de fé, deve restringir o que poderia ser dito de uma determinada passagem.

Ainda que não seja de natureza estritamente apologética, seu *De Principiis* certamente apresenta uma explicação e defesa da regra de fé contra os marcionistas, gnósticos, docetistas e arianos da época como parte de seu objetivo. Ele defende o valor do Antigo Testamento; a continuidade do Deus encontrado nos dois Testamentos; a completa e autêntica humanidade de Jesus; a eterna geração do Filho; a unidade de Deus; e a triuniadade das três pessoas divinas.[27] Embora falte um pouco da linguagem formal, que viria ao longo dos concílios posteriores, Orígenes é completamente ortodoxo em sua expressão da natureza de Deus e da natureza de Cristo.

Talvez mais importante em seu contexto fosse a influência do médio platonismo e do estoicismo como parte de sua educação filosófica sobre seu âmbito teológico. A questão do relacionamento entre filosofia e teologia não é um problema moderno, mas um tema que cria tensões mesmo nos dias de Orígenes, e é possível que fosse ao menos responsável por uma parte do conflito envolvendo Orígenes e Demétrio.[28] O assunto se resume à dúvida sobre se a influência do pensamento platônico esclarece ou corrompe o cristianismo (p. ex., Harnack), e o problema vem à tona com Orígenes. Embora Orígenes fosse menos declaradamente um entusiasta de Platão do que Clemente de Alexandria,[29] de acordo com Henry Chadwick, Orígenes realizou uma "ainda mais profunda síntese entre o cristianismo e o platonismo" do que Clemente.[30] Para Orígenes, a filosofia fazia parte do processo de iluminação

---

[27] Ibid., p. 981.
[28] Veja McGuckin, "The life of Origen", p. 7-10.
[29] Salvatore Lilla, "Platonism and the Fathers", in: *Encyclopedia of Ancient Christianity*, vol. 2, 212.
[30] Chadwick, *Early Christian thought and the classical tradition*, p. 102.

da mente em direção ao conhecimento de Cristo,[31] e ele pode, assim, apelar por vezes às opiniões dos filósofos e, em outros momentos, avaliá-los de maneira crítica sem ver a necessidade de usá-los como um meio de verificar ou reinterpretar a regra de fé.[32] Dessa forma, Orígenes não parece totalmente ligado ao sistema platônico, embora ele claramente se beneficie de muitas de suas crenças, e talvez subestime o quanto elas influenciaram seu trabalho teológico.[33]

RESPOSTA APOLOGÉTICA

Contra Celso (*Contra Celsum*) é o primeiro escrito apologético de Orígenes, no qual ele dialoga com o filósofo pagão Celso, que havia escrito um longo ataque contra o cristianismo em sua obra *O verdadeiro discurso*. A maior parte desse escrito de Celso foi perdido, e o que chegou a nós é basicamente encontrado dentro da resposta de Orígenes, significando que a correta representação deste a respeito dos argumentos de Celso forneceria os meios primários para entrarmos na obra de Celso. Apesar de Celso ter escrito antes de Orígenes ter sequer nascido (no ano de 178), seu trabalho dá combustível para os incêndios polêmicos causados pelos opositores do cristianismo. A pedido de Ambrósio, Orígenes decide refutar os argumentos de Celso ponto a ponto e, assim, reprimir as objeções levantadas por ele. Orígenes escreveu *Contra Celso* próximo ao fim de sua vida.

Os argumentos de Celso contra o cristianismo são apresentados em duas formas – primeiro, de uma perspectiva judaica, adotada por Celso como um meio de argumentação, e não como seu próprio sistema de crença e, segundo, da perspectiva de um filósofo pagão, o que sem dúvida era o caso de Celso. Frede sugere que Celso provavelmente foi o primeiro filósofo pagão a compor um tratado inteiro contra o cristianismo.[34] É claro que Celso fez sua lição de casa ao compilar sua polêmica, valendo-se de objeções e argumentos comuns

---

[31] Como Chadwick cita, "Descobrir a imagem de Deus dentro de nossa própria alma por meio da introspecção e afastar nossa mente das distrações dos sentidos" (Orígenes, *Hom. Gen.* 13.4, citado in Chadwick, *Early Christian thought and the classical tradition*, p. 105).

[32] Veja Chadwick, *Early Christian thought and the classical tradition*, p. 105.

[33] Para uma comparação compacta, embora detalhada, da sobreposição do médio e neoplatonismo com a teologia de Orígenes, veja Lilla, "Platonism and the Fathers", p. 213-5.

[34] Michael Frede, "Origen's Treatise *Against Celsus*" in: *Apologetics in the Roman Empire: pagans, Jews, and Christians*, eds. Mark J. Edwards, Martin Goodman, Simon Price, and Chris Rowland (New York: Oxford University Press, 1999), p. 133.

contra o cristianismo, ao mesmo tempo que os amplia e refina.[35] É difícil determinar o quanto a obra de Celso influenciou outros pagãos ou cristãos, mas o fato é que seu livro ainda circulava muitas décadas depois de escrito e incomodou a ponto de Ambrósio implorar para que Orígenes escrevesse uma resposta, o que sugere que a obra manteve alguma influência cultural.

Orígenes descreve sua obra como uma "apologia" diversas vezes em *Contra Celso*, o que evoca uma imagem legal, e sem dúvida associada à afirmação de Celso de que os cristãos têm um processo legal para responder, qual seja, que o cristianismo não era uma religião reconhecida (isto é, era ilegal).[36] As objeções que Celso levanta contra os cristãos, que sem dúvida eram comuns, dizem respeito a "sua moralidade, sua educação e sua racionalidade – em resumo, sua respeitabilidade cívica –, objeções que bem podem ser endossadas pelos magistrados romanos ou até mesmo pelo imperador".[37] Boa parte da resposta de Orígenes não se dirige às objeções ilegítimas ao cristianismo (embora elas estejam lá presentes), mas interpretações equivocadas sobre no que o cristianismo realmente acredita.[38] Embora Celso se declare um especialista sobre a crença e os escritos cristãos, suas articulações muitas vezes parecem mais baseadas em opiniões populares do que nas crenças amplamente sustentadas pelos cristãos.[39] No fim das contas, Orígenes não opera na esfera legal, fazendo um apelo para que as autoridades reconsiderem a ilegalidade do cristianismo, mas, em vez disso, o faz na esfera pessoal, apelando para que o leitor decida se o processo pela verdade do cristianismo tem sido adequadamente feito.[40] Eusébio demonstra grande admiração pela argumentação em *Contra Celso* a ponto de dizer que ele respondeu a todas as objeções contra o cristianismo, incluindo aquelas que seriam feitas no futuro.[41]

A longa apologia de Orígenes contra Celso incorpora muito das tradições platônicas e estoicas nas respostas dadas para as objeções levantadas. Embora considerações teológicas e bíblicas certamente sejam consideradas em sua argumentação, sua resposta está completamente em débito com o pensamento

---

[35] Ibid.
[36] Ibid., p. 136.
[37] Ibid., p. 137.
[38] Por exemplo, Orígenes, *Cels.* 1.6, 9, 13, 26.
[39] Ibid., 1.12-3.
[40] Ibid., p. 138.
[41] Eusébio, *Hier.* 1.

filosófico grego, talvez mais do que ele tenha percebido.[42] Orígenes também é, de certa forma, um apologeta relutante, respondendo mais por conta dos apelos de Ambrósio do que por convicção própria de que tal resposta era necessária ou benéfica. Na verdade, no prefácio, ele parece contrário à ideia de que tal esforço fosse necessário e explica sua compreensão apologética ao dizer: "Não tenho nenhuma simpatia por alguém que tivesse fé em Cristo e pudesse ser abalado por Celso... ou por qualquer plausibilidade de argumento" e "Não sei em qual categoria devo reconhecer aqueles que precisam de argumentos escritos em livros para restabelecimento e confirmação de sua fé".[43] Apesar disso, ele vê o valor potencial que sua obra possui para os que são reticentes quanto ao cristianismo, ou para jovens cristãos, incertos sobre algumas das doutrinas da fé.[44] Ao concluir sua resposta, Orígenes permite que o leitor decida se suas respostas, ou as articulações de Celso, são a melhores representações da verdade e melhores exortações para a vida virtuosa.[45]

Talvez contrário às muitas inclinações modernas, para Celso, o caráter inovador e a atualidade das crenças cristãs sobre Jesus contassem contra sua veracidade. Se é novo, certamente deve estar errado. Uma religião sem tradição ou que corrompe a tradição de outros é uma abominação. Os cristãos se equivocaram e perverteram não apenas as práticas e as crenças judaicas, acusa Celso, mas fizeram o mesmo com as crenças pagãs. Conforme registrado por Chadwick, Celso desafia as crenças cristãs sobre juízo final, ética, virtude, o Reino de Deus, o céu, Satanás, a identidade de Jesus como "Filho de Deus", não resistência, objeções a imagens e ídolos e a existência de Deus como espírito. Para Celso, essas crenças cristãs diminuíram as crenças pagãs, platônicas e estoicas sobre os mesmos assuntos.[46] Dessa forma, seria desastroso para o império deixar o cristianismo sem limites, sem contar que abalaria as fundações cívicas e religiosas de Roma.

---

[42] Henry Chadwick, *Origen: Contra Celsum* (Cambridge: Cambridge University Press, 1953), p. xii-xiii. Como um exemplo, Orígenes adaptou a concepção neoplatônica de *hypostases* para sua definição da Trindade ao distinguir o Pai, Filho e Espírito Santo como três *hypostases*. Apesar das tendências subordinacionistas de Orígenes terem sido debatidas e disputadas, sua integração conceitual moldou o fundamento pelo qual os Pais Capadócios explicariam a doutrina da Trindade. A articulação deles acerca da doutrina dominaria a tradição cristã a partir de então (Orígenes, *Comm. Jo.* 2.10.75).

[43] Orígenes, *Cels.* Pref. 4.

[44] Ibid., Pref. 4-6.

[45] Ibid., 8.76.

[46] Chadwick, *Origen: Contra Celsum*, p. xx-xxi.

A vida transformada dos cristãos é uma das primeiras defesas de Orígenes sobre a legitimidade da fé cristã sobre Jesus. Ele considera tanto os números impressionantes de crescimento do cristianismo quanto a piedade e compromisso de quem aderia à fé como uma prova das afirmações cristãs sobre Jesus.[47] A própria vida de Jesus, os milagres e o sucesso diante da maior oposição política, apesar de suas circunstâncias pessoais ignóbeis, valida ainda mais a fé cristã.[48]

Uma grande parte da resposta de Orígenes às objeções judaicas de Celso envolve sua argumentação para o prenúncio profético do Antigo Testamento a respeito de Jesus, sua missão, morte e ressurreição. Ele entende que Isaías 35:5-6 valida a realização dos milagres de Jesus.[49] Da mesma maneira, ele interpreta as predições dos profetas acerca da concepção virginal de Jesus e do local de nascimento deste como a verificação da veracidade de sua identidade.[50] Orígenes menospreza a interpretação que Celso fornece sobre os milagres de Jesus como obras de feitiçaria e, ao responder ao interlocutor judaico que Celso retrata, nota que os mesmos tipos de milagres que Jesus realizou foram feitos no Antigo Testamento e predito que o Messias as faria, e, portanto, não podem ser recusados como obras de feitiçaria.[51] Na verdade, Orígenes alega que as mesmas objeções de feitiçaria poderiam ser feitas a respeito de Moisés.[52]

Celso também faz essa acusação de incredulidade contra as declarações de que Jesus teria ressuscitado, sugerindo que a afirmação apenas repete os mitos sobre outras figuras que voltaram dos mortos ou que foi concebido a partir da dor, desilusão ou histeria de seus seguidores.[53] Orígenes responde essas acusações notando que a morte pública de Jesus não pode ser associada aos mitos, pois é verificável, como eram suas aparições públicas.[54]. Além do mais, é impensável que toda a aflição e o martírio que muitos dos discípulos de Jesus sofreram para proclamar a realidade de sua ressurreição ocorresse se eles pensassem se tratar apenas de um mito ou uma charada.[55]

---

[47] Orígenes, *Cels.* 1.26.
[48] Ibid., 1.28-31.
[49] Ibid., 2.48.
[50] Ibid., 3.2.
[51] Ibid., 2.52.
[52] Ibid., 2.53.
[53] Ibid., 2.55.
[54] Ibid., 2.56.
[55] Ibid., 2.56.

Celso via a encarnação como uma afronta para o conceito de Deus, dado que, ao se tornar humano, Deus se transformaria "de bom para mau, da virtude para o vício, da alegria para a miséria e do melhor para o pior".[56] Orígenes responde que, ao assumir um corpo e alma humanos, Deus não se submeteu a mudanças em sua essência divina.[57] Ao defender a natureza da encarnação, Orígenes aponta para a descrição de Paulo em Filipenses 2:5-9 e afirma que a encarnação era necessária para trazer cura às almas doentes e enfermas da humanidade.[58]

Também é digno de nota que, embora não tenha sido escrita especificamente como um exercício apologético, a seção final de *Sobre os princípios* de Orígenes apresenta uma defesa e articulação da Trindade que se tornaria influente, se não controversa, na definição posterior da crença ortodoxa. Dentro dessa seção, ele expressa conceitos que encontrarão expressão similar nas formulações dos credos tardios como a eterna geração do Filho, a unicidade de Filho e do Pai em essência, a simplicidade da essência divina, a realidade da encarnação sem qualquer perda de propriedades divinas, a impecabilidade do Cristo encarnado e a unidade de Pai, Filho e Espírito Santo. Como era influente, as articulações de Orígenes sobre a Trindade foram usadas em ambos os lados do debate em controvérsias doutrinais posteriores. Algumas das observações de Orígenes tendiam na direção de uma visão subordinacionista de Cristo (embora elas fossem qualificadas) e ele também rejeitou o uso de *homoousios* para descrever a relação entre o Pai e o Filho, o que tornou seus escritos um combustível poderoso para os arianos. Contudo, Orígenes negava que houvesse dois deuses ou duas naturezas, ou que o Filho não fosse eternamente um com o Pai, e ele também negava que houvesse qualquer subordinação interna à Trindade, embora existisse uma hierarquia de ações entre eles.[59] Assim, apesar de a terminologia ter mudado, Markschies nota que: "O desenvolvimento da teologia trinitariana em toda parte da igreja pelos dois séculos seguintes fez pouco mais que ampliar o esquema que ele mesmo havia delineado ao esclarecer as pontas soltas de seu conceito".[60]

---

[56] Ibid., 4.14.
[57] Ibid., 4.18.
[58] Ibid., 4.19.
[59] Veja Christoph Markschies, "Trinitarianism", in: *The Westminster handbook to Origen*, p. 207-9.
[60] Ibid., p. 209.

METODOLOGIA APOLOGÉTICA

Há muito mais que poderíamos dizer a respeito das volumosas respostas de Orígenes para muitas das objeções de Celso, mas, em virtude da natureza "ponto por ponto" da réplica de Orígenes, talvez seja mais útil para os apologetas dos dias de hoje darem um passo atrás e verem a floresta de *Contra Celso* por trás das árvores das respostas de Orígenes. Há muita coisa na obra de Orígenes, tanto em conteúdo quanto em método, que pode modelar o esforço dos apologetas no presente.

Talvez Orígenes seja mais lembrado como um teólogo cristão por seu método alegórico de interpretação, muitas vezes considerado pelos intérpretes modernos como fantasioso, estranho, e, sendo sincero, errado. Mas normalmente ele não recorre a um sentido espiritual ou mais profundo do texto quando apresenta uma defesa das crenças cristãs. Isso parece particularmente verdade quando argumenta pela validade da fé cristã sobre Jesus baseado nas profecias do Antigo Testamento. Em muitos casos, a interpretação de Orígenes se alinha com as interpretações cristãs mais conservadoras dos dias de hoje. Conforme catalogado por Martens, uma das virtudes de Orígenes para a interpretação era o seu cuidado com o texto, e, considerando todas as amplas nuances de um texto durante o processo interpretativo, esse é certamente um valor digno de ser imitado.[61]

Chadwick nota que Orígenes, seguindo o caminho de alguns de seus predecessores apologetas cristãos, também herdou dos apologetas judeus uma linha de pensamento afirmando que Moisés e os profetas possuem as mesmas expressões de verdade que os filósofos e os poetas gregos articularam, e, assim, Moisés e os profetas eram uma fonte mais confiável, dado que eles vieram antes de todos aqueles pensadores posteriores.[62] Orígenes não estava preocupado em reconhecer coincidências entre a sua visão de mundo e a de Celso, mas não cede às objeções de Celso a respeito dos pontos centrais da fé cristã. Na verdade, ele parece provar ser um melhor intérprete da filosofia grega como apresentada por Celso do que este provou ser um intérprete das doutrinas cristãs.

---

[61] Peter W. Martens, *Origen and Scripture: the contours of the exegetical life* (Oxford: Oxford University Press, 2012), p. 168-78. De acordo com Martens, Orígenes também valorizou a fidelidade, humildade, interesse, equidade e receptividade, esforço e dedicação.

[62] Chadwick, *Origen: Contra Celsum*, p. ix-x.

Orígenes também é um integracionista completo no tocante ao seu método apologético. Leitor voraz e bem educado, ele se sentiu preparado para lidar com questões da teologia, filosofia, ética, história, filologia e ciência em suas respostas apologéticas, e sua integração não surgiu de uma intenção ignorante de entrar em qualquer debate independentemente de seu preparo, mas era baseada em anos de leitura, estudo e preparação. Por exemplo, ele não evita usar a apologética negativa contra os mitos gregos em resposta às acusações de semelhanças ou deficiências em comparação com Jesus, ou contra as crenças estoicas ou platônicas. Como descreve Dulles, Orígenes é "o primeiro apologeta que parece preparado para assumir qualquer objeção que pode ser levantada contra a fé cristã, seja de uma perspectiva histórica, filosófica, seja da ciência natural."[63] Ele está preparado para citar e analisar os poetas, filósofos e historiadores gregos provavelmente tão bem quanto qualquer um de seus contemporâneos. E, embora seu primeiro e mais importante interesse seja a interpretação e a aplicação das Escrituras cristãs, ele não foge do conhecimento desses campos "seculares" de investigação. Apesar disso, e a despeito de a integração que ele faz entre as ideias estoicas e neoplatônicas com a teologia cristã ser bem estabelecida, ele não descreve a filosofia grega com grande entusiasmo, entendendo as Escrituras como a primeira e maior fonte de verdade, embora talvez subestime quão influente foi o pensamento grego sobre sua sistematização da doutrina cristã.[64] De fato, embora não haja dúvida de que Orígenes conhecia os benefícios da investigação filosófica, ele não a via como necessária para a fé cristã.[65]

Orígenes também reconhece as limitações de certos campos de investigação, exibindo, dessa maneira, uma humildade epistêmica. Por exemplo, com relação ao Espírito que desce no batismo de Jesus, ele fala da investigação histórica: "Antes de começar a defesa, devemos dizer que uma tentativa de justificar quase todo relato como fato histórico, mesmo se verdadeiro, e produzir uma certeza completa sobre isso é uma das mais difíceis tarefas e, em alguns casos, é impossível... [E assim] os leitores precisam de uma mente aberta, estudo dedicado e, se posso dizer dessa maneira, devem entrar na mente dos escritores para encontrar qual o significado espiritual de cada evento registrado".[66]

---

[63] Dulles, *A history of apologetics*, p. 46.
[64] David T. Runia, "Philosophy". In: *The Westminster handbook to Origen*, p. 172
[65] Ibid.
[66] Orígenes, *Cels.* 1.42.

Em vez de superestimar ou negar essa limitação, Orígenes aceita de maneira humilde as limitações desse campo de investigação. Ele seguramente poderia ter afirmado a certeza das crenças cristãs sobre a historicidade do Antigo e do Novo Testamento, mas está consciente tanto das dificuldades dentro dos próprios textos quanto dos limites que a investigação histórica possui em geral para os escritos pagãos e cristãos. Por analogia, Orígenes questiona como alguém pode responder, caso lhe fosse pedida uma prova além da dúvida de que a Guerra de Troia ocorreu. O melhor que o leitor pode fazer é se atentar cuidadosamente aos textos e tentar fazer ponderações razoáveis sobre o que eles afirmam.

O que pode ser mais surpreendente para os leitores modernos é que, para Orígenes, o sucesso do esforço apologético não é apenas medido na demonstração de verdades filosóficas, mas também no encorajamento para uma vida virtuosa.[67] Orígenes não exercia sua erudição, por maior que ela fosse, à procura de elogios ou realizações intelectuais. A erudição dele, seja filosófica, seja exegética, estava sempre a serviço do crescimento espiritual. Como observam Crouzel e Prinzivalli, Orígenes usou sua educação em filosofia, filologia e história para iluminar as Escrituras e fornecer nutrição espiritual para si mesmo e para seus discípulos.[68] Isso também dá para Orígenes um teste decisivo para a verdade, pois ele não assume a iniciativa de um exame frio, lógico e empírico da verdade, mas, ao contrário, procura a medida da verdade naquilo que ela é capaz de produzir. Sem dúvidas, Orígenes objetaria a uma visão de mundo que fosse racionalmente defensível, mas espiritualmente fraca. A vivência e a virtude produzidas pelas crenças são uma medida necessária para saber se elas são verdadeiras.

CONTRIBUIÇÕES PARA A APOLOGÉTICA

Ao passarmos do século III para o presente, devemos perguntar o que um apologeta dos dias de hoje pode aprender de Orígenes. À medida que comparamos os contextos, certamente há muitas diferenças entre nossa era secular, marcada pela pós-verdade e pela pós-modernidade, e a paisagem filosófica greco-romana de Orígenes. As ferramentas do neoplatonismo e da exegese alegórica não parecem ser instrumentos possíveis para o apologeta moderno que busca convencer seus vizinhos céticos, mas há muito do espírito e também

---

[67] Ibid., 8.76.
[68] Crouzel; Prinzivalli, "Origen", p. 979.

do conteúdo da apologética de Orígenes que se mostra valioso para nosso contexto atual.

Primeiro, e talvez mais importante, Orígenes evidencia uma humildade epistêmica que provavelmente não era muito comum entre seus contemporâneos apologetas. Ele sabia, por exemplo, que apenas argumentação, evidências e razão não poderiam levá-lo muito longe; então, em vez de superestimar o seu ponto ou negar tal limitação, Orígenes aceita, de maneira humilde, as limitações do campo de investigação no qual ele trabalhava, particularmente ao notar que a história oferece não provas irrefutáveis dos eventos do passado, mas sim conjuntos incompletos de informações que se apresentam apenas como prováveis. Não existe nenhum argumento "infalível" para validar que a Guerra de Troia aconteceu ou que Jesus ressurgiu dos mortos, e essa talvez seja uma lição muitas vezes negligenciada por muitos apologetas dos dias de hoje, que podem muito rapidamente afirmar a natureza "inegável" ou "sem margem para dúvidas" de seus veredictos. De fato, para Orígenes, alguns pontos são mais certamente alicerçados na fé do que em argumentos, como o caso cumulativo para o cristianismo, que inclui a experiência pessoal e a mudança de vida, que não precisam depender apenas de lógica ou argumentação.

Ele parecia usar o tempo para representar seu interlocutor de forma justa, talvez até mesmo quando Celso não apresentava as crenças cristãs honestamente. Não podemos ter certeza disso, uma vez que tudo o que sabemos das palavras de Celso procedem daquilo que Orígenes apresenta a respeito delas, embora ele frequentemente descreva longas citações de seu parceiro de diálogo antes de interagir com os argumentos apresentados. E, embora Celso recorra muitas vezes a ataques *ad hominem* contra os cristãos, Orígenes não responde com a mesma agressão caluniosa contra seu interlocutor pagão.

Orígenes foi honesto com os desafios diante do cristianismo, reconhecendo e interagindo com as diferenças dos Evangelhos, as diferenças entre Gênesis 1 e 2, a questão da continuidade/descontinuidade quanto aos dois Testamentos da Bíblia cristã, problemas de crítica textual etc.[69] Apesar de seu método alegórico de exegese baseado em sua crença de que os cristãos possuem uma mente iluminada, recebida por intermédio do Espírito Santo no novo nascimento, ter sido muitas vezes utilizado para resolver esses impasses,

---

[69] John Anthony McGuckin, *The Westminster handbook to Patristic theology* (Louisville: Westminster John Knox, 2004), p. 136.

Orígenes não desdenhou dos desafios nem foi ingênuo para acreditar que soluções simples estariam sempre prontamente disponíveis.

Ele também levou uma vida de dedicada, modesta e fervorosa devoção a Deus. Embora seja conhecido por seus tratados filosóficos e interpretativos, seu ascetismo forneceu um fundamento para os movimentos monásticos posteriores na igreja antiga.[70] Ainda que Orígenes certamente não fugisse do trabalho e do rigor intelectual ao analisar, descrever e defender a fé cristã, ele entendeu que a vida do cristão deve ser uma constatação igual, ou até mesmo mais forte, da veracidade do cristianismo. Eusébio diz de Orígenes que "eles diziam que sua maneira de viver era como sua doutrina, e sua doutrina era como a sua vida".[71] Para Orígenes, as virtudes da vida cristã eram uma poderosa confirmação da validade de suas crenças e ele considerou ser impensável para um cristão não ser comprometido com uma vida virtuosa. Em seu prefácio de *Contra Celso*, Orígenes apresenta Jesus como um modelo de resposta às objeções, pois considerou a vida de Cristo uma refutação mais forte às acusações do que qualquer argumentação que ele pudesse fazer diante de seus acusadores. E também para o cristão, quando o mais poderoso testemunho pode ser tomado de sua vida virtuosa, o argumento de seu acusador, em vez de ganhar força, é enfraquecido. Para não dizer mais, a analogia de Orígenes oferece ao cristão um aviso para que não entre de maneira leviana, ou com autoconfiança, no debate apologético.

Por fim, talvez Orígenes tenha sido o mais completo integracionista em meio aos primeiros cristãos, e, embora não tenha dito isso com as mesmas palavras, ele provavelmente gostaria da expressão comum de que "todas as verdades são verdades de Deus". Para esse apologeta, a suprema verdade só poderia ser encontrada nas Escrituras, que são a mais clara e definitiva revelação de Deus para a humanidade. Apesar disso, Orígenes também ficaria contente em encontrar a verdade onde quer que ela estivesse. Como foi educado em filosofia grega, filologia, ciência natural, e pelo fato de ser também leitor das Escrituras, Orígenes era hábil para efetivamente fazer uso de múltiplos campos de investigação à medida que desenvolvia suas posições apologéticas e teológicas. Após ouvir uma aula de Orígenes, Gregório Taumaturgo elogiou o mestre por seu domínio não apenas da filosofia e das Escrituras, mas também

---

[70] David Turner, OSB, "Christianity", in: *Encyclopedia of monasticism*, ed. William M. Johnston (New York: Routledge, 2015), p. 287.
[71] Eusébio, *Hist. eccl.* 6.3.7.

das ciências naturais, matemáticas, geometria, ética e astronomia.[72] Além disso, como observa Chadwick, Orígenes não relutou em aceitar a afirmação de Celso de que os ensinos éticos cristãos não eram inteiramente diferentes daqueles dos filósofos, dizendo apenas que isso confirma as intuições morais e que o cristianismo corresponde, dessa maneira, ao que é eticamente verdade.[73] Em seus escritos, Orígenes se apropria abertamente dos neoplatônicos, estoicos e gnósticos quando útil, mas não devia nada aos seus sistemas. Heine, por exemplo, faz o seguinte comentário sobre o conhecimento de Orígenes a respeito do estoicismo: "Orígenes utilizou algumas das ferramentas mais sofisticadas de sua época para a análise do pensamento. A forma discreta em que as usa demonstra o quanto ele havia internalizado tão completamente o assunto a ponto de moldar a maneira como ele pensava sobre o texto e sobre como outros os haviam interpretado".[74]

Mas Orígenes não era acrítico nessas adaptações. Ele defendia cautela ao interagir com a filosofia e confiança na graça divina ao edificar conhecimento de Deus em um contexto secular.[75] Dessa maneira, ele expressou uma ortodoxia caridosa, encontrando um terreno comum e até mesmo aprendendo de sistemas não ortodoxos, embora não negasse a regra de fé ou o ensino claro das Escrituras.

Do mesmo modo, Orígenes entendeu que essa integração não era acessível apenas para as elites cristãs, mas era central para que a missão da igreja fosse uma influência cultural no mundo. Ele via uma missão cultural mais ampla como parte integrante da identidade da igreja. Para Orígenes, iluminar a mente era essencial para a vida e o crescimento cristãos e para o envolvimento com os de fora. McGuckin descreve de maneira eloquente esse aspecto da carreira de Orígenes como "o primeiro exemplar de como a igreja deve ser referida como o maior centro de aprendizado, sendo parte de sua missão essencial para o mundo".[76] É muito conhecido o fato de que Orígenes organizou

---

[72] Stewart Dingwall Fordyce Salmond, *Gregory Thaumaturgus: oration and panegyric addressed to Origen*, p. 6-8.
[73] Chadwick, *Early Christian thought and the classical tradition*, p. 105.
[74] Ronald E. Heine, "Stoic logic as handmaid to exegesis and theology in Origen's commentary on the gospel of John", *Journal of Theological Studies* 44.1 (April 1993), p. 117.
[75] David Ivan Rankin, *From Clement to Origen: the social and historical context of the Church Fathers* (New York: Routledge, 2016), p. 138. Rankin, entre outros, observa que não fica claro se Orígenes estava ciente de quanto os pensamentos estoico e neoplatônico haviam influenciado sua abordagem para a tarefa teológica.
[76] McGuckin, "The life of Origen", p. 16.

bibliotecas nas igrejas por onde ele trabalhou, primeiro em Alexandria e então em Cesareia, tanto para aprimorar seus próprios estudos quanto para ajudar no ensino daqueles que eram trazidos para a fé. McGuckin mais tarde afirma: "O princípio foi estabelecido por todo o cristianismo bizantino – de que a liderança da igreja deve vincular sua missão cultural aos serviços da mais alta educação. O cristianismo deve muito desse entendimento e dessa prática pelos séculos seguintes a Orígenes".[77]

Como Rankin observa, falando de forma ampla sobre os pais da igreja, embora certamente fosse aplicável a Orígenes, os pais foram capazes de adotar, adaptar e criticar as estruturas de pensamento e os esquemas de seus contemporâneos. Há um grau no qual eles, como nós, foram influenciados por sua cultura e se comunicaram de maneira que fizesse sentido para o seu mundo. Eles podiam apreciar o que sua cultura oferecia de bom, tais como os benefícios do império – educação, comércio ou organização social –, e também podiam reconhecer e rejeitar aspectos daqueles artefatos culturais que eram contrários às suas crenças cristãs, tais como a imoralidade, o materialismo, o paganismo, certas atividades culturalmente aceitas, o culto imperial etc.[78]

O quanto Orígenes permitiu que a influência de doutrinas estoicas e neoplatônicas dominasse sua abordagem do pensamento cristão foi e será debatido, todavia, demonstrar consciência da tensão é certamente um crédito de Orígenes. De fato, a vida do cristão é vivida na tensão de progredir no conhecimento de Deus como revelado nas Escrituras e praticar a introspecção a fim de determinar como se pode viver melhor em seu momento cultural. Essa é uma verdade para o apologeta de hoje e foi também para Orígenes. As virtudes de disciplina, piedade, paz e sabedoria atribuídas a ele são certamente valores que devem ajudar o apologeta em nosso momento cultural. À medida que examinamos a vida e a obra de Orígenes, encontramos um modelo de comprometimento para conhecer as formas de pensamento de seus contemporâneos seculares no intuito de influenciar aquelas formas de pensar para o efeito esclarecedor que eles podem ter nas Escrituras, assim como criticá-los a partir da perspectiva da doutrina cristã. É essa tensão em que o cristão deve operar constantemente e, quanto mais consciente estiver de sua existência, mais bem equipado estará para verdadeiramente procurar as coisas de cima,

---

[77] Ibid., p. 16.
[78] Rankin, *From Clement to Origen*, p. 145.

e não as da terra. E, para Orígenes, essa pode ser a melhor apologética que a igreja tem a oferecer para o mundo ao redor dela.

BIBLIOGRAFIA

Textos e traduções

CHADWICK, Henry. *Origen: Contra Celsum* (Cambridge: Cambridge University Press, 1953).

MCGIFFERT, Arthur Cushman. "Eusebius: Church History". In: *Nicene and Post-Nicene Fathers*, second series, v. 1. Eds. Philip Schaff e Henry Wace (Buffalo: Christian Literature Publishing Co., 1890). Revisado e editado por Kevin Knight para o New Advent. http://www.newadvent.org/fathers/2501.htm.

SALMOND, Stewart Dingwall Fordyce. "Gregory Thaumaturgus: Oration and Panegyric Addressed to Origen". In: *Ante-Nicene Fathers*, v. 6. Eds. Alexander Roberts; James Donaldson; A. Cleveland Coxe (Buffalo: Christian Literature Publishing Co., 1886). Revisado e editado por Kevin Knight para o New Advent.http://www.newadvent.org/fathers/0604.htm.

Pesquisas

CHADWICK, Henry. *Early Christian thought and the classical tradition* (Oxford: Oxford University Press, 1966).

CROUZEL, Henri; PRINZIVALLI, Emanuela. "Origen", p. 979 in: *Encyclopedia of Ancient Christianity*, v. 2. Ed. Angelo Di Berardino (Downers Grove: IVP Academic, 2014).

DULLES, Avery. *A history of apologetics* (San Francisco: Ignatius, 2005).

FREDE, Michael. "Origen's treatise *Against Celsus*", p. 131-56 in: *Apologetics in the Roman Empire: pagans, Jews, and Christians*. Eds. Mark J. Edwards; Martin Goodman; Simon Price; Chris Rowland (Oxford University Press, 1999).

HEINE, Ronald E. "Stoic logic as handmaid to exegesis and theology in Origen's commentary on the gospel of John". *Journal of Theological Studies* 44.1 (April 1993), p. 90-117.

LILLA, Salvatore. "Platonism and the Fathers", p. 589-98 in: *Encyclopedia of Ancient Christianity*, v. 2. Ed. Angelo Di Berardino (Downers Grove: IVP Academic, 2014).

MARKSCHIES, Christoph. "Trinitarianism", p. 207-8 in: *The Westminster handbook to Origen*. Ed. John Anthony McGuckin (Louisville: Westminster John Knox, 2004).

MARTENS, Peter W. *Origen and Scripture: the contours of the exegetical life* (Oxford: Oxford University Press, 2012).

MCGUCKIN, John A. "Caesarea Maritima as Origen knew it", p. 3-25 in: *Origeniana Quinta*. Ed. Robert J. Daly (Leuven: Leuven University Press, 1992).

____. "The life of Origen", p. 1-23 in *The Westminster handbook to Origen*. Ed. John A. McGuckin (Louisville: Westminster, 2004).

____. "The scholarly works of Origen", p. 25-44 in: *The Westminster handbook to Origen*. Ed. John A. McGuckin (Louisville: Westminster John Knox, 2004).

____. *The Westminster handbook to Patristic theology* (Louisville: Westminster John Knox Press, 2004).

RANKIN, David Ivan. *From Clement to Origen: the social and historical context of the Church Fathers* (New York: Routledge, 2016).

RUNIA, David T. "Philosophy", p. 171-5 in: *The Westminster handbook to Origen*. Ed. John Anthony McGuckin (Louisville: Westminster John Knox Press, 2004).

TURNER, David. "Christianity", p. 286-90 in: *Encyclopedia of monasticism*. Ed. William M. Johnston (New York: Routledge, 2015).

Atanásio de Alexandria
O *LOGOS* COMO RAZÃO PARA CRER

Jonathan Morgan

Se o século IV foi a era mais importante para o desenvolvimento da teologia primitiva cristã, Atanásio de Alexandria (aproximadamente, 295-373) foi seu personagem principal. Como bispo, ele presidiu uma das mais importantes sés do império durante um período tumultuoso, cheio de tensões doutrinárias a respeito da Trindade, da deidade de Cristo e da identidade do Espírito Santo. Apesar dos dois concílios ecumênicos no início e no fim do século, com de Niceia confessando o Filho como *homoousious* com o Pai, e o de Constantinopla afirmando a personalidade plena e a divindade do Espírito Santo, a posição que seria declarada "ortodoxa" surgiu após uma série vertiginosa de avanços e retrocessos, muitas vezes por conta de quem estava no controle do império. A despeito das oscilações de poder entre os vários campos políticos e teológicos, Atanásio nunca hesitou em suas firmes convicções doutrinais, afirmadas na tradição Nicena. A expressão "*Athanasius contra mundum*" indica seu compromisso inabalável com o que ele acreditava ser a verdade do evangelho, não importando quem ou o que estivesse contra ele.

CONTEXTO HISTÓRICO

Atanásio veio ao mundo em um tempo de mudanças importantes, não somente para a igreja, mas também para o Império Romano. Ele era apenas uma criança, mas com idade suficiente para se lembrar da perseguição de Diocleciano no começo do século IV. Esse fato abalou a comunidade cristã de Atanásio e provavelmente impactou sua psique, embora, como observa Gwynn, não haja evidência de que ele tenha sido vítima de violência.[1] No intervalo de uma década, a sorte da igreja mudou dramaticamente quando o imperador Constantino se converteu ao cristianismo, e a autenticidade dessa conversão e a piedade pessoal do imperador têm há muito tempo sido

---

[1] David Gwynn, *Athanasius of Alexandria: bishop, theologian, ascetic, father* (Oxford: Oxford University Press, 2012), p. 2.

debatida.² Todavia, apesar de seus motivos para se associar à nova religião, sua aprovação de um edito de tolerância em 313 e benefícios pessoais à igreja mudaram a trajetória das comunidades cristãs, agora em direção à prosperidade social e econômica, e com a garantia de uma união vantajosa com o Estado dali em diante.³ Do dia para a noite, a comunidade cristã se viu dominante, e não mais uma religião minoritária, marginalizada e incompreendida.

Mesmo com a suposta segurança de paz, o longo episcopado de Atanásio foi tudo, menos pacífico, e sua vida foi tão turbulenta quanto a época em que viveu.⁴ Depois de servir como um diácono de confiança para Alexandre, bispo de Alexandria, e apesar de ter sido escolhido por este como sucessor, Atanásio teve a eleição contestada para o episcopado por conta de sua idade. Ao se tornar um bispo proeminente, de convicções teológicas firmes e de uma determinação obstinada, ele criou inimigos formidáveis, que iam desde outros bispos até, em certas ocasiões, o próprio imperador. Alguns o denunciaram por suborno, e uma vez ele foi acusado de homicídio, porém mais tarde foi inocentado ao apresentar pessoalmente o homem de cujo assassinato ele era suspeito. Atanásio foi expulso de sua sé em Alexandria por cinco vezes, somando dezessete anos de exílio em meio aos seus 45 anos de episcopado. Em seus últimos anos, ele encontrou pontos comuns e se reconciliou com alguns de seus antigos oponentes.⁵ Após retornar à sua sé de seu quinto e derradeiro

---

[2] Sobre o legado e a vida de Constantino, em especial a sua relação com a igreja, veja Timothy Barnes, *Constantine and Eusebius* (Cambridge: Harvard University Press, 1981) e *Constantine: dynasty, religion, and power in the later Roman Empire* (Malden: Wiley-Blackwell, 2011). Para uma avaliação mais simpática, veja Peter Leithart, *Defending Constantine* (Downers Grove: IVP Academic, 2010) [no Brasil: *Em defesa de Constantino: o crepúsculo de um império e a aurora da cristandade* (Brasília: Monergismo, 2020)].

[3] Embora a igreja aproveitasse o status favorável no império por todo o quarto século, começando com Constantino, a única exceção foi o imperador Juliano, "o apóstata", que, por um breve período, tornou difícil a vida da comunidade cristã.

[4] Não existe nenhuma biografia completa sobre a vida de Atanásio. Contudo, muito se escreveu sobre a sua vida, os desafios políticos e teológicos que ele enfrentou, seus exílios e suas vitórias, e eu não vou procurar repeti-los aqui. Para estudos recentes que fornecem informação biográfica, veja as seções pertinentes em Timothy Barnes, *Athanasius and Constantius: theology and politics in the Constantinian Empire* (Cambridge: Harvard University Press, 1993); Khaled Anatolios, *Athanasius: The Early Church Fathers* (London: Routlege, 2004); Thomas Weinandy, *Athanasius: a theological introduction* (Burlington: Ashgate, 2007); David Gwynn, *Athanasius of Alexandria: bishop, theologian, ascetic, father, op.cit.*; Thomas Weinandy and Daniel Keating, *Athanasius and his legacy: trinitarian-incarnational soteriology and its reception* (Minneapolis: Fortress, 2017).

[5] John Behr observa que em Atanásio "não há nenhuma indicação de revanchismo, e sim o desejo de estabelecer a paz, de forma que perto de sua morte ele já havia se reconciliado com a maioria de seus primeiros inimigos". Veja John Behr, *Formation of Christian theology*, v. 2, *The Nicene faith* (Crestwood: St. Vladimir's Seminary Press, 2004), 21.

exílio, Atanásio viveu em paz os últimos sete anos de sua vida, seguro de seu lugar na igreja como um modelo de ortodoxia.[6]

CONTEXTO TEOLÓGICO

Por causa de todas essas reviravoltas na vida de Atanásio, ele se tornou célebre por sua defesa da completa divindade do Filho de Deus em oposição ao que se tornou conhecido como arianismo.[7] A heresia foi assim nomeada depois que Ário, um presbítero em Alexandria, enfatizou a singularidade e transcendência de Deus, ensinando que o Filho, embora fosse divino, não era *tão* divino quanto o Pai. O Filho "gerado" era mais bem entendido como uma criatura feita por Deus Pai, e, dessa forma, houve um tempo em que o Filho não existia, o que o torna temporal, e, portanto, desigual ao Pai.[8] Os bispos no Concílio de Niceia condenaram Ário e sua visão do Filho, confessando que o Filho é coeterno com o Pai ("gerado, não criado") e "da mesma substância (*homoousious*)" que o Pai.[9] A maior parte do *corpus* literário de Atanásio, incluindo seu volumoso *Contra os arianos*, é dedicada à defesa da completa divindade do Filho.[10] Apesar de se tornar o principal adversário do arianismo durante as décadas que sucederam a Niceia, o verdadeiro papel de Atanásio nos processos do Concílio não é claro. O elogio feito por Gregório sete anos depois da

---

[6] Behr, *Formation of Christian theology*, 167, afirma que "o cristianismo niceno existe em virtude da visão e da constância [de Atanásio]". Para uma compreensão similar entre os contemporâneos de Atanásio, veja Gregório de Nazianzo, *Or. Bas.* 21.26, que nomeou Atanásio como "o pilar da igreja". Veja J. P. Migne, *Patrologia Graeca*, v. 35 (Paris: E. Typographeo reipublicae, 1857), 1112 (a partir daqui, *PG*).

[7] Atanásio acusa seus oponentes de "ariomaníacos" que, desta perspectiva, reduzem a divindade do Filho, quer sejam ou não identificados com Ário.

[8] Há uma rica produção acadêmica sobre Ário e o arianismo. Veja em especial Robert Gregg; Dennis Groh, *Early Arianism: a view of salvation* (Augsburg: Fortress, 1981); Robert Gregg, ed. *Arianism: historical and theological reassessments* (Philadelphia: The Philadelphia Patristic, 1985); Charles Kannengiesser, *Arius and Athanasius: two Alexandrian theologians* (Londres: Variorum, 1991); Michel Barnes; Daniel Williams, eds. *Arianism after Arius: essays on the development of the fourth century trinitarian* Conflicts (Bloomsbury: T&T Clark, 1994); Rowan William, *Arius: heresy and tradition* (Grand Rapids: Eerdmans, 2002).

[9] Abundam estudos sobre o Concílio de Niceia, sua história e as implicações políticas e teológicas que se seguiram. Três estudos padrão incluem R. P. C. Hanson, *The search for the Christian doctrine of God: The Arian controversy, 318-381* (Edinburgh: T&T Clark 1988); Lewis Ayres, *Nicaea and its legacy: an approach to fourth-century trinitarian theology* (Oxford: University Press, 2004); Frances Young, *From Nicaea to Chalcedon: a guide to the literature and its background*, 2. ed. (Grand Rapids: Baker Academic, 2010).

[10] Além de *Contra os arianos*, obras dogmáticas posteriores nas quais Atanásio trata de temas similares incluem *Sobre os concílios de Rímini-Selêucia*, *Sobre a defesa das definições nicenas* e *Cartas aos bispos do Egito e da Líbia*. Veja C. Moreschini; Enrico Norelli, *Early Christian Greek and Latin literature: a literary history*, v. 2 (Peabody: Hendrickson, 2005), p. 33-4.

morte de Atanásio retrata um jovem diácono ocupando uma alta posição no Concílio, muito mais por causa de suas virtudes do que por sua função. Ele diz que Atanásio "impediu a doença (τήν νόσον ἔστησεν) da heresia ariana praticamente sozinho".[11] Não há dúvida de que Gregório estava falando em hipérbole. Embora Atanásio provavelmente "tivesse o ouvido" de seu bispo e tenha influenciado as contribuições que Alexandre fez nos debates, é improvável que ele, como um jovem diácono na casa dos vinte anos, tivesse oportunidades significativas para se envolver nos diálogos polêmicos com uma assembleia de dignitários episcopais.[12] Pode ser que ele não tenha assumido nenhum papel formal nos processos, mas Atanásio entendeu de forma clara o significado teológico do Concílio e defendeu seu conteúdo doutrinário por toda a vida.

RESPOSTA APOLOGÉTICA

Apesar de Atanásio ter assegurado seu lugar na história da igreja como um polemista e teólogo dogmático, é dada menor atenção ao seu trabalho como pastor e apologeta.[13] As dicotomias entre a academia e a igreja, teólogo e praticante, doutrina e prática, tão predominantes na era moderna, eram desconhecidas no mundo antigo. Os assuntos doutrinários propostos por bispos e intelectuais como Atanásio nunca foram considerados exercícios especulativos em uma torre de marfim, mas tinham importância imediata no dia a dia dos cristãos. As disputas doutrinárias de Atanásio sempre foram voltadas ao bem da igreja, e, para ele, a reta doutrina era importante porque o evangelho estava em jogo. Como bispo e pastor, ele se preocupava com os que estavam sob seus cuidados, para que entendessem a verdade e por que isso era importante para a fé deles. A observação de Gwynn é adequada: "Poder expressar conceitos de tamanha importância em uma linguagem que qualquer um pudesse entender talvez fosse a maior qualidade dele como teólogo, sem nunca perder de vista por que as questões importavam para o mundo cristão mais amplo".[14]

O melhor exemplo da clareza doutrinal de Atanásio, sua sensibilidade pastoral e capacidade apologética está em seu tratado duplo, *Contra gentes-De*

---

[11] *Or.* 21.14 (PG 35, 1096).

[12] Young, *From Nicaea to Chalcedon*, p. 49. Veja também Gwynn, *Athanasius of Alexandria*, p. 5, observando que Atanásio não faz nenhuma afirmação em seus escritos sobre ter participado dos debates.

[13] Sobre o papel de Atanásio como pastor, veja Gwynn, *Athanasius of Alexandria*, p. 131-58, assim como Nathan Ng, *The spirituality of Athanasius: a key for proper understanding of this important church father* (Bern: Peter Lang, 2001) e G. Demacopoulos, *Five models of spiritual direction in the Early Church* (Notre Dame: University of Notre Dame Press, 2007), p. 21-49.

[14] Gwynn, *Athanasius of Alexandria*, p. 56.

incarnatione (*Contra os pagãos-Sobre a encarnação*).[15] É irônico que Atanásio seja mais conhecido por sua defesa da fé nicena contra o arianismo, ainda que *CG-DI*, provavelmente seu mais celebrado trabalho, nada fale sobre a controvérsia. A ausência de qualquer menção a Ário ou ao arianismo tem levado alguns acadêmicos a acreditarem que Atanásio o escreveu antes da controvérsia, e, portanto, antes de Niceia,[16] ainda que essa opinião não seja consensual. Embora não seja possível precisar uma data para atribuir ao tratado duplo, Anatolios defende com veemência que ele foi escrito entre 328 e 335.[17] Considerando esse intervalo entre as datas, Atanásio seria um jovem por volta dos trinta anos e bispo recém-eleito de Alexandria na época da composição.

No restante do ensaio, darei foco ao *CG-DI* por duas razões. Primeiro, como a obra inicial dentre as principais produções de Atanásio, o texto é fundamental para todos os escritos posteriores. Frances Young observa que, embora se possa traçar desenvolvimentos menores no *corpus* de Atanásio em termos de detalhes e formas de expressar as ideias, "o núcleo central de sua produção nunca foi tocado. Seus primeiros escritos são de fato a chave para sua vida e sua argumentação dogmática".[18] Segundo, o duplo tratado é o único no *corpus* literário de Atanásio que realmente se encaixa na designação "apologia", ou defesa da fé.[19] Weinandy afirma que *CG-DI* serve, em parte, como

---

[15] Ao longo desse ensaio, vou me referir ao duplo tratado por meio da forma abreviada do título latino tradicional, ou seja, *CG-DI*.

[16] Conforme Bernard de Montfaucon, *Athanasii achiepiscopi Alexandrini opera omnia quae extant*, J. P. Migne, PG, 1 e E. P. Meijering, *Athanasius: Contra gentes: introduction, translation and commentary* (Leiden: Brill, 1984), p. 1-4.

[17] Khaled Anatolios, *Athanasius: the coherence of his thought* (London: Routledge, 2005), p. 26-9. A data de *CG-DI* tem sido assunto de debate acadêmico por mais de um século. Dentre diversos estudos importantes, veja Charles Kannengiesser, "La date de l'Apologie d'Athanase *contre les païens* et *Sur l'incarnation du Verbe*". In: *Recherches de science religieuse* 58 (1970), p. 383-428; J. C. M. Van Winden, "On the date of Athanasius's apologetical treatises". In: *Vigiliae Christianae* 29 (1975), p. 291-5; Alvyn Pettersen, "A reconsideration of the date of the *Contra gentes-De incarnatione* of Athanasius of Alexandria". In: *Studia patristica* 18 (1982). p. 1035-6.

[18] Young, *From Nicaea to Chalcedon*, p. 52. Gwynn, *Athanasius of Alexandria*, p. 6, concorda, dizendo que "*Contra gentes-De incarnatione* representa o ponto inicial de toda análise da teologia de Atanásio. Seus últimos trabalhos doutrinais permanecem alicerçados nos princípios que ele expressou em seu primeiro tratado".

[19] Escritos apologéticos eram menos comuns nos dias de Atanásio do que nos séculos anteriores. Na era constantiniana, a igreja tinha menos necessidade de se defender contra um governo crítico e um povo hostil, e maior necessidade de trabalhos criteriosos e claros sobre dogmas. Moreschini e Norelli observam que o *Contra Gentes* de Atanásio é, particularmente "o exemplo último de um gênero literário que havia quase desaparecido". Veja Moreschini; Norelli, *Early Christian Greek and Latin literature*, p. 35 [no Brasil: *História da literatura cristã antiga grega e latina* (São Paulo: Loyola, 2014)].

uma "apologética evangelística" que "confirma a fé do cristão e o equipa para se dedicar adequadamente à defesa e à proclamação do evangelho".²⁰ Embora haja uma boa dose de catequese para os cristãos em *CG-DI*, Atanásio também deseja lidar com um público não cristão, em especial críticos pagãos e judeus, e, assim, se antecipa a uma audiência mista.²¹

O objetivo e o propósito de *Contra gentes-De incarnatione* são de importante exploração. Escrever um tratado como o recém-empossado sucessor de Alexandre teria contribuído muito para provar o vigor teológico e eclesial de Atanásio, especialmente para os que suspeitavam do jovem bispo.²² Mas isso é periférico em meio a suas preocupações. Atanásio afirma com clareza o motivo para escrever essa dupla *apologia*; a saber, mostrar que a fé em Cristo não é irracional.²³ Barnes conjectura que o *Contra os cristãos* de Porfírio, ao retratar o cristianismo como uma religião para os não civilizados, teria provocado Atanásio a levantar sua pena em resposta.²⁴

Independentemente disso,²⁵ Atanásio decide provar que a encarnação do Logos revelou o Deus que o cristianismo defende. Aqueles que acreditam em Cristo conhecem a verdade, mas os que rejeitam o Logos não seguem a verdade e são, portanto, irracionais (ἄλογον).

O principal recurso de Atanásio no seu arsenal de evidências em apoio ao cristianismo é a história. Vale a pena repetir que ele viveu em um tempo crucial, testemunha da integração do cristianismo dentro da sociedade

---

[20] Weinandy, *Athanasius: a theological introduction*, p. 12. Cf. Meijering, *Athanasius: Contra gentes*, p. 5.

[21] Veja o comentário introdutório de Atanásio em *DI* 25. Conforme a introdução de Robert Thomson in *Athanasius: Contra gentes e De incarnatione* (Oxford: Clarendon, 1971), p. xxii. Todas as citações nesse ensaio de *CG* e *DI* são retiradas da edição crítica de Thomson [no Brasil: *Santo Atanásio: contra os pagãos; A encarnação do Verbo; Apologia ao imperador Constâncio; Apologia de sua fuga; Vida e conduta de Santo Antão* (São Paulo: Paulus, 2002)].

[22] Gwynn, *Athanasius of Alexandria*, p. 65-66.

[23] *CG* 1, 1. Veja também *DI* 1, 134, onde Atanásio identifica aqueles que zombam do cristianismo como "impossíveis", "inadequados" e meramente "humanos". Ele decide mostrar que, por causa de Cristo, o contrário é verdade. Conforme Anatolios, *Athanasius: the coherence*, p. 28.

[24] Barnes, *Constantine and Eusebius*, p. 206. A sugestão de Barnes é ainda mais provável se, como dizem alguns acadêmicos, o paganismo estava em alta nos dias de Atanásio. Uma ressurgência pagã suscitada por obras como as de Porfírio pode ter incitado Atanásio a responder à altura. Anatolios, *Athanasius: the coherence*, p. 28, cita J. Roldanus e P. Camelot como representantes dessa linha de pensamento.

[25] É digno de nota que Atanásio indique ao longo de *CG-DI* que o paganismo estava em declínio e enfraquecido por causa de Cristo. Por outro lado, o paganismo prosperava antes do advento de Cristo. Isso está no centro de todo o argumento de Atanásio. Veja a breve, porém útil, discussão in Anatolios, *Athanasius: the coherence*, p. 28.

romana e da sua ascensão às mais altas posições de poder e influência sociopolítica, coincidindo com a morte do paganismo. Para Atanásio, essas duas trajetórias históricas – o surgimento do cristianismo e o declínio do paganismo – não ocorreram por acaso. Ao contrário, elas são prova de que Jesus Cristo está vivo, agora reina e realiza seus propósitos no mundo. Para ele, esses propósitos incluem eliminar a idolatria do paganismo e realizar a redenção do mundo.[26] Dessa forma, Atanásio fornece uma interpretação cristológica da história que dá sentido aos profundos desenvolvimentos sociais de seus dias ao destacar a veracidade do que o Filho de Deus revelou e realizou na carne; a saber, salvação. O que segue é um tratamento mais detalhado do argumento de Atanásio de que o cristianismo é verdadeiro e, portanto, superior ao paganismo.

A íntegra de *Contra gentes-De incarnatione* tem uma estrutura dupla básica. Nos primeiros três quartos da obra (todo o *CG* e praticamente metade de *DI*), Atanásio defende que o cristianismo oferece uma visão muito mais convincente da realidade do que o paganismo. A essência de seu argumento é que o cristianismo é racional, ao passo que o paganismo não o é. No quarto final do duplo tratado (a última metade de *DI*), Atanásio apresenta uma refutação dos críticos do cristianismo, tanto judeus quanto pagãos. Seguindo as observações de Paulo de que o Cristo crucificado é um escândalo para os judeus e loucura para os gentios (1Coríntios 1:23), Atanásio encara as duas frentes do desafio, demonstrando que a encarnação é tanto bíblica quanto adequada ao caráter de Deus.

A superioridade do cristianismo sobre o paganismo

Na tentativa de defender que o cristianismo é verdadeiro e digno de aceitação, uma das estratégias de Atanásio foi destacar crenças pagãs importantes e compará-las com as doutrinas cristãs. Seu objetivo ao fazê-lo é colocar o paganismo em comparação, retratando-o como ilógico, inconsistente e vazio de sentido, em contraste com a beleza e racionalidade do cristianismo. Quando todos os lados são considerados, Atanásio presume que será um óbvio vencedor.

Cristianismo superior ao explicar a Criação

Nas seções de abertura do *DI*, Atanásio aborda a criação. As crenças sobre a origem e natureza do cosmos são inseparáveis da avaliação sobre o caráter

---

[26] Conforme discussões em Gwynn, *Athanasius of Alexandria*, p. 66; Anatolios, *Athanasius: the coherence*, p. 28-9; Weinandy, *Athanasius: a theological introduction*, p. 11-3.

de Deus e se a criação é ordenada ou se tem um *telos*. Ele observa que visões sobre a criação são muitas e idiossincráticas. Primeiro, ele seleciona os epicureus e sua crença de que todas as coisas surgiram por acaso. Em seguida, ele aborda os seguidores de Platão, que insistem em um universo formado por Deus a partir da matéria preexistente, embora essa substância não tivesse nenhuma forma distinta. Por fim, Atanásio aponta para certas seitas gnósticas que defendem a existência de outro criador, diferente do Pai de Jesus Cristo.[27]

Após uma breve descrição das três visões, ele julga cada uma como "conversa fiada".[28] A visão epicurista é falha por negar a providência. Como poderia, pergunta Atanásio, algo tão fundamental quanto a diferença existir sem um Deus que conserva todas as coisas juntas? O universo está repleto de uma variedade de coisas que mantém sua própria ordem, e isso não seria possível sem a providência.[29] De semelhante modo, o platonismo retrata um Deus que é fraco. Os seres humanos criam a partir de um material que já existe, assim como um carpinteiro, que constrói mesas de madeira. Contudo, insiste Atanásio, se Deus é realmente o Construtor e Criador de *todas* as coisas, isso significa que ele criou a própria matéria da qual cada coisa é feita. Se Deus só pudesse criar a partir de matéria-prima original, ele seria um mero artesão, e não o Criador.[30] Por fim, os gnósticos, que propõem a existência de um demiurgo além de Deus Pai, estão simplesmente cegos. As Escrituras não apoiam em nenhum lugar essa visão, mas ensinam que tudo foi feito por meio de Cristo.[31]

Em contrapartida, o relato bíblico da criação descreve um Deus que criou o universo do nada, por sua própria vontade. A doutrina cristã da criação não começa com um "o quê", mas com um "quem". O foco não é o universo nem o processo a partir do qual ele surgiu, e sim o Deus benevolente que o criou porque quis. Atanásio observa, "Deus é bom – ou melhor, a fonte da bondade – e o bem não tem inveja [φθόνος] de nada. Assim, por não invejar a existência de coisa alguma, ele fez tudo do nada [ἐξ οὐκ ὄντων] por meio de sua própria Palavra, nosso Senhor Jesus Cristo".[32] Deus, que realmente *é*, trouxe à existência aquilo que *não era* por causa de seu poder e de sua bondade.

---

[27] DI 2, p. 136-8.
[28] DI 3, p. 138.
[29] DI 2, p. 136.
[30] DI 2, p. 138.
[31] DI 2, p. 138. Conforme João 1:3.
[32] DI 3, 141. Conforme Alvyn Pettersen, "A good being would envy none life: Athanasius on the goodness of God". In: *Theology today* 55 (1998), p. 59-68.

Cristianismo superior ao responder o problema do mal

Depois de abordar a criação, Atanásio discute outro fenômeno observável dentro do universo, a saber, o mal, e, para isso, ele recorre às hipóteses compartilhadas que reconhecem a diferença entre virtude e vício. Nos dias de Atanásio, as pessoas sabiam que os humanos eram capazes de fazer o bem, mas também eram causadores de grandes males, e a questão é o porquê. Atanásio reconhece a origem e natureza do mal nos primeiros capítulos de *Contra gentes*. Desde o começo, ele é taxativo quanto ao mal não ser eterno e não possuir ser por si próprio. É mais bem concebido como uma falta ou privação de ser. O mal é a antítese de Deus, que é verdadeiramente real, e, longe de ser um produto da criação, o mal veio à existência por intermédio dos homens, que, tendo caído de Deus,[33] imaginaram a maldade.[34]

> Portanto, a realidade é o bem, irrealidade o que é mal. Eu denomino realidade o que é bom porque há um exemplo em Deus, que é real [ἐξ τοῦ ὄντος]; e denomino irrealidade o que é mal, porquanto o que não tem real existência foi inventado por conceitos humanos. Pois, embora o corpo tenha olhos para ver a criação e, por meio de sua ordem harmoniosa, reconhecer o criador, e ainda que também possua ouvidos para ouvir a fala divina e as leis de Deus, e tenha mãos para fazer o que precisa e erguê-las para Deus em oração, mesmo assim a alma abandonou a contemplação do bem e a atividade virtuosa e foi então enganada e movida na direção oposta.[35]

O mal não tem nenhum propósito senão afastar os homens de perseguirem o bem. Atanásio observa que "os homens, em sua audácia, se atentaram

---

[33] Quando Atanásio discute a Queda em *CG*, ele descreve a alma se afastando de Deus e ficando em si mesma, esquecendo-se de Deus e ficando apegada às coisas (físicas) sensíveis. Em *DI* ele retrata o relato bíblico da Queda de Adão e Eva, que desobedeceram ao mandamento de Deus no Jardim do Éden. É provavelmente por razões apologéticas que Atanásio apresenta variadas versões. A versão do fracasso da alma em manter sua postura contemplativa diante de Deus em *CG* foi certamente contestada por seus leitores com sensibilidades platônicas. Veja Jonathan Morgan, "The soul's forgetfulness of God in Athanasius's doctrine of the fall". In: *St. Vladimir's Theological Quarterly* 60, 4 (2016), p. 473-88.

[34] *CG* 2, p. 4-6. Cf. *CG* 7, p. 19, onde Atanásio insiste que "mal algum veio de Deus ou estava em Deus, não existia no início, tampouco possui qualquer realidade independente. Mas os homens, rejeitando a noção do bem, começaram a pensar por si mesmos e inventaram por suas fantasias objetos que não existem".

[35] *CG* 4, p. 11-3. Conforme *DI* 4, p. 145, onde Atanásio afirma que "o que não existe é mal, mas o que existe é bom, desde que tenha sido criado pelo Deus existente" para explicar por que os humanos, ao se voltarem contra Deus, ficaram privados da imortalidade.

ao que não era conveniente e próprio, mas ao que estava dentro de seu alcance, e começaram a fazer tudo ao contrário (τὰ ἐναντία)".[36] Depois de apresentar exemplos de ações feitas "ao contrário", como assassinato, adultério, desobediência e glutonaria, ele observa: "Todas essas coisas são más e pecados da alma, mas elas não têm outra causa a não ser o fato de se afastarem das melhores coisas".[37] Assim, Atanásio sustenta que o mal não possui existência anterior à criação ou existência verdadeira, dado que ele não vem de Deus. Na verdade, o mal surge de maquinações confusas dos seres humanos, que se afastam de Deus e definem suas vontades por si mesmos. Como resultado, os homens fazem coisas terríveis para satisfazerem seus ímpios desejos. Dessa forma, Atanásio fornece uma explicação para a existência do mal no mundo, à parte de Deus, que não o criou e não tem nenhuma ligação com ele.

Atanásio ataca "alguns gregos", opostos à visão cristã, pela crença de que o mal é uma entidade, mas essa ideia gera um impasse para seus defensores, pois, se o mal existe por si só, esses gregos ou terão de admitir que (1) o demiurgo (criador) não criou tudo e não é senhor de todas as coisas ou (2) o criador é o autor do mal e não é bom.[38] Atanásio então se volta para os marcionistas, que defendem existir dois deuses, tendo o demiurgo criado o mundo e sendo responsável pela existência do mal. Atanásio diz que esses "hereges" são facilmente refutados pelas Escrituras, que, de forma clara, ensinam apenas um Deus, que é o criador dos céus e da terra.[39] Ele também faz perguntas a essa visão: como pode um deus bom e um deus mau existirem simultaneamente? Se são iguais em poder, eles não cancelam um ao outro, uma vez que um existe contra a vontade do outro e sofrem eventos que são contrários às suas intenções? Além disso, Atanásio observa que, se o mundo visível é obra de um deus mau, o deus bom não apresenta nada de si mesmo. Uma vez que o criador é conhecido por suas obras, como saberíamos que o deus bom existe se não há obras pelas quais ele possa ser conhecido?[40] Por meio dessa crítica, Atanásio apresenta a irracionalidade daqueles cujos conceito de mal não considera o que Cristo revelou.

---

[36] *CG* 5, p. 13.
[37] Ibid. Veja também *CG* 47, 131-3.
[38] *CG* 6, p. 14.
[39] Atanásio cita Deuteronômio 6:4 e Mateus 11:25.
[40] *CG* p. 6-7, 14-6.

Cristianismo superior à idolatria

De todas as crenças pagãs que Atanásio considera tolas, nenhuma é mais absurda que a idolatria. Seu pressuposto básico é que a adoração aos ídolos e a razão por trás deles é *mitologia* (a invenção de contos e lendas míticas) em vez de *teologia*.[41] Aqui estão dois exemplos de suas muitas críticas. Primeiro, ele aponta para o comportamento dos deuses representados pelos ídolos, os quais, longe de serem impassíveis e constantes em santidade e virtude, são irascíveis e violentos, imprevisíveis e fracos. Eles podem violar a lei natural e a decência básica, e se comportam de maneira tão vil que fariam a maioria dos homens corar.[42] Além disso, a crença nesses deuses conduz a sociedades caóticas e perversas, e não a comunidades pacíficas. Por exemplo, alguns deuses desejam sacrifícios humanos em seu louvor, e aqueles que imaginam seus deuses se deleitando na morte de humanos, diz Atanásio, são levados a imitar o que os deuses desejam. E assim eles cometem "homicídio, infanticídio e todo tipo de licenciosidades", enchendo suas cidades com perversidades condenadas pela lei.[43] Fundamentalmente, os deuses representam a irracionalidade e as paixões irrazoáveis que atormentam as mentes humanas pecaminosas e são indignos de louvor.[44]

Atanásio apresenta uma segunda crítica em sua observação de que, uma vez afastados de Deus, os humanos caíram gradualmente em formas cada vez mais baixas de idolatria, primeiro ao adorarem os corpos celestiais, e então o éter, os elementos, os homens (tanto os vivos quanto os mortos), as pedras, a madeira, os répteis e, por fim, os animais selvagens, irracionais.[45] Quanto mais distantes de Deus, mais eles são degradados por aquilo que adoram. Atanásio também os acusa de cometer sacrilégios por prestarem às imagens a honra que é devida a Deus, destacando a injustiça que há na exaltação dos sinais em lugar do significado.[46] Mais ainda, ele não pode deixar de apontar para a loucura de tudo isso:

> Além disso, eles não percebem que, ao adorarem pedras e paus, chamam de deuses os pedaços de coisas parecidas com o que eles queimam e pisam. O que há

---

[41] CG 19, p. 54. Veja a menção para μῦθολογὲω in: *Liddell & Scott*.
[42] CG p. 11-2, 32-6.
[43] CG p. 25, 68.
[44] CG p. 19, 53.
[45] CG 9, p. 22-4.
[46] CG 21, p. 56-8. Veja também Gwynn, *Athanasius of Alexandria*, p. 67: "O ataque de Atanásio contra a idolatria no *Contra Gentes* representa o paganismo como um produto dessa mudança para o mal".

pouco tempo eles usavam, tolamente esculpem e veneram, não percebendo que, na verdade, adoram a destreza do escultor. Uma vez que a pedra permanece sem ser polida e a matéria não é trabalhada, eles pisam em cima e as utilizam, muitas vezes para as tarefas mais comuns. Mas quando o artista estabeleceu limites com sua habilidade sobre a matéria e a moldou na forma de homem ou mulher, a partir disso eles adoram, expressando sua gratidão ao artista, as estátuas como deuses, depois de comprá-las do escultor por um determinado valor. E muitas vezes o próprio escultor, como se tivesse se esquecido de que ele mesmo os fez, faz orações para sua própria obra; e aquilo que pouco tempo antes ele havia polido e esculpido, depois de empregar sua arte, ele chama de deuses.[47]

Com essas críticas severas em mãos, Atanásio espera que seus leitores concluam a irrealidade dos deuses pagãos. Se os deuses agem de forma desprezível, se os poetas criaram os mitos dos deuses e se as imagens que retratam os deuses são feitas de material comum, simplesmente esculpidas por homens, então com que base alguém acredita neles? Por que fingir que os deuses são reais? Na verdade, repreende Atanásio, os pagãos são os verdadeiros "ateus", pois adoram o que não existe em vez de adorarem o verdadeiro Deus.[48]

Contrastar as crenças cristãs e pagãs é uma parte importante da estratégia de Atanásio para mostrar que o cristianismo é superior ao paganismo, mas essa é apenas uma onda de seu ataque. A segunda onda consiste em apresentar a narrativa bíblica de criação, Queda e redenção da humanidade por meio da encarnação do Filho de Deus. Atanásio acredita que essa narrativa faça total sentido e forneça a melhor explicação para (1) a realidade da morte e da perversidade no mundo e (2) para a trajetória histórica da predominância do cristianismo coincidindo com a queda e a morte do paganismo por todo o mundo. Ele não está satisfeito em compartilhar meras proposições sobre Deus. Mais que isso, ele conta a história da atividade criadora e recriadora de Deus de maneira convincente. Para Atanásio, a narrativa bíblica, acrescida com as realidades históricas do século IV, retrata a verdade, a benevolência, o poder e o amor de Deus.

---

[47] CG 13, p. 37. Uma lembrança de Salmos 115:4-8.
[48] CG 14, 41. "Como, então, poderiam aqueles que são condenados por impiedade pelas divinas Escrituras não serem julgados por todos como ateus (ἄθεοι)? Ou como podem não estar possessos de demônios quem é tão claramente refutado por adorar coisas sem vida em lugar da verdade? E que esperança ou perdão podem ter os que confiam em objetos irracionais e imóveis que são venerados em lugar do verdadeiro Deus?"

A superioridade da ação salvadora de Deus

Em *DI* 4-5, Atanásio explica a criação da humanidade como um ponto de partida para discutir a encarnação do Filho de Deus. Deus criou os seres humanos do nada, assim como criou todas as coisas (ἐξ οὐκ ὄντων), mas concedeu aos homens o dom especial da vida divina por meio da graça do Logos.[49] Uma vez que os humanos foram criados do nada, eles são naturalmente instáveis e corruptíveis. Deixados a si mesmos, eles voltarão à não existência, contudo, à medida que a Palavra habita neles, permanecem incorruptíveis e imortais, da maneira que Deus havia desejado.[50] Mas a humanidade caiu de seu relacionamento com Deus por ter desobedecido aos mandamentos e deixou de conhecê-lo, e os seres humanos voltaram suas mentes para si mesmos, procurando os prazeres temporais em lugar de união com Deus.[51] Seus sentidos ficaram desordenados quando sua contemplação mudou de Deus para si mesmos, por isso seus próprios corpos se tornaram ídolos.[52] Eles se esqueceram de seu Criador[53] e inventaram atos malignos para saciar seus desejos invertidos. Como resultado, eles morreram e a corrupção se apossou deles.[54] Dessa forma, tendo sido dados à morte, continuaram a arquitetar mais formas de pecar, tornando-se "pecadores insaciáveis".[55] Atanásio resume a trágica situação da humanidade caída: "Por essas razões a morte teve grande influência e a corrupção se manteve firme contra os homens; a raça humana foi destruída, e o homem que era racional e feito à imagem do Criador foi apagado; e a obra criada por Deus pereceu".[56]

À luz da situação urgente, Atanásio pergunta: "O que Deus deveria fazer?"[57] Alguns acadêmicos descrevem isso como um "dilema divino".[58] Deus, é cla-

---

[49] *DI* 5, p. 144.
[50] *DI* 4, p. 142.
[51] *CG* 3, p. 8; *DI* 4, p. 142-4.
[52] Behr, *Formation of Christian theology*, p. 177. "Com suas almas dirigidas para o corpo, em, por e para si, o corpo é agora o próprio ponto da separação humana de Deus, não por causa de sua materialidade, e sim porque se tornou um ídolo".
[53] *CG* 3, p. 8.
[54] *DI*, 5, p. 144.
[55] *DI* 5, p. 147. Conforme *CG* 3, p. 10.
[56] *DI* 6, p. 147.
[57] Atanásio faz essa questão em *DI* 6, p. 148 e *DI* 13, p. 164.
[58] Apesar da ubiquidade dessa frase, Atanásio na verdade nunca a usou. A frase foi inserida no texto como um subtítulo em *Sobre a encarnação* traduzido por um religioso da *Community of St Mary the Virgin* (CSMV, comunidade anglicana) na edição de 1953, publicada por A. R. Mowbray. Desde então, tem sido de uso comum em estudos secundários sobre o *CG-DI*.

ro, nunca enfrenta um problema real, mas Atanásio observa dois problemas confrontando o Criador. Por um lado, uma vez que Deus não pode mentir ou negar a si mesmo, ele não poderia simplesmente ignorar a morte como se a Queda nunca tivesse ocorrido. Ele alertou Adão e Eva sobre a pena de morte no caso de desrespeitarem seu mandamento no jardim. A morte deve, portanto, seguir seu curso e devastar a raça humana. "Pois Deus não teria sido fiel se não morrêssemos depois de ele dizer que nós morreríamos."[59] Por outro lado, Deus é bom, e seria inadequado se a sua obra se tornasse um nada, especialmente os humanos a quem ele fez racionais e à sua própria imagem, por meio de sua Palavra. Um Deus benevolente não ficaria parado, permitindo que os homens permanecessem na morte e corrupção, voltando à não existência.[60] Dessa forma, novamente Atanásio pergunta: "O que Deus deveria fazer?"

A solução para o dilema é a encarnação da Palavra. Para Atanásio, a "encarnação" não é apenas o momento em que o Filho assume a natureza humana, mas o *totus Christus* – toda a obra e a vida de Cristo, de sua concepção até sua ascensão.[61] O Filho de Deus assumiu um corpo físico, passível, sofreu a morte e ressurgiu em nova vida para banir a morte e restaurar a humanidade para novidade de vida e incorruptibilidade. A encarnação foi a única maneira de Deus manter sua palavra, conservar sua honra e conceder sua piedade e misericórdia, pois aplacou a morte e libertou a humanidade.[62] O Filho de Deus encarnado assumiu um corpo como o nosso e, livre de toda mácula pela virtude de sua divindade, ofereceu à morte seu próprio corpo, abolindo-a. Quando a morte tentou tragar o Filho de Deus, enfrentou alguém mais forte do que ela poderia lidar! O que se devia à morte foi pago. Na morte de Cristo, a morte finalmente seguiu o seu curso e, por meio da ressurreição, Cristo restaurou a humanidade para a incorrupção.[63] Somente o arrependimento não seria suficiente, diz Atanásio, pois ele poderia absolver pessoas de seus atos malignos, mas não eliminaria as *consequências naturais* do pecado, a saber, corrupção e morte.[64] Apenas a obra salvífica da encarnação poderia libertar os homens

---

[59] DI 6, p. 149.
[60] DI 6, p. 149.
[61] Veja Weinandy, *Athanasius: a theological introduction*, 28-36.
[62] DI 10, p. 154-6. Em *Athanasius: the coherence*, p. 39, Anatolios sustenta que "Atanásio deseja mostrar que a face da encarnação é consistente com a de Deus e com a forma divina de relacionar-se com a criação desde o início".
[63] DI 9, p. 154. Conforme DI 20, p. 182.
[64] DI 7, p. 150.

das consequências existenciais *e* ontológicas do pecado. Essas consequências sobre a humanidade são profundas, e a solução de Deus na encarnação é mais do que suficiente para revertê-las e nos restaurar a incorruptibilidade e a vida. Próximo ao fim de *DI*, Atanásio resume o propósito da encarnação: "Ele se tornou homem para poder nos tornar divinos; revelou a si mesmo por meio de um corpo para podermos receber uma ideia do Pai invisível; e suportou insultos de homens para que herdássemos a incorrupção".[65] A encarnação nos recria de acordo com a imagem divina, nos renova no conhecimento de Deus e nos restaura a incorruptibilidade que tínhamos antes da queda. Ao demonstrar a verdade e a piedade de Deus, a encarnação é racional e corresponde ao caráter divino.

A superioridade da cruz de Cristo

Apesar de Atanásio reconhecer a obra salvífica de Cristo anterior ao Calvário,[66] ele insiste que a morte de Cristo é "o ponto central" (κεφάλαιον) da fé cristã.[67] Tanto no começo de *CG* quanto de *DI*, Atanásio defende a cruz – exatamente o que os pagãos zombam e deploram como irracional – como o símbolo da vitória de Cristo, o poder com o qual tem "enchido o universo".[68] Novamente, o principal argumento é que, por intermédio da cruz, Cristo eliminou a morte e a corrupção de nós. Ele insiste que "a morte de todos foi cumprida no corpo do Senhor e também a morte e a destruição foram extintas pela Palavra que estava nele".[69] Ao mesmo tempo, Atanásio está bem ciente de seu público e decide explicar por que a cruz era a única forma adequada para Cristo morrer. Aos leitores não cristãos que pudessem perguntar por que Jesus não escolheu uma maneira mais nobre para morrer, ele responde que a crucificação pelas mãos dos inimigos de Cristo demonstrou sua superioridade sobre a fraqueza humana. Por ser ele próprio a Palavra e a Vida, não poderia morrer por si mesmo, de causas naturais. Além disso, diz Atanásio, seria inapropriado para

---

[65] *DI* 54, p. 269.
[66] Veja, por exemplo, *DI* 14, p. 168. Na encarnação, o Filho de Deus se tornou sensível – ou seja, físico e tangível – para revelar o Pai. Atanásio nota que os "olhos" dos homens se distanciaram de Deus, não estando mais dirigidos a ele, mas voltados para baixo. Em outras palavras, os homens perseguem o que é físico, tangível. Dessa forma, na encarnação, o Filho "desceu" para onde os humanos estavam olhando e, tornando-se físico, entrou em nosso campo de visão para conquistar nossa atenção e redirecionar nosso olhar para cima.
[67] *DI* 19, p. 180.
[68] *CG* 1, p. 2.
[69] *DI* 20, p. 185.

Cristo ter morrido de um mal corporal ou doença, pois ele curava doenças e fortalecia aqueles que estavam fracos. Portanto, por causa de seu poder divino, ele não poderia morrer sem entregar a si mesmo para que seus executores cumprissem a razão pela qual ele veio à terra.[70] Atanásio observa que o Filho "aceitou a morte imposta pelos homens de forma a destruí-la completamente quando ela alcançou seu próprio corpo".[71] Ademais, a crucificação era a morte mais adequada para Cristo porque ela foi pública. Se Cristo tivesse morrido sozinho ou de forma velada, e então ressurgido dos mortos e aparecido a todos, contando que de fato ele havia morrido e ressuscitado como o vitorioso Senhor, ninguém acreditaria nele. Contudo, pelo fato de ter tido a morte testemunhada, sua ressurreição ganhava crédito.[72]

Para os cristãos que têm questões sinceras sobre a forma como Cristo morreu, Atanásio sustenta que Cristo tinha que morrer na cruz para carregar nossa maldição, de acordo com Deuteronômio 21:23. Nenhuma outra forma de morte poderia cumprir essa passagem. Segundo, na medida em que a morte de Cristo reconcilia todas as pessoas – tanto judeus quanto gentios (Efésios 2:14) – consigo, a cruz foi a maneira mais apropriada para Cristo morrer, uma vez que suas mãos estavam esticadas. Simbolicamente, um braço reúne os gentios enquanto o outro recebe os judeus, ambos os povos unidos em Cristo. Terceiro, na cruz, Cristo foi suspenso no ar, o que implica sua vitória sobre o diabo, o qual, de acordo com Paulo, é o "governante do reino do ar" (Efésios 2:2). Cristo foi elevado da terra para que ele pudesse "purificar o ar" e colocar o diabo para correr. Por fim, Atanásio observa que a cruz reabre o caminho para o céu, criando um tipo de estrada através da qual podemos ter acesso à própria morada de Deus.[73] Por todas essas coisas, afirma ele, a morte de Cristo na cruz foi "adequada e apropriada, e sua causa pareceu ser eminentemente razoável [λογισμούς]".[74]

A superioridade da ressurreição de Cristo

Se a morte de Cristo na cruz é o ponto central da fé cristã, Atanásio considera a ressurreição o seu auge, pois somente ela explica a coragem com a qual os cristãos enfrentam a morte e, também, por que o cristianismo se tornou dominante dentro de um império que antes lhe era hostil. Atanásio entende que, se Cristo

---

[70] DI 21, p. 186-8.
[71] DI 22, p. 189.
[72] DI 23, p. 190.
[73] DI 25, p. 194-6.
[74] DI 26, p. 197.

ainda estivesse morto, o mundo não teria mudado nem teria assumido mais do etos cristão, os pecadores não teriam sido transformados e os que seguem a Cristo não seriam intrépidos diante da morte. Um Jesus morto não poderia agir ou afetar ou influenciar coisa alguma. Mas Atanásio aponta para o óbvio: a paisagem sociopolítica estava mudando das mãos do paganismo para as do cristianismo, malfeitores de vários tipos (homicidas, adúlteros, feiticeiros, beberrões) estavam deixando para trás seus caminhos pecaminosos e abraçando a Cristo, e os cristãos, em especial os mártires, já haviam provado o poder da ressurreição ao enfrentarem a morte sem medo.[75] Embora seja natural que os humanos sintam medo, isso não ocorre com os cristãos.[76] Mesmo mulheres e crianças que pertencem a Cristo seguem em direção à morte, pois sabem que ela não tem poder, e contemplam a vida que herdarão por causa da ressurreição.[77]

Refutações contra os judeus e os gregos

Ao concluir sua argumentação pela razoabilidade do cristianismo, Atanásio termina seu duplo tratado refutando críticas específicas levantadas contra os cristãos por judeus e gregos (pagãos). Especificamente, ele censura os judeus por causa da sua descrença e os gregos por conta de sua zombaria. Objeções de ambos os lados de que a encarnação era indigna (ἀπρεπὲς) de Deus foram ainda formidáveis pontos de debate que os cristãos precisavam responder. Mas Atanásio está seguro, afirmando que os cristãos têm "provas distintas" contra seus oponentes teológicos.[78]

Para lidar com seus críticos judeus, Atanásio usa a Bíblia Hebraica, pois tanto judeus quanto cristãos afirmam sua autoridade divina. Sua estratégia é mostrar que os "livros inspirados" descrevem Jesus e o que ele realizou, e isso inclui o nascimento virginal (Isaías 7:14), a encarnação (Números 24:5-7, 17; Isaías 8:4), a fuga para o Egito (Isaías 19:1; Oseias 11:1; Mateus 2:13-15), a morte substitutiva (Isaías 53:3-8), a superioridade sobre a natureza (Isaías 53:8-10), a cruz como o meio de sua morte (Deuteronômio 28:66; Salmos 22:17-18; Jeremias 11:19) e que seria conhecido entre as nações (Isaías 11:10). Somente Jesus cumpre todas essas descrições proféticas.[79] Dessa forma,

---

[75] *DI* 30-1, p. 208-0.
[76] *DI* 27, p. 198-0.
[77] *DI* 29, p. 204.
[78] *DI* 33, p. 214. As refutações contra os judeus em *DI* ocorrem nas seções 33-40, ao passo que as refutações contra os gregos estão incluídas nas seções 41-55.
[79] *DI* p. 33-5, 214-0.

Atanásio demonstra que "as Escrituras estão repletas de refutações para a descrença dos judeus".[80] Seu principal argumento aponta para Cristo como a realidade indicada pelos símbolos do Antigo Testamento.[81] Com a vinda de Cristo, não há mais profecias, templo, reis israelitas e nenhuma cidade santa como o lugar central da atividade de Deus. Agora, os gentios conhecem o Deus de Abraão por intermédio de Cristo, e não pelas velhas instituições judaicas, e Atanásio defende que isso deveria convencer até o mais obstinado de que Cristo é o Messias que veio.[82]

Atanásio volta então sua atenção para os gregos, que colocam diferentes desafios. Para os que questionam por que o Logos apareceria de forma tão humilde, ele responde que o Filho de Deus não veio para deslumbrar nem para maravilhar, e sim "para curar e ensinar aqueles que estavam sofrendo".[83] Além disso, apenas os humanos caíram, isto é, todo o restante da criação se manteve em sua devida ordem. Dessa forma, a Palavra tinha que se tornar humana, pois eram os homens que precisavam de salvação.[84] Para os que perguntavam por que Deus simplesmente não concedeu salvação com um simples "aceno", uma vez que ele é tão poderoso, Atanásio responde que a Palavra tinha de entrar no que já existia e, então, curá-lo. Um "aceno" bastava quando nada existia, mas, depois que as coisas vieram à existência, a Palavra deveria vir e novamente embutir vida no que foi criado, ou seja, nos homens. Um mandamento deve manter a morte longe, mas não mudaria a humanidade de sua natureza mortal e corruptível. Então, a Palavra se tornou corpórea para libertar os homens da corrupção, e, por meio da encarnação, os homens são "unidos à vida" e receberam a imortalidade.[85]

A mais importante prova da encarnação que Atanásio apresenta para os pagãos é o desmoronamento da adoração e da idolatria pagãs enquanto, ao mesmo tempo, mais e mais pessoas se voltam para Cristo.[86] Ele fornece um "antes e depois" resumido, comparando as maneiras pelas quais a

---

[80] DI 35, p. 220.
[81] DI 40, 23-33. Atanásio pergunta: "Pois quando ele, que foi anunciado, vier, que necessidade haverá dos que anunciam; quando a verdade está próxima, que necessidade há da sombra?"
[82] DI 40, p. 234.
[83] DI 43, p. 240.
[84] DI 43, p. 242.
[85] DI 44, p. 244-6.
[86] DI 46, p. 250. "Quando os homens começaram a abandonar a adoração aos ídolos a não ser a partir da vinda da verdadeira Palavra de Deus para eles?"

humanidade foi enganada com a encarnação que revelou a verdade e mudou tudo. Anteriormente, a "sabedoria dos gregos" levou as pessoas para a idolatria; agora, graças a Cristo, as pessoas abandonam as velhas superstições e adoram a Deus. Antes, os oráculos iludiam todas as nações; agora, graças a Cristo, a loucura cessou. Antes, os demônios enganaram os homens com ilusões; agora suas mentiras cessaram, uma vez que os cristãos fazem o sinal da cruz para afastá-los. Antes, a mágica era admirada por muitos como algo poderoso; agora, dado que Cristo foi revelado, a mágica perdeu seu poder e sua influência.[87] Atanásio resume assim suas ponderações: "Pois se o Salvador não é apenas um homem, nem um mágico ou um demônio, mas, por sua divindade, destruiu e eclipsou as suposições dos poetas, as ilusões do demônio e a sabedoria dos gregos, deve estar claro e será admitido por todos que ele é verdadeiramente o Filho de Deus, sendo a Palavra, Sabedoria e Poder do Pai".[88]

METODOLOGIA APOLOGÉTICA

As tentativas de Atanásio para provar a racionalidade e a superioridade do cristianismo em resposta aos desafios teológicos de seus dias revela um número de importantes características de sua metodologia apologética. Primeiro, é digno de nota que coloca a cruz como seu ponto de partida. Ele não começa com a lei natural ou outras suposições comumente compartilhadas e a partir de então argumenta por doutrinas cristãs específicas. Atanásio afirma que, por meio da cruz de Cristo, Deus revelou a si mesmo e os seus propósitos para o mundo. Todo o relato de *CG-DI* é feito a partir dessa perspectiva.[89] Por ser a cruz o fundamento de toda a sua apologética, o método de Atanásio é baseado nas Escrituras inspiradas porque, segundo ele, elas são "suficientes para a exposição da verdade".[90] Atanásio acredita que, se seus críticos lerem as Escrituras, acreditarão no que ele está tentando persuadi-los a acreditar.[91]

---

[87] *DI* p. 46-7, 250-4.
[88] *DI* 48, p. 257. Conforme *DI* 55, p. 272.
[89] *CG* 1, p. 2-4. Veja também Behr, *Formation of Christian theology*, p. 23.
[90] *CG* 1, p. 3.
[91] *CG* 45, p. 124.

Enquanto as Escrituras, e não especulação metafísica, formam a base epistemológica de Atanásio, ele não ignora as correntes intelectuais de seus dias.[92] Como bispo de Alexandria, ele viveu em uma metrópole bem educada e sabia como envolver seus interlocutores eruditos. Como nota Hart, Atanásio se baseou nas "estruturas de plausibilidade" de sua cultura (ou seja, o que a sociedade considera crível a partir de suas ideias e crenças), mas nunca subordinou a doutrina cristã àquelas estruturas. Ao contrário, ele encheu o vocabulário comum das estruturas de plausibilidade reinantes com novo significado. Isto é, ele usou uma terminologia familiar para as pessoas de sua época, mas a redefiniu de forma a avançar o ensino cristão.[93] Por exemplo, as partes 35-39 de CG devem bastante à influência estoica. Como observa Anatolios, elas foram úteis para Atanásio "na medida em que forneceram um vocabulário e certas ferramentas conceituais para a articulação de noções de providência divina, onipresença e íntimo envolvimento no mundo – em uma palavra, imanência".[94]

Atanásio aponta para a relação entre diferença e ordem harmoniosa no mundo natural. O universo é composto de partes, corpos e forças, cada um em harmonia com os outros. Como um músico combina os sons de cada corda em uma harmonia, assim Deus belamente orquestra e ordena todas as coisas, resultando em um universo bem ordenado e em bom funcionamento. Isso evidencia que há apenas um Deus, pois muitos deuses significariam ou o caos no mundo (da mesma forma que muitos capitães no comando levariam a um navio em confusão) ou a existência de múltiplos mundos, e essas opções são absurdas para Atanásio. A Criação é uma entidade única, e sua ordem é uma, e, portanto, deve-se deduzir que há um Senhor e Criador.[95] E que um universo foi criado com "razão, sabedoria e entendimento, e que tem sido organizado com completa ordem" é a evidência de que sua ordem pertence ao Logos de Deus.[96]

---

[92] Thomson, introdução. In: *Athanasius:* Contra gentes *and* De incarnatione, p. xix. Anatolios, *Athanasius: the coherence*, p. 30-1, observa que Atanásio foi levado pela narrativa bíblica da encarnação para o renovo da humanidade, mas também recorreu a conceitos e vocabulário da ontologia médio-platônica em sua articulação da fé cristã. Sobre esse ponto, veja espcialmente E. P. Meijering, *Orthodoxy and Platonism in Athanasius: synthesis or antithesis?* (Leiden: Brill, 1968). Meijering analisa o quão Atanásio tinha familiaridade com a tradição platônica, bem como o seu uso em *CG-DI*.

[93] Veja Trevor Hart, "The two soteriological traditions of Alexandria" in: *Evangelical quarterly* 61:3 (1989), p. 239-259.

[94] Anatolios, *Athanasius: the coherence*, p. 49.

[95] *CG* 38-9, 104-8.

[96] *CG* 40, p. 110.

Por fim, Atanásio inclui o testemunho de cristãos, seguido por um convite aos seus ouvintes para que abracem a fé em Cristo. Embora ele tivesse fortes palavras para seus críticos, a genuína preocupação de Atanásio era que eles conhecessem o verdadeiro Deus por meio da Palavra encarnada. Em *DI* 28, ele aponta para a vida daqueles que estavam em Cristo e não temiam mais a morte, e, então, faz um convite aos céticos para que aceitem a verdade de Cristo: "Aquele que não acredita na vitória sobre a morte, que aceite a fé de Cristo e venha para o seu ensino e então verá a fraqueza da morte e a vitória conquistada sobre ela. Para muitos que antes desdenharam e zombaram, mas depois acreditaram, assim desprezando a morte e se tornaram até mesmo mártires".[97] Com esses termos, Atanásio reforça a fé dos cristãos enquanto estende um convite aos de fora da fé. O objetivo era que seus oponentes passassem por uma mudança de paradigma ao reconhecerem a verdade do cristianismo e abraçarem a Cristo.[98]

CONTRIBUIÇÕES PARA A APOLOGÉTICA

Como um apologeta da fé cristã, Atanásio estava preocupado em equipar os fiéis e envolver os descrentes. Seu objetivo em *CG-DI*, seu único tratado apologético, era mostrar que a fé em Jesus Cristo é racional e verdadeira, ao passo que as outras formas de crença não o são. Ele forneceu uma análise cuidadosa das crenças fundamentais defendidas pelos pagãos e as comparou com as doutrinas cristãs. Em cada caso, o cristianismo é claramente superior, ao passo que o paganismo se mostra deficiente. Atanásio sabia como se conectar com o seu público, pois reconhecia o que eles valorizavam e estava familiarizado com seu quadro conceitual. Dessa maneira, ele envolve os judeus com o Antigo Testamento e os gregos recorrendo a fontes platônicas e estoicas. Ele também sabia que apontar para os eventos contemporâneos na história, os quais todos poderiam observar, tinha um poder persuasivo. Todos poderiam ver que o cristianismo crescia enquanto o paganismo estava em declínio, e Atanásio colocou seus argumentos sobre o poder persuasivo da narrativa da Palavra encarnada, que restaurou a humanidade por sua própria morte e ressurreição. No geral, Atanásio nunca enfraqueceu a verdade da salvação. Ele começou sua *apologia* com o escândalo da cruz e argumentou inflexivelmente a partir dessa posição. Hart observa o seguinte: "Não devemos esquecer:

---

[97] *DI* 28, p. 203. Conforme *DI* 41, p. 236.
[98] Hart, "The two soteriological traditions", p. 246.

precisamente na medida em que o evangelho é um escândalo para a sabedoria humana, mais ele confronta homens e mulheres em toda a sua relevância. Tendo em vista que procuramos reduzir esse escândalo, dificultamos, assim, sua causa, em vez de ajudá-la".[99] Atanásio começa e termina com o Cristo crucificado e, assim, promove a causa do evangelho.

BIBLIOGRAFIA

Fonte primária

ATANÁSIO: *Contra gentes* e *De incarnatione*. Ed. Robert W. Thomson (Oxford: Clarendon, 1971).

Fontes secundárias

ANATOLIOS, Khaled. *Athanasius: the coherence of his thought* (London: Routledge, 2005).

____. *Athanasius: The Early Church Fathers* (London: Routledge, 2004).

BARNES, Timothy. *Constantine and Eusebius* (Cambridge: Harvard University Press, 1981).

BEHR, John. *Formation of Christian theology*. Vol. 2 of *The Nicene Faith*. (Crestwood: St. Vladimir's Seminary Press, 2004).

GWYNN, David. *Athanasius of Alexandria: bishop, theologian, ascetic, father* (Oxford: Oxford University Press, 2012).

HART, Trevor. "The two soteriological traditions of Alexandria". *Evangelical quarterly 61:3* (1989): p. 239-59.

MEIJERING, E. P. *Athanasius: Contra gentes: introduction, translation and commentary* (Leiden: Brill, 1984).

WEINANDY, Thomas. *Athanasius: a theological introduction* (Burlington: Ashgate, 2007).

YOUNG, Frances. *From Nicaea to Chalcedon: a guide to the literature and its background*. 2. ed. (Grand Rapids: Baker Academic, 2010).

---

[99] Ibid., p. 258-9.

Agostinho de Hipona
APOLOGETA DA FÉ E DA RAZÃO EM BUSCA DE ENTENDIMENTO

Chad Meister

Aurelius Augustinus, ou Santo Agostinho de Hipona (354-430), como ele é conhecido hoje, é amplamente reconhecido como o pensador cristão mais influente, excetuando os escritores bíblicos, na história do mundo.[1] Sua genialidade e seu vasto *corpus* literário fizeram dele um dos mais importantes pensadores ocidentais de todos os tempos, bem como um dos mais proeminentes defensores da fé cristã. Sua famosa reflexão "nosso coração não repousa até descansar em ti"[2] é seguida por oitenta mil palavras latinas cuidadosamente elaboradas e que são muito lidas e estudadas atualmente. Elas refletem um indivíduo profundamente piedoso e pensativo, um homem que parece acreditar no que ensinava e ter vivido de acordo com sua fé. Seus escritos, em especial *Confissões* (por volta de 400) e *A cidade de Deus* (por volta de 413-426), inspiraram incontáveis milhões de leitores ao longo dos séculos. Por meio deles, somos introduzidos a uma obra-prima da literatura ocidental, a uma cosmovisão cristã articulada e abrangente e a alguns dos mais criativos e imaginativos diálogos e argumentações na história mundial.[3]

---

[1] Embora isso seja uma verdade indubitável de sua influência no cristianismo ocidental, o impacto de Agostinho no cristianismo ortodoxo oriental foi pouco significativo. Uma razão para isso reside no fato de que suas obras não foram traduzidas do latim para o grego até o décimo quarto século. Mas Agostinho é considerado um santo pelos ortodoxos. Para mais informações a respeito, veja Fr. Seraphim Rose, *The place of blessed Augustine in the Orthodox Church*, 3. ed. (Platina: St. Herman, 2007).

[2] Augustine, *Conf.*, 1.1.1. O texto latino vem de James O'Donnell e pode ser encontrado neste site: <http://faculty.georgetown.edu/jod/latinconf/1.html>. A versão para o inglês é da tradução de Henry Chadwick, Saint Augustine–Confessions (Oxford: Oxford University Press, 1998) [no Brasil: *Confissões* (São Paulo: Penguin Classics Companhia das Letras, 2017)].

[3] Apesar de Agostinho ter sido um metafísico brilhante, que apresentava muitas altercações fortemente argumentadas em seus escritos, o acadêmico agostiniano Robert O'Connell afirma que "Agostinho produziu mais por meio de sua imaginação fértil do que por altos processos abstrativos de pensamento estritamente metafísico". Robert O'Connell, *Imagination and metaphysics in St. Augustine* (Milwaukee: Marquette University Press, 1986), p. 3.

CONTEXTO HISTÓRICO

Agostinho nasceu em 13 de novembro de 354 em uma cidade modesta no norte da África romana chamada Tagaste (atual Souk Ahras, na Argélia), a cerca de 40 quilômetros da costa mediterrânea. Seu pai, Patrício, era um romano pagão, e sua mãe, Mônica, uma cristã batizada. Mônica teve especial influência na vida de Agostinho. Na verdade, ele atribui seu próprio interesse em assuntos intelectuais e a busca pela verdade às orações de sua mãe.[4] Agostinho a descreve orando incessantemente por ele – pedindo por sua conversão à fé em Cristo e para que se tornasse um poderoso orador em defesa do cristianismo. Os pedidos de Mônica eram eventualmente atendidos, mas havia uma jornada intelectual que Agostinho enfrentaria antes que seu incansável coração encontrasse a satisfação que tanto desejava.

Os pais de Agostinho eram da classe média, ou seja, não eram ricos para os padrões da Roma imperial, mas também não eram pobres. Eles foram capazes, por exemplo, de proporcionar a Agostinho uma educação de excelente qualidade (ainda que por meio de conexões e a assistência de um benfeitor rico). Embora Agostinho tivesse ao menos um irmão e uma irmã, seus pais aparentemente enviaram apenas ele para ser educado, talvez por reconhecerem quão precoce ele era, mesmo quando ainda era uma criança. Ele estudou primeiro em Tagaste, depois em Madaura, e finalmente em Cartago, uma grande cidade da África romana. Agostinho se tornou um grande especialista em retórica, mas seus objetos de estudo também incluíam grego, latim, filosofia e literatura, entre outros. Em seus estudos filosóficos, ele encontrou muitas escolas de pensamento diferentes, que incluíam o platonismo, o maniqueísmo e o ceticismo. Quando sua formação terminou, ele ensinou por um curto tempo em Tagaste antes de retornar para Cartago, a fim de ensinar retórica.

Enquanto prosseguia seus estudos em Cartago, com dezenove anos de idade, Agostinho encontrou as obras do pensador romano Cícero. Foi a obra *Hortensius*, desse autor, que particularmente inspirou Agostinho ao amor pela sabedoria – ou seja, ser um filósofo:

> O livro mudou meus sentimentos. Alterou minhas orações, Senhor, em direção a ti. Ele me deu diferentes valores e prioridades. De repente, cada vã esperança se

---

[4] Veja Agostinho, *Ord.* 2.10.52. *St. Augustine: On order (De ordine).* Traduzido por Silvano Borruso (South Bend: St. Augustine's Press, 2007) [no Brasil: *Diálogo sobre a ordem* (Lisboa: Imprensa Nacional-Casa da Moeda, 2000)]. Essa obra é, de certa forma, uma introdução de Agostinho à filosofia.

tornou vazia para mim, eu desejei a imortalidade da sabedoria e com incrível ardor em meu coração comecei a subir de volta a ti.[5]

A obra *Hortensius*, infelizmente perdida para a posteridade, colocou Agostinho no caminho da verdadeira sabedoria. Ao ler essa obra, ele concluiu que seguiria o alerta de Cícero de "não estudar uma seita em particular, mas amar, buscar, perseguir e se apegar à própria filosofia, onde quer que ela fosse encontrada".[6] Mas esse caminho da sabedoria pareceu uma rota sinuosa até que Agostinho descobrisse a cruz.

Agostinho, o maniqueu

Logo depois de ler *Hortensius*, Agostinho descobriu os ensinamentos dos maniqueus. O fundador do maniqueísmo foi o profeta persa Mani (216-277), que era conhecido como o "apóstolo da luz" por seus seguidores. Mani se via como o último sucessor de uma linha de profetas que começava com Adão e incluía o Buda, Zoroastro e Jesus. Ele também acreditava que os ensinos e as crenças anteriores eram limitados e que ele era o profeta que transmitiria a verdadeira religião universal que substituiria todas as outras.

O maniqueísmo era uma das religiões gnósticas que floresceram na Roma imperial dessa época. As religiões gnósticas (cujo nome vem do termo grego *gnosis*, que significa "conhecimento") ofereciam a seus adeptos um conhecimento secreto, oculto dos não praticantes, que apresentava o caminho da salvação. Como ocorre com todas as formas de gnosticismo, o maniqueísmo ensinava que a vida neste mundo é cheia de dor e maldade. Uma iluminação interior (*gnosis*) revela ao verdadeiro perscrutador da sabedoria que a alma (o aspecto imaterial da pessoa), participante da natureza divina, caiu no nefasto mundo da matéria e essa mistura de espírito e matéria em um ser humano esconde o conhecimento da verdadeira natureza de si mesmo. Sendo assim, obter o conhecimento secreto que verdadeiramente une com o divino fornece o caminho da salvação. O conhecimento salvífico de Deus, dos seres humanos e do destino humano no maniqueísmo são expressos em uma mitologia da queda do reino celeste, um emaranhado de espírito/luz e matéria/escuridão, na libertação da matéria/escuridão do ser daqueles que procuram

---

[5] Agostinho, *Conf*. 3.4.7.
[6] Agostinho, *Conf*. 3.4.8.

e seguem a verdade e na transmigração do ser para aqueles que não procuram a verdade, mas habitam em desejos carnais.

A comunidade maniqueia foi dividida em dois grupos: os eleitos, que seguem uma rigorosa regra ascética, e os ouvintes, que fornecem dinheiro e outros tipos de ajuda para os eleitos. Agostinho foi um maniqueu ouvinte por quase uma década, e nas suas *Confissões* ele se refere às práticas e às crenças maniqueias por diversas vezes. Mas sua adesão a esse sistema de crença não seria definitiva, pois ele tinha muitas questões filosóficas e teológicas que o maniqueísmo não poderia responder.

Agostinho, o cético e neoplatônico

Em 384, Agostinho deixou a África com cerca de trinta anos de idade para assumir uma carreira de ensino em Roma. Ele foi uma espécie de professor por apenas um curto período antes de assumir o prestigioso posto de professor de retórica na corte imperial de Milão. Naquela época, Milão era, para todas as intenções e todos os propósitos, a capital do Império Romano do Ocidente. Era o lugar onde alguém com desejo de seguir uma lucrativa, poderosa e importante carreira deveria estar, e Agostinho tinha essas aspirações, assim como seus pais tinham por ele. Foi durante esse tempo em Roma que ele se tornou simpático ao ceticismo acadêmico de Cícero (notavelmente seu *De natura deorum* e *Academica*), Carnéades e outros. O ceticismo acadêmico levava esse nome por causa de sua origem entre os acadêmicos que trabalhavam na Academia de Platão. Esses céticos argumentavam a partir de dois lados de um tema na tentativa de solapar a confiança dogmática de seus interlocutores e, ao fazerem isso, defendiam que a confiança dogmática em qualquer área é impossível. Por um período, Agostinho foi persuadido pelo pensamento dos céticos.[7]

Foi também durante sua estadia em Milão que Agostinho se deparou com o bispo da cidade, Ambrósio, o qual tinha cerca de quarenta anos de idade nessa época, e Agostinho, trinta. Ambrósio foi bem educado em filosofia, em especial no neoplatonismo, e, por ser membro da aristocracia romana, já tinha uma década à frente do episcopado milanês. Era um homem em paz consigo mesmo e que tinha uma confiança em sua fé cristã que era desejada por Agostinho. Ambrósio fazia parte de uma comunidade cujos membros

---

[7] Como John Rist indica, Agostinho era um dos poucos pensadores da antiguidade tardia que levou a sério esse ceticismo radical. Veja John Rist, *Augustine: ancient thought baptized* (Cambridge: Cambridge University Press, 1994), p. 42-3.

consistiam em cristãos platônicos, e o próprio Ambrósio era um tipo de platônico. Ambrósio e seus seguidores defendiam que o platonismo era consistente com, e de certas maneiras, uma antecipação do cristianismo, e seus sermões eram profundamente reflexivos, belos em oratória e acessíveis ao povo comum. Eram diferentes de tudo o que Agostinho havia ouvido antes e ele ficou impressionado com os sermões do bispo, tanto pelo conteúdo quanto pelo estilo de pregação.

Inspirado pelo espírito criativo e pelas habilidades de interpretação de Ambrósio, Agostinho leu diversas obras neoplatônicas (muito provavelmente as de Plotino e Porfírio), e isso, juntamente com suas discussões com Ambrósio e outros cristãos neoplatônicos, o convenceu de que o neoplatonismo era muito superior ao maniqueísmo em seus *insights* filosóficos e em sua espiritualidade, e que muitas crenças cristãs eram compatíveis com ele.

O neoplatonismo, como se subentende do termo, tem raízes nas obras de Platão (aproximadamente 428-347). Um aspecto central do platonismo está na afirmação de que a realidade é dividida em dois domínios: o visível e o inteligível. A esfera visível contém as coisas sensíveis, particulares (coisas vistas com os olhos físicos, mas não "inteligidas" – captadas pelos olhos do intelecto), ao passo que a esfera inteligível contém as Formas/Ideias (coisas que são "inteligidas", mas não vistas com os olhos físicos). Formas/Ideias são universais, objetivas, estáveis, absolutas e reais. O mundo visível consiste em particulares que são individuais, dependentes, passageiros e menos reais. Uma cadeira, por exemplo, é um particular, ao passo que a cadeiricidade é uma Forma universal. Para Platão, o mundo transitório que os seres humanos habitam é uma manifestação imperfeita de uma realidade perfeita e imutável que os sentidos não podem perceber; apenas a mente ou o intelecto podem captar esse aspecto mais real do que existe.

Por meio da obra de filósofos platônicos posteriores como Plotino (aproximadamente 205-270 d.C.), surgiu uma nova forma de platonismo. Utilizando as ideias encontradas nos escritos de Platão, Plotino desenvolveu o neoplatonismo como uma cosmologia espiritual baseada em três princípios fundamentais: o Um (ou "Deus", ou ainda "o Bem"), o Intelecto ("Mente" ou "Logos") e o Mundo-Alma. Toda a existência emana desses três princípios fundamentais. Agostinho foi pego pelo neoplatonismo, que lhe forneceu respostas para as profundas questões que o maniqueísmo não podia dar, como o problema do mal. Ele achou que o neoplatonismo possuía muitas ideias importantes e que seus ensinamentos eram consistentes com o cristianismo, com a exceção crucial de não reconhecer Cristo como Messias. Dadas essas novas convicções neoplatônicas, o ceticismo de Agostinho começou a se dissipar e, assim, o neoplatonismo trouxe um tipo de conversão intelectual para Agostinho – uma mudança em seu pensamento que permitiu a ele considerar as afirmações do cristianismo como possibilidades plausíveis. O que ainda faltava, contudo, era a conversão de sua vontade.

Agostinho, o cristão

Essa conversão da vontade ocorreu em uma cena famosa, que Agostinho descreve em detalhes nas *Confissões* (VII, 12). O início de sua conversão foi uma análise a respeito de seu passado de luxúria. Ele havia sido um jovem lascivo, como é descrito por ele mesmo, lamentando em uma de suas orações durante o período de juventude:

> Mas eu era um jovem infeliz, e ainda miserável no começo da minha adolescência, quando orava a ti por castidade e dizia: "Concede-me castidade e continência, mas ainda não". Estava preocupado de que o Senhor pudesse ouvir a minha oração rapidamente e que logo me curasse da doença da luxúria, que eu preferia satisfazer a suprimir.[8]

Esmagado pela vergonha de uma longa hesitação em desistir de suas paixões e práticas sexuais ilícitas por uma carreira de prestígio e tornar-se um servo do Senhor, em agosto de 386, em um jardim – um jardim real, ele insiste, não uma mera metáfora em referência ao Jardim do Éden – ele correu e se sentou debaixo de uma figueira. E então ouviu aquelas palavras, que soaram com voz de criança: "*Tolle lege*", as palavras latinas que podem ser traduzidas como "Pegue e leia". Agostinho pegou sua Bíblia e abriu as páginas, e seus olhos caíram nestas palavras: "Comportemo-nos com decência, como quem age à luz do dia, não em orgias e bebedeiras, não em imoralidade sexual e depravação, não em desavença e inveja. Ao contrário, revistam-se do Senhor Jesus Cristo, e não fiquem premeditando como satisfazer os desejos da carne" (Romanos 13:13-14).

Essas palavras falaram diretamente com ele, como se o próprio Deus estivesse falando. A resposta de Agostinho foi a seguinte: "Eu não precisava nem desejava ler mais nada, pois, naquele instante, no final da frase, havia algo

---

[8] Agostinho, *Conf.* 8.7.17.

como uma luz de confiança interna que brilhou no meu coração".[9] Agostinho, aos 31 anos, estava agora completamente comprometido com a fé cristã. Ambrósio o batizou, bem como a seu filho Adeodato – um filho que ele teve com sua concubina (esposa por um casamento da lei comum)[10] – na vigília pascal próxima.

A mãe de Agostinho morreu pouco depois desses acontecimentos e, tragicamente, seu filho Adeodato também faleceu pouco tempo depois. Talvez tenha sido por causa desses eventos que Agostinho desistiu de seus planos de se casar, doando todos os seus bens para os pobres e convertendo sua casa em uma comunidade monástica para si e para um grupo de companheiros cristãos. Das cinzas dessas tragédias nasceu uma nova forma de ver o mundo para Agostinho, e uma vida devotada a Deus e à família mudou para uma vida dedicada ao ministério como celibatário.

Ordenado sacerdote em 391, ele encontrou uma nova comunidade em Hipona (moderna Annaba, na Argélia). Cinco anos mais tarde, tornou-se bispo nessa cidade, onde pelos próximos 35 anos ele se tornou um escritor e um pregador influente, ensinando sobre a fé e a vida cristãs, e muitas vezes fazendo críticas à sua antiga religião, o maniqueísmo. Agostinho viveu em Hipona desde os últimos anos de sua terceira década de vida até a morte, em 430, quase quarenta anos depois. Durante esses anos, ele se envolveu em uma série de tarefas pastorais e escreveu obras filosóficas e teológicas. Na primavera de 430, os vândalos – um povo germânico "bárbaro" que mais tarde saquearia Roma – invadiu a África romana. Em 28 de agosto de 430, enquanto a cidade de Hipona estava sob cerco, Agostinho adoeceu e morreu. Os vândalos queimaram boa parte de Hipona, embora felizmente a biblioteca de Agostinho tenha sobrevivido.

Agostinho viveu durante um período da história no mundo mediterrâneo chamado de Antiguidade Tardia, uma transição da Antiguidade Clássica para a Idade Média – na verdade, ele foi um dos fundadores do mundo medieval.

---

[9] Agostinho, *Conf.* 8.12.30.
[10] Quando Agostinho tinha 19 anos, começou uma relação de longa duração com uma mulher. Não conhecemos o seu nome porque Agostinho nunca o menciona. Ela era de uma classe social mais baixa, e Agostinho nunca se casou oficialmente com ela, talvez por conta de sua posição. Mas ela deu a Agostinho um filho, Adeodato, cujo nome significa "dado por Deus". A mãe de Agostinho eventualmente o persuadia a desistir dessa relação (casamento de lei comum) para se casar com uma jovem de mesma classe social que a dele. Embora tenha inicialmente concordado, ele estava confuso por ter que romper os laços com sua antiga amante, mas acabou desistindo dos planos de se casar e tornou-se um padre celibatário.

Imensamente influente no desenvolvimento do pensamento cristão, ele foi canonizado em 1298 pelo papa Bonifácio VIII.[11]

RESPOSTA APOLOGÉTICA E METODOLOGIA

Fé e razão

Após sua conversão, Agostinho escreveu sobre assuntos filosóficos e teológicos associados às ideias que antes defendia ou contra as quais lutava.[12] Um dos primeiros escritos foi *Contra os acadêmicos*, em que defende a possibilidade de conhecimento contra os sucessores de Platão, defensores de uma forma de ceticismo.[13] Para Agostinho, obter certas verdades eternas era o principal objetivo da filosofia, mas, segundo esses acadêmicos céticos, nada pode ser conhecido e, assim, não devemos emitir um parecer sobre quaisquer afirmações de verdade.[14] De fato, para alguns deles, era a *busca* pelo conhecimento, mais do que o conhecimento em si, que levava à sabedoria e à boa vida. Agostinho discordava e, segundo ele, para ser sábio e feliz era necessário obter conhecimento, e um conhecimento certo.

A estratégia básica do ceticismo do qual Agostinho discordava era primeiramente conseguir que seu adversário concordasse que o conhecimento de uma verdade só seria possível se não pudesse haver engano. Considere a aparência de determinado objeto. Suponha, por exemplo, que a imagem mental interna de um palácio particular inclua a imagem de uma grande coluna ao seu lado. Se é *possível* que um sonho ou uma alucinação cause a imagem da coluna, dizem os céticos, então não é possível saber que a coluna está próxima ao palácio, mesmo que de fato exista uma coluna ao lado do palácio. Com tais exigências causais austeras para o conhecimento, os céticos defendiam que

---

[11] Giovanni Catapano nos dá uma excelente e concisa visão geral do pensamento de Agostinho em seu "Augustine". In: Lloyd P. Gerson, *The Cambridge history of philosophy in Late Antiquity* (Cambridge: Cambridge University Press, 2010), p. 552-81. Avery Dulles oferece um útil resumo, ainda que breve, do papel de Agostinho na história da apologética em seu *A history of apologetics* (Eugene: Wipf & Stock, 1999), p. 59-70. Para um trabalho mais extenso sobre o pensamento e influência de Agostinho, veja a obra clássica de Peter Brown, *Augustine of Hippo* (Los Angeles: University of California Press, 2000) [no Brasil: *Santo Agostinho* (Rio de Janeiro: Record, 2017)].

[12] O que segue é um resumo de sua influência como um apologeta cristão, apesar do escopo de sua obra nessas áreas ir para além da apologética. Ele escreveu muitos volumes e seria uma tarefa impossível incluir aqui tudo o que de relevante ele escreveu para a apologética cristã. A prudência exige que apenas um grupo seleto de tópicos seja incluído.

[13] Agostinho se refere a esse grupo de céticos como os "novos acadêmicos".

[14] Agostinho, *Acad.* 3.10.22.

absolutamente nada pode ser conhecido, pois não podemos ter certeza de que nossas afirmações de verdade não sejam obtidas por meio de um sonho.

Agostinho afirmava que há proposições sobre as quais não se pode ter nenhuma dúvida e, uma vez que há um conhecimento certo, os céticos estavam errados. Ao construir seu argumento, ele deu ênfase a uma série de questões da física que haviam dividido os filósofos por séculos. Uma delas era: há apenas um mundo ou não apenas um? Agostinho reconhecia a dificuldade em responder à pergunta com algum grau de certeza, embora defendesse que ainda existia algo possível de se conhecer sobre a questão: "Mesmo que eu ainda tenha um longo caminho a percorrer até atingir a sabedoria, sei alguma coisa sobre física. Estou certo de que o mundo ou é um ou não é. E se não é um, então há ou um número finito de mundos, ou um número infinito deles".[15]

Assim, mesmo que sejamos incapazes de dar uma resposta direta e correta à questão, sabemos que há dois pontos relacionados a ela que podem ter conhecimento certo na física: (a) ou há somente um mundo ou há mais que um mundo e, (b) se há mais do que um mundo, então ou existe um número finito ou infinito de mundos. Dessa forma, *podemos* ter conhecimento certo sobre física nesse caso e em outros também, particularmente nos casos de disjunção exaustiva. Dado que podemos ter certo conhecimento no campo da física, os céticos estão refutados.

O cético pode responder com ceticismo em relação ao mundo externo, no qual o conhecimento da própria realidade externa é questionado. Em outras palavras, apesar das disjunções que Agostinho apresenta poderem dar uma resposta plausível ao cético sobre se existe um mundo externo, pode ser que esse mundo não exista. Ou talvez as disjunções não sejam aplicáveis ao mundo externo. As afirmações disjuntivas não podem ser conhecidas como verdade se não pode ser conhecido que existe um mundo externo ou se elas se aplicam ao mundo externo. Dessa maneira, o argumento de Agostinho contra o ceticismo pareceria falho.

A resposta dele ao contra-argumento foi de que existem "aparências" do mundo externo que refletem e constituem o mundo. Por exemplo, eu pareço ver nuvens no céu hoje. O cético concederá que (1) eu posso estar enganado sobre o que vejo (essa possibilidade de erro é uma razão central para a dúvida cética) e que (2) o próprio ceticismo exige que existam tais eventos.

---

[15] Agostinho, *Acad.* 3.10.23. Traduzido por Peter King (Indianapolis: Hackett, 1995) [no Brasil: *Contra os acadêmicos* (São Paulo: Vozes, 2014)].

Na verdade, as aparências são *exigidas* para que haja erro (ou estou enganado sobre as nuvens estarem no céu ou não estou). Agostinho apresenta um exemplo útil desse "conhecimento subjetivo", dizendo: "Quando um homem experimenta alguma coisa, ele pode jurar de boa-fé que sabe que aquilo é doce para seu paladar... e nenhum sofisma grego pode privá-lo desse conhecimento".[16] Assim, é possível haver *certeza* no conhecimento sobre tais experiências subjetivas; se algo parece ter sabor doce, isso tem gosto doce para mim, e nós podemos saber que de fato é assim. Então, novamente, podemos ter certo conhecimento em ao menos algumas áreas, ao contrário do que acreditam os céticos, e isso abre possibilidades para verdades metafísicas e de outros tipos.

Agostinho lidou com temas epistemológicos em outras obras além de *Contra os acadêmicos*. Por exemplo, considere essas palavras proto-cartesianas de *A cidade de Deus*:

> Estou certo de que existo, que eu sei que existo e que vivo para ser e conhecer... Diante dessas verdades, os sofismas dos céticos perdem sua força. Se eles dizem: "E se você estiver enganado?" – bem, se eu estiver enganado, eu existo. Pois, se alguém não existe, essa pessoa não pode estar enganada de jeito nenhum. Portanto, se me engano, eu existo... Estou certo de não me enganar ao saber que existo. Nem, como uma consequência, estou enganado em saber que existo. Pois, assim como eu sei que existo, eu também sei que sei.[17]

Como no caso de Descartes, que virá muito mais tarde na história do pensamento ocidental, para Agostinho, o conhecimento começa com o eu. E com a certeza que surge desse tipo interno de conhecimento, é possível saber que o ceticismo está errado. Há certo conhecimento, e, sabendo disso, pode-se plausivelmente começar uma busca por verdades adicionais em outras áreas.

Em sua epistemologia mais desenvolvida, Agostinho usa sua teoria da iluminação divina para estabelecer conhecimento certo, como as Formas de Platão, nas quais as ideias de Deus fornecem o fundamento da certeza humana.

---

[16] Agostinho, *Acad.* 3.11.26. Traduzido por Peter King (Indianapolis: Hackett, 1995). Esse ponto foi notado em John Rist, "Faith and reason". In: Eleonore Stump; Norman Kretzmann, eds., *The Cambridge companion to Augustine* (Cambridge: Cambridge University Press, 2001), p. 28 [no Brasil: *Agostinho* (São Paulo: Ideias & Letras, 2017)].

[17] Agostinho, *City of God*, traduzido por Gerald G. Walsh; Grace Monahan (Washington: Catholic University Press of America, 1952), 11.26, p. 228-9 [no Brasil: *A cidade de Deus* (São Paulo: Vozes, 2013)]. Veja também Sobre a Trindade, ed. Marcus Dodds, traduzido por Arthur West Haddan (Edinburgh: T&T Clark, 1873), 10.10.14, p. 256 [no Brasil: *A Trindade* (São Paulo: Paulus, 1995)].

Ele utiliza a analogia platônica entre a percepção física e a visão mental, sendo a luz divina para a mente dos homens como o sol é para os olhos humanos.[18] É assim que a mente pode conhecer verdades eternas e necessárias.[19] Por exemplo, apesar de os olhos físicos nunca poderem "ver" cada particular do princípio de não contradição ou cada particular de duas coisas sendo adicionadas a outras três, que se tornam cinco, a mente pode saber necessariamente que algo não pode tanto ser quanto não ser e que 2 + 3 = 5. Como assim? A mente é capaz de ver objetos eternos, tais como as leis da lógica e as verdades matemáticas, desde que sejam banhadas na luz divina.[20] O que Agostinho parece dizer é que se deve primeiro olhar para o íntimo e examinar o profundo interior da mente para obter uma impressão das verdades eternas e necessárias. Contudo, ao dirigir-se para o interior, o sujeito deve se voltar para cima, olhando para o Deus das luzes, que brilha sobre o eu, a fim de receber a iluminação dessas verdades, o que é requerido para entendê-las e alcançar a certeza – primeiro internamente e, depois, acima. Esse é um movimento epistêmico que Agostinho toma dos neoplatônicos, embora ele o faça dentro de um âmbito cristão, no qual o Deus da Bíblia é o revelador final de toda verdade.[21]

Outra diferença importante entre a abordagem neoplatônica e a de Agostinho sobre o conhecimento é que, para o bispo de Hipona, a razão requer fé para funcionar corretamente, pois aquela é incompleta sem esta. A mente não é um dispositivo de processamento de dados indiferente quanto à moral, desapaixonada, e a maneira como nosso coração e nossos desejos são orientados afeta a nossa mente; assim, se temos fé ou não, faz diferença para nosso entendimento. Como ele afirma: "A fé procura, o entendimento encontra; por isso, diz o profeta: 'A menos que acredites, não entenderás'".[22]

---

[18] Agostinho, *Solil.* 1.6.12; 8.15.

[19] Agostinho, *Trin.* 14.15.21.

[20] Agostinho. *The Trinity.* Traduzido por Stephen McKenna in *The Fathers of the Church: a new translation*, vol. 45. (Washington: The Catholic University of America Press, 1963), 12.15.24.

[21] Para uma análise cuidadosa da noção de Agostinho de interioridade, veja Phillip Cary, *Inner grace: Augustine in the traditions of Plato and Paul* (New York: Oxford University Press, 2008). Veja também Ronald Nash, *The light of the mind: St. Augustine's theory of knowledge* (Lexington: University Press of Kentucky, 1969) e Peter King, "Augustine on knowledge". In: David Vincent Meconi; Eleonore Stump, *The Cambridge companion to Augustine*, 2. ed. (Cambridge: Cambridge University Press, 2014), p. 142-65.

[22] Agostinho, *On the Trinity*, trad. Arthur Hadden; William Shedd, vol. 8 of *A select library of Nicene and Post-Nicene Fathers of the Christian Church*, ed. Philip Schaff (Grand Rapids: Eerdmans, 1956), 15.2.2.

Ao lermos Agostinho, somos impactados por seu profundo apreço pela graça divina para todas as coisas boas, inclusive a própria fé.[23] De acordo com ele, se a fé é um dom de Deus, a razão aparenta não cumprir nenhum papel quando se passa a acreditar que Deus existe ou na conversão a Cristo. Agostinho diz, afinal: "Acreditamos para conhecer". E continua: "Pois se quiséssemos conhecer primeiro e depois acreditar, não seremos capazes de conhecer nem de acreditar".[24] Ainda para Agostinho, esses pontos são mais complicados do que aparentam ser à primeira vista.

Ao examinar o papel da fé e da razão em Agostinho, dois pontos importantes são dignos de reflexão. Primeiro, ele em geral discutia a relação entre razão e autoridade em lugar de razão e fé.[25] Para Agostinho, a fé depende da autoridade e esta vem fundamentalmente por intermédio das Escrituras e da igreja. Mas, em segundo lugar, a razão é requerida para determinar se essa autoridade é genuína. Como destacado anteriormente, a razão deve ser usada para responder aos desafios céticos ao conhecimento. Mas o coração deve estar diante de Deus antes que a razão possa, de maneira apropriada, ser usada na busca pela verdade, especialmente com relação à verdade acerca de Deus, da condição humana e da salvação. Agostinho dá ênfase ao papel da razão no ato de crer: "Pois quem não pode perceber que pensar vem antes de crer? Pois ninguém acredita em nada a menos que primeiro pense no que deve ser crido?"[26] E mais: "Não obstante, alguns pensamentos precedam rapidamente a vontade de crer... é necessário que tudo o que é crido deva ser pensado após o pensamento seguir esse caminho; embora a crença em si nada seja além do que pensar com assentimento... Todo aquele que crê, pensa – pensa ao acreditar e acredita pensando".[27] Dessa maneira, a razão está envolvida tanto no crer quanto no pensar; nada pode ser conhecido sem acreditar em algo e crer é fundamental para a forma correta de pensar.

A fé é assim necessária na vida de todos, quer se acredite em uma religião ou não, assim como é a razão. Agostinho defende que a razão pode ir longe

---

[23] Agostinho, *Enchir.* 31. Philip Schaff, ed., Nicene and Post-Nicene Fathers, Vol. 3 (Peabody: Hendrickson, 1994), p. 247.

[24] Agostinho, *Tract. Ev. Jo.* 27.9. New Advent: http://www.newadvent.org/fathers/1701027.htm.

[25] Veja Rist, "Faith and reason", 26-8 [no Brasil: *Comentário ao Evangelho e ao Apocalipse de São João*. Tomos I, II e III (São Paulo: Cultor de Livros, 2017)].

[26] Agostinho, *Praed.* 1.5. New Advent. http://www.newadvent.org/fathers/15121.htm [no Brasil: *A graça e a liberdade; A correção e a graça; A predestinação dos santos; O dom da perseverança* (São Paulo: Paulus, 2002)].

[27] Ibid.

sem a fé correta. Os neoplatônicos, por exemplo, eram excelentes filósofos porque focavam não apenas em epistemologia e nas causas gerais das coisas, mas também na causa do universo como tal. Essa abordagem filosófica os levou à crença de que Deus existe e o próprio Agostinho desenvolveu um argumento para a existência divina usando princípios lógicos tomados dos pensadores gregos. Dessa forma, ideias não cristãs podem ser usadas na aquisição de conhecimento, até mesmo no conhecimento de Deus. Não obstante, não se pode obter um entendimento claro sobre Deus sem sua fé e seu amor; de fato, é possível conseguir um claro entendimento de muitas verdades centrais sem o tipo devido de fé.[28]

A existência e natureza de Deus

Para Agostinho, enquanto a fé é um pré-requisito para o conhecimento de Deus (pois a fé ilumina todos os assuntos teológicos e filosóficos), há também evidências para a existência de Deus tanto no mundo natural quanto na reflexão sobre a natureza das verdades eternas da razão. Ele nota, por exemplo, que a estrutura e a beleza da ordem criada falam sobre a existência do Criador:

> Mas por que Deus escolheu, então, criar os céus e a terra que anteriormente não havia criado? Se aqueles que colocam essa questão desejam afirmar que o mundo é eterno e sem início e que, consequentemente, não foi feito por Deus, estão assim estranhamente enganados e deliram na loucura incurável da impiedade. Pois, embora a voz dos profetas estivesse em silêncio, o próprio mundo, por meio de suas mudanças e movimentos bem ordenados, como pelo esplendor de todas as coisas visíveis, carrega um testemunho de si mesmo, não apenas de ter sido criado, mas também de não ter sido criado senão por Deus, cuja grandiosidade e beleza são inefáveis e belos.[29]

Esse parágrafo é basicamente o ponto no qual vemos Agostinho apresentar um argumento do mundo natural para a existência de Deus. Não é uma prova, mas uma reflexão sobre a evidência do mundo natural que aponta para o criador do mundo. É semelhante ao que encontramos no Salmo 19, em que o salmista fala dos céus declarando a glória de Deus (v.1).

A prova de Agostinho para a existência de Deus era de natureza mais platônica, não confiando nos sentidos como fonte de verdade e conhecimento

---

[28] Para mais sobre a visão de Agostinho de fé e razão, veja Nash, *The light of the mind*, capítulo 3.
[29] Agostinho, *Civ.* 11.4. Schaff, ed., Nicene and Post-Nicene Fathers, 207.

certo, e sim no olho da mente, que poderia ver as verdades eternas da razão, tais como aquelas que podem ser encontradas na matemática. É na sua grande obra sobre a teodiceia e o livre-arbítrio que ele desenvolve o que considerou ser essa prova para a existência de Deus. Seu argumento pode ser delineado em três passos:[30]

1. Existem verdades eternas e imutáveis.

    a) A dúvida absoluta é impossível (sabemos que duvidamos).

    b) Sabemos que existimos, que pensamos e que 7 + 3 = 10.

2. Verdades imutáveis não podem ser causadas:

    a) Por coisas sensíveis (pois o imutável e independente não pode ser causado pelo mutável e dependente).

    b) Por mentes finitas (pois é independente de nossa mente, que é dirigida por elas).

3. Portanto, deve existir uma Mente imutável e eterna que causa essas verdades imutáveis.

Embora esse argumento nunca tenha sido aceito na apologética cristã de forma ampla como um sério candidato para um argumento filosófico persuasivo a favor da existência de Deus, a abordagem geral que ele formulou, utilizando verdades eternas e imutáveis, tem sido usada de várias maneiras ao longo da história cristã. Inclusive, a própria noção de um argumento racional para a existência de Deus vem sendo parte essencial da apologética cristã desde então.[31]

Embora Agostinho tenha procurado mostrar a existência de Deus por meio de evidências, ele perdeu muito mais tempo articulando e defendendo a natureza do Deus cristão do que tentando provar que Deus existe. Agostinho recorreu à sua educação em retórica e lógica para articular e defender a doutrina cristã de Deus – um Deus que não é apenas transcendente em certos aspectos, mas também conhecível, descritível e envolvido no mundo e na vida dos cristãos.

---

[30] Agostinho, *Lib.* 2.1-15. *Augustine: On the free Choice of the will, On grace and Free choice, and other writings*, ed. e trad. por Peter King (Cambridge: Cambridge University Press, 2010). Essa delineação em três passos é apresentada em Norman Geisler; Winfried Corduan, *Philosophy of Religion*, 2. ed. (GrandRapids: Baker, 1988), p. 154.

[31] O historiador da filosofia Frederick Copleston fornece uma concisa visão geral da tentativa de Agostinho em demonstrar a existência de Deus em seu *A history of Philosophy*, vol. 2 (New York: Doubleday, 1985), 69-73. Para uma história dos argumentos apologéticos, veja William Edgar; K. Scott Oliphint, eds., *Christian apologetics: past and present*, vols. 1 e 2 (Wheaton: Crossway, 2009).

Um aspecto significativo da doutrina de Deus no qual Agostinho gasta muito tempo é a Trindade. Ele passa quase trinta anos elaborando o livro de diversos volumes sobre o assunto, intitulado *Sobre a Trindade*.[32] Nessa importante obra teológica, ele afirma o trinitarismo niceno de seus antecessores, embora produza a partir dele uma versão distintamente ocidental da doutrina.[33]

Agostinho escreveu sobre a Trindade depois que a igreja já havia oficialmente estabelecido a doutrina trinitária, embora ainda existissem desafios a ela, particularmente de dois campos: dos que diziam que o trinitarismo niceno era uma forma de triteísmo e dos que negavam a divindade de Jesus Cristo. Os últimos, que defendiam o arianismo, argumentavam que, uma vez gerado o Filho (quase todos concordavam com essa afirmação), ele havia sido feito; em outras palavras, o Filho foi criado. Houve um tempo, dizia Ário, que ele (o Filho) não existia. Visto que houve um tempo no qual ele não existia, ele não poderia ser o eterno Deus Criador. Agostinho tentou dissipar essas posições falsas e heréticas de Ário e de outros sobre a Trindade e mostrar que, apesar de cada membro da Trindade ter a mesma natureza divina, há somente um Deus.

De seus escritos, podemos extrair um claro conjunto de declarações sobre a Trindade:[34]

O Pai é Deus.
O Filho é Deus.
O Espírito Santo é Deus.
O Pai não é o Filho.
O Filho não é o Espírito Santo.

---

[32] Acadêmicos agostinianos acreditam amplamente que ele começou a trabalhar nesse livro no ano de 400 e continuou a refiná-lo até 428.

[33] O trinitarianismo niceno foi produzido no Concílio de Niceia, o primeiro dos sete concílios ecumênicos que representou uma tentativa por parte dos líderes da igreja do quarto século de todo o Império Romano de conseguir um consenso sobre o núcleo das crenças cristãs sobre Deus, Cristo e outros temas, e desenvolver uma cristandade unida por todo o império. Os sete concílios ecumênicos são: Niceia (325), Constantinopla (381), Éfeso (431), Calcedônia (451), Constantinopla II (553), Constantinopla III (680) e Niceia II (787). Agostinho era um jovem durante o Concílio de Constantinopla e morreu um ano antes do Concílio de Éfeso. Ele foi especialmente convidado pelo imperador para o último, embora tenha falecido antes de o concílio começar oficialmente. Apesar disso, sua obra influenciou as conclusões do concílio, como a condenação oficial do pelagianismo, contra o qual Agostinho lutou por muito tempo.

[34] Philip Cary extrai essas sete declarações dos escritos de Agostinho em seu "The logic of trinitarian doctrine", http://templetonhonorscollege.com/publications/logic-trinitarian-doctrine. Para as declarações reais de Agostinho, veja: *Doctr. chr.* 1:5. New Advent: http://www.newadvent.org/fathers/12021.htm e *Trin.*, Livro 1:4 [no Brasil: *A doutrina cristã* (São Paulo: Paulus, 2002)].

O Espírito Santo não é o Pai.
Há somente um Deus.

As três primeiras proposições estabelecem Deus como revelado nas Escrituras; as três seguintes distinguem as pessoas umas das outras; e a última proposição é uma clara afirmação do monoteísmo.

Uma questão que surgiu na mente de muitos cristãos da época foi: se não há três deuses, então há três o quê?[35] A resposta de Agostinho afirma haver três *personae*, um termo latino que significa "ser racional individual", (ou, em grego, três *hypostases*, ou "ser individual").[36] Agostinho conclui que as distinções entre Pai, Filho e Espírito Santo não são um conjunto de essências exclusivas, pois eles têm a mesma essência divina. Eles não são de três naturezas diferentes nem são três pessoas diferentes no sentido contemporâneo de "pessoa", no qual uma pessoa é composta por mente, vontade, consciência, e assim por diante, pois o Pai, Filho e Espírito Santo têm a mesma vontade. Em vez disso, o que distingue Pai, Filho e Espírito Santo são suas relações um para com o outro: o Pai *gera* o Filho, o Filho *é gerado* pelo Pai e o Espírito Santo *procede* do Pai e do Filho. Nós podemos assim descrever a ideia central da Trindade na seguinte sentença: dentro da natureza do Deus único estão três pessoas (*personae*) eternas, distintas e coiguais: Pai, Filho e Espírito Santo.

Agostinho tinha total consciência de que é difícil conceber essa doutrina trinitária e que as teofanias bíblicas não são muito úteis para imaginar tal concepção. O que Agostinho propôs, numa contribuição singular, é que a alma humana fornece *insights* a respeito da natureza trinitária de Deus. Utilizando a noção de *imago dei*, de que os seres humanos são feitos à imagem de Deus, juntamente com suas inclinações neoplatônicas, Agostinho sugere novamente que nos dirijamos ao interior, e então para cima. À medida que fazemos isso, reconhecemos em nós uma alma tripartite e, então, lembramos, entendemos e agimos como agentes morais e espirituais. Além disso, "Uma vez que esses três – memória, entendimento, vontade – não são três vidas, mas uma; não três mentes, mas uma; disso certamente segue que nem são eles

---

[35] Phillip Cary examina essa questão em seu artigo, "Historical perspectives on trinitarian doctrine". In: Religion and theological studies fellowship bulletin, Nov/Dez. 1995. http://templetonhonorscollege.com/publications/historical-perspectives-trinitarian-doctrine.

[36] É importante notar que o termo *person* em inglês não é equivalente ao termo grego *hypostases* ou ao termo latino *personae*. Para maiores detalhes a respeito, veja Chad Meister, "Rethinking the Trinity: on being orthodox and au courant", *Philosophia Christi* 18.2 (2016): p. 271-80.

de três substâncias, mas uma".[37] Como seres humanos, somos três em um de forma semelhante à Trindade divina; ainda que uma imagem inferior dessa imagem divina.[38]

A vida cristã

Podemos dizer que as mais importantes obras de Agostinho como apologeta cristão e como pensador cristão em geral sejam seus dois livros mais influentes, *Confissões* e *A cidade de Deus*.[39] Em suas *Confissões*, embora certamente uma obra de confissão, ou talvez mais precisamente uma *profissão*, Agostinho procura persuadir os leitores acerca da beleza de Deus, da benignidade de seguir a Deus e o caminho cristão e da loucura de seguir alguém ou alguma outra coisa. As *Confissões* não foram amplamente lidas somente enquanto Agostinho ainda vivia, mas também examinadas e até mesmo imitadas durante a Idade Média, a Renascença e os períodos da Reforma. Elas influenciaram luminares tais como Anselmo, Tomás de Aquino, Dante, Martinho Lutero e João Calvino.

Embora sejam de natureza autobiográfica, as *Confissões* são muito mais do que uma história sobre a vida de Agostinho, pois cobrem temas como o pecado, a amizade, fé e razão, o neoplatonismo, a natureza da verdade, do tempo e da eternidade, a memória, a hermenêutica bíblica, o papel do aprendizado pagão na vida cristã e muito mais. O livro fala para a condição humana não apenas nos dias de Agostinho, mas em qualquer época. É a história de uma alma jovial que se afasta de Deus e da verdade, mas que reflete todas as almas que se afastam. Ela conta a jornada da alma de volta para casa, para Deus e a eterna felicidade, não apenas a alma de Agostinho, mas todas as almas que podem seguir essa jornada. Ler sobre sua conversa inspira à conversão. É evangelístico e apologético.

Em *A cidade de Deus* temos, como nas *Confissões*, um dos livros mais importantes da civilização ocidental, pois, nessa obra, Agostinho responde às principais objeções contra a fé cristã, mas também oferece uma visão nova e exclusiva sobre a história e as responsabilidades dos seres humanos que vivem

---

[37] Agostinho, *Trin.* 10.11.18. Schaff, ed., *Nicene and Post-Nicene Fathers*, p. 142.
[38] Para mais informações sobre a visão de Agostinho sobre a Trindade, veja Lewis Ayers, *Augustine and the Trinity* (Cambridge: Cambridge University Press, 2010).
[39] William Edgar e K. Scott Oliphint foram sábios ao incluir porções das *Confissões* e de *A cidade de Deus* no livro que escreveram, *Christian apologetics: past and present*, Vol. 1, ch. 10.

nesse mundo do qual Deus é Criador e Rei.[40] O livro é uma resposta às acusações pagãs romanas de que o saque de Roma e a degeneração do Império Romano ocorreram por culpa dos cristãos. Agostinho argumenta de forma exaustiva o motivo de isso ser falso e continua explicando como os cristãos devem entender o que a vida seria nesse mundo. Ao fazer isso, ele expõe a natureza da sociedade humana que caiu em pecado e ruína (a "Cidade Terrena") e aquela que tem sido restaurada ao seu devido lugar diante de Deus (a "Cidade de Deus"). Ele continua ao afirmar que o papel da igreja é ser instrumento de Deus na terra para a propagação do bem, da verdade e da beleza o que de fato ela tem feito. Nesse livro, Agostinho apresenta verdades e práticas cristãs não apenas por meio dos argumentos que ele fornece, mas por meio do estilo pedagógico de sua abordagem.

Além desses dois escritos clássicos, Agostinho escreveu muitos outros livros que são grandes obras de apologética sobre vida cristã, ensino e prática, os quais incluem os escritos contra o que ele chamou de sistemas religiosos falsos, como o maniqueísmo, ou sistemas heréticos, como o donatismo e o pelagianismo.[41] Dessa forma, ele foi um apologeta ao articular o que deve ser crido sobre a fé e a vida de um cristão, e também ao responder àqueles falsos ensinos que eram disfarçados como afirmações verdadeiras sobre Deus e a salvação.

O problema do mal

Outro importante e duradouro esforço de Agostinho é sua obra sobre o problema do mal. O problema como geralmente discutido na literatura contemporânea sobre esse assunto pode ser entendido na seguinte questão: como pode fazer sentido afirmar que Deus – caso ele exista – é onipotente, onisciente e onibenevolente, uma vez que o mal, a dor e todas as formas de sofrimento existem em um mundo que esse Deus supostamente criou? Essa questão é muitas vezes elaborada em um argumento contra a existência de Deus, mas esse não

---

[40] Para uma excelente apresentação e exposição de *A cidade de Deus*, veja Charles Mathewes, *Books that matter: The city of God*, Teaching company course (Chantilly, VA: The Great Courses, 2016). O livro de Mathewes, *The republic of grace: Augustinian thoughts for dark times* (Grand Rapids: Eerdmans, 2010), também vale a pena ser lido, uma vez que ele considera as virtudes centrais do pensamento agostiniano e mostra sua relevância para os dias de hoje.

[41] Seus escritos contra os maniqueus e os donatistas podem ser encontrados em: http://www.documentacatholicaomnia.eu/03d/1819–1893,_Schaff._Philip,_2_Vol_04_The_Anti-Manichaean_And_Anti-Donatist_Writings,_EN.pdf. Seus escritos antipelagianos podem ser acessados aqui: https://www.ccel.org/ccel/schaff/npnf105.html

era exatamente o problema que Agostinho tinha em mente.⁴² A palavra que ele usa para "mal" é o termo latino *malum*, que significa tanto "mau" quanto "mal". Isso inclui qualquer coisa com defeito, deformada ou de algum modo imperfeita, ou algo que se torne defeituoso ou imperfeito. O termo de Agostinho para algo que se torna defeituoso ou mau é "corrupção" (*corruptio* em latim). Considere uma pera apodrecida, um carro enferrujado ou uma alma perversa. Em cada um desses casos, algo bom (pêra, carro, alma) se torna corrompido, e cada um se corrompe de uma forma específica, de acordo com sua natureza.

Para Agostinho, Deus criou tudo no universo, e criou tudo bom. Assim, o problema do mal para ele é basicamente este: como pode algo no universo se tornar mau (no sentido de mal, corrompido) se tudo foi criado bom? Essa era uma questão irritante para Agostinho. Anteriormente, quando maniqueu, ele acreditava que o problema de como tanto bem e mal podem coexistir no mundo era resolvido por meio da teologia maniqueia: a existência do bem e do mal é compreendida como aspectos fundamentais e eternos da realidade. Mas essa "solução" no fim das contas não o estava satisfazendo, pois parecia elevar o mal ao mesmo nível e ao mesmo poder do divino. Agostinho passou a ver o mal sob uma luz muito diferente, e suas conclusões sobre a realidade do mal derivam da tradição neoplatônica (em particular, Plotino), embora ele rejeitasse a visão neoplatônica de que a realidade material seja má.⁴³ Eu sua visão, Deus criou o mundo material, e o fez bom. Então, para Agostinho, o que é o mal e como ele pode ser explicado?

Para entender as respostas de Agostinho a essas questões, precisamos saber algo a respeito de sua ontologia. Em sua abordagem sobre o que é discutido, por exemplo, no livro sete das *Confissões*, embora Deus tenha criado tudo bom, ele também criou tudo corruptível. Ser corruptível não é ser corrupto. Algo corrupto é mau; mas ser corruptível é ser *potencialmente* mau. E por que Deus fez assim? Porque isso é o que uma coisa criada é por natureza. Deus, diferente mente das coisas criadas, é imutável. Com exceção de Deus, nenhuma outra coisa é imutável, uma vez que ser imutável é ser corruptível, pensa Agostinho, pois se algo pode mudar, pode ser para pior, e ser capaz de

---

⁴² Para maiores informações sobre Agostinho e o mal com respeito a esse ponto, veja Phillip Cary, "A Classic View", in: Chad Meister; James K. Dew Jr., *God and the problem of evil: five views* (Downers Grove: InterVarsity Press, 2017), p. 13-36.

⁴³ Para mais informações a respeito, veja Erik M. Hanson, "Augustine". In: Andrew Pinsent, eds., Chad Meister; Charles Taliaferro, *The history of evil in the Medieval Age*, vol. 2 (London: Routledge, 2018), p.10-22.

mudar para o pior é a capacidade de ser corrompido. Dessa forma, todas as coisas criadas são mutáveis, logo, corruptíveis.

Assim, Deus, sendo perfeitamente bom, criou o mundo, e este é composto de todas as coisas boas. "Quaisquer coisas que existam são boas", diz Agostinho,[44] mas, sendo corruptíveis por natureza, todas as coisas eventualmente se tornaram corrompidas. O que causou essa corrupção, o mal, para o mundo? Agostinho, que continua a utilizar aspectos dos princípios filosóficos platônicos e neoplatônicos como um velho bispo cristão, defendeu que o mal (corrupção) não é afinal uma *coisa*; não é uma substância em ou de si mesma. O mal não é uma forma de ser, mas a falta de ser que o que certa coisa deveria ser. Considere novamente um carro muito enferrujado. Esse veículo não é o que deveria ser; há buracos onde deveria haver metal. O carro em si é uma coisa boa, mas a falta de metal nos buracos é ruim. O próprio mal, então, não é uma coisa ou substância, mas, em vez disso, é a ausência de uma coisa ou substância. O mal, para usar uma terminologia medieval, é uma privação. É o que ocorre quando algo bom é privado de (desprovido de) alguma qualidade boa que deveria ter, mas não possui. O mal, assim, não é alguma *coisa* que Deus criou, mas ainda é *real*; é uma falta real. Um buraco em uma meia não possui ser, mas ainda é um buraco real. No entanto, a questão ainda permanece: o que causou o mal?

Para Agostinho, a origem do mal se encontra na vontade. Como um dos grandes pensadores do livre-arbítrio na Antiguidade Tardia, ele gasta muito tempo para refletir e escrever sobre a natureza da vontade. Ele sustentava que a vontade humana, sendo criada, é em si mesma corruptível e, por meio de sua própria capacidade, tornou-se corrompida. Deus deu aos seres humanos o poder de escolher o bem e essa capacidade para escolher é a responsável pelo início do mal no mundo. Agostinho também defende que o livre-arbítrio foi dado aos anjos, e alguns deles o usaram contra Deus e o bem.

Agostinho utiliza essa noção de vontade para desenvolver uma teodiceia completa – uma explicação de como o mal poderia existir em um mundo bom que Deus criou. Essa teodiceia do livre-arbítrio pode ser delineada de forma concisa por meio das seis afirmações a seguir:

1. Deus criou o universo, e tudo nele era bom.
2. Embora Deus esteja no controle do universo e nada aconteça sem que sua vontade permita, a uma parte da criação de Deus – a saber, às *pessoas* – foi

---

[44] Agostinho, *Conf.* 7.12.18. Trad. Chadwick, *Saint Augustine–Confessions*, p. 124-5.

dado o dom da liberdade da vontade (ter liberdade da vontade no universo é melhor do que não ter, uma vez que um universo moral a exige, e um universo moral é melhor do que um universo não moral ou amoral).

3. Algumas dessas pessoas criadas – primeiro os anjos e depois os seres humanos – escolheram livremente se afastar da bondade de Deus; ou seja, eles "pecaram" e caíram de seu estado de perfeição (isto é, a "Queda" da humanidade).
4. Essa mudança da vontade, ou pecado, causou o mal (corrupção) no universo.
5. O mal, apesar de ter sido causado por pessoas criadas, não é uma coisa ou uma entidade; é uma depravação metafísica, ou corrupção, ou ainda falta ou privação de bem (uma *privatio boni* – "privação de bem" para usar o termo latino medieval).
6. A vontade divina finalmente corrigirá o mal quando Deus julgar o mundo, trazendo para seu reino eterno as pessoas que foram salvas por meio de Cristo e enviando para o inferno eterno aquelas pessoas que são perversas e desobedientes.

Para Agostinho, há ainda outra forma de entender a presença do mal, a saber, que muitas vezes consideramos mal o que na verdade é uma maneira instrumental de realizar o bem. Considere o exemplo de ir ao dentista e ter uma cárie removida. Isso pode ser doloroso e um evento que produz ansiedade, contudo, o resultado traz algo de bom: um dente saudável. De forma semelhante, Agostinho defendia que as adversidades que enfrentamos podem nos fazer refletir sobre o que é realmente importante e também sobre a vida após a morte, e isso pode produzir uma alma saudável.[45]

Há muita coisa na obra de Agostinho sobre o mal que permanece relevante para os dias de hoje, para além do mero interesse em teologia e filosofia histórica, e muitos pensadores cristãos contemporâneos continuam a usar aspectos do pensamento de Agostinho e a teodiceia em suas respostas para o problema do mal.[46]

---

[45] Veja *Civ.* 1.8, 22.22.

[46] Veja, por exemplo, Phillip Cary, "The classical view", e John Hick, *Evil and the God of love* (Basingstoke: Palgrave Macmillan, 2010).

CONTRIBUIÇÕES PARA A APOLOGÉTICA

Agostinho marca a passagem do mundo antigo para o medieval. A incorporação que ele fez do pensamento clássico na mentalidade cristã criou um poderoso sistema teológico-filosófico de influência permanente, que abrange as três grandes correntes do cristianismo: como "santo" na Igreja Ortodoxa Oriental; tanto "santo" como "doutor da igreja" no Catolicismo Romano; e como alguém "muito reverenciado" pelos grandes reformadores e influentes protestantes, como Martinho Lutero, João Calvino e John Wesley. O impacto de Agostinho no pensamento ocidental não pode ser subestimado, e sua defesa das ideias e das doutrinas cristãs tem sido fundamental.

Seu engajamento com a dúvida, a fé e a razão forneceram uma base bíblica e filosófica para refutar o ceticismo e embasar a certeza no conhecimento. Ao fazê-lo, deu à fé um lugar de honra, ainda que também permitisse à razão um papel na aquisição, no desenvolvimento e na confirmação dessa fé. Em outras palavras, ele forneceu um fundamento para o aval da crença.

Seus argumentos para a existência de Deus, em particular sua prova das verdades eternas da razão, mostraram uma abordagem racional para o tópico que muitos apologetas desde então repetiram. E sua obra sobre a doutrina de Deus, em especial seu livro sobre a Trindade, tem sido usada ao longo dos séculos para articular e defender a visão ortodoxa da divindade.

As obras de Agostinho sobre a vida e a fé cristãs, com destaque para seus dois livros mais célebres, *Confissões* e *A cidade de Deus*, são persuasivos tanto na argumentação quanto no estilo de escrita, que permanecem como exemplo da literatura e do pensamento cristãos. Nessas obras, o bispo de Hipona contrasta a vida cristã com a de um não cristão, e expressa de forma bela a benevolência e profundidade da primeira. E seu vasto *corpus* contra heresias e sistemas religiosos falsos provaria ser uma defesa efetiva contra essas ideias por toda a história da igreja.

Por fim, seus escritos sobre o problema do mal ainda são amplamente estudados, e filósofos, teólogos e apologetas cristãos ainda utilizam os elementos centrais de seus pontos e argumentos, tais como a teodiceia do livre-arbítrio, o mal como privação e o papel do mal na formação da alma.

Há muito que ainda poderia ser incluído aqui a respeito da influente obra apologética de Agostinho. Por exemplo, seus *insights* sobre o eu e a identidade pessoal, o dualismo alma-corpo, os milagres, a hermenêutica bíblica, o pecado original e a condição humana, a teoria da guerra justa, para dizer alguns, são tópicos admiráveis sobre os quais Agostinho tinha algo bastante importante para contribuir e que teve enorme influência sobre o pensamento e a cultura ocidental na articulação e na defesa da fé cristã. Fé e razão, Deus, a vida cristã e o problema do mal são quatro dos temas apologéticos mais significativos, tanto historicamente quanto hoje, e a obra de Agostinho sobre eles continua a inspirar.

Há quinze séculos, Agostinho era uma potência inegável. Apesar de seus argumentos muito bem elaborados, a beleza de sua prosa latina e seu imaginário poético, o bispo de Hipona formou e reformou muito do pensamento e cultura cristãos. Hoje em dia, suas obras e ideias permanecem como um modelo do engajamento cristão nessas áreas, e eles ainda continuam influenciando outra geração de leitores e pensadores. Seu legado como pensador e apologeta cristão é de tal ordem que poucos filósofos ou teólogos alcançaram na história mundial; ele está em uma categoria própria. Agostinho foi de fato um filósofo, um teólogo e um apologeta cristão no melhor sentido desses termos.

BIBLIOGRAFIA

Obras de Agostinho

Against the Academicians: Augustine: Against the Academicians / The Teacher. Trad. por Peter King (Indianapolis/Cambridge: Hackett, 1995).

City of God, v. 2 de *Nicene and Post-Nicene Fathers*. Trad. por Gerald G. Walsh; Grace Monahan (Washington: Catholic University Press of America, 1952).

Confessions. Trad. Henry Chadwick (Oxford: Oxford University Press, 1998).

Enchiridion. Vol. 3 de *Nicene and Post-Nicene Fathers*. Ed. por Philip Schaff (Peabody: Hendrickson, 1994).

On Christian doctrine: New Advent: http://www.newadvent.org/fathers/12021.htm; Philip Schaff, ed., Nicene and Post-Nicene Fathers, Vol. 2 (Peabody: Hendrickson, 1994).

On order: St. Augustine: On order (De ordine). Trad. por Silvano Borruso (South Bend: St. Augustine's Press, 2007).

On the free choice of the will: Augustine: On the free choice of the will, On grace and Free choice, and other writings. Ed. e trad. por Peter King (Cambridge: Cambridge University Press, 2010).

On the gospel of John: New Advent: http://www.newadvent.org/fathers/1701027.htm.

On the predestination of the saints: New Advent: http://www.newadvent.org/fathers/15121.htm.

On the Trinity: Marcus Dodds, ed., *On the Trinity*. Trad. por Arthur West Haddan (Edinburgh: T&T Clark, 1873); *On the Trinity*. Trad. por Arthur West Hadden; William Shedd. Vol. 8 de *A select library of Nicene and Post-Nicene Fathers of the Christian Church*. Ed. por Philip Schaff (Grand Rapids: Eerdmans, 1956).

Soliloquies: qualquer tradução.

Muitas das obras de Agostinho podem ser encontradas online em inglês nos sites *Christian classics ethereal library*: https://www.ccel.org/node/70; e *New Advent*: http://www.newadvent.org/cathen/02089a.htm.

Fontes secundárias

DUTTON, Blake D. *Augustine and academic skepticism: a philosophical study* (Ithaca: Cornell University Press, 2016).

EDGAR, William; K. Scott Oliphint, eds., *Christian apologetics: past and present*, v. 1 (Wheaton: Crossway, 2009).

GEISLER, Norman; Winfried Corduan, *Philosophy of religion*, segunda edição (Grand Rapids: Baker, 1988).

HANSON, Erik M. "Augustine", p. 10-22; In: *The history of evil in the Medieval Age*, v. 2. Ed. por Andrew Pinsent; Chad Meister; Charles Taliaferro (Londres: Routledge, 2018).

HICK, John. *Evil and the God of love* (Basingstoke: Palgrave Macmillan, 2010).

KING, Peter. "Augustine on knowledge", p. 142-65. In: *The Cambridge companion to Augustine*. segunda edição. Ed. por David Vincent Meconi; Eleonore Stump (Cambridge: Cambridge University Press, 2014).

LAWHEAD, William. *The voyage of discovery: a history of Western philosophy* (New York: Wadsworth, 1996).

MATHEWES, Charles. *The republic of grace: Augustinian thoughts for dark times* (Grand Rapids: Eerdmans, 2010).

MECONI, David Vincent; Eleonore Stump, eds. *The Cambridge companion to Augustine*. 2. ed (Cambridge: Cambridge University Press, 2014).

MEISTER, Chad. "Rethinking the Trinity: on being orthodox and au courant". *Philosophia Christi*, v. 18.2 (2016), p. 271-80.

MONTGOMERY, John Warwick. "A short history of apologetics", p. 21-8. In: *Christian apologetics: an anthology of primary sources*. Ed. by Khaldoun Sweis and Chad V. Meister (Grand Rapids: Zondervan, 2012).

NASH, Ronald. *The light of the mind: St. Augustine's theory of knowledge* (Lexington: University Press of Kentucky, 1969).

O'CONNELL, Robert. *Imagination and metaphysics in St. Augustine* (Milwaukee: Marquette University Press, 1986).

PLANTINGA, Alvin. "Reason and belief in God", p. 16-93. In: *Faith and rationality: reason and belief in God*. Ed. por Alvin Plantinga; Nicholas Wolterstorff (Notre Dame: University of Notre Dame Press, 1983).

RIST, John. *Augustine: ancient thought baptized* (Cambridge: Cambridge University Press, 1994).

____. "Faith and reason", p. 26-39. In: *The Cambridge companion to Augustine*. Ed. por Eleonore Stump; Norman Kretzmann (Cambridge: Cambridge University Press, 2001).

ROSE, Seraphim. *The place of blessed Augustine in the Orthodox Church*. 3. ed. (Platina: St. Herman Press, 2007).

SWEIS, Khaldoun; Chad V. Meister, eds. *Christian apologetics: an anthology of primary sources* (Grand Rapids: Zondervan, 2012).

SEGUNDA PARTE

APOLOGETAS MEDIEVAIS

O colapso do Império Romano no ocidente mediterrâneo levou a mudanças significativas na situação do cristianismo ocidental, que não podia mais permanecer sob a proteção do Estado romano. Contudo, no mediterrâneo oriental, a situação era bastante diferente. Constantino havia estabelecido a cidade de Constantinopla como a capital do império oriental, que permanecia intacto e promissor após o colapso do império no ocidente e sobreviveria cerca de mais mil anos. Durante esse período, a teologia cristã na Grécia e na Ásia Menor (a Turquia dos dias atuais) desenvolveu sua própria agenda, muitas vezes conhecida como teologia "bizantina". É possível que o apologeta mais importante dessa era tenha sido **Gregório Palamas**, cujos argumentos para a percepção direta de Deus – em vez de uma confiança indevida no argumento racional – continuam a ser importantes em algumas escolas de apologética e espiritualidade.

A queda do Império Romano no ocidente foi seguida pelo surgimento do islã na península árabe. Durante o período logo após a morte de Maomé, o islã se expandiu rapidamente por meio de conquista militar. Em 640, o califado se estendia até a Mesopotâmia, Síria e Palestina; por volta de 642, até o Egito; e, em 643, alcançou o Império Persa. Muitas dessas regiões foram antigas fortalezas do cristianismo – como as cidades de Damasco, Alexandria e Antioquia. A expansão islâmica continuou até que a cidade de Constantinopla fosse conquistada em 1453.

Os apologetas cristãos agora se viam confrontados com um novo adversário cultural e intelectual. A ênfase islâmica sobre a absoluta "unicidade" (em árabe, *tawhid*) de Deus levou os apologetas islâmicos a questionarem tanto a doutrina cristã da Trindade quanto a divindade de Cristo. **João Damasceno** foi o primeiro teólogo cristão importante a tentar estabelecer pontes intelectuais com o islã e demonstrar a credibilidade racional do evangelho. Como um alto funcionário na corte do califa de Damasco durante o século VIII, João foi capaz de garantir que ele representasse corretamente o islã enquanto, ao mesmo tempo, apresentava significativas defesas da divindade de Cristo que pesariam para uma audiência islâmica. Por volta dessa mesma época, **Timóteo de Bagdá** produziu sua *Apologia* – uma defesa do cristianismo em resposta às questões levantadas por Mahdi, o califa de Bagdá daqueles dias. Esse documento serviu como um manual de treinamento para a igreja do século IX sobre como responder às preocupações islâmicas sobre o evangelho.

No século IX, o árabe estava firmemente estabelecido como o idioma público de muitas partes do mundo islâmico, incluindo a Síria. Os apologetas cristãos perceberam a necessidade de obras apologéticas em árabe para envolverem os escritores islâmicos em um diálogo construtivo e demonstrar a racionalidade da fé cristã. O mais bem-sucedido desses escritores foi o bispo do norte da Síria **Teodoro Abucara**. Em seus escritos, Teodoro apresentou defesas importantes das crenças cristãs, particularmente sobre a encarnação, uma ideia que o islã condena como blasfema. Teodoro afirmou que era necessário para Deus assumir uma existência humana e experimentar sofrimento no intuito de libertar os seres humanos de seus pecados.

O cristianismo na Europa ocidental sobreviveu ao colapso do Império Romano do Ocidente e cumpriu o importante papel de reestabelecer centros de educação durante o período carolíngio. No século XI, certo grau de estabilidade política havia sido restaurado na Europa ocidental, levando à formação de universidades e a uma cultura urbana cada vez mais sofisticada. Mosteiros desempenharam uma importante função ao atender as necessidades intelectuais da igreja. O mosteiro beneditino de Bec, na Normandia, foi particularmente importante nesse sentido. **Anselmo de Cantuária** – um arcebispo de Canterbury no século XI que havia sido um monge originário de Bec – liderou uma renovação intelectual da teologia cristã, mostrando que crenças centrais, como a encarnação e a expiação, podem ser afirmadas e defendidas racionalmente. Para ele, o caráter racional inerente às doutrinas cristãs significava que elas poderiam ser defendidas publicamente.

A Universidade de Paris surgiu como um dos mais significativos centros de educação na Europa ocidental, atraindo um grande número de acadêmicos cristãos, judeus e islâmicos. **Tomás de Aquino**, um dos mais importantes teólogos do século XIII, foi a principal presença em Paris e reconhecia a importância de oferecer uma defesa racional do cristianismo para os leitores judeus e islâmicos. Como Anselmo antes dele, Tomás sustentava que as crenças cristãs eram fundamentalmente racionais, mesmo que elas transcendessem os limites da razão e eram, portanto, capazes de formar um sistema defensivo coerente e racional. Sua *Summa contra gentiles* é claramente apologética tanto em sua abordagem quanto em seu tom geral. Enquanto a obra de Tomás mais conhecida, a *Summa Theologiae*, é um detalhado compêndio de teologia cristã, claramente escrito com as necessidades e preocupações dos cristãos em mente, a *Summa contra gentiles* antecipa questões que pudessem ser colocadas por judeus, muçulmanos ou leitores seculares e continua sendo uma importante fonte para apologetas modernos, não menos por causa de sua cuidadosa defesa e articulação das principais crenças cristãs.

Contudo, nem Anselmo nem Tomás parecem ter tido encontros culturais e intelectuais significativos com representantes de tradições religiosas alternativas, como o judaísmo ou o islã. Como muitos escritores medievais, o conhecimento deles a respeito das crenças religiosas rivais era geralmente indireto. O escritor do século XIV, **Raimundo Lúlio**, é de particular importância por ter tido contato pessoal direto com visões religiosas alternativas, particularmente o islã. Isso se reflete em seus escritos apologéticos como *O livro dos gentios e os três homens sábios*, que adota uma defesa racional geral do cristianismo, ao mesmo tempo que se mantém atento às crenças de públicos específicos – por exemplo, os islâmicos.

Apesar de o surgimento da "cristandade" como uma região cristã estabelecida na Europa tenha diminuído o papel da apologética, é claro que alguns importantes escritores do período medieval reconheceram a necessidade de uma apresentação efetiva e persuasiva das ideias cristãs para além dos limites culturais e religiosos – uma tarefa que permanece importante nos dias de hoje.

João Damasceno
PREPARANDO OS CRISTÃOS PARA A ERA VINDOURA DO ISLÃ

Daniel J. Janosik

João Damasceno (675-749) desempenhou um importante papel na apologética para os muçulmanos por causa de sua posição singular como cristão na corte do califa Abd al-Malik. Seu testemunho como observador envolvido não somente nos dá a visão interna do desenvolvimento da teologia islâmica, como também apresenta uma compreensão interna do debate entre cristãos e islâmicos que aconteceu nos primeiros cem anos do islã.[1] Reflexões de sua vida e de seus escritos mostram as perspectivas dos antigos cristãos sobre Maomé, o Alcorão e o islã. Como um dos principais primeiros teólogos a confrontar a "heresia dos ismaelitas", João acreditou que era o seu dever proteger os cristãos daquilo que ele via como crenças falsas.[2] Sua abordagem apologética, enquanto extensão de sua teologia, foi primeiramente para instruir os cristãos nas crenças ortodoxas e, em segundo lugar, fornecer uma modelo para defender suas crenças e refutar a falsa doutrina dos outros.

CONTEXTO HISTÓRICO

O ano em que João nasceu é importante por estar vinculado a quem ele pode ter conhecido e o que ele pode ter testemunhado. Muitos acadêmicos situam seu ano de nascimento entre 674 ou 675,[3] e a data tradicional de sua morte é

---

[1] Veja Daniel J. Janosik, *John of Damascus: first apologist to the Muslims, the Trinity and Christian apologetics in the Early Islamic period* (Eugene: Pickwick, 2016), p. 201-2.

[2] Andrew Louth, *St. John Damascene: tradition and originality in Byzantine theology* (Oxford: Oxford University Press, 2002), p. 77. Sidney Griffith indica que Anastasios, nos anos 690, como fez João posteriormente, também considerava o islamismo como uma heresia cristã: Sidney Griffith, *The church in the shadow of the mosque* (Princeton: Princeton University Press, 2008), p. 31-2.

[3] Daniel Sahas, "John of Damascus on Islam. Revisited". *Abr-Nahvain* 23 (1984), p. 106. Robert Hoyland, *Seeing Islam as others saw It: a survey and evaluation of Christian, Jewish, and Zoroastrian writings on Early Islam* (Princeton: Darwin, 1997), p. 482.

4 de dezembro de 749.⁴ Dessa forma, a vida de João abrangeu um período de 75 anos, que incluiu os seguintes califas da dinastia omíada: Mu'awiyah I (661-680), Yazid I (680-683), Mu'awiyah II (683), Marwan I (684), 'Abd al-Malik (685-705), al-Walid I (705-715) e, possivelmente, até Sulayman ibn Abd al--Malik (715-717) e Umar II (717-720).⁵

O avô de João Damasceno, Mansur ibn Sarjun, era o governador financeiro de Damasco quando os árabes cercaram a cidade em 635.⁶ Após seis meses, ele aparentemente se rendeu ao líder árabe, Khalid b. al-Walid, entregando a cidade após termos favoráveis de rendição.⁷ Dado que todas as transações financeiras da Síria estavam sob o sistema grego bizantino, o avô de João não apenas manteve sua posição como *"logothetes"*,⁸ um cargo que envolvia a coleta de impostos fundiários, como também poderia passar a função para seu filho, pai de João, Sargun b. Mansur (ou Sergius). E o próprio João assumiu durante o califado de 'Abd al-Malik (685-705),⁹ aparentemente um bom amigo do pai de João.¹⁰

A família de João era provavelmente semita, e "Mansur" muito provavelmente significa "vitorioso",¹¹ embora outras versões sejam "redimido"¹² ou "salvo".¹³ João era conhecido pelos árabes como Mansur ibn Sarjun, mas, no

---

[4] Frederic Chase, *St. John of Damascus: writings*, The Fathers of the Church: Vol. 37 (Washington, DC: The Catholic University of America Press, 1958), xvii, n. 32. Veja também Ernest Simmons, *The Fathers and Doctors of the Church* (Milwaukee: Bruce, 1959), p. 96.

[5] Ibn Warraq, *The quest for the historical Muhammad* (New York: Prometheus, 2000), p. 550.

[6] Hoyland, *Seeing Islam as others saw it*, p. 480.

[7] Daniel Sahas, *John of Damascus on Islam* (Leiden: Brill, 1972), p. 17-9.

[8] "Originalmente, os *logothetes* eram contadores. Como a burocracia se desenvolveu e muitos oficiais do antigo Império Romano desapareceram durante as crises dos séculos VII e VIII, os *logothetes* passaram a assumir a sua função, e o título significava 'ministro'. Harry Turtledove, trad., *The chronicle of Theophanes* (Philadelphia: University of Pennsylvania Press, 1982), nota do tradutor, p. 212.

[9] Sahas, *John of Damascus on Islam*, p. 26-9.

[10] Teófanes afirma isso (Annus Mundi 6183 (1 de setembro, 691 – 31 de agosto, 692): "Abd al-Malik também ordenou que o templo em Meca fosse reconstruído. Ele queria remover os pilares do santo Getsêmani, mas Sergius, filho de Mansur (um cristão que era ministro das finanças públicas e muito amigo de Abd al-Malik), e o colíder dos cristãos palestinos, Patricius (de sobrenome Klausus), pediram para ele não fazer isso, mas persuadir Justiniano por meio de seu pedido para enviar outras colunas em lugar dessas. Isso foi feito". Turtledove, trad., *The chronicle of Theophanes*, p. 64.

[11] Chase, *St. John of Damascus: writings*, ix.

[12] Phillip Schaff, *History of the Christian Church*, vol. 4 (Grand Rapids: Eerdmans, 1910), p. 627.

[13] Sahas, *John of Damascus on Islam*, p. 5.

fim de sua vida, ele também era chamado de Yuhanna b. Mansur b. Sarjun.[14] Entre os cristãos, ele era chamado por seu nome cristão e pelo local de nascimento: João de Damasco ou João Damasceno.[15] Teófanes (758-817), um cronista bizantino, referiu-se a ele como o único "que havia bem sido chamado de 'Chrysorrhoas', por causa da graça dourada do Espírito que se refletia em sua fala".[16] A facilidade de João com o verso e a prosa gregos mostra que ele tinha algum tipo de educação clássica, e isso fornecia claramente a base não somente para sua obra como um "monge e presbítero",[17] como também, e principalmente, como um dos grandes autores de teologia, poesia e hinos na Igreja Ortodoxa Oriental.[18] Frederic Chase, que traduziu a *Fonte de conhecimento* de João, diz que sua compreensão da filosofia e da ciência gregas clássicas é amplamente demonstrada em sua primeira porção de *Fonte do conhecimento*, uma seção conhecida como a *Dialectica*, pois não apenas fornece o "primeiro exemplo de um manual de filosofia especialmente constituído como uma ajuda para o estudo da teologia", mas "permanece indispensável até hoje para o devido entendimento da teologia grega".[19] Chase também conclui que os escritos de João são "suficientes para mostrar que sua reputação tradicional como um pregador eloquente, educado e devoto é complemente justificada".[20]

João cresceu na cidade de Damasco, conquistada pelos árabes em 635.[21] Muitos cristãos entenderam a invasão árabe como um castigo de Deus por sua falta de fé.[22] Algumas seitas cristãs minoritárias, como os nestorianos e os monofisitas, primeiramente receberam bem a troca de liderança, uma vez que ela cobrava impostos menores e havia menos perseguição do que antes fora experimentado sob o antigo governo dos líderes bizantinos. A Igreja Ortodoxa

---

[14] Ibid., p. 8.
[15] Sahas, "John of Damascus on Islam. Revisited", p. 105.
[16] Minge, PG 94 (Paris 1860), 108.841A. Frederic Chase acrescenta que o termo *Chrysorrhoas* pode ser traduzido como "corrente dourada" e provavelmente se refere ao nome do rio que passava por Damasco (Chase, *St. John of Damascus: writings*, p. xiv–xv). Louth dá uma interpretação às palavras de Teófanes com uma pequena diferença, afirmando que o cronista o chamava de "João Chrysorrhoas ('fluindo com ouro') 'por causa do brilho dourado de graça espiritual que florescia em seu discurso e em sua vida'" (Louth, *St. John Damascene*, p. 6).
[17] Turtledove, trad., *The chronicle of Theophanes*, p. 100.
[18] Louth, *St. John Damascene*, p. 13.
[19] Chase, *St. John of Damascus: writings*, p. xxviii.
[20] Ibid., p. xv.
[21] Fred Donner, *Early Islamic conquests* (Princeton: Princeton University Press, 1981), p. 130-2.
[22] Walter Emil Kaegi, "Initial Byzantine reactions to the Arab conquest", *Church history* 38, 2 (June 1969), 139-49.

Melquita, à qual João pertencia, havia perdido muito de sua influência, mas ainda mantinha muito de sua importância, pois os cristãos bizantinos precisavam supervisionar as políticas econômicas e a coleta de taxas, o que ainda era feito em língua grega. Em 661, Damasco se tornou o centro do Império Omíada e foi lá que João serviu como o *logothetes*, ou chefe dos coletores de impostos.

Como oficial administrativo, teólogo e testemunha ocular, João tinha uma posição singular. J. W. Sweetman refere-se a esse posicionamento peculiar quando afirma que "talvez nenhum pensador cristão individual seja tão importante em um estudo comparativo da teologia cristã e da islâmica quanto João Damasceno".[23] Da influência de João sobre as comunidades cristã e islâmica de sua época, Daniel Sahas escreve o seguinte:

> Os escritos curtos de João Damasceno acerca do islã tiveram, de fato, uma longa história, assim como uma profunda influência sobre os escritores cristãos que lidaram com escreveram sobre o islã. Sua exposição sobre o islã tornou essa religião conhecida para a comunidade cristã e, assim, fez que o "diálogo" inter-religioso se tornasse parte da história e do desenvolvimento tanto do islã quando do cristianismo.[24]

João Damasceno foi então um teólogo cristão em diálogo com o islã e, por intermédio de seus escritos, leitores modernos de suas obras podem ter uma visão mais ampla sobre o início do islã. Além disso, estudantes cuidadosos da obra de João terão uma compreensão maior do papel da apologética a respeito da preparação teológica, da defesa da fé e da refutação do que é considerado um erro.

CONTEXTO TEOLÓGICO

João era da tradição melquita e um apoiador da ortodoxia do rei bizantino (que em siríaco é *malka*).[25] É provável que ele seja mais conhecido por seus escritos, divididos em três categorias: exposição teológica e defesa da fé ortodoxa, sermões e homilias, e poesia e hinódia litúrgica.[26] Seu trabalho em teologia, *De fide ortodoxa*, por exemplo, foi considerado um tipo de *Summa*

---

[23] J. W. Sweetman, *Islam and Christian theology: a study of the interpretation of theological ideas in the two religions*, Part I: Vol. 1 (London: Origins Lutterworth Press, 1945), p. 63.

[24] Sahas, "John of Damascus on Islam. Revisited", p. 114.

[25] Louth, *St. John Damascene*, p. 12

[26] Ibid., p. 9.

theologica.[27] Com o tempo, essa obra se tornou uma referência dentre os textos teológicos da Igreja Ortodoxa Oriental. João também foi um dos "maiores poetas litúrgicos" da igreja, tanto que alguns de seus hinos são cantados ainda hoje e sua poesia ainda agracia as páginas da liturgia ortodoxa.[28] As obras pelas quais ele era mais conhecido em sua própria época foram os três tratados contra o iconoclasta imperador Leo III (escritos entre 726 e 730). A lógica clara e a força dos argumentos de João se tornaram amplamente conhecidos por todo o mundo oriental e ainda hoje tais obras são consideradas "uma defesa completa da veneração de imagens sagradas baseada nas Escrituras, na tradição e na razão" que seria difícil acrescentar mais alguma coisa a elas.[29]

Em defesa da posição ortodoxa, João aparentemente sentiu a necessidade de resumir a doutrina da igreja cristã até o século VIII e, então, desenvolver uma abordagem apologética adequada, útil tanto para defender quanto para refutar. O trabalho de João em novamente contextualizar a doutrina da Trindade em sua defesa do cristianismo contra o islã foi importante em seu próprio tempo, mas também teve um efeito que alcançou seus sucessores. Ele resumiu sistematicamente a doutrina cristã baseado no trabalho feito anteriormente por teólogos que também eram apologetas. Além disso, ele foi o primeiro grande teólogo que escreveu uma obra apologética contra o islã, empreitada esta que resultou em duas obras especificamente elaboradas para a defesa do cristianismo contra o que ele chamou de "heresia dos ismaelitas".[30]

John Tolan, um historiador de relações culturais e religiosas medievais, nota, em seu capítulo em *Early Eastern Christian reactions to Islam* [Reações dos primeiros cristãos orientais ao islã], que os escritos de João somam cerca de 1500 páginas, mas surpreende que apenas cerca de doze dessas páginas

---

[27] Sahas, *John of Damascus on Islam*, p. 53, nota 1. O propósito da compilação teológica de João pode ter sido o de fornecer um resumo da teologia cristã dos primeiros sete séculos e proporcionar aos cristãos sob o governo islâmico uma base para suas crenças, assim como uma compreensão das doutrinas em contraste à teologia islâmica, de forma que os cristãos permanecessem firmes e não se convertessem ao islamismo. Veja também Schaff, *History of the Christian Church*, v. 4, p. 588, 635.

[28] Ibid., p. 13.

[29] Chase, *St. John of Damascus: writings*, p. xiii.

[30] Louth, *St. John Damascene*, p. 77. Veja também Andrew Saperstein, "Encounters with Islam", *Christian history & biography* 94, (2007): https://christianhistoryinstitute.org/magazine/article/encounters-with-islam (acessado em três de novembro de 2019). (Referindo-se à obra de João: *A heresia dos ismaelitas* e *Disputa entre um cristão e um sarraceno*).

lidem diretamente com o islã.[31] Contudo, por causa da situação de João, é possível que ele tenha escrito a maioria de suas obras com o islã em mente.[32] Além disso, Tolan destaca a importância desse material quando ele propõe que essas "doze páginas sobre o islã fornecem um vislumbre fundamental na formação de uma resposta apologética cristã para o islamismo e elas eram lidas e relidas por uma dezena de escritores cristãos posteriores na medida em que procuravam lidar com o islã".[33] O texto que contém esse material sobre o islã é parte da obra *Fonte de conhecimento*, provavelmente escrita em 743,[34] a qual é dividida em três seções principais: *Os capítulos filosóficos*, *Sobre as heresias* e *Fé ortodoxa*.[35] *Os capítulos filosóficos*, também conhecidos como a *Dialectica*, são formados por 68 capítulos e fornecem as bases racionais e filosóficas para a obra teológica de João. Esses capítulos resumem de forma sistemática as conclusões ortodoxas dos principais teólogos que viveram antes dele, sendo dignos de nota os três pais capadócios: Gregório de Nazianzo, Gregório de Nissa e Basílio, o Grande. Seu principal interesse nessa seção era a de "destruir o engano e fazer fugir a falsidade".[36] A falsidade a que João se refere se encontra no capítulo do meio, chamado *Sobre as heresias* (*De haeresibus*), formado por cem capítulos. Muitos desses curtos capítulos sobre as heresias são possivelmente resumos de um trabalho anterior que pode ser traçado até Epifânio (século IV), mas é provável que os últimos três tenham sido escritos por João.[37] Dos três, a heresia particular que foca sobre o islã é intitulada *Heresia dos ismaelitas*, um dos primeiros nomes dados aos árabes, que mais tarde seriam chamados de "muçulmanos".

A terceira parte da *Fonte de conhecimento* se chama *Fé ortodoxa* e é composta de cem capítulos divididos em quatro livros que seguem a ordem do

---

[31] John Tolan, *Saracens: Islam in the Medieval European imagination* (New York: Columbia University Press, 2002), p. 51.

[32] Daniel J. Janosik, *John of Damascus: first apologist to the Muslims*, p. 168-9.

[33] Tolan, *Saracens*, p. 51.

[34] Chase, *St. John of Damascus: writings*, 3. O livro foi dedicado a Cosme em sua nomeação como bispo de Maiuma em 743. Mas Andrew Louth debate sobre essa data e conclui que, com as informações escassas que dispomos, teríamos que sustentar que a data é questionável. (Cf., Louth, *St. John Damascene*, p. 33.)

[35] A *Dialectica*, *De haeresibus* e *De fide orthodoxa*.

[36] Chase, *St. John of Damascus: writings*, p. 6.

[37] Ibid., p. xxxi. Chase se refere aos capítulos sobre os *ismaelitas*, os *iconoclastas* e os *aposchistae*, uma "seita que rejeitava os sacramentos e o sacerdócio".

Credo Niceno.[38] O primeiro livro trata de Deus em unidade e Trindade, o segundo aborda a criação de Deus, o terceiro focaliza a cristologia e o quarto discute uma série de assuntos teológicos como fé, batismo, eucaristia e ressurreição. A respeito de *Fé ortodoxa*, Chase escreve que "toda a obra é uma síntese supreendentemente bem-sucedida do ensino católico tradicional como foi passado pelos pais gregos e pelos concílios ecumênicos".[39]

Apesar de os livros seguirem basicamente a ordem do Credo Niceno, a maioria dessas doutrinas centrais fora desafiada pelos primeiros muçulmanos. Juntamente com a forma que João construiu os argumentos filosóficos no *Dialecta* e a seção de visões heréticas, é possível que ele estivesse conscientemente coletando o melhor material apologético, filosófico e teológico a fim de garantir um fundamento para a igreja cristã à medida que ela enfrentava o novo desafio do islã.

O foco intencional pode ser visto na maneira como João explorou a doutrina da Trindade. Ele não apenas reuniu os melhores argumentos dos oito séculos anteriores, como também moldou sua defesa do Deus Trino de forma que suas declarações poderiam ser explicadas em suas obras apologéticas de nível mais popular para conter a visão herética que vinha dos muçulmanos. Essa ênfase também permeou alguns de seus trabalhos apologéticos contra outros grupos não cristãos e reaproveitou os argumentos contra os maniqueus para enfrentar as visões heréticas dos muçulmanos. Dessa maneira, podemos dizer que muito, se não tudo, dos escritos de João foi uma resposta ao crescimento da teologia e da hegemonia islâmica – esse foi o caso, especialmente em alguns de seus escritos mais populares.[40]

Em seu principal tratado contra o islã, *Heresia dos ismaelitas*, João dirigiu-se à negação dos sarracenos a respeito da divindade de Cristo e à absoluta rejeição deles à natureza trina de Deus, a qual os sarracenos consideravam a maior das blasfêmias. Em seu tratado *Disputa entre um cristão e um sarraceno*, João usou a aceitação do Alcorão de que Jesus é tanto a Palavra e o Espírito de Deus demonstra um erro fatal na teologia islâmica. Se Jesus era de fato a Palavra e quanto o Espírito de Deus, então ele também deve ser eterno, uma vez que Deus seria incompleto sem sua Palavra e seu Espírito. Portanto, Jesus deve ser eterno como Deus e, uma vez que os sarracenos reconheciam apenas

---

[38] Chase, *St. John of Damascus: writings*, p. xxxii.
[39] Ibid., p. xxxiii.
[40] Janosik, *John of Damascus*, p. 189.

um Deus, Jesus também deve ser esse Deus único. Esse era o argumento preferido dos apologetas cristãos por séculos, mas as premissas desse argumento foram baseadas no fundamental trabalho teológico de João, primeiramente formulado em seu livro *Fé ortodoxa*. De fato, é razoável concluir que a principal motivação para João escrever seus grandes trabalhos teológicos foi o fato de ele ter percebido que a nova heresia dos ismaelitas era um sério desafio para o cristianismo. Os cristãos precisavam de um firme fundamento teológico para defender sua crença, bem como para refutar os erros apresentados a eles pelo islã. Assim, seus tratados apologéticos foram baseados em suas obras teológicas e escritos como maneiras práticas para ajudar os cristãos a entenderem as ameaças específicas da nova religião e fornecer argumentos para a defesa das principais doutrinas do cristianismo, as quais estavam agora sob ataque.[41]

RESPOSTA APOLOGÉTICA

A principal obra de João a respeito do islã foi *Heresia dos ismaelitas*, escrita por volta do ano 740.[42] Essa foi a última parte em sua seção de cem heresias na obra *Fonte de conhecimento*. Quando ele escreveu seu principal trabalho a respeito do islã, *Heresia dos ismaelitas* (740), ele não se refere aos conquistadores árabes como muçulmanos, e sim como sarracenos, agarenos ou ismaelitas.[43] João considerou a religião dos ismaelitas contrária à Bíblia e uma distorção de sua verdade, e também se referiu a ela como "uma estranha mistura de crenças errôneas e misturadas, vindas tanto do judaísmo quando do cristianismo – em outras palavras, uma heresia".[44] Esse tratado indica que João estava familiarizado com algumas histórias sobre Maomé, a quem ele chamava de um "falso profeta", bem como com algumas partes do Alcorão (Sura 2,3,4 e 5), embora ele nunca tenha se referido aos "escritos" de Maomé como "Alcorão". Por todas as cerca de seis páginas do seu tratado, João levantou importantes questionamentos e procurou dar respostas teológicas convincentes. Contudo, seu principal interesse parece ter sido oferecer a seus companheiros cristãos um entendimento das crenças islâmicas errôneas, de forma que estivessem preparados para uma pronta defesa da fé cristã.

---

[41] Ibid., p. 191.
[42] Ibid., p. 92, 251.
[43] Ibid., p. 98.
[44] Ibid., p. 99. Veja também Sahas, "John of Damascus on Islam. Revisited", p. 112-4.

Obra: Disputa entre um cristão e um sarraceno

A *Disputa entre um cristão e um sarraceno* foi provavelmente pensada como um manual de treinamento para apologética cristã e foi antes de tudo escrita para ajudar os cristãos a responderem às questões teológicas que os sarracenos estavam levantando.[45] Como um oficial de alto nível na corte do califa, João estava ciente de que os muçulmanos já estavam exercendo uma considerável pressão econômica e política sobre os cristãos para que estes aceitassem as novas regras religioso-políticas. Dessa maneira, esse diálogo pode ter sido escrito aos cristãos para que não sucumbissem às demandas religiosas do novo regime árabe. Daniel Sahas confirma que "a *Disputatio* é um tipo de manual para confronto dialético entre um cristão e um muçulmano".[46] Ele continua dizendo que "Esse pequeno tratado é uma fonte valiosa de informação sobre os primeiros estágios do diálogo islâmico-cristão, o desenvolvimento da teologia islâmica e também sobre as divisões e investigações teológicas dentro da comunidade muçulmana".[47] Os diálogos revelam que o autor tinha uma boa percepção sobre o desenvolvimento da nova religião, uma consciência dos desafios teológicos e a intenção de que os cristãos se preparassem para defender suas crenças contra essas ideias religiosas insurgentes.

Abordagem apologética ao islã

As duas obras de João sobre o islã, *Heresia dos ismaelitas* e *Disputa entre um cristão e um sarraceno*, destacam os perigos dos ensinamentos islâmicos, apresentam as bases racionais do cristianismo e fornecem um modelo para refutar os desafios teológicos do islã.

O avô de João, Mansur ibn Sarjun, governou a cidade de Damasco quando esta era um centro importante do império cristão bizantino, contudo, João cresceu conhecendo o sempre ascendente domínio do islã e a diminuição da influência do cristianismo. Sem dúvidas ele ouviu muitas histórias de seu pai e de seu avô acerca dos "bons velhos tempos", bem como o lamento de outros cristãos que viam as conquistas muçulmanas como uma punição para seus pecados

---

[45] Conforme Douglas Pratt, *The challenge of Islam: encounters in interfaith dialogue* (Burlington: Ashgate, 2005), p. 103-4. Isso também mostra que, se o autor é de fato João, então ele estava familiarizado com os temas em debate no meio do século VIII.

[46] Sahas, *John of Damascus on Islam*, p. 121.

[47] Ibid., p. 121.

e por não seguirem a Cristo.⁴⁸ Como os árabes primeiro tomaram o controle da Palestina e da Síria, os judeus, e também os nestorianos e os jacobitas, pareciam se sair melhor sob o governo sarraceno do que sob o bizantino, que favorecia os melquitas ortodoxos. Entretanto, depois de um tempo, eles perceberam que o novo regime estava se tornando cada vez mais hostil a qualquer forma de crença que não fosse a sua própria.⁴⁹ Assim que a pressão e as perseguições cresceram, mais cristãos sucumbiram ao chamado do islã e seguiram os caminhos da nova religião. Como o número de conversões aumentou, João percebeu a necessidade de barrar o fluxo de cristãos que se convertiam ao islã. Se essa análise é precisa, então ele teria escrito seus diálogos para ressaltar o perigo dos ensinos islâmicos e mostrar como os cristãos poderiam dar respostas razoáveis para os pontos teológicos que os sarracenos levantavam.

Uma das preocupações ao desenvolver uma abordagem apologética adequada com o islã é que, em meio a um número de elementos comuns, há também muitas diferenças entre os dois sistemas de crença. Com relação ao cristianismo e ao islã, Norman Daniel escreveu que "Há diferenças irredutíveis entre doutrinas inegociáveis... Os credos cristãos e o Alcorão são simplesmente incompatíveis e não há possibilidade de reconciliar o conteúdo das duas fés, cada qual é exclusiva, desde que mantenham suas identidades".⁵⁰

João compreendeu essas diferenças irreconciliáveis e, então, para fornecer aos cristãos uma base racional de sua própria fé, bem como uma forma de contrastar o que ele considerou a heresia das crenças sarracenas, é razoável assumir que ele desenvolveu sua extensa obra sobre a doutrina cristã em seu livro teológico, *Fonte de conhecimento*, proporcionando um fundamento para sua apologética. Os cristãos poderiam, dessa forma, usar seu conhecimento para defender adequadamente sua fé quando fossem tentados à conversão ao islã ou quando fossem confrontados com a doutrina islâmica.

Em segundo lugar, em seus dois tratados sobre o islã, João desenvolveu um modelo de refutação dos desafios teológicos islâmicos que dava aos cristãos um entendimento das crenças dos muçulmanos, de maneira que a igreja pudesse reconhecer o falso ensino, rejeitar a heresia e reconquistar sua fé e

---

[48] Kaegi, "Initial Byzantine reactions to the Arab conquest", p. 139-49. Veja também Abdul-Massih Saadi, "Nascent Islam in the seventh century Syriac sources", capítulo. In: *The Qur'ān in its historical context*, Gabriel Reynolds, ed., Routledge Studies in the Qur'ān (London: Routledge, 2008), p. 219.

[49] John Lamoreaux, "Early Eastern Christian responses to Islam", capítulo. In: John Tolan, *Medieval Christian perceptions of Islam: a book of essays* (New York: Garland, 1996), p. 3-31.

[50] Norman Daniel, *Islam and the West* (Oxford: Oneworld, 1993), p. 335-6.

esperança no Deus da Bíblia. Com esse contexto em mente, a abordagem apologética de João pode ser categorizada sob três termos: compreensão, defesa e refutação. Primeiro, ele afirma o que os ismaelitas acreditam e compara com o cristianismo. Então, defende as crenças cristãs com as Escrituras e a doutrina, além de fazer uma defesa guiada pela razão. Por fim, ele refuta as crenças islâmicas e até argumenta que elas são inferiores e irracionais quando comparadas às doutrinas cristãs. O público de João é composto principalmente por cristãos e, dessa maneira, seu objetivo nessa abordagem é promover a crença cristã ortodoxa em seus leitores cristãos antes de apresentar argumentos detalhados contra a nova "heresia", embora ele estivesse interessado em conter o que ele considerava ser um falso sistema de crença.

METODOLOGIA APOLOGÉTICA

Primeiro passo: compreender

A posição de João como um respeitado funcionário público no califado omíada daria a ele acesso privilegiado aos líderes do governo, assim como oportunidades para envolver os teólogos no diálogo. A esse respeito, Robert Hoyland afirmou que João era "bem informado" sobre o "islã" de seus dias e notou que os argumentos dele em *Heresia dos ismaelitas* lidavam de maneira experiente com assuntos como "cristologia, profecias de Maomé e seus escritos, louvor da cruz... licenciosidade islâmica... e descrições do paraíso".[51] Esse conhecimento de primeira mão se adequa bem aos primeiros passos em sua abordagem apologética, que era reunir e aprender o quanto possível sobre as crenças e as tradições do grupo que ele estava avaliando e, então, transmiti-lo aos seus leitores cristãos.

Em *Heresia dos ismaelitas*, vemos algumas tradições da religião em desenvolvimento que se tornou conhecida como islamismo. Existem as práticas e as disputas que João queria compartilhar com seus companheiros cristãos para que eles entendessem melhor as crenças islâmicas. Primeiro, ele explicou que os ismaelitas adoravam um Deus e afirmavam pertencer à tradição das religiões que viam Abraão como seu pai espiritual. Eles acreditavam que Maomé era um profeta nessa mesma tradição e que ele havia sido escolhido para desvendar a revelação final de Deus. João estava ciente de ao menos partes dessa revelação em forma escrita, dado que ele se refere aos "escritos" que chegaram até Maomé. No entanto, ele menciona apenas alguns dos versos que vieram

---

[51] Hoyland, *Seeing Islam as others saw it*, p. 488.

principalmente das últimas Suras de Medina, que tendem a lidar com assuntos legais, teológicos e administrativos (Suras 2-5, e talvez as Suras 112 e 19). João estava familiarizado com alguma informação narrativa sobre Maria, mãe de Jesus, bem como sobre o próprio Jesus, e ele entendeu que os ismaelitas acreditavam que Cristo havia sido criado no ventre por Deus e que nasceu de uma virgem, mas também compreendeu que eles acreditavam em Jesus como um ser criado, um servo de Deus, mas não divino. Além disso, ele sabia dos versos que diziam que Jesus não havia sido crucificado, mas que havia sido levado por Deus para os céus, onde negou que era o "Filho de Deus e Deus" (Q. 5:116-7).

Em resposta a versos como esses, as mais fortes críticas de João enfatizavam a passagem do escrito islâmico que trata de Jesus Cristo como Palavra e Espírito de Deus (Q. 4:169,171). Os ismaelitas eram irredutíveis quanto à crença de que Jesus não poderia ser Deus, e a presença desse diálogo particular com os sarracenos pode refletir os anos do testemunho de João para seus patrões sarracenos e a rejeição deles à sua crença. Andrew Louth reconhece que esses comentários podem representar conversas reais que João eventualmente tenha participado e afirma: "Considerando que esses são assuntos que envolvem seus contemporâneos muçulmanos e o fato de que João, em um ponto, procura responder os problemas levantados pela doutrina cristã da Trindade, pode-se conjecturar que esse diálogo era de fato um exercício retórico, composto quando João estava em contato com os islâmicos, com seus ouvidos cheios de seus debates e suas ofensas contra o cristianismo"[52]

Há uma série de outros aspectos importantes do islã que João gostaria que os cristãos compreendessem. Em certo momento, ele menciona que Maomé "compôs muitas histórias absurdas e deu um título a cada uma delas".[53] João menciona quatro desses títulos, tais como sobre *A mulher*, *A mesa*, *A novilha* e outro que não está no Alcorão, o livro do *Camelo de Deus*. O fato de que esses foram livros especificados como separados pode indicar que o Alcorão ainda não tinha sido compilado nessa época. No mínimo, isso garante que João estava ciente das escrituras de algum modo e que elas estavam em forma escrita. Do livro *A mulher*, João relata que há provisão legal para um homem assumir até quatro esposas e até mil concubinas. Ele também conhece alguns dos procedimentos relativamente simples para divórcio e casamento que contrastam bastante com o significado das práticas matrimoniais cristãs.

---

[52] Louth, *St. John Damascene*, p. 71.

[53] Janosik, *John of Damascus*, HER, p. 95-6 (tradução do autor de *Heresia dos ismaelitas*, de João Damasceno, linhas 95-6), p. 260-8, traduzido do texto grego da edição crítica compilada por Bonifatius Kotter, *Die schriften Des Johannes Von Damaskos*, IV (New York: De Gruyter, 1981).

João conclui com uma lista de práticas que Maomé aparentemente ordenou que os muçulmanos seguissem: circuncisão para homens e mulheres, regulações sobre o que comer, abster-se de guardar o sábado e de ser batizado, e proibição do consumo de vinho.[54] Essas coisas foram escritas para informar os cristãos sobre as práticas dos ismaelitas – especialmente para mostrar quão inferiores são essas práticas em comparação com o cristianismo.

Em seus diálogos, João revela que muito se sabia sobre essa nova heresia. Por intermédio de seus trabalhos teológicos, como *Fé ortodoxa*, ele trouxe esclarecimentos aos cristãos sobre as doutrinas fundamentais do cristianismo. Juntos, esses dois caminhos de compreensão forneceram conhecimento das diferenças entre as duas religiões, de forma que os cristãos fossem capazes de fazer escolhas ponderadas e também permanecerem firmes em sua fé. Dessa maneira, ambos os lados forneciam uma base para que se pudesse fazer a melhor defesa do evangelho.

Segundo passo: defesa

O segundo passo na abordagem apologética de João foi concebido para ajudar os cristãos a defenderem suas crenças, dando respostas às objeções que eram comumente levantadas, bem como fazendo uma defesa da razoabilidade do cristianismo em contraste com o islã. Aqui é onde o formato de diálogo oferece uma forma superior para que os cristãos defendam suas crenças dentro de uma estrutura lógica e de sólida teologia. Os diálogos também apresentam uma forma na qual João poderia controlar o conteúdo e levantar os temas que forneceriam respostas às perguntas que os sarracenos faziam aos cristãos. Essas questões lidavam com os pontos centrais da doutrina cristã, tais como a Trindade, a divindade de Cristo, a crucificação, a credibilidade do Novo Testamento e uma série de outras crenças importantes. Por meio desses diálogos, João foi capaz de modelar não apenas as formas em que os cristãos poderiam responder aos questionamentos em defesa de sua fé, mas também levantar questões que revelariam as crenças ilógicas e heréticas dos sarracenos. Por exemplo, em *Heresia dos ismaelitas*, João primeiro trata da origem da "heresia" e afirma que ela é um precursor do anticristo, desenvolvida por um falso profeta chamado "Mamed", que confundiu as verdades do Antigo e do Novo Testamentos e dirigiu o seu povo com pronunciamentos heréticos dignos de riso.[55]

---

[54] HER, p. 153-6.
[55] HER, p. 10-6.

Sua referência a temas bíblicos como "anticristo" e "falso profeta" permitem a João destacar os erros do islã em áreas teológicas fundamentais. Ele foi capaz, então, de defender o cristianismo e aumentar o status da Bíblia ao contrastá-la com os escritos dos ismaelitas e revelar as deficiências do que ele chamava de "heresia". Além disso, a referência ao anticristo pode ter alertado os cristãos de seu tempo para os perigos das novas crenças, uma vez que parecia haver um enorme interesse no final dos tempos e no ensino apocalíptico era bastante difundido.[56] Nesse contexto, João poderia então condenar Maomé como um dos falsos profetas que, segundo Jesus, surgiriam para enganar o povo nos últimos dias (Mateus 24:11). João se baseia na história e na autoridade da Bíblia para refutar as profecias de Maomé. Ele mostra que Deus validou publicamente as profecias de Moisés e, da mesma forma que todos os outros profetas fizeram, Moisés "previu a vinda de Cristo".[57] Contudo, Maomé e os sarracenos negavam a encarnação, a divindade de Cristo e também a crucificação e por isso essas eram áreas que os cristãos precisavam defender. Assim, no diálogo, quando João relatou que Maomé havia afirmado que Deus não "foi gerado nem gerou",[58] João pergunta aos sarracenos como o seu profeta poderia ser de Deus se sua mensagem contradizia a profecia anterior. Os sarracenos, não tendo uma resposta, poderiam apenas dizer que "Deus faz o que o agrada",[59] João aponta aos seus leitores que o Alcorão não apenas nega a divindade de Jesus, como também parece negar que ele tenha sido crucificado pelos judeus, ou pelos romanos, e até mesmo sugere que, ao contrário da morte na cruz, Jesus foi elevado aos céus por Deus sem ter experimentado a morte (Q. 4:157).[60] No entanto, sem a crucificação de Jesus e sua subsequente ressurreição, a esperança na vida eterna seria fútil para um cristão.

Por todo o diálogo, João faz a posição cristã parecer muito mais forte do que a dos sarracenos, mas, ao avaliar o quanto os apologetas posteriores o usaram, ele também foi efetivos ao dar coragem ao leitor cristão para lidar com diálogos semelhantes e também para fazer algumas das mesmas questões. Por exemplo, um dos argumentos mais fortes de João contra os sarracenos, que os apologetas posteriores usariam diversas vezes, envolve a natureza de Jesus

---

[56] Jonathan P. Berkey, *The formation of Islam: religion and society in the Near East, 600-1800* (Cambridge: Cambridge University Press, 2003), p. 98.
[57] HER, p. 38-41.
[58] HER, p. 17-8.
[59] HER, p. 46.
[60] HER, p. 22-5.

Cristo. Os cristãos eram chamados de "assimiladores" pelos sarracenos, pois diziam que eles associavam Cristo com Deus, o que era uma abominação para os sarracenos. João trata dessas objeções ao desenvolver um argumento lógico usado pelos apologetas cristãos séculos antes. João pergunta se os sarracenos chamam Cristo de "Palavra" e "Espírito" de Deus (Q. 4:171), então por que eles acusam os cristãos de serem assimiladores? A Palavra e o Espírito de Deus são inseparáveis de Deus, defende João, e, portanto, a "Palavra de Deus está em Deus" e deve ser Deus. Se a Palavra e o Espírito estão fora de Deus, então "Deus está sem Palavra e Espírito", e isso seria impossível.[61] Como consequência, continua João, os sarracenos mutilaram a Deus ao remover sua Palavra e Espírito, e João os chama de "mutiladores de Deus".[62] João conclui seu argumento dizendo que "seria muito melhor para vocês dizer que Deus tem um parceiro em vez de mutilá-lo".[63]

Argumentos como esses foram desenvolvidos para edificar a fé dos cristãos, e não necessariamente para converter os islâmicos. O padrão de apresentar a alegação islâmica e depois seguir com a resposta cristã em defesa da verdade da doutrina do cristianismo representa um dos principais propósitos da apologética, que é educar os cristãos para que eles não apenas compreendam as crenças das outras religiões, mas também tenham um entendimento muito melhor de sua própria fé. Isso certamente parece ser um dos principais objetivos expressos nos escritos de João e em sua abordagem apologética.

Terceiro passo: refutar

No terceiro passo da abordagem apologética de João, ele refuta as acusações dos sarracenos demonstrando que as crenças dos cristãos são mais lógicas. Ele também se vale da ridicularização para mostrar que as crenças sarracenas não são sequer dignas de serem seguidas. Para situar essa parte do diálogo, João apresenta o sarraceno fazendo perguntas que desafiam a fé cristã ou acusam o cristianismo de erro e, então, retrata o cristão como um apologeta habilidoso que exige evidência e relatos de testemunhas oculares, confiando nas profecias do Antigo Testamento e argumentando a partir dos profetas, e também conhecendo o suficiente sobre os escritos do sarraceno para apontar suas declarações heréticas. Essa técnica era útil porque permitia ao cristão refutar

---

[61] HER, p. 71-3.
[62] HER, p. 77.
[63] HER, p. 74-5.

o sarraceno por meio da lógica, do senso comum e até mesmo das Escrituras. Por exemplo, quando o sarraceno acusou o cristão de politeísmo por acreditar em três deuses, João usou a lógica e as Escrituras para desenvolver o argumento explicado anteriormente em relação aos "assimiladores" e "mutiladores" a respeito da Palavra e do Espírito de Deus. Uma vez que ele era capaz de mostrar que mesmo o livro supostamente revelado a Maomé não poderia ser compatível com a palavra de Deus encontrada no Antigo Testamento, ele foi capaz de argumentar de forma persuasiva em prol da superioridade do cristianismo. Se seu objetivo havia sido criar uma aversão à fé sarracena entre seus leitores cristãos por meio de argumentos lógicos, bem como pela ridicularização, então parece que ele cumpriu muito bem o seu propósito. No entanto, se o desejo de João era também de informar seu público cristão dos principais ensinos das crenças sarracenas, a fim de evitar que os cristãos se convertessem, então também essa aspiração foi realizada. Por fim, João preparou seus leitores com informações cruciais sobre as crenças e as práticas de seus oponentes, de forma que os cristãos fossem capazes de refutar o erro e defender sua fé.

CONTRIBUIÇÕES PARA A APOLOGÉTICA

João viveu durante a chegada da era do islã. No período que passou na corte do califa, testemunhou o controle de Damasco passando das mãos cristãs para o punho dos sarracenos (muçulmanos). Ele viu a veneração a Maomé substituir a fé em Jesus Cristo e experienciou a passagem da autoridade religiosa da Bíblia para o Alcorão. João também testemunhou o martírio daqueles que recusavam se submeter ao novo regime.

Considerando a posição de João durante esse turbilhão teológico, é concebível que essas experiências o tenham impelido a preparar seus irmãos cristãos a permanecerem firmes contra o crescimento da teologia e da hegemonia islâmicas. Para edificar o conhecimento que os cristãos tinham de sua própria fé, João compilou um resumo das principais doutrinas da igreja desde o século I até os seus dias. Essa antiga *Summa theologica* forneceu a base para um sólido entendimento das intrincadas e profundas doutrinas da igreja.

Além disso, para ajudar os cristãos a compreender a fé dos sarracenos, João escreveu uma série de diálogos nos quais as principais crenças e práticas dos sarracenos foram introduzidas e criticadas, o que deu aos cristãos uma compreensão sobre o que João chamava de "a heresia dos ismaelitas". Ter esse entendimento foi importante para os cristãos, de forma que eles não fossem tragados pelo islã ou tivessem sua própria fé enfraquecida.

João ensinou os cristãos de seu tempo a primeiro entenderem sua própria fé para, então, poderem compreender melhor a crença de seus oponentes. Assim, ele os preparou para apontar a fraqueza do outro lado e promover a força de seus próprios argumentos. Ainda hoje, por meio de seus escritos, esse monge e sacerdote despretensioso nos alcança com sua abordagem tripla, ajudando os cristãos a entender, defender e refutar.

BIBLIOGRAFIA

Textos primários e traduções

CHASE, Frederic H., trad. *St. John of Damascus: writings*. Vol. 37 de *The Fathers of the Church* (Washington: The Catholic University of America Press, 1958).

JANOSIK, Daniel. *John of Damascus, first apologist to the Muslims, The Trinity and Christian apologetics in the Early Islamic period* (Eugene: Pickwick, 2016). Trad. de *The heresy of the Ishmaelites* (Appendix C, p. 260-8) e *Disputation between a Christian and a Saracen* (Appendix D, p. 269-76).

JOHN of Damascus. *Disputation between a Christian and a Saracen*. Encontrado em Bonifatius Kotter, *Die schriften des Johannes von Damaskos*, IV (New York: De Gruyter, 1981).

____. *Heresy of the Ishmaelites*. Encontrado em Bonifatius Kotter, *Die schriften des Johannes von Damaskos*, IV (New York: Walter De Gruyter, 1981).

Fontes secundárias

ARMOUR, Rollin. *Islam, Christianity, and the West: a troubled history* (New York: Orbis, 2002).

BERKEY, Jonathan P. *The formation of Islam: religion and society in the Near East*, 600–1800 (Cambridge: Cambridge University Press, 2003).

DANIEL, Norman. *Islam and the West* (Oxford: One World, 1993).

DONNER, Fred. *Early Islamic conquests* (Princeton: Princeton University Press, 1981).

GRIFFITH, Sidney. *The church in the shadow of the mosque* (Princeton: Princeton University Press, 2008).

HOYLAND, Robert. *Seeing Islam as others saw it: a survey and evaluation of Christian, Jewish, and Zoroastrian writings on Early Islam* (Princeton: Darwin, 1997).

JANOSIK, Daniel. *John of Damascus, first apologist to the Muslims, the Trinity and Christian apologetics in the Early Islamic period* (Eugene: Pickwick, 2016).

KAEGI, Walter Emil. "Initial Byzantine reactions to the Arab conquest". *Church history* (American Society of Church History) 38, 2 (June 1969): p. 139-49.

KOTTER, Bonifatius. *Die schriften des Johannes von Damaskos* II (New York: De Gruyter, 1973).

____. *Die schriften des Johannes von Damaskos*. IV (New York: De Gruyter, 1981).

LAMOREAUX, John. "Early Eastern Christian responses to Islam", p. 3-31. In: *Medieval Christian perceptions of Islam: a book of essays*. Ed. John Tolan (New York: Garland, 1996).

LE COZ, Raymond. *Jean Damascene: ecrits sur l'Islam*. No. 383. Sources chretiennes (Paris: Les Editions du Cerf, 1992).

LOUTH, Andrew. *St. John Damascene: tradition and originality in Byzantine theology* (Oxford: Oxford University Press, 2002).

PRATT, Douglas. *The challenge of Islam: encounters in interfaith dialogue* (Burlington: Ashgate, 2005).

SAHAS, Daniel. *John of Damascus on Islam* (Leiden: Brill, 1972).

____. "John of Damascus on Islam. Revisited". *Abr-Nahvain* 23 (1984), p. 104-18.

SAPERSTEIN, Andrew. "Encounters with Islam". *Christian history & biography*, Issue 94 (2007), https://christian historyinstitute.org/magazine/article/encounters-with-islam.

SCHAFF, Philip. *History of the Christian Church*, v. 4 (Grand Rapids: Eerdmans, 1910).

SWEETMAN, J. W. *Islam and Christian theology: a study of the interpretation of theological ideas in the two religions*. Part I: Vol. I (London: Lutterworth, 1955).

TOLAN, John. *Saracens: Islam in the Medieval European imagination* (New York: Columbia University Press, 2002).

TURTLEDOVE, Harry, trad. *The chronicle of Theophanes* (Philadelphia: University of Pennsylvania Press, 1982).

WARRAQ, Ibn. *The quest for the Historical Muhammad* (New York: Prometheus, 2000).

Teodoro Abucara
DEFENDENDO AS DOUTRINAS CRISTÃS DURANTE O CRESCIMENTO DO ISLÃ

Byard Bennett

Teodoro Abucara (aproximadamente 750 a 820) foi um dos primeiros teólogos cristãos a escrever em língua árabe. Suas obras apresentam uma cuidadosa e detalhada resposta ao criticismo islâmico sobre a fé cristã e ajudaram a moldar os caminhos que o diálogo entre cristãos e muçulmanos tomou. Ao responder às objeções islâmicas a respeito da Trindade, a encarnação e a obra expiatória de Cristo na cruz, Teodoro defendeu a divindade do Filho e mostrou que era necessário que o Filho encarnasse para que os seres humanos fossem libertos de seus pecados.

CONTEXTO HISTÓRICO

Teodoro parece ter nascido em Edessa, no norte da Síria, na segunda metade do século VIII.[1] Ele serviu como bispo melquita (calcedônio) de Harã e atuou na segunda década do século IX. A cidade de Harã estava localizada a cerca de 48 quilômetros ao sul de Edessa e tinha uma população religiosamente diversa que incluía pagãos, judeus, muçulmanos e diversas comunidades cristãs.[2] No século IX, os membros dessas diversas comunidades religiosas passaram a usar o árabe como língua comum para expressar e comunicar ideias teológicas e filosóficas.

---

[1] Para uma análise do pouco que é conhecido sobre a vida de Teodoro, veja John C. Lamoreaux, *Theodore Abū Qurrah* (Provo: Brigham Young University Press, 2005), p. xiii-xviii. Para bibliografias detalhadas que relatam as obras e a vida de Teodoro, veja Samir Khalil Samir, *Abū Qurrah. Vida, bibliografía y obras*, trad. Juan Pedro Monferrer Sala (Córdoba: Universidad de Córdoba, 2005); David Thomas; Barbara Roggema, eds. *Christian-Muslim relations: a bibliographical history. Volume 1 (600-900)* (Leiden: Brill, 2009), p. 439-91.

[2] Sobre a situação religiosa em Harã, veja Tamara M. Green, *The city of the Moon God: religious traditions of Harran* (Leiden: Brill, 1992); Jürgen Tubach, *Im schatten des sonnengottes: der sonnenkult in Edessa, Ḥarrān und Ḥaṭrā am vorabend der christlichen mission* (Wiesbaden: Harrassowitz, 1986); Jan Hjärpe, *Analyse critique des traditions arabes sur les sabéens ḥarraniens* (Uppsala: Skriv Service AB, 1972).

CONTEXTO TEOLÓGICO E CULTURAL

A Síria foi parte do Império Bizantino antes da conquista islâmica, por volta de 634-638. Após a conquista, os governantes muçulmanos do Califado Omíada (661-750) estavam principalmente interessados na condução de novas expedições militares a fim de expandir o território controlado por eles. O sistema administrativo herdado do Império Bizantino permaneceu e os cristãos mantiveram suas posições no governo. Durante esse período, os regentes islâmicos pareciam ter uma compreensão limitada sobre a religião de seus súditos cristãos. Apesar de os governantes omíadas imporem certas restrições aos não islâmicos, era muitas vezes permitido aos cristãos que mantivessem a posse de suas igrejas desde que pagassem a taxa (*jizya*) cobrada dos que não eram muçulmanos.[3]

O surgimento do Califado Abássida (750-1258) mudou as condições sob as quais os cristãos viviam no Oriente Médio. Entre a segunda metade do século VIII e o século X, o árabe se tornou cada vez mais a língua do discurso público; membros dos grupos que não eram árabes começaram a falar o idioma para participarem das transações comerciais, para interagir com as mudanças nas estruturas administrativas do governo civil e para se envolver nas mais amplas discussões intelectuais. O rápido desenvolvimento da teologia islâmica, no século IX, foi acompanhada pela produção de tratados polêmicos nos quais os teólogos muçulmanos atacavam as crenças cristãs, chamando-as de irracionais e contrárias à verdadeira fé.[4] Por volta da metade do século IX, os cristãos também se tornaram sujeitos às crescentes restrições sob o califa Mutavaquil (847-861). Como resultado da arabização e da situação política alterada, os espaços públicos urbanos e o discurso intelectual foram cada vez mais definidos pela cultura islâmica, com uma correspondente conversão gradual de antigos cristãos para o islã.[5]

---

[3] O Alcorão (*Al-Tawbah*, 9:29) recomenda o pagamento da *jizya* pelos não muçulmanos que vivam sob domínio islâmico.

[4] Veja Ali Bouamama, *La littérature polémique musulmane contre le christianisme depuis ses origines jusqu'au XIIIe siècle* (Algiers: Entreprise Nationale du Livre, 1988); David Thomas, *Anti-Christian polemic in Early Islam: Abū 'Isā al-Warrāq's "Against the Trinity"* (Cambridge: Cambridge University Press, 1992); David Thomas, *Early Muslim polemic against Christianity: Abū 'Isā al-Warrāq's "Against the incarnation"* (Cambridge: Cambridge University Press, 2002).

[5] Conversões do islã para o cristianismo também ocorriam durante esse período, embora em muito menor número em virtude das severas sanções contra a apostasia estabelecidas pelo islamismo. Veja Christian C. Sahner, "Swimming against the current: Muslim conversion to Christianity in the Early Islamic period", *Journal of the American Oriental society* 136 (2016), p. 265–84.

Os cristãos que viviam sob o domínio islâmico tiveram dificuldade de se adaptar a essas mudanças. Primeiro, tornou-se necessário encontrar formas de expressar os conceitos cristãos em árabe e, então, traduzir um vasto número de textos (a Bíblia, textos litúrgicos, homilias, tratados teológicos e documentos relacionados aos concílios da igreja) do grego e do siríaco para o árabe.[6] Uma vez que a cultura religiosa islâmica moldava cada vez mais o discurso público, os textos cristãos para um público mais amplo deveriam conter a terminologia do Alcorão e padrões islâmicos de pensamento, evitando uma linguagem que pudesse ser vista pelos muçulmanos como antagônica.[7]

A capacidade dos cristãos para se adaptarem a essas condições alteradas foi impedida por sua divisão em três grupos confessionais separados – os melquitas (calcedônios), sírios ocidentais (monofisitas) e sírios orientais ("nestorianos"/Igreja do Oriente).[8] Após a conquista islâmica, nenhum grupo cristão podia reivindicar um endosso oficial pelo Estado; a divisão dos cristãos em grupos separados e em competição na verdade facilitou o governo islâmico sobre seus súditos desunidos. A divisão entre os cristãos também tornou difícil para eles manter uma frente unida em resposta às críticas cada vez mais agressivas dos muçulmanos contra o cristianismo.[9]

---

[6] Veja Sidney H. Griffith, *The Bible in Arabic: the Scriptures of the "people of the book" in the language of Islam* (Princeton: Princeton University Press, 2013); Kate Leeming, "The adoption of Arabic as a liturgical language by the Palestinian Melkites", ARAM *Periodical* 15 (2003): p. 239-46; Alexander Treiger, "The Fathers in Arabic", in *The Wiley Blackwell companion to Patristics*, ed. Ken Parry (Chichester: John Wiley & Sons, 2015), p. 442-55; Najib George Awad, *Orthodoxy in Arabic terms: a study of Theodore Abu Qurrah's theology in its Islamic context* (Berlin: De Gruyter, 2016).

[7] Veja Mark N. Swanson, "Apologetics, catechesis, and the question of audience in 'On the triune nature of God' (Sinai Arabic 154) and Three treatises of Theodore Abū Qurrah", in *Christians and Muslims in dialogue in the Islamic Orient of the Middle Ages*, ed. Martin Tamcke (Beirut: Orient--Institut Beirut, 2007), p. 113-34. Nessas obras árabes, Teodoro é normalmente cuidadoso em não identificar diretamente seus oponentes. Quando o faz, ele em geral afirma responder às críticas dos judeus a respeito do cristianismo, embora o contexto sugira que ele também tinha os oponentes islâmicos em vista.

[8] Esses três grupos confessionais emergiram como resultado de controvérsias cristológicas no século V; por volta do século VI, esses grupos haviam se tornado igrejas institucionais separadas.

[9] Veja Karl Piggéra, "Konfessionelle Rivalitäten in der Auseinandersetzung mit dem Islam. Beispiele aus der ostsyrischen Literatur", *Der Islam* 88 (2012): p. 51-72.

Essas críticas tendiam a se centralizar em dois pontos fundamentais. Primeiro, o Alcorão afirma que Deus deve ser distinto de todas as outras coisas e que ele não tem nenhum parceiro, e nada poderia ser associado a ele.[10] Sendo assim, atribuir descendência a Deus seria o mesmo que o associar com práticas humanas de geração e levantaria outro senhor junto a ele, o que era incompatível com a compreensão islâmica de monoteísmo.[11] Os muçulmanos, portanto, não aceitaram o Filho como o segundo princípio dentro da vida divina e rejeitaram a encarnação (isto é, que Deus houvesse entrado em Jesus de forma única e habite completa e permanentemente na humanidade de Jesus).[12] Em segundo lugar, os polemistas islâmicos argumentavam que uma encarnação não era necessária, pois a salvação não era alcançada por um ser humano para outro.[13] Apenas a pessoa que se arrependeu, acreditou em Alá e em seu mensageiro, e executou ações justas pode esperar pela misericórdia de Deus.[14] Se os cristãos não aceitam essa visão e oferecem uma leitura distinta, diziam os muçulmanos, é porque os cristãos corromperam as Escrituras e não entendem seu significado.[15]

OBRAS APOLOGÉTICAS

Antes de discutir os argumentos de Teodoro em defesa da fé, seria útil identificar brevemente as principais obras nas quais Teodoro procurou responder às críticas islâmicas contra as crenças cristãs.[16] A edição de 1904 por Constantin

---

[10] *Al-Nisā'* 4:48; *Al-Tawbah* 9:31.

[11] *Al-Isrā'* 17:111; *Al-Furqan* 25:2; *Al-Nisā'* 4:171. Veja Mark Beaumont, *Christology in dialogue with Muslims: a critical analysis of Christian presentations of Christ for Muslims from the ninth and twentieth centuries* (Carlisle: Paternoster, 2005), 8; Mark Beaumont, "Speaking of the triune God: Christian defence of the Trinity in the Early Islamic period", *Transformation* 29 (2012): p. 111-2.

[12] Conforme o Alcorão, *Al-Mā'idah* 5:72.

[13] Veja Steven J. McMichael, "The death, resurrection, and ascension of Jesus in Medieval Christian anti-Muslim religious polemics", *Islam and Christian-Muslim relations* 21 (2010), p. 160.

[14] Conforme o Alcorão, *Al-Qaṣaṣ* 28:67.

[15] Sobre as primeiras discussões islâmicas quanto a corrupção das Escrituras, veja Ryan Schaffner, "The Bible through a Qur'ānic filter: Scripture falsification (*Taḥrīf*) in 8th-and 9th-Century Muslim disputational literature" (Tese de doutorado, Ohio State University, 2016); Mark Beaumont, "'Ammār al-Basrī on the alleged corruption of the gospels". In: *The Bible in Arab Christianity*, ed. David Thomas (Leiden: Brill, 2007), p. 241-55.

[16] Alguns dos escritos de Teodoro permanecem sem edição; para a descrição de trabalhos existentes, mas ainda não publicados, veja Georg Graf, *Geschichte der christlichen arabischen Literatur*, vol. 2 (Vatican City: Biblioteca Apostolica Vaticana, 1947), p. 15-6; Joseph Nasrallah, "Dialogue islamo-chrétien à propos de publications récentes", *Revue des études islamiques* 46 (1978), p. 129-32; Joseph Nasrallah, *Histoire du mouvement littéraire dans l'église melchite du Ve au XXe siècle: contribution à l'étude de la littérature arabe chrétienne. Vol. II, Tome 2: 750-Xe S.* (Louvain: Peeters, 1988), p. 122-4; Samir Khalil Samir, "Al-jadīd fī sīrat Thāwudūrus Abī Qurra wa-āthārihi", *Al-Mashriq* 73 (1999), p. 417-49.

Bacha contendo dez curtos tratados de Teodoro estimulou o interesse acadêmico em seus escritos árabes.[17] Georg Graf publicou uma tradução alemã desses dez tratados em 1910.[18]

Ainda antes da edição de Bacha, Johannes Arendzen havia preparado a edição de um tratado em árabe de Teodoro a respeito da veneração de ícones, e o publicou com uma tradução latina.[19] A edição de Arenzen do texto também foi traduzida para o alemão por Graf.[20] Após a publicação de uma nova edição crítica do texto árabe por Ignace Dick em 1986, surgiram traduções para o italiano, inglês, finlandês, romeno e espanhol.[21]

Em 1912, Louis Cheikho produziu uma edição do texto árabe da obra mais extensa e sistemática de Teodoro, *O tratado sobre a existência do Criador e a verdadeira religião*.[22] Graf publicou uma tradução alemã dessa obra no ano seguinte.[23] Ignace Dick mais tarde produziu uma nova edição do texto

---

[17] Constantin Bacha, *Les oeuvres arabes de Théodore Aboucara, évêque d'Haran=Mayāmir Thāwudūrus Abī Qurra usquf Ḥarrān* (Beirut: Maṭbaʿat al-fawāʾid, 1904). No ano seguinte, Bacha republicou um desses tratados (*O tratado sobre a autoridade da Lei de Moisés e do evangelho*) com uma tradução francesa; veja Bacha, *Un traité des oeuvres arabes de Théodore Abou-kurra, évêque d'Haran* (Tripoli: L'évêché greccatholique, 1905).

[18] Georg Graf, *Die arabischen Schriften des Theodor Abû Qurra, Bischofs von Ḥarrān* (ca. 740–820) (Paderborn: Ferdinand Schöningh, 1910), p. 88-277. Bacha e Graf usaram esquemas diferentes para numerar os tratados; para a relação entre os dois esquemas, veja Adel-Théodore Khoury, *Les théologiens byzantins et l'Islam. Textes et auteurs (VIIIe-XIIIe S.)* (Louvain: Nauwelaerts, 1969), 85 n. 10. Quando um desses dez tratados é citado abaixo, após o título Maymar (palavra árabe para "tratado"), o número da edição de Bacha será informado em numerais arábicos, enquanto que a numeração de Graf será informada por numerais romanos. Teodoro estava particularmente interessado em responder objeções islâmicas nos tratados 1 (IX), 2 (III), 7 (VII), and 10 (VI).

[19] Johannes Arendzen, *Theodori Abū Ḳurrah De cultu imaginum libellus a codice Arabico nunc primum editus Latine versus illustratus* (Bonn: Drobnig, 1897).

[20] Graf, *Die arabischen Schriften*, p. 278-333 (=*Maymar* XI).

[21] Ignace Dick, *Théodore Abu Qurra: Traité du culte des icônes-Introduction et texte critique*, Patrimoine Arabe Chrétien 10 (Jounieh: Librairie Saint-Paul, 1986); Paola Pizzo, *Teodoro Abū Qurrah: la difesa dele icone. Trattato sulla venerazione delle immagini* (Milan: Jaca, 1995); Sidney H. Griffith, *Theodore Abū Qurrah: a treatise on the veneration of the holy icons* (Louvain: Peeters, 1997); Serafim Seppälä. *Theodoros Abu Qurra: Ikonien Kunnioittamisesta* (Helsinki: Maahenki, 2008); Lidia Rus, *Abu Qurra: Despre cinstirea Sfintelor Icoane* (Bucharest: Editura Univers Enciclopedic, 2012); Rocio Daga-Portillo, *Teodoro Abu Qurra: tratado sobre la veneración de los iconos* (Granada: Nuevo Inicio, 2017).

[22] Para uma breve descrição dessa obra e uma bibliografia detalhada, veja Thomas; Roggema, *Christian-Muslim relations*, p. 448-50. Para a edição de Louis Cheikho do texto árabe, veja "Maymar li-Tādurus Abī Qurrah fī wujūd al-khāliq wa l-dīn al-qawīm", *Al-Mashriq* 15 (1912), p. 757-74, p. 825-42.

[23] Georg Graf, *Des Theodor Abû Ḳurra Traktat über den Schöpfer und die wahre Religion* (Münster: Aschendorff, 1913).

árabe e uma tradução francesa.[24] Nos últimos sessenta anos, Dick e outros acadêmicos publicaram edições de diversas obras menores de Teodoro.[25] John Lamoreaux também publicou recentemente uma tradução inglesa de alguns escritos seletos de Teodoro.[26]

As obras de Teodoro cobriam uma ampla variedade de tópicos, que incluem não apenas uma defesa das doutrinas cristãs frente às críticas islâmicas, mas também debates com teólogos cristãos que não eram calcedônios como ele, bem como uma discussão de certas questões sobre o livre-arbítrio que eram de interesse de escritores filosóficos cristãos e islâmicos.[27] Teodoro também pode ter composto obras em outras línguas que não o árabe, uma vez que ele se refere a um tratado (agora perdido) que ele produziu em siríaco.[28]

---

[24] Ignace Dick, "Théodore Abuqurra, évêque melkite de Harran (750?-825?); introduction générale, texte et analyse du *Traité de l'existence du Créateur et de la vraie religion*" (Tese de doutorado, Université Catholique de Louvain, 1960). A edição revisada de Dick do texto árabe foi mais tarde publicada in *Théodore Abu Qurra: Traité de l'existence du Créateur et de la vraie religion-introduction et texte critique*, Patrimoine Arabe Chrétien 3 (Jounieh: Librairie Saint-Paul, 1982). Uma tradução inglesa não publicada é apresentada in George Hanna Khoury, "Theodore Abu Qurrah (c. 750–820): Translation and critical analysis of his 'Treatise on the existence of the Creator and On the true religion'" (Tese de doutorado, Graduate Theological Union, 1990).

[25] Ignace Dick, "Deux écrits inédits de Théodore Abuqurra", *Le Muséon* 72 (1959): p. 53-67; Sidney H. Griffith, "Some Unpublished Arabic Sayings Attributed to Theodore Abū Qurrah", *Le Muséon* 92 (1979): p. 29-35; John C. Lamoreaux, "An unedited tract against the Armenians by Theodore Abū Qurrah", *Le Muséon* 105 (1992): p. 327-41; Alexander Treiger, "New works by Theodore Abū Qurra preserved under the name of Thaddeus of Edessa", *Journal of Eastern Christian Studies* 68 (2016): p. 1-51.

[26] Lamoreaux, *Theodore*.

[27] Sobre os debates cristológicos com teólogos não calcedônios, veja Sidney H. Griffith, "'Melkites', 'Jacobites' and the Christological controversies in Arabic in third/ninth-century Syria", in *Syrian Christians Under Islam. The First Thousand Years*, ed. David Thomas (Leiden: Brill, 2001), p. 32-53. Para a discussão de Teodoro sobre o livre-arbítrio, veja Paola Pizzo; Samir Khalil Samir, *Teodoro Abū Qurrah. Trattato sulla libertà* (Turin: Zamorani, 2001); Thomas; Roggema, *Christian-Muslim relations*, p. 451-2.

[28] Veja Maymar 3 (Bacha, 60,20) = VIII.21 (Graf, 212), em que Teodoro fala sobre ter composto trinta *mayāmir* "em siríaco, em louvor da posição da ortodoxia [calcedônica] e das palavras [Tomo] de São Leão, bispo de Roma" (ET Lamoreaux, *Theodore*, p. 119). Lamoreaux segue Samir Khalil Samir ("Le traité sur les icônes d'Abū Qurrah mentionné par Eutychius", *Orientalia Christiana Periodica* 58 (1992), p. 469-72) no entendimento de que os trinta *mayāmir* são trinta capítulos de um único tratado teológico, talvez um *florilegium* doutrinal.

Existe uma série de obras menores em grego[29] atribuídas a ele, e muitas dessas obras também aparecem em uma tradução georgiana.[30]

RESPOSTA APOLOGÉTICA

Por meio de seus escritos, Teodoro argumentava que as diferenças entre religiões rivais poderiam ser decididas racionalmente. Pelo uso cuidadoso da

---

[29] Em 1606, o teólogo jesuíta Jakob Gretser publicou uma edição das 42 obras gregas atribuídas a Teodoro; veja Jakob Gretser, *Anastasii Sinaitae Patriarchae Antiocheni ... Dux viae* (Ingolstadt: Adam Sartorius, 1606), p. 376-547. A edição de Gretser incluía uma tradução latina feita anteriormente por acadêmicos que trabalharam em diferentes manuscritos; Gretser então forneceu um texto correspondente em grego para todas as obras, exceto uma, um único manuscrito grego do século XVI disponível para ele (Munich, *Bayerische Staatsbibliothek, gr.* 66). Migne (PG 97, p. 1461-1602) reproduzido nas 42 obras de sua edição. Migne também incluiu o amplo tratado grego *De unione et incarnatione* (PG 97, p. 1601-10), o qual havia sido publicado anteriormente em uma versão latina em Andreas Arnold, *S. Athanasii ... Syntagma doctrinae* (Paris: Martin & Boudot, 1685) p. 56-81 e reproduzida em Andreas Gallandi, *Bibliotheca veterum patrum*, v. 13 (Venice: G.B. Albrizzi, 1779), p. 286-89. Graf (*Die arabischen Schriften*, 67-77) questionou a autenticidade de muitas as obras que foram incluídas por Gretser e reproduzidas por Migne. Uma nova edição das obras gregas atribuídas a Teodoro e uma tradução alemã apareceram em Reinhold Glei e Adel Theodor Khoury, *Johannes Damaskenos und Theodor Abū Qurra. Schriften zum Islam* (Würzburg: Echter Verlag, 1995), 86-165; a partir dessa nova edição, uma tradução holandesa das obras gregas de Teodoro foi preparada por Michiel Op de Coul e Marcel Poorthuis, *Johannes Damascenus & Theodorus Abū Qurra. De eerste christelijke polemiek met de Islam* (Zoetermeer: Meinema, 2011), p. 84-169. A respeito da origem e da transmissão das obras gregas atribuídas a Teodoro, veja John C. Lamoreaux, "Theodore Abū Qurrah and John the Deacon", *Greek, Roman, and Byzantine Studies* 42 (2001), p. 361-86; Lamoreaux, *Theodore*, xxviii-xxx; Ina Süß, *Christus im Diskurs mit Muhammad. Das Ringen um religiöse Identität: Die Auseinandersetzung der syrischen Christen mit dem Islam anhand ausgewählter Texte des Johannes Damaskenos und des Theodor Abū Qurra* (Chemnitz: Universitätsverlag Chemnitz, 2015), p. 118-56.

[30] Sobre a tradução georgiana das obras de Teodoro, veja Marie-Felicite Brosset, "Histoire et litterature de la Georgie", *Recueil des Actes de la seance publique de l'Academie Imperiale des Sciences de Saint-Petersbourg* (St. Petersburg: n.p., 1838), p. 135-36; Gregor Peradze, "Die altchristliche Literatur in der georgischen Uberlieferung", *Oriens Christianus* 30 (1933): p. 192-94; Graf, *Geschichte*, p. 20–21; Dick, *Traite*, p. 89-92; Ivane Lolašvili, *Arsen Iq'altoeli* (Tbilisi: Metsniereba, 1978), p. 112–13; Roussoudane Gvaramia, "Bibliographie du dialogue islamo-chretien (auteurs chretiens de langue georgienne, VIIe–XIVe siecles)" *Islamochristiana* 6 (1980), p. 290-91; Michael Tarchnišvili, *Geschichte der kirchlichen georgischen Literatur* (Vatican City: Biblioteca Apostolica Vaticana, 1955), p. 129, 206, 208-9, 366, 370-71, 375, 380, 385. As obras que foram traduzidas do grego para a língua georgiana por Arsen Iq'altoeli († aproximadamente 1127) foram publicadas por Leila Datiašvili, *Teodore Abuk'ura. T'rakt'at'ebi da dialogebi targmnili berdznulidan Arsen Iq'altoelis mier* (Tbilisi: Metsniereba, 1980), p. 24-115. Tem sido debatido sobre se as obras gregas atribuídas a Teodoro se originaram como tradução do georgiano para o grego; veja Graf, *Geschichte*, 21; Bernadette Martin-Hisard, "La *Vie de Jean et Euthyme* et le statut du monastere des Iberes sur l'Athos", *Revue des etudes byzantines* 49 (1991): p. 86; Annie Mahe e Jean-Pierre Mahe, *La sagesse de Balahvar. Une vie christianisee du Bouddha* (Paris: Editions Gallimard, 1993), p. 26; Elguja Khintibidze, *Georgian Literature in European Scholarship* (Amsterdam: Adolf M. Hakkert and W. Kos, 2000), p. 17-18.

razão, é possível superar a dúvida e alcançar a certeza sobre o que é certo e justo, discernindo a religião pela qual Deus deseja ser adorado.[31] Ele começa sua defesa da fé cristã discutindo a natureza da razão e o critério que deve ser usado para discernir a verdadeira religião. Teodoro então mostra que era tanto razoável quanto necessário que Deus, o Pai, desse vida ao Filho e compartilhasse com ele todas as coisas (todo poder e toda perfeição, bem como o seu próprio ser). Em seguida, ele examina as razões que as pessoas podem ter para escolherem uma religião e nota que algumas dessas razões são indignas e egoístas, levando ao erro. O cristianismo, contudo, não recorre a motivos indevidos ou ao interesse próprio. Ao contrário, ele apresenta uma nova forma de vida que é desconhecida e exige abnegação; na verdade, ninguém abraçaria essa forma de vida a menos que tivesse visto os milagres feitos pelo poder de Jesus, que impeliu os discípulos a acreditarem, entregando-se a Deus. Teodoro conclui mostrando que era necessário que o Filho de Deus entrasse em uma vida humana para nos salvar e que somente dessa forma o amor e a justiça de Deus poderiam ser preservados.

Discernindo a verdadeira religião

Considerando o fato da diversidade religiosa, como se pode identificar a religião verdadeira? Teodoro explora essa questão na segunda seção de seu *Tratado sobre a existência do Criador e a verdadeira religião*.[32] Ele convida o leitor a se unir a ele em um experimento mental. Ele começa imaginando que cresceu em uma montanha onde não conhece ninguém e, quando desce para procurar companhia, encontra pessoas divididas por religiões concorrentes. Cada grupo alega ter um profeta que fala a verdade acerca dos assuntos divinos e cada um deles alerta Teodoro para não dar atenção aos clamores feitos pela outra religião, uma vez que ela não possui a verdade.

As afirmações feitas por cada um dos grupos religiosos são semelhantes na forma, nota Teodoro, e cada grupo aponta para a ação de Deus com relação a eles, descrevendo como Deus (ou os deuses) interveio para seu povo ou realizou milagres em seu meio. Cada grupo também cita os benefícios que

---

[31] Cf. *Maymar* 2 (III) (ET Lamoreaux, *Theodore*, 192).
[32] Dick, *Traité de l'existence*, p. 199-258. Para uma tradução inglesa dessa seção da obra, veja Lamoreaux, *Theodore*, p. 1-25. Uma tradução francesa e comentário são apresentados in Guy Monnot, "Abū Qurra et la pluralité des religions", *Revue de l'histoire des religions* 208 (1991): p. 49-71.

receberão os que seguirem as práticas descritas por sua religião particular e a punição que sofrerá quem não agir da forma exigida.

Teodoro compara essa situação à de um homem doente que recebe conselhos contraditórios de outras pessoas sobre o que é saudável e o que é prejudicial. Quando confrontado com a diversidade de opiniões, a mente deve encontrar critérios para decidir entre discursos rivais e, uma vez que os seres humanos são criados à semelhança de Deus, a mente deve raciocinar a partir do que é mais elevado e melhor na natureza humana para entender o caráter de Deus, que é a fonte de nossa vida e razão.[33] Enquanto a mente contempla tudo o que é virtuoso na vida humana e encontra a fonte dessas virtudes em diferentes aspectos da própria bondade de Deus (atributos de Deus), ela também obtém uma noção sobre o que é realmente bom (e deve ser feito) ou mal (e deve ser evitado).

A maior das virtudes, diz Teodoro, é dar as melhores coisas que se tem para que, assim, outros possam compartilhar e tirar proveito delas.[34] A coisa mais importante que alguém pode dar para outra pessoa é sua própria vida, uma vez que, sem a vida, a atividade virtuosa não é possível; as virtudes podem ser percebidas apenas em alguém que está vivo, e não em quem está morto. Além disso, é melhor dar a vida a outro que é do mesmo tipo de ser e, portanto, capaz de ser virtuoso da mesma forma e no mesmo grau. Isso é precisamente o que vemos na ordem da natureza: um homem gera um filho que é como ele e compartilha de sua natureza, tendo a capacidade para as mesmas virtudes.[35]

Uma vez que fomos criados à semelhança de Deus, nossas mentes são capazes de reconhecer o que é verdadeiramente bom; da mesma forma, também

---

[33] Conforme *Maymar* 5 (IV) (ET Lamoreaux, *Theodore*, p. 159-61). Há, é claro, uma diferença entre a forma boa em que as coisas existem em Deus e a forma que as coisas boas existem nos seres criados. As coisas boas existem em Deus da melhor maneira possível, sem qualquer limite ou qualificação e sem qualquer possibilidade de corrupção ou perda. Nas coisas criadas, contudo, bons poderes e qualidades virtuosas estão presentes apenas de uma forma limitada e qualificada, e podem ser corrompidos e perdidos. Para Teodoro, o fato de bens existirem somente em uma forma imperfeita no mundo criado mostra que a fonte desses bens está além do mundo, isto é, em um ser perfeito no qual cada bem existe em sua forma original (em outras palavras, completa e pura).

[34] Esse argumento foi mais tarde desenvolvido pelo teólogo cristão monofisita Yaḥyā ibn ʿAdī († AD 974); veja Samir Khalil Samir, "Christian Arabic literature in the ʿAbbasid period", in *Religion, learning and science in the ʿAbbasid period*, eds. M. J. L. Young, J. D. Latham; R. B. Serjeant (Cambridge: Cambridge University Press, 1990), p. 454.

[35] Os argumentos de Teodoro para a necessidade a adequação de geração dentro da vida divina foi criticada pelo teólogo islâmico do século X ʿAbd al-Jabbār, que pode ter se baseado em uma obra anterior (agora perdida) de Abū Mūsā ʿĪsā b. Ṣabīḥ al-Murdār († AD 841) intitulada "Contra Abucara, o cristão". Veja Christian Boudignon, "Logique aristotélicienne et *kalām ʿalā-l-naṣārā*: la réponse à Abū Qurra dans le Mugnī de ʿAbd al-Gʼ abbār", *Arabica* 58 (2011): p. 519-44.

temos uma intuição do que é errado e que não deve ser feito. Quando alguém nos engana ou nos prejudica, reprovamos isso e consideramos uma coisa má. Considerando que temos uma intuição de um prejuízo causado pelo mal, não devemos tratar os outros da maneira que nós mesmos não desejamos ser tratados. Devemos, ao contrário, tratar as outras pessoas da mesma forma que desejamos que os outros nos tratem.

Acima de tudo, diz Teodoro, desejamos ser tratados com amor e, portanto, devemos tratar os outros da mesma maneira. O amor envolve preferir outra pessoa a nós mesmos e se dispor a colocar de lado nosso próprio interesse a fim de ajudarmos outra pessoa. A forma mais elevada de amor é aquela que se estende a todas as pessoas e deseja o melhor para elas, não importando a condição moral em que elas se encontram. Em vez de retaliação contra aqueles que nos tratam mal, devemos, ao contrário, tratá-los com gentileza e desejar que sejam mudados para melhor e que se tornem bons. Em vez de desprezar ou ter ódio por outras pessoas, devemos desejar que elas recebem todas as coisas boas de Deus que uma criatura possa ter.

Teodoro afirma que, ao analisar as diversas religiões, é possível perceber que somente o cristianismo oferece uma orientação conformada aos princípios afirmados anteriormente. Os cristãos acreditam que Deus – pois ele é supremamente bom – deseja dar as melhores coisas que possui para os outros. Deus fez isso dando vida a outro que era como ele mesmo em todas as formas, tendo a mesma natureza e possuindo cada virtude e excelência que é própria a Deus. Se Deus não tivesse dado vida a quem era como ele, mas o tivesse feito para seres inferiores, ele perderia algo que é bom. Dado que até mesmo os pais humanos podem dar vida para quem é como eles próprios e são capazes de compartilhar as mesmas virtudes, faltaria um bem a Deus que os pais humanos possuem, e, assim, Deus seria inferior a eles nesse aspecto. Contudo, considerando que Deus não tem falta de nenhum bem, a ele agradou dar vida ao seu Filho e compartilhar com ele todas as coisas boas que o próprio Pai possui.

Quando se compara a forma de vida que Cristo ordenou com a orientação dada pelas outras religiões, é possível perceber que apenas o ensino de Cristo corresponde aos princípios racionais discutidos anteriormente. Notamos antes que o amor é o maior bem e o melhor tipo de amor é aquele que se estende a todas as pessoas e procura o bem delas, a despeito de seus males passados e presentes. Somente o ensino de Cristo se adequa a esse princípio, uma vez que ele ordenou aos seus seguidores que amassem a todos, até mesmo seus inimigos, e que fizessem o bem a eles (Lucas 6:35). Agindo dessa maneira, os seguidores de

Cristo demonstraram que eram filhos de Deus, que faz seu sol nascer sobre bons e maus, e envia a chuva tanto para justos quanto para injustos (Mateus 5:45).

Em contrapartida, observa Teodoro, outras religiões ensinam que a retaliação contra os outros é justificada. O desejo por desforra surge de um ressentimento que ocorre quando se é privado de certos prazeres e a força desse ressentimento leva a responder de formas excessivas, sem medidas ou limites, rejeitando os pedidos de amor e justiça. Uma resposta desse tipo é contrária à nossa natureza, corrompendo-a. Deus, no entanto, não deseja a corrupção de nossa natureza, mas ao contrário, deseja o seu bem; Deus nunca ordenaria coisas que nos degradam e nos levam à condenação.

Também fica claro que a retaliação é um mal quando o princípio de discernimento é considerado: deve-se agir da maneira que se deseja ser tratado pelos outros. Ninguém deseja sofrer retaliação de terceiros. Por que, então, pergunta Teodoro, um indivíduo pensaria que é bom vingar-se de alguém? O julgamento final, de qualquer forma, não pertence aos seres humanos, mas a Deus, e o que ele exige é isto: que se acredite no Filho e guarde os seus mandamentos, e isso inclui o mandamento de amar até mesmo os inimigos. Concluindo: então, a verdadeira religião é aquele que se caracteriza pelo maior amor com respeito ao próximo, um amor tão universal que se estenda a todas as pessoas, não importando seu estado moral presente, e é a autorrevelação de Deus em Jesus Cristo que melhor cumpre essa exigência.

Como as pessoas escolhem as religiões

Se de fato é possível discernir a religião verdadeira, por que muitas outras religiões continuam a existir? Teodoro afirma que as pessoas podem escolher uma religião por uma série de razões, nem todas de igual valor ou em conformidade com a verdade.[36] Por exemplo, uma pessoa pode escolher uma religião por ser de caráter mais permissivo e permitir que se busque coisas que

---

[36] Teodoro desenvolve tal argumento a respeito das razões indignas para adotar uma religião na terceira seção de seu *Tratado sobre a existência do Criador e a verdadeira religião* (Dick, *Traité de l'existence*, p. 259-70; ET Lamoreaux, *Theodore*, p. 41-7) e in *Maymar* 4 (II) (Bacha, *Les oeuvres arabes*, p. 71-5; ET Lamoreaux, *Theodore*, p. 49-3). Veja Sidney H. Griffith, "Comparative religion in the apologetics of the first Christian Arabic theologians", *Proceedings of the PMR conference* 4 (1979): p. 63-87; Sidney H. Griffith, "Faith and reason in Christian Kalām: Theodore Abū Qurrah on discerning the true religion". In: *Christian Arabic Apologetics During the Abbasid Period (750–1258)*, eds. Samir Khalil Samir; Jørgen S. Nielsen (Leiden: Brill, 1994), p. 1-43; Mark N. Swanson, "Apology or its evasion?: Some ninth-century Arabic Christian texts on discerning the true religion", *Currents in theology and mission* 37 (2010), p. 389-99.

agradam, como conforto, riqueza ou prazeres sensuais. Alguém também pode escolher uma religião porque ela permite conquistar poder sobre os outros e realizar suas ambições. Outros ainda podem escolher uma religião baseados em um zelo tribal, desde que aquele que promove tal religião seja um membro de seu grupo, e as pessoas podem ganhar poder ou status por meio de sua associação com ele. E, por fim, há ainda os que adotam uma religião por causa da coerção, temendo que os governantes lhes façam algum mal se não mudarem de religião. Em cada um dos casos, uma religião também pode parecer mais plausível se ela oferece ideias simples que são conhecidas de religiões mais antigas ou aceitas sem julgamento naquela sociedade.

Teodoro indica que a religião cristã não pode oferecer nenhum desses benefícios como incentivo para conversão. Em vez de ser permissiva, ela exigiu uma vida de autodomínio e alertou que qualquer um que seguisse Jesus sofreria dificuldades e até mesmo a morte por causa dele.[37] Além disso, Jesus e seus seguidores não tinham nenhuma riqueza ou poder terreno que pudessem oferecer para os outros. Tampouco o zelo tribal seria um incentivo para a conversão, pois os apóstolos eram judeus e deixaram suas famílias para pregar o evangelho aos gentios em muitas nações. Os apóstolos não tinham poder sobre outras pessoas e, portanto, não poderiam obrigar ninguém a adotar sua religião.[38] A religião que Jesus e seus seguidores proclamaram também possui muitas coisas que não são encontradas nas religiões anteriores e são contrárias ao que era aceito irrefletidamente na sociedade de seu tempo (por exemplo, a proibição de Jesus para a retaliação e o seu mandamento para amar o inimigo).[39] Assim, é claro que a religião cristã não cresce apelando a incentivos mundanos, mas porque suas exigências exclusivas foram apoiadas por demonstrações do poder divino.

---

[37] Lamoreaux ("Theodore", p. 379-380) discute o papel desempenhado por esse argumento nas obras de Teodoro em árabe e em um tratado grego (*op.* 21; Glei; Khoury, 106.92-93,105-110) que é claramente dependente dessas fontes árabes.

[38] Para um desenvolvimento desse tema em outros escritores cristãos árabes no século IX, veja Samir Khalil Samir, "Liberté religieuse et propagation de la foi chez les théologiens arabes chrétiens du IXe siècle et en Islam". In: *Witness of faith in life and worship. Tantur Yearbook 1980–1981* (Jerusalem: Ecumenical institute for theological research, 1981), p. 93-164.

[39] Para um argumento semelhantes em outro trabalho apologético árabe-cristão no começo do século IX, *The disputation of the monk Abraham of Tiberias*, veja Karl Vollers, "Das Religionsgespräch von Jerusalem (um 800 D)", *Zeitschrift für Kirchengeschichte* 29 (1908), p. 63; Giacinto Būlus Marcuzzo, *Le dialogue d'Abraham de Tibériade avec 'Abd al-Raḥman al-Hāšimī à Jérusalem vers 820* (Rome: Pontificia Universitas Lateranensis, 1986), p. 399-401.

Os sinais do poder divino atestam a verdade da religião cristã

Teodoro percebeu que, nos Evangelhos, Jesus ensinou e ordenou muitas coisas que eram surpreendentes ou chocantes para que o ouvia. Contudo, seus ouvintes receberam o ensino de Cristo quando o viram fazer coisas que não poderiam ser feitas sem a ajuda de Deus, incluindo trazer os mortos de volta à vida.[40] Além disso, Jesus fez essas coisas por meio de sua própria autoridade; ele não tinha nenhuma necessidade de esperar até que Deus sugerisse algo a ele nem precisou orar e esperar pela permissão de Deus.[41] O mesmo é verdade com relação aos discípulos de Cristo; eles não precisaram pedir permissão de Deus, mas agiram imediatamente para curar pelo poder do nome de Jesus. Essas manifestações do poder divino davam credibilidade às afirmações de Jesus de ser o Filho de Deus e causaram nas pessoas a crença de que ele carregou a cruz e padeceu todos os outros sofrimentos por causa de Deus e de nossa salvação.

A necessidade da encarnação

Mas por que o Filho precisou assumir a existência humana e passar por esses sofrimentos? Teodoro apresenta dois argumentos para explicar por que isso era necessário.[42] Ele primeiro argumenta que, pelo fato de Deus ser imaterial, invisível e não limitado a nenhum lugar, ele precisou assumir uma forma criada para se comunicar de maneira efetiva com seres criados. Teodoro explica que Deus desejou que a atenção de suas criaturas fosse dada a ele. A mente dos seres criados, contudo, é limitada e tem dificuldades de concentração em coisas que não têm limite ou lugar. Por essa razão, quando Deus revelou a si mesmo como presente, ele muitas vezes usou alguma coisa criada para atrair e manter a atenção de seus ouvintes. Quando Deus se revelou para

---

[40] Teodoro desenvolve esse argumento em *Maymar* 4 (II) (ET Lamoreaux, *Theodore*, p. 51-3), a primeira seção de *Maymar* 9 (I) (ET Lamoreaux, *Theodore*, p. 27-36) e a terceira seção do *Tratado sobre existência do Criador e a verdadeira religião* (ET Lamoreaux, *Theodore*, p. 46-7).

[41] *Maymar* 9 (I) (ET Lamoreaux, *Theodore*, p. 29). Teodoro está respondendo às afirmações feitas no Alcorão (*Āl-'Imran* 3:49; *Al-Mā'ida* 5:110) de que Jesus realizou milagres apenas com a permissão de Deus. Um argumento similar para o de Teodoro é encontrado em um texto apologético árabe-cristão anônimo do século IX ou X; veja Sidney H. Griffith, "Answers for the Shaykh: a 'Melkite' Arabic text from Sinai and the doctrines of the Trinity and the incarnation in 'Arab Orthodox' apologetics". In: *The encounter of Eastern Christianity with Islam*, eds. Emmanouela Grypeou; Mark N. Swanson; David Thomas (Leiden: Brill, 2006), p. 293, 297.

[42] Teodoro desenvolve esse argumento em *Maymar* 6 (V) (Bacha, *Les oeuvres arabes*, p. 83-91; ET Lamoreaux, *Theodore*, p. 129-35); veja Jean Rivière, "Un précurseur de Saint Anselme: La théologie rédemptrice de Théodore Abû Qurra", *Bulletin de littérature ecclésiastique* 6 (1914), p. 337-60.

Moisés, ele usou uma sarça ardente como algo no qual Moisés poderia fixar sua atenção e dirigir suas palavras. Mais tarde, Deus se revelou para Israel na forma de um rei assentado num trono, e o fez não porque precisasse de um trono, e sim porque dava às mentes criadas um lugar para dirigir seus louvores.[43] Da mesma forma, Deus fez do corpo de Jesus o lugar de sua habitação, permitindo que as pessoas focassem sua atenção no lugar em que Deus estava se revelando.[44]

Teodoro então argumenta que era necessário para Deus assumir uma existência humana e padecer sofrimento se quisesse libertar os seres humanos do pecado e, ao mesmo tempo, manter a justiça da Lei. A Lei, observa Teodoro, exige absoluta e incondicional devoção a Deus; nenhuma ação escapa disso nem pode ser considerada meramente discricionária. Como resultado, quando os seres humanos falham em fazer o que devem, não há nenhuma maneira de o restituírem, oferecendo em compensação alguma coisa que não foi exigida. Ao assumir a existência humana, Jesus foi capaz, como ser humano, de oferecer a total devoção que os outros seres humanos não ofereciam. Como Filho de Deus, ele também foi capaz de agir de modo a restituir o que outros não haviam feito e pagar a dívida que outros eram incapazes de pagar.

Teodoro desenvolveu esse argumento da seguinte forma: a Lei de Deus ordena que os seres humanos amem a Deus com todo o coração, com toda a sua mente e alma, e com toda a sua vontade. O que, então, pode ser feito quando

---

[43] Conforme *Maymar* 10 (VI) (ET Lamoreaux, *Theodore*, p. 136). Teodoro está ciente de que o Alcorão, embora enfatize a transcendência divina de limitações espaciais, também fala repetidamente de Deus como sentado em um trono (veja, por exemplo, *Yūnus*, 10:3) e que a devida interpretação dessas passagens era assunto de controvérsia no período de início do islã. Ele usa a imagem do Alcorão – de Deus sentado em um trono – para mostrar que era tanto razoável quanto necessário que Deus assumisse uma forma criada na encarnação. Teodoro desenvolve esse argumento da seguinte maneira: em sua misericórdia, Deus desejou tornar-se visível para suas criaturas e isso requeria assumir uma forma criada que existe em um lugar. Deus fez isso aceitando certos limites escolhidos livremente, mesmo sem reduzir sua divindade e seu poder divino de qualquer maneira. Assim, embora nenhuma criatura possa diretamente perceber o ser de Deus, seres criados podem conhecer o caráter de Deus assumido na forma humana na encarnação. Para uma discussão desse argumento, veja Seppo Rissanen, *Theological encounter of oriental Christians with Islam during Early Abbasid rule* (Åbo: Åbo Akademi University Press, 1993), p. 122-4; Beaumont, *Christology*, p. 33-6; Vasile-Octavian Mihoc, *Christliche Bilderverehrung im Kontext islamischer Bilderlosigkeit: Der Traktat über die Bilderverehrung von Theodor Abū Qurrah (ca. 755 bis ca. 830)* (Wiesbaden: Harrassowitz, 2017), p. 158-63.

[44] Teodoro faz um argumento similar nesse *Tratado sobre a veneração dos santos ícones* 11 (ET Griffith, *Treatise*, p. 58-9): ainda que Deus não seja limitado ou confinado por qualquer lugar, é ainda apropriado honrar o lugar no qual Deus se tornou conhecido para as pessoas.

alguém não oferece a Deus tudo o que possui? Não há como compensar pelo que não foi feito ao fazer alguma outra coisa que não foi exigida. Toda a nossa devoção foi exigida, mas nem tudo foi dado. Há, portanto, um débito que permanece, e não há nada que se possa oferecer para quitar essa dívida.

Nessa situação, diz Teodoro, há duas maneiras nas quais Deus pode responder. Primeiro, ele pode, sem mais condições, simplesmente perdoar os pecados e afastar a pena devida ao pecador. Isso exigiria que Deus desrespeitasse a Lei que ele havia instituído e não considerasse os pecados como se fossem um mal, o que seria contrário à justiça de Deus.[45] É claro, então, que a Lei deve ser respeitada e, se os pecados precisam ser perdoados, deve haver uma causa justa para fazê-lo.

Segundo, o próprio Deus pode fornecer uma maneira para que os seres humanos sejam perdoados. Justiça requer que o mal do pecado seja punido com a pena devida, e uma pena envolve sofrimento. A natureza de Deus não admite sofrimento, pois seu poder é infinito e ele não pode ser oprimido ou lesado por ninguém. Apenas um ser criado, cujo poder e cuja natureza são limitados, poderia sofrer. Portanto, Deus enviou o seu Filho para que ele mesmo assumisse a natureza humana, uma natureza que era capaz de sofrer.[46]

> Ele veio ao mundo e permitiu a si mesmo experimentar a punição que cada um de nós merecia por causa de nossos pecados, ou seja, ser surrado, humilhado, crucificado e experimentar a morte. Se ele não tivesse encarnado, não haveria nenhuma outra forma para que ele experimentasse essas dores, pois, em sua essência divina, ele não é visto ou tocado, nem é afetado por sofrimento, dor ou mal. Na encarnação, contudo, ele expôs seu corpo e tornou possível para si mesmo o sofrimento. Ele deixou que suas costas fossem surradas com chicotes, que sua cabeça fosse golpeada, deu o rosto para ser cuspido, suas mãos e seus pés para serem pregados, seu lado para ser perfurado por uma lança. Ele realmente sofreu essas dores em seu corpo[...] E foi assim que ele realizou a nossa salvação.[47]

---

[45] *Maymar* 6 (V) (ET Lamoreaux, *Theodore*, p. 130).
[46] Conforme o *Tratado sobre a veneração dos santos ícones* 5, 12 (ET Griffith, *Treatise*, p. 39, 63): "Nós atribuímos a Deus os mais puros atributos, mas também reconhecemos sua descida, em sua misericórdia, em algo além daquilo que está em harmonia com a transcendência do seu ser – onde está a nossa salvação, a qual agradecemos a ele... [Representações de Cristo são, portanto, apropriadas porque elas lembram os cristãos] de expressarem gratidão ao Messias por ter se encarnado para nossa salvação".
[47] *Maymar* 6 (V) (ET Lamoreaux, *Theodore*, p. 131).

Ao assumir a natureza humana, o Filho foi capaz de cumprir tudo o que a Lei exigia dos seres humanos e, também, foi capaz de sofrer a punição que os seres humanos mereciam sob a Lei, de acordo com seus pecados.

> Deixe que os ouvintes ouçam e entendam que, quando o Pai viu Adão e seus filhos caindo em pecado e sendo empurrados como que por ondas, e que por meio delas a destruição os esmagou, ele disse para seu Filho: "Vejo que Adão, que é feito à nossa imagem e semelhança, assim como sua descendência, sucumbiu ao domínio do pecado. A justa exigência do pecado que permanece contra eles os excluiu do estado de bem-aventurança para o qual foram criados. A Lei não pode ser invalidada, contudo; ela deve receber totalmente sua reivindicação, de cada ser humano. Venha, tome um corpo. Por intermédio dele, manifeste-se no mundo e exponha-se a si mesmo às punições que os seres humanos merecem por causa de seus pecados. Que aqueles castigos caiam sobre você, pois, quando isso acontecer, haverá perdão de pecados para aqueles que, pelos pecados deles, me oferecerem as suas dores. Para eles, haverá um livramento de cada pena que merecem de acordo com a minha Lei. Dessa forma, você anulará as justas exigências do pecado e do diabo, seu fomentador, e cumprirá as reivindicações da minha Lei sem torná-la nula ou inválida. Ao mesmo tempo, você abrirá a porta para toda a descendência de Adão que desejar libertação para si mesma, preparando para eles um perdão que obterão sem problemas, pela fé em você e pela oferta de suas dores".[48]

Até aqui, Teodoro demonstrou que o salvador precisava assumir uma vida humana se fosse agir a favor da humanidade por meio de seu sofrimento. Ao mesmo tempo, diz Teodoro, o salvador também precisava ser mais do que humano para disponibilizar o que ele alcançou para todas as pessoas. Se um ser humano individual fosse capaz de cumprir a Lei, o que ele conquistou seria limitado, pertencendo apenas àquele indivíduo e a nenhum outro. O que o Filho era e o que era capaz de oferecer excediam o que qualquer um que fosse apenas humano poderia dar. Aquele que sofreu pelos pecadores era de fato o irrepreensível Filho de Deus, igual ao Pai e seu amado. Para tal pessoa, dar a si mesmo pelos pecadores foi um ato tão extraordinário que nada poderia ser de maior valor. O ato de uma pessoa que era apenas humana poderia alcançar um bem limitado e receber um benefício proporcional, que atingiria apenas uma

---

[48] *Maymar* 6 (V) (ET Lamoreaux, *Theodore*, p. 132-3).

pessoa. O que o Filho de Deus conquistou foi um bem ilimitado e um benefício proporcionalmente maior, tão grande que poderia afetar inúmeras vidas.

> Você, meu Filho puro, é meu igual e compartilha a minha essência. Nem mesmo toda a humanidade poderia ser seu igual ou comparada a você de nenhuma forma por causa da glória incomparável de sua divindade. Dessa forma, quando tiver sofrido por causa deles apenas uma vez – a punição que eles mereciam inumeráveis vezes –, você fará com que a Lei seja totalmente atendida em suas reivindicações, e infinitamente mais... Na medida em que o Filho é incomparavelmente melhor do que todo o mundo... ele foi sacrificado por todo o mundo. Ele foi suficiente para dar à Lei o que ela exigia; de fato, ele foi imensuravelmente mais do que suficiente.[49]

CONTRIBUIÇÕES PARA A APOLOGÉTICA

Teodoro Abucara deu uma contribuição importante para a apologética cristã ao responder às críticas islâmicas de seu tempo contra a fé cristã. Ele levou a sério a pluralidade de religiões existentes dentro da sociedade do Oriente Médio e desenvolveu uma leitura razoável de como seria possível avaliar as declarações feitas pelas religiões rivais, e também estava bastante ciente das mudanças em seu contexto social e linguístico, usando suas obras para mostrar como a fé cristã poderia ser expressa em língua árabe e de maneira que considerasse o pensamento e a cultura islâmicos. Enquanto concordava com os teólogos muçulmanos que Deus transcende o mundo criado, Teodoro demonstrou que também era necessário que Deus entrasse na criação e assumisse nossa humanidade, pois só assim, ele argumenta, os pecados da humanidade poderiam ser perdoados de maneira apropriada à perfeita justiça de Deus e ao seu amor insuperável.

As obras apologéticas de Teodoro ajudaram a fortalecer e encorajar gerações de cristãos de língua árabe que viveram sob o domínio do islã, e seus escritos ainda são lidos com apreço nos dias de hoje no Oriente Médio. No último século, suas obras também se tornaram mais conhecidas na Europa e na América do Norte, oferecendo aos cristãos no ocidente recursos para explicar sua fé aos islâmicos e empenharem-se em diálogos construtivos.[50]

---

[49] *Maymar* 6 (V) (ET Lamoreaux, *Theodore*, p. 133).
[50] Para o uso das obras de Teodoro como um recurso no diálogo cristão contemporâneo com os muçulmanos, veja Beaumont, *Christology*, p. 200-12; Mark N. Swanson, "The Trinity in Christian-Muslim conversation", *Dialog: a journal of theology* 44 (2005), p. 256-63.

BIBLIOGRAFIA

ARENDZEN, Johannes. *Theodori Abū Ḳurrah De cultu imaginum libellus a codice Arabico nunc primum editus Latine versus illustratus* (Bonn: Drobnig, 1897).

ARNOLD, Andreas. S. *Athanasii ... Syntagma doctrinae* (Paris: Martin & Boudot, 1685).

AWAD, Najib George. *Orthodoxy in Arabic terms: a study of Theodore Abu Qurrah's theology in its Islamic context* (Berlin: De Gruyter, 2016).

BACHA, Constantin. *Les oeuvres arabes de Théodore Aboucara, évêque d'Haran=Mayāmir Thāwudūrus Abī Qurra usquf Ḥarrān* (Beirut: Maṭbaʿat al-fawāʾid, 1904).

____. *Un traité des oeuvres arabes de Théodore Abou-kurra, évêque d'Haran.* (Tripoli: L'évêché grec-catholique, 1905).

BEAUMONT, Mark. *Christology in Dialogue with Muslims: a critical analysis of christian presentations of Christ for Muslims from the ninth and twentieth centuries* (Carlisle: Paternoster, 2005).

____. "'Ammār al-Basrī on the alleged corruption of the gospels", p. 241-55. In: *The Bible in Arab Christianity*. Ed. David Thomas (Leiden: Brill, 2007).

____. "Speaking of the triune God: Christian defence of the Trinity in the Early Islamic period". *Transformation* 29 (2012): p. 111-27.

BOUAMAMA, Ali. *La littérature polémique musulmane contre le christianisme depuis ses origines jusqu'au XIIIe siècle* (Algiers: Entreprise Nationale du Livre, 1988).

BOUDIGNON, Christian. "Logique aristotélicienne et kalām ʿalā-l-naṣārā: la réponse à Abū Qurra dans le Mugnī de ʿAbd al-Gˇabbār". *Arabica* 58 (2011), p. 519-44.

BROSSET, Marie-Felicité. "Histoire et littérature de la Géorgie", p. 119-78. In: *Recueil des Actes de la séance publique de l'Académie Impériale des Sciences de Saint-Pétersbourg* (St. Petersburg, 1838).

CHEIKHO, Louis. "Maymar li-Tādurus Abī Qurrah fī wujūd al-khāliq wa l-dīn al-qawīm". *Al-Mashriq* 15 (1912), p. 757-74, 825-42.

DAGA-PORTILLO, Rocio. *Teodoro Abu Qurra: Tratado sobre la veneración de los iconos* (Granada: Nuevo Inicio, 2017).

DATIAŠVILI, Leila. *Teodore Abukʾura: Tʾraktʾatʾebi da dialogebi targmnili berdznulidan Arsen Iqʾaltoelis mier* (Tbilisi: Metsniereba, 1980).

DICK, Ignace. "Deux écrits inédits de Théodore Abuqurra". *Le Muséon* 72 (1959), p. 53-67.

____. "Théodore Abuqurra, évêque melkite de Harran (750?–825?); introduction générale, texte et analyse du *Traité de l'existence du Créateur et de la vraie religion*". Tese de doutorado (Université Catholique de Louvain, 1960).

____. *Théodore Abu Qurra: Traité de l'existence du Créateur et de la vraie religion-Introduction et texte critique*. Patrimoine Arabe Chrétien 3 (Jounieh: Librairie Saint-Paul, 1982).

____. *Théodore Abu Qurra: traité du culte des icônes-introduction et texte critique*. Patrimoine Arabe Chrétien 10 (Jounieh: Librairie Saint-Paul, 1986).

GALLANDI, Andreas. *Bibliotheca veterum patrum*. v. 13. Venice: G. B. Albrizzi, 1779.

GLEI, Reinhold; KHOURY, Adel Theodor. *Johannes Damaskenos und Theodor Abū Qurra. Schriften zum Islam* (Würzburg: Echter Verlag, 1995).

GRAF, Georg. *Die arabischen Schriften des Theodor Abû Qurra, Bischofs von Ḥarrān* (ca. 740–820) (Paderborn: Ferdinand Schöningh, 1910).

____. *Des Theodor Abû Ḳurra Traktat über den Schöpfer und die wahre Religion* (Münster: Aschendorff, 1913).

____. *Geschichte der christlichen arabischen Literatur*. v. 2. (Vaticano: Biblioteca Apostolica Vaticana, 1947).

GREEN, Tamara M. The *City of the Moon God: religious traditions of Harran* (Leiden: Brill, 1992).

GRETSER, Jakob. *Anastasii Sinaitae Patriarchae Antiocheni ... Dux viae* (Ingolstadt: Adam Sartorius, 1606).

GRIFFITH, Sidney H. "Some unpublished Arabic sayings attributed to Theodore Abū Qurrah". *Le Muséon* 92 (1979): p. 29-35.

____. "Comparative religion in the apologetics of the first Christian Arabic theologians". *Proceedings of the PMR Conference* 4 (1979): p. 63-87.

____. "Faith and reason in Christian Kalām: Theodore Abū Qurrah on Discerning the True Religion", p. 1-43. In: *Christian Arabic apologetics during the Abbasid period (750-1258)*. Eds. Samir Khalil Samir; Jørgen S. Nielsen (Leiden: Brill, 1994).

____. *Theodore Abū Qurrah. a treatise on the veneration of the holy icons* (Louvain: Peeters, 1997).

_____. "'Melkites', 'Jacobites' and the Christological controversies in Arabic in third/ninth-century Syria", p. 9-55. In: *Syrian Christians under Islam. The first thousand years*. Ed. David Thomas (Leiden: Brill, 2001).

_____. "Answers for the Shaykh: a 'Melkite' Arabic text from Sinai and the Doctrines of the Trinity and the incarnation in 'Arab orthodox' apologetics", p. 277-309. In: *The encounter of Eastern Christianity with Islam*. Eds. Emmanouela Grypeou; Mark N. Swanson; David Thomas (Leiden: Brill, 2006).

_____. *The Bible in Arabic: The Scriptures of the "people of the book" in the language of Islam* (Princeton: Princeton University Press, 2013).

GVARAMIA, Roussoudane. "Bibliographie du dialogue islamo-Chrétien (auteurs chrétiens de langue géorgienne, VIIe–XIVe siècles)". *Islamochristiana* 6 (1980): p. 287-95.

HJÄRPE, Jan. *Analyse critique des traditions arabes sur les sabéens ḥarraniens* (Uppsala: Skriv Service AB, 1972).

KHINTIBIDZE, Elguja. *Georgian literature in European scholarship* (Amsterdam: Adolf M. Hakkert and W. Kos, 2000).

KHOURY, Adel-Théodore. *Les théologiens byzantins et l'Islam. Textes et auteurs* (VIIIe-XIIIe S.) (Louvain: Nauwelaerts, 1969).

KHOURY, George Hanna. "Theodore Abu Qurrah (c. 750-820): Translation and critical analysis of his 'Treatise on the existence of the Creator and on the True Religion'". Tese de doutorado (Graduate Theological Union, 1990).

LAMOREAUX, John C. "An unedited tract against the Armenians by Theodore Abū Qurrah". *Le Muséon* 105 (1992): p. 327-41.

_____. "Theodore Abū Qurrah and John the Deacon". *Greek, Roman, and Byzantine studies* 42 (2001): p. 361-86.

_____. *Theodore Abū Qurrah*. Provo, UT: Brigham Young University Press, 2005.

LEEMING, Kate. "The adoption of Arabic as a liturgical language by the Palestinian Melkites", *ARAM Periodical* 15 (2003): p. 239-46.

LOLAŠVILI, Ivane. *Arsen Iq'altoeli*. Tbilisi: Metsniereba, 1978.

Mahé, Annie; Jean-Pierre Mahé. *La sagesse de Balahvar: Une vie christianiseé du Bouddha* (Paris: Éditions Gallimard, 1993).

MARCUZZO, Giacinto Būlus. *Le dialogue d'Abraham de Tibériade avec ʿAbd al-Raḥman al-Hāšimī à Jérusalem vers 820* (Rome: Pontificia Universitas Lateranensis, 1986).

MARTIN-Hisard, Bernadette. "La Vie de Jean et Euthyme et le statut du monastère des Ibères sur l'Athos". *Revue des études byzantines* 49 (1991): p. 67-142.

MCMICHAEL, Steven J. "The death, resurrection, and ascension of Jesus in Medieval Christian anti-Muslim religious polemics". *Islam and Christian-Muslim relations* 21 (2010): p. 157-73.

MIHOC, Vasile-Octavian. *Christliche Bilderverehrung im Kontext islamischer Bilderlosigkeit: Der Traktat über die Bilderverehrung von Theodor Abū Qurrah (ca. 755 bis ca. 830)* (Wiesbaden: Harrassowitz, 2017).

MONNOT, Guy. "Abū Qurra et la pluralité des religions". *Revue de l'histoire des religions* 208 (1991): p. 49-71.

NASRALLAH, Joseph. "Dialogue islamo-chrétien à propos de publications récentes". *Revue des études islamiques* 46 (1978): p. 121-51.

____. *Histoire du mouvement littéraire dans l'église melchite du Ve au XXe siècle: Contribution à l'étude de la littérature arabe chrétienne.* Vol. II, Tome 2: 750-Xe S (Louvain: Peeters, 1988).

OP DE COUL, Michiel; Marcel Poorthuis. *Johannes Damascenus & Theodorus Abū Qurra. De eerste christelijke polemiek met de Islam.* Zoetermeer: Meinema, 2011.

PERADZE, Gregor. "Die altchristliche Literatur in der georgischen Überlieferung". *Oriens Christianus* 30 (1933): p. 180-98.

PINGGÉRA, Karl. "Konfessionelle Rivalitäten in der Auseinandersetzung mit dem Islam. Beispiele aus der ostsyrischen Literatur". *Der Islam* 88 (2012): p. 51-72.

PIZZO, Paola. *Teodoro Abū Qurrah. La difesa delle icone. Trattato sulla venerazione delle immagini* (Milan: Jaca, 1995).

PIZZO, Paola; Samir Khalil Samir, *Teodoro Abū Qurrah. Trattato sulla libertà* (Turin: Zamorani, 2001).

RISSANEN, Seppo. *Theological encounter of oriental Christians with Islam during Early Abbasid rule* (Åbo: Åbo Akademi University Press, 1993).

RIVIÈRE, Jean. "Un précurseur de Saint Anselme: La théologie rédemptrice de Théodore Abû Qurra". *Bulletin de littérature ecclésiastique* 6 (1914): p.337-60.

RUS, Lidia. *Abu Qurra: Despre cinstirea Sfintelor Icoane* (Bucharest: Editura Univers Enciclopedic, 2012).

SAHNER, Christian C. "Swimming against the current: Muslim conversion to Christianity in the Early Islamic period". *Journal of the American oriental society* 136 (2016): p. 265-84.

SAMIR, Samir Khalil. "Liberté religieuse et propagation de la foi chez les théologiens arabes chrétiens du IXe siècle et en Islam", p. 93-164 in *Witness of faith in life and worship*. Tantur yearbook 1980-1981 (Jerusalem: ecumenical institute for theological research, 1981).

____. "Christian Arabic literature in the 'Abbasid period", p. 446-60 in *Religion, learning and science in the 'Abbasid period*. Ed. M. J. L. Young; J. D. Latham; R. B. Serjeant (Cambridge: Cambridge University Press, 1990).

____. "Le traité sur les icônes d'Abū Qurrah mentionné par Eutychius". *Orientalia Christiana Periodica* 58 (1992): p. 461-74.

____. "Al-jadīd fī sīrat Thāwudūrus Abī Qurra wa-āthārihi". *Al-Mashriq* 73 (1999): p. 417-49.

____. *Abū Qurrah. Vida, bibliografía y obras*. Trad. por Juan Pedro Monferrer (Córdoba: Universidad de Córdoba, 2005).

SCHAFFNER, Ryan. "The Bible through a Qur'ānic filter: Scripture falsification (Taḥrīf) in 8th-and 9th-century Muslim disputational literature". Tese de doutorado (Ohio State University, 2016).

SEPPÄLÄ, Serafim. *Theodoros Abu Qurra: Ikonien Kunnioittamisesta* (Helsinki: Maahenki, 2008).

SÜß, Ina. *Christus im Diskurs mit Muhammad. Das Ringen um religiöse Identität: Die Auseinandersetzung der syrischen Christen mit dem Islam anhand ausgewählter Texte des Johannes Damaskenos und des Theodor Abū Qurra* (Chemnitz: Universitätsverlag Chemnitz, 2015).

SWANSON, Mark N. "The Trinity in Christian-Muslim conversation". *Dialog: a journal of theology* 44 (2005): p. 256-63.

____. "Apologetics, catechesis, and the question of audience in 'On the triune nature of God' (Sinai Arabic 154) and Three treatises of Theodore Abū Qurrah", p. 113-34 in *Christians and Muslims in dialogue in the Islamic orient of the Middle Ages*. Ed. por Martin Tamcke (Beirut: Orient-Institut Beirut, 2007).

____. "Apology or its evasion?: some ninth-century Arabic Christian texts on Discerning the true religion". *Currents in theology and mission* 37 (2010): p. 389-99.

TARCHNIŠVILI, Michael. *Geschichte der kirchlichen georgischen Literatur* (Vaticano: Biblioteca Apostolica Vaticana, 1955).

THOMAS, David. *Anti-Christian polemic in Early Islam: Abū 'Isā al-Warrāq's "Against the Trinity"* (Cambridge: Cambridge University Press, 1992).

____. *Early Muslim polemic against Christianity: Abū 'Isā al-Warrāq's "Against the incarnation"* (Cambridge: Cambridge University Press, 2002).

THOMAS, David; ROGGEMA, Barbara, eds. *Christian-Muslim relations: a bibliographical history.* Vol. 1 (600–900) (Leiden: Brill, 2009).

TREIGER, Alexander. "The Fathers in Arabic", p. 442-55 in *The Wiley Blackwell companion to Patristics.* Ed. Ken Parry. Chichester (West Sussex: John Wiley and Sons, 2015).

____. "New Works by Theodore Abū Qurra preserved under the name of Thaddeus of Edessa". *Journal of Eastern Christian studies* 68 (2016): p. 1-51.

TUBACH, Jürgen. *Im Schatten des Sonnengottes: der Sonnenkult in Edessa, Ḥarrān und Ḥaṭrā am Vorabend der christlichen Mission* (Wiesbaden: Harrassowitz, 1986).

VOLLERS, Karl. "Das Religionsgespräch von Jerusalem (um 800 D)". *Zeitschrift für Kirchengeschichte* 29 (1908): p.29-71, 197-221.

Timóteo de Bagdá
UM MODELO DE DIÁLOGO PACÍFICO

Edward L. Smither; Trevor Castor

Timóteo de Bagdá (727-823) foi um antigo apologeta respondendo questões relevantes ao diálogo islâmico-cristão necessário para o envolvimento cultural de hoje. Questões como: "os cristãos adoram três deuses? Como Deus pode ter um filho? E Jesus, morreu na cruz?" ainda representam problemas para os muçulmanos quando ouvem a mensagem cristã. Apesar de suas discussões com o califa islâmico Mahdi (aproximadamente 744-785), Timóteo, que serviu como bispo da Igreja do Oriente em Bagdá, respondeu muitas das questões islâmicas sobre o evangelho. Ele mostra que é possível se envolver em um diálogo pacífico com os islâmicos sem comprometer a essência da fé cristã.

CONTEXTO HISTÓRICO

Timóteo nasceu em uma família abastada, e seu tio atuou como bispo. Seguindo o holístico programa de estudos da Igreja do Oriente, Timóteo se preparou para o ministério concluindo estudos em hermenêutica, teologia, filosofia e medicina. Ele estudou teologia tanto em siríaco (o idioma de sua mãe) quanto em grego, e tornou-se bem versado nos escritos de Teodoro de Mopsuéstia (350-420), Deodoro (morto em 390), Orígenes (185-254), os capadócios (século IV) e Gregório, o Grande (morto em 604). Ele também tinha fluência em persa. Seus estudos em filosofia grega, particularmente Aristóteles, deu a ele uma estrutura com a qual dialogar com os pensadores islâmicos em Bagdá.

Somado à sua erudição na teologia, Timóteo provou ser um líder e reformador capaz dentro da Igreja do Oriente. O primeiro lugar onde serviu foi em Bet Bägash (sudeste da Turquia), uma igreja que havia sido liderada anteriormente por seu tio. Após oito anos, ele candidatou-se para liderar a igreja em Bagdá. Pelo fato da simonia (compra de cargos episcopais) ser comum na igreja oriental, Timóteo chegou em Bagdá com bolsas (presumivelmente cheias de ouro) para os bispos que supervisionavam a eleição. Uma vez nomeado, ele revelou que as bolsas estavam cheias de pedra. Esse ato simbolizou sua habilidade para navegar na política da igreja e também de estabelecer reformas nela.

Apesar de a Igreja do Oriente enfrentar acusações de ser teologicamente nestoriana, Timóteo considerava sua comunidade uma fiel guardiã da ortodoxia. Bastante versado nos pais da igreja em siríaco, grego e latim, ele realizou concílios da igreja em 790 e 804, nos quais a fé nicena foi defendida.[1]

Timóteo começou a liderar a igreja em Bagdá no ano de 762, um pouco mais que uma década após a Dinastia Abássida ter estabelecido seu califado na cidade. A Igreja do Oriente desejava estabelecer sua presença na cidade para manter os olhos sobre as ações dos líderes islâmicos e muitos cristãos atuaram em diversos cargos dentro da corte do califa. Ironicamente, os cristãos da Igreja do Oriente desfrutaram de maior liberdade sob governo islâmico do que sob o recém derrotado Império Bizantino. Como resultado, Timóteo garantiu a permissão do califa para enviar missionários às terras anteriormente cristãs da Ásia Central e Oriental, e também usou os monastérios da Igreja do Oriente na Pérsia como centros de treinamento, onde os monges estudavam teologia, filosofia, medicina e idiomas para pregar, cuidar de necessidades físicas e traduzir as Escrituras. Ele também estabeleceu bispos para as novas igrejas na Ásia Central, no Tibete e na China.[2]

CONTEXTO TEOLÓGICO

Igreja do Oriente

Por causa de uma suposta conexão com o bispo do século V, Nestório de Constantinopla (aproximadamente 386-451), que foi condenado por suas visões cristológicas, a Igreja do Oriente tem sido muitas vezes citada como a Igreja Nestoriana. Lieu e Parry afirmam que esse título é incorreto: "O assim chamado nestorianismo é um construto bizantino errôneo dos debates cristológicos e da política eclesiástica centralizada em Constantinopla no século V e teve pouco impacto sobre as comunidades cristãs na Ásia Central, na China

---

[1] Veja Samuel H. Moffett, *A history of Christianity in Asia, Volume I: beginnings to 1500* (Maryknoll: Orbis, 1998), p. 352.

[2] Veja Frederick W. Norris, "Timothy I of Baghdad, Catholicos of the East Syrian Church, 780–823: still a valuable model". *International bulletin of missionary research* 30:3 (2006): p. 133-5; também Edward L. Smither, *Missionary monks: an introduction to the history and theology of missionary monasticism* (Eugene: Cascade, 2016), p. 143-5; e Dale T. Irvin and Scott W. Sunquist, *History of the world Christian movement Volume 1: Earliest Christianity to 1453* (Maryknoll: Orbis, 2001), p. 285.

e na Índia".[3] Para nossos propósitos, a Igreja do Oriente se refere aos cristãos sírios e persas que originalmente viveram entre Edessa e Nísibis, na região fronteiriça entre os Impérios Romano e Persa, e que se submeteram à liderança do Patriarca de Selêucia-Ctesiphon.[4]

A Igreja do Oriente surgiu enquanto o evangelho se espalhava em direção ao leste, de Antioquia a Edessa – uma cidade na antiga rota da seda que conectava mercadores que viajavam entre Roma, Pérsia, Armênia e Arábia. No final do século II, as Escrituras foram traduzidas para o siríaco pelo pai da igreja oriental Taciano de Mesopotâmia (morto por volta de 185). No começo do século III, um bispo foi designado para a igreja em Edessa.[5] Por causa da posição dessa cidade na rota da seda, o evangelho rapidamente se encaminhou para as regiões persas ao leste, principalmente pelo testemunho de mercadores.[6] Entre o os séculos III e VI, cristãos expulsos e deportados também foram entrando na Pérsia a partir de Antioquia, Síria, Cilícia e Capadócia.[7]

Após o surgimento do Império Sassânida na Pérsia em 225, a Igreja do Oriente desenvolveu mais de uma identidade persa. A igreja estava situada na capital persa de Selêucia-Ctesiphon e sua escola teológica ficava localizada em Nísisbis. Isso não significava que o cristianismo ganhou aceitação oficial na Pérsia. Apesar de um breve período de tolerância no começo do século V, o governo – dominado pelo zoroastrismo – discriminava e, por vezes, perseguia a igreja entre os séculos IV e VI. Os cristãos persas eram muitas vezes associados com os romanos, que haviam tolerado e abraçado o cristianismo como uma religião imperial no século IV. Em resposta a uma carta do imperador Constantino (morto em 337) de 315, solicitando que os cristãos persas fossem protegidos, Sapor II (309-379) iniciou uma brutal perseguição contra a igreja

---

[3] Samuel N. C. Lieu; Ken Parry, "Deep into Asia", in: *Early Christianity in contexts: an exploration across cultures and continents*, ed. William Tabbernee (Grand Rapids: Baker Academic, 2014), p. 147; também Moffett, *A history of Christianity in Asia*, xiv; Aziz S. Atiya, *History of Eastern Christianity* (Piscataway, NJ: Gorgias, 2010), p. 241-2; e Wilhelm Baum; Dietmar W. Winkler, *The Church of the East: a concise history* (London: Routledge, 2000), p. 3-5.

[4] Veja Irvin; Sunquist, *History of the world Christian movement*, p. 197; também Baum; Winkler, *Church of the East*, p. 7-9.

[5] Veja Moffett, *History of Christianity in Asia*, p. 46, 72-7.

[6] John Stewart, *Nestorian missionary enterprise: the story of a church on fire* (Edinburgh: T&T Clark, 1928), p. 9.

[7] Veja Baum; Winkler, *Church of the East*, p. 9-12.

persa. Com o tempo, essa perseguição levou muitos cristãos persas a deixarem sua terra natal e emigrar para lugares como a Arábia.[8]

Somado à produção de uma das mais antigas traduções das Escrituras, a Igreja do Oriente desenvolveu sua própria rica tradição teológica. Com escolas teológicas em Edessa e Nísibis, a igreja era conhecida por pensadores como Efraim da Síria (306-373), que articulou a teologia em forma de hinos e poesia. Apesar de a Igreja do Oriente passar a ser mais identificada com a teologia nestoriana no século V, eles nunca afirmaram as ideias cristológicas de Nestório. Ao contrário, foram acusados de associação porque seguiam a tradição teológica de Antioquia e seu grande pensador, Teodoro de Mopsuéstia. A Igreja do Oriente rejeitou a Fórmula de Calcedônia de 451, que articulava a união hipostática de Cristo. Eles se opuseram à fórmula não por associação com Nestório, mas em oposição à forma grega que foi articulada e que parecia alienar os sírios de mentalidade semita. A Igreja do Oriente se separou das outras igrejas sírias, mas isso tinha mais a ver com divisões políticas do que diferenças teológicas.[9]

Seguindo o surgimento e expansão do islã nos séculos VI e VII, a Igreja do Oriente foi uma das poucas comunidades cristãs a florescer no Oriente Médio e na Ásia Central. Na época de Timóteo, havia cerca de dez milhões de cristãos na Igreja do Oriente espalhadas por toda a Ásia.[10]

Contexto islâmico

Timóteo liderou a comunidade cristã em Bagdá, onde o Califado Abássida – o centro de governo global para o islã – estava localizado. Após a morte do profeta islâmico Maomé (570-632), os califas (líderes espirituais, políticos, militares e econômicos) baseados em Medina lideraram a comunidade islâmica. De 661 a 750, a Dinastia Omíada governou o mundo islâmico a partir de Damasco. Em 750, o califa Mansur (714-775) construiu a cidade de Bagdá sobre o rio Tigre e lá estabeleceu o Califado Abássida; assim, os abássidas governaram sediados em Bagdá por quinhentos anos.

---

[8] Veja Moffett, *History of Christianity in Asia*, p. 92, 112, 117, 137-45, 157-61; também Irvin; Sunquist, *History of the world Christian movement*, p. 199-203; e Stewart, *Nestorian missionary enterprise*, p. 16-35, 50-1.

[9] Veja Irvin; Sunquist, *History of the world Christian movement*, p. 197-201; também Moffett, *History of Christianity in Asia*, p. 154, 169-80, 200-5; Baum; Winkler, *Church of the East*, p. 7, 11, 19-32; e Lieu; Parry, "Deep into Asia", p. 148.

[10] Veja Norris, "Timothy I of Baghdad", p. 133.

Embora a cultura árabe dominasse o Califado Omíada, a comunidade islâmica se tornou mais diversa e global durante o período abássida. Por meio do trabalho de negociantes e mercadores, o islã se espalhou para novas partes da África, incluindo Sudão (África Oriental), Gâmbia e Senegal (África Ocidental). Missionários muçulmanos da Índia disseminaram a fé para a Indonésia e, estendendo-se da Espanha até a Indonésia, o Califado Abássida cresceu em riqueza e poder durante esse período.[11]

O mundo islâmico também desfrutou de uma era de ouro na educação sob os abássidas. Baseados em obras de gregos e persas, os pensadores islâmicos fizeram avanços na filosofia, medicina, astronomia, matemática e ciência. Eles traduziram e assimilaram as obras de Aristóteles na filosofia medieval islâmica e o matemático Abu Ja'far Muhammad ibn Musa al-Khwarizmi (morto em 850) foi pioneiro no estudo da álgebra e no uso de algoritmos.

RESPOSTA APOLOGÉTICA

De acordo com Michael Penn, os cristãos da Igreja do Oriente tiveram uma história de envolvimento no diálogo com os muçulmanos por meio do gênero de cartas disputativas. Os líderes islâmicos iniciavam a correspondência com questões breves, e suas contrapartes cristãs rebatiam então com respostas extensas. As questões mais comuns surgiam a respeito da natureza de Deus (particularmente a Trindade), da vida e morte de Cristo, das visões cristãs sobre Maomé e o Alcorão, e de outras crenças e práticas cristãs.[12] Um diálogo de dois dias entre Timóteo e o califa Mahdi em 781 seguiu o padrão dessas cartas e lidou com muitas das mesmas questões.

Algum tempo depois do encontro, a pedido de um colega cristão, Timóteo escreveu *A apologia de Timóteo, o patriarca, diante do califa Mahdi*.[13] Apesar de o documento conter a perspectiva e a parcialidade de Timóteo sobre a discussão, ele também serve como um manual de treinamento para a igreja do século VIII responder às questões dos muçulmanos sobre o evangelho.

Sendo um convidado na corte do califa e um líder da comunidade de fé minoritária em Bagdá, Timóteo trata seu anfitrião com honra, referindo-se

---

[11] Veja Moffett, *History of Christianity in Asia*, p. 348-9.

[12] Veja Michael Phillip Penn, *When Christians first met Muslims: a sourcebook on the Earliest Syriac writings on Islam* (Berkeley: University of California Press, 2015), p. 15.

[13] Veja Alphonse Mingana, *The apology of Timothy the Patriarch before the Caliph Mahdi* (Cambridge: Woodbrooke Studies Vol. 2, 1927-1934), p. 11.

ao califa Mahdi como um "rei amado por Deus".[14] Embora ele confesse que há somente um Deus e um só Senhor Jesus Cristo (1Coríntios 8:6), seu ponto de partida com o califa é a crença comum, sustentada por cristãos e muçulmanos, na natureza eterna de Deus. A partir daí, ele dirige uma série de questões, dentre as quais daremos ênfase a quatro neste capítulo: Jesus é o Filho de Deus? O que é a Trindade? Cristo morreu? Maomé é mencionado na Bíblia?

Jesus é o Filho de Deus?

O califa responde ao anúncio de abertura de Timóteo sobre a natureza eterna de Deus com uma questão: "Oh, Catholicos [patriarca ou bispo], um homem como você, que possui todo esse conhecimento e profere tais palavras sublimes a respeito de Deus, não pode dizer que Deus se casou com uma mulher em quem ele gerou um filho".[15] Essa objeção comum dos islâmicos vem diretamente do Alcorão: "O Criador dos céus e da terra! Como ele poderia ter filhos se não tem esposa, quando ele criou todas as coisas e tem total conhecimento de tudo?" (Sura 6:101).[16]

Para grande surpresa do califa, Timóteo concorda que é impossível para Deus ter um filho literal, e ele explica que qualquer um que sugira que Cristo é a descendência de uma união sexual entre Deus e Maria blasfema. O ensino cristão ortodoxo nunca fez tal afirmação e o Alcorão (Sura 5:116) também nega essa possibilidade.

O califa não tinha problemas com as afirmações de que Cristo nasceu de uma virgem ou que o anjo Gabriel anunciou seu nascimento, pois esses fatos são narrados no Alcorão (Sura 3:42-49; 19:16-26). Mas o interesse de Mahdi é no fato de Cristo (e também o Espírito Santo) ser divino. O líder muçulmano está relutante em aceitar que o Filho e o Espírito possuem naturezas eternas, insistindo que eles são seres criados. Mais tarde, o califa nega a possibilidade de que um Deus eterno possa nascer no espaço-tempo.

Timóteo explica que Maria não deu à luz ao Jesus divino. Curiosamente, durante o século V, a igreja lutou com uma questão semelhante: Maria era portadora de Deus (*theotokos*) ou portadora de Cristo (*Christotokos*)? Maria deu à luz a divindade? Timóteo procura esclarecer a identidade de Cristo

---

[14] Mingana, *Apology of Timothy*, 18 (nota: todas as traduções inglesas da Apologia de Timóteo são de Mingana).

[15] Ibid., p. 17.

[16] Todas as referências ao Alcorão são tiradas de M.A.S Abdel Haleem (2008).

dizendo, "Cristo é o Verbo-Deus, que apareceu em carne para a salvação do mundo".[17] Timóteo também pode ter escolhido esses títulos (Cristo e Verbo) porque ambos são usados no Alcorão para descrever Jesus (3:45). Ainda, na Igreja do Oriente, essas eram formas comuns de distinguir entre a natureza divina de Cristo (Verbo, ou *logos*) e sua natureza humana (carne). Utilizando essa estrutura, Timóteo explica a unidade dessas naturezas em uma pessoa, dizendo, "Ele é um com sua humanidade, enquanto preserva a distinção entre sua invisibilidade e sua visibilidade, e entre sua divindade e sua humanidade. Cristo é um em sua filiação e dois nos atributos de suas naturezas".[18] Em resumo, o Verbo é eternamente gerado do Pai em sua natureza divina, ao passo que Cristo é gerado de Maria no espaço-tempo em sua natureza humana.

Mais adiante, o califa pressiona Timóteo, perguntado por que ele chamava Jesus de Filho de Deus, Timóteo responde, "Oh, rei, Cristo é o Filho de Deus, e eu o confesso e o adoro como tal. Isso eu aprendi do próprio Cristo no evangelho e dos livros da Torá e dos profetas, que o conhecem e o chamam pelo nome de 'Filho de Deus', mas não um filho na carne, como uma criança que nasce de forma carnal, mas um Filho admirável e maravilhoso".[19]

Baseando seu argumento nas Escrituras cristãs, Timóteo assevera que todo testemunho das Escrituras afirma Cristo como o Filho de Deus. Sua referência a Isaías 9:6 é importante, pois dissipa a concepção equivocada dos muçulmanos de que o Filho de Deus é uma ideia do Novo Testamento que os discípulos de Cristo propagaram.

Perplexo com a tentativa de Timóteo de explicar a união hipostática (Cristo era totalmente Deus e totalmente homem), o califa Mahdi pede ao bispo mais esclarecimentos. Timóteo responde explicando a natureza de Cristo por meio de uma série de metáforas e símiles, incluindo a imagem do sol. Antes de pronunciar essa imagem, Timóteo faz um importante aviso: "Oh, nosso rei, que ele é um Filho e que ele nasceu, aprendemos e acreditamos, mas não ousamos investigar como ele nasceu antes dos tempos, e não somos capazes de entender de todo esse fato, assim como Deus é incompreensível e inexplicável em todas as coisas".[20] Ao confessar que Jesus é o Filho de Deus, descansando no

---

[17] Mingana, *Apology of Timothy*, p. 17.
[18] Ibid., p. 20.
[19] Ibid., p. 17.
[20] Ibid.

testemunho das Escrituras, Timóteo está contente em relatar ao califa que esse é, em última análise, um mistério que somente Deus compreende.

O que é a Trindade?

O califa pergunta a Timóteo se ele acredita no Pai, Filho e Espírito Santo, ao que este responde: "Eu os adoro e acredito neles".[21] Incapaz de aceitar essa confissão, Mahdi acusa Timóteo de triteísmo.

Timóteo recorre às analogias para explicar a relação eterna dentro da Trindade. Sua analogia preferida é comparar o Pai, Filho e Espírito Santo ao sol. Ele afirma: "Como a luz e o calor não são separáveis do sol, assim também (o Verbo) e o Espírito Santo não são separáveis dele. Se alguém separa a luz e o calor do sol, ele imediatamente se tornará incapaz de fornecer luz e calor e, por consequência, deixará de ser o sol".[22]

Seguindo a tradição da igreja oriental e grega, Timóteo dá ênfase à natureza relacional da divindade em lugar de sua essência compartilhada, reforçada pela igreja ocidental. Embora o Pai gere o Filho e o Espírito Santo proceda do Pai, a divindade é entendida por intermédio das relações entre as três pessoas da Trindade.

O argumento da divindade relacional de Timóteo incitou o califa a pedir ao bispo suporte das Escrituras cristãs sobre o relacionamento eterno entre o Pai, o Filho e o Espírito Santo. Timóteo respondeu com uma litania de textos (com minha ênfase adicionada) para sustentar suas afirmações. Dos Salmos, ele cita:

> Mediante a *palavra* do Senhor foram feitos os céus, e os corpos celestes, pelo sopro de sua boca (Salmo 33:6)

> A tua *palavra*, Senhor, para sempre está firmada nos céus.(Salmo 119:89).

> Quando envias teu *Espírito*, eles são criados, e tu renovas a terra (Salmo 104:30)

Do profeta Isaias, ele cita o seguinte:

> A relva murcha, e as flores caem, mas a *palavra* de nosso Deus permanece para sempre (Isaías 40:8).

---

[21] Ibid., p. 22.
[22] Ibid., p. 23.

Do Novo Testamento, ele cita o prólogo do Evangelho de João: "No começo era o *Verbo*, e o *Verbo* estava com Deus, e o *Verbo* era Deus. Ele estava no princípio com Deus. Todas as coisas foram feitas por meio dele, e sem ele nada teria sido feito" (João 1:1-4). Por fim, ele cita as palavras da comissão feita por Jesus em Mateus: "Vão, portanto, e façam discípulos de todas as nações, batizando-os em nome do Pai, do Filho e do Espírito Santo" (Mateus 28:19).[23] Timóteo argumenta que o salmista, os profetas, Cristo e os escritores dos Evangelhos concordam que Deus o Pai, o Verbo e o Espírito são todos unidos em um relacionamento eterno.

Continuando a lutar com a divindade do Filho dentro do ser de Deus, o califa responde: "Pelo fato de você dizer que ele [Cristo] adorou e orou, você nega sua divindade, pois, se ele adorou e orou, ele não é Deus; se ele fosse Deus, não haveria feito essas coisas".[24] O Alcorão objeta quanto a divindade de Cristo ao destacar suas limitações humanas, tais como a necessidade de comer (Sura 5:75). Timóteo responde lembrando o califa de convicção comum entre eles de que Deus criou os céus e a terra por sua Palavra (Sura 2:17; 3:59). Ele também menciona a crença compartilhada entre cristãos e muçulmanos de que Cristo é a Palavra de Deus (Sura 3:45; 4:171). Dado que tudo foi criado pela Palavra de Deus, diz Timóteo, Cristo é Senhor de tudo e não precisa de nada.

Por fim, Timóteo apela à ideia comum entre cristãos e muçulmanos de que Jesus viveu uma vida sem pecados. Embora Jesus não precisasse ser batizado, ter orado ou adorado, Timóteo afirma que o Senhor fez essas coisas para dar um exemplo de como viver a vida cristã.

Cristo morreu?

Quanto Timóteo menciona a morte de Cristo, o califa recorre ao Alcorão e argumenta que Cristo não morreu em uma cruz. Isso só pareceu ter ocorrido (Sura 4:157). Timóteo responde citando outras duas passagens do Alcorão que mencionam a morte de Cristo (Sura 19:33; 3:55); mas Mahdi rebate que essas passagens se referem a uma eventual morte de Cristo quando ele retornar para o dia do julgamento.

Timóteo continua o diálogo apelando para as profecias do Antigo Testamento sobre o Messias morrendo por crucificação (Salmo 22; Zacarias 13:7;

---

[23] Timóteo também cita Salmos 56:10 e João 17:5.
[24] Mingana, *Apology of Timothy*, p. 30.

Isaías 53:5; Daniel 9:26). O califa pondera que os profetas também devem ter visto uma ilusão da crucificação.

Timóteo então pergunta a Mahdi quem seria responsável por essa ilusão? Deus enganou os profetas? Ele ludibriou os discípulos a acreditarem que Cristo morreu e foi levantado dos mortos? Deus os considerará responsáveis por terem acreditado em um engano? Para Timóteo, Deus não poderia enganar os profetas ou os discípulos com essa ilusão, pois isso seria contrário à sua natureza.

O califa sugere que o sofrimento de Cristo na cruz era contra a natureza de Deus, pois ele não permitiria que seu servo fosse entregue aos judeus para ser crucificado (Sura 3:55). Timóteo responde que, de acordo com o Alcorão (Sura 2:87; 3:21; 3:112; 5:70), os judeus mataram outros profetas antes de Cristo. Timóteo acrescenta que os judeus não tomaram a vida de Cristo; ao contrário, ele a deu por vontade própria (João 10:18). Se aquele que causou um terremoto, o escurecimento do sol, e os mortos se levantarem por meio de sua crucificação tivesse desejado impedi-la, ele então o teria feito (Mateus 27:51-54; Marcos 15:33). Cristo morreu e assim ele desejou.[25]

Maomé é mencionado na Bíblia?

Seguindo o extensivo uso que Timóteo faz das Escrituras para mostrar a relação eterna das pessoas da Trindade, o califa pergunta por que as passagens bíblicas que mencionam Maomé são ignoradas: "Como é que você aceita a Cristo e ao evangelho do testemunho da Torá e dos profetas, e você não aceita Maomé a partir do testemunho de Cristo e do evangelho?"[26] A afirmação do califa de que Maomé é mencionado tanto no Antigo Testamento quanto no Novo vem do Alcorão (Sura 7:157).

Timóteo responde recorrendo novamente às Escrituras. Ele foca nas profecias do Antigo Testamento a respeito do nascimento virginal (Isaías 7:14), dos títulos messiânicos (Isaías 9:6), dos milagres (Isaías 35:5), do sofrimento e morte (Isaias 53:5), da ressurreição de Cristo (Salmos 16:10), de sua ascensão (Salmos 47:5) e de seu retorno futuro (Daniel 7:13-14). Mais do que uma referência obscura a Cristo, essas profecias do Antigo Testamento afirmam a identidade, a pessoa e a obra de Cristo. Timóteo continua: "Essas e dezenas de outras passagens dos profetas nos mostram Jesus Cristo em um reflexo claro e apontam para

---

[25] Cf. Ibid., p. 41-3.
[26] Ibid., p. 32.

ele. Quanto a Maomé, não recebi um único testemunho, seja de Jesus Cristo, seja do evangelho, que faça referência ao seu nome ou às suas obras".[27]

O califa continua ao afirmar que o Novo Testamento se refere a Maomé como o paráclito (ajudador, confortador, conselheiro). Timóteo argumenta que o paráclito compartilha da natureza de Deus, permitindo a ele procurar, conhecer e revelar a profundidade de Deus. O paráclito é espírito e não limitado por espaço ou tempo (Lucas 24:39). Ele também participa na obra da criação (Salmos 33:6). Por fim, a principal obra do paráclito é lembrar aos discípulos os ensinamentos de Cristo e fortalecê-los para o ministério (João 14:26). Uma vez que Maomé possuía somente uma natureza humana, era limitado pelo espaço e tempo, negou a Trindade e não realizou milagres, ele não pode ser identificado como o paráclito das Escrituras.

O califa apela para a Torá e argumenta que o profeta mencionado em Deuteronômio 18:15 (um profeta como Moisés que seria enviado por Deus) era uma referência a Maomé. Mahdi apoia sua afirmação dizendo que os ismaelitas, ou árabes, são irmãos dos israelitas e que, como Moisés, Maomé também trouxe uma lei. Timóteo responde explicando que o profeta mencionado na Torá viria das tribos de Israel e iria até elas como um profeta. Maomé não é originário de Israel e ele não foi para lá – foi apenas para os árabes. Diferente de Moisés, Maomé não realizou milagres. Timóteo conclui que se Maomé foi mencionado no Antigo Testamento, ele teria sido destacado tão claramente quanto Cristo havia sido por meio das diversas profecias citadas. Por fim, Timóteo confessa que, se as Escrituras falassem sobre Maomé de forma tão clara, então ele abandonaria o cristianismo e abraçaria o islã.[28]

Embora Timóteo conclua que Maomé não é mencionado nas Escrituras, ele elogia o profeta islâmico: "Maomé é digno de todo respeito por todas as pessoas razoáveis, oh, meu soberano [...] ele ensinou sobre Deus, sua Palavra e seu Espírito, e, uma vez que todos os profetas têm profetizado sobre Deus, sua Palavra e seu Espírito, Maomé caminhou, assim, pela trilha de todos os outros profetas".[29]

Timóteo elogia o ensino de Maomé sobre a unidade de Deus e também compara o uso que Maomé faz da espada contra os idólatras de Meca às instruções de Moisés para matar os israelitas que adoraram o bezerro de ouro (Êxodo 32:27).

---

[27] Ibid., p. 33.
[28] Cf. Ibid., p. 51.
[29] Ibid., p. 61.

METODOLOGIA APOLOGÉTICA

Apesar de ser o líder da comunidade cristã minoritária em Bagdá, a Timóteo foi dada voz, e ele foi convidado para um diálogo com o califa islâmico reinante, Mahdi. Podemos dizer que o califa estava oferecendo ao bispo um tipo de liberdade acadêmica antiga. Apaixonado por enviar missionários para o resto da Ásia, Timóteo não se envergonhou de proclamar o evangelho e defender o ensino histórico cristão em sua própria comunidade. Resumimos agora seus princípios apologéticos que também se mostraram úteis para os cristãos contemporâneos em conversa com os islâmicos.

Alguém por dentro da cultura. Timóteo não era um estrangeiro disseminando uma fé também estrangeira. Além de sua língua nativa, o siríaco, ele falava árabe e provavelmente um pouco do persa. Ele olhou para o mundo a partir de uma perspectiva asiática e semítica, que o permitiu elaborar metáforas e analogias que possibilitavam sua conexão com seus conterrâneos islâmicos. Sua educação em filosofia também o ajudou a compreender o mundo intelectual dos eruditos islâmicos e a responder adequadamente às questões do califa Mahdi.

Ele compreendia o Alcorão. Como demonstra seu diálogo com o califa Mahdi, Timóteo compreendia muito bem o livro sagrado dos muçulmanos e era capaz de recorrer a ele quando necessário, e também de responder aos argumentos do califa que eram baseados em versos do Alcorão.

Ele apelava às Escrituras. Timóteo tem êxito ao apresentar clareza sobre a questão do Filho de Deus, da Trindade, da morte de Cristo e do entendimento cristão sobre Maomé. Embora ele conhecesse o Alcorão e pudesse recorrer a ele quando necessário, Timóteo conhecia a Bíblia ainda mais. Por diversas vezes, ele baseia suas respostas no ensino histórico das Escrituras e ainda convida seu parceiro de diálogo, o califa, a obter uma compreensão mais profunda das Escrituras.

A diferença entre Timóteo e o califa Mahdi pode ser resumida na forma como cada um aceita a revelação divina. Quando o califa pergunta a Timóteo se ele acreditava que o Alcorão era inspirado por Deus, o bispo responde com sua convicção sobre as Escrituras cristãs: "Não é minha tarefa decidir se é de Deus ou não, mas direi algo sobre o qual sua majestade está bastante ciente, a saber, que todas as palavras de Deus encontradas na Torá e nos profetas, e aquelas encontradas no evangelho e nos escritos dos apóstolos têm sido confirmadas por sinais e milagres; quanto às palavras do seu livro, elas não foram corroboradas por nenhum sinal ou milagre".[30]

Ele construiu pontes. Enquanto permanecia firme sobre o ensino histórico cristão das Escrituras, Timóteo enfatizou crenças comuns entre os cristãos e os islâmicos. Seu diálogo foi baseado na crença compartilhada na natureza eterna de Deus e ele também pôde falar de forma positiva sobre o islã, incluindo seu elogio a Maomé. Ao ouvir as opiniões de Timóteo sobre Maomé, o califa Mahdi convidou o bispo para recitar a *shahada* (declaração para se tornar um muçulmano), em especial a primeira parte, a qual afirma que "Deus é um e não há outro além dele". Apesar de não se converter ao islã, Timóteo respondeu que ele já acreditava naquelas palavras: "Essa crença em um só Deus, oh, meu soberano, eu aprendi da Torá, dos profetas e do evangelho. Permaneço nela e nela morrerei".[31]

Timóteo reconheceu as fortes diferenças entre o islã e o cristianismo; mesmo assim, ele se colocou como um companheiro que procura a verdade. Timóteo comparou a verdade espiritual a uma pérola que caiu no chão de uma casa escura. Muçulmanos e cristãos, da mesma forma, estão procurando aquela verdade, acreditando que, quando a luz entrar na casa, eles a possuirão.

CONTRIBUIÇÕES PARA A APOLOGÉTICA

Os quatro princípios usados por Timóteo são bastante relevantes para os cristãos de hoje em seu envolvimento com os islâmicos. Embora muitos cristãos possam não ter aquele status de alguém por dentro da cultura como era Timóteo, eles seriam sábios ao aprender e mesmo dominar a língua, a cultura e a visão de mundo de seus amigos muçulmanos. Os cristãos também deveriam desenvolver uma compreensão do Alcorão, Hádices e outras literaturas islâmicas para que pudessem ter diálogos significativos. Mais do que isso, o modelo de Timóteo ensina os cristãos a conhecerem suas próprias Escrituras para se defenderem contra falsos ensinos e, também, esclarecer a pessoa de Cristo, o ser de Deus, e a essência do evangelho. Por fim, embora Timóteo apresentasse um testemunho corajoso, ele não falava a partir de uma posição de poder. Ele era o líder de uma comunidade de fé minoritária que construiu pontes para compreensão junto aos muçulmanos enquanto se apresentava como um companheiro na busca pela verdade.

---

[30] Ibid., p. 36.
[31] Ibid., p. 62.

BIBLIOGRAFIA

ABDEL Haleem, M. A. S. Tradução de *The Qur'an*. Oxford World Classics (Oxford: Oxford University Press, 2008).

ATIYA, Aziz S. *History of Eastern Christianity* (Piscataway: Gorgias, 2010).

BAUM, Wilhelm; WINKLER, Dietmar W. *The Church of the East: a concise history* (London: Routledge, 2000).

IRVIN, Dale T.; SUNQUIST, Scott W. *History of the world Christian movement volume 1: Earliest Christianity to 1453* (Maryknoll: Orbis, 2001).

LIEU, Samuel N. C.; PARRY, Ken. "Deep into Asia", p. 143-180 in: *Early Christianity in contexts: an exploration across cultures and continents*. Ed. William Tabbernee (Grand Rapids: Baker Academic, 2014).

MINGANA, Alphonse. *The apology of Timothy the Patriarch before the Caliph Mahdi* (Cambridge: Woodbrooke Studies Vol. 2, 1928).

MOFFETT, Samuel H. *A history of Christianity in Asia, volume I: beginnings to 1500* (Maryknoll: Orbis, 1998).

NORRIS, Frederick W. "Timothy I of Baghdad, Catholicos of the East Syrian Church, 780–823: still a valuable model". *International Bulletin of Missionary Research* 30:3 (2006): p. 133-6.

PENN, Michael Phillip. *When Christians first met Muslims: a sourcebook on the Earliest Syriac writings on Islam* (Berkeley: University of California Press, 2015).

SMITHER, Edward L. *Missionary monks: an introduction to the history and theology of missionary monasticism* (Eugene: Cascade, 2016).

STEWART, John. *Nestorian missionary enterprise: the story of a church on fire* (Edinburgh: T&T Clark, 1928).

Anselmo de Cantuária
APOLOGÉTICA E A *RATIO FIDEI*
Edward N. Martin e Steven B. Cowan

No século XI, ainda não havia "universidades", não havia nenhum renascimento dos textos de Aristóteles, e a Conquista Normanda ocorria principalmente na Inglaterra, fazendo mudanças importantes na Europa após 1066. Os grandes centros de ensino europeus eram os mosteiros, e Anselmo (1033-1109) encontraria seu lar nos mosteiros da França e da Inglaterra por quase toda a sua carreira. Por vezes chamado de "o segundo Agostinho", Anselmo buscou defender a fé "confiada ao santo povo de Deus" (Judas 3) por intermédio do uso cuidadoso da lógica ou "dialética". Por meio de seu método apologético particular de afirmação racionalista das Escrituras, que ele desenvolveu durante toda a sua carreira de ensino e em seus escritos, Anselmo enfrentou assuntos como fé e razão, a existência de Deus, a teologia filosófica da encarnação e da Trindade, presciência e livre-arbítrio, verdade, o uso lógico da linguagem e da comunicação, e tópicos associados a esses.

CONTEXTO HISTÓRICO

Anselmo nasceu em Aosta, no noroeste da Itália, em 1033. De acordo com Martin Rule, é provável que ele tenha sido parente do marquês de Susa, Manfredo I. Manfredo era um tio materno de Arduíno, o marquês de Ivrea, que foi rei da Itália por 13 anos. Dessa forma, há uma conexão entre Anselmo e a linha familiar de Bonifácio, marquês da Toscana, que foi o pai da talvez mais poderosa mulher dos tempos medievais, Matilda.[1] Foi no Castelo Canossa, de Matilda, que ocorreu o famoso impasse entre o imperador do Sacro Império Romano-Germânico, Henrique IV, e o papa Gregório VII em 1077 – parte da Controvérsia das Investiduras que mais tarde alcançaria Anselmo quando ele estava na Cantuária. O rei excomungado, descalço e penitente permaneceu na neve durante uma tempestade que durou três dias, tentando entrar no

---

[1] Martin Rule, *The life and times of St. Anselm: archbishop of Canterbury and primate of the Britains*, 2 vols. (London: Paul, Trench, and Company, 1883), vol. 1, p. 1.

castelo de Matilda, onde o papa estava hospedado. Finalmente, Henrique foi recebido, implorando pelo perdão do papa Gregório, e a ele foi garantida a absolvição, a despeito de ter sido excomungado, e os três participaram juntos da comunhão naquela tarde no castelo de Matilda.[2]

Anselmo vagueou como um erudito errante quando tinha pouco mais de vinte anos, até estabelecer-se como noviço no mosteiro beneditino de Bec, no norte da França. Quando ele chegou, em 1059, com 26 anos, o que mais o atraiu ao mosteiro de Bec foi o prior Lanfranco, que liderava um dos mais importantes centros de estudos na Europa naquela época – que era anterior às universidades. Os mosteiros eram muito importantes como lugares de ensino não apenas para professores ativos em teologia e artes liberais, como também para as bibliotecas e para os copistas que faziam e distribuíam cópias de textos importantes das Escrituras, da história e de outras áreas de ensino.

Anselmo, conhecido por sua mente acurada e pela devoção religiosa, rapidamente avançou em Bec. Quando Lanfranco deixou o mosteiro e foi para Caen, em 1063 (para se tornar bispo da Cantuária antes de seu aluno), Anselmo foi eleito para substituir o prior. Embora o posto trouxesse preocupações administrativas de vez em quando, Anselmo desfrutou de muita estabilidade durante os trinta anos de sua permanência. Em 1089, tendo atuado por 19 anos como arcebispo, Lanfranco morreu, e o arcebispado permaneceu aberto por cerca de quatro anos, período em que os reis após Guilherme, o Conquistador (Guilherme II), saquearam mais facilmente os cofres da igreja sem um arcebispo por perto. Anselmo não pediu uma promoção; na verdade, ele estava relutante em viajar para a Inglaterra, pois temia ser um possível candidato para o cargo e assumir novamente a posição de Lanfranc. Mas ele viajou, pesarosamente, a convite de várias pessoas, deixando claro que ele não queria o cargo e suas tarefas administrativas. Anselmo era bastante reconhecido na Cantuária pela comunidade religiosa e secular. Guilherme II parecia satisfeito por deixar a vaga em aberto até cair terrivelmente doente em 1092 e, temendo ser esta uma punição divina por ter saqueado os cofres eclesiásticos nos últimos anos, chamou o homem que os seus liderados recomendaram para ele como o mais óbvio sucessor de Lanfranco – Anselmo. Assim, apesar

---

[2] Para mais informações sobre a controvérsia, veja *The correspondence of Pope Gregory VII: selected letters from the Registrum*, trad. Ephraim Emerton (New York: Columbia University Press, 1932); *The papal reform of the eleventh century: lives of Pope Leo IX and Pope Gregory VII*, trad. I. S. Robinson (Manchester: Manchester University Press, 2004); e I. S. Robinson, *Henry IV of Germany 1056-1106* (Cambridge: Cambridge University Press, 2000).

das tentativas para evitá-lo, Anselmo foi nomeado como o 36º arcebispo de Cantuária em 1093, onde serviu até a sua morte em 21 de abril de 1109.

CONTEXTO TEOLÓGICO

Durante o período em que esteve na Cantuária, Anselmo escreveu duas obras apologéticas dignas de nota. A primeira foi escrita em resposta a um herege chamado Roscelino de Compiègne, o qual defendia que, se Cristo havia se encarnado e se a doutrina da Trindade estava correta, então certamente o Pai e o Espírito Santo também haviam encarnado. Esse episódio levou à eventual retratação de Roscelino e, depois, à retratação daquela retratação. A resposta apologética de Anselmo foi uma carta extensa intitulada *Sobre a encarnação do Verbo*, escrita para o papa Urbano II.[3] A segunda obra que ele escreveu é o famoso *Cur Deus homo*, um diálogo entre professor (Anselmo) e aluno (Boso) sobre por que foi necessário que Deus se transformasse em um ser humano para salvar a humanidade. Deus não poderia simplesmente nos perdoar apenas declarando isso? Não, diz Anselmo. De modo a satisfazer a justiça divina, os humanos devem fazer uma compensação; mas apenas Deus tem o que é necessário para carregar os pecados. Assim, diz Anselmo, deve haver um Deus-homem que realize essa expiação.[4] Note que, embora existam dois usos da palavra *deve* nessas descrições, esse ato de salvação é, em última análise, o exercício livre da graça divina. *Se* Deus escolhe salvar alguns de nós, isso ocorre por prerrogativa divina. Mas *se* devemos ser salvos, *então* essa encarnação, supõe Anselmo, deve acontecer. Esses termos sinalizam uma interação criativa do "deve" para o qual a lógica conduz e o "livre-arbítrio" com o qual Deus exerce sua graça ou misericórdia. Aqui, Anselmo também apresenta sua noção de satisfação ou "expiação substitutiva", um avanço significativo dessa doutrina.

Durante esse tempo, Anselmo foi exilado duas vezes. A primeira foi de 1097 até 1100, quando o rei Guilherme II morreu; a segunda ocorreu entre 1103 e 1106, após uma barganha aceita pelo novo rei, Henrique I. Esse segundo exílio ocorreu por conta da controvérsia em curso mencionada anteriormente, conhecida como a "Controvérsia das Investiduras". Após retornar de seu segundo exílio, Anselmo escreveu sua última obra, *De concordia*, sobre a

---

[3] Sandra Visser; Thomas Williams, *Great Medieval thinkers: Anselm* (Oxford: Oxford University Press, 2009), p. 8.
[4] Veja *Cur Deus Homo*, livro 2, capítulo 6.

compatibilidade da liberdade humana com a presciência divina, a graça e a predestinação de Deus.

METODOLOGIA APOLOGÉTICA

Para os interessados em apologética, a questão de como a fé e a razão devem se relacionar uma com a outra na vida do cristão é um tópico perene para discussão e debate, e não era diferente nos dias de Anselmo.[5] Havia facções em guerra: aqueles que repudiaram o uso da filosofia em assuntos teológicos e os que tendiam a aceitá-la positivamente em vários graus. Anselmo aceitava bastante o uso da lógica para explicar as proposições da teologia, e ele o fazia porque entendia que a fé em busca de maior iluminação era guiada por um método racional e lógico de investigação.

As características essenciais da dialética que Anselmo trouxe como ferramenta para a explicação do conteúdo teológico eram as leis da lógica e a procura por termos médios em silogismos.

Leis da lógica

A lei ou o princípio mais básico da lógica é a *lei da não contradição*. Aplicada às coisas, ela afirma: *uma coisa não pode ser e não ser ao mesmo tempo e no mesmo sentido*. Aplicada a proposições, afirma: *uma proposição* (uma afirmação que pode ser verdadeira ou falsa) *não pode ser verdadeira e não verdadeira ao mesmo tempo e no mesmo sentido*. Dessa forma, se uma única declaração afirma uma verdade T e nega T ao mesmo tempo e no mesmo sentido, essa declaração é uma contradição. Quando duas ou mais proposições são comparadas e aceitas como verdadeiras, levam a uma violação da lei de não contradição (LNC) (p.ex., se alguém afirma que "João possui seu carro" e outro diz "não é verdade que João possui seu carro"), dizemos que essas afirmações são *logicamente inconsistentes*. Ou seja, não há mundo possível no qual ambas as proposições sejam verdadeiras. O cristianismo, como uma posição teológica, afirma muitas proposições (p.ex., ele afirma que Deus criou o mundo *ex nihilo*; que Deus estava em Cristo, reconciliando o mundo consigo mesmo; que as Sagradas Escrituras são inspiradas pelo Espírito Santo de Deus; e que os seres humanos são feitos à imagem de Deus). Assim, é certo que nossa fé cristã deve

---

[5] Veja esse debate sendo bem interpretado no contexto medieval na obra *O nome da rosa*, de Umberto Eco (New York: Mariner, 1980) [no Brasil: *O nome da rosa* (Rio de Janeiro: Record, 2019)].

ser logicamente consistente; toda a nossa crença a respeito do que nossa fé afirma não pode violar a LNC.

A busca pelo "termo médio"

Aristóteles, o "pai da lógica", categorizou uma ampla gama de argumentos ou *silogismos* na forma lógica que ele conhecia. Em um silogismo, a principal premissa é apresentada primeiro e depois as premissas menores, seguidas pela conclusão. Havia um termo maior (o predicado da conclusão) e um termo menor (o sujeito da conclusão). Havia também um termo médio, que aparecia duas vezes nas premissas, mas desaparecia da conclusão. Na época de Boécio, o foco na lógica, especialmente quando aplicada à teologia, era encontrar o termo médio nos argumentos. Ian Logan escreve:

> O propósito da [obra *Tópicos*, de Aristóteles] é fornecer um quadro exaustivo para a descoberta dos argumentos. De acordo com Boécio, "cada argumento é expresso por um silogismo ou um entimema". Um "argumento" não é nada senão a descoberta de um [termo] intermediário, pois um intermediário é capaz de unir os extremos, se uma afirmação é mantida, ou desuni-los, se uma negação é afirmada.[6]

O que Logan quer dizer é que em um silogismo há três termos, A, B e C, e uma premissa afirma "A é ___ para B", a outra que "B é ___ para C", e a conclusão é elaborada do seguinte modo: "assim A é ___ para C", onde "___" geralmente aponta para algum termo que indica uma relação. A cola que une os termos A e B em um silogismo é B, o termo médio, e esse termo médio é, para Boécio, o intermediário.

Um exemplo familiar pode ser útil:

1. Todos os humanos são mortais.
2. Sócrates é humano.
3. Logo, Sócrates é mortal.

Aqui, o termo médio é *humanos*; é o que une "mortal" (o termo maior) e "Sócrates" (o termo menor), como visto na conclusão. Além disso, dizemos que esse argumento é *válido*, ou seja, que é um argumento cuja forma é tal que é *impossível* que todas as premissas (aqui 1-2) sejam *verdadeiras* e a conclusão

---

[6] Eleonore Stump, *Boethius's In Ciceronis Topica* (Ithaca: Cornell University Press, 1988), p. 31-2. Citado em Ian Logan, *Reading Anselm's Proslogion: the history of Anselm's argument and its significance today* (London: Routledge, 2016), p. 14-5.

seja *falsa*. Essa validade do argumento, então, significa que a verdade das premissas 1-2 implica a verdade da conclusão. Note a força do enunciado aqui: se as premissas são verdadeiras, é *impossível* que a conclusão seja falsa. Essa é a forma mais forte de necessidade que está disponível na linguagem humana – necessidade lógica.

Note-se que as relações lógicas são o tipo de relações necessárias e *a priori*. Dessa maneira, quando Anselmo fala das "razões necessárias" durante a elucidação da fé cristã pela análise lógica e racional, é a necessidade lógica que une os termos maior, menor e o médio.

Um exemplo da "procura pelo termo médio" citado anteriormente pode ser provavelmente visto no argumento de Anselmo em seu *Cur Deus homo*, "Por que Deus tinha que se tornar um homem", mencionado anteriormente. Considere como a busca pelo "termo médio" do argumento permeia o coração do evangelho e da encarnação. Primeiro, a humanidade foi criada em relacionamento com Deus, mas os humanos pecaram contra ele, incorrendo em uma dívida que eles não poderiam pagar. Qualquer capacidade de penitência ou justiça que eles pudessem reunir seria somente para pagar aquilo que eles normalmente devem a Deus por causa da aliança com ele. Segundo, Deus exigiu um pagamento pelo pecado. Uma compensação deve ser feita e Deus ainda quer que os humanos (por serem criados com tal propósito) sejam felizes – ao encontrar sua satisfação nele. Mas, em terceiro lugar, o que é o agente de ligação (termo médio) que conecta um Deus afrontado – ainda que reconciliador – a uma humanidade pecaminosa que não pode ser reconciliada com Deus por meio de suas próprias forças? O *termo médio* procurado é, nos diz Anselmo, *o Deus que se tornou um ser humano*. Se existe um abismo de dívida entre Deus e os humanos, a ponte (um tipo de *termo médio*) *entre* os dois é um Deus-humano, o Deus-homem, Cristo Jesus. Anselmo usou a lógica para expressar essas relações necessárias dentro da divindade e nas relações de Deus com sua criação caída.

Metodologicamente, vemos como Anselmo confiava no poder da razão para sua apologética cristã e ele sustenta que um pensamento bom e sério poderia mostrar as "razões necessárias" para nossa fé e para a essência de nossa crença cristã. Ele sustenta essa posição com algumas boas razões (mas talvez não irrefutáveis). A fim de nos prepararmos para a *ratio fidei* de Anselmo, retornemos brevemente para o ponto de autonomia da lógica sobre a teologia. Esta é a principal questão aqui: qual é a relação temporal, lógica, ontológica, moral e hierárquica do Deus eterno com uma lei lógica eterna como a lei de não contradição? Ou seja, o que vem primeiro, a divindade ou a lei? Deus está *acima* das leis da lógica? Em caso positivo, Deus poderia ter estabelecido leis diferentes? A LNC é apenas aleatória ou arbitrária e então meramente resultado do bel-prazer do soberano Deus supremo? Ou Deus está abaixo das leis da lógica? Se sim, isso não implica dizer que a Deus falta poder e autoridade? Talvez seria mais razoável, aparentemente, Deus estar no mesmo nível que as leis da lógica. Esse modelo poderia ser desenvolvido de diversas maneiras.[7] É claro que as leis da lógica são proposições e se o argumento da verdade de Agostinho estiver no caminho certo,[8] então as proposições, em linguagem moderna, são seres dependentes, pois dependem de uma mente para serem pensadas. O *insight* de Agostinho é que, se as proposições são eternas, imutáveis, estáveis, intencionais e, ainda, *dependentes da mente*, então a mente que as "pensa" deve ser eterna, imutável, estável, intencional (ou seja, algo que as pessoas possuem: pensamentos que são conscientes *sobre* alguma coisa), e mental por natureza. Mas quase todo mundo admite que as proposições existem; assim, deve existir tal mente para explicar, fortalecer e tornar possível a existência dessas entidades. O argumento de Agostinho é forte, pois, se alguém nega a existência de proposições, parecerá expressar-se por meio da proposição de que não existem proposições. Isso significa afirmar a existência de proposições no próprio ato de negá-las – o que significa que elas definitivamente existem. Essa "prova" da existência de proposições é semelhante àquela da realidade da verdade. Suponha que alguém negue que a verdade exista. No ato de negar, é dito que é verdade o fato de não haver verdades – o que não é um caminho muito promissor.

Portanto, uma vez que existam as proposições, pensa Agostinho, deve existir uma mente eterna, pessoal, imutável, estável e intencional, que todos entendem como sendo Deus. Isso significa que aquelas leis da lógica, tais como a LNC, formam uma lei lógica eterna que existiria de qualquer forma que o mundo tivesse sido feito, isto é, em "todos os mundos possíveis". Dessa forma, as leis da lógica são *necessariamente verdadeiras*. Mas, como nos diz a lógica, cada verdade necessária é logicamente *independente* de qualquer outra verdade necessária. Assim, as leis da lógica são logicamente independente de

---

[7] Veja a recente obra em que seis modelos possíveis são apresentados, principalmente por filósofos cristãos. Veja Paul M. Gould, ed., *Beyond the control of God?: six views on the problem of God and abstract objects* (New York: Bloomsbury, 2014).

[8] Veja Agostinho, *On free choice of the will*, ed. Thomas Williams (Indianapolis: Hackett, 1993), capítulo 2 [no Brasil: *O livre arbítrio* (São Paulo: É Realizações, 2019)].

Deus, que é um ser necessariamente existente. Mas as leis da lógica dependem de uma mente eterna – a mente de Deus – para sua existência, para serem pensadas. Então, essas leis são eternas, ainda que dependentes, o que parece bastante coerente. Se um ser eterno pensa um pensamento eternamente, o pensamento seria eterno e assim "necessário", embora fosse dependente daquela mente (e não o contrário) para sua existência. Deus então seria, possivelmente, soberano sobre as leis da lógica, uma vez que haveria uma relação de dependência assimétrica das leis (incluindo a LNC) em Deus. Ainda que as leis reflitam os pensamentos eternos e imutáveis de Deus, elas *não podem ser diferentes da forma que são*. Outra maneira de pensar essa relação seria considerar que Deus tem o máximo poder, a máxima sabedoria e as devidas funções cognitivas em máxima perfeição. Dessa maneira, Deus autolegislaria as leis da lógica (se é que esse é o melhor modelo para ser adotado aqui), ou ao menos ele apenas pensa como um ser cognoscente com as funções devidas operando em máxima perfeição pensaria, e, assim, as leis seriam um subproduto daquele pensamento, reflexo do pensamento cognitivo eterno de Deus. Assim como Deus é bom tanto de uma forma descritiva quanto prescritiva (bom é a forma que Deus é e assim é a forma que as coisas boas *devem* ser), as leis da lógica também são reflexo do (isto é, descrição do) pensamento natural de Deus, que é ele mesmo prescritivo por natureza, impondo o ritmo que todas as pessoas racionais devem pensar e as estruturas dentro das quais o diálogo racional e consistente pode ocorrer.

RESPOSTA APOLOGÉTICA

Fé racional em busca de entendimento

Anselmo é muitas vezes chamado de "o segundo Agostinho". Anselmo, tanto literal quanto figurativamente, fala a língua de Agostinho – latim – e de muitas formas a de Platão, e o realismo moral e metafísico que vem com o cristianismo platônico de Agostinho. Como uma extensão do cristianismo platônico de Agostinho, ele demonstra grande respeito pelas Sagradas Escrituras. No prefácio ao *Monologion*, seu primeiro livro escrito em Bec entre 1076 e 1077, ele diz: "No curso de frequentes releituras desse tratado tenho sido incapaz de encontrar qualquer coisa que seja inconsistente com os escritos dos pais católicos, em especial os do bendito Agostinho".[9]

---

[9] Anselm, *Monologion*, in *Anselm of Canterbury: the major works*, editado com uma introdução por Brian Davies; G. R. Evans (Oxford: Oxford University Press, 1998; edição relançada, 2008), p. 6.

Como Agostinho, Anselmo tinha um grande respeito pela razão humana. Todo teólogo antes dele – e a partir dele – havia expressado que a *racionalidade* era o principal, ou um dos principais, atributos da humanidade como seres feitos à imagem de Deus. Nós somos "imagem" de Deus; Deus é perfeitamente racional; logo, tudo mais constante, somos feitos com as capacidades e os estados de sermos seres racionais. E, embora o pecado tenha comprometido aquela imagem e prejudicado o funcionamento da nossa racionalidade, ainda havia uma esperança de que, por meio da razão, poderíamos ver o que nos era apresentado, poderíamos "retratar" mentalmente as "Formas" das coisas dentro de nós – as próprias Formas sendo pensamentos ou modelos divinos que Deus nos deu para entendermos – e, assim, chegar em um tipo de estado de entendimento divino, sendo tudo mais constante.[10] Como apontam Sandra Visser e Thomas Williams, Anselmo chamava esse ponto de vista de "razão da fé", ou *ratio fidei*.[11] Nossa compreensão do que Anselmo quis dizer com "a razão da fé" é impactada por como interpretamos até que ponto ele deu uma autonomia ou hegemonia devida, ou indevida, à *ratio* sobre a *fides*. Se Anselmo quer dizer algo como *lógica* por seu uso da *ratio*, então a lógica da fé soa como algo interno ao que se crê: nossa fé é coerente e não viola a LNC. Se interpretamos *ratio* como as "evidências ou fundamentos racionais da *fides*", então parece como algo externo: as bases para nossa fé vêm da observação e análise sobre aquele dado. Visser e Williams recomendam não um *ou/ou*, mas um *ambos/e*. "A *ratio fidei* de Anselmo significa as duas coisas ao mesmo tempo; refere-se ao caráter intrinsicamente racional das doutrinas cristãs em virtude da qual elas formam um sistema coerente e racionalmente defensável".[12] O principal ponto a ser considerado aqui é por que Anselmo tinha essa fé na razão, por assim dizer: é por causa de Deus, não por causa de nós ou de nossa operação racional ou de nosso uso da *ratio*. Deus é racional em todo lugar e está agindo em todos os espaços. Esse universo que ele fez é um universo racional; é ordenado e exibe leis: leis morais que refletem a natureza divina (Romanos 2:14-15), leis científicas que refletem sua ordem, leis lógicas que demonstram a função devida de sua própria cognição perfeita. Deus nos fez à sua imagem e assim ele (ou pelo menos sua obra, seu desígnio,

---

[10] É óbvio que há a questão de Efésios 4:18, nosso entendimento "obscurecido", mas Anselmo parece pensar que a iluminação de Deus da mente superaria qualquer fracasso que a natureza pecaminosa trouxe para nossa condição epistêmica. Veja também Colossenses 3:10 nesse contexto.

[11] Sandra Visser; Thomas Williams, *Great Medieval thinkers: Anselm*, p. 13-4.

[12] Ibid., p. 14.

seu propósito) opera em nós. Dessa maneira, podemos descobrir e usar a razão para investigar as coisas referentes à crença, à fé e à natureza divina. Essas reflexões encorarajam Anselmo, e podemos dizer que até o entusiasmaram, a buscar a "razão da fé".[13] Não se deve perder, também, a noção de "ordem" e "regularidade" das meditações que surgem dentro dos mosteiros, onde Anselmo esteve constantemente envolvido na *lectio divina*, ensinando, aprendendo, escrevendo, memorizando, recitando e examinando, cujos propósitos eram, de muitas maneiras, "esconder a palavra no coração" e eliminar qualquer erro e percalços no processo de sua transmissão.

É notório que Anselmo via a si mesmo como um defensor da visão da *fé em busca de entendimento (fides quaerens intellectum)*, uma frase que ele tomou de Agostinho e que é citada no *Proslogion* (capítulo 1): "Pois acredito também nisto, que 'a menos que eu acredite, não entenderei' [Isaías 7:9]."[14] Ele diz no prefácio que havia pensado anteriormente em outro título para a obra *Proslogion*: "*Fé em busca de entendimento*".[15] Ainda, com essas declarações, embora pudesse parecer que o contexto do *Proslogion* seja o de uma obra apologética designada para levar os que já acreditam ao "entendimento", essa frase parece tranquilizar a mais potente abordagem de "razão de fé", como visto antes, que Anselmo oferece em sua primeira obra, *Monologion*, apenas um ano antes do *Proslogion*. Entender as obras em conjunto é importante, e os prefácios de Anselmo para seus trabalhos nos dizem muito sobre o contexto e a intenção para escrevê-los, os possíveis nomes dos tratados, e assim por diante. No *Monologion*, Anselmo relata que alguns dos irmãos pediram especificamente para ele um tratado, refletindo o ensino que Anselmo já havia trabalhado com eles, "sobre o tema da meditação quanto a essência do divino". Esses irmãos solicitaram que "não recorresse em absolutamente nada à base de autoridade das Escrituras, mas apenas às exigências lógicas da razão, utilizando argumentos simples e um estilo acessível, e uma dialética prática para que as conclusões da distinta investigação ficassem aparentes através da própria clareza da verdade".[16]

---

[13] Visser; Williams, *Great Medieval thinkers*, p. 14.
[14] Anselm, *Proslogion*, in *Anselm of Canterbury: the major works*, p. 87 [no Brasil: *Proslógio* (São Paulo: Abrikl, 1973)].
[15] Ibid., p. 83.
[16] Anselm, *Monologion*, in *Anselm of Canterbury: the major works*, p. 5 [no Brasil: *Monológio* (São Paulo: Abrikl, 1973)].

Anselmo – é importante notar – não está dizendo aqui que, uma vez alcançado o entendimento, é possível ou permitido desprezar a fé. Não. Para ele, a fé permanece verdade, como o Novo Testamento ensina, que "sem fé é impossível agradar a Deus" (Hebreus 11:6). Anselmo concordava de todo coração com a noção agostiniana de "escada da fé", uma escada que, diferente da de Wittgenstein, não é jogada fora uma vez que se escapa do buraco. Ao contrário, a escada está sempre guiando e conduzindo. Agostinho escreveu: "As coisas ocultas e os segredos do Reino de Deus buscam primeiro homens que acreditem para então os fazer entender. Pois a fé é a escada do entendimento, e o entendimento é a recompensa da fé".[17] Tendo dito isso, Anselmo não foi moroso ao procurar a compreensão de sua fé. No elogio de seu *Cur Deus homo* ao papa Urbano II, ele descreve seus objetivos:

> Muitos de nossos santos pais e mestres, seguindo os apóstolos, falam com frequência e sem grande escala a respeito dos princípios lógicos [*rationes*] de nossa fé. O objetivo deles ao fazer isso é combater a falta de sabedoria, destruir a rígida resistência dos descrentes e nutrir aqueles que, com corações limpos, já se aprazem nessa mesma lógica da fé, pela qual, uma vez que tenhamos alcançado certeza a seu respeito, devemos desejar. Dada a grandiosidade e a frequência de suas declarações sobre esse assunto, nem em nosso tempo nem no porvir podemos esperar por alguém que lhe será igual na contemplação da verdade. Tudo isso eu garanto. No entanto, não acho que ninguém mereça ser repreendido se, após tornar-se bem estabelecido na fé, lhe seja concedido um desejo de ele mesmo se exercitar na investigação de sua lógica.[18] [grifos nossos]

Detecta-se a ênfase apologética de Anselmo: "destruir a rígida resistência dos descrentes". Mas nosso estudo de evidências também é para "nutrir aqueles... corações [que] se aprazem nessa mesma lógica da fé". Anselmo diz que se deve ser "bem estabelecido na fé" para fazer de maneira correta o tipo de análise lógica a respeito da fé cristã que ele desenvolve em suas obras

Argumentos para a existência de Deus

Os argumentos para a existência de Deus vêm em duas variedades: argumentos *a priori* e *a posteriori*. Os argumentos *a priori* não possuem premissas que

---

[17] Agostinho, Sermão CXXVI.1.1. Citado in Kretzmann, "Faith seeks", p. 12.
[18] Anselmo, do elogio em *Cur Deus Homo* ao papa Urbano II por Anselmo, in *Anselm of Canterbury: the major works*, p. 260.

exijam uma consulta à experiência dos sentidos para justificá-las. Nos argumentos *a posteriori*, ao menos uma das premissas requer algum tipo de experiência para verificação. No *Monologion*, Anselmo apresenta argumentos do tipo cosmológico para a existência de Deus, apesar do seu famoso argumento ontológico ser encontrado no *Proslogion*. A ordem em que ele escreveu esses livros é importante e digna de nota.

Argumentos cosmológicos no Monologion

Os diversos argumentos de Anselmo podem ser chamados aqui de cosmológicos por conta de seu apelo a certas estruturas ou efeitos causais que levam à única causa daqueles efeitos – Deus. No mundo antigo, o mestre da causalidade foi Aristóteles e sua doutrina das quatro causas.

Se perguntamos o que era a causa de X, Aristóteles seria o primeiro a interromper a questão e dizer que nós realmente poderíamos nos referir a uma das quatro causas: *a causa material* (qual a matéria ou substância de X?); *a causa formal* (qual é a causa formal ou intelectual, os planos, as intenções etc., que levaram essa coisa a acontecer?); *a causa eficiente* (o que principalmente queremos dizer com "causa" – o verdadeiro empurrão que causa alguma coisa, suas partes móveis etc.); e *a causa final* (a resposta ou a razão de *por que isso aconteceu?*).[19]

Um dos argumentos cosmológicos para a existência de Deus que Anselmo apresenta no *Monologion* é baseado em gradações e esse argumento no começo do livro traz similaridades interessantes à quarta via de Tomás de Aquino. Anselmo parecia ter derivado alguma inspiração direta dos *Tópicos* de Boécio nesse argumento. Eleonore Stump comenta a respeito das afirmações de Boécio que

> "Onde há alguma coisa maior e menor, também deve haver o maior de todos, ou o máximo", retratando a inferência de existirem proposições máximas, que são os tópicos (isto é, os *loci*, os lugares) onde as outras proposições estão localizadas,

---

[19] Suponha que um de nós fosse comprar uma nova caixa de correio na loja de ferragens local, esperando substituir nossa atual caixa, já bastante gasta e desinteressante. Tenho uma vaga na minha agenda, leio as orientações, monto e instalo a nova caixa, e estou impressionado com sua beleza. A causa material é o metal e o plástico de que são feitos a caixa e o suporte. A causa formal é a intenção que eu tenho, o objetivo e a compra, bem como o tamanho correto da caixa que eu preciso. A causa eficiente é o movimento mecânico e o trabalho muscular que eu exerço para montar e instalar a nova caixa; e, por último, a causa final, a razão que me fez trocar a caixa velha (a caixa antiga estava caindo aos pedaços, e ter uma boa caixa de correio é essencial para receber e proteger documentos importantes etc.).

da mesma forma como os corpos estão localizados em lugares físicos. Essas proposições máximas são as "mais conhecidas e universais proposições das quais as conclusões dos silogismos são derivadas".[20]

Compare o argumento de Anselmo no *Monologion*:

> De todas as coisas que existem, há uma natureza que é suprema. Apenas ela é autossuficiente em sua eterna felicidade e, por meio de sua piedade todo-poderosa, cria e dá a todas as outras coisas sua existência e sua bondade... Certamente, e evidente para todos que desejam ver, está o seguinte: considere algumas coisas das quais se diz serem X, e relativo a cada uma são ditos seres menos, mais e igualmente X. É por meio desse X que dizemos o que essas coisas são assim, e esse X é entendido como exatamente a mesma coisa nos vários casos, e não algo diferente em cada caso (se X é considerado estar neles igual ou não igualmente). Tome, por exemplo, algumas coisas sobre as quais se diz... serem ou iguais, ou mais, ou menos justas. Elas não podem ser consideradas justas senão por meio da justiça, e justiça não é algo diferente em cada um dos diversos casos. Portanto, tendo por certo que todas as coisas boas, quando comparadas com as outras, são ou igual ou não igualmente boas, necessariamente todas as coisas boas são boas por intermédio de algo, e esse algo é entendido como sendo o mesmo em cada uma das coisas boas. Coisas boas diferentes podem, no entanto, parecerem ser chamadas boas por meio de diferentes coisas.[21]

Anselmo agora explica que, em última análise, se uma coisa é boa, ela deve ser boa em virtude do bem – uma fonte unitária. Mas o que unifica todas as formas platônicas perfeitas em uma fonte? Será uma substância cuja justiça é sua bondade, cujo poder e verdade são sua justiça e seu ser etc. Há uma independência causal particular que assinalará a presença e realidade desse ser: será autoexistente, não causado por outro. Anselmo recorre aqui às quatro causas de Aristóteles e pergunta sobre duas delas, a causa material e a eficiente: a causa material dessa mais excelente substância é a maior, a melhor, a mais justa *a partir de si mesma, a partir de nada ou a partir de alguma outra coisa?* O mesmo para a causa eficiente: é o ser *por meio (da agência) de si mesmo, por meio de nada ou por meio (da agência) de alguma outra coisa?* Ele conclui que a maior substância, o melhor e mais excelente ser existe *per se* (por meio de si mesmo) e *ex se* (a partir de si mesmo).

---

[20] Stump, *Boethius's In Ciceronis Topica*, p. 31. Citado in Logan, *Reading Anselm's Proslogion*, p. 15.
[21] Anselm, *Monologion*, in *Anselm of Canterbury: the major works*, p. 11-2.

> Necessariamente, portanto, todo bem ou excelência é – caso seja verdadeiramente bom – bom por meio do mesmo único ser pelo qual todas as coisas boas necessariamente são boas, o que quer que ele seja. E quem duvidaria que aquilo por meio do qual todas as coisas são boas seja um grande bem? Pois, então, aquilo por meio do qual todas as coisas boas são boas, é bom por si só. E segue, portanto, que todas as coisas boas são boas por algum outro que não elas mesmas, este ser é o único que é bom por si mesmo. Mas nada que seja bom por intermédio de outra coisa que não a si mesma é igual a ou maior que aquele bem que é bom por si mesmo. A única coisa, portanto, que é boa por si mesma é aquele ser que é supremamente bom. Pois o supremo é aquele que supera os outros, que não possui ninguém igual ou superior. Mas o que é supremamente bom também é supremamente grande. Assim, há um ser que é supremamente bom e supremamente grande, sendo supremo sobre todas as coisas que existem.[22]

Seja lá o que fizermos do argumento de Anselmo, deveremos notar sua argumentação baseada na Forma platônica. Dado que há apenas uma *Forma* última do "Bem", todas as coisas boas devem assim ser feitas por imitação ou participação naquela Forma. Quando traduzido para o teísmo cristão, deve haver uma fonte de Bem que torna tudo bom. Anselmo acredita que a inferência lógica leva a essa conclusão, e é razoável concluir algo assim, pois reconhecemos que Deus é bom e "toda boa e perfeita dádiva vem do alto, oriunda do Pai das luzes celestes, que não muda como uma sombra inconstante" (Tiago 1:17). Devemos notar que nesse argumento casual no *Monologion*, o ser que Anselmo prova é o maior ser *real*, mas em sua próxima publicação, *Proslogion*, ele propõe a ideia de que Deus não é apenas o melhor ser real – ele é, na verdade, o melhor ou maior ser *possível*.

Argumentos ontológicos em Proslogion e Resposta

O argumento ontológico exposto anteriormente é um argumento *a posteriori*. Nele, Anselmo dizia existirem algumas coisas que vemos ser, que afirmamos ser. Algumas são mais justas, outras menos. Em contrapartida, o "argumento único" que Anselmo apresenta no *Proslogion* (capítulo 2) é um argumento *a priori*. Por *a priori* se quer dizer que nenhuma das premissas requer qualquer experiência para avaliar sua afirmação de verdade; ao contrário, basta

---

[22] Anselm, *Monologion* in: *Anselm of Canterbury: The Major Works*, p. 12. Vale a pena observar que cerca de 175 anos depois, quando Tomás de Aquino escreve suas Cinco vias (cinco argumentos para a existência de Deus) na *Summa theologica*, bem como na *Summa contra gentiles*, Tomás usa esse tipo de argumentação de "eliminação causal", que encontra desenvolvimento direto aqui em Anselmo.

a análise conceitual e a intuição interna para julgar o argumento. O grande *insight* de Anselmo sobre o argumento único no *Proslogion* 2, que mais tarde Kant chamaria de *o argumento ontológico* (do grego *ontos*, "ser"), era semelhante a uma descoberta na lógica modal moderna: a melhor forma de afirmar o que é possível *é pelo que é real*. O *insight* de Anselmo é este: se X é um ser necessário, então X deve ser um ser *real*. Geralmente a lógica diz o que é possível, contingente, impossível, e necessário – não o que é *real*. Seu *insight* é que o termo *necessário*, quando usado na frase "ser necessário", acarreta verdades existenciais reais, a saber, que aqueles seres necessários existem neste mundo possível real. Isso significa que é possível ter, como diz Stephen Davis, um argumento existencial *a priori*: um argumento cuja conclusão é que realmente existe um ser particular, mas nenhuma daquelas premissas exige qualquer tipo de apelo *a posteriori* à experiência.[23]

Anselmo coloca esse argumento dentro da estrutura de uma oração. Tendo escrito uma obra longa no *Monologion*, ele dizia acreditar que seria conveniente se pudesse fornecer "um único argumento" [*unum argumentum*] que

> por sua prova não exigisse nenhum outro que não ele mesmo e que por si mesmo seria suficiente para provar que Deus realmente existe, que ele é o supremo bem, sem precisar de nenhum outro, e que ele é aquele de quem todas as coisas têm necessidade para existirem e bem existirem, e também para provar o que quer que acreditemos sobre o Ser Divino.[24]

Isso é uma coisa difícil de se conseguir. Há quatro critérios aqui. Primeiro, o argumento seria único e solitário, permanecendo por si mesmo. Não haveria necessidade de uma cadeia de argumentos; ele seria autossuficiente. Considerando Anselmo ter pensado que Deus é por si mesmo e a partir de si mesmo, isto é, Deus é *a se*, ele tem aseidade, sendo ontologicamente independente e autoexistente, talvez isso o tenha inspirado a pensar que só possa haver uma prova por si (não autoexistente, talvez, mas ao menos independente ou autossuficiente). É interessante que nas Escrituras, enquanto somos convidados a nomear nossos filhos e os animais, *nós não nomeamos Deus – Deus deve nomear a si mesmo*. Por quê? Porque o nome revela a essência de alguma coisa, e somente Deus conhece sua própria essência e natureza bem o suficiente para capturar essa essência em um nome. Quando Moisés pergunta

---

[23] Stephen Davis, *God, reason, & theistic proofs* (Grand Rapids: Eerdmans, 1997), p. 21.
[24] Anselm, *Proslogion*, in: *Anselm of Canterbury: the major works*, p. 82.

em Êxodo 3 quem ele deveria dizer que o enviou, Deus diz a ele: "EU SOU me enviou a vocês" (v. 14). Deus revela seu nome pactual e Deus diz que ele é o ser cuja essência é *ser*. O nome de Deus é, em algum sentido, o *insight* que Anselmo teve: Deus *é*. Dessa forma, se você o define logicamente como aquele que é e de fato deve ser, uma vez que é sua *natureza* existir, isso significa que Deus não pode não ser. Quando compreendemos o nome pactual de Deus dado em Êxodo 3:14, parece que estamos 90% próximos quando chegamos ao argumento ontológico maravilhosamente brilhante de Anselmo. Segundo, o argumento mostraria que Deus existe, conquanto que pensemos que Deus é o ser "do qual nada maior pode ser concebido". E de fato o fazemos: pois essa frase também pode ser considerada dizendo que Deus é o ser perfeito, uma vez que só pode haver um ser exclusivo, melhor, perfeito. Esse ser é aquele que seria digno de louvor e aquele a quem podemos orar como o único soberano. Essas são as propriedades que Anselmo acreditou ter provado a respeito de Deus no *Monologion*.[25] Terceiro, o critério de "bem supremo... e existirem bem" aqui parece ser inspirado pelo argumento do *Monologion* ao qual nos referimos anteriormente. À luz do que Anselmo diz em seu prefácio ao *Proslogion*, talvez os irmãos estivessem se queixando de que sua apologética era muito pesada e tinha muitas premissas. Por fim, em quarto lugar, o argumento também procurava provar seja lá o que pensamos e cremos sobre o ser divino.

Novamente, Anselmo pensou de forma modal e platônica e, de acordo com David Beck, ele pensou como um estoico também. Beck afirma ser provável que Anselmo tenha tomado do estoico Sêneca sua famosa fórmula para a natureza de Deus, a definição de Anselmo sobre Deus, de que ele é *"qua nihil maius cogitari potest"*: aquele do qual nada maior pode ser pensado.[26] O argumento de Anselmo, na forma de uma oração da "fé em busca de entendimento", introduz Deus, então, como aquele sobre o qual nada maior pode ser pensado. Anselmo presume que se pode formar um conceito de algo na mente, e quando ocorre esse processo, há uma sensação de que o conceito certamente "existe" na mente – o que Anselmo chama de "existir no entendimento".[27] Na epistemologia platônica, há Formas que têm, e outras que não

---

[25] Anselm, *Monologion*, in: *Anselm of Canterbury: the major works*, última seção (seção 80).
[26] In Seneca, *On Providence*, 1, 13. De W. David Beck, *The reality of God: a narrated history of the case* (Downers Grove: InterVarsity Press, 2020), p. 233.
[27] Conforme veremos a seguir, esse conceito cumpre um papel central na apresentação de Anselmo em seu argumento ontológico no *Proslogion*, capítulo 2.

têm, uma realidade correspondente. Por exemplo, considere a quarta filha de Thomas e Gena Jones. Se os Jones têm apenas três filhos, então esse conceito não possui uma realidade correspondente. *Ceteris paribus*, existir é uma coisa boa para alguém, sendo um portador da imagem de Deus. Se uma pessoa apenas existe no pensamento e não na realidade, há um estado que seria melhor, a saber, se a pessoa existisse como um conceito/ideia *e* na realidade. Anselmo está usando aqui um Princípio de Grandeza (PG). Ele acredita que fazemos esse tipo de julgamento todo o tempo e que nossas intuições nos dizem que, de fato, a existência na realidade é uma "propriedade que confere grandeza", uma propriedade que é melhor ter do que ter carência dela. Vamos considerar agora seu argumento.

> Então, Senhor, vós que destes entendimento à fé, dá-me, até onde vosso conhecimento pode ser proveitoso, entender que tu és como acreditamos; e que tu és o que eu acredito. E, na verdade, acreditamos que tu és um ser do qual nada maior pode ser concebido. [A definição de Anselmo para Deus é dada aqui.] Ou não existe tal natureza, uma vez que o tolo diz em seu coração que não há Deus? (Salmos 14:1) Mas, de qualquer maneira, esse mesmo tolo, quando ouve deste ser sobre o qual eu falo – um ser do qual nada maior pode ser concebido – entende o que ouve, e o que ele ouve está em seu entendimento; embora ele não entenda que tal ser exista.
>
> Pois uma coisa para o objeto é ser compreendido e outra, compreender que o objeto existe. Quando um pintor primeiro concebe o que ele fará mais tarde, ele tem essa ideia concebida em seu entendimento, mas ainda não a compreende como tendo ser, pois ele ainda não realizou a pintura. Contudo, depois de terminada a tela, o pintor tanto a tem em seu entendimento quanto entende que ela existe, pois ele a fez.
>
> Consequentemente, mesmo o tolo é convencido de que algo existe no entendimento [a saber, o conceito de Deus como o ser do qual nada maior ser concebido ou pensado]. Pois, quando ele [o tolo] ouve isso, compreende. E seja lá o que for entendido, existe no entendimento. E certamente, aquilo do qual nada maior pode ser concebido não pode existir apenas no entendimento. Pois, suponha que ele exista apenas no entendimento; assim, ele poderia ser concebido a existir na realidade, que é maior.
>
> Portanto, se isso, do qual nada maior pode ser concebido, existe apenas no entendimento, o próprio ser, do qual nada maior pode ser concebido, é tal que um ser maior pode ser concebido. Mas isso é obviamente impossível. [Note o forte termo

modal, invocando um argumento *reductio ad absurdum*: quando alguém assume que Deus existe apenas na mente, mas não na realidade, isso leva a uma violação da LNC; dessa forma, a hipótese é falsa e a negação da hipótese é provada como verdadeira.] Por consequência, não há dúvida de que exista um ser, do qual nada maior pode ser concebido, e existe tanto no entendimento quanto na realidade.

O argumento pode ser retirado do *Proslogion* 2 da seguinte maneira: (1) Deus é um ser concebível, isto é, um ser possível (hipótese); (2) há três tipos de seres possíveis: seres possíveis que existem e podem não existir, seres possíveis que não existem, seres possíveis que *devem* existir, isto é, seres necessários (definições); (3) PG (o Princípio de "Grandeza" *a priori* de Anselmo): se X é um ser possível que pode ter existido na realidade, mas não existe, então X teria sido um ser maior se tivesse existido (princípio intuitivo chave que Anselmo usa); (4) Deus é um ser possível e um ser maior do que o qual não é possível conceber (definição de MSP[Maior Ser Possível]). (5) Suponha que Deus exista apenas conceitualmente no entendimento (suposição de um argumento *reductio ad absurdum*). (6) Se Deus existisse apenas conceitualmente no entendimento e não na realidade, então Deus seria um ser maior do que ele é (PG). (7) Como resultado, um ser maior do que o qual não é possível conceber seria ser maior do que o qual *é* possível conceber (definição de "Deus" e aplicação do PG). (8) Mas isso é uma contradição (violação da LNC), mostrando que nossa hipótese *reductio* inicial é falsa; (9) dessa forma, não se trata de Deus existir apenas conceitualmente no entendimento, isto é, Deus existe tanto conceitualmente no entendimento quanto na realidade.[28]

Alguém pode achar que o argumento de Anselmo, se bem-sucedido, cumprirá os quatro critérios descritos anteriormente. O argumento seria autossuficiente; mostraria que Deus realmente existe; mostraria que precisamos de Deus (o que seria uma consequência, pois precisamos do bem que deve vir de fora de nós e Deus é a fonte única de tudo o que é bom – se Deus não o fosse, eu poderia conceber um ser maior que é a fonte única de todo bem). Isso ocorre porque o método anselmiano, baseado na definição de Deus, é como uma peneira: ajuda a separar e sortir, digamos, apenas aqueles tipos de propriedades que estariam, e que não estariam, presentes no maior ser concebível.

Se o argumento é bem-sucedido ou não depende de quanto podemos aceitar do Princípio de Grandeza (PG) de Anselmo e da premissa 1, que Deus é um ser possível. Essas são questões que fazem parte da longa e

---

[28] Anselm, *St. Anselm: basic writings*, trad. por S. N. Deane, segunda edição (La Salle: Open Court, 1962), p. 53-4.

complexa história desse argumento. Um testemunho à grandeza do argumento de Anselmo é que cada geração de pensadores desde o século XI continuou a criar novos tipos e versões dos argumentos ontológicos. Anselmo procurou defender o Deus em quem ele acreditava e pensou que, uma vez "concebido" o ser que Deus é (conforme seu nome, *Eu sou*), seria possível perceber que Deus necessariamente existe, aconteça o que acontecer (mesmo se não houver um universo físico, nenhuma atividade causal em qualquer sentido no mundo inteiro de seres contingentes – não existir seres contingentes não muda a verdadeira realidade de que Deus *é*). É claro que *alcançarmos o conhecimento desse fato*, termos nosso ser devidamente situado de maneira epistêmica a respeito da proposição "Deus existe", é diferente da realidade metafísica de que *Deus é o grande "Eu sou"*. No caso do nome de Deus, ele o revelou para nós; nossa racionalidade não poderia ter predito ou vir a ter conhecimento do fato de Deus existir, ou de seu nome.

Os críticos de Anselmo e o legado de sua apologética ontológica

Na época de Anselmo, após a publicação do *Proslogion*, um monge chamado Gaunilo de Marmoutiers publicou uma resposta ao argumento de Anselmo, *Pro insipiente*, "Em nome do tolo". Gaunilo procurou mostrar que o argumento de Anselmo seria ineficiente, dizendo que alguém poderia aplicar o pensamento dele para provar que todo tipo de coisas que *nós sabemos que não existem* devem existir. Se esse fosse o caso, a resposta de Gaunilo demonstraria com sucesso que o argumento de Anselmo erra o alvo. Por exemplo, Gaunilo nos pede para supormos a ideia da maior ilha concebível. Suponha que nós tivéssemos uma ideia dessa mais excelente ilha. Gaunilo prossegue:

> Você não pode mais duvidar que essa ilha, que é mais excelente do que todas as terras que existam em algum lugar, uma vez que você não duvida de que ela está em seu entendimento. E uma vez que é mais excelente não estar apenas no entendimento, mas existir tanto no entendimento quanto na realidade, por essa razão ela deve existir. Pois, se não existir, qualquer terra que realmente exista será mais excelente do que ela; e, assim, a ilha já entendida por você como a mais excelente não será a a mais excelente.[29]

O problema com esse argumento é que a maior ilha concebível não pode passar como uma instância do maior *ser* concebível, porque (1) ilhas não

---

[29] Gaunilo, "On behalf of the fool", in *St. Anselm: basic writings*, p. 309.

admitem estados de excelência máximos intrínsecos, pois alguém poderia sempre adicionar mais valor a uma ilha finita ao, por exemplo, incluir um novo campo de golfe, outro aquário, outro estádio de futebol, outra galeria de arte etc.; e (2) coisas que não admitem estados de excelência máximos intrínsecos não podem ser o *maior ser concebível*. A reflexão mostra que apenas *pessoas* poderiam ser as maiores, pois apenas pessoas podem possuir todas (ou o maior conjunto possível de) *as propriedades que conferem grandeza de uma vez*. Uma "propriedade que confere grandeza" (PCG) é uma propriedade que, *ceteris paribus*, é melhor ter do que carecer. Ter sabedoria é uma PCG. Ter conhecimento da história do clube de beisebol Chicago Cubs, embora por vezes seja útil e infinitamente fascinante, não é um PCG. Ter poder é uma PCG, então ter máximo poder também é uma PCG. Contudo, ter consciência, ser uma pessoa também o são, então – e as maiores ilhas concebíveis não podem ser os maiores seres concebíveis, simplesmente porque ilhas não possuem as naturezas corretas: sua natureza não tem as propriedades essenciais que permitam ter a máxima bondade, o máximo poder, o máximo conhecimento, onipresença etc.

A famosa objeção de Kant em 1781 foi de que a existência não é um predicado e, portanto, não poderia ser uma propriedade que confere grandeza. Na verdade, ele está atacando o PG de Anselmo. Existência é diferente daquilo, diz Kant. A ideia é que primeiro deve ter um ser existente e então podemos falar sobre as propriedades de tal ser. "Ser não é obviamente um predicado real, não é um conceito de algo que pudesse ser adicionado ao conceito de uma coisa. É meramente a posição de uma coisa, ou de certas determinações existentes nelas mesmas."[30] Os filósofos da religião Michael Peterson, William Hasker et. al, desafiam essa objeção kantiana:

> Infelizmente, a compreensão de Kant sobre um predicado real na verdade prejudica seu próprio argumento de que a existência não é um predicado real. Para Kant, proposições sintéticas contêm predicados reais. Uma vez que "exista um ser possível maior" é uma proposição sintética, "existir" seria um predicado real.[31]

---

[30] Immanuel Kant, *Critique of pure reason*, trad. Norman Kemp Smith (New York: St. Martin's, 1965), p. 504; A 598/B 626 [no Brasil: *Crítica da razão pura* (São Paulo: Vozes, 2015)].

[31] Michael Peterson et. al., *Reason & religious belief: an introduction to the philosophy of religion*, quinta edição (New York: Oxford University Press, 2013), p. 83.

Outros desenvolveram *argumentos ontológicos modais*, tendo inspiração para um segundo argumento ontológico em *Proslogion* 3, onde se diz que Deus é um ser cuja "não existência" não é possível. Aqui, a existência não é a PCG, e sim a *existência necessária*. É conhecida a posição de Alvin Plantinga sobre a possibilidade do seguinte: há um ser com máxima grandeza (um ser que é necessariamente onisciente, onipotente e onibenevolente, no mínimo) em cada mundo possível.[32] De muitas formas, o argumento atual chegou ao ponto feito por G. W. Leibniz no século XVIII: se Deus é um ser possível, então Deus é um ser necessário. E assim a discussão tem muitas vezes retornado para se o conceito de Deus, ou de um maior ser concebível, é ou não, de fato, um conceito logicamente coerente. Se é, então Deus é um ser possível e o argumento permanecerá. Tudo depende daquele conceito: é possível para Deus ter todas as propriedades que conferem grandeza na forma máxima, todos de uma vez? Ou ao menos há um maior ser concebível (essa é uma noção coerente) que apresente necessariamente a maior instanciação de PCGs possíveis? Teístas tendem a dizer que sim e que Deus é esse ser.

Existem muitas boas discussões sobre o argumento de Anselmo e sobre o argumento ontológico modal hoje em dia. Os autores Stephen Davis, William Rowe, Alvin Plantinga, Graham Oppy, Michael Tooley e Keith Yandell são alguns dos nomes confiáveis para uma pesquisa futura.

CONTRIBUIÇÕES PARA A APOLOGÉTICA

Eadmer, o biógrafo de Anselmo, escreveu sobre seu "herói": "sendo continuamente dedicado a Deus e aos exercícios espirituais […] alcançou uma grandeza na especulação divina que era capaz, pela ajuda de Deus, de ver e desvendar muitas das mais obscuras questões anteriormente insolúveis".[33] Duas contribuições são dignas de nota aqui.

Se bem-sucedido, o argumento ontológico cumpre um importante papel em nosso pensamento sobre o teísmo cristão, e isso se dá porque, enquanto os outros argumentos para a existência de Deus estabelecem apenas algumas das propriedades putativas do ser divino, o ontológico produz um conjunto inteiro de propriedades. Por exemplo, se inferirmos que "Deus é um designer" do argumento do design, nós ainda não sabemos por certo qual é a posição moral

---

[32] Veja Alvin Plantinga, *God, freedom and evil* (Grand Rapids: Eerdmans, 1989), p. 108, proposição 25 [no Brasil: *Deus, a liberdade e o mal* (São Paulo: Vida Nova, 2012)].

[33] Eadmer, *Vita Sancti Anselmi*, traduzido por R. W. Southern como *The life of St. Anselm: archbishop of Canterbury* (Nashville: Nelson, 1962), p. 12.

do designer. Ele é indiferente a nós? Ou esse ser é todo-benevolente ou alguma outra coisa? O ponto é que o argumento ontológico atende cada propriedade que confere grandeza no ser divino, pois *cada* uma das propriedades é coconstitutiva do maior ser concebível. Dessa forma, o argumento ontológico nos diz que Deus é bom, criador, soberano, sábio, poderoso, uma pessoa, um agente, e assim por diante. Porém, ainda mais, ele nos diz que Deus é sábio em um grau superlativo, ou seja, ele é todo-sábio, todo-conhecedor e todo-bem. Esses são resultados importantes que o argumento ontológico traz para o teólogo filosófico, mesmo que não haja um argumento ontológico válido e sólido, simplesmente por basear-se no *insight* de que Deus é um ser cuja essência é existir, conforme nos revela seu nome pactual.

Outra inegável contribuição de Anselmo para o campo da apologética e da teologia filosófica é o método da "teologia do ser perfeito". Agostinho e Boécio tinham, antes de Anselmo, um conceito de ser perfeito; mesmo a definição de Platão para por que Deus seria imutável é baseada de alguma forma sobre a ideia de um tipo de ser perfeito da teologia. Mas o método de Anselmo, decorrente da definição dele de Deus como "o ser do qual nada maior pode ser concebido", continua a render muitos frutos. O método pode ser mostrado por um exemplo. Suponha que nos perguntamos acerca da relação de Deus com o *tempo*, isto é, se Deus é atemporal, como Anselmo, Agostinho, Boécio e Tomás pensavam ou se Deus é *eterno*, ou seja, se Deus existe *todo o tempo e através dos tempos*. É correto apologetas cristãos defenderem que Deus é temporal? Ou Anselmo e Agostinho estão corretos em pensar que parte da majestade de Deus, sendo um ser perfeito, é que ele não é sujeito à deterioração do tempo? A definição de Boécio da eternidade vem a calhar aqui: "*Aeternitas igitur est interminabilis vitae tota simul et perfecta possessio*".[34] ("Eternidade, portanto, é a possessão perfeita de uma vida ilimitada para todo o sempre.") Se alguém está no tempo, *isso o faz ser menos do que ele poderia ser*, continua o raciocínio, uma vez que a vida ontem se "foi" e não é mais acessível e presentemente possível para alguém *agora*. O método da teologia do ser perfeito pode dizer o seguinte. Talvez as Escrituras *subdeterminem* a relação exata que Deus tem com o tempo; apenas não nos foi dito o suficiente. *Mas considerando que Deus é perfeito, podemos descansar assegurados de que*: aquela relação que seja a ideal para o maior ser concebível ter com o tempo, *esta é aquela que* Deus tem.[35] Essa conclusão pode parecer um pouco abaixo do esperado, mas, à luz

---

[34] Boethius, *The consolation of philosophy* (Middlesex: Penguin, 1969), livro V.6. Traduzido pelo autor.

[35] Veja Thomas V. Morris, *Our idea of God* (Downers Grove: InterVarsity, 1991), p. 138.

de "ver através de um vidro escuro", a resposta anselmiana pode ser aquela que melhor se adequa à nossa própria saúde psicológica e e ao nosso bem-estar como apologetas e teólogos. E com certeza esse resultado, mesmo distante dos *insights* que o método produz em outros lugares, sinaliza algumas razões positivas em favor de adotarmos sua metodologia.

BIBLIOGRAFIA

ADAMS, Robert. "The logical structure of Anselm's arguments", p. 221--42, in *The virtue of faith and other essays in philosophical theology* (New York: Oxford University Press, 1987).

ANSELMO of Canterbury. *Monologion*, p. 5-81, In *Anselm of Canterbury: the major works*. Editado por e com introdução de Brian Davies; G. R. Evans. Edição reimpressa (Oxford: Oxford University Press, 2008).

_____. *Proslogion*, p. 82-104, in *Anselm of Canterbury: the major works*. Editado por e com introdução de Brian Davies; G. R. Evans. Edição reimpressa (Oxford: Oxford University Press, 2008).

BOETHIUS. *The consolation of philosophy* (Middlesex: Penguin, 1969).

DAVIS, Stephen. *God, reason, & theistic proofs* (Grand Rapids: Eerdmans, 1997).

EADMER. *Vita Sancti Anselmi*. Traduzido por R. W. Southern como *The life of St. Anselm: archbishop of Canterbury* (London: Nelson, 1962).

GOULD, Paul M., ed. *Beyond the control of God?: six views on the problem of God and abstract objects*. New York: Bloomsbury, 2014.

KANT, Immanuel. *Critique of pure reason*. Tradução de Norman Kemp Smith (New York: St. Martin's, 1965).

LEWIS, C. S. *The problem of pain* (New York: Macmillan, 1960).

LOGAN, Ian. *Reading Anselm's Proslogion: the history of Anselm's argument and its significance today* (London: Routledge, 2016).

MORRIS, Thomas V. *Our idea of God* (Downers Grove: InterVarsity, 1991).

PETERSON, Michael; HASKER, William; REICHENBACH Bruce; BASINGER, David. *Reason & religious belief: an introduction to the philosophy of religion*. 5 ed. (New York: Oxford University Press, 2013).

PLANTINGA, Alvin. *God, freedom, and evil* (Grand Rapids: Eerdmans, 1989).

ROBINSON, I. S. *Henry IV of Germany 1056-1106* (Cambridge: Cambridge University Press, 2000).

ROWE, William. *Philosophy of religion: an introduction*. 4 ed. (Belmont: Wadsworth/Thomson Learning, 2007).

RULE, Martin. *The life and times of St. Anselm: archbishop of Canterbury and primate of the Britains*. 2 vols. (London: Kegan Paul, Trench, and Company, 1883).

SANTO AGOSTINHO. *On free choice of the will*. Ed. Thomas Williams (Indianapolis: Hackett, 1993).

____. Letter CXX, 1, 3. In: Normal Kretzmann, "Faith seeks, understanding finds: Augustine's charter for Christian philosophy", p. 1-36 in Thomas Flint, ed. *Christian Philosophy* (Notre Dame: Notre Dame University Press, 1990).

STUMP, Eleonore. *Boethius's In Ciceronis Topica* (Ithaca: Cornell University Press, 1988).

TOOLEY, Michael. "Plantinga's defense of the ontological argument". *Mind* 90 (1981): 422-7.

The Correspondence of Pope Gregory VII: selected letters from the Registrum. Traduzido por Ephraim Emerton (New York: Columbia University Press, 1932).

The papal reform of the eleventh century: lives of Pope Leo IX and Pope Gregory VII. Traduzido por I. S. Robinson (Manchester: Manchester University Press, 2004).

VISSER, Sandra; WILLIAMS, Thomas. *Great Medieval thinkers: Anselm* (Oxford: Oxford University Press, 2009).

WILLIAMS, Thomas. "Saint Anselm". *The Stanford encyclopedia of philosophy*. Edição da primavera de 2016. Edward N. Zalta, ed. https://plato.stanford.edu/entries/anselm/.

YANDELL, Keith. *Philosophy of religion: a contemporary introduction*. 2 ed. (New York: Routledge, 2016).

Tomás de Aquino
DEFENDENDO RAZÃO E FÉ

Francis J. Beckwith e Shawn Floyd

Por volta do século XIII, o cristianismo havia permeado cada aspecto da vida no mundo ocidental. Esse período também marcou o surgimento das maiores universidades da Europa, a redescoberta das obras de Aristóteles e a fundação das grandes ordens religiosas mendicantes – os franciscanos e os dominicanos. Em meio a tudo isso nasceu Tomás de Aquino (1225-1274), o mais importante pensador cristão do segundo milênio. Procurando se apropriar do melhor de Aristóteles dentro da rica herança teológica da igreja do primeiro milênio, Tomás, um padre dominicano, explorou em suas obras virtualmente cada questão sobre o que o pensamento cristão pode fornecer ao discernimento, incluindo as relações entre fé e razão, natureza e graça, virtude e santidade, lei e moralidade, corpo e alma, e Deus e criação.

CONTEXTO HISTÓRICO

Roccasecca é um pequeno município ou *commune* na província italiana de Frosinone. Logo depois de seus limites estão as ruínas de um castelo do século X cujo propósito inicial era ajudar a proteger a abadia de Montecassino, um monastério beneditino a cerca de 26 quilômetros ao sul de Roccasecca. A história completa da ocupação do castelo não é clara, mas, a partir de 1100 em diante, ele foi a residência de vários ramos da família *d'Aquino*. Em 1220, o castelo foi o lar de Landolfo de Aquino, um cavaleiro que governou a terra reivindicada pelo rei da Sicília, Frederico II. Os historiadores indicam que Landolfo dispunha de recursos e conexões políticas, contudo, ele era da baixa nobreza, embora suas raízes se estendessem até a mais elevada nobreza.[1]

Dos muitos filhos de Landolfo, (dizem que ele teve oito ou nove), havia esse mais jovem, Tomás (nascido em 1225), cujo enorme intelecto e enorme piedade fariam dele provavelmente o mais influente teólogo no mundo ocidental.

---

[1] James Weisheipl, OP. *Friar Thomas D'Aquino: his life, thought, and works* (Washington: Catholic University Press, 1983), p. 6.

Entre 1230 e 1231, o jovem Tomás entrou para a abadia em Montecassino como um oblato e lá recebeu educação em leitura, escrita e vida monástica básica.[2] Essa prática sem dúvida parecerá estranha aos leitores, mas, como explica Jean-Pierre Torrell, era comum entre as famílias nobres preparar seus filhos mais jovens para uma vocação dentro da igreja.[3]

A proximidade da abadia fez dela um lugar natural para os estudos de Tomás. Foi também um dos primeiros centros educacionais na Europa, apesar de estar situada em uma região de perpétuo conflito entre o rei Frederico II e os estados papais. Por volta de 1239, esses conflitos se intensificaram, e os pais de Tomás o enviaram a um novo *studium* em Nápoles, para que continuasse seus estudos.[4] Lá, suas disciplinas muito provavelmente consistiam nas sete artes liberais: o *trivium* (gramática, retórica e lógica) e o *quadrivium* (aritmética, geometria, música e astronomia). Também é provável que ele tenha se familiarizado com os escritos de Aristóteles (384-322 a.C.).[5] Além das *Categorias*, que estavam disponíveis por séculos, muitas das obras do Estagirita haviam sido traduzidas para o latim durante o século XII. Na época em que Tomás chegou em Nápoles, as obras de Aristóteles eram amplamente lidas e geraram grande interesse em ciência, medicina e astronomia árabe por todo o sul da Itália.[6]

Enquanto permaneceu em Nápoles, cresceu em Tomás seu apreço pela ordem dominicana, e ele então acabou se juntando a ela. Sua família não recebeu bem essa decisão, pois pretendia que ele se juntasse à ordem de São Bento e talvez, de acordo com Torrell, se tornasse abade de Montecassino.[7] Havia questões politicamente delicadas atuando aqui também, uma vez que a família Aquino era aliada a Frederico II, que havia sido excomungado e havia expulsado anteriormente alguns dos monges da abadia.[8] Os dominicanos em Nápoles procuravam proteger Tomás das tentativas de interferência de sua família. Eles o transferiram primeiro para Roma, depois para Bolonha, mas, apesar de seus esforços para mantê-lo escondido, um pequeno regimento de

---

[2] Jean-Pierre Torrell, OP. *Saint Thomas Aquinas: the person and his work, Volume 1*, traduzido por Robert Royal (Washington: Catholic University Press, 1996), p. 5 [no Brasil: *Iniciação a Santo Tomás de Aquino: sua pessoa e sua obra* (São Paulo: Loyola, 2015)].

[3] Ibid., p. 4.

[4] Ibid., p. 5.

[5] Weisheipl, *Friar Thomas D'Aquino*, p. 16.

[6] Torrell, *Saint Thomas Aquinas*, p. 6.

[7] Ibid., p. 9.

[8] Weisheipl, *Friar Thomas D'Aquino*, p. 12.

soldados (liderados por seu próprio irmão) acabou capturando Tomás e o prendendo nas dependências do castelo da família. Durante a maior parte do ano, sua família implorou para que ele renunciasse seus votos com os dominicanos. Tomás não demonstrou nenhum ressentimento ou animosidade com seus familiares; ao contrário, o que sabemos é que ele foi sereno e permaneceu em constante oração. Por fim, sua família cedeu e o libertou para o priorado dominicano em Nápoles.[9]

Por razões que não são completamente claras, Tomás não permaneceu em Nápoles por muito tempo. Pode ser que os conflitos políticos o tenham deixado vulnerável a problemas posteriores.[10] Ele foi novamente realocado e concluiu seus estudos na Universidade de Paris, em 1245. Alguns especulam que ele completou seus estudos e obteve um mestrado em artes (um pré-requisito para estudos avançados em direito, medicina ou teologia). Contudo, essa possibilidade é discutida porque, como um dominicano, ele não poderia ser admitido em uma instituição secular como a Universidade de Paris. Como Weisheipl explica, a lei monástica proibia os religiosos de estudarem textos clássicos sob a direção das faculdades de artes sem permissão.[11] Todavia, como Tomás conseguiu completar o mestrado em artes exigido não nos preocupa aqui. O que sabemos é que ele estava em Paris quando começou uma dura jornada para se tornar um *magister in sacra pagina* – mestre das sagradas páginas.

Tornar-se um mestre em teologia exigia a realização de diversas tarefas sob a supervisão de um mestre teológico constituído, entre elas o ensino e a escrita de comentários sobre as Sagradas Escrituras, bem como sobre o compêndio de doutrina cristã em quatro volumes, as *Sentenças* de Pedro Lombardo (escritas aproximadamente entre 1252-1257). Os estudantes também participariam de debates formais, ou "disputas", sobre questões perenes na teologia. Uma vez que essas exigências fossem atendidas, o estudante prepararia e apresentaria sua conferência inicial.[12] A conferência de Tomás aconteceu em 1256.

---

[9] Ibid., p. 11. O drama desse episódio é descrito com maiores detalhes por Weisheipl e Torrell. Nosso breve relato segue a narrativa deles.

[10] Ibid., p. 18.

[11] Weisheipl, *Friar Thomas D'Aquino*, p. 38.

[12] Essas tarefas são descritas com graus variados de detalhamento por Torrell, Weisheipl, Ralph McInerny e John O'Callaghan, "Saint Thomas Aquinas", in *The Stanford encyclopedia of philosophy* (edição do verão de 2018), ed. Edward N. Zalta, https://plato.stanford.edu/archives/sum2018/entries/aquinas/.

É necessária uma pequena observação sobre o conjunto de obras de Tomás. Muitos de seus escritos surgiram no contexto de seu ensino,[13] e eles incluem comentários bíblicos, comentários sobre as obras de Aristóteles e dos neoplatônicos, disputas coletadas, escritos polêmicos e sínteses teológicas. A última categoria inclui seu comentário sobre as *Sentenças*, as oitocentas páginas da *Summa contra gentiles* [Suma contra os gentios] (1259-1265), e as três mil páginas da *Summa theologiae* [Suma teológica] (1265-1274, embora não tenha sido concluída). As duas *Summas* são particularmente importantes para nós, pois fornecem a versão definitiva de Tomás sobre os respectivos domínios e conexões entre teologia e filosofia.

CONTEXTO TEOLÓGICO

Embora muito da educação teológica de Tomás tenha ocorrido em Paris, será útil notar uma estada formativa na Universidade de Colônia (1248-1252). Lá, a ordem dominicana havia estabelecido um *studium generale* (estudos gerais), e Tomás foi enviado para acompanhar um mestre teológico enviado para presidir o *studium*.[14] O mestre era Alberto Magno ("Alberto, o Grande", 1200--1280), um bispo dominicano alemão que também ensinava na Universidade de Paris. Como mentor, não havia ninguém melhor para Tomás. Copleston o descreve como "um homem de mente aberta", com "amplos interesses e simpatias intelectuais".[15] Weisheipl afirma que, em termos de "envergadura acadêmica... e rigor", ele ultrapassava Tomás,[16] e muito da compreensão deste e seu apreço por Aristóteles sem dúvidas se deve à influência de Alberto. Embora Tomás já estivesse familiarizado com Aristóteles antes de ir a Paris e Colônia, foi Alberto quem "ampliou o conhecimento dele [sobre Aristóteles] e encorajou seu crescimento".[17]

Nas duas universidades e no *studium* mantido pela igreja, o estudo de Aristóteles não ocorreu sem polêmica. Uma breve discussão dessas controvérsias pode trazer um pouco de luz sobre o ambiente teológico de Tomás e ajuda a esclarecer disputas em curso sobre a relação da teologia com a filosofia. Para Alberto, não havia conflito entre as duas, uma vez que ele as via

---

[13] McInerny; O'Callaghan, "Saint Thomas Aquinas".
[14] Weisheipl, *Friar Thomas D'Aquino*, p. 38.
[15] Frederick Copleston, SJ, *A history of philosophy, vol. 2: Medieval philosophy* (Garden City: Image Books, 1962), p. 293.
[16] Weisheipl, *Friar Thomas D'Aquino*, p. 39.
[17] Ibid.

como ciências independentes, ainda que fossem compatíveis, distintas pelos diferentes métodos de investigação. Embora Alberto entendesse que a razão filosófica não era o ponto de partida investigativo do teólogo, ele, contudo, acreditava que ela "pode ser de real utilidade como meio secundário, lidando com objeções trazidas por" aqueles que são hostis ao ensino cristão.[18] Dessa maneira, a filosofia permanece uma ciência independente com contribuições salutares para a teologia.

Nem todos compartilhavam do entendimento de Alberto sobre a filosofia, e alguns, inclusive, argumentavam que ela não poderia alcançar seus fins investigativos sem a ajuda da teologia. Boaventura (1221-1274), um franciscano contemporâneo de Tomás, apresentou uma visão nessas linhas. Embora concordasse que a filosofia e a teologia envolvessem diferentes métodos de investigação, ele também acreditava que o mais avançado sistema filosófico seria terrivelmente incompleto e mesmo errôneo sem a luz da fé.[19] Outros teólogos eram ainda mais incrédulos quanto ao valor da filosofia. É claro que a oposição à filosofia não era novidade entre os pensadores cristãos; e, ainda na era patrística, é possível encontrar aqueles que pensassem que as origens pagãs da filosofia eram uma razão suficiente para abster-se de suas lições. Como Tertuliano (aproximadamente 160-220) perguntou de forma retórica, "Afinal, o que Atenas tem a ver com Jerusalém? Que concórdia há entre a Academia e a Igreja?"[20] Embora a igreja do século XIII rejeitasse essa visão severa, preocupações quanto a heresias ocasionalmente levavam à censura de teses filosóficas particulares ou mesmo de textos inteiros. Mesmo nesse caso, proscrições sobre ensinar textos censurados eram geralmente aplicadas em certas universidades onde raramente eram cumpridas, pelo menos na época de Tomás.[21]

Enquanto outros viam a filosofia de Aristóteles com graus variados de ceticismo, havia pensadores que tinham uma consideração demasiadamente alta por ela: os "averroístas latinos", um termo aplicado a professores universitários que louvavam Aristóteles conforme interpretado pelo filósofo islâmico

---

[18] Copleston, *A history of philosophy*, p. 296.
[19] Ibid., 245-6.
[20] Tertullian, *The prescription against the heretics (De praescriptione haereticorum)* (c. 200), tradução de Peter Holmes, capítulo 7, de *Ante-Nicene Fathers*, vol. 3, eds. Alexander Roberts; James Donaldson; A. Cleveland Coxe (Buffalo: Christian Literature, 1885), http://www.newadvent.org/fathers/0311.htm (revisado e editado para a New Advent por Kevin Knight).
[21] Torrell, *Saint Thomas Aquinas*, p. 7.

Averróis (1126-1198). Na visão deles, o pensamento de Aristóteles representava o pináculo do conhecimento humano, apesar de suas visões incluírem teses claramente antitéticas à doutrina cristã (duas delas sendo a eternidade do mundo e a negação da subsistência da alma humana). Diferentemente de Alberto, cujo endosso a Aristóteles era altamente capacitado,[22] os averroístas conceberam o ensino de Aristóteles "como sendo idêntico com toda a verdade alcançável pela razão humana".[23]

As disputas mencionadas anteriormente estavam em pleno vapor durante o tempo de Tomás em Paris e Colônia, e seus próprios esforços para resolvê-los transcendiam as disputas particulares sobre Aristóteles. Para Tomás, questões mais amplas estavam em jogo, por exemplo: como avaliamos o que a razão humana natural nos diz sobre Deus, a humanidade, e o propósito para o qual a humanidade existe? As conclusões da razão humana são comensuráveis com a verdade revelada? Se sim, o que faz a teologia revelar o que a razão não pode descobrir? As tarefas apologéticas que Tomás assumiu estariam muitas vezes dentro do contexto dessas questões, e sua abordagem sobre elas efetivamente transformaria a forma como a igreja delimitava a teologia e a filosofia.

RESPOSTA APOLOGÉTICA

O tratamento que Tomás deu para as questões apresentadas anteriormente é expressivo não apenas por sua profunda sensibilidade como teólogo, mas também como um pensador extraordinário, capaz de sistematizar amplas correntes de pensamento em uma elegante cosmovisão. Conforme cita Copleston, "com seu gênio para a sistematização, viu claramente o uso que poderia fazer dos princípios de Aristóteles no intuito de alcançar uma síntese sistemática da filosofia e da teologia".[24] Obviamente, a apropriação que Tomás faz do pensamento de Aristóteles era (diferentemente dos averroístas latinos) qualificada por seu compromisso cristão e, mesmo quando parte de Aristóteles, ele permanece convicto de que a razão natural humana era completamente compatível com o ensino sagrado e útil para tornar coerentes seus elementos particulares. De forma similar, Tomás estava convencido de que a fé cristã poderia fornecer um entendimento mais rico do que se poderia saber à parte do que Deus revela sobre si mesmo.

---

[22] Weisheipl, *Friar Thomas D'Aquino*, p. 42.
[23] Ibid., p. 272.
[24] Copleston, *A history of philosophy*, p. 423.

Em resumo, tanto razão e fé – os "instrumentos" empregados pela filosofia e teologia, respectivamente – são fontes confiáveis da verdade divina. Conforme Tomás,

> Algumas verdades sobre Deus excedem toda a capacidade da razão humana. Como a verdade de que Deus é trino, por exemplo. Mas existem algumas verdades que a razão natural também é capaz de alcançar. Por exemplo, que Deus existe, que ele é único, e outras semelhantes. De fato, tais verdades sobre Deus têm sido provadas de forma demonstrativa pelos filósofos, guiados pela luz da razão natural"[25]

O vínculo entre "verdades conhecidas pelos meios da razão" e "verdades provadas demonstrativamente" é importante aqui. As verdades às quais o filósofo aspira são aquelas resultantes da demonstração científica (*scientia*). No pensamento escolástico, uma demonstração é um tipo de raciocínio que produz conclusões necessárias e certas. De acordo com Tomás, a razão pode não apenas demonstrar que Deus existe, mas que Deus – o primeiro Ser – existe de forma particular em comparação com todos os outros seres. Deus não é apenas o maior ser possível, mas é também a fonte de todo ser contingente, incluindo as categorias pelas quais entendemos e conceituamos a ordem criada. Por essa razão, Tomás acredita que Deus não pode ser totalmente compreendido por tais categorias e qualquer descrição que possamos ter de Deus (se por nossa razão natural ou transmitidas a nós pela revelação), embora tome a forma de uma declaração sujeito/predicado (por exemplo, "Deus é onipotente, sábio, e assim por diante"), não nos diz o que Deus é em sua essência:

> Embora pela revelação da graça nessa vida nós não possamos saber de Deus 'o que ele é', e, portanto, estejamos unidos a ele como a um desconhecido; ainda o conhecemos mais completamente de acordo com os muitos e mais excelentes de seus efeitos que são demonstrados a nós, conforme atribuímos a ele algumas coisas que conhecemos por revelação divina, que a razão não pode alcançar, por exemplo, que Deus é Três e Um.[26]

Podemos resumir a visão de Tomás pela frase, muitas vezes citada, "a razão pode nos dizer *que* Deus é, não *o que* ele é", mas essa descrição, embora

---

[25] *Summa contra gentiles* (SCG), *Book one: God*, trad. Anton C. Pegis (Notre Dame: University of Notre Dame Press, 1975), I.3.2 [no Brasil: *Suma contra os gentios* (São Paulo: Loyola, 2018)].

[26] St. Thomas Aquinas, *Summa theologiae (ST)* I, Q12, a13, a1, 2nd e rev., literalmente traduzida pelos Pais da província dominicana inglesa (1920), edição online, http://www.newadvent.org/summa/ (ST).

adequada, pode sugerir que o âmbito da fé se ocupa apenas do que está além dos parâmetros da razão humana. Para Tomás, contudo, o assunto é mais interessante. Para entender por que, considere a ambiguidade do termo *razão*. Até agora nossa discussão diz respeito somente à razão *demonstrativa*. Nas instâncias da razão demonstrativa, uma pessoa que entende e acredita nas premissas de uma demonstração não pode deixar de concordar com sua conclusão. Para usar uma simples ilustração: se eu entendo que (1) todos os marsupiais são amamentados em uma bolsa natural e que (2) um gambá é um marsupial, então não posso deixar de concluir que um gambá é amamentado em uma bolsa natural. De maneira semelhante, demonstrações para a existência de Deus produzem conclusões que são necessárias e certas para aqueles que entendem e acreditam nas premissas das demonstrações, visto que a aparente necessidade de conclusão *induz* nosso assentimento.

Esse ponto explica parcialmente por que nosso assentimento à conclusão de uma demonstração teísta não é matéria de fé (embora possa ser para aqueles que não conhecem ou entendem as demonstrações). O assentimento da fé é voluntário; envolve a intenção de acreditar que Deus se revelou a nós. Contudo, para aqueles que conhecem a existência de Deus pelos meios da demonstração, seu assentimento não será voluntário, mas convencido pela obviedade concluída pela razão.

Além de estabelecer o fato demonstrável da existência de Deus, a razão é capaz de contribuir de alguma outra forma para nosso entendimento de Deus ou do ensino cristão? Responder essa questão requer que consideremos a distinção entre as funções *demonstrativa* e *persuasiva* da razão.[27] Embora a razão não possa demonstrar que, por exemplo, Deus seja trino, ela pode fazer uso de analogias e argumentos na tentativa de demonstrar que aquilo que o cristianismo ensina sobre Deus não é contrário à razão. Em outras palavras, a razão persuasiva pode funcionar de forma apologética ao combater o erro e defender a coerência da doutrina cristã.[28] Além disso, a razão persuasiva não pode forçar nosso assentimento, mas ela nos dá boas razões para assentirmos. Sobre esse ponto, John Jenkins nota que o "raciocínio persuasivo" consiste em "argumentos de credibilidade" que corroboram a verdade do ensino sagrado,

---

[27] St. Thomas Aquinas, "Commentary of Boethius's *De Trinitate*", in: *Aquinas On Faith and Reason*, ed. Stephen Brown (Indianapolis: Hackett, 1993), QII.art.1 ad 5. Shawn Floyd também discute essa distinção e suas implicações para o conhecimento teológico em seu artigo "Achieving a Science of Sacred Doctrine", *The Heythrop Journal* 40, vol. 2 (2006): p. 1-15.

[28] *De Trinitate* QII.art.1 *sed contra* 1-4.

mas são incapazes de "levar alguém a concordar com os artigos de fé".[29] Em outras palavras, a razão persuasiva não destrói o mérito da fé ao considerá-la desnecessária; ao contrário, é uma forma salutar de promover, encorajar e defender a fé para aqueles que podem não estar convencidos da veracidade do ensino cristão.

METODOLOGIA APOLOGÉTICA

Podemos chegar Deus, por meio do que é "mais bem conhecido por nós"

Como Tomás usa a razão demonstrativa para provar a existência de Deus? A abordagem utilizada por ele é inteiramente sensata. Como em uma busca por explicações, começamos com os fatos sobre o mundo que são mais acessíveis a nós e procuramos demonstrar a causa da qual eles dependem. Como ilustração, imagine que você está tentando entrar em sua casa pela porta da frente. A chave parece funcionar, mas, quando você empurra a porta, ela não se move. Você entende que existe alguma coisa interferindo no mecanismo da porta. Pode ser que as dobradiças estejam quebradas, que haja um objeto pesado do outro lado da porta, ou que alguém colocou uma substância (uma espécie de supercola industrial) entre os batentes e a porta, forte o suficiente para impedir que ela se abra. Então, você inspeciona ao redor da porta e elimina as teorias sobre dobradiças quebradas ou supercolas, e conclui que há um objeto pesado a segurando. Pelo que você sabe, poderia ser uma bigorna, uma pilha de tijolos ou a linha defensiva de um time de futebol americano. Você não sabe exatamente *o que* está obstruindo a sua entrada, mas sabe que há *alguma coisa* lá que tem massa suficiente para impedir que você abra a porta da frente de sua casa.

Demonstrar a existência de Deus não é diferente de determinar que há uma obstrução na porta. Começamos com os "efeitos" ou as realidades observáveis dentro de nossa experiência e então seguimos para estabelecer sua causa. Como Tomás escreve, "Quando um efeito é mais bem conhecido por nós do que a sua causa, dele avançamos para o conhecimento da causa e de cada efeito a existência de sua causa devida pode ser demonstrada, uma vez que seus efeitos são mais bem conhecidos por nós; pois, uma vez que cada efeito depende de sua causa, se o efeito existe, a causa deve preexistir. Como

---

[29] John Jenkins, *Knowledge and Faith in Thomas Aquinas* (Cambridge: Cambridge University Press, 1998), p. 185-6.

consequência, a existência de Deus, embora não seja autoevidente a nós, pode ser demonstrada a partir dos efeitos divinos que são conhecidos por nós".[30]

Esse tipo de raciocínio, diz Tomás, é aprovado pelas Escrituras: "O apóstolo diz: '[...] os atributos invisíveis de Deus [...] têm sido vistos claramente, sendo compreendidos por meio das coisas criadas' (Romanos 1:20)".[31] Em outras palavras, podemos conhecer a existência de Deus identificando primeiro alguns aspectos indiscutíveis de nossa experiência, como o movimento (ou mudança), a causalidade eficiente, a possibilidade e a necessidade, a gradação do ser ou a natureza do universo, dirigida para um fim. Esses são os "efeitos" (ou "as coisas que são feitas"). Delas, podemos concluir que há uma causa desses efeitos ("as coisas invisíveis de Deus"[32]) – uma última explicação que Tomás descreve (de forma muito geral) como a primeira causa ou o primeiro motor (ou, como ele coloca, o que "todos entendem ser Deus"[33]).

Demonstrando a existência de Deus[34]

A subseção anterior fornece uma visão geral do método de Tomás quanto à demonstração da existência de Deus. Com relação às próprias demonstrações, existem cinco resumidas na *Summa theologiae* (também chamadas de "as cinco vias").[35] Elas deveriam ser (digamos) versões resumidas de argumentos mais desenvolvidos encontrados na *Summa contra gentiles* e em *De ente et essentia* [O ente e a essência].[36]

---

[30] ST, I Q2.art2, *respondeo*.

[31] ST, I Q2.art2, *sed contra*.

[32] Tomás também acredita que, embora muitas pessoas não pensem para Deus (como faria um filósofo), elas ainda possuem um senso geral da existência de Deus e de seus atributos por meio das "coisas que são feitas". Tomás escreve: "Saber que Deus existe de forma geral e confusa é implantado em nós por natureza, uma vez que Deus é a beatitude do homem. Pois os homens naturalmente desejam a felicidade e o que é naturalmente desejado pelo homem deve ser naturalmente conhecido por ele. Isso, contudo, não é saber que Deus existe; assim como saber que alguma coisa está se aproximando não é saber que se aproxime, mesmo embora seja Pedro quem está se aproximando..." (ST, I Q2.art1.ad1).

[33] ST, I Q2.art3, *respondeo*.

[34] Shawn Floyd oferece uma versão mais detalhada das ideias nessa subseção e na seguinte em seu artigo "Aquinas's philosophical theology" *The internet encyclopedia of philosophy*, Jim Fieser; Bradley Dowden eds., hospedado pela University of Tennessee at Martin. https://www.iep.utm.edu/aq-ph-th/.

[35] ST, I Q2.art3.

[36] SCG, 1.13; St. Thomas Aquinas, *De ente et essentia*, p. 88-98, adaptado e editado por Joseph Kenny, OP, http://dhspriory.org/thomas/DeEnte&Essentia.htm [no Brasil: *O ente e a essência* (São Paulo: Vozes, 2014)].

Consideremos a segunda das cinco vias de Tomás – o argumento da ordem das causas eficientes. Ele primeiro aponta que uma coisa não pode ser a causa eficiente de si mesma. Você atualmente existe porque outras coisas o geraram ou sustentam a sua existência, por exemplo, seus pais, o ambiente, oxigênio, alimento disponível etc. Se essas coisas não existissem, você não existiria. No entanto, cada uma *dessas* coisas não pode ser a causa eficiente de sua própria existência mais do que você mesmo, pois elas também precisam de uma causa (ou causas) eficiente para gerá-las e sustentá-las em sua existência.

O que temos aqui, então, é uma *ordem* de causas eficientes, cada uma delas sendo causalmente dependente de algo anterior a si mesma. Para ser claro, a ordem das causas que Tomás tem em mente não é uma série de causas *temporalmente* ordenada. Ou seja, não são eventos cuja ocorrência se dá por causa de algum outro evento que os precede no tempo. Antes, a série é composta de causas que existem simultaneamente em uma ordem de subordinação causal. Como explica Copleston, "Quando Tomás fala sobre uma 'ordem' de causas eficientes, ele não está se referindo a uma série que se estende de volta no passado, mas de uma hierarquia de causas, na qual um membro subordinado está aqui e agora dependendo da atividade causal de um membro superior".[37]

Para ilustrar esse ponto, imagine uma lâmpada sobre a mesa. Considerando que ela é igual a muitas lâmpadas, sua capacidade de fornecer luz é ativada pela eletricidade, que, por sua vez, é fornecida por fios, cabos e postes que estejam funcionando. Os postes fornecem eletricidade distribuída por transformadores, e estes dependem, para sua operação, da eletricidade que a usina fornece. A usina – cujas operações envolvem simultaneamente o funcionamento de fornos, caldeiras e turbinas – converte recursos naturais em energia elétrica. É claro, poderíamos traçar a história causal dos recursos naturais também, mas talvez o ponto esteja claro o suficiente. Uma lâmpada acesa faz parte de uma ordem causal de dependência, e as causas dentro dessa ordem – da lâmpada em funcionamento até a conversão de recursos naturais em energia elétrica – existem simultaneamente para produzir o efeito observável (emitir luz).

Essa forma de descrever uma ordem causal nos ajuda a ver por que suas causas componentes são de natureza instrumental e intermediária. Isto é,

---

[37] Frederick Copleston SJ, *Thomas Aquinas* (Baltimore: Penguin, 1955), p. 122 [no Brasil: *Tomás de Aquino - Introdução à vida e à obra do grande pensador medieval* (Campinas: Ecclesiae, 2020)].

para que existam, elas dependem de alguma causa anterior enquanto também permitem a existência de causas sucessivas. Edward Feser chama as ordens causais desse tipo de "séries causais essencialmente ordenadas" porque cada causa dentro das séries depende necessariamente, para sua existência, de uma causa que a sustente anteriormente.[38] Além disso, essa explicação ajuda a esclarecer por que séries causais desse tipo não podem ser infinitas (isto é, séries causais essenciais ordenadas não podem ser séries em que não haja nenhuma "primeira causa"). Pois, sem uma causa eficiente primeira, não haveria causas instrumentais subsequentes e, assim, nenhuma ordem causal para observarmos.

A ideia principal aqui é que o poder das causas intermediárias é totalmente derivativo, e elas existem apenas em virtude de uma causa princípio, da qual são um instrumento, e esse é o motivo pelo qual seu poder "deve, em última análise, ser traçado até a atividade simultânea de um primeiro motor".[39] Como Tomás argumenta, na ausência de um primeiro motor ou causa, pode não haver nenhum efeito final "nem quaisquer causas eficientes intermediárias; o que é evidentemente falso. Portanto, é necessário admitir a primeira causa eficiente, a qual todos dão o nome de Deus".[40]

Aqui há uma importante observação sobre esse argumento que muitas pessoas acabam perdendo. Assim como ele não se refere a uma série de causas temporalmente ordenadas, tampouco exige que o universo tenha um começo temporal (como encontrado no argumento cosmológico Kalām).[41] A segunda premissa desse argumento – "O universo começou a existir"[42] – depende de estabelecer filosoficamente (ou cientificamente) que o universo teve um começo *temporal*. Para Tomás, contudo, não é possível saber que o universo começou a existir por meio da filosofia ou da ciência, uma vez que nenhuma delas pode fornecer um argumento demonstrável para tal afirmação. Só se acredita nisso, diz Tomás, por meio da autoridade das Escrituras.[43] Então, mesmo que o universo tenha sempre existido ou seja de infinita duração, ele ainda precisaria de uma Primeira Causa no sentido de carecer

---

[38] Edward Feser, *Aquinas: a beginner's guide* (London: Oneworld, 2009), p. 78.
[39] Ibid.
[40] ST, I Q2.art3, *respondeo*.
[41] William Lane Craig, *The Kalām cosmological argument* (London: Macmillan, 1979).
[42] Ibid., p. 63.
[43] ST, I Q46.art2, *respondeo*.

de um princípio ou de uma fonte definitiva de poder causal para mantê-lo funcionando.[44]

Falando sobre Deus

Embora possamos demonstrar a existência de Deus (entendida nos termos de uma primeira causa), há muito sobre Deus que nossos esforços demonstrativos não podem provar. Especialmente para os cristãos, as verdades mais importantes sobre Deus são matéria de fé que nos são comunicadas por meio das Sagradas Escrituras. Ainda assim, as demonstrações da existência de Deus geram conclusões das quais verdades adicionais podem ser inferidas. Tanto na *Summa contra gentiles* quanto na *Summa theologiae*, Tomás argumenta que ser o Primeiro na ordem de causalidade requer que Deus também seja simples, bom, único, infinito, eterno, perfeito, imutável e onipresente.[45]

Para vermos por que, considere se Deus pode ser uma substância material. Se ele fosse material, então seria sujeito a ser movido ou ter sofrido os efeitos da ação por outras coisas que não ele mesmo. Em outras palavras, ele não seria "primeiro" na ordem da causalidade. Além disso, substâncias materiais são entidades compostas que invariavelmente dependem de alguma outra coisa para existir. Se Deus fosse um composto desse tipo, deveria haver alguma coisa causalmente anterior a ele mesmo capaz de sustentar sua existência. Na verdade, Tomás insiste que Deus não é nem mesmo um composto de propriedades ou atributos. O ser de Deus deve ser simples e indivisível.

Ao descrever Deus como simples, Tomás quer dizer que as características que muitas vezes atribuímos a Deus não são algo *em adição* à vida divina. Para deixar esse ponto um pouco mais claro, considere os atributos de "bondade" e "existência". Para criaturas como nós, bondade não é uma questão de tudo ou nada. Nós a temos em algum grau; e também perdemos e ganhamos bondade, dependendo de como nos comportamos e agimos durante o tempo. Para Deus, contudo, "bondade" não é uma propriedade que ele *tem* ou possui em

---

[44] "Para compreendermos isso, devemos considerar que a causa eficiente, que age por movimento, por necessidade precede seu efeito no tempo; porque o efeito está somente no fim da ação e cada agente deve ser o princípio da ação. Mas se a ação é instantânea, e não sucessiva, não sendo necessário para o agente ser anterior à coisa feita no tempo como ocorre no caso da iluminação. Por consequência, se diz que isso não acontece necessariamente se Deus é a causa ativa do mundo, que ele deve ser anterior ao mundo temporalmente; pois a criação, pela qual Deus criou o mundo, não é uma mudança sucessiva..." (ST, I.Q46.art2, a1).

[45] *SCG*, 1.14–44; ST, I Q3–13.

adição a quem ele é. Ao contrário, ele é sua *própria* bondade.[46] Uma análise semelhante pode ser feita sobre a existência de Deus. Como uma primeira causa, a existência divina não é derivada ou dependente de alguma causa antecedente, ou seja, Deus é sua *própria* existência.[47]

Tomás faz uma análise semelhante ao tratar dos demais atributos; isto é, ele mostra que, se Deus é de fato a *primeira* causa, ele não deve ser apenas imaterial, mas não deve carecer de nada, nem de nada depender, e ser a fonte de toda a existência contingente. Se essa descrição do ser primeiro e não causado está correta, então Deus deve ser bom, único, infinito, eterno, perfeito, imutável e onipresente. Devemos ainda ter em mente aqui que esses descritores (por exemplo, ser bom, poderoso, eterno, e assim por diante) não podem se referir a Deus da mesma maneira que por vezes se referem a nós. A linguagem humana é um mecanismo complicado que usamos para descrevermos ou nos referirmos às criaturas físicas finitas que existem no tempo. Portanto, quando usamos esses termos para nos referirmos a Deus, devemos entendê-los de forma análoga, e não univocamente.

A ideia de analogia é complicada, e muitos pensadores medievais nem sempre entenderam a linguagem analógica da mesma maneira.[48] Mas a ideia geral aqui é que, embora os termos usados para descrever tanto Deus quanto as criaturas possam ser os mesmos, eles, contudo, têm significados variados, ainda que relacionados. Por exemplo, se dizemos que Deus é "inteligente" ou que tem a característica de uma "mente", não podemos admitir que ele é (como as outras criaturas inteligentes) um agente racional que possui um corpo ou que pondera sobre o que a bondade ou a sabedoria exigem. Essa caracterização requereria que Deus existisse no tempo, fosse limitado, adquirisse conhecimento que atualmente não possui e sofresse mudança – tudo isso é inconsistente com a natureza divina. Dessa forma, atribuímos "inteligência" a Deus sabendo que não pode ser o mesmo *tipo* de inteligência que atribuímos às criaturas, uma vez que o modo de ser de Deus está muito além daquele que experimentamos nesse mundo temporal, e, portanto, não podemos conhecer a Deus em sua essência desse lado da eternidade.[49] Quando atribuímos inte-

---

[46] SCG I.3.8.
[47] ST I 3.4.
[48] E. Jennifer Ashworth, "Medieval theories of analogy", in *The Stanford encyclopedia of philosophy* (outono 2017), Edward N. Zalta, ed., https://plato.stanford.edu/archives/fall2017/entries/analogy-medieval/.
[49] Tomás defende que os benditos verão a Deus em sua essência nos céus. Veja ST, Suppl., Q92.

ligência a Deus, então, queremos dizer que a inteligência dele é semelhante à inteligência humana (isto é, ela é análoga).

Os preâmbulos e os artigos de fé

Tendo tratado do que a razão demonstrativa nos permite dizer sobre Deus, podemos falar agora mais claramente sobre como a razão se relaciona às alegações pertinentes à fé que fazemos sobre Deus. De acordo com Tomás, as verdades de Deus que podemos conhecer pela razão são chamadas de *preâmbulos da fé*. Nós as chamamos de "preâmbulos" não porque se deve primeiro conhecê-las pela razão para termos fé, mas porque são crenças – embora demonstráveis pela razão – que o cristão deve pressupor quando assente aos *artigos de fé* – os ensinos específicos sobre Deus conforme revelados a nós pelas Sagradas Escrituras. Em outras palavras, verdades demonstráveis sobre Deus são aceitas como verdadeiras quando assentimos aos ensinos que são mais explicitamente teológicos.

Em alguns casos, uma verdade demonstrável será uma matéria de fé, em particular para aqueles que não estão familiarizados com ou incapazes de pensar usando argumentos demonstrativos. Mesmo nesses casos, a existência de Deus é presumida como verdade quando assentimos ao ensino sagrado. Conforme escreve Tomás: "As coisas que podem ser provadas por demonstração são reconhecidas entre os artigos de fé não porque simplesmente todos creem nelas, mas porque são uma pressuposição necessária aos assuntos da fé e, assim, aqueles que não as conhecem por demonstração devem primeiro conhecê-las todas pela fé".[50]

Como forma de ilustração, considere os casos do Sr. Razão e do Sr. Pio. O Sr. Razão, que primeiro veio a saber da existência de Deus por argumento racional, é movido pela graça de Deus a assentir aos artigos de fé (que devem incluir a existência de Deus, dado que se deve assentir à doutrina de que Jesus é o Filho de Deus) e, então, procura ser recebido na igreja por meio do batismo. Por outro lado, o Sr. Pio sempre acreditou que existe um Deus (mas não por causa de uma demonstração racional). Ele frequentou a igreja com sua família, orava ocasionalmente, e assim por diante. Ele nunca questionou a existência de Deus e nunca procurou demonstrá-la. Contudo, como o Sr. Razão, o Sr. Pio é eventualmente movido pela graça de Deus a assentir aos artigos de fé (que devem incluir a existência de Deus, dado que se deve assentir à doutrina

---

[50] ST, II-II.Q1, art. 5, ad. 3.

de que Jesus é o Filho de Deus), e então procura ser recebido na igreja por meio do batismo.

Ao contrário do que alguns críticos afirmam,[51] Tomás não acredita que os preâmbulos da fé devem ser considerados demonstrativamente verdadeiros ou como um tipo de passo fundamental ou primeiro para que se tenha fé autêntica. Como ele nota:

> A existência de Deus e outras verdades semelhantes sobre ele, que podem ser conhecidas pela razão natural, não são artigos de fé, mas preâmbulos aos artigos; pois a fé pressupõe conhecimento natural, como a graça pressupõe a natureza, e a perfeição supõe algo que pode ser perfeito. Não obstante, não há nada que impeça um homem, que não pode alcançar uma prova, aceitar, como matéria de fé, algo que em si mesmo é capaz de ser cientificamente conhecido e demonstrado (grifos nossos).[52]

A distinção de Tomás entre os preâmbulos e os artigos de fé segue sua visão de que a filosofia e a teologia são esferas de investigação distintas, porém complementares na medida em que reforçam e iluminam uma à outra. Os preâmbulos da fé, embora conhecíveis pela razão, podem ser cridos sem demonstração racional. Os artigos de fé, embora não conhecíveis por demonstração racional, podem ser mais bem entendidos pela razão na medida em que ajudam o teólogo na tarefa de responder às más interpretações e dificuldades levantadas por aqueles que rejeitam a fé por completo.

A esse respeito, a *Summa contra gentiles* é a principal conquista de Tomás. Ao contrário da *Summa theologiae*,[53] seu propósito principal é (de acordo com

---

[51] Por exemplo, o teólogo evangélico Carl F. H. Henry escreve: "No desenvolvimento da questão empírica para o teísmo, o maior objetivo de Tomás foi preparar o homem natural, uma vez convencido da existência de Deus por sua própria razão e separado da revelação divina, para aceitar verdades reveladas de maneira sobrenatural" (Carl F. H. Henry, *God, revelation and authority*, 6 vols. [Wheaton: Crossway, 1999; publicado originalmente em 1976], II: p. 105).

[52] ST, I.Q2, art. 2, ad. 2.

[53] Isso não quer dizer que a ST não seja uma obra apologética, pois é mais do que certo que é. Mas não é seu principal propósito. Foi escrita para estudantes de teologia iniciantes, conforme Tomás cita no prólogo da obra: "Pois o doutor da verdade católica não deve apenas ensinar o competente, mas também instruir os iniciantes (de acordo com o Apóstolo: *Como criancinhas em Cristo, eu lhes dei leite para beber, não carne* – 1Coríntios 3:1-2), propomos nesse livro tratar daquilo que pertence à religião cristã, de maneira que tenda para a instrução dos iniciantes". (ST, prólogo).

muitos comentadores) apologético: "Impus a mim mesmo a tarefa de tornar conhecidas, à medida que minhas capacidades limitadas permitam, as verdades que a fé católica professa e de eliminar os erros que são opostos a ela".[54]

Há três diferentes categorias de não cristãos aos quais Tomás está respondendo, e cada uma requer um tratamento distinto. Na resposta aos hereges, ele pode recorrer ao Novo Testamento. Aos judeus, ele tem a autoridade do Antigo Testamento e, ao falar com pagãos e muçulmanos (ou o que ele chamava de "maometanos"), nenhum dos quais aceitava as Escrituras judaico-cristãs, ele "recorre à razão natural, a qual todos os homens são forçados a dar seu assentimento", embora admita que, "em assuntos divinos, a razão natural tem suas falhas".[55] E, conforme Tomás aponta, "avançar contra erros individuais, contudo, é um assunto difícil".[56] Por essa razão, os quatro livros da *Summa contra gentiles* tratam de quatro categorias teológicas gerais – Deus, criação, providência e salvação – em vez de lidar com cada grupo individual de não cristãos. Em cada categoria, Tomás responde aos vários desafios apresentados por cada grupo, exigindo que ele teça uma tapeçaria de argumentos que recorrem tanto às Escrituras quanto à razão natural.

Considere, por exemplo, a discussão de Tomás sobre o Deus cristão. Ele primeiro recruta a razão natural para mostrar que a existência de um Deus verdadeiro é racionalmente demonstrável.[57] Mas, em seu extenso exame sobre o que foi especialmente revelado a respeito de Deus – que ele é uma triunidade de três pessoas divinas –, Tomás cita generosamente e faz uma cuidadosa exegese das Escrituras ao mesmo tempo que também emprega a razão natural ao fazer sutis distinções filosóficas para mostrar que a ideia de que as três pessoas divinas são um Deus não é conceitualmente incoerente.[58]

Os artigos de fé e a apologética histórica

De acordo com Tomás, existem 14 artigos de fé,[59] sete deles referentes à divindade e outros sete referentes à natureza humana de Cristo: (1) Deus é único,

---

[54] SCG, 1.2.2.
[55] Ibid.
[56] Ibid.
[57] SCG, 1.13.
[58] Thomas Aquinas, *Summa contra gentiles* (SCG), book four: salvation, trad. Charles J. O'Neil (Notre Dame: University of Notre Dame Press, 1975), 4.1-55.
[59] ST, II-II.Q1, art. 8, *respondeo*.

(2) Deus é pai, (3) Deus é Filho, (4) Deus é Espírito Santo, (5) Deus é Criador, (6) Deus é a fonte de graça para nossa redenção, (7) Deus nos ressuscitará para a vida eterna, (8) Cristo foi concebido pelo Espírito Santo, (9) Cristo nasceu da Virgem Maria, (10) Cristo sofreu, morreu e foi sepultado, (11) Cristo desceu ao inferno, (12) Cristo ressuscitou dentre os mortos, (13) Cristo ascendeu aos céus e (14) Cristo irá julgar os vivos e os mortos.

Como já apontamos, Tomás mantém aquilo em que viemos a crer pelos artigos de fé (pela autoridade de Deus via revelação especial) de uma maneira diferente de como viemos a conhecer pelos preâmbulos da fé (pela demonstração racional), embora alguns artigos que assentimos pela fé possam também ser conhecidos pela razão. No entanto, na era da apologética moderna, muitos pensadores cristãos ofereceram uma variedade de argumentos que tentam mostrar que alguns, se não todos, dos outros artigos de fé também podem ser racionalmente defendidos – por exemplo, encontrar argumentos baseados em evidência histórica e literária para tudo, desde a ressurreição de Cristo até a credibilidade das Escrituras. O ponto desse argumento é defender que, se a evidência histórica e literária pode mostrar que é racional acreditar que Cristo ressuscitou dos mortos e que podemos confiar nas Escrituras, então alguns, se não todos, dos artigos de fé – que, em última análise, vêm de Cristo e das Escrituras – também são apoiados pela razão.[60]

É claro que Tomás não objetaria, a princípio, quanto ao uso dessas evidências pelos cristãos, uma vez que, em diversos lugares, ele de fato recorre a certas ocorrências que demonstram a ação divina na história.[61] No entanto, ele provavelmente faria diversos esclarecimentos. Primeiro, Tomás não classificaria argumentos desse tipo como provas demonstráveis, tendo em vista que apelos para a evidência histórica ou supostos milagres são, por sua natureza, probabilísticos e (usando o termo de Tomás) *persuasivos* na natureza, uma vez que

---

[60] Veja, p. ex., William Lane Craig, *Reasonable faith: christian truth and apologetics*, terceira edição. (Wheaton, IL: Crossway, 2008), capítulos 5-8; R. Douglas Geivett; Gary R. Habermas, eds., *In defense of miracles: a comprehensive case for God's action in history* (Downers Grove, IL: InterVarsity Press, 1992); John Warwick Montgomery, "The theologian's craft: a discussion of theory formation and theory testing in theology", *Concordia theological monthly* 37.2 (1966): p. 67-98; J. P. Moreland, *Scaling the secular city: a defense of christianity* (Grand Rapids: Baker, 1987), capítulos 5 e 6; e N. T. Wright, *The resurrection of the Son of God* (Minneapolis: Fortress, 2003).

[61] Veja, p. ex., ST, III.Q43.art4; SCG, 1.6.1–4.

argumentos evidenciais desse tipo não podem forçar o assentimento da mente.[62] Afinal, mesmo os milagres que Cristo realizou para substanciar sua divindade não foram suficientes para produzir fé naqueles que os testemunharam.[63] Inúmeras testemunhas recusaram a evidência ou apresentaram explicações alternativas para o que viram (p. ex., "Ele está endemoninhado e enlouqueceu" [João 10:20]).

Segundo, não é requerida evidência histórica para o tipo de fé necessária para a salvação. Em outras palavras, a evidência que a razão persuasiva (p. ex., evidência para a ressurreição corporal de Cristo) fornece não é mais necessária para a fé do que ser capaz de demonstrar a existência de Deus é necessário para acreditar no ensino sagrado. Tal evidência pode fornecer uma ocasião para a graça de Deus mudar a vontade de alguém, mas é o Espírito Santo, e

---

[62] Tomás escreve:

A palavra "prova" é suscetível de duplo significado: às vezes é empregada para designar qualquer tipo "de razão em confirmação do que é um assunto de fé" [Tully, Topic. ii]: e, às vezes, significa um sinal sensível usado para manifestar a verdade; assim também Aristóteles ocasionalmente usa o termo em suas obras [Cf. Prior. Anal. ii; Rhetor. i]. Tomando "prova" no primeiro sentido, Cristo não demonstrou sua ressurreição aos discípulos com provas, pois essas provas argumentativas deveriam ter sido estabelecidas em alguns princípios: e se tais princípios não eram conhecidos pelos discípulos, então nada poderia ser demonstrado a eles, porque nada pode ser conhecido a partir do desconhecido. E se esses princípios fossem conhecidos por eles, não iriam além da razão humana e, consequentemente, não seriam eficazes para fundamentar a fé na ressurreição, que está além da razão humana, uma vez que os princípios que devem ser assumidos devem ser da mesma ordem, de acordo com livro I dos *Analíticos posteriores*. Mas era da autoridade das Escrituras que ele provia a eles a verdade de sua ressurreição, cuja autoridade é a base da fé, quando ele diz: "Todas as coisas que estão na Lei precisam ser cumpridas, e nos profetas, e nos salmos, se referem a mim": conforme apresentadas em Lucas 24:44.

Mas se o termo "prova" for tomado no segundo sentido, então dizemos que Cristo demonstrou sua ressurreição com provas na medida em que, pelos mais evidentes sinais, ele mostrou que havia verdadeiramente ressuscitado. Por consequência, quando nossa versão traz "por muitas provas", o texto grego, em lugar de prova, traz *tekmerion*, isto é, "um sinal evidente que corresponde a uma prova positiva" [Cf. Prior. Anal. ii]. (ST, III.Q55.art5, *respondeo*).

[63] ST, II-II.Q.6.1. Conforme Brian Davies nota sobre a discussão de Tomás a respeito dos milagres em ST, III.Q43.art3, "[Tomás] definitivamente não fala de demonstração [III.Q43.art4]. Ele nem mesmo usa o verbo *probare* ('provar'). Ao contrário, ele se baseia no verbo *ostendere* (mostrar) e outras palavras latinas com um significado similar, falando dos milagres de Cristo 'demonstrando' ou 'manifestando' sua divindade ou como sendo um 'argumento' para ela. Ele não fala dos milagres de Cristo nos municiando com uma prova científica de que Cristo é necessariamente Deus". (Brian Davies, *Thomas Aquinas's* Summa theologiae: *a guide and commentary* [New York: Oxford University Press, 2014], p. 318.)

não a aceitação intelectual de uma evidência, quem move o peregrino a assentir aos artigos de fé.[64]

Terceiro, embora Tomás seja claro ao dizer que a razão e a argumentação são muitas vezes necessários para instruir o fiel, combater o erro e defender a doutrina cristã, seu papel mais importante é facilitar a união com Deus; a saber, nos fornecendo os meios necessários para contemplar e regozijar nas coisas divinas.[65] De maneira semelhante, um raciocínio desse tipo pode consolar e encorajar os cristãos quando experimentam dúvida ou têm dificuldade em responder a objeções dos não cristãos. Em resumo, razão e investigação são muitas vezes para a edificação *do cristão*, e não para refutação de argumentos dos não cristãos.[66] Com essas considerações em mente, parece correto dizer que Tomás receberia bem a ênfase sobre a apologética histórica dos dias de hoje, porém, categorizaria esse projeto como uma empreitada probabilística – ou seja, uma aventura na razão persuasiva em vez da demonstrativa.

CONTRIBUIÇÕES PARA A APOLOGÉTICA

A influência de Tomás – ou ao menos das abordagens tomistas – na apologética cristã dos séculos XX e XXI pode ser vista em uma variedade de áreas e entre uma diversidade de pensadores, tanto de círculos católicos

---

[64] Tomás diz muito quando escreve:

"Deus capacita os homens a operarem milagres por dois motivos. O primeiro e principal, para confirmação da doutrina que um homem ensina. Pois as coisas que são da fé ultrapassam a razão humana, e não podem ser fornecidas por argumentos humanos, mas precisam ser provadas pelo argumento do poder divino: assim, quando um homem faz obras que somente Deus pode fazer, nós acreditamos que o que ele diz vem de Deus: o mesmo quando alguém é portador de cartas seladas com o anel do rei, deve-se acreditar que o que ele contém expressa a vontade do rei.

Em segundo lugar, para tornar conhecida a presença de Deus em um homem pela graça do Espírito Santo, e assim, quando um homem realiza as obras de Deus nós acreditamos que Deus habita nele por sua graça. Pelo que está escrito (Gálatas 3:5): Ele que deu a vocês o Espírito, e opera milagres entre vocês." (ST, III.Q43.art1, *respondeo*).

[65] *De Trinitate* I.2.

[66] Tomás também se preocupa que os argumentos destinados a ensinar e encorajar os cristãos podem ser entendidos pelos adversários teológicos como provas demonstrativas e, além disso, pobres. "Há certamente argumentos prováveis que devem ser feitos para tornar a verdade divina conhecida. Isso deve ser feito para formação e consolação do fiel, e não com qualquer ideia de refutar aqueles que são adversários, pois a própria inadequação dos argumentos seria, ao contrário, fortalecida em seus erros, uma vez que eles imaginariam que nossa aceitação da verdade da fé era baseada nesses argumentos fracos." (SCG, 1.9.2).

quanto protestantes. Provavelmente o mais importante apologeta cristão do século XX, o anglicano C. S. Lewis (1898-1963), que não se considerava um tomista, era, no entanto, inspirado pela visão de Tomás sobre a lei natural, como uma leitura cuidadosa de *A abolição do homem* revelará.[67] Lewis não era apenas um grande amante da *Divina comédia* de Dante, mas da cosmovisão medieval cristã que lhe deu profundidade e amplitude. Há pouca dúvida de que, por meio de Dante – cuja obra é profundamente tomista –, Lewis se apropriou indiretamente das sensibilidades de Tomás, mais até do que ele havia percebido.[68]

Um dos grandes intérpretes de Lewis, o filósofo Peter Kreeft, um protestante que se tornou católico, tem sido o mais prodigioso expoente das obras de Tomás para fins apologéticos.[69] Seu *Handbook of Christian apologetics* (Manuel de apologética cristã, escrito com R. K. Tacelli, SJ) e sua versão resumida da *Summa theologiae*, *Summa of the summa*, são amplamente utilizados tanto por evangélicos quanto por católicos.[70] O filósofo Edward Feser é outro escritor católico que está na vanguarda do uso da apologética de Tomás, tanto para públicos acadêmicos quanto populares.[71] Se alguém está procurando por uma recente e substancial introdução a Tomás, a obra de Feser é um excelente lugar para começar.

Mais recentemente, inúmeros pensadores evangélicos se identificaram como tomistas em diferentes graus. J. P. Moreland defende o que ele chama de uma visão tomista da alma em resposta aos desafios das visões materialistas da mente,[72] ao passo que R. C. Sproul e Norman L. Geisler pegam generosa-

---

[67] C. S. Lewis, *The abolition of man* (New York: Harper One, 1947) [no Brasil: *A abolição do homem* (Rio de Janeiro: Thomas Nelson, 2017)].

[68] Dudley Howe Miles, "Dante and Aquinas", *The Romanic review* 2 (1911): p. 85-9.

[69] Peter Kreeft, *C. S. Lewis: a critical essay*, 3rd ed. (Front Royal: Christendom Press, 2011).

[70] Peter Kreeft; R. K. Tacelli, S. J., *A handbook of Christian apologetics* (Downers Grove: InterVarsity Press, 1994); St. Thomas Aquinas, *Summa of the Summa: the essential philosophical passages of St. Thomas Aquinas' Summa theologica edited and explained for beginners*, ed. and annotated by Peter Kreeft (San Francisco: Ignatius, 2004).

[71] Edward Feser, *Five proofs of the existence of God* (San Francisco: Ignatius, 2017); Edward Feser, "The new atheists and the cosmological argument", Midwest studies in philosophy 37 (2013).

[72] J. P. Moreland; Scott B. Rae, *Body & soul: human nature & the crisis in ethics* (Downers Grove, IL: InterVarsity Press, 2000). Veja também J. P. Moreland, *The recalcitrant* Imago Dei: *human persons and the failure of naturalism* (London: SCM, 2009). Devemos notar que Moreland não se considera um tomista em outros assuntos, por exemplo, a natureza de Deus.

mente emprestado da teologia natural de Tomás e de visões metafísicas mais amplas como parte de suas defesas do teísmo cristão.[73] Mesmo alguns que não se identificam como tomistas, como Stuart Hackett e William Lane Craig,[74] foram fundamentais na introdução de robustas defesas da teologia natural na apologética evangélica, um projeto que Doug Erlandson, um pensador reformado, disse ser de espírito tomista.[75]

O tomismo analítico é uma crescente escola de pensamento na filosofia contemporânea e tem raízes no trabalho dos filósofos britânicos Elizabeth Anscombe e Peter Geach. Algumas de suas principais figuras incluem Eleonore Stump, John Haldane, Brian Leftow e Alexander Pruss. Embora eles provavelmente não descrevessem seu trabalho em termos de apologética, o uso que fazem das ferramentas da filosofia analítica para defender as doutrinas cristãs tradicionais (ou visões filosóficas tradicionais que esclarecem aquelas doutrinas) a partir de uma perspectiva tomista certamente contribui para apoiar a racionalidade da crença cristã.[76] Mesmo Alvin Plantinga, um filósofo analítico reformado que ao mesmo tempo era crítico do tomismo e da teologia natural,[77] passou a valorizar Tomás em seu esforço para defender a fé cristã em sua obra monumental *Warranted Christian belief* [Crença cristã avalizada].[78]

---

[73] R. C. Sproul; John Gerstner; Arthur Lindsley, *Classical apologetics: a rational defense of the Christian faith and a critique of presuppositional apologetics* (Grand Rapids: Zondervan–Academie, 1984); Norman L. Geisler, *Christian apologetics* (Grand Rapids: Baker, 1976); Norman L. Geisler; *Thomas Aquinas: an evangelical appraisal* (Grand Rapids: Baker, 1991). Para uma análise de como Sproul, Gerstner e Geisler interpretaram mal a doutrina da justificação de Tomás, veja Francis J. Beckwith, "Doting Thomists: evangelicals, Thomas Aquinas, and justification". *Evangelical quarterly* 85.3 (July 2013): p. 211-27.

[74] Stuart Hackett, *The resurrection of theism: prolegomena to Christian apology* (Grand Rapids: Baker, 1957); e Craig, Reasonable faith, capítulos 3 e 4.

[75] Doug Erlandson, "The resurrection of Thomism", *Antithesis* 2, 3 (Maio/Junho 1991).

[76] Veja, p. ex., Eleonore Stump, *Atonement* (New York: Oxford University Press, 2018); John Haldane, *Reasonable faith* (New York: Routledge, 2010); Brian Davies, *Thomas Aquinas on God and evil* (New York: Oxford University Press, 2011); Alexander R. Pruss; Joshua L. Rasmussen, *Necessary existence* (New York: Oxford University Press, 2018); Brian Leftow, *God and necessity* (New York: Oxford University Press, 2015).

[77] Veja Alvin Plantinga, "Is belief in God properly basic?" *Noûs* 15.1 (Março 1981): p. 41-51; Alvin Plantinga, "Reason and belief in God", in *Faith and rationality*, eds. Alvin Plantinga; Nicholas Wolterstorff (Notre Dame: University of Notre Dame Press, 1983), p. 16-93.

[78] Alvin Plantinga, *Warranted Christian belief* (New York: Oxford University Press, 2000), p. 167 [no Brasil: *Crença cristã avalizada* (São Paulo: Vida Nova, 2018)]. Embora ele diga que o cristianismo que está defendendo é o modelo Tomás/Calvino, Plantinga está longe de ser um tomista, em especial porque ele rejeita o teísmo clássico de Tomás. Veja Plantinga, *Warranted Christian Belief*, p. 319--23; e Alvin Plantinga, *Does God have a nature?* (Milwaukee: Marquette University Press, 1980).

Plantinga atribui essa mudança à sua interação profissional com diversos filósofos tomistas.[79]

Há muito mais que poderíamos dizer aqui. A literatura secundária sobre Tomás é volumosa. Nossa análise seletiva dos apologetas recentes que foram influenciados por Tomás infelizmente subrepresenta muitos dos importantes trabalhos que tanto acadêmicos quanto leitores curiosos têm contribuído ao longo dos anos. Frederick Copleston, W. Norris Clarke, Josef Pieper, Ralph McInerny, Vernon Bourke, Anton Pegis, Jacques Maritain, Étienne Gilson, Norman Kretzmann, Herbert McCabe, Marie-Dominique Chenu, Reginald Garrigou-Lagrange, Benedict M. Ashley, Alfred Freddoso, e outros que merecem menção aqui.[80] Contudo, considerando o foco apologético desse capítulo, decidimos oferecer um resumo mais seletivo do material. É claro, se alguém deseja entender mais do que Tomás tem para dizer sobre os assuntos tratados nesse capítulo, não poderia fazer melhor do que ler a obra do *magister in sacra pagina*.

BIBLIOGRAFIA SELECIONADA[81]

Essa bibliografia não é um registro completo de todas as obras e fontes que foram consultadas

AQUINO, Thomas. *De ente et essentia* [On Being and Essence]. Adaptada e editada por Joseph Kenny, OP. http://dhspriory.org/thomas/DeEnte&Essentia.htm.

____. *Summa contra gentiles, book one: God.* Traduzido por Anton C. Pegis (Notre Dame: University of Notre Dame Press, 1975).

---

[79] Plantinga escreve: "Em 'Reason and belief in God', sugeri que Tomás também fosse um evidencialista nesse sentido; várias pessoas (Alfred Freddoso, Norman Kretzmann, Eleonore Stump, Linda Zagzebski, e John Zeis em "Natural theology: reformed?" em *Rational faith: catholic responses to reformed epistemology*, ed. Linda Zagzebski [Notre Dame: University of Notre Dame Press, 1993], p. 72) me criticaram, dizendo que aquilo era muito mais complicado do que eu havia pensado. O fato é que Tomás é um evidencialista com respeito à *scientia*, conhecimento científico. Mas disso não se segue que ele entendia que uma pessoa poderia aceitar devidamente a crença em Deus, digamos, se ela somente tivesse (ou se existissem) bons argumentos teístas. Pelo contrário, Tomás entendia ser perfeitamente sensato e racional aceitar essa crença na fé." (Plantinga, *Warranted Christian belief*, 82 n. 17).

[80] Há, é claro, importantes e influentes estudiosos de Tomás que não se identificam explicitamente como católicos ou cristãos, por exemplo, Robert Pasnau e Anthony Kenny.

[81] Um agradecimento especial a Benjamin Rusch (doutorando, Baylor University) por sua ajuda ao compilar essa bibliografia e verificar as referências. Agradeço também a Richard Eva (doutorando, Baylor University) por sua ajuda na correção desse capítulo.

_____. *Summa contra gentiles, book two: creation*. Traduzida por James F. Anderson (Notre Dame: University of Notre Dame Press, 1975).

_____. *Summa contra gentiles, book three: providence*. Traduzida por Vernon J. Bourke (Notre Dame: University of Notre Dame Press, 1975).

_____. *Summa contra gentiles, book four: salvation*. Traduzida por Charles J. O'Neil (Notre Dame: University of Notre Dame Press, 1975).

_____. *Summa of the Summa: the essential philosophical passages of St. Thomas Aquinas' Summa theologica edited and explained for beginners*. Editada e comentada por Peter Kreeft (San Francisco: Ignatius, 2004).

_____. *Summa theologiae*. 2. ed revisada. Traduzida por Fathers of the English Dominican Province (1920). http://www.newadvent.org/summa/.

BECKWITH, Francis J. *Never doubt Thomas: the catholic Aquinas as evangelical and protestant* (Waco: Baylor University Press, 2019).

COPLESTON, Frederick, SJ. *A history of philosophy, vol. 2: Medieval philosophy* (Garden City: Image, 1962).

FLOYD, Shawn. "Aquinas's philosophical theology". *The internet encyclopedia of philosophy*. Ed. Jim Fieser and Bradley Dowden. Hosted by the University of Tennessee at Martin. https://www.iep.utm.edu/aq-ph-th.

McINERNY, Ralph; O'CALLAGHAN, John. "Saint Thomas Aquinas". *The Stanford encyclopedia of philosophy*. Ed. Edward N. Zalta. Summer 2018 Edition. https://plato.stanford.edu/archives/sum2018/entries/aquinas/.

TORRELL, Jean-Pierre, OP. *Saint Thomas Aquinas: the person and his work, volume 1*. Traduzido por Robert Royal (Washington: Catholic University Press, 1996).

WEISHEIPL, James, OP. Friar *Thomas D'Aquino: his life, thought, and works* (Washington: Catholic University Press, 1983).

RAIMUNDO LÚLIO
APOLOGÉTICA COMO A ARTE DAS ARTES
GREG PETERS

Por volta do século XIII, o domínio islâmico na Espanha visigoda havia chegado ao fim, criando uma oportunidade para os apologetas cristãos evangelizarem seus vizinhos muçulmanos. Ao mesmo tempo, as novas universidades de Paris e Bolonha, por exemplo, estavam formando filósofos e teólogos na arte do escolasticismo, utilizando as recém-descobertas obras de Aristóteles. Como se isso não fosse suficiente, houve também, no início do século XIII, a criação das ordens mendicantes, homens cujo apostolado era a vida ativa, viajando por toda a Europa pregando e ensinando a fé cristã. Esses frades também se tornaram os missionários ideais para os judeus e os muçulmanos da Europa, do norte da África e do Oriente Médio. Foi nesse ambiente intelectualmente rico e missional que Raimundo Lúlio (1232/1233-1316) teve seu ministério.

CONTEXTO HISTÓRICO

Muitos filósofos e teólogos não escreveram autobiografias. De fato, muitos deles são conhecidos principalmente por meio de textos hagiográficos que muitas vezes não resistem a um escrutínio histórico mais acurado. Esse *não* é o caso de Raimundo Lúlio, que escreveu sua *Vita coaetanea* ("Vida contemporânea") cinco anos antes de sua morte, em 1316.[1] Embora seja de sua própria autoria, há três lacunas históricas no texto: uma de nove anos (1265-1274), outra de onze (1276-1287), e os cinco anos finais de sua vida (isto é, da época que ele terminou sua *Vita* até a sua morte). E os cinco anos entre 1302 e 1307 são tratados apenas superficialmente.

Lúlio nasceu em 1232 ou no começo de 1233 em Palma, Maiorca, que é a capital da principal ilha das Ilhas Baleares, a leste de Valência, na Espanha. Do século VIII até o começo do século XIII, essa área do mundo pertenceu a diversos impérios islâmicos, mas, de 1226 a 1248, os territórios islâmicos

---

[1] Uma tradução para o inglês de *Vita* está disponível em Anthony Bonner, ed. e trad., *Doctor illuminatus: a Ramon Lull reader* (Princeton: Princeton University Press, 1985), p. 11-40.

na península ibérica foram reduzidos ao pequeno reino de Granada. Assim, Lúlio nasceu na terra cristã do reino de Maiorca, sendo o catalão a sua primeira língua. Provavelmente de origem nobre, Lúlio recebeu uma formação apropriada para a sua classe. Ele passou seus primeiros anos escrevendo poesia de trovador a serviço do rei e, segundo ele conta, vivendo uma vida decadente. Ele se casou antes de setembro de 1257, uma união que lhe deu dois filhos. Por volta da mesma época, passou a servir Jaime II de Maiorca, o futuro rei, servindo como o principal administrador da família real. Lúlio começou sua *Vita* nesse mesmo período.

Em resumo, a longa vida de Lúlio, que viveu até a casa dos oitenta anos, pode ser resumida em três atividades principais: escrita, viagens e pregação/ensino, todas elas na tentativa de converter muçulmanos e judeus à fé cristã. Quando tinha cerca de trinta anos (em 1263), ele teve uma série de visões de Jesus Cristo na cruz e acabou entendendo "com certeza o que Deus queria dele... abandonar o mundo e dedicar-se totalmente ao serviço de Cristo".[2] Mais tarde, Lúlio concluiu que "deveria escrever um livro, o melhor no mundo, combatendo os erros dos descrentes".[3] Para realizar seu objetivo, ele adotou "três intenções": (1) uma disposição para a morte com o intuito de converter outros a Cristo, (2) escrever o livro anteriormente mencionado e (3) aconselhar a igreja e os reis cristãos a estabelecerem monastérios para a formação de missionários cristãos para alcançar judeus e muçulmanos. Após colocar em ordem suas coisas, ele deixou sua mulher e seus filhos para sempre, e passou nove anos (1265-1274) estudando filosofia, teologia, a Bíblia, o Alcorão e a língua árabe. Então, em 1274, enquanto estava em retiro no monastério cisterciense de La Real, próximo a Palma, o "Senhor subitamente iluminou a mente [de Lúlio], dando a ele a forma e o método para escrever o livro mencionado contra os erros dos descrentes".[4] Foi em 1287 que ele visitou a corte papal pela primeira vez. Por volta de cinco anos mais tarde, em Gênova, a caminho do Norte da África, ele teve uma profunda crise psicológica, temendo que os muçulmanos fossem matá-lo. Mas superou esses medos e continuou sua viagem até Túnis, sendo expulso do país um ano após sua chegada. Lúlio viajou por toda a Europa e pelo mundo mediterrâneo, talvez chegando até mesmo a Jerusalém em 1302. Ele se encontrava regularmente

---

[2] *Vita coaetanea* 4; Bonner, ed. e trad., *Doctor illuminatus*, p. 12.
[3] *Vita coaetanea* 6; Bonner, ed. e trad., *Doctor illuminatus*, p. 13.
[4] *Vita coaetanea* 14; Bonner, ed. and trans., *Doctor illuminatus*, p. 18.

com autoridades eclesiásticas e governamentais, defendendo a criação de escolas e monastérios para formar missionários que fossem alcançar os muçulmanos e os judeus. Durante esse tempo, ele ensinaria sua Arte (veja a seguir) em diversas universidades e mosteiros, mas a maior parte de seu tempo foi gasta escrevendo.[5]

Em 1307, com cerca de 75 anos, Lúlio viajou para Bugia, no norte da África, onde foi aprisionado por seis meses e então expulso, sofrendo um naufrágio fora de Pisa em seu caminho de volta para a Europa. Ele retornou para Túnis perto de completar oitenta anos. Próximo à época de sua morte, ele havia escrito não menos que 265 obras, 237 das quais sobreviveram. Esses trabalhos variam de gênero, da filosofia à ciência natural, passando pela medicina e por uma apologética das Cruzadas, mas quase todas elas pressupõem um conhecimento da *Arte* de Lúlio e todas elas, de alguma maneira, foram importantes como ferramentas para a evangelização de muçulmanos e judeus.

CONTEXTO CULTURAL E TEOLÓGICO

Havia duas principais influências na vida e no ministério de Lúlio que devem ser entendidos antes de considerar seu pensamento, sua filosofia apologética e sua estratégia: (1) o contexto geográfico de sua vida e de seu ministério, e (2) a cultura religiosa desse contexto geográfico. É raro pensar em Maiorca como um lugar importante na história medieval; contudo, de acordo com Anthony Bonner, "a pequena ilha de Maiorca era estrategicamente situada no centro da rota comercial do mediterrâneo ocidental e é provável que apenas algumas poucas cidades europeias do século XIII fossem mais cosmopolitas".[6] Uma vez que a influência muçulmana sobre Maiorca feneceu no século XIII, a ilha passou para o controle da monarquia aragonesa, embora a própria ilha fosse parte do reino de Maiorca que incluía Roussillon (uma parte transitável dos Pireneus na fronteira entre a Espanha e a França), Montpellier, no sudeste da França, e as Ilhas Baleares. Pelo fato de o catalão ser o principal idioma, Lúlio viveu sob a influência cultural do movimento trovador do sudeste francês,

---

[5] A Arte de Lúlio será discutida abaixo com maiores detalhes, mas Josep Rubio a descreve como "um único método onivalente para gerar números teoricamente sem fim de proposições significativas... apesar da Arte poder ser ela mesma reduzida a um único texto no *corpus* de Lúlio, ela contudo representa um método único, dado que ela sempre é presente ou explícita ou implicitamente em toda a extensão e amplitude da *oeuvre* existente de Lúlio" (Josep E. Rubio, "Llull's 'great universal Art'" in Amy M. Austin; Mark D. Johnston, eds., *A companion to Ramon Lull and Lullism* [Leiden: Brill, 2018], p. 81).

[6] Bonner, ed. and trans., *Doctor illuminatus*, 2.

que falava o provençal, semelhante ao catalão. Por volta de 1300, o catalão era a língua comum em boa parte do mediterrâneo.

A própria Maiorca era bastante internacional, tendo sido estabelecida pelo povo da Catalunha, de Aragon, de Montpellier, de Gênova e de Pisa. Mais de um terço da população da ilha era de escravos muçulmanos e a menor comunidade, composta de judeus, estava bastante envolvida em negócios bancários e no comércio de ouro. O porto de Maiorca era um local de parada ideal para navios que atravessavam todo o Mediterrâneo ocidental e, por volta do início do século XIV, os maiorquinos começaram a viajar para a Inglaterra usando o Estreito de Gibraltar. Dessa forma, Lúlio não cresceu em uma ilha isolada com perspectivas locais limitadas, mas em uma verdadeira ilha internacional que o expôs à vida e ao pensamento de muçulmanos e judeus, e também à vida intelectual da Europa continental por meio das conexões de Maiorca com o sul da França e a Itália.

Conforme mencionado, Lúlio estava em constante contato com muçulmanos e judeus, aqueles que ele esperava mais tarde converter à fé cristã. Na época da morte de Maomé, em 632, os muçulmanos controlavam mais que metade da Arábia (a área leste do Mar Vermelho e o sul do Golfo Pérsico). As conquistas islâmicas no meio do século VII, incluindo a conquista de Jerusalém em 637, ampliaram grandemente o mundo islâmico (por exemplo, o resto da península Arábica, a Síria e o Egito). A onda seguinte de conquistas levou os muçulmanos através do Estreito de Gibraltar e em 711 eles já haviam conquistado muito da Espanha Visigoda. Durante a conquista do Egito, os islâmicos "encontraram e absorveram o legado da cultura clássica ocidental" por meio dos livros que passaram a possuir.[7] Por exemplo, Alexandria era onde estava uma das maiores biblioteca do mundo, contando com obras das tradições literárias, filosóficas e científicas gregas. Embora essas obras não estivessem mais guardadas na biblioteca alexandrina e tenham sido espalhadas por todo o novo reino recém-conquistado pelos islâmicos, essa disponibilidade da educação ocidental provocou nos muçulmanos um interesse por enriquecimento cultural também no ocidente, e não apenas no oriente (por exemplo, na Pérsia e na Índia). Sua "descoberta da tradição cultural e intelectual do ocidente significou que o mundo islâmico mudou muitas de suas

---

[7] Clifford R. Backman, *The worlds of medieval Europe*, Second Edition (New York: Oxford University Press, 2009), p. 127.

orientações" de forma que "por diversos séculos o mundo islâmico foi de fato o principal preservador e propagador da tradição clássica".[8]

Foi dentro dessa fértil tradição intelectual, a qual havia enriquecido ainda mais nos cinco séculos desde que os muçulmanos chegaram à Espanha, que Lúlio nasceu e cresceu. Mas, de acordo com ele, "embora ainda um jovem e senescal (isto é, um administrador das casas reais e de famílias nobres) do rei de Maiorca, [eu] era muito propenso a compor canções e poemas indignos e a fazer outras coisas licenciosas".[9] Em outras palavras, Lúlio estava mais interessado na tradição trovadora do sul da França do que na tradição intelectual da Espanha. Obviamente, é provável que ele esteja exagerando sua licenciosidade para efeito dramático (ou hagiográfico), mas registra que, uma vez convertido à ideia de evangelizar os muçulmanos e os judeus, ele precisaria dedicar nove anos ao estudo da filosofia, da teologia, da Bíblia e do árabe. Em outras palavras, apesar da riqueza intelectual da Espanha recém recristianizada, Lúlio pouco aproveitou disso até sua conversão, aos trinta anos.

Embora a maioria dos muçulmanos em Maiorca durante a vida de Lúlio fossem escravos, ele ainda acreditava que a cultura islâmica era de grande profundidade intelectual e que o caminho para os muçulmanos seria por intermédio do argumento apologético racional. Mas essa não era a visão de todos os que evangelizavam os muçulmanos durante o período medieval, causando, assim, tensão entre Lúlio e, por exemplo, a Ordem Dominicana.[10] Ramon Martí era um frade dominicano nascido por volta de 1215 que estudou filosofia e teologia em Paris (possivelmente sob Alberto o Grande e como um estudante junto de Tomás de Aquino) e árabe em Túnis com o propósito de evangelizar o rei da cidade. Em cinco ocasiões diferentes, em cinco obras distintas se estendendo por quase trinta anos, Lúlio faz questão de dizer que a missão de Martí com o rei era um fracasso.[11] Como conta a história, "Martí foi para Túnis e provou logicamente ao rei que a religião de Maomé era falsa de modo que ele esteve pronto para abandoná-la. O frade [Martí] respondeu que 'a fé dos cristãos é tão transcendente que não pode ser provada por razões necessárias; deve apenas ser

---

[8] Ibid.
[9] *Vita coaetanea* 2; Bonner, ed. and trans., *Doctor illuminatus*, 11.
[10] Sobre os dominicanos em geral, veja Benedict M. Ashley, *The dominicans* (Collegeville: Liturgical, 1990).
[11] Joachim Ch. Lavajo, "The apologetical method of Ramon Marti, according to the problematic of Raymond Lull", *Islamochristiana* 11 (1985): p. 158.

crida, nada mais'".[12] Isso não caiu bem para o rei, que ficou cada vez mais irado com Martí por tentar convencê-lo da falsidade do islã sem provar a veracidade do cristianismo. Martí foi banido do reino e Lúlio, diferentemente de Martí e de seus confrades dominicanos, pensava que a verdade cristã poderia ser provada por meio de "razões necessárias".[13] Em outras palavras, ele entendia que "a superioridade do cristianismo frente ao islã pode ser demonstrada racionalmente",[14] e essa foi a convicção que levou à *Arte* de Lúlio.

RESPOSTA APOLOGÉTICA E METODOLOGIA

A arte das artes de Lúlio

Lúlio acreditava que muçulmanos e judeus viriam para a fé cristã por meio de uma argumentação positiva; ou seja, ele começaria com o que eles já acreditavam em vez de atacar suas crenças. Para fazer isso, Lúlio precisava mostrar que "todas as verdades concordam e que nenhum conhecimento contradiz a verdade definitiva".[15] O modo de fazer isso, registra Lúlio, veio a ele diretamente de Deus, que "iluminou sua mente, dando a ele a forma e o método" de sua Arte.[16] Inicialmente, Lúlio se referia ao seu método como a *Ars major* (a Grande Arte), mas posteriormente passou a usar o nome genérico *Ars generalis* (a Arte Geral). Com o tempo, conforme evidenciado em sua *Vita coaetanea*, ele se referia a ela simplesmente como "a Arte".[17] Em resumo, a Arte de Lúlio "sintetiza uma vasta gama de técnicas para meditação pessoal, exegese das Escrituras e argumento apologético em um único sistema para 'descobrir' como todo conhecimento e ser revelam a verdade divina".[18] Em essência, Lúlio equipara todo conhecimento à Palavra de Deus, e faz isso estabelecendo "nove Dignidades ou atributos divinos, que são os Princípios Absolutos de todo ser e

---

[12] John V. Tolan, *Saracens: islam in the medieval European imagination* (New York: Columbia University Press, 2002), p. 256.

[13] Gilles Emery, "The doctrine of the Trinity in St Thomas Aquinas", in: Thomas G. Weinandy; Daniel A. Keating; John P. Yocum, eds., *Aquinas on doctrine: a critical introduction* (London: T&T Clark, 2004), p. 47: o dominicano "Tomás de Aquino rejeita em igual medida o projeto apologético associado às 'razões necessárias' pelas quais certos teólogos tentaram demonstrar a necessidade da Trindade para o cristão em sua busca intelectual".

[14] Tolan, *Saracens*, p. 256.

[15] Ibid., p. 267.

[16] *Vita coaetanea* 14; Bonner, ed. and trans., *Doctor illuminatus*, 18.

[17] Por exemplo, veja *Vita coaetanea* 14.

[18] Mark D. Johnson, *The evangelical rhetoric of Ramon Lull* (New York: Oxford University Press, 1996), p. 12.

conhecimento. Nove Princípios Relativos adicionais explicam a operação dos Princípios Absolutos em nove níveis de existência chamados Sujeitos. Além disso, nove questões heurísticas chamadas Regras ajudam a guiar a investigação a respeito dos Princípios e Sujeitos".[19] Baseada nisso, a "Grande Arte gera conhecimento ao combinar grupos dessas letras em diagramas circulares ou tabulares [...] e, então, explica o significado dessas combinações".[20]

Em sua essência, conclui Frances Yates, a Arte "é um tipo de lógica", embora Lúlio afirmasse ser mais do que isso, uma vez que poderia demonstrar a verdade em todas as áreas de investigação humana, incluindo direito, medicina, teologia e as ciências.[21] Ao mesmo tempo, essa forma de encontrar a verdade "depende muito, se não totalmente, do correto entendimento dos termos" envolvendo "cuidadoso trabalho interpretativo, guiado por uma inabalável fidelidade aos princípios fundamentais do dogma católico".[22] A Arte não se fiou na citação de autoridades, coisa comum na teologia e filosofia escolásticas, para apoiar os argumentos, o que Lúlio acreditava ser uma vantagem, visto que muçulmanos, judeus e cristãos não reconheciam as mesmas autoridades. Isso deu à Arte de Lúlio um tipo de fundamento e aplicabilidade universais. No entanto, ele acreditava que "todo conhecimento existe por causa da teologia", ao passo que "a filosofia prepara a explicação da teologia". Nesse sentido, como era bastante comum na Idade Média, a filosofia era uma serva da teologia.[23]

Embora Lúlio tenha criado uma escola de pensamento conhecida como lulismo, todo o seu sistema logo tornou-se impopular, embora seja questionável se foi popular algum dia.[24] Para o leitor moderno, o sistema de Lúlio não deixa de ser complexo e quase impenetrável.[25] Uma vez que a teologia de Tomás de Aquino se tornou, durante o século XII, *a* teologia da Igreja Católica Romana, a filosofia e teologia de Lúlio ficaram à margem, e sua "redescoberta"

---

[19] Ibid.
[20] Ibid., p. 13.
[21] Frances A. Yates, "The Art of Ramon Lull: an approach to it through Lull's theory of the elements", *Journal of the Warburg ad Courtauld Institutes* 17 (1954): p. 117.
[22] Johnson, *The evangelical rhetoric of Ramon Lull*, p. 13.
[23] Veja Malcolm de Mowbray, "Philosophy as handmaid of theology: biblical exegesis in the service of scholarship", *Traditio* 59 (2004): p. 1-37.
[24] Veja Austin; Johnston, eds., *A companion to Ramon Lull and Lullism*.
[25] Tolan, *Saracens*, p. 262: "A Arte, uma matriz arcana de conceitos interconexos, apresentada em um sistema complexo de figuras geométricas e diagramas de árvores, assusta e desencoraja muitos dos leitores de Lúlio desde o século XIII até os dias de hoje";

é muito mais recente.[26] Contudo, apesar de sua natureza complexa, o pensamento de Lúlio por vezes era "embalado" de formas mais acessíveis ao seu leitor. Por exemplo, *O livro do gentio e os três sábios* não é a mais importante obra apologética dele, mas ele afirma de maneira explícita em outro lugar que ela também é "baseada na metodologia da Arte".[27] De acordo com Bonner, "*O livro do gentio*, contudo, não é uma obra *da* Arte, mas, ao contrário, uma apresentação popular dos argumentos apologéticos de Lúlio de acordo com o método e a estrutura da Arte".[28] Assim, um exame de *O livro do gentio* iluminará o método apologético de Lúlio.

O livro do gentio e os três sábios
Foi originalmente escrito entre 1274 e 1276 em catalão e lida com as três principais religiões no ocidente naquele período: cristianismo, judaísmo e islamismo. Contudo, foi traduzido durante a vida de Lúlio para o francês e o latim, e em 1378 para o espanhol. Sua importância na história do diálogo islâmico-cristão é evidente, ajudando a esclarecer sua popularidade e rica tradição manuscritológica. Como muitos tratados de Lúlio, o texto começa com imagens, nesse caso de cinco árvores: (1) uma árvore das 21 virtudes divinas, (2) uma árvore das virtudes criadas e incriadas, (3) uma árvore das virtudes divinas e os sete pecados mortais, (4) uma árvore das virtudes e (5) uma árvore das virtudes e dos vícios. Essas ilustrações têm o propósito de mostrar como as Dignidades Divinas e os Princípios Relativos se relacionam uns com os outros. A premissa do livro é que um gentio infeliz (isto é, alguém que não tem religião e nenhum conhecimento sobre Deus) está vagando, sem uma direção em sua vida. Ele encontra três homens sábios: um judeu, um cristão e um muçulmano. Em busca de satisfação, ele entra em uma discussão com eles e concorda que, após dizer a cada um o que ele deseja, no fim, escolherá uma das crenças dos sábios e encontrará a felicidade. Cada um tem sua vez para explicar sua religião e então, ao final, todos anseiam pela decisão do gentio. Mas, em vez de adotar uma das religiões, o gentio diz que experimentou um derramamento de fé e

---

[26] Veja, por exemplo, J. N. Hillgarth, *Ramon Lull and Lullism in fourteenth-century France* (Oxford: Clarendon, 1971), p. 135: "O interesse em muitas das obras de Lúlio, em particular aquelas mais estritamente filosóficas, como opostas aos seus escritos 'literários' é relativamente recente. O ressurgimento, no século XIX, do interesse no escolasticismo não levou afinal a uma reavaliação da Arte de Lúlio"; Sobre lulismo em geral, veja Anthony Bonner, ed. e trad., *Selected works of Ramon Lull (1232-1316), volume I* (Princeton: Princeton University Press, 1985), p. 71-89.
[27] Bonner, ed. and trans., *Selected works of Ramon Lull*, p. 97. Veja *De fine* de Lúlio, linhas 1214-1217 in Aloisius Madre, ed., *Raimundi Lull Opera Latina* 120-122 (Turnholt: Brepols, 1981), p. 287.
[28] Ibid.

entende o caminho que o levará a Deus. O gentio deixa os três sábios bastante fascinados, e eles concordam em continuar falando uns com os outros, até que eles cheguem à uma verdade e se unam sob a mesma fé.

Desde o início, Lúlio diz que seu objetivo é encontrar "um novo método e novas razões" (ou seja, a Arte e as "razões necessárias") para que os que estão no erro possam ser corrigidos e trazidos para a vida eterna. Ele sabe que "cada ciência requer palavras pelas quais possa ser mais bem apresentada e essa ciência demonstrativa precisa de palavras obscuras, não familiares aos leigos; contudo, uma vez que estamos escrevendo esse livro para leigos, discutiremos aqui essa ciência brevemente e com palavras claras" (Prol.; 110).[29] A obra é dividida em quatro livros: o livro um prova a existência de Deus, no livro dois o judeu procura provar a autenticidade de sua crença, seguido no livro três pelo cristão e então pelo muçulmano no livro quatro. O projeto de Lúlio chega enfim ao seu foco: (1) *O livro do gentio* é destinado aos leigos como (2) um exercício prático de aplicação da Arte para o propósito de (3) converter não cristãos para a verdade da fé cristã.

Imediatamente após encontrar o gentio no texto, o leitor expressa grande simpatia por sua condição, tão bem detalhada por Lúlio:

> Pela dispensação divina ocorreu viver em uma certa terra um gentio bastante versado em filosofia, que começou a lamentar sobre a idade avançada, a morte e as alegrias deste mundo. Esse gentio não tinha nenhum conhecimento de Deus, tampouco acreditava na ressurreição ou em que existisse vida após a morte. Quando o gentio pensava sobre essas coisas, seus olhos se enchiam de lágrimas e pranto, seu coração gemia de tristeza e dor, pois era tão apegado à vida deste mundo, achava terrível pensar na morte, e na ideia de que após a morte ele não seria nada, e estava incapaz de consolar-se ou parar de chorar, e não podia livrar-se da tristeza de seu coração (Prol.; 111).

Na tentativa de aliviar seu sofrimento, o gentio decide ir para outra terra, procurando um remédio para sua tristeza. Ao chegar, ele segue um caminho que o leva para uma floresta verdejante "cheia de fontes e amáveis árvores frutíferas com as quais a vida do corpo pode ser sustentada" (Prol.; 111). Sentado entre as

---

[29] Referências parentéticas ao longo deste texto se referem a livro e capítulo (ou prólogo) de *O livro do gentio*, seguido pelo número de sua página em Bonner, ed. e trad., *Selected works of Ramon Lull*. Por "leigo", Lúlio está simplesmente se referindo àquela pessoa que não foi treinada na filosofia e na teologia acadêmicas.

árvores, fontes e animais selvagens, o gentio espera que os aromas e a beleza ao seu redor forneçam uma cura, mas eles não o fazem: "Quando o gentio procurou consolar e animar a si mesmo com o que via, ouvia e sentia, veio a ele o pensamento de morte e de aniquilação do seu ser e então a dor e a tristeza aumentaram em seu coração [...] Quanto mais longe ele ia e mais lugares lindos ele encontrava, mais forte o pensamento da morte pesava sobre ele" (Prol.; 112).[30]

Felizmente para o gentio, embora ele agonize na floresta, três sábios deixam a cidade e se encontram na estrada. São amigos uns dos outros e esperam descansar após longas temporadas de estudo. Enquanto caminham, eles conversam "sobre suas respectivas crenças e sobre o que ensinaram para seus alunos" e acabam "chegando a um prazeroso prado com uma fonte que regava cinco árvores", que foram descritas no começo do livro (Prol.; 113). Também no prado, próxima à fonte, uma dama nobremente vestida está sentada sobre um cavalo que bebe do ribeiro. Quando perguntada sobre seu nome, ela diz se chamar Inteligência, e então os sábios pedem para que ela explique o significado dos escritos em cada uma das flores das cinco árvores. Isso dá a Lúlio a oportunidade para lançar as bases de sua Arte.

Ele gasta três parágrafos descrevendo o que a Dama Inteligência diz sobre as árvores e esse é o núcleo de todo o seu projeto. Isso forma a matriz interpretativa da Arte, pois Lúlio quase sempre usa uma tabela ou um gráfico para que os leitores possam visualizar o seu método. Nesse caso, as cinco árvores são descritas com folhas que terminam retratando o que, em outros textos, são gráficos ou matrizes de letras.[31] Em *O livro do gentio*, as três contêm o seguinte:

> A Árvore 1 tem (a) 21 flores que representam Deus e suas "virtudes incriadas, essenciais". (b) Há duas condições para essa árvore: "Uma é que se deve sempre atribuir e reconhecer em Deus a maior nobreza em essência, em virtudes e em ação; a outra condição é que as flores não sejam contrárias umas às outras, nem sejam menos que as outras".[32]

---

[30] É possível que Lúlio esteja apresentando um tipo de Jardim do Éden invertido nesse retrato dos tormentos do gentio nessa natureza surpreendentemente bela. Embora tenha sido em um jardim que a humanidade primeiro pecou, as Escrituras e a subsequente tradição cristã ensinaram que a natureza tinha a capacidade de ensinar sobre a existência de Deus e até mesmo sobre seus atributos e natureza salvífica. Veja Romanos 1:19-20 e, por exemplo, os sermões de Basílio de Cesareia no *Hexamerão*.

[31] Por exemplo, veja Yates, "The Art of Ramon Lull", 8 and the Plates XII-XIV in Bonner, ed. e trad, *Selected works of Ramon Lull*.

[32] Bonner, ed. and trans., *Selected works of Ramon Lull*, p. 114.

A Árvore dois possui (a) 49 flores que têm escrito nelas as "sete virtudes da primeira árvore e as sete virtudes criadas, por meio das quais os benditos alcançam a beatitude eterna".³³ Há também duas condições para essa árvore: "A primeira é que as virtudes criadas sejam maiores e mais nobres onde elas mais fortemente simbolizam e demonstram as virtudes incriadas; a segunda condição é que as virtudes criadas e incriadas não sejam contrárias umas às outras".³⁴

A Árvore três também tem (a) 49 flores, embora elas sejam agora uma combinação das sete virtudes da Árvore um junto com os sete vícios mortais "pelos quais os condenados vão para as chamas eternas". (b) Mais duas condições prevalecem: "A primeira é que as virtudes de Deus não concordem com os vícios; a segunda é que tudo o que faz as virtudes de Deus serem mais bem representadas para o entendimento humano por meio dos vícios deve ser afirmado".³⁵

A Árvore quatro tem (a) 21 flores escritas com as sete virtudes criadas e (b) as seguintes duas condições: "A primeira é que nenhuma dessas virtudes seja contrária à outra; a segunda é que tudo o que as aprimora ou, por sua ação, gera no homem um mérito maior deve ser verdade, e o contrário deve ser falso".³⁶

A Árvore cinco tem (a) outras 49 flores "nas quais estão escritas as sete principais virtudes criadas e os sete pecados mortais". (b) Novamente, há duas condições: "A primeira é que as virtudes e os vícios não sejam concordantes uns com os outros; a segunda é que as virtudes mais contrárias aos vícios devem ser as mais louváveis e os vícios mais contrários às virtudes devem ser os mais detestáveis".³⁷

Lúlio conclui essa seção afirmando que as "dez condições mencionadas são governadas por outras duas condições ou dois princípios. Uma é que todas essas condições sejam dirigidas para um único objetivo; a outra é que elas não sejam contrárias ao objetivo. E esse objetivo é amar, conhecer, temer e servir a Deus".³⁸

---

³³ As sete "virtudes criadas" são as três virtudes teologais (fé, esperança e amor) e as quatro virtudes cardeais (prudência, justiça, temperança e coragem). Combinando essas sete virtudes com as sete "virtudes incriadas" da árvore um produz quarenta e nove ($7^2 = 49$) combinações possíveis (isto é, as "49 flores" de Lúlio).
³⁴ Bonner, ed. and trans., *Selected works of Ramon Lull*, p. 114.
³⁵ Ibid., p. 115.
³⁶ Ibid.
³⁷ Ibid.
³⁸ Ibid. Como Bonner justamente nota, essas dez condições associadas às cinco árvores são, em essência, a própria Arte: "Diga-me, tolo: de que maneira você pode saber que a fé católica é verdadeira e que a fé dos judeus e dos sarracenos é falsa e errada? – Ele responde: nas dez condições do *Livro do gentio e os três sábios*" (do *Livro do amante e do amado*, de Lúlio; citado in Bonner, ed. e trad., *Selected works of Ramon Lull*, p. 115, n. 17).

Basicamente, então, essas árvores estabelecem as regras fundamentais pelas quais o gentio e os três sábios serão orientados durante sua conversa. Qualquer coisa que contradiga uma dessas condições será considerada falsa. Os três sábios percebem que, pelo fato de não compartilharem as mesmas autoridades comuns, eles precisarão apelar para esses princípios primeiramente compartilhados, ou, novamente, na linguagem de Lúlio, "razões necessárias".

Após estabelecer essas regras básicas no prólogo, Lúlio avança para o primeiro livro, cujo propósito é provar a existência de Deus. Esse é um passo importante e necessário, embora não seja controverso aos três sábios que vieram, cada um, de uma religião monoteísta. No entanto, isso mostra que a Arte de Lúlio é dependente de haver um deus; ou seja, é um sistema teísta de demonstração. Sem a existência de um deus, não haveria uma maneira de completar a Arte e ela falharia como sistema. Ao mesmo tempo, essa é uma típica apologética medieval, no sentido que a *Summa contra gentiles* de Tomás de Aquino, que também tinha um propósito evangelístico, começa com demonstrações da existência de Deus que são fortemente dependentes de Aristóteles.[39]

No livro três, é dada ao cristão a oportunidade de falar. Ele é o segundo a discorrer porque o cristianismo é mais jovem que o judaísmo, porém mais velho que o islã. Antes de começar, ele faz o sinal da cruz, fazendo "homenagem à Unidade divina e à Trindade". O cristão afirma que apresentará 14 artigos de religião.[40] No artigo um, ele diz que Deus é único, simples e perfeito, e retorna para a prova da existência de Deus do judeu. Ele então avança para os artigos de dois a quatro, referentes à Trindade e à encarnação do Filho de Deus. Esses são os dois pontos de polêmica, pensa Lúlio, para a crença cristã e as duas áreas nas quais os missionários dominicanos mencionados anteriormente, por exemplo, falharam em provar, preferindo insistir sobre a fé. Como afirmado anteriormente, Lúlio rejeitava essa forma tipicamente dominicana de evangelismo, convencido de que sua Arte poderia demonstrar a Trindade e a verdade da encarnação. Colocado de forma simples, escolhendo a flor da "bondade, grandeza" da árvore um, o interlocutor cristão "provaria, de acordo com as condições das cinco árvores, que Deus deve necessariamente existir

---

[39] Veja Anton C. Pegis, trad., *Saint Thomas Aquinas: Summa contra gentiles, book one: God* (Notre Dame: University of Notre Dame Press, 1975) [no Brasil: *Suma contra os gentios* (São Paulo: Loyola, 2018)].

[40] Comparados com os oito do judeu e os doze do muçulmano.

em trindade".[41] E, ao provar a Trindade, o cristão também provaria as pessoas do Pai, Filho e Espírito Santo. Note que essa demonstração apenas funciona *se* alguém aceitar as dez condições das árvores mencionadas antes. Se essas condições forem aceitas, então será possível entender que o verdadeiro Deus (isto é, o cristão) é um e três. O sábio cristão (ou seja, Lúlio) estabelece o argumento para a Trindade da seguinte maneira:

a) A bondade e a grandeza de Deus são finitos ou infinitos em eternidade, poder, sabedoria, amor.

b) Se finitos, são contrário à perfeição; se infinitos, estão de acordo com a perfeição.

c) De acordo com a condição das árvores, a bondade e a grandeza de Deus não podem ser contrárias à perfeição.

d) Assim, a bondade e a grandeza de Deus são infinitas em eternidade, poder, sabedoria, amor, perfeição.

a) Quanto maior o bem, mais fortemente ele concorda com a eternidade, o poder, a sabedoria e o amor.

b) Quanto menor o bem, mais próximo da imperfeição, que é o contrário da perfeição.

c) Assim, se existe em Deus uma "geração de bem" que é bondade, grandeza infinita etc., então deve também ser Deus, uma vez que as coisas que existem "em Deus" são maiores que as coisas que não existem em Deus.

a) Essa geração de bem existe em Deus e é infinita bondade, grandeza etc.

b) Se essa geração de bem "dá origem" a outro bem infinito em bondade, grandeza etc.

c) Então essa emissão boa deve também existir em Deus e ser Deus.

Portanto, conclui Lúlio:

> As coisas acima mencionadas [são] tão boas ou grandes por todas as flores da árvore quanto seria a unidade de Deus sem a existência nele da trindade. E, uma vez que, de acordo com as condições da árvore, se deve considerar Deus o maior bem, a Trindade, portanto, pelo que dissemos anteriormente, é demonstrável".[42]

---

[41] Bonner, ed. e trad., *Selected works of Ramon Lull*, p. 193.
[42] Ibid., p. 194.

Para o leitor educado, é claro que Lúlio está propondo um argumento para a Trindade seguindo o Credo Niceno-Constantinopolitano, no qual o Filho é "eternamente gerado" do Pai e o Espírito Santo "procede" do Pai (e talvez também do Filho)". Embora seja discutível se Lúlio é bem-sucedido aqui, o ponto é mostrar como ele coloca sua Arte em ação. No fim, talvez o aspecto mais expressivo de sua metodologia esteja na frase "de acordo com as condições da árvore" (usada duas vezes aqui). Se alguém rejeita as árvores, então o argumento dele falha. Dessa forma, a Arte de Lúlio era uma poderosa e abrangente ferramenta "contra os erros dos descrentes".[43]

Outras estratégias missiológicas de Lúlio

Embora a principal abordagem apologética de Lúlio para converter judeus e muçulmanos fosse a sua Arte, essa não era seu único método de evangelizar os descrentes. Outras duas estratégias merecem discussão: (1) a construção de monastérios como casas de estudo a fim de formar missionários para a evangelização dos judeus e dos muçulmanos e (2) fazendo cruzadas.

Já em sua *Vita coaetanea*, Lúlio havia escrito sobre fundar casas para a formação de futuros missionários:

> E então lhe ocorreu que deveria ir até o papa, aos reis e aos príncipes cristãos para incitá-los e fazê-los instituir, em todos os reinos e em todas províncias que sejam apropriadas, monastérios (*monasteria*) nos quais monges seletos (*personae religiosae*) e outros adequados para a tarefa fossem trazidos a fim de aprenderem as línguas dos sarracenos e de outros descrentes, de forma que, dentre esses devidamente instruídos nesses lugares, um deles sempre poderia descobrir o povo certo e ser enviado a pregar e demonstrar aos sarracenos e outros descrentes a santa verdade da fé católica, que é aquela de Cristo.[44]

Embora a sugestão de Lúlio não fosse totalmente nova, era um plano ao qual ele voltava de tempos em tempos durante toda a sua vida.[45] Por volta

---

[43] *Vita coaetanea* 14; Bonner, ed. e tra, *Doctor illuminatus*, 18.
[44] *Vita coaetanea* 7; Bonner, ed. e trad., *Doctor illuminatus*, 13.
[45] O franciscano Roger Bacon (morto em 1292), por exemplo, também defendia o ensino das línguas para alcançar não cristãos: "Muitos infiéis seriam convertidos se os missionários fossem treinados de acordo com as propostas de Bacon. O estudo das línguas forneceria a eles as habilidades necessárias para adquirir conhecimento e se comunicarem com os não cristãos" (E. Randolph Daniel, *The Franciscan concept of mission in the high Middle Ages* [Lexington: University Press of Kentucky, 1975], p. 61).

de 1275, Lúlio "obteve um acordo com o [...] rei de Maiorca de que um monastério seria construído em seu reino, que seria provido com propriedades suficientes e que 13 frades franciscanos seriam enviados para lá com o intuito de aprenderem o árabe, com o propósito de converterem os descrentes".[46] Por volta de 1288, em seu livro *Felix, ou o Livro das maravilhas*, Lúlio imagina um diálogo entre um "nobre prelado" e um menestrel, no qual aquele pergunta a este como ele poderia honrar a fé. O menestrel responde "dizendo que ele deveria construir um monastério onde os monges pudessem aprender árabe e, então, ir honrar a fé na Terra Santa além-mar".[47] Em 1294, Lúlio pediu ao recém-eleito papa Celestino V que levasse a sério a conversão dos descrentes e fizesse o seguinte para alcançar os perdidos: (1) reservar 10% da riqueza da igreja para cruzadas e trabalho missionário até que a Terra Santa fosse reconquistada, (2) indicar um cardeal da igreja para viajar o mundo em busca dos melhores pregadores cristãos, "homens santos, clérigos e leigos, que, para honrarem nosso Senhor, sofreriam a morte",[48] (3) ensinar a esses pregadores as línguas faladas no mundo para que possam pensar com todos os descrentes, (4) reconciliar os cristãos orientais cismáticos (*schismaticos* – provavelmente os nestorianos), que estão bem-situados para converter os muçulmanos, (5) escrever cartas a todos os governantes islâmicos e enviar alguns de seus acadêmicos para serem educados na verdadeira crença cristã (em particular a Trindade e a encarnação, com a suposição, aparentemente, de que eles seriam convertidos, especialmente por meio da Arte) e (6) fundar colégios para ensinar idiomas estrangeiros.[49]

Para Lúlio, esses monastérios não seriam lugares de vocação contemplativa, mas sim da vida ativa, como eram os franciscanos. Os homens aprenderiam filosofia e teologia, porém, o mais importante, era que eles estudariam as línguas exigidas para realizarem uma evangelização efetiva. De muitas maneiras, Lúlio estava à frente de seu tempo ao enfatizar a necessidade de os missionários serem fluentes no idioma do povo ao qual eles eram enviados. Com relação aos muçulmanos, ele estava convencido de que eles poderiam ser persuadidos da veracidade do cristianismo *se* pudessem ser ministrados com o uso da Arte, mas tal persuasão deveria ser feita na língua deles.

---

[46] *Vita coaetanea* 17; Bonner, ed. and trans., *Doctor illuminatus*, 19.
[47] Bonner, ed. e trad., *Selected works of Ramon Lull*, Volume II, p. 885-6.
[48] Ligeiramente adaptado de E. Allison Peers, *Ramon Lull: a biography* (London: Society for Promoting Christian Knowledge, 1929), p. 253.
[49] Peers, *Ramon Lull*, p. 253.

Embora seja difícil pensar no século XXI em cruzadas como outra coisa que não uma atividade motivada militarmente, na Alta Idade Média elas também eram consideradas em termos de missiologia. A recuperação da Terra Santa não era apenas um objetivo militar, mas considerado de forma evangelística como um meio de converter judeus e muçulmanos. No começo de sua carreira, Lúlio parecia desinteressado na questão das cruzadas, estando muito longe de ser um defensor delas, embora isso tenha mudado durante sua carreira.[50] Na época de sua morte, ele estava muito mais propenso a considerar o valor apologético das cruzadas e, em uma de suas primeiras obras, *Livro sobre a contemplação de Deus*, escrito em catalão, Lúlio diz que a Terra Santa deveria ser retomada "por amor e orações, e pelo derramamento de lágrimas e sangue". Essa era a maneira, escreve ele, "pela qual Tu [Deus] e teus apóstolos a conquistaram".[51] Em 1291, com a queda de Acre em maio daquele ano, Lúlio estava em Roma, onde escreveu sua primeira obra em apoio da cruzada – o *Libre de passatge*, que contém a *Petição a Nicolau IV* e o *Tratado sobre o modo de converter infiéis*. No *Tratado*, Lúlio defende tanto a conversão intelectual quanto o uso da força, sugerindo que as ordens militares (tais como cavaleiros templários, hospitalários e teutônicos) deveriam ser amalgamadas a fim de apresentarem uma frente mais unida para a tomada da Terra Santa e a conversão dos muçulmanos. Em 1305, em seu *Liber de fine*, Lúlio apresenta seus mais detalhados planos para as cruzadas. Aqui também ele continua a defender a conversão intelectual de muçulmanos e judeus, mas também mostra planos para a unificação das ordens militares cruzadas e a retomada pela força das terras cristãs. Sem dúvida, ele defendia as cruzadas, mas, de forma curiosa, ele não era um forte defensor de conversões forçadas por meio de evangelização obrigatória.[52] Até a sua morte, Lúlio preferiu ver os descrentes abraçarem a fé por meio de uma conversão intelectual, mesmo se eles tivessem sido conquistados por meio das cruzadas, e até a sua morte acreditou na persuasão apologética de sua Arte.

---

[50] Sobre a ideologia cruzada de Lúlio em geral, veja José Goñi Gaztambide, *Historia de la bula de la cruzada en España* (Vitoria: Editorial del Seminario, 1958), p. 234-62.

[51] Citado em Tolan, *Saracens*, p. 261.

[52] Mark D. Johnston, "Ramon Llull and the compulsory evangelization of Jews and Muslims", in Larry J. Simon, ed., *Iberia and the Mediterranean world of the Middle Ages: studies in honor of Robert I. Burns S.J., Volume 1–proceedings from Kalamazoo* (Leiden: Brill, 1995), p. 3-37.

BIBLIOGRAFIA

ASHLEY, Benedict M. *The Dominicans* (Collegeville: Liturgical, 1990).

BACKMAN, Clifford R. *The worlds of Medieval Europe*. 2 ed. (New York: Oxford University Press, 2009).

BONNER, Anthony, ed. e trad. *Doctor illuminatus: a Ramon Lull reader* (Princeton: Princeton University Press, 1985).

____. *Selected works of Ramon Lull (1232-1216), volumes I-II* (Princeton: Princeton University Press, 1985).

DANIEL, E. Randolph. *The Franciscan concept of mission in the High Middle Ages* (Lexington: University Press of Kentucky, 1975).

DE MOWBRAY, Malcolm. "Philosophy as handmaid of theology: biblical exegesis in the service of scholarship". *Traditio* 59 (2004): p. 1-37.

EMERY, Gilles. "The doctrine of the Trinity in St Thomas Aquinas", p. 45--65 in: *Aquinas on doctrine: a critical introduction*. Eds. Thomas G. Weinandy; Daniel A. Keating; John P. Yocum (London: T&T Clark, 2004).

GAZTAMBIDE, José Goñi. *Historia de la bula de la cruzada en España* (Vitoria: Editorial del Seminario, 1958).

HILLGARTH, J. N. *Ramon Lull and Lullism in fourteenth-century France* (Oxford: Clarendon, 1971).

JOHNSON, Mark D. *The evangelical rhetoric of Ramon Lull* (New York: Oxford University Press, 1996).

____. "Ramon Llull and the compulsory evangelization of Jews and Muslims", p. 3-37 in: *Iberia and the Mediterranean world of the Middle Ages: studies in honor of Robert I. Burns S.J., Volume 1- proceedings from Kalamazoo*. Ed. Larry J. Simon (Leiden: Brill, 1995).

LAVAJO, Joachim Ch. "The apologetical method of Ramon Marti, according to the problematic of Raymond Lull". *Islamochristiana* 11 (1985): p. 155-76.

MADRE, Aloisius, ed. *Raimundi Lull opera latina 120-122* (Turnholt: Brepols, 1981).

PEERS, E. Allison. *Ramon Lull: a biography* (London: Society for Promoting Christian Knowledge, 1929).

PEGIS, Anton C., trad. *Saint Thomas Aquinas: Summa contra gentiles, book one: God* (Notre Dame: University of Notre Dame Press, 1975).

TOLAN, John V. Saracens: *Islam in the Medieval European imagination* (New York: Columbia University Press, 2002).

YATES, Frances A. "The Art of Ramon Lull: an approach to it through Lull's theory of the elements". *Journal of the Warburg ad Courtauld Institutes* 17 (1954): p. 115-73.

GREGÓRIO PALAMAS
DEFENDENDO A AUTORIDADE E O VALOR EVIDENTE DA EXPERIÊNCIA RELIGIOSA NA ORTODOXIA ORIENTAL

BYARD BENNETT

Gregório Palamas (aproximadamente 1296-1357) foi um dos mais importantes teólogos do período bizantino, e suas propostas teológicas ajudaram a moldar a teologia ortodoxa oriental na era moderna. Alguns dos trabalhos apologéticos mais influentes de Gregório foram escritos durante um extenso debate com um filósofo de seu tempo, Barlaão de Seminara. O debate começou com uma discussão sobre como fé e razão estavam relacionadas e, mais especificamente, se argumentos lógicos poderiam estabelecer com segurança o que Deus é e como ele existe. Barlaão acreditava que os seres criados poderiam ter um conhecimento verdadeiro, porém limitado, de Deus, mas negava que a demonstração lógica poderia ser usada para provar que certas coisas eram necessariamente verdadeiras sobre Deus. Gregório acreditava que o entendimento bíblico da fé requeria um sentido muito mais robusto de certeza do que a opinião de Barlaão permitia, e só se poderia chegar a esse tipo de certeza, dizia Gregório, ao se ver Deus agir e ser afetado pela ação divina; isso certamente depende de uma experiência pessoal com Deus. O debate entre Gregório e Barlaão, portanto, mudou seu foco; o ponto central tornou-se, então, a autoridade e o valor evidente da experiência religiosa. A defesa que Gregório faz da autoridade e da importância da experiência religiosa ajudou a moldar o caráter da teologia ortodoxa oriental e bizantina tardia.

CONTEXTO HISTÓRICO

Gregório nasceu em Constantinopla, provavelmente em 1296.[1] Seu pai era membro da corte do imperador Andrônico II Paleólogo (reinado entre 1282-1328)

---

[1] Para uma discussão sobre a vida e as obras de Gregório, e uma extensiva bibliografia, veja Robert E. Sinkewicz, "Gregory Palamas", in *La théologie byzantine et sa tradition II (XIIIe-XIXe s.)*, eds. Carmelo Giuseppe Conticello; Vassa Conticello (Turnhout: Brepols, 2002), p. 131-88. Edições

e também serviu como tutor do neto do imperador, o futuro Andrônico III Paleólogo (reinado entre 1328-1341). Apesar de o pai de Gregório ter morrido antes que o filho completasse sete anos, sua família continuou a contar com o favor do imperador, e Gregório pôde ter uma educação de primeira-linha na renomada escola de Teodoro Metoquita (1270-1332).[2]

Por volta de 1316, Gregório deixou a corte e tornou-se um monge no Monte Atos, no nordeste grego. À medida que o século XIV avançava, o Monte Atos experimentou um aumento no número de ataques feitos por piratas turcos, levando muitos monges a abandonarem a região; isso levou a um declínio da qualidade da vida monástica. Por volta de 1326, o próprio Gregório deixou o Monte Atos com outros 11 monges e se estabeleceu em Tessalônica. Mais tarde ele foi ordenado para o sacerdócio e tornou-se líder de uma comunidade monástica em Véria, cerca de 64 quilômetros a oeste de Tessalônica.

Em virtude dos repetidos ataques feitos pelos "ilirianos" (isto é, os nômades albaneses de Tessalônica), a vida monástica em Véria acabou se tornando insustentável e em 1331 Gregório retornou para o Monte Atos.[3] Lá, ele começou a escrever obras que promoveram os ideais da vida monástica da maneira como era feito em Monte Atos, dando ênfase à necessidade de incessantes orações como um meio de união com Deus.[4]

---

críticas das obras de Gregório podem ser encontradas em Γρηγορίου τοῦ Παλαμᾶ Συγγράμματα, 5 vols., ed. Panagiotes K. Chrestou (Thessaloniki: Kyromanos, 1962-1992). Nesse capítulo, darei principalmente foco à discussão sobre as *Tríades* de Gregório e seus *Cento e cinquenta capítulos*. Para as *Tríades*, usei a edição crítica da tradução francesa de Jean Meyendorff, *Grégoire Palamas: défense des saints hésychastes*, 2 vols., 2 ed. (Leuven: Spicilegium Sacrum Lovaniense, 1973). Para os *Cento e cinquenta capítulos*, usei a edição crítica da tradução inglesa de Robert E. Sinkewicz, *The one hundred and fifty chapters* (Toronto: Pontifical Institute of Mediaeval Studies, 1988).

[2] Sobre as contribuições de Teodoro Metoquita para o estudo da astronomia e da filosofia aristotélica, veja Karin Hult, *Theodore Metochites on ancient authors and philosophy: semeioseis gnomikai 1-26 & 71* (Göteborg: Acta Universitatis Gothoburgensis, 2002); Börje Bydén, *Theodore Metochites' stoicheiosis astronomike and the study of natural philosophy and mathematics in early Palaiologan Byzantium*, 2 rev. ed. (Göteborg: Acta Universitatis Gothoburgensis, 2003); Marina Bazzani, "Theodore Metochites, a Byzantine humanist", *Byzantion* 76 (2006): p. 32-52; Emmanuel Paschos; Christos Simelidis, *Introduction to astronomy by Theodore Metochites (stoicheiosis astronomike 1.5-30)* (Singapura: World Scientific, 2017).

[3] Antonio Rigo, "La Vita di Pietro l'Athonita (BHG 1506) scritta da Gregorio Palama", *Rivista di studi bizantini e neoellenici* 32 (1995): 181 n. 19.

[4] Veja Rigo, "Vita", p. 177-90; Ioannis Polemis, "Neoplatonic and Hesychastic elements in the early teaching of Gregorios Palamas on the union of man with God: the *Life of St. Peter the Athonite*", in: *Pour une poétique de Byzance. Hommage à Vassilis Katsaros*, eds. Stephanos Efthymiadis, Charis Messis; Paolo Odorico; Ioannis Polemis (Paris: Éditions De Boccard, 2015), p. 205-21; Mihail Mitrea, "'Old wine in new bottles'?: Gregory Palamas' *Logos* on Saint Peter of Athos (BHG 1506)", *Byzantine and modern Greek studies* 40 (2016): p. 243-63.

CONTEXTO TEOLÓGICO

Apesar de Gregório ter se retirado para um lugar isolado a fim de seguir uma vida monástica, ele acabou se envolvendo em um conflito que acontecia na corte imperial. Era uma questão originalmente política, mas teve consequências religiosas importantes. Depois de perder diversas das principais batalhas contra os turcos, o imperador Andrônico III apelou ao papa Bento XII, pedindo ajuda militar. As negociações incluíam debates a respeito da reunificação das igrejas orientais (ortodoxas gregas) e ocidentais (católicas romanas). A proposta de reunir as igrejas era bastante impopular no oriente grego, no entanto, a necessidade de garantir assistência militar era tão urgente que o imperador não poderia simplesmente rejeitar ou ignorar as discussões acerca da reunião das igrejas que o papa exigia. Vários eruditos ligados à corte imperial protestaram vigorosamente contra essas discussões e compuseram obras em oposição à união da igreja, as quais, contudo, mostraram que eles não compartilhavam das mesmas hipóteses, prejudicando a criação de uma frente comum contra a proposta de reunificação das igrejas.

Barlaão de Seminara: é possível provar verdades sobre Deus?

Um dos principais colaboradores para o debate da reunião da igreja foi Barlaão de Seminara (1290-1348). Barlaão nasceu no sul da Itália, onde houve por séculos uma ampla presença grega. Após ser ordenado para o sacerdócio ortodoxo, ele viajou para Constantinopla, onde realizou estudos em filosofia antes de se tornar monge. Tendo ganhado o favor da corte imperial, ele foi indicado para uma posição de liderança monástica em também foi professor de filosofia para alunos avançados.

Em 1334, Barlaão começou a dedicar muito de seu tempo para a questão da reunificação da igreja, encontrando-se com os representantes enviados pelo papa João XXII e mais tarde escrevendo uma série de tratados que se opunham à reunião das igrejas.[5] A opinião de Barlaão contava com uma

---

[5] Uma edição crítica e tradução italiana dos tratados de Barlaão *Contra os latinos* são apresentados em Antonis Fyrigos, *Barlaam Calabro. Opere contro i latini*, 2 vols. (Vatican City: Biblioteca Apostolica Vaticana, 1998). Veja também John A. Demetracopoulos, "Further evidence on the ancient, Patristic, and Byzantine sources of Barlaam the Calabrian's *Contra latinos*. À propos de A. Fyrigos, ed., *Barlaam Calabro, Opere contro i latini*", Byzantinische Zeitschrift 96 (2003): p. 83-122.

influência significativa, não apenas porque ele era um erudito favorecido pela corte, mas também porque entendia o latim e tinha algum conhecimento da teologia da igreja ocidental.

Gregório também se opunha à reunificação das igrejas, porém, tinha reservas com relação aos argumentos que Barlaão apresentava em apoio a essa posição. Gregório estava particularmente preocupado com a visão de Barlaão sobre a razão e a sua crítica do uso de provas racionais na teologia.

Antes de examinarmos por que Gregório tinha reservas a respeito das visões de Barlaão, será útil primeiro entendermos o contexto original dos argumentos de Barlaão.[6] Os representantes enviados pelo papa criticaram a forma como a igreja grega entendia a processão do Espírito Santo e, ao fazer essas críticas, os representantes papais apresentaram um número de argumentos silogísticos retirados das obras do teólogo escolástico Tomás de Aquino.[7] Tomás havia entendido que a teologia deveria ser uma ciência demonstrativa, e os argumentos citados pela comitiva papal dependiam, assim, de uma certa compreensão de como se podia raciocinar dedutivamente sobre a natureza de Deus. Em vez de refutar cada um dos argumentos apresentados, Barlaão percebeu que seria mais fácil refutar as pressuposições sobre as quais estavam baseados os argumentos de seus oponentes, pois, uma vez que essas pressuposições fossem vistas como falsas, qualquer argumento baseado nelas seria igualmente falso.

Barlaão e os representantes papais concordaram a respeito das exigências formais para a demonstração da verdade de uma proposição, mas divergiam sobre se as verdades acerca de Deus poderiam ser demonstradas dessa mesma maneira. Na lógica aristotélica, a conclusão de um argumento silogístico era demonstrada (isto é, mostrava ser necessariamente verdade) quando as seguintes condições eram atendidas:

1. As premissas do argumento, que afirmam ou negam algo (um predicado) de alguma coisa (um sujeito), devem ser verdadeiras e primárias.[8]

---

[6] Para uma discussão mais detalhada, veja Robert E. Sinkewicz, "The doctrine of the knowledge of God in the Early writings of Barlaam the Calabrian", *Mediaeval studies* 44 (1982): p. 181-242.

[7] Veja Robert E. Sinkewicz, "The *solutions* addressed to George Lapithes by Barlaam the Calabrian and their philosophical context", *Mediaeval studies* 43 (1981): p. 165, n. 74.

[8] Aristóteles, *An. pr.* 1.1, 24a16-17; 24b17-18; *Top.* 1.1, 100a27-28.

2. Uma premissa é primária quando
   a) É previamente conhecida como um fato e é indemonstrável,[9] e
   b) Precede e causa a conclusão que segue dela, de forma que a última é necessariamente o caso.[10]

Como exemplo de uma premissa que é verdadeira e primeira, Aristóteles apresenta uma verdade geométrica universal: "A diagonal de um quadrado é comensurável com os lados".[11] Em outras palavras, para qualquer quadrado, o comprimento da diagonal do quadrado será o comprimento do lado do quadrado multiplicado pela raiz quadrada de dois. Se uma figura geométrica é um quadrado, então segue necessariamente que a diagonal do quadrado terá exatamente esse comprimento.[12]

Na opinião de Aristóteles, a capacidade para provar que alguma coisa é necessária depende da compreensão do que é universal e previamente conhecido (isto é, não descoberto por demonstração). Mas como se compreende o que é universal? Aristóteles afirma que, embora a visão somente possa olhar para particulares, a mente pode olhar além do particular e compreender o universal, ou seja, que X é o caso em todas as instâncias de Y, onde Y são coisas que são do mesmo tipo e têm a mesma essência.[13] Os universais, portanto, existem como conceitos ou princípios na mente, indicando o que as coisas são e como elas passam a existir; como conceitos, universais não têm uma existência à parte dos particulares que eles definem e explicam.

Barlaão aceitava que a lógica aristotélica poderia ajudar os seres humanos a adquirir um entendimento sistemático de como o mundo criado é estruturado. Ele duvidava, no entanto, que isso pudesse ajudar a compreender a natureza do Deus incriado ou conduzir à certeza a respeito dos assuntos divinos. A lógica aristotélica estava interessada em examinar as coisas criadas

---

[9] Para Aristóteles, uma proposição sobre X é considerada "indemonstrável" se é imediatamente conhecida, sendo verdadeira por definição em cada instância de X, e é essencial para entender o que X é. Aristóteles citou definições matemáticas e axiomas geométricos como exemplos de proposições indemonstráveis. Proposições desse tipo não precisam de demonstração, pois são epistemicamente básicas e servem como princípios fundamentais a partir dos quais novo conhecimento pode ser produzido por meio da dedução; veja Aristotle, *An. post.* 1.2, 71b17-23.

[10] Aristóteles, *An. post.* 1.2, 71b20-35; 1.3, 72b19-25; cf. *An. pr.* 1.1, 24b18-22.

[11] Aristóteles, *An. post.* 1.2, 71b26-27.

[12] Cf. Aristóteles, *An. post.* 1.2, 71b9-12; 1.30, 87b22-25.

[13] Veja os textos e a discussão em Richard Sorabji, *The philosophy of the commentators 200–600 AD: a sourcebook. Volume 3: logic & metaphysics* (London: Duckworth, 2004), p. 264-5.

e compreender os axiomas e as razões que definem e ocasionam coisas de um certo tipo. Contudo, Deus é superior a todas as coisas criadas. O que Deus é, diz Barlaão, excede os limites de nossos sentidos e nunca poderá ser totalmente compreendido pelas mentes criadas. O relato de Aristóteles sobre a compreensão do universal por abstração dos objetos sensíveis não pode ajudar a entender um Deus que é invisível e imaterial e excede todos as concepções limitadas que podemos tentar aplicar a ele.

Além disso, nota Barlaão, o relato aristotélico dos universais busca identificar as características que representam membros de uma classe. Deus, entretanto, não é um membro de uma classe mais ampla de seres que podem ser chamados "Deus". Há somente um indivíduo particular que é Deus e seus atributos pertencem somente a ele. Aristóteles aceitava que era possível dar uma definição aplicável a todos os membros de uma classe (por exemplo, dar uma definição do que é um ser humano, especificando as características que todo ser humano necessariamente possui). No entanto, ele sustenta que não poderia ser dada uma definição de um homem individual particular, por exemplo, Sócrates; os atributos que fazem de Sócrates um indivíduo são idiossincráticos e não são sujeitos a nenhuma regra geral.[14] Portanto, se não há nenhuma definição para um indivíduo (demonstrando o que deve ser necessariamente o caso em todas as instâncias), tampouco pode haver qualquer demonstração no caso de indivíduos (demonstrando o que necessariamente se implica e sempre deve ser o caso). Dessa maneira, argumentava Barlaão, Tomás e os representantes latinos estavam errados ao pensar que alguém poderia usar silogismos demonstrativos para provar qualquer coisa a respeito da natureza de Deus, visto que, assim como o método deles era imperfeito, também eram imperfeitas as conclusões retiradas dele.

RESPOSTA APOLOGÉTICA E METODOLOGIA

Gregório Palamas: é possível provar verdades sobre Deus, mas essas provas pressupõem conhecimento experiencial de Deus

O argumento de Barlaão foi cuidadosamente pensado e surgiu a princípio para oferecer uma crítica efetiva quanto as pressuposições e os métodos de argumentação dos emissários papais. Como Barlaão, Gregório acreditava que a lógica aplicável às realidades criadas tinha valor limitado para estabelecer como é um

---

[14] Veja Aristóteles, *Metaph.* 7.10, 1036a2-6; 11.2, 1059b26; *De an.* 2.5, 417b22-23.

o Deus incriado. Além disso, a direção tomada pelo argumento de Barlaão e as consequências que poderiam ter para a certeza em questões de fé preocuparam Gregório. Se fosse possível mostrar que uma proposição era necessariamente verdadeira, então poderíamos saber com certeza que aquilo que a proposição afirma sempre será verdadeiro. Contudo, se, como afirma Barlaão, não for possível mostrar que declarações sobre Deus são necessariamente verdadeiras, isso significa que não se poderia saber com certeza como Deus é? E se não é possível saber isso, ainda seria possível termos uma fé verdadeira e duradoura? Talvez o argumento de Barlaão fosse tão condicionado pelo pensamento aristotélico a ponto de fazê-lo desistir de coisas que eram importantes para a fé cristã. Se a fé é realmente "a certeza daquilo que esperamos e a prova das coisas que não vemos" (Hebreus 11:1), então certamente devemos ser capazes de ter certeza a respeito do que foi ensinado sobre Deus (cf. Lucas 1:4).

Na época do conflito entre Gregório e Barlaão, alguns filósofos da corte imperial estavam debatendo as limitações do que poderia ser conhecido pela percepção dos sentidos e se poderíamos afirmar com certeza a verdade ou falsidade de declarações sobre os objetos da percepção dos sentidos.[15] Gregório pode ter entendido a discussão de Barlaão sobre os limites do que pode ser demonstrado como um sinal de uma instância cética mais ampla, isto é, provocando dúvidas sobre o que poderia ser conhecido sobre Deus ou sobre qualquer outra coisa.[16]

---

[15] Sobre a defesa do ceticismo no *Semeioseis gnomikai* (1326) de Teodoro Metoquita, veja Börje Bydén, "'To every argument there is a counter-argument': Theodore Metochites' defence of scepticism (*Semeiosis 61*)", in *Byzantine philosophy and its ancient sources*, ed. Katerina Ierodiakonou (Oxford: Clarendon, 2002), p. 183-217. Sobre o uso dos argumentos céticos por Nicéforo Gregoras (1293/94--1360/61) e a resposta de Nicolau Cabásilas (1322/3-1392), veja John A. Demetracopoulos, Νικολάου Καβάσιλα Κατὰ Πύρρωνος. Πλατωνικός φιλοσκεπτικισμός καί ἀριστοτελικός ἀντισκεπτικισμός στή βυζαντινή διανόηση τοῦ 14ου αἰώνα (Athens: Parousia, 1999), p. 311-7. Como Barlaão, Teodoro Metoquita e Nicéforo Gregoras também acreditavam que a lógica aristotélica e os silogismos demonstrativos não poderiam ser usados para adquirir certos conhecimentos sobre a natureza de Deus e seus atributos; veja Robert E. Sinkewicz, "A new interpretation for the first episode in the controversy between Barlaam the Calabrian and Gregory Palamas", *Journal of theological studies* 31 (1980): p. 493-5; Bydén, "To every argument", p. 185, 189 n. 20, 190; Katerina Ierodiakonou, "The anti-logical movement in the fourteenth century", in *Byzantine philosophy and its ancient sources*, ed. Katerina Ierodiakonou (Oxford: Clarendon, 2002), p. 222-3.

[16] Na verdade, Barlaão parece ter evitado o ceticismo a respeito dos objetos da percepção dos sentidos. Ele sustenta, com a tradição neoplatônica, que conceitos universais eram presentes na mente antes da percepção dos sentidos. A mente humana, diz Barlaão, recebeu esses conceitos universais da mente divina previamente existente (δημιουργικὸς νοῦς) que criou e ordenou todas as coisas. Um conceito universal, já presente na mente, surge e é despertado quando o indivíduo vê um objeto que se encaixa naquele conceito universal. Assim, por exemplo, ver um quadrado fará surgir na mente um conceito pré-existente do que é um quadrado; esse conceito pré-existente existe imaterialmente na mente e pode ser lembrado ou esquecido, mas não perdido. Para uma

Como monge e defensor de renovo espiritual, Gregório acreditava ser importante afirmar que era possível conhecer a Deus e chegar a certo conhecimento sobre ele.[17] Se alguém buscasse um conhecimento de Deus que fosse verdadeiro e primário (isto é, conhecível antes e de forma independente da demonstração) e pudesse ser levado à certeza, isso só poderia provir da experiência pessoal de ver Deus agir.[18] Percebendo diretamente a ação de Deus, alguém pode ser levado para além da mudança e dos raciocínios conflituosos propostos por filósofos supostamente iluminados.[19] Deve-se, portanto, aceitar como primários e certos os testemunhos daqueles que foram inspirados por Deus (os autores das Escrituras) e os ensinos daqueles cujas mentes foram iluminadas por Deus e dirigidas pelo Espírito Santo (os santos pais).[20] Além disso, por meio da abnegação e da oração, deve-se procurar pelo mesmo conhecimento experiencial e pessoal de Deus que há nestes, pois apenas uma mente iluminada por Deus pode entender o que as Escrituras e os santos pais ensinaram.

Hesicasmo e o argumento de Gregório para a autoridade da experiência religiosa

Os argumentos de Gregório para a autoridade da experiência religiosa pressupõem um modelo específico de oração que ganhava crescente influência nos círculos monásticos durante os séculos XIII e XIV. Esse modelo de oração, chamado de "hesicasmo", era particularmente influente em Monte Atos, o centro monástico que desempenhou um papel fundamental na própria formação espiritual de Gregório.[21]

O hesicasmo representava um desenvolvimento de certos ensinos sobre oração e experiência religiosa que haviam sido apresentados por Evágrio

---

reconstrução do posicionamento de Barlaão, veja Sinkewicz, "Barlaam's *solutions*", p. 167-71. Com base nisso, Barlaão também apresentaria uma maneira de demonstrar como a mente humana pode chegar a um conhecimento certo sobre os assuntos divinos: porque a mente humana (isto é, intelecto individual) é uma imagem da mente do Criador e é informada e iluminada por ele, é possível que os seres criados tenham conhecimento verdadeiro de Deus, embora limitado, e assintam a esse conhecimento.

[17] Veja Gregório Palamas, *Ep. 1 to Akindynos* 8,13; *One hundred and fifty chapters* 141.
[18] Gregório Palamas, *Triads* 3.1.32.
[19] Gregório Palamas, *Ep. 2 to Akindynos* 5; *Ep. 1 to Barlaam* 22,34-36,41.
[20] Gregório Palamas, *Ep. 1 to Akindynos* 8-9; *Ep. 1 to Barlaam* 31; *One hundred and fifty chapters* 2.
[21] Para uma bibliografia abrangente das publicações referentes ao hesicasmo, veja Sergey S. Horujy, ed. *Hesychasm: an annotated bibliography* (Moscow: Institute of human studies of the Russian academy of sciences, 2004).

Pôntico, um dos pais do deserto que viveu no Egito no final do século IV. Ele dividiu a formação espiritual dos monges em dois estágios. Na etapa inicial, o monge torna-se consciente dos maus pensamentos e dos desejos desordenados que levam ao pecado, e então começa a lutar contra eles. Depois, por meio de vigilância e disciplina, o monge seria capaz de enfrentar as distrações criadas pelas imagens mentais de coisas desejadas ou temidas e pelos pensamentos pecaminosos aos quais alguém pode impulsivamente responder. Evágrio ensina que, nesse estágio posterior, a pessoa se torna capaz de orar sem cessar (1Tessalonicenses 5:17), dando toda atenção para Deus, sem ser desviado por distrações. Enquanto continuava em incessante oração, a mente poderia começar a perceber a ação graciosa de Deus no mundo de uma forma que era análoga (mas superior) à percepção dos sentidos.[22] Evágrio afirmava que, nesse estágio, a ação graciosa de Deus poderia ser percebida como luz, pois as Escrituras testificam que Deus é luz (1João 1:5) e que ele habita na luz inacessível (1Timóteo 6:16).[23]

Só se começa a conhecer a Deus quando a mente é iluminada por ele, dizia Evágrio, pois está escrito, "graças à sua luz, vemos a luz" (Salmo 36:9) e, "Pois Deus, que disse: 'Das trevas resplandeça a luz', ele mesmo brilhou em nossos corações, para iluminação do conhecimento da glória de Deus na face de Cristo " (2Coríntios 4:6).

O ensino de Evágrio permaneceu popular entre os monges hesicastas do período bizantino.[24] Para ajudar a focar a mente e manter ininterrupta oração, os monges hesicastas também faziam uso de certas práticas. Primeiro, uma

---

[22] Cf. Gregório Palamas, *Triads* 1.3.21; 2.3.36-37; 3.1.22,35-36.

[23] Para uma discussão sobre o ensino de Evágrio e sua influência sobre os escritores monásticos tardios, veja Hans-Veit Beyer, "Die Lichtlehre des Mönche des vierzehnten und des vierten Jahrhunderts", *Jahrbuch der Österreichischen Byzantinistik* 31 (1981): p. 473-512; Columba Stewart, *Cassian the monk* (Oxford: Oxford University Press, 1999), p. 97, 197 n. 91; Augustine Casiday, *Reconstructing the theology of Evagrius Ponticus: beyond heresy* (Cambridge: Cambridge University Press, 2013), p. 180-5. Sobre o uso de citações de Evágrio no debate entre Gregório Palamas e seus oponentes, veja Antonio Rigo, "De l'apologie à l'évocation de l'expérience mystique. Évagre le Pontique, Isaac le Syrien et Diadoque de Photicé dans les oeuvres de Grégoire Palamas (et dans la controverse palamite)", in *Knotenpunkt Byzanz: Wissenformen und kulturelle Wechselbeziehungen*, eds. Andreas Speer and Philipp Steinkrüger (Berlim: De Gruyter, 2012), p. 85-108.

[24] Sobre o desenvolvimento do ensino hesicasta no período bizantino tardio, veja Dirk Krausmüller, "The rise of hesychasm", in: *The Cambridge history of Christianity. 5: eastern Christianity*, ed. Michael Angold (Cambridge: Cambridge University Press, 2006), 101–26. Antonio Rigo fez traduções italianas de algumas das mais importantes obras bizantinas tardias sobre oração hesicasta; veja seu *I padri esicasti. L'amore della quiete (ho tes hesychias eros). L'esicasmo bizantino tra il XIII e il XV secolo* (Magnano: Qiqajon, 1993). A relação de Gregório com esses primeiros escritores

frase curta, baseada nas Escrituras e clamando pela ajuda de Cristo, era continuamente repetida durante todo o dia (por exemplo, "Senhor Jesus Cristo, tem misericórdia de mim"). Essa prática da "oração monológica" (oração usando a repetição de uma única frase) já havia sido recomendada por Evágrio e outros pais do deserto entre os séculos IV e V. Nos séculos XIII e XIV, certas imagens mentais e exercícios de respiração foram incluídos.[25] Nesses exercícios, a pessoa que orava deveria ver a mente descendo ao coração e lá descansar, e essa descida significava a concentração da mente em sua atenção a Deus e o silenciar de todas as funções da mente pelas quais imagens mentais, conceitos e pensamentos discursivos haviam sido produzidos anteriormente.[26]

Os monges hesicastas acreditavam que a purificação dos pensamentos pecaminosos e a iluminação divina eram parte de um processo pelo qual Deus renovava os seres humanos pecadores e os fazia participantes da natureza divina (2Pedro 1:4).[27] Quando a mente era iluminada pela graça de Deus, ela ficava cheia da luz divina e permanecia unida ao bem, a despeito das

---

hesicastas é discutida por Luca Bianchi, *Monasteri icona del mondo celeste. La teologia spirituale di Gregorio Palamas* (Bologna: EDB, 2010).

[25] Antonio Rigo, "Le tecniche d'orazione esicastica e le potenze dell'anima in alcuni testi ascetici bizantini", *Rivista di studi bizantini e slavi* 4 (1984): p. 75-115.

[26] Veja Teolepto de Filadélfia, *Discurso* 1.16 e Gregório Palamas, *Tríades* 1.3.17-18, baseados sobre o Pseudo-Dionísio, *Sobre os nomes divinos* 1.5 (PG 3, 595B) para afirmar que o cessar da atividade intelectual é uma pré-condição para a percepção espiritual das atividades de Deus. Em *Tríades* 2.2.8-9, Gregório se baseia no Pseudo-Dionísio, *Teologia mística* 1.3 (PG 3, 1000C) para desenvolver um argumento similar; veja também uma discussão mais breve de Gregório em *Tríades* 2.3.36 e Ep. 1 para Barlaão 42.

[27] Sobre o conceito de *theosis* (deificação) na espiritualidade patrística e bizantina, veja Norman Russell, *The doctrine of deification in the Greek patristic tradition* (Oxford: Oxford University Press, 2004) e os ensaios coletados em *Partakers of the divine nature: the history and development of deification in the Christian traditions*, eds., Michael J. Christensen and Jeffery A. Wittung (Grand Rapids: Baker Academic, 2007), p. 95-174; *Visions of God and ideas on deification in patristic thought*, eds. Mark Edwards; Elena Ene D-Vasilescu (Londres: Routledge, 2017), p. 53-170; *Mystical doctrines of deification: case studies in the Christian tradition*, eds. John Arblaster and Rob Faesen (London: Routledge, 2018). A compreensão de Gregório sobre *theosis* é discutida em M.-J. Monsaingeon; J. Paramelle, *Saint Grégoire Palamas, De la déification de l'être humain, suivi de Georges I. Mantzaridis, La doctrine de Saint Grégoire Palamas sur la déification de l'être humain* (Lausanne: L'Âge d'Homme, 1990); Yannis Spiteris, *Palamas: la grazia e l'esperienza. Gregorio Palamas nella discussione teologica* (Rome: Lipa, 1996), p. 71-123; Reinhard Flogaus, *Theosis bei Palamas und Luther: Ein Beitrag zum ökumenischen Gespräch* (Göttingen: Vandenhoeck & Ruprecht, 1997); A. N. Williams, *The ground of union: deification in Aquinas and Palamas* (Oxford: Oxford University Press, 1999).

dificuldades e tentações.²⁸ Da mesma forma que duas pessoas são unidas no casamento, a luz divina incriada se funde com a alma e, ao habitar na alma, faz com que ela participe de suas qualidades divinas.²⁹ Por causa da união da alma com o corpo, o próprio corpo também era iluminado e transformado pela graça de Deus.³⁰ Essa iluminação divina e transformação da alma e do corpo foi demonstrada pelos apóstolos quando Cristo foi transfigurado (Mateus 17:2; Marcos 9:2); na transfiguração, a divindade de Cristo foi vista como uma luz incriada que glorificava o corpo unido a ela.³¹

A crítica de Barlaão aos argumentos baseados na experiência religiosa

Barlaão era cético em relação à afirmação dos monges hesicastas de que eles possuíam um conhecimento experiencial de Deus, uma afirmação que Gregório havia endossado. Os monges hesicastas, dizia Barlaão, afirmavam ter visto uma luz divina e sentido um calor ou certos movimentos dentro de seus corpos.³² No entanto, Deus não tem existência corporal, por isso ele não pode ser percebido com os sentidos da forma que os monges afirmam. É claro, então, argumenta Barlaão, que o que os monges viram não era o próprio Deus, mas meramente uma luz criada que os seus sentidos eram adaptados para perceber.³³ Da mesma maneira, qualquer calor ou movimentos que os

---

[28] Cf. Teolepto de Filadélfia, *Ep.* 3: "Assim como faíscas se espalham quando o aço é batido pelo ferro, também a alma amada por Deus, quando atacada pelas tentações externas, brilha com as [luzes] emanando das iluminações divinas e torna-se toda luz e pode iluminar aqueles que a abordam, enquanto eles veem as luzes brilhando da perseverança pelo amor de Deus e da mansidão e gentileza para com todos" (ET Angela C. Hero, *The life and letters of Theoleptos of Philadelphia* [Brookline: Hellenic College Press, 1994], p. 75).

[29] Gregório Palamas, *Ep. 1 to Barlaam* 43-44; cf. *Triads* 1.3.20; 2.3.36,68; *One hundred and fifty chapters* 92.

[30] Gregório Palamas, *Ep. 1 to Barlaam* 44; *Triads* 2.2.12; 2.3.9; *One hundred and fifty chapters* 146.

[31] Gregório Palamas, *Triads* 1.3.5; 2.3.20; 3.1.15,19,33. Compare *One hundred and fifty chapters* 83, onde Gregório conclui que a atividade "de Deus manifesta das coisas incriadas é incriada" (ET Sinkewicz, *One hundred*, p. 181).

[32] Para uma descrição das afirmações feitas pelos monges hesicastas, veja Antonio Rigo, "*L'Epistola a Menas* di Gregorio Palamas e gli effeti dell'orazione", *Cristianesimo nella storia* 9 (1988): p. 57-80; Rigo, *L'amore*, p. 19-20; Barlaam, *Ep. 5 to Ignatius the Hesychast* 16 (Antonis Fyrigos, *Dalla controversia palamitica alla polemica esicastica* [Rome: Antonianum, 2005], p. 386-9); Gregório Palamas, *Triads* 1.3.22; 2.3.35; 3.1.33.

[33] Veja Gregório Palamas, *Tríades* 1.3, 2.3.12,20; 3.1.11. Barlaão fez uma forte distinção entre Deus e todas as outras coisas que não fossem Deus; veja Gregório Palamas, *Tríades* 3.1.24. Palamas entendia Barlaão ao argumentar que (a) Deus era idêntico à sua essência, e (b) tudo o que não era Deus era um produto ou efeito trazido por Deus no universo criado. A verdadeira posição de Barlaão pode ter sido mais nuançada. Também é possível que Barlaão fosse influenciado pela visão do filósofo neoplatônico Proclo, de que todas as formas de luz eram corpóreas, e, nesse

monges sentissem dentro de seus corpos não representava um contato direto com Deus. Se não um resultado de causas puramente naturais, essas sensações eram apenas efeitos criados que ocorriam quando Deus agia indiretamente sobre o mundo físico por meio da mediação dos anjos.[34] Em suma, dizia Barlaão, ninguém pode dizer ter visto Deus com olhos físicos, pois tal ensino é contrário à razão e aceito somente por movimentos heréticos cujas crenças a igreja condenava.[35] Em 1337, ele denunciou publicamente o ensino hesicasta como não ortodoxo e recorreu ao Santo Sínodo em Constantinopla para condená-lo, mas o Sínodo declinou.

Apesar das críticas de Barlaão não serem dirigidas a Gregório, elas questionavam se a experiência religiosa pessoal poderia ser tratada como autoritativa e se poderia levar a certo conhecimento de Deus, como Gregório afirmava. Mais tarde, Gregório foi para Tessalônica e, entre 1338 e 1340, escreveu uma série de tratados (as *Tríades*) defendendo os monges hesicastas contra as críticas de Barlaão.[36]

A defesa de Gregório da autoridade e importância da experiência religiosa

Nas *Tríades*, Gregório diz que a afirmação dos monges de terem diretamente visto e experimentado Deus era verdadeira; experiências desse tipo forneciam um conhecimento de Deus que era certo e não precisava ser justificado por nenhum processo independente de demonstração racional. As críticas de Barlaão eram injustificadas e ele havia feito uma clara distinção entre Deus e

---

caso, mesmo as mais transcendentes formas de luz não poderiam ser identificadas com Deus, que é incorpóreo. Sobre a posição de Proclo sobre a luz, veja Richard Sorabji, *The philosophy of the commentators 200-600 AD: a sourcebook. volume 2: physics* (London: Duckworth, 2004), p. 275-84; Byard Bennett, "The physics of light, darkness, and matter in John the Grammarian's First homily against the Manichaeans: Early Byzantine anti-Manichaean Literature as a Window on Controversies in Later Neoplatonism", in *Mani in Dublin: selected papers from the seventh international conference of the International association of Manichaean studies in the Chester Beatty Library, Dublin 8-12 September 2009*, eds. Siegfried G. Richter; Charles Horton; Klaus Ohlhafer (Leiden: Brill, 2015), p. 19-33.

[34] Cf. Gregory Palamas, *Triads* 3.3.5; compare com 2.2.9.

[35] Veja Antonio Rigo, *Monaci esicasti e monaci bogomili. Le accuse di messalianismo e bogomilismo rivolte agli esicasti ed il problema dei rapporti tra esicasmo e bogomilismo* (Florence: Olschki, 1989); Rigo, "Messalianismo = Bogomilismo. Un'equazione dell'eresiologia medievale bizantina", *Orientalia Christiana periodica* 56 (1990): p. 53-82.

[36] Uma tradução inglesa de seleções das *Tríades* foi produzida por Nicholas Gendle, *Gregory Palamas. The Triads* (New York: Paulist, 1983).

as coisas criadas, mas fez uma avaliação inadequada sobre como Deus mediava sua graça ao mundo criado.

Na literatura bíblica, Deus é descrito cercado de glória (Ezequiel 1:27-28) e enviando sua luz (Salmos 43:3); essa glória e luz pertencem a Deus e revelam sua presença e seu caráter (Deuteronômio 5:24; 2Crônicas 5:14; Ezequiel 8:4; 10:19; 11:22; 28:22; 43:2; 1Timóteo 6:16; 2Pedro 1:17; Apocalipse 15:8; 21:11, 23).[37] Ainda que Deus seja invisível por natureza (Colossenses 1:15; 1Timóteo 1:17; 6:16), ele torna possível para nós ver a sua glória (Ezequiel 8:4; Atos 7:55), que percebemos como luz (Salmos 36:9; Atos 22:11). Uma vez que essa luz pertence a Deus e revela sua presença e seu poder, ela é verdadeiramente divina e incriada.[38]

Antes de focarmos na distinção entre o que Deus é (a essência de Deus) e o que são as coisas criadas, como fez Barlaão, devemos fazer uma distinção entre a essência de Deus (isto é, as propriedades que fazem dele Deus e que nenhum outro ser pode possuir) e as atividades de Deus (aqueles aspectos da vida e do poder de Deus pelos quais ele cria, preserva, governa e transforma todos os outros seres).[39]

Gregório admitia ser verdade que mentes criadas nunca poderiam compreender totalmente a essência de Deus; isto é, todas as propriedades particulares que fazem Deus ser quem ele é.[40] Por exemplo, como as mentes criadas poderiam saber o que significa, para Deus, ser infinito ou imaterial? Palavras como *infinito* e *imaterial* dizem apenas *que* Deus é livre dos limites, mas não

---

[37] O uso e interpretação de Gregório desses temas bíblicos é discutido por Fadi A. Georgi, "The vision of God as a foretaste of eternal life", in *Gotteserlebnis und Gotteslehre: Christliche und islamische Mystik im Orient*, ed. Martin Tamcke (Wiesbaden: Harrassowitz, 2010), p. 147-56.

[38] Gregório sustenta que a luz divina pertencia às três pessoas da Trindade (*Tríades* 3.1.12), mas era principalmente uma atividade do Espírito, pela qual ele dava vida aos seres criados e os santificava (*Tríades* 3.1.9, 33). Para uma discussão da relação entre a pneumatologia de Gregório e sua distinção entre essência e atividade, veja Jacques Lison, *L'Esprit répandu: la pneumatologie de Grégoire Palamas* (Paris: Cerf, 1994).

[39] Gregory Palamas, *Triads* 3.1.29, 34; 3.2.14; *One hundred and fifty chapters* 75, 78, 84, 87, 91, 105, 107, 125, 144. O panorama histórico da distinção essência-atividade é discutido em Alexis Torrance, "Precedents for Palamas' essence-energies theology in the Cappadocian fathers", *Vigiliae Christianae* 63 (2009): p. 47-70; Torstein Theodor Tollefsen, *Activity and participation in Late Antique and early Christian thought* (Oxford: Oxford University Press, 2012); Susanne Hausammann, *Das lebenschaffende Licht der unauflösbaren Dunkelheit. Eine Studie zum Verständnis von Wesen und Energien des Heiligen Geistes und der Schau des göttlichen Lichtes bei den Vätern der Orthodoxen Kirche von Origenes bis Gregor Palamas* (Neukirchen-Vluyn: Neukirchener Verlagsgesellschaft, 2011).

[40] Gregório Palamas, *Triads* 2.3.8-9, 33, 66; *One hundred and fifty chapters* 81-82.

como Deus existe em sua liberdade dos limites. Deus existe de uma maneira que transcende cada concepção que podemos formar dele e não podemos compartilhar dessas características exclusivas da existência de Deus.

Apesar de nossas limitações enquanto seres criados, Deus, contudo, deseja nos mostrar algo de sua natureza por meio de como ele age. Essas atividades não são separadas de Deus, mas expressões de sua vida e representam seu poder para dar existência e vida às coisas.[41] Uma vez que o poder de trazer coisas à existência e dar vida a elas pertence somente a Deus, suas atividades devem ser consideradas completamente divinas, e não meramente efeitos causados no universo criado, como Barlaão pensava.[42] Além disso, essas atividades são uma parte eterna e inalienável da existência de Deus, pois nenhuma essência é carente de sua atividade;[43] Deus não poderia mais ser (Deus) sem sua atividade do que alguém poderia ser um ser humano sem estar vivo.

Gregório argumenta que a graciosa ação de Deus para conosco nos dá vida e nos chama para uma comunhão com ele, de forma que somos capazes de conhecer e compartilhar sua bondade, sabedoria e santidade. Embora não possamos compartilhar dessas coisas que fazem Deus ser exclusivamente quem ele é (sua essência), as atividades divinas tornam possível para nós compartilhar cada boa qualidade que Deus possui e que não são exclusivas de sua existência individual própria.[44] Gregório argumentava que os monges hesicastas corretamente afirmavam ter percepção direta de Deus e que o contato imediato com Deus não apenas fornece conhecimento certo sobre ele, mas também permite que os seres humanos participem na bondade divina e sejam transformados à semelhança dele.

As consequências da controvérsia entre Gregório e Barlaão

Gregório obteve apoio dos monges de Monte Atos para sua posição, o que acarretou na condenação de Barlaão pelo Sínodo Patriarcal em 1341.[45] Entre

---

[41] Gregório Palamas, *One hundred and fifty chapters* 87, 133.
[42] Gregório Palamas *Triads* 1.3.23, baseado no Pseudo-Dionísio *Sobre os nomes divinos* 11.6 (PG 3, 956A).
[43] Gregório Palamas, *Triads* 3.1.24; *One hundred and fifty chapters* 88, 136-137, 139, 143.
[44] Conforme Gregório Palamas, *Tríades* 2.3.15: "Assim, para nossa natureza humana, Deus deu a glória da divindade, mas não a natureza divina; pois a natureza de Deus é uma coisa, sua glória é outra, embora eles sejam inseparáveis um do outro. No entanto, apesar dessa glória ser diferente da natureza divina[...] ela pertence à natureza divina de uma maneira inefável" (ET Gendle, *Gregory Palamas*, 60).
[45] Para uma tradução inglesa dos *Tomos da montanha sagrada*, indicando o apoio dos monges de Atos para a posição de Gregório, veja Sinkewicz, "Gregory Palamas", p. 183-8.

1341 e 1347, Gregório, contudo, teve que se defender de outros oponentes que achavam descuidada a linguagem usada por ele para distinguir a essência e a atividade de Deus.[46] Ao distinguir entre as propriedades incomunicáveis particulares a Deus e as atividades pelas quais Deus compartilhava suas propriedades comunicáveis com outros seres, Gregório parecia ensinar que havia uma divisão fundamental em Deus entre uma forma de divindade superior (a essência transcendental de Deus) e uma forma inferior de divindade (a autocomunicação de Deus com seres inferiores por meio de suas atividades).[47] Os oponentes de Gregório argumentavam que, ao fazer essas distinções, ele havia falhado em afirmar adequadamente a unicidade de Deus.[48] Durante esses anos, que coincidiram com um grande conflito político e uma guerra civil dentro do Império Bizantino, Gregório perdeu o favor político e foi preso.

Ao final da guerra civil, Gregório foi liberto e indicado para uma posição eclesiástica elevada, tornando-se o metropolitano de Tessalônica. Ele, então, produziu uma defesa detalhada da distinção que ele havia feito entre a essência e a atividade de Deus (os *Cento e cinquenta capítulos*).[49] Apesar de o filósofo Nicéforo Gregoras e diversos bispos continuarem a se opor ao ensino de Gregório, o sínodo convocado em 1351 aprovou as principais características da posição de Gregório.[50]

À medida que as polêmicas contra sua teologia diminuíam, Gregório foi capaz de dedicar muito de seu tempo para a pregação e o trabalho pastoral.

---

[46] Para as críticas feitas sobre a posição de Gregório, veja Angela Constantinides Hero, *Letters of Gregory Akindynos* (Washington: Dumbarton Oaks, 1983); Juan Nadal Cañellas, *Gregorii Acindyni refutationes duae operis Gregorii Palamae cui titulus Dialogus inter Orthodoxum et Barlaamitam*, CCSG 31 (Turnhout: Brepols, 1995); Cañellas, "Gregorio Akíndinos", in *La théologie byzantine et sa tradition II (XIIIe–XIXe s.)*, eds. Carmelo Giuseppe Conticello; Vassa Conticello (Turnhout: Brepols, 2002), p. 189-314; Cañellas, *La résistance d'Akindynos à Grégoire Palamas. Enquête historique, avec traduction et commentaire de quatre traités édités récemment*, 2 vols. (Leuven: Peeters, 2006).

[47] Veja Gregório Palamas, *Ep. 3 to Akindynos* (in Hero, *Letters*, xv–xvi n. 44); Sinkewicz, "Gregory Palamas", p. 134.

[48] Para a acusação de Akindynos de diteísmo, veja Gregório Palamas, *One hundred and fifty chapters* 147.

[49] Sobre essa obra, veja Robert E. Sinkewicz, "Christian theology and the renewal of philosophical and scientific studies in the early fourteenth century: The Capita 150 of Gregory Palamas", Mediaeval studies 48 (1986): p. 334-51.

[50] Veja Aristeides Papadakis, "Gregory Palamas at the Council of Blachernae, 1351", *Greek, Roman and Byzantine studies* 10 (1969): p. 333-42. Sobre a oposição de Nicéforo Gregoras contra Gregório e os monges hesicastas, veja Demetrios N. Moschos, Πλατωνισμός ἤ Χριστιανισμός; Οἱ φιλοσοφικές προϋποθέσεις τοῦ Ἀντιησυχασμοῦ τοῦ Νικηφόρου Γρηγορᾶ (1293–1361) (Athens: Parousia, 1998).

Depois de ser brevemente encarcerado pelos turcos entre 1354-1355, ele morreu em 1357 e foi proclamado santo da igreja grega em 1368.[51]

CONTRIBUIÇÕES PARA A APOLOGÉTICA

As obras apologéticas de Gregório tiveram uma influência importante na teologia ortodoxa oriental e bizantina tardia. À medida que o Império Bizantino chegava ao fim, a defesa do hesicasmo e a sua distinção entre a essência e as atividades de Deus ajudaram os cristãos ortodoxos a definirem sua identidade e a responderem às abordagens alternativas feitas por católicos e protestantes.[52] Apesar da influência de Gregório diminuir durante o período pós-bizantino, houve uma renovação no interesse por suas obras na primeira metade do século XX.[53]

O trabalho de Gregório foi admirado por teólogos ortodoxos contemporâneos porque ele não tornou a teologia cristã estritamente dependente

---

[51] Uma análise dos milagres que Gregório realizou durante seu trabalho pastoral em Tessalônica foi composto por Philotheos Kokkinos nos anos 1360, aparentemente em apoio ao processo de canonização. Uma tradução para o inglês é apresentada em Alice-Mary Talbot; Scott Fitzgerald Johnson, *Miracle tales from Byzantium* (Cambridge: Harvard University Press, 2012), p. 301-405. Sobre o cativeiro de Gregório e seus debates com os muçulmanos na corte do sultão turco, veja G. Georgiades Arnakis, "Gregory Palamas among the Turks and documents of his activity as historical sources", *Speculum* 26 (1951): p. 104-18; Anna Philippidis-Braat, "La captivité de Palamas chez les Turcs: dossier et commentaire", *Travaux et mémoires* 7 (1979): p. 109-222; Daniel J. Sahas, "Captivity and dialogue: Gregory Palamas (1296-1360) and the muslims", *Greek orthodox theological review* 25 (1980): p. 409-36.

[52] Para o uso e a interpretação da distinção entre essência e atividade de Gregório nos escritores bizantinos posteriores, veja John A. Demetracopoulos, "Palamas transformed. Palamite interpretations of the distinction between God's 'essence' and 'energies' in Late Byzantium", in *Greeks, Latins and intelectual history 1204-1500*, eds. Martin Hinterberger and Chris Schabel (Leuven: Peeters, 2011), p. 263-372.

[53] Sobre a queda de influência de Palamas na literatura pós-bizantina, veja Marcus Plested, "Gregory Palamas", in *The Wiley Blackwell companion to patristics*, ed. Ken Parry (Chichester, West Sussex: John Wiley & Sons, 2015), p. 297-9. Para a reapropriação da teologia de Gregório com uma base para a teologia ortodoxa no período moderno, veja Aidan Nichols, *Light from the East: authors and themes in orthodox theology* (Londres: Sheed & Ward, 1995), p. 41-56 ("John Meyendorff and Neo-Palamism"); Norman Russell, *Gregory Palamas and the making of Palamism in the Modern Age* (Oxford: Oxford University Press, 2019). Entre os teólogos ortodoxos contemporâneos que estudam cuidadosamente as concepções de Gregório sobre o conhecimento e o método teológico, e que fizeram delas um ponto de partida para suas próprias propostas teológicas, alguém especialmente digno de nota é o bispo Atanasije Jevtić e o padre Nikolaos Loudovikos. Veja Athanase Jevtitch, *Études hésychastes*, trad. Jean-Louis Palierne (Lausanne: L'Âge d'Homme, 1995), p. 7-72 ("Prolégomènes à une gnoséologie hésychaste: L'amour, fondement de la connaissance"); Nikolaos Loudovikos, Ὁ μόχθος τῆς μετοχῆς. Εἶναι καὶ μέθεξη στὸν Γρηγόριο Παλαμᾶ καὶ τὸν Θωμᾶ Ἀκινάτη (Athens: Armos, 2010); Loudovikos, "Initiating the discussion – 'For the fall and rising of many': St. Gregory Palamas at the crossroads of interpretation", *Analogia* 3:2 (2017): p. 3-7.

de alguma posição pré-concebida, baseada em fontes não cristãs, do que é razoável ou lógico. Ao rejeitar a filosofia aristotélica e a teologia escolástica, que estava interessada em mostrar a harmonia entre fé e razão, Gregório quis fazer da fé a única base para conhecimento de qualquer aspecto da natureza de Deus. Ele dizia que a fé é necessária para conhecer a Deus e não pode haver nenhum conhecimento real de Deus separado do compromisso religioso.[54]

Para Gregório, o que confirma e valida a fé é um certo tipo de experiência religiosa que envolva perceber e ser afetado pela ação de Deus.[55] Ele descreveu sua percepção espiritual da ação divina como sendo análoga à percepção dos sentidos em alguns aspectos, mas superior a ela, e também observou que uma demonstração lógica não é exigida para estabelecer que os objetos percebidos pelos sentidos existem e possuem certas qualidades. O mesmo, dizia ele, é verdade no caso da percepção espiritual; a demonstração lógica não é necessária para estabelecer que os objetos de percepção espiritual existem e possuem certas propriedades. Além disso, considerando que a demonstração lógica não requer uma experiência religiosa que a preceda, o estudo da lógica não deve ser considerado essencial para a vida da fé.[56] Tampouco, dizia ele,

---

[54] Conforme *Tríades* 3.1.32, onde Gregório afirma que o único que conhece as atividades do Espírito é aquele "que as aprendeu por meio da *experiência*. Assim como o homem que procura o conhecimento antes das obras, se ele confia naqueles que tiveram a experiência, obtém uma certa imagem da verdade. Mas se ele tenta concebê-la por si próprio, estará desprovido até mesmo da imagem da verdade" (ET Gendle, *Gregory Palamas*, p. 87; ênfase dele).

[55] Para mais a respeito, veja Britta Müller-Schauenburg, *Religiöse Erfahrung, Spiritualität und theologische Argumentation: Gotteslehre und Gottebenbildlichkeit bei Gregorios Palamas* (Stuttgart: Kohlhammer, 2011).

[56] Barlaão argumentava que o estudo da lógica e da ciência natural era útil na formação da mente e a libertava da ignorância e das falsas opiniões, ajudando, assim, a preparar a mente para ascender em direção a Deus. Gregório rejeitou a ideia de que tal formação intelectual poderia facilitar a união com Deus e dizia que, pelo fato de Deus ser incriado, ele transcende totalmente a mente e os sentidos físicos dos seres criados; a percepção espiritual é assim ocasionada apenas pela ação de Deus, e não por quaisquer poderes que pertençam por natureza à mente e aos sentidos. Cf. *Tríades* 3.1.36, onde Gregório afirma que "você deve manter aquelas atividades intelectuais que são inteiramente contornadas pela luz da união e pela ação dessa luz" (ET Gendle, *Gregory Palamas*, p. 91). Para mais sobre a discussão das visões de Barlaão e Gregório sobre esse assunto, veja Dirk Krausmüller, "Do we need to be stupid in order to be saved? Barlaam of Calabria and Gregory Palamas on knowledge and ignorance", in: *Salvation according to the Fathers of the Church: the proceedings of the sixth international patristic conference, Maynooth/Belfast, 2005*, eds. D. Vincent Twomey; Dirk Krausmüller (Dublin: Four Courts, 2010), p. 143-52; Michele Trizio, "'Una è la verità che pervade ogni cosa.' La sapienza profana nelle opere perdute di Barlaam Calabro", in *Byzantine theology and its philosophical background*, ed. Antonio Rigo (Turnhout: Brepols, 2011), p. 108-40.

era necessário validar a experiência religiosa segundo algum critério a alguma das concepções anteriores impostas pela razão humana.

Gregório defendia que a autêntica experiência humana pode, no entanto, ser vista como possuindo certos aspectos característicos. Primeiro, uma vez que o puro de coração verá a Deus (Mateus 5:8), a pessoa que afirma ter essa experiência deve ter se esforçado para combater os pensamentos pecaminosos, excluir os vícios, adquirir virtudes e estar em incessante oração.[57] Segundo, a pessoa deve ter silenciado anteriormente as funções da mente pelas quais imagens mentais, conceitos e raciocínios discursivos foram produzidos. De outro modo, quaisquer percepções seriam razoavelmente consideradas como surgindo da própria mente, e não da ação de Deus.[58] Terceiro, a experiência de Deus deve ser tão qualitativamente diferente da percepção sensorial ou da intelectual que só poderia ser explicada pela ação sobrenatural de Deus.[59] Os monges hesicastas haviam muitas vezes sustentado que a percepção da luz incriada de Deus pode ser acompanhada ou seguida por fenômenos milagrosos tais como o conhecimento prévio de eventos futuros e o dom de cura.[60] Gregório aceitava isso, mas dava uma ênfase maior sobre as diferenças qualitativas e quantitativas discerníveis nos próprios objetos da percepção espiritual (por exemplo, a luz vista não tem limites, é infinita em extensão e é capaz de compreender todas as coisas enquanto ela própria transcende a compreensão pela mente e pelos sentidos).[61]

Em suma, o extenso debate com Barlaão levou Gregório a desenvolver uma explicação sistemática da vida cristã que enfatizou a autoridade e o valor evidencial da experiência religiosa.[62] Esse modelo considerou a fé e o compromisso religioso (expresso por meio da luta espiritual e da oração incessante)

---

[57] Cf. *Tríades* 1.3.22: "A visão lhe é dada na proporção à sua prática do que é agradável a Deus, sua fuga de tudo o que não é, sua assiduidade na oração e o desejo de toda a sua alma por Deus" (ET Gendle, *Gregory Palamas*, p. 39).

[58] *Triads* 1.2.3-4. Em *Tríades* 1.3.22 e 3.1.36, Gregório associa novamente o silêncio da mente com a presença de Deus quando diz que qualquer visão verdadeira da luz incriada não será acompanhada pela agitação ou pelo distúrbio na alma, mas, ao contrário, por paz, descanso, alegria e humildade.

[59] *Triads* 3.1.36.

[60] *Tríades* 3.1.33. Compare *Tríades* 3.1.35: "Você não vê que eles vão adquirir a mesma energia que o sol da justiça? Isso é porque vários sinais divinos e a comunicação do Espírito Santo são efetivos por meio deles" (ET Gendle, *Gregory Palamas*, p. 89).

[61] *Triads* 3.1.33.

[62] Cf. A. M. Allchin, "The appeal to experience in the *Triads* of St. Gregory Palamas", in *Studia patristica vol. VIII*, ed. F. L. Cross (Berlin: Akademie-Verlag, 1966), p. 323-8.

como a única maneira de adquirir conhecimento certo da natureza de Deus. Esse conhecimento surgiu do contato e da união com Deus, e foi produzido por sua ação direta, transcendendo as faculdades humanas naturais dos sentidos e da razão. A opinião de Gregório sobre a união mística e o conhecimento imediato e certo de Deus que transcende a razão foi por vezes comparada às tradições medievais de oração contemplativa do ocidente.[63]

Dessa forma, as considerações de Gregório diferiam de importantes abordagens da teologia escolástica na tradição medieval do ocidente, que desejava ser uma ciência demonstrativa que apresentasse a harmonia entre fé e razão. Na visão de Gregório, não é necessário validar o ensino cristão por referência à razão humana, uma vez que o verdadeiro conhecimento de Deus transcende os limites da percepção dos sentidos, dos conceitos e do raciocínio discursivo. Embora alguém possa ser capaz de demonstrar a coerência das doutrinas cristãs para o não convertido, tal demonstração não seria suficiente para ocasionar a conversão da mente e o retorno a Deus, até porque conversão e transformação ocorrem somente quando Deus age graciosa e sobrenaturalmente em uma pessoa, gerando uma certeza incontroversa e produzindo uma vida santa que, por fim, é a melhor apologética para a verdade da fé.[64]

BIBLIOGRAFIA

ALLCHIN, A. M. "The Appeal to Experience in the *Triads* of St. Gregory Palamas", p. 323-8 in Studia Patristica Vol. VIII. Ed. F. L. (Cross. Berlin: Akademie-Verlag, 1966).

ARBLASTER, John; FAESEN Rob, eds. *Mystical doctrines of deification: case studies in the Christian tradition* (London: Routledge, 2018).

ARNAKIS, G. Georgiades. "Gregory Palamas among the Turks and Documents of His Activity as Historical Sources". *Speculum* 26 (1951): p. 104-18.

---

[63] Veja, por exemplo, Kallistos Ware, "The Nearness Yet Otherness of the eternal in Meister Eckhart and St. Gregory Palamas", *Eckhart review* 9 (2000): p. 41-53; Emmanuel Cazabonne, "Gregory Palamas (1296–1359): monk, theologian, and pastor", *Cistercian studies quarterly* 37 (2002): p. 303-33; Russel Murray, "Mirror of experience: Palamas and Bonaventure on the experience of God – a contribution to Orthodox-Roman Catholic dialogue", *Journal of ecumenical studies* 44 (2009): p. 432-60.

[64] Cf. *Tríades* 1.3.13: "Mas nós sustentamos que a verdadeira opinião não é o conhecimento encontrado por meio de palavras e silogismos, mas o que é demonstrado através dos atos e vida, e isso não é apenas verdadeiro, mas também certo e seguro. Pois é dito, 'Toda palavra contende com uma palavra,' mas o que contende com uma vida?".

BAZZANI, Marina. "Theodore Metochites, a Byzantine humanist". *Byzantion* 76 (2006): p. 32-52.

BENNETT, Byard. "The physics of light, darkness, and matter in John the Grammarian's *First homily against the Manichaeans*: Early Byzantine Anti-Manichaean literature as a window on controversies in later neoplatonism", p. 19-33 in: *Mani in Dublin: selected papers from the seventh international conference of the International association of Manichaean studies in the Chester Beatty library, Dublin 8-12 September 2009*. Eds. Siegfried G. Richter; Charles Horton; Klaus Ohlhafer (Leiden: Brill, 2015).

BEYER, Hans-Veit. "Die Lichtlehre der Mönche des vierzehnten und des vierten Jahrhunderts". *Jahrbuch der Österreichischen Byzantinistik* 31 (1981): p. 473-512.

BIANCHI, Luca. *Monasteri icona del mondo celeste. La teologia spirituale di Gregorio Palamas* (Bologna: EDB, 2010).

BYDÉN, Börje. "'To every argument there is a counter-argument': Theodore Metochites' defence of scepticism (*Semeiosis* 61)", p. 183-217 in: *Byzantine philosophy and its ancient sources*. Ed. Katerina Ierodiakonou (Oxford: Clarendon, 2002).

____. *Theodore Metochites' Stoicheiosis astronomike and the study of natural philosophy and mathematics in Early Palaiologan Byzantium*, 2 rev. ed. (Göteborg: Acta Universitatis Gothoburgensis, 2003).

CASIDAY, Augustine. *Reconstructing the theology of Evagrius Ponticus: beyond heresy* (Cambridge: Cambridge University Press, 2013).

CAZABONNE, Emmanuel. "Gregory Palamas (1296-1359): Monk, Theologian, and Pastor". *Cistercian studies quarterly* 37 (2002): p. 303-33.

CHRESTOU, Panagiotes K., ed. Γρηγορίου τοῦ Παλαμᾶ Συγγράμματα. 5 vols (Thessaloniki: Kyromanos, 1962–1992).

CHRISTENSEN, Michael J.; WITTUNG, Jeffery A., eds. *Partakers of the divine nature: the history and development of deification in the Christian traditions* (Grand Rapids: Baker, 2007).

DEMETRACOPOULOS, John A. Νικολάου Καβάσιλα Κατὰ Πύρρωνος. Πλατωνικὸς φιλοσκεπτικισμὸς καί ἀριστοτελικὸς ἀντισκεπτικισμὸς στή βυζαντινή διανόηση τοῦ 14ου αἰώνα (Athens: Parousia, 1999).

____. "Further evidence on the ancient, Patristic, and Byzantine sources of Barlaam the Calabrian's *Contra Latinos*. À propos de A. Fyrigos, ed., Barlaam Calabro, *Opere contro i Latini*", *Byzantinische Zeitschrift* 96 (2003): p. 83-122.

_____. "Palamas transformed. Palamite interpretations of the distinction between God's 'essence' and 'energies' in Late Byzantium", p. 263-372 in: *Greeks, Latins and intellectual history 1204-1500*. Eds. Martin Hinterberger; Chris Schabel (Leuven: Peeters, 2011).

EDWARDS, Mark; ENE D-VASILESCU, Elena, eds. *Visions of God and ideas on deification in Patristic thought* (London: Routledge, 2017).

FLOGAUS, Reinhard. *Theosis bei Palamas und Luther: Ein Beitrag zum ökumenischen Gespräch* (Göttingen: Vandenhoeck & Ruprecht, 1997).

FYRIGOS, Antonis. *Barlaam Calabro. Opere contro i Latini*. 2 vols. (Vaticano: Biblioteca Apostolica Vaticana, 1998).

_____. *Dalla controversia palamitica alla polemica esicastica* (Rome: Antonianum, 2005).

GENDLE, Nicholas. Gregory Palamas. *The Triads* (New York: Paulist, 1983).

GEORGI, Fadi A. "The vision of God as a foretaste of eternal life", p. 147-56 in: *Gotteserlebnis und Gotteslehre: Christliche und islamische Mystik im Orient*. Ed. Martin Tamcke (Wiesbaden: Harrassowitz, 2010).

HAUSAMMANN, Susanne. *Das lebenschaffende Licht der unauflösbaren Dunkelheit. Eine Studie zum Verständnis von Wesen und Energien des Heiligen Geistes und der Schau des göttlichen Lichtes bei den Vätern der Orthodoxen Kirche von Origenes bis Gregor Palamas* (Neukirchen-Vluyn: Neukirchener Verlagsgesellschaft, 2011).

HERO, Angela C. *Letters of Gregory Akindynos* (Washington: Dumbarton Oaks, 1983).

_____. *The life and letters of Theoleptos of Philadelphia* (Brookline: Hellenic College Press, 1994).

HORUJY, Sergey S., ed. *Hesychasm: an annotated bibliography* (Moscow: Institute of Human Studies of the Russian Academy of Sciences, 2004).

HULT, Karin. *Theodore Metochites on ancient authors and philosophy: Semeioseis gnomikai 1-26 & 71* (Göteborg: Acta Universitatis Gothoburgensis, 2002).

IERODIAKONOU, Katerina. "The anti-logical movement in the fourteenth century", p. 219-36 in: *Byzantine philosophy and its ancient sources*. Ed. Katerina Ierodiakonou (Oxford: Clarendon Press, 2002).

JEVTITCH, Athanase. *Études hésychastes*. Trad. Jean-Louis Palierne (Lausanne: L'Âge d'Homme, 1995).

KRAUSMÜLLER, Dirk. "Do we need to be stupid in order to be saved? Barlaam of Calabria and Gregory Palamas on knowledge and ignorance", p. 143-52 in: *Salvation according to the Fathers of the Church: the proceedings of the sixth International Patristic conference, Maynooth/Belfast, 2005*. Ed. D. Vincent Twomey and Dirk Krausmüller (Dublin: Four Courts, 2010).

____. "The Rise of Hesychasm", p. 101-26 in: *The Cambridge history of Christianity. 5: Eastern Christianity*. Ed. Michael Angold (Cambridge: Cambridge University Press, 2006).

LISON, Jacques. *L'Esprit répandu: la pneumatologie de Grégoire Palamas* (Paris: Cerf, 1994).

LOUDOVIKOS, Nikolaos. Ὁ μόχθος τῆς μετοχῆς. Εἶναι καὶ μέθεξη στὸν Γρηγόριο Παλαμᾶ καὶ τὸν Θωμᾶ Ἀκινάτη (Athens: Armos, 2010).

____. "Initiating the discussion – 'For the fall and rising of many': St. Gregory Palamas at the crossroads of interpretation". *Analogia* 3:2 (2017): p. 3-7.

MEYENDORFF, Jean. *Grégoire Palamas. Défense des saints hésychastes*. 2 vols. 2 ed. (Leuven: Spicilegium Sacrum Lovaniense, 1973).

MITREA, Mihail. "'Old wine in new bottles'?: Gregory Palamas' *Logos* on Saint Peter of Athos (BHG 1506)". *Byzantine and modern Greek studies* 40 (2016): p. 243-63.

MONSAINGEON, M.-J.; J. Paramelle, *Saint Grégoire Palamas, De la déification de l' être humain, suivi de Georges I. Mantzaridis, La doctrine de Saint Grégoire Palamas sur la déification de l'être humain* (Lausanne: L'Âge d'Homme, 1990).

MOSCHOS, Demetrios N. Πλατωνισμός ἢ Χριστιανισμός; Οἱ φιλοσοφικές προϋποθέσεις τοῦ Ἀντιησυχασμοῦ τοῦ Νικηφόρου Γρηγορᾶ (1293–1361) (Athens: Parousia, 1998).

MÜLLER-SCHAUENBURG, Britta. *Religiöse Erfahrung, Spiritualität und theologische Argumentation: Gotteslehre und Gottebenbildlichkeit bei Gregorios Palamas* (Stuttgart: Kohlhammer, 2011).

MURRAY, Russel. "Mirror of experience: Palamas and Bonaventure on the experience of God – a contribution to Orthodox-Roman Catholic dialogue". *Journal of ecumenical studies* 44 (2009): p. 432-60.

NADAL Cañellas, Juan. *Gregorii Acindyni refutationes duae operis Gregorii Palamae cui titulus Dialogus inter Orthodoxum et Barlaamitam*. CCSG 31 (Turnhout: Brepols, 1995).

____. "Gregorio Akíndinos", p. 189-314 in *La théologie byzantine et sa tradition II (XIIIe-XIXes.)*. Ed. Carmelo Giuseppe Conticello; Vassa Conticello (Turnhout: Brepols, 2002).

____. *La résistance d'Akindynos à Grégoire Palamas. Enquête historique, avec traduction et commentaire de quatre traités édités récemment*. 2 vols. (Leuven: Peeters, 2006).

NICHOLS, Aidan. *Light from the East: authors and themes in orthodox theology* (London: Sheed and Ward, 1995).

PAPADAKIS, Aristeides. "Gregory Palamas at the Council of Blachernae, 1351". *Greek, Roman and Byzantine studies* 10 (1969): p. 333-42.

PASCHOS, Emmanuel; SIMELIDIS Christos. *Introduction to astronomy by Theodore Metochites (Stoicheiosis astronomike 1.5-30)* (Singapura: World Scientific, 2017).

PHILIPPIDIS-BRAAT, Anna. "La captivité de Palamas chez les Turcs: dossier et commentaire". *Travaux et mémoires* 7 (1979): p. 109-222.

PLESTED, Marcus. "Gregory Palamas", p. 293-305 in: *The Wiley Blackwell companion to Patristics*, ed. Ken Parry (Chichester, West Sussex: John Wiley and Sons, 2015).

POLEMIS, Ioannis. "Neoplatonic and hesychastic elements in the early teaching of Gregorios Palamas on the union of man with God: the *Life of St. Peter the Athonite*", p. 205-21 in: *Pour une poétique de Byzance. Hommage à Vassilis Katsaros*. Eds. Stephanos Efthymiadis; Charis Messis; Paolo Odorico; Ioannis D. Polemis (Paris: Éditions De Boccard, 2015).

RIGO, Antonio. "Le tecniche d'orazione esicastica e le potenze dell'anima in alcuni testi ascetici bizantini". *Rivista di studi bizantini e slavi* 4 (1984): p. 75-115.

____. "L'Epistola a Menas di Gregorio Palamas e gli effeti dell'orazione". *Cristianesimo nella storia* 9 (1988): p. 57-80.

____. *Monaci esicasti e monaci bogomili. Le accuse di messalianismo e bogomilismo rivolte agli esicasti ed il problema dei rapporti tra esicasmo e bogomilismo* (Florence: Olschki, 1989).

____. "Messalianismo = Bogomilismo. Un'equazione dell'eresiologia medievale bizantina". *Orientalia Christiana periodica* 56 (1990): p. 53-82.

____. *I padri esicasti. L'amore della quiete (ho tes hesychias eros). L'esicasmo bizantino tra il XIII e il XV secolo* (Magnano: Qiqajon, 1993).

____. "La Vita di Pietro l'Athonita (BHG 1506) scritta da Gregorio Palama". *Rivista di studi bizantini e neoellenici* 32 (1995): p. 177-90.

____. "De l'apologie à l'évocation de l'expérience mystique. Évagre le Pontique, Isaac le Syrien et Diadoque de Photicé dans les oeuvres de Grégoire Palamas (et dans la controverse palamite)", p. 85-108 in: *Knotenpunkt Byzanz: Wissenformen und kulturelle Wechselbeziehungen*. Eds. Andreas Speer; Philipp Steinkrüger (Berlin: De Gruyter, 2012).

RUSSELL, Norman. *The doctrine of deification in the Greek Patristic tradition* (Oxford: Oxford University Press, 2004).

____. *Gregory Palamas and the making of Palamism in the Modern Age* (Oxford: Oxford University Press, 2019).

SAHAS, Daniel J. "Captivity and dialogue: Gregory Palamas (1296–1360) and the Muslims". *Greek Orthodox theological review* 25 (1980): p. 409-36.

SINKEWICZ, Robert E. "Christian theology and the renewal of philosophical and scientific studies in the early fourteenth century: The Capita 150 of Gregory Palamas". *Mediaeval studies* 48 (1986): p. 334-51.

____. "The doctrine of the knowledge of God in the early writings of Barlaam the Calabrian". *Mediaeval studies* 44 (1982): p. 181-242.

____. "Gregory Palamas", p. 131-88 in *La théologie byzantine et sa tradition II (XIIIe-XIXes.)*. Ed. Carmelo Giuseppe Conticello; Vassa Conticello (Turnhout: Brepols, 2002).

____. "A new interpretation for the first episode in the controversy between Barlaam the Calabrian and Gregory Palamas". *Journal of theological studies* 31 (1980): p. 489-500.

____. *The one hundred and fifty chapters* (Toronto: Pontifical Institute of Mediaeval Studies, 1988).

____. "The *Solutions* addressed to George Lapithes by Barlaam the Calabrian and their philosophical context". *Mediaeval studies* 43 (1981): p. 151-217.

SORABJI, Richard. *The philosophy of the commentators 200-600 AD: a sourcebook. volume 2: physics* (London: Duckworth, 2004).

____. *The philosophy of the commentators 200-600 AD: a sourcebook*. volume 3: *logic & Metaphysics* (London: Duckworth, 2004).

SPITERIS, Yannis. *Palamas: la grazia e l'esperienza. Gregorio Palamas nella discussione teologica* (Rome: Lipa, 1996).

STEWART, Columba. *Cassian the monk* (Oxford: Oxford University Press, 1999).

TALBOT, Alice-Mary; JOHNSON, Scott Fitzgerald. *Miracle tales from Byzantium* (Cambridge: Harvard University Press, 2012).

TOLLEFSEN, Torstein Theodor. *Activity and participation in late antique and early Christian thought* (Oxford: Oxford University Press, 2012).

TORRANCE, Alexis. "Precedents for Palamas' essence-energies theology in the Cappadocian Fathers". *Vigiliae christianae* 63 (2009): p. 47-70.

TRIZIO, Michele. "'Una è la verità che pervade ogni cosa.' La sapienza profana nelle opere perdute di Barlaam Calabro", p. 108-40 in: *Byzantine theology and its philosophical background*. Ed. Antonio Rigo. (Turnhout: Brepols, 2011).

WARE, Kallistos. "The Nearness Yet Otherness of the eternal in Meister Eckhart and St. Gregory Palamas". *Eckhart Review* 9 (2000): p. 41-53.

WILLIAMS, A. N. *The ground of union: deification in Aquinas and Palamas* (Oxford: Oxford University Press, 1999).

TERCEIRA PARTE

APOLOGETAS DO PERÍODO MODERNO

O início do período moderno definiu uma era importante na apologética cristã, na qual a razão era cada vez mais vista como critério de aceitação. O Iluminismo foi um movimento complexo, talvez mais bem visto como uma família de movimentos entendendo que as guerras religiosas na Europa foram um indicador da necessidade de se encontrar uma base mais confiável para o raciocínio comum e para a tomada de decisão do que aquela tradicionalmente encontrada na religião. O Iluminismo assumiu formas diferentes na Inglaterra, na França, na Alemanha e nos Países Baixos, levando os apologetas a temperar suas abordagens de acordo com os diferentes locais.

Embora o Iluminismo fosse muitas vezes apresentado no passado como um movimento antirreligioso, estudos recentes têm revertido essa interpretação, indicando a conexão próxima entre o movimento e a religião. No entanto, a nova ênfase sobre a razão como a autoridade pública de juízo mais confiável tornou inevitável que os apologetas procurassem encontrar bases racionais em comum com seus leitores. Uma estrutura racional para a fé havia sido estabelecida, as minúcias espirituais e teológicas poderiam ser acrescentadas depois.

Na Inglaterra, a apologética cristã enfrentou dois desafios particularmente importantes no século XVIII. O surgimento do movimento conhecido como "deísmo" levou a um crescente interesse em formas de religião minimamente contraintuitivas e esse movimento, limitando o papel de Deus ao ato da criação do universo e como princípio da moral humana, pareceu oferecer à educada sociedade inglesa uma forma de religião que evitava o que era visto como as dificuldades racionais das ideias tradicionais cristãs, como a Trindade ou a divindade de Cristo.

Essa percepção ganhava força com o crescente impacto da revolução científica, que parecia favorecer um Deus que era conhecido pelas regularidades do mundo, e não por meio da história específica de Jesus Cristo. A suposta ameaça de ateísmo surgindo das ciências naturais foi contida de diversas maneiras, incluindo as famosas *Boyle lectures* (uma série de palestras organizadas a partir de 1692 por Robert Boyle com o intuito de refutar o ateísmo) no começo do século XVIII. Esses sermões apologéticos reforçaram a harmonia da fé cristã com as novas descobertas científicas de Newton e seus sucessores.

Joseph Butler – mais conhecido simplesmente como Bispo Butler – foi um dos mais influentes apologetas do começo do século XVIII. Ciente da crescente demanda por evidências ou "provas" das crenças cristãs, Butler argumentava que a probabilidade era um guia mais confiável para a verdade nesses assuntos do que a demonstração racional. Embora os argumentos apologéticos nunca possam pretender assegurar a certeza da convicção, eles, apesar disso, eram prováveis.

A estratégia de Butler consistia em lidar com o argumento deísta de que a justificação da crença cristã deveria se basear em métodos comuns de raciocínio que seriam usados na vida cotidiana. Butler dizia que, ao usar essas formas de argumento ou de padrões de evidência, somos levados muito mais longe do que geralmente se presume porque se estabelece a probabilidade de algumas crenças cristãs centrais.

William Paley levou mais longe essa posição em sua influente obra *Teologia natural*, argumentando que esses métodos comuns de raciocínio poderiam ser usados para considerar as origens e as implicações da complexidade biológica no mundo natural. Paley aponta para a complexidade de estruturas biológicas como o olho humano e alega que ele é, de muitas formas, análogo aos relógios, aos telescópios e às máquinas construídas durante a Revolução Industrial britânica. O olho apresenta a evidência de ter sido projetado e construído para um propósito específico, e a explicação mais provável da complexidade biológica era a criação divina. O argumento de Paley, dado o apelo imaginativo por meio da analogia com um relógio, foi bastante eficaz e teve um impacto significativo na primeira metade do século XIX.

Em outros lugares, as abordagens apologéticas foram desenvolvidas para lidar com o clima cultural crescentemente racionalista em muitas partes da Europa ocidental. Em seu *De veritate*, o jurista e apologeta holandês **Hugo Grotius** empenhou-se em demonstrar a superioridade do cristianismo sobre as religiões rivais, em especial o paganismo, o judaísmo e o islã. Ao fazer isso, ele estabeleceu razões para sua afirmação, que ele acreditava atender aos critérios agora esperados para a aceitação racional de uma tradição religiosa específica. O uso de tais critérios racionais não era, claro, sem riscos. Um ponto notado pelos críticos dessa abordagem era de que seria arriscado reduzir o cristianismo a uma filosofia racional e falhar com respeito aos seus aspectos espirituais e afetivos.

Essa preocupação foi tratada com força particular na França por **Blaise Pascal**, um proeminente matemático e teólogo jansenista. Como resultado de uma experiência espiritual durante a noite de 23 de novembro de 1654, Pascal falou de sua fé no "Deus de Abraão, de Isaque e de Jacó – não o dos filósofos e acadêmicos". A apologética de Pascal é eminentemente racional, mas enfatiza a capacidade limitada da razão para alcançar a realidade e a importância do coração humano na descoberta da fé religiosa. "O coração tem suas razões, as quais a razão não conhece, e é o coração que percebe Deus, e não a razão". Pascal não endossa aqui o irracionalismo, mas, ao contrário, destaca o papel das emoções e das intuições na percepção direta de Deus. Muitos apologetas recentes acham útil a abordagem de Pascal, e ele permanece sendo um dos mais influentes autores para o desenvolvimento da apologética.

Esse período também testemunhou o surgimento de uma distinta abordagem apologética norte-americana, em especial nos escritos de **Jonathan Edwards**. Embora Edwards fosse muito bem informado sobre as correntes filosóficas europeias, sua abordagem apologética estava claramente baseada nas realidades culturais das colônias norte-americanas. Ele desenvolveu diversos enfoques apologéticos, misturando abordagens racionais e afetivas, e dizia que os sinais de beleza, desígnio e unidade no mundo eram um indício do projeto divino, ainda que ele também enfatizasse a importância de considerar as "afeições religiosas", mais do que meramente oferecer "argumentos externos" para a fé.

O início do período moderno viu a apologética se tornar cada vez mais importante. Apesar de os desafios externos – como as outras religiões – continuarem sendo uma importante motivação para a apologética, eles foram suplementados pelo crescente ceticismo sobre certos temas centrais do cristianismo dentro da cultura ocidental. Essa tendência continuou no século XIX, resultando em uma elevada atenção aos assuntos apologéticos nas principais denominações cristãs tanto na Europa ocidental quanto na América do Norte.

HUGO GROTIUS
RAZÃO, EVIDÊNCIA E UNIDADE COMO OS MEIOS DA APOLOGÉTICA

BRYAN BAISE

Embora Hugo Grotius (1583-1645) seja indubitavelmente conhecido por seus escritos sobre Direito, especificamente o Direito Internacional, ele também era um cristão profundamente comprometido, e sua apologética, *De veritate*, procurou demonstrar a superioridade do cristianismo quando comparado com seus rivais. A contribuição interessante de Grotius é mostrada por meio de uma constante apologética irênica e, apesar de serem exclusivas as circunstâncias que formaram sua apologética, o espírito incorporado nela é tanto um produto de sua era quanto algo que devemos louvar. A questão que surge do *De veritate* é: até que ponto um espírito irênico não sufocaria uma clara mensagem apologética cristã? Grotius certamente quis demonstrar que o cristianismo tem uma palavra melhor para dar, mas não é claro sobre quanto dessa palavra está desvelado. A contribuição de Grotius nos dirige para um espírito de caridade e união com os cristãos, e para uma estratégia de comparação com cosmovisões rivais enquanto considera as limitações de uma estratégia apologética básica, separada de uma apologética primeiramente baseada na revelação.

CONTEXTO HISTÓRICO

Hugo Grotius não vem à mente de forma imediata quando se pensa em um apologeta cristão. Ele foi considerado o "pai do Direito Internacional", e seus escritos sobre a natureza das leis, do direito e da justiça são bem conhecidos, ainda que Grotius também fosse um cristão profundamente compromissado, vivendo em uma era marcada por controvérsias. Nascido em 1583, filho de uma rica família em Delft, Holanda, o jovem Grotius demonstrou habilidades intelectuais impressionantes ainda criança, escrevendo em latim com oito anos de idade. Ele entrou para a Universidade de Leiden aos onze anos,[1] e

---

[1] Henk J. M. Nellen, ed., *Hugo Grotius: a lifelong struggle for peace in church and state, 1583-1645* (Leiden: Brill, 2007), p. 33-4.

quando tinha quinze, viajou para a França, onde o rei Henrique IV o chamou de "o milagre da Holanda".[2] Grotius se tornou o historiógrafo latino das Províncias Unidas aos 18 anos.[3] Enquanto estava na França, ele obteve o doutorado em Direito da Universidade de Orleans e voltou para a Holanda após a titulação, a fim de exercer a advocacia. O jovem mostrou-se extremamente promissor, sendo excelente em tudo o que fazia.

Grotius começou a advogar em Haia e, como em suas atividades anteriores, foi bastante bem-sucedido. Ele representou diversos indivíduos e companhias distintas, dentre os quais o príncipe Maurício de Nassau. Grotius teve destaque em sua representação, e quando a posição de procurador-geral ficou disponível, em 1607, o príncipe quis que Grotius assumisse o cargo.[4] Um ano depois, em 1608, ele se casou com Maria van Reigersberch.[5] Grotius serviu como procurador-geral com distinção até 1613, quando foi indicado para ser o pensionário de Roterdã.[6] Entretanto, nem tudo na vida de Grotius foi repleto de sucesso. Após a sua promoção em Roterdã, ele se viu envolvido em controvérsias jurídicas e teológicas que o acabaram levando para a prisão.[7] Três anos depois, ele escapou da cadeia e foi para a França em uma cesta de livros enviada por sua esposa, e viveu o resto da vida em exílio até a morte, em 1645.

Grotius viveu através de uma importante mudança na história, na qual as afirmações teológicas há muito defendidas foram sendo removidas e desafiadas por novas ideias. Um compromisso central de Grotius, refletido em seus escritos apologéticos, foi o espírito irênico que desejava união entre os fiéis, e não mais calúnias e conflitos teológicos.

CONTEXTO TEOLÓGICO

Viver no despertar da era pós-Reforma significava haver numerosas oportunidades para conflitos e discussões teológicas. Grotius produziu originalmente sua defesa da fé cristã em 1620, num poema escrito enquanto foi prisioneiro no castelo em Loevestein. A edição latina, *De veritate religionis*

---

[2] René Jeffrey, *Hugo Grotius in international thought* (New York: Palgrave Macmillan, 2006), p. 4.
[3] Jeffrey, *Hugo Grotius*, p. 92.
[4] Charles S. Edwards, *Hugo Grotius, the miracle of holland: a study in political and legal thought* (Chicago: Hall, 1981), p. 1-2.
[5] Veja Nellen, *Hugo Grotius*, p. 99-100.
[6] Na época da indicação de Grotius, um pensionário era um dos mais altos oficiais do território, algo equivalente ao primeiro-ministro.
[7] As controvérsias serão descritas em detalhes na próxima seção.

christianae (conhecido como *"De veritate"*[8]), foi publicada em 1640. As controvérsias teológicas estavam pulsando por toda a Europa. Por exemplo, o protestantismo holandês estava em chamas com os debates acalorados entre calvinistas e arminianos. Estes, que recebiam o nome por causa do professor da Universidade de Leiden, Jacó Armínio, enfatizaram a necessidade do livre-arbítrio, ainda que de forma disciplinada. De fato, Armínio não imaginava o livre-arbítrio desempenhando o papel *principal* na salvação. Ao contrário, ele ensinava que o arbítrio em nada contribuía para a salvação "sem a libertadora graça de Deus, que precede e permeia a decisão".[9] E, ainda, de acordo com Armínio, os homens podem rejeitar, resistir e mesmo desdenhar da graça de Deus.[10] Ele também acreditava que Deus escolhia aqueles a quem ele salvaria antes da fundação do mundo, mas mantinha que tal verdade não exclui o livre-arbítrio de uma pessoa.[11]

Ao construir sua abordagem teológica dessa maneira, Armínio contestou a ênfase, comum em sua época, sobre a natureza irresistível da graça, e isso lhe causou problemas políticos. Os holandeses eram solidamente reformados e protestantes, e durante esse período da história, a relação entre igreja e Estado era mais simbiótica do que em nossas sociedades liberais contemporâneas.[12] Envolver-se em uma batalha com a igreja seria o mesmo que contestar o Estado, de alguma maneira.

Em 1607, foram feitas diversas conferências na Holanda a fim de discutir as visões de Armínio, e ele fez sua própria defesa. Em 1609, houve outra conferência que acabou sem nenhuma conclusão; um ano depois, Armínio faleceu e uma das principais questões era se aqueles que defendiam esse posicionamento teológico poderiam ensinar dentro das igrejas estatais.[13]

---

[8] Tradução: "Sobre a verdade".
[9] Kevin D. Stanglin; Thomas H. McCall, ed., *Jacob Arminius: theologian of grace* (London: Oxford University Press, 2012), p. 158.
[10] Stanglin; McCall, *Jacob Arminius*, p. 156-7; 169-70.
[11] David McCollough, "Seu grande ato de rebeldia foi sair dessas afirmações bastante moderadas (sobre a responsabilidade do homem diante de Deus com respeito a salvação) para excluir a irresistibilidade da graça de Deus; em outras palavras, dizer que juntos daqueles a quem Deus decretou eternamente serem eleitos para a salvação existem os que optam por rejeitar a oferta da graça divina e caem em condenação" David McCullough, *The reformation* (London: Viking, 2003), p. 365.
[12] Embora devamos dizer que não eram sinônimos. Há distinções chave feitas nas igrejas reformadas que a diferenciavam do Estado. Veja Karel Blei, *The Netherlands reformed church, 1571-2005* (Grand Rapids: Eerdmans, 2006), p. 25-36.
[13] Novamente, Blei é instrutivo aqui. Veja Ibid., p. 24-5.

A Holanda continha um grande número de "Remonstrantes" (aqueles que eram simpáticos aos ensinos de Armínio), embora o resto do país fosse contrário ao seu ensino (Contra-remonstrantes). É aqui que Grotius e seus escritos se tornam conhecidos. Ele escreveu um panfleto intitulado *Ordinum pietas* em 1614 e em sua primeira publicação procurou defender a Holanda e os remonstrantes da acusação de heresia, sugerindo que a igreja não deveria tomar partido a esse respeito, e sim tolerar uma variedade de visões. Grotius procurou mostrar que "o Estado da Holanda tinha a competência para decidir as disputas teológicas de maneira legítima".[14] Essa era uma defesa da política religiosa que existia na Holanda e a intenção do Estado de tolerar amorosamente dogmas teológicos para obter paz na igreja.[15]

O desejo por paz e ordem é um elemento chave para compreendermos Grotius e sua estratégia apologética. Por toda a sua vida pública, ele foi conduzido pela esperança de paz dentro da igreja, sempre que debatia assuntos políticos e teológicos. Como muitos de seus colegas servidores públicos, Grotius queria garantir que a solução do conflito fosse benéfica para todos e não afetasse negativamente o bem comum da cidade. Essa disposição era parte de todo o seu método apologético, pois ele estava profundamente preocupado com a unidade da fé na Holanda.[16]

Apenas poucos anos depois, em 1619, o Sínodo de Dort considerou a controvérsia arminiana novamente e baniu o arminianismo das igrejas. Os que eram simpáticos aos remonstrantes foram presos, e Grotius se viu encarcerado no castelo de Loevestein. Foi aqui que ele começou a trabalhar em sua obra apologética *De veritate* e que o faria amplamente conhecido por toda a sua vida. Publicado em 1640, o livro foi uma defesa em duas frentes: uma interna (dentro da igreja protestante) e outra externa (contra outras religiões). A primeira demonstra completamente o temperamento irênico de Grotius. Ele desejou trazer paz e uma discussão conciliadora para as diversas disputas teológicas da igreja, promovendo e defendendo doutrinas que poderiam ser

---

[14] Christopher A. Stumpf, "The Christian society and its government", in *Church as politeia: the political self-understanding of Christianity*, eds. Christopher A. Stumpf; Holger Zaborowski (New York: De Gruyter, 2000), p. 158.

[15] Veja Hugh Dunthorne, "History, theology and tolerance: Grotius and his English contemporaries", *Grotiana* 34 (2003): p. 107-19.

[16] Para mais informações a esse respeito, veja J. P. Heering, *Hugo Grotius as apologist* (London: Brill, 2004), p. 65-6.

assentidas a partir de uma variedade de campos teológicos. Embora suas intenções fossem boas, a execução não foi tão bem recebida.

Somada a essa apologética interna, Grotius também quis demonstrar a superioridade do cristianismo em relação às religiões rivais, em especial contra o paganismo, o judaísmo e o islã. Em sua discussão sobre o paganismo, Grotius tinha em mente um tipo de politeísmo. Na abertura da seção 2 de sua refutação aos pagãos, ele escreve: "E primeiro, contra os pagãos nós dizemos – se eles supõem muitos deuses, eternos e iguais, isso é suficientemente refutado no primeiro livro".[17] Cada uma das principais religiões não cristãs tem sua própria seção dedicada ao que Grotius via como os argumentos essenciais para derrotar aquela cosmovisão. Seus escritos mostram seu interesse em defender a fé cristã interna e externamente, tanto *na* casa da fé como *contra* ela.

RESPOSTA APOLOGÉTICA

A principal intenção de Grotius no *De veritate* era demonstrar que a fé cristã é verdadeira e que deve ser preferida do que outras religiões, tais como o judaísmo e o islã.[18] No século XVII, isso poderia parecer uma conclusão precipitada, apesar das raízes humanistas de Grotius o levarem a entender "testes de circuito fechado" baseados apenas na revelação como prova insuficiente.[19] Era a aurora do Iluminismo e em meio a uma revolução científica a sociedade europeia passou a exigir que todas as afirmações, incluindo as religiosas, deveriam ser escrutinadas pela luz da razão e da ciência.

No *De veritate*, Grotius defende a fé cristã, sendo um livro para lidar separadamente com tópicos e públicos distintos, incluindo: cristianismo e a autoridade da Bíblia, testemunho e autenticação da Bíblia, paganismo, judaísmo e "maometismo" (islã). Cada livro utiliza a mesma metodologia: um apelo à unidade combinado com uma pesquisa por evidências históricas que demonstram verdades da fé cristã. Em sua obra, Grotius sugere que o cristianismo é superior aos seus rivais e procura servir seus irmãos na fé que possam estar na mira de crenças rivais. Ele procura ser útil aos seus cidadãos, e isso é

---

[17] As citações do *De Veritate* são de Hugo Grotius, *The truth of the Christian religion*, trans. John Clarke, ed. Maria Rosa Antognazza (Indianapolis: Liberty Fund, 2012) [no Brasil: *A verdade da religião cristã* (São Paulo: Baraúna, 2011)]. Veja a seção II.

[18] Gunther Lottes, "The transformation of apologetic literature in the early Enlightenment: the case for Grotius's De Vertitate". *Grotiana* 35 (2014): p. 70.

[19] Ibid., p. 80.

evidente em todo o *De veritate*. Por toda a obra, Grotius apresenta consistentemente suas raízes humanistas e uma medida de irenismo teológico.[20] Como observa Heering:

> O Livro I do *De veritate* se desenvolve com a existência de Deus, a natureza eterna das almas e a necessidade que o homem tem de procurar a verdadeira religião. Grotius desenvolveu seu argumento em duas etapas. A primeira sugere um argumento da causalidade. Ele acreditava que a razão exigia a conclusão de que há uma série de causas e consequências, e, dessa forma, podemos concluir que houve uma primeira causa. A causa principal deve ser ela própria não causada e a esse tipo de "causa não causada" se atribui um nome: Deus.[21] Como se verá adiante, cada livro do *De veritate* era dependente dos argumentos anteriores, desenvolvidos pelos filósofos e teólogos antecedentes.[22] De fato, esse tipo de formulação causal pode ser encontrado em Aristóteles e Tomás de Aquino.[23] Sem dúvida, esse tipo de argumento era uma convicção comumente sustentada na época, e o uso que Grotius faz dele sugere não apenas consciência, mas fé em sua veracidade.[24]

A segunda etapa de seu argumento pressupõe uma concórdia universal quanto à existência de Deus. Grotius acreditava que, independentemente da cultura ou do lugar, toda a humanidade tem algum entendimento da existência de Deus, e todas as pessoas moldam suas vidas em torno dessa convicção. Aqueles que negam isso se recusam a aceitar a conclusão clara da razão por causa de sua vaidade ou de seu orgulho.[25]

No *Livro I*, Grotius tira diversas conclusões sobre a unidade de Deus. O ser de Deus como causa primeira de todas as coisas tem implicações para sua natureza, suas perfeições e a estrutura do cosmos – incluindo aqueles que habitam nele.[26] Para Grotius, o ordenamento providencial do universo não apenas sugere um designer inteligente, mas também aponta para o conselho

---

[20] O "ideal irênico" associado à apologética de Grotius é bem documentado. Veja Henk Nellen, "Minimal faith and irenic ideals in seventeenth-century scholarly circles: Hugo Grotius as a guardian of Isaac Casaubon's legacy", *Church history and religious culture* 94:4 (2014): p. 444-78.

[21] *De Veritate*, I.II

[22] A intenção não é fazer um julgamento, mas, antes, uma observação profundamente enraizada no humanismo de Grotius, em que ele recupera fontes clássicas para solidificar sua argumentação.

[23] Veja *Summa contra gentiles*, I.IX para a formulação de Tomás.

[24] Veja Heering, *Hugo Grotius as apologist*, p. 94.

[25] Ibid., p. 49.

[26] *De Veritate*, I.III-VII.

de Deus nas nações, nos eventos políticos, além de ser bastante evidente por intermédio dos milagres e do cumprimento das profecias.[27] Ele aponta para os eventos milagrosos que confirmam a força da fé judaica nos "livros de Moisés" (o pentateuco) e afirma que esses eventos servem como um forte indicador da ordem providencial de Deus. Mesmo os gregos, Grotius imagina, retiraram suas leis da fé judaica.[28] Além disso, Grotius não acredita que a existência do mal refute a providência de Deus. Em vez disso, ele argumenta que a existência do mal apenas prova que Deus está operando em meio a ele, e a ordem e a manutenção providenciais de Deus no cosmos incluem necessariamente sua correção dos erros do mal. Isso deve nos levar à conclusão de que aquele que governa o cosmos é digno do louvor das pessoas e é o resultado de toda procura genuína pela verdadeira religião e salvação. A razão humana pode apenas fornecer uma estimativa aproximada da redenção concedida pela revelação.

No *Livro II*, Grotius demonstra que o cristianismo é a verdadeira religião e também a mais compatível com a razão humana. Ele começa seu argumento sobre bases históricas ao sugerir que o cristianismo pode ser demonstrado por meio da documentação histórica da vida e do ministério de Jesus. Além da Bíblia, as muitas declarações revelam a veracidade do Cristo histórico.[29] Jesus sofreu uma "morte ignominiosa",[30] e aqueles que o seguiram – incluindo a igreja primitiva – eram pessoas de grande sabedoria e inteligência. Que essas pessoas tenham seguido a Jesus, pensa Grotius, nos dá uma forte evidência de que Cristo realizou milagres que "não podem ser atribuídos a nenhum poder natural ou diabólico, mas necessariamente a Deus".[31] A ressurreição é o maior milagre que Cristo realizou e a base da fé cristã, e se os seguidores de Cristo eram de fato pessoas sábias (como é evidente), eles não teriam acreditado em algo falso ou que pudesse ter sido falsificado. Assim, Grotius conclui que os relatos históricos dessas testemunhas confiáveis são dignas de crédito, e suas afirmações sobre a vida, a morte e a ressurreição de Jesus podem ser acreditadas.[32]

---

[27] Ibid., I.X-XII.
[28] Ibid., I.XIV-XVI.
[29] *De Veritate*, Book II.I-II.
[30] Ibid., I.II.
[31] Book II.V. Aqui, novamente vemos o Grotius humanista, um amante das letras e da sabedoria.
[32] Ibid., II.VI.

Grotius apresenta a perfeição de Jesus como uma evidência a mais. Ele compara Maomé e Moisés a Jesus, argumentando que os dois primeiros não eram livres do pecado nem de suas consequências, e que a perfeição de Jesus é um exemplo de sua singularidade. Além disso, a retidão do cristianismo também é evidenciada na crescente propagação da fé contra seus rivais.[33] "Era agradável", escreve Grotius, "à Divina Providência, causar a sua difusão o mais longe possível, que em si mesma é o melhor".[34] Grotius conclui com um apelo para aqueles que não estiverem satisfeitos com a argumentação apresentada por ele nesse ponto de sua obra. Grotius sugere que diferentes tipos de objeções e argumentos requerem diferentes provas, implorando ao leitor que não cometa um erro categórico ao rejeitar todos os argumentos porque alguns deles não são convincentes. Grotius quer que os leitores percebam a existência de diferentes critérios que são contingentes a respeito das diferentes questões sendo feitas. A matemática, por exemplo, propõe tipos de questões diferentes daqueles que ele chama de "matérias de fato".[35] Grotius deseja que o cético perceba que as questões exploradas no cristianismo estabelecem evidência suficiente para convencer as pessoas sobre a verdade da fé, mas essa evidência não pode fazê-los acreditar nela. A evidência pode persuadir, mas não pode assegurar a fé e é uma "pedra de toque para provar as disposições honestas dos homens por ela".[36] A evidência deve ser seguida por obediência à fé.

O *Livro III* defende a credibilidade da Bíblia. Grotius considera quatro temas principais: autenticidade, confiabilidade, confirmação e a verdade e pureza do texto. Ele sugere que podemos confiar nos autores de cada texto bíblico porque seus escritos são confirmados por testemunhas externas (tanto judeus quanto pagãos), bem como pelos primeiros cristãos. Os autores sabiam o que estavam escrevendo e eram conhecedores dos eventos que envolviam seus relatos.[37] Eles não diriam nada falso, porque isso não seria consistente com a providência de Deus sobre sua revelação. Grotius escreve o seguinte: "Se é certo que Deus cuida dos afazeres humanos, em especial aqueles relacionados à sua própria honra e ao seu próprio louvor, é impossível que ele suportasse

---

[33] Ibid., II.IX.
[34] Esse é um argumento perigoso, mas Grotius o apresenta como um forte indicador da verdade cristã. Ibid., II.XVIII.
[35] *De Veritate*, Book II.XIX.
[36] Ibid., II.XIX, p. 136.
[37] Book III.V.

uma multidão de homens que não possuem outra intenção senão louvá-lo com sinceridade se estes fossem enganados por falsos livros".[38]

Embora possam ser encontrados erros na tradução desses livros inspirados, isso não levaria a desvios doutrinários significativos.[39] Para Grotius, isso revela novamente a providência de Deus sobre sua revelação. No entanto, "assim que qualquer dos apóstolos, ou homens apostólicos, publicaram qualquer coisa, sem dúvida os cristãos se preocuparam em ter muitas cópias desses escritos".[40] Grotius encerra o Livro III com uma apologia ao Antigo Testamento, e esses "registros da religião judaica"[41] fornecem um tremendo testemunho para a fé cristã. É possível acreditar que os nomes associados a seus respectivos livros são aqueles que os escreveram e os escritores do Novo Testamento conheciam esses livros, conforme as amplas citações que fizeram em seus próprios escritos.

Um tratado contra o paganismo é o tema central do *Livro IV*, no qual Grotius apela para a unidade de Deus e chama de indignos os espíritos maus e os que adoram os mortos e também abstrações e animais irracionais. O principal objetivo para um cristão depois de ler essa seção da obra é "ajudar os outros, que se maravilham em diversos caminhos tortos de erro, e fazê-los participantes da mesma felicidade".[42] Após esse encorajamento, Grotius primeiro examina o paganismo, escrevendo que, uma vez que existe somente um Deus, os seres criados não devem ser adorados. Se, de fato, há múltiplos deuses, eles devem ser seres criados e é preciso discernir se são bons ou maus. Os espíritos a quem os pagãos oferecem seu louvor são claramente maus, pois não dirigem sua adoração ao Supremo Deus. Dessa maneira, adorar esses falsos deuses, e ainda mais, aos mortos, é errado e desnecessário, pois nenhum deles demonstrou qualquer poder para a realização de pedidos. "O pior de tudo é que", escreve Grotius, "aqueles homens desonrosos são considerados notáveis por vícios muito grandes".[43]

A adoração a deuses e espíritos se estende também ao céu, mas isso ainda fica aquém, pois eles não têm a capacidade de realizar nada a partir da

---

[38] Book III.IX.
[39] Para sua discussão sobre a natureza desses "erros", veja Book III.XV.
[40] Ibid., III.IX, 157.
[41] Book III.XVI.
[42] Book IV.I, 169.
[43] *De Veritate*, Book IV.IV.

adoração que lhe oferecem; ele é "apenas sinal para julgamento de tais seres".[44] De maneira semelhante, as estrelas foram criadas para uso das pessoas, não para sua adoração, e elas não possuem nenhuma existência real, como o que Grotius chama de "abstrações" – conceitos como medo, ira, esperança, saúde e boa sorte. Pelo fato de não existirem, eles não têm nada a nos dizer; não tomam conhecimento de nossas orações, e seria "desagradável para a reta razão adorá-los como Deus".[45] Um dos argumentos mais interessantes nesse livro é a sua crença de que os filósofos pagãos têm pouca razão em permanecerem contra o cristianismo, pois suas melhores verdades também são encontradas na fé cristã: "Há menos razão para os pagãos se oporem à religião cristã", escreve Grotius, "porque todas as partes dela são concordantes com as regras da virtude que, por sua própria luz, o fazem de maneira a convencer a mente".[46] Grotius acreditava que o acordo universal da filosofia pagã com o cristianismo demonstrava a veracidade da fé cristã.

O foco de Grotius muda para o judaísmo no *Livro V*. Aqui, ele trata dos milagres de Jesus, como ele usou a Lei mosaica em seu ensino e a identidade de Jesus como o Messias prometido. Grotius acredita que os judeus deveriam reconhecer a historicidade dos milagres no Novo Testamento porque eles contêm muitas das verdades do Antigo Testamento. O mesmo Deus em ação no Antigo é o que está operando no Novo. A ocasião desses milagres pode ser diferente, mas aquele que os realiza – Deus – é o mesmo. O fato de reconhecerem os milagres no Antigo Testamento, mas não os do Novo, leva Grotius a acreditar que os judeus estão cegos pelo pecado.[47] Ele escreve que "Deus não pode recomendar de forma mais efetiva a autoridade de qualquer doutrina proferida pelos homens do que pela realização de milagres".[48] Para Grotius, o Deus que de maneira providencial deu ordem ao cosmos é o mesmo que realizou os milagres, e Jesus é uma continuação da obra divina nesse mundo. Melhor do que entender esses milagres como realizados pela ajuda de demônios, Grotius implora aos seus interlocutores judeus que vejam os milagres de Jesus tendo como fonte a divina lei *deles*. Nesse sentido, ele escreve o seguinte: "Pois Deus disse, no décimo oitavo capítulo de Deuteronômio, que levantaria

---

[44] Ibid., IV.V.
[45] Ibid., IV.VII.
[46] Ibid., IV.XII.
[47] Ibid., V.VI–VII.
[48] Ibid., V.II.

outro profeta além de Moisés, ao qual o povo deveria ouvir; e ameaça com grande punição aqueles que não o fizessem".[49]

Grotius trata das duas principais acusações que o judaísmo faz contra a fé cristã, concluindo que a primeira – que os cristãos adoram mais do que um Deus – é baseada em uma interpretação incorreta. Ele se pergunta por que essa mesma acusação não é feita contra Filo, um judeu, que disse haver três "coisas" em Deus?[50] Ele também indica que os cristãos não estão adorando a natureza humana. Em vez disso, honram seu Messias e não "tendem a diminuir Deus Pai".[51]

Em seu livro final, Grotius lida com o islã, dando foco em suas origens e comparando as doutrinas cristãs com as do islamismo. Depois que Constantino abraçou o cristianismo, o mundo entrou na igreja em grande número, e esse movimento em massa produziu diversas disputas e "da religião foi feita uma [sic] Arte".[52] Por causa de suas divisões e de seus conflitos, Deus achou por bem julgar seu povo permitindo que Maomé começasse uma nova religião e esta se moveu além das fronteiras da Arábia para o resto do mundo. Em sua descrição das origens do islã, o espírito irênico de Grotius surge novamente e ele liga o começo do islamismo à agressividade dos cristãos – seu foco em preocupações dogmáticas sem um amor correspondente pela união.

Grotius então implora ao leitor que compare a vida de Maomé com a de Jesus e veja que a vida deste último foi muito superior. Tais considerações devem focar não apenas na vida dos líderes, mas também na de seus seguidores e métodos. Os discípulos de Jesus "pacientemente sofreram dificuldades e tormentos",[53] ao passo que os seguidores de Maomé não realizaram milagres, tampouco padeceram sofrimentos dolorosos ou mortes severas. Ao contrário, Grotius destaca que o islã se espalhou pela conquista. De maneira similar, quando as demandas éticas das duas religiões são comparadas, Grotius acredita que a ética de paciência e bondade do cristianismo com relação ao próximo subverte o apelo islâmico para a vingança.

Grotius encerra sua obra apologética defendendo a descrição que o cristianismo faz de Jesus como Filho de Deus, escrevendo que a palavra *Filho* tem

---

[49] Ibid., V.V.
[50] Ibid., V.XXI.
[51] Ibid., V. XXII.
[52] Ibid., VI.I.
[53] Ibid., VI.VII.

um sentido que ultrapassa a biologia. Na seção final, ele se dirige a seus irmãos cristãos, admoestando-os a elevar seu coração para Deus, que fez todas as coisas. Deus cuida de sua criação e a conduz com sua providência, e, portanto, é possível crer nele como o Deus revelado a nós na Bíblia. Grotius encoraja o leitor a estudar as Escrituras, a seguir seus ensinos e a chegarem a um acordo mútuo, pois, assim, "não haverá seitas ou divisões entre eles".[54] A organização de Grotius no *De veritate* sugere que sua abordagem para a defesa da fé advoga o uso correto da razão e da evidência histórica no intuito de pedir união aos cristãos em vez de divisões por causa de minúcias teológicas.

METODOLOGIA APOLOGÉTICA

Razão correta e evidência histórica

Por todo o *De veritate* Grotius sugere que tudo o que vai contra a "reta razão" é falso ou contradiz aquilo que é claramente conhecido. Ele estava embebido de humanismo cristão e percebeu que a defesa da fé cristã exigia isso, contudo, diferente de suas contrapartes reformadas, Grotius foi além das diferenças teológicas que o cristianismo tem com as religiões rivais. Diversas seções do *De veritate* sugerem que a profunda preocupação de Grotius ia além de as pessoas simplesmente crerem no cristianismo, e sim ter suas crenças fixadas com *confiança razoável* na veracidade do relato bíblico sobre a humanidade, o pecado e Jesus Cristo. Ele defende a historicidade do Antigo e do Novo Testamentos, a existência de Jesus, e dá até mesmo passos importantes para defender os *nomes* dos autores nos livros da Bíblia. Grotius se esforça para assegurar ao leitor que a fé cristã está alicerçada na veracidade das evidências, demonstrando seu desejo e sua necessidade de garantir que os compromissos cristãos sejam *racionais*. Para Grotius, uma defesa dos nomes dos livros da Bíblia tem origem em uma crença subjacente em que o testemunho fiel é um pilar necessário para as afirmações da fé cristã. Ao enfatizar esses testemunhos externos e a veracidade dos documentos do Novo Testamento como a substância de sua estratégia apologética, ele sugere que a falta de evidência é o que está impedindo os não cristãos de chegarem ao arrependimento e à fé. Como Sarah Mortimer escreve, "O pressuposto de que os seres humanos estão em posição de fazer escolhas sobre sua fé e assuntos sobre salvação fundamentam o *De veritate*. Grotius não começou com homens criados por Deus e agora

---

[54] *De Veritate*, VI.XI.

caídos e corrompidos, como os teólogos dizem ter acontecido, mas com seres humanos capazes de fazer escolhas, livres e 'sui iuris' [de direito próprio]".[55]

Para Grotius, o livre-arbítrio era essencial para o que significa ser um humano. A execução da reta razão não é irrevogavelmente atenuada pela queda da humanidade, antes, "Deus fez do homem um agente livre e com liberdade para fazer o bem ou o mal".[56] O uso da reta razão permite àqueles que investigam as afirmações do cristianismo ver o apoio evidencial sob uma luz clara e então decidir se eles são convincentes. As declarações do Novo Testamento são baseadas no testemunho dos apóstolos, de modo que Grotius usa um espaço significativo demonstrando que podemos confiar no Antigo e no Novo Testamentos, e esses relatos contêm as verdades do cristianismo. Note que a ênfase não está sobre as maravilhas sobrenaturais descritas no Novo Testamento, mas sim enfatiza que todo o conteúdo dos relatos do Novo Testamento é digno de confiança. Ele quer que o leitor acredite no que está escrito nas Escrituras, mas começa com um apelo à historicidade, ao testemunho e à confiabilidade. Novamente, Mortimer é esclarecedora: "Para Grotius, os seres humanos são capazes de avaliar as diversas afirmações éticas e teológicas que encontram, sejam cristãs, judaicas, islâmicas ou pagãs, e eles aceitam ou recusam tais afirmações do modo como preferirem. Segundo ele, o cristianismo cumpre e ultrapassa os valores morais e éticos que temos como humanos, mas insiste que permanece externo a eles. Essa religião está além da natureza, mas é o nosso livre-arbítrio, e não a graça, que nos capacita a alcançá-la".[57]

A era pós-Reforma levou a diversos conflitos teológicos importantes, entre eles, o debate sobre a natureza da graça e o livre-arbítrio foi central. Mesmo hoje, uma ênfase sobre a necessidade de ler, apreender e descobrir as verdades do cristianismo divide teólogos protestantes e causa muitas divisões claras entre o pensamento católico e protestante. Embora o espaço não nos permita articular totalmente o debate nesse capítulo, isso define o contexto mais amplo para a ênfase de Grotius sobre a vontade e a reta razão. Ele acreditava que era o livre-arbítrio, guiado pelo exercício da reta razão, que levaria o leitor a procurar união entre irmãos e irmãs na fé.

---

[55] Sarah Mortimer, "De Veritate: Christianity and human nature", *Grotiana* 35 (2014): p. 88.
[56] *De Veritate*, Book I, Section XIX, p. 86.
[57] Mortimer, "De veritate: Christianity and human nature", p. 88.

Apelo à unidade cristã

No prefácio ao *De veritate*, Grotius estabelece um dos objetivos de sua apologética: demonstrar a superioridade do cristianismo sobre as cosmovisões rivais de seu tempo – as do "pagão", dos deístas, dos judeus e dos islâmicos. Ao mesmo tempo, ele também deixou claro que não entraria em questões sobre debates "que os cristãos têm entre si, mas se restringe totalmente ao que lhes é alheio".[58] Se um incrédulo fosse convencido pelo cristianismo, Grotius entendia que ele ficaria "excessivamente confuso quanto a qual sociedade de cristãos se unir; eles estão miseravelmente divididos entre si [...] isso é um grande escândalo para a religião cristã".[59] As divisões que existem no cristianismo são bastante marcadas por controvérsias doutrinais e, por causa disso, as linhas de batalha, acreditava Grotius, eram posicionadas ao redor de minúcias teológicas. O repúdio de Grotius a essas discussões não era por pensar que os debates e as discordâncias não fossem reais, mas porque sua principal preocupação era apresentar uma unidade de fé para o mundo como a melhor maneira de demonstrar a fé cristã.

Esse desejo por unidade é especialmente notável quando consideramos que Grotius escreveu o *De veritate* enquanto estava preso no castelo de Loevestein. Ele havia sido acusado de "perturbar a paz religiosa" e esse evento parece ter moldado o escopo de seus escritos.[60] Há um tom conciliatório no *De veritate* que é inseparável de seu contexto, com o foco na demonstração do que separa o cristianismo das religiões rivais. Ao lidar de forma extensiva com o judaísmo e o islã, Grotius desejou mostrá-los deficientes, de modo que a superioridade do cristianismo fosse claramente vista. Devemos notar também como o argumento de Grotius em prol do cristianismo é baseado em doutrinas aceitas pela maioria dos cristãos, e não em novas ou estreitas visões doutrinais. Isso mostra um espírito irênico, unificador, que recorre a uma fé verdadeira, unida para além da teologia míope e das disputas dogmáticas. Grotius desejava a união de irmãos e irmãs em Cristo e qualquer forma de cristianismo que não demonstrasse esse amor, pensava ele, estaria errada. Grotius sentia de forma aguda que as controvérsias teológicas que o haviam colocado na prisão eram fruto da deterioração da cristandade. Como um humanista holandês com os olhos voltados para a unidade, "a parte mais

---

[58] *De veritate*, Preface, p. 14.
[59] Ibid., p. 14.
[60] Frun, *Verhorren*, "Memorie", p. 72, citado em Heering, *Grotius as apologist*, p. 64.

importante da religião consiste na ética, à qual a doutrina deve estar subordinada",[61] e Grotius claramente desejava que a paz e a ordem marcassem a fé cristã. "A verdade", ele escreve, "está indissoluvelmente associada com a paz: onde não há paz não pode haver verdade".[62]

O objetivo de Grotius ao escrever o *De veritate* era pedir aos cristãos que demonstrassem as verdades essenciais de sua fé de maneira que um incrédulo as visse resultando em unidade. Se isso estivesse faltando, significava simplesmente que o cristianismo tinha mais trabalho a fazer a esse respeito, e não que a fé cristã houvesse falhado. Ao distinguir o cristianismo de suas rivais e apelar para a unidade entre os fiéis, Grotius incorporou o espírito do humanista cristão: buscar a paz e a ordem, e não a divisão por doutrinas.

CONTRIBUIÇÕES PARA A APOLOGÉTICA

Grotius vivia num tempo em que as afirmações do cristianismo eram cada vez mais sujeitas à investigação racional. Conforme vimos, o formato e a estrutura do *De veritate* revela que ele queria que os leitores de sua apologética vissem como as cosmovisões rivais caem por terra, de forma que a superioridade do cristianismo resplandecesse ainda mais. Contudo, é importante perguntar, quando lemos o *De veritate*, que tipo exato de cristianismo surge de seu intento. A ênfase constante por toda a obra sobre a necessidade de paz e ordem pode frustrar alguns leitores. Pode até mesmo sufocar a discussão sobre doutrinas fundamentais à fé cristã. Considere, por exemplo, a incrível ausência de qualquer discussão trinitária na obra, pois não há nenhuma descrição, explicação ou defesa dessa importante e essencial doutrina da fé. Grotius moldou seu trabalho apologético buscando somente os fundamentos mais *básicos* da fé cristã, verdades que podem ser apreendidas pela razão, e então *compará-las* com as crenças rivais. O Livro I do *De veritate* é um resumo das principais doutrinas que podem ser comuns a todas as religiões, apesar da ausência do trinitarismo aqui não significar que Grotius não acreditasse que a Trindade fosse essencial. Ao contrário, ele sugere a crença de que a reta razão, por si só, não pode julgar sua verdade; em outras palavras, é melhor comparar maçã com maçã (características comuns) do que maçã com laranja (características obviamente distintas).

---

[61] Heering, *Grotius as apologist*, p. 69.
[62] Ibid., p. 72.

O *De veritate* incorpora um formato apologético familiar. O foco de Grotius é menos sobre fornecer respostas suficientes às questões da revolução científica – dado que isso ainda estava nos estágios iniciais – e mais nas questões que os cristãos encontrariam ao interagirem com pessoas de outras visões religiosas. À medida que os limites para viajar ao redor do globo começavam a diminuir, encontros com novos povos e novas crenças foram aumentando e provavelmente era isso que Grotius tinha em mente. Para aqueles que viajavam pelo mar e encontravam diversas perspectivas, ele "imaginava uma competição de religiões mundiais entre as quais os méritos cristãos em sua visão seriam preferidos a todos os outros".[63]

Consistente com as expectativas de seu tempo, ele procurou mostrar como o cristianismo era histórico, verídico e internamente consistente.[64] Por exemplo, quando considerava a ressurreição, Grotius recorria apenas ao que ele descrevia como "evidência crível".[65] Embora a ressurreição não possa ser *historicamente* verificada, a historicidade do evento tem sido usada pelos cristãos ao longo da história como uma base para sua fé, e isso só seria possível se aqueles que experimentaram a verdade transmitissem esses eventos para outros. Ninguém em sã consciência, pensava Grotius, divulgaria essas ideias a menos que elas fossem verdadeiras, e ninguém acreditaria nelas a não ser que também fossem verdadeiras. Para ele, a verdade da ressurreição é aduzida da ideia de que a ressurreição teria de ter ocorrido porque ninguém acreditaria nela de outra forma; além disso, os que defendia a doutrina da ressurreição de Cristo não têm nada a ganhar difundindo uma mentira. Grotius estava convencido de que isso estabelecia uma consistência interna e sua historicidade, e serve como um primeiro exemplo de uma tentativa de explicar os argumentos da ressurreição por meio de um método histórico.[66]

Esses apelos aos processos históricos vão além de seu trabalho em *De veritate*. Em uma obra anterior de 1625 intitulada *Sobre a lei da guerra e da paz* (*De jure belli ac pacis*), Grotius escreve que "a verdade da religião cristã, à medida que faz uma adição considerável à religião natural e primitiva, não pode ser provada apenas por argumentos naturais, mas repousa sobre a história da ressurreição de Cristo e dos milagres realizados por ele e por seus

---

[63] Lottes, "The transformation of apologetic literature", p. 66-74, 67.
[64] Ibid., p. 70.
[65] *De veritate*, II.VI.
[66] Lottes, "The Transformation of apologetic literature", p. 72.

apóstolos. Essa é, na verdade, a questão, provada muito tempo atrás por testemunhos irrefutáveis e de fato já bastante antiga".[67]

Para Grotius, os argumentos da história e do testemunho forneciam uma base sólida para os argumentos racionais e poderiam dar força apologética para a fé existente de alguém. Contudo, seus constantes apelos à historicidade da ressurreição e dos milagres parecem vazios como bases substantivas da fé. Como um escritor sugeriu, incrédulos que podem ler o tratado de Grotius na esperança de serem convertidos não encontrariam muita coisa a que se converter![68] Certamente, devemos elogiar Grotius por seus esforços, mas alguém poderia dizer que o contexto de seu tempo influenciou sua apologética de maneira que ela acabou se tornando prejudicial para todo o seu projeto de unidade cristã.[69] Certamente, seu contexto histórico não é apenas ou mesmo o principal motivo para que Grotius diminuísse as doutrinas cristãs essenciais à procura de unidade. E mesmo que seu objetivo fosse colocar o *sine qua non* do cristianismo nas mãos de marinheiros e gente comum para ajudá-los a defender a fé, seria útil ter incluído muitas outras doutrinas centrais do cristianismo no *De veritate*. Mas ele não o fez. Ao contrário, Grotius dá ênfase à racionalidade da fé e espera que esses apelos racionais, ainda que genéricos, vençam os céticos e forneçam aos cristãos o suficiente para serem apologetas competentes. Não é claro se ele foi bem-sucedido nisso. Na verdade, Grotius foi acusado de defender visões não ortodoxas, não porque ele as defendesse, e sim porque não acreditava que fosse necessário esclarecer o que ele considerava "minúcias teológicas".[70]

Uma lição que podemos aprender de Grotius é que, ao defender a *fé*, esta deve estar presente tanto na ação quanto na doutrina específica. Embora nenhuma delas possa encapsular a totalidade da fé cristã, uma ênfase na ação (ética) à custa dos assuntos doutrinários centrais não garante que a fé que estamos procurando transmitir será de fato recebida pelos nossos destinatários.

---

[67] Stephen C. Neff, *Hugo Grotius On the law of war and peace: student edition* (London: Cambridge University Press, 2012), p. 290.

[68] Fiammetta Palladini, "The image of Christ in Grotius's De veritate religionis Christianae: some thoughts on Grotius's Socinianism", Grotiana 33 (2002): p. 58-69.

[69] Para mais a esse respeito, veja Bas De Gaay Fortman, "Between principles and practice: Grotius' commitment to religious peace in a contemporary context", Grotiana 34 (2013): p. 25-40.

[70] Sobre isso, veja Henk Nellen, "Minimal religion, deism and Socinianism: On Grotius's motives for writing *De veritate*". Grotiana 33 (2002): p. 25-7. Cf. "Grotius and Socinianism", in *Socinianism and Armenianism: antitrinitiarians, Calvinists, and cultural exchange in seventeenth-century Europe*, eds. Marla Muslow; Jan Rohls (Londres: Brill, 2005), p. 121-47.

Esse é um sério lembrete para procurar a lealdade em vez das últimas controvérsias e colocar nossa esperança confiante na obra do Espírito Santo. Como um garantidor de sua Palavra, o Espírito promete que ela não voltará vazia.

Grotius foi um homem notável, um cristão devoto e corretamente preocupado com a unidade cristã e com seu testemunho para o mundo a seu redor. Entretanto, essa última preocupação parecer tê-lo levado a delimitar diversas doutrinas essenciais, e esses desejos – sem uma estrutura teológica cristã clara e distinta para suportá-los – pode, infelizmente acabar dividindo as demonstrações de racionalidade da doutrina cristã dos caminhos distintos que somos chamados a viver em nossa fé. Precisamos de uma abordagem que enraíze a resposta ética cristã em sua crença doutrinária, pois o mundo ao nosso redor precisa de uma mensagem cristã clara. *De veritate*, louvável como pode ter sido em seu tempo, carecia dessa importantíssima característica.

BIBLIOGRAFIA

BLEI, Karel. *The Netherlands Reformed Church, 1571-2005* (Grand Rapids: Eerdmans, 2006).

DUNTHORNE, Hugh. "History, theology and tolerance: Grotius and his English contemporaries". *Grotiana* 34 (2003): p. 107-19.

EDWARDS, Charles S. *Hugo Grotius, the miracle of Holland: a study in political and legal thought* (Chicago: Nelson Hall, 1981).

FORTMAN, Bas De Gaay. "Between principles and practice: Grotius' commitment to religious peace in a contemporary context". *Grotiana* 34 (2013): p. 25-40.

GROTIUS, Hugo. *The truth of the Christian religion*. Trad. John Clarke. Ed. Maria Rosa Antognazza (Indianapolis: Liberty Fund, 2012).

HEERING, J. P. *Hugo Grotius as apologist* (London: Brill, 2004).

JEFFREY, René. *Hugo Grotius in international thought* (New York: Palgrave Macmillan, 2006).

LOTTES, Gunther. "The transformation of apologetic literature in the early Enlightenment: the case for Grotius's *De vertitate*". *Grotiana* 35 (2014): p. 66-74.

MCCULLOUGH, David. *The Reformation* (London: Viking, 2003).

MORTIMER, Sarah. "*De veritate*: Christianity and human nature". *Grotiana* 35.1 (2014): p. 75-94.

MUSLOW, Marla; Jan Rohls, eds. *Socinianism and Arminianism: antitrinitiarians, Calvinists, and cultural exchange in seventeenth-century Europe* (London: Brill, 2005).

NEFF, Stephen C. *Hugo Grotius On the law of war and peace: student edition* (London: Cambridge University Press, 2012).

NELLEN, Henk J. M. ed., *Hugo Grotius: a lifelong struggle for peace in church and State, 1583-1645* (Leiden: Brill, 2007).

____. "Minimal faith and irenic ideals in seventeenth-century scholarly circles: Hugo Grotius as a guardian of Isaac Casaubon's legacy". *Church history and religious culture* 94:4 (2014): p. 444-78.

____. "Minimal religion, deism and Socinianism: On Grotius's motives for writing *De Veritate*". Grotiana 33 (2002): p. 25-7.

PALLADINI, Fiammetta. "The image of Christ in Grotius's *De veritate religionis Christianae*: some thoughts on Grotius's Socinianism". *Grotiana* 33 (2002): p. 58-69.

STANGLIN, Kevin D.; MCCALL Thomas H., eds., *Jacob Arminius: theologian of grace* (London: Oxford University Press, 2012).

STUMPF, Christopher A. "The Christian society and its government", p. 151--176, in: *Church as politea: the political self-understanding of Christianity* (New York: De Gruyter, 2000).

BLAISE PASCAL
APOSTANDO NA VERACIDADE DO CRISTIANISMO

TYLER DALTON MCNABB E MICHAEL R. DEVITO

Uma das mais interessantes figuras, muitas vezes negligenciada, dentro da história da apologética é o polímata francês Blaise Pascal (1623-1662). A combinação da influência do pai e uma vida cheia de enfermidades resultou em uma das mais brilhantes mentes que o nosso mundo já viu. Em seus curtos 39 anos de vida, Pascal é lembrado por inventar a primeira calculadora, o primeiro sistema de transporte da Europa, e também por descobrir a existência do vácuo. Após uma poderosa experiência religiosa aos 31 anos, Pascal deixou para trás a academia, reorientando o seu gênio para questões de teologia e apologética. Como era de se esperar, ele teve o mesmo impacto nesses domínios que teve no mundo acadêmico e sua mais famosa contribuição para a apologética é conhecida como "a Aposta de Pascal". Ele usa a teoria da decisão para argumentar que, se um sujeito S quer evitar o risco do inferno e colocar-se na melhor posição para alcançar a recompensa eterna, S deve se colocar em uma posição onde ele está provavelmente comprometido com a proposição de que o teísmo é verdadeiro.

CONTEXTO HISTÓRICO

Nascido em Clermont, na França, em 19 de junho de 1623, Blaise Pascal era filho de Etienne, um homem brilhante que foi advogado por vocação, mas que também era "proficiente em latim e grego, curioso pela filosofia natural e um experiente matemático".[1] A mãe de Pascal, Antoinette Begon, faleceu quando ele tinha três anos de idade, fazendo Etienne abandonar sua carreira de grande status para cuidar melhor de Blaise e de suas duas irmãs (Gilberte e Jacqueline). Etienne foi dedicado e intencional com a educação dos filhos, e um dos primeiros atos como único cuidador de seu lar foi se mudar com a

---

[1] David Simpson, "Blaise Pascal (1623-1662)", *Internet encyclopedia of philosophy*, https://www.iep.utm.edu/pascal-b/#SH8b.

família para Paris, a fim de dar a eles um ambiente que "oferecia maior estímulo intelectual e cultural".[2]

Blaise recebeu a educação primária de seu pai, cuja abordagem educacional era singular e impactante. Em vez de manuais e aulas, Etienne ensinava utilizando a "abordagem orientada para o problema",[3] desafiando Blaise resolver problemas usando sua criatividade e intuição. É interessante notar, nos escritos de Gilberte, que Etienne "sempre mantinha suas lições em um nível um pouco acima do que seus alunos eram capazes de lidar".[4] Conforme apontado por Thomas Morris, "não foi por acidente que esse contexto tenha produzido um cientista experimental de primeira categoria".[5] Não foi somente o método pedagógico de Etienne que transformou Blaise em um gênio. Gilberte também fala de um jovem Blaise "que fazia perguntas bastante adiantadas para sua idade e tinha conversas que pareceriam apropriadas para um adulto".[6]

Também era característico na abordagem educacional de Etienne sua atitude com relação à matemática, que ele acreditava ser bastante provocativa e estimulante para que o jovem Blaise se aventurasse nela até que fosse mais maduro. Primeiro, Etienne quis que Blaise tivesse uma boa apreensão das artes, das humanidades e dos clássicos, e não queria que a matemática o distraísse desses outros estudos. Morris escreve, "ele estava preocupado que, uma vez que Blaise desse uma olhada [na matemática], ele ficaria tão encantado que se esqueceria de todo o resto".[7] Segundo conta a lenda, apesar dos esforços de seu pai, o jovem Blaise ficou tão fascinado com a matemática que, aos 12 anos de idade, descobriu bastante da geometria de Euclides (as primeiras 32 proposições) por conta própria. A essa altura, Etienne percebeu que o filho era muito mais do que uma criança esperta – ele era um gênio. Um matemático e amigo de Etienne, Jacques Le Pailleur, após ver o trabalho matemático de Blaise, aconselhou Etienne a "abandonar seu curso de estudos e introduzir o menino à matemática de uma vez por todas".[8]

---

[2] Thomas V. Morris, *Making sense of it all: Pascal and the meaning of life* (Grand Rapids: Eerdmans, 1992), p. 3.

[3] Ibid., p. 4.

[4] James A. Connor, *Pascal's wager: the man who played dice with God* (New York: HarperCollins, 2006), p. 20.

[5] Morris, *Making sense of it all*, p. 4.

[6] Connor, *Pascal's wager*, p. 20.

[7] Morris, *Making sense of it all*, p. 4.

[8] Connor, *Pascal's wager*, p. 24.

Outro aspecto importante da educação de Pascal, que colaborava com seu ensino doméstico, foi a participação – levado por seu pai – em grupos de discussão semanal que funcionavam como um tipo de discurso socrático.[9] Essas reuniões incluíam intelectuais importantes vindos de uma variedade de campos, incluindo René Descartes e Pierre de Fermat, o futuro colaborador de Blaise na descoberta da teoria da probabilidade.[10] As discussões eram feitas na residência do cientista e padre Marin Mersenne, e mais tarde seriam levadas para a Academia de Paris.[11] Em cada reunião, uma pessoa diferente apresentava uma tese inovadora em sua área de conhecimento e então a defenderia das críticas do resto do grupo. Foi aos 16 anos que Pascal apresentou sua primeira tese, seu *"Tratado sobre as cônicas"*, conquistando "muita admiração da parte dos mais velhos membros do grupo, de modo que logo seu talento tornaria uma lenda".[12]

Somada a essa formação educacional nada ortodoxa, outra característica que define a vida de Blaise foi a sua saúde extremamente frágil. Na infância, ele "muitas vezes parecia à beira da morte"[13] e em boa parte do tempo que teve na terra, ele lutou com doenças constantes. Conforme observa Gilberte, "depois do aniversário de 18 anos, Pascal nunca viveu um dia de sua vida livre de dor, de alguma doença ou de aflição médica".[14] Não é claro quais exatamente eram as causas das condições médicas dele; segundo David Simpson:

> A opinião médica mais comum é que ele contraiu uma tuberculose gastrointestinal na tenra idade e que a manifestação da doença, junto com sinais de possível nefrite ou artrite reumatoide, ocorreu periodicamente durante toda a sua vida. Os relatos de sua patologia também são consistentes com enxaqueca, síndrome do intestino irritável e fibromialgia – um complexo de males muitas vezes encontrados juntos e que também costumam ocorrer combinados com sintomas de ansiedade, depressão e estresse emocional.[15]

---

[9] Ibid.
[10] Ibid., p. 25.
[11] Ibid.
[12] Morris, *Making sense of it all*, p. 5.
[13] Simpson, "Blaise Pascal".
[14] Ibid.
[15] Ibid.

Curiosamente, Simpson alega que uma das razões para o interesse na história médica de Pascal é a correlação entre deficiência ou doença com um "motivo ou acelerador adicional para o alcance de um alto nível criativo",[16] citando Stephen Hawking e Isaac Newton (entre muitos outros) como exemplos. Connor parece dar algum suporte para essa tese, destacando que a vida de Pascal "se alternava entre fases de intensa investigação científica e meses de angústia em sua cama por causa de algum de seus muitos males".[17]

A família Pascal passou por graves problemas financeiros quando o governo francês, sob o comando do Cardeal Richelieu, por um lado decidiu financiar a guerra declarada contra o Sacro Império Romano,[18] e, por outro, deixou de pagar as dívidas com cidadãos franceses que haviam investido em títulos do governo, incluindo Etienne. Quando ele e outros investidores protestaram contra isso, Richelieu respondeu com a prisão daqueles que se opunham a ele,[19] o que forçou Etienne a fugir de Paris, deixando sua família para trás. Foi a filha de Etienne, Jacqueline, que veio para resgatá-los. Sendo uma poetisa talentosa, Jacqueline cativou Richelieu com alguns de seus poemas "que haviam sido escritos em louvor dele e de sua administração",[20] e pediu ao ministro que ajudasse sua família tendo misericórdia de Etienne. Richelieu foi mais do que favorável ao pedido de Jacqueline, pois deu a Etienne a posição de auditor fiscal, com proteção militar, na Alta Normandia. Não ficando atrás de sua irmã, Blaise ajudou seu pai a ser mais eficiente no cálculo dos tributos (um esforço que consumia muito tempo nesse ponto da história) inventando a primeira calculadora, que "foi reconhecida como uma precursora dos computadores modernos".[21] É evidente que o investimento de Etienne na educação de seus filhos gerou a ele retornos exponenciais.

CONTEXTO TEOLÓGICO

O século XVII foi uma época realmente singular na academia. Começando com as descobertas científicas de Copérnico e Galileu, seguidas pela obra de René Descartes, as faíscas que mais tarde acenderiam o fogo do Iluminismo

---

[16] Ibid.
[17] Connor, *Pascal's wager*, p. 68.
[18] Ibid., 42. O patrimônio de Etienne baixou de 65,665 libras francesas para menos de 7,296.
[19] Ibid.
[20] Ibid., p. 44.
[21] Morris, *Making sense of it all*, p. 7.

começaram a chamejar. Connor descreve o clima intelectual do período afirmando que

> O universo medieval estava desaparecendo, e as velhas certezas divinas estavam perdendo terreno. Os cientistas e filósofos da França estavam ocupados procurando por algo novo para apostarem suas almas, uma nova base da ordem, uma nova maneira de fazer o universo girar devidamente e, para a maioria deles, que esse algo novo fosse a matemática.[22]

Esse era o panorama da vida intelectual de Pascal, e seus efeitos podem ser vistos em sua própria obra. Ele argumenta de forma veemente contra o velho aristotelismo, a despeito de ter sido o *status quo* durante séculos. Assim, muitas das descobertas científicas feitas por Pascal lançaram as bases para a ciência empírica como a conhecemos hoje. Somado a essa monumental invenção da calculadora – o que teria sido suficiente para solidificar seu legado como um gênio –, Blaise também desenvolveu experimentos científicos para mostrar que (ao contrário dos recentes argumentos filosóficos impulsionados por Descartes) era possível a existência de um vácuo na natureza; ele inventou a teoria de decisão moderna (um tópico que será tratado adiante em maiores detalhes); e projetou o primeiro sistema de transporte público da Europa. Conforme James Conner escreve: "Você não pode dar dez passos no século XXI sem topar com alguma coisa que os 39 anos de Pascal no século XVII não tenham afetado de uma maneira ou de outra".[23]

A formação religiosa de Pascal foi no catolicismo tradicional e houve um episódio dramático no começo de seus 20 anos, como resultado da necessidade que seu pai teve de consultar alguns médicos por causa de um escorregão no gelo e uma consequente fratura no quadril.[24] Ocorre que os cirurgiões eram seguidores de Cornelius Jansenius, um bispo católico holandês "que havia escrito um grande livro sobre Santo Agostinho, no qual ele enfatiza a importância da graça de Deus na economia da salvação e a necessidade de viver diariamente a própria fé".[25] Os dois ortopedistas conectaram Etienne com um padre e vigário vizinho de Rouville chamado M. Guillebert, que persuadiu

---

[22] Connor, *Pascal's wager*, p. 24.
[23] Ibid., p. 2.
[24] Ibid., p. 70.
[25] Morris, *Making sense of it all*, p. 8.

Etienne, e depois Blaise e o resto da família Pascal, da verdade da seita jansenista do catolicismo.

O pensamento jansenista surgiu de uma estrita leitura das obras de Agostinho (bastante oposta à maior parte da doutrina católica na época, mais próxima ao pensamento aristotélico de Tomás de Aquino).[26] Esse sabor mais calvinista da teologia católica apelava àqueles "que buscam encontrar a Deus fora das experiências humanas, que não creem na razão [e] pensam que o mundo é um naufrágio e que as pessoas não são boas, afinal".[27] Essas doutrinas teológicas permearam a maioria dos escritos de Pascal, destacando o efeito profundo que o jansenismo teve em sua forma de ver o mundo. O profundo impacto da doutrina jansenista sobre a família Pascal também pode ser visto nos efeitos na irmã de Blaise, Jacqueline, que era uma freira na ordem jansenista e a maior influência por toda a vida de Blaise.[28]

Antes da morte de seu pai, Pascal passou pelo que os historiadores chamam de "um período mundano", aos 29 anos de idade.[29] Isso provavelmente aconteceu por Blaise ter se separado tanto de seu pai quanto de suas irmãs, "ficando, pela primeira vez, por conta própria".[30] Durante esse tempo, que durou cerca de dois anos, Pascal cedeu à sua concupiscência, aproveitando muitos dos prazeres sociais da vida que eram proibidos pela ética católica daquela época. No entanto, como Connor aponta, o termo *mundano* é relativo, e o que seria considerada uma vida pecaminosa "dentro e ao redor de Port-Royal pareceria o máximo da austeridade religiosa para muitos americanos modernos".[31] Entretanto, esse período na vida de Pascal não era característico de seu estilo de vida religioso, devoto, ao qual ele aderiu no passado.

Embora Pascal tenha sido capaz de abandonar um pouco de sua piedade, não havia como escapar de seu gênio. Os *insights* que ele obteve deste período mundano não apenas "desempenharam um importante papel em seu diagnóstico da condição humana que aparece tão poderosamente em seus *Pensées*",[32] como também levou à elaboração das teorias da probabilidade e da

---

[26] Connor, *Pascal's wager*, p. 73.
[27] Ibid.
[28] Ibid., p. 122.
[29] Ibid., p. 131-6.
[30] *Pensées*, xiii.
[31] Connor, *Pascal's wager*, p. 133.
[32] Morris, *Making sense of it all*, p. 9.

decisão. Durante esse tempo, Pascal se tornou amigo do duque de Roannez, que o apresentou ao Chevalier de Mere, Antoine Gombaud e Damien Mitton, companhias quase católicas do duque que estavam muito mais preocupados com jogos de azar do que com teologia ou temas acadêmicos.[33] Seu amor pela aposta, somado às suas recentes perdas, levaram Mere a se dirigir a Pascal como "o 'mero' matemático",[34] uma série de perguntas a respeito não somente sobre quais seriam suas chances de ganhar no jogo de dados, mas também como dois homens que foram forçados a parar no meio de um jogo desses deveriam dividir o dinheiro. Connor observa que a resposta de Pascal e sua futura correspondência com Pierre Fermat sobre essas questões trouxeram à luz tanto a teoria da probabilidade quando a da decisão. "Daquele dia em diante", explica Connor, "o mundo não voltaria mais aos oráculos a fim de lançar uma luz fraca sobre o futuro, pois os deuses haviam sido substituídos pela matemática, e o risco não era mais uma coisa que fazia as pessoas sofrerem, e sim algo que elas geriam".[35]

As indulgências mundanas de Pascal tiveram um fim abrupto na noite de 23 de novembro de 1654, quando ele passou por uma profunda experiência religiosa, poderosa o suficiente para reacender sua paixão por Cristo e pela Igreja Católica.[36] Os biógrafos chamam esse episódio de "Noite de Fogo", por causa da linha inicial do registro que Pascal faz desse evento. Os detalhes sobre o que exatamente desencadeou essa experiência religiosa são especulativos, provavelmente porque, como acredita a maioria dos historiadores, Pascal não compartilhou o fato com ninguém durante toda a sua vida, sendo que a única referência a respeito foi encontrada costurada dentro de um casaco depois de sua morte.

É importante notar que as mudanças ocorridas na vida de Pascal, resultantes da "Noite de Fogo", não aconteceram em seu comportamento externo (pois, como cita Gilberte, Pascal ainda acompanhava seus amigos apostadores e mantinha criados para trabalhar em sua casa),[37] contudo, foram de ordem metodológica. Connor esclarece:

---

[33] Connor, *Pascal's wager*, p. 134-5.
[34] Ibid., p. 136.
[35] Ibid.
[36] Ibid., p. 143-8.
[37] Ibid., p. 151.

Em um mundo onde a dúvida havia se tornado intelectualmente sofisticada, onde as ideias teológicas, antes sustentadas pela cosmologia, foram derrubadas, Blaise aprendeu que só se poderia ter certeza da natureza e da existência de Deus por um encontro direto, evitando completamente a razão [...] A devoção não era mais uma prática vazia e a razão não era mais uma estrada régia para a verdade.[38]

Como resultado do rebaixamento do status da razão, Pascal abandonou a maioria de seus esforços intelectuais e mudou seu foco para a teologia e a apologética.

CONTEXTO APOLOGÉTICO

A paixão religiosa renovada de Pascal combinada à sua visão teológica anterior o levou a escrever uma de suas obras mais populares, as *Cartas provinciais*, uma polêmica dirigida a um rival dos jansenistas, os jesuítas. Originalmente escrita sob o pseudônimo de Louis de Montalte,[39] essas cartas foram cuidadosa e eloquentemente concebidas para que "os leitores sem conhecimento especial ou qualificações em teologia ou casuística pudessem aprender esses assuntos de maneira que se sentissem competentes para julgar as práticas e os abusos atribuídos aos jesuítas".[40] A arma literária que Pascal escolhia para atacar os jesuítas era o escárnio, focando em especial na frouxidão do ensino jesuíta. Ele "criou o mito do jesuíta esperto e associava toda casuística com a prática cínica de criar desculpas para os pecadores".[41] O sucesso das cartas acabou levando Pascal a ser declarado um herege e as cartas foram colocadas na lista de livros proibidos por Luís XIV, fazendo com que fossem queimadas.[42]

Outro resultado dessa experiência mística e o subsequente arrependimento de Pascal que o fizeram voltar para o cristianismo foi a produção dos *Pensées* (ou "Pensamentos"), uma apologética cristã que procurava persuadir seus interlocutores incrédulos à verdade da fé cristã. Pascal começou a tomar notas e organizá-las por assunto. Infelizmente, ele morreu antes de conseguir terminar o projeto, sucumbindo à doença que o havia atormentado por toda a vida,[43] porém suas anotações foram organizadas após a sua morte e publicadas dois anos depois.

---

[38] Ibid., p. 152.
[39] Ibid., p. 171.
[40] A. J. Krailsheimer, "Introduction", Blaise Pascal, *Pensées*, trad. A. J. Krailsheimer (New York: Penguin, 1995), ix [no Brasil: *Pensamentos* (São Paulo: Martins Fontes, 2001)].
[41] Connor, *Pascal's wager*, p. 173.
[42] Ibid.
[43] Krailsheimer, "Introduction", xvii.

Nos *Pensées*, ele escreve sobre a miséria da condição humana, os limites da razão, o papel vital do coração e a necessidade de Deus (e especificamente da teologia jansenista) para transcender a razão. Ao contrário dos argumentos para Deus vistos em Aristóteles, Tomás e Anselmo, Pascal, embora não descartasse completamente a utilidade desses argumentos, propôs "criar uma apologia não da mente, mas do coração".[44] Para Pascal, é por meio do coração que conhecemos a verdade dos "primeiros princípios [...] como espaço, tempo, movimento, número [...] E é desse conhecimento [...] que a razão depende e em que baseia todos os seus argumentos".[45] Além de fornecer os fundamentos da razão, o coração também provê o único mecanismo pelo qual se pode consentir ao conhecimento de Deus. Pascal escreve sobre essa interação entre o raciocínio e o coração no que se refere à sua metodologia apologética, afirmando:

> É por isso que aqueles a quem Deus deu fé religiosa, ao mover seus corações, são muito felizes e se sentem convencidos de maneira legítima, porém, àqueles que não a possuem, podemos apenas outorgar essa fé por meio do raciocínio, até que Deus a conceda movendo seus corações, senão a fé será apenas humana e inútil para a salvação.[46]

Essa compreensão do raciocínio e do papel central do coração dentro dos escritos de Pascal pode ser traçada até as obras de Santo Agostinho, que teve uma grande influência sobre o pensamento de Blaise.[47]

---

[44] Connor, *Pascal's wager*, p. 181.
[45] Blaise Pascal, *Pensees*. Trad. A. J. Krilsheimer (London: Penguin, 1995), (110), p. 28.
[46] Ibid. (282), p. 29.
[47] Além dos *Pensées*, o ensaio *A arte da persuasão* de Pascal fornece uma visão interessante sobre a interação entre o coração e a mente, conforme descrito em sua apologética. Como mencionado nos *Pensées*, Pascal reconhece que, quando se trata de realmente persuadir alguém para o conhecimento das verdades divinas, "somente Deus pode colocá-las na alma" (3). Dito isso, ele então estabelece uma metodologia retórica que dá ênfase a persuadir tanto o coração quanto a mente, o que, de acordo com Pascal, "são as portas pelas quais [as verdades] são recebidas dentro da alma" (5). Quando se trata de persuadir o coração, Pascal argumenta que agradar o interlocutor é tão importante quanto fornecer provas convincentes porque, de acordo com ele, "pela maior parte, são os homens governados mais pelo capricho do que pela razão" (18). Ao tratar do convencimento da mente, a arte de persuasão de Pascal "é simplesmente o processo de provas metódicas perfeitas, consistindo em três partes essenciais: definir claramente os termos dos quais iremos nos valer; de propor princípios ou axiomas evidentes para provar a coisa em questão; e sempre substituir mentalmente nas demonstrações a definição no lugar da coisa definida" (25). Pascal argumenta que, uma vez seguidas essas regras de definições, axiomas e demonstrações, a argumentação nunca pode "se sujeitar à menor dúvida" (27).

Como produto da metodologia apologética de Pascal, os *Pensées* contêm o argumento mais famoso do pensador – a Aposta: um argumento pragmático baseado na teoria da decisão, declarando que uma pessoa é racionalmente incentivada a acreditar em Deus mesmo sem evidências, pois, ao acreditar, há uma utilidade infinita a ganhar e apenas uma utilidade finita a perder. Pascal teve os *insights* para seu argumento durante o tempo que passava vendo os jogos de aposta – em especial, a ideia de que, "se [as pessoas] arriscariam seu patrimônio, sua honra e sua reputação como parte de um jogo, um mero esporte, elas também não desejariam arriscar o mesmo a respeito da possibilidade de vida eterna?"[48] Esse argumento foi dirigido ao "cético racional"[49] para mostrar não apenas que os cristãos são racionalmente justificados em sua crença de que Deus existe, mas também que o cético não é justificado ao não crer em Deus por causa dos riscos. O que Pascal procurava era aquilo que os filósofos chamam de racionalidade meios-fins,[50] ou seja, uma crença é considerada racional à medida que ela capacita um sujeito a alcançar seu objetivo.

Após desenvolver a Aposta, Pascal apresenta sua apologética cristã, afirmando que o cristianismo é a melhor religião para se apostar. Jeff Jordan explica: "É como se Pascal tivesse em mente uma estratégia apologética em dois passos. O primeiro consistia principalmente na Aposta usada como um argumento ecumênico em apoio do teísmo em geral, ao passo que o segundo passo tratava de argumentos para o cristianismo em particular".[51] Isso não significa dizer que Pascal pensava que só se poderia acreditar na existência do Deus cristão. Para ele, o principal objetivo dos *Pensées* era tentar convencer seu público a viver as "práticas aparentemente sem sentido"[52] da Igreja Católica na esperança de que elas "venceriam as paixões, em especial o orgulho, que tem sido [seu] grande obstáculo para crer".[53] Em última análise, a esperança de Pascal não era apenas que o incrédulo passasse a crer em Deus, "mas que, ao fazê-lo, se tornasse um membro completo da Igreja Católica",[54] fora da qual ele acreditava não haver salvação.

---

[48] Connor, *Pascal's wager*, p. 182.
[49] Ibid.
[50] Alvin Plantinga, *Warranted Christian belief* (New York: Oxford University Press, 2000), p. 115-6.
[51] Jeff Jordan, *Pascal's wager: pragmatic arguments and belief in God* (New York: Oxford University Press, 2006), p. 9.
[52] A. J. Krailsheimer, "Introduction", xxvi.
[53] Ibid.
[54] Ibid.

O começo dos anos 1660 marcou um rápido enfraquecimento da saúde de Pascal, provavelmente resultado de uma série de fatores externos.[55] Primeiro, o rei Luís XIV e o papa Alexandre VII ordenaram a condenação oficial da teologia jansenista, em 1661. O impacto emocional dessa proclamação teve não apenas um efeito profundamente negativo sobre Pascal, como também cobrou um alto preço de sua irmã Jacqueline Pascal, que morreu em 4 de outubro de 1661, vítima do que Pascal acreditava ter sido "um coração partido".[56] A combinação da perda de sua irmã com a queda de status de sua amada teologia jansenista foi demais para que a já frágil constituição de Pascal pudesse lidar. Depois de proferir suas últimas palavras, "Que Deus nunca me abandone!", ele "entrou em coma, e, à uma hora da manhã de sábado, 19 de agosto de 1662, faleceu em sua cama".[57]

METODOLOGIA APOLOGÉTICA

As contribuições de Pascal para o avanço da ciência e da matemática são numerosas, e se debate qual de suas descobertas foi a mais impressionante. Embora ele aborde uma ampla variedade de questões apologéticas, tais como o problema da obscuridade divina, o problema do mal e a relação entre fé e razão, é a Aposta de Pascal que permanece como o seu mais forte argumento para a crença em Deus. Em contraste com os argumentos teóricos para a existência de Deus, que geralmente terminam com a conclusão "Portanto, Deus existe", a Aposta de Pascal é um argumento pragmático que funciona independentemente de Deus existir ou não. Pascal argumenta que a racionalidade é levada a acreditar que Deus existe (especificamente o cristianismo) independente mente da evidência, pois há uma quantia infinita a ganhar e um valor finito a perder. Nesta seção, vamos primeiramente apresentar uma breve visão geral da teoria da decisão, por conta de sua aplicação direta à Aposta, e, em seguida, apresentaremos uma versão básica da Aposta em detalhes, discutindo muitos de seus componentes essenciais. Por fim, veremos duas objeções comuns à Aposta e faremos contra-argumentos a cada objeção.

---

[55] Connor, *Pascal's wager*, p. 188-95.
[56] Ibid., p. 192.
[57] Ibid., p. 202-3.

Teoria da decisão

Para entender a força por trás da Aposta de Pascal, é central primeiro compreender a lógica segundo a qual o argumento é construído – a saber, a teoria da decisão. Essa teoria é o processo pelo qual um agente racional passa quando procura decidir entre ações concorrentes possíveis sob condições de incerteza ou risco. Diferentemente dos casos de probabilidade objetiva, em que frequências empíricas são conhecidas (por exemplo, jogar uma moeda cem vezes leva ao resultado de sair cara na metade das ocasiões e coroa na outra metade), muitas vezes o conhecimento do agente é limitado a saber a chance de um resultado possível ocorrer e deve atribuir probabilidades possíveis aos estados de coisas concorrentes (conhecidos como probabilidades subjetivas).[58] Para escolher o melhor curso de ação, um agente deve também atribuir um valor (ou utilidade) para cada resultado possível, com utilidades mais elevadas para os resultados mais desejáveis e menos elevadas (ou negativas) para resultados menos desejáveis. Para ilustrar melhor essa ideia, Jeff Jordan usa a seguinte matriz de decisão:[59]

	Estado 1	Estado 2
Ato 1	F1	F2
Ato 2	F3	F4

Nesse exemplo, "Ato" representa uma ação possível que um agente pode tomar, "Estado" representa estados de coisas possíveis (formas que o mundo pode ser) e "F[número]" significa a utilidade baseada na escolha de um certo ato em um certo estado de coisas (resultado). Para ilustrar melhor esse ponto, Jordan apresenta o exemplo de uma decisão sob risco em que um agente está decidindo se deve levar um guarda-chuva. Há 50% de chances de chuva, e o agente atribui uma utilidade de 10% para carregar um guarda-chuva e chover, uma utilidade de 2% de carregá-lo e não chover, uma utilidade de 1% de não o carregar e chover e uma utilidade de 5% de não o carregar e não chover. A matriz de decisão é classificada da seguinte forma:[60]

---

[58] Para deixar claro, por probabilidade subjetiva, não queremos dizer uma probabilidade subjetiva sem quaisquer limitações, que seria meramente baseada na convicção que o agente tem para sua crença.

[59] Jordan, *Pascal's wager*, p. 11-2.

[60] Ibid., p. 12.

	Chove	Não chove
Carregar	10	2
Não carregar	1	5

No intuito de determinar a utilidade esperada de cada ato, deve-se multiplicar a utilidade de cada resultado com a probabilidade de cada estado de coisas e somar os totais. O princípio básico que motiva a decisão dos agentes é o que Jordan chama de regra da expectativa, que afirma o seguinte: "Para qualquer pessoa S, e para qualquer número de ações alternativas α e β, disponíveis para S, se α tem uma utilidade esperada maior do que β, S deveria escolher α".[61] Dessa forma, a utilidade esperada de carregar um guarda-chuva é ½(10) + ½(2) = 6. A utilidade esperada de não carregar o guarda-chuva é ½(1) + ½ (5) = 3. Pelo fato de haver uma utilidade esperada mais elevada para carregar do que não carregar, o agente deveria escolher carregar um guarda-chuva.

Em conjunto com a decisão sob risco, existem também ocasiões em que um agente deve tomar uma decisão na qual a informação da probabilidade dos resultados é desconhecida. Isso é chamado de decisão sob incerteza. Michael Rota dá o exemplo de um agente tentando decidir se deve prender a bicicleta que pegou emprestada com um amigo enquanto entra em uma loja. O agente está em uma parte da cidade onde são raros os crimes e ele pode ver a bicicleta de dentro da loja. Rota pergunta: "Afinal, você deve prender a bicicleta? Você não possui nenhum conhecimento preciso sobre a probabilidade de aparecer um ladrão nessas circunstâncias e, embora possa estimar o valor da bicicleta, não há nenhuma forma óbvia para calcular o desvalor que o seu amigo experimentará se a sua negligência permitir que a bicicleta seja roubada".[62] Ele detalha esse cenário na seguinte matriz de decisão:[63]

	Um ladrão vai aparecer	Um ladrão vai aparecer
Prender	Nada de ruim acontece	Nada de ruim acontece
Não prender	Bicicleta roubada (provavelmente)	Nada de ruim acontece

---

[61] Ibid., p. 11.
[62] Michael Rota, *Taking Pascal's wager: faith, evidence, and the abundant life* (Downers Grove, IL: InterVarsity Press, 2016), p. 28.
[63] Ibid.

Para determinar se o agente deve prender a bicicleta, os teóricos da decisão procuram determinar qual ação domina. Uma ação *domina fragilmente* a outra se: "para qualquer pessoa S, se uma das ações disponíveis para S, α, tem um resultado melhor que os resultados de outras ações disponíveis, e nunca um resultado pior que os outros, S deve escolher α".[64] Uma ação *domina fortemente* a outra se: "para qualquer pessoa S e ação α, se em cada estado α houver um resultado melhor que as alternativas naquele estado, S deve escolher α".[65] No caso de prender a bicicleta, a ação de prendê-la domina fragilmente a ação de não prendê-la, pois nada de ruim acontece em nenhum estado de coisas, tornando a ação de prender a bicicleta melhor – caso um ladrão apareça – do que não prender e igual no caso de um ladrão não aparecer. Com essas bases da teoria de decisão apresentadas, podemos agora analisar devidamente a Aposta de Pascal.

A Aposta de Pascal

Muitos filósofos concordam que, dentro dos *Pensées*, Pascal expõe três versões da Aposta,[66] mas a tese central de seu argumento acontece da seguinte maneira: "Pesemos o ganho e a perda envolvidos se jogássemos cara ou coroa para ver se Deus existe. Avaliemos os dois casos: se você vencer, ganha tudo; se você perder, não perde nada. Então, não hesite: aposte que ele existe".[67]

Em outras palavras, como Rota afirma de maneira concisa, "é racional procurar um relacionamento com Deus e viver uma vida cristã profunda, pois há muito a ganhar e relativamente pouco a perder".[68] Conforme mencionado anteriormente, o argumento de Pascal, diferente dos argumentos teóricos comuns para a existência de Deus, é um argumento pragmático que não depende de evidência proposicional. Ao contrário, a Aposta é designada para mostrar que é possível ser racionalmente convencido a acreditar em Deus e que a incredulidade é "racionalmente inadmissível".[69] O que motivava a apologética de Pascal era a crença de que, em contrapartida a seu contemporâneo, Descartes, você não poderia raciocinar para acreditar em Deus. Pascal escreve, "Ou Deus

---

[64] Jordan, *Pascal's wager*, p. 13.
[65] Ibid.
[66] Veja Jordan, *Pascal's wager*, p. 7-36. Jordan acredita que uma quarta versão também pode ser encontrada nos *Pensées*, que ele chama de Aposta jamesiana. Jordan argumenta que essa versão é válida e defensável contra as numerosas objeções comumente apresentadas contra a Aposta.
[67] Pascal, *Pensées*, p. 123.
[68] Rota, *Taking Pascal's wager*, p. 12.
[69] Jordan, *Pascal's wager*, p. 7.

existe ou não existe". Mas a qual visão devemos estar inclinados? A razão não pode decidir essa questão [...] A razão não pode fazer você escolher, tampouco pode provar o erro".[70] Para Pascal, não era por causa das evidências que alguém deveria acreditar que Deus existe ou não. Antes, era sobre "ter razão para induzir a crença na proposição" de que Deus existe porque "formar a crença na proposição pode ser o mais racional, considerando todas as coisas, a se fazer".[71] Vejamos duas breves advertências à Aposta e então voltarmos à relação entre a Aposta e a teoria da decisão para promover esse ponto.

Seguindo o pensamento de William Rowe, Jordan afirma que a abordagem apologética de Pascal provavelmente se tratava primeiro de um argumento para o teísmo expandido, que é "a visão de que [Deus] existe, unida a outras afirmações religiosas importantes, sobre pecado, redenção, uma vida futura, juízo final, e assim por diante", derivado por um argumento pela "fé cristã completa" composto por "relatos de milagres e profecias cumpridas".[72] Dessa maneira, a Aposta, de acordo com Jordan, é uma aposta entre o teísmo expandido e o naturalismo.[73]

Também é importante notar que a Aposta é obrigatória, significando que "apostar sobre a existência de Deus é inevitável; 'você tem que apostar'. Ela é obrigatória, uma vez que não apostar seria equivalente a apostar contra".[74] Todas as pessoas que já existiram, quer tenham percebido, quer não, apostaram de uma forma ou de outra na existência de Deus.

Com esses dois pontos em mente, podemos agora estabelecer uma matriz de decisão para ilustrar melhor como a Aposta funciona.[75]

	Deus existe	**Deus não existe**
Aposta que Deus existe	AD (Aposta e Deus existe)	A(~D) (Aposta e Deus não existe)
Aposta que Deus não existe	~A(D) Aposta contra e Deus existe	~A(~D) (Aposta contra e Deus não existe)

---

[70] Pascal, *Pensées*, p. 122.
[71] Jordan, *Pascal's wager*, p. 7.
[72] Ibid., p. 10.
[73] Ibid.
[74] Ibid., p. 17.
[75] Essa matriz é uma versão modificada daquela encontrada em Rota, *Taking Pascal's wager*, p. 32.

No caso do resultado AD, se Deus existe e alguém se compromete a acreditar nele, é muito mais provável que essa pessoa passe a eternidade com Deus, bem como receba benefícios deste lado da eternidade, tais como orações atendidas, e, portanto, Pascal associa isso a uma utilidade infinita. À primeira vista, o resultado A(~D) é geralmente entendido como tendo utilidade negativa. Se alguém se compromete com Deus e ele não existe, então acabou desperdiçando tempo indo para a igreja, orando, fazendo doações etc. Contudo, conforme Rota explica em detalhe, a psicologia moderna e os estudos sociológicos têm mostrado que os benefícios da crença em Deus são muito superiores quando comparados com a falta de fé.[76] Por exemplo, aqueles que acreditam em Deus geralmente tendem a viver mais,[77] fazem mais contribuições para a caridade[78] e experimentam uma satisfação geral com a vida muito maior[79] quando comparados com suas contrapartes ateístas. Observando os dados recentes, nos parece que A(~D) ainda deve ter alguma utilidade finita positiva. O naturalista poderia (e a maioria o fará) objetar a essa conclusão, possivelmente citando estudos que mostram o oposto como verdade e, dessa forma, o valor atribuído a A(~D) está aberto para debate.

Quando se trata da aposta de que Deus não existe, ~A(D) traz o resultado contrário ao de AD. Minimizaria seu florescimento enquanto vivo e, mais importante, minimizaria suas chances de vida eterna. Pascal nada menciona a respeito do inferno ou da desutilidade infinita nos *Pensées*, mas é claro que ~A(D) deve ser associado a uma desutilidade significativa. Considerando os estudos mencionados anteriormente, parece que também se experimentaria uma desutilidade em ~A(~D), embora obviamente menos significativa que ~A(D), por causa de todo o potencial social e dos benefícios psicológicos que acompanham a crença em Deus.

Dependendo do que se atribui a A(~D), a Aposta (conforme afirmado anteriormente) mostra que apostar em Deus ou domina fragilmente (se A(~D) é associado à desutilidade) ou domina fortemente (se A(~D) é associado a uma utilidade positiva) apostando contra Deus. Essa conclusão, que é uma decisão

---

[76] Veja Rota, *Taking Pascal's wager*, p. 35-42.

[77] Veja M. E. McCullough et al., "Religious involvement and mortality: a meta-analytic review", *Health psychology* 19.3 (2000): p. 211-22. Citado em Rota, *Taking Pascal's wager*, p. 41.

[78] Veja Robert D. Putnam; David E. Campbell, *American grace: how religion divides and unites us* (New York: Simon & Schuster, 2010), p. 446. Citado em Rota, *Taking Pascal's wager*, p. 41.

[79] Veja Harold Koenig; Dana King; Verna B. Carson, *Handbook of religion and health*, 2nd ed. (Oxford: Oxford University Press, 2012), p. 131. Citado em Rota, *Taking Pascal's wager*, p. 37.

na condição de incerteza, também é verdadeira para qualquer probabilidade atribuída à possível existência de Deus (ou uma decisão sob risco) desde que a probabilidade atribuída à existência de Deus seja maior que zero. Isso pode ser visto na matriz seguinte, em que *p* é alguma probabilidade positiva.[80]

	Deus existe	**Deus não existe**
Aposta que Deus existe	p, ∞	1–p, (utilidade ou desutilidade finita)
Aposta que Deus não existe	p, (desutilidade infinita)	1–p, (utilidade ou desutilidade finita)

Pelo fato de A(D) ter uma utilidade infinita, não importa qual seja a probabilidade atribuída à existência de Deus, o valor esperado da aposta em sua existência será infinito, ao contrário da aposta contra Deus, que computará algum valor esperado finito. Portanto, como Jordan afirma, "Desde que a probabilidade da existência de Deus seja considerada maior que zero, a fé sempre terá uma utilidade esperada maior do que a tida pela descrença".[81] Em outras palavras, contanto que a probabilidade seja maior que zero, sempre será mais racional apostar a favor da existência de Deus. Contudo, existem aqueles que defendem a Aposta afirmando que a probabilidade precisa estar ao menos por volta de 0,5.[82] Ao fazerem isso, podem tornar a defesa da Aposta menos complicada, mas é claro, isso cria um fardo maior para os que a advogam. É mais fácil mostrar que a probabilidade da existência de Deus não é zero do que demonstrar que está ao menos próxima de 0,5.

Como afirmado anteriormente, existem ao menos três versões da Aposta nos *Pensées*, e muitas diferentes versões, junto com diversos contra-argumentos, têm sido propostas durante os últimos 400 anos. A versão apresentada anteriormente inclui muitos dos elementos presentes na família dos argumentos da Aposta, mas não deve ser considerada exaustiva. Entretanto, está claro que, ao menos à primeira vista, a aposta é um poderoso argumento para a crença na existência de Deus. Agora, vamos analisar duas objeções comuns à Aposta e mostrar como, no fim das contas, elas são falhas.

---

[80] Essa é uma versão modificada da matriz encontrada em Jordan, *Pascal's wager*, p. 23.
[81] Ibid., p. 22.
[82] Por exemplo, veja Rota, *Taking Pascal's wager*.

Objeções

A objeção dos muitos deuses

A oposição mais comum feita à Aposta é conhecida como a "objeção dos muitos deuses", a qual alega que, por causa da diversidade de crenças religiosas, é errado presumir que a crença apostada seja entre o cristianismo ou o naturalismo. E o islã, o judaísmo ou o hinduísmo? Se qualquer um desses sistemas de crença (ou uma das várias outras religiões no mundo) estiverem corretas, então a crença no Deus cristão redundaria no mesmo resultado (na maioria dos casos)[83] que a crença no naturalismo – uma desutilidade significativa. Dessa forma, a matriz de decisão 2x2 não representa com precisão o cenário do apostador. Ela deve incluir cada religião no mundo que adote a alguma versão da doutrina de vida após a morte.

Inicialmente, essa objeção parece apresentar um sério problema para a Aposta de Pascal. No entanto, após alguma reflexão, vemos que não é o caso. Rota aponta corretamente que "nada na objeção [...] desafia a conclusão de que é melhor se comprometer com Deus de maneira cristã do que não ser religioso em qualquer sentido".[84] Tudo o que essa objeção mostrou, de acordo com Rota, é que a Aposta apresentada anteriormente não nos ajuda a escolher entre o cristianismo e as outras religiões. "Isso é certo", continua Rota, "mas é difícil deduzir que não há forma de escolher entre [outras religiões] e o cristianismo. O caminho é claro: pratique a religião que lhe pareça, sob cuidadoso exame e reflexão, ter mais probabilidade de ser a verdadeira".[85] A força inicial por trás da Aposta é mostrar que, apesar de evidências contra ou a favor, é mais prudente acreditar em Deus do que não acreditar. Contudo, deve-se consultar as evidências disponíveis quando se trata de determinar qual religião parece ser mais provavelmente a verdadeira, e é aqui que, para o cristão, o argumento pela ressurreição, a confiabilidade histórica dos Evangelhos e outras fontes apologéticas podem inclinar a balança a favor do cristianismo de forma significativa. No entanto, tudo o que a objeção dos "muitos deuses" mostrou é que mais trabalho deve ser feito, uma vez que a conclusão da Aposta é alcançada, e não que a diversidade de religiões mundiais solape a Aposta de alguma maneira.

---

[83] Isso excluiria as religiões que não têm uma doutrina de vida após a morte (isto é, céu e inferno).
[84] Rota, *Taking Pascal's wager*, p. 67.
[85] Ibid.

Voluntarismo doxástico

A segunda objeção comum à Aposta vem na forma do voluntarismo doxástico, a tese epistemológica de que um agente tem controle direto sobre suas crenças, ou, em outras palavras, "que se pode acreditar à vontade".[86] Essa doutrina filosófica parece extremamente improvável. Alguém pode forçar a si mesmo a acreditar em Deus mais do que forçar-se a acreditar no Papai Noel, na esperança de aumentar suas chances de ganhar presentes no Natal? Jordan destaca Tiago 2 para reforçar ainda mais esse ponto, dizendo: "Os demônios acreditam que Deus existe e tremem [...] mas, presumivelmente, apesar de acreditarem que Deus existe e tremerem, os demônios não se emendam, nem agem de maneira apropriada".[87] Se esse é o caso e o voluntarismo doxástico está incorreto, a Aposta não é seriamente prejudicada porque os apostadores não podem forçar a si mesmos a acreditarem em Deus?

Essa objeção é baseada em um entendimento incorreto do objetivo de Pascal para a Aposta, pois ele não era um voluntarista doxástico. Lembremos: Pascal defendeu a teologia jansenista, que enfatizava a miséria da humanidade e sua inabilidade para escolher a Deus. Sabendo que essa objeção seria inevitavelmente levantada contra a Aposta, Pascal escreve:

> Sim, mas minhas mãos estão presas e meus lábios, selados; estou sendo forçado a apostar e não sou livre; estou retido com firmeza e fui criado de tal modo que não posso crer. O que você quer que eu faça, então? [...] Você quer encontrar a fé e não conhece o caminho. Você quer ser curado da incredulidade e pede pelo remédio: aprenda com aqueles que uma vez foram como você e que agora apostam tudo o que eles têm [...] siga o caminho pelo qual começaram. Eles se comportaram como se acreditassem, sendo batizados, ouvindo as missas, e assim por diante.[88]

Em resumo, Pascal reconhece que ninguém pode forçar a si mesmo a acreditar, contudo, pelo fato de que se foi racionalmente compelido a acreditar pela Aposta, deve-se "fingir até conseguir". Pascal admoesta seu interlocutor a ir à igreja, orar e seguir os outros cristãos, não importa o quão sem sentido possam parecer essas atividades, pois, ao fazer essas coisas, aumentam as chances de chegar a uma fé genuína em Deus. Portanto, "nenhum pascaliano precisa ser [...] um voluntarista doxástico. Uma aposta pascaliana não

---

[86] Jordan, *Pascal's wager*, p. 18
[87] Ibid.
[88] Pascal, *Pensées*, p. 124-5.

implica, e nem presume, que a crença está sob nosso controle direto".[89] Antes, Pascal argumenta que a força convincente da Aposta deveria motivar a uma vida para Deus apesar de suas crenças, na esperança de que um dia se passe a acreditar.

CONTRIBUIÇÕES PARA A APOLOGÉTICA

Conforme citado anteriormente, tem havido novas defesas para a Aposta de Pascal e seu argumento ainda é levado a sério entre os filósofos da religião contemporâneos. O que mudou recentemente foram algumas aplicações inovadoras que os filósofos têm feito com a Aposta. Discutiremos brevemente como Matthew Benton aplicou nos últimos tempos a Aposta de Pascal à epistemologia contemporânea.

Como Benton observa, em epistemologia, os filósofos tradicionalmente usam termos epistêmicos como justificação, racionalidade e evidência para avaliar se a crença de um sujeito constitui conhecimento. Mas existem alguns filósofos propondo que, na análise do status epistêmico da crença, consideremos também fatores não epistêmicos, tais como se uma crença é benéfica para o bem-estar do sujeito.[90] De acordo com Benton, nessa visão, "Se o conhecimento é sensível aos riscos de alguma maneira, então a crença em p pode não ser conhecimento apenas porque os riscos práticos são muito grandes caso p seja falso: estar errado sobre p terá um preço muito alto para se pagar".[91]

Ao utilizar o raciocínio pascaliano citado anteriormente, Benton afirma que a consequência dessa visão de intromissão pragmática é que a crença no ateísmo, mesmo se for verdadeira, jamais poderia constituir conhecimento.[92] Por quê? Bem, conforme estabelecido anteriormente, um sujeito que acredita no ateísmo não faz nenhum favor a si mesmo. Há um significativo custo doxástico em acreditar nele. E se devemos incorporar como uma crença se relaciona com o florescimento do sujeito na avaliação do status epistêmico da crença em questão, pareceria que o ateísmo é muito caro para constituir conhecimento. Acreditar no ateísmo simplesmente não seria racional em uma definição de meios-e-fins da racionalidade. O custo da crença estar errada é

---

[89] Jordan, *Pascal's wager*, p. 19.
[90] Veja Matthew A. Benton, "Pragmatic encroachment and theistic knowledge", in *Knowledge, belief, and God: new insights in religious epistemology*, eds. Matthew A. Benton; John Hawthorne; Dani Rabinowitz (Oxford: Oxford University Press, 2018), p. 267.
[91] Benton, "Pragmatic encroachment and theistic knowledge", p. 267.
[92] Ibid., p. 285.

de proporção infinita e, nesse caso, faria mais sentido afirmar uma proposição que é potencialmente conhecível (por exemplo, o teísmo é verdade) do que afirmar uma que não é (por exemplo, o ateísmo é verdade). A Aposta de Pascal tem implicações epistêmicas fundamentais.

Imaginamos ser provável que mais aplicações à Aposta de Pascal serão feitas. Talvez a Aposta possa até mesmo ser usada nas discussões entre cristãos sobre o batismo ou a tradição cristã a qual se deve pertencer. O raciocínio de Pascal nos oferece uma ferramenta poderosa para tornar claro quais crenças nos deixam em uma posição melhor a fim de alcançarmos o tipo de fins que ajudam em nosso florescimento.

BIBLIOGRAFIA

BENTON, Matthew A. "Pragmatic encroachment and theistic knowledge", p. 267-87, in: *Knowledge, belief, and God: new insights in religious epistemology*. Eds. Matthew A. Benton; John Hawthorne; Dani Rabinowitz (Oxford: Oxford University Press, 2018).

CONNOR, James A. *Pascal's wager: the man who played dice with God* (New York: Harper Collins, 2006).

JORDAN, Jeff. *Pascal's wager: pragmatic arguments and belief in God* (New York: Oxford University Press, 2006).

KRAILSHEIMER, A. J. "Introduction", p. ix–xxix in: Blaise Pascal, *Pensées*. Trad. A. J. Krailsheimer (New York: Penguin, 1995).

MORRIS, Thomas V. *Making sense of it all: Pascal and the meaning of life* (Grand Rapids: Eerdmans, 1992).

PASCAL, Blaise. *Pensées*. Trad. A. J. Krailsheimer (New York: Penguin, 1995).

PLANTINGA, Alvin. *Warranted Christian belief* (New York: Oxford University Press, 2000).

ROTA, Michael. *Taking Pascal's wager: faith, evidence, and the abundant life* (Downers Grove: Inter-Varsity Press, 2016).

SIMPSON, David. "Blaise Pascal (1623–1662)". *Internet encyclopedia of philosophy*. https://www.iep.utm.edu/pascal-b/#SH8b.

Jonathan Edwards
Dogmática como Apologética

Michael J. McClymond

Muitas pessoas conhecem Jonathan Edwards (1703-1758) como um dos principais autores sobre avivamentos espirituais e como defensor de doutrinas calvinistas, como o pecado original e a vontade não livre dos pecadores separados do dom da graça de Deus. Mas o multifacetado Edwards também foi um apologeta sutil e incisivo pela fé cristã, defendendo a existência de Deus, a factualidade e a veracidade da revelação divina, a inspiração da Bíblia, a morte expiatória de Cristo e a ressurreição de Jesus.

Apesar de o deísmo do século XVIII ter sido o primeiro alvo da argumentação apologética de Edwards, sua defesa do cristianismo transcendeu os temas intelectuais de sua época. Ele se antecipou a autores do século XIX, tais como Samuel Taylor Coleridge, que dizia serem insuficientes as "evidências" externas para o cristianismo separadas de um testemunho pessoal, interno, da verdade do evangelho. O ensino de Edwards sobre "o sentido do coração" sugere que percepções mais profundas da beleza de Deus e do esplendor da santidade deveriam complementar todo assentimento intelectual ao cristianismo. A apologética racional de Edwards é, assim, permeada por elementos da experiência. Para ele, nunca houve uma dicotomia entre "coração" e "mente", e sim o que ele chamava um "coração que raciocina" ou uma "mente que sente". Talvez ainda mais notável que isso seja o esforço de Edwards para reconstruir as artes e ciências humanas (por exemplo, metafísica, ética, história etc.) para atribuir supremacia a Deus.

Sua apologética foi então uma dogmática, e sua dogmática – embora incompleta por sua morte – foi nada menos que uma tentativa de reconstruir todo o conhecimento humano à luz da central e inescapável realidade de Deus.

CONTEXTO HISTÓRICO

Jonathan Edwards foi um importante ministro congregacional na tradição puritana da Nova Inglaterra e é amplamente reconhecido como o mais ilustre e influente pensador religioso na história dos Estados Unidos. A Yale University

Press republicou suas obras completas em 73 volumes de 1957 a 2011 – uma edição que agora está disponível online e de graça para aqueles que desejam ler ou estudar seus escritos.[1] Edwards é bastante conhecido por seus papéis de pastor e líder durante o Avivamento de Northampton, entre 1734 e 1735. Esse evento foi um prelúdio para o (muito maior) Grande Avivamento de 1740-41, que afetou todas as 13 colônias e moldou profundamente a história espiritual, teológica e política do que logo se tornaria os Estados Unidos da América. Alguns historiadores propõem que a Revolução Americana obteve sucesso ao unir as colônias contra o governo britânico por causa da unidade espiritual adquirida entre elas na época do Grande Avivamento.[2]

Os escritos de Edwards referentes ao avivamento espiritual incluem *The distinguishing marks of a work of the Spirit of God* [As marcas distintas da obra do Espírito de Deus], *Some thoughts concerning the present revival* [Considerações a respeito do presente avivamento] e *A treatise concerning religious affections* [Tratado sobre as afeições religiosas]. Durante um tempo de fervor religioso, Edwards procurou acima de tudo distinguir a verdadeira religião de suas falsificações. Próximo ao fim de sua vida, ele foi obrigado a deixar seu pastorado em Northampton e então serviu como pastor-missionário entre os nativos americanos em Stockbridge. Sua publicação *The life of David Brainerd* [A vida de David Brainerd] – que foi seu best-seller – tornou-se a mais influente biografia de um missionário cristão de todos os tempos. Edwards por vezes foi chamado de o avô espiritual e teológico do movimento missionário protestante do século XIX.

Embora seja amplamente conhecido por sua defesa da doutrina calvinista em obras como *Freedom of the will* [Liberdade da vontade] e *Original sin* [Pecado original], Edwards é bem menos conhecido por sua abrangente defesa intelectual do cristianismo em geral, sua crítica afiada do deísmo do século XVIII e por seus argumentos pela visão ortodoxa sobre Deus, a Trindade, Cristo, a encarnação, a ressurreição de Jesus, os milagres bíblicos e outros ensinos cristãos fundamentais. A morte repentina e inesperada de Edwards em 1758 (enquanto presidia a faculdade que se tornaria a Princeton University) indica que ele não viveu para completar sua pretendida obra-prima teológica

---

[1] As referências às obras de Jonathan Edwards pela Yale University Press Works serão abreviadas abaixo como "WJE". Uma edição online está disponível em http://edwards.yale.edu/.

[2] Alan Heimert, *Religion and the American mind: from the Great Awakening to the Revolution* (Cambridge: Harvard University Press, 1966).

e apologética, que seria chamada *A history of the work of redemption* [Uma história da obra de redenção].

As milhares de páginas e anotações pessoais que Edwards manteve por cerca de 35 anos – contendo a maior parte de suas reflexões apologéticas – foram totalmente publicadas somente a partir dos anos 1980 até sua finalização no começo dos 2000. Isso pode ser porque os seguidores da "nova divindade" de Edwards no final do século XVII até o começo do XVIII não exploraram suas variadas e detidas considerações apologéticas contidas nessas anotações. Eles nunca leram muito sobre o que Edwards escreveu sobre apologética cristã. Como nos famosos *Pensées (Pensamentos)* de Blaise Pascal, temos hoje apenas notas esparsas para o sistema apologético de Edwards, mas não o trabalho concluído que ele desejava. A diferença é que as anotações de Edwards são talvez dez ou doze vezes maiores que os *Pensées* de Pascal. São uma verdadeira mina de ouro de pensamentos apologéticos, e este ensaio é apenas uma breve visão geral de algumas das diversas contribuições de Edwards para a argumentação apologética cristã.

CONTEXTO TEOLÓGICO

O século XVIII foi uma era da apologética. Pela primeira vez desde a antiguidade tardia, importantes pensadores ocidentais não assumiam mais a veracidade básica da religião cristã. Ao contrário, o cristianismo era agora algo a ser defendido. No começo dos 1690, os deístas ingleses lançaram dúvidas sobre muitas crenças cristãs básicas, incluindo a divindade de Jesus, a Trindade, a confiabilidade histórica da Bíblia, a possibilidade de milagres, o cumprimento em Jesus das profecias do Antigo Testamento, a morte expiatória de Jesus, sua ressurreição corpórea, sua segunda vinda e as origens providenciais da igreja cristã. Em resposta a um número relativamente pequeno de livros deístas, autores ortodoxos publicaram centenas de tratados, argumentando que a fé cristã era mais "razoável" do que as alternativas deístas. Um comentarista do século XIX notou que "o título do tratado de Locke, *The reasonableness of Christianity* (*A razoabilidade do cristianismo*) [1695] pode ser considerado a tese solitária da teologia cristã na Inglaterra por grande parte do século".[3] Embora pequenos em número, os oponentes da ortodoxia tiveram amplo sucesso ao determinar a agenda dos teólogos no século XVIII.

---

[3] Mark Pattison, "Tendencies of religious thought in England, 1688–1750", in *Essays and Reviews*, 8 ed. (London: Longman, Green, 1861), p. 258.

Como muitos teólogos de seu tempo, Jonathan Edwards argumentou contra o deísmo e a favor da credibilidade da fé cristã, embora esse aspecto autoral dele não seja muito conhecido, exceto entre especialistas acadêmicos. Edwards é mais amplamente reconhecido como o defensor de doutrinas específicas – em especial, as calvinistas – em obras como *Freedom of the will* [Liberdade da vontade] e *Original sin* [Pecado original] do que como um defensor do cristianismo em geral. Em parte, isso ocorre porque (como observado anteriormente) Edwards não viveu para escrever a obra teológica completa que pretendia, que seria uma fusão entre a teologia dogmática e a argumentação apologética em um tipo de *dogmática-como-apologética*. Essa abordagem singular de defesa da fé cristã é outro motivo para a relativa falta de atenção a Edwards enquanto apologeta. Embora os escritos de Edwards contem com muitos dos argumentos mais familiares e tradicionais a favor da existência de Deus, ele com frequência procurou mostrar a validade das crenças cristãs demonstrando sua necessária interconexão com outras verdades aceitas ou o vínculo de umas com as outras. Essa "apologia implícita" pela fé envolveu uma reformulação das disciplinas acadêmicas a fim de mostrar sua confiança oculta nas verdades cristãs e sua conexão mútua. Dessa maneira, Edwards procurou não apenas sustentar as afirmações teológicas cristãs, mas – de maneira muito mais ambiciosa – colocar a verdade bíblica no centro de toda uma panóplia de artes e ciências humanas. Talvez desde a Idade Média, nenhum pensador cristão tentou, de forma tão corajosa, situar a teologia no centro de todo conhecimento humano e investigação intelectual.[4]

O restante desse capítulo começará com uma explicação do contexto intelectual moderno da teologia e dos escritos apologéticos de Edwards, seguida por uma análise de sua resposta e de sua metodologia apologética, o que inclui um exame do argumento apologético externo, baseado no raciocínio racional e evidencial; o argumento interno, baseado na natureza da experiência religiosa; e, por fim, o argumento implícito, baseado em uma reformulação das disciplinas acadêmicas. Embora suas contribuições para o campo da apologética tenham sido diminuídas por sua morte prematura, ainda podemos ver os contornos gerais da posição de Edwards em relação às tradições dominantes da apologética cristã no início da modernidade e seu esforço incompleto de

---

[4] Sobre a apologética de Edwards em geral, veja as obras listadas na bibliografia ao final e os concisos, porém penetrantes, comentários em Ava Chamberlain, "Editor's introduction", in WJE 18:24-34; Amy Plantinga Pauw, "Editor's introduction", in: WJE 20:11-17; e Douglas A. Sweeney, WJE 23:10-29.

construir uma narrativa da obra redentora de Deus na história como uma forma de apologética.

O contexto intelectual no início da modernidade

Uma vez que a apologética cristã é, por sua própria natureza, uma resposta a certos argumentos ou objeções à fé, pode ser útil considerar o contexto intelectual de Edwards.[5] Brian A. Gerrish descreveu o início do período moderno como "o retiro de Deus". Em pequenos graus, Deus foi gradualmente se afastando do pensamento dos intelectuais europeus e acabou como uma hipótese desnecessária. Não estaria "muito longe da verdade", escreve Gerrish, "se disséssemos que a história começa com um Deus que faz tudo, para um Deus que age ocasionalmente e termina com um Deus ultrapassado que no fim das contas nem precisa existir".[6] Muitos dos locais ou das funções associadas a Deus não eram mais sustentáveis nos anos 1700 e o conceito de "ideias inatas" implantadas na mente humana pelo Criador era menos crível à luz do *Ensaio sobre o entendimento humano* (1690), de John Locke. A filosofia empírica de Locke afirmava que a mente humana é preenchida por ideias por meio da experiência sensível, no entanto, a ideia de Deus para Locke não era inata, tampouco derivada diretamente da experiência sensível, e a afirmação de que os seres humanos podem ter uma ideia válida sobre Deus tornou-se problemática. Além disso, no universo físico – e não menos no mental – o status de Deus entrou em questão. Quando Isaac Newton desenvolveu suas celebradas leis do movimento, ele mostrou que os planetas e outros corpos astronômicos poderiam continuar em movimento sem sofrer ação externa, portanto, não havia mais nenhuma necessidade de um "primeiro motor" aristotélico. De um só golpe, o papel de Deus na astronomia foi alterado para sempre.

Se não era possível encontrar Deus por meio da cognição comum ou por meio do funcionamento do universo físico, seria preciso procurar um caminho na experiência religiosa direta ou no misticismo. Contudo, nos anos 1700, a confiança na experiência religiosa havia se tornado inaceitável entre

---

[5] Paul Tillich escreveu uma teologia sistemática como "teologia em resposta", de forma que "a apologética [...] é um elemento onipresente e não uma seção especial da teologia sistemática" (Systematic Theology, 3 vols [Chicago: University of Chicago Press, 1951-63], 1:31) [no Brasil: *Teologia sistemática* (São Leopoldo: Sinodal, 2005)]. Esse comentário se encaixa em Edwards, em toda a sua exposição da doutrina cristã moldada pelo desejo de responder às objeções deístas contra a ortodoxia.

[6] B. A. Gerrish, *A prince of the Church: Schleiermacher and the beginnings of modern theology* (Philadelphia: Fortress, 1984), p. 54-5.

a intelectualidade dominante. Sangrentos conflitos religiosos, travados em nome de credos rivais, rasgaram o coração da civilização europeia desde a metade do século XVI até o meio do século XVII, e essas guerras religiosas solaparam a confiança nas ortodoxias concorrentes do catolicismo e do protestantismo e, com elas, na crença nas afirmações de revelação divina sobre as quais estavam baseadas. A Grã-Bretanha sofreu uma agitação e um deslocamento social no meio dos anos 1600 por causa de rivalidades religiosas. Como consequência, houve poucas noções no início do século XVIII mais impopulares do que a ideia de que Deus comunica verdades para alguns poucos escolhidos. A crítica de Locke ao "entusiasmo" – o termo no século XVIII para essa ideia – foi um dos capítulos mais influentes do seu *Ensaio*. As palavras do bispo anglicano Joseph Butler para John Wesley são emblemáticas dessa era: "*Sir*, ter a pretensão de ostentar os dons e as extraordinárias revelações do Espírito Santo é uma coisa horrível, uma coisa muito horrível".[7]

Para agravar ainda mais o problema, surgiram os deístas ingleses e seu "efeito extraordinário [...] sobre toda a vida intelectual do século XVIII". Professando seu "honesto desejo pela verdade" e sua "seriedade moral", os deístas passaram a reexaminar e criticar todas as crenças e práticas existentes em nome da "razão".[8] Qualquer coisa que não resistisse ao teste da "razão" como eles a entendiam deveria ser revisada ou rejeitada. Embora "se tornassem mais conscientes de sua divergência com o cristianismo histórico, eles se transformaram em defensores da religião natural como oposta à revelada".[9] Os deístas foram, assim, *insiders* que se tornaram *outsiders*. Conforme o deísmo se desenvolveu, houve uma acentuada oposição entre a religião natural e a religião revelada. Os deístas mais radicais passaram a ver as doutrinas cristãs como desnecessárias e a Bíblia como uma expressão inferior, limitada, das

---

[7] Joseph Butler, conforme citado em J. M. Cohen; M. J. Cohen, eds., *The Penguin dictionary of quotations* (Harmondsworth: Penguin, 1960), p. 85.

[8] Ernst Cassirer, *The philosophy of the Enlightenment*, trans. Fritz C. A. Koelln; James P. Pettegrove (Boston, MA: Beacon, 1955), p. 174 [no Brasil: *A filosofia do Iluminismo* (Campinas: Unicamp, 1997)].

[9] G. C. Joyce, citada in J. K. S. Reid, *Christian apologetics* (Grand Rapids: Eerdmans, 1969), p. 147. Sobre os debates a respeito do deísmo, veja Avery Dulles, *A history of apologetics* (New York: Corpus, 1971) e Alan Richardson, *Christian apologetics* (Londres: SCM, 1947). O parágrafo anterior sobre o deísmo é, obviamente, uma vasta simplificação, e Paul Hazard nota que: "Não havia um deísmo, mas diversos, todos diferentes, todos mutuamente opostos e até mesmo em profunda inimizade uns com os outros. O deísmo de Pope não é o de Voltaire, e o de Voltaire estava a mundos de distância do de Lessing". (*European thought in the eighteenth century: from Montesquieu to Lessing* [New Haven: Yale University Press, 1954], p. 393.)

verdades disponíveis para todas as pessoas por meio da luz da razão natural. Pelo fato de os deístas compartilharem com os pensadores ortodoxos muitas das mesmas pressuposições e de uma cultura intelectual comum, foi muitas vezes difícil para os ortodoxos argumentar contra e se diferenciarem de seus oponentes. Os deístas afirmavam que Deus está além do mundo, tendo criado e estabelecido suas leis naturais, mas não mais envolvido em seu funcionamento diário. A Trindade, a encarnação, a expiação, os milagres – eram crenças não essenciais ou até mesmo nocivas. A Bíblia é principal ou exclusivamente valorizada por conta de seu ensino ético, uma vez que Deus é um ser moral que recompensa os virtuosos. Em resumo, esse era o desafio deísta.

Edwards se opôs ao deísmo com cada partícula do seu ser. De fato, seria difícil imaginar uma visão cristã mais antitética ao deísmo do que sua teologia. Apesar de os deístas procurarem distanciar Deus do mundo, ele defendeu uma perspectiva que era *radicalmente centrada em Deus*. Por consequência, Edwards dirigiu um ataque frontal contra os conceitos deístas de razão, a sua noção de razão suficiente, os argumentos contrários à autoridade da Bíblia e a negação dos milagres. Ele atribuiu a influência dos deístas ao declínio espiritual de seu tempo, uma época "distinta de todas as outras eras da igreja cristã pela morte da prática da religião, pela licenciosidade prática e, portanto, da ausência do Espírito de Deus".[10] O *zeitgeist* corrupto distorcera o pensamento da igreja. Pelo fato de Edwards afirmar que a teologia sólida sempre estaria associada à virtude genuína, a decadência moral no começo do século XVI era, para ele, um argumento convincente contra as recentes correntes teológicas.

RESPOSTA APOLOGÉTICA E METODOLOGIA

A apologia de Edwards: I – o argumento externo

O argumento mais radical de Edwards contra o deísmo era a sua declaração quanto à insuficiência da razão natural e a consequente necessidade da revelação. "Não fosse pela revelação divina", escreve Edwards, "estou convencido de que não haveria nenhuma doutrina do que chamamos de religião natural, [mas] toda ela estaria, apesar de toda filosofia e todo ensino, para sempre envolta em trevas, dúvidas, disputas incessantes e terrível confusão". Se não houvesse nenhuma revelação, então "o mundo estaria cheio de disputas sobre o próprio ser de Deus". Ninguém saberia se haveria um Deus ou muitos e se

---

[10] Edwards, WJE 18:546.

a natureza de Deus seria pessoal ou impessoal. Haveria dez mil esquemas sobre isso".[11] Os filósofos da Grécia e Roma antigas, apesar de todo o seu brilhantismo, nunca chegaram a um consenso sobre os deuses. Ao contrário, as "contradições e incertezas infinitas entre os antigos filósofos" levaram ao ceticismo.[12] Nem mesmo os "engenhosos chineses" – a quem Edwards considerava em alto grau – chegaram a um conhecimento definitivo de Deus somente por intermédio da razão.[13] Ademais, não era a mera existência de Deus, mas a sua vontade para a vida humana que as pessoas precisavam aprender, e é aqui que o deísmo falhava de forma abismal. Que generosidade ou louvor Deus procura? Por que os seres humanos pecam contra Deus? Como o pecado pode ser compensado? Existe perdão? Se sim, como ele é obtido? Qual é a natureza da vida após a morte? Os deístas não tinham respostas para essas questões. Eles não formaram nenhuma igreja para "culto público", e essa era outra indicação da insuficiência do deísmo como fundamento para uma prática religiosa.[14]

Um motivo central para os erros dos deístas a respeito da razão é que eles falhavam em distinguir entre a dedução *a priori* das verdades religiosas e a vindicação *a posteriori*. "Uma coisa é ver que a verdade é bastante aceitável à razão, depois de ter sido dita e explicada para nós", escreve Edwards, "e outra é encontrá-la e prová-la por nós mesmos".[15] Nos assuntos religiosos, não menos que nos seculares, a familiaridade gera desprezo: "Estamos prontos para desprezar aquilo a que estamos acostumados [...] como os filhos de Israel desprezaram o maná".[16] Tudo o que era verdadeiro e digno no deísmo havia sido emprestado – ou, melhor, roubado – do cristianismo, e o mesmo era verdade para o islã, de acordo com Edwards. Essa religião continha muitas verdades adotadas da Bíblia, e até Maomé rejeitou de forma inconsistente o testemunho bíblico sobre a divindade de Jesus – assim como os deístas fizeram.[17]

---

[11] WJE 13:421-3.
[12] WJE 23:448.
[13] WJE 23:439.
[14] WJE 13:291.
[15] WJE 13:421.
[16] WJE 18:140.
[17] Edwards descreve o islã como um "grande reino de muito poder e extensão que Satanás estabeleceu contra o reino de Cristo" (WJE 9:415). Embora muitos dos contemporâneos de Edwards compartilhem essa visão sobre o islã, McDermott julga que Edwards era "extraordinariamente cáustico" contra o islã por que "os deístas... estavam usando o islã como uma vara para fustigar seus oponentes ortodoxos" (McDermott, "The deist connection", p. 39, 43).

Pode surgir uma confusão para o leitor pelo fato de Edwards falar de maneira estridente contra a confiança dos deístas na razão e, contudo, confiar muitas vezes no argumento racional para apoiar seus próprios pontos. Conforme notado por John Gerstner, "Ele tendia a explicar racionalmente o que muitos outros teólogos reformados se inclinavam a deixar em 'mistério'".[18] Ele nunca apresenta o medo ou a desconfiança sobre a filosofia que por vezes surgem nos escritos de Martinho Lutero, Søren Kierkegaard e Karl Barth. A resposta para esse quebra-cabeças está na *estrita distinção entre razão regenerada e não regenerada* em Edwards. De fato, havia um escopo considerável para o exercício da razão humana na esfera da teologia, mas isso só acontecia depois que a razão abraçava as verdades da revelação cristã pela fé. Edwards concordava com o princípio de Anselmo da "fé em busca de compreensão" (*fides quaerens intellectum*). A fé, longe de constranger a razão, a libertava para explorar os ilimitados mistérios de Deus e de sua revelação. Edwards pôde, assim, afirmar tanto a insuficiência da razão natural quanto a indispensabilidade da razão regenerada na reflexão teológica.[19]

Todos os argumentos clássicos para a existência de Deus – ontológico, cosmológico, teleológico – aparecem dentro das *Miscelânias* [*Miscellanies*] de Edwards. O ensaio "Do ser" apresenta um tipo de argumento ontológico. A existência do nada, inconcebível ou não, mostra a existência de Deus ou de um ser necessário. "Deus é um ser necessário, pois é uma contradição supor que ele não é. Nenhum ser é necessário, a não ser aquele cuja nulidade é uma contradição. Temos demonstrado que o nada absoluto é a essência de todas as contradições".[20] Um argumento relacionado, conectado com o idealismo de Edwards, era que Deus, ou o "Ser em geral", deve não apenas existir, mas ser consciente, "pois como [pode] a mente se recusar a acreditar que deve existir o ser desde toda a eternidade, sem estar consciente de si mesma, de que era".[21] Seu argumento cosmológico para a existência de Deus é derivado de sua

---

[18] John Gerstner, "An outline of the apologetics of Jonathan Edwards", *Bibliotheca Sacra* 133 (1976): p. 4. O próprio Gerstner destaca a racionalidade teológica de Edwards em *The rational biblical theology of Jonathan Edwards*, 3 vols. (Powhatan: Berea / Orlando: Ligonier Ministries, 1991), esp. 1:94-139. McClymond critica Gerstner por falhar quando situa e interpreta a apologética de Edwards em seu contexto histórico no século XVIII (McClymond, *Encounters*, p. 154, n. 70).

[19] O filósofo William Wainwright observa a "aparente ambiguidade" nos comentários de Edwards sobre a razão, mas nota que a "graça é necessária para o raciocínio adequado" (Wainwright, *Reason and the heart: a prolegomenon to a critique of passional reason* [Ithaca: Cornell University Press, 1995], p. 7-54, citando p. 7, 11.

[20] WJE 13:213. Veja também WJE 6:202-7, 350-2; 13:256, 436; 18:122; 18:190-1.

[21] WJE 13:188.

estrita noção das relações universais de causa e efeito, como pressuposto em *Freedom of the will* [Liberdade da vontade]: "É reconhecido como autoevidente, que nada pode começar sem uma causa".[22] A existência do mundo e seu modo particular de existência exigem algum tipo de causa.

A presença de desígnio e unidade no mundo também é uma demonstração da existência de Deus. "O mundo é evidentemente criado e governado para corresponder a um único desígnio em todas as diferentes partes dele, e em todas as épocas."[23] Além disso, não é apenas a estrutura de larga escala do mundo que mostra um desígnio divino, mas também as intrincadas formas e funções das criaturas vivas. Ele escreve que "os aparelhos dos órgãos de fala são particularmente maravilhosos" e que as almas humanas são "peças de artesanato" mais elaboradas do que qualquer máquina feita pelo homem.[24]

O esquema geral do argumento moral de Deus em Edwards se encontra na afirmação de um "testemunho interno [...] do ser de Deus" indicado na consciência de que, "quando fazemos o bem ou o mal, naturalmente esperamos recompensa ou punição de algum ser superior".[25] Ele até mesmo diz que "o ser de Deus pode ser afirmado pelo desejo e pela necessidade que temos dele", pois o mundo dificilmente pode ser tão imperfeito a ponto de faltar um regente universal que alivie as misérias e corrija as injustiças da vida humana.[26] Em conexão com sua visão de Deus como governante moral, Edwards procurou estabelecer a credibilidade da vida após a morte. Muitas anotações tratam da "imortalidade" ou do "estado futuro". Como muitos outros autores do século XVIII, Edwards defendia que uma expectativa clara e definitiva de recompensas e punições futuras era necessária para impedir que as pessoas se tornassem "negligentes, estúpidas e descuidadas" sobre religião.[27] A vida futura era uma necessidade para que os seres humanos pudessem encontrar o cumprimento da sua capacidade inata para desfrutarem de Deus. De forma que lembra Tomás de Aquino e C. S. Lewis, Edwards argumentava que "Deus provê algum bem devido para a satisfação dos apetites e dos desejos de

---

[22] WJE 13:254-5. Compare com WJE 1:180-5. Em outro trecho, Edwards nota que nossas ideias imperfeitas acerca de Deus nos impedem de compreender como Deus existe sem ser causado (WJE 18:190-1).
[23] WJE 18:191. Veja também WJE 18:392-8 e WJE 20:154-5, 280-6.
[24] WJE 13:334, 337-8. Veja também WJE 13:373-4.
[25] WJE 13:375.
[26] WJE 13:375.
[27] WJE 13:294.

todas as coisas vivas", e que o mesmo se aplica "aos desejos de virtude e amor a Deus".[28] A vida atual apresenta muitos entraves para o completo deleite de Deus e apenas no céu esses impedimentos serão removidos. O amor celestial não conhecerá limites de intensidade ou duração, e é apenas razoável pensar o que Deus deseja para que esse estado exista".[29]

Como outros apologetas cristãos, Edwards insiste na inspiração e na autoridade divina da Bíblia. Ele via as Escrituras (da mesma forma que João Calvino) provando sua própria autenticidade com palavras que atingem a mente como dadas por Deus. Apesar da falta de "ornamentos retóricos", a Bíblia "resplandece em maior brilho com a amável simplicidade da verdade".[30] A fraseologia da Bíblia é tão expressiva que a sabedoria humana sozinha não poderia elaborá-la, como no "estranho sistema de visões" no livro do Apocalipse.[31] Edwards também recorreu às declarações externas de veracidade da Bíblia: "Isso prova que as Escrituras [são verdadeiras], que a geografia é consistente".[32] Uma longa nota discute o cânone dos escritos do Novo Testamento e a substancial concordância dos primeiros escritores cristãos a respeito de quais livros eram inspirados.[33]

Como Paley, Edwards recorreu às evidências históricas para confirmar a verdade do cristianismo. O monoteísmo dos judeus e as formas de adoração que eles usavam testemunham que eles adoravam o Deus verdadeiro, e o adoravam verdadeiramente.[34] Apesar de os deuses dos antigos pagãos terem sido a muito abandonados, multidões ainda reconhecem o Deus de Abraão e a sobrevivência do povo judeu – apesar das tentativas de exterminá-los e das pressões culturais feitas para que fossem assimilados aos idólatras ao seu redor – faz deles uma "evidência permanente" para Deus.[35] Outra linha de argumento é baseada nos milagres. Há uma forte probabilidade em favor dos

---

[28] WJE 23:126.
[29] Sobre a felicidade do céu, veja WJE 13:275, 303, 329, 331, 336-7, 369-70; WJE 20:455–6; e o extenso tratamento em WJE 8:366–97.
[30] WJE 13:202-3. De maneira similar, João Calvino escreveu que a Bíblia possui uma "inculta e quase rude simplicidade" que não obstante "inspira a maior reverência para si mesma do que qualquer eloquência" (*Institutes of the Christian religion*, ed., John T. McNeill, trans., Ford Lewis Battles, 2 vols. [Philadelphia: Westminster, 1960], 1:82-3, 90-91 [Bk. 1, Ch. 8, Secs. 1-2].)
[31] WJE 13:335-6. Compare com os comentários sobre a história de José, WJE 13:339.
[32] WJE 13:338. Veja também WJE 13:376.
[33] WJE 20:396-427.
[34] WJE 13:448.
[35] WJE 23:334-40.

milagres de Jesus dado que ele os realizou publicamente, e "se a materialidade dos fatos fosse falsa, ela teria sido negada pelos contemporâneos de Jesus".[36] Os milagres de Cristo mostram que "todo o curso da natureza" estava "sujeito ao seu comando".[37] Mais do que todos os outros milagres, foi a ressurreição que confirmou o ensino e a divindade de Jesus.[38] Uma anotação afirma que Jesus estava realmente morto depois de sua crucificação, não sendo um "desmaio" que o fizesse parecer morto.[39] A história dos apóstolos corrobora a verdade do cristianismo e a dramática mudança de atitude deles – de medo e consternação a coragem e confiança – demonstra a verdade da ressurreição de Jesus e sua contínua presença entre eles.[40] Além disso, a disseminação do cristianismo no Império Romano, sem a ajuda de poder, riqueza ou ensino humanos é, em si mesma, um tipo de milagre. Nada tão notável aconteceu antes ou depois.[41]

Muitas das últimas anotações de Edwards lidam com "tradições pagãs" que anteciparam ou eram paralelas aos ensinos do cristianismo. As notas incluem trechos de diversos autores da época de Edwards falando sobre as religiões no mundo. Tomadas juntas, essas anotações somam centenas de páginas.[42] Gerald McDermott mostrou que Edwards, nos anos 1700, realizou mais pesquisas nesse campo – ainda embrionário – de religiões comparadas do que qualquer outro na América colonial. Nessas páginas, Edwards é mais tolerante e de mente aberta com relação às religiões não cristãs do que se esperaria, no entanto, sua atitude com relação ao islã era consideravelmente mais ríspida do que com as religiões anteriores ao cristianismo. Ele associava o islamismo ao deísmo, pois considerava os dois como desenvolvimentos pós e anticristãos que surgiram de uma rejeição intencional da revelação bíblica a respeito de Cristo.[43]

Uma das notas mais impressionantes nas discussões de Edwards era se os "filósofos pagãos" não tinham "algum grau de inspiração do Espírito de

---

[36] WJE 13:293.
[37] WJE 13:352-3.
[38] WJE 13:394-5.
[39] WJE 13:302-3.
[40] WJE 13:507.
[41] WJE 13:293.
[42] WJE 20:227-31, 239-54, 275-80, 287-96, 302-9, 321-3, 343-58, 365-6, 456-8; e WJE 23:95-104, 123, 171, 176-7, 190-4, 214-5, 432-81, 543-75, 640-713.
[43] Gerald McDermott, "The deist connection: Jonathan Edwards and islam", in Stephen J. Stein, ed., *Jonathan Edwards's writings: text, context, interpretation* (Bloomington: Indiana University Press, 1996), p. 39-51.

Deus". Ele diz que "a inspiração não é uma honra e um privilégio tão grandes como alguns parecem pensar. Não é nenhum privilégio particular dos favoritos especiais de Deus". Com efeito, Edwards subentende que a inspiração não era uma questão de tudo ou nada, mas que apareceu na história em graus variados. Sócrates e Platão, ele sugere, podem ter tido "algum grau de inspiração, bem como os sábios do oriente que vieram para ver a Cristo quando ele era uma criança".[44] O pensamento de Edwards sobre as religiões não cristãs permaneceu em uma linha de pensamento cristão liberalizante que se estendia de Orígenes a Clemente de Alexandria, a Erasmo e Zuínglio entre os reformadores, bem como muitos dos humanistas da Renascença. Ele analisava as "tradições pagãs" que eram paralelas às crenças cristãs sobre o Messias, os maus espíritos, a Trindade, a encarnação de deidades em objetos físicos, o pecado original, a infusão da graça, o dia do sábado, a imortalidade da alma, o julgamento futuro, a ressurreição do corpo e a conflagração final. A revelação divina às nações gentílicas ocorreu por meio das tradições ancestrais – uma ideia que McDermott identifica com um termo técnico não usado por Edwards, *prisca teologia* ("teologia antiga"). O que os pagãos possuíam, então, não era uma teologia natural, mas, antes, uma teologia revelada. As verdades religiosas dadas por Deus entre os antigos – talvez na época de Noé e seus filhos – tornou-se uma parte da tradição comum de várias nações. Dessa maneira, Edwards foi capaz de manter sua posição antideísta de que todo conhecimento verdadeiro de Deus vem por meio da revelação e também explica a existência de crenças e tradições religiosas verdadeiras entre as nações gentílicas que não tinham contato direto com os antigos israelitas ou com o início do cristianismo.

A apologia de Edwards: II – O argumento interno

Voltamo-nos agora para o argumento interno. O ensino de Edwards sobre a *percepção espiritual* – o que ele chamava de "o novo sentido", ou "o sentido do coração" – sustentava sua apologia pela verdade do cristianismo. Esse é o aspecto de Edwards mais diretamente associado a pensadores como Samuel Taylor Coleridge e Friedrich Schleiermacher. Edwards apresentou o sentido espiritual dos santos como um tipo de *evidência para Deus, imediatamente presente à mente e mais certo e confiável do que a argumentação racional comum pela existência de Deus*. Os pensadores do Iluminismo em

---

[44] WJE 23:84-5.

geral enfatizavam a experiência direta do mundo. Immanuel Kant definiu o *esclarecimento* como "a libertação do homem de sua menoridade" e destacava que cada indivíduo deveria "ousar saber".[45] No entanto, Edwards dirigiu o empirismo do Iluminismo de maneira simpática a Deus, e a fé, ele defendia, era uma forma de ver, e não uma crença de segunda mão ou uma confiança na autoridade de outros. Aqueles que viam a "beleza" ou a "excelência" de Deus tinham uma boa razão para estarem convencidos da realidade e da beleza de Deus como qualquer pessoa que estivesse convencida da realidade dos objetos físicos ao seu redor.

A importância da abordagem de Edwards para a percepção espiritual se torna mais clara se a vemos contra o panorama da filosofia de Locke, que havia negado a existência de ideias inatas. Ele insistia que todas as ideias humanas se originavam ou por meio das sensações ou por meio da reflexão da mente sobre as ideias derivadas da sensação. Para Locke, a consequência era que nenhuma ideia jamais poderia ser diretamente percebida como oriunda de Deus. A revelação divina poderia apenas reforçar as ideias e os princípios já conhecidos por intermédio da experiencia sensível do mundo. Os discípulos mais radicais de Locke – isto é, os deístas – imediatamente captaram as implicações do ensino de seu mestre e negaram que pudesse haver alguma experiência religiosa distinta reservada somente aos santos. De sua parte, Locke permitia que houvesse "inspiração" trazendo uma "revelação original" à mente de um indivíduo inspirado ou de um profeta. Contudo, esse tipo de inspiração era apenas conhecimento, no sentido verdadeiro, dentro da mente da pessoa que primeiro a experimentou. Para todas as outras pessoas, era simplesmente uma tradição passada adiante. Locke escreve: "Pois qualquer verdade sobre a qual tenhamos claramente descoberto, a partir do conhecimento e da contemplação de nossas próprias ideias, sempre serão mais certas para nós do que aquelas que são transmitidas a nós pela revelação tradicional".[46] Uma religião, como o cristianismo, que afirma ser baseada em uma revelação de Deus transmitida por meio de registros históricos, como a Bíblia, estava em desvantagem segundo a filosofia de Locke. O cético poderia argumentar que

---

[45] Immanuel Kant, "What is Enlightenment?", quoted in James C. Livingston, *Modern Christian thought: from the Enlightenment to Vatican II* (New York: Macmillan, 1971), p. 1.

[46] John Locke, *An essay concerning human understanding*, 4.18.4 [no Brasil: *Ensaio acerca do entendimento humano* (São Paulo: Abril, 1973)]. Os capítulos de Locke "Fé e razão" e "Entusiasmo" (Ensaio 4:18-19) foram profundamente influentes no século dezoito, e são indispensáveis para entender a posição intrincadamente articulada de Edwards sobre a percepção espiritual.

ele sempre teria mais certeza de suas experiências *presentes* do que qualquer afirmação de milagres, inspiração ou revelação *passados*.

Em um de seus primeiros escritos, Edwards argumentou que a percepção de Deus na fé era, ela própria, um "testemunho" da realidade de Deus:

> Sem dúvidas pode haver tal coisa chamada testemunho de fé, e um tipo de certeza da fé que é diferente daquela da razão, ou seja, é distinta do discurso feito por uma cadeia de argumentos, uma certeza que é dada pela Espírito Santo; e, no entanto, essa crença pode ser também aceitável à razão, aceitável às regras mais precisas da filosofia [...] Ele tem certeza de ver e sentir o que ele vê e sente; e ele sabe que aquilo que vê e sente é a mesma coisa que ele chamava de Deus [...] Nenhum homem agora pode negar que essa ideia de religião possivelmente possa ser causada pelo Espírito Santo. Não é antifilosófico pensar assim.[47]

A percepção espiritual traz certeza imediata porque é uma experiência de primeira mão. Conforme o truísmo, é ver para crer: "Quando uma pessoa vê uma coisa com seus próprios olhos, isso dá a ela a maior certeza que pode ter sobre aquilo, maior do que qualquer informação de outros".[48] Em *Afeições religiosas*, Edwards escreve: "O evangelho do Deus bendito não sai mendigando por evidência, conforme pensam alguns; ele tem sua mais nobre e devida evidência em si mesmo".[49]

Em seu sermão *Divine light* [Luz divina], Edwards descreve a iluminação da mente por meio do ensino racional e das Escrituras: "A evidência obtida dessa maneira é amplamente melhor e mais satisfatória do que todas que possam ser obtidas pelos argumentos daqueles que são mais eruditos".[50] Aqui, Edwards tem Locke em mente, pois usa seus princípios empiristas – que todos devem ver com seus próprios olhos – para estabelecer que *a certeza intelectual da percepção espiritual de quem crê é maior do que a certeza obtida pelo raciocínio humano comum sobre Deus*. Para Edwards, a alma entra em contato imediato com Deus na conversão e recebe um novo conhecimento que não poderia ser obtido antes. A Bíblia descreve a conversão como a abertura dos olhos de um cego, a desobstrução dos ouvidos de um surdo e até

---

[47] WJE 13:177-8.
[48] WJE 17:65. Compare WJE 2:305-7, onde Edwards discute os cristãos como "testemunhas" para Deus.
[49] WJE 2:307.
[50] WJE 17:423.

mesmo o despertar de um morto de volta à vida.[51] Deus "ilumina" a mente do santo, "infunde" sua graça e "reside" no corpo de quem crê através do Espírito Santo.[52] A revelação não simplesmente "aumenta" a razão natural – como Locke havia afirmado –, mas a transcende, outorgando o que a mente humana não pode obter por seus próprios esforços. Não obstante, a iluminação da mente e do coração de quem crê não era uma instância de "inspiração" ou "entusiasmo" – como a lógica de Locke parecia sugerir. Edwards, então, procura vindicar um conhecimento religioso genuíno baseado em um encontro direto com Deus que não fosse "entusiástico". Sua ideia de percepção espiritual foi uma resposta ao desafio do Iluminismo para fornecer uma justificação racional para a crença em Deus.

A apologia de Edwards: III – O argumento implícito

Ao falar de um argumento implícito, nos referimos à estratégia de Edwards para se apropriar e reinterpretar várias disciplinas ou gêneros de pensamento acadêmicos a fim de trazê-los de volta para um relacionamento com Deus e com a verdade teológica. Norman Fiering comentou que "seu propósito, contrário àquele do *philosophe*, era tornar o melhor pensamento da época em prol de Deus".[53] Dessa forma, Edwards procurou virar a mesa do Iluminismo ao absorver as melhores ideias dos pensadores céticos e adaptá-las para uso cristão.

Uma expressão da apologia implícita de Edwards aparece dentro de um pequeno texto intitulado *A rational account of the main doctrines of the Christian religion attempted* [Uma tentativa de explicação racional das principais doutrinas da religião cristã]. Essas anotações foram registradas aqui durante um tempo muito extenso, talvez quase 15 anos.[54] Edwards afirma que o prefácio ao *Rational account* deveria "mostrar que todas as artes e ciências, quanto mais aprimoradas, mais deságuam na divindade, coincidem com ela e parecem ser parte dela".[55] O que ele imaginava era nada menos que um sistema compreensivo de ciências, tendo a teologia como o ponto alto de todas elas. Nenhum grande pensador do período moderno – com a possível exceção de G. W. F. Hegel – jamais tentou tal coisa. Podemos ser tentados a considerar

---

[51] WJE 21:159-64.
[52] WJE 2:206.
[53] Norman Fiering, *Jonathan Edwards's moral thought and its British context* (Chapel Hill: University of North Carolina Press, 1981), p. 60-1.
[54] WJE 6:396–7, com os comentários de Anderson em WJE 6:394.
[55] WJE 6:36.

Rational account como "medieval" pela maneira como ela relaciona todas as ciências humanas à teologia, como no tratado de Boaventura no século XIII, *A redução das artes à teologia*.[56] Contudo, o sistema de Edwards certamente seria um esforço pós-lockeano, pós-iluminista, de unificar as ciências humanas e ainda ser baseado em princípios empíricos.

As reflexões de Edwards sobre metafísica são um argumento implícito para Deus. A questão dominante em *The mind* [A mente], como afirma Wilson Kimnach, era a seguinte: "Como convencer o público mais sofisticado de que ele tinha identificado um sistema espiritual de funcionamento tão certo quanto Newton havia encontrado o verdadeiro sistema físico?"[57] Com efeito, Edwards usava a metafísica como um instrumento para estabelecer a supremacia de Deus e o espiritual em comparação com as realidades materiais, invertendo, assim, as noções comumente aceitas dos filósofos de que a matéria era real, ao passo que o espírito era tênue e etéreo. Na corajosa reinterpretação de Edwards, a matéria era a mera sombra da realidade espiritual. Além disso, Deus é a realidade definitiva, "o ser original e principal, o primeiro e o último, o padrão de tudo".[58] A metafísica de Edwards mostrou uma forte tendência unificadora, uma vez que cada entidade no universo permanecia em relacionamento direto e constante com Deus.

Outra disciplina intelectual que Edwards procurou apropriar e reinterpretar para seus propósitos teológicos foi a filosofia moral britânica – um campo de estudo que rapidamente se afastou de seus fundamentos teológicos durante os anos 1700. Lord Shaftesbury e Francis Hutcheson separaram a reflexão moral de qualquer ligação essencial com Deus ou com noções teológicas, e suas teorias sobre o "sentido moral" basearam a ética na natureza humana, e não na natureza de Deus. No entanto, Edwards procurou captar e reverter esse processo. Seu projeto em *End of creation* [Fim da criação] era a eticização do divino, ao passo que seu intento em *True virtue* [Verdadeira virtude] era o da divinização da ética. Os dois tratados presumiam que Deus era o objetivo

---

[56] "Uma vez que cada ciência", escreveu Boaventura, "e particularmente [mas não apenas] a ciência contida nas Santas Escrituras, é relacionada com a Trindade antes de qualquer coisa, cada ciência deve necessariamente apresentar algum traço dessa mesma Trindade" (citado em Jaroslav Pelikan, *The Christian tradition: a history of the development of doctrine; Volume 3: the growth of Medieval theology [600-1300]* [Chicago: University of Chicago Press, 1978], p. 282, cf. p. 305-7) [no Brasil: *Tradição cristã*, A – Vol. 3: uma história do desenvolvimento da doutrina – o desenvolvimento da teologia medieval – 600-1300 (São Paulo: Shedd Publicações, 2015)].

[57] Wilson Kimnach, "Editor's introduction", em WJE 10:189.

[58] WJE 6:363.

verdadeiro e adequado de todas as ações corretas, e o argumento de ambos foi um tapa na cara para os humanistas do Iluminismo, defensores de que os seres humanos deveriam procurar sua própria felicidade e que o grande propósito de Deus era simplesmente promover o bem-estar das criaturas. Onde os pensadores do Iluminismo procuraram reduzir a religião à moralidade, o *True virtue* de Edwards virou a mesa. A religião era não apenas *não redutível* à moralidade ou à virtude, argumentava ele, mas a virtude não poderia sequer existir no sentido adequado sem o amor a Deus. A reinterpretação de Edwards da filosofia moral do século XVIII estabeleceu, assim, os fundamentos teológicos para a ética.

Ainda outra disciplina abrangida no argumento implícito de Edwards era a história. A tese geral de *History of redemption* [História da redenção] era a unidade da história.[59] Edwards compara a providência de Deus a "um grande e longo rio, que tem inúmeros braços se estendendo em diferentes regiões [...] que escoam em uma foz no mesmo oceano". Embora nossa perspectiva humana, limitada, torne difícil para nós perceber a unidade do todo: "Os diferentes braços desse rio estão prestes a parecer um simples emaranhado, uma confusão aos nossos olhos, por causa da limitação de nossa visão". Edwards afirma que no fim "nenhuma dessas correntes todas deixa de chegar até aqui".[60] Em essência, *History of redemption* é um livro sobre discernimento intelectual e espiritual, e não uma mera compilação de fatos.[61] A obra foi organizada de forma que o leitor possa traçar o progresso gradativo do plano redentor de Deus. Edwards concebeu a história de forma escatológica; ou seja, voltando para trás a partir do fim, e não começando do início. A história era como um romance no qual o último capítulo explica tudo o que aconteceu antes, e, então, adequadamente interpretado, o curso das questões mundiais se tornaria um meio de "ver" a Deus e uma apologia implícita para a realidade e a atividade divinas.

CONTRIBUIÇÕES PARA A APOLOGÉTICA

Conforme já notado, os autores da "Nova divindade" na geração que sucedeu a Edwards, sabedores de sua dívida com ele (por exemplo, Samuel Hopkins, Joseph Bellamy, Jonathan Edwards Jr., Nathaniel Emmons) estavam completamente inconscientes da vasta extensão da argumentação apologética contida

---

[59] Perry Miller, *Jonathan Edwards* (New York: Sloane, 1949), p. 313.
[60] WJE 9:520.
[61] John F. Wilson, "Editor's introduction", in WJE 9:72-4.

nas anotações particulares, ou *Miscelâneas*, de Edwards. A assim chamada "Teologia da Nova Inglaterra" do século XIX foi perdendo cada vez mais sua ligação com as ideias de Edwards, seguiu seu próprio curso no século XIX e acabou convergindo para as influências teológicas liberais que vinham da Alemanha.[62] Por esse motivo, uma versão de apologética cristã inspirada ou influenciada por Edwards permanece em alguma medida uma questão de conjectura e do que se pode chamar "um caminho nunca trilhado", em lugar de algo que possa ser prontamente documentado dos escritos nos últimos 250 anos.

As respostas apologéticas para o desafio deísta a partir do início do século XVIII até o começo do XIX devem ser divididas em duas categorias, e podemos denominá-las como *evidencialista* e *experimentalista*. Os *evidencialistas*, resumidos na obra *A view of the evidences of Christianity* [Uma visão das evidências do cristianismo] (1794), de William Paley, fizeram sua defesa do cristianismo recorrendo às evidências históricas das profecias cumpridas na vinda de Cristo, à confiabilidade histórica da Bíblia e ao impacto positivo do cristianismo, moral e culturalmente, na história ocidental. A discussão de Paley sobre a "probabilidade antecedente" refutou o famoso argumento de David Hume contra os milagres, seu tratamento da "evidência histórica direta" defendeu a credibilidade da Bíblia e sua abordagem das "evidências auxiliares" explicou a moralidade da mensagem do evangelho, a exclusividade do caráter de Cristo e a extraordinária expansão do cristianismo, a despeito dos muitos obstáculos que ele encontrou em seu período formativo.[63]

Distintos dos evidencialistas, os *experimentalistas* são resumidos por Friedrich Schleiermacher em sua obra *On Religion* [Sobre a religião] (1799) e – mais conhecido entre os anglófonos – *Aids to Reflection* [Auxílio à reflexão] (1825), de Samuel Taylor Coleridge. Coleridge declarou que "o modo de defender o cristianismo adotado pelo [...] Dr. Paley" havia apenas aumentado o nível de descrença, e isso aconteceu porque tanto os céticos quanto o próprio Paley encorajaram as pessoas a "sempre olharem para fora" – isto é, tentarem encontrar a Deus no mundo externo. O que eles descobriram foi uma "máquina sem vida girando pela poeira de sua própria moagem". Melhor

---

[62] Oliver Crisp; Douglas A. Sweeney, eds., *After Edwards: the courses of the New England theology* (New York: Oxford University Press, 2012); e Douglas Sweeney; Allen C. Guelzo, eds., *The New England theology: from Jonathan Edwards to Edwards Amasa Park* (Eugene: Wipf & Stock, 2015).

[63] As evidências de Paley estão incluídas como o volume 2 em William Paley, *The works of William Paley*, 5 vols. (Boston, MA: Belcher, 1810). Para uma exposição maior, veja D. L. LeMahieu, *The mind of William Paley: a philosopher and his age* (Lincoln: University of Nebraska Press, 1976).

ainda, diz Coleridge, seria que todos "olhassem para dentro de suas próprias almas".[64] Schleiermacher foi muito mais longe do que Coleridge ao afirmar que um "milagre" não era um evento especial, mas sim uma forma especial de olhar para tudo. Todos os eventos mundanos eram "milagres" – aos que tinham olhos para ver. A religião não consistia em uma forma de *conhecimento* intelectual (como imaginavam o evidencialistas) nem em um *agir* virtuoso (como os moralistas e deístas propunham), mas, antes, um sentimento de devoção, ou seja, uma "contemplação de [...] todas as coisas finitas, no e através do Infinito".[65] Esse "sentido" ou "gosto", pelo infinito era a essência de toda religião verdadeira e, para Schleiermacher, um elemento intrínseco da consciência e experiência humana do mundo. Nenhuma evidência poderia refutar isso. Nenhum argumento lógico poderia anulá-lo. A própria religião era, portanto, invulnerável a qualquer tipo de ataque intelectual.[66]

Contra esse pano de fundo histórico, a apologia de Edwards pelo cristianismo é notável ao integrar diferentes estratégias argumentativas. Edwards evitou o objetivismo definitivo do evidencialismo de Paley, bem como o subjetivismo problemático de Schleiermacher. Ocultas nas *Miscelâneas* encontram-se amplas apresentações das evidências cristãs, discussões a respeito da possibilidade de milagres, digressões sobre a história bíblica e reconstruções do argumento racional para a existência de Deus (por exemplo, ontológico, cosmológico, teleológico). Embora estivesse há décadas antes de Schleiermacher ou Coleridge, Edwards antecipou o pedido que Coleridge faz para que as pessoas "olhassem para dentro de suas próprias almas". Muitos aspectos dos argumentos internos dos românticos para o cristianismo se encontravam em Edwards, conforme ele chama a atenção para uma sensibilidade interna que estabelecia a credibilidade da crença cristã. Embora Edwards

---

[64] Samuel Taylor Coleridge, *The collected writings of Samuel Taylor Coleridge, volume 9: "Aids to reflection"*, ed. John Beer (Princeton: Princeton University Press, 1993), xiiv, lxxxviii, p. 405-8. Coleridge afirmava que ele não "negava" os milagres, nem os considerava como "inúteis", embora procurasse "construir o milagre da fé, e não a fé sobre o milagre" (xliv).

[65] Friedrich Schleiermacher, *On religion: speeches to its cultured despisers*, trans. John Oman (New York: Harper & Row, 1958 [1893]), p. 36. Para o contexto, veja Richard E. Crouter's "Introduction" a sua nova tradução de *On religion* (Cambridge: Cambridge University Press, 1988), p. 1-73.

[66] A apologética de Schleiermacher tem sido criticada por tornar a crença em Deus invulnerável a ataques e a um alto preço – isto é, negando o status cognitivo das afirmações teológicas. Veja Wayne Proudfoot, *Religious experience* (Berkeley: University of California, 1985). Edwards, em contrapartida, alegava que as afirmações teológicas têm conteúdo cognitivo e fazem afirmações objetivas verdadeiras. O conteúdo intelectual misturado com a experiência afetiva no ensino de Edwards sobre o "sentido do coração": "O coração não pode ser colocado em um objeto sobre o qual não há nenhuma ideia no entendimento" (WJE 22:88).

apresentasse algumas diferenças cruciais em relação a Schleiermacher, há afinidades também,[67] e essa pode ser uma razão para o surpreendente apelo de Edwards entre os descendentes de Schleiermacher no século XX – ou seja, a autoconsciência liberal ou os teólogos modernos. (Os livros de Jonathan Edwards eram uma leitura indicada no Harvard Divinity School bem como no Dallas Theological Seminary. Quantos outros teólogos modernos são lidos nesses dois seminários?) A análise aprofundada de Edwards sobre a experiência religiosa – para não mencionar sua afirmação de seus valores evidenciais e apologéticos – fez dele uma figura atrativa para revisionistas teológicos que, de outra forma, teriam pouco interesse em seu calvinismo doutrinal ou em sua defesa das doutrinas tradicionais.[68]

Em seus últimos anos, Edwards parece ter chegado à visão de que a melhor apologética é uma boa dogmática, e de que a dogmática deve assumir a forma de uma narrativa ou história. Durante os anos 1730, Edwards desenvolveu, nas palavras de Ava Chamberlain, uma "crescente convicção de que a história da salvação – baseada no cumprimento das projeções proféticas e apocalípticas sobre o futuro da igreja – representou a melhor linha de defesa do cristianismo contra os deístas".[69] Não que ele tenha desistido da defesa racional da fé cristã, mas procurou mostrar a racionalidade da fé apelando para argumentos históricos, e não apenas aos lógicos ou filosóficos. Na época que Edwards escreveu para o conselho de administração em Nova Jersey (para o que mais tarde seria chamado de Princeton University), seu primeiro projeto para *Rational account* havia sido substituído por seus planos para o *History of the work of redemption* [História da obra de redenção] – que, como a obra anteriormente planejada, seria para defender a fé e "refutar as alegações deístas".[70] Na obra não escrita de Edwards, *History of the work of redemption*, as verdades atemporais dos dogmáticos estavam de alguma maneira sendo traduzidas para a forma de narrativa. Stephen Clark escreve: "O insight de Edwards é que a doutrina cristã não é dada inteira, mas emerge, revelando uma natureza

---

[67] Uma diferença crucial é que Edwards propôs que o "sentido do coração" ou "sentido espiritual" somente era possível entre os regenerados, que haviam recebido a graça especial de Deus, ao passo que o *Gefühl* ("sentimento") de Schleiermacher, ou "sentido e sabor pelo infinito", era possível para todos os seres humanos, sem exceção.

[68] Richard R. Niebuhr procurou associar Edwards com Schleiermacher em *Streams of grace: studies of Jonathan Edwards, Samuel Taylor Coleridge, and William James* (Eugene: Wipf & Stock, 2011).

[69] Ava Chamberlain, "Editor's introduction", in: WJE 18:34.

[70] Ava Chamberlain, "Editor's introduction", in: WJE 18:24-34, citando 30.

orgânica conforme a história da redenção se desdobra e à medida que a revelação bíblica se desenvolve.[71]

Se Edwards não tivesse morrido tão precocemente (por causa de uma vacina contra varíola mal administrada), é possível que sua "grande obra" sobre a *História da redenção* fornecesse aos seus herdeiros intelectuais um modelo de envolvimento apologético que seria diferente de qualquer outra coisa que eles pudessem encontrar. Edwards foi rigorosamente ortodoxo em seu compromisso com a concepção calvinista de pecado humano e graça divina, juntamente com as doutrinas fundamentais a respeito de Deus e de Cristo que foram formuladas na primeira era cristã. No entanto, as últimas anotações passaram a apresentar um apreço pela presença e ação de Deus em contextos não cristãos. O seguidor de Edwards no século XX, H. Richard Niebuhr, exigia nada menos do que uma história universal da obra redentora de Deus: "A comunidade cristã deve se voltar [...] da revelação do Deus universal em uma história limitada para o reconhecimento de seu governo e providência em todos os eventos, em todos os tempos e comunidades".[72] *The meaning of revelation* [O sentido da revelação] (1941), de Niebuhr, com sua ênfase sobre a teologia como narrativa, influenciou os professores da Yale Divinity School durante as décadas de 1980 e 1990, incluindo Hans Frei, George Lindbeck, David Kelsey e outros. A "teologia narrativa" que então dominou em Yale forjou uma união inseparável entre o raciocínio teológico e a forma narrativa. Embora Karl Barth tenha contribuído muito para essa evolução, foi a interpretação que Niebuhr fez de Edwards que serviu como um ponto de partida chave para a assim chamada "escola de Yale", com seu foco na "teologia narrativa".[73]

Quando se considera a bem planejada, mas nunca concluída, *History of the work of redemption* de Edwards entre as maiores tendências da teologia e apologética cristã modernas – o evidencialismo de Paley, o experimentalismo de Schleiermacher, a reconstrução das artes e ciências de Hegel e as teologias narrativas de Karl Barth e a "escola de Yale" –, o efeito geral é impressionante. O historiador de Harvard, Perry Miller, talvez estivesse correto ao insistir que

---

[71] Stephen M. Clark, "Jonathan Edwards: the history of redemption" (PhD diss., Drew University, 1986), p. 406.

[72] H. Richard Niebuhr, *The meaning of revelation* (New York: Macmillan, 1941), p. 87.

[73] Quem seguiu Niebuhr e, consequentemente, o legado de Edwards foi Hans Frei em *The eclipse of biblical narrative: a study in eighteenth and nineteenth century hermeneutics* (New Haven: Yale University Press, 1974). Sobre a "teologia narrativa" em Yale, veja Mark I. Wallace, *The second naivete: Barth, Ricoeur, and the new Yale theology*, 2 ed. (Macon: Mercer University Press, 1995).

Edwards antecipou uma série de desenvolvimentos teológicos e filosóficos muito antes de terem surgido.

BIBLIOGRAFIA

CASSIRER, Ernst. *The philosophy of the Enlightenment*. Trad. Fritz C. A. Koelln; James P. Pettegrove (Boston: Beacon, 1955).

COLERIDGE, Samuel Taylor. *The collected writings of Samuel Taylor Coleridge, volume 9: "Aids to reflection"*. Ed. John Beer (Princeton: Princeton University Press, 1993).

CRISP, Oliver; SWEENEY, Douglas A., eds. *After Edwards: the courses of the New England theology* (New York: Oxford University Press, 2012).

CROUTER, Richard E. "Introduction" in: *On religion* (Cambridge: Cambridge University Press, 1988).

DULLES, Avery. *A history of apologetics* (New York: Corpus, 1971).

FIERING, Norman. *Jonathan Edwards's moral thought and its British context* (Chapel Hill: University of North Carolina Press, 1981).

FREI, Hans. *The eclipse of biblical narrative: a study in eighteenth and nineteenth century hermeneutics* (New Haven: Yale University Press, 1974).

GERRISH, B. A. *A prince of the Church: Schleiermacher and the beginnings of modern theology* (Philadelphia: Fortress, 1984).

GERSTNER, John. "An outline of the apologetics of Jonathan Edwards". *Bibliotheca Sacra* 133 (1976): p. 3-10, 99-107, 195-201, e 291-98.

____. *The rational biblical theology of Jonathan Edwards*, 3 vols (Powhatan: Berea Publications/Orlando: Ligonier Ministries, 1991). Veja, em especial, 1:94-139.

HAZARD, Paul. *European thought in the eighteenth century: from Montesquieu to Lessing* (New Haven: Yale University Press, 1954).

HEIMERT, Alan. *Religion and the American mind, from the Great Awakening to the Revolution* (Cambridge: Harvard University Press, 1966).

LEMAHIEU, D. L. *The mind of William Paley: a philosopher and his age* (Lincoln: University of Nebraska Press, 1976).

LIVINGSTON, James C. *Modern Christian thought: from the Enlightenment to Vatican II* (New York: Macmillan, 1971).

MCCLYMOND, Michael J. *Encounters with God: an approach to the theology of Jonathan Edwards* (New York: Oxford University Press, 1998).

MCDERMOTT, Gerald. "The Deist Connection: Jonathan Edwards and Islam", p. 39-51, in: *Jonathan Edwards's writings: text, context, interpretation*. Ed. Stephen J. Stein (Bloomington: Indiana University Press, 1996).

MILLER, Perry. *Jonathan Edwards* (New York: Sloane, 1949).

NIEBUHR, Richard R. *Streams of grace: studies of Jonathan Edwards, Samuel Taylor Coleridge, and William James* (Eugene: Wipf & Stock, 2011).

PALEY, William. *The works of William Paley*. 5 vols. (Boston: Belcher, 1810).

PATTISON, Mark. "Tendencies of religious thought in England, 1688--1750". *Essays and Reviews*. 8 ed. (London: Longman, Green, 1861).

PELIKAN, Jaroslav. *The Christian tradition: a history of the development of doctrine; volume 3: the growth of Medieval theology [600-1300]* (Chicago: University of Chicago Press, 1978).

PROUDFOOT, Wayne. *Religious experience* (Berkeley: University of California, 1985).

REID, J. K. S. *Christian apologetics* (Grand Rapids: Eerdmans 1969).

RICHARDSON, Alan. *Christian apologetics* (London: SCM, 1947).

SCHLEIERMACHER, Friedrich. *On religion: speeches to its cultured despisers*. Trad. John Oman (New York: Harper & Row, 1958 [1893]).

SWEENEY, Douglas; GUELZO Allen C., eds. *The New England theology: from Jonathan Edwards to Edwards Amasa Park* (Eugene: Wipf & Stock, 2015).

WAINWRIGHT, William. *Reason and the heart: a prolegomenon to a critique of passional reason* (Ithaca: Cornell University Press, 1995). Veja p. 7-54.

WALLACE, Mark I. *The second naivete: Barth, Ricoeur, and the New Yale theology*. 2 ed. (Macon: Mercer University Press, 1995).

William Paley
Apologética do desígnio e para a cultura

Charles Taliaferro

William Paley (1743-1805) foi um apologeta cristão, filósofo, ensaísta e sacerdote anglicano. Embora tenha recebido uma educação altamente qualificada e fosse ativo como um jovem acadêmico em sua vida universitária, ele escolheu fazer sua pesquisa e seus escritos começando sua carreira fora da universidade, obtendo sustento para si mesmo e para sua família por meio de discursos públicos, publicações, além dos ganhos que recebia como sacerdote. Seus contemporâneos o elogiavam por tirar a filosofia da academia e trazê-la para a vida comum. Ele era um apologeta preparado para se dirigir não apenas aos que contavam com um alto nível de formação intelectual, mas também para um público amplo que fosse receptivo ao Deus do cristianismo e para quem Paley desejava o que ele considerava como um chamado de Deus para aumentar a felicidade de todas as pessoas. Ele valorizou a deliberação racional em sua defesa do teísmo (como uma cosmovisão geral) e da revelação cristã em particular. Nesse ponto, foi diferente dos apologetas que apelam à paixão e ao paradoxo e que evitam recorrer à evidência adquirida de forma imparcial. Paley acreditava que a realidade de Deus é evidente para uma mente que inquire de forma imparcial, e, em termos de bem e mal, Paley entendia que Deus tem a intenção de que as criaturas sencientes sejam felizes. Ele também pensava que os cristãos não deveriam apenas procurar a salvação de outros, mas também estarem extremamente comprometidos na luta contra a injustiça social. Sua espiritualidade envolvia um compromisso duplo com o bem-estar da alma e do corpo dos indivíduos e da sociedade como um todo. Para Paley, o evangelismo que não inclui o esforço pela justiça, em especial pelo vulnerável, é espúrio, ou ao menos profundamente prejudicado.

CONTEXTO HISTÓRICO

William Paley nasceu em Peterborough, na Inglaterra, e era o filho mais velho de William e Elizabeth Paley. Seus contemporâneos descrevem sua mãe como dona de um intelecto forte e ativo.[1] Seu pai era um cônego em Peterborough e o diretor da Giggleswick School. Depois de formado na Giggleswick, o jovem Paley obteve sua educação na Universidade de Cambridge, graduando-se no Christ's College em 1763. Três anos depois, Paley foi indicado como um membro do Christ's College, e mais tarde, em 1768, recebeu a indicação para ser um dos tutores da faculdade. Ele foi ordenado sacerdote na Comunhão Anglicana em 1767. Paley continuou como um acadêmico no Christ's College até 1774, quando abandonou a vida universitária, continuando seus estudos e escritos como um ativo pastor-sacerdote. Em 1792, ele rejeitou a oferta para se tornar o diretor (*master*) do Jesus College, em Cambridge, comprometendo-se, dessa maneira, com seus serviços ministeriais e apologéticos para com os que estavam fora da academia.

Enquanto esteve na Universidade de Cambridge, Paley ensinou sobre os primeiros filósofos modernos, tais como Joseph Butler, John Locke e Samuel Clarke, bem como sobre Novo Testamento e teoria moral. Suas aulas sobre moralidade levaram à publicação de sua obra *The principle of moral and political philosophy* [Os princípios da filosofia moral e política], em 1785, onde Paley defendeu uma versão de utilitarismo teísta, de acordo com o qual Deus havia criado e sustentado as pessoas em nome da felicidade eterna. Esse livro foi extremamente popular, tendo sido relançado em quinze edições durante a vida de Paley.

Paley ocupou uma série de posições cada vez mais importantes na Igreja da Inglaterra, culminando em sua nomeação de arquidiácono de Carlisle, um cônego da Igreja Saint Paul, subdiácono de Lincoln, e então reitor de Bishopwarmouth. Ele casou-se duas vezes, primeiro com Jane Hewitt, com quem ele teve oito filhos – ela faleceu em 1791. Paley então se casou com Miss Dobinson, em 1795. Ele faleceu em Lincoln no dia 25 de maio de 1805, em tranquilidade e rodeado pela família.

Paley é principalmente descrito por seus contemporâneos como alegre, simpático e extrovertido. Como estudante, demonstrou possuir uma mente investigativa, levantando questões incômodas (tais como a justificativa para a pena de morte) e sendo inclinado para o debate. Ele foi muito demandado como professor e orador público até que uma doença, em 1800, o forçou a desistir. Suas aulas e seus sermões não são descritos como graciosos, porém

---

[1] As obras completas de William Paley, assim como uma biografia sua, está disponível online. Veja: http://onlinebooks.library.upenn.edu. Todas as referências a Paley são desse site.

eram fortes em conteúdo, amáveis e focados em sua audiência, sem condescendência. Ele sabia que, quando as pessoas se envolvem em um raciocínio, é importante ter abertura genuína para as razões apresentadas, pois, como ele observou certa vez: "Quem pode refutar uma zombaria?" Aparentemente, estar bem vestido não era uma de suas prioridades. Ele era um tanto excêntrico em seus maneirismos. Por toda a sua vida, Paley não foi interessado em esportes (ele era descrito como um cavaleiro não muito bom), diferente de muitos dos seus pares, e, embora haja forte evidência de sua integridade e disciplina como cristão (ele valorizava a formação do clero como um exemplo de virtude), Paley não se negava divertimentos como jogo de cartas e encorajava os cristãos a reconhecerem e tolerarem outros cristãos. Durante sua vida, somente anglicanos eram aceitos nas universidades de Cambridge e Oxford. Paley dizia que isso era muito restritivo. Ele parecia favorecer o que C. S. Lewis mais tarde descreveria como "cristianismo puro e simples" uma posição que defendia o ensino cristão sem argumentar a favor de uma denominação ou comunhão ser favorecida sobre outras. Nesse último ponto, ele encorajava a completa aceitação (ou tolerância) de católicos romanos e da permissão para não conformistas em Oxford.

CONTEXTO TEOLÓGICO

William Paley pertence a uma longa tradição de filósofos cristãos defensores de que a crença na existência de Deus é evidente para investigadores honestos, imparciais, sem necessidade de recorrer a uma revelação especial. Nesse aspecto, ele deu continuidade a uma tradição estabelecida por um grupo de filósofos e teólogos que surgiu na Universidade de Cambridge no século XVII, conhecidos como os platônicos de Cambridge. Faziam parte desse grupo Benjamin Whichcote, Henry More, Ralph Cudworth, Nathaniel Culverwell, John Smith, Peter Sterry e Anne Conway.[2] Essas foram as primeiras pessoas a publicarem um longo trabalho filosófico em inglês. As obras publicadas anteriormente na Bretanha eram escritas em latim e grego. Eles desenvolveram uma série de argumentos com relação à existência de características do nosso cosmos – sua contingência (o fato de que o cosmos não existe necessariamente), suas leis naturais estáveis, a emergência da vida, e, em especial, a

---

[2] Para saber mais sobre esses platônicos cristãos de Cambridge, veja minhas obras: *Cambridge Platonist spirituality* (Paulist Press, 2004); *Evidence and faith: philosophy and religion since the seventeenth century* (Cambridge University Press, 2005); e *The golden cord: a short book on the secular and sacred* (University of Notre Dame Press, 2012).

emergência da vida consciente e de valores objetivos – que são mais racionalmente esperados de acordo com o teísmo em vez do naturalismo não teísta (ou ateísta). Ou seja, eles acreditavam que o teísmo apresenta um argumento para a existência e a continuação do cosmos que a alternativa ateísta deixa inexplicada. Os platônicos de Cambridge então (como Paley faria mais tarde) usaram a defesa evidencial geral pelo teísmo para reforçar o argumento pela revelação especial. Afinal de contas, se a investigação imparcial nos leva à conclusão de que é irracional acreditar em Deus, isso enfraqueceria as afirmações de que existe um Deus revelado na história humana. Por outro lado, um caso positivo pela realidade de Deus deve nos inclinar a estarmos abertos para a possibilidade de haver uma revelação divina. O filósofo contemporâneo cristão Richard Swinburne usa uma analogia com a astrofísica: se você tem uma teoria bem alicerçada, segundo a qual as estrelas não explodem, seria necessária uma evidência muito boa para dizer que alguns fragmentos no espaço eram oriundos de uma estrela que explodiu, mas, por outro lado, se você tem boas bases para acreditar que, por vezes, algumas estrelas explodem, seria necessária uma evidência menos rigorosa de que alguns fragmentos observados no espaço vieram de uma estrela que explodiu. A partir da perspectiva de Paley, pelo fato de termos bons fundamentos para pensarmos que existe um Deus, isso nos deve fazer considerar a evidência de que Deus se revela na história humana, e essa era a posição compartilhada por John Locke (e sobre o qual Paley dava aulas), que, após apresentar uma defesa para o teísmo, escreveu *The reasonableness of Christianity* [A razoabilidade do cristianismo].

RESPOSTA APOLOGÉTICA

O primeiro livro de Paley sobre apologética, *Horae Paulinae*, ou *The truth of the Scripture history of St. Paul* [A verdade da história das Escrituras de São Paulo], foi publicado em 1790 e era um trabalho amplamente exegético que defendia a coerência e plausibilidade do Novo Testamento. Suas famosas obras de apologética são *View of the evidences of Christianity* [Panorama das evidências do cristianismo] e *Natural theology* [Teologia natural]; ou *Evidence of the existence and attributes of God* [Evidência da existência e dos atributos de Deus]. Somada a essas, a obra de Paley sobre teologia natural foi bastante influente ao promover a interação entre as ciências, a filosofia e a teologia. Mas ele é singular na história da apologética, pois estava preocupado não apenas com argumentos teológicos e filosóficos, como também com apologética social e o envolvimento cultural. O que segue é um resumo de ambas, suas contribuições para a apologética a partir de reflexões sobre o desígnio e sua abordagem holística à apologética, que inclui sua intensa rejeição à escravidão, sua oposição à vasta desigualdade econômica em seus dias e sua visão de que o verdadeiro valor e a finalidade da vida é a felicidade.

Argumentos pelo desígnio

A mais memorável contribuição de Paley para a história das ideias é seu argumento pelo desígnio, uma abordagem bem resumida nas primeiras páginas de seu livro *Natural theology*.

> Ao cruzar um matagal, suponhamos que eu bata meu pé contra uma pedra e pergunte como a pedra foi parar lá; eu possivelmente poderia responder que, a menos que tivesse alguma informação diferente, para todos os efeitos a pedra esteve lá desde sempre; talvez não seria muito fácil mostrar o absurdo dessa resposta. Mas suponha que eu encontrasse um relógio no chão; nesse caso, dificilmente eu pensaria na mesma resposta, isto é, de que tudo o que eu sabia era que o relógio sempre esteve lá. Contudo, por que essa resposta não deve servir para o relógio como serve para a Pedra? Por que não é admissível no segundo caso como é no primeiro? Por esse motivo, e por nenhum outro, a saber, que, quando inspecionamos o relógio, percebemos o que não poderíamos descobrir na pedra – que suas diversas partes são concebidas e colocadas juntas por um propósito, por exemplo, que elas são formadas e ajustadas para produzir movimento, e esse movimento é regulado para indicar as horas do dia; e que se as diferentes partes tivessem sido formadas diferentemente do que são, ou colocadas de qualquer outra maneira ou em qualquer outra ordem distintas da que foram colocadas, ou essa engrenagem não faria movimento nenhum ou não faria movimentos que correspondessem ao uso que têm hoje. Ao observarmos esse mecanismo [...], a inferência que pensamos é inevitável: o relógio deve ter tido um construtor – que deve ter existido, em algum tempo e em algum lugar ou outro, um artífice ou artífices que o formaram para o propósito que o vemos desempenhar, que compreendeu sua construção e o desígnio de seu uso. Tampouco, acredito, seria enfraquecida nossa conclusão pelo fato de que nunca vimos um relógio ser feito; que nunca conhecemos um artista capaz de construí-lo; que éramos completamente incapazes de produzir essa peça por nós mesmos, ou de entender de que maneira ela foi feita; tudo isso sendo não mais do que aquilo que é verdadeiro sobre algum resquício excelente de arte antiga, de alguma arte perdida e, para a humanidade em geral, das produções mais curiosas de manufatura moderna.[3]

---

[3] William Paley, *Natural theology* (Indianapolis: Bobbs-Merrill, 1802/1963), cap. 1.

A popularidade da obra de Paley foi imensa, e seu trabalho foi amplamente lido na universidade de Cambridge por quase cem anos. Entre seus muitos admiradores estava Charles Darwin:

> No intuito de passar pelo exame para o B.A. (*Bachelor of Arts*), também era necessário dominar as *Evidences of Christianity*, de Paley, bem como sua *Moral philosophy* [...] A lógica desse livro, e incluo ainda sua *Natural theology*, me deram muito mais prazer do que Euclides. O cuidadoso estudo dessas obras, sem procurar repetir nada mecanicamente, foi a única parte do Curso Acadêmico que, como eu pensava antes e ainda penso, foi de mínimo uso para mim na educação de minha mente. Eu não me preocupei naquela época a respeito das premissas de Paley; confiando nelas, fui seduzido e convencido da longa linha de argumentação.[4]

O argumento de Paley pelo desígnio, extensivamente desenvolvido por todo o seu *Natural theology*, destaca a natureza funcional de órgãos particulares, tais como o olho de um animal humano ou não humano, que ele afirma (corretamente) terem funções nas coisas vivas. Eles são virtudes ou poderes não morais que constituem a saúde dos seres. Eles são virtudes ou poderes bons, embora não sejam, estritamente falando, virtudes morais como a coragem.

O argumento do desígnio que Paley desenvolveu é feito por analogia. O cosmos se parece com coisas que temos razão em acreditar terem sido designadas por causas conscientes. Entretanto, temos razão para acreditar que o cosmos foi designado por causas conscientes (embora tais causas fossem imensamente mais poderosas e inteligentes do que meros relojoeiros humanos!). O argumento do desígnio foi popular em sua época entre os cristãos, tanto teístas quanto deístas. De acordo com o deísmo, há um Deus-Criador, mas Deus não se revelou na história humana e muitos deístas negaram a realidade dos milagres, mas muitos deles (incluindo o crítico agressivo do cristianismo, Thomas Paine) acreditavam em vida após a morte.

O argumento do desígnio recebe sérias críticas de David Hume em seus *Diálogos sobre a religião natural*. Por meio de um dos personagens do diálogo, o argumento do desígnio é desenvolvido com a analogia de que o cosmos não se parece com um relógio, e sim com uma casa, e as objeções incluem a proposta de que, se o cosmos é como uma casa, e casas têm diversos construtores, talvez devamos concluir que há muitos designers ou deuses, não apenas

---

[4] Charles Darwin, *Autobiography* (New York: Collier, 1961), p. 34-5 [no Brasil: *Autobiografia* (Rio de Janeiro: Contraponto, 2007)].

o Deus do cristianismo. Além disso, o cosmos não é mais parecido com um animal ou planta do que com uma casa [ou relógio]? E o que devemos fazer quanto ao mal que observamos? Se há um designer, temos razão em acreditar que o designer é bom? Há outras objeções semelhantes. Mas talvez a mais importante delas venha da teoria da evolução de Charles Darwin e biólogos darwinistas posteriores como Richard Dawkins. De um ponto de vista darwinista, tudo o que consideramos ser de natureza teleológica (propositada) do mundo é resultado de forças cegas e sem propósito. A alegação de Dawkins contra o argumento do desígnio é visto no título de sua obra publicada em 1986, *O relojoeiro cego*, no qual ele argumenta que o cosmos se parece com um relógio, mas esse cosmos surgiu por meio de causas "cegas" – ou seja, irracionais, despropositadas.

Paley sabia da crítica de Hume sobre o argumento do desígnio, mas a achou insuficiente. Ele entendeu que a bondade do cosmos pedia por uma explicação em termos de forças que tinham alguma noção (propósito) do que estava acontecendo.

> É um mundo feliz afinal de contas. O ar, a terra e a água esbanjam o deleite da existência. Em uma tarde de primavera, ou numa noite de verão, para qualquer lado que dirija meus olhos, miríades de seres felizes enchem a minha visão. "Jovens insetos estão voando". Enxames de novas moscas testam suas asas pelo ar. Seus movimentos esportivos, sua confusão irresponsável, sua atividade gratuita, testificam sua alegria e a exultação que sentem nas faculdades tardiamente descobertas [...] Provavelmente, todos os insetos dotados de asas estão igualmente empenhados em seu uso devido e sob cada variedade de constituição, gratos, e talvez igualmente gratos pelas funções que o autor de sua natureza deu a eles.[5]

Essa é uma opinião muito mais otimista da bondade do cosmos do que aquela compartilhada por Hume e, mais tarde, por Darwin e Dawkins.[6]

Três pontos destacam o valor da obra de Paley quanto à argumentação teleológica. Primeiro, a linha de raciocínio de Paley é mais plausível quando enfatiza a existência do cosmos como um todo, com leis naturais estáveis que possibilitam a vida, incluindo a vida consciente em seres com valores morais

---

[5] Paley, *Natural Theology*, p. 236.

[6] Respondi a Hume, Darwin, e Dawkins em outros lugares. Veja em especial o capítulo 4 de *Evidence and faith: philosophy and religion from the seventeenth century* (Cambridge: Cambridge University Press, 2005).

e éticos. Em vez de observar objetos singulares, como os olhos, é necessário apreciar as abundantes leis e elementos que fazem qualquer vida (incluindo animais dotados de pensamentos, intenções, sensações, e assim por diante) possível. Esse argumento teleológico mais amplo é desenvolvido hoje em dia como o argumento do "ajuste fino". Nosso cosmos parece ser tão "finamente ajustado" que, se alguma das constantes fosse ligeiramente diferente, não haveria planetas e estrelas, e lugares onde a vida poderia surgir estariam abandonados. Considerando o teísmo, teríamos uma opinião de por que há um cosmos em lugar de não haver, ao passo que o naturalismo secular parece indeciso com a visão de que o extraordinário cosmos que dá suporte à vida "apenas existe", sem uma explicação.[7]

Segundo, argumentos teleológicos, quer estejam na tradição de Paley, que estejam no contexto dos argumentos teleológicos mais amplos, são fortalecidos quando combinados com outros argumentos teístas, tais como o argumento cosmológico. No texto citado no início dessa seção, Paley parecia satisfeito com o reconhecimento da existência contínua de uma pedra que não exigia nenhuma explicação. Em muitas formas do argumento cosmológico, propõe-se que uma explicação completa dos seres existentes de forma contingente deve repousar em um ser necessário. Deus, como um ser necessariamente existente, pode oferecer uma explicação do contingente que não é fornecida no naturalismo secular.[8]

Um terceiro ponto envolve as preocupações expressas por Hume, Darwin e Dawkins sobre o problema do mal. Cada um desses pensadores abraçou uma cosmovisão na qual os horrores dessa vida são elementos naturais em nosso mundo. Infelicidade, assassinato, estupro, e assim por diante não são violações da intenção e da vontade de um Deus santo. Em *The descent of man*

---

[7] Veja Robin Collins, "Evidence for fine-tuning", em *God and design: the teleological argument and modern science*, ed. Neil A. Manson (New York: Routledge, 2003), p. 178-99; "The teleological argument: an exploration of the fine-tuning of the universe", in *The Blackwell companion to natural theology*, eds. William Lane Craig; J. P. Moreland (Chichester: Wiley-Blackwell, 2009), p. 202-81; e "Modern cosmology and anthropic fine-tuning: three approaches", in *Georges Lemaître: life, science and legacy*, eds. Rodney D. Holder; Simon Mitton (Berlin: Springer, 2012), p. 173-91. Para um argumento do outro lado, veja Thomas Nagel, um ateu, expressando sua profunda satisfação com o naturalismo na explicação do cosmos, em especial o surgimento da consciência, em *Mind and cosmos* [Mente e cosmos]. Embora eu defenda um argumento teleológico teísta amplo, alguns filósofos de hoje (muitas vezes sob o título de design inteligente) defendem um argumento do design bastante baseado na tradição de Paley, que foca no surgimento de organismos, como a obra de Michael Behe, *Darwin's Black Box* (New York: Free Press, 1996).

[8] Para uma excelente defesa dessa posição, veja Alexander Pruss; Joshua Rasmussen, *Necessary existence* (Oxford: Oxford University Press, 2018).

[A ascendência do homem], Darwin descreveu o que ele previa ser o extermínio de raças mais fracas pelas mais fortes como natural, uma posição que os biólogos nazistas receberam muito bem anos mais tarde.[9] Ao contrário, o teísmo de Paley reforça a visão de que campanhas de extermínio, injustiça, e assim por diante são elementos que violam o propósito da ordem criada, qual seja, que cuidemos uns dos outros, procurando justiça. Uma resposta completa sobre o problema do mal ocorrerá em outro lugar, mas tem sido oferecida por filósofos e apologetas desde Agostinho até Plantinga, e continuará a ser dada pela próxima geração de apologetas.[10] O próprio Paley era um forte defensor da ideia de que as pessoas possuem livre-arbítrio e são moralmente responsáveis tanto por seus atos bondosos quanto pelos cruéis.[11]

Apologética social e envolvimento cultural

Paley não era um apologeta apenas para salvar almas, mas alguém profundamente comprometido em corrigir as injustiças de sua época, bem como um abolicionista e apaixonadamente comprometido com a crença de que escravizar humanos era um pecado. Ele apoiou a Revolução Americana, em parte porque acreditava que a revolução levaria à libertação dos escravos na América do Norte. Em contrapartida, David Hume (de certo modo, a nêmesis de Paley em termos de história do argumento do desígnio) era um supremacista branco e sua obra foi citada por defensores do tráfico de escravos africanos.

Paley não defendeu em sua época a redistribuição radical de todas as propriedades, mas protestava que os ricos têm obrigações cristãs de generosamente fazer doações a fim de ajudar os necessitados. Ele defendia que Deus nos criou para a felicidade – que não é temporária, mas eterna, começando nessa vida e se estendendo até a próxima. Sendo assim, quando privamos os outros (incluindo animais não humanos) de serem felizes, agimos contra a vontade de Deus; nesse sentido, os que possuem propriedades em abundância têm obrigações de caridade a fim de assegurar a felicidade de outros.

---

[9] Veja "Eugenics" por K. Ludmerrer in *Encyclopedia of bioethics*, ed. Mark Lappe (New York: Free Press, 1978), p. 457.

[10] Para uma boa introdução às diversas visões sobre esse tópico, veja Chad Meister; James K. Dew Jr., eds., *God and the problem of evil: five views* (Downers Grove: InterVarsity Press, 2017).

[11] Para mais sobre a defesa do livre-arbítrio, veja Alvin Plantinga, *God, freedom, and evil* (Grand Rapids: Eerdmans, 1989) [no Brasil: *Deus, a liberdade e o mal* (São Paulo: Vida Nova, 2012)].

A ênfase de Paley sobre a importância da felicidade é interessante do ponto de vista da apologética. Na visão dele, um apologeta cristão não deve ter como interesse principal a conversão de pessoas para que tenham "as crenças corretas sobre Deus", e sim a felicidade de todas as pessoas, cristãs e não cristãs, o que é muito similar à opinião de C. S. Lewis.

Na história da ética no pensamento europeu moderno, a teoria ética do utilitarismo, defensora de que a ética deve ser estabelecida sobre a geração da maior felicidade para o maior número de pessoas, é associada a filósofos seculares como Jeremy Bentham (um ateu) e John Stuart Mill (que acreditava poder existir um Deus). Muito menos conhecido é que bastante independente de Bentham (e precedendo as obras publicadas deste), o clero anglicano, incluindo William Paley, defendeu uma forma vigorosa de utilitarismo que colocava Deus e a felicidade no centro. Por causa de seu teísmo cristão, esses utilitaristas basearam sua concepção da felicidade centrada em Deus no âmbito das alianças e dos mandamentos divinos, tais como o dever de amar o próximo como a si mesmo. Assim, eles contornaram alguns dos desafios encarados por seus utilitaristas seculares, preocupados sobre se seria moralmente correto causar grande miséria aos vulneráveis caso isso tornasse feliz a completa maioria das pessoas.[12]

METODOLOGIA E CONTRIBUIÇÕES PARA A APOLOGÉTICA

Paley era um apologeta que valorizava a razão imparcial e teve um grande impacto ao unir ciência e tecnologia. Sua principal contribuição para a apologética foi a publicação de *Natural theology*, que é reconhecida por inspirar dez volumes dos tratados de Bridgewater nos anos de 1830, com autores que incluem William Whewell (que cunhou o termo *cientista*).[13] A produção de Paley se tornou o fundamento educacional de apologetas que lhe sucederam e estimularam a construção de defesas do teísmo cristão, da teologia natural e da bondade de Deus.

Alguns filósofos cristãos na era moderna criticaram a metodologia de Paley de primeiro procurar defender o teísmo antes de avaliar as afirmações revelacionais (como feito pelos platônicos de Cambridge, John Locke, William

---

[12] Veja Graham Cole, "Theological utilitarianism and the eclipse of the theological sanction" *Tyndale Bulletin* 42, no 2. (Nov 1991): p. 226-44.

[13] Veja Charles Babbage, *Ninth bridgewater treatise: a fragment* (London: Murray, 1838); e William Whewell, *Astronomy and general physics considered with reference to natural theology* (London: Pickering, 1834).

Paley e Richard Swinburne, entre muitos outros).[14] Seu mais ardoroso crítico hoje é Paul Moser. De acordo com Moser, recorrer à defesa evidencial em favor do teísmo envolve o que ele chama de "evidência do espectador".[15] É evidente que está excluído o desafio de ser confrontado pelo chamado radical de Deus a fim de renunciar nosso interesse próprio e nos comprometermos apaixonadamente com o senhorio de Jesus Cristo. Moser argumenta que um Deus perfeitamente moral desejaria que as pessoas o conhecessem por meio de um processo de transformação moral e pessoal. Durante nosso comprometimento com Jesus de Nazaré, conforme revelado no Novo Testamento, nossas vidas se tornam evidência da verdade da revelação cristã. Moser se vê desenvolvendo uma teologia da evidência inspirada pelo apóstolo Paulo, Søren Kierkegaard e Reinhold Niebuhr. Ele lamenta que a teologia natural possa contribuir para a vaidade e soberba mais do que nos estimular a procurar lugares nos quais Deus se manifestou na história humana.

Quatro breves contra-argumentos são valiosos aqui para mostrar porque o projeto de Paley é válido. Primeiro, em resposta a Moser, é preciso reconhecer que quase *qualquer coisa* (incluindo a teologia natural) pode ser uma fonte de vaidade e soberba humana. Paul Moser é uma pessoa exemplar com virtudes evidentes (um amigo humilde e nada egoísta), mas é *concebível* que seu massivo histórico de publicações (incluindo sua defesa da humildade e de uma vida centrada em Cristo, com especial ênfase para o Cristo crucificado) por editoras de grande prestígio (tais como a Cambridge University Press) poderia ser uma fonte de vaidade e soberba. Pessoalmente falando (e não fazendo referência a Moser nesse ponto), se eu tivesse esse registro incrível de publicações da Cambridge University Press, seria tentado a fazer com que um grande número de pessoas conhecesse meus livros. Então eu proponho que o perigo de a teologia natural nos levar aos vícios é um perigo em quase todo esforço que valha a pena.[16] Segundo, sugiro que a teologia natural daria às pessoas

---

[14] Para uma boa visão geral crítica de Paley e seus detratores, veja Alister E. McGrath, *Darwinism and the divine: evolutionary thought and natural theology* (Oxford: Whiley-Blackwell, 2011) [no Brasil: *Deus e Darwin. Teologia Natural e Pensamento* Evolutivo (Viçosa: Ultimato, 2016)].

[15] Paul Moser, "Christian philosophy and Christ crucified: fragmentary theory in scandalous power" in *Christian philosophy: conceptions, continuations, and challenges*, ed. Aaron Simmons (Oxford: Oxford University Press, 2019), p. 209-28.

[16] É possível contestar que há um tipo diferente de arrogância ou vaidade envolvida em, digamos, as realizações profissionais e na afirmação de que a crença em Deus é baseada na evidência da teologia natural, mas sugiro que elas possam ser do mesmo tipo ou espécie; ambas podem ser objeto de um desejo desordenado por elogio ou prestígio. E, outras coisas sendo iguais, sugiro que a defesa de Moser de suas posições, bem como a de Paley, podem igualmente refletir a humildade epistêmica.

razões independentes para explorar o desafio de Moser, em vez de procurar dar a vida para outras fontes, tais como seguir o Buda ou buscar viver em harmonia com o Tao ou seguir o ensino de Spinoza. Terceiro, se Paley está correto, há uma boa razão para rejeitar o naturalismo secular, que é provavelmente a alternativa filosófica ao teísmo cristão mais forte hoje em dia. Por fim, não é claro que o apóstolo Paulo desprezaria a teologia natural. Provavelmente, o trecho mais amplamente citado das Escrituras usado como convite para a pesquisa da teologia natural é a carta de Paulo aos Romanos (1:20): "Pois desde a criação do mundo os atributos invisíveis de Deus, seu eterno poder e sua natureza divina, têm sido vistos claramente, sendo compreendidos por meio das coisas criadas, de forma que tais homens são indesculpáveis ".

O que Paley pede de seus leitores (ou ouvintes) é que estejam abertos ao seu raciocínio, pois, conforme acreditava, uma vez combinadas a teologia natural e a revelada, estamos no verdadeiro caminho para a felicidade: "fazer o bem para a humanidade, em obediência à vontade de Deus, para a felicidade eterna".[17]

BIBLIOGRAFIA

BABBAGE, Charles. *Ninth Bridgewater treatise: a fragment* (London: Murray, 1838).

BEHE, Michael. *Darwin's black box* (New York: Free Press, 1996).

COLE, Graham. "Theological utilitarianism and the eclipse of the theological sanction". *Tyndale Bulletin* 42.2 (November 1991): p. 226-44.

COLLINS, Robin. "Evidence for fine-tuning", p. 178-99 in: *God and design: the teleological argument and modern science*. Ed. Neil A. Manson (New York: Routledge, 2003).

____. "Modern cosmology and anthropic fine-tuning: three approaches", p. 173-191 in: *Georges Lemaître: life, science and legacy*. Eds. Rodney D. Holder; Simon Mitton (Berlin: Springer, 2012).

____. "The teleological argument: an exploration of the fine-tuning of the universe", p. 202-81 in *The Blackwell companion to natural theology*. Eds. William Lane Craig; J. P. Moreland (Chichester: Wiley-Blackwell, 2009).

DAWKINS, Richard. *The blind watchmaker* (New York: Norton, 1987).

---

[17] Paley, *The principles of moral and Political philosophy*, p. 25.

LUDMERER, K. "Eugenics", p. 457 in: *Encyclopedia of bioethics*. Ed. Mark Lappe (New York: Free Press, 1978).

MCGRATH, Alister E. *Darwinism and the divine: evolutionary thought and natural theology* (Oxford: Wiley-Blackwell, 2011).

MEISTER, Chad; DEW JR., James K., eds. *God and the problem of evil: five views* (Downers Grove: InterVarsity Press, 2017).

MOSER, Paul. "Christian philosophy and Christ crucified: fragmentary theory in scandalous power", p. 209-28 in: *Christian Philosophy*. Ed. J. Aaron Simmons (Oxford: Oxford University Press, 2019).

PALEY, William. *Natural theology* (Indianapolis: Bobbs-Merrill, 1802/1963).

____. *The principles of moral and Political philosophy* (Indianapolis: Library Fund, 1785/2002).

____. *A view of the evidence of Christianity*. Com anotações de R. Whatley (New York: Miller, 1794/1860).

PLANTINGA, Alvin. *God, freedom, and evil* (Grand Rapids: Eerdmans, 1989).

PRUSS, Alexander; RASMUSSEN, Joshua. *Necessary existence* (Oxford: Oxford University Press, 2018).

TALIAFERRO, Charles. *Cambridge Platonist spirituality* (New York: Paulist, 2004).

____. *Evidence and faith: philosophy and religion since the seventeenth century* (New York: Cambridge University Press, 2005).

____. *The golden cord* (Notre Dame: University of Notre Dame Press, 2013).

WHEWELL, William. *Astronomy and general physics considered with reference to natural theology* (London: Pickering, 1834).

JOSEPH BUTLER
DEFENDENDO A PROBABILIDADE DO CRISTIANISMO CONTRA O DEÍSMO

David McNaughton

Joseph Butler (1692-1752) tinha os deístas como principal alvo em sua *Analogy of religion* [Analogia da religião], os quais aceitavam que o mundo deveria ter um criador e designer inteligente, mas em geral negavam as doutrinas específicas do cristianismo, tais como os milagres, a encarnação e o julgamento final. Eles argumentavam que nenhuma crença deveria ser associada à narrativa bíblica, a qual deveria ser rejeitada tanto por bases históricas como por questões de bom gosto. O Deus da Bíblia não é o Deus que se manifesta nas operações regulares da natureza. A resposta de Butler é tripla. Primeiro, pelo estudo do mundo ao nosso redor, podemos coletar muito mais sobre a natureza de Deus; por exemplo, que ele é um justo juiz que, em última análise, tratará de cada um segundo nossos méritos. Segundo, que não há nada na revelação que seja inconsistente com o que encontramos na natureza. Terceiro, apesar de as conclusões da teologia natural nunca serem certas, elas são prováveis. Em questões práticas, quando nosso futuro está em risco, é razoável agir mesmo sob baixas probabilidades; sendo assim, qualquer um que aceite haver alguma chance de existir um Deus justo deve alterar sua vida de acordo com isso.

CONTEXTO HISTÓRICO

Os principais eventos públicos na vida bastante monótona de Butler podem ser rapidamente delineados. De suas opiniões, ou de sua vida privada, sabemos pouco, uma vez que ele ordenou que todos os seus documentos e textos fossem queimados após a sua morte. Nascido em 18 de maio de 1692, em uma família presbiteriana que morava em Wantage, Berkshire, ele primeiro foi educado em uma escola de gramática local e, mais tarde, na Dissenting Academy, em Gloucester, provavelmente com a intenção de se tornar um ministro presbiteriano. O currículo incluía grego e latim, lógica, matemática, geografia e estudos bíblicos. Foi aqui que Butler conheceu Thomas Secker, que mais tarde se tornou arcebispo de Canterbury, e começou sua correspondência com Samuel Clarke.

Por volta de 1714, Butler decidiu fazer parte da Igreja Anglicana e ficou assim elegível a participar das antigas universidades, que eram à época fechadas para não conformistas. Em 1715, ele foi aceito no Oriel College em Oxford, onde, como era comum no século XVIII, ele percebeu que era deficiente a educação que recebia. Butler foi ordenado para o sacerdócio em 1718. No ano seguinte, foi indicado por Sir Joseph Jekyll, o presidente da Suprema Corte da Inglaterra (*master of the Roll*), como pregador na Rolls Chapel. A capela, em Chancery Lane, em Londres, servia tanto como um arquivo de registros legais (preservados em rolos [*roll*] de pergaminho – por isso o nome) e como um lugar de culto para os advogados e clérigos que trabalhavam na Corte de Chancery e que lidavam com assuntos de jurisdição especial em vez do direito comum [*common law*]. Os *Fifteen sermons* [Quinze sermões], publicados inicialmente em 1726, foram originalmente pregados para essa audiência de maior formação acadêmica. Seguiu-se uma segunda edição em 1729, contendo um longo prefácio com o intuito de resumir, explicar e ampliar o argumento de Butler.

Em 1721, ele obteve seu diploma de bacharel em direito comum, em Oxford, e logo lhe foi dado um dos mais ricos benefícios no país – Stanhope, no condado de Durham. Seus rendimentos permitiam agora que ele deixasse a posição de pregador em Rolls, e ele então residiu em Stanhope até 1733, trabalhando na *Analogy of religion* [Analogia da religião]. Secker, temendo que Butler ficasse muito isolado em Stanhope, o indicou à rainha Caroline, e ela demonstrou alguma surpresa, supondo que Butler estivesse morto. O arcebispo de York teria feito um gracejo: "Não, senhora; mas ele está enterrado".[1] Em 1736, *Analogia* foi publicado, e a rainha devidamente indicou Butler como seu capelão. Seus deveres incluíam o comparecimento diante da rainha para duas horas de conversa sobre teologia, todas as tardes. Após a morte da rainha Caroline, Butler foi elevado à sé de Bristol em 1738 e indicado para uma vaga dos bispos na Câmara dos Lordes. Em 1746, Butler foi indicado *clerk of the Closet* do rei, e, em 1750, foi promovido para a sé de Durham, uma posição que ele não ocupou muito tempo, pois faleceu em 1752.

Butler foi um clérigo cuidadoso e consciente, de certo modo propenso à melancolia. Ele era bem conhecido por suas doações à caridade: registra-se que ele achava difícil negar uma doação a quem implorava. Butler gastou a

---

[1] Thomas Bartlett, *Memoirs of the life, character and writings of Joseph Butler* (London: Parker, 1839), p. 38.

maior parte de seus rendimentos com a reforma de edifícios eclesiásticos, comprando terras para uma igreja para os trabalhadores pobres, e ajudando no desenvolvimento de enfermarias em Bristol e de Newcastle upon Tyne. Até onde sabemos, ela era um membro completamente ortodoxo da Igreja da Inglaterra, embora pensasse serem importantes as formas exteriores de religião na divulgação e apoio à fé.[2]

CONTEXTO TEOLÓGICO

A Igreja da Inglaterra é considerada, durante o século XVIII, muitas vezes como não apenas mundana e complacente, mas também teologicamente desinteressante. Após as grandes agitações do século XVII, ela permaneceu estagnada, apoiada por uma monarquia protestante estabelecida, uma imagem que é errônea de diversas maneiras.[3] A igreja estatal foi desafiada pelos metodistas e pelas igrejas dissidentes por um lado e, por outro, pela questão conhecida como *Nonjuring High Churchmen* (tais clérigos entendiam que não poderiam, de boa consciência, romper seu juramento de aliança ao rei Jaime II fazendo o juramento ao novo rei, Guilherme III, e seus sucessores) e a ameaça de restabelecimento da dinastia jacobita por rebelião armada. As disputas teológicas e doutrinárias eram abundantes, em especial sobre a natureza exata da presença real de Cristo na Eucaristia. A visão de Butler sobre esses assuntos é desconhecida. O outro grande desafio que eles enfrentaram foi o surgimento do deísmo e é a ele que sua *Analogia da religião* se dirige.

Deísmo, teísmo e cristianismo

Os deístas e muitos teístas ortodoxos defendiam algumas crenças em comum. Ambos acreditavam que há uma Primeira Causa inteligente do universo, a qual podemos chamar de Deus. Como um ser racional, Deus projetou o universo de forma que tivesse uma ordem e funcionasse de acordo com princípios inteligíveis. Essas leis da natureza governam o comportamento de tudo o que existe, desde o menor dos átomos até os movimentos de estrelas e planetas, e, dado que o ser racional prefere a beleza à feiura e harmonia à desarmonia, ele criaria um universo que apresenta essas qualidades. A natureza não é um arranjo de átomos feito ao acaso, mas um todo inteligível e organizado. A teologia natural

---

[2] Para maiores detalhes biográficos, veja Christopher Cunliffe "Butler, Joseph (1692-1752)", in: *Oxford dictionary of national biography* (Oxford: Oxford University Press, 2008).

[3] B. W. Young, "Theology in the Church of England" in *The Oxford history of Anglicanism, vol. II*, ed. Jeremy Gregory (Oxford: Oxford University Press, 2017), p. 392-428.

nos ajuda a entender a natureza de Deus, tanto ao considerar a natureza em seu aspecto externo, como no cosmos organizado, quanto ao olharmos para a natureza humana. A razão é que somos feitos à imagem de Deus, especialmente no que diz respeito à luz interna da razão que foi dada a cada ser humano.

De maneira característica, os deístas rejeitavam uma série de afirmações características das grandes religiões monoteístas: judaísmo, cristianismo e o islã. Eles negavam que Deus intervenha diretamente na história humana, quer pela realização de milagres, quer por meio de profetas inspirados ou revelando verdades sobre si mesmo que não poderiam ser conhecidas apenas pela observação da criação. Eles rejeitavam especificamente as doutrinas cristãs da encarnação, da Trindade e da expiação. O Deus dos deístas não é alguém com quem cada um de nós pode ter um relacionamento pessoal. Orar pedindo orientação ou ajuda não é algo que podemos fazer para o Deus deles. É possível resumir a distinção dizendo que os deístas aceitam uma providência geral, mas não uma em particular, ou seja, para o deísta, Deus administra o mundo sabiamente por leis gerais, mas não dá conselhos ou auxílios para cada indivíduo.

O deísmo tem raízes no forte racionalismo do início do Iluminismo e no surgimento da ciência moderna. Assim, por exemplo, tolerar os milagres entraria em conflito com a crença de que Deus opera por meio de regularidades da natureza. A necessidade de um ser perfeito para fazer um "ajuste" ocasional no progresso ordenado da natureza reduziria a perfeição de sua obra. Os deístas desejavam eliminar o acúmulo de mistério, superstição e o "domínio dos padres" com o qual, em uma era mais bárbara, o cristianismo se tornou incrustado a fim de revelar a inerente religião pura da razão. Somente quanto tudo isso se dissipasse, o cristianismo seria uma visão que pessoas racionais poderiam aceitar. Os deístas também tinham objeções morais quanto a ideia de revelação. Seria *injusto* que importantes verdades – verdades necessárias para a salvação – fossem concedidas para uns, mas não para outros, nem é moralmente aceitável supor que Deus possa ter favoritos, tais como os filhos de Israel. Certamente, um Deus sábio e amoroso seria, digamos, um revelador da verdade com oportunidades iguais.

Muitos deístas influentes professavam a fé cristã, contudo, alguns não o faziam e viam a si mesmos como reformadores, em vez de refutadores, do cristianismo. Como era natural, diferiam um pouco quanto a exatamente quais elementos do cristianismo tradicional eles rejeitavam. Alguém que aceitasse apenas as declarações listadas no primeiro parágrafo dessa seção estaria subscrevendo a uma versão muito austera de deísmo, e alguns que tinham o rótulo de deístas estavam mais confortáveis com elementos do teísmo do que outros. Samuel Clarke, no seu *Discourse concerning the unchangeable obligations of natural religion* [Discurso a respeito das obrigações imutáveis da religião natural], listou quatro tipos de deístas.[4]

O primeiro é mais austero, restrito à crença de que Deus é um ser eterno, infinito e inteligente que criou o mundo. O segundo permitia que Deus exercesse um governo providencial contínuo sobre o mundo, mas esse governo não era *moral*. O terceiro grupo aceitava que Deus fosse um governante moral, mas negava a imortalidade. O quarto aceitava que há uma vida futura e um julgamento no qual a virtude será recompensada e o vício, punido. Todos negavam que precisamos da revelação para descobrir a verdade de qualquer uma dessas afirmações.[5]

Dessa forma, Lord Herbert de Cherbury, um dos primeiros deístas, apresentou cinco marcas essenciais da religião natural ou incorrupta. Por vezes conhecidos como os Cinco artigos do deísmo, são elas: (1) a crença na existência da deidade, (2) a obrigação de reverenciar tal poder, (3) a identificação do culto com a moralidade prática, (4) a obrigação de se arrepender dos pecados e de abandoná-los e (5) a recompensa divina nesse mundo e no próximo.[6] A quinta marca, é claro, implica a crença em uma vida após a morte, o que, como vimos, não é compartilhado por todos os deístas.

Uma figura essencial no desenvolvimento do deísmo foi John Locke. Embora ele próprio não fosse deísta, seus testes para uma revelação crível tendiam na direção do deísmo. O que é revelado deve vir de uma tradição que é completamente reconhecida por evidência interna e externa, e crucialmente, qualquer revelação deve ser capaz de justificação *post hoc*. Ou seja, os mistérios e o que eles pretendem revelar devem, uma vez revelados, serem aceitos somente se forem razoáveis.

Mais tarde, os deístas fizeram disso um fundamento. John Toland, em seu *Christianity not mysterious* [Cristianismo sem mistérios], sustentou que o conteúdo da revelação não deve nem contradizer, tampouco transcender os ditados

---

[4] Tomo isso de Terence Penelhum, *Butler* (London: Routledge & Kegan Paul, 1985), p. 100.
[5] Ibid.
[6] Nessa seção, sou devedor ao verbete anônimo do "deísmo" na *Internet Encyclopedia of Philosophy* https://www.iep.utm.edu/deismeng/. Discussões úteis sobre o deísmo no contexto da apologética de Butler podem ser encontrados nas seguintes obras: David Brown, "Butler and deism" in Christopher Cunliffe, ed., *Joseph Butler's moral and religious thought* (Oxford: Oxford University Press, 1992), p. 7-28, e Albino Babolin, "*Deus Absconditas*: some notes on the bearing of the hiddenness of God upon Butler's and Pascal's criticism of deism", p. 29-36, no mesmo volume. Veja também o capítulo de Michael McClymond nesse volume para um resumo útil sobre o deísmo.

da razão. A revelação não transmite verdades que não possam ser averiguadas por outros meios. Naqueles pontos em que a revelação é confiável, trata-se apenas de uma fonte conveniente de conhecimento que pode ser adquirido por outros meios, até mais difíceis. Anthony Collins, em seu *Discourse of freethinking* [Discurso do livre pensamento], defendeu que a moralidade prática independe do dogma, o qual gerou muitos males. Ele foi longe ao afirmar que Cristo e os apóstolos nunca recorreram à autoridade sobrenatural, mas apresentaram instruções claras e simples sobre como viver. Por fim, Matthew Tindal, em *Christianity as old as the creation, or the gospel a republication of the religion of nature* [Cristianismo tão antigo quanto a criação, ou o evangelho: uma reedição da religião da natureza], argumentou que, embora o judaísmo e o cristianismo contivessem revelações genuínas, o dado revelado é algo que todos podem aceitar: a lei natural, que consiste na prática da moralidade em obediência à vontade de Deus.[7]

METODOLOGIA APOLOGÉTICA

Butler apresenta uma resposta *interna* ao deísmo, ou seja, ele aceita as premissas deístas e sua afirmação de que devemos justificar a fé cristã usando métodos comuns de raciocínio que seriam utilizados na vida diária. Butler afirma que aqueles métodos nos levarão muito mais longe do que os deístas supõem, visto que podem ser usados para mostrar que muitas das declarações fundamentais do teísmo podem ser estabelecidas dessa maneira e que a ortodoxia cristã tradicional, conforme revelada nas Escrituras, está de acordo com o que conhecemos do mundo. As críticas internas de uma visão são, é claro, muito poderosas. Críticas externas de uma visão podem ser rejeitadas porque adotam uma metodologia imperfeita não aceita pelos proponentes da visão, mas, se Butler pode mostrar que, nas próprias pressuposições dos deístas, eles podem aceitar doutrinas que rejeitam, então todo o projeto deísta está acabado.[8]

A resposta de Butler está apoiada em duas afirmações sobre como raciocinamos. A primeira é que, no mínimo, quase todas as conclusões às quais chegamos são apenas prováveis. Não se deve ter certeza. A segunda é que o raciocínio comum é, em geral, analógico: aprendemos algo em um contexto e então aplicamos aquelas conclusões em um contexto similar, mas de alguma

---

[7] Ibid.
[8] Não existem edições da *Analogia* de Butler atualmente impressas. A edição padrão (agora bastante rara) é editada por J. H. Bernard, que utilmente numerou os parágrafos de Butler. Há diversas cópias disponíveis online, nenhuma delas inteiramente satisfatória. Minha própria edição (com a Oxford University Press) deve ser publicada em 2020.

forma diferente, fazendo concessões para eventuais dessemelhanças. Esses dois pontos estão relacionados. Como diz Butler:

> Aquilo que mais constitui a probabilidade se expressa na palavra verossimilhança, isto é, semelhante a alguma verdade, ou evento verdadeiro; semelhante a ele, em si mesmo, em sua evidência, em certo número de suas circunstâncias, pois, quando determinamos que uma coisa seja provavelmente verdadeira, supomos que um evento ocorreu ou ocorrerá, a partir da observação pela mente de uma semelhança a algum outro evento que observamos ter ocorrido.[9]

Ou seja, o acontecimento *provável* que ocorre é *como* algo que observamos antes.

O título completo do livro de Butler é *The analogy of religion, natural and revealed, to the constitution and course of nature* [Uma analogia da religião, natural e revelada, para a constituição e o curso da natureza]. A primeira parte expõe o que podemos obter do conhecimento que temos de nós mesmos e do mundo sobre a natureza de nosso Criador. A segunda parte afirma, usando a mesma metodologia, que não há nada surpreendente, injusto ou irracional na ideia de uma revelação *especial* – quer dizer, dada para alguns e não para outros – e que a própria revelação cristã é eminentemente razoável e plausível. A primeira parte é positiva e construtiva – mostrando que a religião natural nos dá bases para acreditar –, ao passo que a segunda parte é defensiva – dizendo que não há boas razões para rejeitar a revelação cristã.

Tomando a posição deísta mais austera como seu ponto de partida – de que o universo tem um designer inteligente –, Butler argumenta de forma sucessiva que temos boas razões para acreditarmos que:

- Existe uma vida após a morte na qual as pessoas serão punidas ou recompensadas, de acordo com uma vida virtuosa ou viciosa.
- A vida é uma provação ou um teste pelo qual devemos passar para alcançar a virtude e nos ajustarmos ao reino dos céus.
- Essas conclusões não são afetadas seja pela crença no livre arbítrio, seja por pensar que tudo acontece por necessidade.
- Nós inevitavelmente entendemos apenas uma pequena parte dos propósitos de Deus. Conhecemos o suficiente para saber o que Deus espera de nós, mas muitas partes de seu plano parecem enigmáticas.

---

[9] Todas as referências à *Analogia* de Butler são por parte, número do capítulo e parágrafo, exceto no caso da introdução, onde apenas o número do parágrafo é fornecido. Introdução, 2.

- A questão quanto ao cristianismo ser verdadeiro é de enorme importância prática.
- Uma revelação, por natureza, é milagrosa e provavelmente acompanhada por milagres para confirmação. Mas não há nada no que sabemos do mun- sobre o que justifique o ceticismo sobre os milagres.
- É compreensível, considerando a condição humana atual, que apenas um mediador e defensor possa nos salvar.
- As objeções contra uma revelação especial não são sólidas. Dada a nossa ignorância, é compreensível que se exija de nós fazermos certas coisas a fim de sermos salvos, sem que compreendamos totalmente por que Deus escolheu esses meios para a salvação.

Probabilidade

Nessa vida, praticamente não existem certezas. No mínimo, podemos ter bons motivos para pensar que é bastante provável que aconteça algum evento particular; no pior, podemos apenas saber que há uma gama de resultados prováveis, sem nenhum guia claro quanto a qual é mais provável. Em contrapartida, Deus sabe com certeza.

> Evidências prováveis, por natureza, disponibilizam somente um tipo imperfeito de informação; e deve ser considerada como restrita somente aos seres de capacidades limitadas. Pois nada que seja objeto possível de conhecimento, se passado, presente ou futuro, pode ser provável para uma Inteligência infinita; uma vez que somente pode ser discernida como absolutamente é em si mesmo, certamente verdadeiro ou certamente falso. Mas, para nós, probabilidade é o verdadeiro guia da vida.[10]

É possível supor que devemos agir somente quando temos uma chance melhor de assegurar o resultado que desejamos. Mas isso, diz Butler, seria um erro. Como devemos agir é determinado por *duas* coisas: a chance de o resultado desejado ocorrer *e* o valor daquele resultado. Se queremos um bem muito grande ou se procuramos evitar uma catástrofe, estaríamos justificados em agir mesmo embora a probabilidade dos resultados bons ou ruins fosse muito pequena. Assim, fazemos seguros contra incêndios para nossas casas, embora a chance de isso acontecer seja muito baixa, pois, se nossa casa pegar fogo, a perda será extremamente prejudicial. De forma semelhante, seria

---

[10] *Analogy* (Introdução), 3.

loucura não se candidatar para um emprego que você quer somente porque suas chances são poucas. "Pois inumeráveis ocasiões podem ser mencionadas a respeito dos fins comuns da vida, em que um homem seria considerado, em um sentido literal, corretamente distraído, caso um homem não agisse, não apenas diante de chances iguais de sucesso ou fracasso, mas até quando a probabilidade fosse grandemente contrária a sua tentativa".[11]

Esse ponto voltará a ser crucial quando Butler considera o que podemos chamar de religião prática: como devemos moldar nossas práticas religiosas diante de algumas incertezas como se, por exemplo, existe um Deus e, caso exista, qual podem ser os seus propósitos?

Raciocínio analógico

Os argumentos por analogia começam em um padrão conhecido de eventos e afirmam que, em uma situação similar, mas não idêntica, encontramos um padrão semelhante. Os principais argumentos de Butler começam com nossa vida terrena e se dirigem para a vida após a morte. Nesta vida, acreditamos que, por exemplo, a insensatez e o vício são muitas vezes punidos e a virtude, recompensada. Considerada a hipótese que Butler compartilha com os deístas – de que este é o mundo de Deus –, espera-se um padrão similar na vida que há de vir.

RESPOSTA APOLOGÉTICA

Vida após a morte

É crucial para o restante do argumento de Butler que ele persuada o deísta sobre haver boas razões para acreditar que sobreviveremos à morte. Afinal, depois de tudo, se não sobrevivermos, as questões sobre como Deus cuidará de nós em uma existência futura serão vazias. Ele começa invocando um princípio geral que é baseado na experiência; a saber, que temos boas razões, a partir da experiência, para esperarmos que uma coisa continue a existir, a menos que haja alguma causa que a impeça. Se podemos mostrar que não há razão para pensar que a morte corporal causará a dissolução da mente, então temos boas razões para supor que a mente naturalmente continuará após a morte. Butler então afirma que a diminuição de nosso corpo, ou de nossos poderes corporais, não afeta a mente. A matéria da qual nossos corpos são constituídos está em constante transformação, mas isso não afeta a nossa mente, nem mesmo a

---

[11] Ibid.

perda de um membro ou de um olho afeta nossa mente. Nosso corpo e nossos órgãos sensíveis são meros instrumentos pelos quais a mente se relaciona com o mundo e podem ser substituídos por pernas, braços, olhos artificiais. A morte iminente pode tirar de nós várias funções corporais, mas os moribundos mantêm clareza mental até a morte. Temos boas, mas certamente não conclusivas, razões para supor que nossas mentes são simples e não espaciais e, portanto, provavelmente sobrevivem à morte do corpo material.

Esse argumento está sujeito a sérias objeções. O que Butler mostrou é que muitas partes de nosso corpo podem ser perdidas sem prejuízo para nossas capacidades mentais. A partir disso, alguém poderia inferir que *todas* as partes de nosso corpo podem ser destruídas sem prejuízo ou destruição mental por duas razões. Primeiro, é geralmente frágil afirmar que, pelo fato de algo continuar a existir sem qualquer tipo particular de parte, esse algo continuaria a existir sem *nenhuma* parte daquele tipo. Poder pular uma refeição específica sem prejuízo não significa que eu possa pular todas as refeições sem que acabe morrendo. Segundo, parece haver uma parte do corpo, a saber, o cérebro, que, quando danificado, afeta o funcionamento mental. Se o meu córtex visual é destruído, então não poderei enxergar, mesmo se os meus olhos estiverem devidamente funcionando. O mesmo se aplica a outras partes do cérebro. Assim, esse órgão particular não parece ser um mero instrumento para o uso da mente, mas uma coisa cuja função devida é inseparável do funcionamento mental. Nesse caso, parece provável que a morte do cérebro e a morte da consciência andem de mãos dadas. É claro, isso não prova que não podemos sobreviver à morte, mas solapa o argumento de Butler de que o estudo da relação entre mente e corpo sugere que a vida após a morte seja natural e provável.

Governo moral de Deus

Deixemos esses problemas de lado por um momento e voltemos ao coração do argumento analógico de Butler. Nesta vida, temos um controle considerável, embora não total, sobre como nossas vidas correrão. Com certeza, podemos causar a nossa própria ruína por insensatez e vício, e é mais provável que prosperemos se tivermos uma vida prudente e virtuosa. Deístas e cristãos concordam que este é o mundo de Deus, e assim podemos presumir que os princípios segundo os quais isso acontece vêm de Deus. A maneira como nos comportamos nas primeiras fases da nossa vida afeta profundamente o que nos acontece à medida que envelhecemos. Mesmo se as consequências naturais de nossas ações forem adiadas, elas muitas vezes nos alcançam mais tarde. Por analogia, em uma vida futura, podemos esperar que os mesmos princípios, ou ao menos similares, serão aplicados. Dessa forma, podemos inferir que o vício será punido e a virtude, recompensada, na vida vindoura. Quando alguém não cumpre a pena por seus pecados nesta vida, podemos antecipar com razoável confiança que isso será feito na próxima. De maneira similar, os virtuosos que não foram recompensados aqui podem esperar sua recompensa mais tarde.

Butler admite que *nesta vida* a correspondência entre pecado e punição de um lado e virtude e recompensa de outro é menos que perfeita. Então, por que devemos esperar a próxima vida para sermos mais justos do que somos nesta?

Butler responde dizendo que não devemos nos esquecer de que somos parte da natureza e também que somos seres morais, conhecedores da diferença entre o bem e o mal. Isso nos dá um *insight* exclusivo da mente e dos propósitos do Criador. A nossa preocupação com a justiça nos fornece bases para pensar que aquel que nos criou também se preocupa.

Butler diz ainda que a tendência *natural* da virtude é tornar a nossa vida, e a vida dos outros, mais feliz, e a tendência natural do vício é o oposto. O mesmo pode ser dito de outros processos da natureza: a água naturalmente corre rio abaixo; o sistema imunológico naturalmente combate organismos invasores, mas circunstâncias acidentais podem frustrar essas tendências naturais. Os humanos podem fazer barragens nos rios ou bombear a água para um lugar alto. No caso de doenças autoimunes, as defesas do corpo atacam suas próprias células. Se devemos entender os princípios pelos quais o mundo funciona, devemos olhar para a tendência natural das coisas, e não para exceções acidentais. De forma semelhante, a tendência natural de atividade física e uma boa dieta é promover saúde e longevidade. O corredor entusiasmado pode ser atropelado por um ônibus, ao passo que um sedentário acostumado ao sofá é salvo de um ataque cardíaco por uma válvula no coração, mas essas exceções não minam a alegação de que a tendência natural da atividade física é torná-lo mais saudável, mais feliz e, portanto, fazer você viver mais. Do mesmo modo, uma sociedade de virtuosos tenderá a ser mais feliz e mais bem-sucedida do que uma sociedade de patifes, mesmo que os patifes vençam ocasionalmente. Além disso, o vício é um parasita da virtude; ele só ocorre quando a maioria é confiável, generosa etc. Uma confederação de pessoas sem um pingo de decência ou credibilidade inevitavelmente falhará. Se a virtude prevalece lentamente e com dificuldades contra os obstáculos dessa vida, podemos concluir que, nos termos da vida futura muito mais longa, ela finalmente triunfará.

Teste e tribulação

Olhando para esse mundo, com seus muitos horrores, podemos pensar que Deus não é benevolente nem justo, tendo em vista que doença, fome e enchentes destroem o justo e o perverso da mesma maneira. Às vezes o inocente sofre e, em outras ocasiões, os perversos florescem como uma árvore frondosa. Esse é o infame problema do mal: se Deus é bom, então por que todo esse sofrimento e essa injustiça? A resposta de Butler é que a existência do sofrimento está associada à noção de governo moral. Em um mundo no qual nada e ninguém cometem erros, não haveria necessidade de um *governo* de qualquer tipo. Essa vida, diz Butler, deve ser vista como uma bateria de testes na qual nos é dada a oportunidade de nos desenvolvermos como pessoas virtuosas, seres humanos realizados, ou nos afundarmos na preguiça e no pecado. É, portanto, continua Butler, um estado de provação: nossa conduta determinará se somos recompensados ou punidos ao final de nosso período probatório. Se esta vida for um genuíno teste de caráter, deve haver tentações e obstáculos a serem superados, pois não há mérito em fazer o certo quando não há nada atrativo no erro. Podemos demonstrar paciência e coragem somente quando os problemas aparecem. Somos seres imperfeitos que vieram ao mundo com poucas habilidades e, para adquirir o que hoje chamamos de "competências da vida", devemos encarar desafios, pois, onde não há possibilidade de falha, não pode haver sucesso.

O que Butler oferece aqui é uma teodiceia – um relato do propósito divino que procura justificar os caminhos de Deus para a humanidade. Ele admite que é apenas uma teodiceia parcial: existem males que não se podem explicar. Muitos ficam pelo caminho, por vezes, não por sua própria culpa e esse desperdício de vida é doloroso, embora não surpreenda mais do que o fracasso de muitas sementes que não germinam ou a alta taxa de mortalidade entre jovens animais. Uma vez que este é o mundo de Deus, assim dizia Butler, sob o governo moral de Deus, tais fatos devem ser consistentes com a bondade de Deus, embora não possamos ver como. Nossa ignorância nesses assuntos não é evidência contra a existência de Deus e seria absurdo supor que nós, com nosso conhecimento limitado, pudéssemos entender a razão de tudo. Seria insensato supor que sabemos melhor do que Deus como as coisas devem funcionar. É suficiente que possamos entender o esboço geral do plano de Deus para nós.

Suponha que não estejamos completamente convencidos do governo moral de Deus. De fato, suponha que entendamos ser bastante improvável que a prudência e a virtude tragam recompensa não apenas imperfeitamente nesta vida, mas também de forma perfeita na vida futura. No entanto, do ponto de vista da prática, podemos ter uma boa razão para seguirmos as ordenanças de Deus como o faríamos se estivéssemos totalmente convencidos. Pois, como Butler aponta no começo de sua obra, a coisa sensata a se fazer depende não apenas da probabilidade de um resultado esperado, mas de seu valor comparado com a probabilidade e o valor das alternativas. Embora seja improvável que a minha casa vá pegar fogo, seria um desastre se isso acontecesse e o seguro não é muito caro. De maneira semelhante, mesmo que alguém não esteja completamente persuadido pela defesa de Butler para a vida futura ou para o governo moral de Deus, seria mera tolice arriscar sua possível vida futura, e talvez incorrer na ira de Deus, a menos que o exigido fosse muito difícil de cumprir. Mas essas exigências, embora talvez sejam difíceis, são razoáveis. Primeiro, você precisa se arrepender da insensatez e de suas transgressões e viver uma vida sóbria, virtuosa e piedosa. Segundo, uma vez que a consequência natural do pecado é a punição, você precisa aceitar a misericórdia graciosa disponibilizada a você por meio da mediação e do sacrifício de Cristo. Essa é a versão de Butler da Aposta de Pascal: ao decidir como viver, considere as chances e o que está em jogo em cada caminho.

Isso conclui a explicação de Butler sobre a religião natural, mas, antes de mudarmos para suas discussões quanto à revelação, devemos examinar brevemente um movimento defensivo importante dele. Suponha, como debatem alguns, que tudo o que acontece, o faz necessariamente. Não existem chances, tampouco livre escolha, e isso invalidaria as conclusões de Butler, porém não solaparia certamente os argumentos que podem ser apresentados para a existência de Deus. Se um relógio evidencia o design inteligente, a inferência a um designer (humano) não é abalada apenas porque o designer não tinha escolha, e o mesmo se aplica ao design do universo.

A visão que exclui as chances e a escolha é inconsistente com a recompensa e a punição de Deus no próximo mundo? Não, pois vemos que ele pune a insensatez e o vício, e recompensa a prudência e a moralidade *neste* mundo. Supondo que tudo o que acontece em nosso mundo é determinado, podemos inferir, portanto, que a aprovação ou a condenação divina de nossas ações não depende de nossas escolhas serem livres, mas, se Deus não está impedido, por nossa falta de liberdade, de punir ou recompensar nesta vida, então não temos razão para supor que será diferente na vida futura.

A última questão levantada por Butler é esta: mesmo se tivermos razão para acreditar que Deus recompensará e punirá em uma próxima vida, seria justo ou benevolente que ele assim o fizesse? Se estamos totalmente convencidos de que alguém necessariamente violará a lei, estamos inclinados a perdoá-lo da culpa. Um Deus justo e misericordioso não faria o mesmo? Butler responde dizendo que o que vale para José, vale para João. Se *tudo* acontece por necessidade, então assim são as ações de Deus, como são as nossas. Se o ofensor ofende necessariamente, então Deus pune necessariamente. Se a necessidade de todas as ações exonera de culpa o ofensor, então a necessidade de Deus agir de acordo com sua natureza o exonera da culpa. Se, inversamente, a necessidade de nossas ações não exonera da culpa, então o ofensor é culpado e Deus não é culpado por punir.

Embora essa defesa seja engenhosa, Butler ignorou uma possibilidade: talvez nossas ações sejam necessárias, mas as de Deus não. Nesse caso, alguns podem pensar que seria injusto de Deus nos punisse, uma vez que não poderíamos fazer diferente.

Revelação

As verdades que desenvolvemos ao refletir sobre o mundo que Deus criou também podem ser comunicadas a nós diretamente por ele ou por manifestações físicas, como as tábuas da Lei, ou a profecia inspirada. Que o mundo está sob o governo moral de Deus e que devemos ser julgados em uma vida futura são, de fato, afirmações reveladas nas Escrituras, bem como pela razão natural. Mas a Bíblia também pretende revelar muito do que, de outra maneira, não seria conhecido, incluindo em especial o papel de Cristo em nossa salvação. A segunda metade da *Analogia* está relacionada com essas declarações, e a estratégia dessa parte da obra é necessariamente mais defensiva do que a primeira. Se na primeira parte Butler argumenta que o que nos é revelado sobre o propósito moral de Deus também é independentemente *apoiado* pelo que observamos sobre a forma como o mundo funciona, na segunda parte ele procura mostrar apenas que o que é revelado sobre o método da nossa salvação é *compatível* com o que sabemos sobre o funcionamento deste mundo. Essa distinção fundamental para a proposta de Butler, pois o que somente pode ser conhecido pela revelação não pode ser independentemente apoiado pela religião natural.

Para os deístas e outras pessoas do Iluminismo, a Bíblia, onde as doutrinas específicas do cristianismo estão baseadas, parecem uma miscelânia implausível de mito, milagre e mediação divina produzida em uma era bárbara e supersticiosa. Na segunda parte da *Analogia*, Butler aborda algumas dessas críticas.

1. A revelação é supérflua.
2. Nenhuma pessoa racional poderia, ou deveria, acreditar em milagres.

3. O papel de Cristo como Redentor é tanto incompreensível quanto desnecessário.
4. A revelação deve ser universal; se não, é discriminatória e moralmente objetável.
5. Apelos ao mistério e à nossa ignorância são um fraco subterfúgio para esconder o quão ridículo são alguns aspectos da Bíblia em geral e do cristianismo em particular.

A estratégia de Butler é a mesma para responder cada uma dessas objeções. Somos necessariamente ignorantes no que diz respeito a uma grande parte do plano de Deus na criação. Assim, não devemos presumir que ele ordenará as coisas de forma que pareça sensato a nós, com nosso entendimento limitado e parcial. Talvez nem sempre entendamos *por que* Deus faz as coisas de uma forma e não de outra, contudo, podemos ver que Deus governa *este* mundo pelos mesmos princípios criticados quando se trata da revelação. Considerando que os deístas aceitam que este mundo manifesta sinais do governo justo e inteligente de Deus, eles não podem, de maneira consistente, rejeitar uma revelação que opera em linhas parecidas.

Primeiro, supor que não precisamos da revelação é supor que não precisamos de nada mais do que seguir os preceitos da religião natural para uma relação direta com Deus. Mas é claro que não podemos desenvolver nossa própria salvação e precisamos de "assistência e instrução sobrenaturais".[12] Além disso, a revelação reforça a evidência para a religião natural e fornece respostas para questões preocupantes que a razão natural não pode responder.

Segundo, a realização de milagres pelo fundador do cristianismo e por seus seguidores é crucial para estabelecer a autoridade da revelação. Sem os milagres, não teríamos razão para aceitar sua mensagem em lugar de qualquer outra. No entanto, continua a objeção, para serem críveis, os relatos de milagres não requerem *muito mais* evidências a seu favor do que o testemunho das ocorrências cotidianas, pois, afinal, eles violam as leis da natureza? Butler responde com dois argumentos principais. Primeiro, os milagres não são incomuns por serem raros, e há uma probabilidade igualmente forte contra muitos eventos comuns que não são miraculosos, mas não exigimos muito da evidência para acreditarmos neles. É muito improvável que qualquer pessoa específica ganhe a loteria, contudo, aceitamos correta e felizmente relatos de quem foi o vencedor da semana, sem exigir uma prova extraordinária.

---

[12] *Analogy*, II, i, 2.

Segundo, os eventos especiais ou peculiares que acompanham e atestam uma revelação não precisam ser considerados *violações das leis da natureza*, pois não podemos ter certeza se o curso da natureza sempre foi o mesmo, tampouco podemos estar certos como ele é agora. Muitos fenômenos considerados fisicamente impossíveis foram mais tarde reconhecidos não apenas como possíveis, mas como reais.[13] O que é significativo sobre os milagres de nosso Salvador e dos apóstolos é que eles exibem um poder que não foi dado para pessoas comuns; um poder que podemos considerar, a partir do contexto, como sendo de origem divina.

Terceiro, não há pressuposição a partir da analogia da natureza contra a ideia de que Deus reconciliaria consigo o mundo por meio de um mediador, pois o animal humano, como acontece com todos os outros animais, veio à existência e é preservado pela mediação dos pais e de outros. Assim, não há razão para supor que o mesmo não se aplique à nossa existência espiritual.

Mas por que – pode ser perguntado – a mediação é exigida? Deus certamente poderia apenas perdoar o arrependido. A resposta de Butler é que não há dúvida que ele *poderia*, mas a analogia da natureza sugere que ele não *deveria*, por razões que não podemos compreender agora. Vemos que o infortúnio e o desastre ocorrem muitas vezes a partir de obras insensatas ou viciosas. Às vezes, na verdade, existem remédios, formas de prevenir as más consequências de nossas ações, mas nem sempre. Arrependimento e tristeza podem não ser de nenhuma ajuda e um ato tolo em sua juventude pode arruinar a nós mesmos e aos outros, por mais que nos arrependamos depois. Se é assim que as coisas ocorrem neste mundo, por que supor que seria diferente no próximo? Podemos supor que, de acordo com as leis gerais do governo divino, os pecadores serão punidos, não importa o quão arrependidos possam estar, a menos que alguém se interponha e faça mediação entre nós e Deus. Nada na analogia da natureza torna isso improvável.

Quarto, por que a revelação foi feita para uns e não para outros, e em um ponto específico na história? Com certeza esse favoritismo é indigno de Deus. A resposta de Butler é, como sempre, um apelo à analogia da natureza. Não encontramos neste mundo, que está sob o governo moral de Deus, um tratamento igual para todos em que nenhum favor é concedido. Então por que devemos supor que a revelação seria distribuída por princípios diferentes?

Por fim, Butler levanta a seguinte objeção: é certamente uma defesa débil tentar "resolver as dificuldades na revelação dizendo que o mesmo ocorre na

---

[13] Butler cita a eletricidade e o magnetismo como exemplos.

religião natural; quando o desejado é esclarecer as dificuldades comuns e respectivas a ambas".[14] Ele responde da seguinte forma:

1. Seria absurdo desistir de raciocinar em áreas nas quais a certeza não está disponível e onde as dificuldades permanecem. Não é uma pena que um médico tenha tão pouco conhecimento na cura de doenças, como acontece até mesmo com os mais importantes? Agir sob conjecturas e suposições a respeito da vida do homem? Indubitavelmente é: mas ainda é melhor do que não ter nenhuma habilidade naquela arte útil e ser obrigado a agir totalmente no escuro".[15]
2. É desonesto que pessoas afirmem ter objeções apenas contra a religião revelada, mas não contra a natural, pois, na verdade, suas objeções são para ambas.
3. Se temos boas razões para sermos prudentes a respeito de nossos assuntos temporais, embora exista muito que não sabemos sobre como as coisas acabarão, há igualmente bons motivos para cuidarmos de nosso bem-estar espiritual, apesar de nossa considerável ignorância.
4. As pessoas objetam que, se o cristianismo fosse verdadeiro, a evidência não seria tão duvidosa. Para Butler, esse é outro exemplo de nossa suposição de que Deus *deve* agir de certa maneira porque *nós* pensamos que ele deve. Mas a incerteza na qual temos que tomar decisões nessa vida mostra que não é assim que Deus organiza as coisas.
5. O propósito da *Analogia* não é "justificar o caráter de Deus, mas mostrar as obrigações dos homens".[16]
6. A apologética defensiva de Butler empregou apenas os princípios oferecidos pelos deístas. Há outras coisas que ele firmemente acredita e que fortaleceriam sua defesa do cristianismo, mas elas fogem do escopo deste trabalho.

CONTRIBUIÇÕES PARA A APOLOGÉTICA

Quase todos os comentaristas da *Analogia* começam admitindo que o argumento de Butler pode ser considerado como tendo apenas importância histórica, uma vez que o deísmo morreu na metade do século XVIII. Mas

---

[14] *Analogy*, II. viii. 2.
[15] *Analogy*, II. viii. 4.
[16] *Analogy*, II. viii. 8.

eles continuam, em sua maioria, dizendo que, apesar disso, partes dele ainda podem ser "recuperadas".[17] Essa explicação pode ser enganosa. É verdade que o *deísmo*, como um movimento teológico sério, não existe mais, mas isso não significa que as ideias por trás dele estão mortas. Longe disso. Estudos sugerem que há um grande número de pessoas comuns que são "espirituais, mas não religiosas". Elas acreditam em algum poder criativo transcendente que também é, talvez, imanente no mundo e procuram comunhão com esse poder por uma série de práticas espirituais. Todavia, procurar não é necessariamente saber aonde olhar, muito menos encontrar; nesse sentido, os argumentos sóbrios de Butler, se sólidos, devem ser um guia crucial para esses que procuram. Em particular, ele propõe três afirmações centrais que, embora talvez sejam impopulares, devem ser levados a sério. A primeira é a afirmação de que esse poder é um ser *moral* que recompensa e pune de acordo com o mérito. A ideia de Deus como justo juiz não está muito em evidência entre os "espirituais, mas não religiosos", que tendem a preferir uma espiritualidade morna e vaga, e essa é mais uma razão para considerá-la. Segundo, as afirmações do cristianismo não são tão fantasiosas ou tão mal apoiadas pelas evidências como muitas pessoas modernas acreditam. Terceiro, e talvez mais importante, precisamos responder à versão de Butler da Aposta de Pascal. Em assuntos práticos, é insensato esperar que se tenha todas as evidências antes de tomar uma decisão ou de assumir um compromisso. Nosso próprio bem-estar, e o das outras pessoas, exige que façamos a melhor aposta, mesmo quando as chances de vencer são baixas. Na visão de Butler, seria corajosa a pessoa que apostasse contra a existência de um justo juiz. Se existe tal juiz, devemos viver virtuosamente – mas isso é algo que temos boas razões para fazer de qualquer modo. Igualmente, é sensato examinar as alegações do cristianismo com bastante seriedade e considerar se podemos esperar sermos reconciliados com o justo Governante apenas por nossos próprios esforços ou se precisamos de ajuda divina.

Mas quão fortes são os argumentos de Butler? Se não há vida após a morte, então o restante de sua defesa se torna interessante apenas para acadêmicos. Infelizmente, como temos visto, essa parte dos argumentos dele é de longe a mais frágil. Mesmo um conhecimento superficial do cérebro sugere que ele é a região da consciência e que, se for danificado ou deteriorado, o pensamento racional

---

[17] Veja, por exemplo, em adição aos artigos em *Moral and religious thought* já citados, C. D. Broad, "Bishop Butler as theologian", in: C. D. Broad, *Religion, philosophy and psychical research* (London: Routledge & Kegan Paul, 1953), p. 202-19; E. C. Mossner, *Bishop Butler and the age of reason* (New York: Macmillan, 1936), p. 231.

e a consciência serão prejudicados. Podemos razoavelmente inferir, com base nessas observações, que, uma vez que o cérebro esteja morto, a pessoa também estará. Sobreviver após a morte não é o próximo estágio natural de nossas vidas.

Podemos elaborar um argumento diferente para a conclusão de Butler? A observação biológica atual não apoiaria, como Butler supôs, a afirmação de que sobrevivemos à morte. Mas essa sobrevivência não é, obviamente, impossível. Deus pode nos ressuscitar milagrosamente dos mortos, conforme dizem em as Escrituras. Dessa forma, Butler poderia simplesmente ter categorizado de forma errada a devida fonte de confiança na vida após a morte, todavia, isso não seria visto como uma conclusão da teologia natural, mas, antes, como parte da religião revelada, considerada juntamente com as outras partes da revelação cristã. Ou podemos apelar para as evidências observacionais de sobreviver à morte, mas de forma diferente de como Butler apresenta.

Se aceitamos que há uma real possibilidade, embora bastante pequena, de sobrevivência após a morte, então o resto do argumento de Butler é muito forte. Se queremos saber mais sobre o poder criativo por trás do universo, em qual outro lugar podemos procurar senão no mundo, incluindo – ponto crucial para Butler – nossa própria consciência e nosso conhecimento? A existência da consciência, em especial, é uma forte razão para acreditar que somos produto de um Ser que se preocupa com justiça, honestidade e benevolência.

O mais importante legado de Butler, em minha opinião, é sua discussão acerca da influência que o raciocínio provável deve ter na prática. Utilizando esses *insights*, ele edifica uma poderosa defesa para o que podemos chamar de a Aposta de Butler. Dada a seriedade do que está em jogo, as evidências da religião natural e o apoio testemunhal para a revelação cristã, uma pessoa seria corajosa se desprezasse essas afirmações sem uma cuidadosa ponderação.[18]

BIBLIOGRAFIA

ANON. "Deism". In: *Internet Encyclopedia of Philosophy*. https://www.iep.utm.edu/deismeng/. Veja também o capítulo por Michael McClymond nesse volume para um resumo útil do deísmo.

BABOLIN, Albino. "*Deus Absconditas*: some notes on the bearing of the hiddenness of God upon Butler's and Pascal's criticism of deism", p. 29-36 in *Joseph Butler's moral and religious thought*. Ed. C. Cunliffe (Oxford: Oxford University Press, 1992).

---

[18] Sou grato a Ben Forrest, Eve Garrard e David White pelos comentários nos esboços anteriores.

BARTLETT, Thomas. *Memoirs of the life, character and writings of Joseph Butler* (London: Parker, 1839).

BERNARD, J. H. *The works of Bishop Butler vol. 2* (London: Macmillan, 1900).

BROAD, C. D. "Bishop Butler as theologian", p. 202-19 in: *Religion, philosophy and psychical research*. Ed. C. D. Broad (London: Routledge & Kegan Paul, 1953).

BROWN, David. "Butler and deism", p. 7-28 in: *Joseph Butler's moral and religious thought*. Ed. C. Cunliffe (Oxford: Oxford University Press, 1992).

BUTLER, Joseph. *The analogy of religion, natural and revealed, to the constitution and course of nature. To which are added, Two brief dissertations: I. Of personal identity. II. Of the nature of virtue*. 2 ed. corrigida (London: John & Paul Knapton, 1736).

COLLINS, Anthony. *Discourse of freethinking* (Londres, 1713).

CUNLIFFE, Christopher., ed. *Joseph Butler's moral and religious thought* (Oxford: Oxford University Press, 1992).

____. "Butler, Joseph (1692-1752)". *Oxford Dictionary of National Biography*. Oxford: Oxford University Press, 2008, https://www-oxforddnb-com.proxy.lib.fsu.edu/view/10.1093 /ref:odnb /9780198614128.001 .0001/ odnb-9780198614128-e-4198.

MCCLYMOND, Michael J. "Jonathan Edwards: dogmatics as apologetics", p. 324-343, in: *The history of apologetics* (Grand Rapids: Zondervan, 2020).

MOSSNER, E. C. *Bishop Butler and the age of reason* (New York: Macmillan, 1936).

PENELHUM, Terence. *Butler* (London: Routledge & Kegan Paul, 1985).

TINDAL, Matthew. *Christianity as old as the creation, or the gospel a republication of the religion of nature* (London, 1730).

TOLAND, John. *Christianity not mysterious* (London, 1696).

YOUNG, B. W. "Theology in the Church of England", p. 392-428 in: *The Oxford History of Anglicanism, vol. II*. Ed. Jeremy Gregory (Oxford: Oxford University Press, 2017).

QUARTA PARTE

APOLOGETAS DO SÉCULO XIX

O século XIX foi marcado pela presença de turbulência em grande parte da Europa ocidental. O legado da Revolução Francesa de 1789 foi uma instabilidade política e uma incerteza intelectual por grande parte da Europa, com os exércitos revolucionários franceses almejando estender sua revolução até a Alemanha e a Itália. As Guerras Napoleônicas criaram ainda mais instabilidade, levando a uma insubordinação política em partes da Alemanha, o que inspirou autores como Karl Marx a desenvolver filosofias políticas radicais. Tanto os revolucionários franceses quanto Marx viam a religião como um legado terrível e desnecessário do passado, que perpetuava os interesses e as preocupações das elites dominantes. Em resumo, o cristianismo estava diante de uma série de novos desafios intelectuais, que demandavam respostas apologéticas.

John Henry Newman ilustra essa nova importância da apologética na Grã-Bretanha. Newman serviu como vigário da Igreja Universitária de St. Mary, em Oxford, e foi um pregador altamente estimado. Ele ficou muito preocupado com o que percebeu ser uma tendência perigosa a um liberalismo político e teológico na Inglaterra durante a década de 1830, e usou seu púlpito universitário para reafirmar a racionalidade e a coerência moral da fé cristã. Os oito volumes dos seus sermões intitulados "Paroquial and plain sermons" [Sermões paroquiais e simples], pregados na Igreja Universitária em Oxford de 1835 a 1841, são uma fonte rica de importantes percepções apologéticas. Como apologeta, Newman estava ciente da importância de estabelecer uma instituição acadêmica marcadamente cristã que era capaz de conectar o cristianismo com seu ensino e sua pesquisa em todas as disciplinas. Sua obra *Idea of a University* [A ideia de uma universidade] permanece sendo um marco no reconhecimento da função que as instituições educacionais têm na apologética.

Outros, alarmados com a tendência política desse período e incomodados com um novo foco do cristianismo em questões institucionais, assumiram para si a tarefa de reconectar a fé cristã com a vida subjetiva de indivíduos. Essas estratégias já haviam sido desenvolvidas no final do século XVII e no início do século XVIII, quando o pietismo obteve uma influência significativa sobre os cristãos evangélicos na Inglaterra, na Alemanha e na América. O pietismo apelou à "lógica do coração" e proporcionou novas formas de apologética baseadas na transformação do indivíduo – que, na verdade, era uma demonstração de que o cristianismo era *real*, e não apenas *verdadeiro*.

Encontramos um dos desenvolvimentos mais importantes dessa abordagem no autor dinamarquês **Søren Kierkegaard**, agora amplamente reconhecido como um precursor do existencialismo. Kierkegaard era cético quanto aos apologetas da sua época que tentavam demonstrar que as verdades do cristianismo eram racionalmente aceitáveis. Para ele, o cristianismo consistia em mais do que um mero assentimento intelectual; dizia respeito ao mundo experiencial do cristão. Em sua opinião, havia um sério risco de um empobrecimento do cristianismo por meio da atitude de reduzi-lo a princípios racionais e ignorar os seus aspectos transformacionais. Uma abordagem apologética puramente objetiva ou histórica não pode fazer jus aos temas centrais do cristianismo.

A crítica à razão vocalizada por Kierkegaard fez alguns acharem que ele era irracional; todavia, um entendimento mais correto da situação é que, como Pascal antes dele, ele demonstrou a limitação de certas formas de apologética racionalista, e, com sua ênfase na subjetividade da verdade, Kierkegaard não estava caindo em alguma forma de relativismo, mas apontando para a necessidade que um indivíduo tem de ser transformado interiormente pela verdade do evangelho, e não apenas de ser convencido de sua racionalidade. O impacto de Kierkegaard sobre a apologética tornou-se significativo somente após a Primeira Guerra Mundial, quando suas obras começaram a ser traduzidas para os idiomas inglês e alemão. Autores como Emil Brunner entenderam a abertura que ele deu para abordagens relacionais e existenciais à apologética, o que lhes permitiu mapear temas bíblicos centrais para a estrutura existencial dele.

Outros ainda consideraram importante os cristãos lidarem com os desafios específicos apresentados pela crítica bíblica e pela teoria evolucionista durante o século XIX. O teólogo escocês **James Orr** é um dos exemplos britânicos mais importantes dessa abordagem à apologética. Embora Orr tenha apresentado defesas significativas de abordagens tradicionais ao entendimento cristão da natureza de Deus ou da autoridade das Escrituras à luz de desafios modernos, sua relevância apologética está mais no seu apelo ao cristianismo como uma cosmovisão capaz de abranger os muitos aspectos da nossa experiência do mundo. Em sua obra clássica *The Christian View of God* [A visão cristã de Deus], ele realçou a importância de se concentrar "na exposição e na defesa da visão cristã das coisas como um todo" em vez de tratar o cristianismo como uma coleção de convicções sem relação entre si.

A Revolução Norte-Americana, em contraste com o seu equivalente francês, não teve uma agenda explicitamente antirreligiosa. Há diversas questões por trás dessa revolução, incluindo o fardo dos impostos, a ausência de uma representação apropriada e o desejo de se libertar da coroa britânica. No entanto, a despeito das muitas críticas dirigidas à Igreja da Inglaterra como o establishment religioso colonial, não houve nenhuma hostilidade ao cristianismo em si. Aliás, o Grande Avivamento contribuiu de modos importantes para uma intensificação da forte influência da fé nas colônias norte-americanas e talvez para um forte senso de valores hostis ao domínio da coroa britânica, como uma percepção crescente de que todas as pessoas foram criadas iguais por Deus.

Assim, os apologetas norte-americanos se dedicaram a questões bem diferentes daquelas dos apologetas europeus durante o século XIX. O consenso público crescente a respeito da importância do direito na vida pública se refletiu no surgimento de escolas de apologética, que se focavam na apologética evidencialista. Esse aspecto está especialmente bem representado em **Simon Greenleaf**, que aplicou os critérios da argumentação jurídica aos autores dos Evangelhos e concluiu que era possível demonstrar a veracidade do cristianismo para além de qualquer dúvida razoável. A abordagem inovadora de Greenleaf na aplicação de critérios e estratégias jurídicas na apologética teve uma ressonância especial na América do Norte e foi aplicada de modo amplo pelos seus sucessores.

Um tema de muitos apologetas protestantes no século XIX é a necessidade de evitar a inovação doutrinária e afirmar e demonstrar a fidedignidade histórica e a autenticidade espiritual de formulações de fé tradicionais. A melhor exemplificação dessa estratégia talvez seja a da Antiga Escola de Princeton, representada pelos escritos de **B. B. Warfield**. Para Warfield, a apologética serve de introdução à teologia sistemática, e essa forte interconexão da apologética com a teologia é um dos temas mais característicos de sua abordagem. No entanto, para muitos, o aspecto mais importante da apologética de Warfield é seu reconhecimento de que a fidedignidade do cristianismo depende da fidedignidade dos seus documentos fundacionais, o que torna necessário considerar a defesa da confiabilidade histórica e teológica das Escrituras como tendo uma importância teológica fundamental. Essa percepção permaneceu importante para muitos apologetas protestantes no início do século XX, que serão analisados na parte subsequente desta obra.

SIMON GREENLEAF
UMA DEFESA INCANSÁVEL

CRAIG A. PARTON

Simon Greenleaf (1783-1853), a maior autoridade viva dos seus dias nas regras de evidências de *common law* [direito comum] e um dos membros originais da Harvard Law School, é o pai do que hoje conhecemos como a apologética "jurídica" ou "evidencialista". Aplicando as normas da evidência jurídica aos autores dos Evangelhos, Greenleaf concluiu que o testemunho deles seria admissível em qualquer tribunal de common law e que era possível fazer uma demonstração legal da veracidade do cristianismo e lhe atribuir certeza jurídica. A metodologia e a aplicação inovadoras de Greenleaf na defesa de afirmações de verdade cristãs deram origem a um esforço vibrante por parte de indivíduos com formação jurídica para estabelecer a verdade do cristianismo "para além de qualquer dúvida razoável". Greenleaf é um exemplo particularmente magnífico de um cristão que enxergou nas percepções especiais da sua vocação a oportunidade de defender "muitas provas convincentes" (Atos 1:3) de que Deus estava "reconciliando o mundo consigo mesmo em Cristo" (2Coríntios 5:19).

CONTEXTO HISTÓRICO

Simon Greenleaf nasceu em Newburyport, Massachusetts, em 1783. Pouco tempo depois, seus pais se mudaram para o Maine, mas Greenleaf permaneceu em Massachusetts, onde foi criado pelo seu avô. Ele frequentou uma escola de latim e se tornou versado nos clássicos gregos e romanos, que leu nos idiomas originais, e também analisou um ataque ao cristianismo feito por um físico em francês. O foco desse ataque foi o julgamento de Cristo e sua suposta inconsistência com o procedimento legal judaico do primeiro século.[1]

Com 16 anos, Greenleaf se reuniu novamente com seus pais no Maine, e dois anos depois, em 1801, ingressou no escritório de advocacia de Ezekiel Whitman. Ele recebeu sua instrução jurídica de Whitman, pois obter uma

---

[1] Joseph Salvador, *Historie des Institutions de Moise et due peuple hebreu*, 4 vols. (1828–1830). Essa obra, no que diz respeito ao julgamento, é comentada por Greenleaf no capítulo 4 da sua obra apologética clássica, *The testimony of the Evangelists*.

educação formal em direito era basicamente inviável, visto que apenas a Faculdade de William e Mary tinha uma escola de direito em atividade naquela época – a Harvard Law School foi fundada apenas em 1817.

Whitman mais tarde seria eleito ao congresso e, então, se tornaria o magistrado principal da Suprema Corte do Maine. Greenleaf seguiu Whitman à Corte Suprema do Maine, onde tornou-se relator ou escrivão. Ele compilou e relatou as principais causas da Corte Suprema do Maine de 1820 a 1832, e também serviu na primeira legislatura do Maine para a qual foi eleito em 1820. Sua carreira então deu uma guinada imprevista quando a recém-formada Harvard Law School lhe ofereceu a oportunidade de uma cadeira na área do Direito.

A Harvard Law School (HLS) havia aberto suas portas em 1817, depois de uma doação de Isaac Royall Jr.[2] A escola teve um começo difícil e tinha apenas seis alunos matriculados em 1829, até que o célebre magistrado da Suprema Corte dos Estados Unidos chamado Joseph Story mudou a trajetória da HLS ao se tornar parte do corpo docente em 1829 como professor de Direito da cadeira Dane, uma cadeira que o próprio Greenleaf ocupou a partir de 1846, pouco depois da morte de Story, em 1845.

Ele chegou à HLS em 1833, assumindo a cadeira de professor de Direito Royall, cujo nome foi inspirado no fundador da escola, e acabaria sendo reconhecido internacionalmente como a maior autoridade em evidências do direito comum no mundo de fala inglesa.[3] Autores e professores da área hoje ainda fazem referência à sua obra *Treatise on the Laws of Evidence* [Tratado das leis da evidência], formada por três volumes e publicado de 1842 a 1853. Greenleaf foi reconhecido pelo seu estudo erudito ao receber um grau de *Doutor Honoris Causa* de Harvard em 1834, um da Universidade de Massachusetts Amherst em 1845, e ainda um terceiro da Universidade do Alabama em 1852. Em reconhecimento da influência exercida por Greenleaf na área da integração da lei com a teologia, a Simon Greenleaf School of Law foi fundada em 1980 e, mais tarde, passou a integrar a Trinity International

---

[2] Royall Professorship in Law em Harvard é a cadeira há mais tempo continuamente concedida no país.

[3] Ross Clifford, *Leading lawyers' case for the resurrection* (Edmonton: Canadian Institute for Law, Theology and Public Policy, 1996).

University, concentrando-se em treinar alunos nas áreas de direito, teologia, direitos humanos e apologética.[4]

Durante seu tempo em Harvard, e por causa do seu interesse em missões estrangeiras, Greenleaf se dedicou a ajudar na composição da constituição para a nova nação da Libéria em 1846-1847. Sua teologia amplamente ortodoxa fica evidente nessa constituição que, em determinado ponto, reconhece "com uma gratidão devota", a bondade de Deus, em nos conceder as bênçãos da religião cristã e da liberdade política, religiosa e civil". Ela se refere ao direito que todas as pessoas têm de cultuar a Deus "de acordo com a sua consciência" e deixa totalmente claro que não haveria nenhum teste religioso para ocupar um cargo político.[5] Greenleaf também acrescentou a essa constituição uma proibição explícita da escravidão e afirmou o direito das mulheres à propriedade. Enquanto esteve em Harvard, ele atuou por muitos anos como presidente da Massachusetts Bible Society; além disso, e enquanto estava em Harvard, teve êxito no debate da Suprema Corte da causa *Charles River Bridge v. Warren Bridge* 36 U.S. (11 Pet.) 420 (1837), que tratou da elaboração e da interpretação de contratos públicos.[6]

CONTEXTO TEOLÓGICO

A integração feita por Greenleaf da sua formação jurídica com a defesa do evangelho é um resultado direto de uma teologia ortodoxa da vocação – uma posição que vê Cristo como o centro e a circunferência da totalidade da vida e enxerga os pontos de integração entre a vocação de um indivíduo e seu chamado como crente em Cristo em uma sociedade secular. Desde os seus primeiros anos no Direito, Greenleaf exibiu um interesse em tornar a argumentação jurídica uma parte fundamental da defesa da fé cristã. A partir de 1817, ele fez uma série de preleções sobre o tema popular da maçonaria e a

---

[4] A Simon Greenleaf School of Law foi fundada em 1890 com um corpo docente inicial de 15 membros, focando, como observado, nas áreas do direito, da teologia, da apologética e dos direitos humanos. A edição inaugural do *Simon Greenleaf Law Review* reimprimiu a elaborada obra de Edmund Bennett, reitor da Escola de Direito da Universidade de Boston, que examinava os supostos erros e as contradições nos Evangelhos, juntamente com uma crítica da obra de Thomas Paine, *A era da razão*. O primeiro reitor da Simon Greenleaf School of Law foi o renomado e controverso estudioso do direito John Warwick Montgomery, detentor de 11 diplomas em história, direito, teologia e filosofia, e um apologeta do direito que dedicou sua vida profissional à integração do direito, da teologia e dos direitos humanos.

[5] Veja Artigo I, seções 2 e 3 da Declaração de Direitos na Constituição da Libéria.

[6] É interessante observar que o oponente de Greenleaf nessa causa não foi ninguém menos do que Daniel Webster.

questão de ela ser coerente ou não com a revelação bíblica.[7] Após uma análise completa das origens históricas da maçonaria encontradas em fontes gregas, latinas e egípcias, Greenleaf conclui que um verdadeiro maçom precisa se tornar cristão para ter um entendimento apropriado dos ensinos da maçonaria: "A essa visão abrangente da maçonaria devemos acrescentar que [...] o caráter de um maçom nunca estará completo até também se tornar cristão".[8]

O professor Greenleaf também trabalhou com uma série de volumes publicados originalmente em Paris por Joseph Salvador (*Histoire des Institutions de Moise et due Peuple Hebreu* [História das instituições de Moisés e do povo hebreu]) e, em particular, com uma seção dessa obra intitulada "The Jewish account of the trial of Jesus" [O relato judaico do julgamento de Jesus]. Greenleaf criticou a obra de Salvador e concluiu que o julgamento de Jesus foi de fato um "homicídio judicial" e ocorreu em violação das regras de procedimento criminal aplicáveis desenvolvidas no AT como, ao menos na teoria, adotadas pelas autoridades religiosas da época.

RESPOSTA APOLOGÉTICA E METODOLOGIA

Greenleaf começa *The testimony of the Evangelists* [O testemunho dos Evangelistas] (escrito em 1846) com a observação de que, entre todas as vocações, a profissão jurídica tem um compromisso singular com o conceito de "evidência".[9] Advogados lidam com todos os tipos de pessoa, do berço ao túmulo, e sua inclinação natural deveria ser dar atenção especial e sólida às evidências produzidas a favor do cristianismo. Já de início, Greenleaf, como C. S. Lewis depois dele, considera totalmente inconcebível o título de "mestre moral" para Jesus caso constatemos que ele *não* ressuscitou dos mortos. Se Jesus não é Deus, ele é um impostor, um escravizador de pessoas e um inimigo da liberdade humana no mundo inteiro, mas se Jesus é quem afirma ser, há consequências enormes nesta vida e na próxima.[10]

---

[7] Simon Greenleaf, *A brief inquiry into the origins and principles of free masonry* (Portland: Shirley, 1820). O volume foi reimpresso por Facsimile Publishers de Nova Deli, Índia, 2016. Observamos depois a familiaridade de Greenleaf com algumas das obras apologéticas sólidas da sua época, como refletida nas anotações feitas por ele na conclusão de *Testimony of the Evangelists*. Veja *infra*, ft. 44.

[8] Greenleaf, *A brief inquiry*, p. 72.

[9] Simon Greenleaf, *The testimony of the Evangelists: examined by the rules of evidence administered in courts of Justice* (Grand Rapids: Kregel, 1995), p. 9-10 (doravante, apenas *Testimony*).

[10] Greenleaf, *Testimony*, p. 10.

Greenleaf examina, em seguida, a natureza da defesa factual do cristianismo, a qual professa apenas convencer o inquiridor sério e imparcial, e não apresenta uma argumentação dedutiva que alcança o nível de 100% de certeza, ou certeza absoluta.[11] Esse é um ponto apologético crucial: *o cristianismo é baseado em fatos verificáveis, e esses fatos estão contidos nos relatos das testemunhas oculares.* A defesa do cristianismo precisa se basear em um fundamento factual, e não em pressuposições que exigem que o descrente tome fatos materiais como certos, pois ela é construída de baixo para cima, e não de cima para baixo.

Greenleaf mostra a importância de fundamentar seu exame da confiabilidade do testemunho na precisão crucial do texto que contém esse testemunho. Se os documentos onde esse testemunho se encontra estão corrompidos ou são "maleáveis",[12] não pode haver certeza quando à veracidade desse registro. Os documentos ou chegaram a nós de modo confiável ou a defesa do cristianismo é totalmente fútil:

> Que o texto dos Quatro Evangelistas nos foi transmitido no estado em que foi originariamente escrito – isto é, sem ter sofrido corrupção ou falsificação material, quer por hereges quer por cristãos — é um fato que podemos pressupor como verdadeiros, até o contrário ser demonstrado. A genuinidade desses escritos realmente admite tão pouca dúvida e está tão suscetível a ser considerada uma prova evidente quanto a de qualquer escrito antigo concebível.[13]

Assim, como primeiro princípio, é necessário saber se o documento que contém o testemunho é genuíno – isto é, se chegou a nós na forma em que foi originariamente escrito ou se sofreu corrupção material. Greenleaf chama isso de sua "primeira regra" e afirma que é aplicável "com igual força a todos os escritos antigos".[14] Assim, os autores bíblicos estão sujeitos a exatamente o mesmo tratamento que Tácito, Suetônio e Platão recebem. A lei exige que qualquer documento comprobatório seja genuíno ou "autêntico" (isto é, ele é o

---

[11] Greenleaf mostra que "a demonstração de questões de fato se baseia apenas em evidência moral", e não em evidência que exclui a possibilidade de erro como as fórmulas matemáticas. Greenleaf, *Testimony*, p 28.

[12] Lamentavelmente, o teólogo Jeffrey Kloha fez uso recente do termo para caracterizar o texto bíblico. Kloha acabaria deixando sua posição como docente de teologia no Concordia Seminary St. Louis após sua posição ser totalmente exposta e devastada em um debate público com o advogado John Warwick Montgomery.

[13] Greenleaf, *Testimony*, p. 16.

[14] Greenleaf, *Testimony*, p. 16-7.

que pretende ser) para obter admissibilidade. Se não for possível demonstrar a genuinidade ou autenticidade de um documento, ele não será admissível para demonstrar a verdade do seu conteúdo. Corroborando essa ideia, Greenleaf faz referência à "regra do documento antigo" como formulada na lei da evidência:

> Todo documento, aparentemente antigo, que for proveniente do repositório devido ou da custódia apropriada e que não tenha nenhuma marca aparente de falsificação, a lei presume como genuíno, e recai sobre a parte antagônica o ônus de demonstrar o contrário.[15]

Um documento é caracterizado como vindo do repositório devido quando "é encontrado no lugar onde, e debaixo do cuidado de pessoas com quem, seria natural e razoável encontrá-lo".[16] Se o documento é encontrado nesse lugar apropriado e sob essa custódia apropriada, e se não mostra nenhuma evidência de falsificação, "a lei presume que ele seja genuíno, e sua leitura é permitida como evidência, a não ser que a parte antagônica tenha êxito em colocá-lo em questão [...] A presunção da lei é o juízo da caridade".[17]

Quanto às Escrituras em geral, e aos Evangelhos em particular, os manuscritos pertinentes foram usados na igreja desde "tempos imemoriais" e, assim, são achados onde seria normal achá-los (em oposição a serem achados, por exemplo, em uma choupana para caça em Moose, Wyoming). Greenleaf aqui não consegue resistir e provoca os defensores da revelação mórmon dizendo que a alegação bíblica não é que as Escrituras foram escritas em placas de ouro e transportadas diretamente à terra e de volta ao céu por anjos.[18] O fato de não termos os textos originais dos Evangelhos não é um problema, pois há uma rica linhagem manuscrita e uma comunidade cristã que se interessou em fazer cópias precisas que permitem uma reconstrução fidedigna do texto original. Acrescentando a caracterização QED ao argumento,[19] Greenleaf lembra o leitor de que o código legal civil romano da Europa inteira (*Corpus Juris Civilis*) é recebido como autêntico e genuíno com base em muito menos evidências manuscritas do que a dos Evangelhos.[20]

---

[15] Greenleaf, *Testimony*, p. 16.
[16] Ibid.
[17] Ibid.
[18] Greenleaf, *Testimony*, p. 17. Ele depois classifica o mormonismo no grupo extremamente questionável da "revelação de embusteiro". *Testimony*, p. 48-9, na nota 8.
[19] *Quad Erat Demonstrandum*, "aquilo que foi demonstrado".
[20] Greenleaf, *Testimony*, p. 17-8.

Apenas após defender a autenticidade e genuinidade dos Evangelhos é que Greenleaf passa ao seu teste de cinco partes para analisar a veracidade dos autores: o fato de um documento ser genuíno não torna seu conteúdo necessariamente verdadeiro.[21]

O testemunho dos Evangelistas: examinado pelas regras da evidência administradas nos tribunais, esse testemunho é agora amplamente conhecido como um texto seminal na apologética legal. É importante observarmos primeiro qual é o foco da investigação de Greenleaf nessa obra – ou, mais especificamente, o que seu foco não é. A abordagem de Greenleaf não foca nos chamados argumentos tradicionais a favor da existência de Deus, pois a Criação não é o foco, assim como não o são os acontecimentos do fim dos tempos; tampouco o foco são as Epístolas Paulinas, as Epístolas Gerais ou o Antigo Testamento. De fato, seu foco está nas palavras de Mateus, Marcos, Lucas e João, e, em especial, nos fatos relacionados à vida, à morte e à ressurreição de Jesus Cristo. Greenleaf deixa claro que essa apologética inteiramente cristocêntrica também está totalmente baseada em fatos: "O fundamento da nossa religião é uma base factual – o fato do nascimento, do ministério, dos milagres, da morte, da ressurreição e da ascensão de Jesus Cristo".[22]

Nessa obra prima, Greenleaf prossegue com a apresentação de um teste em cinco partes para determinar qual a precisão exibida pelo relato dessas cinco testemunhas: (1) as testemunhas são *honestas*?; (2) as testemunhas têm a *capacidade* de apresentar um relato preciso dos fatos que narram?; (3) há um suficiente *número* de testemunhas e elas são *consistentes* no seu relato?; (4) o testemunho *está de acordo* com a nossa experiência?; e (5) o testemunho *está de acordo com outros fatos* conhecidos sobre esse período da história?

Teste apologético 1: admissões contra o interesse

O *primeiro teste* a ser aplicado é "às próprias testemunhas, para averiguar quem e que tipos de homem elas foram".[23] Em outras palavras, seu caráter é digno de confiança e eles são honestos sobre si mesmos e sobre outras pessoas? Aqui, o foco de Greenleaf é a propensão natural dos homens a enfeitar a verdade ao falar sobre a própria conduta ou a conduta de indivíduos

---

[21] O Corão, por exemplo, talvez seja autêntico e genuíno (isto é, talvez tenhamos o registro original, e o documento veio até nós sem um lapso de tempo significativo), mas isso dificilmente é razão suficiente para admitirmos que seu *conteúdo* é verdadeiro.

[22] Greenleaf, *Testimony*, p. 12.

[23] Greenleaf, *Testimony*, p. 13.

próximos, ou a sempre ver suas ações na luz mais favorável. A lei se refere a "admissões *contra* o interesse"[24] como um dos sinais mais fortes de que uma testemunha está dizendo a verdade.

Os autores dos Evangelhos apresentaram admissões contra o interesse de modo repetido e dramático, e também forneceram outros indícios da sua credibilidade. Por exemplo, Marcos, sobre quem há a opinião geral de ter tido um contato direto com Pedro, fez referência à covardia deste diante de uma menina e à traição que ele demonstrou após declarar uma espécie de hiper-lealdade a Jesus. Além disso, Marcos mencionou a profecia feita por Jesus de que Pedro o negaria, bem como narrou sua declaração direta e nada elogiosa de que Satanás estava usando Pedro diretamente. Como exemplo do tipo de detalhe e de credibilidade que combinaria com uma testemunha que diz a verdade, Greenleaf observa que Lucas era um médico (Colossenses 4:14), e é no seu evangelho que há uma abundância de detalhes médicos. Lucas de fato forneceu o tipo de detalhe que um médico forneceria,[25] em especial detalhes sobre a crucificação que estabelecem a morte de Jesus na cruz. Além disso, os autores dos Evangelhos não hesitaram em registar as palavras severas de Jesus. Esses exemplos percorrem os Evangelhos do início ao fim e incluem que ele é o único caminho ao Pai (João 14:6), que alguns deveriam doar todas as suas posses para segui-lo (Mateus 19:21), que alguns sofreriam mortes violentas (João 21:18,19), que alguns seriam obrigados a deixar pai e mãe (Mateus 19:29) e que o mundo inteiro os odiaria porque o seguiam (João 15:18-25).

A conclusão de Greenleaf foi que os autores dos Evangelhos foram honestos e "não esconderam nada" – se estavam tentando evitar falar dos seus pecados e das suas fraquezas, eles falharam miseravelmente. Portanto, as "admissões contra o interesse" surpreendentes e repetidas são indícios da sua credibilidade.

---

[24] Veja, por exemplo, a seção 1220 do Código de Evidência da Califórnia. Admissões contra o interesse não são anuladas pela regra contra a admissibilidade de testemunho baseado em rumores.

[25] Greenleaf observa que Lucas, em seu Evangelho, fornece os detalhes que um médico profissional forneceria. Assim, Lucas diz não apenas que a mão de um homem estava atrofiada, mas que "a mão *direita* estava atrofiada" (Lucas 6:6), e não apenas que uma pessoa tinha lepra, mas que o homem estava "tomado pela lepra" (Lucas 5:12). Além disso, Lucas relata o caso da "mulher que sofria de uma hemorragia", que Jesus suou sangue no jardim e a situação em que um seguidor cortou a orelha de um servo do sumo sacerdote e Jesus curou a orelha imediatamente (Lucas 22:44-51). Greenleaf, *Testimony*, p. 24-5.

Teste apologético 2: capacidade de apresentar um relato honesto

A segunda questão na análise feita por Greenleaf do testemunho dos Evangelistas é se os autores dos Evangelhos eram capazes de captar a história com precisão. A capacidade desses autores de registarem a verdade tem uma dependência direta da oportunidade que tiveram ou de observar os fatos diretamente ou de entrevistar aqueles que observaram e fazer uma averiguação pessoal do seu testemunho.

Sob esse aspecto, Mateus, João e Pedro (via Marcos) como discípulos tiveram repetidas oportunidades de fazer uma observação pessoal dos acontecimentos que relataram. Por exemplo, João apresenta um relato cuidadoso da execução de Jesus e cita a sua própria presença ao pé da cruz (João 19:16-37). Também há um registro claro da presença de Pedro no julgamento e na crucificação de Jesus (Mateus 26:56-75; Lucas 23:49). João e Pedro foram ao túmulo vazio (João 20), e Mateus, João e Pedro foram testemunhas do Cristo ressurreto (Mateus 28:16,17; João 20:25; 2Pedro 1:16). Além disso, Greenleaf observa que Mateus e Lucas estavam em profissões em que a atenção a detalhes era uma parte fundamental da sua prática. Mateus era coletor de impostos e tinha grande familiaridade com o mundo da fraude e do logro – dificilmente alguém seria capaz de se safar lhe contando uma história fantasiosa. Lucas, sendo médico, tinha formação profissional como analista cuidadoso para prescrever remédios e, de novo, dificilmente seria superficial ou ingênuo quanto ao mundo observável.[26] O advogado de defesa Walter Chandler resume bem a situação quando diz que "os próprios escritos indicam um vigor mental extraordinário, bem como uma inteligência privilegiada", e Lucas e João "têm as características invariáveis da profundidade intelectual e da educação". A ideia "dos pescadores ignorantes" certamente não é aplicável aos autores dos Evangelhos.[27]

Teste apologético 3: suficiência e consistência das testemunhas

O terceiro teste de Greenleaf a ser aplicado aos Evangelistas é se há suficientes testemunhas e se essas testemunhas são consistentes ou estão agindo em conluio. Esse teste diz respeito a haver suficientes diferenças no relato do Evangelho para excluirmos um conluio e, ainda assim, suficientes pontos em

---

[26] Greenleaf, *Testimony*, p. 19-25.
[27] Walter M. Chandler, *The trial of Jesus from a lawyer's standpoint* (New York: Empire, 1908), p. 19.

comum para concluirmos que os Evangelhos formam uma apresentação coesa da vida de Cristo em uma harmonia polifônica.

Os advogados se dedicaram a um estudo cuidadoso da arte de detectar quando uma testemunha está mentindo ou está em conluio com outras pessoas e como expor esse tipo de conluio em um processo judicial. Greenleaf observa que o testemunho é em geral presumido como sendo verídico a não ser que seja desacreditado ou ainda atacado com êxito em um interrogatório ou exame cruzado. Isso é consistente com nossa postura de pressupormos que pessoas estão dizendo a verdade, e não cometendo perjúrio, a não ser que haja evidência que indique o contrário. Como apenas um exemplo de uma obra sobre o perjúrio testemunhal no contexto jurídico, fazemos referência ao constructo elaborado por McCloskey e Schoenberg que foi chamado de "a melhor obra sobre esse tema".[28] Esse constructo envolve quatro fatores: "defeitos *internos* e *externos* na *própria testemunha*, por um lado, e no *próprio testemunho*, por outro".[29] Esse constructo já está presente no teste em cinco partes elaborado por Greenleaf para determinar a credibilidade de uma testemunha.

Em segundo lugar, as testemunhas fornecem suficientes detalhes para poder haver uma inquirição cruzada? Testemunhas mentirosas ou desonestas geralmente fornecem poucos detalhes ou ao menos reservam um relato detalhado para a parte do seu exame que não é central ao seu perjúrio. No caso dos autores dos Evangelhos, os quatro relatos são ricos em detalhes justapostos que podem ser o objeto fácil de um exame cruzado. Por exemplo, Lucas poderia muito bem ter evitado todas as tentativas futuras de verificar sua precisão e dito "*Era uma vez* a palavra de Deus, que veio a João". Antes, ele apresenta a questão assim: "No décimo quinto ano do reinado de Tibério César – quando Pôncio Pilatos era governador da Judeia, Herodes, tetrarca da Galileia, seu irmão Filipe, tetrarca de Itureia e de Traconites e Lisânias, tetrarca de Abilene – durante o sumo sacerdócio de Anás e Caifás, a palavra de Deus veio a João, filho de Zacarias, no deserto" (Lucas 3:1,2).

Nem um só autor dos Evangelhos afirmou ter feito um relato definitivo da vida de Jesus, e João faz uma negação explícita de ser possível apresentar

---

[28] Alan Saltzman, "Criminal law: how to expose perjury through cross-examination", *Los Angeles Daily Journal*, 4 nov. 1982.

[29] Patrick L. McCloskey; Ronald L. Schoenberg, *Criminal Law Advocacy*, vol. 5 (New York: Bender 1984), par. 12.01[b]. Esse constructo é aplicado aos autores do Novo Testamento para defender sua integridade por John Warwick Montgomery in: *Human rights and human dignity* (Grand Rapids: Zondervan, 1986), p. 140-ss.

registros completos da vida e do ministério de Cristo (cf. João 20:30-311; 21:25). Aliás, advogados como Greenleaf observaram que a presença de quatro versões diferentes, mas não inconsistentes dos eventos, é uma das evidências mais fortes da integridade e da confiabilidade geral dos autores dos Evangelhos.

Há uma percepção extremamente comum de ser relativamente fácil mentir e sair impune em um tribunal. Nada está mais longe da verdade, e os autores dos Evangelhos, na hipótese de terem tentado agir em conluio e criar uma fraude, colocaram armadilhas para si mesmos com uma abundância de detalhes passíveis de verificação e de falsificação. Estudiosos depois de Greenleaf fizeram uma descrição muito detalhada do labirinto tortuoso que uma testemunha desonesta que consegue se safar precisa percorrer para escapar das garras de um interrogatório cruzado competente.[30] E quanto ao argumento de que os autores dos Evangelhos não foram submetidos a um interrogatório cruzado formal em um tribunal, Greenleaf observa que os romanos e os líderes religiosos da época tinham o "meio, motivo e oportunidade" para destruir o testemunho apostólico se de fato pudessem fazê-lo.[31]

Teste apologético 4: estar de acordo com a experiência

O foco do quarto teste de Greenleaf é se o testemunho está de acordo com a experiência. Os autores relatam acontecimentos e condutas humanas de um modo plausível? Os autores dos Evangelhos apresentaram os acontecimentos e as reações humanas a esses acontecimentos de modo inexoravelmente crível. Considere, por exemplo, a ressurreição. Os apóstolos dificilmente são apresentados em uma luz favorável. Alguns já voltaram a pescar, outros estão morrendo de medo das autoridades religiosas, e nenhum deles acredita no relato das primeiras testemunhas, presumivelmente, ao menos em parte, porque a evidência foi apresentada por mulheres. Os apóstolos precisam de uma experiência tátil com Jesus Cristo para superar sua incredulidade (João 20).

Assim, quando os autores dos Evangelhos têm contato com, por exemplo, curas milagrosas de Jesus, Greenleaf faz a seguinte observação:

---

[30] Richard A. Givens, *Advocacy* (New York: McGraw-Hill, 1980), p. 12.

[31] Greenleaf, *Testimony*, 31 *et seq*. Também observamos que as seções 412 e 413 do Código de Evidências da Califórnia refletem o fato de não explicar ou negar evidência desfavorável poder sugerir que a evidência é verdadeira.

Em todo caso de cura, a condição anterior daquele em situação de sofrimento era conhecida de todos; todos observaram sua restauração imediata; e todos testemunharam o ato de Jesus ao tocá-lo e ouviram suas palavras. Todos esses acontecimentos, considerados separadamente, eram fatos, de natureza óbvia e simples, facilmente observados e plenamente compreendidos por pessoas capazes e de comum observação. Se houvesse um relato separado desses fatos, feito por testemunhas diferentes de inteligência e de integridade ordinárias, em qualquer tribunal o júri necessariamente acreditaria nelas; e um veredicto, decidido como contrário ao relato incontestado feito por testemunhas dignas de crédito de qualquer um desses fatos óbvios, considerados separadamente, estaria sujeito a ser descartado, como um veredicto contra as evidências.[32]

Teste apologético 5: estar de acordo com a história

O quinto teste de Greenleaf é resumido pela pergunta: o testemunho coincide com fatos e com circunstâncias contemporâneas? Em poucas palavras, Mateus, Marcos, Lucas e João se referem com precisão aos fatos históricos, jurídicos e sociológicos do seu tempo? Greenleaf responde com um sim retumbante.

Muito estudo foi dedicado à estrutura do sistema legal na Palestina do primeiro século sob o domínio romano. O próprio Greenleaf escreveu extensamente sobre o tema e concluiu que os relatos do julgamento de Jesus feitos pelos Evangelistas são consistentes com nosso conhecimento do processo judicial romano e com o fato de os líderes judeus da época terem ignorado leis processuais para que Jesus fosse executado.[33] Greenleaf até mesmo discutiu com um autor do seu tempo que havia tentado demonstrar que os Evangelhos não eram confiáveis por narrarem ações do sinédrio que eram aparentes contradições com a lei judaica oficial da época (por exemplo, julgamentos à noite, uma condenação apenas com base em uma confissão forçada por meio de um abuso físico do acusado, castigos físicos infligidos ao acusado no pátio em público, a realização de um julgamento em um feriado religioso e a execução da pena no mesmo dia da condenação do acusado).[34] Greenleaf faz uma análise metódica de todas as objeções e as considera indefensáveis – a maioria dos

---

[32] Greenleaf, *Testimony*, p. 41-2.
[33] Greenleaf, "An account of the trial of Jesus", in: *Testimony*, capítulo 3.
[34] Joseph Salvador, *The Jewish account of the trial of Jesus*, criticado por Greenleaf em *Testimony*, capítulo 4.

líderes religiosos da época queria a eliminação de Jesus e apenas a autoridade secular podia executar a pena de morte.[35] Observamos três exemplos breves e mais recentes de verificação externa da precisão apresentada pelos autores dos Evangelhos:

- *O Pavimento*: João relata que o julgamento romano de Jesus executado por Pilatos ocorreu em um local chamado O Pavimento.[36] Se esse lugar nunca tivesse existido, haveria alguma dúvida quanto à precisão do relato feito por João dos vários julgamentos de Jesus. Não houve nenhuma verificação arqueológica desse local durante séculos. Apenas em tempos relativamente recentes o local foi descoberto e demonstrado de modo definitivo como sendo o pátio onde Pilatos julgou Jesus.[37]
- *O tanque de Betesda:* mencionado por João, não há nenhum outro registro histórico desse tanque. Do mesmo modo, somente em tempos relativamente recentes esse item arqueológico foi descoberto.[38]
- *Pôncio Pilatos*: embora seja mencionado nos Evangelhos e faça partes dos credos ecumênicos da cristandade, nunca houve nenhuma referência histórica conhecida a Pôncio Pilatos. Isso terminou em 1961, ano da descoberta da chamada Inscrição de Pôncio Pilatos em Cesareia Marítima, que agora se encontra no Museu de Israel, em Jerusalém.

Por fim, é fascinante constarmos que advogados examinaram a abordagem de Greenleaf para determinar sua consistência com as atuais regras de processo federais dos Estados Unidos e a consideraram totalmente consoantes ao processo civil federal atual. O teste de cinco partes apresentado por Greenleaf resulta em uma demonstração totalmente fundamentada da veracidade do relato que testemunhas oculares fizeram da morte, vida e ressurreição de

---

[35] Para a análise feita por um advogado dos esforços de outros advogados como Nicodemos, José de Arimateia e Gamaliel de tentar intervir em favor de Jesus, veja John J. Bombaro, Adam S. Francisco, eds. *The resurrection fact: responding to modern critics* (Irvine: New Reformation, 2016), p. 88-116.

[36] João 19:13.

[37] Veja William F. Albright, *The archaeology of Palestine*, ed. rev. (London: Pelican, 1960), p. 41. Albright estabelece que esse era o pátio do quartel-general romano em Jerusalém, foi destruído no cerco de Jerusalém em 66-70 d.C., e descoberto apenas recentemente, em 1961.

[38] F. F. Bruce, "Archaeological confirmation of the New Testament". *Revelation and the Bible*, ed. C. Henry (Grand Rapids: Baker, 1969), p. 329.

Jesus Cristo como registrado pelos autores dos Evangelhos.[39] Em resumo, os princípios evidenciais básicos que Greenleaf esboçou há mais de um século ainda hoje são totalmente válidos.

CONTRIBUIÇÕES PARA A APOLOGÉTICA

Greenleaf está situado em uma longa tradição de apologetas-advogados, mas ele também é a chave de toda uma corrente apologética. A contribuição singular feita pela sua aplicação das leis da evidência jurídica aos autores dos Evangelhos iniciou o que agora conhecemos como a apologética "jurídica" ou "legal". Essa disciplina remonta ao próprio Novo Testamento, em que encontramos advogados envolvidos em várias das questões centrais à vida e ao ministério de Jesus Cristo. De fato, o Antigo Testamento encoraja o desenvolvimento de estruturas legais para lidar com disputas como um meio de controlar a depravação humana. Desde o uso *teológico* da lei para mostrar a necessidade que a humanidade tem de redenção até a centralidade de contratos e processos criminais e a transferência e preservação ordeiras de propriedades reais e pessoais (o chamado uso *civil* da lei), do início ao fim a Bíblia exibe uma presença fortíssima do direito e de processos legais. O Antigo Testamento apresenta Moisés como o primeiro legislador e realça as atividades de juízes militares como Débora e Esdras, junto com conselheiros semelhantes a advogados como Daniel e Jônatas, que serviram como consultores de confiança dos seus clientes.[40]

No Novo Testamento, e particularmente em seu foco na última semana da vida de Jesus Cristo, advogados desempenham um papel notável – desde o apóstolo Paulo e sua instrução jurídica como procurador e advogado de acusação debaixo do renomado professor de direito Gamaliel (juiz da Suprema Corte de Justiça de Jerusalém, conhecida como o sinédrio), passando pelo também membro da Suprema Corte de Justiça de Jerusalém chamado José de Arimateia até Nicodemos, mais um membro da Suprema Corte e "mestre em Israel" (João 3:10; Atos 22:3). Em termos do sólido e devido processo

---

[39] Veja o apêndice B da obra de Montgomery *Law above the law* (Irvine: New Reformation, 2015). Ela contém um artigo fascinante intitulado "Seeking truth on the other side of the wall: Greenleaf's Evangelists meet the federal rules, naturalism and Judas", de Nancy J. Kippenhan.

[40] Ethelbert Callahan, *The lawyers of the Bible* (Indianapolis: Hollenbeck, 1912), p. 28-ss.

legal, a argumentação e a profissão jurídicas têm uma forte presença no Novo Testamento.[41]

Tem sido de interesse especial para advogados o desafio direto apresentado pelo cristianismo de que refutar a ressurreição de Cristo é destruir e descreditar a religião *como um todo* (1Coríntios 15:12-19). Muitos aceitaram esse desafio e se converteram ao cristianismo durante sua tentativa de refutar as evidências a favor da ressureição.[42]

Agora, há livros escritos por mais de uma centena de advogados sobre a verdade da fé cristã como defendida pelas regras da evidência.[43] Aliás, o primeiro manual de apologética foi redigida no século XVI por Hugo Grócio, o chamado pai do direito internacional.[44] Grócio aplicou as leis da evidência jurídica às reivindicações do cristianismo e demonstrou sua veracidade "além de qualquer dúvida razoável". Sir Matthew Hale, Lorde Chanceler no reinado de Carlos II no século XVII, foi um cristão devoto que escreveu sobre a verdade do cristianismo. O grande sistematizador da *common law* [direito comum] inglesa, William Blackstone, foi um cristão piedoso que escreveu que todo advogado deveria começar seu estudo do Direito com um estudo da Palavra de Deus, pois essa Palavra é uma revelação e, portanto, transcendente, e nenhuma lei humana jamais deve contradizê-la.[45]

---

[41] Tudo isso recebe uma explicação detalhada in: Bombaro e Francisco, *The resurrection fact*, p. 88--116 e o artigo ali intitulado "The case against *The case against Christianity:* when Jerusalem came to Athens", de Parton.

[42] Para uma obra de um cético que examinou a evidência da ressurreição com o objetivo de destruir o cristianismo e no processo se tornou cristão, veja Frank Morison, *Who moved the stone: the evidence for the resurrection* (New York: Barnes & Noble, 1963). O primeiro capítulo tem o nome apropriado "The book that refused to be written" [O livro que não quis ser escrito].

[43] Veja Philip Johnson, "Juridical apologetics 1600-2000 A.D.: a bio-biographical essay", *Global Journal of Classical Theology* 3 (Março 2002), p. 1-25; veja também Ross Clifford, *John Warwick Montgomery's legal apologetic: an apologetic for all seasons* (Bonn: Culture & Science, 2004), "Appendix I: table of lawyers' apologetical writings", que lista mais de 35 advogados de acusação que analisaram as várias verdades afirmadas pelo cristianismo. A obra de Clifford *Leading lawyers' case for the resurrection* tem um capítulo dedicado a Greenleaf.

[44] Hugo Grócio, *De veritate religionis christianae* – "On the truth of the Christian religion", trad. John Clarke (London: Baynes, 1825), veja esp. liv. 2, sec. 6 ("The resurrection of Christ proved from credible testimony"), p. 85-8 [no Brasil: *A verdade da religião cristã* (São Paulo: Baraúna, 2011).

[45] William Blackstone, *Commentaries on the laws of England*, vol. 1 (London: University of Chicago Press, 1979), p. 41. Os comentários de Blackstone quanto a essa questão fazem parte da sua análise em "Rights of Persons", que se tornou o Volume I dos seus comentários e foi publicada originalmente em 1765.

Em tempos mais recentes, Lord Hailsham, ex-Lorde Chanceler da Inglaterra, escreveu uma defesa da fé cristã,[46] e Sir Norman Anderson, um advogado inglês nas cortes superiores no século XX, foi uma das maiores autoridades nas religiões mundiais em geral e no islamismo em particular.[47] Essa lista estaria incompleta sem a presença de John Warwick Montgomery, advogado americano nas cortes superiores, autor de mais de 60 livros em seis idiomas sobre a evidência a favor da fé cristã e advogado de acusação que trabalhou em algumas das causas mais importantes de liberdade religiosa diante da Corte Internacional de Direitos Humanos sediada em Estrasburgo, França.

A atração de advogados e profissionais com formação jurídica pelas afirmações de verdade cristãs não é uma mera coincidência. Antes, é a facticidade dessas afirmações religiosas e o fato de serem passíveis de verificação e de refutação que fizeram um número tão grande de advogados examinar as afirmações centrais do cristianismo.

ARGUMENTOS FINAIS

Greenleaf conclui que:

> Seria inacreditável que homens maus inventassem falsidades para promover a religião do Deus da verdade. A suposição é suicida. Se eles de fato criam em um futuro estado de retribuição, um céu e um inferno após esta vida, eles pegaram o caminho mais certo, na hipótese de serem falsas testemunhas, para obter este último como sua porção.[48]

Vimos que a apologética legal de Greenleaf é cristocêntrica, pois, acima de tudo, se constrói a partir da confiabilidade dos relatos feitos pelos evangelistas para chegar à força irresistível da afirmação factual da ressurreição e que nada disso "se passou num lugar qualquer" (Atos 26:26). Ele observa que a evidência factual nunca alcança 100% de certeza, mas que um exame apropriado dela leva o cético à conclusão de que, na cruz, Deus de fato estava reconciliando o mundo consigo.

Greenleaf resume a questão assim:

---

[46] Veja Lord Hailsham, *The door wherein I went* (London: Collins, 1975).
[47] Veja Norman Anderson, *A lawyer among the theologians*; *the evidence for the resurrection*; *Jesus Christ: the witness of history*; and *Christianity and world religions*.
[48] Greenleaf, *Testimony*, p. 33.

Tudo que o cristianismo pede dos homens nesse assunto é que sejam consistentes consigo mesmos; que eles tratem as evidências dele como tratam a evidência de outras coisas; e que tratem seus atores e testemunhas do mesmo modo que tratam outros homens, ao testemunharem sobre questões humanas, em tribunais humanos. Que as testemunhas sejam comparadas consigo mesmas, umas com as outras e com os fatos e circunstâncias adjacentes; e que o testemunho delas seja examinado como se fosse apresentado em um tribunal, pelo lado da outra parte, a testemunha sendo sujeita a um interrogatório cruzado rigoroso. Acreditamos confiantemente que o resultado será uma convicção plena da sua integridade, capacidade e veracidade. No decorrer desse exame, as coincidências não pretendidas se multiplicarão diante de nós a cada passo do nosso progresso; a probabilidade da veracidade das testemunhas e da realidade dos acontecimentos que elas relatam aumentará até adquirir, para todos os propósitos práticos, o valor e a força da demonstração.[49]

Simon Greenleaf nunca descansou na sua demonstração da veracidade do cristianismo e do Cristo crucificado "além de qualquer dúvida razoável". O fato de ter sido a maior autoridade viva do seu tempo em evidência da *common law* e ter chegado a essa conclusão deveria fazer até mesmo o mais extremo dos céticos parar para pensar.

BIBLIOGRAFIA

BLACKSTONE, William. *Commentaries on the laws of England*. Vol. 1 (London: University of Chicago Press, 1979).

BOMBARO, John J.; FRANCISCO, Adam S., eds. *The resurrection fact: responding to modern critics* (Irvine: New Reformation, 2016).

BRUCE, F. F. "Archaeological confirmation of the New Testament", p. 319-31 in: *Revelation and the Bible*. Ed. C. Henry (Grand Rapids: Baker, 1969).

CALLAHAN, Ethelbert. *The lawyers of the Bible* (Indianapolis: Hollenbeck, 1912).

CHANDLER, Walter M. *The trial of Jesus from a lawyer's standpoint* (New York: The Empire, 1908).

---

[49] Greenleaf, *Testimony*, p. 41-2. As notas de Greenleaf no fim de *Testimony* refletem sua familiaridade com os melhores textos apologéticos da sua época (abundam referências a William Paley, Richard Whately, bispo Daniel Wilson e Dr. Thomas Chalmers e às últimas obras que refutam o argumento "dedutivista" e totalmente circular contra os milagres propagado pela pena de David Hume).

CLIFFORD, Ross. *John Warwick Montgomery's legal apologetic: an apologetic for all seasons* (Bonn: Culture and Science, 2004).

_____. *Leading lawyers' case for the resurrection* (Edmonton: Canadian Institute for Law, Theology and Public Policy, 1996).

GIVENS, Richard A. *Advocacy* (New York: McGraw-Hill, 1980).

GREENLEAF, Simon. *The testimony of the Evangelists: examined by the rules of evidence administered in courts of justice* (Grand Rapids: Kregel, 1995).

GRÓCIO, Hugo. *De veritate religionis christianae – "On the truth of the Christian religion"*. Trad. por John Clarke (London: Baynes, 1825).

_____. *A verdade da religião cristã* (São Paulo: Baraúna, 2011).

HAILSHAM, Lord (Quentin McGarel Hogg). *The door wherein I went* (London: Collins, 1975).

JOHNSON, Philip. "Juridical apologetics 1600–2000 A.D.: a Bio-Biographical Essay". *Global Journal of Classical Theology* 3 (Março 2002): 1–25.

MCCLOSKEY, Patrick L.; SCHOENBERG, Ronald L. *Criminal law advocacy*. Vol. 5 (New York: Bender, 1984).

MONTGOMERY, John Warwick. *Human rights and human dignity* (Grand Rapids: Zondervan, 1986).

MORISON, Frank. *Who moved the stone? The evidence for the resurrection* (New York: Barnes & Noble, 1963).

PARTON, Craig A. "The case against *The case against Christianity*: when Jerusalem came to Athens", p. 89-116 in: *The resurrection fact: responding to modern critics*. Eds. Bombaro; Francisco (Irvine: New Reformation, 2016).

SALTZMAN, Alan. "Criminal law: how to expose perjury through cross-examination". *Los Angeles Daily Journal* (4 Novembro, 1982): 4.

SALVADOR, Joseph. *Historie des institutions de Moise et due peuple Hebreu*, 4 vols (Paris: Michel Levy, 1862).

Recomendação de leitura adicional (todas as obras são de juízes e advogados)

CASTEEL, Herbert. *Beyond a reasonable doubt: a judge's verdict on the case for Christian faith* (Joplin: College Press Publishing, 1992).

EWAN, Pamela B. *Faith on trial: analysis of the evidence for the death and resurrection of Jesus* (Nashville: Broadman & Holman, 2013).

LAMB, Francis. *Bible miracles examined by the methods, rules and tests of the science of jurisprudence as administered today in courts of Justice* (Oberlin: Bibliotheca Sacra, 1909).

LINTON, Irwin H. *The Sanhedrin verdict* (New York: Loizeaux Brothers, 1943).

MOEN, John T. "A lawyer's logical and syllogistic look at the facts of the resurrection". *Simon Greenleaf Law Review* 8 (1987-1988): 81-110.

MONTGOMERY, John Warwick. *Christ our advocate: studies in polemical theology, jurisprudence and canon law* (Bonn: Culture and Science, 2002).

____. *Defending the Gospel in legal style: essays on legal apologetics and the justification of classical Christian faith* (Bonn: Culture and Science, 2017). Veja também a obra de Montgomery *Law above the law* (Irvine, CA: New Reformation, 2015), que inclui *Testimony of the Evangelists* como um apêndice junto de uma análise do método contemporâneo de Greenleaf e sua consistência total com processos civis federais modernos.

MORRISON, Charles Robert. *The proofs of Christ's resurrection: from a lawyer's standpoint* (Andover: Draper, 1882).

PARTON, Craig A. *The defense never rests*. 2. ed. (St. Louis: Concordia, 2015).

____. *Religion on trial: cross-examining religious truth claims* (St. Louis: Concordia, 2018).

SHERLOCK, Thomas. *The trial of the witnesses of the resurrection of Jesus* (London: Roberts, 1729. Reproduzido em John Warwick Montgomery, *Jurisprudence: a book of readings* (Strasbourg: International Scholarly, 1980).

SMITH, Graeme. *Was the tomb empty? A lawyer weighs the evidence for the resurrection* (Grand Rapids: Monarch, 2014).

John Henry Newman
Apologética para os que têm mente lúcida e coração santo

Cornelius C. Simut

John Henry Newman (1801-1890) é conhecido pela sua contribuição ao movimento de Oxford e principalmente pela sua conversão posterior ao catolicismo. Newman era tanto uma personalidade extremamente complexa quanto um defensor assíduo do cristianismo tradicional contra a tendência em ascensão do liberalismo teológico. Um apologeta fervoroso, combateu o liberalismo teológico e buscou preservar os fundamentos do cristianismo dentro dos seus limites teológicos originais. Newman dedicou sua vida inteira não apenas à proteção das doutrinas mais preciosas do cristianismo, como a ressurreição dos mortos e a vida eterna, mas também à conscientização das consequências devastadoras geradas pela aceitação do liberalismo teológico. Ele confrontou o fato de a doutrina ter sido rebaixada da posição de verdade essencial para a de uma visão individual que – para citar Richard Harding – "estava colocando em grave risco a existência futura do cristianismo".[1] Newman estava muito consciente dessa ameaça e a confrontou por meio de vários escritos contra as tendências de secularização na teologia cristã. Com esse confronto, ele embarcou em uma jornada acadêmica, eclesiástica e pastoral que durou quase seis décadas. Ele foi canonizado como santo na Igreja Católica Romana em outubro de 2019.

CONTEXTO HISTÓRICO

John Henry Newman nasceu em 1801, e sua vida engloba um período significativo e turbulento na história da teologia cristã, um fato impossível de ser exagerado quando examinamos sua vida. A ascensão do liberalismo teológico moldou toda a sua carreira. Nos anos de formação de Newman (até 1832, ano da conclusão da sua obra *The Arians of the Fourth Century* [Os arianos do quarto século]), Hegel estava desenvolvendo sua filosofia religiosa, transformando

---

[1] Richard J. Harding, *John Henry Newman: the resolution of a dilemma* (Lincoln: iUniverse, 2000), p. 70.

o cristianismo em apenas mais uma religião entre várias outras.² Nos anos mais maduros de Newman (até 1864, quando publicou *Apologia pro vita sua* ou *História das minhas opiniões religiosas*), Ferdinand Christian Baur usou a filosofia religiosa de Hegel para criar ainda mais discordância nos círculos cristãos ao postular a existência de de uma facção judaica e outra gentia na religião cristã, fatores que promoveram perspectivas sobrenaturais, bem como naturais sobre a doutrina.³ Nos últimos anos de Newman (até se tornar cardeal em 1879 e sua morte em 1890), Adolf von Harnack surgiu como um dos líderes informais do liberalismo teológico, cimentando a disseminação de entendimentos antissobrenaturais dos dogmas cristãos por toda a academia e igreja cristã em geral.⁴

A atividade apologética e teológica de Newman se desenvolveu e amadureceu no contexto da agitação criada pelo liberalismo teológico, e essa realidade também moldou sua vida pessoal. Jay Newman argumentou – embora evidentemente com algum preconceito contra o entendimento que Newman tinha do liberalismo teológico – que a preocupação de Newman com a defesa da religião cristã ocorreu em um período posterior da sua vida, quando ele se "tornou mais amargo e frustrado" e considerava "liberais todos os cristãos progressistas cuja interpretação das Escrituras e atitude em relação à igreja eram apenas um pouco diferentes das suas próprias".⁵ Certamente não há muitas pistas que prenunciassem sua carreira apologética antes de fazer 30 anos; o que sabemos é que ele estava totalmente imerso na vida da igreja e da academia. Como Ian Ker resume, Newman foi ordenado diácono na Igreja da Inglaterra e, então, designado como pároco auxiliar na Saint Clement's Church, em Oxford, em 1824. Em 1825, ele recebeu a posição de vice-diretor de Alban Hall e ordenado sacerdote anglicano. Um ano depois, em 1826, foi designado

---

² Stephen Thomas apresenta uma comparação excepcional entre a noção que Newman tem de revelação, "que permanece inalterada", e a perspectiva de Hegel sobre "sujeito e objeto, *Geist* [Espírito] e mundo", que "mutualmente modificam um ao outro – ou participam um do outro – como o próprio processo do vir-a-ser". Para detalhes, veja Stephen Thomas, *Newman and heresy: the Anglican years* (Cambridge: Cambridge University Press, 1991 [2002]), p. 242.

³ Ben F. Meyer situa Newman e Baur na mesma atmosfera cultural. Veja Meyer, *Critical realism and the New Testament* (Eugene: Wipf & Stock, 1989), p. 99-100.

⁴ Trevor Hart mostra que, para Harnack, a abordagem de Newman "era influenciada demais por um compromisso dogmático anterior", mas discordâncias das abordagens um do outro devem ter sido mútuas. Veja Trevor Hart, "Creeds, councils, and doctrinal development", in: *The Early Christian World*, vol. 1, ed. Philip F. Esler (London: Routledge, 2000), p. 656.

⁵ Jay Newman, *The mental philosophy of John Henry Newman* (Waterloo: Wilfried Laurier University Press, 1986), p. 30.

professor assistente no Oriel College e, em 1828, decidiu assumir o vicariato da Saint Mary's Church, a igreja oficial da Universidade de Oxford.[6]

Os interesses apologéticos de Newman relacionados ao liberalismo teológico talvez tenham sido iniciados por uma mudança política que ocorreu em 1830, quando o partido conservador dos Tories perdeu poder na política britânica. O poder que tinham foi assumido pelo partido mais liberal dos Whigs, que tinham um desejo intenso de reformar a sociedade britânica (até mesmo em questões religiosas) e a plena convicção de que sua melhor chance de alcançar seus objetivos programáticos era uma combinação do liberalismo religioso com o utilitarismo benthamista.[7] Ambas as filosofias tinham uma postura de rejeição firme do sobrenaturalismo e promoção ativa de visões naturalistas da vida, e elas criticavam qualquer coisa que tivesse um traço de origem divina, especialmente a lei natural e os direitos naturais. Essas convicções liberais exibidas pelo novo partido governante geraram um temor de novas reformas sociais com um potencial de se alastrar pela nação inteira, afetando todo o espectro das instituições políticas, educacionais e religiosas. A igreja, nesse momento, se viu sem saber o que fazer. Os bispos da Igreja da Inglaterra foram advertidos a "deixar sua casa em ordem e se preparar para enfrentar a tempestade" que seria trazida pelo próprio primeiro-ministro – Charles Grey, o Segundo Conde Grey. Infelizmente, as palavras de Grey foram tiradas do seu contexto original, que incluíam não apenas garantias atenciosas da sua simpatia sincera "pela manutenção de todos os direitos e privilégios da igreja", mas também promessas igualmente firmes de preservação da "pureza das suas doutrinas e solidez da sua disciplina". Contudo, a disseminação dessa citação entre a liderança da igreja gerou horror e desânimo em toda a igreja, especialmente entre pessoas como Newman, que trabalhava para a igreja e se sentia aprisionado por uma série de decisões políticas com o aparente objetivo de destruir a instituição que ele amava e servia.[8]

O novo Projeto de Reforma do governo foi debatido ferozmente, e a grande maioria dos bispos votou contra ele em 1831. Dois anos depois, em 1833, a

---

[6] Ian Ker, ed., *The genius of John Henry Newman: selections from his writings* (Oxford: Oxford University Press, 1989), p. xvii-xviii.

[7] Vincent F. Blehl, SJ, ed., *The essential Newman: the central writings of the master of English prose who infused new vigor into the nineteenth-century Catholic Church* (New York: Mentor-Omega, 1963), p. 12.

[8] George M. Trevelyan, *Lord Grey of the Reform Bill, being the life of the Charles, Second Earl of Grey* (New York: Longman's, Green & Co., 1920), p. 307-8.

reforma social iniciada pelos Whigs foi levada adiante por meio da supressão de dez dioceses irlandesas e vários bispados da igreja oficial, a reorganização das receitas da igreja e um reposicionamento do controle das finanças da igreja, agora nas mãos dos Comissionários Eclesiásticos.[9] Incontáveis temores e rumores não confirmados relacionados às intenções que o governo supostamente tinha de confiscar posses da igreja e talvez cancelar as doações da igreja circularam por toda a Grã-Bretanha. O clero – que incluía Newman – viu que a coisa certa a ser feita era reagir imediatamente, não apenas para preservar a instituição da igreja da interferência estatal, mas também para defender as doutrinas tradicionais da igreja contra essas políticas liberais.[10]

CONTEXTO TEOLÓGICO

O governo britânico não realizou a implementação total das suas políticas liberais pela nação, ao menos não na medida em que o clero da igreja oficial havia temido. Com o novo foco dos líderes eclesiásticos em questões religiosas, e não mais em interesses políticos, Newman não demorou para perceber que havia uma ameaça igualmente forte no campo da teologia cristã, uma vez que filosofias modernas – como o idealismo de Hegel – estavam sendo combinadas com doutrinas cristãs muito antigas e se infiltrando no coração e na mente tanto do clero quanto dos leigos. No início da década de 1830, Newman já era cristão havia quinze anos. Gerard Magill escreve que ele havia se convertido ao cristianismo evangélico em 1816 sob a influência do reverendo Walter Mayers,[11] mas agora estava se sentindo atraído pela dogmática da Alta Igreja após conhecer pessoas como Hurrell Froude e John Keble, que se tornaram figuras muito importantes do movimento de Oxford. Ainda no campo evangélico, Newman também foi influenciado pela teologia de John Wesley e George Whitefield, cujos pensamentos levaram ao surgimento do partido evangélico na Igreja da Inglaterra. Os ensinos teológicos centrais que ocuparam Newman, moldando seu pensamento como evangélico, foram a

---

[9] "Speech of the Right Reverend Henry, Lord Bishop of Exeter in the House of Lords (on Thursday, July 18, 1833) on Second Reading of the Church Temporalities (Ireland) Bill", in: *Mirror of Parliament*, Part CCXXXVI (London: Proprietors of "The Mirror of Parliament", 1833), p. 24.

[10] Brian Martin, *John Henry Newman: his life and work* (London: Continuum, 1982 [2000]), p. 51.

[11] Gerard Magill, *Religious morality in John Henry Newman: hermeneutics of imagination* (Dordrecht: Springer, 2015), p. 14-5.

pecaminosidade da humanidade,[12] a necessidade de conversão genuína[13] e a realidade da expiação de Cristo.[14] Com o amadurecimento da sua reflexão teológica, ele veio a entender que despertar os sentimentos e as emoções de uma pessoa era um objetivo essencial de sermões, exortações e conversão. Tudo isso estava de acordo com a tradição wesleyana.[15]

Mais tarde, Newman estudou teologia de modo mais formal – primeiro de 1817 (ao entrar no Trinity College, Oxford) a 1820 (ao obter seu grau de bacharel) e, então, de novo da sua graduação em teologia a 1822, quando foi eleito professor (*fellow* – membro acadêmico) do Oriel College, Oxford. Ele começou a perceber que o estudo da teologia consistia em mais do que havia sido levado à sua atenção pelos seus anos de formação evangélicos, dominados fortemente por convicções calvinistas e puritanas como a predestinação à perdição e a justificação ligada à certeza da salvação. Embora sempre tenha achado a primeira totalmente intolerável, ele abraçou a segunda doutrina durante toda a sua vida, o que o levou a reagir com frequência contra o liberalismo teológico que apareceu na Igreja da Inglaterra e na Igreja Católica Romana. Mas ele reagiu mais com a mente do que com o coração. Avery Dulles chega a ponto de afirmar: "Em nenhum momento da sua carreira ele experimentou qualquer coisa semelhante à súbita conversão do coração à qual os seguidores de Wesley tipicamente apelavam".[16]

Para Newman, o liberalismo teológico era incompatível com a fé cristã por buscar mostrar que "não há nenhuma verdade positiva na religião, mas que todos os credos são igualmente bons".[17] Também era problemática sua implicação de que todas as visões teológicas deveriam ser aceitas como meras opiniões ou convicções individuais que, embora tivessem uma importância essencial para certas pessoas, não eram obrigatórias para todas. Esse entendimento da doutrina e da prática cristãs era considerado aceitável no Oriel College no fim da década de 1820. Mesmo que ideias desse tipo fossem

---

[12] A pecaminosidade está presente até mesmo nas "causas justas" do homem. Newman, *Apologia pro vita sua* (New York: Appleton, 1865), p. 77.
[13] Newman, *Apologia pro vita sua*, p. 386.
[14] A expiação de Cristo é mencionada por Newman entre as doutrinas principais do protestantismo e do catolicismo.
[15] Timothy F. Sedgwick, *The Christian moral life: practices and piety* (New York: Seabury, 1999 [2008]), p. 47.
[16] Avery Dulles, *John Henry Newman* (London: Continuum, 2009), p. 28.
[17] John Henry Newman, "Biglietto speech", in: W. P. Neville, *Addresses to Cardinal Newman and his replies* (London: Longmans, 1905), p. 64.

promovidas por clérigos da Alta Igreja que tinham boas relações com a comunidade anglicana e sem inclinação ao liberalismo teológico, Newman estava convicto de que, se eles aprovassem essas ideias, isso só resultaria em problemas. Após uma doença grave em 1827 e a morte da sua irmã Mary em 1828, ele passou a mostrar uma rejeição consistente de qualquer coisa que apontasse para o liberalismo teológico. De acordo com John Connolly: "Nesse ponto da sua vida, Newman rompeu em definitivo com o liberalismo e passou a se identificar com o grupo da Alta Igreja na igreja anglicana".[18]

Pouco tempo depois do liberalismo teológico, já uma preocupação séria no fim da década de 1820, veio o liberalismo político promovido pelo governo dos Whigs no início da década de 1830. Embora ele tenha demonstrado ter consequências menos nefastas do que havia sido o temor original, o surgimento de ideias políticas liberais bastou para motivar Keble a proferir seu famoso sermão sobre "Apostasia nacional", que John Griffin chama de "talvez o sermão mais famoso na história da literatura eclesiástica inglesa".[19] A pregação desse sermão marcou o início do movimento de Oxford, em julho de 1833, e, com o enfraquecimento de temores políticos (quando o partido dos Whigs decidiu não fazer a implementação total do seu programa de reforma política liberal), o novo foco do movimento de Oxford – que começou com Newman, Froude e Keble – agora era impedir a expansão do liberalismo teológico dentro da Igreja da Inglaterra. Em setembro de 1833, Newman começou a escrever *Tracts For the Times* [Tratados para os tempos],[20] uma série de ensaios teológicos que veio a definir o movimento de Oxford. Após a publicação, seus membros foram chamados de "tratarianos", e essa publicação lhes deu um impulso sólido para lutar pelas doutrinas tradicionais e sobrenaturais da igreja e contra as consequências perniciosas do liberalismo teológico.[21] Craig Townsend escreve que os Tratados evocaram a necessidade que a igreja tinha de "renovação" "por meio de uma restauração da importância da tradição dogmática e uma ênfase maior na piedade".[22] Newman e os "tratarianos"

---

[18] John R. Connolly, *John Henry Newman. A view of catholic faith for the new millenium* (Lanham: Sheed & Ward / Rowman & Littlefield, 2005), p. 3.

[19] John R. Griffin, *John Keble, saint of Anglicanism* (Macon: Mercer University Press, 1987), p. 82.

[20] John Henry Newman, et al., *Tracts for the times* (London: Rivington, 1833 etc.).

[21] De acordo com Newman, Deus concede à igreja "uma assistência sobrenatural externa". Veja Newman, *Tracts for the times*, vol. 1 for 1833-1834 (London: Rivington, 1840), p. 9.

[22] Craig D. Townsend, *Faith in their own color: black Episcopalians in antebellum New York City* (New York: Columbia University Press, 2005), p. 111.

se voltaram para o passado da igreja e tentaram recuperar a importância de vários teólogos dos séculos XVI e XVII – o mais notável deles sendo Richard Hooker (1554-1600) –, mas eles também mergulharam ainda mais fundo no passado, bebendo da teologia patrística e realçando figuras dos primeiros séculos da igreja. Newman não era um novato nesse campo de estudo, já tendo publicado seu primeiro livro, *The Arians of the Fourth Century* [Os arianos do século IV], em 1832, com a intenção de produzir uma devoção religiosa na Igreja da Inglaterra de acordo com o modelo fornecido pela igreja primitiva.[23] De acordo com Benjamim King, o livro de Newman tornou "a história doutrinária disponível no presente não como erudição de antiquário, mas como sabedoria viva".[24]

Com o aprofundamento – tanto dogmático quanto histórico – de Newman no período patrístico, ele se afastou do protestantismo da Alta Igreja em direção ao catolicismo, mas essa mudança não foi nada súbita, ocorrendo de forma gradual ao longo de uma década; no entanto, a certa altura ele acabou deixando o protestantismo e abraçando o catolicismo. Os primeiros sinais dessa mudança apareceram publicamente em 1841, com a publicação de *Tract 90* [Tratado 90],[25] cuja tese geral era que os *Trinta e nove artigos* protestantes da Igreja da Inglaterra tinham a intenção de criticar apenas *a opinião popular* sobre a doutrina católica,[26] e não o catolicismo em si, incluindo – como mostrado por Emmeline Garnett – as doutrinas do purgatório e da transubstanciação.[27] A promoção dessa ideia feita por Newman teve efeitos devastadores na Universidade de Oxford e por toda a Igreja da Inglaterra, mas a motivação dele foi sincera. Ele buscou fundamentar a igreja na sua história tradicional e nas suas doutrinas tradicionais como haviam se desenvolvido ao longo de séculos de um testemunho fiel de Cristo e da sua salvação. Apenas quatro anos depois, em 1845, Newman de fato deixou a Igreja da Inglaterra e foi recebido formalmente na Igreja Católica Romana, onde serviu durante o resto da sua vida como sacerdote (a partir de 1847), reitor da Universidade

---

[23] Em Newman, a devoção é obrigatória no serviço a Deus. Veja Newman, *The Arians of the fourth century* (Leominster: Gracewing, 2001 [1833]), p. 148.

[24] Benjamin J. King, *Newman and the Alexandrian Fathers: shaping doctrine in the nineteenth-century England* (Oxford: Oxford University Press, 2009), p. 251.

[25] John Henry Newman, *Tract 90* (Oxford: Baxter, 1841).

[26] Para Newman, isso é doutrina "romanista". Veja Newman, *Tract XC on certain passages in the XXXIX articles* (Oxford: Rivington, 1865 [1841]), p. 25.

[27] Emmeline Garnett, *Tormented angel: a life of John Henry Newman* (New York: Ariel/Ferrar, Straus, & Giroux, 1966), p. 84-5.

Católica da Irlanda (1851-1858) e cardeal (após 1879). Em sua luta ininterrupta contra o liberalismo teológico, Newman sempre defendeu a natureza apostólica e católica da comunhão cristã, primeiro como membro da Igreja da Inglaterra e, então, como católico romano. Para citar Vincent Blehl, seu propósito supremo era introduzir "uma vida espiritual profunda e genuína"[28] em toda a sociedade britânica por meio de obras que tratavam não apenas da instituição da igreja (*Ensaio sobre o desenvolvimento da doutrina cristã*, *Apologia pro vita sua* ou *História das minhas opiniões religiosas* e *Via media*), mas também de instituições universitárias (*Discourses on the scope and nature of university education* e *A ideia de uma universidade*).[29]

RESPOSTA APOLOGÉTICA

Como tentamos mostrar neste breve resumo, Newman viveu em tempos complexos e difíceis, que geraram mudanças na teologia cristã enquanto líderes eclesiásticos buscavam confrontar abordagens modernistas à filosofia e à religião com o objetivo de demolir os elementos sobrenaturais do cristianismo tradicional em favor de abordagens mais naturalistas baseadas exclusivamente na investigação racional. Esses desenvolvimentos eram resultado do liberalismo teológico, que Newman se viu na obrigação de combater durante toda a sua vida, e ele executou essa tarefa tentando explicar e esclarecer a conexão entre a fé (a preocupação principal da teologia tradicional) e a razão (o foco central do liberalismo teológico). Gerald Bednar pensa que Newman abordou essa relação "de um modo mais pessoal",[30] sua esperança sendo que essa abordagem permitisse uma recepção mais fácil das suas ideias.

Pelo fato de as convicções evangélicas iniciais de Newman, influenciadas pela tradição wesleyana, estarem enraizadas mais em sentimentos do coração e menos na autoridade teológica, Newman buscou no passado da história da igreja um apoio adicional para suas tentativas de confrontar o liberalismo teológico. Ele encontrou esse apoio nos escritos dos pais da igreja e na tradição da igreja primitiva, e essa descoberta o convenceu da necessidade de a realidade subjetiva do coração ser completada pela realidade mais objetiva da sucessão apostólica, que, como Ian Ker revela, ele via como sendo "um ensino

---

[28] Blehl, *The essential Newman*, p. 14.
[29] Para detalhes, veja Edward Short, *Newman and his family* (London: Bloomsbury, 2013), p. xvii-xviii.
[30] Gerald J. Bednar, *Faith as imagination: the contribution of William F. Lynch, S. J.* (Kansas City: Sheed & Ward, 1996), p. 16.

claro das Escrituras".[31] Em outras palavras: a salvação de um cristão não depende apenas da presença do Senhor sentida no seu coração; ela também depende da localização do cristão na tradição da igreja ao lado de todos os salvos antes dele. Newman trata dessas questões já no início da sua carreira, especialmente na sua obra *The Arians of the Fourth Century*, cuja intenção era ancorar a igreja no que William Sachs chama de "a autoridade de liturgias e credos antigos",[32] uma autoridade que, por sua vez, está enraizada na autoridade da Bíblia e na autoridade do próprio Deus.[33]

Em segundo lugar, tendo estabelecido a necessidade de a igreja ancorar sua doutrina e sua prática na história e nos ensinos da igreja primitiva, a luta de Newman contra o liberalismo teológico se concentrou no que a igreja precisa fazer hoje. No início da década de 1830, Newman sentiu que um chamado claro à ação era necessário. Na nova política liberal do partido dos Whigs, que havia obtido o apoio de religiosos liberais, e com a ascensão da filosofia utilitarista de Bentham, que negava a natureza divina da lei natural e dos direitos naturais, Newman e seus colegas insistiram fortemente em que a igreja não deveria sofrer nenhuma interferência externa para poder seguir seu próprio caminho – sem passar por uma reforma política ou social efetuada pelo governo britânico. Seu argumento foi que o cristianismo é uma religião com uma história e um futuro próprios, e ela se baseia na revelação divina, na razão humana e em um grau elevado de mistério, incapaz de ser investigado por metodologias humanas; sendo assim, a natureza cristã dos adeptos da religião cristã é algo que o Estado não pode regular. Newman explorou muitas dessas questões em *Tracts For the Times* [Tratados para os tempos], com a esperança de instigar uma resposta na igreja.[34] Embora Joyce Sugg ache que alguns dos títulos eram um tanto "obscuros, porém desafiadores", seus ensaios "Repent While Yet there Is Time" [Arrepende-te enquanto há tempo] ou "Sinner, Hearken To the Voice of the Lord" [Pecador, dê ouvidos à voz do Senhor] tinham esses nomes para que não houvesse dúvida alguma quanto à

---

[31] Ian Ker, *John Henry Newman: a biography* (Oxford: Oxford University Press, 2010 [1988, 2009]), p. 160.
[32] William L. Sachs, *The transformation of Anglicanism: from state church to global communion* (Cambridge: Cambridge University Press, 2002 [1993]), p. 162.
[33] Newman, *The Arians of the fourth century*, p. 79-80.
[34] Newman, *Tracts for the times*, vol. 1, 48.

necessidade de ação imediata. Newman achou que a igreja precisava fazer isso para sobreviver ao seu conflito com "a tendência" do liberalismo teológico.[35]

Após deixar a Comunhão Anglicana e se tornar católico romano, Newman percebeu que, assim como as suas próprias compreensões religiosas haviam mudado, as compreensões da igreja também haviam passado por transformações e mudanças em toda a sua história. Ele argumentou que as doutrinas da igreja mudam ao longo do tempo por causa dos novos desafios que ela encontra durante o desenvolvimento da história em direção ao seu fim. Newman acreditava que o cristianismo era a religião universal com a capacidade de se adequar a qualquer período histórico e a qualquer local do mundo, mas, para a igreja se adaptar a tempos e lugares variados, as doutrinas precisariam se desenvolver, se não no conteúdo, então ao menos no modo da sua apresentação ao mundo. E essas doutrinas apenas terão um desenvolvimento ordenado e de acordo com o padrão apropriado (em conformidade com o ensino apostólico) caso a igreja tenha uma autoridade infalível que verifique e regule o desenvolvimento da doutrina. Newman focou no funcionamento disso em *Ensaio sobre o desenvolvimento da doutrina cristã*, que, na visão de James Earney e Gerard Tracey, apresenta uma teoria do "desenvolvimento doutrinário" centrada em "atribuir responsabilidade pelo desenvolvimento" à "igreja inteira" como uma consciência coletiva,[36] um modo um tanto excepcional de comunicar a ideia de autoridade infalível.[37]

Newman também acreditava em mais um modo de combater o liberalismo teológico: a educação e, em particular, a educação universitária. Em *Discourses on the Scope and Nature of University Education* [Discursos sobre o escopo e a natureza da educação universitária] e posteriormente em *A ideia de uma universidade*, Newman investigou a ideia da verdade como o objeto de qualquer tipo de conhecimento. Pelo fato de o cristianismo promover a Verdade suprema, o conhecimento é obrigatório no esforço para alcançar um entendimento completo das realidades doutrinárias e práticas da religião cristã, mesmo que o conhecimento da verdade pressuponha uma ampla variedade de

---

[35] Joyce Sugg, *John Henry Newman: snapdragon in the wall* (Leominster: Gracewing, 2001 [1965]), p. 60, 143.

[36] James D. Earnest; Gerard Tracey, "Editors' Introduction", in: *John Henry Newman: fifteen sermons preached before the University of Oxford between A. D. 1826 and 1843*, eds. James D. Earnest e Gerard Tracey (Oxford: Oxford University Press, 2006), cvii.

[37] John Henry Newman, *An essay on the development of Christian doctrine* (London: Toovey, 1846 [1845]), p. 171 [no Brasil: *Ensaio sobre o desenvolvimento da doutrina cristã* (São Paulo: Cultor de Livros, 2020)].

investigações indiretas.[38] Como Colin Barr realça, Newman acreditava que a igreja precisa de universidades *e* que as universidades precisam da igreja.[39] Os seres humanos precisam exercitar sua mente para conhecer a verdade, e é no seu esforço de obter conhecimento que tanto verdades quanto *a* Verdade são investigadas, transformadas em posse intelectual e, então, difundidas a outras pessoas. Isso pode ser feito por meio da igreja, obviamente, mas também por meio da universidade, cuja preocupação central deve ser, nas próprias palavras de Newman, "a educação do intelecto".[40] Embora Newman não acreditasse que o conhecimento e a virtude cristã fossem idênticos, ele também reconhecia que o conhecimento poderia ser uma ferramenta útil para crescer na virtude cristã, entender a doutrina e praticar a fé de um modo melhor e mais satisfatório para o cristão. Assim, a despeito da sua indignação profunda com o liberalismo teológico, ele exerceu uma promoção ativa da educação liberal, que nas palavras de Hu Xianzhang e Cao Li, "tinha como foco uma educação em artes liberais clássicas, o pensamento racional e a autoeducação" e poderia auxiliar o indivíduo na tarefa de entender toda a complexidade do mundo moderno.[41]

Newman dedicou uma parte muito considerável de seus textos à relação entre a igreja e o mundo moderno, e ele investigou as conexões entre a fé, a razão e a filosofia. Mais perto do fim da vida, escreveu *Via media*, que analisa a tarefa da igreja no mundo moderno como um esforço de harmonizar as doutrinas oficiais da igreja com sua devoção prática e com seu envolvimento na política do mundo por meio da ideia fundamental de revelação.[42] A igreja faz esse trabalho por meio de cristãos individuais que exercem sua liberdade de consciência de tal modo que ouvem a voz de Deus e veem sua lei eterna, e não a partir de um sentimento falso de liberdade em que expressam suas próprias opiniões pessoais. Reinhard Hutter observou que, em Newman, a liberdade de consciência significa nunca ir contra a própria consciência

---

[38] Newman, *The idea of a university*, p. 176 [no Brasil: *A ideia de uma universidade* (Campinas: Ecclesiae, 2020)].

[39] Colin Barr, *Paul Cullin, John Henry Newman, and the Catholic University of Ireland, 1845-1865* (Leominster: Gracewing, 2003), p. 84.

[40] Newman, *The scope and nature of university education*, p. 175.

[41] Hu Xianzhang; Cao Li, "Meaning and methods: some thoughts on the role of general education and curriculum design", in: *General education and the development of global citizenship in Hong Kong, Taiwan, and Mainland China: not merely icing on the cake*, eds. Xing Jun, Ng Pak-Sheung; Cheng Chunyan (London: Routledge, 2013), p. 62.

[42] John Henry Newman, *The via media of the Anglican church* (London: Pickering, 1877), p. 56.

ignorando o Deus transcendente e pessoal. Newman advertiu que a liberdade de consciência – ou simplesmente, no que diz respeito ao assunto, a liberdade humana – nunca deve se separar da sua "marca clara".[43] Em *Ensaio a favor de uma gramática do assentimento*, que escreveu em um estágio um tanto avançado da vida, Newman investigou como a igreja poderia participar do mundo moderno confrontando a crise de convicções gerada pelo liberalismo teológico, que se concentrava exclusivamente na razão humana para tornar dignas de crédito apenas verdades averiguadas pela razão e aceitas com certeza absoluta.[44] Ele começou a fazer uma pesquisa do que na opinião de Peter Wilcox foi "uma variedade de soluções inadequadas ao problema da fé e razão incluídas na categoria geral do 'liberalismo'".[45] Newman lidou com a conexão entre a fé e a razão, a capacidade humana de entender e acreditar em mistérios que não podem ser explicados de modo totalmente racional e a necessidade que os humanos têm de certeza ao acreditarem no inacreditável por meio de um raciocínio formal e informal. Todas essas coisas estão interconectadas com a consciência humana, que, segundo Robert Spitzer, tem uma "natureza pessoal-dialógica"[46] em Newman, que promoveu uma interação vívida entre a mente, o coração e a consciência. A mente, Newman argumentou, opera com a consciência, que consegue harmonizar os sentimentos com a razão, o que torna os seres humanos capazes de entender e aceitar a realidade de Deus como tanto transcendente quanto pessoal, e não apenas como uma ideia racional promovida pelo liberalismo teológico.

METODOLOGIA APOLOGÉTICA

Em sua defesa do tradicionalismo da igreja, especialmente a natureza sobrenatural da doutrina e da prática cristãs, Newman adotou quatro metodologias diferentes: teológica, homilética, filosófica e educacional. Nas palavras de Anthony Kenny, Newman queria "demonstrar ao mundo que não apenas a fé em Deus, mas também a aceitação de um credo religioso específico era uma

---

[43] Reinhard Hutter, *Bound to be free: evangelical Catholic engagements in ecclesiology, ethics, and ecumenism* (Grand Rapids: Eerdmans, 2004), p. 111.

[44] John Henry Newman, *An essay in aid of a grammar of assent* (New York: The Catholic Publication Society, 1870), p. 331-2.

[45] Peter C. Wilcox, STD, *John Henry Newman, spiritual director, 1845-1890* (Eugene: Pickwick, 2013), p. 140.

[46] Peter C. Wilcox, STD, *John Henry Newman, spiritual director, 1845-1890* (Eugene: Pickwick, 2013), p. 140.

atividade completamente racional".[47] Essas quatro áreas não são apenas campos de investigação ou áreas de pesquisa, mas, antes, são modos de combater a influência dominante do liberalismo teológico, que – por causa das suas preocupações antropológicas com a racionalidade do ser humano como separado da divindade e do domínio sobrenatural de Deus – tinha a capacidade de alcançar a sociedade inteira de modo mais rápido e fácil do que o tradicionalismo da religião cristã. Essa é a razão de Newman ter considerado o melhor curso de ação tratar de todas as questões problemáticas que encontrasse, e ele buscou dialogar com a sociedade por meio dos canais que lhe permitissem alcançar o maior número possível de pessoas: a teologia, a pregação, a filosofia e a educação.[48]

No seu uso da teologia para combater o liberalismo teológico, Newman – quando anglicano – concentrou seu foco na doutrina e na necessidade de a igreja prestar atenção em suas fórmulas doutrinárias. Essas são mais do que um amontoado de frases insípidas elas são afirmações da realidade da salvação humana, não apenas na igreja, mas também fora dos seus limites. Elas estão baseadas na revelação de Deus em todas as religiões mundiais, sem estar limitada ao cristianismo, uma ideia já presente na sua obra *The Arians of the Fourth Century*. Essa convicção possibilitou a Newman defender o cristianismo e seus ensinos não apenas como apologeta, mas também como um promotor ativo e genuíno de valores cristãos em interações mais amplas com outras religiões. Como Terrence Merrigan observa, a *totalidade* da variedade de economias soteriológicas está enraizada na vida e na obra de Cristo.[49] Ao mesmo tempo, essa metodologia teológica, que focava em argumentos e abordagens racionais à doutrina e à prática, levou Newman a se afastar de meras emoções e especulações em direção a uma validade racional da doutrina que uniria as pessoas em vez de dividi-las.[50] Essa é a razão de sua obra *Lectures on the Doctrine of Justification* [Preleções sobre a doutrina da

---

[47] Anthony Kenny, *Philosophy in the modern world*, vol. 4 (Oxford: Oxford University Press, 2007), p. 29 [no Brasil: *Uma nova história da filosofia ocidental-Vol. IV-Filosofia no mundo moderno* (São Paulo: Loyola, 2009)].

[48] James Olney, *Metaphors of self: the meaning of autobiography* (Princeton: Princeton University Press, 1973), p. 203.

[49] Terrence Merrigan, "Revelation", in: *The Cambridge companion to John Henry Newman*, eds. Ian Ker e Terrence Merrigan (Cambridge: Cambridge University Press, 2009), p. 56.

[50] Em Newman, a doutrina aparenta ser um esforço intelectual maduro; para serem cridas, as doutrinas precisam ser "exatas e plenamente desenvolvidas". Veja Newman, *The Arians of the fourth century*, p. 46.

justificação] ter buscado apresentar o que Chris Castaldo alcunhou de "a trajetória pertencente ao anglicanismo"[51] como uma *via media* entre o catolicismo e o protestantismo por meio de um apelo à necessidade de os cristãos voltarem às Escrituras e aos pais da igreja, pois estes eram "expositores" daquelas.[52] Quando católico, Newman escreveu sobre a responsabilidade que a igreja tinha de tratar dos problemas da sociedade, mesmo que estivessem relacionados à ciência ou a outras questões. Assim, em *Via media*, ele insistiu em que todos os ofícios da igreja – profético, real e sacerdotal – precisam funcionar em uma harmonia conjunta para os leigos nunca ficarem sem uma educação eclesiástica e acadêmica apropriada diante do liberalismo teológico.[53]

Em segundo lugar, na sua promoção da homilética como um meio de confrontar o liberalismo teológico, Newman insistiu repetidas vezes na presença no Espírito Santo no indivíduo. Isso está evidente em sua obra *Parochial and Plain Sermons* [Sermões paroquiais e simples]. Quando anglicano, uma ênfase de Newman foi que o Espírito não opera apenas pela fé, mas também pela obediência. Todo cristão precisa estar ciente desses canais pneumáticos pelo fato de o Espírito ser uma realidade objetiva que ajuda os seres humanos a ultrapassarem o que Ian Ker considera uma "respeitabilidade moral ordinária".[54] Para Newman, sermões eram ocasiões reais para advertir as pessoas e dizer exatamente o que deveriam fazer, que deveriam buscar a santidade praticando a humildade e conduzindo a vida diária com um senso genuíno de zelo, um aspecto notado por John Crosby.[55] Um verdadeiro cristão deve ser consistente, e não pretencioso, pois exercer o dever individual todo dia é a essência da verdadeira religião. Todos os cristãos precisam ter zelo pelo evangelho.[56] Além disso, a consistência na vida diária fornece às pessoas não apenas um senso apropriado de religiosidade, mas também um senso agudo de vigilância, e essa vigilância as ajuda a identificar manifestações falsas de religião, como o liberalismo teológico.

---

[51] Chris Castaldo, *Justified in Christ: the doctrine of Peter Martyr Vermigli and John Henry Newman and their ecumenical implications* (Eugene: Pickwick, 2017), p. 92.

[52] Newman, *Lectures on the doctrine of justification*, p. 134.

[53] Veja, por exemplo, como Newman apresenta a igreja como "testemunha do céu". Detalhes em Newman, *Via Media*, lxxx.

[54] Ian Ker, *The achievement of John Henry Newman* (London: Collins, 1991), p. 91.

[55] John F. Crosby, *The personalism of John Henry Newman* (Washington: The Catholic University of America Press, 2014), p. 10.

[56] Newman, *Parochial and plain sermons*, vol. 1, p. 60-1.

Quando católico romano, Newman continuou interessado em promover a espiritualidade falando em ocasiões especiais (como festas, funerais ou feriados importantes), que eram modos comuns de falar às pessoas no catolicismo. Essas ocasiões especiais eram oportunidades de tratar de algumas das questões mais prementes da época, especialmente a necessidade de viver de acordo com as grandes verdades do cristianismo em uma era da razão dominada pelo liberalismo teológico.

Em terceiro lugar, em seu uso da filosofia para combater o liberalismo teológico, Newman buscou explicar a relação entre a fé e a razão. Em seu período anglicano, ele insistiu em que a fé não é oposta à razão, pois a fé é uma *forma* de razão e não é diferente de qualquer outra manifestação de atividade intelectual, exceto pelo fato de, na sua qualidade como uma forma de atividade intelectual, a fé depender da moral. Essa ideia estava presente em *Sermons, chiefly on the theory of religious belief, preached before the University of Oxford* [Sermões, principalmente sobre a teoria da crença religiosa, pregados antes da Universidade de Oxford],[57] que também definiu uma noção complexa de fé que inclui aspectos tanto explícitos quanto implícitos. Newman não usou o conceito de fé para se contrapor à noção de razão promovida pelo liberalismo teológico;[58] pelo contrário, ele buscou apresentar a fé como uma perspectiva mais ampla sobre a razão. Nas palavras de Martin Moleski, Newman via "a razão como esperando para ser usada a serviço de algo além dela mesma".[59] Como católico, seu uso da filosofia se concentrou na noção de certeza, elaborada em *Ensaio a favor de uma gramática do assentimento*,[60] em que ele investiga o estado da mente humana durante sua atividade de buscar uma certeza além da lógica e da razão, mas sem deixar de fazer uso da lógica e da razão, como Vincent Blehl explicou.[61] Esse é o motivo de a metodologia de Newman ser um empreendimento de filosofia religiosa, pois ele acha meios de justificar a convicção religiosa como uma questão de convicção pessoal baseando-se

---

[57] John Henry Newman, *Sermons, Chiefly on the theory of religious belief, preached before the University of Oxford* (London: Rivington, 1844 [1843]).

[58] Newman, *Sermons, Chiefly on the theory of religious belief*, p. 20-1.

[59] Martin X. Moleski, SJ, *Personal Catholicism: the theological epistemologies of John Henry Newman and Michael Polanyi* (Washington: The Catholic University of America Press, 2000), p. 179.

[60] Newman, *An essay in aid of a grammar of assent*, p. 189.

[61] Vincent F. Blehl, *Pilgrim journey: John Henry Newman, 1801–1845* (London: Burns & Oates, 2001), p. 326.

em provas que são confirmadas não pela razão científica do liberalismo teológico, mas pelo discernimento correto da convicção cristã.

Em quarto lugar, Newman fez uso do trabalho educacional na luta contra o liberalismo teológico, embora suas experiências nesse domínio tenham sido mais substanciais como católico do que como anglicano. Mas isso é secundário à noção de que essencial à função da educação é o valor inquestionável do conhecimento, que, de acordo com Juan Vélez, tem a capacidade de unir a razão e a fé em diálogo e harmonia.[62] O conhecimento busca descobrir a verdade, de modo que a educação e a religião nunca devem ser separadas, e a razão disso é não apenas que ambas informam a ética, mas também o fato de poderem exercer uma transformação positiva da sociedade. Como Terrence Merrigan mostrou, essa combinação do intelectual com o ético produz uma responsabilidade diante de Deus.[63] Em uma sociedade dominada pelo liberalismo teológico, que foca na razão e nas provas científicas – especialmente nas de que Deus não existe –, a obra de Newman *A ideia de uma universidade* insistiu em que uma educação apropriada é um modo de os seres humanos poderem obter conhecimento e encontrar Deus como Criador, o que é possível pelo fato de todas as formas de conhecimento fazerem parte do mesmo universo que Deus criou.[64]

CONTRIBUIÇÕES PARA A APOLOGÉTICA

As quatro metodologias esboçadas na seção anterior são um ponto de partida para avaliarmos a construção que Newman faz de seus argumentos apologéticos em favor do tradicionalismo cristão. Unidas pela oposição consistente de Newman ao liberalismo teológico, suas principais contribuições à apologética são resumidas nestas quatro áreas: teológica, homilética, filosófica e educacional. Newman defendeu a natureza sobrenatural da doutrina cristã tradicional contra a "antropologização" que o liberalismo teológico promovia. Seu modo de fazer isso foi revelar a importância da tradição eclesiástica (em especial a igreja primitiva), a responsabilidade que a igreja tem de participar da sociedade e a necessidade da presença do Espírito Santo na vida do cristão. Newman

---

[62] Juan R. Velez, *Holiness in a secular age: the witness of Cardinal Newman* (New York: Scepter, 2017), capítulo 11, ebook.

[63] Terrence Merrigan, *Clear heads and holy hearts: the religious and theological ideal of John Henry Newman* (Louvain: Peeters, 1991), p. 4.

[64] Newman, *The idea of a university*, p. 99 [no Brasil: *A ideia de uma universidade* (Campinas: Ecclesiae, 2020]].

também sublinhou o papel central de uma espiritualidade marcada por fé, obediência, zelo e consistência, a importância da relação entre a fé e a razão e o valor que têm os esforços humanos de ir além da lógica e da razão. E ele dedicou sua vida inteira à promoção do valor supremo que o conhecimento e a educação têm, bem como da natureza obrigatória da ética cristã como um modo de transformar a sociedade e o mundo.

As contribuições de Newman para a teologia, homilética, filosofia e educação provavelmente são complexas demais para a pessoa comum pouco interessada em teologia acadêmica, e é muito provável que seus escritos teológicos, homiléticos, filosóficos e educacionais permaneçam incompreensíveis para as pessoas comuns. John T. Ford observa que "as pessoas comuns precisam de confiança na condução da sua vida diária", o que significa que "faz sentido pressupor que elas precisem ser guiadas pela fé em questões religiosas",[65] o que também seria o caso em qualquer questão da vida cotidiana. À luz disso, aparenta ser uma afirmação legítima que a maior contribuição de Newman para o campo da apologética talvez tenha sido seu esforço de tornar empenhos apologéticos disponíveis a pessoas comuns por meio da sua literatura beletrística. Em sua qualidade de escritor, que apareceu no seu período católico após 1845, Newman escreveu um romance e um poema que apresentaram a religião cristã em toda a sua complexidade, beleza e esperança. Essas obras foram escritas, nas palavras de Gertrude Himmelfarb, "em uma linguagem comum e refletindo valores comuns".[66] No seu romance *Callista*,[67] Newman enfatiza a atração exercida pelo cristianismo na mente pagã, a necessidade de conversão do paganismo para o cristianismo e a possibilidade de martírio[68] pessoal pela causa de Cristo, transformada em realidade com enorme frequência em toda a história da igreja. Amy K. Hirschfeld tem a opinião de que, para Newman, "os sofrimentos dos mártires eram simbólicos dos sofrimentos pelos quais todos os cristãos precisam passar para obter a salvação",[69] o que

---

[65] John T. Ford, "Biography: John Henry Newman (1801-1890)", in *John Henry Newman. Spiritual writings*, ed. John T. Ford, CSC (Maryknoll, NY: Orbis, 2012), p. 24.

[66] Gertrude Himmelfarb, "The essay as genre", in *The spirit of the age Victorian Essays*, ed. Gertrude Himmelfarb (New Haven, CT: Yale University Press, 2007), p. 24.

[67] John Henry Newman, *Callista: A sketch of the third century* (Londres: Burns, Oates, & Co., 1869 [1855]) [no Brasil: *Calista: uma história do século III* (São Paulo: Molokai)].

[68] Ibid., p. 331.

[69] Amy K. Hirschfeld, "An overview of the intellectual history of catacomb archaeology", in *Commemorating the dead: texts and artifacts in context. Studies of Roman, Jewish, and Christian burials*, eds. Laurie Brink, OP, and Deborah Green (Berlin: de Gruyter, 2008), p. 24.

explica sua preocupação com explicar o significado de ser cristão do modo mais simples possível. Em seu poema *The Dream of Gerontius* [O sonho de Gerontius],[70] Newman insiste na realidade da morte, em como os seres humanos com frequência a enfrentam e no que acontece logo antes e logo após o evento da morte.[71] Nessa obra, a apologética de Newman tem uma natureza profundamente escatológica, evidenciada pela sua exposição da realidade de anjos e demônios e da existência da alma além do mundo natural e da morte física, bem como da natureza iminente do juízo de Deus, a visão beatífica do Cristo crucificado, a função do purgatório como preparação para o céu e a expectativa ansiosa da presença real de Deus. O objetivo de Newman foi ensinar pessoas comuns sobre a "imagem do espaço depois da porta da morte" e dar ao cristão instruções úteis para como "se colocar nas mãos de Deus" durante sua "peregrinação para o céu".[72]

Esses temas foram apresentados de um modo que os torna acessíveis às pessoas comuns e também o tornaram um dos apologetas do século XIX mais eficazes na defesa da dimensão sobrenatural da doutrina e da prática cristãs. Newman buscou dar esperança aos seus leitores no seu combate às forças de secularização exibidas pelo liberalismo teológico.

CONCLUSÃO

A carreira apologética inteira de Newman foi resumida com maestria por Owen Chadwick, que certa vez escreveu que ele "foi o primeiro teórico da doutrina cristã a enfrentar o desafio da investigação histórica moderna".[73] Não é importante nem útil saber se Newman foi ou não o primeiro a fazer isso, mas essa citação aponta para toda uma vida de dedicação ao combate do liberalismo teológico, o fruto da crítica histórica moderna. Embora talvez tenha feito isso "apesar dele mesmo", como Chadwick observa, Newman foi determinado e consistente durante toda a sua carreira, tanto como anglicano quanto como católico romano, em não desperdiçar oportunidades de fazer críticas vigorosas ao liberalismo teológico. Todas as vezes que fazia isso, ele encorajava pessoas comuns a contemplar a beleza e a esperança do cristianismo "em

---

[70] John Henry Newman, *The dream of Gerontius* (Oxford: Oxford University Press, 1903 [1865]).
[71] Ibid., p. 25.
[72] Julien Chilcott-Monk, *John Henry Newman and the path to sainthood* (Norwich: Canterbury, 2010), p. 9.
[73] Owen Chadwick, *Newman* (Oxford: Oxford University Press, 1989 [1983]), p. 1.

um mundo que aparentava estar prestes a rejeitar a religião como uma coisa do passado".[74] Embora ele possa ter sido visto algumas vezes como teólogo, pregador, filósofo ou educador, não podemos limitar os esforços apologéticos de Newman a nenhum desses campos isolados. Um modo melhor de vê-lo é, nas palavras de Ian Ker, como um "um escritor supremamente imaginativo"[75] que nunca fez distinção de fato entre os seus esforços na teologia, pregação, filosofia e educação, mas que empregou todos eles para defender o sobrenaturalismo tradicional do ensino e da prática cristãs contra as tendências de secularização exibidas pelo liberalismo teológico. Ao fazer isso, ele forneceu ao cristianismo um esforço apologético unificado, que ligou a teologia, a homilética, a filosofia e a educação acadêmicas. Ele também alcançou pessoas comuns com seus interesses cotidianos e seculares por meio do seu romance e da sua poesia. Talvez a melhor caracterização da apologética de Newman seja fornecida por ele próprio, uma vez que seu objetivo foi fazer uma defesa do cristianismo contra o liberalismo teológico inspirando as pessoas a buscarem a verdade, a esperança e a santidade com "mentes lúcidas e corações santos".[76]

BIBLIOGRAFIA SELECIOINADA

Estão listados aqui somente os escritos que foram citados múltiplas vezes no capítulo. Esta bibliografia não é um registro completo de todas as obras e fontes que foram consultadas.

Fontes primárias

NEWMAN, John Henry. *An essay in aid of a grammar of assent* (New York: The Catholic Publication Society, 1870).

____. *An essay on the development of Christian doctrine* (London: Toovey, 1846 [1845]).

____. *Ensaio sobre o desenvolvimento da doutrina cristã* (São Paulo: Cultor de Livros, 2020).

____. *Apologia pro vita sua* (New York: Appleton, 1865).

____. *Apologia pro vita sua ou História das minhas opiniões religiosas* (São Paulo: Paulinas, 1964).

---

[74] Chadwick, *Newman*, p. 4.
[75] Ker, *The genius of John Henry Newman*, p. xii.
[76] Newman, *Via media*, p. lxxv.

____. *Callista: a sketch of the third century* (London: Burns, Oates, & Co., 1869 [1855]).

____. *Calista: uma história do século III* (São Paulo: Molokai).

____. *Lectures on the doctrine of justification* (London: Rivington, 1874 [1838]).

____. *Parochial and plain sermons* (London: Rivington, 1875 [1834–1843]).

____. *Sermons, chiefly on the theory of religious belief, preached before the university of Oxford* (London: Rivington, 1844 [1843]).

____. *The Arians of the fourth century*, with an Introduction and Editor's notes by Rowan Williams (Leominster: Gracewing, 2001 [1833]).

____. *The dream of Gerontius* (Oxford: Oxford University Press, 1903 [1865]).

____. *The idea of a university* (London: Longmans, Green, & Co., 1919 [1873]).

____. *A ideia de uma universidade* (Campinas: Ecclesiae, 2020).

____. *The scope and nature of university education* (London: Longmans, 1859 [1852]).

____. *The tracts of all times* (London: Rivington, 1833, etc).

____. *The via media of the Anglican Church* (London: Pickering, 1877).

____. *Tract XC on certain passages in the XXXIX articles* (Oxford: Rivington, 1865 [1841]).

____. "Biglietto speech". In W. P. Neville, *Addresses to Cardinal Newman and his replies* (London: Longmans, 1905). P. 61-70.

Fontes secundárias

BARR, Colin. *Paul Cullin, John Henry Newman, and the Catholic University of Ireland, 1845-1865* (Leominster: Gracewing, 2003).

BEDNAR, Gerald J. *Faith as imagination: the contribution of William F. Lynch, S. J* (Kansas City: Sheed and Ward, 1996).

Blehl, Vincent F., ed. *The essential Newman: the central writings of the master of English prose who infused new vigor into the nineteenth-century Catholic Church* (New York: Mentor-Omega,1963).

____. *Pilgrim journey: John Henry Newman, 1801-1845* (London: Burns & Oates, 2001).

CASTALDO, Chris. *Justified in Christ: the doctrine of Peter Martyr Vermigli and John Henry Newman and their ecumenical implications* (Eugene: Pickwick Publications, 2017).

CHADWICK, Owen. *Newman* (Oxford: Oxford University Press, 1989 [1983]).

CHILCOTT-MONK, Julien. *John Henry Newman and the path to sainthood* (Norwich: Canterbury Press, 2010).

CONNOLLY, John R. *John Henry Newman: a view of Catholic faith for the new millenium* (Lanham: Sheed & Ward/Rowman & Littlefield, 2005).

CROSBY, John F. *The personalism of John Henry Newman* (Washington: The Catholic University of America Press, 2014).

DULLES, Avery. *John Henry Newman* (London: Continuum, 2009).

EARNEST, James D.; Tracey, Gerard. "Editors' introduction", p. xiii-cvix In: James D. Earnest; Gerard Tracey, eds. *John Henry Newman: fifteen sermons preached before the University of Oxford between A. D. 1826 and 1843* (Oxford: Oxford University Press, 2006).

FORD, John T. "Biography: John Henry Newman (1801-1890)". P. 1-31 in: John T. Ford, C. S. C., ed. *John Henry Newman: spiritual writings* (Maryknoll: Orbis, 2012).

GARNETT, Emmeline. *Tormented angel: a life of John Henry Newman* (New York: Ariel/Ferrar, Straus, & Giroux, 1966).

GRIFFIN, John R. *John Keble: saint of Anglicanism* (Macon: Mercer University Press, 1987, 82).

HARDING, Richard J. *John Henry Newman: the resolution of a dilemma* (Lincoln: iUniverse, 2000).

HART, Trevor. "Creeds, councils, and doctrinal development", p. 636-59 in: Philip F. Esler, ed. *The early Christian world*. Vol. 1 (London: Routledge, 2000).

HIMMELFARB, Gertrude. "The essay as genre", p. 17-30 in: Gertrude Himmelfarb, ed. *The spirit of the age: Victorian essays* (New Haven: Yale University Press, 2007).

HIRSCHFELD, Amy K. "An overview of the Intellectual history of catacomb archaeology", p. 11-38 in: Laurie Brink; O. P.; Deborah Green, eds. *Commemorating the dead: texts and artifacts in context. Studies of Roman, Jewish, and Christian burials* (Berlin: Walter de Gruyter, 2008).

HUTTER, Reinhard. *Bound to be free: Evangelical Catholic engagements in ecclesiology, ethics, and ecumenism* (Grand Rapids: Eerdmans, 2004).

KENNY, Anthony. *Philosophy in the modern world*. Vol. 4 (Oxford: Oxford University Press, 2007).

____. *Uma nova história da filosofia ocidental-Vol. IV-Filosofia no mundo moderno* (São Paulo: Loyola, 2009).

KER, Ian, ed. *The genius of John Henry Newman: selections from his writings* (Oxford: Oxford University Press, 1989).

____. *The achievement of John Henry Newman* (London: Collins, 1991).

KING, Benjamin J. *Newman and the Alexandrian Fathers: shaping doctrine in the Nineteenth-Century England* (Oxford: Oxford University Press, 2009).

MAGILL, Gerard. *Religious morality in John Henry Newman: hermeneutics of imagination* (Dordrecht: Springer, 2015).

MARTIN, Brian. *John Henry Newman: his life and work* (London: Continuum, 1982 [2000], 51).

MERRIGAN, Terrence. "Revelation", p. 47-72 in: Ian Ker; Terrence Merrigan, eds. *The Cambridge companion to John Henry Newman* (Cambridge: Cambridge University Press, 2009).

____. *Clear heads and holy hearts: the religious and theological ideal of John Henry Newman* (Louvain: Peeters, 1991).

MEYER, Ben F. *Critical realism and the New Testament* (Eugene: Wipf & Stock, 1989).

MOLESKI, S. J., Martin X. *Personal Catholicism: the theological epistemologies of John Henry Newman and Michael Polanyi* (Washington: The Catholic University of America Press, 2000).

NEWMAN, Jay. *The mental philosophy of John Henry Newman* (Waterloo: Wilfried Laurier University Press, 1986).

OLNEY, James. *Metaphors of self: the meaning of autobiography* (Princeton: Princeton University Press, 1973).

SACHS, William L. *The transformation of Anglicanism: from state church to global communion* (Cambridge: Cambridge University Press, 2002 [1993]), p. 162.

SEDGWICK, Timothy F. *The Christian moral life: practices and piety* (New York: Seabury, 1999 [2008)].

SHORT, Edward. *Newman and his family* (London: Bloomsbury, 2013).

SPITZER, S. J., Robert. *Finding true happiness: satisfying our restless hearts* (San Francisco: Ignatius, 2015).

SUGG, Joyce. *John Henry Newman: snapdragon in the wall* (Leominster: Gracewing, 2001 [1965]).

THOMAS, Stephen. *Newman and heresy: the Anglican Years* (Cambridge: Cambridge University Press, 1991 [2002]).

TOWNSEND, Craig D. *Faith in their own color: black Episcopalians in antebellum New York City* (New York: Columbia University Press, 2005).

TREVELYAN, George M. *Lord Grey of the Reform Bill, being the life of the Charles, Second Earl of Grey* (New York: Longman's, Green, & Co., 1920).

VELEZ, Juan R. *Holiness in a secular age: the witness of Cardinal Newman* (New York: Scepter, 2017).

WILCOX, S. T. D., Peter C. *John Henry Newman, spiritual director, 1845-1890* (Eugene: Pickwick, 2013).

XIANZHANG, Hu; LI, Cao. "Meaning and methods: some thoughts on the role of general education and curriculum design", p. 61-80 in: Xing Jun, Ng Pak-Sheung; Cheng Chunyan, eds. *General education and the development of global citizenship in Hong Kong, Taiwan, and mainland China: not merely icing on the cake* (London: Routledge, 2013).

Søren Kierkegaard
APOLOGÉTICA DO CRISTIANISMO PARA A CRISTANDADE

Sean A. Turchin
Christian Kettering

Søren Kierkegaard (1813-1855) com frequência foi apresentado como o filósofo existencialista e irracionalista famoso pela sua noção de "salto da fé" que causou muito dano ao verdadeiro apelo intelectual do cristianismo. O curioso é que esse é o mesmo Søren Kierkegaard conhecido por ser um filósofo cristão e também servir como exemplo supremo da ideia de que a filosofia é pouco útil para os cristãos. Essas duas caricaturas de Kierkegaard representam a atitude crítica que dois segmentos da comunidade cristã têm com relação a certas disposições presentes em outros cristãos. A primeira caricatura está ligada aos acadêmicos, que em geral ficam irritados com a falha severa exibida pelos cristãos comuns de não serem capazes de dar uma explicação da sua fé em Cristo que faça sentido, ao passo que a segunda representa uma disposição dos cristãos que são profissionais em áreas não acadêmicas e que com frequência suspeitam do pensamento acadêmico. Para eles, o "salto da fé" de Kierkegaard demonstra que os empenhos filosóficos cristãos são uma perda de tempo. Francis Schaeffer seria um exemplo notório de alguém que entendeu Kierkegaard à luz de ambas as caricaturas.

Neste capítulo, apresentaremos uma visão diferente de Kierkegaard. Søren Kierkegaard é um exemplo de uma pessoa que dedicou sua existência inteira – intelectual, emocional e social – à apresentação e à defesa da verdade transformadora encontrada na fé em Cristo. De fato, se um apologeta é alguém que dedica sua vida a proteger e preservar os elementos centrais da teologia cristã e deles dar testemunho, então podemos ousar chamar Kierkegaard de apologeta. Se Kierkegaard pode ser considerado um apologeta nesse sentido, ele certamente também é o apologeta do apologeta, pois, se o apologeta alguma vez perder o rumo ao enfatizar equações lógicas e evidenciais na defesa do cristianismo, o pensamento dialético de Kierkegaard aferroará a vida dele para trazê-lo de volta à oferta de Cristo que transforma a vida e muda a existência.

CONTEXTO HISTÓRICO

Nascido em 5 de maio de 1813, na cidade de Copenhagen, na Dinamarca, o "dinamarquês melancólico" Søren Kierkegaard teve uma vida de culpa, depressão e tragédia pessoais. Durante toda a sua juventude, buscou seu próprio lugar no mundo e procurou em qual tarefa empregaria seu talento literário, filosófico e teológico. Foi a pergunta do seu propósito na vida que mais tarde originou uma autoria prolífica de obras literárias e filosófico-teológicas. E, embora sua obra englobe diversos temas, desde o da existência até várias críticas sociais da sua época, o tema persistente em toda a sua obra foi o cristianismo, a saber, o que significa ser cristão.

Essa tarefa demonstrou ser tão central que, juntamente com sua melancolia, em 1841 ela o levou a romper seu noivado com sua amada Regine Olsen, e a razão disso foi que Kierkegaard temia que ela não seria capaz de suportar o fardo da sua tarefa ou da sua depressão. Após uma vida curta, Kierkegaard morreu, basicamente sem êxito na sua reforma, com 42 anos, em 11 de novembro de 1855. Nesse período relativamente curto, estima-se que ele tenha escrito mais de trinta obras, bem como milhares de páginas de anotações em diário. Além disso, a maioria dessas obras apresenta mensagens consistentes, mas com múltiplas camadas que interagem com e desafiam algumas das mentes filosóficas mais influentes da história.

CONTEXTO TEOLÓGICO

Teólogos proeminentes da Dinamarca de Kierkegaard, como Hans Lassen Martensen, aliaram-se a sistemas filosóficos influentes da época. Tendo sido aluno da Universidade de Copenhagen e orientador de Kierkegaard durante um tempo, Martensen foi influente na introdução da filosofia de Hegel na Dinamarca, especificamente no uso da filosofia de Georg Wilhelm Friedrich Hegel para explicar problemas teológicos. A posição de Martensen era que o cristianismo moderno não precisava mais funcionar como o "sobrenaturalismo mais antigo", em que o sobrenaturalismo e o racionalismo estavam em contraste acentuado entre si.[1] A posição de Martensen era que, embora a

---

[1] Jakob Peter Mynster, "Rationalism, Supernaturalism" in: *Mynster's 'Rationalism, supernaturalism' and the debate about mediation*, ed. trad. Jon Stewart, Textos de *Golden Age Denmark*, Vol. 5 (Søren Kierkegaard Research Centre, University of Copenhagen: Museum Tusculanum Press, 2009), p. 95. Citação também na resenha de Bornemann's, p. 61.

teologia no passado houvesse mantido uma separação entre o conhecimento e a fé, o racionalismo e o sobrenaturalismo, a razão e a fé, essa oposição não era mais necessária para o pensamento cristão (à luz da filosofia de Hegel), pois a encarnação apresenta um modelo supremo de mediação.[2]

Martensen acreditava que o pensamento de Hegel era útil particularmente na mediação da lei lógica do terceiro excluído e, portanto, no suposto problema de Cristo como Deus e homem.[3] Kierkegaard era cético com relação a essa mediação ou superação de barreiras lógicas, pois, para ele, essa mediação não demonstra ter força epistemológica no domínio da realidade, não importando o que os pensadores fossem capazes de demonstrar na teoria. Em outras palavras, uma concepção abstrata que nos assegura a possibilidade de Deus como homem não se traduz na realidade. Por exemplo, ela não pareceu fazer sentido na realidade dos discípulos, que viram Jesus andar sobre a água; além disso, Jesus foi rejeitado pelos seus próprios líderes religiosos. Essa exuberância "racional" também não tem utilidade nenhuma para aqueles que seguem a Cristo. Kierkegaard também vê essa exaltação exagerada da razão humana como uma afronta à própria revelação deliberada de Deus, que deixa espaço para a fé, um movimento apaixonado do ser inteiro de uma pessoa, e não um mero reconhecimento proposicional.

Kierkegaard viu essa formulação de Martensen como uma elevação epistologicamente suspeita da razão, que produziu uma perversão da teologia, bem como uma fusão do que ele considerava a vida ética secular e polida dos valores universais com a vida cristã e sua reivindicação de um relacionamento direto com Deus.

Perspectivas kantianas e fichteanas também foram absorvidas na perspectiva cristã da época de Kierkegaard, o qual considerava essa aceitação indiscriminada da filosofia secular uma espécie de cavalo de Troia que tornaria a religião cristã uma mera aparência de cristianismo sem a mensagem

---

[2] Hans Lassen Martensen, "Rationalism, supernaturalism and the *principium exclusi medii*" in: *Mynster's 'Rationalism, supernaturalism' and the debate about mediation*, p. 130, 133. Antes dessa citação, Martensen argumenta que a lei do terceiro excluído "não pode ser um tribunal final de apelo para a teologia [...] quando observamos a negação contínua dela exibida pelo cristianismo".
[3] Sean A. Turchin, "Introducing Christianity into Christendom: investigating the affinity between Søren Kierkegaard and the early thought of Karl Barth", (Tese de doutorado, University of Edinburgh, 2011), p. 31.

transformadora de Cristo. Kierkegaard avaliou o desdobramento irrestrito da razão apresentado por Hegel como falho e, ainda pior, como prejudicial ao cerne do cristianismo. Para ele, a ética e a fé da revelação por meio de Abraão até Cristo são bem diferentes da fé depositada por Kant e Fichte na razão humana e da fusão feita por eles do ético com o divino.[4] Kierkegaard argumentou que os líderes da Igreja da Dinamarca dos seus dias estavam, em nome de promover o cristianismo, trocando o tesouro de Cristo pela insensatez da razão humana.

CONTEXTO APOLOGÉTICO

Aqueles familiarizados com as obras de Kierkegaard estão bem cientes do seu desprezo pela apologética cristã, isto é, qualquer tentativa de tornar as verdades do cristianismo aceitáveis racionalmente, de modo que essas verdades apenas exigem do indivíduo um mero assentimento intelectual. Pois tornar o cristianismo uma verdade igual à de uma proposição matemática seria eliminar a própria essência do cristianismo: o fato de o indivíduo precisar aceitar as verdades paradoxais afirmadas pelo cristianismo no contexto da natureza absurda delas e a resultante afronta à razão, o que torna necessária a fé. Para Kierkegaard, apenas a fé é capaz de abraçar a natureza paradoxal do cristianismo, especificamente o "paradoxo absoluto" – o fato de que, na pessoa de Jesus Cristo, Deus tornou-se homem.[5]

Como veremos, a capacidade humana de dar uma explicação "racional" da encarnação se vê imobilizada diante do paradoxo absoluto. A razão encontra o que se mostra como um absurdo total – "que a verdade eterna surgiu no tempo, que Deus passou a existir, nasceu, cresceu etc., passou a existir da mesma forma que um ser humano, indistinguível de qualquer outro ser humano".[6]

---

[4] Christian Kettering, "Abraham as existential archetype in Kierkegaard's *Fear and trembling*" (tese de doutorado a ser apresentada, North-West University), p. 207.

[5] Kierkegaard, *Practice in Christianity* (doravante *PC*), ed. trad. Howard V. Hong; Edna H. Hong (Princeton: Princeton University Press, 1991), p. 125; Søren Kierkegaard, *Journals and papers* (doravante *JP*), vol. 4, ed. trad. Howard V. Hong; Edna H. Hong (Bloomington: Indiana University Press, 1970), p. 401.

[6] Søren Kierkegaard, *Concluding unscientific postscript to philosophical fragments* (doravante *CUP*), ed. Trad. Howard V. Hong; Edna H. Hong (Princeton: Princeton University Press, 1992), p. 210 [no Brasil: *Pós-escrito às migalhas filosóficas vol. 1* (Petrópolis: Vozes, 2013); *Pós-escrito às migalhas filosóficas vol. II* (Petrópolis: Vozes, 2016)].

Mas a avaliação feita por Kierkegaard da capacidade da razão humana com relação às doutrinas do cristianismo não significa que ele achava que não havia nenhuma base racional nas convicções cristãs.[7] Além disso, a aversão de Kierkegaard à apologética não é uma indicação necessária de que ele não apresentou nenhuma defesa apologética do seu próprio entendimento do cristianismo. O simples fato de ele ter feito uma defesa laboriosa dos limites da racionalidade humana e da investigação histórica do "conhecimento" das verdades reivindicadas pelo cristianismo não significa que ele acreditava que o cristianismo não tinha nenhuma base histórica e que suas verdades eram indefensáveis. Como Myron Penner argumenta em sua obra *The End of Apologetics* [O fim da apologética], "a rejeição da apologética (e seu uso da razão) demonstrada por Kierkegaard deve ser vista como inseparável da sua rejeição da concepção moderna de razão – e não da razão em geral".[8] O ponto central da observação feita por Penner é a "concepção moderna" de razão, e não o que a razão é ou oferece em essência, e isso significa que a postura de humildade epistêmica apresentada por Kierkegaard se aplica não apenas ao cristianismo, mas a todos os empreendimentos. Para Kierkegaard, uma celebração indiscriminada da razão humana *em sua totalidade* era a receita para uma pessoa ignorar o significado eterno da sua própria vida e para a degradação da sociedade em geral. Johannes Climacus explica:

> Veja! Tornamo-nos tão objetivos que até mesmo a esposa de um servidor público argumenta a partir do todo, do Estado, da noção de sociedade, da cientificidade geográfica para chegar a um só indivíduo. É um fato tão óbvio que esse único indivíduo é cristão, tem fé etc., que é petulante fazer tanto barulho por isso, ou certamente imprevisível.[9]

---

[7] Contra aqueles que veem Kierkegaard como endossando alguma forma de irracionalismo, George Pattison, em sua obra *The philosophy of Kierkegaard* (Durham: Acumen, 2005), argumenta que, "Se lemos Kierkegaard na sua totalidade, ele na realidade cria um contexto em que as afirmações cristãs são significativas e até razoáveis". Ele acrescenta: "Declarar que Kierkegaard é um irracionalista fideísta é mera preguiça intelectual"; veja p. 134, 165. Além disso, a maioria das discussões com respeito ao entendimento que Kierkegaard tem da racionalidade do cristianismo inevitavelmente foca na sua apresentação das doutrinas cristãs como sendo paradoxais. À luz disso, muitos entendem Kierkegaard como um irracionalista.

[8] Myron Penner, *The end of apologetics: Christian witness in a postmodern context* (Grand Rapids: Baker Academic, 2013), p. 11.

[9] Kierkegaard, *CUP*, p. 51.

Apologética histórica X Apologética proposicional

Com respeito à verdade histórica, até mesmo a da história do cristianismo, Kierkegaard argumentou que essa verdade é estabelecida por evidências ou relatos históricos, ao passo que o critério para estabelecer a verdade filosófica é a "verdade eterna".[10] Para Kierkegaard, a pergunta é: em que sentido essas noções de verdade estão relacionadas ao cristianismo? Não é verdade que ele considerava o cristianismo desprovido de verdades objetivas ou históricas, como se fosse apenas uma convicção pessoal sem relação com a realidade. A respeito da historicidade do cristianismo, Kierkegaard diz: "De uma perspectiva objetiva, o cristianismo é um fato estabelecido".[11] Isso significa que o "cristianismo é uma verdade histórica; ele aparece em determinado certo tempo e em determinado lugar, e, consequentemente, tem relevância para um certo tempo e lugar".[12] Não obstante, sua preocupação é com as consequências inevitáveis sobre as quais, em conformidade com isso, "pergunta o sujeito que conhece, especula e investiga a verdade, mas não a verdade subjetiva, a verdade da apropriação",[13] e em que medida – se é que – a investigação histórica e o racionalismo impedem ou promovem tal apropriação. Assim, para ele, "a questão objetiva, então, estaria relacionada à verdade do cristianismo, ao passo que a questão subjetiva diz respeito à relação do indivíduo com o cristianismo".[14] Em última instância, se a disciplina da apologética é apresentar uma defesa do cristianismo, então é possível enxergar sem dificuldade uma apresentação dessa defesa nos escritos de Kierkegaard: ele tenta explicar o que é o cristianismo e o que significa ser cristão em contraste com o que considera o cristianismo "falsificado" da sua época. O que Kierkegaard não busca fazer, o que nem sequer acha possível fazer, é aperfeiçoar ou tornar mais atrativo tudo que está contido na autorrevelação de Deus em Cristo.

---

[10] Ibid., p. 21.

[11] Ibid.

[12] Kierkegaard, *JP*, vol. 2, p. 232.

[13] Kierkegaard, *CUP*, p. 21.

[14] Ibid, p. 17. Para Kierkegaard, se o cristianismo não trata da adesão objetiva, mas da apropriação subjetiva, da verdadeira conduta cristã, então os esforços obsessivos do estudo erudito teológico e do historicismo sequer são capazes de entender a história do cristianismo na sua infiltração no mundo. Ele pergunta: "Ou foi talvez uma doutrina objetiva, uma objetividade, que triunfantemente penetrou o mundo inteiro? Que absurdo completo! Não, a objetividade não tem relação nenhuma com essas coisas; ela nunca sai do lugar. Não, não foi a objetividade, não foi o objetivo que conquistou o mundo, mas foi o sangue dos mártires e os sacrifícios dos fiéis – em resumo, foram as subjetividades que promoveram a doutrina triunfantemente" (p. 357). Veja a obra de Kierkegaard *JP*, vol. 4.

Apologética contextual

Apologetas desde Justino Mártir até os tempos atuais respondem às questões prementes da sua época, e Kierkegaard não foi exceção. No contexto da sua época, talvez um tanto igual à nossa, ele acreditava que a aplicação da lógica hegeliana às doutrinas da fé cristã era contrária à própria essência do cristianismo. Assim, se opôs aos esforços de hegelianos dinamarqueses como Hans Lassen Martensen e Johan Ludvig Heiberg,[15] que se empenharam em livrar o cristianismo das suas contradições para tornar a doutrina palatável à razão.

Kierkegaard argumentou que a fé, e não uma mera aceitação intelectual da mensagem do cristianismo, era essencial, pois a razão não pode mediar as verdades alcançadas pela fé. Martensen explicou sua abordagem hegeliana à teologia: "Na teologia, tanto o racionalismo quanto o sobrenaturalismo são perspectivas antiquadas que pertencem a uma era que desapareceu".[16] A posição de Martensen é que, embora a teologia no passado tenha mantido uma separação entre o conhecimento e a fé, o racionalismo e o sobrenaturalismo, a razão e a revelação, essa oposição não é mais necessária para o pensamento cristão (à luz da filosofia de Hegel), pois, na encarnação, vemos um modelo supremo de mediação.[17] Porém, o cristianismo exige uma aceitação da natureza de Cristo como tanto humana quanto divina, mas essa aceitação não depende de uma explicação lógica e racional dessa união em Cristo. Para mostrar esse fato e refutar as tentativas dos hegelianos de apresentar uma solução racional dos mistérios e paradoxos cristãos, Kierkegaard empregou conceitos que insistem na limitação da razão humana. Esses conceitos têm o objetivo de demonstrar que, com relação às doutrinas centrais do cristianismo, a razão se vê imobilizada.[18] Aos seus próprios esforços "apologéticos", Kierkegaard empregou pseudônimos para tratar da ameaça que a filosofia especulativa apresentava ao cristianismo. Como Jon Stewart observa:

---

[15] Para um relato completo do pensamento de Kierkegaard com relação aos seus contemporâneos e às questões que consumiam a época, veja Jon Stewart, *Kierkegaard's relations to Hegel reconsidered* (Cambridge: Cambridge University Press, 2003).

[16] Jakob Peter Mynster, "Rationalism, supernaturalism", in: *Mynster's 'Rationalism, supernaturalism' and the debate about mediation*, 95. Citação também na resenha de Bornemann, p. 61.

[17] Hans Lassen Martensen, "Rationalism, supernaturalism and the *principium exclusi medii*" in *Mynster's 'Rationalism, supernaturalism' and the debate about mediation*, p. 130, 133. Antes dessa citação, Martensen argumenta que a lei do terceiro excluído "não pode ser um tribunal supremo para a teologia [...] quando observamos a negação contínua dela exibida pelo cristianismo".

[18] George Pattison, *The philosophy of Kierkegaard* (Durham: Acumen, 2005), p. 134.

Aqui, Climacus argumenta contra a afirmação feita por Heiberg (e Martensen) de que a mediação é o princípio do cristianismo e de que dogmas como a Encarnação e a Trindade não fazem sentido sem esse princípio. O apelo central de Climacus é que se evite confundir as duas esferas e se evite tentar aplicar o princípio da mediação à esfera da realidade ou da fé cristã.[19]

E então, Kierkegaard como apologeta? De novo, se consideramos o fato de ter confrontado com sua própria metodologia dialética a defesa (apologética) do cristianismo feita pelo racionalismo especulativo da sua época, então sem dúvida podemos ver Kierkegaard como um apologeta, cujo objetivo era uma defesa do verdadeiro cristianismo. De fato, se identificássemos sua defesa com uma concepção moderna de apologética, de que um indivíduo talvez se sirva para buscar "demonstrar" a superioridade racional do cristianismo, ele teria um problema com essa identificação. Realçando o problema que Kierkegaard tinha com o abuso da apologética cristã, Penner afirma:

> Kierkegaard não é contra a apologética por ser um fideísta que acredita que a doutrina cristã nega a razão humana ou que a fé é contrária a absolutamente qualquer reflexão crítica sobre doutrinas. Ele confronta a totalidade do paradigma epistemológico moderno que produz a apologética moderna pelo fato de tentar basear a fé na capacidade intelectual ou na razão secular.[20]

Kierkegaard está convicto de haver algo muito melhor para ser a base da verdade e da revelação cristãs do que essa capacidade intelectual ou razão secular.

RESPOSTA APOLOGÉTICA

Kierkegaard apresentou várias considerações quanto ao motivo de as investigações racionais e históricas das verdades cristãs acabarem se vendo perdidas

---

[19] Jon Stewart, "Johan Ludvig Heiberg: Kierkegaard's criticism of Hegel's Danish apologist" in: *Kierkegaard and his danish contemporaries, Tome I, Philosophy, politics and social theory vol. 7*, ed. Jon Stewart (Farnham, Surrey: Ashgate, 2009), p. 63.

[20] Penner, *The end of apologetics*, p. 58. Embora eu argumente na minha tese de doutorado contra uma interpretação fideísta de Kierkegaard, entendo a observação de Penner como sendo que, mesmo que Kierkegaard procurasse refletir e argumentar racionalmente sobre o cristianismo, essas coisas não podem fornecer uma certeza epistemológica àqueles que tentam chegar a uma conclusão sobre a veracidade do cristianismo. De fato, talvez divergindo ligeiramente da crítica de Penner, penso que a apologética moderna pode ser útil nas suas investigações racionais e históricas, mas que essas investigações precisam estar cientes das suas limitações inevitáveis – limitações que os textos antigos das Escrituras proclamaram abertamente e que, portanto, até mesmo diante do miraculoso, ainda assim exigiam a fé.

na tarefa de nos dar certeza ou alívio racional. Aqui, a crítica dele talvez busque nos lembrar das nossas limitações epistemológicas inevitáveis e, assim, apresentar uma abordagem humilde a empenhos apologéticos modernos.

Na defesa que Kierkegaard faz da verdade do cristianismo, emprega vários temas ou conceitos para serem considerados: as limitações da razão humana em função dos efeitos do pecado, o conhecimento da história como uma aproximação e a natureza paradoxal da encarnação como uma afronta à razão humana. Todos esses temas têm o objetivo de situar análises do cristianismo pelo racionalismo especulativo e pelo historicismo como aquém, por causa da incapacidade humana, de tornar conhecido aquilo de que apenas Deus tem conhecimento total. Exploraremos esses temas com relação ao ataque de Kierkegaard ao uso exagerado do racionalismo e do historicismo para tentar compreender as verdades da fé cristã.

A RAZÃO E O CRISTIANISMO

Indispensável ao nosso entendimento da concepção exibida por Kierkegaard das limitações da razão humana e, portanto, de todos os seus métodos empregados na busca de uma justificação racional do cristianismo é o conceito cristão do *pecado* e seu efeito na nossa relação com a verdade. Não apenas há entre Deus e os seres humanos uma diferença qualitativa infinita (DQI daqui em diante), mas, por causa do pecado, eles permaneceram em uma separação relacional.[21] Sendo assim, Kierkegaard faz uso da DQI para lembrar a humanidade tanto da sua diferença ontológica em relação a Deus, como da sua separação relacional de Deus, mas esse não é seu único propósito. Esse conhecimento produz no eu um desespero diante do abismo que o separa de Deus. O eu se desespera à medida que essa separação revela que ele não é um verdadeiro eu, pois um verdadeiro eu apenas existe em relação com Deus. Ou, como Kierkegaard afirma, uma pessoa apenas pode vir a conhecer a si mesma

---

[21] Søren Kierkegaard, *The sickness unto death* (doravante *SUD*) ed. trad. Howard V. Hong; Edna H. Hong (Princeton: Princeton University Press, 1983), p. 126 [no Brasil: *O desespero humano* (São Paulo: Martin Claret, 2004)]. Kierkegaard expressa repetidas vezes a DQI em *Eighteen upbuilding discourses* com a expressão: "Você está na terra e Deus está no céu". Observe que é não apenas na sua literatura pseudonímica que Kierkegaard tem interesse na relação-com-Deus, mas também nos Discursos de que claramente é o autor. Veja "To need God is a human being's highest perfection" e "To gain one's soul in patience" in: Søren Kierkegaard, *Eighteen upbuilding discourses*, ed. trad. Howard V. Hong; Edna H. Hong (Princeton: Princeton University Press, 1990), p. 307.

(o seu eu) diante "do espelho da Palavra [...] Estar diante do espelho significa estar diante de Deus".[22]

Assim, contra a definição socrática de que "pecado é ignorância",[23] Kierkegaard afirma: "O cristianismo começa de outro modo: a única forma de o homem aprender o que é o pecado é pela revelação de Deus; o pecado não é uma questão de uma pessoa não ter entendido o que é certo, mas de ela não estar disposta a entendê-lo, de ela não querer o que é certo".[24] Nossa vontade e nosso conhecimento precisam ser confrontados pela verdade, pois nenhuma verdade desse tipo é alcançável pela nossa própria capacidade racional e volitiva.

Deixado à mercê da sua própria capacidade, o eu existe tanto sem Deus como sem uma verdadeira identidade, sendo, desse modo, consumido pelo desespero gerado pela DQI. Mas, em meio a essa análise da pura negatividade do eu, separado de uma verdadeira identidade e de Deus, a graça esteve presente, e, ao insistir no fato de uma revelação ser necessária para a superação dos efeitos da DQI – no fato de o eu precisar do "Salvador" para receber tanto a condição para a verdade quanto a própria verdade –, Kierkegaard não deixa o eu refém da sua própria destruição no abismo.

Com a impossibilidade de a ofensa mantida pela DQI ser transposta deste lado da eternidade, a humanidade é "lembrada de que Deus efetuou 'o impossível'; uma dádiva que precisa do consentimento, não da compreensão humana, mas do livre-arbítrio para receber um perdão que é revelado por Deus".[25] Kierkegaard nos aconselha a encontrarmos conforto na possibilidade divina, por meio da qual, ele afirma, "o eu está saudável e livre de desespero [...] quando, precisamente por ter se desesperado, descansa francamente em Deus".[26] Uma preocupação de Kierkegaard era que sua noção do eu não fosse entendida incorretamente. Ele afirma

> Esse eu não é mais o mero eu humano, mas é o que, para que não haja nenhuma interpretação equivocada, seria chamado por mim de o eu teológico, o eu que está diretamente diante de Deus. E que realidade infinita o eu não obtém ao estar

---

[22] Kierkegaard, *JP*, vol. 4, p. 287.
[23] Kierkegaard, *Philosophical fragments* (doravante *PF*) ed. trad. Howard V. Hong; Edna H. Hong (Princeton: Princeton University Press, 1985), p. 87 [no Brasil: *Migalhas filosóficas ou um bocadinho de filosofia de João Climacus* (Petrópolis: Vozes, 2008),].
[24] Kierkegaard, *SUD*, p. 95.
[25] Ibid., p. 128.
[26] Ibid., p. 30.

consciente de existir diante de Deus, ao se tornar um eu humano cujo critério é Deus![27]

Em resumo, as implicações teológicas da apresentação de Kierkegaard deveriam estar bem claras. A humanidade nasceu no pecado e, assim, está totalmente desprovida de esperança pelos seus próprios esforços. Os homens estão desprovidos de esperança não apenas por não terem a verdade, mas também por não terem a condição para recebê-la. Assim, Kierkegaard vê Cristo tanto como o mestre quanto como o Salvador, que salva a humanidade da sua condição. Em virtude da iniciação do Salvador, o indivíduo agora pode vir a Cristo e segui-lo na verdade. À luz disso, o "mestre é o caminho, a verdade e a vida".[28] Isso significa que, por meio da revelação paradoxal de Deus como homem, Jesus de Nazaré, o ser humano se depara com o seu próprio pecado e com sua própria limitação. Filosoficamente, o pecado produz uma intensificação da DQI tanto ética quanto epistemológica no homem, todavia, em Jesus de Nazaré ele é chamado à fé no ser infinito absoluto que pode alcançar sua subjetividade e restaurar seu eu verdadeiro em relação a um Deus transcendente e inteiramente diferente.

---

[27] Ibid., p 79.

[28] T. H. Croscall, *Kierkegaard studies* (London: Lutterworth, 1948), p. 141. Na conclusão desta seção, é importante observar que grande parte da interpretação da subjetividade kierkegaardiana, no sentido relativo ou fideísta, é derivada da passagem infame presente em uma anotação de diário escrita em 1835, na qual Kierkegaard diz: "O importante é achar uma verdade que seja verdadeira para mim, achar uma ideia pela qual posso viver e morrer. Qual seria o proveito de descobrir a chamada verdade objetiva, entender todos os sistemas filosóficos e [ser capaz de] rever todos eles e mostrar as inconsistências em cada sistema? De que me serviria ser capaz de desenvolver uma teoria do estado e combinar todos os detalhes em um só todo e, desse modo, construir um mundo em que eu não vivia? De que me serviria explicar o significado do cristianismo se não tivesse uma importância mais profunda para mim e para minha vida? De que me serviria se a verdade se apresentasse a mim, nua e crua, sem se importar com meu reconhecimento ou não dela e produzindo em mim um arrepio de temor, e não uma devoção confiante? Certamente não nego [...] o imperativo do conhecimento e que por meio dele podemos influenciar os homens, mas isso precisa ser adotado na minha vida". O fato de essa anotação ter sido feita em 1835 e *PF* não ter sido escrito antes de 1844 poderia levar alguns à conclusão de que o pensamento inicial de Kierkegaard exibia uma forma de relativismo no sentido subjetivo estrito. Mas, mesmo que essa visão seja adotada, em *PF* Kierkegaard faz uma refutação clara dessa filosofia particular derivada da declaração "o importante é encontrar uma verdade que seja verdadeira para mim". Essa forma de verdade, como veremos depois, é a verdade socrática. De acordo com *PF*, a verdade não está no sujeito, como Sócrates defendia, mas está fora dele e, assim, precisa ser trazida ao sujeito. O sujeito é confrontado com o objeto de fé e, portanto, apropria-se do objeto no ato de fé, sendo o ato de subjetividade. Portanto, a conclusão extraída dessa anotação de que Kierkegaard endossa o subjetivismo como uma forma de relativismo é claramente incorreta.

Quando consideramos a posição de Kierkegaard quanto à ineficácia da razão humana na obtenção de conhecimento sobre a nossa condição e, portanto, do remédio para essa condição, faz sentido o fato de ele ampliar essa ineficácia às nossas meras tentativas de conhecimento de Deus em geral. Não temos a capacidade de transcender o que é conhecido para chegar ao que é desconhecido, no entanto, o entendimento humano nunca para de desejar transcender as suas próprias fronteiras epistemológicas. Aliás, em nome da razão humana, a possibilidade de uma revelação proveniente de Deus foi denegrida ou simplesmente rejeitada. A DQI de Kierkegaard também sugere que a razão humana não tem nenhuma base para essa negação da possibilidade de Deus e sua revelação.[29] Kierkegaard dedica uma parte significativa da sua escrita a esboçar o impulso da razão humana àquilo que é infinito e absoluto, como pessoas orientadas pela ética podem perceber dentro de si, e seu veredicto é desanimador: a razão humana nunca ultrapassa sua própria subjetividade, aprisionada em sua finitude e sua limitação, e lamentavelmente ela está contente e satisfeita com sua situação.[30]

O desconhecido existe, como Kierkegaard diz, como "a fronteira que é continuamente alcançada".[31] É a fronteira do "absolutamente diferente". Mas essa distinção do diferente absoluto não é uma distinção alcançada fora do próprio entendimento. Antes, é o entendimento que "consequentemente pensa/imagina a diferença em si mesma, a qual ele pensa/imagina por si mesmo. É absolutamente impossível que transcenda a si mesmo e, portanto, pensa como acima de si mesmo apenas a sublimidade que ele pensa por si mesmo".[32]

No fim, a razão humana não contribui em nada para o nosso conhecimento de Deus. Considerando-se o que foi dito anteriormente, não é de admirar que Kierkegaard veja os argumentos para provar a existência de Deus como inúteis; mais uma vez, isso não significa que ele teria um problema, *per se*, com provas, entendidas no contexto legítimo de considerações racionais. Mas não são apenas a inadequação da razão humana e sua condição pecaminosa

---

[29] Kettering, "Abraham as existential", p. 149.

[30] Søren Kierkegaard, *Fear and trembling: repetition*, ed. trad. Howard V. Hong; Edna H. Hong (Princeton: Princeton University Press, 1983), p. 60. O pseudônimo de Kierkegaard *Johannes de Silentio* afirma: "A pessoa que nega a si mesma e sacrifica a si mesma por causa do dever abandona o finito para se apossar do infinito e está adequadamente confiante; o herói trágico abandona o certo pelo ainda mais certo, e o observador o vê com confiança. Mas e a pessoa que abandona o universal para se apossar de algo ainda mais elevado que não é o universal, o que ela faz?".

[31] Kierkegaard, *SUD*, p. 44.

[32] Kierkegaard, *SUD*, 45. Veja Kierkegaard, *SUD*, p. 99, 117, 126, 127.

que tornam esses argumentos em última instância inúteis. Kierkegaard acredita que demonstrações da existência de Deus revelam uma contradição presente já no desejo de demonstrar Deus. Ele escreve:

> Se, a saber, o deus [Guden] não existe, então obviamente é impossível demonstrá-lo. Mas se ele existe, então é uma tolice querer demonstrá-lo, pois eu, no próprio momento em que a demonstração começa, a pressuporia não como questionável – que uma pressuposição não pode ser na medida em que é uma pressuposição –, mas como certa, pois, do contrário, eu não começaria percebendo facilmente que toda a questão seria impossível se ele não existisse.[33]

O que Kierkegaard acha divertido é o fato de que, para tentar demonstrar a existência de Deus, já é necessário partir da pressuposição de que Deus existe, pois, do contrário, o desejo de demonstrar essa existência nunca teria surgido. Em resumo, "o processo inteiro de demonstração nunca para de ser [...] um desenvolvimento conclusivo ampliado do que eu concluo com base na minha pressuposição de que o objeto da investigação existe".[34] As críticas das provas da existência de Deus apresentadas por Kierkegaard são algumas das suas críticas mais severas da apologética, o que não significa que o teísmo é paradoxal ou até mesmo contra a razão. Antes, para ele, uma ênfase em uma fórmula supostamente racional para afirmar a existência de Deus não é uma forma adequada de lidar com a revelação cristã. Kierkegaard diz: "O tolo diz no seu coração que não há Deus, mas aquele que diz no coração ou a outros: só espere um pouco que o demonstrarei a você – ah, esse faz parte de um seleto grupo de homens sábios!".[35] Kierkegaard é um filósofo do evangelho: ele observa, faz uma avaliação sucinta de filosofias complexas, aponta para as falhas do seu argumento e, então, apresenta o evangelho – revestido em uma roupagem filosófica autêntica – como uma solução melhor. Se pudesse demonstrar que Jesus era Deus, ele não demonstraria, pois o que é necessário é a fé, e esta não é meramente um último recurso para Kierkegaard, e, nessa questão, ele zomba dos líderes eclesiásticos dos seus dias. No mínimo, a fé é intrínseca ao seu projeto.[36]

---

[33] Ibid., p. 40.
[34] Ibid.
[35] Søren Kierkegaard; Charles E. Moore, *Provocations: spiritual writings* (Plough Publishing House, 2014), p. 75.
[36] Kettering, "Abraham as existential", p. 195.

Se criássemos uma apologética "kierkegaardiana", ela estaria enraizada na revelação e na natureza teleológica e lógica de chamados contínuos à fé, até mesmo à luz do miraculoso, no contexto de um Deus infinito e uma humanidade finita. Podemos chegar a essa conclusão em um estudo atento de Kierkegaard. Mesmo assim, ele, que está ciente de todo detalhe e das insinuações da sua própria obra, não afirma algo assim; antes, à semelhança do pregador contemporâneo Billy Graham, o que Kierkegaard realmente quer é poder testemunhar sua fé de que o Deus eterno veio a nós no tempo, mostrou-nos nosso pecado e ofereceu a salvação por meio da fé em Cristo.[37] Nessa mensagem, Kierkegaard encontra a verdade que é capaz de transformar a vida de uma pessoa.

Evidência histórica e "verdade objetiva"

De acordo com Kierkegaard, no que diz respeito a "verdades" da história ou "verdades" do passado, nosso melhor conhecimento delas é sempre uma aproximação, mas, na questão do destino eterno de uma pessoa, precisamos de mais do que uma aproximação. Sendo assim, aqueles que buscam uma certeza da verdade do cristianismo por meio de evidências históricas ficarão muito decepcionados. Argumentando contra uma mera abordagem histórica/objetiva ao cristianismo, Kierkegaard afirma:

> A visão objetiva [...] continua geração após geração precisamente pelo fato de os indivíduos (os observadores) se tornarem cada vez mais objetivos e cada vez menos interessados de modo infinitamente apaixonado. Na hipótese de uma pessoa desse modo continuar demonstrando e buscando uma demonstração da verdade do cristianismo, o resultado disso seria algo tão notável que, assim que essa pessoa tivesse demonstrado essa verdade, ela deixaria de existir como algo presente: ela

---

[37] Bent Rohde, *Kierkegaard's journals and notebooks*, volume 7 (Princeton: Princeton University Press, 2014), p. 290. Kierkegaard escreve: "Ah, se apenas pudesse ficar claro para sempre o que é o cristianismo! Que ele não é uma doutrina, mas uma existência; de que o necessário não são mestres, mas testemunhas – então, ficaríamos livres de toda essa erudição presunçosa e desses homens sofisticados que são estudiosos – de quem o cristianismo agora precisa. Não, Cristo não precisou de estudiosos, mas se contentou com pescadores, de modo que o aquilo de que precisamos agora é de muito mais pescadores. Pois, precisamente pelo fato de Cristo estar presente, o perigo não teria sido tão grande se o cristianismo tivesse estado nas mãos de estudantes. O erro não é o estudo; antes, o erro é que a ênfase continuamente está na coisa errada: em compreender e apresentar – de modo que se torna ridículo, uma trivialidade, se dedicar minimamente a isso. Por outro lado, um homem simples está livre de distrações. Nesse caso, o foco imediato está na sua vida: se ele é irrelevante nesse aspecto, é completamente irrelevante, mas essa simplificação é extremamente importante para apresentar um retrato completo".

teria se tornado algo histórico em tal medida que seria algo passado, cuja verdade, isto é, cuja verdade histórica, agora tivesse sido levada ao nível da confiabilidade.[38]

O resultado não poderia ser diferente, pois a história diz respeito ao passado, e aqueles que vivem no presente nunca podem ter certeza do que de fato ocorreu no passado, de modo que isso se aplica a Júlio César com a mesma força que a Cristo. Acrescente-se a isso a doutrina cristã de o eterno ter vindo a existir em um momento passado do tempo e a situação passa a ser totalmente insustentável.

Se as verdades cristãs existissem de um modo comparável às verdades empíricas, então, segundo Kierkegaard, a consequência seria uma posição de deliberação constante, de uma busca constante de conhecimento sobre a credibilidade do objeto. Assim, o resultado seria uma relação fria e entediante com o cristianismo. Pelo fato de o cristianismo fazer afirmações que nunca poderiam ser averiguadas histórica ou conceitualmente, Kierkegaard pensava que a posição objetiva era não apenas indefensável, mas também totalmente contrária ao que era central à fé cristã, a subjetividade (isto é, uma conduta cristã ativa).

A importância dessa distinção de objetivo/subjetivo se originou do interesse central de Kierkegaard na obra anterior a *Pós-escritos às migalhas filosóficas* (PMF), isto é, *Migalhas filosóficas*. Ali, o interesse de Kierkegaard é a relação de evidências históricas e do estudo erudito com o cristianismo. No início de *Migalhas*, ele pergunta: "Pode um ponto de partida histórico ser apresentado para uma consciência eterna; como esse ponto de partida pode ser mais do que de interesse histórico; pode uma felicidade eterna se basear em um conhecimento histórico?".[39] Kierkegaard dá uma resposta afirmativa tanto em *Migalhas filosóficas* quanto em PMF. A felicidade eterna do cristão se baseia no histórico, e esse é o absurdo.[40] Em PMF, ele explica:

> A felicidade eterna do indivíduo é determinada no tempo pela relação com algo histórico que, além disso, é histórico de tal modo que sua composição incluiu o

---

[38] Kierkegaard, *SUD*, p. 32.
[39] Kierkegaard, *PF*, p. 3.
[40] Ibid., p. 109. Em *PF*, Climacus, pseudônimo de Kierkegaard, explica: "Como sabemos, o cristianismo é o único fenômeno histórico que de fato, apesar do histórico, precisamente por meio do histórico quis ser o único ponto de partida do indivíduo para sua consciência eterna, quis basear sua felicidade na sua relação com algo histórico" (Kierkegaard, *PF*, p. 109).

que, de acordo com sua natureza, não pode se tornar histórico e, consequentemente, apenas pode se tornar histórico em virtude do absurdo.[41]

Em *PMF*, com uma clareza sucinta, Kierkegaard trata das questões que apresentou antes em *Migalhas filosóficas*. Em resumo, ele considerava a *objetividade*, que representa a aceitação impessoal e desinteressada, a antítese da verdadeira fé cristã. A fé havia se tornado um híbrido de uma aceitação de fatos históricos e uma especulação contínua, que buscava determinar a verdade histórica de modo mais secular por meio de evidências e demonstrações. Em poucas palavras, ele diz que evidências históricas e o racionalismo não podem nos dar nenhuma certeza objetiva sobre o cristianismo, pois, se isso fosse possível, a fé se tornaria desnecessária. Kierkegaard resume o problema inteiro da adesão objetiva ao cristianismo: "Toda a confusão e tragédia da era moderna podem ser expressas em uma só frase: ela tomou o cristianismo em vão".[42] A crítica de Kierkegaard é dupla. Em primeiro lugar, o cristianismo não é historicamente incontestável, assim como não o é qualquer outra coisa. Em segundo lugar, mesmo que o cristianismo tenha um dos fundamentos históricos mais seguros, o que ele não nega, o próprio fato de o Deus eterno ter se tornado homem é um paradoxo.

Sendo assim, a visão de Kierkegaard é que seus contemporâneos estão sendo ludibriados a um assentimento intelectual à verdade cristã, a qual não se presta a um mero assentimento, pois o que se exige é fé. Ele deixa bem claro que o reconhecimento intelectual de supostos fatos não é uma característica da fé apaixonada de Abraão e de Cristo. O testemunho da igreja e das Escrituras serve de base histórica, mas essa base histórica não é nada mais útil para os contemporâneos de Kierkegaard do que para as pessoas no primeiro século que viram um homem, Jesus de Nazaré, realizar milagres.[43] Kierkegaard tem o testemunho dos cristãos na mais alta conta, mas esse testemunho e a base histórica dele conduzem o ouvinte ao paradoxo, ao seu próprio momento diante de Deus que proporciona uma oportunidade de fé.

---

[41] Kierkegaard, *CUP*, p. 385.

[42] Søren Kierkegaard, *JP*, vol. 1, A–E, ed. trad. Howard V. Hong; Edna H. Hong (Bloomington: Indiana University Press, 1967), p. 187.

[43] Kierkegaard, *Practice in Christianity*, p. 41. Anti-Climacus escreve em *Practice in Christianity*: "No entanto, ele, o operador de milagres, ainda assim é o homem humilde que literalmente não tem onde reclinar sua cabeça".

Conhecimento de Deus em Cristo

Para Kierkegaard, "Deus não pode ser um objeto do homem, pois Deus é sujeito".[44] Portanto, o *Deus revelatus* também é o *Deus absconditus*, o Deus oculto e revelado.[45] Pelo fato de "Deus ser pura Subjetividade",[46] o absoluto, o incondicionado, faz sentido que ele revele a si mesmo de um modo que também preserve sua subjetividade divina. Deus oculta e revela a si mesmo no ato de assumir carne humana para se tornar um objeto do conhecimento humano, mas sempre permanecendo oculto na natureza humana. É no ato de assumir carne humana que Deus permanece "incógnito" no tempo. Kierkegaard escreve:

> Ele é Deus, mas escolheu tornar-se este ser humano individual. Isso [...] é o incógnito mais profundo ou a coisa irreconhecível mais impenetrável que é possível, pois não há contradição maior do que a contradição entre ser Deus e ser um humano individual, é a contradição infinitamente qualitativa.[47]

O fato de Deus se tornar homem ultrapassa os puros paradoxos da fé cristã e se torna o paradoxo "absoluto". Devemos estar nos perguntando sobre o que Kierkegaard quer dizer ao afirmar que as verdades do cristianismo são paradoxais. Para esclarecer a questão, ele faz uso de Gottfried Wilhelm Leibniz.

Leibniz faz uma distinção entre o que está acima da razão e o que é contra a razão.[48] Essa distinção classifica a fé como aquilo que está acima da razão; além disso, para Leibniz, há uma ligação de uma causa com seu efeito, mas – e é aí que Kierkegaard acredita que reside o problema para uma demonstração do cristianismo – as verdades da fé cristã não têm essa ligação. Suas verdades estão além do que a razão é capaz de examinar, portanto, para ele, essas verdades apenas podem ser expressas como paradoxo.[49] Mas a ausência de uma

---

[44] Kierkegaard, *JP*, vol. 2, F-K, p. 99.
[45] Para um estudo detalhado da noção, em Kierkegaard, do Deus "que se oculta e se revela" e da sua relação com o pensamento de Lutero, veja Craig Hinkson, "Luther and Kierkegaard: theologians of the cross", *International Journal of Systematic Theology* 3.1 (2001): p. 25-45, e "Kierkegaard's theology: cross and grace: the Lutheran and idealist traditions in his thought" (tese de doutorado, University of Chicago, 1993), caps. 1-3.
[46] Kierkegaard, *JP*, vol. 3, L-R, 121. Veja também, p. 121, 122, 265, 275, 284, 345, 270, 370, 404, 412-3, 420, 421.
[47] Kierkegaard, *PC*, p. 131.
[48] *SKS* 19, 390 / *Pap.* IV C 29 / *JP* 3, 3073.
[49] Ibid.

ligação entre uma verdade cristã e sua causa não a qualifica como irracional, apenas como acima do racional. Kierkegaard acredita que, da perspectiva da eternidade, esses paradoxos não existem.[50]

De acordo com Kierkegaard, o absurdo, ou paradoxo, denota um conceito que a razão humana atribui a algo que é incapaz de entender. Em resumo, "a razão é totalmente incapaz de entender isso como sem sentido ou demonstrar que é sem sentido".[51] No outro lado da dialética, a razão não pode simplesmente tentar entender isso até fazer sentido, portanto, para Kierkegaard, o paradoxo, o absurdo, "é um símbolo, um enigma, um enigma composto sobre o qual a razão precisa dizer: não posso solucioná-lo, isso não pode ser entendido, mas a conclusão desse fato não é que isso seja sem sentido".[52] Pelo fato de a razão não ser capaz de estabelecer o enigma nem como fazendo sentido nem como não fazendo, Kierkegaard acredita que o resultado inevitável é o desespero da razão. Assim, "o absurdo é a expressão de desespero: que humanamente isso não é possível".[53]

No sentido mais empírico e racional, a noção "de que um humano individual é Deus, isto é, afirma ser Deus, é de fato a afronta [em um sentido eminente]",[54] pois, como Kierkegaard afirma, "isso está em conflito com toda a razão (humana)".[55] Para ele, o que gera o conflito é "colocar a verdade eterna e essencial no mesmo domínio da existência".[56] Portanto, à luz da DQI, entre Deus e um ser humano, a razão não tem nada à sua disposição para estabelecer uma união lógica desses conceitos opostos. Ao negligenciar a diferença entre Deus e a humanidade, a filosofia especulativa teve uma percepção incorreta da encarnação como um objeto, ou ideia, passível de análise.

Kierkegaard escreve:

> Se Deus e o homem têm esse grau de semelhança, se eles são aparentados em tal medida, por consequência compartilhando essencialmente da mesma qualidade,

---

[50] SKS 7, 196-7 / CUP1, p. 214.
[51] Kierkegaard, JP, vol. 1, A–E, p. 5.
[52] Ibid., p. 5.
[53] Ibid., p. 6.
[54] Kierkegaard, PC, p. 26.
[55] Ibid., p. 26.
[56] Kierkegaard, CUP, p. 209.

então a conclusão 'ergo, foi Deus' é fraude; pois, se ser Deus não é nada além disso, então ele sequer existe.[57]

Ele ainda afirma:

> Ele [Jesus Cristo] podia dizê-lo [que ele é Deus] a uma pessoa presente, pois essa pessoa presente, ao ver aquele que estava falando, este ser humano individual, por meio dessa contradição, não receberia uma comunicação direta, pois a contradição é entre o que é dito e o que é visto, isto é, quem o falante é de acordo com as aparências.[58]

Se a razão não tem nenhuma categoria à sua disposição para superar as contradições lógicas resultantes da união dos termos *Deus* e *homem*, a investigação histórica parece fútil ao tornar isso perceptível.[59] O fato de Deus ter entrado na história em Cristo "está em conflito com toda a razão (humana)".[60] Portanto, Kierkegaard pergunta: "Pode-se demonstrar a partir da história que Cristo era Deus?".[61] Na medida em que o conhecimento histórico sempre será apenas uma aproximação, àqueles que buscariam demonstrar a lógica da encarnação por meios históricos, o melhor que a história pode oferecer é que Cristo "foi um grande homem, talvez o maior de todos".[62] E, ainda assim, Kierkegaard fica horrorizado com o fato de "a história ser exatamente o que as pessoas quiseram usar para demonstrar que Cristo era Deus".[63] "Se o paradoxo [Cristo] é explicado de modo objetivo pela filosofia histórica, então ele deixa de ser um objeto de fé e se torna o objeto de conhecimento científico".[64] Assim, a fé crê contra o entendimento. Em vez de tentar explicar e tornar "provável" o paradoxo, a fé existe em uma tensão com a razão e, portanto, está

---

[57] Kierkegaard, *PC*, p. 28.
[58] Ibid., p. 94.
[59] Kirmmse observa: "A razão pode vir a compreender que todas essas tentativas de explicar a divindade como estando localizada na história etc., são sem sentido e erradas, enquanto a fé, por outro lado, pode perceber que esses esforços de limitar a transcendência absoluta de Deus por meio de uma harmonização com categorias humanas de entendimento são um escárnio contra Deus, uma blasfêmia". Veja Bruce H. Kirmmse, *Kierkegaard in Golden Age Denmark* (Bloomington e Indianapolis: Indiana University Press, 1990), p. 384-9, para mais análise.
[60] Kierkegaard, *PC*, p. 26.
[61] Ibid.
[62] Ibid., p. 27.
[63] Ibid., p. 31.
[64] Stewart, *Kierkegaard's relations to Hegel reconsidered*, p. 471.

sujeita a provações espirituais. Ela crê naquilo que é absurdo, o Deus-homem, e ousa segui-lo. Uma vez que o conhecimento histórico é no máximo uma aproximação e as evidências são incapazes de "demonstrar" a divindade de Jesus, a deliberação precisa ser interrompida e é necessário dar um salto de fé.[65] Na obra explicativa *PMF*, Kierkegaard caracteriza a fé "como a incerteza objetiva com a repulsa do absurdo, presas firmemente na paixão da interioridade, que é a relação da interioridade intensificada ao seu máximo. Essa fórmula diz respeito apenas à pessoa que tem fé e a ninguém mais, nem mesmo um amante, ou um entusiasta ou um pensador, mas exclusivamente e apenas à pessoa que tem fé, que se relaciona com o paradoxo absoluto".[66] Kierkegaard tem um grande interesse em diferenciar a fé de *vapeurs* (caprichos, sentimentos históricos ou fantasias). Antes, ela é um movimento do ser inteiro de uma pessoa, e nisso o papel da racionalidade, mesmo que às vezes antagonista, não está excluído.

CONTRIBUIÇÕES PARA A APOLOGÉTICA

À luz dos problemas apresentados pelo hegelianismo dinamarquês, a tarefa de Kierkegaard pode ser caracterizada como uma defesa racional dos limites do conhecimento cristão. Assim como Lutero havia confrontado a redução da vida cristã a nada além de práticas automáticas sem um verdadeiro sentido espiritual, do mesmo modo Kierkegaard acreditava que a filosofia de Hegel, nas mãos dos seus seguidores, havia causado danos ao cristianismo do início do século XIX. Fazendo uso do contexto de Lutero como uma analogia para os problemas pelos quais passava o cristianismo dinamarquês, o pseudônimo de Kierkegaard, Johannes Climacus, caracteriza o catolicismo pré-Reforma como um excesso de objetividade: "Não tinha o papado objetividade e definições objetivas e a objetividade, mais do que objetividade, a objetividade em superabundância? O que ele não tinha? Apropriação, interioridade".[67] Essa última citação atinge o cerne da missão de Kierkegaard: que o poder transformador da revelação de Cristo não desapareça da igreja. Apenas o sujeito individual deve, diante de Deus, se apropriar com fé da revelação de Cristo.

---

[65] Kierkegaard, *CUP*, p. 262. Johannes Climacus, pseudônimo de Kierkegaard, esclarece o conceito de fé achado em *Temor e tremor*: "O ético é a tentação; o relacionamento com Deus foi iniciado; a iminência do desespero ético foi rompida; o salto foi firmado; o absurdo é a notificação".

[66] Kierkegaard, *CUP*, p. 611.

[67] Ibid., p. 366.

A revelação de Cristo é que uma pessoa no pecado depende de Deus de modo total e completo para todos os aspectos da sua vida.

Mas qual a razão de Kierkegaard achar o cristianismo objetivo tão repulsivo? A adesão a uma fé sem objetividade não seria ainda mais repulsiva pelo fato de essa fé não ter nenhuma base racional? No final das contas, a própria aversão de Kierkegaard à apologética dos seus dias o impeliu a apresentar sua própria defesa do que é o cristianismo e, o que é mais importante, do que é ser cristão. Para ele, ser uma testemunha da fé em Cristo é a vida mais nobre que há, e, embora muitas pessoas talvez fiquem admiradas de ver que Billy Graham conseguia entrar em um estádio e simplesmente pregar o evangelho de Cristo, levando milhares de pessoas às lágrimas, certamente Søren Kierkegaard ficaria muito satisfeito com isso.

No início, sugerimos que Kierkegaard é o apologeta do apologeta e ele está mais do que disposto a mostrar as inconsistências e os erros lógicos em obras de pensadores tanto seculares quanto cristãos. Em algumas das suas obras pseudonímicas, ele até parece tomar a posição de um neutralista para combater seus oponentes nos seus pontos mais fortes. Lembre-se de que, para Kierkegaard, o cristianismo é singular no seu fundamento histórico da felicidade eterna, mas, mesmo assim, ele argumenta que empenhos racionais, ou o que poderia ser chamado de evidencialismo, quer em forma secular, quer em forma cristã, nunca ultrapassarão a fé e podem resultar em uma fé frouxa, sempre sujeita a manipulações. Objetos de conhecimento podem ser acrescentados ou removidos, mas a revelação de Deus entrando no tempo em Cristo transformará a vida de uma pessoa no tempo e por toda a eternidade.

O propósito de Kierkegaard ao se envolver no debate é defender a fé que o Deus de Abraão demanda, a fé de Cristo. Já ouvimos falar de líderes eclesiásticos que no passado não tinham dúvida nenhuma quanto à sua fé no cristianismo, mas que foram esmagados por uma incerteza e um desespero totais trazidos pela erosão diária do peso da existência. É aqui que Kierkegaard começa, com incerteza e desespero, com o Deus de Abraão que se revela e muitas vezes é incompreensível oferecendo um relacionamento com a condição de que se ande com fé sobre setenta mil braças de água com Cristo. Muitas pessoas, parece-nos, começam com essa fé e o reconhecimento de sua perdição total diante de Deus, mas, se uma pessoa começa em um contexto imerso na razoabilidade total do cristianismo e se vê tomada de pânico e dúvidas, ou se durante a jornada da sua vida uma pessoa permanece em seus frios cálculos sobre a verdade do cristianismo, Kierkegaard, o apologeta do apologeta, está aí para lembrá-la de que o Deus de Abraão, Cristo, foi quem o chamou pela fé nele desde o início! O desejo de Kierkegaard é lembrar a igreja de que a fé não é um consolo; a fé é um prêmio.

BIBLIOGRAFIA

CROSCALL, T. H. *Kierkegaard studies* (London: Lutterworth, 1948).

HINKSON, Craig. "Kierkegaard's theology: cross and grace. The Lutheran and idealist traditions in his thought" (tese de doutorado, University of Chicago, 1993).

____. "Luther and Kierkegaard: theologians of the cross". *International Journal of Systematic Theology* 3.1 (2001): 25–45.

KETTERING, Christian. *Abraham as existential archetype in Kierkegaard's fear and trembling* (South Africa: North-West University, dissertação a ser defendida).

KIERKEGAARD, Søren; MOORE, Charles E. *Provocations: spiritual writings* (Walden: Plough, 2014).

KIERKEGAARD, Søren. *Concluding unscientific postscript to philosophical fragments*. Ed. trad. Howard V. Hong; Edna H. Hong (Princeton: Princeton University Press, 1992).

____. *Pós-escrito às migalhas filosóficas vol. 1* (Petrópolis: Vozes, 2013).

____. *Pós-escrito às migalhas filosóficas vol. 2* (Petrópolis: Vozes, 2016).

____. *Eighteen upbuilding discourses*. Ed. trad. Howard V. Hong; Edna H. Hong (Princeton: Princeton University Press, 1990.

____. *Fear and trembling: repetition*. Ed. trad. Howard V. Hong; Edna H. Hong (Princeton: Princeton University Press, 1983).

____. *Journals and papers*. Vol. 1, A–E. Ed. trad. Howard V. Hong; Edna H. Hong (Bloomington: Indiana University Press, 1967).

____. *Journals and papers*. Vol. 2, F–K. Ed. trad. Howard V. Hong; Edna H. Hong (Bloomington: Indiana University Press, 1970).

____. *Journals and papers*. Vol. 4, S–Z. Ed. trad. Howard V. Hong; Edna H. Hong (Bloomington: Indiana University Press, 1975).

____. *Philosophical fragments*. Ed. trad. Howard V. Hong; Edna H. Hong (Princeton: Princeton University Press, 1985).

____. *Migalhas filosóficas ou um bocadinho de filosofia de João Climacus* (Petrópolis: Vozes, 2008)

_____. *Practice in Christianity*. Ed. trad. Howard V. Hong; Edna H. Hong (Princeton: Princeton University Press, 1991).

_____. *The sickness unto death*. Ed. trad. de Howard V. Hong; Edna H. Hong (Princeton: Princeton University Press, 1983).

_____. *O desespero humano* (São Paulo: Martin Claret, 2004).

MARTENSEN, Hans Lassen. "Rationalism, supernaturalism and the *principium exclusi medii*", p. 127-44 in: *Mynster's 'Rationalism, supernaturalism' and the debate about mediation*. Ed. trad. Jon Stewart. Textos de Golden age Denmark, Vol. 5 (Søren Kierkegaard Research Centre, University of Copenhagen: Museum Tusculanum Press, 2009).

MYNSTER, Jakob Peter. "Rationalism, Supernaturalism", p. 93-110 in: *Mynster's 'Rationalism, Supernaturalism' and the Debate about Mediation*. Ed. e trad. de Jon Stewart, Textos de Golden age Denmark, Vol. 5 (Søren Kierkegaard Research Centre, University of Copenhagen: Museum Tusculanum Press, 2009).

PATTISON, George. *The philosophy of Kierkegaard* (Durham: Acumen, 2005).

PENNER, Myron. *The end of apologetics: Christian witness in a postmodern context* (Grand Rapids: Baker Academic, 2013).

ROHDE, Bent. *Kierkegaard's journals and notebooks*. Vol. 7 (Princeton: Princeton University Press, 2014).

STEWART, Jon. "Johan Ludvig Heiberg: Kierkegaard's criticism of Hegel's Danish apologist", p. 35-71 in: *Kierkegaard and his Danish contemporaries, tome I, Philosophy, politics and social theory* vol. 7. Ed. Jon Stewart (Farnham, Surrey: Ashgate, 2009).

_____. *Kierkegaard's relations to Hegel reconsidered* (Cambridge: Cambridge University Press, 2003).

TURCHIN, Sean A. "Introducing Christianity into Christendom: investigating the affinity between Søren Kierkegaard and the early thought of Karl Barth" (tese de doutorado, University of Edinburgh, 2011).

JAMES ORR
DEFENSOR DA COSMOVISÃO CRISTÃ

RONNIE P. CAMPBELL JR.

Talvez nenhum teólogo britânico durante o final do século XIX e o início do século XX tenha contribuído mais para a promoção da necessidade de uma cosmovisão cristã abrangente e coerente do que o escocês James Orr (1844--1913). A virada do século XIX foi infestada por várias correntes de pensamento contrárias ao cristianismo. A teologia liberal alemã, a crítica textual, o ataque de Hume aos milagres e a evolução darwiniana, todas foram posições de confronto ao ensino cristão ortodoxo. Durante toda a sua carreira apologética, Orr buscou defender a fé cristã contra esses ataques com o foco em uma defesa da totalidade da cosmovisão cristã, e Orr fez isso tudo isso sem nunca perder de vista a necessidade de ministrar ao público cristão mais amplo na sua defesa da fé cristã.

CONTEXTO HISTÓRICO

Nascido em Glasgow em 11 de abril de 1844, James Orr era filho de um engenheiro, o que o situava na classe média baixa escocesa. Mas, sendo vítima de um acontecimento trágico, James se viu órfão muito novo e foi criado principalmente pelos seus parentes. Por causa das suas circunstâncias, Orr se tornou aprendiz de encadernador, o que atrasou sua entrada na universidade. Foi só aos 26 anos de idade que ele se matriculou na Universidade de Glasgow com intenções de ingressar no ministério cristão.

Em 1870, Orr obteve, com honrarias de primeira grandeza, seu mestrado na área de filosofia mental e também ganhou a cobiçada Ferguson Scholarship (bolsa de estudos), que possibilitava aos ganhadores estudarem fora do país. Em vez de ir para Oxford ou Cambridge, que era a escolha de muitos beneficiários da bolsa, Orr decidiu permanecer na Universidade de Glasgow, onde optou por estudar teologia de 1870 a 1872. Após concluir o bacharelado em teologia, ele aceitou o chamado para trabalhar na igreja na East Bank United Presbyterian Church, onde ministrou durante 17 anos. Nesse tempo, aprendeu alemão e, depois, recebeu o grau acadêmico de doutor em teologia de Glasgow, que defendeu por meio de um exame oral. Em 1891, Orr foi responsável pelas Kerr Lectures (preleções de ocorrência anual) na United Presbyterian Theological College. Ele levou três anos para se preparar para suas preleções, as quais mais tarde foram publicadas no que se tornaria sua obra mais famosa: *The Christian View of God and the World, as Centering in the Incarnation* [A visão cristã de Deus e do mundo, como centrada na encarnação]. No mesmo ano dessas suas preleções, ele foi nomeado professor de história da igreja na escola de teologia United Presbyterian Divinity Hall. Completando sua carreira acadêmica, em 1900 tornou-se professor de apologética e de dogmática na recém-fundada Trinity College de Glasgow, onde permaneceu até sua morte.[1]

O pano de fundo eclesiástico de Orr foi evangélico e reformado. Foi por meio da YMCA local [Young Men's Christian Association – equivalente à Associação Cristã de Moços] e da igreja Sydney Place Church que ele recebeu sua herança evangélica. A YMCA não apenas provia uma atmosfera de aprendizado, como também estava envolvida com a atividade evangelística. A Sydney Place Church, pastoreada por John Kerr, fazia parte da denominação United Presbyterian (UP), e, embora fosse reformada, suas posições calvinistas não eram tão fortes.[2] A denominação UP tinha uma natureza mais democrática e um forte foco no treinamento de pastores e ministros para "um trabalho pioneiro, colonial e missionário",[3] e foi nessa tradição que Orr se sentiu em casa e aí se fixou. Antes de ir para a universidade, ele também serviu na Glasgow Mission City, cuja missão era evangélica e interdenominacional, assim como o era a YMCA, e onde ele ministrava aos pobres locais.[4]

Durante seu tempo na Universidade de Glasgow, Orr teve aulas com John Veitch, um defensor do realismo de senso comum, e Edward Caird, um idealista hegeliano. Embora a maioria de seus colegas gravitasse em direção a Caird, Orr se viu mais identificado com as pressuposições do senso comum apresentadas por Veitch. Apesar disso, sua posição era intermediária a ponto

---

[1] Glenn G. Scorgie, "James Orr", in: *Handbook of evangelical theologians*, ed. Walter A. Elwell (Grand Rapids: Baker, 1993), p. 123; Scorgie, *A call for continuity: the theological contribution of James Orr* (Macon: Mercer University Press, 1988), p. 19-54; Gary J. Dorrien, *The remaking of evangelical theology* (Louisville: Westminster John Knox, 1998), p. 43; William Edgar e K. Scott Oliphint, *Christian apologetics past and present (Volume 2, From 1500): a primary source reader* (Wheaton: Crossway, 2011), p.361; D. F. Kelly, "Orr, James", in: *Evangelical dictionary of theology*, 2. ed., ed. Walter A. Elwell (Grand Rapids: Baker Academic, 2007), p. 871-2.

[2] Scrogie, *A call for continuity*, p. 20-1.

[3] Ibid., p. 24.

[4] Ibid., p. 21.

de Caird fazer um elogio público a um dos ensaios de Orr sobre David Hume, que ganharia um prêmio universitário e acabou se tornando seu livro de 1903: *David Hume and his Influence on Philosophy and Theology* [David Hume e sua influência sobre a filosofia e a teologia]. Durante seu trabalho no seu bacharelado em teologia, teve aulas com outros professores respeitáveis, como Duncan Weir, professor de idiomas orientais, John Caird, irmão mais velho de Edward Caird e professor de teologia, e John Cairns, que ensinava teologia. Seria John Caird quem apresentaria Orr às obras do teólogo alemão Isaak August Dorner, que é citado extensivamente em sua obra *The Christian View of God* [A visão cristã de Deus]. Dorner enfatizava a necessidade de tornar a cristologia o elemento central de um sistema teológico, e isso é o que Orr buscou fazer, em especial na defesa que tentou fazer da ortodoxia cristã em *The Christian View of God*.[5]

CONTEXTO TEOLÓGICO

Orr tinha bastante ciência do ambiente em que estava. A popularidade do deísmo cresceu na Inglaterra durante os séculos XVII e XVIII, a certa altura desembocando e desabando no que agora é conhecido como o liberalismo protestante clássico, que prevaleceu até a Primeira Guerra Mundial. Por causa dos esforços dos deístas e, em especial, das obras filosóficas de Immanuel Kant e David Hume, os milagres e o sobrenatural agora eram considerados uma impossibilidade. Além disso, os estudos sobre a "Vida de Jesus" se multiplicaram e dominaram a segunda metade do século XIX. No início, muitas das chamadas obras sobre a "Vida de Jesus" tinham uma natureza racionalista, evitando os dogmas cristãos e os elementos sobrenaturais nos Evangelhos, ao mesmo tempo que mantinham uma visão positiva da vida e do exemplo moral de Jesus. Em 1835, o estudioso crítico alemão David Friedrich Strauss mudou tudo isso com a publicação de *The life of Jesus critically examined* [A vida de Jesus examinada criticamente], cujo foco não estava mais nas tentativas racionalistas, que ainda reconheciam os Evangelhos – com a exceção dos elementos sobrenaturais e dogmáticos – como exibindo uma fidedignidade histórica geral, mas sim em uma visão dos Evangelhos como principalmente mitológicos.[6] Na própria época de Orr, o ensino ortodoxo sobre o

---

[5] Ibid., p. 25-8, 48-51; Scrogie, "James Orr", p. 12.
[6] R. Douglas Geivett; Gary R. Habermas, *In defense of miracles* (Downers Grove: InterVarsity Press, 1997), p. 11-2; Scrogie, *A call for continuity*, p. 133.

entendimento calcedônio do Deus-homem foi confrontado por críticos como Kirsopp Lake, Hermann Gunkel e T. K. Cheyne.[7]

No fim do século XIX e na virada para o século XX, o mundo teológico foi inundado por numerosas correntes de pensamento, que, de muitos modos, eram contrários à ortodoxia cristã. A teologia liberal alemã, a crítica textual, o argumento de Hume contra os milagres e a evolução darwiniana proporcionaram espaços de ataques ao sobrenaturalismo cristão. Como veremos adiante, de um modo ou de outro, Orr assumiu a responsabilidade de uma resposta a cada uma dessas posições ao longo da sua carreira acadêmica, em especial na sua defesa do cristianismo ortodoxo e dos fundamentos da fé cristã, que de fato era, como vimos, uma defesa da cosmovisão cristã.[8] A motivação fundamental para ele dar uma resposta apologética a esses questionamentos da fé cristã foi seu senso profundo de responsabilidade para com o público cristão, que era um tanto típico e promovido entre os teólogos escoceses de seu tempo.[9] Como Glen Scorgie expressou, havia uma expectativa de que "os teólogos fossem servos da Igreja".[10]

RESPOSTA APOLOGÉTICA E METODOLOGIA

No que diz respeito ao método apologético, alguns classificaram Orr como evidencialista. Como apologeta que tentava defender o cristianismo, ele certamente tinha interesse em apelar aos fatos e às evidências,[11] mas não apenas a fatos brutos.[12] Orr via o cristianismo como um sistema abrangente que apresenta a melhor explicação de todos os aspectos do nosso mundo, e é esse sistema como um todo que precisa ser defendido.

---

[7] James Orr, *The resurrection of Jesus* (1908; reimpr., Joplin: College Press, 1973), p. 9-30.

[8] Veja James Orr, *Ritschlianism: expository and critical essays* (London: Hodder & Stoughton, 1903); Orr, *The problem of The Old Testament: considered with reference to recent criticism* (James Nisbet & Co. Limited, 1908); Orr, *The Bible under trial: in view of present-day assaults on Holy Scripture* (New York: A. C. Armstrong & Son, 1907); Orr, *Revelation and inspiration* (New York: Scribner's Sons, 1910); Orr, *David Hume and his influence on philosophy and theology* (Edinburgh: T&T Clark, 1903); Orr, *Sin as a problem of today* (London: Hodder & Stoughton, 1910).

[9] Scorgie, *A call for continuity*, p. 127.

[10] Ibid.

[11] Considere, por exemplo, o trabalho de Orr em *The resurrection of Jesus*.

[12] Kenneth D. Boa e Robert M. Bowman Jr, *Faith has its reasons: an integrative approach to defending Christianity*, 2. ed. (Waynesboro: Paternoster, 2005), p. 145.

DEFESA DA COSMOVISÃO CRISTÃ

No capítulo introdutório de *The Christian view of God*, que alguns consideram sua obra-prima, Orr reconheceu dois modos de defender a verdade cristã. Por um lado, o apologeta pode apelar às particularidades da doutrina cristã. Embora fosse uma abordagem louvável em função dos "sinais dos tempos", ele considerava mais benéfica uma segunda abordagem à tarefa – uma defesa da totalidade do sistema cristão.[13] Ele explica:

> O confronto agora dirigido ao cristianismo não está mais confinado a doutrinas particulares ou a supostos pontos de conflito com as ciências naturais – por exemplo, as relações de Gênesis com a geologia –, mas se estende ao modo inteiro de concepção do mundo e do lugar do homem nele, o modo de concepção do sistema inteiro das coisas, naturais e morais, do qual fazemos parte. Não é mais um confronto de detalhes, mas de princípios. Essa circunstância torna necessária a mesma extensão da linha da defesa. É a visão cristã das coisas em geral que está sendo atacada, e uma exposição e defesa da visão cristã das coisas é a forma mais segura de rechaçar o ataque.[14]

Ávido leitor de teologia alemã, Orr observou o uso repetido da palavra *Weltanschauung*, que às vezes, era usada na literatura de modo permutável por outra palavra composta, *Weltansicht*. Ambas as palavras correspondem à expressão "cosmovisão" em nosso idioma, e, enquanto o termo em nossa língua com frequência tem um sentido mais físico, a palavra em alemão "tem a força de um termo técnico, que denota a visão mais ampla que a mente é capaz de ter das coisas para tentar compreendê-las juntas como um todo da perspectiva de alguma filosofia ou teologia particular".[15] Assim, o propósito de Orr em *The Christian View of God* era fazer uma defesa do cristianismo como apresentando "a perspectiva mais elevada", especialmente em comparação com outros sistemas filosóficos e teológicos.

---

[13] Todavia, Orr certamente não era contra a defesa de doutrinas particulares da fé cristã. Duas doutrinas particulares que recebem uma defesa frequente nas obras de Orr são a doutrina da humanidade e a doutrina do pecado. Veja *Sin as a problem of today* e *God's image in man, and its defacement in the light of modern denials* (London: Hodder & Stoughton, 1905. Reimpr., Bibliolife, sd).

[14] James Orr, *The Christian view of God and the world* (1893; repr., Middletown, DE: CreateSpace, 2017), p. 4.

[15] Ibid.

Orr reconheceu que, ao postular o cristianismo como uma cosmovisão, ele não seria um sistema científico nem uma filosofia em si, embora como cosmovisão precise se conformar "aos resultados reconhecidos da ciência" e precise estar "em harmonia com" as conclusões da "sólida razão".[16] Ao resumir o trabalho de Orr em *The Christian View of God and the Word* [A visão cristã de Deus e do mundo], Scorgie expressa a questão da seguinte maneira: "É a coerência da cosmovisão cristã, sua harmonia com a razão e a experiência moral, que a torna atrativa".[17] E ele continua:

> Assim, a apresentação sistemática da doutrina evangélica (que não é nada além da apresentação desta cosmovisão) é, na realidade, a apologética mais abrangente da fé cristã. Sendo assim, *The Christian view* não começa com uma apologia das Escrituras, da qual prossegue com uma dedução confiante. Pelo contrário, as Escrituras nem sequer são tratadas. O sistema cristão de convicções é defendido com base nos seus próprios méritos intrínsecos e na pressuposição de uma correspondência entre suas afirmações e a capacidade humana de reconhecer a verdade de modo intuitivo e racional. Então, nesse sentido, a fé cristã autentica a si mesma.[18]

Em um apêndice à sua primeira preleção em *The Christian view of God*, Orr apresenta o seguinte esboço das doutrinas centrais da cosmovisão cristã:

- Deus é pessoal, ético e autorrevelador.
- Deus criou o mundo, é tanto imanente quanto transcendente e governa o mundo com propósitos morais.
- Os humanos, como seres que carregam a imagem divina, têm uma natureza espiritual, têm dignidade e valor, e o propósito para eles é "uma relação de filiação perfeita".
- A Queda da humanidade introduziu o pecado e a desordem no mundo, o que não fazia parte do plano original de Deus para o mundo e, assim, a Queda não ocorreu por necessidade. No entanto, contra o entendimento moderno, a doutrina da Queda é a pressuposição da doutrina cristã da redenção, como apresentada nas Escrituras.

---

[16] Ibid., p. 7.
[17] Scorgie, "James Orr", p. 14.
[18] Ibid.

- Deus revelou a si mesmo e seu plano de salvação na história por meio dos patriarcas e de Israel e do modo mais pleno possível na pessoa e na obra do seu Filho, Jesus Cristo.
- Jesus era não apenas um homem, mas o eterno Filho de Deus, que assumiu nossa humanidade e em quem a plenitude da divindade habitou corporalmente.
- A redenção do mundo ocorre por meio do ato expiatório, é apropriada pela fé e está disponível a todas as pessoas que não exibem uma rejeição intencional do ato de graça divino.
- O resultado e o propósito da obra de Cristo foi fundar o reino de Deus na terra, que inclui tanto a salvação espiritual de indivíduos quanto uma nova ordem para a sociedade.
- A história tem um propósito, e a presente ordem das coisas como a conhecemos desaparecerá – o Filho do Homem julgará o mundo, os mortos serão ressuscitados, os justos e os iníquos serão separados e entraremos na era da eternidade.[19]

Este resumo prepara o terreno para a argumentação de Orr durante toda a sua obra *The Christian view*. Ele acreditava que era necessário defender cada um dos postulados expostos anteriormente, e foi isso que ele se propôs fazer.

Orr não é contra o uso da teologia natural na sua defesa da cosmovisão cristã e emprega os argumentos cosmológico, teleológico e moral na defesa de um ordenamento sobrenatural do universo. No entanto, ele reconheceu que um teísmo "genérico" tem suas limitações. Parte do *ethos* do mundo na época demandava uma reflexão séria sobre um Deus que se manifesta no mundo tanto em palavras quanto em ações, tornando necessária uma revelação. Orr acreditava que um dos grandes pontos fortes da visão cristã de Deus era sua forte conexão com a revelação divina. Sobre isso, ele escreve:

> Aqui, consequentemente, é a visão cristã de Deus que tem sua importância contra qualquer concepção de Deus baseada em meros princípios de teologia natural. Estão ligadas, na mais próxima e recíproca relação, as duas ideias de Deus e de Revelação. A doutrina cristã, embora inclua tudo que a palavra teísmo geralmente compreende, é muito mais do que uma doutrina de simples teísmo. Deus, na visão cristã, é um Ser que entra na história do mundo do modo mais participativo

---

[19] Este é um resumo dos pontos mais relevantes de Orr em *The Christian view*, p. 23-4.

possível. Ele não apenas tem uma presença ativa no universo material – ordenando-o, direcionando-o, controlando-o –, mas também entra da forma mais direta no curso da história humana, operando nela na sua providência geral e especial e por uma Revelação gradual e progressiva, que é, ao mesmo tempo, disciplina prática e educação, dando ao homem aquele conhecimento dele mesmo [Deus] que o capacita para alcançar os fins mais elevados da sua própria existência e para cooperar livremente na execução dos propósitos divinos; acima de tudo, revelando a si mesmo como o Deus da redenção, que, cheio de longanimidade e de misericórdia, executa, com atos amorosos e com um sacrifício infinito, seu propósito gracioso para a salvação da humanidade.[20]

O teísmo que Orr defende não está dissociado da revelação divina; antes, é um teísmo consumado na totalidade da cosmovisão cristã.[21] No centro da cosmovisão está a revelação divina que ocorre por meio da natureza, da pessoa e da obra do Filho de Deus encarnado.

Embora ele não comece *The Christian view* com cristologia, para ele, seguindo Dorner,[22] a encarnação – em especial na versão do cristianismo ortodoxo histórico – desempenha um papel significativo na distinção da fé cristã de outros sistemas filosóficos e religiosos e é central à lógica interna da cosmovisão cristã.[23] Segundo Orr, a doutrina da encarnação lança uma nova luz nas seguintes áreas da doutrina cristã: (1) a Trindade; (2) a Criação; (3) a natureza humana; (4) o propósito de Deus na Criação e na redenção da humanidade; e (5) a misericórdia divina com relação à redenção.[24] Em função da postura de Orr quanto à teologia natural e da forte conexão no cristianismo entre Deus e a revelação, não é possível uma mera defesa do teísmo contra suas alternativas, mas, em vez disso, é necessário considerar "um Cristo divino" e as alternativas, tendo em vista que o Cristo das Escrituras se opõe a várias filosofias, incluindo o humanitarismo, agnosticismo, panteísmo e ceticismo.[25]

---

[20] Ibid., p. 57.
[21] Ibid.
[22] "Um sistema cristão que é incapaz de tornar a cristologia uma parte integral de si mesmo pronunciou sua própria sentença: ele na realidade perdeu o direito de ser chamado de cristão". I. A. Dorner, *History and development of the doctrine of the person of Christ*, p. 49, como citado em Orr, *The Christian view*, p. 31.
[23] Orr, *The Christian view*, p. 30.
[24] Ibid., p. 23.
[25] Ibid., p. 30-50.

Em todo o restante de *The Christian view*, Orr trata de uma variedade de outras questões relacionadas à cosmovisão cristã, mas em específico das doutrinas da humanidade e do pecado. Ele acreditava que as visões que uma pessoa tinha de Deus e da humanidade "ficam em pé ou caem juntas",[26] pois a doutrina da humanidade tem forte conexão com a doutrina da Criação, que também precisa ser defendida. Para Orr, a doutrina da Criação – a convicção de que todas as coisas têm seu início e origem definitivas por meio de Deus como a fonte da sua existência – é não apenas fundamental para o ensino das Escrituras, mas também é imensamente prática. Ela é contrária a todas as formas de dualismo, visões que realçam a derivação lógica do cosmo de Deus (por exemplo, como em Espinosa e Hegel), e de pressuposições ateístas sobre a autossubsistência e a eternidade do universo.

Na sua elaboração da visão cristã sobre a criação, a humanidade e o pecado, Orr estava interessado no lugar da humanidade, especialmente à luz dos desafios apresentados pela evolução darwiniana. Qualquer teólogo digno desse título estaria ciente dos desafios exibidos pelo darwinismo contra o cristianismo e, para muitos, esses desafios colocavam em questão a fidedignidade do relato de Gênesis. Embora ele não considerasse necessária a defesa de uma intepretação literal do primeiro capítulo de Gênesis,[27] ainda assim afirmou que a narrativa desse livro – da Criação ao Dilúvio – deveria ser entendida como contendo o "conhecimento de uma memória de acontecimentos reais".[28] Além disso, para ele não havia nenhuma divergência fundamental entre as Escrituras e a ciência, pois "a imagem original em Gênesis apresenta, como na natureza, uma série de criações em ascensão gradual. O homem está no topo

---

[26] Ibid., p. 88.
[27] Scorgie, *A call to continuity*, p. 109.
[28] "Está claro que as narrativas da Criação, da Queda e do Dilúvio não são mitos, mas narrativas que cristalizam o conhecimento de uma memória de acontecimentos reais. A Criação do mundo certamente não foi um mito, mas um fato, e a representação dos estágios da Criação igualmente lidou com fatos. A linguagem usada não foi a da ciência moderna, mas, debaixo de orientação divina, o autor sagrado faz uma descrição ampla e geral que transmite uma noção verdadeira da ordem do procedimento divino na Criação. A Queda do homem também foi um fato tremendo, com consequências universais para o pecado e a morte da raça humana. A origem do homem apenas pode ser explicada por um exercício de atividade criadora direta, não importa os fatores subordinados que venham a ter contribuído para o ato. O Dilúvio foi um fato histórico, e a perseverança de Noé e da sua família é uma das melhores tradições humanas e com a mais ampla confirmação. Nessas narrativas de Gênesis e nos fatos contidos nelas realmente estão lançados os fundamentos de todo o restante na Bíblia. A unidade da revelação conecta-os com o evangelho cristão". James Orr, "The early narratives of Genesis", in: *The fundamentals*, vol. 1, eds. R. A. Torrey; A. C. Dixon (1909; reimpr., Grand Rapids: Baker, 1973), p. 240.

da escala; o homem é o último ser de todos e diferente de todos pelo fato de ser o único que carrega a imagem do seu Criador; o homem é o primeiro na ordem inferior de criaturas, como o vice-regente e representante racional de Deus. A ciência corrobora tudo isso".[29]

Orr não era contrário à evolução, e uma observação da literatura científica o levou a acreditar na probabilidade de algum tipo de evolução orgânica.[30] Suas visões sobre a Criação focavam mais na dependência que todas as coisas tinham de Deus e menos no processo especificamente usado por Deus, mas ele percebeu a necessidade de fazer algumas modificações na noção darwiniana de evolução, rejeitando qualquer visão incompatível com a visão tradicional da *imago Dei* e com a presença das faculdades que distinguem os seres humanos das outras criaturas. Orr também achava que o darwinismo era totalmente incapaz de explicar a história moral humana,[31] e, como Scorgie explica: "Teorias de evolução moral tornavam o pecado uma necessidade, e não uma falha pela qual a humanidade tem responsabilidade total e pessoal".[32] Ele gastou uma porção significativa da sua energia apologética em *The Christian View* – e em outros textos – estabelecendo um diálogo adequado entre a fé e a ciência, ao mesmo tempo que tentava manter uma unidade apropriada entre as verdades da revelação geral e as da revelação especial.

Embora o foco principal do método apologético de Orr em *The Christian View* fosse uma defesa da totalidade da cosmovisão cristã, ele certamente não era contra defender as especificidades da fé cristã, e, juntamente com outros estudiosos comprometidos e ortodoxos, como B. F. Westcott,[33] J. Sparrow Simpson,[34] R. A. Torrey[35] e William Milligan,[36] aceitou o desafio de responder a objeções críticas ao ensino ortodoxo sobre a ressurreição de Jesus. Onde

---

[29] Orr, *The Christian view*, p. 97. Veja também Orr, "Science and Christian faith", in: *The fundamentals*, vol. p. 1, 334-47, e Orr, *Revelation and inspiration*, p. 168.
[30] Scorgie, *A call to continuity*, p. 108.
[31] Orr, *The Christian view*, p. 71. Scorgie, *A call to continuity*, p. 108-111.
[32] Scorgie, *A call to continuity*, p.111.
[33] Brooke Foss Westcott, *The revelation of the risen Lord*, 3. ed. (London: Macmillan, 1884); Westcott, *The Gospel of the resurrection: thoughts on its relation to reason and history*, 6. ed. (London: Macmillan, 1888).
[34] W. J. Sparrow Simpson, *Our Lord's resurrection*, 2. ed. (London: Longmans, Green, & Co., 1909).
[35] R. A. Torrey, *Evidence for the resurrection* (London: Revell, 1904).
[36] William Milligan, *The resurrection of our Lord*, reimpr. (New York: Macmillan, 1927).

sua metodologia evidencialista é vista mais claramente é na sua obra *The Resurrection of Jesus* [A ressurreição de Jesus], à qual agora passamos.

DEFESA DA RESSURREIÇÃO

Orr dedicou uma parte significativa do seu foco apologético a defender as Escrituras e responder a objeções apresentadas pela alta crítica textual, e esse foi especialmente o caso com a ressurreição de Jesus. Mas ele não era um inerrantista, e às vezes ele repreendia a comunidade cristã por dar valor demasiado a essa "teoria excessivamente enfatizada".[37] Considere o que ele diz em *Revelation and Inspiration* [Revelação e inspiração]:

> Um apelo pode ser feito, de fato, por uma "orientação providencial sobrenatural" cujo propósito é excluir todos os erros, até mesmo o menor deles, ou discrepâncias nos relatos, incluindo aqueles que sejam inerentes às fontes das quais a informação é obtida ou que sejam resultado da corrupção de documentos anteriores. Mas essa é uma pressuposição violenta que na realidade não encontra nenhum apoio na Bíblia. Portanto, é perigoso tentar vincular a fé a ela como uma questão de vital importância.[38]

Nessa linha de argumentação, alguns enxergam Orr como fazendo concessões excessivas à alta crítica, mas, como Scorgie mostra, a negação da inerrância exibida por Orr foi mais um passo estratégico do que um movimento substancial. Scorgie diz:

> Ele não queria ser colocado em uma posição difícil, mas, na realidade, estava disposto a fazer pouquíssimas concessões. Sua posição era que até mesmo a certeza que 2Timóteo 3:16 fornece da natureza proveitosa das Escrituras presumia um grau muito elevado de fidedignidade histórica e factual. Aliás, ele afirmou que a Bíblia manifestava um grau tão elevado de fidedignidade que o próprio fenômeno era um argumento a favor da origem sobrenatural das Escrituras. Além disso, ele tinha simpatia pela direção geral do apreço que os inerrantistas tinham pelas Escrituras e pensava que isso estava de acordo com a convicção apostólica e com o cristianismo histórico.[39]

---

[37] Orr, *Revelation and inspiration*, p. 73.
[38] Ibid., p. 213-4.
[39] Scorgie, *A call for continuity*, p. 99.

Embora Orr negasse a doutrina da inerrância, ele manteve um compromisso profundo com o ensino cristão ortodoxo, em especial a cristologia de Calcedônia, e tinha uma visão elevada das Escrituras. Ele até mesmo contribuiu para a célebre obra *Fundamentals* [Fundamentos], um conjunto de quatro volumes publicado pela primeira vez em 1969 e editado por A. C. Dixon e R. A. Torrey que incluía diversos artigos de acadêmicos evangélicos respeitáveis como B. B. Warfield, G. Campbell Morgan e H. C. G. Moule.[40]

Orr reconheceu que a crítica histórica não estava inteiramente errada, e ele elogiou esforços recentes para recuperar a humanidade de Cristo, contra aquelas teorias que tinham uma natureza mais "docética". Porém, em vez de começar com a Trindade, numa abordagem de cima para baixo, ele achou melhor começar com os dados históricos, construindo uma argumentação de baixo para cima ou, nas palavras dele, a partir do "chão sólido".[41] Ele fez a concessão aos críticos de que certos "detalhes nas próprias narrativas da ressurreição fossem, talvez, ou provavelmente, incorretos". No entanto, ele afirmou que "os fatos centrais – a tumba vazia, a mensagem às mulheres, as aparições aos discípulos, encontrando apoio no testemunho independente de Paulo em 1Coríntios 15.7, na convicção da igreja apostólica inteira – eram fatos seguros".[42]

Orr começou *The Resurrection of Jesus* com uma exposição geral do cenário moderno relacionado aos estudos sobre a vida de Jesus. Os tempos eram outros, e os desafios da apologética cristã eram bem diferentes dos de outras gerações. A literatura apologética estava familiarizada com uma variedade de teorias naturalistas – "teorias de impostura, de desmaio, de alucinações ou visões subjetivas, de manifestações objetivas, porém *espirituais*"[43] – e ele achava que todas haviam sido derrotadas, sobrando apenas uma última hipótese: que Jesus ressuscitou dos mortos. Mas com a ascensão de novos métodos críticos, especialmente com uma ênfase maior no estudo da "história religiosa da humanidade", do "estudo comparado" e do "crescimento do mito religioso", Orr achava que os antigos modos de defender a fé eram "obsoletos",[44] e não havia mais espaço nessa mentalidade moderna para considerar a possibilidade de

---

[40] Veja James Orr, "The Holy Scriptures and modern negations", "The early narratives of Genesis" e "Science and Christian faith" in: *The Fundamentals*, vol. 1.
[41] Scorgie, *A call for continuity*, p. 123-5.
[42] Orr, *The resurrection of Jesus*, p. 11-2.
[43] Ibid., p. 12.
[44] Ibid., p. 13.

Jesus ter ressuscitado da tumba fisicamente. Essa nova corrente de pensamento, com frequência chamada de o movimento "panbabilônico", foi inaugurada por J. G. Frazer em *Golden Bough* [*O ramo de ouro*] e desenvolvida por outros estudiosos britânicos e alemães, como H. Winckler, A. Jeremias, H. Gunkel, P. Jensen e T. K. Cheyne. Sua posição era que certos conceitos que haviam se desenvolvido na Babilônia haviam se espalhado pelo oriente e, por fim, influenciado primeiro o judaísmo e, depois, o cristianismo. Mas o movimento panbabilônio não era a única corrente de pensamento que Orr precisava enfrentar. Alguns críticos, como Kirsopp Lake e Theodor Keim, reconheciam que as afirmações da aparição de Jesus em 1Coríntios 15:4-8 tinham ampla confirmação e buscaram dar uma explicação espiritual da ressurreição. Embora o corpo de Cristo estivesse enterrado, os discípulos receberam visões de Jesus vivo além da tumba, e não se tratava de alucinações, como Strauss achava, mas de visões objetivas de Cristo, que, na opinião de Lake e Kleim, havia ressuscitado espiritualmente.[45]

Tendo considerado o contexto teológico da época, Orr então defendeu a natureza da ressurreição como miraculosa e física. Era quase um consenso entre os críticos na época de Orr que a ressurreição era o ensino central da igreja primitiva, mas o problema era duplo: (1) qual, então, era a natureza da ressurreição?; e (2) até que ponto milagres são possíveis? Na resposta à primeira pergunta, ele argumentou que a ressureição não era a passagem de uma existência física para uma existência "espiritual, incorruptível e imortal",[46] como Lake pensava, mas sim a evidência encontrada no testemunho de Paulo em 1Coríntios 15, que, juntamente com passagens como Romanos 8:11,23; Efésios 1:19,20 e Filipenses 3:10,11,21, apontam para uma ressurreição física. Orr escreve: "Portanto, um exame adequado da evidência aparenta deixar claro que a fé da igreja apostólica era uma fé em uma verdadeira ressurreição física de Jesus Cristo, e é igualmente claro que, no caso da realidade desse acontecimento, ele foi um *milagre*, isto é, uma verdadeira intervenção sobrenatural de Deus no sentido mais exato da palavra".[47]

Mas por que sequer devemos considerar milagres possíveis? Orr reconheceu que o cerne dessa questão era um problema de cosmovisão, e a única conclusão viável em qualquer cosmovisão (por exemplo, ateísmo, espinosismo,

---

[45] Ibid., p. 13-27.
[46] Ibid., p. 40.
[47] Ibid., p. 42.

materialismo, monismo etc.) que rejeita um "Deus pessoal vivo como o autor e o sustentador do mundo"[48] é que milagres são impossíveis. Assim, a pergunta não é se milagres são possíveis da perspectiva do ateísmo, panteísmo ou qualquer outro sistema, mas se milagres são possíveis da perspectiva de uma cosmovisão teísta.

Durante o restante de *The ressurection of Jesus*, Orr se ocupa com várias outras tarefas. Ele apresentou uma argumentação a favor da fidedignidade geral dos fatos relacionados à mensagem do evangelho e, mesmo no caso de uma admissão das supostas discrepâncias na narrativa dos Evangelhos, essas discrepâncias "dificilmente afetariam os fatos *centrais* do seu testemunho conjunto".[49] Orr então se dedica a defender a credibilidade do sepultamento de Jesus, da mensagem da Páscoa e das aparições pós-ressurreição de Jesus. Por fim, tendo feito a defesa dos fatos históricos, ele considerou duas teorias naturalistas que tentavam explicar os dados – teorias de visão-aparição e teorias neobabilônicas.

Qualquer objeção à ressurreição precisa explicar duas evidências centrais – a tumba vazia e as aparições de Jesus. Para Orr, as teorias de visão-aparição davam uma explicação adequada de qualquer uma das evidências. Com respeito à tumba vazia, há um fato que os críticos são incapazes de explicar: o de que, no período de quatro semanas, os discípulos terem passado de um estado de desespero para uma mensagem alegre e confiante, e eles proclamaram nas ruas de Jerusalém, onde Jesus havia sido crucificado, que ele havia ressuscitado, mesmo diante de perseguição. Os governantes poderiam ter apresentado o corpo a qualquer momento, como Orr explica:

> No entanto, não foi feito o menor esforço, pelos governadores ou qualquer outra pessoa interessada, de parar o movimento e silenciar os pregadores, como poderia facilmente ser feito, caso seu testemunho fosse falso, apontando para onde o corpo de Jesus ainda se encontrava ou mostrando como ele havia sido removido da tumba em que havia sido depositado, até onde todos sabiam, após a crucificação. Não foi feito, nesse caso, é o mesmo que não foi possível, e a tumba vazia permanece um testemunho incontestável da verdade da mensagem de que o Senhor ressuscitou.[50]

---

[48] Ibid., p. 48.
[49] Ibid., p. 59.
[50] Ibid., p. 213-4.

Quanto às aparições, as teorias de alucinação subjetiva ou de aparição objetiva tinham várias dificuldades para explicar os dados. Para sua teoria funcionar, os teóricos da visão com frequência se desviavam da tradição e afirmavam que as visões devem ter ocorrido na Galileia, e não em Jerusalém. A vantagem óbvia dessa mudança de local é a separação feita pelos críticos das visões dos acontecimentos na manhã de Páscoa, que possibilita mais tempo para o desenvolvimento e a difusão das visões. Mas Orr acreditava que essa visão contradiz "nove décimos" da tradição e não tem real base nos fatos que supostamente apoiam a visão. Afinal de contas, absolutamente nada em Mateus, Marcos ou João indica que os discípulos fugiram de Jerusalém para a Galileia, e até mesmo Lucas relata uma das aparições em Jerusalém. Além disso, essas teorias têm dificuldades para explicar a natureza, a hora e a diversidade dos relatos dos aparecimentos; além disso, nem todos os críticos tiveram um entendimento subjetivo dos aparecimentos. Keim argumentou que as visões tinham uma natureza subjetiva, sendo "telegramas do céu", enviados de além do túmulo, assegurando aos discípulos que Jesus ainda estava vivo. Essa teoria tinha forte dependência da evidência da Society for Psychical Research [Sociedade para a pesquisa psíquica] sobre aparições paranormais dos mortos.[51] Keim acreditava que um entendimento dos aparecimentos como aparições ou visões objetivas preservava a ressurreição, ao mesmo tempo que também estava de acordo com grande parte da evidência da tradição, mesmo que a ressurreição não fosse física.[52] Mas Orr acreditava que essa visão dependia demais de "*dados* extremamente indefinidos, precários e [...] enganosos".[53] Além disso, a visão da ressurreição como uma aparição paranormal, adotada por Keim, Lake e outros, contrastava com "a ideia de ressurreição característica das Escrituras", confundindo a sobrevivência da alma com a ressurreição.[54] Por fim, Orr argumentou que a visão telegráfica de Keim não explica a tumba vazia nem, em última instância, se desenvencilha do sobrenaturalismo.[55]

---

[51] A Society for Psychical Research (SPR) foi fundada em 1882 com o propósito de realizar investigações científicas dos fenômenos psíquicos e espiritualistas. Henry Sidwich foi o primeiro presidente da SPR, e vários outros pensadores britânicos importantes estiveram envolvidos com a sociedade, como Edmund Gurney e Frederic Myers. Para mais informações sobre SPR, veja www.spr.ac.uk/about/our-history.

[52] Orr, *The resurrection of Jesus*, p. 217-27.

[53] Ibid., p. 228.

[54] Ibid., p.228-9.

[55] Ibid., p. 229-30.

Mas e as teorias neobabilônicas? Defensores dessas teorias, como Gunkel, Cheyne, A. Jeremias e Jensen, acreditavam que as mitologias das religiões antigas eram o código para a decifração do Antigo e do Novo Testamentos. Orr argumentou que essas tentativas de comparar os vários mitos ao Antigo e Novo Testamentos, em especial à ressurreição, eram rasos e fracos, e com frequência se baseavam mais em pressuposições do que em fatos e evidências. Além disso, os métodos para chegar a essas conclusões muitas vezes eram arbitrários.[56]

CONTRIBUIÇÕES PARA A APOLOGÉTICA

Embora muitos tenham considerado mínimas as contribuições gerais de Orr para a teologia, é muito difícil questionar seu impacto apologético após um exame das suas obras eruditas.[57] Como apologeta, ele estava ciente das várias correntes de pensamento, e seu interesse central era debater com os críticos do cristianismo para defender a teologia cristã. Seu trabalho como apologeta tem muito para nos ensinar.

Uma área de contribuição significativa de Orr foi seu uso de cosmovisão na defesa da fé cristã, uma vez que ele foi um dos primeiros teólogos do idioma inglês a relacionar a noção de *Weltanschauung* ao cristianismo.[58] Como William Edgar e Scott Oliphint afirmam: "Embora seja difícil perceber quão radical isso tenha sido, precisamos nos lembrar de que praticamente ninguém estava pensando desse modo nessa época, especialmente na área da apologética e teologia".[59] Hoje, a maioria dos apologetas debate com seus críticos da perspectiva do conceito de cosmovisão, todavia, Orr preparou o caminho para outros, como Edward J. Carnell e Carl F. H. Henry, na concepção do cristianismo não apenas como um sistema que precisa ser defendido, mas também como o melhor sistema de explicação do conjunto da realidade.[60]

Mais uma área de contribuição, ligada fortemente à ênfase de Orr em cosmovisão, foi a importância de uma visão unitiva da verdade. Embora o cristianismo não seja um sistema filosófico ou científico, ainda assim ele deve

---

[56] Ibid., p. 247.
[57] David K. Naugle, *Worldview: the history of a concept* (Grand Rapids: Eerdmans, 2002), [no Brasil: *Cosmovisão: a história de um conceito* (Brasília: Monergismo, 2017)], p. 13.
[58] Ibid.
[59] Edgar; Oliphint, *Christian apologetics*, p. 362.
[60] Dorrien, *The remaking of evangelical theology*, p. 44.

estar em harmonia com as verdades coletadas pela ciência e pela razão. Orr estava disposto a aceitar as áreas da ciência que tinham a correspondência mais provável e apropriada com a cosmovisão cristã. No entanto, não estava disposto a mudar de opinião quanto a teorias que eram contrárias ao ensino cristão ortodoxo. Onde isso fica mais evidente é a sua disposição a aceitar certos aspectos da teoria evolutiva e a simultânea rejeição de outros elementos que eram contrários à fé cristã, especificamente o ensino ortodoxo sobre a *imago Dei*, a origem do pecado e a história moral humana.

A ênfase de Orr em uma abordagem de baixo para cima na defesa da ressurreição ainda pode ser observada entre os apologetas evidencialistas atuais, em especial nas obras de Gary Habermas, Michael Licona e William Lane Craig. Embora Orr não tenha sido o primeiro apologeta a defender a ressurreição desse modo, ele certamente percebeu a necessidade de começar com os fatos relacionados à ressurreição e, então, mostrar a razão de teorias naturalistas serem incapazes de explicar as evidências.

Por fim, embora Orr tenha se ocupado na primeira parte da sua carreira com preleções e a produção de obras acadêmicas, ele dedicou grande parte do final da sua carreira à educação do público mais amplo. Na visão dele, a teologia e a defesa do cristianismo era algo não apenas para a elite ou para acadêmicos, mas também para todos os cristãos, e ele nunca perdeu de vista a importância de alcançar o público cristão mais geral. Orr, junto com outros docentes na United Free Church College em Glasgow, geralmente dedicava o domingo a falar a igreja locais. Além disso, Orr, juntamente com James Denney, editou a revista *The United Free Church Magazine* como um meio de alcançar cristãos fora do ambiente eclesial e, de 1906 em diante, dedicou grande parte dos seus esforços a obras populares.[61]

Em toda a sua carreira acadêmica e ministerial, Orr permaneceu fiel à sua herança evangélica e nunca se esqueceu do seu chamado, dedicando sua vida à defesa do ensino cristão ortodoxo. Sua contribuição geral para a apologética e para a teologia não residiu em sua inteligência ou em sua originalidade, mas na perseverança da sua defesa da cosmovisão cristã.[62]

---

[61] Scorgie, *A call for continuity*, p. 137-9.
[62] Ibid., p. 155.

BIBLIOGRAFIA

BOA, Kenneth D.; BOWMAN JR Robert M. *Faith has its reasons: an integrative approach to defending Christianity.* 2. ed. (Waynesboro: Paternoster, 2005).

DORRIEN, Gary J. *The remaking of evangelical theology* (Louisville: Westminster John Knox, 1998).

Edgar, William; OLIPHINT, K. Scott. *Christian apologetics past and present (Volume 2, From 1500): a primary source reader* (Wheaton: Crossway, 2011).

GEIVETT, R. Douglas. *In defense of miracles: a comprehensive case for God's action in history* (Downers Grove: InterVarsity Press, 1999).

KELLY, D. F. "Orr, James", p. 871-72 in: *Evangelical dictionary of theology.* 2. ed. Ed. Walter A. Elwell (Grand Rapids: Baker, 2007).

____. *Enciclopédia histórica-teológica da Igreja Cristã* (São Paulo: Vida Nova, 1988-1993).

MILLIGAN, William. *The resurrection of our Lord* (reimpr. New York: Macmillan, 1927).

NAUGLE, David K. *Worldview: the history of a concept* (Grand Rapids: William B. Eerdmans Publishing Co., 2002).

____. *Cosmovisão: a história de um conceito* (Brasília: Monergismo, 2017).

ORR, James. *David Hume and his influence on philosophy and theology* (Edinburgh: T&T Clark, 1903).

____. *God's image in man, and its defacement in the light of modern denials* (London: Hodder & Stoughton, 1905. Reimpr., Bibliolife, sd).

____. *Revelation and inspiration* (New York: Scribner, 1910).

____. *Ritschlianism: expository and critical essays* (London: Hodder & Stoughton, 1903).

____. "Science and Christian faith", p 334-47 in: *The fundamentals.* Vol. 1. Ed. R. A. Torrey; A. C. Dixon. 1909 (reimpr. Grand Rapids: Baker, 1973).

____. *Sin as a problem of today* (London: Hodder & Stoughton, 1910).

____. *The Bible under trial: in view of present-day assaults on Holy Scripture* (New York: Armstrong, 1907).

____. *The Christian view of God and the world.* 1893 (reimpr. Middleton: CreateSpace, 2017).

_____. "The Early Narratives of Genesis", p. 228-40 in: *The Fundamentals*. Vol. 1. Ed. R. A. Torrey; A. C. Dixon. 1909 (reimpr. Grand Rapids: Baker, 1973).

_____. "The Holy Scriptures and modern negations", p. 94-110 in: *The fundamentals*. Vol. 1. Ed. R. A. Torrey; A. C. Dixon. 1909 (reimpr. Grand Rapids: Baker, 1973).

_____. *The problem of the Old Testament: considered with reference to recent criticism* (London: James Nisbet & Co. Limited, 1908).

_____. *The progress of dogma* (reimpr. Vancouver: Regent College Publishing, 2000).

_____. *The resurrection of Jesus* (1908, reimpr. Joplin: College Press, 1973).

SCORGIE, Glen G. *A call for continuity: the theological contribution of James Orr* (Macon: Mercer University Press, 1988).

_____. "James Orr", p. 12-25 in: *Handbook of Evangelical theologians*. Ed. Walter A. Elwell (Grand Rapids: Baker, 1993).

SIMPSON, W. J. Sparrow. *Our Lord's resurrection*. 2. Ed. (London: Longmans, Green, and Co., 1909).

TORREY, R. A. *Evidence for the resurrection* (London: Revell, 1904).

WESTCOTT, Brooke Foss. *The revelation of the risen Lord*. 3. Ed. (London: Macmillan, 1884).

_____. *The Gospel of the resurrection: thoughts on its relation to reason and history*. 6. Ed. (London: Macmillan, 1888).

B. B. WARFIELD
O LEÃO DE PRINCETON

KIM RIDDLEBARGER

Benjamin Breckinridge Warfield (1851-1921) foi um teólogo presbiteriano norte-americano que ensinou durante muitos anos no Seminário Teológico de Princeton (1887-1921). Conhecido pela sua defesa acadêmica e erudita de uma Bíblia inerrante, do Jesus histórico e da ressurreição física de Jesus, Warfield buscou fundamentar a verdade do cristianismo na pessoa e na obra de Jesus Cristo como reveladas nas páginas do Novo Testamento.

CONTEXTO HISTÓRICO

Benjamin Breckinridge Warfield nasceu perto de Lexington, Kentucky, em 5 de novembro de 1851.[1] Sua família paterna recebe a caracterização frequente de "uma boa linhagem puritana", ao passo que sua mãe era a filha de um teólogo presbiteriano muito capacitado da velha escola, Robert J. Breckinridge, que trabalhou como professor no Danville Theological Seminary. O tio maternal de Warfield, John Cabell Breckinridge, foi congressista por dois mandatos e depois vice-presidente dos Estados Unidos durante o governo Buchanan. John C. Breckinridge mais tarde serviria como general e membro do gabinete dos Estados Confederados da América. Embora fosse de Kentucky, a família manteve seu alinhamento com o partido Whig e sua lealdade à União.

A educação de Warfield foi impressionante, ainda que típica das famílias bem relacionadas da época. Ele foi educado pelos melhores instrutores possíveis e, junto com seus irmãos, memorizou os Catecismos tanto Maior quanto Breve de Westminster com seis anos de idade e, depois, memorizou os textos bíblicos de prova. Com 16 anos, Benjamin fez sua profissão de fé na igreja Second Presbyterian Church em Lexington, Kentucky. Ele entrou na College of New Jersey (Princeton) em 1968, sobressaindo em matemática e física, e alcançando notas quase perfeitas antes de sua graduação em 1871.

---

[1] Mais detalhes biográficos sobre Benjamin Warfield podem ser encontrados em Hugh Thomson Kerr, "Warfield: the person behind the theology", *Annie Kinkead Warfield Lecture for 1982*, ed. William O. Harris (1995).

Em vez de fazer uso de uma bolsa de estudos experimental para afiar seus interesses científicos nascentes, Warfield seguiu o conselho de seu pai e, em fevereiro de 1872, foi estudar fora do país nas universidades de Edimburgo e de Heidelberg.

Sua mãe tinha a esperança de ao menos um dos seus filhos entrar no ministério, e suas orações foram respondidas ao receber uma mensagem enviada de Heidelberg por Benjamin, então com 21 anos, com o anúncio de que desejava entrar no ministério. As notícias surpreenderam sua família e seus amigos, em especial quando Warfield confirmou sua intenção com sua matrícula no Seminário Teológico de Princeton em 1873. Como havia sido no caso de seu pai, o jovem Warfield tinha relutância em falar sobre questões espirituais pessoais. Durante seu tempo em Heidelberg, ele percebeu o chamado soberano de Deus e da religião sobre sua vida,[2] e logo se viu no Seminário de Princeton na sala de aula dos célebres teólogos Charles Hodge e seu filho, Caspar Wistar Hodge.

Após concluir seu curso no Seminário Teológico de Princeton, Warfield recusou um convite de ministério pastoral em Dayton, Ohio, e voltou para a Europa com o objetivo de obter educação teológica complementar. Seguindo o conselho de C. W. Hodge e com o endosso do célebre historiador da igreja Philip Schaff, Warfield se matriculou na Universidade de Leipzig para um ano de estudo (1876-1877).[3] Aquele que seria o mentor de Warfield, Heinrich Merkel, morreu pouco antes de sua chegada. Aparentemente inabalado, ele participou de um curso acadêmico com o estudioso do Antigo Testamento Franz Delitzsch, identificado com a corrente teológica de Erlangen, e com o professor de confissão luterana Christoph Ernst Luthardt, que dedicou muita energia a refutar o estudo erudito crítico de David Strauss e de Ernest Renan. Tanto Delitzsch quanto Luthardt haviam escrito obras apologéticas substanciais em resposta aos ataques contínuos à autoridade e à fidedignidade histórica da Bíblia que estavam se espalhando rapidamente pela Europa. Certamente, esse programa acadêmico preparou Warfield para seus empreendimentos futuros nos campos do Novo Testamento e da teologia polêmica.[4]

---

[2] W. J. Grier, "Benjamin Breckinridge Warfield", *Banner of truth* 89 (Fall 1971), p. 4.

[3] Carta de C. W. Hodge a B. B. Warfield, 6 de junho de 1876, documentos de B. B. Warfield, Speer Library, Princteton Seminary.

[4] James Samuel McClanahan, "Benjamin B. Warfield: historian of doctrine in defense of orthodoxy, 1881-1921" (tese de doutorado, Union Theological Seminary, Virginia, 1988), p. 19.

Antes de partir para Leipzig, Warfield se casou com Annie Pearce Kinkead, a filha de um notável advogado de Lexington. Durante uma caminhada nas montanhas de Harz, os recém-casados se viram em meio a um temporal violento, no qual Annie Warfield quase foi atingida por um raio e seu sistema nervoso sofreu um choque severo. Isso a deixou traumatizada e com uma saúde em constante deterioração durante toda a sua vida. A sra. Warfield não teve filhos e seu marido cuidou dela de modo constante e afetuoso – um fato lembrado com carinho nas homenagens a Warfield. Em função da condição frágil de sua esposa, ele raramente saía de casa por mais de duas horas de cada vez até a morte dela, em 1915, proporcionando poucas oportunidades para dar palestras, pregar em outras igrejas ou participar de comitês de trabalho na igreja.

Durante seu tempo em Leipzig, Warfield recebeu sua primeira proposta de trabalho como professor de Antigo Testamento no Western Theological Seminary em Allegheny, Pensilvânia, a qual ele recusou. Ele também recebeu um convite para ser pastor-assistente na igreja First Presbyterian Church em Baltimore, que ele aceitou. Após um ano de serviço a essa congregação, o Western Theological Seminary fez um novo convite, dessa vez para Warfield ocupar o cargo de professor de exegese e literatura do Novo Testamento. Em setembro de 1880, ele foi ordenado ao ministério presbiteriano e empossado como professor. Em um período de dois anos, a College of New Jersey concedeu a Warfield o título de doutor em teologia em função da primeira onda de publicações do jovem professor, concluída após o início do seu período contratado no Western Theological Seminary (1880-1886).

Durante a ascensão de Warfield à proeminência nos círculos presbiterianos, A. A. Hodge, um amigo próximo de Warfield que havia sucedido seu pai Charles como professor de teologia sistemática em Princeton, teve uma morte inesperada em novembro de 1886. Embora Warfield fosse um professor do Novo Testamento e não tivesse se aprofundado no campo da teologia sistemática, recebeu um convite de ocupar a cadeira de A. A. Hodge, algo que ele aceitou entusiasticamente, ampliando, assim, a sobrevivência do que ficou conhecido como a "Velha Escola [ou Teologia] de Princeton" por mais trinta e três anos – até a morte de Warfield por causa de um aparente ataque do coração na noite de 16 de fevereiro de 1921.

Sem sair de Princeton por precisar cuidar da sua esposa, Warfield embarcou na vida de professor ocupado. É impossível não ficar impressionado com a quantidade extraordinária de material que ele publicou, uma lista que inclui dez volumes de ensaios compilados, numerosos artigos e resenhas de livros, além de dois volumes adicionais de ensaios, dois cadernos escritos à mão e 15 volumes de *opuscula* compilados. Uma das suas obras mais importantes, *An Introduction to the Textual Criticism of the New Testament* [Introdução à crítica textual do Novo Testamento] (1886), teve nove reimpressões. Há três volumes de sermões, vários comentários pequenos, uma investigação importante de movimentos religiosos populares, *Counterfeit Miracles* [Milagres falsificados], bem como um livro sobre a divindade de Jesus, *The Lord of Glory* [O Senhor da glória] (1907). Warfield também redigiu várias centenas de ensaios e resenhas de livro (alguns bem substanciais), parte disso sendo publicada em enciclopédias, jornais e nos três periódicos dos quais teve controle editorial até pouco antes da sua morte. Acrescentem-se a isso milhares de cartas e itens de correspondência pessoal. Como Hugh Kerr observou, o conjunto de obras publicadas de Warfield é comparável ao de Agostinho, Tomás de Aquino, Lutero, Calvino e Barth.[5] J. Gresham Machen certa vez deu a opinião – talvez correta – de que Warfield fez o trabalho de dez homens.[6]

CONTEXTO TEOLÓGICO

B. B. Warfield não é visto principalmente como um apologeta propriamente dito, embora grande parte da sua carreira como professor de teologia polêmica e didática em Princeton (1887-1921) tenha sido dedicada a defender a fé, especificamente a facticidade e a historicidade do cristianismo. A tarefa do Leão de Princeton era lançar-se sobre qualquer desvio da ortodoxia reformada que chegasse à sua atenção – uma tarefa que combinava muito bem com ele. Warfield escrevia de modo ocasional (tópico), de forma que não há textos sistemáticos ou completos que nos permitem reconstruir seu método apologético. Não há um Warfield "inicial", nem há indício de uma mudança significativa nas suas visões sobre apologética ao longo da sua carreira. Em 1908, ele produziu um artigo substancial sobre "apologética" para a *New Schaff-Herzog Encyclopedia of Religious Knowledge* [Nova enciclopédia Schaff-Herzog de conhecimento religioso], que fez uma apresentação sistemática de muitas das suas convicções amplamente dispersas. Também podemos demarcar quatro fases diferentes na carreira de Warfield por meio das questões de que tratou

---

[5] Kerr, "Warfield: the person behind the theology", p. 12-3.
[6] Ned B. Stonehouse, *J. Gresham Machen: a biographical memoir* (Philadelphia: Westminster Theological Seminary, 1977), p. 220.

que servem de guia útil para analisar o contexto em que ele trabalhou, bem como suas muitas e variadas contribuições para a defesa da fé.[7]

Embora seja um fato muitas vezes ignorado pelos seus intérpretes, o início da carreira de Warfield foi como professor de Novo Testamento no Western Theological Seminary. Na primeira década da sua carreira (1880-1890, que inclui seu período no Western e então seus primeiros anos em Princeton), Warfield focou no texto e no cânon do Novo Testamento, publicando mais de 60 artigos, ensaios e resenhas que lidam com desenvolvimentos da crítica textual, contexto do Novo Testamento, canonicidade, estudos de palavras, questões exegéticas e estudos patrísticos.[8] O interesse principal de Warfield eram questões da fidedignidade da tradição manuscrita subjacente ao texto do Novo Testamento, bem como questões relacionadas à inspiração e à autoridade das Escrituras.[9] Em 1881, ele foi coautor de *Inspiration* [Inspiração] com A. A. Hodge, defendendo a inspiração e a autoridade da Bíblia. Vários anos depois, publicou um ensaio sobre apologética histórica: "The Resurrection of Christ: A Historical Fact" [A ressurreição de Cristo: um fato histórico] (1884).

A segunda década de trabalho (1890-1900) assistiu a um novo foco de Warfield nas controvérsias que então apareceram na igreja presbiteriana sobre a inspiração e autoridade da Bíblia, bem como questões de apologética bíblica e histórica. Ele foi uma figura central na famosa "controvérsia de Briggs". C. A. Briggs, um professor no Union Theological Seminary em Nova York, questionou a ortodoxia da teologia de Princeton e negou a autoridade e a inerrância completas da Bíblia, o que resultou na sua expulsão do ministério presbiteriano. Durante essa fase, Warfield percebeu a necessidade de refutar o influente historiador da igreja A. C. McGiffert, cujas visões sobre o "cristianismo primitivo" ecoavam o teólogo liberal alemão Albrecht Ritschl. A posição de McGiffert era que o "cristianismo primitivo" havia se transmutado em um "cristianismo católico" durante a última parte do segundo século, um desenvolvimento que, na opinião dele, havia distorcido a pureza dos ensinos éticos de Jesus. Warfield acusou McGiffert de:

---

[7] Wilber B. Wallis, "Benjamin B. Warfield: didactic and polemical theologian", *The Presbyterion: Covenant Seminary Review*, Part I (Primavera 1977): p. 14.

[8] John E. Meeter; Roger Nicole, *A bibliography of Benjamin Breckinridge Warfield, 1851-1921* (Phillipsburg: P&R, 1974).

[9] Veja seu ensaio escrito com A. A. Hodge: "Inspiration", *The Presbyterian Review* (Abril 1881), p. 225–60; reimpr., in: A. A. Hodge; B. B. Warfield, *Inspiration*, ed. Roger Nicole (Grand Rapids: Baker, 1979), 5–71.

> Uma reconstrução especulativa da igreja primitiva [para] deixar totalmente de lado a autoridade do Novo Testamento e entronizar, no seu lugar, a autoridade suprema de uma 'luz interior'. Isso é excelente ensino quaker, mas é um ataque direto à própria teologia reformada e de fato a toda a teologia protestante.[10]

Na terceira fase da sua carreira (1900-1915), Warfield tratou de controvérsias teológicas, especialmente em resposta a reconstruções feitas pela alta crítica da vida de Jesus e da sua pessoa e obra. Nos ensaios agora compilados em *Christology and Criticism* [Cristologia e crítica], Warfield fez críticas diretas aos esforços para basear a fé cristã na razão humana sem a revelação divina (racionalismo) ou na experiência religiosa (misticismo). Ele não ficou impressionado com as várias ferramentas usadas pela alta crítica para fazer uma redução gradual da historicidade e da autoridade das Escrituras e soltou o seguinte gracejo sobre esses críticos:

> A diferença entre eles é basicamente uma questão de temperamento, ou talvez até mesmo pudéssemos dizer de temperatura. O místico sopra quente e o racionalista, frio. Aqueça um racionalista e o resultado inevitável será um místico; esfrie um místico e diante de você aparecerá um racionalista.[11]

Mas a questão não deixa de ser séria. Ele explicou: "Um cristianismo que é indiferente a Cristo na verdade sequer é cristianismo, pois o cristianismo, no cerne da questão, consiste apenas em 'Jesus Cristo e ele crucificado'".[12] As igrejas e seminários norte-americanos estavam começando a abraçar métodos da alta crítica e pressuposições antissobrenaturais de teólogos e biblistas alemães, e grande parte do capital intelectual de Warfield era dedicado ao confronto dessa tendência crescente.

A quarta fase da carreira de Warfield (1915-1921) é de muitos modos o aspecto mais importante do seu legado contínuo nos meios reformados e presbiterianos norte-americanos. O foco de Warfield agora é a aplicação da redenção e a vida cristã – questões com grande impacto na vida eclesiástica,

---

[10] B. B. Warfield, "The latest phase of historical rationalism", *The Presbyterian Quarterly* 9 (1895), p. 36–67, reimpr., in: B. B. Warfield, *Christology and criticism* (Grand Rapids: Baker, 1981), p. 589-90.

[11] Reimpr., in: B. B. Warfield, *Critical reviews* (Grand Rapids: Baker, 1981), p. 366-7.

[12] Compare com a ideia de "vidas de Jesus" avaliada no ensaio de Warfield "Christless Christianity" from *The Harvard Review* 5 (October 1912): 423-473, reimpr., in: B. B. Warfield, *Christology and criticism* (Grand Rapids: Baker, 1981), p. 367.

na doutrina e na pregação da igreja. Foi durante essa última fase da sua carreira que Warfield dirigiu críticas ao grande representante do Segundo Grande Avivamento Charles Finney, concluindo seus dois volumes que lidam com perfeccionismo (1919-1921) e apresentando uma resenha pungente do livro de L. S. Chafer, fundador do Seminário Teológico de Dallas, intitulado *O homem espiritual* (1918). Ele também publicou seu livro popular que compara sistemas teológicos, *O plano da salvação* (1915), e redigiu sua resposta a manifestações pentecostais iniciais, *Counterfeit miracles* (1918). Os últimos anos de Warfield foram marcados por um declínio nos escritos apologéticos em favor de respostas polêmicas a doutrinas não reformadas que estavam se estabelecendo em igrejas reformadas e presbiterianas.

RESPOSTA APOLOGÉTICA

Talvez em reflexo do seu otimismo pós-milenista, Warfield entendeu a apologética não apenas como uma ciência "defensiva" refletida nas várias "apologias" com o fim de responder a objeções apresentadas por não cristãos, mas também como uma ciência ofensiva cujo objetivo é a "cristianização do mundo".[13] Ele define a teologia cristã como a "ciência de Deus", concluindo que o cristianismo não pode se basear nas experiências subjetivas de indivíduos ou em sistemas racionalistas produzidos pela razão humana. A base é o que Warfield identifica como um "conjunto objetivo de fatos" – a revelação concedida por Deus nos acontecimentos históricos, que culmina na pessoa e na obra de Jesus Cristo. Se o conhecimento de Deus é o objeto da teologia, então o fundamento do sistema teológico precisa ser os fatos objetivos que Deus revelou na história redentora e na palavra explicativa (as Escrituras); sendo assim, demonstrar a verdade dessa revelação é a tarefa da ciência apologética.[14]

De acordo com Warfield, a apologética tem três subdivisões diferentes: "filosófica, psicológica e histórica, [que] apresenta Deus, religião, cristianismo e a Bíblia" ao teólogo, que, por sua vez, faz o trabalho de exegese, teologia bíblia e sistemática". Nesse sentido, a apologética serve de introdução ao sistema teológico.[15] Ele discordou dos seus célebres colegas reformados holandeses,

---

[13] B. B. Warfield, "Review of Herman Bavinck"s *De Zekerheid des Geloofs*", *Princeton Theological Teview* 1 (Jan 1903): 120.

[14] B. B. Warfield, "Apologetics", in: *New Schaff-Herzog Encyclopedia of Religious Knowledge*, ed. S. M. Jackson (New York: Funk & Wagnalls, 1908), I, p. 236.

[15] B. B. Warfield, "The idea of systematic theology", *The Presbyterian and Reformed review* 7 (Abril 1896): p. 243-71, reimpr., in: *Studies in Theology* (Grand Rapids: Baker, 1981), p. 74.

Abraham Kuyper e Herman Bavinck. Warfield lamentou o fato de Kuyper "dar pouquíssima importância à apologética", colocando-a no fim das disciplinas teológicas como um subconjunto de um subconjunto, o que permitia a permanência do cristianismo como "a grande pressuposição".[16] Ele também criticou Bavinck, que, em sua avaliação, seguiu Kuyper no seu tratamento da apologética como uma disciplina inacabada escondida em algum ponto da enciclopédia teológica. Warfield reconheceu a falácia da pressuposição de "a apologética ser suficiente para tornar um homem cristão", mas ainda assim repreende Bavinck afirmando que a apologética tem uma função no triunfo sobre a incredulidade, não como um último recurso defensivo – "para proteger um conjunto isolado de cristãos da importunação do grande mundo ao redor" –, mas como uma arma ofensiva "extremamente útil no ataque e na defesa".[17]

O início da carreira de Warfield foi marcado por esforços de demonstrar o texto manuscrito do Novo Testamento como fidedigno e, portanto, como um fundamento adequado de reivindicações de autoridade bíblica. O discurso inaugural de Warfield no Western Theological Seminary estabeleceu o tom de grande parte de sua carreira subsequente. Ele começa com a pergunta a que responderia no corpo do seu discurso: "A doutrina da inspiração plena do Novo Testamento é colocada em risco pelos resultados seguros da crítica bíblica moderna?".[18] Warfield responde à sua própria pergunta: "A crítica bíblica moderna não refutou a autenticidade de um só livro de nosso Novo Testamento". No que se tornaria uma marca registrada da defesa feita por Warfield da inspiração e da autoridade da Bíblia, Warfield usou os mesmos métodos usados pela alta crítica para atacar a fidedignidade da Bíblia contra seus críticos, concluindo: "É um resultado extremamente seguro da crítica bíblica que cada um dos 27 livros que agora compõem nosso Novo Testamento é assegurado como genuíno e autêntico".[19]

O fato de ferramentas críticas do estudo erudito bíblico usadas sem preconceitos antissobrenaturalistas poderem ser um grande benefício na defesa da fé ficou evidente na resenha feita em 1886 por Warfield do livro inovador

---

[16] B. B. Warfield, "Introductory note", to Francis Beattie's *Apologetics*, vol. 1 (Richmond: Presbyterian Committee on Publications, 1903), p. 19-32, reimpr., in: *Selected Shorter Writings*, vol. 2, p. 95-6.

[17] Warfield, "Review of Herman Bavinck's *De Zekerheid des Geloofs*", p. 120.

[18] B. B. Warfield, "Inspiration and Criticism", reimpr., in: *Revelation and inspiration* (Grand Rapids: Baker, 1981), p. 396.

[19] Warfield, "Inspiration and criticism", p. 408.

de B. F. Westcott e F. J. A. Hort intitulado *The New Testament in the original Greek* [O Novo Testamento no original grego]. Como Westcott e Hort mostraram, Warfield observa: "Os autores nos fornecem pela primeira vez um método realmente científico" de reconstrução do texto manuscrito do Novo Testamento. "Eles reduzem as conjecturas [...] e as substituem por um procedimento indutivo sólido".[20] Agora era um fato evidente que, "caso comparemos o presente estado do texto do Novo Testamento com o de qualquer outro escrito antigo, precisamos apresentá-lo [...] e declará-lo como sendo admiravelmente correto".[21]

Essa é uma consideração importante no uso que Warfield faz da história apologética, pois os cristãos não devem iniciar com uma pressuposição ingênua da inspiração e da autoridade das Escrituras, sendo que esse é o próprio ponto de divergência com os não cristãos, que rejeitam todas essas reivindicações. Warfield afirma:

> Não podemos iniciar a questão onde Deus nos deu um registo fidedigno dos fatos e ensinos sobrenaturais do cristianismo antes de termos certeza da existência de fatos e ensinos sobrenaturais para serem registrados. O fato de o cristianismo ser uma religião sobrenatural e a natureza do cristianismo como uma religião sobrenatural são questões históricas; e são independentes de toda e qualquer teoria de inspiração.[22]

Pelo fato de as ferramentas da baixa crítica (textual) terem efetuado uma recuperação substancial do texto manuscrito do Novo Testamento, o melhor lugar para defender a fé é o testemunho bíblico naqueles documentos que testificam da ressurreição física de Jesus Cristo. Se Jesus ressuscitou dos mortos, então há uma demonstração suficiente das reivindicações sobrenaturais da fé cristã. Warfield afirma o seguinte: "Apenas a tumba vazia basta para servir de base do cristianismo inteiro".[23] A compreensão da relação entre o fato da ressurreição e a doutrina cristã é vital. "É um tanto difícil diferenciar doutrinas

---

[20] B. B. Warfield, "The Greek Testament of Westcott and Hort", *The Presbyterian Review* 3 (Abril 1882): 355.

[21] B. B. Warfield, *An introduction to the textual criticism of the New Testament* (New York: Whittaker, 1887), p. 12.

[22] B. B. Warfield, "The church doctrine of inspiration", reimpr., in: *The inspiration and authority of the Bible* (Phillipsburg: P&R, 1948), p. 121.

[23] B. B. Warfield, "The resurrection of Christ a historical fact", in: *Selected shorter writings of Benjamin B. Warfield*, vol. 1, ed. John E. Meeter (Phillipsburg: P&R, 1980), p. 190.

de fatos, mas as doutrinas do cristianismo são doutrinas apenas por serem fatos". A relação entre as duas categorias é tal que "os fatos do cristianismo se tornam as suas doutrinas mais indispensáveis".[24] Para Warfield, a ressurreição é "a doutrina fundamental do nosso sistema: todas as outras doutrinas dependem dela".[25] Se Jesus ressuscitou fisicamente dos mortos, então ele é Deus em carne humana, e o fundamento do cristianismo como uma religião revelada e sobrenatural é um fundamento seguro. Se Jesus não ressuscitou, a suposta veracidade do cristianismo desaba. À luz disso, Warfield identificou o inimigo principal do cristianismo como o ceticismo criado pelos adversários gêmeos, o racionalismo e o misticismo, pois ambas as abordagens "precisam se ver livres da ressurreição de Cristo, e ele reconheceu a necessidade e dedicou todas as suas energias a esse empenho".[26] Assim, a ressurreição de Cristo é o fato principal e mais fundamental do cristianismo.

Warfield entendeu que pressuposições não cristãs com frequência levam uma pessoa a pressupor e, então, afirmar que milagres como a ressurreição são impossíveis, e então apresenta a questão decisiva que alguém com pressuposições sobrenaturalistas precisa considerar.

> Assim, o real dilema é claramente entre a nossa cosmovisão pessoal constituída e os fatos que chegam a nós, sancionados por um testemunho autossuficiente para demonstrar sua realidade – isto é, independente da suposição que a nossa mente nutre contra eles em função da nossa cosmovisão.

Warfield aprofunda o argumento ainda mais:

> Os fatos permitidos no universo devem ser determinados pela nossa cosmovisão anteriormente concebida? Ou a nossa cosmovisão deve ser determinada por uma consideração apropriada de todos os fatos que ocorrem no universo? E esse também é claramente o dilema entre uma determinação *a priori* dos fatos e uma determinação *a posteriori* da teoria.[27]

---

[24] Warfield, "The Resurrection of Christ a historical fact", p. 178.
[25] Ibid.
[26] Ibid.
[27] B. B. Warfield, "The question of miracles", in: *The Bible Student*, 7 (Março, Abril, Maio, Junho 1903): 121-6, 193-7, 243-50, 314-20, reimpr. in *Selected shorter writings*, vol. 2, p. 181.

Para Warfield, o melhor modo de resolver o impasse intelectual entre a pressuposição do que *pode* ocorrer e o que *ocorreu* é desafiar determinações *a priori* com fatos contrários.

Warfield buscou expor o antissobrenaturalismo *a priori* com um uso dos métodos críticos contra aqueles que os promovem no ataque à veracidade do Novo Testamento, e uma de suas abordagens para lidar com o ceticismo relativo à natureza histórica do Novo Testamento foi já partir do reconhecimento daqueles escritos que têm uma aceitação universal entre os críticos. Ele observa que "as correntes céticas mais extremas admitem que o Livro de Apocalipse foi escrito por São João; e que Romanos, 1 e 2Coríntios e Gálatas são cartas genuínas de Paulo". Embora "a maioria dos líderes do pensamento anticristão também reconheça outras epístolas [...], queremos nos restringir à base mais limitada". Até mesmo a partir da base mais limitada, o apologeta é capaz de "mostrar que o testemunho desses escritos admitidamente genuínos dos apóstolos é uma demonstração suficiente do fato da ressurreição".[28] As Epístolas Paulinas, aceitas pela maioria como genuínas, "têm muito a dizer sobre a ressurreição".[29] A ressurreição de Jesus era "uma convicção universal da igreja primitiva", pois os primeiros seguidores de Cristo, incluindo seus apóstolos, afirmavam ser "testemunhas oculares do fato da sua ressurreição". Além disso, "mais de 505 dessas testemunhas estavam vivas quando Paulo escreveu", e a razão "da vida" da igreja primitiva "e certamente da sua existência e crescimento contínuos era sua firme fé nesse dogma".[30]

Não é necessário mais do que a ressurreição de Jesus Cristo para demonstrar o cristianismo como uma religião sobrenatural, e Warfield sublinha o aspecto de que esse Salvador ressurreto também comprova a autoridade da Bíblia. "Acreditamos que essa doutrina da inspiração plena das Escrituras é fundamentalmente a doutrina em que Cristo e os apóstolos acreditaram e que nos ensinaram, e nela sempre estaremos em solo seguro".[31] Visto que aquele ressuscitado dos mortos confirma a autoridade absoluta das Escrituras, os cristãos têm um meio poderoso de argumentar a favor da inspiração e da autoridade das Escrituras sem pressupô-las.

---

[28] Warfield, "The resurrection of Christ a historical fact", p. 181.
[29] Ibid.
[30] Ibid., p. 187.
[31] Warfield, "The church doctrine of inspiration", p. 128.

A apologética histórica de Warfield e a defesa da ressurreição de Jesus Cristo são também desenvolvidas na análise que faz da fé e da sua relação com a obra do Espírito Santo. Ele diferencia a verdade objetiva do cristianismo independente da fé – que os filhos caídos de Adão suprimiram no seu pecado – da capacidade subjetiva de crer no que alguém sabe que é verdadeiro, mas que rejeita no seu pecado. Definindo a fé como uma dependência absoluta de Jesus Cristo para a salvação, Warfield observa que "é do seu objeto" – a pessoa e a obra de Jesus Cristo – "que a fé extrai seu valor [...] O poder salvífico da fé reside não em si mesma, mas no Salvador onipotente no qual é depositada".[32]

Pelo fato de o objeto da fé salvadora ser Jesus Cristo e o pecado ter endurecido o coração humano, os não cristãos podem se recusar a acreditar no que os fatos lhes dizem. Isso de modo nenhum enfraquece a defesa do cristianismo, mas torna necessário entendermos "o fato de nenhum homem [...] jamais ter entrado no reino do céu após um convencimento racional. É apenas o Espírito Santo que pode nos transportar para o reino do Filho amado de Deus".[33] No entanto, não devemos negligenciar a tarefa de defender a verdade da revelação bíblica, pois "há excelentes razões de todo homem dever entrar no reino do céu; e essas razões são válidas na forma de toda mente racional, e sua validade pode e deve ser manifestada a todos".[34] A incredulidade é a tentativa irracional e pecaminosa de suprimir o que é factualmente verdadeiro – isto é, a verdade reivindicada pelo cristianismo.

Assim, a fé em Cristo não é um ato irracional. "Embora a fé seja dádiva de Deus, de modo nenhum resulta disso que a fé que Deus dá é uma fé irracional, isto é, uma fé sem uma base cognoscível na razão sólida. Nós cremos porque é algo racional crer nele, e não apesar de ser irracional". Como calvinista que leva a sério os efeitos noéticos do pecado, Warfield qualifica seu comentário anterior da seguinte maneira:

> Obviamente, o mero raciocínio não basta para ser cristão; mas a razão disso não é que a fé não é o resultado da evidência, mas que uma alma morta não pode responder à evidência. A ação de o Espírito Santo dar fé não é independente das

---

[32] B. B. Warfield, "The biblical doctrine of faith", reimpr., in: *Biblical doctrines* (Grand Rapids: Baker, 1981), p. 502.

[33] B. B. Warfield, "Calvin's doctrine of the knowledge of God", in: *The Princeton Theological Review* 7 (April 1909): 219-325; reimpr., in: B. B. Warfield, *Calvin and Augustine* (Philadelphia: P&R, 1956), p. 124, n. 99.

[34] Ibid.

evidências, mas é combinada com elas; e seu primeiro estágio consiste em preparar a alma para a recepção de evidências.[35]

Embora necessária para estabelecer o fundamento da fé, a incapacidade da razão sólida de exercer uma fé salvífica sem a obra do Espírito não deprecia a função ou a importância da apologética. Por um lado, Warfield afirma que "obviamente é fácil afirmar que um cristão deve tomar sua posição não acima das Escrituras, mas com base nelas. Ele de fato deve". As Escrituras se dirigem a nós com autoridade divina, e não com um apelo à racionalidade humano. No entanto, ele diz, todo cristão "precisa primeiro ver as Escrituras como autênticas antes de poder tomar sua posição com base nelas. É igualmente fácil afirmar que se obtém o cristianismo não pela demonstração, mas por um novo nascimento. Nada poderia ser mais verdadeiro".[36]

Por outro lado, Warfield acrescenta: "Mas também nada poderia ser mais injustificado do que as inferências extraídas dessa verdade para desacreditarem a apologética". A verdade objetiva da fé cristã apresenta uma condição necessária, mas não suficiente para a fé salvífica, por isso é necessário haver uma capacidade de origem sobrenatural de crer nas condições suficientes (regeneração). "É um fato totalmente inquestionável que apenas o coração preparado é capaz de apresentar uma resposta adequada às 'razões'; mas como até mesmo o coração preparado é capaz de responder sem 'razões' que o levem a agir?". Warfield conclui:

> O Espírito Santo não opera uma fé cega e infundada no coração. O que sua energia criativa concede na geração de fé não é uma fé já pronta, enraizada em nada e que abraça sem razão nenhuma o seu objeto; tampouco uma nova base da fé no objeto apresentado; mas apenas uma nova capacidade exibida pelo coração de responder à base da fé, suficiente em si mesma, já presente para o entendimento.[37]

As evidências cristãs demonstram a base objetiva e factual da fé, ao passo que o Espírito Santo capacita pessoas mortas no pecado para crerem no que sabem ser verdadeiro (fé salvífica), mas que sem a obra do Espírito se recusariam a crer.

---

[35] Warfield, "Apologetics", p. 15.
[36] Warfield, "Introductory note", in Beattie, *Apologetics*, p. 98-9; essa mesma afirmação aparece de modo quase idêntico em Warfield, "Review of Herman Bavinck's *De Zekerheid des Geloofs*", p. 115.
[37] Warfield, "Introductory note", in Francis Beattie, *Apologetics*, p. 98-9.

METODOLOGIA APOLOGÉTICA

Embora seja associado com frequência à chamada "apologética clássica", Warfield nunca usou nenhuma das provas clássicas a favor da existência de Deus nos seus próprios escritos apologéticos, mas endossou o uso dos argumentos clássicos por outras pessoas.[38] Em um verbete enciclopédico, "Deus", escrito para o *Davis Dictionary of the Bible* (1898) – o único lugar da sua obra que tratou do tema das "provas" a favor da existência de Deus –, Warfield explica a relação complementar entre a revelação natural e a especial, em que Deus revela a si mesmo na ordem natural, mas principalmente nas Escrituras. Na natureza, a existência de Deus é revelada à humanidade inteira – seu poder invisível e suas perfeições divinas (cf. Romanos 1). A revelação suprema de Deus ocorre na história da redenção, começando com os acontecimentos relatados no Antigo Testamento, que culminam na encarnação de Jesus até, por fim, este se revelar de modo pleno na revelação completa de Deus (o cânon bíblico).

As provas clássicas, diz Warfield, "são uma consequência da necessidade que temos de acreditar na existência real do Ser infinitamente perfeito, de uma causa suficiente do universo contingente, de um autor inteligente da ordem e de um legislador e juiz de seres morais dependentes".[39] Embora ele tenha elogiado os esforços daqueles ocupados com o que identifica como "apologética filosófica", como observado, Warfield dedicou seus próprios interesses e suas energias à apologética histórica e bíblica na defesa da revelação especial, e não às chamadas "provas clássicas" da existência de Deus. Ele deixou clara sua preferência pela apologética histórica em um sermão intitulado "O Cristo ressurreto" com a declaração categórica: "A ressurreição de Cristo é o fato fundamental do cristianismo".[40]

Uma fonte de controvérsia entre os intérpretes de Warfield é a questão da influência de Thomas Reid (1710-1796) e do realismo do senso comum escocês (RSCE) sobre a Velha Escola de Princeton em geral e sobre Warfield em particular. Aqueles que consideram o RSCE problemático criticam o fundamento teológico da Velha Escola de Princeton como um desvio do biblicismo

---

[38] Ibid.

[39] B. B. Warfield, "God", in John Davis, ed., *Bible dictionary* (Filadélfia: Westminster, 1898) [no Brasil: *Dicionário da Bíblia* (Rio de Janeiro: JUERP, 1987)], p. 110-1.

[40] B. B. Warfield, "The risen Christ", in: *Saviour of the world* (New York: Hodder & Stoughton, 1914), p. 191-213, reimpr., in: *The person and work of Christ* (Philadelphia: P&R, 1950), p. 543.

de Calvino.[41] Outros buscam distanciar Warfield e os "Velhos Princetonianos" do que consideram as tendências racionalistas do RSCE (Paul Helseth e Fred Zaspel), realçando que a influência desse movimento nos teólogos de Princeton foi exagerada na literatura, como fica evidente na ênfase de Warfield na conversão sobrenatural e na iluminação do Espírito Santo. Os principais arquitetos da "epistemologia reformada", Alvin Platinga e Nicolas Wolterstorff, encontram muito valor na epistemologia de Thomas Reid e da SCSR no desenvolvimento da sua teoria da "crença em Deus como apropriadamente básica" e de que a reivindicação cristã da verdade é "uma crença avalizada".

Paul Helm observa que não há nada nos princípios epistemológicos básicos do RSCE que argumente a favor ou contra a ortodoxia reformada.[42] Qualquer que seja a conclusão sobre o RSCE e sua influência sobre a Velha Princeton e sobre Warfield (boa, ruim ou nenhuma das anteriores), os argumentos apologéticos de Warfield usaram testes básicos do RSCE para a verdade – a coerência interna e a correspondência externa com os fatos. Por um lado, a doutrina bem-desenvolvida do "testemunho do Espírito Santo" em Warfield lhe permitia argumentar que o cristianismo é factualmente verdadeiro e, portanto, é capaz de operar um convencimento "racional" da sua veracidade (por ser objetivamente verdadeiro). Por outro lado, ele podia argumentar que, sem a capacitação do Espírito Santo para uma aceitação mais que intelectual desses fatos (assentimento), como uma questão de confiança, não pode haver uma fé salvífica, isto é, uma confiança na pessoa e na obra de Jesus Cristo como o único objeto dessa fé. A verdade objetiva do cristianismo, que pode ser demonstrada por argumentos apologéticos, não pode resultar em fé a não ser que o Espírito Santo conceda a capacidade subjetiva de crer (regeneração).

Na sua diferenciação das funções complementares da revelação geral e da revelação especial, Warfield, considerando a primeira um elemento importante da preparação teológica, exibiu um endosso implícito do esquema presente entre os escolásticos reformados (isto é, Francisco Turretini) e em diversos textos dogmáticos dos teólogos escoceses John Dick, Thomas Chalmers e William Cunningham, bem como os mentores dele de Princeton,

---

[41] Esses incluiriam Jack Rogers, Donald McKim, John VanderStelt e Cornelius Van Til e, em menor medida, os historiadores da igreja norte-americana George Marsden e Mark Noll.

[42] Paul Helm, "Thomas Reid, Calvinism, and common sense", in: Hendrik Hart; Johan Van Der Hoeven; Nicholas Wolterstorff, eds. *Rationality in the Calvinian tradition* (Lanham: University Press in America, 1983), p. 71–89.

Charles e A. A. Hodge. A posição de todos esses teólogos era que a revelação natural de fato era suficiente para a raça humana ter um entendimento geral e universal de Deus, no entanto, sendo submetida a uma supressão pecaminosa inevitável por nossa raça humana *post lapsis*, essa revelação serve ao propósito divino de situar todas as pessoas debaixo da justa condenação de Deus, tornando-as indesculpáveis. A revelação especial (as Escrituras) dá à raça humana "o conjunto inteiro da verdade salvífica", como revelada primeiro aos patriarcas, então a Israel, e por fim à raça humana por completo, e tem o propósito de "salvar homens". Tal revelação é feita "por intermédio de atos", bem como por Deus apresentar a palavra "explicativa" desses atos, tornando "a própria [revelação especial] um ato redentor".[43]

A ênfase de Warfield na função da apologética para a demonstração da verdade da revelação bíblica ainda é debatida na tradição reformada entre os chamados "evidencialistas" e "pressuposicionalistas" – a posição destes apresentada como a visão "reformada" consistente por Cornelius Van Til (1895-1987), do Seminário Teológico de Westminster, e seus seguidores. Os pressuposicionalistas pensam que o uso exibido por Warfield da apologética histórica compromete a defesa da fé, permitindo que a "sólida razão" faça um julgamento da revelação divina. No entanto, o entendimento de Warfield da relação entre a razão e a fé, juntamente com sua insistência na necessidade de regeneração antes do exercício da fé, estabelece-o firmemente na tradição agostiniana/reformada.

CONTRIBUIÇÕES PARA A APOLOGÉTICA

B. B. Warfield foi um polemista cuja tarefa era responder a qualquer desvio da ortodoxia reformada, mas isso não deve desqualificá-lo como um defensor bem-conhecido da fé. Suas muitas e variadas contribuições para a disciplina apologética ocorreram em uma época em que a igreja estava sofrendo um ataque constante de novas metodologias críticas – muitas refletindo o liberalismo teológico antissobrenatural das universidades alemãs. A visão de Warfield era que esses métodos críticos não intrinsicamente anticristãos poderiam ser usados contra os próprios críticos na demonstração da reivindicação feita pelo cristianismo de ter uma revelação sobrenatural nos 27 livros do Novo Testamento com um texto manuscrito totalmente reconstruído subjacente a

---

[43] B. B. Warfield, "The biblical idea of revelation", in: *Inspiration and authority of the Bible* (Phillipsburg: P&R, 1948), p. 78-81.

esses livros. O trabalho de Warfield com a crítica textual possibilitou o uso da baixa crítica na demonstração da fidedignidade do texto do Novo Testamento – uma tarefa apologética que ainda continua nos dias de hoje.

Acreditando que a apologética é uma ciência ofensiva, e não apenas defensiva, a posição de Warfield era que a apologética tem um papel importante na preparação teológica e era a tarefa da apologética transmitir ao teólogo sistemático e ao bíblico o conhecimento de Deus, a natureza e a necessidade religiosas da humanidade, a natureza sobrenatural do cristianismo, bem como uma revelação factualmente fundamentada de Deus na Bíblia. O melhor modo de fazer isso, Warfield argumentou, é demonstrar que Jesus ressuscitou fisicamente dos mortos. A autoatestação de Jesus Cristo com respeito à sua pessoa e à sua obra, bem como o endosso dele do Antigo Testamento e do prestes a ser escrito Novo Testamento como Palavra de Deus e ato redentor por si só, daria aos teólogos a certeza de que poderiam iniciar o seu trabalho pressupondo que o material usado na elaboração da teologia bíblica e sistemática (as Escrituras) era não apenas afirmado como sendo uma revelação, mas demonstrado como tal por ninguém menos do que o Deus encarnado.

Talvez a contribuição mais significativa de Warfield tenha sido seu desenvolvimento da doutrina do testemunho do Espírito Santo. De acordo com ele, o cristianismo se baseia em fatos históricos e, portanto, é objetivamente verdadeiro. Mas os efeitos da Queda de Adão obscurecem o entendimento da humanidade inteira e produzem nela uma predisposição total e pecaminosa a rejeitar as verdades afirmadas pelo cristianismo. Cabe ao Espírito Santo criar a capacidade subjetiva de crer nas evidências da verdade do cristianismo concedidas por Deus (sem origem humana) já presentes na mente. O Espírito Santo não dá razões adicionais para crer, mas concede a capacidade subjetiva de crer nas evidências já fornecidas por Deus, e de forma que ilumina a mente, amolece o coração e "vivifica" a vontade por meio da regeneração.[44] Essa perspectiva apresenta aos que fazem parte das tradições agostinianas e reformadas um modo adequado de relacionar a fé com a razão sem exaltar a razão acima da revelação, bem como um meio de recolocar as evidências cristãs no arsenal apologético dos cristãos reformados, sem comprometer involuntariamente a fé que eles buscam defender.

---

[44] Warfield, "Introduction to Francis Beattie's *Apologetics*", p. 100-1.

BIBLIOGRAFIA

GRIER, W. J. "Benjamin Breckinridge Warfield". *Banner of Truth* 89 (Outono 1971): p. 3-9.

HODGE, A. A.; WARFIELD, B. B. "Inspiration", p. 225-60, in: *The Presbyterian Review* (April 1881); reimpr., in: A. A. Hodge and B. B. Warfield, *Inspiration*. Ed. Roger Nicole (Grand Rapids: Baker, 1979), p. 5-71.

KERR, Hugh Thomson. "Warfield: the person behind the theology". Annie Kinkead Warfield Lecture for 1982. Ed. William O. Harris (1995).

MCCLANAHAN, James Samuel. "Benjamin B. Warfield: historian of doctrine in defense of orthodoxy, 1881-1921" (Diss. PhD, Union Theological Seminary, Virginia, 1988).

MEETER John E; Roger Nicole. *A bibliography of Benjamin Breckinridge Warfield, 1851-1921* (Phillipsburg: P&R, 1974).

STONEHOUSE, Ned B. *J. Gresham Machen: a biographical memoir* (Philadelphia: Westminster Theological Seminary, 1977).

WALLIS, Wilber B. "Benjamin B. Warfield: didactic and polemical theologian", p. 3-19, in: *The Presbyterion: Covenant Seminary Review*. Part I (Primavera 1977).

WARFIELD, B. B. "Apologetics", p. 3-21, in: *New Schaff-Herzog encyclopedia of religious knowledge*. Ed. S. M. Jackson (New York: Funk & Wagnalls, 1908).

_____. "The biblical doctrine of faith", p. 467–508, in: *Biblical doctrines* (Grand Rapids: Baker, 1981).

_____. "The Biblical idea of revelation", p. 71-102, in: *Inspiration and authority of the Bible* (Phillipsburg: P&R, 1948).

_____. "Calvin's doctrine of the knowledge of God", p. 219-325, in: *The Princeton theological review* 7 (April 1909); reimpr., in: B. B. Warfield, *Calvin and Augustine*. (Philadelphia: P&R, 1956).

_____. "Christless Christianity". *The Harvard Review* Vol. 5 (October 1912); reimpr., in: B. B. Warfield, *Christology and criticism* (Grand Rapids: Baker, 1981, 423-73).

_____. "The church doctrine of inspiration", in: *The inspiration and authority of the Bible* (Phillipsburg: P&R, 1948).

_____. *A inspiração e autoridade da Bíblia* (São Paulo: Cultura Cristã, 2010).

____. *Critical reviews* (Grand Rapids: Baker, 1981).

____. "God", p. 251-53, in: *Bible dictionary*. Ed. John Davis (Philadelphia: Westminster, 1898).

____. *Dicionário da Bíblia* (Rio de Janeiro: JUERP, 1987).

____. "The Greek Testament of Westcott and Hort". *The Presbyterian Review* 3 (April 1882): 325-46.

____. "The idea of systematic theology". *The Presbyterian and Reformed Review* 7 (April 1896): 243-71; reimpr., in: *Studies in theology*. Grand Rapids: Baker, 1981.

____. "Inspiration and criticism", p. 395-425, in: *Revelation and inspiration* (Grand Rapids: Baker, 1981).

____. *An introduction to the textual criticism of the New Testament* (New York: Whittaker, 1887).

____. Introductory note to *Apologetics*, Vol. 1, Francis Beattie (Richmond: Presbyterian Committee on Publications, 1903).

____. "The latest phase of historical rationalism", p. 36-67, 185-210, in: *The Presbyterian quarterly* 9 (1895); reimpr., in: B. B. Warfield, *Studies in theology* (Grand Rapids: Baker, 1981).

____. "The question of miracles". *The Bible student* 7 (Mar, Abr, Maio, Jun 1903), p. 121-6, 193-7, 243-50, 314-20.

____. "The resurrection of Christ a historic fact", p. 178–192, in: *Selected shorter writings of Benjamin B. Warfield*. Vol. 1. Ed. John E. Meeter (Phillipsburg: P&R, 1980).

____. "Review of Herman Bavinck's *De Zekerheid des Geloofs*". *Princeton theological review* 1 (Jan 1903), p. 138-48.

____. "The risen Christ", p. 191-213, in: *Saviour of the world* (New York: Hodder & Stoughton, 1914); reimpr., in: p. 535-46, in: *The person and work of Christ* (Philadelphia: P&R, 1950).

QUINTA PARTE

APOLOGETAS NORTE-AMERICANOS DO SÉCULO XX

No século XX, a apologética se tornou cada vez mais uma marca do cristianismo anglófono, com vozes norte-americanas moldando uma conversa até então dominada por autores europeus. Devemos ver esse fato como o resultado natural de um grande número de seminários e faculdade cristãs que surgiram nos Estados Unidos seguirem uma preocupação com a educação universitária que é típica – mas não singular – do protestantismo norte-americano. Também pode estar ligado ao fenômeno das "guerras culturais" nos Estados Unidos (que não têm equivalente direto na Europa e na Australásia), na qual uma cultura secular cada vez mais agressiva tenta impor uma agenda que exige uma resposta apologética de pastores e de acadêmicos cristãos. Os cinco apologetas presentes nesta quinta seção refletem esses fatores. A maioria é identificada com uma perspectiva apologética que ficou popularmente conhecida como "pressuposicionalismo", mas outros termos são uma caracterização melhor dela.

Uma abordagem apologética importante é baseada na abordagem desenvolvida por B. B. Warfield e está associada particularmente a **J. Gresham Machen**. Como Warfield, Machen considerava a crítica do liberalismo teológico uma parte fundamental da tarefa apologética, que às vezes ele via como equivalente à defesa da ortodoxia teológica. Machen foi nomeado para uma cadeira de apologética e ética no Seminário de Princeton em 1926, embora tenha realizado seu trabalho apologético mais importante após deixar Princeton em função da nascente controvérsia "fundamentalista", que levou à fundação do Seminário Teológico de Westminster. Embora Machen tenha enfatizado os fundamentos do cristianismo ortodoxo, sua principal estratégia apologética na sua obra mais conhecida, *Cristianismo e liberalismo,* foi uma demonstração de que os ensinos do cristianismo histórico e do liberalismo eram totalmente diferentes e, consequentemente, deveriam ser considerados religiões diferentes.

Cornelius Van Til começou a ensinar apologética no Seminário Teológico de Westminster no verão de 1930, apenas um ano após a fundação do novo seminário. A designação geral atribuída à sua abordagem é "pressuposicionalista", embora esse termo não seja particularmente útil. O próprio Van Til via sua abordagem como focando principalmente na Bíblia como o critério supremo da verdade. Assim, ele fez uma diferenciação entre aqueles (como Joseph Butler) que acreditam que há uma base comum compartilhada pelo cristão e pelo não cristão que pode servir de base apologética para aqueles que não acreditam. O verdadeiro conhecimento de Deus é impossível fora da Bíblia, de modo que o apologeta já deve começar com a pressuposição da verdade do cristianismo.

Esse ponto era controverso e levou a uma ruptura entre Van Til e **Gordon Haddon Clark**, que havia ensinado filosofia cristã no Westminster College antes de ser ordenado na Orthodox Christian Church. Essa controvérsia começou em 1944 e seu aparente foco foi a questão de haver ou não qualquer correlação entre modos de raciocínio divinos e humanos. Para Van Til, essa correlação era totalmente impossível, enquanto Clark argumentou que ela era tanto possível quanto necessária. Clark deixou claro que, se não havia uma identidade fundamental entre o pensamento humano e o pensamento divino, o acesso à verdade era impossível.

Um não cristão pode acessar a verdade por meio da razão. Portanto, Clark enfatizou a importância da consistência lógica como um critério na avaliação de cosmovisões, defendendo a possibilidade de derrotar cosmovisões não cristãs com uma exposição da sua incoerência ou inconsistência lógica. Uma cosmovisão cristã podia ser validada parcialmente por meio de uma demonstração da sua consistência, e, para seus críticos, isso sugeria que ele estava tornando o conceito de coerência um princípio neutro ou comum, compartilhado tanto por cristãos quanto por não cristãos.

Há um reflexo parcial da abordagem de Clark nos escritos do talvez mais importante apologeta norte-americano popular das décadas de 1960 e 1970, **Francis A. Schaeffer**. Para Schaeffer, a apologética tem dois elementos centrais: "o primeiro é a defesa e o segundo, uma comunicação do cristianismo que qualquer geração seja capaz de entender". Ele fez um ajuste fino tanto no seu conhecimento de cultura ocidental quanto no seu método apologético durante seu período em L'Abri, na Suíça. A tarefa do apologeta era ajudar os não cristãos a perceber o ponto de tensão ou contradição interna no seu próprio modo de pensar e, então, descobrir o modo de pensar mais coerente apresentado pelo cristianismo. A influência de Schaeffer no evangelicalismo foi considerável, particularmente no desenvolvimento de um entendimento melhor da cultura como uma pré-condição para uma atividade apologética eficaz.

O método apologético de **Edward John Carnell** pode ser visto, ao menos em alguns aspectos, como uma volta às estratégias apologéticas clássicas do passado – a tentativa de estabelecer uma base comum junto a públicos fora da comunidade cristã. Carnell é amplamente considerado um representante da forma de neoevangelicalismo que surgiu no período pós-guerra. Ele foi inspirado por autores como Billy Graham e Carl F. H. Henry, e esteve ligado a instituições como o Seminário Teológico Fuller. Colocando de lado a postura fundamentalista de não dialogar com a cultura mais ampla por causa do perigo de contaminação intelectual ou espiritual, Carnell se dedicou à promoção de uma "ortodoxia clássica" (e não a "ortodoxia cúltica" mais típica do fundamentalismo) e desenvolveu uma abordagem apologética que enfatizava a racionalidade da fé e a necessidade de dialogar com a cultura mais ampla com os temas básicos do evangelho. O primeiro tratado apologético de Carnell, *An introduction to Christian apologetics* [Uma introdução à apologética cristã], é um marco na apologética norte-americana, comparável à obra de Henry *Uneasy conscience of modern fundamentalism* [A consciência inquieta do fundamentalismo moderno] no que tange tanto ao que ele escolheu deixar quanto ao que escolheu afirmar.

Carnell foi presidente do Seminário Teológico Fuller de 1954 a 1959, estampando suas visões sobre o diálogo cultural na novata instituição, e a importância desse fato é ignorada com demasiada facilidade. A maioria das abordagens apologéticas singularmente norte-americanas que surgiram nesse período tinha ligação com o Seminário Teológico de Westminster e foi moldada em graus variados pela estrutura desenvolvida por Cornelius Van Til. O surgimento de uma apologética diferente e com maior envolvimento cultural no Seminário Fuller apresentou ao evangelicalismo norte-americano uma abordagem apologética alternativa e catalisou o surgimento de uma variedade mais ampla de estratégias apologéticas nas décadas seguintes.

J. Gresham Machen
SALVANDO O CRISTIANISMO DOS CRISTÃOS

D. G. Hart

Na primavera de 1926, J. Gresham Machen (1881-1937) já era professor do Seminário de Princeton havia duas décadas. Ele começou em 1906 como preletor em grego do Novo Testamento após ter passado pela seguinte formação: estudo de grego clássico da Universidade de Johns Hopkins, o currículo comum de preparação ministerial com alguns seminários avançados em Novo Testamento, em Princeton, e então um ano de estudo independente na Alemanha nas Universidades de Marburg e de Goettingen, onde foi ouvinte de preleções sobre teologia e a Bíblia. Ele passou a ensinar no Seminário de Princeton até o liberalismo da Igreja Presbiteriana (PCUSA) o levar a fundar um novo seminário e, em seguida, uma nova denominação presbiteriana, a Igreja Presbiteriana Ortodoxa (OPC).

CONTEXTO HISTÓRICO

Machen foi o filho de um advogado extremamente respeitado de Baltimore. Ele nasceu em 1881 e cresceu em círculos afluentes e influentes. A família Machen recebia Woodrow Wilson quando era estudante em Baltimore e passava as férias em Maine com a família Rockefeller. A localização social de Machen talvez seja uma explicação parcial da sua relutância em voltar a Princeton após estudar na Alemanha. Ele ainda teve sentimentos ambivalentes quanto ao ministério até resolver a questão em 1914, quando buscou ser ordenado na Igreja Presbiteriana (PCUSA), um passo necessário para a nomeação como professor assistente de Novo Testamento em Princeton. Ele gostava de viajar para cidades grandes e visitar teatros, livrarias e salas de concerto, e ser um ministro e professor de seminário significava uma vida de autodisciplina, que correspondesse às expectativas que uma congregação tinha de uma conduta piedosa (e de evitar uma vida mundana).

Com o passar do tempo, Machen aceitou sua situação como professor em Princeton, pregando em igrejas locais e até mesmo começando a ser uma voz significativa na política da igreja. Seu livro mais popular e controverso, *Christianity and liberalism* [Cristianismo e liberalismo], foi publicado em 1923 durante um período em que a controvérsia modernista-fundamentalista tinha cobertura nos jornais e era tratada por comitês eclesiásticos. O argumento de Machen nesse livro, um dos melhores resumos das questões envolvidas, segundo alguns observadores, foi que o cristianismo e o protestantismo liberal eram duas religiões, com entendimentos diferentes de Deus, do pecado humano, da salvação, da Bíblia e da igreja. Por mais provocativo que o argumento fosse, ele era uma tentativa de fazer uma apresentação tão justa quanto possível das questões.

A popularidade e os talentos intelectuais de Machen foram responsáveis pela decisão tomada pelo conselho diretor do Seminário de Princeton na primavera de 1926 de promovê-lo à cadeira de apologética e ética. A decisão aparentou ser um modo desejável de preencher a lacuna e fazer uso dos talentos bem-reconhecidos de Machen. Mas quando a recomendação chegou à Assembleia Geral da Igreja Presbiteriana (a mais elevada instância no sistema presbiteriano de supervisão e tomada de decisões), o comitê responsável pelo ensino teológico optou por adiar a promoção, e a razão parcial disso foi uma oposição exibida por líderes liberais da igreja que não queriam que o conservadorismo de Machen fosse recompensado. Outro fator foi a posição de evangélicos moderados que menosprezavam polêmicas e discordâncias como indícios de uma piedade inferior.

Outra razão foi o voto de Machen em uma reunião da primavera feita pelo seu presbitério (a instância regional de supervisão da vida eclesial) em New Jersey sobre uma proposta de apoiar a política do governo federal com a Lei Seca. Embora reconhecesse que a embriaguez era pecado, Machen também pensava que a Bíblia tinha pouco a dizer sobre as políticas e leis específicas que regulavam a venda e a distribuição de álcool em um país específico como os Estados Unidos. Por mais sensível que sua perspectiva tenha sido, ela era contrária à posição dominante na Igreja Presbiteriana e lhe custou sua promoção e nomeação como apologeta. O raciocínio de alguns presbiterianos era: como seria possível confiar a um homem com uma postura política tão suspeita o ensino da ética (uma das tarefas em Princeton de um professor de apologética) a jovens que aspiravam ao ministério?

Mesmo que Machen nunca tenha sido professor de apologética oficialmente, sua carreira inteira como professor de seminário e clérigo esteve envolvida com a defesa do cristianismo. Ele começou com a defesa da veracidade dos ensinos no Novo Testamento sobre Cristo e, depois, defendeu a doutrina cristã contra esforços de liberais para harmonizar o cristianismo com o pensamento moderno; além disso, ele também promoveu a causa dos direitos presbiterianos de questionar decisões da igreja que iam contra o ensino das Escrituras certas e regras de governo eclesiástico. Aliás, durante a década que se seguiu à negação de sua promoção a professor de apologética, Machen liderou esforços para manter e preservar as tradições teológicas e educacionais do Seminário de Princeton, primeiro em 1929 com a fundação do Seminário de Westminster, depois em 1933 liderando a formação do Conselho Independente para Missões Estrangeiras Presbiterianas, e, por fim, em 1936 com a inauguração de uma nova comunhão presbiteriana, a Igreja Presbiteriana Ortodoxa (OPC). Graças a esses empenhos, Machen permanece sendo um dos mais notáveis porta-vozes do cristianismo histórico nos Estados Unidos durante a primeira metade do século XX.

CONTEXTO TEOLÓGICO

Embora tenha se tornado professor em Princeton com relutância, Machen se tornou um dos promotores da chamada Teologia de Princeton. Fundada em 1812 como o primeiro seminário presbiteriano, Princeton surgiu por meio de homens como Archibald Alexander, Samuel Miller e Charles Hodge, os três primeiros mestres da escola, e continuou pelas mãos de professores como A. A. Hodge e B. B. Warfield como o bastião da ortodoxia reformada nos Estados Unidos. Outras escolas como o Andover Seminary, Yale Divinity School ou Union Theological Seminary, na cidade de Nova York, podem ter começado com um compromisso com a defesa e a preservação dos aspectos principais do calvinismo, mas Princeton teve esse compromisso na maior parte de 125 anos por causa da sua adesão aos modelos confessionais da Igreja Presbiteriana – Confissão de Fé e os Catecismos de Westminster –, seu compromisso com as Escrituras como a Palavra infalível de Deus e o juiz final da verdade religiosa, sua consciência da história protestante em relação a desenvolvimento anteriores da igreja e sua missão de treinar pastores. Por meio da sua revista (que teve vários nomes), o *Princeton Theological Journal*, seus docentes e autores com uma perspectiva semelhante comentavam várias tendências importantes na vida eclesiástica, estudos teológicos e bíblicos, literatura e sociedade, e em todo esse processo os docentes de Princeton obtiveram uma reputação de defesa da ortodoxia calvinista contra todas as ameaças explícitas e implícitas.

Na área específica da apologética, Princeton tentou harmonizar a convicção de que a fé se inicia pela obra do Espírito Santo com um compromisso com argumentos racionais a favor da veracidade das Escrituras e da plausibilidade do cristianismo. Mais tarde, com o surgimento da apologética pressuposicional no calvinismo holandês (as obras de Van Til sendo a exemplificação máxima disso), a dependência da razão exibida por Princeton foi alvo de críticas. A defesa da verdade cristã com argumentos racionais parecia contradizer a questão mais básica da pecaminosidade humana e da impossibilidade de convencer pessoas do ensino da Bíblia sem uma obra anterior de Deus. O debate sobre métodos que se desenvolveu durante as décadas intermediárias do século XX entre o evidencialismo (por exemplo, R. C. Sproul e John Gerstner) e o pressuposicionalismo (Van Til) foi um desdobramento das diferentes maneiras em que a Antiga Princeton e as instituições de Abraham Kuyper nos Países Baixos reagiram ao Iluminismo e se apropriaram dele. O próprio Machen seguiu a tradição da Antiga Princeton, mas não foi dogmático sobre isso. Em 1932, durante uma série de preleções de Machen sobre apologética, ele explicou sua abordagem à defesa do cristianismo. Segundo ele, após uma preleção sobre a veracidade da ressurreição ou da divindade de Cristo, era comum receber comentários de cristãos que apreciavam seu argumento, mas que admitiam que já criam na Bíblia e, assim, não precisavam ser convencidos. A resposta dele nessas situações era concordar que sua preferência seria por fazer apresentações "ao maior número de céticos possível". Mesmo sem a presença dessas pessoas, seus argumentos não eram inúteis, e seu propósito apologético não era convencer céticos ou pessoas contrárias à fé, mas "dar a cristãos" – pais, professores de escola dominical – "materiais que eles podem usar [...] com os seus filhos ou com pupilos nas suas aulas, que [...] são importunados por vozes hostis de todos os lados".[1]

RESPOSTA APOLOGÉTICA

O aparecimento de Machen como um orador popular que defendia as verdades básicas do cristianismo não foi imediato e sua primeira incursão no mundo da apologética foi tortuosa. Após ser secretário da YMCA na França durante a Primeira Guerra Mundial, em que satisfez um desejo de ser útil no grande conflito que destruiu a Europa, Machen voltou aos Estados Unidos

---

[1] Machen, "Christian scholarship and the defense of the faith", in: D. G. Hart, ed., *J. Gresham Machen: selected shorter writings* (doravante, *Selected shorter writings*) (Phillipsburg: P&R, 2004), p. 145.

para se preparar para uma série de preleções sobre o apóstolo Paulo no Union Presbyterian Seminary em Richmond, Virgínia. Elas acabaram sendo publicadas como *The origin of Paul's religion* [A origem da religião de Paulo], e o objetivo de Machen era participar dos debates nos estudos do Novo Testamento sobre a teologia paulina e sobre se ela representava um desvio dos ensinos mais simples de Jesus (isto é, se Paulo seria o fundador de uma nova forma de cristianismo). O livro estava repleto de referências à literatura erudita mais relevante e recente sobre o tema, tanto que os críticos do livro reconheceram a formação erudita de Machen e fizerem elogios à sua interação com todas as fontes e correntes de intepretação relevantes.

Ao mesmo tempo, os críticos também entenderam a linha central do livro: levar a sério o que Paulo diz e vê-lo não como um gênio religioso que usou Jesus para desenvolver uma nova série de reflexões sobre Deus e a salvação, mas como um seguidor de Cristo que tentou explicar o sentido da morte, ressurreição e ascensão de Jesus em relação ao judaísmo do Antigo Testamento. Machen estava bem ciente de que o sobrenaturalismo havia sido rejeitado nos estudos bíblicos já há muito tempo, o que obrigava os estudiosos a tentar explicar milagres, revelações divinas e convicções sobre a divindade de Cristo como produtos de uma cultura primitiva e pré-científica. Em contrapartida, Machen estava decidido a fazer uma interpretação mais óbvia de Paulo e, assim, tentar explicar o ensino do apóstolo sobre Jesus como um ser divino cuja morte e ressurreição produziram salvação para pecadores. Em outras palavras, em vez de tentar eliminar os aspectos nas epístolas de Paulo incompatíveis com a mentalidade moderna, Machen defendeu que a interpretação histórica do Novo Testamento apresentada pela igreja era plausível. Uma razão importante era a necessidade de historiadores modernos ainda produzirem uma teoria com uma explicação adequada da perspectiva de Paulo, ligando-a a desenvolvimentos do primeiro século na história, religião comparada ou filosofia. O ensino de Paulo era um produto singular da revelação divina e da verdade histórica da vida, morte e ressurreição de Cristo.

The origin of Paul's religion talvez tenha sido uma forma de apologética no domínio dos estudos sobre o Novo Testamento, mas seus leitores eram basicamente estudiosos e pastores. A primeira tentativa por parte de Machen de escrever para um público popular se deu com dois livros importantes da década de 1920, publicados no auge da controvérsia fundamentalista: *Cristianismo e liberalismo* e *What is faith?* [O que é fé?]. O primeiro foi o que mais chamou atenção e permanece sendo um livro lido por muitos cristãos, porém, ele fez um uso conjunto de ambos os livros para defender o cristianismo histórico contra seu rival moderno e liberal. Em poucas palavras, ele argumentou em *Cristianismo e liberalismo* que o liberalismo protestante não era cristão, mas uma religião completamente diferente. Em *What is faith?*, Machen caracterizou o liberalismo como inerentemente anti-intelectual com sua redução da fé a sentimentos ou experiências e sua negação dos aspectos intelectuais (e doutrinários) dela.

Por mais simplista que a afirmação de o cristianismo e liberalismo serem duas religiões diferentes possa ter aparentado ser – e ela foi especialmente provocativa durante a década de 1920 –, a afirmação de Machen tentou evitar animosidade ou manipulação psicológica. *Cristianismo e liberalismo* simplesmente (ao mesmo tempo em que Machen admitiu suas convicções conservadoras) apresentou os pontos centrais da doutrina cristã – Deus, a natureza humana, o pecado, as Escrituras, a salvação e a igreja – e mostrou que o cristianismo histórico e o liberalismo ensinavam doutrinas imensamente diferentes. Por exemplo, enquanto os cristãos haviam professado historicamente que a Bíblia era a Palavra de Deus, o liberalismo reduzia a Bíblia a ideias e aspirações humanas sobre questões espirituais, e, embora a igreja sempre tivesse ensinado que Jesus era Deus e homem, uma só pessoa com duas naturezas diferentes, os liberais reduziam a divindade de Jesus a uma tentativa dos seus seguidores de transformar um mestre comum, porém extraordinário, no fundador de uma nova religião. Para Machen, a maior divergência dizia respeito à salvação. Enquanto na visão dos conservadores (e da Bíblia) o cristianismo apresentava um modo de salvação baseado na obra graciosa de Cristo, na opinião dos liberais ela dependia de esforços humanos, de seguir o ensino de Jesus, do desenvolvimento de uma vida boa. Ele escreveu para leitores cristãos e seculares, e admitiu que o segundo grupo poderia simpatizar mais com o liberalismo do que com o cristianismo. Mas, fosse como fosse, sua esperança era demonstrar que o liberalismo não correspondia a nenhuma religião reconhecível como cristã: ele era um programa para uma vida virtuosa com associações vagas a um domínio espiritual (mas não sobrenatural).

What is faith? construiu sobre *Cristianismo e liberalismo* ao começar com a posição que Machen havia estabelecido no primeiro livro de que a doutrina era essencial para a compreensão do cristianismo e suas diferenças em relação a outras religiões. Pelo fato de a doutrina ser tão básica ao cristianismo, a fé – o modo de uma pessoa vir a crer em Cristo – estava conectada ao intelecto ou entendimento – o modo de uma pessoa se tornar convicta das verdades sobre Cristo. Por exemplo, Machen defendeu a posição de tornar os requisitos para uma pessoa se tornar membro de uma igreja mais difíceis, pois alguém poderia afirmar ter aceitado Cristo como seu salvador pessoal e, ainda, assim não ter um entendimento adequado do significado das palavras *Cristo* e *salvador*. Essa questão também levou Machen a defender a prática da instrução catequética, em especial como feita por comunidades luteranas nos Estados Unidos. O ensino dos catecismos protestantes a cristãos que desejavam se tornar membros de uma igreja seria um modo de ministros (bem como pais) compensarem a ignorância doutrinária que afligia tanto os protestantes evangélicos quanto os liberais. Obviamente, esse entendimento doutrinário não era uma garantia de fé genuína, mas ele se dirigia à pressuposição extremamente comum de a fé e o conhecimento serem aspectos diferentes da experiência cristã. A verdadeira fé dependia de um conhecimento correto daquelas verdades às quais os cristãos confiavam seu destino eterno, e, nesse sentido, a fé nunca poderia ser cega. O artigo genuíno de fé sempre envolvia um conhecimento básico sobre Deus, o pecado, Cristo e a salvação.

Os argumentos apresentados a favor da Bíblia e do ensino cristão básico claramente situavam Machen no lado fundamentalista da controvérsia modernista-fundamentalista, e a identificação fica ainda mais evidente em seu último livro erudito, *The virgin birth of Christ* [O nascimento virginal de Cristo] (1930), um produto de quase 25 anos de investigação. Em 1925, a doutrina do nascimento virginal quase havia dividido a denominação de Machen, a Igreja Presbiteriana do norte (PCUSA). Em assembleias anteriores, a igreja havia afirmado o nascimento virginal como um artigo de fé essencial e necessário em resposta à ascensão da crítica bíblica e da teologia liberal, mas o Presbitério de Nova York, o centro da teologia modernista entre presbiterianos e batistas, havia ordenado dois pastores que haviam se recusado a afirmar a doutrina. Em resposta a essa controvérsia, a assembleia geral de 1925 analisou uma proposta de declarar mais uma vez o nascimento virginal como um artigo fundamental do cristianismo. Quando representantes delegados de Nova York ameaçaram deixar a denominação, o moderador, Charles Erdman, um colega de Machen no Seminário Teológico de Princeton que era professor de teologia prática, convocou um comitê para analisar as causas por trás das controvérsias teológicas entre os presbiterianos. O comitê acabou produzindo mudanças no Seminário de Princeton que obrigaram Machen a deixá-lo e, em 1929, a fundar uma nova instituição, o Seminário Teológico de Westminster, na Filadélfia.

A coincidência da época de lançamento do livro de Machen com esses desdobramentos talvez tenha feito alguns leitores acharem que o livro era uma resposta à controvérsia presbiteriana, mas ele havia escrito sobre os relatos do nascimento de Jesus no Novo Testamento como seminarista, continuando a acompanhar esses temas nas suas responsabilidades como professor e pesquisador. Ele considerou *The virgin birth of Christ* sua "obra-prima", a sua realização mais significativa como estudioso da Bíblia. Assim como *The origin of Paul's religion*, o livro foi uma defesa das narrativas do Novo Testamento como verdadeiras. Uma tentativa racional de eliminar os elementos sobrenaturais do nascimento virginal não era uma explicação adequada dos primeiros manuscritos dos Evangelhos, dos ensinos apostólicos originais ou da importância do relato do nascimento de Cristo nos primeiros credos cristãos. Machen admitiu que o ato de acreditar no nascimento virginal tinha uma dependência fundamental da fé e da obra do Espírito. Ao mesmo tempo, seu livro apresentou razões para levar a sério a Bíblia e sua doutrina, e isso significava vê-las não como o anseio espiritual de pessoas pré-científicas, mas como afirmações sérias sobre a natureza da salvação de acordo com a religião cristã.

Embora os escritos de Machen durante a década de 1920 o identificassem como fundamentalista – e ele se tornou um dos principais porta-vozes do protestantismo conservador quando editores ou jornalistas precisavam de uma citação ou um ensaio –, o professor de Princeton estava desconfortável com o termo e com o que representava. William Jennings Bryan pediu que Machen testemunhasse no Julgamento de Scopes, mas ele não aceitou, em parte por não achar que tinha a qualificação como um perito em relatos da Criação em Gênesis e em parte por sua impressão de que o processo no tribunal pudesse se transformar em uma atmosfera de circo. Ele observou que não se considerava fundamentalista, mas sim calvinista, ou seja, um adepto da Reforma protestante. No caso de precisar simplesmente fazer uma escolha entre modernista e fundamentalista, ele não tinha nenhuma hesitação em se identificar com a segunda nomenclatura. Mesmo assim, sua intenção na sua defesa do cristianismo era mais do que simplesmente tratar dos elementos básicos da fé, e seu desejo também era que os cristãos tivessem um conhecimento mais detalhado da Bíblia e da doutrina do que as breves declarações de fé permitiam. Como Machen explicou na inauguração do Seminário Teológico de Westminster em 1929: "Regozijamo-nos na aproximação àquele conjunto de verdades presente em outros sistemas teológicos; regozijamo-nos na nossa comunhão cristã com outras igrejas evangélicas". Mas, ele explicou, esse consenso teológico não impediria o ensino de teologia reformada no seminário. "Não podemos admitir um empobrecimento da nossa mensagem com uma exposição de menos do que constatamos sendo ensinado nas Escrituras". Machen até mesmo achava que a sua melhor contribuição para outros protestantes não era ensinar e defender "algum denominador comum vago que seja o maior de vários credos, mas aquela grande fé histórica que chegou passando por Agostinho e por Calvino até a nossa própria igreja presbiteriana".[2]

Assim, em vez de usar a credibilidade e a reputação que havia construído durante a década de 1920 como defensor do Novo Testamento e da doutrina cristã histórica, Machen dedicou o restante da sua vida relativamente curta (ele morreu com 56 anos) a tentar preservar o testemunho da Igreja Presbiteriana (PCUSA), e o primeiro trecho dessa jornada ocorreu em 1929 com a formação do Seminário Teológico de Westminster. Machen estava convencido, junto com doadores e mantenedores, que a controvérsia em Princeton e as mudanças administrativas para restaurar a paz no corpo docente haviam colocado em xeque ali a capacidade de assegurar a responsabilidade de líderes eclesiásticos para com as normas doutrinárias. Ele também acreditava que Princeton não era mais o lugar adequado para treinar o tipo de pastores que os tempos exigiam, e, assim, para Machen, Westminster se tornou o sucessor da tradição em Princeton de rigor teológico acadêmico. Em seguida, veio a formação do Conselho Independente para Missões Estrangeiras Presbiterianas em 1933, que foi a resposta de Machen e outros conservadores a um relato de missões estrangeiras protestantes dos Estados Unidos que encobriram uma presença liberal no campo missionário e até mesmo propuseram um fundamento lógico de missões baseadas no humanitarismo e na cooperação com religiões não cristãs. Novamente, Machen usou seus argumentos a favor do cristianismo histórico na tarefa concreta de iniciar uma agência para apoiar e enviar missionários confiáveis. Executivos na Igreja Presbiteriana consideraram essa iniciativa uma censura da integridade da denominação e orquestraram uma medida para julgar Machen (e outros membros do Conselho Independente) por insubordinação eclesiástica. Após ser considerado culpado pelo Presbitério de New Brunswick, um veredicto mantido pela assembleia geral de 1926, Machen liderou um pequeno grupo de conservadores na formação da Igreja Presbiteriana Ortodoxa (OPC), uma comunhão que afirmava ser a sucessora espiritual da Igreja Presbiteriana (PCUSA).

---

[2] Machen, "Westminster theological seminary: its purpose and plan", in: *Selected shorter writings*, p. 191.

METODOLOGIA APOLOGÉTICA

Em todos esses conflitos eclesiásticos, as habilidades de Machen como defensor da fé permaneceram evidentes, pois ele não apenas continuou argumentando a favor da infalibilidade e autoridade das Escrituras ou da veracidade do testemunho da igreja nos credos e catecismos sobre Deus, pecaminosidade humana e salvação exclusiva em Cristo, como também defendeu as convicções básicas do protestantismo sobre o governo eclesiástico e a necessidade de supervisão na igreja sobre pastores, presbíteros e oficiais denominacionais não se desviarem dos padrões doutrinários eclesiásticos que prometeram promover. O melhor resumo do seu argumento a favor do protestantismo possivelmente se ache no testemunho que apresentou no seu julgamento ao explicar a razão de não poder ser simplesmente leal aos agentes e agências da Igreja Presbiteriana:

> Eu não poderia prometer um apoio até mesmo da melhor e mais sólida agência humana como condição da minha ordenação. Encontra-se no próprio centro e cerne da minha promessa de ordenação, em consonância com a lei da igreja presbiteriana, o meu dever de fazer exames repetidos de qualquer agência que solicite meu apoio à luz da Palavra de Deus e de apoiá-la apenas se estiver de acordo com essa Palavra sagrada.[3]

Machen acrescentou que essa consciência, e não os "pronunciamentos de qualquer concílio ou tribunal", o guiou na adoção dessa posição, que obviamente era semelhante à lógica protestante no século XVI contra a submissão ao papa e aos bispos católico romanos.

Ao mesmo tempo que liderava as novas instituições presbiterianas e tentava defender suas ações dentro da Igreja Presbiteriana, em 1932, Machen fez uma série de preleções em Londres que apresentaram a teoria subjacente aos seus anos de apologética aplicada. Na primeira palestra, "O estudo erudito cristão e o evangelismo", Machen observou a infiltração de visões sobre educação e conhecimento que havia ocorrido em círculos cristãos com o resultado lamentável da erosão na cultura doutrinária e no estudo da Bíblia. Sendo um crítico de teorias modernas de educação, como as associadas a John Dewey, que realçavam a importância de auxiliar os alunos na descoberta de como pensar e não comunicar um conhecimento definido sobre um tema,

---

[3] Machen, "Statement to the presbytery of New Brunswick", in: *Selected shorter writings*, p. 349.

Machen apresentou aos seus ouvintes sua opinião sobre essa "noção de educação centrada nas crianças". Seu resultado havia sido a ideia contraditória de "ser impossível pensar com uma mente completamente vazia".[4] Essa teoria errada da educação era responsável pelo declínio da educação pública norte-americana, Machen argumentou, mas também estava infectando a igreja na forma de uma implementação da "educação religiosa". A premissa desse método de ensino na igreja era que o dever do professor "não é comunicar o conhecimento de um conjunto fixo de verdades que Deus revelou, mas treinar a faculdade religiosa da criança",[5] e o meio de os professores desenvolverem a faculdade religiosa poderia incluir qualquer número de auxílios doutrinários ou espirituais. Para Machen, o perigo era o fato de essa abordagem abandonar "a busca de verdades objetivas e permanentes" sobre Deus e a salvação. Essa visão educacional também estava em desacordo com a Bíblia, pois esta "apresenta um corpo de verdades que Deus revelou", e, assim, o dever de um pastor ou professor era transmitir e explicar essas verdades.[6]

Após esses comentários sobre educação e conhecimento na igreja e nas escolas, Machen passa à sua defesa da importância do estudo erudito para o evangelismo, uma vez que a fé que um pastor ou evangelista decide cultivar em um novo cristão depende de conhecimento, de verdade objetiva. Não importava quantos cristãos devotos viessem a promover uma "fé simples", era impossível separar uma fé genuína de um conhecimento sobre Cristo. Pois não haveria razão alguma para alguém depositar sua confiança em uma pessoa que, por causa de um conhecimento insuficiente, se revelaria uma pessoa indigna de confiança. Na verdade, uma fé em Cristo exigia o conhecimento específico de ele ter sido o filho de Deus cuja morte na cruz e ressurreição foram capazes de pagar a pena pelo pecado (e de corrigir a situação terrível da humanidade que a Queda tinha iniciado havia muito tempo). Uma fé simples exigia uma quantidade razoável de conhecimento, Machen argumentou, e o próprio Novo Testamento dá muitos exemplos. Paulo e Silas "pregaram a palavra do Senhor" (Atos 16:32) ao carcereiro em Filipos após lhe dizerem que cresse em Cristo. E também o exemplo de Cristo com a mulher samaritana em João 4 indica que uma instrução sobre Deus, a adoração e a salvação era básica à evangelização dos perdidos. Machen também apontou

---

[4] Machen, "Christian scholarship and evangelism", in: *Selected shorter writings*, p. 136.
[5] Ibid., p. 137.
[6] Ibid., p. 137.

para o exemplo da pregação de Paulo em Tessalônica, na qual explicou a pregação que Paulo usou para evangelizar descrentes: "E vos convertestes dos ídolos para Deus" – aí temos teologia genuína. "E para esperardes seu Filho do céu" – aí temos cristologia. "A quem ele ressuscitou dentre os mortos" – aí temos o ato sobrenatural de Deus na história. "O próprio Jesus" – aqui vemos a humanidade do nosso Senhor. "Que nos livra da ira vindoura" – aqui vemos a doutrina cristã do pecado e a doutrina cristã da cruz de Cristo.[7]

O Novo Testamento apresenta repetidas vezes a ligação direta entre a fé e o conhecimento. A lição era que "de um grande repositório subjacente de conhecimento cristão [...] brota o verdadeiro evangelismo".[8]

Se a primeira preleção de Machen reforçou seu argumento em *What is faith?*, sua segunda, "O estudo erudito cristão e a defesa da fé", ecoou seu ponto central em *Cristianismo e liberalismo*. Seu interesse especial foi atacar a ideia de que a Bíblia, como Palavra de Deus, não precisaria de nenhuma defesa ou de que o cristianismo, em virtude de sua evidente grandeza, seria capaz de simplesmente conquistar pessoas em função dessa grandeza. Machen achava que essas noções ingênuas eram sintomáticas de "um modernismo anti-intelectualista e não doutrinal". A razão de essa religião não precisar de defesa era sua sintonia total com o espírito da época.[9] Machen sabia e admitiu que o argumento "somente" é insuficiente "para um homem se tornar cristão". Os melhores argumentos do mundo eram inúteis "sem uma outra coisa: o poder misterioso e criador do Espírito Santo no novo nascimento".[10] Mas insuficiente não significava desnecessário, pois Deus usava a apologética de modo às vezes direto e às vezes indireto para gerar a fé salvífica. Fosse como fosse, a apologética era um meio de ter o conhecimento correto da religião cristã, que, obviamente, era um conhecimento decisivo para a fé de uma pessoa.

Esses argumentos a favor do cristianismo, Machen explicou, tinham o resultado invariável de controvérsias e polêmicas. O produto inevitável de uma defesa do evangelho seria o combate a visões falsas de salvação ou apresentações acanhadas do cristianismo. Durante a controvérsia fundamentalista, Machen havia ouvido muitos lamentos sobre brigas na igreja e a noção otimista de a cura da fraqueza da igreja ser não o combate do erro, mas a renovação.

---

[7] Ibid., p. 140.
[8] Ibid., p. 141.
[9] Machen, "Christian scholarship and the defense of the faith", in: *Selected shorter writings*, p. 144.
[10] Ibid., p. 144-5.

Ele revidou com a afirmação de que qualquer apresentação do evangelho envolvia lutar pela visão correta da salvação e, mais uma vez, o conhecimento era necessário para a fé. Machen acrescentou que a história inteira da igreja no Novo Testamento estava repleta de controvérsias geradas pelos esforços apostólicos no confronto de entendimentos imperfeitos ou errôneos do evangelho, e até mesmo o hino de amor paulino em 1Coríntios 13, observou, aparece em uma passagem polêmica de um dos livros mais agressivos da Bíblia. E concluiu com um apelo por oração para que Deus levantasse defensores da fé com conhecimento e com suficiente coragem para confrontar "o conflito poderoso contra a religião cristã" que dominava a sociedade moderna.[11]

Na sua última preleção em Londres, "O estudo erudito cristão e a edificação da igreja", Machen continuou sua defesa da fé de uma perspectiva doutrinária e intelectual. Ele tratou em particular da importância da filosofia, que havia sido um auxílio tradicional e importante nos esforços dos teólogos para sistematizar o ensino bíblico e alcançar noções ortodoxas sobre Deus e seus caminhos. Em outras palavras, a Bíblia não necessariamente ensinava filosofia, mas sua revelação envolvia verdades sobre os tipos de temas estudados pelos filósofos. Era comum entre os liberais e fundamentalistas da época de Machen a visão de a metafísica ter pouca importância para um cristão em virtude de a religião ser uma ordem de existência humana diferente da filosofia. Machen confrontou essa noção e defendeu a importância da filosofia como um auxílio para a apologética, primeiro com a insistência de que a doutrina da Criação implicava uma compreensão da realidade conectada com as questões filosóficas de maior importância. Tudo na Bíblia, Machen argumentou, "está baseado na metafísica estupenda" de Gênesis 1:1 – isto é, o fato de "Deus ser o Criador e o Regente do mundo" e de esse Deus ser pessoal.[12] O mesmo tipo de reflexões era aplicável ao "segundo grande mistério" da Bíblia – "o mistério do homem".[13] Os relatos da Criação em Gênesis distinguem os humanos do resto da Criação pela condição elevada de seres que carregam a imagem de Deus, e esses documentos também revelam a Queda e suas consequências negativas na natureza humana. A natureza do homem, um outro aspecto da investigação filosófica, era mais um tema que filósofos e teólogos tinham em comum, e a conclusão de Machen foi que essas considerações eram tão importantes

---

[11] Ibid., p. 152.
[12] Machen, "Christian Scholarship and the Building Up of the Church", in: *Selected shorter writings*, p. 156.
[13] Ibid., p. 157.

para entender o evangelho e para defender o cristianismo de falsas ideias sobre Deus e a natureza humana que a ênfase em uma fé simples e experiencial seria insensatez. O cristianismo de fato era acessível às pessoas mais simples, mas os ensinos do cristianismo também eram tão profundos que os cristãos tinham recursos incríveis para tratar das questões que inquietavam as mentes mais extraordinárias.

CONTRIBUIÇÕES PARA A APOLOGÉTICA

Concluir que Machen foi um dos apologetas protestantes mais extraordinários do início do século XX seria dar uma ênfase exagerada a apenas um aspecto da sua carreira e sua obra. Machen foi um estudioso do Novo Testamento, clérigo, administrador de seminário e apologeta. Ao mesmo tempo, surge um padrão na sua carreira inteira como estudioso do Novo Testamento, professor de seminário e autor: que Machen dedicou toda a sua vida profissional a tentar tornar o cristianismo histórico inteligível àqueles norte-americanos (e alguns europeus) que pensavam que os tempos modernos tornavam a religião (ao menos nas suas formas mais antigas) obsoleta. Na introdução ao seu livro *Cristianismo e liberalismo*, ele admitiu que alguns desprezariam o livro por já terem a opinião formada de que o cristianismo é falso e que sua defesa é uma causa "irremediavelmente" perdida,[14] mas ele achava que até mesmo esses céticos e agnósticos deveriam fazer um esforço para não rejeitar verdades mais antigas sobre a humanidade e relações sociais com tanta facilidade. A ciência pode ter melhorado a existência humana de muitos modos – até mesmo ao questionar verdades reveladas nas Escrituras, mas um mundo materialista também havia gerado "um declínio inédito na literatura e na arte".[15] A predominância da ciência também havia produzido mudanças na política tais que o socialismo minimizava os compromissos com a liberdade individual para aperfeiçoar a coletividade social e até mesmo a própria humanidade. Até mesmo na educação estavam prevalecendo teorias que negavam a singularidade e a peculiaridade de alunos individuais de modo a apresentar um currículo que gerava conformismo e estabilidade social. Machen tentou convencer leitores hostis a considerar seus argumentos nem que fosse apenas para reconhecer que o cristianismo era contrário "ao paternalismo materialista da presente época" e, assim, era mais digno de consideração do que alguns poderiam

---

[14] J. Gresham Machen, *Christianity and liberalism* (New York: Macmillan, 1923), p. 9.
[15] Ibid., p. 15.

achar. Ele argumentou que a defesa do cristianismo poderia "restaurar parte das glórias passadas da humanidade".[16]

Outro público que Machen tinha em vista eram aqueles que pensavam que a igreja havia estabelecido um compromisso profundo demais com a política progressista. A época em que ele trabalhou foi uma era de implementações, feitas por ambos os principais partidos dos Estados Unidos, de reformas no governo federal para regular megacorporações, bem como outros setores da vida norte-americana. Na maioria dos casos, havia uma conexão entre a política progressista e o evangelho social das denominações históricas tradicionais. Por estar alinhado com ideias do State's Rights Democratic Party e sendo um libertário civil, Machen confrontou essas medidas políticas de variadas formas – cartas a editores, testemunho diante de legisladores, participação em organizações políticas. Sua noção da espiritualidade da igreja foi mais um fator da sua perspectiva política. A posição dele era que a igreja era uma instituição espiritual com meios espirituais (a palavra e o sacramento) para alcançar fins espirituais (a salvação). Ele declarou: "Um verdadeiro cristão não tem a obrigação de fazer nenhum pronunciamento oficial sobre as questões políticas ou sociais da época nem de colaborar com o Estado em qualquer coisa que envolva o uso da força". Obviamente, cristãos individuais podiam ser policiais ou políticos, mas as armas da igreja contra o mal eram espirituais, "e não carnais". Sendo assim, se a igreja se tornasse uma instituição de pressão política "por meio da defesa de medidas políticas, quer boas, quer más", a igreja se tornaria culpada de um "abandono da sua verdadeira missão, que é apresentar ao coração humano o apelo solene e imperioso, mas também amável e gracioso, do evangelho de Cristo".[17]

Essa defesa do chamado da igreja – com sua rejeição explícita da política e do ativismo social para a igreja como instituição – não era uma posição popular entre fundamentalistas nem modernistas. Aliás, essa foi uma razão fundamental do fato de a Igreja Presbiteriana se negar a promover Machen à cátedra apologética no Seminário de Princeton em 1926. Ele achava que a igreja não devia adotar uma posição em políticas públicas, legislação ou campanhas políticas – a não ser que os cristãos tivessem uma base bíblica clara para tanto. Ele votou contra o apoio eclesiástico da Lei Seca, não por aprovar o álcool ou a embriaguez, mas pelo fato de a Bíblia não dizer nada sobre a

---

[16] Ibid.
[17] Machen, "The responsibility of the church in the new age", in *Selected shorter writings*, p. 375.

legislação específica (tanto no nível nacional quanto no estadual) relacionada à venda e à distribuição de álcool.

Esse voto foi uma razão decisiva da oposição à promoção acadêmica de Machen, que, por sua vez, significou que ele nunca foi tecnicamente um apologeta. Ao mesmo tempo, sua defesa da tarefa da igreja – como uma tarefa espiritual, e não política – foi indistinguível do resto da sua carreira e obra. Machen talvez não tenha escrito sobre correntes apologéticas ou argumentado a favor de uma corrente filosófica em vez de outra como o melhor modo de defender a verdade cristã. Mas, desde o seu estudo bíblico erudito e livros populares até suas preleções, inclusive seu entendimento das relações entre Estado e igreja, o interesse predominante de Machen foi apresentar argumentos para defender a Bíblia, a doutrina e a igreja contra equívocos e erros.

BIBLIOGRAFIA

HART, D. G. *Defending the faith: J. Gresham Machen and the crisis of conservative Protestantism in modern America* (Baltimore: Johns Hopkins University Press, 1994).

____; MUETHER, John R. *Seeking a better country: 300 years of American Presbyterianism* (Phillipsburg: P&R Publishing, 2007).

HELSETH, Paul Kjoss. *"Right reason" and the Princeton mind: an unorthodox proposal* (Phillipsburg: P&R Publishing, 2010).

HUTCHISON, William R. *The modernist impulse in American Protestantism* (Cambridge: Harvard University Press, 1976).

LOETSCHER, Lefferts A. *The broadening church: a study of theological issues in the Presbyterian church since 1869* (Philadelphia: University of Pennsylvania Press, 1954).

LONGFIELD, Bradley J. *The Presbyterian controversy: fundamentalists, modernists, and moderates* (New York: Oxford University Press, 1991).

MACHEN, J. Gresham. *The Christian faith in the modern world* (New York: Macmillan, 1937).

____. *The Christian view of man* (New York: Macmillan, 1936).

____. *Christianity and liberalism* (New York: Macmillan, 1923).

____. *Cristianismo e liberalismo* (São Paulo: Shedd Publicações, 2012)

____. *The origins of Paul's religion* (New York: Macmillan, 1921).

____. *Virgin birth of Christ* (New York: Harper & Brothers, 1930).

_____. *What is faith?* (New York: Macmillan, 1925).

MARSDEN, George M. "The collapse of American Evangelical academia", p. 219-64, in: Alvin Plantinga and Nicholas Wolterstorff, eds. *Faith and rationality: reason and belief in God* (Notre Dame: University of Notre Dame Press, 1983).

_____. *Fundamentalism and American culture: the shaping of twentieth-century Evangelicalism* (New York: Oxford University Press, 1980).

NOLL, Mark A. *Between faith and criticism: Evangelicals, scholarship, and the Bible in America* (San Francisco: Harper & Row, 1986)

_____. *Princeton and the Republic, 1768-1822: the search for A Christian enlightenment in the era of Samuel Stanhope Smith* (Princeton: Princeton University Press, 1989).

_____, ed. *The Princeton theology, 1812-1921: Scripture, science, and theological method from Archibald Alexander to Benjamin Warfield.* 1983; reimpr. (Grand Rapids: Baker, 2001).

VANDER STELT, John C. *Philosophy and Scripture: a study in Old Princeton and Westminster Theology* (Marlton: Mack, 1978).

Cornelius Van Til
APOLOGETA PRESSUPOSICIONALISTA
K. Scott Oliphint

Durante suas quatro décadas dedicadas ao ensino de pastores, o foco apologético de Cornelius Van Til (1895-1987) foi a realidade de que ninguém é autônomo e de que todos nós sofremos da mesma doença espiritual. Pelo fato de o pecado ter afetado todo aspecto da nossa natureza humana de modo radical, nada menos do que a regeneração – a ressurreição dos espiritualmente mortos – é necessária. De acordo com Van Til, a tarefa da apologética cristã (e do evangelismo) é a inclusão do poder de Deus, presente na sua Palavra, na nossa tentativa de convencer aqueles que estão fora de Cristo. Van Til nos lembrou de que a apologética começa com o fato de todas as pessoas terem o dever de se submeter ao Deus que se revelou a todos (Romanos 1:18-20) e de essa submissão ocorrer apenas com a aplicação da Palavra de Deus feita pelo seu Espírito ao coração humano.

CONTEXTO HISTÓRICO

Cornelius Van til nasceu em 1895, sendo o sexto de oito meninos, em Grootegast, Holanda. Educado na tradição calvinista holandesa, ele foi exposto de modo regular e rotineiro às Escrituras, tanto na família quanto no culto na igreja. Seu pai era agricultor e, a certa altura, enviou seus dois filhos mais velhos rumo aos Estado Unidos, quando Cornelius tinha dez anos, para trabalhar com agricultura em Indiana. De acordo com a opinião geral, o próprio Cornelius era um agricultor competente e seu curso natural seria continuar na tradição familiar.

Mas ficou claro, com o passar do tempo, que Cornelius tinha aptidão nas áreas acadêmicas. Ele se formou no Calvin College em 1922, no Seminário Teológico de Princeton em 1925 e na Universidade de Princeton com seu título de doutor em 1927. Foi pastor da Igreja Cristã Reformada em Spring Lake, Michigan, de 1927 a 1928, e foi instrutor de apologética no Seminário Teológico de Princeton de 1928 a 1929. Após um ano, Princeton lhe ofereceu uma posição titular. Van Til perguntou a J. Gresham Machen o que deveria fazer, e a resposta de Machen foi que o seminário àquela altura estava perdido e, assim, Van Til não aceitou a nomeação. Em vez disso, ele voltou ao seu antigo púlpito em Spring Lake, que ainda não havia sido ocupado, em junho de 1929. Após voltar ao seu ministério pastoral, recebeu um telegrama de Machen com um convite para fazer parte junto com ele do recém-fundado Seminário Teológico de Westminster na Filadélfia. A reação inicial de Van Til foi recusar o convite, afirmando que sua decisão era "irrevogável". Assim, por solicitação e incentivo do novo professor de Novo Testamento em Westminster, Ned Stonehouse, o próprio Machen foi se encontrar com Van Til em Michigan e o convenceu a ir, garantindo a ele que a nomeação poderia ser temporária. Mais uma vez, em setembro de 1929, Van Til deixou Michigan para se tornar professor de apologética no Seminário Teológico de Westminster na Filadélfia e permaneceu ali durante o resto da sua vida, aposentando-se do ensino em período integral em 1972. Van Til foi o último a aceitar do corpo docente fundador do Seminário de Westminster.[1]

Extremamente influentes na formação teológica de Van Til foram os teólogos holandeses Abraham Kuyper e Herman Bavinck, cujas obras ele devorou antes de ir estudar em Princeton. Ali, ele foi influenciado fortemente por Geerhardus Vos, Caspar W. Hodge e J. Gresham Machen e, em virtude de seus estudos em Princeton, ele tinha uma grande admiração pela obra de B. B. Warfield. No seu doutorado, ele teve aulas com o filósofo idealista A. A. Bowman. A dissertação de Van Til, *God and the absolute* [Deus e o absoluto], demonstrou a falência do idealismo absolutista, bem como do pragmatismo. Juntamente com os gigantes teológicos que moldaram o pensamento de Van Til, seu extenso conhecimento do idealismo moldaria sua escrita e sua abordagem apologética e teológica pelo resto da sua vida.

Os escritos de Van til são vastos; muitos foram esboços escritos e depois publicados praticamente sem edição. Com pequenas exceções, dois tópicos resumem a maior parte de sua carreira acadêmica: a apologética e o barthianismo. Na apologética, ele foi um cão farejador, com uma capacidade singular de detectar incredulidade independentemente de onde estivesse escondida, ao passo que no barthianismo ele foi um bulldog, fazendo uma exposição obstinada do "neo" na teologia neo-ortodoxa de Barth, mostrando sua total incompatibilidade com a ortodoxia bíblica. Em ambos os casos, a paixão de Van Til

---

[1] Parte desse material foi extraído de John R. Muether, *Cornelius Van Til: reformed apologist and churchman* (Phillipsburg: P&R, 2008). Esse livro deve ser o primeiro consultado para um panorama da vida e da carreira de Van Til.

foi a pureza do evangelho, especialmente nos seus contextos acadêmicos. Ele reconheceu, de um modo que poucos reconheceram, como é fácil que os que amam a vida intelectual se desencaminhem, mesmo que inadvertidamente, e ele chamava de modo contínuo seus leitores de volta ao "Cristo autoautenticador das Escrituras".

No fim da sua carreira, Van Til refletiu sobre suas contribuições acadêmicas e se perguntou se havia sido consistente com seus próprios desejos. A reflexão começa assim:

> Quando me faço perguntas como essas, minha visão é que, no que diz respeito ao modo da apresentação, com frequência não estive à altura do meu próprio lema nessa questão de *suaviter in modo* [brando na maneira]. Peço o perdão daqueles a quem magoei por causa desse meu pecado. E, no que diz respeito ao conteúdo, com frequência também não fui coerente com meu lema nessa questão. Nem sempre deixei perfeitamente claro que, na nossa apresentação de Cristo aos perdidos, precisamos apresentá-lo pelo que ele é. Ele nos disse quem ele é nas Escrituras, e, ao que tudo indica, dei motivos para as pessoas acharem que sou especulativo ou filosófico primeiro e só depois bíblico.[2]

CONTEXTO TEOLÓGICO

O compromisso inexorável e inabalável de Cornelius Van Til com uma teologia reformada robusta foi o que conduziu tudo que ele fez e tudo que era. Quando ele começou a se preparar para o curso de "Evidências para o cristianismo" que daria no verão de 1930, apenas um ano após a fundação do Seminário Teológico de Westminster, sua inclinação era tendenciosa e ficou desconfortável sobre a questão por conta de seu desejo de agradar seu mentor, o fundador de Westminster, J. Gresham Machen. Especificamente, Van Til sabia que seu curso de "Evidências" precisaria se afastar do que havia aprendido como aluno na sua instrução apologética no Seminário Teológico de Princeton.[3] Sua preocupação era que Machen não fosse aprovar sua discordância com o conteúdo

---

[2] Cornelius Van Til, *Toward a reformed apologetics* (s.l., 1972), p. 1.
[3] É importante nos lembrarmos de que a crítica de Van Til à teologia e à abordagem apologética de Princeton não foi apenas um produto de leituras. Seu desconforto inicial foi gerado por aulas que teve em Princeton, onde aprendeu métodos e ideias estranhas à teologia reformada que ele havia aprendido e afirmado. Assim, sua crítica não é acima de tudo de um estudioso da Antiga Escola de Princeton, mas de um aluno. Ela foi o resultado das suas próprias experiências em Princeton.

desses cursos, pois Westminster foi fundado para ser a continuação da Antiga Escola de Princeton, e não seu inimigo mortal. Assim, Van Til escreveu a Machen naquele verão para se assegurar de que prepararia e ensinaria o curso de um modo que Machen aprovaria.

A resposta de Machen a Van Til foi extremamente encorajadora. Machen começou a carta "relatando que ele tinha apenas 'as mais vagas' opiniões sobre a questão [...] de evidências". Então animou Van Til: "Sua escolha de temas será certamente melhor do que eu seria capaz de criar", acrescentando este encorajamento: "Eu gostaria de poder fazer seu curso sobre Evidências. Preciso dele, e tenho certeza de que o seminário será enormemente beneficiado por esse curso".[4] Esse encorajamento criou a convicção em Van Til de que poderia tentar, nesse plano de aula, criticar o método apologético que havia aprendido como aluno no Seminário de Princeton.

É de importância fundamental nos lembrarmos de que houve um esforço consciente e determinado de Machen, na criação do Seminário de Westminster, no sentido de que haveria uma continuidade significativa e substancial entre a Antiga Escola de Princeton e o novo Seminário de Westminster. Westminster foi fundado para dar continuidade à tradição teológica reformada que Princeton havia desperdiçado e descartado. Na área da apologética, Van Til estava convicto da necessidade de uma *descontinuidade* significativa entre as duas instituições e, com o encorajamento de Machen, ele se dedicou a apresentar uma abordagem nova e mais radicalmente consistente com o tema das "evidências" na apologética.

Durante a preparação para o segundo de dois cursos apologéticos obrigatórios no currículo de Westminster, dois fatos estavam claros para Van Til: (1) um curso sobre evidências era decisivo e central no treinamento de pessoas para o ministério pastoral; e (2) ele precisaria reorganizar o tema para uma maior consistência dele com a teologia reformada, que era a marca registrada da Antiga Escola de Princeton e do novo Seminário de Westminster.

A instrução apologética que Van Til havia recebido em Princeton, de William Brenton Greene Jr., não era compatível com a teologia absorvida por Van Til no Calvin College e depois no Seminário de Princeton. Partindo de Warfield e outros, a abordagem apologética ensinada por Greene em Princeton na segunda década do século XX havia se apropriado demais de uma abordagem cujo ponto de partida era um fundamento teológico menos

---

[4] Muether, *Cornelius Van Til*, p. 70.

do que reformado. Van Til sabia que sua tarefa como professor desse novo seminário era corrigir esse desvio apologético na abordagem de Princeton. Foi esse primeiro plano de aula sobre "Evidências" que deu início, para valer, à reorientação e à reforma feitas por Van Til na sua apologética cristã reformada. Embora o plano tenha sido revisado ao longo de várias décadas de ensino, sua essência permaneceu sem alterações fundamentais: Van Til situou o tema das evidências no contexto do empiricismo de David Hume e em especial na apologética evidencialista do bispo Joseph Butler.[5]

A despeito da profunda gratidão de Van Til pelo seu tempo no Seminário de Princeton e pelos homens que o influenciaram ali, ele também reconheceu, especialmente por causa da sua formação e da sua instrução no Calvin College, que havia elementos na teologia de Princeton e na sua apologética que não eram consistentes com tudo que havia lido ou aprendido anteriormente. Em específico, a abordagem apologética de Princeton não tinha uma consciência ou uma apreciação apropriadas quanto à natureza extremamente radical da profundidade teológica da Reforma. Kuyper e Bavinck, e em especial João Calvino, levaram Van Til a reconhecer as implicações totalmente abrangentes e universais do ensino apresentado por Paulo de que toda pessoa, em virtude da sua criação à imagem de Deus, tinha e suprimia (sem Cristo) o verdadeiro conhecimento do verdadeiro Deus. Foi essa dinâmica de conhecimento e supressão em todas as pessoas que dirigiu a avaliação feita por Van Til dos seus mentores e da sua influência sobre ele.

O "venerável professor" de Van til em Princeton, a quem ele se referia como "o santo William Brenton Greene Jr",[6] havia ensinado a Van Til um método apologético incompatível com a teologia reformada que corria por cada centímetro das suas veias teológicas. Durante uma reflexão sobre o seu próprio desenvolvimento de uma abordagem apologética reformada, ele disse: "Portanto, tendo tomado a decisão de seguir os reformadores na teologia, era natural que eu também tentasse fazer o mesmo na apologética. Voltei-me para apologetas reformados como Warfield, Greene e outros. O que encontrei?

---

[5] Até aqui, o material desta seção foi extraído com permissão de meu "Prefácio" a CorneliusVan Til, K. Scott Oliphint, ed. *Christian-Theistic evidences*, in: Defense of the Faith VI (Phillipsburg: P&R, 2016).

[6] Cornelius Van Til, *Defense of the faith,* ed. K. Scott Oliphint (Phillipsburg: P&R, 2008), p. 368.

Encontrei a teologia do 'Cristo autoautenticador' defendendo a sua fé *com um método que negava precisamente esse ponto!*".[7]

Foi essa inconsistência que motivou Van Til a dedicar sua carreira inteira a uma tentativa de harmonização da apologética com a teologia reformada que deveria informá-la. Durante sua preparação para seu curso sobre a função e a influência das "evidências" na apologética, ele reconheceu que "Greene segue o método apologético tradicional como utilizado pelo bispo Butler e por outros".[8] O "método tradicional" tinha uma base teológica que era menos do que reformada, e a visão desse método sobre o pecado e a depravação era fraca, o que significava uma visão muito exagerada das capacidades e qualidades humanas. Por exemplo, a obra do bispo Butler *Analogy of religion* [Analogia da religião] argumentou que qualquer pessoa, regenerada ou não, era capaz de uma compreensão adequada dos princípios apresentados. Anders Jeffner sugeriu que um dos aspectos centrais e mais autodestrutivos no argumento de Butler é "a aspiração a uma teologia racional", e essa aspiração está presente em Butler de dois modos. O primeiro é um empenho para aceitar apenas doutrinas religiosas, reveladas ou não, que sejam baseadas em argumentos que pessoas possam testar, *não importa sua condição religiosa*. A segunda é uma tentativa de usar apenas os resultados científicos alcançados sem nenhuma premissa teológica ou metafísica. Assim, diz Jeffner: "se os argumentos de Hume contra Butler são válidos, ele demonstrou em uma área importante que a aspiração a uma teologia racional produz a dissolução da teologia".[9] Em outras palavras, a pressuposição de que a mente de uma pessoa está praticamente intacta, até mesmo após a Queda, somente pode levar a uma negação ou amenização da extensão do pecado, das trevas, da insensatez (Romanos 11:21-s).

Foi nesse contexto teológico – um contexto pelo qual Van Til era extremamente grato, ao mesmo tempo que suas críticas seriam inevitáveis – que o pensamento de Van Til começou a se desenvolver. Ele era um jovem professor iniciando sua carreira em um novo seminário, e esse seminário tinha

---

[7] Cornelius Van Til, *The Reformed pastor and the defense of Christianity and my credo* (Phillipsburg: P&R, 1980), p. 82, grifo meu.

[8] Van Til, *Defense of the faith*, p. 353. Van Til observa que Greene recomenda uma abordagem apologética apresentada em George P. Fisher, *The grounds of Theistic and Christian belief*, uma obra que não apresentava uma apologética reformada.

[9] Anders Jeffner, *Butler and Hume on religion: a comparative analysis* (Diakonistyrelsens bokforlag, 1966), p. 20.

a intenção de ser a continuação da Antiga Escola de Princeton, pois a Nova Princeton estava infectada pelo liberalismo. Mas havia uma área significativa em que a própria Antiga Princeton precisava ser reformada, a qual havia escapado da atenção dos melhores e mais competentes teólogos de Princeton e acabou se tornando o foco da vida inteira de Van Til. Desse modo, Van Til foi o pioneiro de uma fusão da teologia reformada com a apologética, que basicamente havia permanecido incipiente e rudimentar desde o tempo da Reforma.

RESPOSTA APOLOGÉTICA

A oposição de Van Til aos seus mentores em Princeton, em função do seu compromisso inabalável com a teologia reformada, começou seriamente no seu plano de aula para a disciplina sobre "Evidências" e nunca diminuiu durante toda a sua carreira.[10] Talvez o melhor modo de apresentar a abordagem de Van Til seja observando sua relação com dois dos seus heróis teológicos, Abraham Kuyper e B. B. Warfield.

Há muitas razões para a seleção desses dois homens, que foram, sob qualquer aspecto, verdadeiros gigantes nos seus respectivos empenhos, além de contemporâneos, e ambos tiveram uma influência significativa sobre os fundadores do Seminário de Westminster, especialmente sobre Van Til e a tradição apologética de Westminster. Para nossos propósitos, o mais importante é como as diferenças entre esses dois homens nos ajudarão a entender exatamente o que Van Til estava fazendo na apologética.

O ponto de divergência entre Kuyper e Warfield, que a abordagem de Van Til buscou reconciliar, pode ser focado na natureza da antítese teológica que existe entre o cristão e o não cristão. Podemos começar com a visão de Kuyper dessa antítese: "Se esse fato de 'ser nascido de novo', de entrar em uma nova condição, estabelece uma mudança radical *no ser do homem*, mesmo que só em potencial, e se essa mudança exerce ao mesmo tempo uma influência sobre a sua *consciência*, então, no que diz respeito a ter ou não ter experimentado essa transformação, há um abismo na consciência universal que é totalmente intransponível".[11]

---

[10] Para uma análise do compromisso de Van Til, veja K. Scott Oliphint, "The consistency of Van Til's methodology", *Westminster theological journal* 52/1 (1990): 27-49.

[11] Abraham Kuyper, *Encyclopedia of sacred theology: its principles* (New York: Scribner's Sons, 1898), p. 152.

Há uma ênfase de Kuyper aqui em um dos seus principais pontos argumentativos: a situação agora existente, desde a Queda no pecado, não é normal, mas anormal. O fato fundamental dentre os fatos relacionados a essa situação é que ela foi gerada por uma ruptura no que em sua origem era uma condição cósmica, incluindo a humana, unificada. Nossa condição era universal, primeiro em Adão como nosso representante da aliança, e depois, por meio de Adão, no efeito universal da Queda, e é a regeneração que abranda essa universalidade e que cria "um abismo intransponível". Kuyper então ilustra o que quer dizer:

> Observemos o caso de um grupo de árvores frutíferas, algumas das quais são enxertadas e as outras delas não. A partir do momento desse enxerto, se tudo corre bem e as árvores silvestres são adequadamente podadas, o crescimento dos dois tipos de árvore é complemente diferente, e essa diferença não é apenas relativa e uma questão de grau, mas é *específica*. Não é um crescimento melhor e mais gracioso em uma árvore produzindo mais frutos, enquanto a outra árvore tem um florescimento menos próspero e, consequentemente, dá menos frutos, mas é uma diferença *de natureza*. Por mais exuberante e abundante que seja o modo da árvore não enxertada se cobrir de folhas e florescer, ela *nunca* dará o fruto que cresce na árvore enxertada. Mas, por mais atrasado que inicialmente seja o crescimento da árvore enxertada, a florescência que seus ramos revelam é uma *florescência de frutos*. Nenhuma árvore enxerta a si mesma. A árvore silvestre não pode deixar de ser o que é por natureza e se transformar na natureza da enxertada, a não ser que um poder que está fora da esfera da vida vegetal interfira e efetue a renovação da árvore não cultivada. Não há transição relativa. Uma árvore não pode ser um décimo cultivada e nove décimos silvestre, de modo que aos poucos possa se tornar totalmente cultivada; ela é apenas enxertada ou não enxertada, e o resultado inteiro do seu crescimento futuro depende dessa diferença fundamental.[12]

Kuyper não deixa de reconhecer a fraqueza de toda metáfora, mas então aplica sua metáfora a nós: "Se no pomar da humanidade ocorre uma operação ou enxerto semelhante, que transforma potencialmente a direção fundamental do processo vital da nossa natureza humana, é estabelecida uma diferenciação entre os homens que nos divide *em dois tipos*".[13]

---

[12] Ibid., p. 152-3.
[13] Ibid., p. 153.

Talvez seja útil explicar o problema um pouco melhor. O ponto central de Kuyper é que a antítese entre o cristão e o não cristão é tão radical, em função dos efeitos profundos da regeneração, que entre os dois agora existe um abismo "totalmente intransponível".[14] Em outras palavras, na ênfase de Kuyper nas diferenças *de natureza* entre os dois grupos, essas diferenças são tão profundas que são praticamente irreconciliáveis, e esse é um fato de consequências significativas para a disciplina apologética.

Na argumentação de Kuyper a favor da função da apologética, sua única utilidade para ele está no contexto de afirmações filosóficas falsas. Assim como há uma antítese entre *dois tipos* de ciência, ainda há uma disparidade irreconciliável entre o cristão e o não cristão em todas as atividades intelectuais. Portanto, a apologética é relativamente inútil; é uma das disciplinas teológicas menos importantes. De acordo com Kuyper, esse é um resultado inevitável da natureza absoluta da antítese.

Warfield tinha sérias dificuldades justamente com essa noção de antítese, e seu temor era que uma ênfase nessa antítese como uma antítese de natureza produziria uma destruição efetiva da comunicação entre os dois grupos. Além disso, como poderia haver uma cooperação na ciência, por exemplo, com esse abismo instransponível entre os dois grupos? Warfield expressou esses fatos assim em sua resposta a Kuyper:

> Certamente há "dois tipos de homem" no mundo – homens sob o domínio intacto do pecado e homens que foram levados ao domínio da *palingenesia*. E o produto do intelecto desses "dois tipos de homem" certamente será "dois tipos de ciência". Mas, afinal de contas, uma caracterização precisa dos dois não é como uma diferença de natureza – *gradus non mutant speciem* (uma mudança em graus não muda a natureza de uma coisa). O pecado não destruiu ou alterou a natureza essencial de nenhuma das faculdades humanas, embora desde então tenha corrompido *homo totus* (o homem todo) – ele afetou o funcionamento de todas elas. O homem depravado não pensa, sente ou quer como deveria; e é totalmente impossível que os produtos da sua ação como pensador científico escapem da influência desse poder destrutivo universalmente ativo [...] No entanto, o que é colocado em questão aqui é a perfeição do desempenho, e não seu tipo. Aquilo que é produzido pelo sujeito debaixo do pecado é "ciência", ainda que seja uma ciência imperfeita – absolutamente aquém do ideal em função de todos os tipos de

---

[14] Kuyper, *Encyclopedia of sacred theology*, p. 152.

influências desviantes em todos os pontos do processo [...] A ciência da *palinge-nesia* é apenas uma parte da ciência da humanidade pecaminosa.[15]

Em outras palavras, para Warfield, ao considerarmos a disciplina da ciência e depois aqueles que se dedicam a ela, devemos reconhecer que tanto o cristão quanto o não cristão fazem *ciência*. O mero fato de uma pessoa ter um desempenho científico menos perfeito do que o de outra não altera a natureza da própria ciência (isto é, *gradus non mutant*). Assim, a preocupação de Warfield é esta: a visão que Kuyper tem da antítese como *absoluta* com respeito às *disciplinas* científicas específicas o fez concluir que uma união dessas disciplinas é inútil e fútil, pois elas estão divididas por um abismo intransponível.

Não apenas isso, mas, com relação à apologética, se a antítese é absoluta de acordo com a visão que Warfield tem de Kuyper, então a batalha intelectual com a incredulidade é fútil. A preocupação de Warfield é que Kuyper enxerga um abismo irremovível tão grande entre pessoas regeneradas e não regeneradas que não há nenhum meio, nenhuma ponte, para se dirigir à incredulidade. Se o pecado afeta a pessoa por inteiro, como seria possível atravessarmos, por assim dizer, para o lado da incredulidade com argumentos?

Warfield estava justificado no seu desconforto com a visão que Kuyper tinha da antítese e sua relação com a apologética. Na enorme enciclopédia em três volumes da *Encyclopaedie Der Heilige Godgeleerdheid* (*Enciclopédia de Teologia Sacra*) de Kuyper, em que se examina e delineia a ordem apropriada das disciplinas teológicas, ele apenas se ocupa com a disciplina apologética no terceiro volume e a examina meramente como aquilo que pode tratar de "pseudofilosofia". A explicação de Kuyper é esta: "Aquilo que [a apologética] deve defender é o dogma, nos seus detalhes específicos ou nos fundamentos que sustentam o dogma ou nas conclusões (*gevolgtrekkingen*) resultantes do dogma. Essa disciplina não é 'diatética', pois não descreve o dogma, não é 'tética', pois não postula o Dogma nem o demonstra, mas é antitética, pois levanta sua objeção aos pontos contrários da pseudofilosofia ao dogma, seus fundamentos ou suas consequências. Portanto, ela deve vir não antes, mas após a dogmática e a ética".

Então, um pouco depois, Kuyper diz:

> Disso concluímos que a Apologética está limitada a duas tarefas. Uma delas é desqualificar a pseudoteologia em função da sua *vitium originis*, que os homens

---

[15] B. B. Warfield, *Selected shorter writings of B B Warfield*, vol. 2 (Phillipsburg: P&R, 1976), p. 100.

adotam a partir da filosofia; e a segunda é manter os princípios que são inseparáveis do dogma, como de fato os únicos princípios que devem ser mantidos, contra os princípios falsos da instável filosofia.[16]

Para Warfield, essa posição relega a disciplina apologética a "uma subdivisão de uma subdivisão"[17] no currículo teológico. Isso significa que, se a classificação e a delineação da apologética exibidas por Kuyper estão corretas, o cristianismo permanece sendo, de acordo com Warfield, "a grande pressuposição".[18] Warfield tem em mente com isso que o resultado da taxonomia de Kuyper é a iniciação de muitas tarefas essenciais – tarefas como exegese, história da igreja e teologia sistemática – sem nunca haver um exame anterior da veracidade do próprio cristianismo. Com essa posição tão baixa na lista das disciplinas teológicas, o trabalho de todas essas áreas essenciais da teologia apologética pode, e de acordo com Kuyper deve, ser realizado mesmo que ainda não tenha aparecido uma defesa da veracidade do cristianismo.

Assim, em Kuyper, de acordo com Warfield, o trabalho que faz parte de todas essas disciplinas teológicas anteriores "faz tudo flutuar, por assim dizer, no ar".[19] Warfield quer dizer com isso que, pelo fato de a apologética estar em uma posição tão baixa da lista enciclopédica, a condição da verdade e da fé que fundamentam a exegese, a história da igreja e a teologia sistemática ainda precisa ser elaborada. Embora tenha havido trabalho, por exemplo, na área da exegese bíblica, a questão de o cristianismo ser verdadeiro ou simplesmente uma esperança vã não foi tratada e, de acordo com Kuyper, nem deve ser. Essa questão, conforme Warfield protesta contra Kuyper, nem sequer pode participar da conversa até outras disciplinas terem se pronunciado: "Só depois de terem concluído todo o seu trabalho elas pausam para enxugar sua testa suada e perguntam se lidaram com realidades ou talvez apenas com fantasias".[20]

---

[16] Abraham Kuyper, *Encyclopadie Der Heilige Godgeleerdheid* (Amsterdam: Wormser, 1894), 3:459, p. 461.

[17] A análise feita por Warfield de Kuyper pode ser encontrada em "Introduction to Francis R. Beattie's apologetics", in: *Selected whorter writings of Benjamin B. Warfield*, ed. John Meeter (Phillibsburg: P&R, 1970-1973). Usaremos William Edgar; K. Scott Oliphint, eds., *Christian apologetics past and present: a primary source reader, From 1500*, vol. 2 (Wheaton: Crossway, 2011): p. 391-403, que contém o ensaio de Warfield. Veja Edgar; Oliphint, *Christian apologetics past and present*, p. 396. Veja também Cornelius Van Til, *A Christian theory of knowledge* (Phillipsburg: P&R, 1969).

[18] Edgar; Oliphint, *Christian apologetics past and present*, p. 397.

[19] Ibid.

[20] Ibid.

Segundo Warfield, essa visão (juntamente com o ritschelianismo predominante na sua época) explica a "negligência muito comum da apologética".[21]

Depois de reconhecermos essas duas posições e levarmos em consideração esses dois gigantes do pensamento reformado, podemos começar a entender, em parte, o que motiva Van Til em sua reforma da apologética reformada. Ao navegar nesse debate entre os seus dois mentores, Van Til afirma:

> Portanto, Warfield estava muito certo ao afirmar que o cristianismo é objetivamente defensável. E o homem natural tem a capacidade de um entendimento intelectual, embora não espiritual, do desafio que lhe é apresentado. E nenhum desafio é apresentado a não ser que seja mostrado que, com base no seu princípio, ele destruiria toda a verdade e todo sentido. Então, se o Espírito Santo o iluminar espiritualmente, ele nascerá de novo 'para o conhecimento' e adotará com amor o princípio que antes estava ansioso para destruir.[22]

Van Til busca resolver ao menos parte dessa divergência sobre a antítese e sua aplicação à apologética de dois modos e, então, reconhece dois aspectos da natureza essencial da antítese e acrescenta uma qualificação decisiva.

Em primeiro lugar, Van Til concorda com Kuyper no fato de a antítese ser absoluta. A palavra *absoluta* pode ser problemática por talvez transmitir a ideia de ela ser não qualificada, mas, nesse contexto, seu significado é que não é uma afirmação relativa; o pecado não está mais presente ou menos presente nas pessoas. Em outras palavras, as pessoas não podem ser em parte cristãs e em parte não cristãs. Isto é, a antítese não é uma questão relativa, de algum modo dependente de circunstâncias ou contextos, pois uma pessoa é apenas cristã ou não cristã.

Em segundo lugar, Van Til reconhece que essa antítese absoluta é verdadeira *em princípio*. Isto é, é o *princípio* da antítese, não importa as consequentes aplicações, que está sendo analisado aqui. O *modo* da aplicação específica desse princípio é uma questão diferente e importante, mas o fato de haver um "abismo" entre cristão e não cristão, com relação ao *fundamento básico* deles (isto é, seu princípio ou *principium*), precisa ser afirmado. A antítese, no seu *princípio* básico, é absoluta.

---

[21] Ibid., p. 295.
[22] Van Til, *Defense of the faith*, p. 352.

Mas há um acréscimo central que devemos notar e que sempre, quer explícito, quer implícito, é inseparável dessa noção de antítese absoluta. Van Til qualifica e esclarece a linguagem de Kuyper com a insistência de que a antítese é *ética*.[23] Com isso, Van Til tem em mente a exclusão de qualquer noção metafísica de antítese. Uma antítese *ética* é aquela em que há não dois mundos, mas dois tipos de pessoas em um só mundo; duas atividades – *em princípio* – associadas com essas pessoas. Na linguagem da teologia reformada, há uma antítese *pactual* entre o cristão e o não cristão, ou seja, todas as pessoas estão ou *em Adão* ou *em Cristo*, e esses são os dois, e os *únicos* dois, representantes pactuais que Deus designou, de modo que nossa identidade básica é um dos dois, no presente e pela eternidade.

É compreensível o entendimento que Warfield teve da visão de Kuyper. O fato de Kuyper relegar a apologética a uma "subdivisão de uma subdivisão" era certamente uma aplicação da sua visão da antítese. Mas, para sermos justos com Kuyper, é necessário reconhecer que sua ilustração (apresentada anteriormente) dos dois tipos de árvore – enxertada e não enxertada – certamente mostra que sua perspectiva não foi *metafísica*. Afinal de contas, os dois tipos de árvore ainda eram *árvores*, mesmo que algumas tenham experimentado uma influência externa e outras não. Em ambos os aspectos – o lugar da apologética para Kuyper e sua ilustração das árvores frutíferas –, Kuyper não foi tão claro quanto precisou ser.

Van Til se apropria do que ele considera o melhor de Kuyper e de Warfield no seu desenvolvimento de uma apologética consistentemente reformada. O cristianismo é, de fato, defensável, e deve ser defendido e exaltado; sua defesa deve ocupar a posição de destaque, e não a subdivisão de uma subdivisão, no currículo teológico. A apologética não deve ser relegada a uma tarefa minúscula no fim de uma enciclopédia teológica. Assim, Van Til diz: "Não posso concordar [com Kuyper] quando o fato da natureza mutuamente destrutiva dos dois princípios o leva à conclusão da inutilidade de discutir racionalmente com o homem natural".[24] Novamente, seus comentários sobre o tema iluminam seu entendimento do potencial da apologética:

---

[23] Prefiro o termo *pactual* a *ética* para caracterizar essa antítese. Para as razões da preferência, veja K. Scott Oliphint, *Covenantal apologetics: principles and practice in defense of our faith* (Wheaton: Crossway, 2013).

[24] Van Til, *Defense of the faith*, p. 351.

Quando ele [o homem não regenerado] estuda a natureza, um homem não precisa ler a Bíblia. Mas, caso queira se dedicar a um estudo fértil e inteligente, ele não deve nutrir uma filosofia do ser e do conhecimento que não lhe permite distinguir um fato de outro e que não é capaz de explicar a relevância da hipótese para o fato.

De novo, a afirmação não é que um cristão por ser cristão é transformado "em um perito em botânica ou em física". Um indivíduo que deseja se tornar um perito em botânica ou física precisa estudar botânica ou física. Mais uma vez, a questão não é se o não cristão conhece botânica, física ou qualquer outra ciência. A questão é dos dois princípios, o cristão e o não cristão, que são contrários entre si. *Em última instância*, o pecador está errado na sua interpretação do universo físico assim como na sua intepretação de Deus (grifos nossos).[25]

MÉTODO APOLOGÉTICO

A partir da sua análise da antítese, podemos realçar os pontos proeminentes do método apologético de Van Til. Pelo fato de permanecer uma antítese absoluta e ética (ou pactual) entre o cristão e o não cristão, permanece um abismo entre os dois, e, além disso, os efeitos noéticos do pecado são tão graves que, sem Cristo, estamos mortos nas nossas transgressões e em nossos pecados (Efésios 2:1); a nossa mente é hostil a Deus e incapaz de se submeter a ele (Romanos 8:7); e, sem a ação do Espírito Santo, não somos capazes de entender o evangelho (1Coríntios 2:13,14). A apologética apenas será possível com alguma forma de transposição desse abismo, e, como podemos transpor o abismo entre o cristão e o não cristão?

Aqui, Van Til é influenciado principalmente por Calvino (que segue Paulo), cuja ênfase no *sensus divinitatis* continha um escopo e uma aplicação reformadas. Por causa da sua criação à imagem de Deus, as pessoas sempre e em todos os lugares, de modo inevitável, dinâmico e não mediado *conhecem* o verdadeiro Deus verdadeiramente (cf. Romanos 1:20).[26] A transposição do abismo entre o cristão e o não cristão é efetuada por Deus, que faz uma revelação constante de si mesmo a todas as pessoas por meio de tudo que fez.

---

[25] Ibid., p. 280.
[26] Para uma análise exegética do *sensus divinitatis*, veja K. Scott Oliphint, "The irrationality of unbelief", in: *Revelation and reason: new essays in Reformed apologetics*, eds. K. Scott Oliphint; Lane G. Tipton (Phillipsburg: P&R, 2007), p. 59-73.

Pelo fato de todas as pessoas em todos os lugares conhecerem a Deus, qualquer apelo do apologeta ao verdadeiro Deus fará sentido para elas porque o Deus de quem falamos e cuja existência defendemos já é conhecido desde o início.

Obviamente, há um problema profundo e onipresente inerente a esse conhecimento que Deus dá a todas as pessoas. Aqui também, seguindo Calvino (que segue Paulo), Van Til reconheceu que todos que se recusam a seguir a Deus suprimirão esse verdadeiro conhecimento dele. Essa supressão, diz Paulo, é a razão da revelação da ira de Deus (Romanos 1:18) e nos tornará indesculpáveis no dia do juízo (Romanos 1:20).

Assim, a situação é mais ou menos a seguinte. *Há* uma ponte que traspõe o abismo entre a fé e a incredulidade, e Deus construiu e manteve essa ponte. O problema é o fato de que as pessoas que rejeitam a Deus se recusam a reconhecer a realidade de como é o mundo, quem elas são, a razão de elas o rejeitarem, o que deveriam fazer etc. A supressão da verdade as faz criar uma ilusão, um mundo falso, mesmo que usem e se apropriem das boas dádivas que Deus deu a todas as pessoas. Em poucas palavras, elas rejeitam a Deus, mas abusam da sua bondade, que lhes dá a vida, a respiração e todas as coisas (Atos 17:25).

Como, então, uma pessoa defende a fé cristã nessas circunstâncias? A que o apologeta recorre quando o abismo pactual é tão profundo e arraigado? É necessário apelar ao conhecimento de Deus, ao *sensus divinitatis*, que todas as pessoas têm (pois Deus o dá a todas as pessoas). Esse conhecimento de Deus é exibido de dois modos gerais. Em primeiro lugar, ele se manifesta no ato de as pessoas "tomarem emprestado" do cristianismo para explicar, ou tentar interpretar, sua própria experiência, sua própria vida ou seu próprio entendimento do mundo. Quando Paulo disse aos atenienses que "nele vivemos e nos movemos e existimos" (Atos 17:28), ele fez uso de uma expressão poética de um dos seus próprios poetas. Essa expressão era totalmente falsa no contexto, pois "nele" significava "Zeus", todavia, a razão inteira de essa frase ter sido apresentada foi o fato de haver um verdadeiro conhecimento de Deus, mas que estava suprimido. Essa supressão levou à idolatria, mas essa própria idolatria pressupunha um verdadeiro conhecimento de Deus. Assim, o apelo paulino à poesia deles reconheceu seu "empréstimo" da verdade cristã para construir uma falsa religião. Em segundo lugar, os aspectos da verdade cristã tomados "emprestados" por não cristãos nunca serão consistentes com os princípios ou fundamentos subjacentes à incredulidade ou farão sentido nesse contexto. Por exemplo, uma pessoa que afirma que roubar é errado não consegue, fora do cristianismo, encontrar uma base sólida para essa afirmação. Sem a revelação de Deus, ela é uma lei arbitrária, e qualquer lei arbitrária pode ser alterada ou violada com a mesma arbitrariedade. Portanto, não há fundamento nenhum para qualquer pessoa fora de Cristo; sem Cristo, tudo é relativo. E, apesar de afirmações contrárias, ninguém consegue viver ou vive como se todas as coisas fossem relativas. Um semáforo vermelho não pode significar que alguns carros devem parar e outros podem avançar.[27]

Tudo isso leva à afirmação de que, no ato do apologeta de questionar aqueles que rejeitam a Cristo, ele precisa se basear (1) na revelação universal de Deus, que por si mesma produz um conhecimento universal de Deus, e (2) no fato de todas as pessoas suprimirem esse conhecimento sem a obra regeneradora do Espírito Santo. Em nossa atividade apologética, devemos reconhecer e nunca nos opor aos seguintes fatos:

1. O Deus triúno é o fundamento de tudo que existe e sem ele haveria nada – não haveria povo algum, nem idioma, nem mesmo um mundo, nada.
2. A revelação de Deus, tanto natural quanto especial, é autoevidente – essa verdade permite reconhecermos que todas as pessoas conhecem Deus por meio das coisas que criou (natural) e que a Palavra que proferiu, nas Escrituras, contém a autoridade do próprio Deus. Não há autoridade maior do que essa.
3. O problema do pecado é a morte espiritual. Uma ressurreição de quem é espiritualmente morto somente é possível por meio do poder vivificante da verdade das Escrituras. Sendo assim, o objetivo da apologética é comunicar essa verdade para pessoas poderem vir a Cristo.

CONTRIBUIÇÕES PARA A APOLOGÉTICA

Alguns leitores poderiam reconhecer o fato de eu ter evitado diligentemente o termo *pressuposicionalismo* na minha análise por enquanto, mas tenho um bom motivo para isso. O termo se tornou tão confuso, tão mal compreendido, tão difamado que deixou de ser útil como uma referência a uma abordagem apologética reformada. Em vez de pressuposicionalista, poderíamos chamar

---

[27] Em *Covenantal apologetics*, elaboro diversos diálogos possíveis, incluindo um que usa uma versão do argumento cosmológico, para mostrar como uma pessoa poderia dialogar com o incrédulo no contexto dessa metodologia.

essa abordagem de "pactual".[28] O foco desse termo deve nos dirigir à profundidade e à riqueza de uma teologia reformada robusta, que, por sua vez, apresenta o fundamento de qualquer abordagem apologética que busque ser reformada, e isso tem ao menos duas implicações.

Em primeiro lugar, isso deve nos ajudar a reconhecer que essa abordagem adota uma teologia reformada robusta. A apologética deve ser, para começar, uma disciplina *teológica* e, assim, sua metodologia deve ser dependente da teologia do apologeta.

Em segundo lugar, aqueles que amam e abraçam a teologia reformada aproveitarão ao máximo o método teológico de Van Til ao fazerem uma análise e uma aplicação desse método à luz dessa teologia. Nesse método, as doutrinas reformadas de Deus e das Escrituras são aplicadas e nele deve haver uma conexão perfeita entre uma forte defesa do cristianismo e a verdade do evangelho como é encontrada em Cristo. Não há um "teísmo genérico" ligado a esse método. O que é defendido é um teísmo *cristão* totalmente formado, e, sem essa qualificação, o evangelho apenas serve de complemento, uma espécie de "pós-escrito não científico final", e tal conclusão acaba pondo em xeque, no final, as glórias do evangelho, mesmo que seja satisfeito com um deus genérico.

B. B. Warfield certa vez observou que o calvinismo é "o cristianismo plenamente realizado".[29] De modo semelhante, a apologética reformada é a apologética plenamente realizada,[30] e ela desafia a causa fundamental da rebeldia do pecado e apresenta às pessoas a única esperança existente do Jesus Cristo que foi crucificado, ressuscitou, ascendeu aos céus e agora reina, até o dia em que seus inimigos serão colocados debaixo dos seus pés.

BIBLIOGRAFIA

KUYPER, Abraham. *Encyclopedia of sacred theology: its principles* (New York: Scribne's Sons, 1898).

MUETHER, John R. *Cornelius Van Til: reformed apologist and churchman* (Phillipsburg: P&R, 2008).

OLIPHINT, K. Scott. "The consistency of Van Til's methodology". *Westminster theological journal* 52/1 (1990): 27–49.

---

[28] Veja K. Scott Oliphint, *Covenantal apologetics: principles and practice in defense of our faith* (Wheaton: Crossway, 2013).

[29] Van Til, *Defense of the faith*, p. 94-5.

[30] Ibid., p. 306.

_____. *Covenantal apologetics: principles and practice in defense of our faith* (Wheaton: Crossway, 2013).

_____. "The irrationality of unbelief", p. 59-73, in: *Revelation and reason: new essays in Reformed apologetics*. Ed. K. Scott Oliphint; Lane G. Tipton (Phillipsburg: P&R, 2007).

_____. *Thomas Aquinas (Great Thinkers)* (Phillipsburg: P&R, 2017).

VAN TIL, Cornelius. *Toward a reformed apologetics*. s.l., 1972.

_____. *Why I believe in God* (Philadelphia: Committee on Christian Education of the Orthodox Presbyterian Church, 1948).

_____. *Por que creio em Deus* (Brasília: Monergismo, 2017).

_____. Ed. "Christian-theistic evidences" (Phillipsburg: P&R, 2016).

_____. Ed. *Defense of the faith* (Phillipsburg: P&R, 2008).

WARFIELD, B. B. *Selected shorter writings of B B Warfield*. Vol. 2 (Phillipsburg: P&R, 1976).

GORDON HADDON CLARK
A LÓGICA E AS ESCRITURAS EM UMA APOLOGÉTICA PRESSUPOSICIONAL

ROBERT A. WEATHERS

Dos filósofos cristãos do século XX, poucos foram mais influentes do que Gordon Haddon Clark (1902-1985). Autor prolífico e professor popular, Clark tratou do liberalismo teológico com uma defesa rigorosa do uso da lógica na filosofia cristã e na apologética. Ele foi um calvinista fervoroso, um presbiteriano devoto e uma figura influente na ascensão do movimento neoevangélico em meados do século XX, e seu lugar na história está estabelecido pelo seu esforço de promover a inerrância bíblica, por controvérsias que o incluíram ou que focaram no seu trabalho e por sua defesa da Confissão de Fé de Westminster entre os presbiterianos, além de muitos outros fatos. E sua influência como apologeta ainda persiste por meio dos seus muitos alunos, incluindo Carl F. H. Henry e Billy Graham.

CONTEXTO HISTÓRICO

A vida e a obra de Gordon Haddon Clark estão entrelaçadas com a rica herança do presbiterianismo na América do Norte. Clark nasceu em 1902 como parte da segunda geração da família Clark que havia imigrado da Escócia e trazido sua fé presbiteriana ao país. Seu avô, James, foi um produto da Perturbação de 1843, uma controvérsia eclesiástica que dividiu a histórica Igreja da Escócia e criou a Igreja Livre da Escócia, cujos ministros estavam fundamentados em um presbiterianismo calvinista profundo. James e sua esposa, Margaret, foram de navio para os Estados Unidos e, em 1859, tiveram um filho, David, que demonstrou ser ainda mais erudito nos seus estudos e apaixonado pelo ministério do que seu pai. No seu primeiro pastorado, David conheceu Elizabeth Yates Haddon, e os dois se casaram em 1895. Gordon, único filho do casal, nasceu em 1902. No ambiente do ministério pastoral de seu pai, Gordon cresceu, estudou e floresceu.

David legou ao seu filho o amor por Cristo, a paixão pelo ministério, o compromisso com os ideais do calvinismo presbiteriano e a fome pelo aprendizado. "David proveu ao seu filho um conjunto de competências que outros jovens estudantes apenas aprenderiam no seminário", escreve o biógrafo Douglas Douma, "incluindo o conhecimento da história presbiteriana, da doutrina eclesiástica e da natureza dos acontecimentos recentes na igreja".[1] Além disso, Gordon obteve percepções sobre a teologia e a instrução teológica de Princeton com base na experiência direta de seu pai, mas, acima de tudo, David mostrou a seu filho a união entre a esfera acadêmica e o ministério que a vida do pastor e mestre deveria exibir, além de mostrar a Gordon como conduzir uma vida que exemplificasse sua fé. Como Douma enfatiza, é "impossível superestimar" a inspiração que Gordon obteve de seu pai.[2]

Educação, casamento e ministério

Gordon professou pela primeira vez Cristo como Salvador em uma cruzada de Billy Sunday na Filadélfia, em 1915.[3] Ele cresceu na fé enquanto floresceria nos estudos, aprendendo os clássicos na escola pública local e então indo estudar na Universidade da Pensilvânia. Nessa época, "ele já tinha uma fé cristã sólida, tinha erudição e estava consciente da sua identidade presbiteriana".[4]

Em 1924, Clark foi estudar filosofia na Universidade da Pensilvânia. Sua preferência teria sido o Seminário Teológico de Princeton, mas a influência modernista no seminário o desencorajou, e essa decisão nos dá um vislumbre antecipado dos conflitos com o modernismo que moldariam o ministério de Clark como professor e autor.

O corpo docente de filosofia na Universidade da Pensilvânia era impressionante, e Clark floresceu nesse ambiente. Em 1924, como estudante de último ano, seu ministério de ensino decolou quando recebeu um convite para lecionar nos cursos universitários da própria Universidade. Sua predileção

---

[1] Douglas J. Douma, *The Presbyterian philosopher: the authorized biography of Gordon H. Clark* (Oregon: Wipf & Stock, 2016), p. 4.

[2] Douma, *Presbyterian philosopher*, p. 7. Cf. Carl F. H. Henry, "A wide and deep swath", in: *Clark and his critics: the works of Gordon Haddon Clark*, Vol. 7 (Unicoi: The Trinity Foundation, 2009), p. 19.

[3] Billy Sunday era um ex-jogador de beisebol profissional que havia se tornado evangelista. Douma observa a ironia interessante da experiência de salvação de Clark nesse ambiente. Clark viria a se afastar de apelos emocionais como os de Sunday em favor de apelos intelectuais e da apologética, levando a uma divergência na sala de aula com um jovem aluno chamado Billy Graham. Douma, *Presbyterian philosopher*, p. 9, 44.

[4] Douma, *Presbyterian philosopher*, p. 12. É um fato interessante o pai de Clark ter batizado Ruth em 1907. A família de Ruth era metodista, não estando clara a razão de ter sido batizada por um pastor presbiteriano.

pela lógica se enraizou e se desenvolveu, e ele escreveu sua dissertação sobre a obra *De anima*, de Aristóteles, que concluiria em 1929. Durante seu tempo na universidade, conheceu e casou-se com Ruth Schmidt, uma colega na universidade. Eles tiveram duas filhas e foram casados por 48 anos.[5]

Clark se tornou parte do corpo docente de filosofia na Universidade da Pensilvânia e ficou ali até 1936, quando o novo presidente do Wheaton College, J. Oliver Buswell, o convidou para ingressar no seu corpo docente de filosofia. Mesmo assim, Buswell e outros docentes tinham algumas reservas, e uma preocupação particular era se seu calvinismo rígido seria um problema para aqueles que prefeririam uma ênfase na responsabilidade humana pessoal diante de Deus. Mas eles decidiram que um período experimental de um ano seria adequado; tudo correu bem e, em 1937, Clark foi nomeado professor associado de filosofia.[6]

O período de Clark no Wheaton College teve a duração relativamente curta de sete anos, mas esses sete anos foram possivelmente os mais significativos na avaliação da sua influência como filósofo e apologeta cristão. Douma brinca que uma lista dos alunos de Clark em Wheaton "soa como uma honraria para os intelectuais cristãos do século XX".[7] Em um período fundamental da história cristã norte-americana, estrelas em ascensão como Billy Graham, Carl F. H. Henry, E. J. Carnell e Harold Lindsell tiveram aulas com Clark, cuja filosofia cristã rigorosa os forçou ao crescimento, e juntos eles moldaram o futuro do evangelicalismo, liderando a ascensão do movimento neoevangélico na América do Norte. Alguns deles, como Henry, até mesmo permaneceram amigos e colegas vitalícios de Clark. Por outro lado, os anos de Clark em Wheaton também foram a gênese de alguns dos debates mais intensos na história da Igreja Presbiteriana Ortodoxa (OPC).

Butler e muito mais

Em 1943, Clark decidiu deixar sua posição em Wheaton College; depois disso, foi ordenado ministro na Igreja Presbiteriana Ortodoxa e logo começou a ensinar na Universidade Butler em Indiana, pensando que ficaria apenas um breve período para ocupar uma lacuna na faculdade. Em vez disso, permaneceu em Butler por 28 anos, até 1973. Durante seu tempo em Butler, Clark escreveu de modo prolífico e afiou suas habilidades apologéticas. Em 1952,

---

[5] Ibid., p. 13, 38-41.
[6] Ibid., p. 43.
[7] Ibid., p. 167.

publicou *Uma visão cristã dos homens e do mundo*, que a maioria dos estudiosos considera o exemplo mais definitivo do seu método apologético.[8]

Clarck se aposentou de Butler no fim do ano acadêmico de 1972-1973, mas foi muito procurado como professor, e sua aposentadoria teve curta duração, pois ele acabou aceitando uma posição no Covenant College, na Geórgia, onde começou a exercer sua função no outono de 1974. Sua amada esposa, Ruth, morreu em 1977. Clark ficou em Covenant até 1983, aposentou-se mais uma vez e, então, a pedido do seu genro Dwight Zeller, foi para o Colorado ensinar no Seminário Sangre de Cristo como "pesquisador residente".

Foi em Sangre de Cristo, no outono de 1984, que Gordon Clark deu seu último curso. Ele foi hospitalizado com dores estomacais e voltou para casa sabendo que sua condição era terminal. Na manhã de 9 de abril de 1985, ele faleceu em decorrência de uma cirrose no fígado, ocasionada não por álcool – pois ele nunca bebeu –, mas pela medicação para artrite que havia tomado durante 40 anos. Ele tinha 82 anos.[9]

CONTEXTO TEOLÓGICO

No século XX, houve a explosão de um movimento para refutar a tendência crescente do modernismo teológico na América. Gordon Clark teve um papel singular nesse período decisivo em virtude da sua influência intencional e das consequências não intencionais do seu ensino e de seus escritos, bem como dos efeitos residuais da sua teologia e apologética.

Clark e sua teologia foram centrais em três controvérsias, uma durante seu tempo em Wheaton e duas depois disso, controvérsias estas que moldariam seu lugar na história e a influência da sua apologética.

Calvinismo e escatologia

Embora fosse um professor popular, o calvinismo rigoroso de Clark e seu uso rígido da lógica na filosofia incomodavam alguns dos seus colegas em Wheaton. Então, em 1944, o que protegia Clark das chamas da controvérsia desapareceu, pois Buswell, seu principal apoiador, foi demitido do cargo de reitor. O novo reitor, V. Raymond Edman, tomou o partido daqueles no corpo docente e na comunidade evangélica mais ampla que pensavam que o

---

[8] Ibid., p. 224-44.
[9] Ibid., p. 224-44.

calvinismo de Clark não combinava com o fervor evangelístico que Wheaton queria fomentar entre seus docentes e alunos.[10]

Além disso, Clark questionou abertamente o milenismo dispensacionalista popular que era a posição predominante em Wheaton e defendeu o Seminário Teológico de Westminster, e não o recém-fundado Faith Theological Seminary, o que causou irritação profunda em muitos do movimento conservador presbiteriano, incluindo figuras populares como Francis Schaeffer. Além disso, Clark fez uma promoção ativa da teologia reformada no campus.[11] Em 1942, Henry C. Thiessen apresentou uma queixa formal contra Clark ao conselho diretor do Wheaton College e ele, vendo que a maré não estava mais a seu favor, em 1942 já estava em busca de outro emprego; assim, em fevereiro de 1943, ele deixou sua posição no Wheaton College.[12]

A controvérsia da ordenação

Em 1943, Clark viu sua situação de desemprego como uma oportunidade de cultivar uma das suas primeiras paixões, o ministério pastoral. Seu pai havia mostrado de modo constante que a teologia cristã deveria ser inseparável do ministério prático, e Clark nunca perdeu esse fato de vista. Ele sempre havia tido um envolvimento ativo e amoroso com a igreja local, e agora o ministério pastoral representava uma oportunidade financeira atrativa durante sua situação de desemprego. Assim, em 1942, com 45 anos, antes de deixar Wheaton, Clark deu início ao processo de petição para ser ordenado na Igreja Presbiteriana Ortodoxa (OPC),[13] porém, sua petição ocorreu no contexto de uma onda crescente de debates sobre o que muitos na denominação consideravam a influência inapropriada do Seminário Teológico de Westminster sobre as igrejas da OPC. Além disso, a controvérsia em Wheaton havia evidenciado as visões teológicas de Clark, gerado debates intensos por todo o cenário evangélico e o transformado um indivíduo tanto popular quanto polarizador na denominação.

Sendo assim, o caminho para a ordenação de Gordon Clark foi uma provação longa e sinuosa que apenas chegou ao fim na Filadélfia dois anos após

---

[10] Ibid., p. 47.
[11] Ibid., p. 48.
[12] Ibid., p. 52-5.
[13] Ibid., p. 76-7. Isto é, em vez de a Igreja Episcopal Reformada (REC), que teria sido uma outra opção de ordenação de acordo com as visões teológicas de Clark.

a petição original. Clark foi ordenado em 1944, em uma sessão especial da OPC, que, de acordo com os registros, "foi a sessão com o maior número de participantes na história do Presbitério da Filadélfia".[14] Como seu pai e seu avô antes dele, Gordon Clark agora era pastor ordenado.

"A queixa" e a controvérsia Van Til

Apesar do seu desejo de prosseguir, Clark permaneceu sendo alvo de uma controvérsia crescente na OPC. Apenas três meses após sua ordenação, 12 presbíteros na OPC e cinco docentes de Westminster apresentaram uma queixa contra a ordenação de Clark, documento este que recebeu o nome formal de *A queixa* e cujo alvo foi o próprio processo de ordenação, sob a acusação de que Clark havia sido ordenado em uma reunião ilegal, o que tornava necessária a anulação da ordenação. Mas as preocupações mais significativas do documento foram as posições teológicas de Clark: em especial a incompreensibilidade de Deus, a relação das faculdades da alma, a soberania divina e a responsabilidade humana e a livre oferta do evangelho.[15]

Central a todas essas queixas foi a epistemologia de Clark. Enquanto outros teólogos e apologetas calvinistas negavam qualquer eficácia na razão humana, a convicção dele era de que o apologeta cristão ainda poderia apelar à razão humana. O principal rival de Clark nesse debate foi Cornelius Van Til, professor de apologética no Seminário Teológico de Westminster. A controvérsia começou em 1944 e seguiu ambos os homens durante o restante da sua carreira, e, embora com frequência seja apresentada da perspectiva da incompreensibilidade de Deus, "a real questão foi se algum pensamento humano podia ser idêntico a algum pensamento divino".[16] Van Til negou que essa identidade entre a humanidade e Deus era possível, enquanto Clark afirmou que não apenas era possível, mas que também era necessária. Para Clark, "sem essa identidade, não temos acesso à verdade".[17] Essa controvérsia se tornou não apenas a controvérsia mais famosa na biografia de Gordon Clark, mas também a mais influente para a apologética cristã.[18]

---

[14] Douma, *Presbyterian philosopher*, p. 92.
[15] Ibid., 110-27.
[16] John M. Frame, "Cornelius Van Til", in: *A history of Western philosophy and theology*, 1. ed. (Phillipsburg: P&R, 2015), p. 530.
[17] Ibid.
[18] Ibid., p. 35. Douma afirma: "Clark é bem conhecido hoje pela postura teológica e filosófica afirmada [nesta] controvérsia, talvez sendo mais conhecido apenas pelos seus livros".

RESPOSTAS APOLOGÉTICAS E TEOLÓGICAS

Na maioria das questões, havia um consenso entre Clark e Van Til – um consenso teológico –, uma vez que ambos defendiam a inerrância das Escrituras e buscavam convocar os evangélicos contra a tendência crescente do modernismo e liberalismo. Mas não havia consenso no ponto de partida para apologética cristã, uma questão epistemológica decisiva. A pergunta era: "Qual seria o fundamento, se é que existia, para o cristão se conectar com um não cristão?". Os dois estudiosos colidiram frontalmente na questão desse dilema espinhoso da ponto de contato entre um cristão e um não cristão. Van Til negou qualquer base comum desse tipo, argumentando que a mente caída era incapaz de compreender a verdade; por outro lado, Clark conferiu à lógica humana a capacidade de criar esse ponto de contato, e ele acreditava que isso era possível por causa do fato fundamental de todas as pessoas terem sido criadas à imagem de Deus e de a própria lógica ser necessária para viver.

De acordo com Clark, Van Til afirmava que "há uma diferença qualitativa entre o conteúdo do conhecimento de Deus e o conteúdo do conhecimento possível ao homem". Isso significa, Van Til explicou, que não há "absolutamente nenhuma coincidência" entre o conhecimento humano e o conhecimento divino e, portanto, uma mesma proposição teria significados diferentes para Deus e para uma pessoa.[19] Clark discordou de Van Til nesse ponto e advertiu que o resultado desse raciocínio era a impossibilidade total de um ser humano obter qualquer verdade e afirmou que o calvinismo não negava a razão humana. Aliás, Clark informou que o próprio Calvino afirmou que até mesmo os seres humanos caídos e pecaminosos mantinham a capacidade de raciocínio,[20] e essa distinção significativa foi o ponto de partida do desenvolvimento do método apologético pressuposicional de Clark.

Contexto apologético

O melhor modo de ver a abordagem apologética de Clark é no contexto maior da apologética. A classificação típica da apologética tem sido duas categorias gerais: apologética clássica e apologética evidencialista, métodos que pressupõem uma base comum entre o cristão e o não cristão e afirmam a capacidade que o incrédulo tem de um raciocínio eficaz em direção à verdade bíblica,

---

[19] Gordon H. Clark, "Apologetics", in: *Contemporary evangelical thought*, ed. Carl F. H. Henry (New York: Channel, 1957), p. 159.
[20] Ibid.

usando a lógica e a razão para conduzir o não cristão à fé. Além disso, essas abordagens em geral exibem uma convicção de que as evidências devem sustentar qualquer proposição.[21] Razões justificam a fé, e o não cristão pode ser levado à fé por meio do uso eficaz da apologética, mesmo sem a Bíblia – se necessário. Portanto, a função principal da apologética é o pré-evangelismo.[22]

Pressuposicionalismo

Mas para outros apologetas, em especial aqueles que empregam métodos apologéticos informados pelo calvinismo e pela teologia reformada, o esforço para convencer a mente incrédula da viabilidade da fé cristã é fútil. Pelo fato de a mente pecaminosa e caída aceitar pressuposições falsas, qualquer epistemologia dependente do raciocínio humano para alcançar a conclusão da existência de Deus tem falhas no seu cerne. Portanto, o pressuposicionalismo, como essa posição ficou conhecida,[23] propõe que qualquer conhecimento de Deus é impossível fora da Bíblia, e o único modo de conhecer a Deus é por meio da sua revelação especial. Sendo assim, o pressuposicionalista *pressupõe* a verdade do cristianismo como um ponto de partida.[24] Falando em nome dos pressuposicionalistas, o teólogo John Frame explica que eles consideram a verdade da Bíblia "a nossa convicção mais fundamental, nosso compromisso mais básico.

---

[21] Um resumo excelente dessas abordagens está presente em Steven B. Cowan, ed., *Five views on apologetics*, Counterpoints Series, ed. Stanley N. Gundry (Grand Rapids: Zondervan, 2000), p. 7-20. Exemplos de abordagens em que a evidência sustenta afirmações proposicionais incluem Lew Weider; Ben Gutierrez, *Consider* (Bel Air: Academix Publishing Services, Inc., 2010), p. 33-4; Ronald H. Nash, *Faith and reason: searching for a rational faith* (Grand Rapids: Zondervan, 1988), p. 78. William Lane Craig escreve: "Embora saibamos que nossa fé é verdadeira principalmente por causa do testemunho do Espírito, precisamos saber que nossa fé é verdadeira com base em argumentos racionais e evidências". E ele continua: "Devemos nos dedicar não apenas a uma refutação de objeções de que nossa visão é incoerente ou implausível à luz de certos fatos (apologética defensiva), mas também a uma apresentação de argumentos e evidências que mostram que nossa visão é a melhor explicação dos dados (apologética ofensiva)". William Lane Craig, "Classical apologetics", in: Cowan, *Five views on apologetics*, p. 43, 45.

[22] A maioria dos apologetas clássicos e evidenciais toma o cuidado de diferenciar a apologética do evangelismo. Por exemplo, embora esclareçam que a apologética não é "evangelismo", os apologetas cristãos afirmam que "ela é uma parte vital do pré-evangelismo", preparando os não cristãos para compreender e aceitar as afirmações de Cristo. Veja R. C. Sproul, John Gerstner; Arthur Lindsley, *Classical apologetics: a rational defense of the Christian faith and a critique of presuppositional apologetics* (Grand Rapids: Zondervan, 1984), p. 21.

[23] O termo foi cunhado em 1948 por J. Oliver Buswell, em uma resenha de um livro de E. J. Carnell. Douma, *Presbyterian philosopher*, p. 68.

[24] Norman L. Geisler, "Presuppositional apologetics", *Baker encyclopedia of Christian apologetics*, Baker Reference Library (Grand Rapids: Baker, 1999), p. 607 [no Brasil: *Enciclopédia de apologética: resposta aos críticos da fé cristã* (São Paulo: Vida, 2002)].

Também podemos caracterizar esse compromisso como a nossa *pressuposição* mais suprema, pois levamos esse compromisso a todo o nosso pensamento, buscando conformar todas as nossas ideias a ele. Portanto, essa pressuposição é o nosso critério supremo de verdade. Medimos e avaliamos todas as outras fontes de conhecimento por meio dele [...] Isso significa que para os cristãos a fé governa a razão, assim como governa todas as outras atividades humanas".[25]

O pressuposicionalismo é associado com mais frequência a Van Til,[26] o qual exibiu uma ampla rejeição da apologética clássica, chamada por ele de "apologética tradicional", por causa da sua dependência da filosofia de Tomás de Aquino como ponto de partida, pois o fundamento do tomismo era Aristóteles. Em vez disso, ele declarou que o ponto inicial da apologética deve ser a autorrevelação de Deus nas Escrituras e argumentou que qualquer forma de racionalismo na apologética deve ser rejeitada e que o tomismo reduzia a apologética ao racionalismo para ser mais aceitável para a humanidade pecaminosa.[27]

Pressuposicionalismo de Clark

Junto com Van Til, Clark é considerado um pioneiro da apologética pressuposicional e, mesmo assim, ele divergiu de Van Til na questão decisiva da eficácia da razão humana. Ao contrário de Van Til, Clark achava que a razão humana poderia servir de ponto de partida na apologética. A verdade existe, e os seres humanos, com ou sem a mente regenerada, podem conhecer a verdade proposicional por meio da razão. Clark argumentou que pressuposições eram semelhantes a axiomas na matemática, e, por sua natureza, esses axiomas "nunca são deduzidos de princípios mais originários, mas sempre são testados de outro modo". Isso significa que o axioma é uma pressuposição ou um primeiro princípio,[28] e a pressuposição suprema no cristianismo é a verdade proposicional das Escrituras.

Diferentemente de outros sistemas de convicções, o cristianismo é um conjunto coerente de verdades proposicionais. "Indubitavelmente", Clark

---

[25] John M. Frame, "Presuppositional apologetics", in: Cowan, *Five views on apologetics*, p. 209. Ênfase original.
[26] Sproul, Gerstner, Lindsley, *Classical apologetics*, p. 183.
[27] Norman L. Geisler, "Van Til, Cornelius", *Baker encyclopedia of Christian apologetics*, p. 752-3. Para uma análise mais completa do pensamento de Van Til, veja o capítulo 27 do presente volume.
[28] Gordon H. Clark, *An introduction to Christian philosophy*, in: *Christian philosophy: the works of Gordon Haddon Clark*, vol. 4 (Unicoi: The Trinity Foundation, 2004), p. 299.

afirmou, "defendo que a verdade é um sistema coerente de proposições".[29] Esse sistema é revelado nas Escrituras, e essa afirmação estabelece a base do "escrituralismo" de Clark ou sua visão de que a revelação das Escrituras apresenta o único axioma verdadeiro para a análise teológica. "A revelação deve ser aceita como nosso axioma, visto que outras pressuposições falharam".[30]

Clark argumentou que o conhecimento exige certeza, que não pode ser derivada da experiência sensorial por causa das incertezas inerentes à experiência. Assim, a experiência não pode ser chamada de "conhecimento"; na verdade, apenas o conhecimento obtido das Escrituras pode ser chamado de verdadeiro conhecimento. Clark argumentou que o evidencialismo e a apologética clássica, bem como qualquer híbrido, assemelhado ou derivado, se baseavam em filosofias não cristãs e, portanto, tinham falhas fundamentais e eram incapazes de apresentar axiomas necessários. Os argumentos empíricos a favor da existência de Deus pressupunham a validade da percepção sensorial e, quer na ciência, quer em qualquer outra disciplina, incluindo a religião, essa abordagem era falha pela simples razão de ignorar a incapacidade humana de obter conhecimento sobre Deus sem a revelação de Deus.[31]

Por exemplo, no contexto da sua crítica da abordagem de Kierkegaard à verdade histórica, Clark propôs que era impossível chegar à conclusão da veracidade da verdade cristã com um estudo da história: "A história", ele explicou, "é um estudo empírico, e o empirismo torna o conhecimento impossível [...] Suponha que a pesquisa histórica demonstrasse a veracidade da Bíblia. Isso ajudaria qualquer pessoa sem fé? Não, pois a fé não é o resultado da investigação erudita. Isso não leva uma pessoa um passo sequer mais perto da fé".[32]

O ponto central de Clark era que "nenhuma construção filosófica é possível sem algum tipo de pressuposição ou noções *a priori*". O empirismo não é capaz de apresentar essa pressuposição necessária, pois "o empirismo exige que todos os juízos universais sejam conclusões extraídas da experiência. Mas

---

[29] Gordon H. Clark, "Reply to Gilbert Weaver", in: *Clark and his critics: the works of Gordon Haddon Clark, Vol. 7*, 290. Cf. Clark, "Apologetics", p. 159.

[30] Clark, *An introduction to Christian philosophy*, p. 298 [no Brasil: *Introdução à filosofia cristã* (Brasília: Monergismo, 2017]); Gordon H. Clark, "The axiom of revelation: Wheaton Lecture II", in: *Clark and his critics: the works of Gordon Haddon Clark, Vol. 7*, p. 52.

[31] Gordon H. Clark, "Secular philosophy: the Wheaton lecture I", in: *Clark and his critics: the works of Gordon Haddon Clark, Vol. 7*, p. 48.

[32] Gordon H. Clark, *Three types of religious philosophy*, in: *Christian philosophy: the works of Gordon Haddon Clark, Vol. 7* (Unicoi: The Trinity Foundation, 2004), p. 73-4 [no Brasil: *Três tipos de filosofia religiosa* (Brasília: Monergismo, 2013)].

a experiência não pode nos dar juízos universais". Ou seja, a experiência não fornece axiomas ou pressuposições.[33]

Mas isso não significa que o evidencialismo não tem valor algum. Para Clark, o evidencialismo tem sua importância. "Este campo", ele admitiu, "apresentou muitas contribuições". Mas ele criticou os evidencialistas, alegando que estavam perdidos em sua definição e, portanto, em sua aplicação da apologética. A principal falha do evidencialismo, ele argumentou, foi não fazer uma distinção entre seu propósito e a apologética, isto é, uma discussão racional com a mente não regenerada.[34] Além disso, Clark lamentou que um resultado frequente da dependência exibida pela apologética do evidencialismo era a pressuposição de que a apologética e o evidencialismo eram a mesma coisa. Segundo ele, o evidencialismo trata de "questões subsidiárias", ao passo que a apologética é "mais filosófica e trata de princípios gerais e fundamentais".[35] Pelo fato de a existência de Deus ser distinta do universo, uma análise de questões da ordem criada não nos ajuda a identificar Deus ou a demonstrar sua existência. Assim, métodos como o evidencialismo representam uma "abordagem fragmentada e gradativa" que produz respostas, mas que não faz uma pessoa avançar à fé e, o que é pior, mascara o principal problema.[36] Em vez de uma tentativa de apenas "reunir afirmações sem relação", o apologeta precisa defender uma cosmovisão abrangente com uma demonstração das inconsistências lógicas de cosmovisões não cristãs.[37]

Para Clark, o propósito da apologética não era reunir fatos desconexos na esperança de convencer o não cristão da verdade, mas sim demonstrar que os fatos apenas faziam sentido no contexto de um sistema de verdade e que o cristianismo era o único sistema capaz de uma explicação adequada dos fatos.

METODOLOGIA APOLOGÉTICA

Tendo estabelecido a possibilidade de o não cristão compreender a verdade por meio da razão, o método apologético de Clark dependia de um princípio lógico universal, isto é, a lei aristotélica da contradição. Se a lei da contradição

---

[33] Clark, *An introduction to Christian philosophy*, p. 297 [no Brasil: *Introdução à filosofia cristã* (Brasília: Monergismo, 2017]).
[34] Clark, *An Introduction to Christian philosophy*, p. 273; Clark, "Apologetics", p. 140.
[35] Clark, *An introduction to Christian philosophy*, p. 273; Clark, "Apologetics", p.151.
[36] Clark, *An introduction to Christian philosophy*, p. 273.
[37] Clark, "Reply to Gilbert Weaver", p.290.

é abandonada, qualquer conversa, com ou sem evidências, é irrelevante. Ele concordava com a apologética clássica e evidencial cujo objetivo era o evangelismo, mas considerava a lei da contradição o ponto de partida lógico, [38] tendo em vista que esta afirma que o sistema mais lógico e coerente é o verdadeiro. Como Clark explicou, "seria impossível haver duas filosofias coerentes e mutuamente contraditórias",[39] isto é, uma não poderia ser verdadeira; uma precisaria ser falsa e a outra, verdadeira, sendo a veracidade estabelecida pela sua coerência e consistência. "A desconexão não é nenhuma virtude; inconsistências lógicas não podem ser defendidas", ele esclareceu.[40] Assim, "caso essa teoria sobre a verdade da coerência fosse estabelecida, poderíamos depender com segurança dessa aplicação da lei da contradição",[41] todavia, sem a lei da contradição, "conversas se tornam sem sentido".[42]

Agora sustentado pela lei da contradição, Clark aplicou um método que poderia ser caracterizado como "defina ou descarte".[43] Ele considerava um método apologético apropriado aquele que desmantelava outras formas de teísmo e cosmovisões rivais e então mostrava a superioridade da cosmovisão cristã e sua verdade abrangente. "O melhor procedimento geral", ele escreveu, "para alguém que deseja defender o teísmo cristão é demonstrar que outras formas de teísmo são combinações incoerentes".[44] Clark aplica esse método por meio de dois passos.

O primeiro passo era negativo: "expor as contradições e inconsistências em todas as posições não cristãs por meio da aplicação da lei da contradição".[45] Com esse fim, Clark usou um método de *reductio ad absurdum*, expondo as falácias em um sistema não cristão que resultam em autocontradição. Seu

---

[38] Clark, "Apologetics", p. 152.

[39] Gordon Clark, *A Christian view of men and things: an introduction to philosophy* in *the works of Gordon Haddon Clark, Vol. I* (Unicoi: The Trinity Foundation, 2005), p. 27 [no Brasil: *Uma visão cristã dos homens e do mundo* (Brasília: Monergismo, 2017)].

[40] Clark, *An introduction to Christian philosophy*, p. 274 [no Brasil: *Introdução à filosofia cristã* (Brasília: Monergismo, 2017)].

[41]

[42] Clark, "Apologetics", p. 151.

[43] Douma, *Presbyterian philosopher*, p. 216.

[44] Clark, *A Christian view of men and things*, p. 165 [no Brasil: *Uma visão cristã dos homens e do mundo* (Brasília: Monergismo, 2017)].

[45] Citado em Gilbert B. Weaver, "Gordon Clark: Christian apologist", in *Clark and his critics: the works of Gordon Haddon Clark, Vol. 7*, p. 270-1; também Clark, *A Christian view of men and things*, p. 27 [no Brasil: *Uma visão cristã dos homens e do mundo* (Brasília: Monergismo, 2017)].

segundo passo era exibir ao não cristão "a consistência interna do sistema cristão" e, então, "instar o não cristão a repudiar os axiomas do secularismo e aceitar a revelação de Deus; em outras palavras, pede-se, então, do não cristão uma mudança completa da sua mente, o arrependimento".[46]

O livro de Clark *Uma visão cristã dos homens e do mundo* demonstra esse método, que foi usado de novo no seu capítulo "Apologetics" [Apologética], que fez parte da obra de Carl F. H. Henry *Contemporary Evangelical Thought* [Pensamento evangélico contemporâneo]. Em primeiro lugar, Clark demonstrou seu método explicando que o cristianismo é uma visão abrangente das coisas".[47] Ele explica que não basta criticar ou defender "áreas de interesse especial", pois não são os elementos particulares que têm mais importância, mas sim a cosmovisão abrangente e o modo de ela incluir esses elementos particulares. "O mundo, tanto material quanto espiritual, precisa ser um sistema ordenado. Sendo assim, para defender o cristianismo contra as objeções de outras filosofias, o único método adequado será abrangente", e, nesse sentido, o apologeta precisa apresentar a situação completa; portanto, para comparar teorias, há a necessidade de uma "apologia completa".[48]

Após a confirmação da sua posição, Clark examina várias cosmovisões em contraste com uma cosmovisão cristã. Ele analisou filosofias da história, da política, da ética, da ciência, da religião e, em especial, do conhecimento, bem como interagiu com grandes pensadores em todas essas áreas e mostrou que todas falham por causa das suas inconsistências internas, mas que o cristianismo apresenta a única cosmovisão abrangente que trata de todas essas áreas.

Depois de uma demonstração da consistência lógica do cristianismo, então o não cristão podia ser levado à fé. Clark via a apologética cristã a serviço do evangelismo como análoga à matemática a serviço da engenharia. "O evangelismo [é] comparado com a engenharia prática que precisa se adaptar às condições locais; ao passo que a apologética é semelhante à teoria matemática que a engenharia aplica. Portanto, o ponto inicial aqui não é temporal, mas o ponto de partida lógico, e isso é elementar", ele argumentou.[49]

---

[46] Citado em Weaver, "Gordon Clark", p. 270-1.
[47] Clark, *A Christian view of men and things* [no Brasil: *Uma visão cristã dos homens e do mundo* (Brasília: Monergismo, 2017)], p. 23. Grifo original.
[48] Clark, *A Christian view of men and things*, p. 23.
[49] Clark, "Apologetics", p. 152.

A apologética, em sua implementação correta, é diferenciada cuidadosamente do uso de evidências e de um sermão evangelístico. A tarefa do apologeta é a defesa da lógica abrangente da cosmovisão bíblica, mas, mesmo assim, o apologeta, o evidencialista e o evangelista têm todos o mesmo propósito em mente – a defesa da fé cristã para que os não salvos possam vir a crer.[50]

CONTRIBUIÇÕES PARA A APOLOGÉTICA

Podemos observar as contribuições de Clark para a apologética e a teologia do século XX em três áreas. Em primeiro lugar, ele defendeu a inerrância da Bíblia contra a campanha crescente do liberalismo e do modernismo na América, considerando a ascensão da neortodoxia uma tentação perigosa no evangelicalismo. Para Clark, Karl Barth personificava a teologia neortodoxa em toda a sua glória perigosa e, com Barth na sua mira, Clark recebeu uma bolsa, em 1959, para escrever *Karl Barth's theological method* [O método teológico de Karl Barth], que refutaria a teologia de Barth.[51] Acabou sendo o caso de a obra de Clark sobre Karl Barth coincidir com a visita deste, em 1962, à América do Norte. Um dos ex-alunos de Clark, E. J. Carnell, foi convidado para ser um dos seis teólogos participantes de um diálogo com Barth na Universidade de Chicago. Clark foi cobrir o evento para a revista *Christianity Today* e ficou totalmente desconcertado com o que considerou ser concessões de Carnell na área da inerrância bíblica em sua conversa com Barth. Clark não apenas expressou sua decepção com Carnell no seu artigo para a *Christianity Today*, mas o confrontou mais tarde e repreendeu seu jovem e favorito pupilo por isso, e, em sua visão, por outras concessões no domínio da ortodoxia e inerrância.[52]

Clark não limitou sua defesa da ortodoxia e da inerrância a reações contra o liberalismo, e seu trabalho incluiu passos positivos e proativos para também garantir que futuras gerações de evangélicos tivessem uma posição sólida contra o modernismo. Por exemplo, Clark participou da fundação da Evangelical Theological Society [Sociedade Teológica Evangélica] em 1949, fazendo parte do seu primeiro comitê executivo e ajudando na criação da sua declaração de fé,

---

[50] Ibid., p. 140.
[51] Publicado em 1963 como Gordon H. Clark, *Karl Barth's theological method* (Nutley: Presbyterian and Reformed, 1963). Veja também Clark, *Three types of religious philosophy*, p. 80-2 [no Brasil: *Três tipos de filosofia religiosa* (Brasília: Monergismo, 2013)].
[52] Rudolph Nelson, *The making and unmaking of an evangelical mind: the case of Edward Carnell* (Cambridge: Cambridge University Press, 1987), p. 112; Douma, *Presbyterian philosopher*, p. 180.

que exigia que seus membros afirmassem a inerrância das Escrituras. Mais tarde, em 1964, ele foi vice-presidente da organização e, em 1965, presidente desta.[53]

Em segundo lugar, considerando esse cenário, a influência de Clark ainda se faz presente em sua insistência de que a apologética cristã deve demonstrar a natureza abrangente de uma cosmovisão bíblica, fortalecendo o papel da Bíblia na apologética cristã. Além disso, situado firmemente na comunidade da apologética pressuposicional, seu racionalismo teve a função de contrabalancear o pressuposicionalismo de Van Til, com a insistência constante de Clark na ligação da apologética com o evangelismo para derrubar os obstáculos da mente incrédula e à fé. Assim, ele buscou manter a apologética clássica e evidencial em perspectiva, o que o destacou na comunidade dos apologetas pressuposicionais.

Mas não há um consenso entre todos os críticos quanto a Clark ter se distanciado o suficiente de Van Til. Sproul, Gerstner e Lindsley, em sua defesa em 1984 da apologética clássica, louvaram a apologética de Clark como um racionalismo necessário no pressuposicionalismo, em especial quando comparado com a apologética de Van Til. Mesmo assim, eles o acusaram de uma postura tão inflexível contra o evidencialismo e a apologética que o fideísmo acabou se infiltrando em seu método. No fim, acusaram eles, a abordagem de Clark representa um "fideísmo absoluto", e Clark é "o pressuposicionalista mais radical de todos eles".[54]

Embora Clark deva ser louvado pelo seu foco na viabilidade intelectual do cristianismo no contexto de uma era de ceticismo crescente e pela sua insistência na aplicação do evidencialismo e da apologética clássica no contexto geral de uma cosmovisão bíblica, a ênfase dele na lógica depreciou as emoções que com frequência conduzem as pessoas à fé. Em uma cosmovisão bíblica, essas emoções são reconhecidas e interpretadas, e não ignoradas. Clark desdenhou o que considerou uma distinção artificial entre "a cabeça e o coração" no evangelismo, mas também atribuiu muito mais força intelectual às pessoas do que é justificado, ao mesmo tempo que negligenciou o poder das emoções na condução à fé.[55]

Além disso, Clark não reconciliou seu foco apologético na razão e sua aversão ao empirismo com a verdade clara de que os objetos do conhecimento humano estão ligados à realidade empírica. Como a humanidade encontra

---

[53] Douma, *Presbyterian philosopher*, p. 171.
[54] Sproul, Gerstner, Lindsley, *Classical apologetics*, p. 185, 265–75.
[55] Clark, "The axiom of revelation", p. 73.

Deus sem o mundo empírico? E se a experiência não pode ser chamada de "conhecimento", como então explicamos a pressuposição bíblica da veracidade do contrário (em João 20:27, por exemplo)? Embora esse problema não prive a apologética de Clark de sua importância, ele a assombra do seu segundo plano.[56]

Em terceiro lugar, e talvez acima de tudo, o legado de Clark permanece ao longo de uma geração de estudiosos e pregadores para os quais ele foi mentor, professor, amigo e, às vezes, crítico em seu esforço de responder à ameaça do liberalismo teológico no século XX. Impactar a disciplina acadêmica da apologética é uma coisa, mas é algo bem diferente moldar os apologetas, os filósofos, os teólogos e os evangelistas que tratam das objeções da cultura todos os dias. Os alunos recordam a presença e a influência de Clark com uma mistura de afeição e inquietação, mas sempre com respeito. E. J. Carnell, que trilharia o caminho à posição de reitor do Seminário Fuller, reconheceu "uma dívida incalculável" com Clark. Billy Graham, que, quando aluno, certa vez confrontou Clark corajosamente na sala de aula com relação a questões evangelísticas, se lembrou de ficar intimidado quando Clark ia ouvi-lo pregar em uma igreja perto do campus de Wheaton. E Erwin Lutzer, que estudou com Clark em Indiana, relata que ele estimulou sua mente para pensar de modo claro sobre filosofia, aumentou seu entendimento do calvinismo e "solidificou" muitas doutrinas que já aceitava.[57] Em acréscimo a esses, sua influência sobre a jovem mente de Carl F. H. Henry resultou em uma relação acadêmica e pessoal vitalícia que continua impactando a teologia evangélica no século XXI. No prefácio a *Deus, revelação e autoridade*, Henry escreve: "A nenhum contemporâneo sou mais profundamente grato, no entanto, do que a Gordon Clark [...] Desde a década de 1930, quando me ensinava filosofia medieval e moderna em Wheaton, considerei-o o fidalgo dos filósofos evangélicos na identificação das inconsistências lógicas que acometem as alternativas não evangélicas e na exibição da superioridade do teísmo cristão".[58]

O legado de Gordon Clark permanece na precisão do seu estudo erudito e nas controvérsias da sua vida, bem como na influência da sua personalidade e

---

[56] Ronald H. Nash, "Gordon Clark's theory of knowledge", in: *Clark and his critics: the works of Gordon Haddon Clark, Vol. 7* (Unicoi: The Trinity Foundation, 2009), p. 134.

[57] Nelson, *The making and unmaking of an evangelical mind*, p. 211; Billy Graham, *Just as I am: the autobiography of Billy Graham* (San Francisco: HarperCollins, 1997), p. 66 [no Brasil: *Billy Graham: uma autobiografia* (Campinas: United Press, 1998)]); Douma, *Presbyterian philosopher*, p. 44, 179, 199-214.

[58] Carl F. H. Henry, *God, revelation, and authority*, Vol. I, *God who speaks and shows: preliminar considerations* (Waco: Word, 1976), p. 10.

na profundidade do seu ensino. Além disso, ele transmitiu a gerações de cristãos, apologetas, teólogos e pastores os lembretes inquietantes, porém sempre necessários, de que Deus é soberano, que a apologética serve ao evangelismo, que o pensamento humano amiúde é inconsistente e que a verdade é encontrada somente e sempre na Palavra de Deus.

BIBLIOGRAFIA

CLARK, Gordon H. "Apologetics", p. 137-61, in: *Contemporary evangelical thought*. Ed. Carl F. H. Henry (New York: Channel, 1957).

____. "The axiom of revelation: Wheaton lecture II", p. 51-77, in: *Clark and his critics: The works of Gordon Haddon Clark*. Vol. 7 (Unicoi: The Trinity Foundation, 2009).

____. *A Christian view of men and things: an introduction to philosophy*. Pages 11-227, in: *The works of Gordon Haddon Clark*. Vol. 1 (Unicoi: The Trinity Foundation, 2005).

____. *Uma visão cristã dos homens e do mundo* (Brasília: Monergismo, 2017).

____. *An introduction to philosophy*, p. 273-346, in: *The works of Gordon Haddon Clark*. Vol. 4 (Unicoi: The Trinity Foundation, 2004).

____. *Introdução à filosofia cristã* (Brasília: Monergismo, 2017).

____. *Karl Barth's theological method* (Nutley: P&R, 1963).

____. *Modern philosophy*, p. 13-369, in: *The works of Gordon Haddon Clark*. Vol. 5 (Unicoi: The Trinity Foundation, 2008).

____. "Reply to Gilbert Weaver", p. 287-94, in: *Clark and his critics: the works of Gordon Haddon Clark*. Vol. 7 (Unicoi: The Trinity Foundation, 2009).

____. "Secular philosophy: The Wheaton lecture I", p. 48, in: *Clark and his critics: the works of Gordon Haddon Clark*. Vol. 7 (Unicoi: The Trinity Foundation, 2009).

____. "Three types of religious philosophy", p. 15-103, in: *Christian philosophy: the works of Gordon Haddon Clark*. Vol. 7 (Unicoi: The Trinity Foundation, 2004).

COWAN, Steven B., ed. *Five views on apologetics*. Counterpoints Series. Ed. Stanley N. Gundry (Grand Rapids: Zondervan, 2000).

DOUMA, Douglas J. *The Presbyterian philosopher: the authorized biography of Gordon H. Clark* (Eugene: Wipf & Stock, 2016).

FRAME, John M. "Cornelius Van Til", p. 526-29, in: *A history of Western philosophy and theology*. 1. ed (Phillipsburg: P&R, 2015).

GEISLER, Norman L. "Van Til, Cornelius", p. 751-758, in: *Baker encyclopedia of Christian apologetics*. Baker Reference Library (Grand Rapids: Baker, 1999).

____. *Enciclopédia de apologética: resposta aos críticos da fé cristã* (São Paulo: Vida, 2002).

GRAHAM, Billy. *Just as I am: the autobiography of Billy Grahah* (San Francisco: HarperCollins, 1997).

____. *Billy Graham: uma autobiografia* (Campinas: United Press, 1998).

HENRY, Carl F. H. *God, revelation, and authority*, Vol. I, *God who speaks and shows: preliminary considerations* (Waco: Word, 1976).

____. *Deus, revelação e autoridade* (São Paulo: Hagnos, 2016).

____. "A wide and deep swath", p. 17-24, in: *Clark and his critics: the works of Gordon Haddon Clark*. Vol. 7 (Unicoi: The Trinity Foundation, 2009).

NASH, Ronald H. "Gordon Clark's theory of knowledge", p. 105-41, in: *Clark and his critics: the works of Gordon Haddon Clark*. Vol. 7 (Unicoi: The Trinity Foundation, 2009).

NELSON, Rudolph. *The making and unmaking of an evangelical mind: the case of Edward Carnell* (Cambridge: Cambridge University Press, 1987).

SPROUL, R. C.; GERSTNER John; Lindsley, Arthur. *Classical apologetics: a rational defense of the Christian faith and a critique of presuppositional apologetics* (Grand Rapids: Zondervan, 1984).

WEAVER, Gilbert B. "Gordon Clark: Christian apologist", p. 287-94, in: *Clark and his critics: the works of Gordon Haddon Clark*. Vol. 7 (Unicoi: The Trinity Foundation, 2009).

Francis A. Schaeffer
APOLOGETA CULTURAL

William Edgar

Em um mundo abalado por duas guerras mundiais, genocídios e revoluções culturais, certos teólogos, como Karl Barth, desenvolveram a visão de que a apologética era um empenho equivocado, que apenas servia para engrandecer a incredulidade. Em vez disso, Barth argumentou, a igreja precisava de uma abordagem dialética que proclamasse um Deus totalmente outro que se tornou plenamente revelado em Jesus Cristo. O "evento Cristo" ocorreu não na história verificável, mas em um encontro existencial e, em resposta a isso, surgiu um tipo singular de apologética que era evangélica e reformada, mas também capaz de persuasão. Francis Schaeffer (1912-1984) apareceu para convencer uma geração de que a fé cristã era verdadeira e que podia ser vivida em todos os âmbitos da vida, com a ajuda de Deus.

CONTEXTO HISTÓRICO

Francis A. Schaeffer nasceu em 30 de janeiro de 1912, em Germantown, uma parte da Filadélfia, Pensilvânia.[1] Pelo lado da família da sua mãe, Bessie, ele tinha ascendência inglesa. Seu avô "Franz" emigrou da Alemanha em 1869, e seu único filho, conhecido como Frank, foi Francis August Schaeffer III. O único filho de Frank e Bessie, Francis August Schaeffer IV, chamado de Fran, cresceu destacando-se na escola apesar de uma dislexia relativamente severa. Ele era forte e atlético, e também um bom carpinteiro. A despeito de suas raízes de classe trabalhadora, ele era intelectualmente curioso, o que o fez ler filosofia grega e se interessar pela arte e pela música. Ele leu a Bíblia por honestidade intelectual, pensando em modos de descartá-la, mas, em vez disso, viu-se atraído às suas respostas. Em 1930, por acaso, entrou em uma

---

[1] Há várias biografias de Schaeffer. Colin Duriez, *Francis Schaeffer: an authentic life* (Wheaton: Crossway, 2008) é a melhor. Barry Hankins, *Francis Schaeffer and the shaping of evangelical America* (Grand Rapids: Eerdmans, 2008) o compara com apoiadores e críticos. Um relato bastante longo da sua vida no contexto da comunidade que fundou é de Edith Schaeffer, *The tapestry: the life and times of Francis and Edith Schaeffer* (Waco: Word, 1981). Um relato muito mais curto, que termina no fim da década de 1960, de Edith Schaeffer é *L'Abri* (Wheaton: Tyndale, 1969).

tenda onde ocorria um encontro evangelístico e entregou sua vida a Cristo de modo incondicional.[2]

Schaeffer graduou-se com louvor no Hampden-Sydney College em 1935, o mesmo ano em que se casou com Edith Seville, filha de missionários na China. Edith trabalhou com ele em cada aspecto de sua vida e de seu ministério durante mais de cinquenta anos e, juntos, tiveram quatro filhos. Schaeffer decidiu ingressar no ministério, para o desapontamento de seus pais, e no mesmo ano ele se matriculou no Seminário Teológico de Westminster, Filadélfia.

Em Westminster, Schaeffer ficou fascinado com Cornelius Van Til (1895--1987), justificadamente o apologeta mais original do século XX e cuja abordagem teria um impacto duradouro sobre Schaeffer, embora eles tenham divergido em vários aspectos da apologética. Em 1937, um grupo no seminário, liderado por J. Oliver Buswell e pelo impetuoso jovem Carl McIntire, precipitou a formação de um novo seminário, Faith Seminary, e de uma nova denominação, a Igreja Presbiteriana Bíblica (BPC). Os Schaeffer haviam adquirido uma postura crítica quanto ao que consideravam uma rigidez em doutrinas como a predestinação e também o que consideravam uma flexibilidade em questões de liberdade cristã, como bebidas alcoólicas, dança, jogos de azar, cigarro, teatro e cinema. No centro do novo movimento havia um compromisso com uma intepretação pré-milenista do fim dos tempos. Os Schaeffer mais tarde lamentariam a insensibilidade da sua postura na época. Schaeffer se tornou a primeira pessoa ordenada na nova Igreja Presbiteriana Bíblica, e seu primeiro chamado foi para uma igreja em Groove City no oeste da Pensilvânia. Aqui, e nas suas duas paróquias subsequentes, Schaeffer demonstrou um interesse extraordinário por famílias, em especial por crianças.

Schaeffer acabou se envolvendo com o Conselho Americano de Igrejas Cristãs (ACCC) e então com o Conselho Internacional de Igrejas Cristãs (ICCC), movimentos alternativos aos conselhos nacional e internacional mais pluralistas. Eles representavam as igrejas separadas e desempenhariam um papel na oportunidade que os Schaeffer teriam de se mudar para a Europa. Com a devastação da Segunda Guerra Mundial, e talvez por causa do seu amor bíblico pelo povo judeu, Schaeffer estava especialmente preocupado com o que estava acontecendo na Europa. Somando isso com o interesse dos Schaeffer por crianças, essas preocupações os fizeram explorar o ministério na Europa. A família morou três meses na Holanda com o ICCC, uma estada que

---

[2] Contado em Duriez, *Francis Schaeffer*, p. 23.

transformaria sua vida. Em Amsterdã, eles conheceram Hans Rookmaaker, um historiador da arte que havia se convertido durante seu período em um campo alemão de prisioneiros. A amizade com Rookmaaker seria enriquecedora para ambos e, mais tarde, definiria o sabor internacional do movimento de L'Abri. Os Schaeffer se mudaram para La Rosiaz, perto de Lausanne, e, em 1950, subiram a montanha até Champéry e continuaram suas viagens e ministérios a partir dali.

Na primavera de 1951, Francis Schaeffer teve uma crise espiritual grave, a qual foi provocada por diversos fatores e culminou no seu questionamento do movimento de Buswell-McIntire com relação à sua ausência de amor. A preocupação com a pureza da igreja visível nunca deixou Schaeffer, mas sua percepção era que seus colegas estavam desprovidos de *realidade*, um dos seus conceitos favoritos. Ele basicamente questionou tudo, mas, após um período intenso de autoexame, viu-se com uma nova convicção que combinava a ortodoxia bíblica com a confiança, momento a momento, na obra consumada de Cristo na cruz.[3]

Em 1955, após vários anos de trabalho com crianças e estudantes, os Schaeffer receberam uma carta do governo suíço com a ordem de deixar o país, e a razão apresentada foi sua "influência religiosa". Embora a posição oficial do Estado fosse a liberdade religiosa, a animosidade entre católicos romanos e protestantes ainda era forte. Champéry ficava no cantão católico romano de Valais, e as letras miúdas estipulavam que, caso se mudassem para um cantão protestante, poderiam ficar na Suíça.[4] Após muitas idas e vindas, eles conseguiram comprar um chalé no cantão de Vaud e ali, em 1955, romperam com sua missão e deram início a *L'Abri* (o abrigo). A partir desse começo humilde, desenvolveram um ministério de acolhimento, oração, adoração e, em especial, de respostas bíblicas às incontáveis perguntas apresentadas por centenas, e depois milhares, de hóspedes. Eventualmente, outras casas filiadas a L'Abri foram fundadas depois.

---

[3] Como escreve no prefácio a *True espirituality* [no Brasil: *Verdadeira espiritualidade* (São Paulo: Cultura Cristã, 2003)]), Schaeffer havia começado a perceber uma "ausência de realidade" na sua vida. Ele se deseludiu com "o Movimento" e sua falta de amor, e, segundo diz, entendeu que precisava ser sincero e "repensar minha posição inteira". Após vários meses angustiantes, concluiu que sua decisão de se tornar cristão anos antes havia sido acertada. Não temos certeza de todos os processos que o conduziram de volta à "realidade", mas a história é narrada em Edith Schaeffer, *The tapestry*, p. 315ss.

[4] Os acontecimentos são narrados de modo esplêndido na obra de Edith Schaeffer *L'Abri*, bem como em Duriez, *Francis Schaeffer*.

Inicialmente, o impacto de Schaeffer se limitou a conversas pessoais e suas preleções pela Europa. Ele também conduziu um estudo bíblico em um café de Lausanne, que foi gravado e teve um impacto considerável. E com a gravação sistemática e distribuição ampla de suas falas e discussões, a reputação de L'Abri se espalhou pelo mundo; e então vieram os livros. A partir dos seus textos *A morte da razão* e *O Deus que intervém*, seguidos de *Morte na cidade* e *O Deus que se revela*, vieram numerosas outras publicações, muitas delas por meio da Inter-Varsity Press, editadas pelo leal e dedicado James Sire. Então vieram os filmes. Dois deles, produzidos pelo filho de Schaeffer, Franky Schaeffer V, tornaram-se clássicos, ao menos no mundo evangélico. *Como viveremos?* foi uma análise em dez episódios da ascensão e declínio do Ocidente. *O que aconteceu com a raça humana?* foi escrito junto com C. Everett Koop, o cirurgião pediátrico que se tornou o décimo terceiro ministro da saúde dos Estados Unidos.[5]

Em seus anos finais, Francis Schaeffer continuou suas principais ênfases, mas ele também foi cortejado pela direita cristã norte-americana. Considerando que Schaeffer sempre havia tido visões políticas conservadoras, defensores da chamada direita evangélica, como Cal Thomas, Jerry Falwell, D. James Kennedy e Charles Colson, enxergaram nele um defensor intelectual das suas posições. Cada um deles se apropriou de partes diferentes do seu trabalho para apoiá-los e, em 1981, Schaeffer escreveu seu livro *A Christian Manifesto* [Manifesto cristão], que foi uma crítica explosiva da tirania, com sugestões de modos de resistir. Não seria surpresa ter sido escrito por um conservador de direita, e o quanto dessa aliança foi compartilhada pelo próprio Schaeffer é tema de considerável debate.[6]

Schaeffer lutou contra um câncer linfático durante seis anos e passou uma parte considerável desse tempo na Mayo Clinic. Seu último livro foi *The Great Evangelical Disaster* [O grande desastre evangélico], uma obra que é um apelo a um "confronto amoroso" com os inimigos culturais da época. Ele morreu em 15 de maio de 1985, em Rochester, Minnesota, com Edith ao seu lado.

---

[5] Embora esses filmes não tivessem o refinamento de filmes sofisticados, sua importância reside no fato de que não havia nada parecido.

[6] Schaeffer até mesmo advertiu seu público a tomar cuidado com todo o humanismo, quer exibido por conservadores, quer por liberais. Também avisou que os cristãos não deveriam enrolar a fé com a bandeira norte-americana. Ao mesmo tempo, está claro que ele teve um papel importante em moldar as visões da direita norte-americana. Francis A. Schaeffer, *A Christian manifesto* (Wheaton: Crossway, 1981), p. 121.

CONTEXTO TEOLÓGICO

O século XX foi tanto o mais sangrento quanto o mais inovador de todos os séculos. As Guerras Mundiais, a Guerra Fria, a Guerra do Vietnã e outros acontecimentos produziram centenas de milhões de mortos ou feridos. Ao mesmo tempo, houve alguns avanços notáveis na tecnologia, na saúde, nos direitos humanos e na educação.

Essas tendências tiveram uma influência profunda sobre a filosofia de modo tanto descritivo quanto prescritivo, e a maioria dos filósofos eminentes repudiou qualquer noção de uma verdade absoluta. Na Grã-Bretanha e no mundo alemão, houve um domínio da filosofia analítica. Membros do chamado Círculo de Viena tinham um compromisso com uma forma de verificação empírica em áreas limitadas. O grupo incluía Rudolph Carnap, cuja obra *Logical Structure of the World* [Estrutura lógica do mundo] foi enormemente influente, e Ludwig Wittgenstein, cujo *Tractatus* transformou grande parte da discussão sobre a linguagem. Francis Schaeffer estava mais interessado na filosofia continental do que na filosofia analítica, e suas obras fazem citações regulares dos existencialistas Albert Camus e Jean-Paul Sartre e de marxistas como Herbert Marcuse.

As artes sofreram mudanças drásticas no século XX. O ano de 1913 assistiu à célebre produção de Igor Stravinsky *A sagração da primavera*, cujo subtítulo é *Quadros da Rússia pagã em duas partes*. Nesse programa, uma moça é selecionada para um sacrifício, mas, em vez disso, ela dança até morrer. Os ritmos sinuosos e as orquestrações estranhas geraram um pequeno tumulto no Teatro dos Campos Elísios na sua estreia. No mesmo ano, a Exposição Internacional de Arte Moderna exibiu a obra de Marcel Duchamp *Nu descendo uma escada*, uma pintura abstrata com uma aparência mecânica que sugere um movimento gradual. Esse ano também contou com *Bureau and room*, de Kazimir Malevich, e *Violão*, de Pablo Picasso, ambas obras cubistas em que o objeto representado quase não é perceptível entre as linhas e cores. O século XX também gerou as obras de Piet Mondrian, Jackson Pollock, os surrealistas e os expressionistas abstratos. Schaeffer estava totalmente familiarizado com essas pinturas e as usou para ilustrar suas visões sobre a cultura ocidental.

Os desenvolvimentos na teologia foram um tanto paralelos a essas expressões, e a teologia liberal, às vezes conhecida como modernismo, continuou crescendo e se desenvolvendo a partir das suas raízes no século XIX. Baseando-se em abordagens críticas à Bíblia, o liberalismo tinha uma postura cética quanto à doutrina ou à disciplina eclesiástica, enfatizando mais os ensinamentos humanitários de Jesus e menos os milagres. Paul Tillich, o "neoliberal", via a fé cristã da perspectiva da filosofia existencialista e renomeou Deus de o "fundamento do ser". Ele acreditava que os horrores do século XX exigiam tal "abalo nas estruturas".[7] John A. T. Robinson (1919-1983), o bispo anglicano de Woolwich, começou como teólogo liberal, e em sua obra *Honest to God* [Franco com Deus], ele questionou todas as doutrinas tradicionais, incluindo a ética, propondo uma "nova moral" baseada no amor, e não em regras (ele mais tarde modificou sua visão sobre a Bíblia e defendeu a autenticidade do evangelho de João).

Aparentemente em contraste ao liberalismo, a neo-ortodoxia surgiu no início do século como uma correção de um foco teológico excessivamente humano. Karl Barth (1886-1968) publicou seu comentário sobre o livro de Romanos em 1919 e o republicou várias vezes, e seu argumento nele foi que Deus não poderia estar ligado a culturas ou realizações humanas. Barth produziu uma obra vasta, incluindo sua *Dogmática eclesiástica*, em que apresentou a maioria das doutrinas cristãs, mas sempre da perspectiva da teologia dialética, argumentando que o Deus "totalmente outro" poderia ser "totalmente revelado" apenas em Jesus Cristo. Barth exibiu uma rejeição veemente da apologética, excluiu qualquer visão da inerrância das Escrituras e foi efetivamente um universalista. Assim, ele não foi bem recebido pela maioria dos evangélicos, incluindo Francis Schaeffer. A corrente neo-ortodoxa, também conhecida como a "teologia da crise" ou, às vezes, apenas como "teologia dialética", teve diversos adeptos, incluindo Emil Brunner, que era mais aberto à teologia natural do que Barth, e Reinhold Niebuhr, o realista político norte-americano.

RESPOSTA APOLOGÉTICA

Schaeffer definiu a apologética como tendo um propósito duplo: "o primeiro é a defesa e o segundo, a comunicação do cristianismo de um modo compreensível para qualquer geração específica".[8] O que é notável nessa definição é seu interesse tanto em responder aos questionamentos da fé cristã quanto em comunicá-la a uma geração específica, e até com relação à palavra *defesa* sua intenção era que não parecesse principalmente combativa.

---

[7] Paul Tillich, *The shaking of the foundations* (New York: Charles Scribner's Sons, 1955).
[8] Francis Schaeffer, *The God who is there* (Downers Grove: InterVarsity Press, 1968) [no Brasil: *O Deus que intervém* (São Paulo: Cultura Cristã, 2019)], p. 139.

Para entendermos a resposta de Schaeffer aos conflitos do seu tempo, precisamos de algumas informações sobre seu diagnóstico da era, e, embora tenha falado de modo menos deliberado sobre o fundamento teológico da apologética, ele pensava que Deus, o Deus triúno revelado nas Escrituras, era a realidade suprema ou o que chamou de a "tela final". Deus era racional e havia criado os seres humanos à sua imagem, e, portanto, com racionalidade. Sendo esse o caso, o mundo após a Queda havia se rebelado contra Deus, optando agora por um universo irracional. Em várias das suas preleções e de seus escritos, ele descreve a história do pensamento e da cultura no Ocidente como se desviando para uma "linha do desespero", antes da qual a maioria dos estudiosos aceitava absolutos e depois da qual desapareceu entre eles uma esperança de qualquer absoluto ou de uma reconciliação do significado com a razão. Ele localiza essa linha no século XIX, com um foco especial na filosofia de G. W. F. Hegel (1770-1831). Conectando com a visão popular de que a interpretação hegeliana da história era a marcha da tese à antítese e à síntese, Schaeffer achava que ela abria a porta para o relativismo.[9] Essa análise foi questionada, especialmente pelo fato de que Hegel se considerava um completo racionalista, no entanto, sua crítica de Hegel não está dessintonizada com as rejeições alemãs conservadores do panteísmo dele.[10]

Schaeffer situa Søren Kierkegaard (1813–1855) próximo à linha, chamando-o de o "pai de todo o pensamento moderno", e a razão para isso é que, diante de um mandamento difícil de Deus, Kierkegaard defendia um "salto no escuro" irracional.[11] Esse resumo de Kierkegaard também foi questionado e, certamente em reação aos seus críticos, Schaeffer elaborou sua abordagem a Kierkegaard na segunda edição de *O Deus que intervém*, mostrando uma visão nuançada do seu entendimento de fé, tornando-o muito mais parecido com um cristão evangélico que não ficaria contente com o uso dele exibido por gerações posteriores.[12] Schaeffer prossegue mostrando que as artes seguiram o exemplo, usando ilustrações de Mondrain, Duchamp, Happenings, a música moderna e a literatura de Henry Miller e outros.

---

[9] Schaeffer, *The God who is there*, p. 20-1.
[10] Veja a defesa parcial interessante de Schaeffer apresentada por Andrew Hartman, "Plotting Hegel on Francis Schaeffer's 'Line of despair'", https://s-usih.org/2014/11/plotting-hegel-on-francis-schaeffers-line-of-despair.
[11] Schaeffer, *The God who is there*, p. 21-2.
[12] Francis Schaeffer, *The God who is there*, 2. ed. (Downers Grove: InterVarsity Press, 1998), p. 35-6.

E então chega a hora de uma crítica devastadora à teologia. Schaeffer via a teologia como uma espécie de último vagão no trem do restante dessas tendências. Ele comenta sobre o "liberalismo mais antigo", que rejeita milagres com base em uma visão naturalista da ciência, e critica a neo-ortodoxia por não dizer nada especialmente novo, mas, mesmo assim, parecer mais bíblica. Porém, ele insiste o tempo todo em que, tanto no liberalismo quanto na neo-ortodoxia, o que está em jogo não são tanto as minúcias sobre a inerrância bíblica, mas a metodologia subjacente, que ele chama de "existencialista", pois aceita o misticismo em contraposição a uma visão racional do mundo. Em consonância com sua visão abrangente, ele afirma: "Se nossos teólogos norte-americanos tivessem entendido a Exposição Internacional de Arte Moderna de 1913, em Nova York, a primeira exposição de arte moderna nos Estados Unidos, talvez as grandes denominações nos Estados Unidos não tivessem sido capturadas pelos liberais na década de 1930". E prossegue repreendendo os teólogos conversadores por serem "provincianos demais, isolados do pensamento cultural geral".[13]

Além dessa crítica ampla da cultura e da teologia modernas, Schaeffer também exibiu interesses especiais em questões como a poluição, tanto que escreveu um livro previdente, *Poluição e a morte do homem* (1970), no qual combateu os que acreditavam que a tecnologia poderia nos salvar e os que tinham o desejo romântico de viver sem ela, bem como repreendeu os cristãos pela sua negligência escancarada da beleza no seu ambiente. Ele também iniciou uma amizade com Léopold Senghor, o poeta, crítico cultural e primeiro presidente do Senegal, o qual foi um líder no movimento da negritude, uma resposta ao racismo em vários países coloniais. Schaeffer afirma que Senghor é lúcido quanto à "metodologia" compartilhada por ambos os lados da Cortina de Ferro e rejeita a abordagem dialética tanto no marxismo quanto em grande parte da teologia ocidental.[14]

METODOLOGIA APOLOGÉTICA

Duas coisas podem ser ditas já de início. Em primeiro lugar, Francis Schaeffer sempre afirmou que suas visões sobre a vida cristã eram o fundamento do seu empreendimento inteiro em L'Abri. Em uma entrevista a Colin Duriez,

---

[13] Schaeffer, *The God who is there*, 2. ed., p. 74.
[14] Schaeffer, *The God who is there*, 2. ed., p. 64-5. Veja também Francis A. Schaeffer, *The God who is there*, in: *The Francis Schaeffer trilogy: three essential books in one volume* (Wheaton: Crossway, 1990), p. 41.

Schaeffer afirmou que, sem as lutas que levaram ao livro *Verdadeira espiritualidade*, L'Abri não teria surgido.[15] Assim, seu método apologético não ficaria em pé sem seu entendimento da santificação. Relacionada a isso está sua forte ênfase no papel do Espírito Santo e na oração na atividade apologética.[16] Em segundo lugar, embora possamos extrair certos temas do seu discurso, não parece haver um grande esquema nem uma só abordagem apologética válida em todas as circunstâncias.[17] Isso não significa que seu método era eclético, fazendo uso de toda fonte, mas sim que uma parte muito grande da sua abordagem se baseava em conversas pessoais, visitas a museus e preleções em numerosas universidades; sendo assim, uma classificação fácil do que ele estava fazendo é impossível. Nas suas próprias palavras: "Estou interessado apenas em uma apologética que conduz em duas direções: uma é levar as pessoas a Cristo, como Salvador, e a outra é que, após serem cristãs, alcancem o entendimento do senhorio de Cristo na totalidade da sua vida. Não penso que haja um só método apologético que satisfaça todas as necessidades".[18]

Vários temas são recorrentes na obra de Schaeffer. (1) Um forte compromisso com a *verdade*. Ele acreditava que a presente época praticamente havia abandonado qualquer noção de verdade e a havia substituído pelo que chamou de um misticismo "do andar superior". Pegando o gancho com o filósofo iluminista Immanuel Kant, que dividiu o conhecimento em um andar inferior (o *fenomenal*) de fatos verificáveis e um andar superior (o *numenal*) de mistérios inverificáveis, Schaeffer argumentou que grande parte do pensamento moderno era uma fuga da razão. Ele fez a afirmação ousada de que era necessário, com frequência, recorrer à verdade antes do chamado à conversão, pois, sem essa estrutura, tais chamados apenas poderiam confirmar as pessoas na sua irracionalidade. Para Schaeffer, a verdade não era uma abstração. Deus era pessoal. De fato, ele chamou o universo de pessoal, e um dos elementos

---

[15] Francis Schaeffer, *True spirituality* (Wheaton: Tyndale, 1971) [no Brasil: *Verdadeira espiritualidade* (São Paulo: Cultura Cristã, 2003]. Veja Duriez, *Francis Schaeffer*, p. 221. Veja também William Edgar, *Francis Schaeffer on the Christian life: a countercultural spirituality* (Wheaton: Crossway, 2012) [no Brasil: *Francis Schaeffer e a vida cristã: a espiritualidade contracultural* (São Paulo: Cultura Cristã, 2018)].

[16] Schaeffer, *The God who is there*, 2. ed., p. 173.

[17] Bryan A. Follis, *Truth with love: the apologetics of Francis Schaeffer* (Wheaton: Crossway, 2006), p. 46.

[18] Entrevista citada em Duriez, *Francis Schaeffer*, p.177.

decisivos na capacidade que Deus tem de se comunicar conosco são as nossas qualidades pessoais em comum.[19]

(2) Schaeffer pertencia de modo vago à corrente *pressuposicional* associada a Cornelius Van Til. Isso significava que as pessoas não apenas analisavam dados puros, mas tinham um compromisso anterior com uma cosmovisão sobre como esses dados poderiam ser interpretados. Para dar um exemplo dessa visão aplicada em uma conversa, ele com frequência era capaz de conduzir não cristãos, de modo gentil, mas firme, a uma consistência racional maior com as suas pressuposições e, assim, para mais longe do mundo real. Ele era um realista devoto e chamou esse procedimento de "tirar o teto" da casa de uma pessoa (Van til o chamou de "arrancar a máscara de ferro"). O apelo de Schaeffer por consistência fazia parte do seu compromisso com a racionalidade, no entanto, ele não adotou o *racionalismo* ou a divinização da razão. Quando essa tensão chega a um nível agudo, há uma oportunidade de um apelo por outro conjunto de pressuposições, as da palavra de Deus, que conduzem ao evangelho. Schaeffer advertiu que uma exposição de pessoas a esse grau de vulnerabilidade era arriscada e capaz de levar ao suicídio sem uma abordagem apropriada. Essa tática está no cerne do que Schaeffer fazia melhor.

(3) Embora este fato pareça contradizer o pressuposicionalismo, embora não o faça, Schaeffer tinha um forte compromisso com as evidências e com a verificação, e uma das suas críticas mais incisivas à teologia moderna foi o fato de querer se dissociar de demonstrações seguras. Por exemplo, ele gostava muito de citar J. S. Bezzant, um teólogo liberal que, apesar disso, era um crítico da neo-ortodoxia. Contra a afirmação de o evangelho estar livre das exigências da verificação, disse: "Quando me dizem que é precisamente sua imunidade à demonstração que garante a proteção da posição cristã da acusação de ser mitológica, respondo que a única coisa que a imunidade à demonstração é capaz de 'garantir' é a imunidade à demonstração e a chamar o absurdo pelo nome".[20] Schaeffer tinha a forte convicção da historicidade dos acontecimentos na Bíblia e certa vez observou, com considerável entusiasmo, que o Senhor falou a Paulo na estrada para Damasco "no idioma hebraico", sujeito a gramáticas e dicionários, um idioma que era compreensível.[21]

---

[19] Diante de críticas por aparentemente fazer Deus descer ao nível humano, seu argumento era que a personalidade de Deus era de uma "ordem elevada", enquanto a nossa dizia respeito à criatura.

[20] Schaeffer, *The God who is there*, 2. ed., p. 120.

[21] Essa é uma afirmação protestante. Ibid., p. 123.

(4) Em uma variação desse último ponto, Schaeffer tinha a forte convicção de que a linguagem do evangelismo deveria ser compreensível para a presente geração e, assim, ele se empenhou para encontrar modos de comunicação com uma cultura que havia abandonado a verdade, inclusive criando termos bastante vívidos para ser compreendido. Ele se referiu à "homenidade do homem" para enfatizar a singularidade dos portadores da imagem divina e falou sobre "impulsos morais" para realçar a consciência moral dos seres humanos. Até mesmo a identificação da divindade como "o Deus que está aí" ajuda a reforçar o realismo da sua visão de que Deus existe. Algumas de suas ilustrações também eram comoventes. Uma fala sua foi sobre "O universo e duas cadeiras",[22] cujo objetivo era mostrar que o cristão podia viver na "cadeira da incredulidade" ou na "cadeira da fé". O cristão sentado na primeira é um cristão que não aceita de modo pleno a realidade de um universo sobrenatural, ao passo que o que está na segunda cadeira a aceita. A diferença é decisiva não para a salvação, mas para a prática da vida cristã, que é conduzida pelo Espírito Santo e pela realidade da oração.

(5) Por fim, a apologética é inútil sem a motivação do amor – obviamente, o amor de Deus, mas particularizado no amor da cada interlocutor. Muitas pessoas iam para L'Abri determinadas a testar a paciência dos seus líderes, e sendo eu alguém que se beneficiou da sua paciência, posso confirmar a presença do amor, mesmo por meio de algumas provações muito difíceis. Schaeffer dedicou muita reflexão à igreja e sua vida, e embora L'Abri não fosse a igreja, ele tentou moldar uma comunidade fortemente parecida com a igreja, pois em seu centro estava a graça estendida a todos ali. Não se tratava de uma graça amorfa, mas de uma graça estruturada pelo ensino intelectual e bíblico que permeava tudo. Todavia, alguns dos críticos de Schaeffer ignoraram esse elemento, que é mais um elemento inegociável da sua apologética.

CONTRIBUIÇÕES PARA A APOLOGÉTICA

As contribuições de Francis Schaeffer para a apologética e a igreja podem ser divididas em diretas e indiretas. De modo direito, ele exerceu uma forte influência em uma geração que interagiu com ele, e isso inclui pessoas e instituições. Quando se pensa em pessoas, muitos nomes se destacam. Charles Colson, o conspirador de Watergate que se tornou um cristão dedicado à

---

[22] A ilustração está presente, entre outros lugares, em sua obra *Death in the city* (Downers Grove: InterVarsity Press, 1969), capítulo 9 [no Brasil: *Morte na cidade* (São Paulo: Cultura cristã, 2003)].

reforma prisional, considerava Schaeffer uma das duas ou três influências mais importantes no seu pensamento. Atraído especialmente pela abordagem de cosmovisão exibida por Schaeffer, Colson até mesmo intitulou um dos seus livros de *E agora, como viveremos?* Talvez o mais fértil de seus herdeiros seja o estudioso britânico e crítico social Os Guinness, que trabalhou com Schaeffer durante vários anos e então obteve seu PhD em sociologia do conhecimento em Oxford. Ele é autor de um grande número de livros, entre eles *The last Christian on Earth* [O último cristão na terra] e *O chamado*. Um dos filhos espirituais não celebrados de Schaeffer é Dick Keyes, até pouco tempo o diretor de L'Abri em Southborough, Massachusetts. Sendo um dos autores mais criativos do nosso tempo, ele escreveu sobre identidade, heroísmo, cinismo, e também deu centenas de palestras de grande impacto sobre a importância da fé cristã para a nossa condição.[23] Nancy Pearcey está entre os apologetas mais importantes dos nossos dias. Ela escreveu vários livros, incluindo *Verdade absoluta* e o fascinante *Saving Leonardo* [Salvando Leonardo]. A lista continua.

No tocante às instituições, há dez comunidades L'Abri residenciais e várias não residenciais espalhadas pelo mundo hoje,[24] e cada uma delas tem uma identidade específica, mas são unidas e governadas pelos membros. L'Abri em Rochester, Minnesota, promove uma grande conferência que ocorre anualmente em fevereiro. Além disso, o Covenant Theological Seminary abriga o Instituto Francis Schaeffer, cujo diretor é Mark Ryan. Também há a Fundação Francis Schaeffer, cuja sede está em Gryon, Suíça. Os arquivos Schaeffer (uma coleção enorme) estão sob os cuidados do Southeastern Baptist Theological Seminary, em Wake Forrest, Carolina do Norte.[25]

Sobre o impacto indireto, mesmo sem a possibilidade de certeza, podemos afirmar algumas coisas. A vida de muitas pessoas foi transformada em L'Abri. Muitos que nunca visitaram L'Abri deram um testemunho da transformação permanente que ocorreu no seu pensamento ao entenderem, lendo Schaeffer ou ouvindo suas gravações, que os cristãos podiam pensar e se envolver com a cultura à sua volta. Ele ainda é citado em sermões, palestras e escritos

---

[23] Dick Keyes, *Beyond identity* (Eugene: Wipf & Stock, 2003) [no Brasil: *Além da identidade* (Brasília: Monergismo, 2020]; *True heroism in a world of celebrity counterfeits* (Nashville: NavPress, 1995); *Seeing through cynicism* (Downers Grove: InterVarsity Press, 2006). [Veja informações de literatura em português em: https://thepilgrim.com.br/catalogue/product/121/].

[24] Veja http://labri.org/.

[25] Veja https://www.youtube.com/watch?v=TONMvOA5QMU.

diversos. Pouco depois da sua morte, vieram homenagens abundantes de muitas pessoas e fontes, incluindo o presidente Reagan e a revista *Time*.

Schaeffer tem seus críticos, e certos estudiosos discordam de algumas das suas posições. George Marsden e Mark Noll, historiadores consagrados, questionaram suas visões da fundação da república norte-americana.[26] Vários estudiosos evangélicos divergiram das suas visões sobre filosofia, sobre história e sobre as artes.[27] Contudo, o fato de as suas visões serem submetidas a um escrutínio é um testemunho da importância do homem e da sua voz.

Embora Francis tenha alcançado seu apogeu nas décadas de 1960 e de 1970, estudantes ainda hoje podem se beneficiar muito de seu legado. Algumas das citações e referências podem até estar desatualizadas, mas as ideias, e em especial o propósito central do seu trabalho, permanecem vitais.

BIBLIOGRAFIA

DURIEZ, Colin. *Francis Schaeffer: an authentic life* (Wheaton: Crossway, 2008).

HANKINS, Barry. *Francis Schaeffer and the shaping of evangelical America* (Grand Rapids: Eerdmans, 2008).

SCHAEFFER, Edith. *The tapestry: the life and times of Francis and Edith Schaeffer* (Waco: Word, 1981).

____. *L'Abri* (Carole Stream: Tyndale, 1969).

SCHAEFFER, Francis A. *A Christian manifesto* (Wheaton: Crossway, 1981).

____. *Death in the city* (Downers Grove: Inter-Varsity Press, 1969).

____. *Morte na cidade* (São Paulo: Cultura cristã, 2003).

____. *Escape from reason* (Downers Grove, IL: Inter-Varsity Press, 1968).

____. *A morte da razão: a destruição da vida e da cultura moderna* (São Paulo: Cultura Cristã, 2002).

____. *The God who is there* (Downers Grove: Inter-Varsity Press, 1968).

____. *O Deus que intervém* (São Paulo: Cultura Cristã, 2019)

____. *The great evangelical disaster* (Wheaton: Crossway, 1984).

---

[26] Veja Barry Hankins, *Francis Schaeffer and the shaping of Evangelical America* (Grand Rapids: Eerdmans, 2008), p. 208-27.
[27] Veja *Reflections on Francis Schaeffer*, ed. Ronald Ruegsegger (Grand Rapids: Zondervan, 1986).

____. "O grande desastre evangélico". In: *A igreja no século 21* (São Paulo: Cultura Cristã, 2019).

____. *He is there and he is not silent* (Downers Grove: Inter-Varsity Press, 1973).

____. *O Deus que se revela* (São Paulo: Cultura Cristã, 2019).

____. *How should we then live?* (Old Tappan: Fleming Revel, 1976).

____. *Como viveremos* (São Paulo: Cultura Cristã, 2019).

____. *Pollution and the death of man* (Carole Stream: Tyndale, 1970).

____. *Poluição e a morte do homem* (São Paulo: Cultura Cristã, 2003).

____. *True spirituality* (Carole Stream: Tyndale, 1971).

____. *Verdadeira espiritualidade* (São Paulo: Cultura Cristã, 2003).

____.; KOOP, C. Everett. *Whatever happened to the human race?* Revised (Wheaton: Crossway, 1983).

____.; KOOP, C. Everett. *O que aconteceu com a raça humana?* (Brasília: Monergismo, 2020).

EDWARD JOHN CARNELL
EM BUSCA DE UMA BASE COMUM PARA A APOLOGÉTICA

Steven A. Hein

Um dos pioneiros mais talentosos e influentes no movimento neoevangélico em meados do século xx foi o estudioso batista Edward John Carnell (1919-1967), cujo desejo permanente foi demonstrar a vitalidade e atratividade intelectuais do cristianismo protestante ortodoxo. Central ao ministério apologético de Carnell foi a afirmação e a exploração dos pontos de contato universais, ou uma "base comum", compartilhadas entre o mundo da incredulidade e a fé cristã. A natureza e a experiência humanas envolvem um "eu racional" ativo que busca um universo unificado, um "eu volitivo", ou "eu livre", que busca a felicidade pessoal, um "eu moral" cuja satisfação é a retidão pessoal e um "eu vital" que encontra paz e segurança verdadeiras no relacionamento de amor mútuo com Deus. Tendo em mente esses pontos de contato com a condição humana pecaminosa, Carnell buscou defender a fé cristã demonstrando que somente ela era capaz de satisfazer os interesses supremos da existência humana.

CONTEXTO HISTÓRICO

Edward Carnell nasceu em Antigo, Wisconsin, em 1919, como filho de um pregador batista fundamentalista. Após um desempenho escolar um tanto medíocre no Ensino Médio, manifestando ambivalência quanto a interesses acadêmicos, Carnell tomou uma decisão de última hora durante o verão de 1937 de estudar no Wheaton College. Nos círculos fundamentalistas, Wheaton tinha a reputação de ser a melhor educação superior cristã disponível, mas a aparente motivação principal de Carnell foi a bolsa acadêmica parcial para a qual se qualificava em função de ser filho de um ministro batista.

Em Wheaton, Carnell achou sua vocação intelectual, e a principal causa do início de sua trajetória à maturidade intelectual foi o professor de filosofia Gordon Hadden Clark, que foi a Wheaton como professor convidado em 1936 vindo da Universidade da Pensilvânia, tornando-se parte do corpo docente permanente em 1937. Seu rigor e critérios elevados de excelência acadêmica tiveram um impacto profundo em Carnell, ajudando a gerar nele um amor por questões filosóficas. Essas qualidades de Clark também desenvolveram em Carnell um impulso por um preparo e por uma perfeição intelectuais que apenas se satisfariam com o melhor. Clark também nutriu nele um interesse profundo por considerações epistemológicas e pela necessidade de uma defesa da posição teísta cristã por meio de uma aplicação rigorosa dos cânones da lógica. Carnell se tornou um estudante entusiástico, não do mais antigo realismo de senso comum, mas antes da versão pressuposicional do racionalismo cristão adotada por Clark.[1]

Após Wheaton, Carnell foi para o Seminário Teológico de Westminster, afirmando no seu pedido de matrícula no seminário que ele pensava que Westminster "oferecia a defesa mais erudita do evangelho".[2] No entanto, após três anos sob a tutela de Cornelius Van Til, Carnell rompeu com seu mentor no seminário porque este não reconhecia nenhuma base epistemológica comum entre o cristão e o não cristão para apoiar a defesa da fé cristã.[3] Após se graduar em Westminster, Carnell concluiu dois programas de doutorado – um em Harvard e o outro na Universidade de Boston sob a mentoria do filósofo personalista E. S. Brightman, o qual teve um papel fundamental na formação da convicção exibida por Carnell de que a inconsistência é suficiente somente para identificar o erro, mas sozinha é insuficiente para verificar o que é verdadeiro. Também é necessária uma "coerência sistemática", uma descrição consistente da totalidade da experiência humana. Experiência, para Carnell, significava aquilo que "inclui toda a vida racional, volitiva e

---

[1] No sistema de pensamento de Clark, o axioma do Deus que se revela na revelação bíblica é uma hipótese de cosmovisão que valida a si mesma por meio de uma demonstração de consistência interna em conformidade com os cânones da lógica. Todos os "fatos" da experiência obtêm seu significado e sua coerência a partir de noções pressupostas no nível metafísico. Clark afirmou que a pressuposição da posição cristã possibilita perceber que a hipótese teísta da revelação bíblica, como sistema de pensamento, é mais consistente e confere mais coerência aos fatos da experiência do que qualquer outro sistema de pensamento ligado a uma cosmovisão. Assim, a fé foi completamente defendida. Veja Gordon H. Clark, *A Christian view of man and things* (Grand Rapids: Eerdmans, 1952) [no Brasil: *Uma visão cristã dos homens e do mundo* (Brasília: Monergismo, 2017)]; e Ronald Nash, *The new evangelicalism* (Grand Rapids: Zondervan, 1963), p. 111-43.

[2] Como citado em Rudolph L. Nelson, "Fundamentalism at Harvard: the Case of Edward John Carnell", *Quarterly Review* (verão 1982): p. 87.

[3] Em 1971, quatro anos depois da morte de Carnell, Van Til disse: "Tudo que ele escreveu no seu primeiro livro sobre apologética e nos seguintes escreveu com plena consciência das diferenças que surgiram entre nós durante seu tempo em Boston". E. R. Geehan, ed., *Jerusalem and Athens: critical discussions on the theology and apologetics of Cornelius Van Til* (Grand Rapids: Baker, 1971), p. 368.

emocional do homem, tanto interior quanto exterior".[4] Ele chamou esse teste para determinar a veracidade de "consistência sistemática", uma consistência lógica horizontal e uma "correspondência" vertical com os fatos da experiência.[5] John Sims afirma acertadamente que o teste de veracidade de Carnell era uma combinação do teste adotado por Clark de consistência lógica com a exigência exibida por Brightman de coerência empírica.[6]

Enquanto ainda se dedicava ao seu estudo acadêmico sob Brightman, Carnell trabalhou no seu primeiro tratado apologético, *An introduction to Christian apologetics* [Uma introdução à apologética cristã], que foi publicado em 1948. Considerando o contexto daquele ano e o estado das questões eruditas nos círculos protestantes ortodoxos, a obra foi um texto magnífico de discurso apologético e demonstrou uma consciência profunda de problemas filosóficos e teológicos atuais tratados pelo espectro mais liberal do local público das ideias. Ela também inseriu a opção do protestantismo ortodoxo na discussão com um grau notável de abrangência e força, algo que o fundamentalismo havia sido incapaz de fazer desde Warfield e Machen, e era justamente disso que o infante movimento neoevangélico precisava.

Quando Carnell começou a ensinar no Seminário Teológico Fuller em Pasadena, ele participou entusiasticamente do esforço de construir e nutrir uma "Caltech evangélica"[7] para a causa de uma ortodoxia protestante renovada. Ele trabalhou para o Seminário Fuller até sua morte, em 1967, inclusive como reitor de 1955 a 1959. Carnell era um professor admirado e popular entre os alunos de Fuller, e se tornou um porta-voz articulado do seminário e do neoevangelicalismo. Durante os primeiros quatro anos do seu período lá, ele foi um autor prolífico, responsável por quatro livros importantes e mais de uma dúzia de artigos acadêmicos. Ao longo da sua carreira como professor e autor, escreveria nove livros, seis capítulos de livros, 28 artigos e incontáveis resenhas de livros. Seu interesse mais duradouro foi a apologética cristã: a argumentação em defesa de um entendimento protestante da fé cristã.

---

[4] Edward John Carnell, *An introduction to Christian apologetics* (Grand Rapids: Eerdmans, 1948), p. 56.
[5] Ibid., p. 106ff.
[6] John A. Sims, *Edward John Carnell: defender of the faith* (Washington: University Press of America, 1979) p. 57.
[7] Caltech é um importantíssimo instituto de tecnologia. (N.T.)

CONTEXTO TEOLÓGICO

Após a Segunda Guerra Mundial, diversos indivíduos de uma segunda geração de fundamentalistas buscaram um distanciamento do estereótipo intelectual relacionado ao grupo fundamentalista com a produção de uma literatura erudita, apologética e que interagia com as correntes teológicas e filosóficas gerais da época. "Evangelicalismo", ou "neoevangelicalismo", foi o termo que preferiram para identificar seu programa teológico e eclesiástico. Talvez o primeiro esforço publicado desses jovens pertencentes a uma segunda geração de conservadores que manifestou publicamente sua insatisfação com o fundamentalismo e introduziu uma plataforma de renovação e mudança tenha sido a obra de Carl F. H. Henry *The uneasy conscience of modern fundamentalismo* [A consciência inquieta do fundamentalismo moderno], publicada em 1947 e que teve um impacto explosivo. Henry expôs em detalhes que sua consciência inquieta não se dirigia contra as grandes verdades cristãs, mas sim contra "a falha frequente na aplicação eficaz dela aos problemas cruciais que confrontam a mente moderna".[8] Era necessário o desenvolvimento de uma literatura em toda área de estudo que integrasse e aplicasse uma cosmovisão cristã baseada na Bíblia às questões, aos problemas e às aplicações sociais relevantes a cada disciplina. Além disso, Henry defendeu o uso desse estudo erudito em todo segmento e nível do ministério educacional da igreja.

Harold Ockenga atribuiu a si mesmo a primeira associação do termo *neoevangelicalismo* com esse movimento de reforma no contexto de um discurso de convocação que fez em Pasadena em 1948. Embora tenha afirmado sua posição teológica, ele repudiou a eclesiologia separatista do fundamentalismo e clamou por "uma nova ênfase na aplicação do evangelho às áreas sociológicas, políticas e econômicas da vida".[9] Refletindo sobre as publicações prolíficas de jovens estudiosos no movimento na década seguinte, Arnold Hearn, do Union Seminary, relatou que um "renascimento fundamentalista" estava ocorrendo, e esses homens estavam demonstrando "uma capacidade de apresentar sua posição de uma maneira mais sensível à inteireza da mente moderna".[10] Os estudiosos que se identificavam com o movimento eram um grupo diverso, representado por denominações variadas e com interesses e ênfases teológicos

---

[8] Carl. F. H. Henry, *The uneasy conscience of modern fundamentalism* (Grand Rapids: Eerdmans, 1947), Introduction.

[9] Prefácio de Harold J. Ockenga em Harold Lindsell, *Battle for the Bible* (Grand Rapids: Zondervan, 1976).

[10] Arnold W. Hearn, "Fundamentalist renascence", *The Christian century* (April 31, 1958): p. 528-9.

diferentes. Talvez a definição apresentada por Edward John Carnell do movimento como a promoção de uma "ortodoxia clássica", e não uma "ortodoxia sectária", fosse uma caracterização correta da visão que esses homens tinham do seu próprio compromisso teológico.[11] Em concordância com a definição de Carnell, Donald Bloesch acrescentou a ênfase do neoevangelicalismo na defesa e na racionalidade da fé.[12] Mas talvez ninguém no grupo neoevangélico tenha contribuído mais para essa dimensão do movimento do que Edward John Carnell. Embora uma defesa racional da fé tenha tido importância máxima no seu interesse apologético inicial, suas obras posteriores buscaram uma conexão de correntes teológicas da sua época fora do seu campo ortodoxo protestante. Sua tese de doutorado sobre o pensamento de Reinhold Niebuhr e Søren Kierkegaard explorou uma base comum e argumentos para fé cristã a partir de aspectos mais subjetivos da condição humana. Sua análise das dimensões éticas da existência humana exibiu um forte uso da ênfase de Kierkegaard na verdade como uma decisão moral interior e sua investigação do amor de Deus para o bem-estar e a felicidade supremas foi um reflexo da influência positiva da obra de Niebuhr *Nature and destiny of man* [Natureza e destino do homem]. Se o neoevangelicalismo buscava uma interação maior com o espectro mais liberal do pensamento religioso contemporâneo, não havia um exemplo mais positivo do que os escritos de Edward John Carnell.[13]

RESPOSTA APOLOGÉTICA

A abordagem de Carnell à argumentação em defesa da fé cristã se desenvolveu ao longo da sua carreira literária. O que a unificou foi sua convicção de que uma explicação adequada da fé precisa explorar os pontos de contato importantes, ou uma "base comum", compartilhados pelo mundo da incredulidade e pelas realidades da fé. Um apologeta eficaz precisa produzir respostas às perguntas e críticas provenientes do mundo da incredulidade, e respostas

---

[11] A acusação de Carnell foi que o fundamentalismo (ortodoxia sectária) havia errado: (1) por um retorno à doutrina católico-romana de que a fé é "razão com assentimento"; (2) por uma noção de todas as questões relativas à inspiração e à autoridade bíblicas terem sido decididas de modo eficaz durante a controvérsia fundamentalista/modernista; (3) pela prática de uma visão separatista da Igreja; (4) por ignorar as responsabilidades sociais da ética cristã; e (5) pela ausência do amor e da humildade de Cristo para com aqueles que discordam. Capítulo de Edward John Carnell em Harold Fey, *How my mind has changed* (New York: Meridian, 1960), p. 92-101.

[12] Donald Bloesch, *The Evangelical renaissance* (Grand Rapids: Eerdmans, 1973), p. 34-5.

[13] Uma exploração mais detalhada do uso por Carnell de ênfases em Kierkegaard e Niehbur será apresentada na nossa análise do uso em Carnell do "terceiro método" de conhecimento e sua exploração da lei do amor como a satisfação suprema da existência humana.

adequadas e significativas precisam partir de elementos de uma base comum ao questionador e ao que responde. Carnell tentou estabelecer um contato entre a revelação cristã e a verdade descoberta pelo não cristão na sua própria cultura, e grande parte da base comum que ele usou estava relacionada a duas perguntas de importância contínua para ele: (1) Como podemos *conhecer* (no sentido crítico do termo)? e (2) como podemos encontrar felicidade e satisfação na nossa vida? A primeira pergunta explorava o interesse de Carnell por epistemologia, ao passo que a segunda explorava seu interesse natural na sua própria sensação de bem-estar.

O método de Carnell foi correlacionar o evangelho com categorias *a priori* de pensamento humano, explorando questões e interesses que considerava importantes para a natureza e a existência humanas. Seu foco no desenvolvimento constante na condição humana refletiu uma síntese criativa de ênfases extraídas de pensadores diversos, como Kierkegaard, Reinhold Niebuhr, Gordon Clark e Santo Agostinho. Aspectos da natureza humana apresentaram os pontos de contato usados na sua tentativa de defender a fé cristã, e todas as suas obras foram unidas por explorações dos efeitos do mal na condição humana e, então, do ato de o Deus da fé cristã superá-los e conceder um bem-estar pessoal duradouro.

O Carnell maduro entendeu a natureza e a existência humanas como participantes de quatro ambientes: racional, estético, moral e espiritual, pontos de contato inequívocos entre Deus e a humanidade,[14] e sua estratégia era primeiro realçar os interesses humanos significativos gerados por esses ambientes. Então, ele os conectava aos nossos ideais e às nossas aspirações com demonstrações de como são realizados e satisfeitos somente no Deus das Escrituras. Seu entendimento do que constituía os interesses e os aspectos vitais mais significativos no eu humano se desenvolveu ao longo da sua carreira. A primeira fase da sua missão apologética refletiu um forte desejo de repensar os fundamentos intelectuais e racionais do protestantismo ortodoxo e torná-los viáveis intelectualmente no mundo de incredulidade no qual Carnell estava.

---

[14] Para Carnell, esses ambientes estão fundamentados na mente de Deus e refletem o entendimento de Agostinho do mesmo ser como o *verdadeiro*, o *bom* e o *belo*. O ambiente moral também representa um contato simultâneo com Deus, o Bem supremo. Os projetos apologéticos de Carnell exploraram os pontos de contato racionais, morais e espirituais, porém, ele evitou amplamente a estética na sua defesa da fé. Mas ele pensava que a beleza é um conceito concedido por Deus fundamentado em padrões eternos presentes na mente de Deus. "Deus é beleza, pois ele é harmonia e simetria perfeitas". A beleza é "percebida na alma inteligível" quando iluminada pelo Logos eterno de Deus. Carnell, *Christian apologetics*, p. 153, 168.

Sua abordagem defendeu a hipótese de o Deus da Bíblia ser aquele "que concede existência e sentido aos muitos seres do universo do espaço-tempo". Ele é a verdade ontológica suprema[15] e, "por meio do seu poder, o mundo é explicado; e sua justiça explica o dever moral; e sua misericórdia explica a reconciliação".[16]

Christian apologetics refletiu sua convicção inicial do "eu real" como o eu racional. Encontramos a satisfação e o contentamento supremos da nossa existência na nossa capacidade de descobrir e afirmar uma visão de mundo que tem uma consistência interna e é a que melhor combina com o mundo da experiência humana. Ele afirmou que os nossos problemas práticos e teóricos "apenas podem ser resolvidos por meio de uma combinação eficaz dos mundos ideal e empírico que torne possível encontrar uma esperança de imortalidade, uma visão racional do universo e um conhecimento apropriado da verdade".[17] O Deus das Escrituras concede existência e sentido ao universo do espaço-tempo e constitui o bem mais elevado.

Carnell se afastou da primazia do eu racional na sua segunda obra, *A philosophy of the Christian religion* [Uma filosofia da religião cristã],[18] na qual declarou que o eu vital é o "eu livre", que escolhe valores para a felicidade pessoal. "Resolver o dilema do pecado e da culpa é muito mais importante do que resolver a origem e a natureza do universo do espaço-tempo". E declarou: "Se Deus é capaz de satisfazer o *coração, quanto mais* (*a fortitiori*) não satisfará a mente".[19] *A philosophy* fez uma exposição de valores humanos e defendeu a conclusão de que a existência humana encontra satisfação somente em uma conduta de retidão moral em um relacionamento amoroso com Deus. Sua análise do eu livre refletiu a dialética de Reinhold Niebuhr: a Lei do Amor define a justiça como o valor supremo para a autorrealização, mas o pecado nos tornou incapazes de satisfazer suas condições. Apenas a justiça de Cristo (e seu perfeito amor) resolve a tensão e satisfaz nosso desejo de uma felicidade suprema e duradoura. Todos os compromissos com prazeres inferiores não serão capazes de conceder a felicidade que é permanente e que não nos desapontará. O amor de Cristo medeia a felicidade e satisfação supremas no

---

[15] Carnell, *Christian apologetics*, p. 124.
[16] Ibid., p. 274.
[17] Ibid., p. 45.
[18] Edward John Carnell, *A philosophy of the Christian religion* (Grand Rapids: Eerdmans, 1952).
[19] Ibid., p. 274.

tempo e pela eternidade, portanto, um conhecimento significativo de Deus ou de qualquer pessoa é um conhecimento deles em uma comunhão de amor, e apenas esse conhecimento e essa comunhão com Deus podem produzir a felicidade que satisfaz e é duradoura.

Carnell entrou no seu estágio de pensamento maduro na sua obra principal sobre ética, *Christian commitment: an apologetic* [Compromisso cristão: uma apologética],[20] na qual ele desenvolveu um "terceiro método de conhecimento" como um ponto de contato com o ambiente moral e espiritual que pode ser explorado sem a necessidade de confirmação racional. Para entender as realidades do ambiente moral, cada pessoa precisa explorar as realidades com que o eu está comprometido. Em *Christian commitment*, Carnell buscou estabelecer um fundamento epistemológico firme para discernir a natureza da verdade ética interior de Kierkegaard. Ele depois explicou:

> Desde que percebi que a metodologia do existencialismo demasiadas vezes tem simplesmente existido sem um firme fundamento que a sustente, tentei desenvolver uma epistemologia (teoria do conhecimento) que ajude a apresentar esse fundamento. Essa epistemologia, que tem muito em comum com as visões tanto de Sócrates quanto de Kierkegaard, apela às realidades que já têm influência sobre uma pessoa em função da própria existência.[21]

Além da verdade ontológica e proposicional, Carnell apresentou um terceiro *locus* de verdade: "o reflexo da bondade e da honestidade no caráter de uma pessoa".[22] Ele chamou esse atributo de *retidão* (integridade moral), aquilo que surge apenas "quando o que uma pessoa é coincide com o que deve ser [...] [quando] a essência e a existência são unidas pela decisão moral correta".[23] Esse elemento subjetivo no entendimento da verdade em Carnell decorreu substancialmente do pensamento de Kierkegaard em relação à tomada de decisões éticas e pessoais. Seu apelo anterior era a *rationes aetarnae*

---

[20] Edward John Carnell, *Christian commitment: an apologetic* (New York: Macmillan, 1957).
[21] Edward John Carnell, *The burden of Soren Kierkegaard* (Grand Rapids: Eerdmans, 1956), p. 44.
[22] Carnell, *Philosophy*, p. 450.
[23] Carnell, *Philosophy*, p. 451; Carnell, *Christian commitment*, p. 16. Embora o uso comum de Carnell fosse o termo *retidão*, nossa análise usará uma expressão mais acessível – *retidão moral*. O sentido de *retidão* em Carnell é o entendimento e compromisso da totalidade da bondade de caráter humana.

fundamentados na imagem de Deus.[24] Em *Christian commitment*, seu interesse não era o entendimento intelectual de conceitos morais, mas a participação subjetiva individual do ambiente moral, e aqui, há um reflexo frequente na nossa conduta do que pensamos que é real. Julgamentos motivados judicialmente de outras pessoas que nos prejudicam são um indicativo das noções morais com que estamos comprometidos.

Carnell usou a ilustração de uma pera para explicar a ampliação que sua epistemologia experimentou a partir da sua ênfase racional inicial. Uma pera pode ser conhecida de três modos, e cada um corresponde a um aspecto da realidade e dá uma resposta a perguntas que podemos vir a fazer: (1) A pera é de fato uma pera?; (2) Qual o gosto da pera?; (3) Posso colher a pera? O conhecimento inferencial responde à mente e é necessário para demonstrar a realidade da pera, ao passo que o conhecimento experiencial responde às nossas faculdades perceptivas e é necessário para demonstrar o gosto da pera; por fim, o conhecimento da autoaceitação moral responde à nossa percepção moral e é necessário para demonstrar nossa relação ética com a pera. A reflexão racional não é capaz de descobrir o gosto da pera, e a experiência geral de peras é incapaz de nos dizer se podemos levar a pera embora. Assim, apenas um emprego dos três modos de conhecimento é capaz de conhecer a totalidade da pera,[25] e esses modos de conhecimento participam de quatro ambientes: racional, estético, moral e espiritual, os quais são os pontos inequívocos de contato entre Deus e os humanos usados por Carnell na sua tentativa de argumentar em favor da fé cristã.

Unificar seus esforços de defesa da fé era o interesse, ele presumia, que todas as pessoas tinham no seu próprio bem-estar. No fim da sua carreira, Carnell reconheceu que, embora algumas pessoas expressem preocupações quanto às objeções racionais à fé, outras não as expressam. Então, sem abandonar uma identificação com o primeiro grupo, o foco dos seus esforços apologéticos posteriores foi uma conexão com os interesses e as preocupações da pessoa comum na rua, sem levar em conta o interesse em questões teológicas, e esses esforços alcançaram sua expressão máxima na sua última grande obra apologética, *The kingdom of love and the pride of life* [O reino do amor

---

[24] Carnell pegou emprestado *rationes aetarne* (conceitos eternos) da epistemologia neoplatônica de Agostinho, em que as categorias de pensamento conceitual humano têm seu fundamento na mente de Deus mediada pelo Logos eterno. Como Deus é verdade, os *rationes aeternae* expressam uma verdade absoluta objetiva.

[25] Carnell, *Christian commitment*, p. 125.

e o orgulho da vida]. Seu desejo foi estabelecer uma conexão com a pessoa a princípio desinteressada que certamente pode ter uma atitude do tipo "não estou nem aí" em relação ao cristianismo. A convicção de Carnell era que a pessoa natural não ouvirá ou dará atenção à voz do cristianismo antes de haver um interesse por ele, e um interesse existencial significativo está ligado à descoberta de um benefício pessoal. Começando com *A philosophy*, Carnell lidou com a seguinte pergunta: quais são os maiores interesses da humanidade e qual é a relação deles com a verdade do evangelho? Sua resposta foi que todos nós desejamos a felicidade e um sentimento confiante de bem-estar agora e para sempre. Esse desejo, na visão dele, era a busca de todas as pessoas na vida e moldou sua carreira apologética inteira. E ele conclui seus esforços apologéticos com a defesa da tese de que apenas um relacionamento de amor mútuo com o Deus da fé cristã é capaz de conceder o bem-estar supremo e a felicidade duradoura.[26]

METODOLOGIA APOLOGÉTICA

A metodologia apologética de Carnell buscou uma base comum com o estudioso e com a pessoa comum, e seus escritos se dirigiram àqueles que não reconheciam a veracidade do cristianismo e a pessoas que apenas estavam desinteressadas. Ele tratou de alguns aspectos da natureza humana para defender a veracidade do evangelho e de outros para demonstrar sua importância para uma satisfação duradoura da condição humana. Sua convicção era que cada pessoa tinha um *eu racional*, um *eu livre*, um *eu moral* e um *eu vital*, e todos esses domínios da personalidade se tornaram uma base comum que poderiam servir de ponte na defesa da racionalidade do evangelho e na demonstração da sua atratividade duradoura.

O eu racional: um reflexo da mente de Deus

Carnell manifestou seu interesse duradouro na epistemologia explorando uma base comum para a defesa do evangelho. Como podemos justificar as convicções que devemos ter e qual a razão de o não cristão dever levar o cristianismo a sério intelectualmente? A primeira resposta de Carnell foi que o cristianismo deve ser abraçado por apresentar uma cosmovisão que é demonstravelmente verdadeira. *An introduction to Christian apologetics* dirigiu uma defesa da fé cristã a não cristãos como a única cosmovisão que tem

---

[26] Ibid., p. 19.

consistência interna e que é coerente com a experiência humana universal e com o mundo. Ele chamou esse ponto de partida duplo de "consistência sistemática", e isso envolvia um teste de verdade duplo que era uma fusão de um ponto inicial racional com um empírico. Essa abordagem era uma espécie de síntese entre princípios pressuposicionais reformados holandeses (Clark e Van Til) e os fundamentos empíricos da filosofia mais antiga do senso comum (Warfield e Machen). Mesmo acreditando que "o cristianismo pode ser aceito com o consentimento de todas as nossas faculdades", a obra apresentou uma análise ampliada da epistemologia religiosa com o objetivo de justificar a ortodoxia protestante como a apresentação com a maior coerência sistemática da realidade.[27] Dotado de uma racionalidade divinamente concedida e de *rationes aeternae*, o leitor é capaz de reconhecer que o cristianismo é a cosmovisão mais racional. "Nesse sistema inteiro de salvação", Carnell declarou, "não há nada impossível, imoral, absurdo, nada inconsistente com a totalidade da verdade suficientemente demonstrada".[28]

Em um afastamento do compromisso da geração anterior com o ponto inicial empírico na filosofia de senso comum escocesa, a abordagem de Carnell promoveu um "racionalismo" cristão que fundamentava nossas formas de pensamento conceituais e racionais na mente de Deus.[29] A racionalidade é o ponto de contato inequívoco entre o tempo e a eternidade em função da iluminação racional que os humanos recebem de Deus por meio do Logos eterno mediador. A razão tem uma natureza intuitiva, é inata e está fundamentada de modo metafísico na mente de Deus. Podemos conhecer a Deus e receber revelações significativas racionalmente como verdades porque ele nos dotou de uma mente iluminada pelo Logos com *rationes aeternae* que nos permitem pensar os pensamentos de Deus de acordo com ele.[30]

---

[27] Carnell, *Christian apologetics*, p. 9.

[28] Ibid., p. 179.

[29] Carnell explicou seu termo "racionalismo cristão" em uma nota de rodapé prolongada como significando que parte do nosso conhecimento "pode ser aprendido por antecipação [lógica]. Pelo fato de todo ser humano nascer com uma estrutura *a priori* como parte da imagem de Deus – uma qualidade natural que pertence ao homem como homem –, nossos primeiros atos de conhecimento na natureza são possíveis por já conhecermos outras verdades antes da experiência sensorial [...] A imagem de Deus no homem significa ao menos que nascemos com um conhecimento claro tanto de Deus quanto da sua lei. *Christian apologetics*, p. 151.

[30] Esse entendimento de Carnell faz forte uso de Agostinho e do seu mentor na sua iniciação intelectual, Gordon Clark. Ele o apresenta para confrontar um empirismo rígido e a noção kantiana de uma função apenas construtiva para a razão. Veja a análise de Carnell em *Christian apologetics*, p. 182-3.

A racionalidade de Deus preserva nosso direito à verdade tanto na validade das *rationes* para amanhã quanto na nossa convicção de que o universo continuará regular e previsível. A criação não pode falhar nos fins para os quais foi feita, pois a riqueza do céu e da terra pertence a um Deus racional. De fato, todos os homens continuam agindo na expectativa de a mente dos homens e o universo continuarem racionais, mas será salutar lembrá-los de que, sem o Deus que se revelou nas Escrituras, esse otimismo é desprovido de base racional.[31]

Os fatos discretos do universo material estão relacionados entre si pelo livre propósito de Deus, e não por alguma necessidade demonstrável nem pela mera observação sensorial.[32] Deus, e não a lógica, "é a razão suprema das coisas", pois a mente de Deus "unifica as particularidades no universo do espaço-tempo de acordo com a teologia".[33] Os fatos apenas nos dizem o que Deus escolheu fazer. "Quando apresentamos uma explicação apropriada dos fatos, descobrimos os propósitos de Deus [...] Sabemos que temos a mente de Deus sobre o objeto na medida em que nosso pensamento sobre ele é não contraditório e combina com todos os dados relevantes da experiência".[34]

A inteligibilidade de Deus e da sua revelação se torna possível pelo Logos mediador. Como Logos epistemológico, ele é o autor de todo o significado e mediador do significado e da verdade aos seres humanos pela luz que é a imagem racional de Deus. Como "Logos cosmológico", ele é o autor dos muitos fatos internos e externos que experimentamos. Como "Logos soteriológico", Cristo é a resposta à aflição da alma e a base de uma fé saudável. Em acréscimo ao conhecimento fragmentado que já temos sobre Deus (conhecimento natural), o eu racional pode conhecer o Logos que revela o amor compassivo e pessoal de Deus, o perdão dos pecados e a possibilidade de um encontro pessoal com o Senhor. Carnell apresenta o melhor resumo da sua defesa do cristianismo da perspectiva da pessoa racional nas suas considerações finais em *Christian apologetics*: "Se o homem rejeita a solução ao enigma do universo que Cristo apresenta, e se ele não pode acreditar em um sistema filosófico que ao menos professa responder à pergunta da racionalidade do universo, para

---

[31] Ibid., p. 183.

[32] Carnell acusou que o problema do empirismo é sua noção de não haver nada no intelecto que não está nos sentidos, pois impossibilita qualquer conhecimento ou afirmação significativa sobre realidades espirituais. Veja a crítica de Carnell em *Christian apologetics*, p. 147-50.

[33] Ibid., p. 39.

[34] Gordon Lewis, *Testing Christianity's truth claims* (Chicago: Moody, 1976), p. 185-6.

resolver o dilema da verdade e fornecer uma base para a imortalidade pessoal, como responderá à pergunta de Pedro: 'Para quem iremos?'" (João 6:68).[35]

O eu livre: a sabedoria do cristianismo para a felicidade suprema e duradoura

No início da década de 1950, Carnell reconheceu que o problema fundamental do eu pecaminoso não é uma questão de ignorância ou de convicções erradas. Na verdade, sofremos de um "defeito moral" em nossa vontade e em nossa afeições a ponto de "todos os motivos humanos estarem impregnados de autointeresse e todas as instituições serem moralmente ambíguas".[36] A transição da posição preeminente do eu racional para a condição do coração humano teve seu primeiro reflexo na segunda grande obra apologética de Carnell, *A philosophy of the Christian religion* [Filosofia da religião cristã], na qual três noções centrais guiaram seu novo pensamento. Em primeiro lugar, a *essência* do cristianismo não é uma apresentação da melhor explicação de um universo racional, tendo em vista que seu cerne é a oferta de um relacionamento de amor mútuo com nosso Criador e a dimensão pessoal é mais importante do que a da inferência racional no cristianismo bíblico. Em segundo lugar, precisamos identificar dois tipos de conhecimento: o inferencial, que é racional, e o experiencial, que é existencial, pessoal e relacional. "A perfeição de conhecimento não é alcançada pela percepção de conexões racionais, mas pelo ato de desfrutar de uma experiência íntima e pessoal". E, em terceiro lugar, "a filosofia nunca foi capaz de formular uma abordagem de Deus atrativa para o homem comum".[37] Durante o restante da sua carreira apologética, Carnell defenderia a fé com um apelo à personalidade completa, em especial em suas condições volitiva, moral e existencial.

Embora tivesse divergências epistemológicas com Kierkegaard, Carnell concordou com ele no fato de o cristianismo enfatizar "um terceiro *locus* de verdade", a verdade no coração. "Assim como não há perfeição de conhecimento além da experiência, também não há perfeição de verdade além da veracidade de um bom coração".[38] O "eu livre" pode experimentar uma felicidade duradoura e comunhão com Deus no contexto de três *loci* de

---

[35] Carnell, *Christian apologetics*, p. 356-7.
[36] E. J. Carnell em Harold Fey, *How my mind has changed*, p. 100.
[37] Carnell, *Philosophy*, p. 183.
[38] Ibid., p. 452.

verdade. "A verdade como realidade é o ambiente da comunhão; a verdade como correspondência proposicional com a realidade define os critérios da verdadeira comunhão; enquanto a verdade como bondade é a própria comunhão".[39] Embora a comunhão seja o valor maior na satisfação da pessoa por completo, Carnell nesse estágio continuou afirmando a necessidade do eu racional ser o árbitro de toda a verdade, incluindo a verdade interior do coração, uma vez que este não tem nenhum critério de verificação sem o exame de uma racionalidade com consistência sistemática; e ele pode até experimentar primeiro o verdadeiro valor da comunhão, mas apenas a mente que pensa pode julgar sua veracidade.

Em *A philosophy*, Carnell endossou a sabedoria do cristianismo bíblico como o valor supremo que devemos adotar para uma felicidade permanente e que satisfaz, e seu argumento fez uso da análise em Reinhold Niebuhr da condição humana e da essência do amor cristão.[40] Ele endossou o cristianismo com a exposição da noção central de Niebuhr de apenas o amor ser capaz de satisfazer os limites relacionados à autotranscedência da natureza e da liberdade humanas. O método de Carnell foi pioneiro ao explorar o efeito que vários valores da cultura contemporânea têm na condição humana em sua busca de felicidade e bem-estar e tinha como objetivo mostrar que não tinham uma natureza suprema ou uma natureza duradoura ou ambas.

O único modo de satisfazer os anseios interiores do coração é viver na lei do amor como o valor supremo que a liberdade deve adotar, pois todos os outros compromissos com valores, se tornados um compromisso supremo, terminam em infelicidade e desapontamento. Embora valores inferiores possam produzir alguma felicidade, nenhum deles pode produzir uma felicidade duradoura, pois a vida na lei do amor "leva a nada além dela, ela mesma sendo o fim perfeito".[41] Embora apenas Deus seja capaz de conceder uma satisfação suprema com seu amor infalível, nossa própria pecaminosidade nos afasta dele. Sendo assim, admitir a primazia da lei do amor é admitir nossa pecaminosidade e a condenação que merecemos, porém, negar essa condição ofende

---

[39] Ibid., p. 453.
[40] As particularidades doutrinárias conservadoras de Carnell eram hostis à abordagem dialética de Niebuhr, mas ele apreciou o conceito em Niebuhr do eu livre, sua análise do pecado e a norma moral do amor *ágape* em sua obra clássica posterior, *The nature and destiny of man*. Essas são todas ideias centrais em *Philosophy*. A dissertação de Carnell em Harvard foi sobre Niebuhr ("The concept of dialectic in the theology of Reinhold Niebuhr"), que se tornou o fundamento da sua obra *The theology of Reinhold Niebuhr* (Grand Rapids: Eerdmans, 1950).
[41] Carnell, *Philosophy*, p. 338.

e frustra a busca do eu livre por um bem-estar que satisfaz o coração.[42] A estratégia de Carnell foi um apelo ao autointeresse intensificado da humanidade pecaminosa como um ponto de contato para construir o apetite pelo valor da comunhão com o Deus da fé cristã. Ele resolveu a tensão existencial entre nossa necessidade de amor divino e nosso autoamor pecaminoso em um estilo niebuhriano com um apelo à obra salvadora de Cristo, que resolve o problema do pecado e da alienação. Carnell não rejeitou um pensamento racionalmente correto; em vez disso, ele o posicionou em um papel auxiliador subordinado, pois o que tem importância decisiva é a busca da felicidade, e não um pensamento correto. O pensamento racional pode apontar para a realidade de que "há pudim" (a opção cristã), Carnell gracejou, mas apenas um forte apetite no coração fará uma pessoa comer. A criação desse apetite se tornou o objetivo central de todo o restante do seu empreendimento apologético.

O eu moral: a busca de integridade moral

Tendo sido percebido já em *A Philosophy*, Carnell acrescentou um terceiro tipo de verdade. A verdade não é apenas ontológica ou proposicional, mas também "é um reflexo da bondade e da honestidade no caráter de uma pessoa". Ele chamou isso de caráter, *retidão* ou integridade moral,[43] e é nisso que consiste a "essência imperativa" que descreve tudo que *devemos* ser. O único meio de um conhecimento pleno disso é a percepção no coração do dever com um senso de obrigação pessoal. Respondendo ao *imperativo moral* de Kant, ele concluiu que "Não devo roubar" certamente pode ter consistência racional, mas por que uma pessoa deveria ser racionalmente consistente? O ponto central de Carnell era que, "pelo fato de as pessoas serem livres para decidir se querem ou não ser racionais, a única coisa que uma afirmação formal de dever apresentará ao coração são *reivindicações* de dever".[44]

Carnell empregou seu terceiro método de conhecimento para ajudar o leitor em uma jornada existencial que esclareceria sua participação no ambiente moral e espiritual e que nutriria "o impulso espiritual" para conhecer a

---

[42] Carnell considerava uma impossibilidade lógica a preferência das pessoas pelo que acreditam diminuir sua própria felicidade. A vontade e o compromisso com o autoamor estão unidos na natureza humana. "Em toda ação, abertamente ou secretamente prometemos obedecer aos cânones do interesse e da preferência pessoais". Carnell, *Philosophy*, p. 15.

[43] Carnell, *Philosophy*, p. 451.

[44] Carnell, *Christian commitment*, p. 21. O entendimento de Carnell da verdade como interioridade em que o coração é cativado e dominado por um senso de dever ético refletiu a influência de Kierkegaard no seu pensamento maduro.

Deus. Influenciado por Sócrates e Kierkegaard, Carnell dialogou com o leitor como um inquiridor ao oferecer a própria reflexão moral interior como caixa de ressonância e estímulo para que o leitor faça o mesmo. Sua estratégia foi produzir uma consciência pessoal da disparidade entre nossa percepção do que devemos ter (integridade moral) e o que de fato refletimos (orgulho e pretensão pecaminosos).

Em *A philosophy*, Carnell apenas informou o leitor de que o amor é a lei da vida e, então, defendeu uma comunhão de amor como o valor supremo na vida. Aqui ele efetuou uma tentativa socrática de produzir nos leitores a consciência de já aceitarem o amor como a lei da vida, e, a partir dessa consciência, Carnell demonstrou a tensão entre essa aceitação e o modo desprovido de amor da sua própria vida. A lei do amor é o critério no nosso julgamento de outros que violam nosso senso de dignidade. A ação com motivação judicial é o reflexo mais seguro da nossa participação no ambiente moral e do nosso entendimento da natureza da integridade moral.

Em toda a sua carreira, uma convicção de Carnell foi que um grande problema ético era a forma de unir um senso de dever com o desejo pessoal. O amor próprio é a base do nosso desejo de proteger a nossa própria dignidade e a obrigação que outros têm de fazer o mesmo.[45] Portanto, em vez de um exame da consciência, Carnell buscou esclarecer os compromissos morais do leitor com um exame do que é a obrigação de outros para proteger nosso senso de dignidade pessoal no contato deles conosco, pois sempre que outros ofendem nossa dignidade, nós os julgamos culpados pelo que ele chamou de *sentimento judicial*. Nossos juízos sobre a culpa dos que violam nossa dignidade refletem nossa exigência de que ela seja respeitada por absolutos morais.[46] Usando uma linguagem existencial, o dever e o desejo são unidos pelo sentimento judicial, e ambos participam do ambiente moral.

Por meio de exemplos cotidianos para a pessoa comum, Carnell buscou esclarecer que há três padrões de dever que outros devem respeitar para proteger nossa dignidade, e o primeiro deles é a *lei da justiça*. A justiça é o padrão de obrigações que os outros têm no contato conosco pelo simples fato de que

---

[45] Ibid., p.97. Carnell acreditava que os filósofos da ética com frequência cometem um de dois erros: "Ou negam o senso concreto de dignidade do homem e, assim, produzem uma ética que ofende o coração, ou reconhecem a onipresença do amor próprio, mas sem ancorá-lo em um senso de dever". Carnell acreditava que a ética kantiana era responsável pelo primeiro erro, enquanto a ética pragmática de William James era culpada do segundo.

[46] Ibid., p. 91ss.

somos seres humanos,[47] é expressa pelos direitos humanos universais e pelo princípio da imparcialidade, e responde a aspectos de dignidade compartilhados por todas as pessoas apenas em função da sua condição como seres humanos. As obrigações resultantes da lei da justiça são absolutas e universais, e elas sempre estão em vigor e têm aplicação universal. No entanto, afirmou Carnell, a justiça por si só não constitui todas as condições nem o cerne do ambiente moral e espiritual.

Há aspectos da nossa dignidade pessoal que são singulares a cada um de nós como indivíduos. No contato de outros conosco, eles devem respeitar não apenas nossos direitos (que são os mesmos da raça humana inteira), mas também aqueles aspectos do nosso ser que revelamos sobre nossa singularidade. Os elementos do nosso ser individual revelados a outros também são aspectos da nossa dignidade pessoal que devem ser respeitados.[48] A *lei da consideração* se torna uma obrigação moral na revelação da nossa individualidade a outros, como quando humildemente pedimos um favor. A obrigação e a culpabilidade são válidas apenas após a revelação de elementos da nossa individualidade.[49] Carnell resumiu a relação entre a justiça e a consideração do seguinte modo:

> Embora nunca haja uma identidade material da nossa vida com a raça, há uma identidade formal na maior parte do tempo, e é essa identidade formal que torna significativa a noção de termos direitos justos na sociedade [...] Em toda situação em que há apenas uma revelação do lado formal da vida, a justiça basta para o senso moral, mas, com a revelação da nossa diferença em relação à raça, o sentimento judicial é despertado caso aqueles em contato conosco não passem da justiça à consideração.[50]

---

[47] Ibid., p. 172-ss: "Temos o direito de coisas como uma parte suficiente para transitar pela estrada, o privilégio de caminhar pelo parque municipal e uma participação justa nos benefícios e seguranças da cidadania [...] Se pagamos por bens, exigimos uma retribuição justa do nosso dinheiro; se assinamos um contrato, demandamos que seus termos sejam honrados", p. 173.

[48] Carnell explicou que, "no contato de outros conosco, sua obrigação é aceitar nossa pessoa inteira, incluindo particularidades e mistérios, e a razão disso é óbvia. Somos a soma desses mistérios e particularidades, portanto, ofendê-los será sempre uma ofensa a nós". Ibid, p. 189.

[49] Não temos culpa moral por oferecer amendoim a alguém com uma alergia severa ou bebida alcóolica a um alcóolatra antes de um conhecimento dessas condições pessoais. Mas então as obrigações da lei da consideração devem ser observadas. Veja a análise de Carnell e seus exemplos semelhantes extraídos do cotidiano. Ibid., p. 188-95.

[50] Ibid., p. 204.

Embora Carnell acreditasse que a consideração estava mais próxima do cerne do ambiente moral e espiritual do que a justiça, ela não constitui uma resposta moral perfeita; sendo assim, para que a dignidade da nossa pessoa seja totalmente respeitada, até mesmo elementos não revelados precisam ser respeitados. Concordando com Niebuhr, Carnell afirmou que apenas o amor abraça e aceita o ser inteiro, revelado e oculto, pois aquele que ama cumpre a essência da lei da vida e da integridade moral. "O esforço total do terceiro método de conhecimento foi dirigido a um esclarecimento dessa única verdade". A justiça e a consideração são expressões válidas da lei, mas, sem o amor, elas não têm valor moral. "Simplesmente afirmo que nada tem valor moral sem a motivação do amor".[51]

> Do fato de a retidão pessoal constituir o âmago da terceira espécie de verdade e do fato de a terceira espécie de verdade surgir quando a diferença entre o que um indivíduo é (a essência descritiva) e o que deve ser (a essência imperativa) desaparece, podemos concluir que o amor constitui a essência imperativa, a lei da vida, o ambiente moral e espiritual, e a essência de Deus. O amor é o elemento inequívoco que torna possível dizer: "Deus é bom" e "um homem íntegro é bom", pois o bem apenas é um outro nome do amor.[52]

O eu espiritual: a criatura de Deus feita para o amor

Um reconhecimento da culpa de outros pelo sentimento judicial em uma violação da *lei do amor* nos coloca em uma situação moral difícil, pois, quando julgamos outros, tornamo-nos sujeitos ao mesmo julgamento. Todavia, se a lei do amor que usamos para julgar outros é válida, ela também não é o critério válido do julgamento a que outros nos submetem? Em segundo lugar, embora sejamos guardiões da lei, nenhum de nós tem autoridade para sentenciar os ofensores.[53] Há uma absoluta necessidade da existência de um *administrador da justiça*, pois negar a existência de um administrador da justiça é concluir ou (1) que não existe verdadeira justiça ou (2) que nosso sentimento judicial

---

[51] Ibid., p. 211.
[52] Ibid., p. 208.
[53] "Embora sejamos guardiões da lei, não temos nenhuma autoridade para assegurar a execução da lei [...] Aqueles que nos prejudicam de modo injusto são culpados; mas o ciclo da culpa está incompleto antes da sua responsabilização moral pela sua transgressão [...] portanto, revelamos que acreditamos no administrador da justiça". Ibid., p. 102-3.

é apenas um reflexo das nossas emoções subjetivas ou de nosso gosto pessoal. Portanto, Carnell concluiu:

> Assim como Deus julga outros por meio de nós, ele nos julga por meio de outros. Embora haja uma diferença entre o sentimento judicial e a consciência, essas coisas estão relacionadas. "A repreensão judicial da nossa falha em honrar o amor com amor é tão seguramente a voz de Deus quanto a repreensão judicial divina daqueles que insultam a nossa dignidade".[54]

Carnell fez uma análise prolongada da revelação que a lei do amor produz da situação difícil em que nossa condição pecaminosa nos coloca. A lei exige o amor como nosso dever supremo, mas um senso desse dever nunca será capaz de gerar uma motivação verdadeira para amar. Devo amar minha esposa: esse é meu dever. Mas, quanto maior é meu compromisso com esse dever, mais afastado estou de um amor livre e alegre por ela, uma vez que o amor é uma expressão espontânea livre, mas o dever é obrigatório; o amor é centrado no outro, mas compromissos com o dever são autocentrados. Sendo assim, nosso esforço para amar é a evidência da incompletude do amor, mas certamente nos corromperemos se não tentarmos.[55]

O pensamento maduro de Carnell apresentou a convicção de o real eu vital ser o eu moral ou amoroso. Embora o amor defina o cerne essencial da nossa vitalidade e nossa natureza, o orgulho domina nossas afeições. Ele identificou essa condição com o pecado original e com a "depravação total". Podemos entender essa depravação quando percebemos que, embora estejamos comprometidos com o amor e com a lei da vida, o orgulho pecaminoso domina nosso coração. Se Kant diria com base no pensamento racional: "Eu devo, logo posso", Carnell confessou diante da lei do amor: "Eu devo, logo não posso". Mas Carnell não teria problema com o "cumprimento indireto" relacionado à máxima de Kant.

> Julgado da perspectiva da autoaceitação moral, um indivíduo pode satisfazer a retidão de dois modos diferentes: fazendo espontaneamente o que é certo ou expressando um arrependimento espontâneo pela sua falha. A vida contrita é um

---

[54] Ibid., p. 234.

[55] Veja a análise de Carnell sobre a tensão entre o motivo do amor e a verdadeira natureza do amor, e então seu exame sobre como o esforço para amar mostra a ausência de amor. Ibid., p. 160-2, 212-3.

cumprimento indireto, e ambos os modos satisfazem as reivindicações do ambiente moral e espiritual.[56]

Desculpas sinceras e expressões espontâneas de arrependimento apresentam humildade e indiretamente satisfazem a exigência do amor e preservam ou restauram a comunhão, mas, para Deus, desculpas não bastam. Pedimos desculpas pelos nossos atos sem amor ocasionais, mas, diante de Deus, precisamos nos arrepender inteiramente da pessoa que fomos. O terceiro método de conhecimento pode nos informar que o arrependimento humilde é uma precondição para a restauração de um relacionamento com Deus, mas apenas o evangelho de Cristo é capaz de realmente nos resgatar do nosso problema moral. Sua propiciação da culpa do nosso pecado satisfez as exigências legais da lei da vida. "Cristo aplacou o sentimento judicial em Deus, tornando possível o perdão divino daqueles que merecem a condenação; mas o ciclo do perdão não se completa antes de pecadores se humilharem e se arrependerem".[57] Portanto, Cristo é o cumprimento da lei do amor.

A comunhão com Deus satisfaz nosso desejo de felicidade e bem-estar duradouros, e o amor esgota nossas potencialidades livres. Em *Christian commitment*, Carnell buscou convencer o leitor com o "uso" do elemento negativo do sentimento judicial de que a lei do amor é a essência do dever moral, ao passo que, em *The kingdom of love and the pride of life*, ele apenas caracterizou uma pessoa amorosa e virtuosa como sendo bondosa e verdadeira. O amor libera possibilidades criativas em uma pessoa que produzem muito mais satisfação do que meros dados abstraídos da lei natural, pois apenas a comunhão proporciona o conhecimento do coração sobre outros e as realidades do amor.[58] Nosso eu encontra sua satisfação suprema na segurança de um relacionamento de amor encontrado apenas no amor incondicional de Cristo no evangelho.

Com o foco dos escritos posteriores de Carnell na natureza da comunhão para o bem-estar pessoal, ele abandonou o nível abstrato do debate intelectual característico dos seus escritos anteriores, e seu apelo agora era a uma consideração dos acontecimentos comuns e um tanto mundanos da vida cotidiana. Por meio de um exame de relações sociais e contextos que eram familiares à

---

[56] Ibid., p. 158.
[57] Ibid, p. 254.
[58] Carnell, *The kingdom of love* (Grand Rapids: Eerdmans, 1960), p. 48-9.

pessoa comum e ao estudioso, buscou evidenciar a vitalidade do amor e nosso compromisso implícito com ela para nosso próprio bem-estar. A pergunta para Carnell era: qual é o maior interesse na vida do leitor e qual a relação desse interesse com as verdades do evangelho? Sua resposta foi que há um desejo universal de felicidade e de um sentimento confiante de bem-estar agora e para sempre, e ele apresentou isso não como uma busca na nossa vida, mas como uma bênção que Deus concede à pessoa que se humilha e se arrepende. A essência do contentamento em qualquer atividade em que estamos interessados na vida e que gera satisfação pessoal é o amor, e a satisfação suprema é encontrada no amor recíproco de uma comunhão mútua. Assim, pelo fato de correspondermos de modo perfeito às condições do amor, apenas Deus, em última instância, é capaz de satisfazer a existência humana.

CONTRIBUIÇÕES PARA A APOLOGÉTICA

Precisamos enxergar o interesse apologético de Carnell na vitalidade do amor no contexto maior da sua vida pessoal e profissional. Com seu ingresso em um pequeno movimento de vanguarda evangélico, logo percebeu que havia se tornado parte de uma luta para promover uma ortodoxia protestante conservadora livre do éthos negativista e separatista do fundamentalismo. Seus primeiros anos no Seminário Fuller o convenceram de que o protestantismo precisava de uma iluminação moral e de reforma. A carreira apologética ajudou o evangelicalismo inicial a perceber que sua herança fundamentalista tinha uma grande necessidade de revisão diante das implicações do evangelho e da lei do amor. As demandas radicais do amor exigem mais do que uma postura de evitar certas formas de conduta pecaminosa e evitar aqueles que não têm o mesmo zelo: o amor exige um interesse alegre e espontâneo pela dignidade e pelo bem-estar de outros. Sua busca é por relacionamentos acentuados pelo amor, sendo o relacionamento supremo aquele com Deus por meio do evangelho.

A combinação de testes de verdade feita por Carnell teve um efeito um tanto mínimo na defesa da fé apresentada pela maioria dos apologetas protestantes durante as décadas finais do século XX. Sua abordagem não excluiu nem modificou os pontos de partida epistemológicos da atividade apologética cristã em grupos bem-estabelecidos de pressuposicionalistas, racionalistas e evidencialistas. Talvez sua maior influência após sua morte tenha ocorrido sobre o ilustre apologeta Gordon R. Lewis, do Seminário de Denver, o qual promoveu a consistência sistemática em toda a sua carreira e dedicou metade da sua obra *Testing Christianity's Truth Claims* [Testando as reivindicações de verdade do cristianismo] a um resumo do uso de testes de verdade racionais, relacionais e morais em Carnell.[59] Além disso, o uso da interioridade e de apelos ao coração expressos por Carnell na sua defesa da fé para os mais sensíveis e emotivos foi encorajado como estratégias apologéticas complementares por alguns dos apologetas e defensores mais famosos no campo evidencialista.[60]

Os críticos das suas obras não hesitaram em reconhecer deslizes em pontos doutrinários e inconsistências argumentativas. Alguns consideraram suas posições liberais demais e outros ficaram decepcionados com seu conservadorismo, mas a maioria reconheceu nele um estudioso competente disposto a dar ouvidos aos que tinham posições diferentes da sua tradição e aprender com eles. Seu estudo erudito cuidadoso, sua atenção a questões epistemológicas e sua promoção do amor como a lei da vida foram lufadas de ar fresco com uma contribuição enorme para a revitalização do protestantismo ortodoxo após o declínio do movimento fundamentalista, tanto que a melhor descrição da sua carreira poderia ser sua própria definição de um filósofo virtuoso:

> Um filósofo virtuoso talvez nunca venha a ser celebrado como um filósofo original, mas ele será celebrado como um bom homem que inspira bons alunos. Tendo se lembrado do fato de que a postura desinteressada do filósofo se torna perversa sempre que usurpa o ofício do amor, ele fará disso seu dever de também lembrar outros do mesmo fato. "O temor do Senhor é o princípio da sabedoria" (Salmos 111:10).[61]

---

[59] Veja Gordon R. Lewis, *Testing Christianity's truth claims*, p. 176-295. De acordo com seu colega e sucessor no Denver Seminary, Lewis chamou de *verificacionismo* sua posição na defesa do seu teste de verdade combinado: consistência lógica, apoio dos fatos e atratividade existencial. Veja o memorial celebratório para Gordon R. Lewis de Douglas Groothuis: https://www.christianity today.com/ct/2016/june-web-only/gordon-lewis-irenic-apologist.html. A influência desses testes de verdade usados por Carnell pode ser observada (por meio de Lewis) também na própria obra apologética de Groothuis. Veja Douglas Groothuis, *Christian apologetics: a comprehensive case for biblical faith* (Downers Grove: InterVarsity Press, 2011).

[60] Fortes defensores de uma apologética de evidência cristã, como o Dr. John Warwick Montgomery e o Dr. Rod Rosenbladt, defenderam o desenvolvimento e uso de abordagens direcionadas aos mais sensíveis e emotivos que apelam a desejos e anseios do coração como exemplificadas por C. S. Lewis. Eles também endossaram as obras apologéticas de Edward John Carnell aos seus alunos.

[61] Carnell, *The kingdom of love*, p. 50.

BIBLIOGRAFIA

BLOESCH, Donald. *The Evangelical renaissance* (Grand Rapids: Eerdmans, 1973).

CARNELL, Edward John. *The case for orthodox theology* (Philadelphia: Westminster, 1959).

_____. *The burden of Soren Kierkegaard* (Grand Rapids: Eerdmans, 1956).

_____. *Christian commitment: an apologetic* (New York: Macmillan, 1957).

_____. *An introduction to Christian apologetics* (Grand Rapids: Eerdmans, 1948).

_____. *The kingdom of love and the pride of life* (Grand Rapids: Eerdmans, 1960).

_____. *A philosophy of the Christian religion* (Grand Rapids: Eerdmans, 1952).

_____. *The theology of Reinhold Niebuhr* (Grand Rapids: Eerdmans, 1950).

_____. Um capítulo em Harold E. Fey, ed. *How my mind has changed* (New York: Holt, Reinhart & Winston, 1962).

_____. "Post-fundamental faith". *The Christian century* (August 26, 1959): p. 971.

CLARK, Gordon H. *A Christian view of man and things* (Grand Rapids: Eerdmans, 1952).

_____. *Uma visão cristã dos homens e do mundo* (Brasília: Monergismo, 2017).

GEEHAN, E. R., ed., *Jerusalem and Athens: critical discussions on the theology and apologetics of Cornelius Van Til* (Grand Rapids: Baker, 1971).

Hearn, Arnold W. "Fundamentalist renascence". *The Christian century* (31 abril, 1958): p. 528.

HENRY, Carl F. H. *The uneasy conscience of modern fundamentalism* (Grand Rapids: Eerdmans, 1947).

LEWIS, Gordon. *Testing Christianity's truth claims* (Chicago: Moody, 1976).

LINDSELL, Harold. *Battle for the Bible* (Grand Rapids: Zondervan, 1976).

NASH, Ronald. *The new Evangelicalism* (Grand Rapids: Zondervan, 1963).

NIEBUHR, Reinhold. *The nature and destiny of man* (New York: Scribner's Sons, 1948).

RICHARDSON, Alan. *Christian apologetics* (New York: Harper & Bros., 1957).

____. *Apologética cristã* (Rio de Janeiro: JUERP, 1992).

SIMS, John A. *Edward John Carnell: defender of the faith* (Washington: University Press of America, 1979).

SEXTA PARTE

APOLOGETAS EUROPEUS DO SÉCULO XX

O desenvolvimento da apologética europeia durante o século XX adotou um curso significativamente diferente da sua contraparte norte-americana, pois enquanto esta tendeu a abordagens homogêneas na forma de certas correntes ou métodos – como o "evidencialismo" ou o "pressuposicionalismo" –, aquela adotou uma abordagem menos estruturada e mais fluida, em parte como reflexo dos contextos e das abordagens diversos dos pensadores individuais que tiveram notoriedade durante esse período. Embora alguns dos apologetas principais dessa época tenham sido ordenados (como Dietrich Bonhoeffer), os autores mais influentes foram cristãos leigos (como G. K. Chesterton, C. S. Lewis e Dorothy L. Sayers), com carreiras literárias reconhecidas e que se viam chamados para usar seus dons literários com o objetivo de defender e endossar sua fé.

Alguns, como **A. E. Taylor**, exploraram a tradição filosófica clássica na defesa do fato de a moralidade ser dependente da filosofia cristã. Em sua obra *Faith of a moralist* [Fé de um moralista], Taylor argumentou que o bem supremo da humanidade é não secular e eterno. Deus deve ser considerado a personificação absoluta e decisiva do bem, que aponta para um destino final para a pessoa moral cujo fim é a busca e a obtenção do bem. Taylor foi considerado amplamente um dos maiores filósofos do seu tempo, e seus argumentos a favor de uma dependência da moral da realidade transcendente de Deus foram influentes no período antes da Segunda Guerra Mundial.

No entanto, outros preferiram um apelo à imaginação e à intuição na reafirmação da atratividade e veracidade da fé cristã. O jornalista **G. K. Chesterton** é amplamente considerado o iniciador dessa tendência nas primeiras décadas do século XX, que foi continuada por autores como

J. R. R. Tolkien, C. S. Lewis e Dorothy L. Sayers. Chesterton desenvolveu uma abordagem apologética que apelava à imaginação, demonstrando a ressonância profunda dos temas centrais da fé cristã – como a encarnação – nas intuições humanas. No entanto, Chesterton via a força do cristianismo não tanto em qualquer uma das suas ideias individuais, mas na descrição total da realidade resultante da união dessas ideias. Como jornalista, Chesterton reconheceu a importância de boas habilidades comunicativas, empregadas especialmente bem nos seus romances sobre o trabalho do padre Brown como detetive. Embora o próprio Tolkien tenha sido um apologeta literário importante, muitos argumentariam que sua principal relevância apologética reside em ajudar um outro acadêmico de Oxford chamado **C. S. Lewis** a descobrir a natureza narrativa da fé cristã. Após um longo período como ateu, Lewis começou a experimentar a atratividade imaginativa do cristianismo no fim da década de 1920, o que levou à sua reconversão – um processo descrito na sua autobiografia, *Surpreendido pela alegria*. Encorajado por Tolkien, Lewis começou a usar narrativas – como as *Crônicas de Nárnia* – para levar seus leitores a uma compreensão da atratividade imaginativa profunda da fé cristã e logo a uma exploração mais detalhada das suas ideias centrais.

A apologética singular de Lewis combina uma demonstração da racionalidade do cristianismo com uma apreciação da sua capacidade de capturar a imaginação humana. Embora ele às vezes demonstrasse uma abordagem apologética fortemente racional (como em seções de *Cristianismo puro e simples*), sua abordagem mais geral era a conexão entre um apelo à imaginação, o uso de histórias para demonstrar a capacidade que a fé tem de transformar vidas individuais e uma renovação na capacidade do cristianismo de dar uma explicação adequada do que observamos no mundo e experimentamos em nós.

Um tema semelhante está presente nos escritos da romancista **Dorothy L. Sayers**, que afirmava que o cristianismo era capaz de revelar e iluminar os padrões mais profundos da realidade. Sayers escreveu alguns dos romances de detetive mais conhecidos do fim da década de 1920 e início da década de 1930, considerando o tema de um detetive que descobre um padrão por trás de acontecimentos paralelo às tarefas da apologética cristã. Tanto o apologeta quanto o detetive tentam ir além das aparências e descobrir os padrões de verdade mais profundos subjacentes a elas.

Há um amplo consenso de que a voz teológica protestante europeia mais significativa do século XX foi Karl Barth, um autor suíço cujo legado continua sendo objeto de enorme discussão e apropriação. Barth tinha uma forte postura crítica com relação à apologética, argumentando que a melhor apologética era uma boa teologia sistemática, uma visão controversa na década de 1930. Emil Brunner, membro do movimento da "teologia dialética" conectado a Barth, pensava que o chamado da teologia era questionar as pressuposições da teologia secular e apresentar uma alternativa cristã. Mas as visões de Barth se tornaram influentes nos seminários protestantes das principais denominações tradicionais na Europa e nos Estados Unidos na década de 1960 e adiante. **Dietrich Bonhoeffer**, que foi próximo de Barth durante o conflito da igreja alemã por causa da influência nazista, exibiu as mesmas preocupações de Barth quanto à apologética. Para Bonhoeffer, o interesse central era ajudar uma pessoa a encontrar a Cristo, fazendo sua apologética se concentrar na questão relacional, e não lógica. Embora os cristãos sejam chamados para o testemunho da sua fé, esta não consegue ser expressa nas categorias tradicionalmente associadas à apologética.

A ascensão do pós-modernismo foi responsável por novos interesses apologéticos, e uma das respostas apologéticas europeias mais importantes ao pós-modernismo foi a do missionário e bispo **Lesslie Newbigin**. Ao voltar para a Europa após um longo período de serviço na Índia, Newbigin ficou estarrecido com a enorme erosão de pressuposições culturais tradicionais e percebeu a necessidade de desenvolver uma resposta apologética a essa nova situação. A resposta de Newbigin foi o projeto Gospel as Public Truth [O evangelho como verdade pública], iniciado em 1992, e seu objetivo principal não foi apresentar uma defesa pública da racionalidade da fé cristã, mas sim realçar os aspectos relacionais da fé e a importância do uso de narrativas para o poder transformador do evangelho.

No entanto, Newbigin também entendeu a importância de confrontar várias formas de relativismo e pluralismo, ambos os quais haviam obtido influência na década de 1960. Para Newbigin, era importante entender que, embora a direção da cultura ocidental fosse o pluralismo, esse fato não legitimava uma ideologia pluralista. O chamado da igreja era proclamar sua mensagem singular e distinta, e não endossar esse pluralismo. Assim, a estratégia de Newbigin foi a combinação de um realismo sociológico sobre a influência crescente do secularismo e a erosão da cosmovisão iluminista com uma confiança teológica na identidade e na relevância singulares do cristianismo.

A. E. TAYLOR
UMA DEFESA DA RELAÇÃO ENTRE A MORAL E A RELIGIÃO

Michael O. Obanla

David Baggett

A. E. Taylor (1869-1945) foi um filósofo formado em Oxford cujos volumosos escritos foram uma grande contribuição para a história da apologética. A história dele revela um homem que considerava os bens meramente imanentes como inadequados na explicação da riqueza da experiência moral. Não estando disposto a permitir que uma perspectiva naturalista se tornasse a posição automática, ele seguiu as evidências aonde quer que levassem, apresentando um modelo de apologética moral que serviria de fundamento para apologetas futuros. As percepções de Taylor são relevantes e prescientes para a discussão contemporânea da apologética em geral e da apologética moral em particular, bem como para seu contexto cultural maior.

CONTEXTO HISTÓRICO

Alfred Edward Taylor, filho de pais metodistas wesleyanos, nasceu na cidade de Oundle, Northamptonshire, Inglaterra, em 22 de dezembro de 1869.[1] Seu pai, o reverendo Alfred Taylor, era um ministro na Igreja Metodista Wesleyana em Oundle quando Taylor nasceu e, depois, foi missionário em Gold Coast, Austrália. O impacto das raízes metodistas de Taylor ficaria fortemente evidente nas suas obras, uma vez que os metodistas são particularmente conhecidos pelo seu foco no papel da fé na formação do caráter cristão. Eles também acreditam em justiça transmitida, a possibilidade de perfeição por meio do amor de Deus e a supremacia e autoridade das Escrituras. Taylor viria a se tornar parte da Igreja Episcopal Escocesa, parte da Comunhão Anglicana, mas sua teologia posterior, com seu foco na moral e na fé, na graça divina, na

---

[1] Porções deste capítulo foram usadas e adaptadas com a permissão de David Baggett; Jerry L. Walls, *The moral argument: a history* (New York: Oxford University Press, 2019).

perfeição no amor e na autoridade da religião como um reflexo da autoridade de Deus, foi uma demonstração profunda da sua herança metodista.

Taylor recebeu sua educação inicial na Kingswood School em Bath, a escola metodista mais antiga no mundo, fundada por John Wesley em 1748 com o objetivo de educar os filhos dos clérigos metodistas. Quando criança, comentava-se que Taylor era um leitor voraz e tinha o hábito de se esconder debaixo da cama para seus pais não o mandarem ir brincar lá fora. Ele também era um bom contador de histórias e escritor, inventando longas histórias para contar aos seus irmãos. Taylor perdeu sua mãe quando ainda era novo, e depois disso apenas seu pai o criou com seu irmão e sua irmã.

Ele foi aceito no New College da Universidade de Oxford em 1887, onde leu clássicos e concluiu com louvor o curso Honor Moderation[2] em 1889, e, em 1891, concluiu com louvor o curso *Literae Humaniores*, coloquialmente conhecidos como os "Grandes", um curso especial sobre os clássicos (latim, grego), filosofia e a história antiga de Roma e da Grécia.[3] Ele pregou em igrejas metodistas quando era aluno no New College, mas, ao se graduar, tornou-se membro da Igreja Episcopal Escocesa. Em 1900, com trinta anos, Taylor se casou com Lydia Justum Passmore, a segunda filha de Edmund Passmore de Ruggs, Somerset, que era escritora e acabaria publicando dois romances, um em 1914 e outro em 1915. Eles tiveram um filho chamado Francis. A reação de Taylor após a morte de Lydia indica que tinham um grande amor um pelo outro, e, embora ele tenha vivido mais sete anos após a morte dela, foi uma vida de solidão, que tentou ser melhorada por uma submersão total na sua escrita, a ponto de se dedicar a isso até a última noite da sua vida, quando é relatado que estava preparando um comentário em inglês para servir de livro-texto sobre a *República* de Platão.

A carreira profissional de Taylor, que começou quando foi escolhido para uma posição de ensino no Merton College, na Universidade de Oxford, em 1891, aos 21 anos, levou-o a várias posições de ensino na Inglaterra, Escócia e Canadá. Ele continuou como professor no Merton College por setes anos, o que lhe deu a oportunidade de prosseguir com seus estudos clássicos e filosóficos, e também de desfrutar de uma forte interação diária com F. H. Bradley, filósofo idealista britânico que teve grande influência no estudo erudito de Taylor

---

[2] *Honor Moderation,* ou *Mods,* é o nome da primeira parte de um curso de graduação comumente conhecido como os Clássicos na Universidade de Oxford, que foca no estudo de latim, grego antigo, a história de Roma e Grécia antigas e filosofia.

[3] Veja A. J. D. Porteous, "A. E. Taylor (1869–1945)", *Mind* 55 218 (April 1946): p. 187-91.

e com quem teve um relacionamento afetuoso e cordial.[4] Em 1986, Taylor foi nomeado preletor de grego e filosofia no Owens College, Victoria University (agora Universidade de Manchester), em Manchester, Inglaterra, sem perder sua conexão com a Universidade de Oxford. Em Oxford, em 1899, ele recebeu o prêmio Green Moral Philosophy Prizeman por "The Problem of Conduct", [O problema da conduta] um ensaio que ele depois publicou em 1901. No mesmo ano da publicação desse ensaio, foi reeleito para a posição de ensino no Merton College, uma posição que havia abandonado em 1898. Ele deixou seu cargo no Owens College em 1903 para se tornar o Professor da cátedra Fothingham de Lógica e Metafísica na Universidade McGill, em Montreal, Canadá, uma posição que ocupou por cinco anos. Em 1908, voltou à Universidade de St. Andrews, na Escócia, para ocupar a cátedra de filosofia moral deixada por Bernard Bosanquet, onde permaneceu até 1924, quando a Universidade de Edimburgo o convidou para a cátedra de filosofia moral, sucedendo James Seth no processo. Essa posição foi dele até sua aposentadoria como professor emérito em 1941, mas continuou ensinado até 1944, quando seu sucessor foi por fim nomeado.

Quando Taylor faleceu enquanto dormia, em 31 de outubro de 1945, ele havia se tornado uma autoridade acadêmica em filosofia clássica e em apologética moral. A base da reputação vasta e merecida de Taylor são aproximadamente 22 livros pelos quais é extremamente respeitado no mundo acadêmico. Sua escrita exibiu uma graça literária e grande perspicácia e profundidade filosóficas, e suas obras foram engenhosas no alcance e na profundidade do seu conhecimento sobre o assunto e na sua atenção meticulosa a detalhes. Taylor foi filósofo, teólogo e apologeta da fé cristã, e sua fama ultrapassou os limites da comunhão anglicana, da qual era membro devoto.

CONTEXTO TEOLÓGICO

Os escritos de Taylor exibiram uma variedade de interesses filosóficos, em especial filosofia grega, ética, filosofia da religião e metafísica. Ele talvez tenha sido o mais notável filósofo idealista britânico e foi autoridade em Platão, principalmente por sua obra *Plato: The Man and His Work* [Platão: o homem e sua obra]. Também foi considerado uma das principais autoridades em

---

[4] O idealismo britânico foi muito popular e influente no final do século XIX e começo do século XX, em especial a visão bradleyana que foi uma grande influência na visão filosófica inicial de Taylor. Talvez como demonstração da sua gratidão por Bradley e do seu respeito cordial por ele, Taylor dedicou seu primeiro livro a Bradley. Mas em 1908 Taylor havia iniciado um afastamento gradual da visão filosófica de Bradley.

filosofia moral e filosofia da religião, especialmente em função das suas preleções "Gifford Lectures", de 1926 a 1928, e a publicação resultante delas, *The Faith of a Moralist* [A fé de um moralista], considerada sua obra mais decisiva de apologética moral. Sua última obra, *Does God Exist?* [Deus existe?], também é aclamada amplamente na apologética moral, livre das restrições das Gifford Lectures. Nesse livro, Taylor apresentou "um ensaio com argumentos agudos e irrefutáveis"[5] sobre um tema atual que agitou a mente de filósofos e teólogos desde então. O propósito do livro foi "não demonstrar 'a existência de Deus', mas apenas argumentar que algumas supostas e amplamente consideradas objeções 'científicas' à postura teísta de acreditar são fracas e que é a incredulidade (o não acreditar) que é a atitude irracional".[6]

O argumento moral de Taylor em *Does God exist?* está fortemente estruturado no argumento de Hastings Rashdall a favor de valores morais objetivos, explicado no segundo volume do seu tratado de 1907 sobre filosofia moral,[7] e no argumento moral de William Ritchie Sorley, apresentado como uma série de palestras Gifford em 1914 e 1915.[8] O centro do argumento de Taylor foi a fundamentação do valor moral em Deus, e esse livro foi sua última obra significativa e uma espécie de apêndice a *The Faith of a Moralist*, que lhe permitiu uma liberdade maior do que com as restrições das palestras. Por limitações de espaço, esta análise de Taylor explorará principalmente sua obra-prima, *The Faith of a Moralist*, um livro sobre o qual H. P. Owen escreveu que "merece ser colocado entre os clássicos da filosofia".[9]

Várias linhas de pensamento filosófico contribuíram para o ambiente ideológico particular da vida intelectual de Taylor, que estava profundamente imerso nos clássicos: Platão, Tomás de Aquino, Butler, Clarke[10] e outros. Ele

---

[5] John E. Kuizenga, "Does God exist?" *Theology Today* 4.4 (January 1948): p. 557.
[6] A. E. Taylor, *Does God exist?* (New York: Macmillan, 1947), p. v.
[7] Veja Hastings Rashdall, *The theory of good and evil: a treatise on moral philosophy*, Vol. 2 (Oxford: Clarendon, 1907).
[8] Veja William Ritchie Sorley, *Moral values and the idea of God* (Cambridge: Cambridge University Press, 1918).
[9] H. P. Owen, *The moral argument for Christian theism* (London: George Allen & Unwin, 1965), p. 7.
[10] Veja Tomás de Aquino, *The Summa contra Gentiles* (Aeterna, 2015) [no Brasil: *Suma contra os gentios* (Campinas: Eclesiae, 2017); Joseph Butler, *Analogy of religion*, ed. Joseph Cummings (New York: Cosimo, 2005), e Samuel Clarke, *A discourse concerning the being and attributes of God, the obligations of natural religion, and the truth and certainty of the Christian revelation* (London: Knapton, 1732).

também fazia parte da era vitoriana, estando bem ciente dos argumentos e das estruturas de plausibilidade predominantes no seu tempo e tinha uma profunda consciência de mudanças iminentes e trajetórias incipientes de padrões de pensamento dominantes na sua Inglaterra natal e em outros lugares, reconhecendo o surgimento de fortes desafios dirigidos a uma descrição teísta da realidade. Taylor embarcou na sua carreira acadêmica no final do século XIX, um período que assistiu à publicação da obra de Friedrich Nietzsche intitulada *Assim falou Zaratustra* e caracterizado por alguns como o real início da era do ceticismo.

Antes de o ateísmo niilista explícito ganhar mais força no século XX, um desenvolvimento intelectual parcialmente concomitante alcançou destaque. A ideia não era tanto que, por Deus não existir, uma objetividade moral também não existiria; em vez disso, a ideia era que, mesmo que Deus *exista*, ele é irrelevante para a moral. Uma parte fundamental do *projeto iluminista* era justamente a defesa desse ponto: que Deus é uma hipótese insignificante no que diz respeito à moral. Mesmo que a teologia natural mantivesse parte do seu valor, essa visão afirmava que a inferência máxima possível é a existência de algum tipo de *designer* inteligente divino, nada semelhante a um Pai celestial ou um ser benevolente. As lendárias sensibilidades morais vitorianas possivelmente estavam se tornando cada vez mais separadas do fundamento de convicções religiosas, e um número crescente de pessoas as via como capazes de uma existência autônoma, sem os fundamentos metafísicos robustos do teísmo ou até mesmo uma doutrina socrática do bem e do dever.

Taylor acreditava que uma das mais significativas e perturbadoras de todas as mudanças sociais da Era Vitoriana era "a combinação de uma educação primária universal tornada obrigatória pelo Estado com a transferência da função do ensino a leigos que não estão debaixo de nenhum controle eclesiástico ou teológico efetivo".[11] O questionamento de autoridades fazia parte do ar respirado pelos vitorianos, e essa secularização da moral teve como consequência inevitável a pergunta prática de se a conduta moral não constitui um domínio totalmente próprio e se a ética é "uma ciência totalmente autônoma, que não precisa ser apoiada ou completada pela religião, nem proporciona uma base racional de convicções religiosas de qualquer tipo".[12]

---

[11] A. E. Taylor, *The faith of a moralist* (New York: Macmillan, 1930), p. i,12.
[12] Ibid.

De fato, algo ainda mais sério constituía a questão aqui: qual o ideal de vida para a humanidade inteira. À luz das reivindicações religiosas significativas como resposta a essa pergunta, Taylor escreveu:

> Uma resposta errada à pergunta sobre a relação entre a moral e a religião, uma vez que se torne um consenso geral, inquestionavelmente se tornará, mais cedo ou mais tarde, o fundamento de uma política educacional, e a adoção de uma política educacional radicalmente deficiente significa a ruína do futuro espiritual da humanidade.[13]

Por essas razões, Taylor percebeu a necessidade de analisar a relação entre a moral e a religião, pois estava convencido de que não entender sua conexão vital gera problemas enormes, sendo o principal deles uma interpretação errônea do bem da humanidade. Corremos o risco de domesticar a moral, privá-la do seu poder revelador, subestimar seu significado evidencial quando a separamos e a desvinculamos de Deus de modo rápido demais. Também corremos o grave risco, com uma eliminação de Deus apressada demais da equação moral, de subestimarmos nosso valor como seres humanos, conformando-nos com substitutos insignificantes para o que constitui nosso bem supremo em lugar do bem genuíno. Inclusive, acabamos correndo o risco de perder a própria moral se a remoção de Deus como sua fonte e autoridade corrói seus fundamentos e elimina seu poder prescritivo. Por essa razão, Taylor viu a conduta moral como "não apenas uma expressão exterior da personalidade moral, mas uma resposta à graça de Deus", unindo, assim, a vida moral com a vida religiosa, em especial as tradições judaico-cristãs, de um modo que ilumina o temporal ao mesmo tempo que foca no eterno.[14] Dessa maneira, ele caracterizou a moral "como um movimento a um bem eterno", que, de certo modo, sugere uma "dança dualista, por assim dizer, entre o Criador e a criatura" que é um reflexo da natureza dualista dos seres humanos como seres tanto materiais quanto espirituais e tanto mutáveis quanto permanentes.[15]

Na visão de Taylor, todas essas tendências já estavam se enraizando e alcançando expressão, relegando, desse modo, a teologia a uma posição inferior. Mesmo que a convicção religiosa fosse mantida, em geral ela não era vista

---

[13] Ibid.

[14] Michael Obanla, "A. E. Taylor"s moral apologetics: an axiological and teleological argument for rational belief in God" (tese de doutorado, Liberty University, 2018), p. 7.

[15] Ibid.

como tendo importância especial ou centralidade existencial. Até mesmo a famosa versão do "argumento moral" apresentada por Kant na *Segunda crítica* adotou um curso indireto demais da moral a Deus.[16] Na melhor das hipóteses, foi um esforço de tratar da negação na *Primeira crítica* do conhecimento teórico de Deus. A visão anterior de Kant era que o pensamento teórico encontrava limitações no que dizia respeito a Deus; nossa ausência de evidência empírica impossibilita a formação de conhecimento teórico sobre o conteúdo do númeno, que inclui Deus. Mais tarde, Kant usaria a moral para argumentar que podemos e devemos postular de maneira prática a existência de Deus para explicar certos aspectos da nossa experiência moral, mas essa abordagem era morna e indireta demais para Taylor, pois sua visão era que a evidência moral a favor de Deus era mais forte e mais direta do que isso, mesmo que não alcançasse o nível de uma demonstração lógica.

Taylor atribuiu a separação entre fatos e valores principalmente a Kant, que, obviamente, era uma figura complicada cujas ideias não podem ser facilmente resumidas, mas, na visão de Taylor, havia ao menos um aspecto saliente de pensamento kantiano que teve como efeito a separação entre Deus e a natureza e também entre a doutrina socrática do bem e a doutrina cristã de Deus. Levada às suas últimas conclusões, essa influência culminou no ato de separar fatos de valores, fazendo sua combinação aparentar ser no máximo acidental. Taylor considerou "o problema mais importante na extensão inteira da filosofia" o exame dessa suposta ausência de conexão entre realidade, fato, existência ou ser, por um lado, e bondade ou valor, por outro,[17] e foi seu trabalho nessa área que estabeleceu sua importância na história da filosofia.

---

[16] Na *Segunda crítica*, também conhecida como *A crítica da razão prática* (*A crítica da razão pura* é conhecida como a *Primeira crítica,* ao passo que a *Crítica da faculdade do juízo* é a *Terceira crítica* de Kant), Kant vê a moral como a causa eficiente da felicidade e o bem supremo como um estado em que todos estão felizes por serem virtuosos. Mas os seres humanos, em sua existência pessoal e coletiva, são incapazes de assegurar a felicidade como uma consequência necessária de uma conduta moral ou virtuosa. A lei natural também é incapaz disso. Esse fato leva Kant a concluir que é impossível alcançar o bem supremo sem a pressuposição da "existência de uma causa da natureza, distinta da natureza que contém o fundamento dessa conexão, isto é, a correspondência exata da felicidade com a moral" (Immanuel Kant, *The critique of practical reason*, traduzido para o inglês por Werner S. Pluhar [Lexington: Feather Trail, 2009], p. 71 [no Brasil: *Crítica da razão prática* (Curitiba: Vozes, 2016)]). Assim, é um imperativo moral a pressuposição da existência de um Ser Supremo e transcendental chamado Deus. Taylor desenvolve o argumento de Kant com um foco na pessoa e no propósito de Deus como a causa da esperança da imortalidade, que é a imortalidade da visão cristã, incluindo não apenas a alma, mas a pessoa inteira.

[17] Taylor, *The faith of a moralist*, i.36.

O resgate de uma conexão íntima entre fato e valor foi uma agenda decisiva para Taylor por várias razões. O que encontramos na vida não são fatos sem valor nem valores desconectados de qualquer fato. Para ele, a razão suficiente para um universo permeado de valores precisa combinar a bondade com o bem, pressupondo uma conexão orgânica entre fatos e valores. A existência e o valor também estão relacionados no que "deve ser". O ideal moral é o objetivo do propósito humano na sua realização no tempo por pessoas, e, por essas razões, Taylor estava determinado a usar valores morais como uma janela de percepção da realidade.

RESPOSTA APOLOGÉTICA

Recorde novamente os desafios diante de Taylor: um secularismo e ceticismo cada vez maiores, a relegação da teologia a uma posição epistêmica inferior, uma resistência crescente à autoridade, a primazia dos bens temporais, um papel decrescente da teologia natural e uma separação entre fatos e valores.

No contexto dessa rica histórica, Taylor apresentou uma resposta importante e uma convocação para a fundamentação da moral em algo além do mundo empírico. Sua resposta, em *Faith of a Moralist* e outros textos, é o encorajamento de um exame forte e atento das evidências apresentadas pela moral. Porém, uma execução adequada dessa tarefa exige uma atenção cuidadosa, uma firme recusa a diluir os aspectos e facetas salientes da moral e da experiência moral e uma disposição rigorosa para seguir a evidência aonde quer que leve. Tudo isso tinha o objetivo de combater o que a separação entre fatos e valores, e entre Deus e a moral, estava normalizando, com o resultado de corroer o cerne da moral.

O livro de Huw Parri Owen, *The Christian Knowledge of God* [O conhecimento cristão de Deus], identifica quatro formas de argumento moral a favor do teísmo, Taylor representando a quarta: "Essa forma do argumento recebeu sua expressão clássica em A. E. Taylor no primeiro volume do seu livro *The Faith of a Moralist*. Ela se baseia na presente discrepância entre valor e fato, aspiração e realização, potencialidade e ato".[18]

---

[18] Huw Parri Owen, *The Christian knowledge of God* (London: Athlone, 1969), p. 95.

Coerência do fato e do valor

Várias indagações fundamentais guiaram o estudo de Taylor, mas focaremos apenas na primeira, uma pergunta da *Segunda crítica* de Kant (e da obra de Platão *Filebo*): qual é a verdadeira natureza do bem da humanidade? Por exemplo, o bem é eterno? Espiritual? Está fora da ordem temporal? Ao lidar com essa pergunta, Taylor percebeu que, com a manutenção de um divórcio rígido entre o fato e o valor, a moral não teria nada para dizer sobre a vida eterna no sentido cristão nem sobre a aspiração de uma transformação moral total e uma libertação da mutabilidade.

Mas Taylor questionou essa tendência, com uma insistência em que uma fé religiosa dinâmica simplesmente precisa de um componente moral significativo. Sem nada para cultuar, não há religião; o objeto de culto precisa ser mais do que um fato sem valor ou um ideal reconhecido como uma mera ficção da imaginação. A possibilidade do culto e da religião genuínos tem uma dependência absoluta de uma coincidência final de existência com valor em um objeto "ao mesmo tempo o Alfa, a fonte do ser suprema e absoluta, e o Ômega, o alvo máximo dos desejos e empenhos. Nenhum outro objeto tem um direito legítimo à exigência da entrega final e absoluta que é a adoração no espírito".[19]

O ensaio de Bertrand Russell sobre a adoração de um homem livre estava baseado em um divórcio entre fato e valor, o que deixou Taylor inerte.[20] Ele insistiria no fato de a rejeição exibida por Russel do significado evidencial da moral ser prematura, e enxergou essa tendência na *Primeira crítica* de Kant, mas até mesmo Kant tinha reservas quanto a uma separação rígida demais entre fato e valor. E Taylor queria argumentar que, embora não seja possível uma passagem rápida demais do fato à bondade, no fim das contas, podemos fazer uma defesa de uma forte conexão do fato com o valor. O ponto central é que o "valor apenas pode existir *in rebus*, isto é, em coisas ou matérias reais e que qualquer juízo de valor, quer na ética, quer na estética, obrigatoriamente se refere a uma atividade pessoal".[21]

---

[19] Taylor, *The faith of a moralist*, i.32.
[20] Veja Bertrand Russell, "A free man's worship", in: *Mysticism and logic* (London: George Allen & Unwin, 1917), p. 46-57 [no Brasil: *Misticismo e lógica e outros ensaios* (Rio de Janeiro: Zahar, 1977)].
[21] Michael Obanla, "A. E. Taylor's moral apologetics", p. 50. Veja também Immanuel Kant, *The critique of purer reason* [*1st critique*] Tradução para o inglês de Marcus Weigelt, (New York: Penguin, 2007) [no Brasil: *Crítica da razão pura* (Curitiba: Vozes, 2015)].

Taylor acreditava que os adeptos de uma separação radical entre fatos e valores com frequência eram vítimas de uma falácia de dicção, uma falsa abstração fruto de hábitos de linguagem convenientes, porém ambíguos. Ecoando William Sorley em função dessa questão, Taylor mostrou que os reais objetos da nossa atribuição de valor são as pessoas que apresentam declarações sinceras, atos generosos, a criação de beleza, e assim por diante.[22] Não é o conceito de saúde que tem valor, mas o funcionamento de organismos existentes, e essa é uma conexão importante do valor com o fato.

Taylor ainda argumentou que os ideias de bem que historicamente motivaram grandes esforços pessoais apenas tiveram esse impacto por serem vistos não como um acréscimo imposto aos fatos da vida, mas como o próprio cerne e essência da vida. "Uma conduta séria não é mais compatível com a convicção de o universo ser indiferente à moral do que uma busca séria e árdua da verdade é compatível com a convicção de a verdade ser uma mera convenção ou superstição humana".[23] Divorciar fatos de valores é como tentar separar os sons de uma grande sinfonia religiosa da sua qualidade musical. Sendo assim, é uma mera arbitrariedade pressupor que nossa estrutura física e sua história de fato iluminem o sentido profundo da realidade, mas nossos aspectos morais, estéticos e religiosos não lancem absolutamente nenhuma luz sobre a natureza do real.[24] Aliás, há uma forte probabilidade de esse ser o conhecimento que estabelece o contato humano mais direto com o cerne da realidade.[25]

Temporalidade e eternidade: ser e tornar-se

Após uma argumentação a favor do significado evidencial da experiência moral, Taylor enfatizou que mais importante do que *o que somos* é *quem somos*. Mas que tipo de pessoas devemos ser? Ao responder essa pergunta, ele considerou uma "tensão entre o temporal e o eterno", uma tensão experimentada apenas por seres que não são só eternos nem só temporais, mas as duas coisas

---

[22] Veja William Ritchie Sorley, *Moral values and the idea of God*. Gifford Lectures Delivered in the University of Aberdeen in 1914 and 1915 (Cambridge: Cambridge University Press, 1918). Nas Gifford Lectures, Sorley defende a coerência entre a realidade e o valor: "ideias éticas [valores] são fatos da consciência pessoal, que são realizados pela vontade e no caráter de pessoas" (Ibid., p. 185). Foram essa e afirmações semelhantes que Taylor desenvolveu no seu argumento sobre a existência do valor apenas *in rebus*, isto é, em existentes ou seres reais.

[23] Taylor, *The faith of a moralist*, i. 60.

[24] Ibid., i.65.

[25] Ibid., i.66.

ao mesmo tempo.[26] A transformação moral de que precisamos passa por uma libertação gradual da nossa condição inicial de mudança e mutabilidade, e a mudança de nosso interesse em bens temporais para um interesse em bens atemporais dá à vida moral seu teor característico de uma luta e conflito sem nenhuma resolução final nesta vida. Uma noção robusta da vida moral envolve um esforço pessoal na direção de algo ainda inalcançado, mas também algo conhecido apenas de modo vago. Assim, Taylor achava que era inevitável que a forma do bem permanecesse um tanto vaga e incipiente, talvez até mesmo inefável, tornando-o um tanto avesso a qualquer análise reducionista do bem que o domesticaria e o tornaria menor do que aparenta ser.

É nesse ponto que Taylor percebeu a impossibilidade de qualquer coisa semelhante a uma demonstração lógica dessa realidade, pois ele estava apelando a uma percepção quase intuitiva ou experiencial de um bem transcendente. Contudo, ele permaneceu firme com Platão na posição de essa percepção ser um vislumbre verídico da natureza da realidade. Por causa de uma concepção tão rica do bem, na visão de Taylor o que precisa ser explicado aqui é um fenômeno robusto que torna totalmente necessária uma explicação igualmente rica.

O problema do mal, da pecaminosidade humana e da culpa pessoal

Taylor admitiu que a maior fraqueza dos tratados éticos é a análise inadequada do problema do mal, o que quase não é mencionado na obra de Moore, *Principia Ethica*, por exemplo.[27] Taylor acreditava que apenas Kant e Platão exibiam uma percepção apurada da pecaminosidade humana,[28] porém, a contrição expressa nos salmos "penitenciais" está praticamente ausente da ética filosófica.[29]

É incrível que o ser humano chegue a escolher o mal pelo simples fato de reconhecer sua natureza.[30] A explicação platônica de a razão da escolha do mal ser ignorância ou engano é apenas uma pequena amenização da dificuldade. A real dificuldade para o filósofo epistemológico é criada, como Platão

---

[26] Ibid., i.69.
[27] George Edward Moore, *Principia Ethica* (Cambridge: Cambridge University Press, 1922).
[28] Taylor, *The faith of a moralist*, i.163.
[29] Ibid., i.165.
[30] Ibid., i.166.

sugere em *Teeteto*[31] e Descartes indica de modo mais claro na sua *Quarta meditação*,[32] não pela opinião verdadeira, mas pelo erro. Mas qual a razão de chegarmos a fazer uma avaliação falsa de qualquer coisa?[33]

Taylor confrontou a domesticação da má ação moral pela sua psicologia moral irreal. Nossa expressão humana de má ação e culpa é tão singular e tão diferente de qualquer coisa que observamos no mundo pré-humano que devemos considerá-la algo radicalmente *sui generis* e *humano*, e não animal de modo geral. A fenomenologia moral, quando fazemos algo errado, coloca-nos em um contato direto e íntimo com a culpa moral. Taylor especificou cinco características familiares que diferenciam nossa experiência humana de culpa e má ação de qualquer coisa que podemos encontrar no mundo infra-humano. Em primeiro lugar, é característico da sensação humana de culpa que sempre envolve a condenação da nossa própria pessoa e dos nossos próprios atos, sendo radicalmente diferente de qualquer descontentamento com nossas circunstâncias.

Em segundo lugar, nada é mais característico da sensação humana de culpa do que sua *indelebilidade*, sua capacidade de perseverar com uma pungência não decrescente a despeito de todos os intervalos de tempo e mudanças na pessoa e no ambiente.[34] Coisas erradas do nosso passado podem nos perseguir a vida inteira. Rejeitando a caracterização da culpa como apenas mórbida, Taylor considerou ao menos casos característicos de culpa como verídicos. O que é psicologicamente disfuncional e prejudicial é uma pessoa que exibe despreocupação displicente quanto à culpa moral e preocupação com erros sociais significativos, o que é semelhante a ficar encantado com uma música abismalmente pobre.[35] Atribuições de culpa também não são novatas teológicas na cena; a "poesia de Homero revela que há alguns tipos de conduta considerados especialmente imperdoáveis e que têm como consequência inevitável a ira dos deuses, os guardiões invisíveis da lei moral".[36]

---

[31] Platão, *The Theaetetus of Plato* (Cambridge: Cambridge University Press, 1881) [no Brasil: *Teeteto* (Loyola, 2020)].

[32] Rene Descartes, "Mediation IV: of the truth and the false", in: *The philosophical works of Descartes*, vol. 1 (Cambridge: Cambridge University Press, 1911), p. 171-9.

[33] Taylor, *The faith of a moralist*, i.167.

[34] Ibid., p. i.174.

[35] Ibid., p. i.177.

[36] Ibid.

Em terceiro lugar, o reconhecimento da nossa culpa é acompanhado de modo regular pelo que podemos chamar de uma *exigência* de punição. A natureza retributiva da punição é uma doutrina indispensável a uma ética sólida, que é totalmente diferente da paixão vingativa, e reconhecemos a justiça de uma pena decretada para nós apenas quando e se já fizemos um julgamento de nós mesmos. A afirmação das pessoas de que Deus "precisa" punir malfeitores é a expressão de uma *exigência* de punição que já reconhecem no próprio coração, e a seriedade do perdão confirma esse fato.[37]

Em quarto lugar, há um reconhecimento da qualidade peculiarmente *poluidora* da culpa moral. Todos os idiomas usam as mesmas palavras para o que ofende a consciência, o que é maculador e repugnante para a visão, tato e olfato. Há uma rejeição intuitiva das ações más como imundas, sujas, fétidas; há a mesma reação emocional específica em todas as eras e todos os níveis civilizacionais. Um risco ocupacional dos estudiosos de ética contemporâneos é ver a moral apenas da perspectiva de obrigações e pouco demais da perspectiva da associação entre o "pecado" e a "impureza".[38] No domínio dos sentidos, a imundície é um meio de contaminação e de perigo.[39]

Em quinto lugar, o que está acontecendo quando nos sentimos culpados ou nosso senso de honra é ferido? As duas coisas são elas mesmas um produto do processo moralizador. Uma verdadeira volta à natureza significaria um abandono de vergonha, honra e cavalheirismo.[40] O que está errado em todos nós é não apenas o que fizemos, mas o envenenamento da fonte da nossa personalidade moral, pois somos criaturas caídas e sabemos disso. Nossa tarefa moral não é apenas uma canalização ou um represamento do curso de um rio; ela precisa começar em um ponto muito anterior com a purificação da fonte das águas amargas, pois não apenas violamos uma regra, mas insultamos ou fomos provados falsos para uma pessoa de suprema excelência que merece a nossa absoluta devoção.[41]

Para pensarmos adequadamente sobre a vergonha da deslealdade ao nosso melhor ideal espiritual, devemos aprender a ver esse ideal como já personificado no Deus vivo e pessoal e a falsidade como deslealdade e ingratidão

---

[37] Ibid., p. i.187.
[38] Ibid., p. i.192.
[39] Ibid., p. i.193.
[40] Ibid., p. i.205.
[41] Ibid., p. i.207.

pessoais a Deus. Muitos dos nossos moralistas filosóficos modernos relutam em tornar a ideia de Deus central nas suas teorias de conduta, e, desse modo, sua análise da culpa é inadequada para as reais experiências morais de pessoas com qualquer profundidade de caráter.[42] "Assim, mais uma vez me vejo forçado à conclusão de que, para de fato ser ela mesma, a vida moral precisa ter como motivo supremo o amor a Deus e, assim, se transfigurar na vida da fé e devoção religiosas".[43]

A fé na realidade absoluta de Deus e o amor pelo Deus em quem cremos são o cerne da conduta moral. Não temos uma visão elevada do bem das outras pessoas quando nossa concepção desse bem não é como uma vida de conhecimento de Deus e uma transformação pelo conhecimento na semelhança de Deus. E o amor gerado pela nossa fé é o motivo adequado que assegura a execução completa e resoluta dos deveres que nosso ideal nos impõe. Sendo assim:

> Se um homem tem a forte convicção de que, de todos os fatos, os da nossa própria luta moral são os mais seguros e certos, de termos uma certeza mais íntima da realidade do amor e do ódio, da virtude e do vício, do que da realidade de átomos ou elétrons, penso que é baixo o risco de ele reduzir o teísmo ao nível de uma especulação metafísica ou uma "hipótese permitida".[44]

METODOLOGIA APOLOGÉTICA

Essa amostra da reposta de Taylor ao seu ambiente cultural e teológico realça vários aspectos importantes da sua metodologia apologética, dois dos quais ressaltaremos aqui. Em primeiro lugar, *ele dedicou grande parte do seu tempo a sugerir que um exame atento da própria moral – bens morais que não admitem análises deflacionárias ou apenas um significado temporal, obrigações morais que devemos cumprir, uma culpa moral genuína por más ações – é semiótico, pois aponta para algo mais supremo além de si mesmo.* Essa é a lógica subjacente a argumentos morais a favor da existência de Deus (e da vida após a morte): a moral é uma percepção verídica da natureza da realidade.

Em vez disso, o que acontece com frequência – entre, por exemplo, um certo tipo de ateus – é isto: os indivíduos estão convictos de que o mundo

---

[42] Ibid., p. i.208.
[43] Ibid., p. i.209.
[44] Ibid., p. i.210.

natural esgota a realidade, pressuposição que os leva a pensar que constroem sua teoria ética dentro das restrições e limitações impostas pelas suas pressuposições materialistas. Mesmo que não sejam irredutíveis na sua afirmação do naturalismo metafísico, com frequência ao menos exibem um compromisso com o *naturalismo metodológico*, que (ao menos no domínio da ciência) significa a rejeição de causas sobrenaturais ou transcendentes até mesmo como uma possibilidade remota.

Seja como for, o resultado é basicamente o mesmo: com relação à teoria ética, eles se precipitam em uma análise da moral acessível a uma explicação naturalista, e, para fazer isso, com frequência precisam adotar uma explicação um tanto deflacionária da natureza da moral, optando, assim, por uma análise mínima do que constitui a arena da ética. Sam Harris é um exemplo contemporâneo paradigmático desse modus operandi, uma vez que, em sua visão, a moral é, grosso modo, promoção da harmonia social, efetuação de consequências preferíveis, promoção da felicidade e minimização do sofrimento.[45] Poderíamos dizer que todos esses são bens terrenos ou temporais, e a afirmação desses bens é um tanto incontestável e, na sociedade "secular" em que todos estamos imersos, extremamente intuitiva. O que mais queremos? Contanto que a moral seja reduzida a regras para o bom convívio social e à promoção de um tipo de utilidade geral, uma consideração exclusiva de bens temporais para muitas pessoas aparenta ser fundamentalmente correta. O ambiente cultural nesse exato momento está favorecendo os "imanentistas", e não "os transcendentalistas". O segundo grupo é acusado de se dedicar ao obscurantismo e à gula ontológica, mas é justamente nisso que *Faith of a Moralist* demonstra sua força.

Por meio de um exame rigoroso da fenomenologia moral, Taylor acentuou o déficit inerradicável dos bens seculares, alcançáveis apenas sob condições temporais, inadequados para "despertar e sustentar essa aspiração que dá à vida moral sua natureza específica como moral". Ele perguntou de modo direto: "É possível dar a uma moral satisfatória qualquer outro nome que não o nome às vezes dado depreciativamente de moral *de outro mundo*?".[46] Taylor estava convicto de que todos os grandes moralistas tinham dado a mesma resposta. Os bens seculares são sazonais, aparecem e desaparecem, e sempre

---

[45] Veja Sam Harris, *The moral landscape: how science can determine moral values* (New York: Free Press, 2010) [no Brasil: *A paisagem moral: como a ciência pode determinar valores humanos* (São Paulo: Companhia das Letras: 2013)].

[46] Taylor, *The faith of a moralist*, p. i.94.

têm alguma marca de sentimento de perda; podemos afirmar a mesma coisa sobre o bem comum ou social: sempre que há um ganho civilizacional, um bem é perdido.

Em segundo lugar, *a epistemologia de Taylor tinha uma louvável natureza expansiva*. Ele sabia que os seres humanos não eram apenas computadores lógicos, o que provavelmente contribuiu para sua atração a um argumento que apela tanto ao intelecto quanto às afeições – à amplitude completa das nossas faculdades relacionais, estéticas e imaginativas. Como William Sorley, John Henry Newman e Clement Webb, Taylor foi capaz de perceber a necessidade de uma união entre a cabeça e o coração, que a filosofia e literatura precisam convergir e que uma investigação da verdade exige todos os recursos à nossa disposição.

A obra-prima de Taylor é uma obra de dois volumes enriquecida generosamente não apenas com uma erudição tremenda, amplas referências ao vocabulário grego, alemão, latim e francês, um conhecimento detalhado de história da filosofia e uma hábil análise filosófica, mas também com referências literárias onipresentes e sagazes. Sua percepção foi que a exigência principal das questões consideradas não é de informações nem mesmo de ingenuidade dialética, mas de uma abertura "a toda a ampla extensão de sugestões prolíficas em todas as nossas experiências ativas, combinada com a opinião sã e equilibrada popularmente chamada de senso comum".[47] É um livro de um gênio erudito com uma epistemologia expansiva que dedicou sua vida adulta inteira a perseguir uma vida da mente e a viver com o argumento moral – não como uma estratégia argumentativa, mas uma paixão pulsante com que lutou e se debateu.[48]

Em sua reflexão sobre as realidades da vida, Taylor percebeu uma vantagem acentuada da poesia como um meio de expressão em "filosofia técnica". A poesia comunica extremamente bem nossa necessidade de tentativas epistêmicas à medida que "buscamos, tateando, o nosso caminho pela meia-luz, que é, no fim das contas, nossa 'luz suprema'".[49] A convicção de Taylor era que, quanto mais nos aproximamos desse bem, mais perto de casa nos sentimos. Novamente, essa é menos uma demonstração lógica e científica e mais um

---

[47] Ibid., p. i.16
[48] Veja Baggett; Walls, *The moral argument: a history*.
[49] Taylor, *The faith of a moralist*, p. i.71.

apelo a uma fenomenologia moral compartilhada que apresenta um tipo interior de evidência da realidade desse bem e de ser nosso *telos* legítimo.

Assim, ele apresentou um modelo para uma epistemologia expansiva, um corretivo necessário para o fetiche atual pela miopia. Ele escreveu:

> Platão foi muito mais do que o autor de uma filosofia teórica; ele foi um dos maiores dramatistas que o mundo viu, tendo a percepção do grande dramatista de uma vasta extensão da natureza e da experiência humanas, uma percepção possível apenas para uma natureza por si só responsiva de modo rápido e rico a um mundo de sugestões que naturezas mais limitadas do tipo especialista não captam.[50]

CONTRIBUIÇÕES PARA A APOLOGÉTICA

As contribuições e a relevância de A. E. Taylor são vastas, mas dois exemplos proeminentes bastarão. Taylor não estava apenas apelando às inclinações do seu público ou explorando o ambiente cultural da época. Ele já havia começado a perceber uma oposição séria a um entendimento do mundo e uma explicação da verdade moral relacionados ao teísmo clássico; e não estava proclamando sua cosmovisão – as condições das palestras Gifford não permitiam isso –, mas, apresentando um argumento vociferante a favor da sua plausibilidade, ao apontar, nesse caso, para a evidência fornecida pela moral de que a realidade é mais do que os olhos conseguem enxergar. Ele tinha certa aversão a ser considerado "apologeta", pois era, em primeiro lugar, filósofo, e tinha menos interesse em ganhar uma discussão do que em descobrir a verdade. Ele também não afirmou apresentar uma "demonstração lógica" da sua posição, mas isso não o impediu de pensar que uma explicação correta e robusta do significado evidencial da moral favorecia o teísmo de modo decisivo.

Crítica ao naturalismo

O modelo apresentado por Taylor na defesa da sua posição em *The faith of a moralist* é significativo e uma das grandes lições extraídas de uma análise das suas contribuições. Sua obra ajudou a revelar algumas das atuais caricaturas enfraquecidas da moral e suas análises deflacionárias predominantes que estão deploravelmente aquém de aspectos singulares da moral que clamam por uma explicação adequada. Ele concordaria com a opinião de que, contanto

---

[50] Ibid., p. i.16.

que o filósofo moral se satisfaça com pressupor a realidade e autoridade da consciência moral, ele pode ignorar a metafísica; mas, a partir do momento em que a realidade da moral ou a validade da ética moral é questionada, o único modo de rechaçar o ataque é uma investigação total da natureza do conhecimento e da realidade.

O que torna certas concepções de verdade inadequadas não é serem modernas ou antiquadas, mas o fato de não darem conta das implicações e da riqueza da nossa experiência moral. Sendo assim, em vez de determinar a metafísica e examinar a ética apenas depois, estudiosos como Taylor e Rashdall sugeririam que um estudo atento da verdade ética pode proporcionar uma percepção da natureza da realidade.

Outro erudito na história do argumento moral, cujo trabalho sobre o argumento alcançou proeminência nas Gifford Lectures, foi William Sorley. Como Rashdall antes dele e Taylor depois dele, Sorley citou, com aprovação, Hermann Lotze: "'O verdadeiro princípio da metafísica é a ética'. 'Admito', ele [Lotze] continua dizendo, 'que a expressão não é exata; mas ainda assim me sinto no caminho certo quando busco naquilo que *deve ser* a base daquilo que *é*".[51] O argumento moral se baseia nesta ideia poderosa: um exame atento da moral em seus aspectos singulares, sua explicação robusta fiel às nossas experiências morais ricas e densas, opera de forma semiótica para nos apontar para algo mais supremo do que ela mesma, opera de maneira evidencial para apresentar razões para pensarmos que os bens apenas temporais e finitos não são os bens mais importantes de serem obtidos. Por essa razão, Taylor dedicou muito tempo à eliminação de uma falsa dicotomia entre fatos e valores.

Há dois problemas proeminentes com as análises reducionistas da moral como a de Harris. O primeiro é que seu compromisso com algo como o naturalismo metodológico não é neutro, visto que ele exibe uma circularidade problemática. Um relato simplista da moral reduzida apenas ao seu mínimo claramente é mais provável no lado ateísta do que no lado teísta, mas a maioria dos teístas não está remotamente tentada a adotar essa visão da ética. Um segundo problema ligado ao primeiro é o fato de sua explicação ser extremante incompleta. Ao forçar a teologia para caber na cama procustiana da sua ontologia escassa, ele simplesmente precisa ignorar alguns dos seus aspectos mais poderosos e singulares e menos acessíveis à sua análise reducionista.

---

[51] William Sorley, *Moral values and the idea of God*, 3. ed. (Cambridge: Cambridge University Press, 1935), p. 2.

Recordemos que a explicação normativa da moral que Harris dá ao menos está muito perto do utilitarismo.

Taylor argumentou vigorosamente que o valor é o princípio explicativo da experiência e que o conteúdo da nossa descoberta na experiência moral é uma hierarquia de padrões cuja base suprema ou *raison d'etre* não pode ser encontrada na nossa experiência natural. Charles Mason comentou sobre esse conceito:

> Esse grande argumento [de Taylor] [...] é que o homem está em uma real dependência de inúmeros ideais, normas, pressuposições, e essas coisas constituem a base do seu pensamento e da sua ação. Elas são as bases lógicas supremas sem as quais nem valores lógicos, nem estéticos, nem éticos têm a menor relevância persuasiva e coerciva. O significado do fato é sempre sua natureza universal [...] e é por essa razão que "todo o bem secular" é declarado deficiente.[52]

Taylor mostrou que o problema com privilegiar uma metafísica rasa é a impossibilidade de seguir a evidência aonde quer que leve – é um exemplo de domesticação circular, mesmo que inconsciente. Steven D. Smith escreve que é muito plausível "sermos capazes de produzir uma ciência satisfatória dentro dos limites intransponíveis do discurso secular", mas que essa abordagem é inválida na nossa tentativa de tratar de questões normativas; e a moral é um paradigma de normatividade.[53] Em geral, quanto maior é nosso esforço para entender a condição humana e a realidade suprema, tanto maior é a tendência de um conjunto de pressuposições naturalistas ignorar evidências.

É interessante observarmos que Taylor reconheceu que isso pode ocorrer até mesmo na ciência, e, contrariando uma visão popular, a ciência nem sempre está livre de avaliações. Por exemplo, decidir se indicações de *design* inteligente são consideradas evidências de um Criador depende de modo invariável de essa conclusão ser aceita como racional ou não, e a própria racionalidade é avaliativa. Na sua antevisão desse problema, Taylor mostrou uma presciência extraordinária.

---

[52] Charles W. Mason, *The value-philosophy of Alfred Edward Taylor: a study in theistic implication* (Washington: University Press of America, 1979), p. 33.

[53] Steven D. Smith, *The disenchantment of secular discourse* (Cambridge: Harvard University Press, 2010), p. 25.

Transformação moral e o poder da explicação teísta

Taylor não apenas apresentou o modelo de uma crítica substancial do naturalismo, como também demonstrou a eficácia causal do teísmo de modo geral e até mesmo do cristianismo especificamente, ao que apenas podemos aludir aqui. Uma das obrigações mais importantes da moral, além de meras regras de conduta, é sua insistência no amadurecimento, no crescimento e na transformação morais, e esse é um dos aspectos da moral aos quais Taylor dedicou uma parte considerável da sua escrita. Recorde que ele achava impossível esgotar um entendimento profundo da moral com um foco apenas em um aperfeiçoamento moral marginal nesta vida ou até mesmo em aspirações por utopias terrenas. Esses esforços invariavelmente são frustrados e nunca deixam de ser incompletos e, em última instância, temporários.

Os bens seculares são inadequados como uma base do chamado moral à perfeição, e seus recursos são inadequados na geração de uma esperança de transformação moral total que não seja um ideal inalcançável e ingênuo. O bem inteiro não pode ser experimentado em nenhum momento isolado, e tudo o que temos são experiências desconexas de um "bem" que sabemos que, em última instância, é unificado. Nossa experiência do valor moral implica um cumprimento eterno e unificado – uma fruição inteira, simultânea e completa de uma vida ilimitada – que pode ser efetuado por Deus, que é o fundamento tanto do valor quanto do ser.

BIBLIOGRAFIA

AQUINO, Tomás de. *The summa contra Gentiles*. Aeterna, 2015.

____. *Suma contra os gentios* (Campinas: Ecclesiae, 2017)

BAGGETT, David; WALLS, Jerry L. *The moral argument: a history* (New York: Oxford University Press, 2019).

BUTLER, Joseph. *Analogy of religion*. Ed. Joseph Cummings (New York: Cosimo, 2005).

CLARKE, Samuel. *A discourse concerning the being and attributes of God, the obligations of natural religion, and the truth and certainty of the Christian revelation* (London: J. & J. Knapton, 1732).

DESCARTES, Rene. *The philosophical works of Descartes*. Vol. 1. Traduzido para o inglês por Elizabeth S. Haldane e G. R. T. Ross (Cambridge: Cambridge University Press, 1911).

EVANS, Stephen C. *Natural signs and knowledge of God: a new look at theistic arguments* (Oxford: Oxford University Press, 2010).

HARRIS, Sam. *The moral landscape: how science can determine moral values* (New York: Free Press, 2010).

____. *A paisagem moral: como a ciência pode determinar valores humanos* (São Paulo: Companhia das Letras: 2013).

KANT, Immanuel. *Critique of practical reason*. Traduzido para o inglês por Werner S. Pluhar (Lexington: Feather Trail, 2009).

____. *Crítica da razão prática* (Curitiba: Vozes, 2016)

____. *Critique of pure reason*. Traduzido para o inglês por Marcus Weigelt (NewYork: Penguin, 2007).

____. *Crítica da razão pura* (Curitiba: Vozes, 2015)

KUIZENGA, John E. "Does God exist?' *Theology Today* 4.4 (January 1948): p. 557-61. ATLA Religion Database with ATLASerials EBSCO*host*.

MASON, Charles W. *The value-philosophy of Alfred Edward Taylor: a study in theistic implication* (Washington: University Press of America, 1979).

OBANLA, Michael Olaseni. "A. E. Taylor's moral apologetics: an axiological and teleological argument for rational Belief in God". Tese de doutorado. (Liberty University, 2018).

OWEN, H. P. *The Christian knowledge of God* (London: Athlone, 1969).

____. *The moral argument for Christian theism* (London: Allen & Urwin, 1965).

PLANTINGA, Alvin. "Methodological naturalism". *Philosophical analysis: origin & design* 18.1 (1997). https://www.calvin.edu/academic/philosophy/virtual_library/articles/plantinga_alvin/methodological naturalism_part_1.pdf.

PORTEOUS, A. J. D. "A. E. Taylor (1869-1945)". *Mind* 55.218 (Abril 1946): 187-91. http://www.jstor.org/stable/2250551.

RASHDALL, Hastings. *The theory of good and evil: a treatise on moral philosophy*. Vol. 2 (Oxford: Clarendon,1907).

RUSSELL, Bertrand, "A free man's worship", p. 46-57, in: *Mysticism and logic and other essays* (London: George Allen & Unwin, 1917. Repr. CreateSpace, 2010).

____. *Misticismo e lógica e outros ensaios* (Rio de Janeiro: Zahar, 1977)

SMITH, Steven D. *The disenchantment of secular discourse* (Cambridge: Harvard University Press, 2010).

SORLEY, William Ritchie. *Moral values and the idea of God*. Gifford Lectures Delivered in the University of Aberdeen in 1914 and 1915 (Cambridge: Cambridge University Press, 1918).

____. *Moral values and the idea of God*. 3. ed. (London: Cambridge University Press, 1935).

TAYLOR, A. E. *Does God exist?* (New York: Macmillan, 1947).

____. *The faith of a moralist*. Series 1. *The theological implication of morality*. Gifford Lectures Delivered in the University of St. Andrews, 1926-1928 (London: Macmillan, 1951).

____. *Socrates* (Boston: Beacon, 1951).

G. K. Chesterton
APOLOGETA DA IMAGINAÇÃO LITERÁRIA
Ralph C. Wood

G. K. Chesterton (1874-1936) continua sendo um apologeta poderoso em virtude de seu enorme talento demonstrado em uma imaginação literária extraordinária. Após um período de dúvidas torturantes, ele passou por um processo gradual de volta à fé ortodoxa. Por ter experimentado os piores tipos de incredulidade, seu trabalho tem um vigor e uma força com frequência ausentes em defesas convencionais. E o fato de a sua mente artística proporcionar sons e imagens poéticos penetrantes e incisivos de tudo que pensava e acreditava permitiu que criasse um tipo de apologética revolucionário. Ele não começa com a autoidentificação que Deus faz em Israel, em Cristo e na Igreja, nem com o fato terrível do pecado original e da miséria humana. Em vez disso, ele argumenta que nós, humanos, somos os mais anormais dos animais por sermos poetas no sentido literal de *poesis* (a palavra grega para "fazer"). Os animais sub-humanos fazem coisas, muitas vezes belas, mas que nunca deixam de ter a função de garantir sua sobrevivência. Apenas nossa espécie cria coisas não utilitárias por causa da sua beleza transcendente – ou, lastimavelmente, sua feiura demoníaca. Criamos por sermos criaturas livres e singulares do Criador, e esse é nosso modo de participarmos imaginativamente da – ou então de rejeitarmos destrutivamente a – Realidade que é ao mesmo tempo natural, humana e divina.

CONTEXTO HISTÓRICO

Gilbert Keith Chesterton nasceu no ano de 1874 em Londres como filho de pais de classe média anglicanos que, na prática, eram unitaristas. Eles compartilhavam da pressuposição vitoriana comum de que o cristianismo daria lugar de modo gradual a um humanismo ético que a maioria das pessoas de boa vontade adotaria. Como aluno da venerável escola St. Paul (onde John Milton havia estudado dois séculos antes), Chesterton mostrou poucos indícios das suas convicções religiosas posteriores. Em vez disso, ele afiou sua mente em debates vigorosos e solenes com amigos na escola que também tinham sua perspectiva humanista. Todos estavam convictos de a Revolução Francesa ter sido o maior acontecimento libertador do mundo moderno. Em St. Paul, eles estabeleceram um fórum muito dinâmico de debates chamado o Clube de Debate Júnior e publicaram uma revista chamada *The Debater*. Chamando a si mesmos de revolucionários e iconoclastas, escreveram ensaios profundos sobre autores e artistas importantes e sobre questões políticas. O jovem Chesterton listou Rousseau, Whitman e Whistler entre seus heróis. "Amamos [aqueles] que romperam com as igrejas", ele escreveu em uma bravata insolente, "idolatramos [aqueles] que não precisam da fé".[1]

Diferentemente dos seus amigos de escola que foram para Oxford ou Cambridge, Chesterton foi estudar na Slade School of Art no University College, em Londres. Ele desenhava e esboçava desde muito novo, e parecia estar destinado a ter uma carreira como artista. Em Slade, teve contato com a arte impressionista, que então estava em voga, o que deu início a uma crise pessoal, pois ele passou a temer que a "realidade" não passasse de uma série de cores em constante mutação, de impressões em permanente dissolução, de formas praticamente disformes. Seu sentimento era que havia sido lançado em um poço sem fundo de subjetividade, como se o universo não tivesse fundo, como se nada existisse fora da sua própria mente. Esse não era um caso de inquietação típica do fim da adolescência, mas sim uma batalha mental e espiritual, torturante, mortífera. Ele havia descoberto que, se nada existe fora da sua mente, então ele é o autor não apenas do bem, mas também do mal, e, diante desse solipsismo, o jovem Chesterton pensou em cometer suicídio.

Chesterton depois narraria sua provação em uma história intitulada "The diabolist", na qual ele relata seu encontro com uma figura que, tendo cedido a todo vício imaginável, contempla uma negação final de toda a virtude ao descobrir "no mal uma vida própria". "O que você chama de mal eu chamo de bem", o diabolista sem nome confessa. No entanto, ele também admite que, nesse caso, o seu próprio diabolismo se tornaria sem sentido, pois "não saberei a diferença entre o certo e o errado". Como ele saberá quando está sendo diabólico? O homem desaparece enquanto Chesterton contempla as chamas da noite de Guy Fawkes, indagando se a confissão do diabolista havia revelado "o inferno ou o amor furioso de Deus". Se o homem persistir em negar a diferença entre o bem e o mal, seu destino será o inferno; se, ao contrário, confessar a natureza prioritária e final do bem sobre o mal, terá sido resgatado do fogo.[2]

---

[1] Garry Wills, *Chesterton: man and mask* (New York: Sheed & Ward, 1961), p. 16.

[2] G. K. Chesterton, "The diabolist", in: *Tremendous trifles* (New York: Sheed & Ward, 1955; publicado originalmente em 1909): p. 104.

Chesterton acabou percebendo que havia entendido as coisas exatamente de cabeça para baixo. Ele havia considerado a mente o árbitro de todas as coisas e ignorado a coisa mais óbvia de todas – o mundo exterior. Observou que crianças, como os poetas, eram arrebatadas por uma atenção aos objetos mais simples e mais triviais. Em contrapartida, o pensador puro tenta impor um sistema de pensamento à "confusão exuberante e barulhenta" do mundo (como William James a chamou) ou, então, afunda (como Chesterton) no vácuo da ilusão solipsista. Ele veio a entender que não é o mundo interior, mas o mundo exterior que é de fato inesgotável, e a realidade está na ordem criada exterior, e não no vórtice abismal de pensamento da mente. Nada pode ser reduzido às suas formas estáticas e definidoras como elas são percebidas pela mente; todas as coisas – pela sua própria existência – contêm uma transbordante superabundância de significado. Assim como Deus cria o cosmo *ex nihilo*, do mesmo modo a imaginação poética discerne o aparecimento de todas as coisas a partir do nada para a forma de vida infindavelmente abundante. Algumas dessas coisas recém-nascidas colidem e conflitam, vejam só, e algumas criações humanas são obviamente malévolas – como no caso de crueldades tanto grandes quanto pequenas, tanto planetárias quanto pessoais. No entanto, quando essa criação poética está de acordo com a natureza do universo, tem um enorme poder redentor.

Então, com apenas cerca de 25 anos de idade, Chesterton começou a jorrar praticamente um dilúvio de ensaios e poemas, dramas e romances que conquistou Londres. Quem era esse rapaz arrogante e insolente – praticamente todos estavam perguntando – que estava virando o mundo de cabeça para baixo? Ainda mais extraordinário era o fato de Chesterton fazer questão de não esconder que era cristão. Ficou evidente a incapacidade tanto do cristianismo utilitário de seus pais quanto do secularismo dos seus desdenhadores cultos de responder às suas questões prementes e muito mais de curar os males fatais do mundo moderno. Em grande medida impulsionado pela observação da prática cristã devota de Frances Blogg, uma anglicana da Alta Igreja que acabaria se tornando sua esposa, Chesterton voltou à Igreja. Na entrada do século XX, ele havia começado a usar a palavra *católico* como praticamente sinônimo de cristianismo.

Em parte por consideração a Frances, Chesterton só foi recebido na Igreja Católica Romana em 1922, com 48 anos. Ele morreria 14 anos depois, com 62 anos, em 1936. Chesterton teve uma visão correta da sua conversão como uma decisão progressiva, e não reacionária; além disso, ela não foi um ato nostálgico voltado ao passado, um desejo desesperado de uma restauração das glórias do passado cristão. Repetidas vezes ele confessou que acreditava no Evangelho pelo simples fato de ser verdadeiro, e não por satisfazer suas necessidades emocionais, tampouco sua fé era um exercício intelectual de subscrição formal a um conjunto de ideias; pelo contrário, ela estava enraizada na existência humana como criada e recriada por Deus. Chesterton afirma que o mundo foi abalado duas vezes por uma força revolucionária: a primeira foi a criação dos seres humanos e a outra, a vinda do Deus-homem. Segundo ele,

> Uma vez o céu desceu à terra com um poder ou selo chamado "a imagem de Deus", que proporcionou ao homem um domínio da natureza; e mais uma vez (quando em império após império o homem havia demonstrado sua necessidade) o céu veio para salvar a humanidade na forma tremenda e impressionante de um homem.[3]

Embora fosse às vezes excêntrico e com frequência mal-humorado, Chesterton nunca assumiu uma postura de revolta contra as confusões da sua época; em vez disso, ele buscou remediá-las com um tipo de jornalismo provocante, mordaz e, ao mesmo tempo, bem-humorado. Essa era a sua missão de vida declarada. Ele escreveu para o momento [*le jour*], convicto da existência de uma relação íntima do cotidiano com o eterno. A encarnação é uma evidência da participação de Deus na totalidade da vida humana e natural – de fato, cósmica. Chesterton jorrou uma torrente de ensaios (cerca de 1.400), romances, poemas e dramas – um total final de mais de 100 livros –, e seus aforismos o tornaram o autor mais citado desde Shakespeare. Sua convicção era que muitas das melhores coisas na vida – o comum ainda mais do que o excepcional – eram ou negligenciadas ou desprezadas. Por exemplo, já em *The Defendant* [O réu] (1901), ele se manifestava a favor de esqueletos, pastoras chinesas, coisas feias, romances melodramáticos, jargões, farsas e até mesmo veneração de bebês – resumindo, ele encarava qualquer assunto que o interessasse, buscando explorar suas surpresas.

Chesterton também tratou dos interesses prementes do seu tempo – da economia à eugenia, da ética sexual a dogmas teológicos, das causas da guerra aos acordos de paz. Ele também trovejou contra os males que afligiam os

---

[3] G. K. Chesterton, *Orthodoxy* (San Francisco: Ignatius, 1995; publicado originalmente em 1908): p. 152 [no Brasil: *Ortodoxia* (São Paulo: Mundo Cristão, 2012)]. Todas as outras referências a essa obra serão citadas com a abreviação O.

pobres: a escravidão do salário que prendia os trabalhadores ao seu trabalho, o proibicionismo que tiraria dos pobres seu alívio alcóolico da sua lida penosa, o Estado babá que buscava controlar até mesmo a higiene dos necessitados. Juntamente com Hilaire Belloc e Vincent McNabb, Chesterton criou uma alternativa tanto ao capitalismo quanto ao socialismo; eles a chamaram de distributivismo, um esquema de transferência de terra e propriedade em vez de dinheiro. Assim, Chesterton não foi um mero contrariador pessimista. A contribuição geral da sua obra é definitivamente positiva e afirmativa, e a natureza alegre da sua apologética fica especialmente evidente nas suas obras abertamente teológicas: *Ortodoxia* e *O homem eterno*, além dos seus ensaios em *Hereges* e *The Defendant*, bem como suas biografias de São Francisco de Assis e de São Tomás de Aquino. Chesterton também dá vida imaginativa convincente às suas convicções fundamentais em dois poemas longos – *Lepanto* e *The Ballad of the White Horse* [A balada do cavalo branco]– bem como na sua ficção, em especial *A esfera e a cruz*, *O Napoleão de Notting Hill* e *O homem que era quinta-feira*.

CONTEXTO TEOLÓGICO

Chesterton trabalhou em uma era cuja atmosfera religiosa era excessivamente desanimadora e rasa, e que tinha o teólogo inglês de maior destaque o deão pessimista de St. Paul, William Inge, que era defensor neoplatônico do individualismo místico, opositor do catolicismo romano e também da democracia, e defensor de nudismo, direitos animais e eugenia. Uma figura de menor importância era R. J. Campbell, congregacionalista liberal e popular que questionou a historicidade de muitos acontecimentos bíblicos, que tinha um fascínio enorme por gurus indianos e pela teosofia, e que acreditava que ele mesmo acabaria reencarnando – embora mais tarde tenha voltado ao anglicanismo ortodoxo. Não havia quase nada que atraísse Chesterton ao cristianismo de Inge e de Campbell, no entanto, os ateus da época – Herbert Spencer, Julian Huxley, Charles Bradlaugh – dificilmente eram mais desafiadores e estimulantes. Chesterton os achava tão pouco convincentes que fez a confissão irônica de terem semeado suas "primeiras dúvidas extraordinárias da dúvida". Assim, ele transformou o sarcasmo cínico dirigido pelo rei Agripa ao apóstolo Paulo (em Atos 26) em uma afirmação cômica da sua irreligiosidade fraca: "Quase me convences a me tornar cristão" (O, 90).

No contexto em que os melhores representantes tanto da fé quanto da incredulidade eram tão "invertebrados", não é de admirar que a atenção de pessoas cultas que levavam ideias a sério tenha se voltado para o humanismo de G. B. Shaw e H. G. Wells. As peças de Shaw (*Man and Superman* [Homem e super-homem], por exemplo) deram vivacidade dramática e cômica brilhantes à defesa em Nietzsche e em Bergson do "elã vital" [*Life Force*]. Por intermédio de uma "evolução criativa", essa força cósmica produziria, na visão de Shaw, uma raça de "super-homens" que instilaria um novo rigor e uma nova visão na espécie humana. Wells foi um "onímata" [profundo conhecedor de todos os campos do conhecimento], cuja vasta obra englobou quase todos os gêneros literários, os principais sendo a fantasia utópica e a ficção científica. Sua obra imensamente popular *The Outline of History* [O esboço da história] apresentou a fé que Wells tinha em um mundo totalmente transformado por meio de um progresso científico contínuo, mundo onde, por fim, as ciências estariam livres da religião e da superstição. Já nessa breve caracterização de Shaw e Wells como algumas das melhores mentes da sua época, encontramos uma pista da apologética de Chesterton: ele não os considerava seus inimigos, mas seus amigos. Para ele, nossa extremamente exaltada liberdade de pensamento é inútil se não resultar em diálogos e debates vigorosos entre interlocutores sérios, tanto que, em seus debates em grandes fóruns públicos, Chesterton tratou Wells e Shaw com o máximo de caridade e bom-humor. Ao vegetariano esbelto Shaw, Chesterton disse: "Olhando para você, dá até para pensar que há uma fome na terra". Shaw não "deixou barato" e respondeu para o rechonchudo e grandalhão Chesterton: "Olhando para você, dá até para pensar que foi você que a causou". Relata-se que Shaw acrescentou: "Se eu fosse tão gordo como você, me enforcaria". Ao que Chesterton replicou: "Se eu tivesse a intenção de me enforcar, eu usaria você como corda".[4]

Chesterton com frequência ganhava a simpatia das suas plateias zombando de si mesmo. Por exemplo, relata-se que, em uma competição de um jornal que buscava identificar o problema central da sociedade moderna, ele deu esta resposta concisa e direta: "Prezado senhor: sou eu. Atenciosamente, G. K. Chesterton". Chesterton raramente manejava sua fé cristã como um machado, mas quase sempre como um florete, e nunca afirmou que o cristianismo não comete erros nem negou que cristãos tenham sido responsáveis por atrocidades, mesmo quando foram cometidas em violação do evangelho, e não em obediência a ele. *A esfera e a cruz* – seu curto romance de fantasia que resume a visão inteira de Chesterton – apresenta seu protagonista cristão,

---

[4] Mardy Grote, *Viva la Repartee: clever comebacks and witty retorts from history's great wits and wordsmiths* (New York: HarperCollins e-books, 2009): p. 88.

Evan McIan, confessando não apenas seus próprios ardis e desejos pecaminosos, mas também os males perpetrados em nome de Cristo: "A igreja na sua ação terrena realmente se envolveu com coisas mórbidas – torturas e visões sangrentas e surtos de extermínio. A igreja teve momentos de demência, e eu sou um deles. Sou eu o massacre de São Bartolomeu. Sou eu a Inquisição Espanhola".[5] Esses pedidos de desculpa não apenas são atos de humildade, mas também exemplificam a contrição que deve ser intrínseca a toda a apologética conduzida em nome do Deus autoidentificador que tanto ordena quanto perdoa.

METODOLOGIA APOLOGÉTICA

Chesterton é um pensador notoriamente assistemático, mas quase sempre consistente, em especial no seu tratamento de questões sérias com um estilo cômico. Ele não formulou nenhum método para defender a fé cristã contra seus detratores tanto cultos quanto ignorantes. No entanto, é seguro afirmar que ele não começa com a revelação divina – tornando toda a verdade dependente de um encontro prévio com a autorrevelação final de Deus em Israel e Cristo, na Igreja e nas Escrituras, e também na tradição. Tampouco recorre a uma chamada "cosmovisão cristã", como se a fé "entregue a um povo santo de uma vez por todas" (Judas 3) pudesse passar por um discernimento neutro e então ser comparada com outras cosmovisões desse tipo, em uma avaliação supostamente sem pressuposições.

Pelo contrário, ele via o mundo pelas lentes da fé cristã. Inicialmente, seu cristianismo era basicamente algo herdado, um legado cultural do fim da era vitoriana que ele havia absorvido quase de modo inconsciente, mas, a certa altura, ele abraçou o cristianismo, de modo bem deliberado, como a realidade definidora da sua vida. Esse fato o levou a participar das coisas humanas e naturais com um discernimento de coisas divinas em ação nelas. A ordem aproximada implícita na sua apologética é a seguinte: (1) da sua afirmação de que a doença do nosso tempo não é a irreligiosidade, mas a insanidade; (2) para a sua tentativa de demonstrar a singularidade dos seres humanos no dom da criação imaginativa, quer em desenhos em cavernas pré-históricas, quer em fantasias e contos de fadas imemoriais; (3) e então para a sua convicção de

---

[5] G. K. Chesterton, *The ball and the cross* (Mineola: Dover, 1995; first published 1909): p. 157 [no Brasil: *A esfera e a cruz* (Porto Alegre: Sociedade Chesterton Brasil, 2020)]. Depois McIan acrescenta: "A tortura deve ser violentamente interrompida, embora a igreja a pratique" (p. 167).

que, assim como os seres humanos se destacam como um enorme prego dos processos naturais, também a encarnação e a Igreja são as irrupções divinas nos processos históricos.

RESPOSTA APOLOGÉTICA

Nossa presente insanidade

Ortodoxia é a obra mais celebrada de Chesterton. Graham Greene a chamou de "um dos maiores livros da desta era".[6] Dorothy L. Sayers foi inspirada a uma reconciliação com o cristianismo da sua infância principalmente pela sua leitura de *Ortodoxia*, e até mesmo H. L. Mencken – dificilmente pode ter havido uma figura mais antagônica a Chesterton – enalteceu *Ortodoxia* como "de fato, o melhor argumento a favor do cristianismo que já li – e estimo que eu tenha sido apresentado a pelo menos cem argumentos".[7] Não é difícil descobrir a razão: Chesterton não começa com uma denúncia da pecaminosidade e da miséria humanas como contendo um apelo implícito pela graça e salvação de Deus. "Agora é simplesmente impossível (alimentando alguma esperança de apelo universal) começar, como faziam nossos pais, pelo fato do pecado", ele confessa. "Esse fato, que para eles (e para mim) está 'mais na cara do que nariz', é exatamente o que foi diluído ou negado de modo especial" (O, p. 19). Para Chesterton, a convicção do pecado depende da pressuposição de uma ordem metafísica, de uma hierarquia transcendente de bens em relação à qual devemos combater vícios e promover virtudes. A destruição dessa Grande Cadeia do Ser, como chegou a ser chamada, é precisamente a condição e a maldição do nosso tempo.

Qual é, então, para Chesterton, a fonte da destruição e da infelicidade que atormenta uma parte considerável da vida moderna? É importante observarmos que ele não atribuiu a calamidade moderna a uma negação afrontosa de Deus, pois seria fácil demais os cristãos refutarem essa acusação pelo fato de grande parte do ateísmo moderno se dirigir contra uma espécie de "deus" avô que William Blake chamou corretamente de um "Old Nobodaddy" ("Velhinho Ultrapassado Papai de Ninguém"), um Deus em quem nem os cristãos esclarecidos acreditaram de verdade. Em vez disso, Chesterton adota uma trajetória surpreendente, declarando que o problema do nosso tempo é menos sua irreligiosidade e mais sua *insanidade* – de fato, insanidade dúplice.

---

[6] Graham Greene, *Collected essays* (New York: Viking, 1969), p. 137.
[7] Citado em S. T. Joshi, *God's defenders* (Amherst: Prometheus, 2003), p. 86.

A primeira forma da nossa insanidade não reconhecida é o racionalismo que se tornou cada vez mais predominante desde o século XVII. O Ocidente experimentou uma perda gradual da sua visão da natureza como um domínio praticamente inesgotável de analogias e metáforas para indicar a presença e a natureza do Deus encarnado. Com a influência imensa de René Descartes, experimentamos uma mudança tectônica chamada "a guinada para o sujeito", o que significa – em uma explicação extremamente simplista – que o sujeito humano, o eu cada vez mais autônomo, não precisa mais olhar para a autorrevelação divina ou para a natureza permeada pelo divino com o objetivo de discernir o ordenamento apropriado da vida humana. Descartes considerava o eu pensante, a mente incorpórea, o *cogito*, como sendo a autoridade defintiva, visto que apenas o que pode ser objeto do pensamento subjetivo e da experiência empírica é real. O racionalismo iluminista teve o resultado irônico de uma nova fixação na experiência interior. Chesterton é um dos seus críticos furiosos e cômicos, descrevendo a luz interior como o pior tipo de iluminação:

> O fato de que o Silva [o Jones, no original] deva adorar o deus interior em última análise significa que o Silva vai adorar o Silva. Então que o Silva adore o Sol ou a Lua, qualquer coisa em vez da Luz Interior; que o Silva adore gatos ou crocodilos, se conseguir encontrá-los na rua, mas não o deus interior. O cristianismo veio ao mundo acima de tudo para afirmar com veemência que o homem não deve só olhar para dentro, mas deve olhar para fora, contemplar com assombro e entusiasmo uma companhia divina e um capitão divino. O único prazer de ser cristão é que o homem não fica sozinho com a Luz Interior, mas definitivamente [reconhece] uma luz exterior, bela como o Sol, clara como a Lua, formidável como um exército com bandeiras (O., p. 81).

O triunfo racionalista supremo ocorre quando a mente reduz a natureza a um sistema mecânico a ser dominado e manipulado pelo homem, e a razão então se torna uma atividade de puro cálculo racional e a realidade consiste naquelas coisas que podem ser testadas ou medidas, demonstráveis pela ciência experimental ou pela lógica matemática.[8] Grande parte da nossa vida

---

[8] O ataque de Chesterton ao hiper-racionalismo não é um ataque à razão. Muito pelo contrário: "É inútil falar sempre da alternativa de razão e fé, pois a própria razão é uma questão de fé", Chesterton observa. "É um ato de fé afirmar que nossos pensamentos têm alguma relação com a realidade por mínima que seja" (O., 38). Pressupomos a racionalidade do mundo como o postulado e o axioma fundamental da nossa própria existência. O fato de o mundo ser racional em vez de irracional é a base da vida cotidiana: seria impossível tomarmos parte nas comunicações e relações mais elementares se nossas palavras e nossos conceitos – nossa razão – não tivessem relação verídica com a realidade.

comum pode ser entendida assim, o que não deve ser desdenhado. A distinção cristã entre o Criador e a criatura significa, entre outras coisas, que a terra pode ser considerada divina de modo não inerente, mas derivativo. Veremos Chesterton definindo a terra como nossa irmã, e não nossa mãe. Essa distância crítica e frutífera do mundo material produziu uma série magnífica de revoluções cientificas desde o século XVII. Fomos beneficiados por progressos extremamente positivos no combate à fome e à pobreza, na criação de avanços médicos e instrumentos que facilitam a vida – Chesterton nunca atacou essas coisas.

No entanto, se o universo não passa de matéria e energia – de causas físicas somente –, então estamos inesperadamente incluídos entre as criaturas sem liberdade ou esperança transcendentes. Tornamo-nos criaturas maleáveis que podem ser talhadas como bem entendemos. Por exemplo, acabamos nos convencendo de que podemos curar males sociais com a aplicação de métodos científicos – com o resultado lamentável da transformação dessas utopias em tiranias, quer sejam holocaustos e gulags, quer um consumismo neurótico.[9] Seja como for, o fisicalismo se transforma em demência. O louco, Chesterton observa de maneira arguta, não é a pessoa que perdeu a cabeça. "O louco é um homem que perdeu tudo exceto a razão [...] Ele [habita] a limpa e bem iluminada prisão de uma ideia só" (O., p. 27) – a ideia monomaníaca do racionalismo científico.

Uma segunda forma temível de loucura é o exato oposto do fisicalismo mecanicista: é o que Alasdair MacIntyre chama de *emotivismo*, "a doutrina de que todos os juízos avaliativos e, mais especificamente, todos os juízos morais são *apenas* expressões de preferência, expressões de atitude ou sentimento, na medida em que têm uma natureza moral ou avaliativa".[10] Os emotivistas se negam a apresentar argumentos morais e veem todas as escolhas como escolhas arbitrárias feitas pelo ego plenamente competente. Com uma presciência notável, Chesterton prevê o triunfo da vontade emotivista: "A vontade, dizem

---

[9] Chesterton foi praticamente uma voz solitária clamando no deserto da eugenia moderna defendida, em conformidade com os tempos, por figuras como Winston Churchill e Oliver Wendell Holmes, Shaw e Wells e Virginia Woolf. Um dos primeiros atos do novo regime de Hitler em 1933 foi a promulgação de uma Lei de Esterilização Eugênica, que obrigava médicos a esterilizar as pessoas que supostamente sofriam de doenças hereditárias. Em 1934, apenas dois anos antes da sua morte, Chesterton esbravejou contra esses males em "The fallacy of eugenics", in: *Avowals and denials* (London: Methuen, 1934).

[10] Alasdair MacIntyre, *After virtue*, 2. ed. (Notre Dame: University of Notre Dame Press, 1984), p.11-2, ênfase original [no Brasil: *Depois da virtude* (São Paulo: EdUSC, 2001)].

eles, é criadora. A autoridade suprema, dizem eles, está na vontade, não na razão. O ponto supremo não é saber *por que* alguém busca determinada coisa, mas o *fato* de buscá-la [...] Dizem que a escolha em si é que é divina" (O., 43; grifos nossos). Enquanto para os hiper-racionalistas a verdade é tudo que pode ser submetido a um raciocínio autônomo e uma demonstração científica, os emotivistas reduzem a verdade a escolhas subjetivas de uma pessoa para sua própria autoconstrução autônoma, ignorando o poder libertador dos limites.

> A adoração da vontade é a negação dessa mesma vontade, e admirar a simples escolha é recusar-se a escolher [...] Cada ato de vontade é um ato de autolimitação, portanto, desejar uma ação é desejar uma limitação. Nesse sentido, todas as ações são ações de sacrifício de si mesmo. Quando você escolhe uma coisa qualquer, você rejeita tudo o mais [...] Todos os atos são uma irrevogável exclusão por seleção. Do mesmo modo que, quando você se casa com uma mulher, desiste de todas as outras, quando você toma um caminho de ação, também desiste de todos os outros caminhos [...] A arte é limitação; a essência de todos os quadros é a moldura. No momento em que se entra no mundo dos fatos, entra-se no mundo dos limites. Pode-se libertar as coisas de leis externas ou acidentais, mas não das leis da sua própria natureza. Você pode, se quiser, libertar um tigre da jaula; mas não pode libertá-lo de suas listras. Não liberte o camelo do fardo de sua corcova: você o estaria libertando de ser um camelo (O., p. 44-5).

Esse emotivismo desumanizador, Chesterton adverte, produzirá um povo intelectualmente submisso demais "até mesmo para tomar posse da sua herança". Essas pessoas se tornarão tão desconfiadas de supostas grandes verdades que questionarão até mesmo as menores verdades. Sua demência, Chesterton declara, pode ser definida "como um uso da atividade mental para alcançar a impotência mental". "Estamos nos encaminhando", é sua conclusão arguta e alarmante, "para a produção de uma raça de homens mentalmente modestos demais para acreditar na tabuada". "Espadas serão desembainhadas", ele profetiza, "para provar que folhas são verdes no verão".[11] Se os fisicalistas científicos estão tomados por uma presunção extremamente arrogante de serem capazes de saber e controlar tudo, então os lunáticos emotivistas

---

[11] G. K. Chesterton, *Heretics* (New York: Lane, 1905), p. 305 [no Brasil: *Hereges* (Campinas: Ecclesiae, 2012)].

estão imbuídos de uma falsa modéstia segundo a qual tudo é tão subjetivo e relativizado que não são capazes de ter certeza de nada.

A publicação de *Ortodoxia* em 1908 foi profética, pois o racionalismo enlouquecido é uma definição apropriada do que aconteceu com o projeto iluminista, enquanto um emotivismo demente, na sua negação da verdade objetiva e na sua exaltação de uma vontade arbitrária, é uma definição apropriada da nossa cultura pós-iluminista.

A arte como a assinatura do homem

Chesterton foi um dos primeiros a denunciar os empregos imorais do darwinismo que estavam ocorrendo. Um capitalismo de sobrevivência dos mais aptos favorecia os fortes competitivos em detrimento dos fracos sem ambição, enquanto os socialistas eugenistas buscavam um aperfeiçoamento da espécie com a eliminação dos mentalmente desfavorecidos. Essa situação produziu em Chesterton uma desconfiança profunda da evolução monocausal como uma explicação suficiente da singularidade da espécie humana. A adoção da seleção natural com base apenas em causas eficientes, ele passou a acreditar, é afirmar que a diferença do *homo sapiens* em relação aos antropoides era apenas de grau contínuo, e não de natureza descontínua. Embora o surgimento de uma espécie humana específica possa ser glacialmente gradual, esse fato dificilmente nega a singularidade dela:

> Os evolucionistas não podem, por causa de uma gradação indefinível na natureza, nos levar à negação da natureza pessoal de Deus, pois é possível que Deus use tanto gradações quanto qualquer outro meio; mas eles mesmos se forçam, por meio dessas gradações, à negação da existência de um sr. Silva pessoal, pois ele se acha no escopo da evolução e suas arestas são aparadas e, assim, eliminadas.[12]

"O homem é o macaco de ponta-cabeça", Chesterton trombeteou. Como super-primatas que também são sub-anjos, a espécie humana não olha para o chão como outros animais. Somos *antropoi*, as criaturas que olham para cima na busca de beleza, verdade e bondade transcendentes. Vivemos, agimos e existimos não como outros animais – isto é, como irmãos da natureza em vez de seus filhos:

---

[12] G. K. Chesterton, *Lunacy and letters*, ed. Dorothy Collins (New York: Sheed & Ward, 1958), p. 192.

> A essência de todo panteísmo, do evolucionismo e da religião cósmica moderna está realmente nesta proposição: que a natureza é a nossa mãe. Infelizmente, se você considerar a natureza como mãe, vai descobrir que ela é madrasta. O ponto principal do cristianismo [é] este: que a natureza não é a nossa mãe: a natureza é nossa irmã. Podemos sentir orgulho de sua beleza, uma vez que temos o mesmo pai [...] Isso confere ao prazer tipicamente cristão neste mundo um estranho toque de leveza que é quase frivolidade. A natureza foi mãe solene para os adoradores de Ísis e Cibele. Foi mãe solene para Wordsworth ou para Emerson. Mas a natureza não é solene para Francisco de Assis ou para George Herbert. Para São Francisco de Assis, ela é irmã, até mesmo uma irmã menor: uma irmãzinha que dança, de quem se ri e a quem se ama (O., p. 119).

A não ser que haja uma diferença fundamental entre nossa espécie e os outros animais, temos poucos motivos para achar que os seres humanos são algo *além* de animais com cérebros grandes, sem nenhuma dignidade e valor singulares – de fato, com poucos motivos até mesmo para tratar animais com humanidade. Daí a adoção por parte de Chesterton de um tipo muito mais modesto de evolução:

> Se evolução simplesmente significa que algo positivo chamado macaco transformou-se lentamente em algo positivo chamado homem, então ela é inofensiva para o mais ortodoxo; pois um Deus pessoal poderia muito bem criar coisas de modo lento ou rápido, especialmente se, como no caso do Deus cristão, *ele estivesse situado fora do tempo* (O., 39,40, grifo meu).

Sendo assim, Chesterton acha que o melhor modo de entender o homem é como uma *revolução*, e não uma *evolução* – uma criatura que não se mistura perfeitamente nos processos fluidos do mundo, mas que destoa do resto da Criação como a mais esquisita das criaturas, uma monstruosidade.

Chesterton define a natureza particular da singularidade humana em *O homem eterno*, que é a mais importante de todas as suas obras apologéticas. C. S. Lewis disse que o livro "batizou" seu intelecto do mesmo modo que a obra de George MacDonald havia batizado sua imaginação. Em uma carta de 1950 a Sheldon Vanauken, Lewis a chamou de "a melhor obra apologética que conheço".[13] Enquanto o objetivo de *Ortodoxia* foi explicar como Chesterton voltou à fé com uma superação da insanidade dupla do hiper-realismo e do

---

[13] Sheldon Vanauken, *A severe mercy* (New York: Harper & Row, 1977), p. 90.

hiper-subjetivismo, o propósito de *O homem eterno* foi, ao menos em parte, refutar *Outline of History*, de H. G. Wells, onde ele havia apresentado a existência humana como um progresso ininterrupto desde a dependência animal primitiva até a autonomia científica moderna. O avanço sem interrupções da história em breve se livraria das convicções religiosas como um anexo inútil, Wells previu, em uma demonstração da natureza totalmente autossuficiente dos seres humanos.

Surgindo 17 anos após a publicação de *Ortodoxia*, *O homem eterno* recorre menos a paradoxos fantásticos do que a argumentos cuidadosos sobre a singularidade humana. Ele situa a obra nas pinturas em cavernas paleolíticas do sudoeste da França, e o argumento de Chesterton é que, embora fosse natural pessoas primitivas desenharem animais, é totalmente inconcebível que até mesmo o mais inteligente dos macacos desenhe pessoas. Quase desde o princípio o homem exibiu o fato extraordinário de que

> Ele [é] criador e também criatura [...] De um jeito ou de outro, algo de novo havia surgido na cavernosa noite da natureza, uma mente que é como um espelho. Ela é como um espelho porque é de fato uma entidade que reflete. É como um espelho porque somente nela todas as outras formas podem ser vistas brilhando como sombras numa visão. Acima de tudo, ela é como um espelho porque é a única coisa de sua espécie [...] O homem é o microcosmo; o homem é a medida de todas as coisas; o homem é a imagem de Deus.[14]

O surgimento dessa criatura criativa é inexplicável de uma perspectiva científica ou histórica: "Não existia e passou a existir; não sabemos em que instante ou em que infinidade de anos. Algo aconteceu; e tem toda a aparência de uma transação fora do tempo".[15] Apenas na humanidade está presente alguma coisa semelhante a uma autoconsciência reflexiva, a capacidade de nos observarmos de fora, de nos contemplarmos como em um espelho e, assim, de apresentarmos o mundo não humano como tendo sua própria existência, como algo diferente de nós mesmos, algo radicalmente outro. "O encontro do homem consigo mesmo sempre se reflete na sua representação de alguma outra coisa".[16] Daí a afirmação lapidar de Chesterton: "A arte é a assinatura do

---

[14] G. K. Chesterton, *The everlasting man* (New York: Doubleday Image, 1955; publicado originalmente em 1925), p. 36 [no Brasil: *O homem eterno* (São Paulo: Mundo Cristão, 2013)].

[15] Chesterton, *The everlasting man*, p. 39: "havia ocorrido uma transição que ossos e pedras por sua natureza não podem atestar; e o homem se tornou uma alma vivente" (*The everlasting man*, p. 53).

[16] Wills, *Chesterton*, p. 190.

homem".[17] Nossa espécie é *homo poética* – os humanos são artistas, criadores, fabricadores de coisas secundárias por causa da sua beleza, e não apenas sua utilidade. Cupins criam montículos de complexidade magnífica, mas, até onde sabemos, eles não olham para suas criações e declaram: "Que belo trabalho!". Os cupins também não lamentam o que fizeram, ficando tristes por isso, e sua criação é estritamente funcional (ou então não funcional).

A *poesis* humana é de uma ordem totalmente diferente. Tomás de Aquino (que o aprendeu dos peripatéticos e de Aristóteles) ensinou a Chesterton que, como no caso dos outros animais, a verdade está enraizada na nossa percepção sensorial e na descoberta do que existe. Daí o lema antigo: "Não há nada no intelecto que não tenha passado antes pelos sentidos". No entanto, a imaginação decompõe as impressões sensoriais recebidas do domínio natural e as reformula como unidades que passaram a existir na percepção que correspondem a novos mundos de sentido e significado. Portanto, Chesterton não vê empecilhos a uma adoção da natureza dialética da relação mente-mundo, graça-natureza. Deus não é um artista solo, mas o maestro de uma sinfonia. Ele cria e recria seu cosmo *com o livre envolvimento das suas criaturas*. E quando a mente caída não responde mais à pura obviedade da Criação, é a tarefa do poeta transformar o mundo mais uma vez em um lugar encantado, tornando-o estranho, fantástico, grotesco. A obra de Chesterton está repleta de surpresas incríveis, caças e fugas burlescas, mas também de visões aterrorizantes do mal. Ele recorre de modo repetido à mímica e à farsa, a coisas excêntricas e fora do prumo; não o que ele considera o equilíbrio, a harmonia e proporção exatos da estética clássica, mas ele nunca recorre ao bizarro como um fim em si mesmo, de modo gratuito, mas sempre o faz com uma visão maior e mais profunda. Alison Milbank cita tanto Tomás de Aquino quanto Pseudo-Dionísio, o Areopagita, para explicar o desejo que Chesterton tem de mostrar como tudo está sinalizando freneticamente para sua origem e seu destino divinos. Ambos argumentam o seguinte:

> É mais apropriada uma apresentação de Deus com metáforas de uma ordem inferior e física do que uma apresentação com metáforas mais elevadas, "pois o que ele não é tem uma clareza maior para nós do que o que ele é", assim, "similitudes extraídas de coisas as mais afastadas possíveis de Deus formam em nós uma

---

[17] Chesterton, *The everlasting man*, p. 34.

avaliação mais verdadeira da natureza de Deus acima de qualquer coisa que venhamos a dizer ou pensar sobre ele".[18]

Nessa reformulação do mundo captado pelos sentidos, a imaginação não abandona a realidade objetiva. Pelo contrário, há uma enorme diferença entre a *visão* objetiva que discerne a alteridade estranha das coisas e o *sonho* subjetivo que substitui o mundo inesgotavelmente interessante pelos seus próprios fantasmas febris:

> A estranheza das coisas, que é a luz de toda a poesia, e também de toda a arte, está na realidade conectada com a sua alteridade; ou o que é chamado de a sua objetividade. Aquilo que é subjetivo sempre será desinteressante [...] [O] artista egoísta [...] evita o mundo e vive apenas na sua própria mente. De acordo com São Tomás, a mente age por sua livre vontade, mas sua liberdade consiste exatamente em achar uma saída para a liberdade e a luz do dia; para a realidade e a terra dos vivos. No subjetivista, a pressão do mundo força a imaginação para dentro. De acordo com São Tomás, [...] a energia da mente força a imaginação para fora, mas porque as imagens que busca são coisas reais. Todo o seu romance e glamour, por assim dizer, estão no fato de serem coisas reais; coisas que não são encontradas quando se olha para dentro da própria mente. A flor é uma visão porque não é apenas uma visão. Ou, por assim dizer, é uma visão porque não é um sonho. Essa é para o poeta a estranheza das pedras e das árvores e das coisas sólidas; elas são estranhas porque são sólidas [...] Segundo Tomás de Aquino, o objeto se torna parte da mente; mais ainda, a mente de fato se torna o objeto. Mas [...] ela apenas se torna o objeto, não o cria. Em outras palavras, o objeto é um objeto; ele pode existir e existe fora da mente, ou na ausência da mente. E, *portanto*, ele amplia a mente da qual se torna parte.[19]

Para Chesterton, o apologeta imaginativo, o mundo está repleto de analogias e metáforas, de narrativas e versos, de imagens e padrões que nos proporcionam uma identificação e uma participação criativas na realidade. Os humanos são o apogeu da boa Criação de Deus por causa das capacidades poéticas da mente tanto criar quanto destruir. Isso significa que todas as pessoas são poetas, ou seja, todos estamos envolvidos com a realização ou a frustração criativa do nosso potencial divino, todos estão participando, de modo

---

[18] Alison Milbank, *Chesterton and Tolkien as theologians: the fantasy of the real* (London: T&T Clark, 2007): p. 67.

[19] G. K. Chesterton, *Saint Thomas Aquinas: the dumb ox* (New York: Doubleday Image, 1956; publicado originalmente em 1933): 184. Ênfase original.

satisfatório ou não, da realidade divina. Consequentemente, todas as nações, povos e culturas estão empenhados em *poesis*, seja para o enriquecimento, seja para o empobrecimento da condição humana. Essa foi a percepção revolucionária que Chesterton havia tido já em 1908 com a publicação de *Ortodoxia*:

> Este não é um mundo, mas sim o material para um mundo. Deus não nos deu exatamente as cores de um quadro, mas sim as cores de uma paleta. Mas ele também nos deu um tema, um modelo, uma visão fixa. Devemos ter claro diante de nós o que queremos pintar, o que acrescenta mais um item à nossa lista anterior de princípios. Dissemos que precisamos gostar do mundo, até mesmo para mudá-lo, e acrescentamos agora que precisamos gostar de outro mundo (real ou imaginário) para ter algo definido em que possamos transformar este mundo.[20]

Para não haver o temor de que essa "visão fixa" não exija nada além do que o discernimento de padrões ou formas atemporais e desconectados de qualquer lugar particular – espremendo nelas as coisas complexas e contingentes do mundo, de modo procustiano –, Chesterton afirma exatamente o oposto. O universo é uma cornucópia transbordante da presença divina que empurra o potencial exuberante e sibilante de tudo para fora em direção da sua realização suprema além dos muros do mundo. Há não uma escassez, mas um excesso de significado que estimula a atividade imaginativa, na qual consiste a vida verdadeira:

> A ilusão das coisas que teve efeitos tão lamentáveis em tantos sábios tem quase um efeito contrário neste sábio [São Tomás]. Se as coisas nos iludem, a razão é que são mais reais do que parecem ser. Como fins em si mesmas, elas sempre nos enganam; mas, como coisas que tendem a um bem maior, elas são ainda mais reais do que nossa concepção delas. Se parecem ter uma irrealidade relativa (por assim dizer), o motivo é que são potenciais, e não reais; elas estão irrealizadas, como pacotes de sementes ou caixas de fogos de artifício. Elas têm a capacidade de serem mais reais do que são. E há um mundo superior que o Mestre chamou de Fruição, ou Realização, em que toda essa relatividade relativa se torna uma realidade; em que as árvores desabrocham em flor ou os foguetes eclodem em chamas.[21]

Para aqueles que aprendem a ver o mundo pelo prisma da imaginação cristã, o mundo é uma alegoria gigante que revela a atuação do sobrenatural

---

[20] Chesterton, *Ortodoxy*, p. 112.
[21] Ibid., p. 180-1. Grifo no original.

com uma "energia inexprimível" no natural, convidando-nos a nomeá-lo e desfrutá-lo de modo poético:

> Estou sentado debaixo de árvores altas, com um grande vento espumando como a rebentação nas copas delas, de modo que sua carga viva de folhas chacoalha e brame como algo que é a um só tempo exultação e agonia. Na verdade, sinto como se de fato estivesse sentado no fundo do mar entre meras âncoras e cordas, enquanto sobre a minha cabeça e sobre o crepúsculo verde da água soam a corrente perpétua de ondas e a labuta, colisão e naufrágio de navios tremendos. O vento puxa as árvores como se pudesse arrancá-las com raiz e tudo da terra como tufos de grama. Ou, em uma tentativa desesperada de uma outra figura de linguagem para essa energia inexprimível, as árvores estão esticando e puxando e batendo como se fossem uma súcia de dragões amarrados pela cauda [.]
>
> [Nesta] pequena alegoria ou parábola [...] as árvores simbolizam todas as coisas visíveis e o vento simboliza as invisíveis. O vento é o espírito que sopra onde quer; as árvores são as coisas materiais do mundo que são sopradas para onde o espírito quer. O vento é a filosofia, a religião, a revolução; as árvores são as cidades e as civilizações. Só ficamos sabendo que há um vento porque as árvores em alguma colina distante subitamente se tornam extremamente agitadas [...]
>
> O vento já existe acima do mundo antes de um galhinho na árvore se mover. Assim, é necessário que sempre haja uma batalha no céu antes de haver uma batalha na terra. Uma vez que é lícito orar pela vinda do reino, é lícito também orar pela revolução que restaurará o reino. A esperança de ouvir o vento do Céu nas árvores é lícita. É lícito orar "Venha a vossa ira, assim na terra como no céu".[22]

Nessa declaração final, Chesterton revela que não é um vitalista ou um naturalista que deseja que seus leitores participem com G. B. Shaw do poder transmoral do elã vital. Pelo contrário, ele foi levado a um reconhecimento não de um Motor Imóvel impessoal, mas de uma Presença pessoal que atua tanto no universo quanto além dele. O próprio fato incontestável da Criação implica um Criador, e o fato de o mundo ter significado implica uma pessoa que quer dar a entender algo com o mundo. Daí a confissão atônita de Chesterton: "Havia no mundo algo pessoal, como numa obra de arte; independentemente do que quisesse dar a entender, dava-o a entender de maneira impetuosa".[23] Embora essa presença pessoal convide os humanos a participarem livremente

---

[22] G. K. Chesterton, *Tremendous trifles* (London: Methuen, 1909), p. 104.
[23] Chesterton, *Ortodoxy*, p. 70.

como cooperadores no ato de tornar as coisas mais reais do que parecem ser, também podemos rejeitar essa liberdade magnífica, e essa rejeição é a fonte do mal – isto é, a criação de coisas horrendamente feias e enormemente destrutivas, quer no nível pessoal, quer no político. Podemos, vejam só, desfazer o mundo; podemos desfiar o arco-íris, como Keats disse. Embora as dádivas da vida sejam dadas graciosamente, elas podem ser, igualmente, perdidas com tremenda facilidade.

Os autores anônimos de certos mitos primordiais e histórias folclóricas antigas entenderam a natureza moral do universo e discerniram que o único modo de desfrutar da dádiva incomparável da existência natural e humana é a gratidão obediente:

> No conto de fadas, há uma felicidade incompreensível que se apoia numa condição incompreensível. Abre-se uma caixa, e todos os males saem voando. Esquece-se de uma palavra, e cidades são destruídas. Acende-se uma lâmpada, e o amor voa e se vai. Colhe-se uma flor, e vidas humanas são perdidas. Come-se uma maçã, e a esperança de Deus desaparece.[24]

Assim como na história do Jardim do Éden, todo o bem e todos os presentes perfeitos são radicalmente acidentais e dependem de uma resposta adequada, o que Chesterton chama de "condição de alegria".

Uma conduta de admiração obediente e de alegria grata é o ato supremo de liberdade poética, a qual permite que ordenemos nossas paixões e governemos nossos desejos para nossas escolhas acabarem se tornando nossos hábitos – uma posição em que nossas convicções nos escolhem, e não o contrário. A decisão livre suprema, declara Chesterton, o mestre dos paradoxos, é "a liberdade de me obrigar".[25] A disciplina e a fidelidade, juramentos e obrigações, são meios de alegria, e não obstáculos para ela. O ato de fazer e cumprir promessas, em especial no casamento, é a chave para a felicidade. "O amor não é cego", Chesterton observa, por outro lado. "O amor é comprometido; e quanto mais comprometido for, tanto menos cego será".[26] A moral é como a arte, nós o ouvimos dizer: consiste em desenhar uma linha. A moldura é a parte mais importante de um quadro. A verdadeira liberdade está em limites aceitos com humildade, e não na arrogante atitude do "querer é poder" de

---

[24] Chesterton, *Ortodoxy*, p. 61.
[25] Ibid., p. 61.
[26] Ibid., p.76.

uma pessoa. Assim, o recebimento de dádivas tão generosas acarreta não uma obediência cega, mas o tipo certo de consideração. "Eu afirmaria que a gratidão é a forma mais elevada de pensamento", Chesterton argumenta, "e que a gratidão é a felicidade duplicada pela admiração".[27] Essa gratidão deve ser mostrada não apenas por coisas óbvias, mas também por coisas comuns que não devem ser ignoradas por sua familiaridade:

> O teste de toda felicidade é a gratidão [...] As crianças ficam agradecidas quando o Papai Noel enche suas meias com presentes de brinquedos e doces. Não poderia eu ser agradecido a Papai Noel quando ele deixou em minhas meias o presente de duas pernas milagrosas? Agradecemos às pessoas os presentes de charutos e meias que recebemos no nosso aniversário. Não posso agradecer a alguém, no meu aniversário, o presente de ter nascido?".[28]

Assim, a apologética poética de Chesterton já estava madura no seu vigésimo quinto ano de vida, 1901: "A função da imaginação não é tornar coisas estranhas estabelecidas, mas é tornar coisas estabelecidas estranhas; é menos tornar maravilhas em fatos e mais tornar fatos em maravilhas".[29]

A irrupção divina na esfera humana

Embora Chesterton esteja usando lentes cristãs, sua perspectiva corresponde ao que normalmente se chama de teologia natural; isto é, a evidência que aponta para Deus sem a autorrevelação divina em Israel, em Cristo e na Igreja. Uma pessoa que não é cristã pode aceitar seu argumento de que a modernidade é menos irreligiosa e mais insana, e que a verdadeira sanidade está presente em uma percepção radical da natureza humana singular exibida em obras artísticas e morais da imaginação. "O pessimismo não consiste em sentir-se cansado do mal, mas em sentir-se cansado do bem, e o desespero não consiste em sentir-se cansado do sofrimento, mas em sentir-se cansado da alegria".[30] No entanto, o que acontece quando a alegria não satisfaz mais as pessoas e a sanidade as entristece? Chesterton argumenta que essa era a condição do final da antiguidade. Daí o segundo e mais drástico aspecto da apologética

---

[27] G. K. Chesterton, *A short history of England* (London: Chatto & Windus, 1930; publicado originalmente em 1917), p. 59

[28] Chesterton, *Ortodoxy*, p. 60.

[29] G. K. Chesterton, *The defendant* (London: Dent & Sons, 1940; publicado originalmente em 1901), p. 84.

[30] Chesterton, *The everlasting man*, p. 158.

de Chesterton: sua convicção de que, assim como a criatura com a imagem de Deus interrompe o sistema da natureza, do mesmo modo, em um segundo e último ato, Deus interrompe a pura sucessividade da história – a ascensão e a queda de sucessivas nações e impérios, até mesmo civilizações – na sua transformação no Homem eterno com um Corpo eterno.

O que havia nascido pela primeira vez em uma caverna paleolítica – a verdade de que o homem é o ser singularmente imaginativo –, agora renasce em uma caverna ainda mais obscura, o abrigo para gado perto da aldeia de Belém, onde há um encontro de extremos e o universo inteiro é virado de cabeça para baixo:

> Quero dizer que todos os olhares de admiração e adoração antes voltados para fora para a maior das realidades voltavam-se agora para dentro na direção da menor das realidades [...] Deus, que havia sido apenas uma circunferência, era visto como um centro; e o centro é infinitamente pequeno. É verdade que a espiral espiritual de agora em diante funciona para dentro, e não mais para fora, e, nesse sentido, é centrípeta, e não centrífuga. A fé se torna, de várias maneiras, uma religião de realidades pequenas [...]
>
> Não é apenas verdade que aquele aposento subterrâneo era um esconderijo contra os inimigos, e que os inimigos já estavam vasculhando a pedregosa planície que se estendia acima deles como um céu. Não é apenas verdade que os próprios cascos dos cavalos de Herodes poderiam naquele sentido ter passado como um trovão por sobre a submersa cabeça de Cristo. É também verdade que, naquela imagem, existe a verdadeira ideia de um posto avançado, de uma perfuração na rocha e de uma entrada no território inimigo. Há, nessa divindade enterrada, uma ideia de minar o mundo; de sacudir as torres e os palácios desde suas bases; exatamente como Herodes, o grande rei, sentiu aquele terremoto sob seus pés e oscilou com seu oscilante palácio.[31]

Cristo traz não apenas a paz da unidade e da concórdia, mas também a espada da divisão e da contenda, pois o cristianismo é uma fé combativa, como Chesterton nunca cansou de repetir. "Antes que Abraão existisse, Eu Sou" não é a confissão de um mestre ético trivial; é uma declaração ofensiva, uma afirmação escandalosa feita por Aquele que fala com Autoridade suprema. E também as exigências morais de Jesus realmente estão além do cumprimento humano, mas ainda assim seus seguidores são chamados e capacitados a

---

[31] Ibid., p. 184.

exceder os limites do meramente humano. Essas declarações e ordens escandalosas tornaram a igreja primitiva intolerável:

> E, nesse sentido, é correto dizer que era intolerável porque era intolerante. Houve ressentimentos contra a igreja porque, em sua maneira silenciosa e quase secreta, ela havia declarado guerra. Ela havia se erguido do solo para aniquilar o paganismo no céu e na terra e não tentou destruir todas aquelas criações de ouro e mármore [presentes na Roma antiga]; mas contemplou um mundo sem isso.[32]

Garry Wills se rende e nos expressa a questão de modo claro:

> Cristo entre os homens é um paradoxo mais absoluto do que o primeiro mistério do homem entre os brutos [...] Cristo está na encruzilhada da vida de um homem, e ele cria a encruzilhada, pois, antes dele, as diferentes camadas sequer entravam em conflito. Para os filósofos, ele é o Logos; para os pastores, ele é o Pastor; para os demônios, ele é um exorcista; para os monoteístas, ele é o único Deus; para os poetas, ele é uma das Pessoas que precisa existir na atividade mais elevada do Amor; para todos os homens, ele é uma resposta absoluta ou uma blasfêmia viva.[33]

Isso significa que os cristãos não são libertos das trevas circundantes para um mundo de luz celestial; eles são absorvidos na ação da vida de Cristo continuada na história por meio do seu povo singular. Chesterton não é um pluralista religioso e não considera o cristianismo uma opção entre muitas outras. "A Igreja contém o que o mundo não contém. A própria vida não provê como [a Igreja] faz para todos os aspectos da vida".[34] No entanto, Chesterton também não é um triunfalista que deseja que a igreja maltrate seus adversários com respostas arrogantes a perguntas sérias, portanto, ele toma o cuidado de diferenciar entre a *ecclesia militans* e a *ecclesia triumphans*. A igreja que se debate e combate sempre será a igreja pecaminosa e falha, uma igreja caracterizada por ajustes e recomeços, por erros e derrotas devastadores que são respondidos apenas por correções e vitórias temporais, até seu triunfo final "além dos muros do mundo", como disse Tolkien. Assegurada de que os portões do inferno não prevalecerão contra a vinda do reino, a igreja permanece a única coisa que estará em pé em meio às ruínas de todo o resto. Assim,

---

[32] Ibid., p. 184-5.
[33] Wills, *Chesterton*, p. 196-7.
[34] Chesterton, *The everlasting man*, p. 180.

o católico Evan McIan confessa esse Fato ao seu interlocutor ateu James Turnbull em *A esfera e a cruz*:

> "A igreja não é como o clube Athenaeum", [MacIan] exclamou, pois, "caso o clube perdesse todos os seus membros, ele deixaria de existir. Mas, quando pertencemos à igreja, pertencemos a algo que existe fora de todos nós; que existe fora de tudo sobre o que você [Turnbull] fala, fora [até mesmo] dos cardeais e do papa. Eles pertencem a ela, mas ela não pertence a eles. Se todos nós subitamente morrêssemos, a Igreja de algum modo ainda existiria em Deus. Raios que o partam! Não vê que tenho mais certeza da existência dela do que da minha própria?[35]

McIan também confessa, em um paradoxo surpreendente, que a Cruz é a única coisa que nunca pode ser derrotada. Por quê? Porque é a própria derrota. Como a liturgia da igreja ortodoxa declara: "Pela morte ele esmagou a morte". Os cristãos vencem perdendo – perdendo as batalhas certas pelas razões certas nas horas certas e pelos meios certos – isto é, manuseando o instrumento do sofrimento até a morte que transforma pecadores em santos. Daí a insistência de Chesterton em que a igreja deve ser

> ... definida como um enorme detetive particular, que corrige o detetive oficial – o Estado [...] A igreja, em uma hora escura, permitiu-se imitar o ordenamento estatal e fazer uso da crueldade. Mas se abrimos nossos olhos e consideramos o quadro completo, se observamos a forma e a cor gerais do quadro, a real diferença entre a Igreja e o Estado é enorme e clara. O Estado, em todas terras e épocas, criou um mecanismo de punição, mais sangrento e brutal em alguns lugares do que em outros, mas sempre sangrento e brutal. A Igreja é a única instituição que chegou a tentar criar um mecanismo de perdão, e também é a única que chegou a tentar sistematicamente buscar e descobrir crimes, não para puni-los, mas para perdoá-los. O poste e a fogueira foram apenas as fraquezas da religião; seus esnobismos, suas rendições ao mundo. Sua especialidade – ou, se preferir, sua excentricidade – [é] essa misericórdia impiedosa; o detive inflexível que busca salvar, e não executar.[36]

Tendo iniciado como um cristão genérico, Chesterton se tornou cada vez mais especificamente católico romano à medida que sua vida avançou, e essa

---

[35] G. K. Chesterton, *The ball and the cross* (Mineola: Dover, 1995; publicado originalmente em 1909), p. 38 [no Brasil: *A esfera e a cruz* (Porto Alegre: Sociedade Chesterton Brasil, 2020)].

[36] G. K. Chesterton, "The divine detective", http://www.online-literature.com/chesterton/2603/.

conversão contínua não significou um estreitamento da sua visão. A amplidão da apologética de Chesterton fica evidente em um dos seus últimos livros, *Christendom in Dublin* [Cristandade em Dublin], um curto relato da sua participação no Congresso Eucarístico Internacional de 1932. Ali, ele descobriu que a Igreja é a única instituição multilíngue, multiétnica e multicultural. Ela transcende o tempo ao mesmo tempo que está assentada na história. Em Dublin, Chesterton ouviu o brado despertador que estilhaça o silêncio despudorado de um mundo que se debate e se agita em seu próprio pesadelo – um mundo que logo seria convulsionado por uma nova e pior guerra, uma guerra que teria um escopo global que a Primeira Guerra Mundial não havia tido. Chesterton ficou atônito com o fato de políticas partidárias não desempenharem papel algum nessa celebração internacional. A pompa não incluía a exaltação de uma nação acima das outras. As grandes exibições de cores e luzes estavam tão presentes nas áreas muito pobres quanto nas vias públicas maiores. "Era como naquele tumulto celestial em que os primeiros serão os últimos [...] Naquela estranha cidade [Dublin], onde quanto mais pobres eram as ruas, mais ricas eram as decorações". Havia inscrições quase incompreensíveis e desenhos rudes exaltando São Patrício e louvando Cristo, o Rei. Entre todas as bandeiras de todos os povos e todas as nações da terra, uma se destacou acima de todas as outras: a flâmula papal.

> Olhei de novo para o grande estandarte dourado e prateado, e subitamente esqueci toda aquela besteira sobre conquista nacional e política; e a estupidez que é imaginar o papa desembarcar nas nossas terras com uma pistola em cada mão. Eu sabia que havia um outro Império que nunca havia se deteriorado ou caído; e pelos céus do puro pensamento passaram o trovão das grandes encíclicas e a mentalidade da nova Europa em que as novas nações constatam que a Fé pode libertá-las. A grande bandeira começou a se sacudir e crepitar no ar refrescante do anoitecer; e aqueles que haviam labutado na pequena fazenda, cujos pais haviam sido caçados como bichos, cuja religião deveria ter sido queimada como a bruxaria, voltaram lentamente pelo crepúsculo; andando como senhores na sua própria terra [...] O que quer que São Domênico possa ter dito na irritação do momento, não estou tão certo de que Pedro tenha perdido a capacidade de dizer: "Levanta-te e anda".[37]

---

[37] G. K. Chesterton, *Christendom in Dublin*, in: *Collected works of G. K. Chesterton*, Vol. 20 (San Francisco: Ignatius, 1986), p. 44.

Essa confissão mostra que Chesterton não transforma a igreja em um ideal impossível, uma coisa elevada tão pura que se torna mais um mito do que uma realidade. Ele enraíza e fundamenta sua apologética nessa única comunidade universal que não deve envenenar as pessoas com o orgulho, mas curá-las com a humildade, e uma vez que a Igreja militante se tornará a Igreja triunfante somente no fim, a verdadeira liberdade sempre é futura. Chesterton o expressou bem já em 1908: "a massa dos homens sempre olha para trás [...] o único lugar onde eles, em todos os sentidos, olham para a frente é o pequeno continente onde Cristo tem a sua Igreja".[38] A comunidade de Cristo olha para o futuro, não apenas em uma expectativa escatológica, mas também na convicção de que o reino já está entre nós, por mais pecaminosa e parcial que a igreja seja, como o Corpo de Cristo. Ela permanece a verdadeira força revolucionária do mundo e produz avanços contínuos no mundo em direção a um reordenamento de todos os desejos humanos – ao mesmo tempo individuais e comunais, tanto culturais quanto políticos. Somente a Igreja, Chesterton acreditava, tem o poder que não é fraqueza, a militância que não é militarismo, o brado despertador que não é um grito de desespero, o patriotismo que reúne todas a pessoas na sua verdadeira *pátria*.

CONTRIBUIÇÕES PARA A APOLOGÉTICA

Como deve ser nossa avaliação da apologética de Chesterton? Se ele estivesse apresentando argumentos autônomos, saindo do seu próprio gênio como uma teia fascinante, então seria necessário admitir que são o produto de seu tempo e cultura – mesmo que visse neles uma validade eterna. Sua principal relevância seria para as primeiras décadas do século XX, e há uma verdade considerável nessa afirmação. Cristãos de todas as épocas precisam criar defesas da fé que permaneçam estáveis, ao menos por um tempo, em meio ao solo arenoso do tempo. A boa notícia é que a apologética imaginativa de Chesterton rompe as barreiras do tempo. Ela muitas vezes é estranha porque o próprio evangelho é estranho. O evangelho não é constituído de notícias óbvias e previsíveis, mas de notícias escandalosamente boas de uma grande alegria, as quais viram tudo de cabeça para baixo, sendo muito semelhantes à função do paradoxo na definição de Chesterton como a verdade que está apoiada sobre sua cabeça e abanando suas pernas para chamar nossa atenção. Embora ele seja um escritor muito sagaz, não é um mero dublê e trocadilhista.

---

[38] Chesterton, *Ortodoxy*, p. 152.

Diferentemente da tragédia, cuja sabedoria foca a morte e as suas consequências (muitas vezes nobres), a comédia é a abertura para uma nova vida, para segundas chances (aliás, para setenta vezes sete), para banquetes e casamentos, até mesmo para banquetes celestiais.

Chesterton tinha plena consciência de que raras são as conversões apenas intelectuais, que poucas pessoas são convencidas da fé por pura racionalidade e, assim, que a função principal até mesmo da melhor apologética é tirar obstáculos filosóficos. A clareza intelectual sobre questões doutrinárias e éticas é o fundamento indispensável da vida cristã, mas não são os meios principais de conversão. Como Chesterton, os convertidos precisam ser incluídos como atores no drama divino pela sua participação na vida sacramental e profética da igreja. Assim, acredito ser apropriada a apresentação de um esboço da vida cristã como imaginada por Chesterton, em especial no seu poema épico *A balada do cavalo branco*.

Em uma aparição miraculosa, a Mãe de Deus fala ao rei Alfred sobre a luta terrível que o aguarda ao tentar expulsar os invasores vikings da Inglaterra.

> As portas do céu não têm ferrolhos,
> Nós não guardamos ouro,
> Os homens podem desenraizar-se das origens de tudo
> Ou dar nome a um pecado sem nome;
> Mas quer falhe quer ganhe
> Um homem bom é difícil de encontrar.[39]

Um conhecimento antecipado do resultado das batalhas da vida (quer pessoais, quer culturais) levaria ou ao desespero ou à presunção, eliminando a motivação tanto da fé quanto da coragem. Em contrapartida, para a "bravura sem Cristo" dos dinamarqueses pagãos, a derrota é pior do que a morte. A Santíssima Virgem faz a declaração contrária de que aqueles marcados pela própria morte do Deus encarnado não têm razão nenhuma para temer seu fim terreno ou o julgamento após a morte. Tendo sido marcados pelo emblema do sofrimento, e tendo bebido do cálice da vida, a única coisa que os envergonha é um serviço insuficiente ao Crucificado:

> Mas os homens que receberam o sinal da cruz de Cristo
> Vão alegremente pela escuridão [...]

---

[39] G. K. Chesterton, *The ballad of the white horse*, ed. Bernadette Sheridan, IHM (Detroit: Marygrove College Press, 1993; publicado originalmente em 1911), 1:225–30.

Mas os homens que bebem do sangue de Deus
Vão cantando para sua vergonha.[40]

O paradoxo central do poema é a alegria em meio à tristeza que permite que os cristãos não se desesperem diante dos pesadelos da existência humana. O *leit Motiv* da balada se acha na sabedoria destemida dos versos mais famosos do poema. Eles são proferidos duas vezes pela Rainha do Céu ao rei Alfredo, o Grande, rei dos saxões:

Não te digo nada para teu conforto,
Sim, nada para teu desejo,
A não ser que o céu escurece ainda mais
E a maré sobe mais e mais.

A noite te cobrirá totalmente
E o céu será uma abóbada de ferro.
Tens alegria sem causa,
Sim, fé sem esperança?.[41]

A fé e a alegria verdadeiras não se baseiam na promessa de vitória terrena ou até mesmo na perspectiva de um alívio que o cristão acabará experimentando do sofrimento. Em vez disso, elas se acham no elogio de Paulo a Abraão como o fundador do povo de Deus – o patriarca que com esperança creu "contra toda a esperança" (Romanos 4:18). Essa esperança sobrenatural começa onde toda esperança humana termina, permitindo que os fiéis avancem com alegria, sem uma preocupação aflita e paralisadora como resultado. A criação da abertura para essa fé e alegria é o propósito supremo da obra de G. K. Chesterton como um apologeta da imaginação literária.[42]

BIBLIOGRAFIA

BRABAZON, James. *Dorothy Sayers: a biography* (New York: Scribne's & Sons, 1981).

---

[40] Ibid., 1:233-4, 237-8.
[41] Ibid., 1:233-4, 237-8.
[42] Alguns trechos deste artigo são derivados de Ralph C. Wood, *Chesterton: The Nightmare Goodness of God* (Waco: Baylor University Press, 2011). Usado com permissão.

CHESTERTON, G. K. *The ball and the cross* (Mineola: Dover, 1995; publicado pela primeira vez em 1909).

____. *A esfera e a cruz* (Porto Alegre: Sociedade Chesterton Brasil, 2020).

____. *The ballad of the white horse*. Ed. Bernadette Sheridan, IHM (Detroit: Marygrove College Press, 1993; publicado originalmente em 1911).

____. *Christendom in Dublin*. In: *The collected works of G. K. Chesterton*, Vol. 20 (San Francisco: Ignatius, 1986).

____. "The Diabolist". In: *Tremendous trifles* (New York: Sheed & Ward, 1955; publicado originalmente em 1909).

____. "The divine detective". http://www.online-literature.com/chesterton/2603/.

____. *Everlasting man* (New York: Doubleday, 1955; originally published 1925).

____. *O homem eterno* (São Paulo: Mundo Cristão, 2013).

____. "The fallacy of eugenics". In: *Avowals and Denials* (London: Methuen, 1934).

____. *Heretics* (London: Bodley Head, 1960; publicado originalmente em 1905).

____. *Hereges* (Campinas: Ecclesiae, 2012).

____. *Lunacy and letters*. Ed. Dorothy Collins (New York: Sheed & Ward, 1958).

____. *Orthodoxy* (San Francisco: Ignatius, 1995; publicado originalmente em 1908).

____. *Ortodoxia* (São Paulo: Mundo Cristão, 2012).

____. *Saint Thomas: The dumb ox* (New York: Doubleday, 1956; publicado originalmente em 1933).

____. *A short history of England* (London: Chatto & Windus, 1930; publicado originalmente em 1917).

GREENE, Graham. *Collected essays* (New York: Viking, 1969).

GROTE, Mardy, *Viva la Repartee: clever comebacks and witty retorts from history's great wits and wordsmiths* (New York: HarperCollins, 2009).

JOSHI, S. T. *God's defenders* (Amherst: Prometheus, 2003).

MACINTYRE, Alasdair. *After virtue*. 2. Ed. (Notre Dame: University of Notre Dame Press, 1984).

____. *Depois da virtude* (São Paulo: EdUSC, 2001).

WILLS, Garry. *Chesterton: man and mask* (New York: Sheed & Ward, 1961).

WOOD, Ralph C. *Chesterton: the nightmare godness of God* (Waco: Baylor University Press, 2011).

DOROTHY L. SAYERS
BUSCANDO A VERDADE COM HISTÓRIAS E PADRÕES

Amy Orr-Ewing

Muito conhecida como autora britânica de histórias de detetive e peças religiosas, e também como tradutora de Dante, Dorothy L. Sayers (1893-1957) também foi uma teóloga leiga e apologeta cristã muito perceptiva. Ela foi uma voz religiosa eloquente na sua geração, articulando a fé cristã de um modo acessível e persuasivo. Ao se referir a Dorothy Sayers e C. S. Lewis, o cânone Oliver Quick, professor régio da Universidade de Oxford, escreveu ao arcebispo William Temple em 1943 e os caracterizou como "as duas pessoas que parecem realmente ser capazes de explicar a pessoas comuns uma forma razoavelmente ortodoxa de cristianismo".[1] Karl Barth recomendou Sayers a um aluno, classificando-a entre os mais "brilhantes teólogos britânicos",[2] tendo lido seus livros para ajudá-lo a aprender inglês. Barth ainda traduziu três dos ensaios teológicos de Sayers para o alemão.[3]

CONTEXTO HISTÓRICO

Dorothy Leigh Sayers nasceu em 13 de junho de 1893. Ela foi filha única do reverendo Henry Sayers e de Helen Mary, e foi batizada em 15 de julho em Oxford, na Christ Church Cathedral. Seu nome significa "dádiva de Deus", e Leigh era o nome de solteira da sua mãe. Seu pai pertencia a uma longa linhagem de clérigos da Igreja da Inglaterra, e Dorothy teve uma criação anglicana rodeada pelos rituais e obrigações da igreja.

Ainda na casa de seus pais, e tendo aulas com uma governanta, Dorothy se aplicava a fazer conexões entre o que ela estava aprendendo e o mundo

---

[1] Carta pessoal de Oliver Quick a William Temple, 24 de julho de 1943; Lambeth Palace Library, William Temple Papers, vol. 39, fol. 269.

[2] Carta não publicada de Arnold Ehrhardt a Sayers, setemebro de 1945: Wade DLS Letters Folder 9/9-10. Marion E. Wade Center, Wheaton College, Wheaton, Illinois.

[3] Karl Barth, *Das grösste Drama aller Zeiten aus dem Englischen uübersetzt und mit einem Geleitwort* (Evangelischer Verlag: Zollikon, 1959).

material ao seu redor. No seu romance vagamente autobiográfico e incompleto *Cat O' Mary*, ela descreveu um incidente desse tipo da sua própria infância por meio das palavras da sua personagem Katherine. Sayers e sua governanta estavam procurando a quadra de tênis no jardim do antigo vicariato, a qual estava totalmente coberta pela vegetação. Ela foi capaz de usar os princípios geométricos que havia aprendido na sala de aula para localizar a quadra de tênis escondida no jardim abandonado e refletiu por meio da sua personagem Katherine:

> Caso a quadra estivesse fora do seu lugar apropriado no primeiro ponto, ela poderia ter tido mais dificuldade, mas a localização correta do canto validou as leis da geometria. No âmago do seu ser, Katherine foi tomada de assombro. Constatar o cumprimento de uma profecia no gramado dos fundos é uma experiência muito enriquecedora.[4]

Esse fato fez parte de um despertar filosófico de Sayers, pois ela reconheceu que um padrão pré-existente estava sendo revelado nos elementos específicos da vida. As linhas corriqueiras de uma quadra de tênis adquiriram uma importância simbólica pelo fato de a experiência da aplicação da geometria à vida cotidiana mostrar uma coerência intrínseca à realidade. Para Sayers, a observação da revelação da verdade suprema nos casos específicos da vida cotidiana era uma experiência religiosa, um vislumbre de beleza divina tanto no próprio padrão geral quanto nos elementos particulares do caso específico:

> Ela havia sido colocada face a face com a beleza, e isso havia surgido diante dela de novo – a unidade amável das coisas que a satisfazia: a união da coisa aprendida com a coisa realizada: a grande satisfação intelectual [...]; nada jamais apagaria totalmente a memória daquele momento esplêndido quando os círculos em intersecção saíram das páginas do livro de Euclides e se encontraram na grama verde na sombra marcada com partículas de sol da amoreira.[5]

Sayers era uma jovem profundamente intelectual, e esse interesse no padrão e na coerência da realidade já estava surgindo da raiz da sua fé cristã adolescente.

---

[4] Dorothy L. Sayers, "Cat O' Mary", in: Barbara Reynolds, ed., *Dorothy L. Sayers Child and woman of her time volume five: a supplement to the letters of Dorothy L. Sayers* (Cambridge: The Dorothy L. Sayers Society: Carole Green Publishing, 2002), p. 67.

[5] Ibid.

Durante a adolescência, Sayers estudou na Godolphin School e a deixou por sua própria iniciativa por causa de uma doença grave que a fez voltar para casa em dezembro de 1911. Após alguns meses significativos de recuperação, durante os quais teve aulas particulares com um tutor, Sayers obteve a tão cobiçada bolsa de estudos "Girlchrist" e estudou idiomas modernos no Sommerville College, em Oxford, em outubro de 1912. Sayers floresceu tanto acadêmica quanto socialmente em Oxford, obtendo um grau de mais elevado nível e interagindo com amigos de diferentes perspectivas filosóficas e religiosas.

Em junho de 1915, ela realizou os exames finais em Oxford e foi aprovada com louvor nos estudos de francês, especializando-se no período medieval, e recebeu a maior nota possível – um "primeiro lugar". Na época, mulheres em Oxford recebiam apenas um "título para o respectivo grau", mas esse detalhe foi resolvido em 1920: Dorothy L. fez parte do primeiro grupo de mulheres a quem Oxford concedeu um diploma de modo oficial.

Em maio de 1922, após solicitar várias vagas de trabalho, Sayers obteve um emprego de período integral na agência publicitária S. H. Benson como copiadora de anúncios e matérias a publicar. Ela estava grata por um trabalho estável, e trabalhou em Benson durante os nove anos seguintes, sem parar de escrever seus romances de detetive. Sayers tinha um grande talento para se comunicar com o público geral, cunhando slogans como "My Goodness, my Guinness!" (algo como "Minha nossa, minha Guinness [a cerveja irlandesa]!") e "Vale a pena fazer propaganda!". A experiência de trabalhar em uma agência publicitária profissional focada na comunicação com o público geral de um modo persuasivo e memorável lançou fundamentos de habilidades e percepções em Sayers que seriam usados mais tarde na sua obra apologética popular e cristã, que desfrutou de um sucesso em massa.

Em 1923, seu primeiro romance de detetive, *Whose Body?* [Corpo de quem?], foi finalmente publicado, com seu segundo livro, *Clouds of Witnesses* [Nuvem de testemunhas], pronto e aguardando a impressão. Mas, apesar do sucesso dela, esse período acabou sendo um desafio tanto pessoal quanto espiritual para Sayers, pois ela se apaixonou pelo autor de Bloomsbury, John Cournos, o qual queria ter um relacionamento sexual com ela fora do casamento usando contraceptivos. A esperança de Sayers era não apenas casar-se com o homem que amava, mas também ter filhos com ele, e, sendo uma anglicana devota, sua consciência não lhe permitiria usar contraceptivos. Cournos estava totalmente decidido a nunca casar ou ter filhos, o que acabou causando sua separação.

Sayer iniciou um relacionamento de curta duração com um mecânico de motocicletas e, por não amá-lo e nem ter desejo algum de ter filhos com ele, viu-se sem saída e acabou usando contraceptivos; mas ela ficou grávida e teve um filho. Sua miséria aumentou ao descobrir, meses depois, que Cournos havia ido para os Estados Unidos, havia se casado e tinha um filho com sua nova esposa. Sayers continuou trabalhando em Benson, disfarçando a gravidez com roupas largas e também procurando proteger seus pais de qualquer escândalo ou decepção: "Eles não sabem nada sobre isso em casa e é necessário que fiquem sem saber. Isso seria um fardo desnecessário para eles".[6] Ela também queria proteger seu filho: "Quem quer que sofra por isso, certamente não deve ser John Antony".[7] Em 3 de janeiro de 1923, Sayers deu à luz, em segredo, a um filho que chamou de John Antony. Ela havia tomado as provisões para sua prima Ivy, que trabalhava com crianças carentes, tomar conta do filho.

Sayers passou por muito sofrimento, não apenas emocional, por causa do fardo do segredo, mas também profissional, por temer a exposição. Sua reputação como pensadora teológica certamente poderia ter tido uma ascensão considerável durante as décadas de 1940 e de 1950 sem a presença do problema residual de precisar manter em segredo a existência de seu filho. De fato, em 1943, após o sucesso da sua peça religiosa, *O homem que nasceu para ser rei*, o Arcebispo da Cantuária, William Temple, escreveu a Sayers com a oferta de lhe conferir o título Lambeth de doutora em divindade (D.D.), em função do impacto religioso da sua obra. Ao receber a oferta, ela ficou relutante em aceitar: "Vossa Eminência, agradeço imensamente pela grande honra que me confere. Considero muito difícil responder como devo, pois estou extremamente consciente de que não o mereço [...] Penso que um título teológico não tem a intenção de ser um certificado de santidade; mas eu certamente me sentiria melhor sobre isso se eu fosse um tipo mais convincente de cristã [...], eu certamente não gostaria que sua primeira mulher com o título de doutora em divindade criasse escândalo ou desse aos revisores um motivo para blasfemar".[8]

---

[6] "Dorothy L. Sayers letter to Ivy Shrimpton", 6 Fevereiro 1924, in: Reynolds, *Letters volume one*, p. 210.

[7] "Dorothy L. Sayers letter to Ivy Shrimpton", fim de Fevereiro 1924, in: Reynolds, *Letters Volume One*, p. 211.

[8] "Dorothy L. Sayers letter to the Archbishop of Canterbury", 7 Setembro 1943, in: Barbara Reynolds, ed., *The letters of Dorothy L. Sayers volume two 1937-1943: from novelist to playwright* (Cambridge: The Dorothy L. Sayers Society: Carole Green Publishing, 1997), p. 429.

Tendo pedido algum tempo para refletir sobre o assunto, Sayers decidiu não aceitar o título de D.D.

Ela acreditava que qualquer percepção de que ela ocupava uma posição eclesiástica poderia enfraquecer sua eficácia como apologeta cristã popular, pois sua identificação como uma intelectual pública não predispunha o público a uma pressuposição sobre sua religião, significando que sua opinião poderia ter mais impacto sobre eles. O fato é que parece provável que a razão subjacente para rejeitar o título honorífico tenha sido o temor de que o escândalo por causa do seu filho ilegítimo se tornasse público e, assim, desacreditasse a igreja e o arcebispo.

Nos anos que se seguiram, Sayers concluiu 12 romances de detetive, que lhe proporcionaram independência financeira. Em abril de 1926, ela se casou com o jornalista divorciado Atherton Fleming, comumente chamado de "Mac", que inicialmente foi um marido em sintonia com ela e que a apoiava, mas a saúde física e mental dele sofreu uma deterioração gradual até que a convivência com ele se tornou um enorme fardo para Sayers. Mas, com a independência financeira proporcionada pela sua carreira como autora de best-sellers, Sayers focou suas energias, do fim da década de 1930 à década de 1950, na teologia e na apologética cristãs por meio de sua escrita e de seus programas de rádio. Ela escreveu peças, ensaios, artigos, livros teológicos como *A mente do criador* e *Creed or Chaos* [Credo ou caos], e traduziu a obra de Dante do italiano para o inglês.

CONTEXTO TEOLÓGICO E RESPOSTA APOLOGÉTICA
A realidade da verdade

Embora a verdade fosse central no pensamento de Sayers, ao lado dos desafios culturais e intelectuais dirigidos ao cristianismo em meados do século XX, a palavra verdade adquiriu um significado multifacetado. Em seu trabalho como autora literária, Sayers concebeu a verdade como aquilo que o artista imagina e comunica em uma obra que explora a unidade de conceitos aparentemente díspares: "O valor associativo de palavras, que as torna ferramentas extremamente ruins para o cientista, faz delas as ferramentas certas para o poeta, pois facilitam o estabelecimento de semelhanças entre muitos conceitos amplamente diferentes e, assim, facilitam a tarefa da imaginação criativa na construção das suas verdades poéticas".[9]

---

[9] "Dorothy L. Sayers letter to the Archbishop of Canterbury", 24 Setembro 1943, in: Reynolds, *Letters volume two*, p. 19.

De acordo com Sayers, a verdade era o que todos os empenhos artísticos genuínos almejavam e revelavam:

> Quando lemos um poema, assistimos uma peça, vemos um quadro ou ouvimos uma música, é como se uma luz se acendesse dentro de nós. Dizemos: "Ah! Eu reconheço isso! Eu sentia isso ocorrendo obscuramente em mim, mas não sabia o que era e não conseguia expressá-lo" [...] Esse reconhecimento da verdade que obtemos na obra do artista aparece a nós como a revelação de uma nova verdade.[10]

Sayers considerava a verdade como de importância decisiva na vida do autor por ser um conceito que resumia o objetivo de toda a criação artística.[11]

Mas Sayers, a pensadora teológica, também entendeu que a verdade poderia ter um significado ligeiramente diferente. Suas noções de verdade não eram apenas literárias e criativas; ela tinha um conjunto de ideias formadas sobre Deus e Cristo que sustentava seu entendimento da natureza da verdade. Ideias sobre Cristo como "a verdade" não eram uma observação de relevância limitada na obra de Sayers – ela acreditava que elas tinham importância universal: "Se Cristo é a verdade eterna, sua vinda deve ser o cumprimento não apenas de profecias judaicas, mas de todas as profecias – de todas as instituições religiosas do homem".[12] Mas esse fato não significava que, para ela, a verdade religiosa fosse "plural". Na verdade, Sayers afirmou que a verdade sobre Cristo tornava crenças religiosas contraditórias "incompatíveis" e argumentou que Jesus Cristo é plenamente, na sua própria Pessoa, "Deus de modo completo e singular". Ela via isso como fundamental para a fé cristã e desejava o retorno de um moralismo nominal para um cristianismo centrado em convicções sobre Cristo. Além disso, ela também argumentou que qualquer sistema religioso com um outro fundamento seria totalmente diferente do cristianismo e "incompatível com ele".[13]

---

[10] Dorothy L. Sayers, "Toward a Christian Aesthetic", in: V. A. Demant, ed., *Our culture: its Christian roots and present crisis*, Edward Alleyn Lectures 1944 (London: SPCK, 1944), p. 60-1.

[11] Ela escreveu: "A única coisa é importante em um autor é se ele está qualificado para lidar com o assunto ou não e se o que diz é falso ou verdadeiro". Dorothy L. Sayers, *Begin here* (London: Gollancz, 1940), p. 117.

[12] Dorothy L. Sayers, "Worship in the Anglican church", palestra para a North London Presbyterian Fellowship of Youth at Regent Square Church em 10 de janeiro de 1942, in: *SEVEN: An Anglo-American literary review* 12 (1995): p. 31-48.

[13] Dorothy L. Sayers, "Problems of religious broadcasting", *BBC Quarterly* (1947): p. 29-31.

Para Sayers, a verdade tinha como base suprema a pessoa de Cristo e não dependia de indivíduos ou comunidades que a afirmavam; sua validade era independente do reconhecimento dela. Sayers pensava que a fé e a "verdade" às vezes eram contrárias às preferências pessoais de um indivíduo:

> A fé não é essencialmente "um consolo", mas uma verdade sobre nós mesmos, e aquilo em que acreditamos não é necessariamente a teoria que mais desejamos ou admiramos. É o que, de modo consciente ou inconsciente, tomamos por certo e fundamenta nossa ação.[14]

As convicções de Sayers sobre Cristo se baseavam, em parte, na sua convicção de que a verdade tem dimensões históricas: "O fato de as nossas noções vagas sobre um Deus em forma humana, que morreu e ressuscitou, também serem verdadeiras – o que realmente aconteceu – tem uma data real na história".[15]

No seu ensaio "A Vote of Thanks to Cyrus" [Uma palavra de agradecimento a Ciro], Sayers descreveu a surpresa na sua infância ao descobrir que havia uma continuidade entre a esfera religiosa e a história. Ela concluiu que a história "era uma só e que a Bíblia fazia parte dela".[16] Para Sayers, o fato de Cristo ter vindo em um momento particular da história era importante: "Na maioria das teologias, o normal é o deus sofrer e morrer em algum período remoto e místico da pré-história. Por outro lado, a história cristã tem um início vivo no relato de Mateus com um lugar e uma data".[17]

A convicção de Sayers contrastava de modo absoluto com o legado teológico do movimento da crítica histórica, que questionou a conexão entre o Jesus histórico e o Cristo da fé. O movimento de desmitologização do Jesus histórico é exemplificado na obra de David Friedrich Strauss intitulada *Life of Jesus Critically Examined* [A vida de Jesus analisada criticamente], e também na de

---

[14] Dorothy L. Sayers, "What do we Believe?", in: *Unpopular opinions* (London: Gollancz, 1946), p. 17-8.
[15] Dorothy L. Sayers, "What do we believe?", in: *Unpopular opinions* (London: Gollancz, 1946), p. 17-8.
[16] Ibid., p. 24.
[17] Dorothy L. Sayers, "The Greatest drama ever stage", in: *Creed or chaos?* (London: Methuen, 1947), p. 2.

Ernest Renan, intitulada *Vida de Jesus*.[18] N. T. Wright comenta que essa teologia apresentou ao "mundo o galileu embaçado e atemporal",[19] que foi precisamente a imagem de Jesus na imaginação popular que Sayers rejeitou com sua insistência na união do Novo Testamento com o que considerava ser a verdade histórica.

No entanto, Sayers também buscou uma fundamentação mais ampla das suas noções sobre a "verdade" tentando interagir com o mundo da ciência. Ela escreveu:

> Para o cientista [...] a razão é válida, e seus métodos são válidos no seu domínio legítimo. Deus é Verdade, e qualquer verdade é verdade de Deus; não há nada irracional quanto a Deus. Mas você não deve tentar forçar as ferramentas científicas a fazer algo para que não servem. Elas não lhe dirão nada sobre questões de origem ou propósito.[20]

Para Sayers, não havia conflito entre a "verdade de Deus" e a ciência.[21] Na realidade, ela via a descoberta científica como parte da paisagem ampla da verdade:

> Não se deve tentar amparar a verdade teológica com uma negação ou falsificação da verdade científica e, inversamente, não se deve tentar amparar a verdade científica com uma negação ou falsificação da verdade teológica. Há uma só verdade na qual todas as verdades estão unificadas.[22]

Sayers afirmou que a ciência era capaz de apresentar evidências da veracidade das suas próprias convicções religiosas: "A veracidade do cristianismo deve ser verificável, pelo método científico, a partir da observação dos fenômenos. Ela deve sê-lo – de fato precisa sê-lo, e essa é a razão de argumentos

---

[18] David Friedrich Strauss, *Life of Jesus critically examined* (New York: Blanchard, 1860), Ernest Renan, *Vie de Jesus* (New York: Modern Library, 1927) publicada originalmente em 1863.

[19] N. T. Wright, *Jesus and the victory of God* (London: SPCK, 1996), p. 18.

[20] Sayers, "Viewpoints of various worldviews" MS-471, p. 5.

[21] É interessante uma comparação de Sayers com Dooyeweerd aqui em seus *Prolegomena* em H. Dooyeweerd, *A new critique of theoretical thought: the necessary presuppositions of philosophy*, eds. William S. Young; David H. Freeman (Phillipsburg: P&R,1969). Sua fundamentação das diferentes "esferas" do conhecimento, como a ciência. Veja H. Dooyeweerd, *A new critique of theoretical thought: the general theory of the modal spheres*, eds. H. de Jongste; David H. Freeman (Phillipsburg: P&R, 1969).

[22] "Dorothy L. Sayers notes for a letter in reply to Kathleen Nott's", *The emperor's clothes*, Marion E. Wade Center, Illinois. 1954, MS-345, 8.

sobre evidências cristãs serem possíveis".[23] Sayers acreditava em verdade objetiva e na possibilidade de a mente humana acessar essa verdade pela razão e pela lógica.

Mas, da perspectiva de Sayers, a comunicação da verdade cristã com o público mais amplo era muito mais importante do que debates teológicos detalhados relativos aos modos precisos da percepção humana da verdade. Em uma carta ao reverendo Dom Ralph Russell, em 28 de outubro de 1941, Sayers falou sobre sua frustração com os chamados especialistas em teologia que não eram capazes de comunicar a verdade de nenhum modo significativo a pessoas comuns: "Eles *irão* tratar Deus como um inválido idoso que pode levar um susto e desmaiar caso sofra a intrusão súbita de uma pessoa comum [...] Uma das grandes dificuldades do apologeta leigo é a diferença entre o significado técnico e o significado cotidiano das palavras no vocabulário teológico".[24]

Sua esperança era ser capaz de conectar a verdade transcendental com a experiência cotidiana de pessoas reais, e um exame da obra de Sayers torna clara sua visão elevada do potencial da razão humana para descobrir a verdade sobre Deus. Ela se aproximava mais do entendimento de Tomás de Aquino da fé cristã como fundamentalmente racional, mas não limitada à razão ou dependente dela.

Padrões na verdade

Em toda a sua obra, Sayers explorou a possibilidade de reconhecer a verdade em estruturas ou "padrões" gerais.[25] Ela via a verdadeira história sobre Cristo entrando no mundo que ele criou como o padrão definidor para a humanidade. O seu desejo de perceber o padrão e então ser moldado de modo pessoal e criativo por ele foi um aspecto decisivo da sua perspectiva religiosa. Ela afirmou que uma "pessoa religiosa é alguém que tenta moldar sua vida em todos os aspectos de um modo que corresponda ao propósito para o qual o mundo foi criado".[26]

---

[23] Ibid., MS-345, p. 9.
[24] Dorothy L. Sayers unpublished letter to Rev. Dom Ralph Russell, 28 October 1941, Wade DLS Letters, 406/78, Marion E. Wade Center, Illinois.
[25] Sayers, "Creative mind", MS-50, p. 19.
[26] Sayers, "Nature of God" MS-143, p. 2.

Na visão de Sayers, os pedaços individuais de determinada questão devem ser combinados em um todo.[27] A evidência leva a uma conclusão em uma estrutura particular em que aspectos díspares são "combinados" e passam a fazer sentido juntos: "Aqui, a metáfora e a analogia são tanto apropriadas quanto necessárias – pois ambos os processos envolvem a combinação de coisas de acordo com alguma qualidade que elementos dessemelhantes têm em comum".[28] A estrutura particular para a verdade certamente pode assumir a forma de uma história, mas ela também poderia ser um dogma, um credo ou uma imagem. Um padrão significava uma síntese da verdade; da perspectiva de Sayers, ele era intencional, e essa noção resultava da sua intuição de o Criador ter criado as coisas em uma correspondência com um padrão. O padrão é caracterizado como criatividade humana, e os padrões refletem a realidade divina: "O mesmo padrão é inerente tanto à minha obra quanto a mim; e também constato que os teólogos atribuem ao próprio Deus precisamente aquele padrão de ser que encontro na minha obra e em mim".[29]

No seu ensaio "Oedipus Simplex", Sayers explicou a estrutura sustentadora da criatividade e do significado proporcionada pelo seu conceito de padrão, que era uma iteração da visão e da vontade de uma artista, apresentando uma estrutura de referência e coerência que teria consequências lógicas:

> Nós o observamos em certos pontos fixos; essas são as intersecções necessárias, pelas quais as linhas devem passar para criar o padrão. As intersecções são determinadas pelo artista, mas as linhas são autodeterminadas e podem tomar a direção que quiserem, com duas restrições [...] A vontade do criador se submete de bom grado a todas essas modificações, pois a necessidade imposta às linhas de passarem pelas intersecções significa que todas as modificações possíveis inevitavelmente terão o resultado final de uma necessidade condicionada por elas mesmas – assim como, no jogo de *croquet*, o trajeto de toda bola, por mais furiosamente que venha a se desviar sob o impacto ou uma tacada ruim, [...] é governado pela necessidade

---

[27] Em seus romances de detetive, os personagens são levados a acreditar em algo à medida que as evidências são combinadas em uma estrutura; o padrão surge à medida que a história se desenvolve. O leitor das suas histórias de detetive inversamente experimenta a frustração de evidências parciais que nos levam a becos sem saída. Na sua preleção "Aristotle on Detective Fiction", proferida em Oxford em 5 de março de 1935, Sayers explora a necessidade que o autor de histórias de detetive tem de empregar narrativas enganosas antes que a "verdade" se torne clara no desfecho. Sayers apela aos *paralogismos* aristotélicos como "a arte do falso silogismo [...] A arte de estruturar mentiras [...] do modo certo". Sayers, *Unpopular opinions*, p. 230-1.

[28] Sayers, "Creative mind", MS-50, p. 19.

[29] Dorothy L. Sayers, "Problem Picture", in: *Mind*, p. 172.

externa absoluta imposta a ambos os lados igualmente de passar pelos arcos certos na ordem certa.[30]

Sayers estava convicta de que sua noção de padrão e a coerência resultante da realidade não implicavam necessariamente uma perspectiva determinista. Até mesmo da perspectiva de um autor humano que cria obras de arte, a pressuposição dela era que a lógica exigia que um autor trabalhasse dentro dos limites do que era crível – potencialidades razoáveis de possibilidades no enredo. Ela imaginou uma roda com um aro e vários raios que representavam os personagens. Com o desenvolvimento da história e a convergência dos raios no centro da roda, os domínios de possibilidade de numerosos resultados diminuíam. No entanto, a liberdade do autor permanecia intacta, e não havia uma predeterminação do enredo em nenhum sentido genuíno, pois o padrão não era uma camisa de força que aprisionava as artes. Antes, para Sayers, o reconhecimento do padrão era aceitar uma coerência intrínseca sem que o autor e os personagens deixassem de fazer escolhas. Um bom autor reconheceria o padrão, mas se absteria de fazer referências constantes a ele: "Eu acrescentaria que, para criar uma boa história, é aconselhável que as linhas *permaneçam* ocultas; do contrário, não haverá o efeito desejado da inevitabilidade combinada com a surpresa".[31]

O padrão era um conceito que apoiava as ideias de Sayers de modo geral, com implicações que ultrapassavam o processo criativo do artista e tinha um significado teológico importante. Em seu artigo "The Triumph of Easter" [O triunfo da Páscoa], Sayers introduziu uma seção com o título Working the Pattern Out [Desenvolvendo o padrão], em que argumentou: "A Igreja afirma que há uma Mente que fez o universo, que ela o fez por ser o tipo de Mente que tem prazer em criar, e que, para sabermos o que é a Mente do Criador, devemos olhar para Cristo". Tendo descrito como Cristo é, Sayers concluiu a seção com o comentário: "Este é o postulado ousado que a Igreja pede que aceitemos, acrescentando que se o aceitarmos, [....] as respostas a todos os nossos outros problemas passarão a fazer sentido".[32] Sayers pensava que aceitar a visão cristã de Deus, o Criador, e de Cristo, o Filho encarnado, como apresentados nos credos, munia uma pessoa de uma estrutura, um

---

[30] Dorothy L. Sayers, *The poetry of search and the poetry of statement and other posthumous essays on literature, religion and language* (London: Gollancz, 1963), p. 258.
[31] Ibid., p. 259.
[32] Dorothy L. Sayers, "The Triumph of Easter", *The Sunday Times* (April 17 1938): 10.

padrão que tinha uma capacidade elucidativa completa e, portanto, um poder apologético enorme.

Na sua fala durante a guerra, "The Religions Behind the Nation" [As religiões por trás da nação], transmitida à nação pela BBC, Sayers explorou essa capacidade explicativa no contexto da realidade sociopolítica da sua época. Usando discussões contemporâneas do estado da nação como seu ponto de partida, ela observou que era um consenso comum na Grã-Bretanha que as pessoas queriam defender "a nossa cultura", mas ela queria fazer a pergunta: "O que é a nossa cultura?".[33] Ela argumentou que a questão decisiva na definição da cultura de uma nação não eram as ideologias pregadas ou a perspectiva religiosa, mas "as pressuposições de que compartilhamos sobre o que é BOM [...] as coisas que pressupomos tanto que nunca chegamos a discutir sobre elas".[34] Esse discurso foi escrito e transmitido em 1941 durante a Segunda Guerra Mundial, e Sayers refletiu sobre as coisas que a cultura britânica pressupõe: "Todos os homens e todas as raças têm certas coisas em comum pelo simples fato de serem homens. Tomamos por certo que coisas como liberdade, misericórdia, caridade, verdade, tolerância, justiça e paz são Bens".[35] Em contrapartida, Sayers mostrou que os nazistas negam essas pressuposições e afirmam que há "raças inferiores [...] e que a guerra é mais desejável do que a paz".[36] Embora na aparência seja "pura barbárie",[37] o cerne dessa reação exibia duas pressuposições básicas, mas extremamente comuns que "a razão não pode demonstrar e para as quais a ciência é incapaz de apresentar qualquer evidência".[38] Essas pressuposições eram que "tanto a nossa concepção do bem quanto a nossa razão humana têm real validade".[39] Sayers examinou o pensamento romano, grego e iluminista e concluiu:

> a razão humana esclarecida é capaz de demonstrar qualquer coisa exceto aquelas duas suposições humanas básicas das quais uma cultura humana depende: ela é

---

[33] Dorothy L. Sayers, "The religions nehind the Nation", in: *The church looks ahead: broadcast talks* (London: Faber & Faber, 1941), p. 67.
[34] Ibid.
[35] Ibid., p. 68
[36] Ibid, p. 69
[37] Ibid.
[38] Ibid., p. 70.
[39] Ibid.

incapaz de *demonstrar* que a bondade não é uma ilusão e é incapaz de *demonstrar* que a própria razão não é uma ilusão.[40]

Em contrapartida, ela pensava que o dogma cristão era capaz de apresentar um fundamento coerente da bondade e da razão.

> [O dogma cristão] afirmou que as coisas que o homem havia acreditado sobre o certo e a razão desde os primórdios não eram devaneios inúteis nem coisas em que ele apenas desejava acreditar, mas eram verdade de fato e na prática [...] Ele afirmou na verdade [...] que o ato persistente do homem de acreditar na bondade e na razão era justificado; que essa era a natureza de Deus e a natureza do homem – e que Cristo foi a demonstração disso [...] o cristianismo apresentou o real fato físico da encarnação [...] o cristianismo tirou a teologia do domínio do mito e da alegoria e a pregou firmemente na história. Ele recolheu, por assim dizer, todas as ideias dispersas sobre Deus e o homem que estavam espalhadas por aí como contas soltas de um colar – belas, mas desconectadas – e passou por elas, como um cordão, a personalidade histórica do Deus que se tornou carne.[41]

O colar que Sayers imaginou, com o cordão do Cristo encarnado na história transformando as contas do colar em um formato coerente, era um padrão. O momento específico de Cristo na história encenou um padrão que foi o fundamento da civilização ocidental e que a fez florescer, mas os intelectuais buscaram se livrar de Cristo – o próprio cordão que mantém as diferentes contas juntas.

> O padrão das contas do colar naquele cordão é o padrão da nossa própria civilização e da nossa cultura. Acabamos nos acostumando com sua forma. Passamos dezenove séculos e meio polindo as contas, e, durante esse tempo, ficamos tentados a achar que a única coisa que estraga o aspecto delas é o cordão feio do dogma cristão que as atravessa. Durante os três últimos séculos, estivemos retalhando e cortando fio por fio – esquecendo que era o cordão que constituía o padrão. Sejamos muito claros sobre isso. As pressuposições que tomamos por certas sobre o certo e a razão, que nos aparentam ser autoevidentes, na verdade não são nem um pouco autoevidentes, [...] mas a evidência a favor delas é a evidência a favor do cristianismo, e a rejeição de uma coisa é a rejeição automática da outra. O que temos tentado fazer há algum tempo é manter a ética cristã sem o fio conector da

---

[40] Ibid., p. 72.
[41] Ibid., p. 74.

teologia cristã – as contas do colar sem seu cordão. Obviamente, podemos ter a esperança ou imaginar que o padrão não se desfará por conta própria, mas não temos nenhuma justificativa racional para achar isso; aliás, o testemunho da história contradiz essa suposição.[42]

METODOLOGIA APOLOGÉTICA

Em toda a sua carreira literária e em diferentes gêneros, a metodologia de Sayers foi buscar a verdade que é descoberta e revelada em histórias e padrões.

Histórias de detetive

Nas histórias de detetive de Sayers, os leitores são envolvidos em uma história e persuadidos a descobrir a verdade de uma questão específica de evidências combinadas em um padrão idiossincrático que faz mais sentido que explicações concorrentes. O reconhecimento do padrão é o paradigma da descoberta da verdade, e o leitor experimenta a frustração de evidências fragmentadas que levam a becos sem saída, de histórias de impostores que não combinam com o padrão e não são capazes de levar à verdade. No modo de Sayers apresentar uma trama, as evidências precisam ser combinadas em um todo completo. As coisas não fazem sentido fora da história verdadeira, mas há um único padrão que combina as partes e torna possível uma explicação de tudo, e isso era fundamental para o entendimento que Sayers tinha da apologética e da história cristã. A evidência levará à verdade, e, há um padrão verdadeiro, em que tudo faz sentido; sendo assim, quando descobrirmos essa verdade, todas as partes combinam de modo harmônico.

Peças

Nas suas peças religiosas para o palco e o rádio, as percepções teológicas de Sayers procederam da sua observação de que "a fé cristã é o drama mais empolgante que já pasmou a imaginação do homem – e o dogma é o drama".[43] Ela viu que as histórias que ganhavam corpo no palco, incluindo as histórias

---

[42] Ibid., p. 74, 75.
[43] Dorothy L. Sayers, "The greatest drama ever staged is the official creed of Christendom", *Sunday Times* (3 Abril 1938): p. 1. Isso depois foi publicado em *The triumph of Easter* (London: Hodder & Stoughton, 1938).

dos Evangelhos, apontavam para a verdade profunda da revelação que Deus fez de si mesmo na história. O processo de encarnar suas ideias para além das palavras, em uma página com atores de carne e osso sublinhava a verdade mais profunda de Deus ter se tornado conhecido na encarnação de Cristo. Da perspectiva de Sayers, no momento em que embarcou na criação de obras dramáticas em vez de romances, era impossível haver qualquer coisa mais estimulante para um dramaturgo, sem mencionar uma plateia, do que o dogma cristão. Ela concluiu que a história da encarnação não era apenas uma questão de teologia cristã, mas que também era material para um drama cativante no palco. "Se a encarnação nunca tivesse acontecido, seria necessário que algum dramaturgo a inventasse". Ela chamou a encarnação de "a coisa mais dramática [...] que já entrou na mente do homem",[44] e, assim, fazia sentido ela criar obras dramáticas que explorassem a história mais explosiva de todas. O interesse de Sayers na apresentação da fé cristã em forma dramática estava ligada à sua convicção de que a história cotinha um resumo condensado da verdade. Ela nunca desenvolveu uma teologia narrativa teórica, mas era, acima de tudo, uma autora criativa, o que significava que sua teologia estava encapsulada no drama no palco.[45] Ela afirmou que seu papel como autora, em oposição ao de um pregador ou sacerdote profissional, proporcionava-lhe uma oportunidade inédita de expor essa história às pessoas: "Uma vez que a função do dramaturgo não é argumentar, mas apresentar, a única coisa que ele pode fazer é colocá-la no palco [...] e deixá-la falar por si mesma".[46] Sayers estava pronta para comunicar a doutrina cristã com histórias na forma de drama, primeiro escrevendo um texto em uma página e, então, ajudando os atores a animar esse roteiro no palco ou no rádio.

A transmissão na BBC levou a obra de Sayers a um público considerável e produziu um aumento significativo da sua influência na Grã-Bretanha. Suas obras também deram à radiodifusora nacional a oportunidade de comunicar seus próprios princípios basilares "cristãos" durante o tumulto político dos

---

[44] Dorothy L. Sayers to Father Herbert Kelly, October 4, 1937, in: *The letters of Dorothy L. Sayers*, vol. 2, ed. Barbara Reynolds (Cambridge: Dorothy L. Sayers Society, 1997), p. 43.

[45] O envolvimento direto de Sayers com sua produção teológica como drama sem a existência de uma análise dela da sua própria abordagem contribuiu relativamente para sua obra ser amplamente ignorada pelos teólogos narrativos. Mas sua força como autora permitiu o diálogo teológico com um público amplo e a contribuição significativa para a apologética cristã da sua própria era.

[46] Dorothy L. Sayers letter to Father Herbert Kelly, 4 October 1937, in: Reynolds, *Letters volume two*, p. 43.

primeiros anos da Segunda Guerra Mundial.[47] A. N. Wilson comenta que "As peças religiosas de Sayers tiveram um impacto enorme nas pessoas que ouviam rádio na Inglaterra durante a guerra". O rádio era um meio de comunicação relativamente novo que Sayers cooptou com habilidade para seu compromisso inflexível com a apresentação do dogma como verdade ao maior número possível de pessoas. A razão principal do impacto apologético do seu trabalho foi o fato de ter tornado "plausível, em um sentido moderno, cenas como Jesus andando sobre a água ou reaparecendo fora da tumba três dias depois".[48]

O diretor da programação religiosa na BBC, o Dr. J. W. Welch, escreveu a Sayers em fevereiro de 1940 com o convite para escrever uma série de peças sobre a vida de Cristo que seriam transmitidas aos domingos na programação infantil. O resultado foi *O homem que nasceu para ser rei*. O motivo do Dr. Welch para a transmissão do ciclo de peças criadas por Sayers foi claro: "Então, a tarefa da igreja em qualquer era é revelar a Cristo, então, ela não pode fazer mais nem deve tentar fazer menos, pois revelar Cristo e convencer homens e mulheres a responder a essa verdade é a única tarefa da igreja cristã".[49] Sayers foi selecionada para a tarefa por causa da sua grande capacidade como apologeta cristã, e suas peças foram encomendadas com a expectativa de uma possível comunicação da verdade cristã a um vasto grupo de pessoas. O foco da verdade nesse contexto era Cristo e a história da sua vida, e a esperança de Welch era que o ciclo de peças *O homem que nasceu para ser rei* "eliminasse a irrealidade que, para a maioria, cerca a pessoa de Cristo e

---

[47] "A BBC não via sua tarefa apenas como a provisão de entretenimento; a mera provisão de entretenimento era considerada uma traição da confiança. A 'educação' no sentido mais amplo era considerada um objetivo igualmente importante". Asa Briggs, *The history of broadcasting in the United kingdom volume 1: the birth of broadcasting* (London: Oxford University Press, 1961), p. 8. Reith escreveu em 1924: "Penso que todos reconhecerão que ter explorado uma invenção científica tão magnífica com o propósito e na busca de mero entretenimento teria sido uma corrupção das suas potencialidades e um insulto ao caráter e à inteligência do povo". J. C.W. Reith, *Broadcast over Britain* (London: Hodder & Stoughton 1925), p. 17. A construção da Broadcasting House em 1932 e a inscrição no arco DEO OMNIPOTENTI "Ao Deus Todo-poderoso" sublinharam o fato de que, embora tanto o entretenimento quanto o serviço ao público fossem essenciais ao conteúdo da BBC, a religião também era um forte componente por causa da influência do diretor geral Lord Reith. Stobart escreveu alguns meses antes da fundação da corporação: "Nossa pressuposição inicial foi que vivemos em uma nação cristã e que os serviços deveriam ser cristãos e católicos no sentido mais amplo", Asa Briggs, *The history of broadcasting in the United Kingdom Volume II: the golden age of wireless* (London: Oxford University Press, 1965), p. 227.

[48] A. N. Wilson, "Complete with spats", *London Review of Books* 15.10 (27 May 1993): p. 4.

[49] Ibid., p. 11.

poderia prejudicar parte da minoria; no entanto, a tarefa era destruir apenas o desnecessário e o falso, e, assim, libertar o verdadeiro. Seríamos capazes de, para o homem de hoje e na linguagem de hoje, tornar Cristo e sua história vivos de novo? A resposta está nas peças contidas neste livro".[50]

O resultado foi que mais de dois milhões de pessoas ouviram as peças. Sayers havia alcançado um público enorme com seu trabalho, usando histórias trazidas à vida pelo drama. Welch comentou que "a igreja cristã neste país deve ser extremamente grata à senhora Sayers por ter tornado nosso Senhor – na sua feliz expressão – 'realmente real' para tantos de nós".[51]

Como autora e crítica literária, Sayers acreditava no poder e na ressonância teológica de qualquer história bem contada, mas em suas peças ela tentou dar um passo além e recontar a mais verdadeira das histórias verdadeiras no palco. Ela percebeu que uma história poderia constituir uma exploração excelente do dogma cristão, pois as verdades teológicas, cosmológicas e ontológicas necessariamente são confirmadas e reveladas em especificidades contingentes. Sayers entendeu que essa é a natureza da revelação cristã. Além disso, percebeu que, embora a teologia cristã faça afirmações universais e abrangentes de verdades sobre a realidade, o modo de as pessoas conhecerem essa verdade é no espaço, no tempo e na história, em experiências de vida reais – até mesmo em histórias.[52] Sua intuição foi que o drama poderia ser um meio ideal de exploração da manifestação dessas particularidades.[53] Desse modo, Sayers foi capaz de unir as artes com a teologia. Além disso, ela

---

[50] Ibid., p. 12.

[51] Ibid., p. 16.

[52] Sayers refletiu em sua carta de Sexta-feira Santa a Wren-Lewis, março de 1945, em Reynolds, *Letters volume four*, que foi pelo poder da narrativa brilhante de G. K. Chesterton que ela mesma acordou para a verdade e que isso a inspirou a se dedicar à mesma coisa. "Tudo que fiz foi contar a história em palavras de uma sílaba e insistir em que isso era uma história empolgante [...] Chesterton realizou uma tarefa semelhante a mim quando eu era uma adolescente mal-humorada e pouco receptiva". O amigo de Sayers e teólogo E. L. Mascall comenta em um artigo sobre Sayers que os escritos de Chesterton tiveram um efeito semelhante em ambos: "Foi a pura empolgação do drama, junto com sua capacidade extraordinária de síntese intelectual, que me convenceu de que, se havia uma religião verdadeira, ela precisava ser o cristianismo histórico, tradicional e ortodoxo". E. L. Mascall, "What happened to Dorothy L. Sayers?" *SEVEN An Anglo--American literary review* 3 (1982): p. 15.

[53] Refletindo sobre isso da perspectiva da técnica literária, Sayers contrastou a escrita dos detalhes específicos de uma peça com os detalhes em um romance: "As pessoas podem voltar e verificar, ao passo que, em uma peça, observações devem ser feitas de uma vez por todas para ficarem na cabeça das pessoas". Dorothy L. Sayers, "Stage and Story" unpublished notes. Marion E. Wade Center, Wheaton College, Wheaton, Illinois.

foi capaz de uma reflexão mais do que teórica sobre a teologia e as artes, pois era uma praticante de ambas.[54] A posição singular de Sayers nesse sentido confere à sua perspectiva o potencial de contribuir para esse campo de estudo cada vez mais importante para a igreja contemporânea.[55] Como Jeremy Bebgie comenta:

> As artes são capazes de realizar seu próprio tipo de trabalho e do seu próprio modo, articulando profundidades da Palavra do evangelho e da nossa experiência dela que não ouvimos e apreendemos fora das artes, sem deixar de ser responsável e fiel para com os textos normativos da fé [...] Aqui, há a inauguração de uma grande agenda de pesquisa, bem como de um grande desafio prático a todos os que se importam com as artes na igreja.[56]

A mente do Criador

A investigação teológica mais profunda feita por Sayers da criatividade humana como uma manifestação da Trindade, *A mente do criador*, foi publicada em 1941. A intenção inicial era a obra fazer parte de um projeto maior chamado "Bridgeheads", que Sayers e alguns amigos conceberam.[57] O objetivo era

---

[54] Clemson argumenta "que é como uma dramaturga de modo mais completo e criativo do que como uma ensaísta que ela é uma teóloga". Frances Clemson, *Sayers' dramatic works*, unpublished doctoral thesis, p. 307.

[55] Embora as tradições católica e ortodoxa exibam um forte apoio histórico da união da teologia com a arte, para um sabor do florescimento do estudo erudito relativo à teologia e as artes na tradição protestante, veja Trevor Hart, *Between the image and the word: theological engagements with imagination, language and literature* (London: Routledge, 2016); Trevor A. Hart and Ivan Khovacs, eds., *Tree of tales: Tolkien, literature and theology* (Waco: Baylor University Press, 2007); Belden C. Lane, *Ravished by beauty: the surprising legacy of Reformed spirituality* (Oxford: Oxford University Press, 2011); e Jeremy Begbie, ed., *Sounding the depths: theology through the arts* (London: SCM, 2002).

[56] Jeremy Begbie, "The future of theology amid the arts: some Reformed reflections" in Roger Lundin (ed.), *Christ across the disciplines: past, present, future* (Grand Rapids: Eerdmans, 2013), p. 173.

[57] "Bridgeheads" foi anunciado como uma "série de livros" que responderia às consequências intelectuais e espirituais de um mundo moderno "cada vez mais especializado, analítico e desintegrado". Dorothy L. Sayers, *Why Work?* (London: Methuen), p. 23. Sayers escreveu ao dr. Oldham em 2 de outubro de 1939, explicando: "Estamos tentando reunir um pequeno grupo de pessoas que vão escrever, ensinar etc., sobre qualquer coisa que surgir [...] para propor na expressão resultante dos nossos alvos e crenças comuns [...] Nossa ideia é que cada um de nós e todos tenham o seu material publicado no máximo possível por meio dos canais usuais e não chamar de nosso qualquer coisa em particular". O grupo era misto: "Dos três de nós que deram início ao projeto, um é católico romano, o outro é anglicano, e o terceiro é mais inclinado a ser antirreligião-organizada de qualquer tipo, assim que dificilmente podemos ser chamados de sectários". Reynolds, *Letters Volume Two*, p. 138.

apresentar uma perspectiva cristã racional sobre as grandes questões diante da nação – políticas, sociais e econômicas. A série nunca se concretizou, mas *A mente do Criador* foi um sucesso imediato e continua sendo impresso hoje. C. S. Lewis comentou que "grande parte do seu pensamento mais valioso sobre a escrita está contida em *A mente do criador*: um livro que ainda hoje é muito pouco lido".[58] Sayers escreveu a J. H. Oldham em setembro de 1939:

> Acho que já não bastará manter a bandeira cristã hasteada; imagino que agora ou nunca é o momento de tirá-la do lugar e levá-la ostentosamente pela rua. Em um sentido, o cristianismo está em uma situação favorável – mesmo que seja apenas a de dizer "eu avisei". O materialismo está morto, e as pessoas que se ocuparam durante os últimos cinquenta anos com a secularização de tudo agora ficam totalmente apavoradas com os resultados ao verem a ideia ser levada às suas últimas consequências. Até mesmo os intelectuais, que a igreja tolamente perdeu, aparentam estar vacilando [...] Penso ser necessário colocar a afirmação da doutrina cristã em algum tipo de relação com a realidade.[59]

A mente do criador foi uma exploração teológica do poder apologético do seu padrão tripartido da criatividade humana na demonstração da veracidade da fé cristã com a afirmação de que a criatividade humana era um reflexo averiguável desse padrão divino supremo. Sayers explicou que estava apenas tentando apresentar um comentário dos credos da igreja. Na sua visão, esses credos não eram apenas "especulação" sobre a verdade, mas foram escritos com o propósito de "encontrar uma fórmula que defina a verdade experimentada debaixo da pressão de equívocos e críticas".[60] *A mente do criador* se baseia na convicção de Sayers de que a doutrina cristã apresenta um fundamento da verdade, da realidade e da criatividade humana. Além disso, a existência trinitária de Deus é reconhecidamente real para os seres humanos, pois ela se reflete nos aspectos específicos da experiência humana conhecida e, em particular, na esfera da arte criativa. Sayers argumentou que um padrão tríplice perceptível, uma estrutura que explica tudo, é subjacente à realidade.

---

[58] C. S. Lewis, *On stories and other essas on litgerature* (London: Harcourt, 1982, publicado originalmente em 1966).

[59] "Dorothy L. Sayers letters do Dr. J. H. Oldham", 10 September 1939, in: Reynolds, *Letters Volume Two*, p. 133.

[60] Dorothy L. Sayers, *The mind of the maker* (London: Continuum, 2005, publicado originalmente em Londres: Methuen, 1941), p. 3 [no Brasil: *A mente do criador* (São Paulo: É Realizações, 2015)].

Em *A mente do criador*, ela se dedicou à demonstração do reflexo especial desse padrão em um processo específico tripartido que ela pessoalmente conhecia muito bem – o trabalho de um autor e da criatividade humana de modo mais geral. Uma obra de apologética cristã, *A mente do criador* foi uma tentativa de fazer uma conexão racional da experiência humana com a realidade do divino. O "comentário" também poderia ser caracterizado como uma interpretação apologética da evidência apresentada pela experiência humana de um Criador.[61]

Ensaios

Os ensaios de Sayers sobre o trabalho e as mulheres servem de exemplo desse gênero notável da sua escrita. Seus ensaios são textos concisos de prosa em busca da verdade. Sayers escreveu três ensaios sobre o trabalho: "Living to Work" [Viver para trabalhar], "Why Work?" [Por que trabalhar?] e "Vocation in Work" [Vocação no trabalho] e dois ensaios sobre o papel das mulheres: "Are Women Human?" [As mulheres são humanas?] e "The Human-Not-Quite-Human" [O humano-não-tão-humano]. Nesses ensaios, ela escreveu com lucidez sobre o padrão divino para a dignidade humana no trabalho, bem como sobre a questão do gênero, produzindo em seus leitores uma clareza maior quanto à sua compreensão da relação entre a verdade suprema e a experiência humana. O poder apologético dos ensaios dela está nos seus esforços de dirigir os leitores a um padrão divino que a humanidade anseia imitar. A imperfeição da experiência humana é uma aplicação errônea do padrão – as coisas não são como deveriam ou poderiam ser –, mas a opinião de Sayers era que até mesmo essa dissonância poderia direcionar a humanidade à revelação cristã. Nos seus escritos sobre o trabalho, ela estava tentando sugerir que sua própria geração tinha uma oportunidade tanto na igreja quanto na sociedade em geral de repensar a vocação humana. A totalidade do trabalho, no entendimento de Sayers, pertencia principalmente à esfera criativa, e não a uma esfera exclusivamente econômica, e, assim, tinha uma importância teológica. A humanidade criada à imagem de um Deus criativo propõe uma imagem de Deus por meio do trabalho: "O trabalho é o exercício e a função natural do homem – a criatura que foi feita à imagem do seu Criador".[62] Sayers acreditava que esse ponto de partida conceitual e teológico para pensar sobre

---

[61] Embora Sayers abra o prefácio com as palavras: "Este livro não é uma apologia do cristianismo", Sayers, Prefácio de *Mente*, p. 1.

[62] Ibid., p. 11.

o trabalho teria um impacto dramático na atitude de uma pessoa com relação ao seu trabalho juntamente com o valor do trabalho sendo produzido. Para Sayers, o fato de a igreja não compreender a realidade de o trabalho estar no escopo de um padrão para a vida e o florescimento humanos tinha como consequência inevitável a impotência da igreja em se pronunciar de modo público pelo bem da sociedade. Ela argumentou: "Estou convicta de que a razão pela qual as igrejas têm tanta dificuldade para dar um exemplo na esfera econômica é sua tentativa de combinar um padrão cristão de economia com uma noção totalmente falsa e pagã do trabalho".[63] Na visão dela, em vez de apontar para um padrão divino, a igreja estava em conluio com um padrão econômico pagão fadado ao fracasso pelo fato de não representar a "verdade" de como as coisas de fato são.

Nos seus ensaios sobre a condição humana das mulheres, o desejo de Sayers era desafiar a igreja e sua hierarquia a perceber que esta era uma área na qual Jesus havia apresentado um modelo completamente diferente. Cristo não havia reduzido as mulheres ao seu aspecto biológico ou à sua esfera sociológica particular, e, no entanto, a igreja não estava seguindo o Senhor nessa questão. Essa convicção de que Jesus demonstrou como as mulheres devem ser consideradas e tratadas levou à conclusão apologética de seu ensaio "The Human-Not-Quite-Human" e, assim, apresentou à igreja um sério desafio:

> Talvez não seja de admirar que as mulheres foram as primeiras no berço e as últimas na cruz. Elas nunca haviam conhecido um homem como aquele – e nunca existiu outro como ele. Um profeta e mestre que nunca resmungava com elas, nunca adulava, bajulava ou tratava de modo paternalista; que nunca fazia piadas sarcásticas sobre elas, nunca as tratava como "As mulheres chegaram, Deus nos ajude!" ou "As moças, que bênção!"; que as repreendia sem ficar se lamentando e as elogiava sem paternalismo; que levava suas perguntas e argumentos a sério; que nunca demarcava o espaço delas, nunca exigiu que fossem femininas ou as ridicularizou por serem do sexo feminino.[64]

Claramente o retrato de Jesus que Sayers apresentou a um mundo cético, retrato que lembrou como as mulheres apreciaram a afirmação inerente da humanidade delas que ele demonstrou (as mulheres "foram as primeiras no

---

[63] Sayers, *Why work?*, p. 12.
[64] Dorothy L. Sayers, "The human not quite human", in *Unpopular Opinions* (London: gollancz, 1946), p. 122.

berço e as últimas na cruz"), encontrou ressonância em movimentos teologicamente ortodoxos que afirmavam a humanidade feminina na igreja, bem como em mulheres fora da igreja. É um fato intrigante que, nas décadas de 1940 e 1950, uma das grandes vozes da teologia em relação a cristianismo e cultura e à comunicação dos credos da igreja ao mundo foi a de uma mulher que argumentou que Jesus Cristo havia afirmado a voz das mulheres de modo singular. A voz dela foi ouvida pelas mensagens na rádio BBC, suas peças no palco e no rádio ou seus livros, cuja venda alcançou milhares de exemplares, porque ela era considerada uma pensadora clara, sensível e coerente, independentemente de seu gênero. Suas ideias e sua confiança na verdade cristã como algo empolgante, relevante e fundacional para a saúde de qualquer sociedade ainda hoje fazem sentido.

CONTRIBUIÇÕES PARA A APOLOGÉTICA

Dorothy L. Sayers teve uma carreira de sucesso como autora, dramaturga, ensaísta e tradutora literária, mas é sua contribuição singular para o testemunho apologético da igreja que foi subvalorizado. Sendo uma mulher profissional da década de 1930 até a década de 1950, ela usou o instrumento da sua época – o rádio, explorando lições aprendidas em comunicação de massa na indústria publicitária e capturando com êxito a imaginação do público geral para a teologia cristã. Sua compreensão do poder e da vibração da história e da coerência intrínseca do padrão conferiram um poder apologético tal a Sayers que suas obras alcançaram milhões de pessoas. Seu foco no dogma e nos credos da igreja como um cerne simples, mas irredutível de verdade cristã com uma conexão inexorável com o mundo conhecido da realidade histórica, científica, filosófica, política e moral em um padrão identificável teve um poder apologético genuíno na sua época. Dorothy L. Sayers foi capaz de falar de modo sensível e relevante sobre o dogma cristão e expressou repetidamente sua insegurança quanto a ser capaz de falar sobre qualquer experiência emocional ou pessoal de Deus, focando, em vez disso, o que chamou de o "intelecto apaixonado".

Sayers foi a Deus por meio do seu amor pelo padrão intelectual da fé cristã, o padrão dogmático e doutrinário expresso na história de Cristo. Foi essa interação de padrão irresistível com a história que fez surgir o seu "intelecto apaixonado", a paixão pela verdade. Assim, motivada e preparada, ela foi capaz de falar de modo convincente e persuasivo sobre teologia à igreja. Ela recontou a história de modos criativos no palco e no rádio, defendeu a doutrina cristã da Trindade como um fundamento coerente da verdade e da realidade evidenciadas na experiência humana, escreveu sobre questões que eram de profundo interesse para o público mais amplo, como trabalho e gênero, e, assim, se tornou a apologeta mulher mais conhecida e mais eficaz do mundo de fala inglesa no século XX.

BIBLIOGRAFIA

BARTH, Karl. *Das grösste Drama aller Zeiten aus dem Englischen übersetzt und mit einem Geleitwort* (Evangelischer Verlag: Zollikon, 1959).

BEGBIE, Jeremy. "The Future of Theology amid the Arts: Some Reformed Reflections", p. 152-82, in: *Christ across the disciplines: past, present, future*. Ed. Roger Lundin (Grand Rapids: Eerdmans), 2013.

____, ed. *Sounding the depths: theology through the arts* (London: SCM, 2002).

BRIGGS, Asa. *The history of broadcasting in the United Kingdom volume I: the birth of broadcasting* (London: Oxford University Press, 1961).

____. *The history of broadcasting in the United Kingdom volume II: the golden age of wireless* (London: Oxford University Press, 1965).

CLEMSON, Frances. *Sayers' dramatic works*. Tese de doutorado não publicada.

DOOYEWEERD, Herman. *A new critique of theoretical thought: the general theory of the modal spheres*. Ed. H. de Jongste, David H. Freeman (Phillipsburg: P&R, 1969).

____. *A new critique of theoretical thought: the necessary presuppositions of philosophy*. Ed. William S. Young, David H. Freeman (Phillipsburg: P&R, 1969).

HART, Trevor. *Between the image and the word: theological engagements with imagination, language and literature* (London: Routledge, 2016).

____; KHOVACS, Ivan, eds. *Tree of tales: Tolkien, literature and theology* (Waco: Baylor University Press, 2007).

LANE, Belden C. *Ravished by beauty: the surprising legacy of Reformed spirituality* (Oxford: Oxford University Press, 2011).

LEWIS, C. S. *On stories and other essays on literature* (London: Harcourt, 1982; publicado originalmente em 1966).

MASCALL, E. L. "What happened to Dorothy L. Sayers?" *SEVEN An Anglo-American literary review* 3 (1982): p. 9-18.

REITH, J. C. W. *Broadcast over Britain* (London: Hodder & Stoughton, 1925).

RENAN, Ernest. *Vie de Jesus* (New York: Modern Library, 1927; publicado originalmente em 1863).

____. *Vida de Jesus* (São Paulo: Martin Claret, 2004).

REYNOLDS, Barbara, ed. *The letters of Dorothy L. Sayers volume two 1937-1943: from novelist to playwright* (Cambridge: The Dorothy L. Sayers Society: Carole Green Publishing, 1997).

____, ed. *The letters of Dorothy L. Sayers volume four 1951-1957: in the midst of life* (Cambridge: The Dorothy L. Sayers Society: Carole Green Publishing, 2000).

____, ed. *Dorothy L. Sayers child and woman of her time volume five: a supplement to the letters of Dorothy L. Sayers* (Cambridge: The Dorothy L. Sayers Society Carole Green Publishing, 2002).

SAYERS, Dorothy L. *Begin Here* (London: Gollancz, 1940).

____. "The greatest drama ever staged". *The Sunday Times* (April 3, 1938), p. 1.

____. "The greatest drama ever staged is the official creed of Christendom". *The Sunday Times* (3 Abril, 1938), p. 1.

____. *The mind of the maker* (London: Continuum, 2005; publicado originalmente London: Methuen, 1941).

____. *A mente do criador* (São Paulo: É Realizações, 2015).

____. *The poetry of search and the poetry of statement and other posthumous essays on literature, religion and language* (London: Gollancz, 1963).

____. "Problems of religious broadcasting" *BBC Quarterly* (1947): p. 29-31.

____. "The religions behind the nation", p. 43-8, in: *The church looks ahead: broadcast talks* (London: Faber & Faber, 1941).

____. "Toward a Christian aesthetic", p. 50-69, in: *Our culture: its Christian roots and present crisis*. Edward Alleyn Lectures 1944. Ed. V. A. Demant (London: SPCK, 1944).

____. "The triumph of Easter". *The Sunday Times* (17 Abril, 1938), p. 1.

____. "What do we believe?" *The Sunday Times* (10 Setembro, 1939), p. 8.

____. *Why work?* (London: Methuen, 1942).

____. "Worship in the Anglican church". *SEVEN: An Anglo-American literary review*. 12 (1995): p. 31-48.

STRAUSS, David Friedrich. *Life of Jesus critically examined* (New York: Blanchard, 1860).

WILSON, A. N. "Complete with spats". *London Review of Books* 15.10 (27 Maio 1993): p. 4.

WRIGHT, N. T. *Jesus and the victory of God* (London: SPCK, 1996).

C. S. Lewis
A APOLOGÉTICA IMAGINATIVA DE UM CONVERTIDO RELUTANTE

Alister E. McGrath

O apologeta de Oxford C. S. Lewis (1898-1963) continua sendo um dos apologetas mais amplamente lidos e influentes de todos os tempos. Após sua conversão ao cristianismo, Lewis foi capaz de empregar suas habilidades como estudioso de literatura na criação de obras apologéticas que se tornaram modelo, bem como de romances com uma forte dimensão apologética. Um dos aspectos mais característicos da apologética de Lewis é seu apelo à imaginação, evidente de modo especial nas suas celebradas Crônicas de Nárnia.

CONTEXTO HISTÓRICO

Clive Staples Lewis – "Jack" para seus amigos – nasceu na cidade irlandesa de Belfast em 29 de novembro de 1898. Seu pai era advogado cuja carreira bem-sucedida permitiu a mudança da família para uma casa espaçosa ("Little Lea") nos arredores de Belfast em 1905. Vários anos depois, a mãe de Lewis morreu de câncer, e seu pai ficou responsável por tomar conta de Lewis e do seu irmão mais velho, Warren. Os dois irmãos passavam horas sozinhos no enorme sótão da antiga casa, habitando mundos imaginários criados por eles mesmos.

Se Lewis teve alguma fé cristã na fase inicial de sua vida, não demorou para perdê-la. Após um período de serviço no Exército Britânico durante a guerra, Lewis foi para a Universidade de Oxford em janeiro de 1919. Como muitos, ele achava que o trauma e a destruição da Primeira Guerra Mundial colocavam em questão a existência de Deus. Tudo indicava que o ateísmo era a única opção séria para uma pessoa inteligente. Lewis tinha a esperança de ser lembrado como um "poeta da guerra", mas aos poucos veio a perceber sua ausência de talento e se concentrou, em vez disso, nos seus estudos acadêmicos. Ele concluiu as disciplinas da área denominada de "Greats" (os clássicos e a filosofia) em 1922 e a de estudos da língua inglesa no ano seguinte, ambas com louvor. Após um período difícil de incertezas quanto ao seu futuro, ele foi eleito assistente de ensino no Magdalen College na primavera de 1925. Isso assegurou seu futuro acadêmico e financeiro, bem como ampliou sua rede de contatos com a inclusão de membros da faculdade de literatura inglesa em Oxford. Um dos resultados mais significativos dessa situação foi o desenvolvimento de uma forte amizade com J. R. R. Tolkien durante o fim da década de 1920, amizade esta que perdurou até a morte de Lewis em 1963.

Durante a década de 1920, Lewis teve tempo para uma reconsideração da sua atitude com relação ao cristianismo. No início da década de 1920, sua aparente postura quanto ao ateísmo foi que tinha plausibilidade racional, mas que exibia uma inadequação imaginativa e emocional. A história de seu retorno à fé recebe uma descrição detalhada na sua autobiografia, *Surpreendido pela alegria*. Após lidar com as pistas relacionadas a Deus que encontrou na razão humana e na experiência, ele acabou decidindo que a única atitude intelectualmente honesta seria crer e confiar em Deus. Ele não queria fazer isso; mas seu sentimento era que não tinha escolha – e, assim, ele percebeu que havia se tornado "o convertido mais desanimado e relutante de toda a Inglaterra".[1] Lewis situa essa transição totalmente transformadora no verão de 1929, embora possa ter ocorrido em junho de 1930. No entanto, essa conversão na realidade foi para uma forma de teísmo, e não ao próprio cristianismo. O estágio final da conversão de Lewis parece ter ocorrido no final de 1931. Ele apresenta um relato alegórico da sua conversão no seu primeiro livro publicado, *O regresso do peregrino*.

Após sua conversão ao cristianismo, Lewis consolidou sua reputação como uma grande autoridade em literatura inglesa medieval e renascentista, tanto que *A alegoria do amor* continua sendo considerada uma obra-prima. Além das suas obras eruditas, ele escreveu livros de uma natureza muito diferente. Tendo em vista a clareza e a persuasão, ele produziu uma série de obras que tinham o objetivo de comunicar a racionalidade do cristianismo à sua própria geração, uma vez que sua percepção era de que sua própria transição do ateísmo ao cristianismo o capacitava para a função de apologeta. Sua primeira obra apologética, *O problema da dor*, não surgiu por iniciativa própria, mas por um convite de um editor impressionado com o estilo de escrita de Lewis e com sua capacidade de dialogar com um público maior.

---

[1] C. S. Lewis, *Surprised by joy* (New York: HarperCollins, 2002), p. 279 [no Brasil: *Surpreendido pela alegria* (Rio de Janeiro: Thomas Nelson, 2021)].

O sucesso de *O problema da dor* levou Lewis a mais escritos desse tipo, desenvolvendo seu próprio método apologético singular ao mesmo tempo que obtinha uma reputação como uma voz respeitável e acessível na nação durante a Segunda Guerra Mundial. A reputação crescente foi consolidada por uma série de falas no rádio a convite da BBC durante o verão 1941, que conquistou muitos seguidores para Lewis. O sucesso dessa série levou a convites para mais três séries de falas do mesmo tipo; assim, Lewis viria a editar as quatro séries e a publicá-las como *Cristianismo puro e simples*.

Durante a década de 1940, ele consolidou sua reputação crescente como apologeta cristão e, em 1942, publicou *Cartas de um diabo a seu aprendiz*, cuja sagacidade e percepção o estabeleceram solidamente como um dos grandes defensores da fé cristã e ajudaram no seu surgimento como uma nova e singular voz nos Estados Unidos. Não demorou muito para conquistar um grupo de leitores cada vez maior e cada vez mais apreciativo nos Estados Unidos. Em 8 de setembro de 1947, ele apareceu na capa da revista *Time*, que declarou que esse autor responsável por muitíssimos livros vendidos era "um dos porta-vozes mais influentes do cristianismo no mundo de língua inglesa".[2]

Lewis foi muito franco na sua crítica de "um cristianismo aguado"[3] (como alcunhou as versões liberais de cristianismo), o que aparentemente produziu uma resposta profunda de simpatia entre seus leitores. A elite cultural britânica estava irritada com seu sucesso. O autor e locutor Alistair Cooke o caracterizou como um "profeta menor muito ordinário"[4] que não demoraria a ser esquecido após o fim da Segunda Guerra Mundial – uma previsão em que Cooke demonstrou ser ele mesmo muito ordinário e um profeta menor incompetente.

Após sua conversão, Lewis se tornou membro regular da congregação na Holy Trinity Church, Headington Quarry. No entanto, embora se considerasse um leigo pertencente à Igreja da Inglaterra, ele escolheu escrever como um representante de uma ortodoxia cristã consensual geral e generosa, que veio a cunhar como "Cristianismo puro e simples". Lewis notoriamente evitou tomar parte nas controvérsias eclesiásticas da sua época, pois, na sua visão, sua

---

[2] "Don v. Devil". *Time* 50.10 (8 Setembro 1947): p. 65-74.
[3] C. S. Lewis, *Mere Christianity* (Nova York: HarperCollins, 2001), p. 40 [no Brasil: *Cristianismo puro e simples* (Rio de Janeiro: Thomas Nelson, 2021)].
[4] Alister McGrath, "C. S. Lewis, defender of the faith", in: *C. S. Lewis and his circle: essays and memoirs from the Oxford C. S. Lewis*, eds. Roger White, Judith Wolfe; Brendan N. Wolfe (New York: Oxford University Press, 2015), p. 7.

responsabilidade como apologeta cristão tinha precedência sobre qualquer interesse ou compromisso denominacional.

Embora seus livros populares tenham sido responsáveis pela sua aclamação popular durante a década de 1940, na visão de alguns acadêmicos de Oxford eles representavam uma destruição da sua reputação acadêmica. Em 1946, ele foi desconsiderado para a cátedra Merton de literatura inglesa em Oxford, padrão este que se repetiu com outras posições acadêmicas consagradas em 1947 e 1948. A percepção de Lewis de que estava sendo marginalizado por segmentos da comunidade acadêmica de Oxford o levou a se dedicar a um enorme projeto de pesquisa, resultando no que foi provavelmente sua obra erudita mais importante – *English Literature in the Sixteenth Century, Excluding Drama* [A literatura inglesa no século XVI, excluindo o drama]. Lewis foi eleito membro da British Academy em reconhecimento do valor do seu estudo extraordinário e foi convidado a ocupar a recém-criada Cátedra de Inglês Medieval e Renascentista em Cambridge no mesmo ano. Ele permaneceu nessa posição até a primavera de 1963, quando sua saúde em declínio impediu que desse continuidade a suas atividades de ensino.

Lewis morreu de câncer na sua casa em Oxford às 5h30 da tarde do dia 22 de novembro de 1963, algumas horas antes de o mundo ser abalado com a notícia do assassinato do presidente John F. Kennedy. Lewis está sepultado no cemitério da Holy Trinity Church, Headington Quarry, que frequentou de 1930 até sua morte.

METODOLOGIA APOLOGÉTICA

Lewis referia-se a si mesmo de modo explícito como apologeta, considerando essa posição o resultado natural e apropriado da sua própria história religiosa. Ele era um ateu que havia se tornado cristão – e sabia a razão dessa transformação –, e sua capacidade de sentir empatia com uma cosmovisão ateísta o ajudou no desenvolvimento de estratégias apologéticas capazes de dialogar e desafiar as pressuposições centrais do ateísmo. Sua capacidade de se comunicar com um inglês elegante, acessível e cativante conquistou um grande número de leitores que veio a enxergar nele um defensor confiável e fiel da fé cristã, e não de alguma forma denominacional dessa fé.

A primeira obra apologética de Lewis foi *O problema da dor*, na qual, com uma abordagem ligeiramente intelectual e desapaixonada a essa questão já por natureza muito emocional, ele argumentou que a fé cristã era compatível com a existência do sofrimento e da dor no mundo, ao mesmo tempo que possibilitava um novo modo de ver esse sofrimento. Lewis deixou claro que o único propósito do livro era "solucionar o problema intelectual gerado pelo sofrimento".[5] A frase mais famosa do livro não representa seu argumento geral: "Deus sussurra a nós no nosso prazer, fala na nossa consciência, mas grita no nosso sofrimento: é o seu megafone para despertar um mundo que ficou surdo".[6] Embora esse seja um ponto subsidiário, com frequência é feita uma apresentação incorreta dele como se fosse a totalidade da abordagem de Lewis. Para ele, o sofrimento nos faz entender a fragilidade e a transitoriedade da nossa existência e, assim, nos ajuda na destruição da ilusão de que "tudo está bem", permitindo que Deus finque "a bandeira da verdade na fortaleza de uma alma rebelde".[7]

Lewis argumenta que o mapa da realidade apresentado pela fé cristã corresponde bem ao que é observado e experimentado, e livros desse tipo – incluindo *O problema da dor* e *Milagres* – fazem um apelo fundamental à razão humana. Embora Lewis fosse um pensador sofisticado demais para achar que poderia demonstrar a existência de Deus ou a veracidade do cristianismo, ainda assim sua posição era que a racionalidade fundamental da fé cristã pode ser demonstrada com argumentos e reflexão. Assim, a abordagem apologética de Lewis nesse estágio enfatiza a amplidão intelectual da visão cristã da realidade e sua capacidade de "encaixar" nossas observações do mundo ao nosso redor e as experiências e anseios dentro de nós.

Essa abordagem pode ser resumida com a afirmação final de uma palestra de Lewis ao Socratic Club em Oxford, em 1944: "Acredito no cristianismo da mesma forma que acredito que o sol nasceu, não apenas porque o vejo, mas porque vejo todo o resto por meio dele". Embora aqui ele afirme a racionalidade da fé, o faz com uma imagem que apela principalmente à imaginação. Um dos aspectos mais singulares da abordagem apologética de Lewis é uma afirmação da importância tanto da razão quanto da imaginação na argumentação em defesa do cristianismo. Suas funções são diferentes, mas servem ao mesmo propósito: "A razão é o órgão natural da verdade, a imaginação é o órgão do sentido".[8]

---

[5] C. S. Lewis, *The problem of pain* (New York: HarperCollins, 1996), p. xii [no Brasil: *O problema da dor* (Rio de Janeiro: Thomas Nelson Brasil, 2021)].

[6] Ibid., p. 91.

[7] Ibid., p. 94.

[8] C. S. Lewis, "Bluspels and flalansferes", in: *Selected literary essays* (New York: Cambridge University Press, 1969), p. 265.

A obra apologética mais significativa de Lewis é *Cristianismo puro e simples*, agora considerada uma das obras mais importantes e influentes do cristianismo publicados no século XX. Embora a obra afirme a racionalidade fundamental da fé cristã, a abordagem de Lewis apela principalmente à experiência compartilhada por pessoas comuns – como o senso de obrigação moral ou um sentimento de anseio por algo que é profundamente satisfatório, mas que não é encontrado em e por meio de qualquer coisa finita ou criada. Há, Lewis sugeriu, um sentimento profundo e intenso de anseio nos seres humanos que nenhum objeto ou experiência terrenos podem satisfazer. Ele chama essa experiência de "alegria" e argumenta que ela aponta para Deus como sua fonte e seu fim (daí o título da sua autobiografia). O prazer, a beleza e as relações pessoais, todos prometem satisfação e contentamento – mas, quando os experimentamos, descobrimos que o que estávamos buscando não se achava neles, mas está além deles. Há um "descontentamento divino" na experiência humana que nos leva a perguntar se há alguma coisa capaz de satisfazer a busca do homem pela saciedade dos anseios do seu coração.

Em *Cristianismo puro e simples*, Lewis argumenta que esse é de fato o caso. Ele sugere que a fome é um exemplo excelente de uma sensação humana que corresponde a uma necessidade física genuína, e essa necessidade aponta para a existência de comida capaz de satisfazer a necessidade. A sede é mais um exemplo de um desejo humano que aponta para uma necessidade humana, que, por sua vez, aponta para a satisfação no ato de beber. Qualquer desejo humano autêntico, Lewis argumenta, aponta para uma necessidade humana genuína, que, por sua vez, aponta para um objeto real que corresponde a essa necessidade. Assim, ele sugere que faz sentido argumentar que o sentimento humano profundo de anseio infinito que não pode ser satisfeito por qualquer objeto ou pessoa de natureza física ou finita precisa apontar para uma necessidade humana real que tem tanto sua origem quanto sua satisfação em Deus. Aqui, ele ecoa um grande tema do cristianismo tradicional sobre a origem e o propósito da natureza humana: "Fizeste-nos para ti, ó Senhor, e inquieto está nosso coração enquanto não repousa em ti".[9] Fomos criados por Deus, e experimentamos um profundo sentimento de anseio por ele, que apenas ele é capaz de satisfazer. Embora as reflexões de Lewis sobre o que chama de "alegria" sejam um claro reflexo da sua própria experiência pessoal, é evidente que ele considera esse sentimento de anseio um aspecto muito comum da natureza e

---

[9] Agostinho Conf. I.I.

da experiência humanas. Seu amplo conhecimento de literatura – em especial poetas como George Hermes e Thomas Traherne – ajudaram a convencê-lo da importância desse sentimento de anseio.

No entanto, ao lado da sua ênfase na racionalidade da fé cristã, Lewis argumentou que a apologética precisava dar conta da necessidade de tradução teológica – a capacidade de poder traduzir os grandes temas do cristianismo para uma linguagem compreensível para as pessoas fora da igreja. Embora tenha enfatizado a importância disso em vários momentos, ele deu atenção especial a essa questão na sua preleção sobre "Apologética cristã", apresentada em uma conferência de líderes de jovens e clérigos em 1945: "Nossa tarefa é apresentar o que é atemporal", ele declarou, "na linguagem do nosso próprio tempo". Isso significa que precisamos "aprender a linguagem dos nossos ouvintes ou leitores" – e isso deve ocorrer por meio da experiência.[10]

Lewis aprendeu essa lição da maneira mais difícil. Embora tenha sobressaído como preletor em Oxford em toda a década de 1930 – suas palestras estavam entre as mais ouvidas na Universidade –, ele tinha pouca experiência de falar a grupos menos específicos antes de 1941. Nesse ano, o deão da Catedral de São Paulo, em Londres, convidou Lewis para falar a integrantes da Força Aérea Real sobre o cristianismo. Ele aceitou o convite, ciente de que seria obrigado a traduzir suas ideias para "uma linguagem simples".[11] A primeira palestra de Lewis ocorreu em uma base de treinamento da Força Aérea Real para o Comando de Bombardeio estabelecida perto de Oxford. Ela teve muito êxito, o que gerou mais convites. Aos poucos, ele aprendeu a adaptar seu estilo e vocabulário às necessidades de ouvintes que nunca havia encontrado antes. Como o expressou na palestra de 1945, ele aprendeu a "traduzir cada pedacinho de [sua] teologia para o vernáculo".[12]

No entanto, a abordagem apologética de Lewis sofreu uma nova mudança no início da década de 1930, com sua percepção da função importante que um apelo à imaginação humana pela ficção poderia ter na apologética cristã. Ele não enxergou nisso uma substituição ou uma subversão das suas abordagens

---

[10] C. S. Lewis, "Christian apologetics", in: *God in the dock* (Grand Rapids: Eerdmans, 1970), p. 96 [no Brasil: *Deus no banco dos réus* (Rio de Janeiro: Thomas Nelson Brasil, 2018)].

[11] Alister McGrath, *C. S. Lewis–a life: eccentric genius, reluctant prophet* (Carol Spring: Tyndale, 2013), p. 207 [no Brasil: *A vida de C. S. Lewis: do ateísmo às terras de Nárnia* (São Paulo: Mundo Cristão, 2013)].

[12] Ibid., p. 208.

apologéticas mais racionais; antes, sua visão era que os dois tipos de abordagem se complementam e eram uma ampliação da sua atuação apologética.

A PASSAGEM PARA A IMAGINAÇÃO: *AS CRÔNICAS DE NÁRNIA*

Já vimos como Lewis nos convida para percebermos o cristianismo como nos apresentando uma perspectiva a partir da qual podemos observar as coisas como de fato são e perceber sua coerência e interconexão intrínsecas. Lewis faz um uso constante de uma variedade notavelmente ampla de metáforas visuais – como o sol, a luz, a cegueira e as sombras – para nos ajudar a entender a natureza de um verdadeiro entendimento das coisas e a condição da humanidade, que impede que tenhamos um entendimento humano completo disso sem o auxílio divino. Enquanto alguns argumentam que a racionalidade diz respeito à capacidade da razão de apresentar uma explicação das coisas, Lewis a explica mais como nossa capacidade de percebermos as relações corretas.

Isso tem duas consequências importantes. Em primeiro lugar, significa que Lewis enxerga a razão e a imaginação em uma relação de colaboração, e não competição, ou seja, a razão sem a imaginação é potencialmente insípida e limitada; a imaginação sem a razão é potencialmente ilusória e escapista. Lewis desenvolve uma noção de realidade "imaginada" – e não imaginária – que é capaz de ser entendida pela razão e visualizada pela imaginação. Ele pensa que os seres humanos precisam ser capazes de visualizar as coisas, mesmo que de modo muito inadequado, para que elas façam sentido e eles tenham alguma relação com eles.

Em segundo lugar, isso significa que Lewis faz um uso extenso de ilustrações ou analogias para nos capacitar a *ver* as coisas de um novo modo. Sua apologética famosa da doutrina da Trindade em *Cristianismo puro e simples* sugere que a principal razão das nossas dificuldades é nossa visão inapropriada dela. Se a vemos de um outro modo – por exemplo, um habitante de um mundo bidimensional poderia tentar entender e descrever a estrutura de uma realidade tridimensional –, então começamos a perceber sua racionalidade intrínseca. A apologética de Lewis muitas vezes tem a forma de um convite visual: "Tente ver isto assim!". A racionalidade da Trindade precisa ser mostrada, e não demonstrada – e ela é mostrada quando somos capazes de vê-la do modo certo.

Mais um exemplo é sua ilustração da encarnação com a analogia de um mergulhador que vai até o fundo de um lago profundo e escuro para recuperar um tesouro. Do mesmo modo, Deus desce ao nosso mundo em busca de nós, restaura-nos a uma comunhão com ele e nos garante o nosso lugar no céu. Essa é uma recriação reconhecível – e imaginativamente eficaz – da famosa máxima de Atanásio de Alexandria: "Deus se tornou homem para que o homem pudesse se tornar Deus".[13]

Embora a amplidão intelectual da fé cristã possa ser analisada racionalmente, Lewis sugere que o melhor modo de a comunicar é a imaginação. Para ele, há sempre um senso de um "além", uma "transcendência" – algo de enorme importância além da nossa razão, às vezes sugerido mais pela intuição do que pela lógica. Essa observação havia sido feita antes pelo apologeta G. K. Chesterton (por quem Lewis tinha grande admiração e cuja influência pode ser observada em muitos pontos dos seus escritos). "Todos os verdadeiros artistas", Chesterton argumentou, "sentem que estão tocando verdades transcendentais; que suas imagens são sombras de coisas vistas através de um véu".[14] O próprio Lewis havia lidado com essa questão do sentido das suas intuições mais profundas quando era um jovem ateu, como uma passagem de *Surpreendido pela alegria* deixa claro: "De um lado, havia um mar de poesia e mito com uma abundância de ilhas; no outro, um racionalismo superficial e raso. Quase tudo que eu amava, acreditava ser imaginário; quase tudo que eu considerava real, achava repugnante e sem sentido".[15]

Assim, foi natural e fez sentido a passagem de Lewis à literatura como um meio de cativar a imaginação e ajudar seus leitores a perceber a realidade mais profunda que está além da razão. O potencial apologético da literatura foi o tema tanto de discussão quanto de divergência entre Lewis e Tolkien. Embora tanto as *Crônicas de Nárnia* quanto *O senhor dos anéis* sejam obras apologéticas, elas assumem formas muito diferentes. No entanto, cada uma delas desenvolveu sua própria abordagem singular com base na ideia fundamental de o cristianismo apresentar um "mito verdadeiro", que poderia justificar a criação de ficção narrativa.

Mas qual tipo de literatura seria apropriado? Quando era moço, Lewis gostava de ler ficção científica. Embora admirasse esse gênero literário, ele não tinha simpatia pelo que considerava o otimismo evolutivo ingênuo que

---

[13] Atanásio, *A encarnação do verbo*, 54.3.
[14] G. K. Chesterton, *The everlasting man* (San Francisco: Ignatius, 1993), p. 105 [no Brasil: *O homem eterno* (São Paulo: Mundo Cristão, 2013)].
[15] Lewis, *Surprised by joy*, p. 197.

aparentava ser comum aos principais autores no gênero, como H. G. Wells. Assim, seria possível usar um gênero literário empregado na defesa de várias formas de ateísmo e materialismo para, em vez disso, *criticar* essas perspectivas e defender uma alternativa cristã? Lewis achava que o experimento poderia valer a tentativa e se dedicou à composição da sua trilogia de "ficção científica" ("Trilogia cósmica"): *Além do planeta silencioso*, *Perelandra* e *Aquela fortaleza medonha*. Essas obras mostram que é possível contar histórias que subvertem algumas verdades consolidadas da época e que as expõem como sombras e ilusões.

Embora alguns sugiram que a passagem de Lewis para obras ficcionais tenha sido um resultado da sua percepção das suas próprias falhas na argumentação racional – como no famoso encontro com a filósofa Elizabeth Anscombe em fevereiro de 1948 –, esse não é o caso. Seu interesse no potencial apologético da ficção estava evidente em 1939. Antes do seu encontro dom Anscombe, Lewis já havia escrito três obras de apologética ficcional e havia iniciado a composição de algumas das primeiras seções das *Crônicas de Nárnia*. Ele era um admirador de longa data da abordagem imaginativa à teologia e à apologética que constatava nos escritos do pregador e romancista vitoriano George McDonald, o qual empregavam um apelo direto à imaginação, e acreditava que era capaz de desenvolver sua própria versão singular dessa abordagem.

Na visão de Lewis, essas abordagens imaginativas eram um *complemento* das suas contrapartes racionais, funcionando em níveis diferentes e que podem falar a públicos diferentes. Para ele, a imaginação humana era a porta para a alma, que permitia ao apologeta escapar dos "dragões vigilantes" do racionalismo. *As Crônicas de Nárnia* representam a obra de apologética literária mais madura e de maior êxito escrita por Lewis e, embora apresentadas na forma de histórias infantis, o objetivo dessas sete obras é capturar a imaginação do leitor e gerar uma nova receptividade aos temas centrais da história cristã.

As Crônicas de Nárnia podem ser consideradas uma exploração do que Lewis chamou de uma "suposição". Como Cristo poderia ser caso de fato existisse um mundo como Nárnia e ele escolhesse encarnar, morrer e ressuscitar de novo *nesse* mundo basicamente do mesmo modo que no nosso? *Suponhamos* que exista uma terra como Nárnia e que o Filho de Deus, que se tornou um ser humano no nosso mundo, em lugar disso tenha se tornado um Leão ali – e, então, imaginemos o que aconteceria. Esse recurso literário tem implicações apologéticas óbvias, pois podemos ver Lewis convidando seus leitores para "supor" que a fé cristã é verdadeira e fidedigna e, então, imaginar como seria fazer parte desse cenário. Como seria o aspecto do mundo dessa perspectiva? Esse modo de ver o mundo poderia fazer mais sentido do que alternativas materialistas ou naturalistas?

Observamos essa abordagem no argumento "a partir do desejo" de Lewis em vários pontos em *Cristianismo puro e simples*, que culmina com a conclusão de que "se constato em mim um desejo que nenhuma experiência neste mundo é capaz de satisfazer, a explicação mais provável é que fui feito para outro mundo".[16] O ponto central de Lewis é que essa experiência é bem enigmática e precisa ser explicada. Pois bem, suponha que o modo cristão de pensar seja correto; nesse caso, a existência de algum tipo de experiência dessa natureza faria muito sentido, e essa é uma indicação – embora não uma demonstração – da veracidade do cristianismo.

Mas esse objeto transcendente de desejo é real? Lewis sugere que ir atrás das pistas apresentadas pelo desejo humano faz sentido apenas no caso de haver uma quarta dimensão à existência humana, servida pela imaginação humana. O "dragão vigilante" da razão humana hesita em nos deixar falar sobre qualquer coisa fora da experiência, e, para lidar com essa questão, ele faz uso da famosa analogia da caverna de Platão. No uso que Platão faz da analogia no seu diálogo *A república*, somos convidados a imaginar um grupo de pessoas que nunca saíram de uma caverna. Há uma fogueira, e elas enxergam sombras projetadas na parede da caverna. A caverna é o único mundo que elas conhecem pela experiência, o que as leva à conclusão de ser o mundo real – o *único* mundo. A realidade se resume às sombras que elas enxergam; mas e se existir um outro mundo que transcende o da sua experiência?

Lewis desenvolve essa análise em *A cadeira de prata*, um dos últimos volumes das Crônicas de Nárnia. Ele conta sobre uma bruxa que confronta um narniano em um escuro reino subterrâneo. A bruxa tenta convencê-lo de que o reino subterrâneo é o único mundo real e Nárnia é uma ficção da sua imaginação. Ao ouvir o narniano falar sobre o sol, a bruxa pede que lhe conte mais sobre ele, pois não há nenhum equivalente no seu mundo subterrâneo. O príncipe responde com uma analogia baseada no que vê no mundo subterrâneo: o sol é como uma lâmpada que ilumina o mundo. A bruxa responde que o sol é apenas uma noção imaginada e inventada baseada em um objeto real – uma lâmpada. Sabendo que seus leitores têm plena ciência da real

---

[16] Lewis, *Mere Christianity*, p. 136-7.

existência do sol, Lewis é capaz de mostrar, com um apelo à imaginação, e não à razão, a sofisticação superficial do argumento da bruxa. Pode parecer sagaz e convincente, mas tem sérias deficiências.

No entanto, talvez o tema mais importante desenvolvido em todas as crônicas seja o papel desempenhado por histórias na criação de sistemas de sentido e valor. Lewis descobriu esse elemento conversando longamente durante uma noite com J. R. R. Tolkien em setembro de 1931. Este lhe explicou que o cristianismo era um "mito" no próprio sentido técnico tolkiano do termo – uma narrativa que comunicava uma cosmovisão. Lewis enxergou nisso uma explicação de muitas coisas do contrário enigmáticas para ele, como a capacidade da mitologia pagã de apresentar uma explicação limitada do mundo. Esse momento contribuiu de modo importante para a transição experimentada por Lewis de um teísmo genérico para o cristianismo autêntico.

Em todas as crônicas, o objetivo de Lewis é mostrar que múltiplas histórias são contadas sobre nós e que nós precisamos fazer uma escolha de qual delas é a mais fidedigna. Essa postura talvez tenha sua eficácia máxima em *O leão, a feiticeira e o guarda-roupa*, que levanta a pergunta sobre como personagens e histórias devem ser testados. Quem é confiável? Qual história sobre Nárnia é confiável? Para tomarem as decisões corretas quanto ao que farão, as crianças precisam descobrir e confiar na verdadeira narrativa principal sobre as origens do mundo misterioso em que por acaso se veem e no qual parecem estar destinadas a desempenhar um papel significativo. Lewis apresenta aqui um modo de entender a natureza da fé cristã como o ato de entrar em uma história verdadeira e se tornar parte dela.

No entanto, muitos argumentariam que a maior realização apologética das *Crônicas de Nárnia* é Aslam, que Lewis desenvolve como uma figura de Cristo e como o anseio do coração. Aslam desperta reverência e admiração, e está além da capacidade de qualquer pessoa domesticá-lo ou reduzi-lo a categorias insípidas. A descrição que Lewis faz do impacto de Aslam sobre as crianças em *O leão, a feiticeira e o guarda-roupa* expõe a individualidade de cada relacionamento e, ao mesmo tempo, realça a capacidade de Aslam de despertar admiração, reverência e um amor indescritível. Aslam ultrapassa a capacidade das crianças de entendê-lo, pois ele é simplesmente uma realidade grande demais para elas, que são capazes de entender apenas parte da sua natureza e de seus propósitos; no entanto, elas aprendem a respeitá-lo e confiar nele, mesmo cientes de não o entenderem totalmente. Lewis capta, muito melhor do que vários outros, como é a experiência de conhecer e ser conhecido por Cristo.

Lewis via claramente sua história de Aslam como uma nova versão da narrativa cristã essencial da encarnação, crucificação e ressurreição. O leitor é convidado a refletir sobre essa história e extrair conclusões sobre a verdadeira identidade e importância de Aslam. Embora alguns enxerguem a teologia da expiação exibida por Lewis como aquém do ideal (a única pessoa beneficiada pela morte de Aslam é Edmund), ele apresenta uma estrutura narrativa para explorar uma série de ideias cristãs centrais – em especial as da expiação e da esperança cristã. Apologetas contemporâneos fizeram um uso amplo da descrição que Lewis faz da "Nova Nárnia" em *A última batalha*, em especial para explorar a ideia de "ir para casa" para estar com Deus. As palavras do unicórnio Jewel têm uma importância especial: "Este é o meu lar. Esta é a terra que estive buscando minha vida inteira, embora até agora eu nunca soubesse disso".[17]

APOLOGÉTICA NO PERÍODO DE LEWIS EM CAMBRIDGE

As obras apologéticas mais influentes de Lewis foram escritas durante entre 1939 e 1954, durante seu tempo em Oxford. Elas foram catalisadas por muitos fatores, incluindo sua interação com estudantes e, em especial, seu papel central como o anfitrião de "The Inklings", um grupo indefinido de acadêmicos interessados no cristianismo e em literatura que, no seu auge, incluiu J. R. R. Tolkien e Charles Williams. Embora Lewis voltasse a sua casa em Oxford nos fins de semana durante seu período em Cambridge (1955-1963), está claro que essa mudança permitiu repensar seu papel como apologeta.

Os escritos populares de Lewis durante esse período – como *Lendo os Salmos* e *Os quatro amores* – lidam com a exploração de uma fé *pressuposta*, e não com a defesa de uma fé *questionada*. Essa nova abordagem é apresentada de modo claro nas primeiras páginas de *Lendo os Salmos*:

> Esta não é uma obra "apologética. Em nenhum lugar tento convencer não cristãos da veracidade do cristianismo. Dirijo-me aos que já creem nele, ou aos que estão dispostos, durante a leitura, a "suspender sua descrença". Um homem não pode apenas ficar defendendo a verdade; também é necessário haver um momento para se alimentar dela.[18]

---

[17] C. S. Lewis, *The last battle* (New York: HarperCollins, 2002), p. 213 [no Brasil: *A última batalha* (São Paulo: WMF Martins Fontes, 2014)].

[18] C. S. Lewis, *Reflections on the Psalms* (New York: HarperCollins, 2000), p. 7 [no Brasil: *Lendo os Salmos* (Viçosa: Ultimato, 2015)].

Essa última frase precisa ser lida à luz da afirmação que Lewis repetia com frequência de que ele considerava a defesa do cristianismo fatigante e exaustiva. Seu argumento parece ser que chegou seu momento de *desfrutar* de ideias cristãs, e não precisar ficar o tempo inteiro lutando por elas.

O novo foco apologético de Lewis durante seu período em Cambridge representa uma nova ênfase na sua abordagem geral. Durante a década de 1940 e o início da década de 1950, ele desenvolveu obras de apologética racional, como *Milagres* e *Cristianismo puro e simples*, que apresentavam uma defesa racional da fé cristã a não cristãos. Durante o fim da década de 1950, Lewis se concentrou em obras como *Surpreendido pela alegria*, que exploravam as dimensões imaginativas e relacionais da fé, presumivelmente com um público cristão em mente. O novo público em mente talvez seja um reflexo das novas percepções de Lewis sobre as necessidades do momento; no entanto, não há perda da visão abrangente da fé que se tornou tão característica dele.

Há um aspecto da sua apologética que Lewis veio a considerar inadequado durante seu período em Cambridge. *O problema da dor* tendia a tratar o sofrimento como se fosse um quebra-cabeças lógico, uma anomalia intelectual que precisava de uma solução intelectual. Lewis acabou percebendo a inadequação severa dessa abordagem, que não reconhecia o trauma emocional que, com extrema frequência, acompanhava as experiências de sofrimento e de morte. O acontecimento que deu início ao processo dessa percepção foi a morte, de câncer, da esposa de Lewis, Joy Davidman, em 13 de julho de 1960. *A anatomia de uma dor* é uma obra repleta de emoções cruas e não resolvidas, oferecendo um dos relatos mais vívidos e poderosos do processo de luto, ao mesmo tempo que faz perguntas apologéticas que, na percepção de Lewis, ficaram sem uma resposta adequada nos seus escritos anteriores.

O relato poderoso, franco e honesto da própria experiência de Lewis em *A anatomia de uma dor* conquistou um grande número de leitores. A obra foi publicada inicialmente sob um pseudônimo, o que fez com que alguns amigos de Lewis, que não faziam a menor ideia da sua verdadeira origem, a recomendassem a ele como um relato útil do processo de luto. No entanto, a obra é significativa em outro nível: na sua exposição da vulnerabilidade e da fragilidade de uma fé puramente racional. Lewis parece ter percebido que sua abordagem anterior lidava com a superfície da experiência humana, e não com suas profundezas. "Onde está Deus? [...] Procure-o quando precisar dele desesperadamente, quando qualquer outra ajuda for vã, e sabe o que você encontrará? Uma porta batida na sua cara, e o som da porta sendo trancada e travada por dentro. Depois disso, apenas silêncio".[19]

No entanto, *A anatomia de uma dor* é uma obra com força e poder apologéticos independentes, e talvez seja a única obra de Lewis que trata de questões apologéticas originadas no processo emocional do luto. A obra descreve o que ele considera um processo de teste – não um teste *de Deus*, mas um teste *de Lewis*. "Deus não tem feito um experimento para testar a minha fé ou o meu amor para descobrir sua qualidade. Ele já sabia qual era. Eu é que não sabia".[20] Embora *A anatomia de uma dor* empregue uma abordagem muito diferente da usada em *O problema da dor*, ambas as obras acabam concentrando o foco na doutrina da encarnação ao manterem ligadas as percepções centrais que permitem a existência de uma vida significativa com dor e sofrimento. *O problema da dor* nos ajuda a entender o sofrimento; *A anatomia de uma dor* nos ajuda a lidar com ele.

A guinada encarnacional em *A anatomia de uma dor* resultou do desejo que Lewis tinha de poder sofrer em vez de – na verdade, no lugar de – sua esposa que estava morrendo. "Se apenas eu pudesse sofrer isto, ou o pior disto, ou qualquer parte disto, no lugar dela".[21] A marca de um verdadeiro amante é a disposição de tomar sobre si a dor ou o sofrimento para que o amado não precise sofrer. Então, veio à mente de Lewis a percepção de que isso é o que Deus fez na cruz. Deus *podia* suportar o sofrimento daqueles que amava. E Deus *suportou* o sofrimento daqueles que ele amava. Isso, por sua vez, permite que suportemos a ambiguidade e os riscos da fé, cientes do seu resultado certo. *A anatomia de uma dor* é uma narrativa do teste e do amadurecimento da fé, e não simplesmente da sua recuperação – e certamente não da sua perda.

CONTRIBUIÇÕES PARA A APOLOGÉTICA

Uma classificação óbvia da abordagem de Lewis é impossível. Aqueles que o identificam com alguma "escola" de pensamento predeterminada acabam distorcendo sua abordagem, que resiste às conveniências da categorização. O entendimento completo e criativo que Lewis tem da interação entre a razão e a imaginação conquistou um grande número de seguidores. Como Austin

---

[19] C. S. Lewis, *A grief observed* (New York: HarperCollins, 1994), p. 5-6 [no Brasil: *A anatomia de um luto* (Rio de Janeiro: Thomas Nelson Brasil, 2021)].

[20] Ibid., p. 52.

[21] Ibid., p. 44.

Farrer, seu colega de Oxford, certa vez observou, Lewis nos faz achar que estamos "ouvindo um argumento", mas, na realidade, "somos apresentados a uma visão, e é a visão que carrega a convicção".[22] Tanto leitores modernos quanto pós-modernos encontram muitas coisas com que podem concordar e abordagens que podem ser adaptadas e aplicadas nessas estruturas. Acima de tudo, Lewis nos ajudou na redescoberta do poder da apologética narrativa, permitindo a apresentação de novas versões da história cristã a novos grupos de leitores ou ouvintes. Ainda que tenha morrido há mais de cinquenta anos, Lewis continua sendo o apologeta cristão mais amplamente lido. Todas as suas abordagens são passíveis de desenvolvimento e ampliação, e é provável que ainda vejamos o refinamento dos seus métodos durante os próximos anos.

BIBLIOGRAFIA

CARPENTER, Humphrey. *The Inklings: C. S. Lewis, J. R. R. Tolkien, Charles Williams, and their friends* (Boston: Houghton Mifflin, 1979).

DOWNING, David C. *Into the Wardrobe: C. S. Lewis and the Narnia chronicles* (San Francisco: Jossey-Bass, 2005).

EDWARDS, Bruce L. *C. S. Lewis: Life, works and legacy*. 4 vols (Westport: Praeger, 2007).

GIBB, Jocelyn, ed. *Light on C. S. Lewis* (London: Bles, 1965).

JACOBS, Alan. *The Narnian: the life and imagination of C. S. Lewis* (New York: HarperCollins, 2005).

KING, Don W. *C. S. Lewis, Poet: the legacy of his poetic impulse* (Kent: Kent State University Press, 2001).

LEWIS, C. S. *God in the dock* (Grand Rapids: Eerdmans, 1970).

____. *Deus no banco dos réus* (Rio de Janeiro: Thomas Nelson Brasil, 2018).

____. *A grief observed* (New York: HarperCollins, 1994).

____. *A anatomia de um luto* (Rio de Janeiro: Thomas Nelson Brasil, 2021).

____. *The last battle* (New York: HarperCollins, 2002).

____. *A última batalha* (São Paulo: WMF Martins Fontes, 2014)

____. *Mere Christianity* (New York: HarperCollins, 2001).

---

[22] Austin Farrer, "The Christian apologist", in: *Light on C. S. Lewis*, ed. Jocelyn Gibb (London: Geoffrey Bles, 1965), p. 37.

____. *Cristianismo puro e simples* (Rio de Janeiro: Thomas Nelson Brasil, 2017)

____. *The problem of pain* (London: HarperCollins, 1996).

____. *O problema da dor* (Rio de Janeiro: Thomas Nelson Brasil, 2019)

____. *Reflections on the Psalms* (London: HarperCollins, 2000).

____. *Lendo os salmos* (Viçosa: Ultimato, 2015).

____. *Selected literary essays* (New York: Cambridge University Press, 1969).

____. *Surprised by joy* (London: HarperCollins, 2002).

____. *Surpreendido pela alegria* (Viçosa: Ultimato: 2015)

LOADES, Ann. "C. S. Lewis: grief observed, rationality abandoned, faith regained". *Literature and theology* 3 (1989): p. 107-21.

MACSWAIN, Robert; WARD, Michael, eds. *The Cambridge companion to C. S. Lewis* (Cambridge: Cambridge University Press, 2010).

MARKOS, Louis. *Restoring beauty: the good, the true, and the beautiful in the writings of C. S. Lewis* (Colorado Springs: Biblica, 2010).

MCGRATH, Alister E. *C. S. Lewis–a life: eccentric genius, reluctant prophet* (Carol Stream: Tyndale, 2013).

____. *A vida de C. S. Lewis: do ateísmo às terras de Nárnia* (São Paulo: Mundo Cristão, 2013.

____. *The intellectual world of C. S. Lewis* (Oxford: Wiley-Blackwell, 2013).

PHILLIPS, Justin. *C. S. Lewis at the BBC* (London: HarperCollins, 2003).

Sayer, George. *Jack: a life of C. S. Lewis* (London: Hodder & Stoughton, 1997).

DIETRICH BONHOEFFER
EM DEFESA DO TESTEMUNHO CRISTÃO

MATTHEW D. KIRKPATRICK

Dietrich Bonhoeffer (1906-1945) é conhecido tanto pela sua vida quanto pelo seu pensamento. Ele foi executado apenas algumas semanas antes do fim da Segunda Guerra Mundial pelo seu envolvimento com a resistência alemã e suas tentativas de matar Hitler. A estátua de Bonhoeffer está ao lado de gente como Max Kolbe e Óscar Romero, Martin Luther King Jr., na galeria dos mártires do século XX que adorna a Grande Porta Ocidental da Abadia de Westminster, em Londres. Tendo nascido na Alemanha em 1906, sua vida foi marcada pela guerra ou pela paz muito frágil que havia em torno dela. Sob muitos aspectos, devemos entender e contextualizar sua teologia de acordo com seu ambiente, e isso não significa uma relativização dela como relevante apenas em um cenário histórico tão específico, pois até mesmo uma noção superficial do legado duradouro de Bonhoeffer revela o grau da relevância do seu pensamento ainda hoje.[1] Antes, isso significa reconhecer que toda a sua obra foi escrita em resposta ao ambiente em constante transformação em que estava inserido e as batalhas intermináveis que se sentiu obrigado a travar diante da injustiça ideológica e social que testemunhou.

CONTEXTO HISTÓRICO

Bonhoeffer nasceu como parte de uma família privilegiada e de classe média alta. No entanto, ele e seus irmãos de modo nenhum foram estimulados a abraçar o *status quo* conservador, mas foram ensinados a pensar por si mesmos e se destacar da multidão. Enquanto muitos na nação foram facilmente tomados pelo fervor tanto da Primeira Guerra Mundial quanto do surgimento do nacional-socialismo, a família Bonhoeffer manteve uma visão clara e crítica das coisas. Durante as décadas de 1920 e de 1930, a Alemanha se sentiu prejudicada por perder a Primeira Guerra Mundial, mas também pela sua humilhação no Tratado de Versalhes, em que, entre outras coisas, ela foi obrigada a reconhecer que era a única responsável pela guerra. Muitos alemães continuaram sentindo

---

[1] Cf. Matthew D. Kirkpatrick, ed., *Engaging Bonhoeffer: the impact and influence of Bonhoeffer's life and thought* (Minneapolis: Fortress, 2016).

o impacto desse tratamento injusto e tinham uma postura de suspeita e ressentimento para com as nações vizinhas vitoriosas. Promovido sobre uma plataforma de renovação, vitalidade e esperança romântica nacionais, não é de admirar a atração que o nacional-socialismo exerceu. Embora Bonhoeffer não estivesse imune às injustiças de Versalhes ou a uma simpatia pela sua nação, esses sentimentos nacionalistas ingênuos nunca o influenciaram. Ao longo de toda a vida, Bonhoeffer viajou para lugares de todos os tipos, sendo exposto a comunidades culturais, políticas, socioeconômicas e religiosas das mais variadas. Foi a apenas dois dias antes da posse de Hitler como Chanceler do Reich que Bonhoeffer falou no rádio atacando o conceito do Führer e sua influência sobre a geração mais nova.[2] Já em 1932, um ano antes de Hitler chegar ao poder, Bonhoeffer havia previsto a possibilidade de outra guerra no horizonte.[3]

Como demonstrado por sua primeira tese de doutorado, *Sanctorum Communio*, um dos interesses centrais de Bonhoeffer foi a igreja. Em oposição ao espírito da época, que tinha uma postura de suspeita ou menosprezo quanto à igreja, Bonhoeffer desenvolveu uma eclesiologia abrangente que considerava a igreja como sendo central não apenas à comunicação da revelação, mas também à ação de Deus no mundo. Em forte contraste com o isolacionismo alemão, Bonhoeffer via a igreja como universal e embarcou no trabalho ecumênico, viajando pela Europa inteira para participar das reuniões de vários grupos e na função de um secretário internacional de jovens.[4] Embora Bonhoeffer afirmasse a importância de igrejas locais, ele cria que era a igreja como um todo, que é única, ecumênica e maior que as particulares, que tinha uma importância histórica mundial, e era precisamente essa igreja que poderia desafiar qualquer poder secular.[5]

---

[2] Dietrich Bonhoeffer, *Berlin: 1932–1933* (Minneapolis: Fortress, 2009), p. 268-82.

[3] Dietrich Bonhoeffer, *Ecumenical, academic, and pastoral work: 1931–1932* (Minneapolis: Fortress, 2012), p. 375-81.

[4] Em absoluto contraste, dois dos teólogos luteranos mais influentes da Alemanha, Paul Althaus e Immanuel Hirsch, publicaram um artigo em *Hamburger Nachrichten* que condenava qualquer envolvimento com as igrejas de nações vitoriosas como estando fundamentalmente em desacordo com a verdade.

[5] Dietrich Bonhoeffer, *Ecumenical, academic, and pastoral work: 1931–1932* (Minneapolis: Fortress, 2012), p. 375-81. Observe a afirmação tríplice que Bonhoeffer fez das responsabilidades da igreja em relação aos Estados, cujo terceiro ponto é a necessidade de levar o Estado a uma parada mesmo que ruidosa (Bonhoeffer, *Berlin*, p. 365). Esse ponto é especialmente notável pelo fato de a teologia de Lutero, na qual a afirmação de Bonhoeffer se baseia, negar a possibilidade de rebelião contra o Estado (cf. Martin Luther, "On temporal authority" e "Whether soldiers, too, can be saved").

Ele dedicou grande parte da sua energia na década de 1930 à tentativa de produzir no movimento ecumênico o entendimento de si mesmo como igreja e o reconhecimento da sua tarefa e responsabilidade. Mas Bonhoeffer não se empenhou menos no seu próprio país. Podemos observar parte da sua visão da situação em um sermão que pregou na Igreja Memorial Imperador Guilherme em Berlim em 28 de maio de 1933.[6] Aqui, Bonhoeffer defendeu a presença de duas igrejas: a igreja de Arão e a igreja de Moisés. A primeira se apresenta em toda a sua realeza para proclamar uma mensagem que as pessoas querem ouvir e criar o deus que elas querem ouvir. A segunda é obediente à Palavra de Deus e proclama a verdade dele independentemente das consequências. Para Bonhoeffer, essa distinção profunda se tornaria manifesta na *Reichkirche* apoiada pelo sistema nazista e na Igreja Confessante, esta estabelecida para confrontar aquela. A primeira confundia os domínios da igreja e do Estado, e afirmava que o *Volk* [povo] e seus líderes eram usados por Deus na realização do seu juízo e sua redenção na terra. A segunda reconhecia a autoridade do Estado (de acordo com Romanos 13), mas também defendia a obrigação singular da igreja debaixo da autoridade da Palavra de Deus em uma submissão e responsabilidade inabaláveis para com Deus.[7] A partir de 1935, Bonhoeffer lideraria o seminário ilegal da Igreja Confessante primeiro em Zingst e então em Finkenwalde, e foi durante esse tempo que ele escreveu dois dos grandes clássicos espirituais do cristianismo, *Vida em comunhão* e *Discipulado*.

É um fato trágico que a Igreja Confessante nunca realmente tenha se tornado a igreja de Moisés. Apesar dos esforços de Bonhoeffer de mobilizá-la contra o regime nazista e a um reconhecimento da verdadeira identidade do Estado em seu tratamento dos judeus, a Igreja Confessante permaneceu presa em brigas políticas e debates teológicos, e não conseguiu se livrar de um nacionalismo ilegítimo que prejudicou sua eficácia. Embora as razões por trás da sua decisão sejam mais complexas, Bonhoeffer por fim viu evidências de uma ação justa, não na igreja, mas na resistência alemã não religiosa, e foi a essa causa que ele acabou entregando sua vida.

---

[6] Bonhoeffer, *Berlin*, p. 472-6.

[7] Essa posição tem a sua expressão mais poderosa na Declaração Teológica de Barmen, escrita em 1934. Embora Karl Barth tenha sido seu criador principal, Bonhoeffer se tornou um dos defensores mais loquazes e veio a considerar a declaração uma autêntica regra de fé.

CONTEXTO TEOLÓGICO

Os séculos XVIII e XIX representam um período de convulsões significativas, não apenas políticas, mas também filosóficas e teológicas. Até então, o cristianismo havia mantido sua influência sobre o Ocidente e a igreja não havia perdido sua autoridade. Mas, durante esse tempo, ambos os elementos aos poucos foram enfraquecidos e deram lugar a uma individualização e secularização crescentes. Esse desenvolvimento foi em grande medida precipitado e promovido pelo crescimento do protestantismo, que tinha como uma das suas doutrinas centrais a liberdade de consciência.[8] Essa recém-descoberta liberdade promoveu uma visão crítica do passado e uma desconstrução das suas estruturas de autoridade, porém, essa metodologia não permaneceria em posse apenas de Lutero e dos reformadores, mas teria como resultado final a subserviência do cristianismo à moral em Kant, a transcendência do cristianismo na filosofia especulativa de Hegel, a relativização do cristianismo em relação a outras expressões religiosas em Schleiermacher e, por fim, a aniquilação do cristianismo no surgimento de uma "verdadeira" nobreza humana em Nietzsche. Embora esses exemplos representem interpretações mais radicais, diante do Iluminismo e do método científico a teologia mais tradicional também sofreu uma desconstrução radical. Talvez o exemplo mais notável disso seja a promoção do método histórico-crítico nos estudos bíblicos acadêmicos, o qual buscava a eliminação do que percebia como os elementos que corrompiam a narrativa bíblica para descobrir a verdadeira natureza de Cristo.[9]

Bonhoeffer estava claramente ciente desses movimentos e dialogou com muitos dos seus principais expoentes. Mas sua opinião era que, apesar da diversidade das suas visões, todos esses grupos estavam unidos por um só erro – todos buscavam produzir teologia a partir de baixo, percebendo, testando e criticando tudo da perspectiva da mente humana. Fosse por meio da razão, das emoções, do *Zeitgeist* ou de textos, a "revelação" deveria ser descoberta, e não recebida, e era essa perspectiva que estava no centro da teologia liberal que Bonhoeffer confrontou de modo tão firme.

Embora Bonhoeffer considerasse essa teologia liberal falha de modo geral, o contexto histórico revela a razão pela qual ele a considerou problemática.

---

[8] Cf. Owen Chadwick, *The secularisation of the European mind in the 19th century* (Cambridge: CUP, 1975).

[9] Cf. David Friedrich Strauss, *Life of Jesus* (1835), William Wrede, *The messianic secret* (1901), e Albert Schweitzer, *A busca do Jesus histórico* (1906).

Durante o período após as convulsões da Primeira Guerra Mundial e do Tratado de Versalhes, a Alemanha havia experimentado um renascimento romântico e uma volta ao que era visto como sua "verdadeira" herança. O movimento *völkisch* alemão acreditava que a culpada pelas desgraças alemãs era a corrupção estrangeira e que a Alemanha precisava reconquistar sua posição no mundo, purificando-se dessas influências.[10] Esse entusiasmo nacional combinava perfeitamente com os fundamentos da teologia liberal, que também buscava a eliminação do que considerava uma corrupção. Consequentemente, a teologia *völkisch* rapidamente obteve influência na nação inteira; em especial, ela se manifestou no poderoso movimento cristão alemão que desejava redimir Cristo da influência corruptora do Antigo Testamento judaico e do rabino Paulo, e apresentar Jesus como um Cristo ariano vitorioso que afirmou a promessa de fato pertencente à Alemanha como o povo de Deus.[11] Para Bonhoeffer, uma teologia que tinha tanta facilidade para justificar um *Machtstaat* [Estado de poder] hegeliano,[12] uma moral de senhor e escravo nietzscheana e que se expressava em um antissemitismo explícito e com preconceitos avassaladores era simplesmente a extensão de uma teologia liberal a partir de baixo. Mas, para Bonhoeffer, essa não era uma extensão *ad absurdum*, mas uma realidade assassina que testemunhava a toda a sua volta.

Bonhoeffer tinha um claro interesse nesses diferentes elementos teológicos e filosóficos e no seu modo de tentar abolir ou distorcer o cristianismo. Mas apesar do seu envolvimento nesses debates acadêmicos, seu foco não foi um combate com filósofos e teólogos desencaminhados. Ele considerava esses erros o produto não de um *Zeitgeist* intelectual particular, mas da condição humana caída. Sendo assim, enquanto esses erros podem ser óbvios em formas de pensamento *völkisch*, eles são exatamente os mesmos perigos de que cristãos normais e bem-intencionados são vítimas diariamente. Embora

---

[10] Para introduções úteis ao movimento *volkisch*, e seu desenvolvimento na *Völkische Theologie*, veja Peter Matheson, *The Third Reich and the Christian churches* (Edinburgh: T&T Clark, 1981); John A. Moses, *The reluctant revolutionary: Dietrich Bonhoeffer's collision with Prusso-German history* (New York; Oxford: Berghahn Books, 2009); e Klauss Scholder, *The churches and the Third Reich* (London: SCM, 1987-8).

[11] Para um relato pormenorizado fascinante do efeito revolucionário da teologia *völkisch*, veja Susannah Heschel, "For 'Volk, blood, and God': the theological faculty at the University of Jena during the Third Reich", in: Wolfgang Bialas; Alison Rabinbach, eds., *Nazi Germany and the humanities* (Oxford: Oneworld, 2007), p. 365-98.

[12] Como suas dissertações de doutorado, *Sanctorum Communio* e *Act and being* e sua série de preleções, *Criação e Queda*.

este capítulo vá considerar parte do seu envolvimento mais acadêmico, Bonhoeffer era acima de tudo não um apologeta do cristianismo contra o ateísmo ou o secularismo, mas um apologeta a favor do cristianismo contra os cristãos, e foi nessas distorções muito mais sutis que ele enxergou o real inimigo do cristianismo.

RESPOSTA APOLOGÉTICA

A relação formal de Bonhoeffer com a apologética não é simples, mas podemos identificar três argumentos apologéticos no pensamento dele que resumem parte da sua teologia e nos apresentam uma percepção penetrante do seu envolvimento com seu contexto.

Apologética para uma comunidade cristológica

As obras acadêmicas anteriores de Bonhoeffer recebem muito menos atenção do que clássicos espirituais como *Discipulado*, *Vida em comunhão* e *Resistência e submissão*, mas elas apresentam o fundamento essencial para uma compreensão mais geral do seu pensamento e fazem contribuições importantes por si só. Em particular, elas possibilitam uma percepção crucial do entendimento que Bonhoeffer tem do pecado que está no cerne da sua teologia.

Para ele, a Queda da humanidade tem uma natureza essencialmente epistemológica.[13] Apoiando-se firmemente em Agostinho, Bonhoeffer argumenta que, antes da Queda, Adão e Eva recebiam todo o seu conhecimento diretamente de Deus. Em vez de eles mesmos serem responsáveis por um armazenamento de informações, seu conhecimento da realidade era obtido de Deus a cada momento, e seu pensamento e suas ações estavam em harmonia total com ele. Mas no centro tanto do jardim quanto da história está a Árvore do Conhecimento do Bem e do Mal, que representa a decisão que está sempre diante da humanidade: uma vida que obtém seu conhecimento diretamente de Deus ou, pelo ato de pegar o fruto, uma vida que busca obtê-lo fora dele. Na sua escolha de comer dessa árvore, a humanidade revela sua indisposição à dependência de Deus e, na sua decisão contra Deus, revela a dependência do seu próprio discernimento e sua própria percepção.

---

[13] O entendimento que Bonhoeffer tem da Queda tem sua elaboração mais completa em *Criação e Queda*, bem como no ensaio "God's love and the disintegration of the world", em *Ethics*.

A consequência da Queda é que a humanidade obtém o que deseja e recebe todo o conhecimento, mas, pelo fato de a mente humana agora ser limitada e pecaminosa, ela é incapaz de manter ou apreender esse conhecimento, que agora lhe chega fragmentado. A humanidade passa a ser atormentada pela dependência da sua própria capacidade de reunir novamente os fragmentos da realidade, uma situação em que dispõe apenas dos seus próprios recursos, e não os de Deus.

Com esse fundamento, Bonhoeffer apresenta um ataque impressionante a toda a filosofia, que depende dessa mente limitada e pecaminosa.[14] Em primeiro lugar, com respeito à limitação da mente, ele argumenta que, se vivemos em um sistema de existência, é impossível saber o que é esse sistema. Apenas alguém capaz de uma visão geral dele, que vê seu início e seu fim, sua criação e seu *telos*, pode ter esse conhecimento. Não importa quais sejam os padrões percebidos racionalmente ou quais fatos discernidos empiricamente, pois, sem a história completa, é totalmente impossível conhecer sua verdadeira natureza. Todos os sistemas que criamos para nós – até mesmo sistemas aparentemente infalíveis como a matemática – em última instância não significam nada pelo fato de não terem nenhum fundamento e terem sido separados da sua verdadeira origem.[15] Em segundo lugar, os sistemas que criamos para nós também são pecaminosos; sendo assim, eles não são apenas os melhores sistemas que somos capazes de conceber diante das circunstâncias. Também tentamos lhes conferir um aspecto objetivo e absoluto para oferecermos a nós mesmos um sentimento de segurança na esperança de superarmos a ansiedade profunda que está no cerne de uma existência totalmente carente de qualquer âncora.

Desse modo, Bonhoeffer argumenta que agora há duas realidades – a Realidade de Deus, que manifesta sua glória, e a "realidade" projetada da humanidade, que revela a natureza da sua mente caída. A posição de Bonhoeffer é resumida em uma palestra que fez no início da sua carreira no Union Theological Seminary, em 1931, em que ele diz:

---

[14] Isso está presente de modo especial tanto em *Sanctorum Communio* quanto em *Act and Being*, mas também nas preleções "The theology of crisis and its attitude toward philosophy and Science" e "The anthropological question in contemporary philosophy and theology". *Barcelona, Berlin, New York: 1928-1931* (Minneapolis: Fortress, 2008), p. 389-408, 462-76.

[15] Dietrich Bonhoeffer, *Creation and fall: a theological exposition of Genesis 1–3* (Minneapolis: Fortress, 1997), p. 53 [no Brasil: *Criação e queda* (São Leopoldo: Sinodal, 2020)].

O ego se acha no centro do mundo, que é criado, governado, dominado pelo ego. A identificação do ego com a base de tudo que foi chamado de Deus é inevitável. O ego não tem limites, seu poder e sua reivindicação são infinitos, ele é seu próprio critério. Aqui, toda a transcendência é forçada para dentro do círculo do ego criador [...] O homem tem um conhecimento imediato de si mesmo pelo encontro do ego consigo mesmo, e conhece, por meio de si mesmo, essencialmente tudo, até mesmo Deus. Deus está no homem, Deus é o próprio homem.[16]

A única saída dessa circularidade de pensamento é pela irrupção de algo transcendente.[17] Para que algo seja de fato transcendente, não pode simplesmente ser diferente do pensamento ou se originar em algo fora do pensamento. Do contrário, isso apenas permanece uma nova coisa a ser percebida ou assimilada pelo pensamento. Essa coisa precisa ser contrária aos nossos modos de pensar e se recusar a ser objetificada.

Para Bonhoeffer, essa transcendência é encontrada apenas em Cristo. Dependendo fortemente de Kierkegaard, ele argumenta que tanto na encarnação quanto na crucificação, Cristo se mostra como um paradoxo que desafia nossa sistematização e objetificação. Cristo é "pedra de tropeço para os judeus e loucura para os gentios" (1Co 1.23), precisamente por ser impossível conhecer esse homem ignóbil e sofredor como Deus a não ser pela fé. Mas, ao se tornar tão ofensiva para a razão humana, essa fé é criada apenas pela submissão da razão e um retorno a um conhecimento apenas a partir e por meio de Deus, e não de nós mesmos. Como Bonhoeffer explica em um artigo científico de 1932:

> A diferença principal entre uma suposta revelação na esfera das ideias e uma revelação de ocorrência única é o fato de o homem sempre ser capaz de aprender uma nova ideia e a tornar parte do seu sistema de ideais; mas uma revelação de ocorrência única em um fato histórico, em uma personalidade histórica, é sempre um novo um desafio para o homem, pois ele não pode superar esse desafio puxando-o para dentro do sistema que já tinha antes. Esta é a razão de Deus se revelar na história: esse é o único modo de assegurar sua liberdade. A revelação na

---

[16] Bonhoeffer, *Barcelona, Berlin, New York*, p. 471. A preleção de Bonhoeffer tinha o objetivo de apresentar seus preletores e colegas estudantes à teologia de Karl Barth e sua metodologia dialética que ele via como amplamente ausente dos seus estudos. Mas esses pensamentos basicamente representam a direção do seu próprio pensamento.

[17] Bonhoeffer, *Barcelona, Berlin, New York*, p. 471.

história significa uma revelação de natureza oculta; a revelação em ideias (princípios, valores etc.) significa uma revelação de natureza acessível.[18]

Nessa primeira seção, Bonhoeffer realça como o cristianismo não somente revela o problema epistemológico no cerne da filosofia, mas também o fato de que apresenta uma espécie de solução – mesmo que não seja uma solução que os filósofos poderiam aceitar. Mas, até aqui, ele não efetuou um afastamento radical de pensadores como Agostinho, Lutero, Kierkegaard e Barth, mesmo que sua descrição amplie suas ideias. No entanto, Bonhoeffer dá um passo que é singular.

Como outros teólogos na parte inicial do século XX, Bonhoeffer demonstra uma apreciação pela corrente de pensamento do eu-tu, em especial pela obra de Eberhard Grisebach, que argumentou que uma pessoa, um "eu", passa a existir apenas ao estar diante de outro ser, um "tu".[19] Para Bonhoeffer, Grisebach havia exibido uma percepção correta do problema epistemológico, mas havia argumentado que o encontro ético com a vontade de um tu humano apresentava a transcendência capaz de irromper e criar o eu. Na visão de Bonhoeffer, é impossível um tu humano se tornar de fato transcendente, pois o eu sempre poderá interpretá-lo e abraçá-lo na sua própria "realidade". É apenas na submissão absoluta da fé que Deus irrompe como o Tu Divino e nos tira do nada para nos colocar na verdadeira existência, estabelecendo o eu.[20]

O passo singular de Bonhoeffer é seu reconhecimento do fato de que Deus não vem a nós como um espírito ou uma voz incorpórea; na verdade, ele nos alcança por meio de outras pessoas. Sendo assim, outros humanos se tornam tu para nós por meio do Tu Divino. Como Bonhoeffer explica em *Sanctorum Communio*:

> Um ser humano não pode, por sua própria iniciativa, tornar outra pessoa um eu, uma pessoa ética consciente de responsabilidade. *Deus ou o Espírito Santo se une ao Tu concreto; apenas pela atuação ativa de Deus o outro se torna um Tu para mim do qual o meu eu surge. Em outras palavras, todo Tu humano é uma imagem do Tu divino* [...] Isso não significa que esse é um atributo emprestado de Deus, e não

---

[18] Dietrich Bonhoeffer, "Concerning the Christian idea of God", *The Journal of Religion* 12:2 (Abr 1932): p. 181.
[19] Embora essas ideias tenham sido tornadas mais conhecidas pela obra seminal de Martin Buber, *I-Thou*, a própria exposição de Bonhoeffer apareceu na obra de Grisebach *Die Grenzen des Erziehers und seine Verantwortung*.
[20] Cf. *Barcelona, Berlin, New York*, 398–99, p. 472.

de fato um Tu. Antes, o Tu divino cria o Tu humano, e, pelo fato de o Tu humano ser criado e desejado por Deus, é um Tu real, absoluto e santo, como o Tu divino.[21]

O ponto central de Bonhoeffer é que, se afirmamos que temos fé em Deus, também precisamos ter fé naquele que nos comunica Deus. E é nessa postura de aceitarmos nos submeter uns aos outros que não apenas meu eu é criado, mas que também uma verdadeira comunidade é estabelecida. Segundo Bonhoeffer, todas as tentativas filosóficas de definir a pessoa falham ou com sua aniquilação de qualquer conceito de comunidade como apenas útil para o indivíduo ou, o que é mais comum, com subordinação do indivíduo ao universal. Antes, é apenas no conceito de fé nesse Cristo transcendente e paradoxal e, assim, também uns nos outros, que podemos encontrar definições antropológicas e sociológicas adequadas.

APOLOGÉTICA PARA UMA FÉ CRISTOLÓGICA

Enquanto o trabalho inicial de Bonhoeffer definiu o conceito de comunidade, a parte principal dos seus escritos buscou lidar com essa comunidade e com os modos em que a natureza humana caída continuava impactando sua vida e seu conhecimento.

É importante expor mais alguns detalhes da narrativa da Queda. Bonhoeffer via a natureza da conversa da serpente com Eva como central. Em primeiro lugar, a serpente tenta fazer Eva se rebelar não *contra Deus*, mas sim *em direção a ele*. O desejo de Adão e Eva de serem *sicut deus* – como Deus – não era o desejo de jogar Deus fora, afinal de contas, por que iriam querer fazer isso? Antes, a serpente os seduz para tentar estar com Deus, mas agora segundo suas próprias condições.

A conversa da serpente também revela como isso é alcançado. Com sua pergunta: "Foi assim que Deus disse [...]?", a serpente faz Eva julgar a palavra de Deus em vez de simplesmente recebê-la. Bonhoeffer enxerga associações aqui um tanto evidentes com o método liberal. Na visão dele, essa história apresenta a primeira conversa "religiosa" ou "piedosa", pois aqui, pela primeira vez, Deus é quem está sendo discutido como o objeto de conhecimento, e não sua fonte.[22] Mas a teologia liberal é apenas uma manifestação óbvia de

---

[21] Bonhoeffer, *Sanctorum Communio*, p. 54-5, grifos de Bonhoeffer.
[22] Bonhoeffer, *Creation and fall*, p. 103-10 [no Brasil: *Criação e queda* (São Leopoldo: Sinodal, 2020)].

um desejo caído que habita todas as pessoas, não importa sua afiliação religiosa. Para Bonhoeffer, as projeções da mente limitada e pecaminosa não são exclusividade do mundo filosófico, mas têm a sua manifestação mais perigosa em um cristianismo tradicional que não recebe sua fé como *revelação transcendente*, e sim que a converte em uma *religião iminente*.

Na tentativa de se apegar a seu conhecimento de Deus, a mente limitada o sistematiza no domínio das ideias e o torna compreensível para si mesma. Aqui, a encarnação é convertida em um enigma doutrinário a ser solucionado e Cristo, em uma série de princípios conceituais ou regras éticas a serem analisados, verificados e reconhecidos como verdadeiros. Mas a limitação da mente nunca é desprovida de pecaminosidade, pois, além da mera necessidade, ao convertermos Cristo em um sistema verificável, ele se torna digno da nossa apreciação e lealdade, mas não do nosso discipulado. Para Bonhoeffer, sistemas produzem admiradores, e não seguidores ou imitadores, pois um sistema só tem autoridade porque nós assim julgamos e autorizamos.[23] Além disso, Cristo como um sistema religioso se torna homogêneo com outros sistemas de pensamento que são da mesma forma autorizados. Sendo assim, o conflito essencial do cristianismo com o mundo é aniquilado. De ambos os modos, o cristianismo se torna a religião perfeita para acalmar nossa angústia existencial e nos convencer da nossa salvação sem interferir na vida que queremos viver.

Uma das descrições dessa corrupção mais famosas apresentadas por Bonhoeffer está presente no começo de *Discipulado* e sua análise da "graça barata".[24] Bonhoeffer achava que a igreja havia se transformado em algo semelhante ao mundo com sua conversão da graça em um princípio que é apenas recebido e não nos exige nada. A igreja, assim, distorceu o princípio de *sola gratia* em Lutero, promovendo a ideia não apenas de não precisarmos produzir obras extraordinárias, mas também de essas obras até mesmo demonstrarem uma falta de fé verdadeira. A graça barata permite aos cristãos continuarem a viver sem luta espiritual e a igreja a não perder sua popularidade com uma pregação de paz e consolo. Voltando ao sermão de Bonhoeffer de 1933, a graça barata é a marca da igreja de Arão. Em contraste, na igreja de Moisés, a graça custosa é recebida livremente, mas exige uma vida inteira de imitação

---

[23] Observe que *Nachfolge*, o título da famosa obra de Bonhoeffer, significa "discipulado" ou "imitação".

[24] Dietrich Bonhoeffer, *Discipleship* (Minneapolis: Fortress, 2001), p. 43-56 [no Brasil: *Discipulado* (São Leopoldo: Sinodal, 2011)].

do seu doador. Como Bonhoeffer expressa naquela frase muitíssimo famosa: "Quando Cristo chama um homem, ele o chama a vir e morrer".[25]

Essa distorção do cristianismo não é o produto complexo de filósofos cristãos, mas um perigo de origem comum. Tudo que é exigido aqui é que os cristãos não busquem mais revelação a partir de Deus, mas, antes, que se apossem da revelação dele e a tornem o objeto mundano do seu conhecimento. Essa distorção barateadora está presente em figuras como o líder cristão visionário que constrói seu ministério em torno de um conceito cristão, mas sem recebê-lo de Deus,[26] o pregador cujos sermões apaixonados revelam mais à congregação seus próprios pensamentos do que os de Cristo,[27] o estudioso de ética que prefere desenvolver regras ou programas a ouvir o que Deus possa lhe dizer em cada momento[28] ou o evangelista que busca realizar algo em alguém em vez de discernir a vontade de Deus para o indivíduo.[29] A intenção de Bonhoeffer não é tornar a revelação de Deus inteiramente subjetiva ou minar o fato de que essa revelação está dada nas Escrituras, mas sim realçar o perigo de essa revelação não precisar mais de Deus. Bonhoeffer resume essa tendência em uma fala poderosa à conferência de jovens da Aliança Mundial e do Concílio Ecumênico em 1932, em que lança a acusação:

> Não tem se tornado terrivelmente claro, repetidas vezes, em tudo que discutimos aqui uns com os outros que não somos mais obedientes à Bíblia? Preferimos nossos próprios pensamentos aos da Bíblia. Não lemos mais a Bíblia com seriedade. Não a lemos mais contra nós mesmos, mas apenas a favor de nós mesmos.[30]

O cristianismo, sob o controle da nossa mente limitada e pecaminosa, torna-se uma fonte de consolo epistemológico e existencial por fazer o que queremos que faça em vez de se tornar uma fonte de revelação transcendente que fura nossa bolha epistemológica.

---

[25] Essa frase foi tornada famosa pela tradução mais antiga de Reginald Fuller (Dietrich Bonhoeffer, *The cost of discipleship* [London: SCM, 1959], p. 89). Uma tradução mais fiel é: "Sempre que Cristo nos chama, seu chamado leva à morte" (Bonhoeffer, *Discipleship*, p. 87.

[26] Dietrich Bonhoeffer, *Life together/prayerbook of the Bible* (Minneapolis: Fortress, 2005), p. 34-6, 39-44 [no Brasil: *Vida em comunhão* (São Leopoldo: Sinodal, 2013)].

[27] Bonhoeffer, *Discipleship*, p. 37-40.

[28] Dietrich Bonhoeffer, *Ethics* (Minneapolis: Fortress, 2005), p. 47-57, 76-82 [no Brasil: *Ética* (São Leopoldo: 2015)].

[29] Bonhoeffer, *Discipleship*, p. 172.

[30] Bonhoeffer, *Ecumenical, academic, and pastoral Work*, p. 377-8.

Se a fonte do cristianismo como uma religião é a mente humana, como nosso primeiro argumento deixou claro, a fonte do verdadeiro cristianismo é o Cristo transcendente e paradoxal. Em seu ato de se tornar humano e sofrer na cruz, Deus se torna inacessível ao olhar racional. Como Bonhoeffer observa:

> O próprio Deus morre e se revela na morte de um homem, que é condenado como pecador. É precisamente isso, que é a insensatez da noção cristã de Deus, de que deu testemunho todo o pensamento cristão genuíno de Paulo, Agostinho, Lutero, Kierkegaard e Barth.[31]

Aqui duas coisas são alcançadas. Em primeiro lugar, Deus pode ser conhecido apenas pela fé. Em "Lectures on Christology" [Preleções sobre cristologia], Bonhoeffer argumenta que o cristianismo como religião faz estas perguntas sobre Cristo: "O quê?" e "Como?".[32] Tais perguntas têm o objetivo de explicar Cristo e solucioná-lo.[33] Em contrapartida, a única pergunta legítima da cristologia é "Quem?".[34] Essa pergunta é feita por alguém que reconhece que todo o seu conhecimento e capacidades cessaram diante de Cristo e que se submete a Cristo para ele se revelar. "Quem?" é a pergunta da fé. Em segundo lugar, como mostrado anteriormente, é apenas no seu aparecimento como o paradoxo, e não como uma ideia ou um manifesto sistemático, que Cristo ordena nossa submissão absoluta e nos reinsere no discipulado e na imitação. Para Bonhoeffer, a fé e a imitação são uma só coisa.[35]

Contra o cristianismo predominante, Bonhoeffer articula um cristianismo que exige submissão e discipulado absolutos, cuja dádiva é a graça custosa e cuja única ação é a obediência à Palavra de Deus.

---

[31] Ibid., p. 184.
[32] Publicado em edições diferentes como *Christology* (1966), or *Christ the centre* (1978).
[33] Bonhoeffer argumenta que o erro essencial das cristologias é simplesmente sua tentativa de tornar Cristo compreensível racionalmente em relação como Deus poderia nascer, morrer ou existir em duas naturezas completas. Os credos, por outro lado, apenas afirmam a verdade sem tentar apresentar uma explicação racional.
[34] Bonhoeffer, *Berlin*, p. 302s.
[35] Para a análise feita por Bonhoeffer da relação simbiótica da fé com a obediência, veja *Discipleship*, p. 43-56.

APOLOGÉTICA PARA UMA HUMANIDADE CRISTOLÓGICA

Por enquanto, as duas primeiras posições apologéticas têm bases semelhantes – a natureza radical do pecado e a nossa dependência absoluta de Deus, que são temas que perpassam a maior parte da obra de Bonhoeffer. Mas, quando nos voltamos a *Resistência e submissão: cartas e anotações escritas na prisão*, escrito após o envolvimento de Bonhoeffer com a resistência da *Abwher* e sua prisão subsequente, vemos uma mudança na sua teologia. Os estudiosos debatem se sua teologia da prisão representa uma diferença de ênfase ou de conteúdo, mas não há dúvida de que a aparente ausência de "normalidade" em obras como *Discipulado* seja temperada aqui pelas reflexões de Bonhoeffer sobre a família, a amizade e as bênçãos que Deus nos deu. Esses pensamentos são precipitados, certamente, pelo sentimento de isolamento experimentado por Bonhoeffer e o espaço – talvez pela primeira vez na sua vida muito agitada – para refletir sobre o verdadeiro significado dessas coisas. E assim é aqui, na escuridão da sua cela, que Bonhoeffer considera a luz que Deus nos deu.

Em *Resistência e submissão*, ele apresenta um dos seus ataques mais vigorosos à igreja. Em toda a sua obra, ele havia tido uma postura tão crítica quanto afirmativa da igreja. Tudo que já analisamos sobre seu ataque à religião nos prepara para seu chamado para um "cristianismo sem religião".[36] A diferença aqui é que, enquanto Bonhoeffer concentrou seu foco nos modos em que humanidade manipulou Deus na sua concepção dele, agora o foco são os modos em que a igreja usou essa concepção para manipular a humanidade.

Em cartas ao seu amigo íntimo e confidente Eberhard Bethge, Bonhoeffer sugere que a igreja converteu Deus em um *deus ex machina*, ou uma "hipótese provisória", para convencer as pessoas de que o único modo de conseguirem entender o mundo é mediante as respostas concedidas por Deus.[37] O ponto central aqui não é que a autorrevelação de Deus não traz também iluminação à vida, mas que a igreja usou esse conceito de Deus para assegurar seu próprio poder na sociedade como curadores da revelação de Deus. Alicerçada na pressuposição de um *a priori* religioso – que todas as pessoas, no fundo, têm um senso de Deus e uma necessidade dele –, todos se tornaram subservientes

---

[36] Dietrich Bonhoeffer, *Letters and papers from prison* (Minneapolis: Fortress, 2009), p. 362-4, 372 [no Brasil: *Resistência e submissão: cartas e anotações escritas na prisão* (São Leopoldo: Sinodal, 2003)].

[37] Cf. Bonhoeffer, *Letters and papers*, p. 366, 425-7, 450, 479 [no Brasil: *Resistência e submissão: cartas e anotações escritas na prisão* (São Leopoldo: Sinodal, 2003)].

à igreja, precisando da sua direção e supervisão. Um dos principais modos de ela ter feito isso é convencendo as pessoas da sua pecaminosidade absoluta e da consequente necessidade da absolvição da igreja.

Mas Bonhoeffer faz uma série de perguntas controversas: e se um *a priori religioso* não existe? E se as pessoas não precisam mais das respostas da igreja por serem capazes de obter suas próprias respostas corretas? E se o mundo "alcançou a maioridade"?[38] Para Bonhoeffer, o mundo de fato mudou, e, com a marcha do Iluminismo e das ciências, as pessoas são capazes de entender o mundo de modos outrora inconcebíveis, até mesmos a algumas centenas de anos atrás. Sendo assim, a igreja teve um êxito involuntário em duas coisas. Em primeiro lugar, com sua conversão de Deus em um conceito religioso, a igreja foi capaz de escravizar as pessoas por um tempo, mas, nesta nova era, o Deus religioso não é mais relevante e tem sido expulso de modo cada vez mais firme da nossa existência.[39] As sementes do domínio da igreja se tornaram o fundamento da sua queda. Em segundo lugar, com sua exigência de poder, a igreja trabalhou contra o desenvolvimento da humanidade não apenas perdendo seu controle, mas também criando um ambiente de hostilidade a Deus como um opressor epistemológico.[40]

Sobre esse fundamento, Bonhoeffer faz sua afirmação apologética audaciosa: se Deus houvesse sido entendido de modo correto, o mundo teria alcançado a maioridade antes, pois no verdadeiro Deus encontramos a essência da satisfação humana.[41] Em oposição a uma mentalidade puramente secular, é somente no cristianismo que encontramos o verdadeiro humanismo. De modo nenhum podemos achar que *Resistência e submissão* apresenta uma teologia em conflito com seu pensamento anterior, pois essa afirmação combina as suas duas primeiras ideias.

Em primeiro lugar, voltando ao argumento de Bonhoeffer do início da sua obra, é somente no cristianismo que podemos obter um entendimento

---

[38] Ibid., p. 361-5.

[39] Ibid., p. 426.

[40] Não é de admirar que Bonhoeffer já tivesse lido a obra inteira de Nietzsche quando terminou sua tese de doutorado. Para ele, Nietzsche havia entendido algo essencial no seu ataque ao cristianismo e sua aparente afirmação da fraqueza e da ignorância humanas em vez da força. O erro de Nietzsche foi não ter feito a distinção entre a cristandade e o que constitui o verdadeiro cristianismo (Cf. Peter Frick, *Bonhoeffer's intellectual formation: theology and philosophy in his thought* [Eugene: Wipf & Stock, 2008], p. 175-6).

[41] Bonhoeffer, *Letters and papers*, p. 431 [no Brasil: *Resistência e submissão: cartas e anotações escritas na prisão* (São Leopoldo: Sinodal, 2003)].

autêntico tanto da pessoa quanto da comunidade. No seu fundamento, é totalmente impossível uma filosofia secular (ou também qualquer outra filosofia) ser humanista, pois é totalmente incapaz de saber o que é um ser humano. Sendo assim, qualquer tentativa de promover o "humano" será simplesmente a projeção do que vemos como sendo a humanidade e acabará sendo tão limitada e pecaminosa quanto a mente que faz a projeção.

Mas esse primeiro argumento não basta para fundamentar a posição de Bonhoeffer como apropriadamente humanista, pois o que Deus revela com sua irrupção na nossa mente ainda não foi definido adequadamente. Aqui, somos levados ao segundo argumento, pois, embora a ideia de Cristo como paradoxo talvez aparente nos afastar da nossa experiência da vida humana concreta, Bonhoeffer acredita que devemos levar a sério o conteúdo essencial da encarnação. Embora a união do divino com o humano torne Cristo oculto, não deixamos de achar nele a plenitude da humanidade e ela em relação ao divino. Para Bonhoeffer, Cristo é a verdadeira humanidade, de modo que a afirmação de Pilatos, *ecce homo* – "Eis o homem" – expressa a essência da natureza humana de Cristo.[42] E para sabermos como é um verdadeiro ser humano, precisamos olhar para Cristo e seus relacionamentos tanto com Deus quanto com seu próximo. Na nossa existência humana caída, permanecemos pseudo-humanos.

Apesar da tensão que permeia toda a sua obra entre o pecado e a vida redimida, Bonhoeffer rejeita o dualismo que vê uma tensão entre o mundo e a igreja. Antes, a igreja é o verdadeiro mundo, que ao existir chama o mundo de volta para sua verdadeira identidade.[43] Do mesmo modo, a vida de Cristo nos chama para nossa verdadeira existência como humanos e ela em relação a nós mesmos, a Deus e a outros. Mas isso se alcança somente pela irrupção da autorrevelação de Deus na nossa vida.

Ali onde a igreja talvez tenha atuado contra a humanidade, aleijando seu amadurecimento para que não fosse além da autoridade da igreja, para Bonhoeffer todo o propósito da história salvífica é não somente a salvação espiritual do cristão, mas também nossa salvação como humanidade. Embora Bonhoeffer nunca alivie a importância do pecado, a santificação é um processo de reconquista da nossa verdadeira vida em toda a sua glória espiritual,

---

[42] Bonhoeffer, *Ethics*, p. 82-96.
[43] Ibid., p. 66-8, 97-102.

existencial e intelectual. Mas tudo isso se alcança somente pela revelação daquele único ser humano verdadeiro.

METODOLOGIA APOLOGÉTICA

Agora já deveria estar claro que Bonhoeffer apresenta uma variedade de argumentos apologéticos inter-relacionados, mas também há um problema que é precipitado pela questão metodológica. O próprio Bonhoeffer não gostava de apologética. Revelada nas suas reflexões sobre as pregações que testemunhou nos Estados Unidos, nas advertências expressadas aos seus alunos em Finkenwalde e na condenação final na sua teologia da prisão, a sua visão da apologética é que representa uma forma consistentemente perigosa de pensamento e expressão teológicos. Para entender sua perspectiva, será útil refletir sobre a caracterização apresentada no início da obra de Avery Dulles *A history of apologetics* [História da apologética]:

> Na mente de muitos cristãos de hoje, o termo "apologética" tem conotações desagradáveis. O apologeta é visto como uma pessoa agressiva e oportunista que tenta, a qualquer preço, convencer as pessoas a entrar na igreja. Numerosas acusações são despejadas contra a apologética: sua negligência da graça, da oração e do poder vivificador da palavra de Deus; sua tendência de simplificar demais e silogizar a abordagem à fé; sua diluição do escândalo da mensagem cristã; e sua pressuposição implícita de que a palavra de Deus deve ser julgada pela norma da razão humana falível, para não dizer caída.[44]

Como esse volume significativo deixa claro, há muitas formas de apologética, e este capítulo apresenta Bonhoeffer em um disfarce apologético. Mas a caracterização de Dulles é muito detalhada para descrever a própria definição e a avaliação que Bonhoeffer faz da apologética. Como ele deixa claro nas suas palestras sobre homilética em Finkenwalde, sua opinião era que a apologética fazia uso de "truques lógicos e estéticos, uma linguagem floreada, tentativas retóricas de persuadir e convencer", e, no fim, fazia mais para "justificar sua própria existência" do que para de fato apresentar o evangelho.[45] Em *Resistência e submissão*, Bonhoeffer aprofunda essa crítica na sua seleção da

---

[44] Avery Cardinal Dulles, *A history of apologetics* (San Francisco: Ignatius, 1999), p. xix.
[45] Dietrich Bonhoeffer, *Theological education at Finkenwalde: 1935–1937* (Minneapolis: Fortress, 2013), p. 504.

apologética como um dos meios que a igreja tem para lutar contra a chegada do mundo à maioridade. Como ele descreve:

> Em formas muito diferentes, a apologética cristã está avançando contra essa autoconfiança. Ela está tentando convencer este mundo que alcançou a maioridade da impossibilidade de viver sem Deus como seu protetor [...] Considero o ataque da apologética cristã à chegada à maioridade do mundo, acima de tudo, inútil, em segundo lugar, ignóbil, e, em terceiro, não cristão.[46]

Para Bonhoeffer, a hamartiologia e a cristologia robustas deixam claro que uma pessoa vem à fé não por estar convicta de uma ideia, mas sim da necessidade de um encontro com Cristo. O teólogo ou evangelista somente pode ajudar o indivíduo a ser capaz de proferir a pergunta: "Quem?", e o único modo de isso ocorrer não é pela articulação de argumentos cada vez mais poderosos sobre a plausibilidade de Cristo, mas pela destruição de todas as ideias preconcebidas que impedem uma verdadeira submissão diante desse ser paradoxal.[47] Na visão de Bonhoeffer, se a apologética tenta "persuadir e convencer" da veracidade do cristianismo, ela faz o contrário do que Deus buscou alcançar na encarnação. Assim, ele acredita que a apologética falha não apenas na sua apresentação do evangelho, mas também no seu entendimento do evangelho.

Esse ponto é demonstrado de maneira impactante na perspectiva que Bonhoeffer tem do absurdo que é achar que o evangelho poderia ser mais forte e mais convincente do que o seu tema, Jesus Cristo. Como ele observa em *Discipulado*:

> Insistir, correr atrás do outro, fazer proselitismo, toda tentativa de convencer o outro pela própria força é inútil e perigoso [...] A implacável energia dos discípulos que não querem reconhecer limites para sua atuação, o fervor que não leva em conta a resistência, confunde a palavra do evangelho com uma ideia de vitória. Essa ideia requer fanáticos que não conhecem nem respeitam qualquer resistência. É uma força potente. A Palavra de Deus, porém, é tão fraca que se deixa sujeitar ao

---

[46] Bonhoeffer, *Letters and papers*, p. 426-7.

[47] Bonhoeffer dedica muito pouco tempo aos que não creem, e esse raramente era seu contexto pastoral. Mas, em *Discipulado*, ele aconselha pastores a não discutirem com paroquianos que afirmam ter perdido sua fé nem tentarem convencê-los da veracidade do cristianismo. Antes, eles devem simplesmente pedir que sejam obedientes, pois essa disposição diante de Deus é uma forma de submissão pela qual Deus pode vir a se revelar mais uma vez (Bonhoeffer, *Discipleship*, p. 67-9).

desprezo e à rejeição humanos [...] Os discípulos que desconhecem a fraqueza da Palavra não reconheceram ainda o mistério da humildade de Deus. Essa Palavra fraca, que sofre a oposição dos pecadores, é a Palavra forte e misericordiosa que converte pecadores do fundo do coração. Sua força está oculta na fraqueza; se a Palavra viesse até nós com todo o seu poder, estaríamos diante do juízo final.[48]

Para Bonhoeffer, a natureza paradoxal de Cristo não é simplesmente uma indicação da sua absoluta diferença em relação ao mundo, mas também do que é necessário para a salvação humana. É somente esse ser de fato transcendente que é capaz de irromper na circularidade da nossa mente limitada e pecaminosa e nos reinserir em uma dependência absoluta da realidade de Deus. Cristo não poderia vir como o soberano vitorioso que assim se mostra merecedor do nosso apreço. Antes, ele vem em fraqueza, ignomínia e ofensa, e apenas desse modo é capaz de nos salvar e nos reinserir no relacionamento com Deus que o relato da Criação revela.[49]

Isso não debilita o conteúdo da teologia ou a verdade relativa de declarações do evangelho. Bonhoeffer dedicou grande parte do seu tempo ao desenvolvimento e à promoção de confissões de fé.[50] Isso simplesmente significa que a doutrina cristã não é o todo da fé, mas a formulação e expressão humanas da fé que é criada pelo encontro com Cristo, o qual não nos chama para a aceitação de um manifesto, mas para a submissão a uma pessoa. Os próprios argumentos apologéticos de Bonhoeffer não têm o propósito de convencer pessoa alguma de um relacionamento com Deus. Antes, eles são formas de argumento que Deus pode vir a usar para convencer cristãos (ou potencialmente não cristãos) da necessidade de sua submissão contínua a Deus e, após essa submissão, para auxiliar no entendimento do que Deus realizou na sua própria realidade, e não na nossa.

Assim, como devemos entender a metodologia de Bonhoeffer? Em contraste com a apologética, ele nos apresenta sua resposta concisa: "Não defenda a palavra de Deus, mas sim dê testemunho dela".[51] Essa posição é afirmada

---

[48] Bonhoeffer, *Discipleship*, p. 172-3.

[49] Como Bonhoeffer observa da prisão: "Deus é fraco e impotente no mundo e é precisamente desse modo, e apenas assim, que está do nosso lado e nos ajuda", Bonhoeffer, *Discipleship*, p. 172-3.

[50] Em acréscimo à sua afirmação da Declaração de Barmen, Bonhoeffer ajudou na redação dos esboços iniciais da Confissão de Bethel que igualmente buscou confrontar a fé nacionalista dos cristãos alemães.

[51] Bonhoeffer, *Theological education at Finkenwalde*, 344; cf. 344 n. 22.

no fim da sua vida, em um esboço provocante de um livro futuro, em que afirma: "A igreja obtém sua relevância e poder a partir não de conceitos, mas do exemplo".[52] Para Bonhoeffer, essa posição precisava ser confirmada, considerando a culpa e a falha óbvias da igreja nesse sentido.[53] Mas, de novo, sem dúvida alguma a principal razão dessa situação era o estado decaído geral da humanidade. Voltando à primeira posição apologética de Bonhoeffer, tornamo-nos um tu uns para os outros não ao proferirmos palavras abstratas, mas ao de fato manifestarmos o Tu divino e realmente nos tornamos Cristo uns para os outros.

CONTRIBUIÇÕES PARA A APOLOGÉTICA

A relação de Bonhoeffer com a apologética é complexa e desconfortável. Os argumentos apresentados aqui não devem ser vistos como uma diminuição dessa tensão, pois ele decididamente também ficaria preocupado com muitas formas de apologética praticadas hoje. Mas isso talvez torne a contribuição de Bonhoeffer à apologética ainda mais importante.

Positivamente, a obra de Bonhoeffer nos leva a considerar a maneira como o evangelho cristão nos ajuda a enxergar com mais clareza o impacto do evangelho na nossa vida aqui e agora como nenhuma outra cosmovisão consegue. Ela nos chama a considerar uma cristologia além dos momentos da morte e da ressurreição de Cristo que tendem a ocupar nossa atenção. Em vez disso, ela nos apresenta a maneira em que somente esse Cristo pode romper a nossa pecaminosidade para nos levar à fé e, além disso, a uma nova vida aqui e agora.

Negativamente, a obra de Bonhoeffer nos adverte dos perigos no cerne da nossa pesquisa e nosso ministério, pois não há nada mais perigoso do que a conversão de alguém a uma ideia. Se os humanos no seu pecado estão buscando um sentimento de pertencimento, distração ou segurança diante da sua angústia espiritual, há muitas pessoas que querem participar do cristianismo como um grupo social, uma corrente filosófica ou um exercício espiritual. Bonhoeffer nos chama de modo ininterrupto a um questionamento das nossas motivações e dos nossos objetivos. Alguém se convence ou se converte por causa da nossa apresentação física, da velocidade ou da fluência da nossa fala

---

[52] Bonhoeffer, *Letters and papers*, p. 504 [no Brasil: *Resistência e submissão: cartas e anotações escritas na prisão* (São Leopoldo: Sinodal, 2003)].

[53] Grande parte das obras de Bonhoeffer *Ética* e *Resistência e submissão* dizem respeito à culpa da igreja. Veja especialmente o ensaio "Guilt, justification, renewal", in Bonhoeffer, *Ethics*, p. 134-45 [no Brasil: *Ética* (São Leopoldo: 2015)].

ou dos seguidores que parecemos ter? Se a resposta é afirmativa, essas pessoas estão conhecendo Cristo ou aceitando algo que simplesmente consideram atrativo? Na visão de Bonhoeffer, não há nada mais forte do que a fraqueza de Cristo, e todo o ministério cristão precisa se empenhar com todas as suas forças para se tornar tão fraco quanto ele.

BIBLIOGRAFIA

BONHOEFFER, Dietrich. *Barcelona, Berlin, New York: 1928-1931* (Minneapolis: Fortress, 2008).

____. *Berlin: 1932–1933* (Minneapolis: Fortress, 2009).

____. "Concerning the Christian Idea of God". *The journal of religion* 12.2 (Abr. 1932): p. 177-85.

____. *The cost of discipleship* (London: SCM, 1959).

____. *Creation and fall* (Minneapolis: 1997).

____. *Criação e queda* (São Leopoldo: Sinodal, 2020)

____. *Discipleship* (Minneapolis: Fortress, 2001).

____. *Discipulado* (São Leopoldo: Sinodal, 2011).

____. *Ecumenical, academic, and pastoral work: 1931–1932* (Minneapolis: Fortress, 2012)

____. *Ethics* (Minneapolis: Fortress, 2005).

____. *Ética* (São Leopoldo: 2015).

____. *Letters and papers from prison* (Minneapolis: Fortress, 2009).

____. *Resistência e submissão: cartas e anotações escritas na prisão* (São Leopoldo: Sinodal, 2003).

____. *Life together/prayerbook of the Bible* (Minneapolis: Fortress, 2005).

____. *Vida em comunhão* (São Leopoldo: Sinodal, 2013).

____. *London: 1933-1935* (Minneapolis: Fortress, 2007).

____. *Sanctorum Communio* (Minneapolis: Fortress, 1998).

____. *Theological education at Finkenwalde: 1935-1937* (Minneapolis: Fortress, 2013).

CHADWICK, Owen. *The secularisation of the European mind in the 19th century* (Cambridge University Press, 1975).

DULLES, Avery Cardinal. *A history of apologetics* (San Francisco: Ignatius, 1999).

FRICK, Peter. *Bonhoeffer's intellectual formation: theology and philosophy in his thought* (Eugene, OR: Wipf & Stock, 2008).

HESCHEL, Susannah. "For 'Volk, blood, and God': The Theological Faculty at the University of Jena During the Third Reich", p. 365-98, in: *Nazi Germany and the humanities* Ed. by Wolfgang Bialas and Alison Rabinbach (Oxford: Oneworld, 2007).

MATHESON, Peter. *The Third Reich and the Christian churches* (Edinburgh: T&T Clark, 1981).

MOSES, John A. *The reluctant revolutionary: Dietrich Bonhoeffer's collision with Prusso-German History* (New York: Berghahn, 2009).

SCHOLDER, Klauss. *The churches and the Third Reich* (London: SCM, 1987-1988).

Lesslie Newbigin
APOLOGETA MISSIONÁRIO

Krish Kandiah

James Edward Lesslie Newbigin (1909-1998) foi o maior teólogo missionário da sua geração. Seu trabalho como missionário transcultural na Índia abriu o caminho para novos modelos de unidade e cooperação eclesiásticas, e seu papel como um estadista missionário global demonstrou um pensamento inovador na integração entre evangelismo, missão e apologética. Ele também foi autor prolífico, escrevendo sobre uma variedade enorme de questões culturais, apologéticas, filosóficas e teológicas. Muitos considerariam Newbigin o avô do movimento da igreja missional; sua liderança intelectual certamente apresenta ricos recursos e um grande desafio para a apologética contemporânea.

CONTEXTO HISTÓRICO

Lesslie Newbigin nasceu em 1909 em Northumbria, Inglaterra. Filho de um empresário presbiteriano, ele primeiro estudou em um internato *quaker* e depois prosseguiu para estudar geografia e economia da Universidade de Cambridge. Newbigin relata que sua conversão ocorreu durante suas primeiras férias de verão como aluno: "Estando deitado acordado, uma visão apareceu na minha mente [...] uma visão da cruz, mas era uma cruz que ocupava o espaço entre o céu e a terra, entre os ideais e as realidades presentes, e seus braços abraçavam o mundo inteiro".[1]

Esse momento decisivo da vida de Newbigin moldou seu entendimento da expiação e se tornou o fundamento da sua experiência da nova vida em Cristo. Durante os quarenta anos seguintes, ele viveu sua vida como missionário, incialmente em *campi* universitários, depois na Índia. Ele então assumiu uma função missional global estratégica, ao que se seguiu mais um longo período na Índia. Ao se aposentar em 1974, Lesslie e sua esposa voltaram de

---

[1] Lesslie Newbigin, *Unfinished agenda: an autobiography* (Grand Rapids: Eerdmans, 1985), p. 11.

Madras para a Inglaterra apenas com duas malas e uma mochila.[2] Newbigin assumiu uma posição de ensino nos Selly Oak Colleges em Birmingham e descreveu esse novo contexto ministerial como

> muito mais difícil do que qualquer experiência que tive na Índia. Há um frio desdém pelo evangelho que é mais difícil de enfrentar do que qualquer oposição [...] A Inglaterra é uma sociedade pagã e o desenvolvimento de um encontro realmente missionário com essa forma muito severa de paganismo é o maior desafio intelectual e prático com que a igreja precisa lidar.[3]

Foi esse choque cultural reverso de natureza missionária que fez Newbigin, com 66 anos, embarcar no seu projeto teológico e missionário mais significativo – o programa "Gospel and our Culture" [Evangelho e nossa cultura] –, além de ocupar uma posição não remunerada na Igreja Reformada Unida com uma congregação em declínio em uma área desprivilegiada de Birmingham. Ele serviu ali durante oito anos, aposentando-se e mudando-se para Londres, mas continuou sendo um orador e autor ativo ligado ao movimento GOC.

A experiência de Newbigin como obreiro de uma organização paraeclesiástica, promotor ecumênico, teólogo missionário, evangelista, pastor e educador teológico dá aos seus escritos uma base firme na práxis missionária, e não em uma especulação puramente acadêmica. Pelo fato de sua teologia ser o produto de um longo processo de experiência missional, ele apresenta muitíssimas contribuições tanto para praticantes quanto para acadêmicos. Suas experiências extremamente variadas na missão e no evangelismo e sua participação no movimento ecumênico global lhe proporcionaram uma perspectiva singular da comunicação do evangelho e de como a apologética deve ser em contextos cada vez mais pluralistas. Essa perspectiva, combinada com a experiência de Newbigin como um missionário que não mais se sentia em casa ao voltar ao seu país de origem, proporcionou o ímpeto para seu encontro missional com culturas ocidentais da modernidade tardia e proporciona uma base excelente para explorarmos a apologética no mundo atual.

---

[2] Dan Beeby, "Obituary: the right Rev Lesslie Newbigin", *Independent*, 4 de fevereiro de 1998: http://www.independent.co.uk/news/obituaries/obituary-the-right-rev-lesslie-newbigin-1142813.html.

[3] Newbigin, *Unfinished agenda*, p. 249.

CONTEXTO TEOLÓGICO

Newbigin foi um conciliador em um tempo de grande divisão na igreja. Ele também viveu durante um momento estratégico da relação da igreja com a cultura ocidental e um tempo de grande transformação filosófica e cultural. Para entender a importância de Newbigin, precisamos entender o momento tanto eclesiológico quando cultural em que viveu. Ele foi um ecumenista para uma igreja dividida e um evangelista para uma cultura dividida.

Um ecumenista para uma igreja dividida

Já na sua juventude, Newbigin tinha um compromisso com a unidade e, como aluno, participava regularmente da oração vespertina na capela da faculdade. Ele explicou: "Era o único lugar em que SCM [Student Christian Movement] e CICCU [Cambridge Inter Collegiate Christian Union] podiam orar juntos, pois a visão evangélica oficial era que os membros do SCM não eram cristãos".[4] Esse compromisso com a unidade se tornaria o aspecto definidor do ministério de Newbigin, que investiu uma grande parte da sua vida na construção de unidade e uma grande parte da sua escrita se concentrou nessa questão, como o estudioso de Newbigin, Michael Goheen, observa: "Não há nenhum tema sobre o qual ele tenha escrito mais".[5] A carreira ministerial de Newbigin testemunha do compromisso que ele tinha com a unidade da igreja, trabalhando incansavelmente – e com frequência sem ser apreciado – em contextos ecumênicos.[6] O que não recebe um reconhecimento amplo é a centralidade do evangelismo na motivação para o ecumenismo de Newbigin.

"The Reunion of the Church" foi a defesa feita por Newbigin do projeto de unificação da Church of South India (CSI) em 1947, em que ele teve um papel estratégico. A motivação para seu envolvimento nesse empenho de unificação

---

[4] Ibid., p. 14. Newbigin estudou em Cambridge de 1928 a 1931. Ele encontrou mais afinidade com o Student Christian Movement do que com a Cambridge Inter Collegiate Christian Union. A CICCU havia se dissociado do SCM por causa de uma controvérsia teológica sobre a natureza da confissão cristã alguns anos antes do período de Newbigin em Cambridge. Mas ele estava estudando em Cambridge em 1928, o ano da fundação da Intervarsity Fellowship (agora conhecida como UCCF no Reino Unido) como uma alternativa evangélica ao Student Christian Movement, que era visto como teologicamente liberal. Assim, Cambridge foi o epicentro da divisão entre evangélicos e liberais no ministério universitário.

[5] Michael Goheen, *"As the father has sent me, I am sending you": Lesslie Newbigin's missionary ecclesiology* (Amsterdam: Boekcentrum, 2000), p. 200.

[6] Doze anos como bispo de Madurai com a CSI, seis anos como administrador com o IMC e o WCC e nove anos como bispo de Madras com a CSI.

eclesiástica em larga escala foi claramente evangelística: "É impossível explicar a satisfação com divisões na igreja a não ser com base na perda da convicção de que a igreja existe para levar todos os homens a Cristo".[7]

De fato, Newbigin atribuiu a fragmentação da igreja em primeiro lugar ao fato de a igreja não viver à altura do seu chamado missional e, em segundo, ao fato de, na tentativa de correção da divisão efetuada por sociedades missionárias, elas terem levado ao campo missionário uma doutrina inadequada da igreja.[8] Portanto, a igreja perdeu de vista o fato de ela ter sido comissionada para representar Cristo diante das pessoas.[9] Motivado pelo seu ecumenismo evangelístico, Newbigin não temia desafiar aqueles que poderiam chamar sua posição teológica de liberal ou aqueles que poderiam se chamar de evangélicos: "Todos os cristãos que levam sua fé a sério presumivelmente creem que o evangelho é para o mundo inteiro. O *evangel* é para o *oikoumene*. Portanto, é um fato estranho e triste que os adjetivos 'evangélico' e 'ecumênico' tenham vindo a representar em nosso tempo posições mutuamente contrárias [...] Todo cristão deve ser evangélico e ecumênico".[10]

Assim, Newbigin entendeu sua própria posição como tanto evangélica quanto ecumênica, a si mesmo como um defensor tanto da unidade quanto da verdade, categorias que ambos os grupos disputam. Por causa da polarização frequente e intensa entre esses dois grupos, eles raramente interagem ou dialogam entre si e, portanto, não são desafiados pela perspectiva do outro. Com sua atuação na área limítrofe entre ecumênicos e evangélicos[11] e entre conservadores e liberais, Newbigin teve um papel profético importante para ambos os grupos. Quaisquer que sejam as críticas dirigidas contra Newbigin, ele apresenta um desafio oportuno a ambos os grupos do espectro teológico,

---

[7] Lesslie Newbigin, *The reunion of the church: a defence of the South India scheme – revised edition*. (London: SCM, 1960), p. 3.

[8] Ibid., p. 10.

[9] Ibid.

[10] Lesslie Newbigin, "Cross-currents in ecumenical and evangelical understandings of mission". *International bulletin of missionary research* 6.4 (1982): 146.

[11] Newbigin parece ser, de modo geral, evangélico segundo a maioria dos critérios amplamente aceitos. O projeto de Newbigin dá à Bíblia um lugar central. Ele também tem uma forte teologia da conversão, como é evidenciado pela sua própria experiência de conversão e por seus escritos. Ele dá ênfase à expiação e à necessidade de ação definida como resultado da fé. Newbigin também argumenta que o momento de revelação central na narrativa do evangelho é a cruz de Cristo. Ele tinha ainda uma prática claramente ecumênica, e sua capacidade de ser uma ponte dessa divisão entre ecumênicos e evangélicos é digna de nota e permite a ele explorar um enorme corpo de tradição teológica que confere amplidão eclética e teológica à sua atividade teológica. Veja David Bebbington, *Evangelicalism in Modern Britain: from the 1730s to the 1980s* (London: Unwin Hyman, 1989), p. 1-19.

e essas ideias são dignas de consideração. Na nossa igreja cada vez mais polarizada, as correntes e tradições diferentes se tornaram câmaras de ressonância confessionais isoladas. Como veremos, há uma conexão íntima entre a saúde da igreja e a tarefa apologética, e, assim, uma igreja unificada tem sua credibilidade aumentada como uma comunidade apologética.

Um ecumenista para uma cultura dividida

Newbigin não se limitou a levar uma percepção singular às disputas teológicas internas e divisões tribais na igreja. Ele também viveu em um tempo de grande transformação global, estando em uma posição singularmente privilegiada para observá-la, o que produziu uma análise incisiva bem oportuna para lidar com tendências semelhantes no nosso contexto atual. Em um ensaio curto como este, é quase impossível resumir a liderança intelectual de Newbigin nos vários campos com que se envolveu, em especial ao considerarmos que seu ministério incluiu muitas décadas e centenas de livros, artigos e palestras. Mas, para nossos propósitos, focaremos em duas mudanças culturais importantes que Newbigin reconheceu e com que lidou.

O fim da cristandade

Quando Lesslie e Helen Newbigin pegaram o ônibus para voltar para o Reino Unido, sua reentrada no Ocidente por via terrestre funcionou com uma espécie de câmara de descompressão, pois eles perceberam a transformação radical que havia ocorrido na relação entre o cristianismo e a cultura ocidental.[12] Uma mudança significativa na autocompreensão da igreja ocorreu com a conversão do imperador romano Constantino, sendo esse o início da cristandade. Durante um milênio e meio, a igreja dominou a vida política e pública das nações europeias, e, embora tenha havido muitos benefícios ligados à sanção oficial do cristianismo, também houve implicações negativas. Em grande parte dessa era, a igreja exibiu uma autocompreensão enviesada e uma visão enviesada de missão. Newbigin argumenta: "Durante a era da cristandade, a igreja desenvolveu a autocompreensão de que seu propósito era 'a edificação e a santificação, dos seus próprios membros, e não um testemunho e serviço ao mundo exterior'".[13]

---

[12] De acordo com Oliver O'Donovan, a cristandade é "a ideia de uma ordem política de confissão cristã". Oliver O' Donovan, *The desire of the nations: rediscovering the roots of political theology* (Cambridge: Cambridge University Press. 1996), p. 194-5.

[13] Lesslie Newbigin, *A faith for this one world?* (London: SCM, 1961), p. 111.

Por meio do seu trabalho tanto no campo missionário na Índia quanto como estadista missionário global, Newbigin foi uma das principais vozes que refletiram sobre as implicações missionais e teológicas do fim da cristandade, de modo que sua voz influente ajudou a igreja a perceber que sua missão não deve estar limitada às regiões que não pertencem à cristandade ocidental. Ele argumentou que havia a necessidade de um encontro missionário com a própria cultura ocidental e certa vez foi chamado de "O missionário de Deus a nós",[14] para que possamos assumir uma "postura"[15] missionária diante do Ocidente. O celebrado ensaio de Newbigin "Can the West be Converted" ["O Ocidente poder ser convertido?"] pode ser interpretado como uma proposta programática do seu projeto pós-Índia:

> Se examinamos o mundo de uma perspectiva missionária, certamente o fato mais notável é que, embora em grandes áreas da Ásia e da África a igreja esteja crescendo, com frequência e com muita rapidez, nas terras que outrora eram chamadas de cristandade ele está em declínio; e, além do mais, em todo lugar em que a cultura ocidental, como representante da "modernização", penetra, ela leva consigo o que Lippman chamou de "os ácidos da modernidade", dissolvendo as mais duradouras das convicções religiosas, incluindo as convicções cristãs. Certamente, é impossível haver uma questão mais crucial para a missão mundial da igreja do que a que apresentei. É possível um encontro missionário com *esta* cultura – esta cultura tão poderosa, persuasiva e confiante que (ao menos até bem pouco tempo atrás) simplesmente se chamava de "a civilização mundial vindoura"? O Ocidente pode ser convertido?[16]

Esse desafio crucial da conversão do Ocidente apareceu como um chamado para a igreja repensar sua postura missionária.[17] Em contraste com muitos

---

[14] Tim Stafford, "God's missionary to us" *Christianity Today* 40.14 (1996): p. 24.

[15] George Hunsberger, "Acquiring the posture of a missionary church" in: *The church between gospel and culture: the emerging mission in North America.* Eds. George Hunsberger; Craig Van Gelder (Grand Rapids: Eerdmans, 1996), p. 289-97.

[16] Lesslie Newbigin, *Foolishness to the Greeks: the Gospel and Western culture* (London: SPCK, 1987), p. 25.

[17] Embora Newbigin tivesse realçado as implicações do fim da cristandade para a missão por quarenta anos. Lesslie Newbigin, *A faith for this one world?* (London: SCM, 1961), p. 9; David Smith, *Mission after Christendom* (London: Dartman, Longman & Todd, 2003); Stuart Murray, *Post-Christendom: church and mission in a strange new world* (Carlisle: Paternoster, 2004); Douglas John Hall, *The end of Christendom and the future of Christianity* (Pennsylvania: Trinity International, 1997).

missiólogos contemporâneos, a avaliação de Newbigin da cristandade[18] não era totalmente negativa.[19] Antes, ele percebeu o estado lamentável da igreja, que ou não havia reconhecido o fim da cristandade ou havia mantido uma "nostalgia da cristandade" fútil e prejudicial.[20]

As percepções de Newbigin não são vitais apenas na Europa, onde houve uma integração clara entre o Estado e a igreja, mas também nos Estados Unidos, onde há uma distinção clara entre a igreja e o Estado. A aceitação do fim da cristandade representa uma oportunidade de reavaliar a identidade da igreja, bem como suas ambições e estratégias. Uma abordagem falha à vida pública torna a tarefa apologética da igreja mais complicada. Se a igreja é vista como exibindo inclinação política, pode haver um obstáculo ao ato de promover o evangelho. Quando a igreja age em conluio com poderes seculares ou, ainda pior, quando apresenta um apoio ideológico legítimo de perversidades, como no caso do apartheid na África do Sul, do nazismo na Alemanha ou do genocídio em Ruanda, o efeito é a debilitação do testemunho da igreja.

O advento da pós-modernidade

Na obra posterior de Newbigin, ele concentrou grande parte da sua atenção na natureza controversa da verdade. Com a ascensão da aceitação do pluralismo, cresceram os questionamentos das verdades afirmadas pelo cristianismo, que cada vez mais eram vistas como tirânicas. O que acabou sendo conhecido como pós-modernidade envolvia diversas mudanças culturais, sociológicas e epistemológicas. É notoriamente difícil definir a pós-modernidade, pois diz respeito a uma variedade extremamente ampla de ideias inter-relacionadas e às vezes conflitantes. Para nossos propósitos, uma nova abordagem à verdade e ao conhecimento é a mais proeminente.

> Na pós-modernidade, o conceito de verdade tende a ser visto pela ótica das relações de poder. A ideia de um acesso sem mediação à realidade e de uma simples teoria de correspondência para a verdade passou a ser questionado. Isso deixou a igreja em uma situação particularmente vulnerável de três modos distintos. Em primeiro

---

[18] "Precisamos aceitar como um fato que a primeira grande tentativa de traduzir a reivindicação universal de Cristo em uma ordem política foi o sistema de Constantino". Lesslie Newbigin, *Sign of the kingdom* (Grand Rapids: Eerdmans, 1980), p. 47.

[19] "Não podemos renegar tudo que herdamos da experiência do *corpus Christianum* de mil anos". Lesslie Newbigin, *Foolishness to the Greeks: The Gospel and Western Culture* (London: SPCK, 1998), 130. Para opiniões semelhantes, veja David Harvey, *The condition of Post-Modernity* (Oxford: Blackwells, 1989), p. 80-1.

[20] Lesslie Newbigin, *Truth to tell: the gospel as public truth* (Grand Rapids: Eerdmans, 1991), p. 68.

lugar, sua apologética não havia sido escrita para essa conversa. Em segundo lugar, a igreja, na cultura mais ampla, era percebida como uma minoria marginalizada sem direito algum de reivindicar uma condição especial. E, em terceiro lugar, as verdades afirmadas pela igreja com frequência foram vistas como intolerantes e superficiais intelectualmente. Durante esse período, [floresceu] a desconstrução, uma tendência que se desenvolveu no campo da crítica literária em virtude do trabalho inovador de Jacques Derrida que negava a existência de um significado fixo em qualquer texto, mas antes afirmava uma interpretação diferente feita por cada leitor.[21]

A teoria desconstrutivista veio a ter uma aplicação muito mais ampla do que a crítica literária, como o lema "tudo é um texto" demonstra.[22] Como a ideia de um "ponto de vista do nada" objetivo foi considerada suspeita, afirmações de verdades são interpretadas como afirmações a partir de uma perspectiva particular e, portanto, subjetivas. Assim, a pós-modernidade desenvolveu uma veia relativista.

A resposta de Newbigin não é lamentar o fim da modernidade, que tem sido uma abordagem adotada por diversos apologetas contemporâneos. Ele dedicou grande parte da sua energia ao desmantelamento das pressuposições ingênuas da modernidade – por exemplo, sua rejeição da noção de revelação divina, sua rejeição da fé como um meio para o conhecimento[23] e seu empirismo ingênuo e a separação entre fatos e valores.[24] Ele deseja um novo diálogo do evangelho com nossas sociedades pluralistas, e é nesse contexto cultural e epistemológico que o trabalho de Newbigin tem um valor especial para a apologética.

RESPOSTA APOLOGÉTICA E METODOLOGIA

A igreja está diante de mudanças extremamente significativas com respeito ao seu lugar em uma sociedade cada vez mais pluralista e pós-moderna. Algumas das nossas abordagens apologéticas ignoraram essas mudanças e tentaram persistir em técnicas familiares e confiáveis, ou elas desenvolveram a mentalidade de lutar ou fugir. Muitos apologetas buscaram rechaçar a pós-modernidade e

---

[21] Roger Poole, "Deconstruction", in: *New Fontana dictionary of modern thought*, 3. ed., eds. Alan Bullock; Stephen Trombley (London: Fontana, 1999), p. 202.
[22] John Rawlings, "Jacques Derrida", 1999, https://prelectur.stanford.edu/lecturers/derrida/.
[23] Lesslie Newbigin, "Truth and authority in modernity" in Philip Sampson, Vinnay Samuel, and Chris Sugden, *Faith and modernity* (Oxford: Regnum, 1994), p. 61.
[24] Lesslie Newbigin "Can the West be converted?" *Princeton Seminary Bulletin* 6.1 (1985): p. 30.

voltar à segurança da modernidade em uma defesa da objetividade e da certeza epistemológica. No outro extremo, alguns fugiram da ortodoxia cristã histórica e buscaram se adaptar a uma versão relativista do cristianismo. Essa é a tensão clássica da contextualização, o diálogo contínuo entre o evangelho e a cultura,[25] um diálogo no qual Newbigin foi pioneiro em especial no que dizia respeito ao entendimento da relação entre o evangelho e culturas ocidentais. Há uma tensão entre uma pessoa buscar usar a linguagem e as formas de pensamento da cultura que deseja evangelizar e permitir que a linguagem ou as formas de pensamento comprometam o evangelho que deseja comunicar. Newbigin argumentou que o evangelho pode encontrar um ambiente acolhedor na modernidade por haver alguma correlação entre ele e algumas das pressuposições modernas, mas o evangelho também buscará desafiar e transcender a modernidade pelo fato de que nunca será totalmente acolhido por nenhuma cultura antes do estabelecimento do reino de Deus.

É necessário fazer a pergunta: como comunicamos a fé cristã sem sucumbir à objetividade ingênua da modernidade e sem sermos vítimas do pluralismo relativista da pós-modernidade? Newbigin nos apresenta alguns planos de ação positivos que evitam ambos os extremos e fornecem recursos poderosos para um foco nuançado no evangelho, que é biblicamente fiel e a favor da igreja.

O evangelho como verdade pública

Um dos maiores desafios dirigidos por Newbigin às pressuposições da modernidade foi a bifurcação da verdade em fatos e valores. Ele argumentou que o iluminismo foi o momento decisivo na divisão do pensamento ocidental entre o público e o privado. Assim, um elemento central na abordagem apologética de Newbigin foi encarar essa dicotomia público-privado. Ele pergunta e responde:

> Na nossa cultura, qual é o significado da palavra "fato"? No seu uso mais antigo no inglês, a palavra é o termo latino *factum*, o particípio passado do verbo "fazer", algo que foi feito. Mas claramente a palavra adquiriu um significado muito mais rico. No uso comum, "fato" é contrastado com convicção, opinião, valor. Fatos livres de valores são as mercadorias mais valorizadas na nossa cultura [...] Nossos valores,

---

[25] Lesslie Newbigin, "The Dialogue of gospel and culture: reflections on the Conference of World Mission and Evangelism, Salvador, Brazil". *International Bulletin of Missionary Research* 21.2 (1997): p. 50-2.

> nossas visões do que é bom e ruim, são uma questão de opinião pessoal, e todos são livres para ter sua própria opinião. Mas sobre os fatos todos precisam concordar. Esse é o cerne da nossa cultura.[26]

Essa diferenciação entre verdades científicas e valores religiosos continua hoje apesar das desconstruções filosóficas do mito da objetividade científica efetuadas por filósofos da ciência como Karl Popper[27] e Thomas Kuhn.[28] Newbigin argumenta que essa abordagem dualista tem sido "ao menos desde o século XVIII [...] a cultura pública da Europa, e tem – como representante da 'modernização' – ampliado seu domínio a toda parte do mundo".[29] Os fatos objetivos são para a esfera pública, são ensinados na escola e não precisam ser prefaciados por "acredito", enquanto valores subjetivos pertencem ao mundo privado da religião e da moral.

> Com relação ao que é chamado de "fatos", uma afirmação é certa ou errada, verdadeira ou falsa. Mas, com relação a valores, e de modo supremo com relação às convicções religiosas em que esses valores em última instância se baseiam, esse tipo de linguagem não é usado [...] Eles são questão de escolha pessoal".[30]

Essa dicotomia fato-valor entre a ciência e a religião se tornou e continuaria sendo uma característica predominante da modernidade. A reação à elevação da ciência à custa dos valores foi que todas as outras disciplinas tentaram justificar sua existência afirmando ser uma ciência. Paul Hiebert mostra a reformulação científica da teologia efetuada por muitas teologias sistemáticas que foram produzidas na primeira metade do século XX.[31] Tendo sido relegada ao domínio subjetivo, os cristãos reagiram defendendo a verdade do cristianismo com um apelo aos fatos objetivos da ressurreição ou a provas racionais e autoevidentes da existência concreta de Deus.

---

[26] Newbigin, "Truth and authority in modernity", p. 30.
[27] Karl Popper, *Conjectures and refutations: the growth of scientific knowledge* (London: Routledge & Kegan Paul, 1963) [no Brasil: *Conjecturas e refutações: o progresso do conhecimento científico* (Brasília: Ed. UnB, 2008)].
[28] Thomas Kuhn, *The structure of scientific revolutions – second edition* (Chicago: University of Chicago Press, 1970) [no Brasil: *A estrutura das revoluções científicas* (São Paulo: Perspectiva, 1975)].
[29] Newbigin, "Truth and authority in modernity", p. 30.
[30] Newbigin, *Foolishness to the Greeks*, p. 16-7.
[31] Paul Hiebert, *Anthropological reflections on missiological issues* (Grand Rapids: Baker, 1994), p. 19.

A promoção que Newbigin fez do evangelho como verdade pública faz parte do seu desafio tanto à modernidade quanto à pós-modernidade. Ele é muito firme na sua posição de que o evangelho não é somente um conjunto de valores privados, mas uma verdade a ser debatida e contestada no mercado das ideias. Newbigin inaugurou seu projeto "Gospel as public Truth" [Evangelho como verdade pública] em um encontro significativo de líderes cristãos em Swanwick, Inglaterra, em 1992. A noção de "verdade pública" teve uma forte presença em seus escritos posteriores e foi sua tentativa de desafiar a igreja a evitar tanto o comodismo de negar a singularidade de Cristo quanto o isolamento pietista de uma religiosidade espiritual. Nos comentários iniciais, Newbigin explicou que, a partir do surgimento do cristianismo, o evangelho sempre foi proclamado como uma verdade pública e que a igreja não precisava depender da sua condição social ou reconhecimento político para proclamá-lo como tal. Os primeiros comunicadores do evangelho foram as testemunhas capazes de dizer: "Nós vos anunciamos o que vimos e ouvimos" (1João 1:3). Eles estavam bem cientes de que sua história poderia ser rejeitada e seria rejeitada, e de que apenas o Espírito Santo era capaz de convencer as pessoas da sua veracidade. Mas eles não tiraram a conclusão de que sua veracidade era uma questão pessoal para o indivíduo e não se valeram da proteção garantida pelo direito romano para o exercício de religiões de salvação pessoal. Eles afirmaram que a mensagem confiada a eles dizia respeito ao destino de toda a raça humana, e que aquele que havia morrido e ressuscitado era o Salvador e o Juiz do mundo. Essa notícia tinha uma importância imensa para todo ser humano, era uma verdade pública, e a fidelidade a ela exigia a decisão grave de recusar o reconhecimento do imperador como o poder supremo. Eles aceitaram o preço que precisava ser pago por essa fidelidade.[32]

Não obstante, essa verdade pública não é apenas a afirmação dos fatos do cristianismo, mas também a narração da história de Deus no mundo. Assim, o evangelho como verdade pública é tanto um desafio à dicotomia fato-valor da modernidade quanto, por estar ligado à nova versão da história humana, um desafio à postura anti-metanarrativa da pós-modernidade. No livro póstumo *A walk through the Bible* [Uma caminhada pela Bíblia],[33] Newbigin apresenta uma visão geral não técnica da história bíblica e particularmente da chave hermenêutica proporcionada por Cristo para o cânon. Ele começa o livro com

---

[32] Lesslie Newbigin, *The gospel and our culture movement supplement*, Janeiro (1992), p. 1-2.
[33] Lesslie Newbigin, *A walk through the Bible* (London: SPCK, 1999).

a citação de um amigo hindu: "Não entendo o motivo de vocês missionários nos apresentarem a Bíblia com um livro religioso. Ela não é um livro de religião [...] O que encontro na Bíblia de vocês é uma interpretação singular da história humana".[34]

Essa é uma citação significativa para Newbigin, aparecendo em muitos dos seus escritos. Essa afirmação era seminal para ele porque levou ao entendimento de que Cristo não é apenas o cerne da narrativa bíblica ou a fonte de salvação individualista; Cristo é o centro organizacional de toda a história humana. Assim, na visão de Newbigin, o *evangelho como uma verdade pública* é uma história que precisa ser compartilhada, e ela nos leva ao próximo desafio significativo que Newbigin apresenta à apologética contemporânea: precisamos entender o evangelho como narrativa.

O evangelho como narrativa

Uma apresentação da veracidade do evangelho diante do ceticismo com relação a afirmações de verdades tem sido um grande desafio, em particular com o início da pós-modernidade. Um modo comum de buscar legitimar as afirmações do cristianismo foi o uso da apologética fundacionalista,[35] com sua tentativa de justificar a veracidade das convicções cristãs, a começar com um conjunto de convicções fundamentais incontestáveis que podem ser usadas para inferir a existência de Deus.[36] Newbigin argumenta que essa abordagem não reconhece a influência significativa das culturas na racionalidade. Os críticos mais veementes da apologética fundacionalista têm sido os apologetas pressuposicionalistas que seguiram a rejeição de Cornelius Van til da razão autônoma em função dos efeitos noéticos do pecado. Os apologetas pressuposicionalistas argumentam que, no ato de defender o evangelho, primeiro é necessário haver uma pressuposição "apropriadamente básica" da existência do Deus da Bíblia e, então, a racionalidade da fé cristã ficará evidente.[37] No entanto, a abordagem de Newbigin é diferente das apologéticas tanto pressuposicionalista quanto fundacional, e essa diferença é mais notável no seu uso

---

[34] Ibid., p. 4.

[35] John Frame aponta para Agostinho, Lutero e Calvino como exemplares dessa abordagem em John Frame, *Apologetics to the glory of God: an introduction* (Philipsburg: P&R, 1994), p. 221. Exemplos modernos dessa abordagem seriam John Gerstner, R. C. Sproul e Arthur Lindsey.

[36] Norman Geisler, *Christian apologetics* (Grand Rapids: Baker, 1993).

[37] Esse termo foi cunhado pelo filósofo e apologeta cristão Alvin Plantinga, da Universidade de Notre Dame.

da narrativa como um recurso vital para comunicar o evangelho no contexto da modernidade tardia.

Newbigin faz uso da obra de Martin Buber[38] e sua diferenciação entre a obtenção de um conhecimento "eu-isto" e a de um conhecimento "eu-tu".[39] Ele sugere que a teologia natural e, por implicação, a maioria das apologéticas clássicas e fundacionalistas apresentam apenas um conhecimento "eu-isto" de Deus, e o encontro "eu-tu" pessoal com Deus é possível apenas no nosso ato de renunciarmos à nossa autonomia soberana e respondermos à autorrevelação que Deus faz da sua natureza na narrativa das Escrituras. Newbigin enfatiza a revelação pessoal de Deus, o que apoia a ideia de soberania divina na revelação, e esse instinto, que é um tema dominante na teologia de Karl Barth, já está presente na obra mais antiga de Newbigin nessa área, sendo anterior ao seu envolvimento posterior com a teologia barthiana.[40] Newbigin defende que, pelo fato de Deus ser pessoal e relacional, ele revela a si mesmo mediante narrativas. Ele apresenta a seguinte ilustração:

> Considere o que significa de fato conhecer uma pessoa. Podemos ler um relato do seu caráter e sua carreira do tipo que pode aparecer em um obituário. Mas, para conhecer uma pessoa, precisamos saber como ela lida com situações, se relaciona com outras pessoas, age em tempos de crise e tempos de paz. É na narrativa que o caráter é revelado, e não há nada que substitua isso.[41]

Assim, recebemos a narrativa das Escrituras para revelar a natureza de Deus. Por exemplo, em todo o seu relacionamento pactual com Israel, Deus se revela não somente com uma série de declarações proposicionais, mas nas realidades concretas dos seus tratos históricos com seu povo. O Novo Testamento deixa essa situação ainda mais clara, pois ali a natureza de Deus é

---

[38] Martin Buber, *I and thou* – uma nova tradução com prólogo e notas de Walter Kaufmann (New York: Scribner's Sons, 1970) [no Brasil: *Eu e tu* (São Paulo: Cortez & Moraes, 1977)].

[39] O conhecimento "eu-isto" é o conhecimento que temos de objetos. É o que, por exemplo, um médico sabe sobre o corpo de um paciente inconsciente – coisas como o peso, temperatura do corpo e cor dos olhos. O conhecimento "eu-tu" é o tipo de conhecimento que um médico pode ter de um paciente consciente, em que, no caso o paciente escolher revelar essas coisas, o médico pode saber algo do caráter, dos sonhos e das esperanças da pessoa diante dele.

[40] A principal exposição de Newbigin à teologia barthiana ocorreu na década de 1970 quando, ao voltar da Índia, leu *Dogmática eclesiástica*, embora já tivesse interagido com Barth por meio do WCC anteriormente.

[41] Lesslie Newbigin, *The gospel in a pluralist society* (London: SPCK, 1989), p. 99.

revelada pela encarnação e pelos relatos narrativos da vida de Jesus apresentados pelos Evangelhos.

> O dogma, aquilo que recebemos por nossa aceitação com fé, não é um conjunto de proposições atemporais: é uma história [...] Acredito que, nesse ponto, os defensores da fé no século XVIII foram os que mais longe estiveram de acertar o alvo. A religião cristã que buscaram defender era um sistema de verdades metafísicas atemporais sobre Deus, a natureza e o homem [...] Qualquer defesa da fé cristã [...] precisa adotar um rumo muito diferente. A fé cristã, enraizada na Bíblia, deve [...] ser entendida acima de tudo como uma interpretação da história – a história humana no contexto da história da natureza.[42]

A rejeição que Newbigin faz de uma abordagem apologética que seja simplesmente uma defesa de verdades proposicionais atemporais está em consonância com a antipatia pós-moderna a uma suposta objetividade. Assim, a defesa que ele faz da narrativa é oportuna, mas, ao mesmo tempo, sua caracterização da fé cristã como uma interpretação da história humana inteira também vai contra a suspeita pós-moderna quanto a metanarrativas.[43]

Em um artigo em que atribuiu a divisão liberal-fundamentalista a uma aquiescência comum à modernidade, Newbigin argumenta, em vez disso, que:

> o entendimento verdadeiro da Bíblia é que ela conta uma história da qual minha vida faz parte, a história da paciência incansável, amorosa, furiosa e inesgotável de Deus com a raça humana e da nossa incredulidade, cegueira, desobediência. Aceitar essa história como a verdade da história humana (e, assim, da minha história) produz em mim um compromisso pessoal com uma vida de discernimento e obediência nas novas circunstâncias de cada dia.[44]

A apologética narrativa de Newbigin se concentra em localizar a história de um indivíduo na história bíblica.

Newbigin é inflexível na sua afirmação de a história bíblica ser verdadeira historicamente. É nesse ponto que ele diverge da maioria dos teólogos

---

[42] Ibid., p. 12-3.

[43] Mas essa suspeita com relação a metanarrativas poderia ser criticada como uma tentativa de apresentar uma narrativa universal de suspeita. Assim, a rejeição de metanarrativas pode ser interpretada como uma tentativa dissimulada de substituir as atuais metanarrativas por uma nova narrativa antimetanarrativa!

[44] Lesslie Newbigin, *A word in season: perspectives on Christian world missions*, ed. Eleanour Jackson (Grand Rapids: Eerdmans, 1994), p. 204.

narrativos pós-liberais que argumentam que a história cristã é apenas uma história entre muitas e que a teologia em geral, e a teologia bíblica em particular, é apenas uma disciplina interna de segunda classe para a comunidade cristã. Newbigin usa a obra do filósofo da ciência húngaro Michel Polanyi e seu conceito de "significação universal".[45] Esse é um passo significativo por tentar apresentar uma abordagem não fundacionalista à justificação do conhecimento que também evite o relativismo. Ele usa o princípio de Polanyi de "significação universal" para defender a veracidade universal da história do evangelho. O conceito de significação universal permite que um evangelista afirme com humildade que o evangelho não foi demonstrado de modo final segundo qualquer concepção modernista de demonstração objetiva, o que o tornaria sujeito a refutação.[46] Mas o evangelho é afirmado com significação universal de tal modo que é a verdade para todas as pessoas de todos os lugares. Tanto Polanyi quanto Newbigin reconhecem a função mediadora de estruturas interpretativas, que torna todas as afirmações de verdade, em certo sentido, necessariamente a expressão de uma perspectiva. Newbigin não está apresentando um desvio ingênuo dos efeitos do contexto cultural, argumentando que uma abordagem narrativa significa um acesso direto ao texto bíblico e, portanto, ao evangelho puro sem corrupção. Em vez disso, ele demonstra estar ciente da existência de estruturas interpretativas anteriores à leitura de qualquer texto e entende o ato de ler as Escrituras como uma conversa contínua entre um cristão, com sua cosmovisão imperfeita, e as Escrituras.

> A pessoa que permite que a história bíblica seja o contexto onipresente da vida cotidiana e que busca continuamente situar todas as experiências nesse contexto constata que a vida cotidiana é uma conversa contínua com aquele cuja natureza é revelada na história bíblica como um todo.[47]

Newbigin argumenta que devemos interpretar o mundo pela ótica do evangelho, e não o evangelho pela ótica do mundo. Um modo técnico de

---

[45] Michael Polanyi, *Personal knowledge: towards a post-critical philosophy* (London: Routledge, 1962), p. 65 [*Conhecimento pessoal: por uma filosofia pós-crítica* (Inovatec, 2013)].

[46] Aqui, a noção de demonstração objetiva é usada na definição específica de indivíduos como Karl Popper, que exigiriam a objetividade como o critério que qualifica uma afirmação como científica. Em Newbigin, "Truth and authority in modernity", p. 256, Popper explica que a *falseabilidade* deve ser a base da demarcação entre a ciência e a metafísica.

[47] Lesslie Newbigin, *Proper confidence: faith, doubt and certainty in Christian discipleship* (Grand Rapids: Eerdmans, 1995), p. 88.

apresentar isso é como uma espiral hermenêutica, em conformidade com outra citação, que mostra que Newbigin está ciente do processo de reforma e da natureza falível da interpretação do mundo. Ele diz o seguinte:

> A comunidade cristã é convidada a "morar" na história, tacitamente consciente dela como moldando nosso modo de entender, mas focalmente prestando atenção no mundo em que vivemos para podermos aumentar de modo confiante, mas não infalível, nosso entendimento dele e nossa capacidade de lidar com ele.[48]

Essa abordagem narrativa à hermenêutica bíblica apresenta muitos recursos para a apologética em um contexto pós-moderno. A maioria dos textos apologéticos ignora o fato de a Bíblia ser um livro narrativo. Se alguma vez esses textos citam a Bíblia, é com o objetivo de empregar textos-prova principalmente das epístolas do Novo Testamento ou alguns pedaços históricos isolados extraídos dos relatos da ressurreição nos Evangelhos. Grande parte do nosso trabalho apologético busca transformar a Bíblia em um manual de filosofia, e não deixar que as Escrituras em si, como estão, moldem nosso método apologético. Embora alguns argumentem que uma pessoa pode facilmente evitar as verdades afirmadas por histórias rejeitando-as simplesmente como mitos ou limitando-as à esfera pessoal, as histórias proporcionam um recurso excelente para desafiar a cosmovisão do ouvinte. Quando ouvidas, as histórias apresentam não apenas simples afirmações, mas uma rede inteira de ideias, valores e proposições que precisam ser avaliados como um todo, e essa avaliação não é um ataque agressivo, mas desafia a estrutura interpretativa do ouvinte. A autoridade de uma história é, em grande medida, interna, o que torna uma justificação epistemológica anterior desnecessária. Com seu uso de noções de teólogos narrativos pós-liberais – o filósofo da ciência Michel Polanyi e o filósofo existencialista judeu Martin Buber – e uma leitura atenta das Escrituras, Newbigin apresenta a estrutura teórica para usar a narrativa bíblica com o objetivo de desafiar as metanarrativas predominantes da pós-modernidade sem apelar a conceitos modernistas de verdade.

O evangelho como uma história maior do que estamos acostumados a contar

Um dos perigos para a apologética é a pressuposição de que o evangelho que estamos defendendo seja o evangelho como apresentado pelas Escrituras.

---

[48] Op. Cit. (1861), p.38.

Uma das dádivas de Newbigin para a igreja é sua insistência em que entendamos o evangelho na sua plenitude. Ele tem uma postura muito crítica em relação a apresentações evangelísticas escapistas e reducionistas. Por exemplo, Newbigin argumenta que "concentrar o foco no destino da alma individual após a morte abstrai a alma da realidade completa da pessoa humana como um agente e sofredor na história contínua do mundo".[49] Há duas preocupações aqui: uma é a tendência docética de concentrar o foco na alma e ignorar o corpo, e a segunda é uma ênfase exagerada na dimensão escatológica da salvação. A primeira preocupação de Newbigin identifica uma grande falha na apologética evangélica que ignorou a natureza holística de uma antropologia bíblica robusta. O entendimento quádruplo exibido por ele do evangelho é expresso na sua obra curta *Sin and salvation* [Pecado e salvação].[50] Em um capítulo intitulado "What is salvation?" [O que é a salvação?], ele apresenta um esquema de quatro dimensões para entender a alienação que o pecado levou à humanidade: (1) a humanidade está em um estado de contradição com o mundo natural; (2) os humanos estão em um estado de contradição com outros seres humanos; (3) a humanidade está em um estado de autocontradição interna; e (4) a humanidade está em um estado de contradição com Deus.

A restauração desses quatro relacionamentos fraturados é a salvação segundo a concepção de Newbigin, o qual descreve a salvação como "a restauração da Criação ao seu propósito original".[51] Essa abordagem leva a sério as consequências emocionais, sociais, ambientais e espirituais da Queda. Goheen comenta: "O contexto das reflexões de Newbigin sobre a salvação foi a divergência entre ecumênicos e evangélicos na questão da ação social e que foi gerada por entendimentos diferentes da salvação".[52] A abordagem de Newbigin se opõe a concepções reducionistas da salvação: o evangelho terapêutico, o evangelho individualista, o evangelho social, todos sendo expostos como, na melhor das hipóteses, meias-verdades.

Repetindo, suas percepções são uma correção útil de grande parte da apologética contemporânea. Um dos desafios para os apologetas é que, no nosso desejo de ganharmos a discussão e ganharmos a pessoa com quem estamos conversando, não diluamos o evangelho que estávamos buscando

---

[49] Ibid., p. 178.
[50] Lesslie Newbigin, *Sin and salvation* (London: SCM, 1956).
[51] Ibid., p. 124.
[52] Goheen, "As the Father has sent me", p. 292.

compartilhar. É nesse ponto que considero seu esquema de quatro dimensões extremamente útil, uma vez que ele desafia o apologeta a procurar pontos de contato em todas as quatro dimensões relacionais e identificar o significado de chamar ouvintes a buscar o senhorio de Jesus em todas essas quatro dimensões. Por exemplo, Newbigin argumenta contra concepções individualizadas demais do evangelho como a chave para uma vida satisfatória, que faziam parte de uma reposta cristã à "secularização" mais influenciada pelo existencialismo do que pelas Escrituras. Newbigin argumenta de modo veemente:

> O evangelho é imensamente mais do que uma oferta a homens que se interessam em aceitá-lo para sua vida pessoal fazer sentido. Ele é a declaração do propósito cósmico de Deus segundo o qual a história pública inteira da humanidade é sustentada e governada, e segundo o qual todos os homens sem exceção serão julgados. É o convite para sermos colaboradores de Deus no cumprimento desse propósito por meio da obra expiadora de Cristo e por meio do testemunho do Espírito Santo.[53]

A igreja é o lugar em que a história do evangelho mais faz sentido

Um dos desafios para a apologética contemporânea é a separação entre a apologética e a vida da igreja. A apologética com frequência é considerada a competência de organizações para eclesiásticas e ministérios estudantis. Eventos e pregações apologéticos muitas vezes ocorrem em ambientes não eclesiásticos, e o evangelho apresentado com frequência vê a igreja como algo extra, na melhor das hipóteses, e algo que até causa certo desconforto, na pior. Newbigin tinha uma abordagem radicalmente diferente. A igreja era não apenas um elemento essencial do seu método apologético, mas também uma parte vital da sua mensagem apologética.

A exposição mais clara que ele faz da congregação local como uma apologética indispensável está presente no capítulo "A congregação como a hermenêutica do evangelho"[54] no seu livro *O evangelho em uma sociedade pluralista*. É significativa a escolha que Newbigin faz de *congregação,* e não igreja: a congregação local é uma entidade mais concreta do que a igreja universal. Ao se recusar a argumentar que a igreja em geral seja a hermenêutica do evangelho, Newbigin força uma reflexão e reavaliação com relação à vida congregacional

---

[53] Lesslie Newbigin, *Honest religion for secular man* (London: SCM, 1966), p. 47.
[54] Op Cit (1861), p. 223.

concreta na perspectiva do seu propósito missionário. Na missiologia de Newbigin, a congregação local é a entidade missionária principal, e ele argumenta que é necessário ver a "congregação local como tendo uma certa primazia real entre as várias unidades nas quais podemos imaginar a igreja como estando dividida".[55] Newbigin pensa que o evangelismo deve ser considerado principalmente a responsabilidade da congregação local. A ênfase dele na congregação como a hermenêutica do evangelho é o produto direto da sua abordagem congregacional ao evangelismo. Esse é um lembrete sóbrio ao individualismo de grande parte da apologética contemporânea, visto que, para muitos cristãos, um apologeta é um guerreiro intelectual solitário que participa de um debate com um ateu enquanto o auditório lotado observa estupefato. Para Newbigin, a unidade básica do evangelismo e da apologética é a congregação local. Congregações que vivem a mensagem do evangelho como uma comunidade, exemplificando os valores do reino e proclamando o evangelho com a pregação, esse é o evangelismo mais eficaz.

No contexto dessa tese, Newbigin começa explorando a natureza da verdade e fazendo uso da abordagem de Polanyi ao conhecimento pessoal. Ele questiona o mito da neutralidade científica objetiva que foi promulgado durante a modernidade, produzindo a dicotomia entre a verdade científica e as convicções religiosas. Nesse sentido, ele faz uma apresentação habilidosa da crítica de Polanyi à dúvida para questionar o ceticismo quanto às afirmações de verdades do evangelho, desafiando o racionalismo e defendendo a revelação ao usar o problema da historiografia como uma apologética da necessidade da revelação para entender a história humana. Newbigin então passa a uma exposição da doutrina da eleição divina como um modo de entender as implicações universais que a revelação específica do evangelho pode ter para a humanidade. Ele equilibra sua defesa da universalidade do evangelho para a história mundial com a necessidade de uma (re)contextualização que leva outras religiões e culturas a sério. Em seguida, embarca em uma desconstrução do mito do Estado secular e, portanto, neutro, e depois defende o papel singular da igreja para funcionar como a hermenêutica do evangelho. Newbigin apresenta a congregação local como a "realidade principal que devemos levar em consideração na nossa busca de um impacto cristão na vida pública",[56] concedendo à congregação local um papel decisivo na tarefa apologética:

---

[55] Lesslie Newbigin, *The household of God: lectures on the nature of the church* (London: SCM, 1953), p. 106.
[56] Op Cit. (1861), p. 227.

Como é possível que o evangelho seja crível, que as pessoas venham a crer que o poder que tem a palavra decisiva nos assuntos humanos é representado por um homem pendurado em uma cruz? Estou sugerindo que a única resposta, a única hermenêutica do evangelho, é uma congregação de homens e mulheres que creem nele e vivem de acordo com ele. Obviamente, não estou negando a importância das muitas atividades pelas quais buscamos desafiar a vida pública com o evangelho – campanhas evangelísticas, a distribuição de Bíblias e de literatura cristã, conferências e até mesmo livros como este. Mas estou dizendo que todas essas coisas são secundárias, sendo capazes de alcançar seu propósito apenas caso estejam enraizadas em uma comunidade cristã e conduzam de volta a ela.[57]

Essa é uma linha de pensamento extremamente importante, repleta de significado para o entendimento do projeto missional de Newbigin. Neste capítulo, precisamos fazer apenas duas breves observações para encorajar o leitor a continuar explorando a eclesiologia apologética de Newbigin.

Em primeiro lugar, a congregação pode ser uma hermenêutica do evangelho somente se for capacitada pelo Espírito. Com sua caracterização da congregação como a "hermenêutica do Espírito", Newbigin enfatiza a importância da participação da congregação local na missão do Deus triúno. Mas a tensão entre a passagem apresentada anteriormente e a ênfase pneumatológica de Newbigin mostra que há uma natureza dual na existência da congregação; a congregação deve ser uma participante ativa da missão de Deus, mas essa participação é possível apenas em função do Espírito na congregação como uma "presença capacitadora".[58] Sendo assim, a eclesiologia de Newbigin está centrada no foco duplo da congregação como uma comunidade pneumatológica e hermenêutica.

Em segundo lugar, a congregação pode ser a hermenêutica do evangelho somente se ultrapassar a técnica em direção de uma expressão autêntica da natureza do reino de Deus vindouro. Em vez de apresentar técnicas ou programas, Newbigin concentra o foco nas qualidades que possibilitam uma congregação funcionar como a hermenêutica do evangelho, e aqui ele inclui a natureza sêxtupla da congregação: (1) uma comunidade de louvor; (2) uma comunidade da verdade; (3) uma comunidade que não vive para si mesma, mas tem um envolvimento profundo com os interesses da sua vizinhança;

---

[57] Ibid.
[58] Gordon Fee, *God's empowering presence: The Holy Spirit in the letters of Paul* (Exeter: Paternoster, 1994).

(4) uma comunidade que prepara seus membros para o serviço no mundo; (5) uma comunidade que apresenta o modelo da nova ordem social do reino; e (6) uma comunidade da esperança. Em especial, a vida comunitária é enfatizada nessa caracterização, pois, para Newbigin, a congregação não primeiramente individual e secundariamente comunal, como tantas eclesiologias evangélicas a enxergam. A ênfase dele no impacto hermenêutico e, consequentemente, apologético da vida da congregação é um desafio às abordagens reducionistas e intelectualizadas demais de grande parte da apologética contemporânea.[59] Ele tem a aparência de um eco contemporâneo da antiga Epístola a Diogneto, que incluía um relato da natureza radical da obediência cristã e da vida da igreja:

> Pois os cristãos não se diferenciam de outros pelo país nem pelo idioma, nem pelos costumes que observam [...] Eles amam todos os homens e são perseguidos por todos. Eles são desconhecidos e condenados; eles são executados e restaurados à vida. Eles são pobres, mas tornam muitos ricos; eles são desprovidos de todas as coisas, mas têm abundância em todas; eles são desonrados, mas na sua própria desonra são glorificados. Eles são difamados, mas justificados; eles são injuriados e retribuem o insulto com honra; eles fazem o bem, mas são punidos como malfeitores. Quando punidos, eles se regozijam como se tivessem sido vivificados; eles são injuriados pelos judeus como estrangeiros e são perseguidos pelos gregos; no entanto, aqueles que os odeiam são incapazes de apresentar qualquer razão do seu ódio.[60]

CONTRIBUIÇÕES PARA A APOLOGÉTICA

A experiência transcultural de Leslie Newbigin e seu envolvimento pandenominacional moldaram sua experiência e reflexão missionárias. Uma vida dedicada à missão transcultural e à comunidade ecumênica significa que ele leva uma perspectiva singular ao ministério apologético. Nos nossos contextos eclesiásticos tribalista, em que corremos o risco de ficarmos presos em uma câmara de ressonância cheia de pessoas que concordam conosco, sua voz é refrescante e desafiadora. Newbigin apresenta à igreja contemporânea

---

[59] Considere, por exemplo, os manuais apologéticos clássicos modernos J. P. Moreland, *Scaling the secular city* (Grand Rapids: Baker, 1987); William Lane Craig, *Apologetics: an introduction* (Chicago: Moody, 1984); Norman Geisler, *Christian apologetics* (Grand Rapids: Baker Adademic, 1991).

[60] Anônimo, "A Letter to Diognetus", tradução inglesa, James A. Kleist, ACW, 6:127–147 citado em Avery Dulles, *A history of apologetics* (San Franciso: Ignatius, 1999), p. 35.

algumas ferramentas singulares e poderosas para a tarefa apologética diante de nós hoje. No estudo da sua obra, os leitores devem ser desafiados a repensar sua abordagem ao evangelismo e à apologética. Em primeiro lugar, devem reconhecer a tentação de compartilhar um evangelho reducionista e responder com uma apresentação robusta do evangelho inteiro. Em segundo lugar, os leitores devem reconhecer os potenciais colapsos de uma abordagem apologética não eclesial e individualista, e responder com um método apologético que seja congregacional. Em terceiro lugar, minha esperança é que os leitores façam uma avaliação consciente do papel que as Escrituras desempenham (ou, lamentavelmente, *não* desempenham) na nossa apologética. É muitas vezes mais fácil apresentar afirmações proposicionais sobre Cristo do que as descrições celebradas nas histórias dos Evangelhos. Em cada uma dessas tentações, Newbigin pode inspirar novos (e antigos!) apologetas a repensarem suas metodologias e sua abordagem. Minha esperança é que, instruídos por ele, os leitores refletirão mais uma vez sobre as Escrituras, a igreja, o evangelho e nossa missão. Minha oração, que acredito que também seria a de Newbigin, é que esse trabalho nos ajude a cumprir de modo fiel e relevante o chamado missionário de Deus para nós, a igreja, nesta geração.

BIBLIOGRAFIA

Fontes primárias

NEWBIGIN, Lesslie. "Can the West be Converted?" *Princeton Seminary Bulletin* 6.1 (1985): 25-37.

____. "Cross-currents in ecumenical and evangelical understandings of mission". *International bulletin of missionary research* 6.4 (1982): 146-51.

____. "The dialogue of gospel and culture: reflections on the conference of world mission and Evangelism, Salvador, Brazil". *International bulletin of missionary research* 21.2 (1997): 50-2.

____. *A faith for this one world?* (London: SCM, 1961).

____. *Foolishness to the greeks: the gospel and Western culture* (London: SPCK, 1987).

____. *The gospel in a pluralist Society* (London: SPCK, 1989).

____. *O evangelho em uma sociedade pluralista* (Viçosa: Ultimato, 2016).

____. *Honest religion for secular man* (London: SCM, 1966).

____. *The household of God: lectures on the nature of the church* (London: SCM, 1953).

_____. *Proper confidence: faith, doubt and certainty in Christian discipleship* (Grand Rapids: Eerdmans, 1995).

_____. *The reunion of the church: a defence of the South India Scheme - revised Edition* (London: SCM, 1960).

_____. *Sin and salvation* (London: SCM, 1956).

_____. *Truth and authority in modernity*. In *Faith and modernity*. Ed. P. Sampson; V. Samuel; C. Sugden (Oxford: Regnum, 1994), p. 89-115.

_____. *Truth to tell: the gospel as public truth* (Grand Rapids: Eerdmans, 1991).

_____. *Unfinished agenda: an autobiography* (Grand Rapids: Eerdmans, 1985).

_____. *A word in season: perspectives on Christian world missions*. Ed. E. Jackson (Grand Rapids: Eerdmans, 1994).

Outras obras citadas

BEBBINGTON, D. W. *Evangelicalism in modern Britain: from the 1730s to the 1980s* (London: Unwin Hyman, 1989).

CAHOONE, Lawrence. *From modernism to post-modernism: an anthology* (Oxford: Blackwells, 1996).

COX, Harvey. *Secular city: secularization and urbanization in theological perspective* (New York: Macmillan, 1966).

_____. *A cidade do homem (a secularização e a urbanização na perspectiva teológica)* (Rio de Janeiro: Paz e Terra, 1971).

CRAIG, William Lane. *Apologetics: an introduction* (Chicago: Moody, 1989).

DAVIE, Grace. *Religion in Britain since 1945: believing without belonging* (Oxford: Blackwell, 1994).

DULLES, Avery Cardinal. *A history of apologetics* (San Francisco: Ignatius, 1999).

FEE, Gordon D. *God's empowering presence: the Holy Spirit in the letters of Paul* (Exeter: Paternoster, 1994).

FOUCAULT, Michael. *Politics, philosophy, culture: interviews and other writings 1977-1984*. Ed. Lawrence D. Kritzman (New York: Routledge, 1988).

FRAME, John M. *Apologetics to the glory of God: an introduction* (Phillipsburg: P&R, 1994).

_____. *Apologética para a glória de Deus* (São Paulo: Cultura Cristã, 2010)

GEISLER, Norman L. *Christian apologetics* (Grand Rapids: Baker, 1993).

GILL, Robin. *The myth of the empty church* (London: SPCK, 1993).

GOHEEN, Michael. *"As the father has sent me, I am sending you": Lesslie Newbigin's missionary ecclesiology* (Amsterdam: Boekcentrum, 2000).

_____. Review of "Bearing the witness of the Spirit". *International bulletin of missionary research* 23.2 (1999): 80.

HALL, Douglas John. *The end of Christendom and the future of Christianity* (Pennsylvania: Trinity International, 1997).

HARVEY, David. *The condition of postmodernity* (Oxford: Blackwells, 1989).

_____. *A condição pós-moderna* (São Paulo: Loyola, 1993).

HIEBERT, Paul G. *Anthropological reflections on missiological issues* (Grand Rapids: Baker, 1994).

HUNSBERGER, George R. "Acquiring the posture of a missionary church", p. 289-97, in: *The church between gospel and culture: the emerging mission in North America*. Ed. George R. Hunsberger; Craig Van Gelder (Grand Rapids: Eerdmans, 1996).

KUHN, Thomas S. *The structure of scientific revolutions – second edition* (Chicago: University of Chicago Press, 1970).

_____. *A estrutura das revoluções científicas* (São Paulo: Perspectiva, 1975).

LYOTARD, Jean-Francois. *The postmodern condition: a report on knowledge, theory and history of literature, volume 10* (Manchester: Manchester University Press, 1997).

_____. *A condição pós-moderna* (Rio de Janeiro: José Olympio, 2002)

MORELAND, J. P. *Scaling the secular city* (Chicago: Moody, 1993).

MURRAY, Stuart. *Post-Christendom: church and mission in a strange new world* (Carlisle: Paternoster, 2004).

O'DONOVAN, Oliver. *The desire of the nations: rediscovering the roots of political theology* (Cambridge: Cambridge University Press, 1996).

POLANYI, Michael. *Personal knowledge: toward a post-critical philosophy* (London: Routledge, 1962).

_____. *Conhecimento pessoal: por uma filosofia pós-crítica* (Santa Teresinha: Inovatec, 2013).

POPPER, Karl. *Conjectures and refutations: the growth of scientific knowledge* (London: Routledge & Kegan Paul, 1963).

_____. *Conjecturas e refutações: o progresso do conhecimento científico* (Brasília: Ed. UnB, 2008)

RAWLINGS, John. "Jacques Derrida", 1999, https://prelectur.stanford.edu/lecturers/derrida/.

SIRE, James W. "On being a fool for Christ and an idiot for nobody", p. 101-27, in: *Christian apologetics in the post-modern world*. Ed. Timothy R. Phillips; Dennis L. Okholm (Downers Grove: InterVarsity Press, 1995).

SMITH, David. *Mission after Christendom* (London: Dartman, Longman & Todd, 2003).

STAFFORD, Tim. "God's missionary to us". *Christianity today* 40.14 (1996): 24.

WALLS, Andrew F. *The missionary movement in Christian history: studies in the transmission of faith* (Edinburgh: T&T Clark, 1996).

WRIGHT, N. T. "How can the Bible be authoritative?" *Vox Evangelica* 21 (1991): 7-32.

ZIZIOULAS, John D. *Being as communion: studies in personhood and the church* (New York: St. Vladimir's Seminary Press, 2000).

SÉTIMA PARTE

APOLOGETAS CONTEMPORÂNEOS

Nos últimos cinquenta anos, houve um aumento significativo do interesse pela apologética no cristianismo ocidental, um reflexo por um lado de uma consciência crescente da necessidade de responder a desafios seculares dirigidos à fé religiosa e, por outro, de uma percepção crescente da sua importância no discipulado cristão. Enquanto os apologetas americanos da segunda metade do século XX tenderam a ser moldados por correntes ou métodos específicos, essa tendência deu lugar a uma variedade mais ampla de abordagens, com frequência desenvolvidas por apologetas individuais com seus próprios interesses e ministérios específicos em mente.

Timothy Keller, o pastor fundador da igreja Redeemer Presbyterian Church, em Nova York, desenvolveu um ministério apologético em respostas às perguntas apresentadas por membros da sua congregação composta por jovens profissionais. Seu *best-seller*, *A fé na era do ceticismo*, representa uma resposta fortemente relacional e profunda a essas perguntas. Se apologetas anteriores talvez possuíssem um foco apenas racional, a abordagem fortemente pastoral e relacional de Keller concentra o foco na pessoa como um todo, com o objetivo de demonstrar que a fé cristã é tanto verdadeira quanto transformadora. Repetindo, não é fácil localizar Keller no mapa das categorias apologéticas tradicionais.

Apesar de mudanças culturais significativas desde a década de 1960, o evidencialismo continua sendo um componente importante da apologética contemporânea e pode ser observado em formas diferentes nas obras de **John Warwick Montgomery** e de **Gary R. Habermas**. A abordagem apologética evidencialista e apoiada em fatos de Montgomery explora as qualidades dele como teórico jurídico e segue o modelo da abordagem de Simon Greenleaf, ao mesmo tempo que preserva percepções teológicas centrais com uma forte ênfase cristológica. Enquanto outros apologetas lidam com juízos probabilísticos com o apelo a uma teoria bayesiana, Montgomery lida com essas questões com um raciocínio clássico de probabilidade jurídica, que acha sua melhor exemplificação na análise que ele faz do princípio do "ônus da prova". A "abordagem de fatos mínimos" adotada por Habermas mantém um cerne de evidencialismo tradicional, mas o adapta ao público que tem em mente, que não compartilha da convicção de a Bíblia ser inerrante, inspirada ou até mesmo fidedigna. A abordagem evidencialista de Habermas enfatiza a fundamentação da fé cristã na história em lugar de defender a coerência lógica da fé.

A guinada na reputação da filosofia cristã desde a década de 1970, muitas vezes considerada um reflexo da obra de **Alvin Plantinga**, não se limitou a restaurar a legitimidade do teísmo na comunidade filosófica; isso também criou um novo interesse pelo emprego de defesas filosóficas da fé na apologética. Três dos apologetas contemporâneos mais significativos são filósofos da religião profissionais com fortes credenciais acadêmicas. A defesa robusta da racionalidade da fé cristã apresentada por Alvin Plantinga permanece significativa por si mesma, mas também inspirou outros a explorar as possibilidades apologéticas desencadeadas pela sua abordagem. A demonstração que Plantinga faz da possibilidade de uma justificação da fé em Deus sem evidências proposicionais continua sendo extremamente significativa. Sua obra *God and Other Minds* [Deus e outras mentes] defendeu o reconhecimento de um conjunto de convicções que estamos fortemente inclinados a aceitar como apropriadas epistemologicamente, mas para as quais não há argumentos ou evidências convincentes.

O filósofo britânico **Richard Swinburne** também alcançou um amplo reconhecimento pela sua defesa da racionalidade da fé, em especial seu argumento de que a simplicidade da convicção teísta é uma indicação da sua plausibilidade. As obras seminais de Swinburne *The Coherence of Theism* [A coerência do teísmo] e *The Existence of God* [A existência de Deus] continuam sendo muito citadas e tiveram um impacto significativo em muitos apologetas mais jovens.

A defesa muito ampla que **William Lane Craig** faz do cristianismo tem sido muito influente, em especial entre estudantes. Talvez sua realização mais significativa tenha sido a revitalização e o redirecionamento do argumento *kalām* a favor da existência de Deus, que possivelmente adquiriu um sentido novo com os desenvolvimentos na cosmologia científica.

Duas das forças mais significativas – e possivelmente interconectadas – na cultura ocidental são o secularismo e as ciências naturais. Qual deve ser a relação da apologética com essas tendências? Muitos exploraram a obra do filósofo social canadense **Charles Taylor**, cuja análise da natureza e das origens do secularismo foram profundamente influentes. Sua obra *Uma era secular* desafiou o modelo de secularização então dominante, que afirma que a influência e relevância sociais da religião teriam sofrido uma diminuição gradual, com seu argumento contrastante de que o mundo moderno não é caracterizado pelo desaparecimento da religião, mas sim pela sua diversificação e, em muitos lugares, pelo seu crescimento. Isso desencadeia novas possibilidades apologéticas, que Taylor liga em particular ao reconhecimento da diferença entre *seekers* [os que buscam/novos caminhos] e *dwellers* [os que se fixaram/estão satisfeitos].

As ciências naturais continuam tendo relevância apologética, não por último por causa da narrativa de uma "guerra" entre a ciência e a fé, que está no cerne de autores como Richard Dawkins e Sam Harris. O apologeta de Oxford **Alister McGrath** é um entre vários autores que desafiaram essa narrativa, bem como a noção das ciências naturais como a única fonte de conhecimento fidedigno sobre nosso mundo e nós mesmos. McGrath defende a possibilidade de a ciência e a fé enriquecerem uma à outra no caso de um entendimento correto de ambas. Embora a abordagem apologética de McGrath não se limite a essa questão específica, ela permanece um elemento importante da sua abordagem geral.

É um fato claro que o cenário apologético experimentou uma transformação significativa no Ocidente nas últimas duas gerações com relação tanto às perguntas feitas quanto à maneira em que as respostas foram dadas. Muitos apologetas observaram que perguntas tradicionais (como as relativas à autoridade da Bíblia) deram lugar a perguntas mais relacionais ou existenciais (como as de como devemos viver e de qual é o sentido da vida). Devemos esperar mais mudanças no futuro. No entanto, a diversidade de abordagens e respostas é uma evidência clara da presente vitalidade da apologética. Há uma percepção crescente do fato de que a apologética é capaz de ajudar as igrejas a tratar e responder às perguntas mais profundas da vida de modos que são fiéis teologicamente e relevantes culturalmente.

John Warwick Montgomery
APOLOGETA LUTERANO EVANGÉLICO, EVIDENCIALISTA E CONFESSIONAL

Craig A. Parton

Resumir a contribuição de qualquer apologeta importante pode ser um desafio, e o escopo continuado do trabalho de John Warwick Montgomery como autor, orador, debatedor e cicerone de visitantes à International Academy of Apologetics, Evangelism and Human Rights na região francesa da Alsácia torna essa tarefa ainda mais difícil. Sua especialidade vai de Wittgenstein[1] a Lutero[2] e de Tolkien[3] a Sherlock Holmes.[4] Ele é um raro membro norte-americano de uma

---

[1] Veja John Warwick Montgomery, *Tractatus Logico-Theologicus* (Bonn: Culture & Science, 2009). A estrutura dessa obra-prima teológica de Montgomery espelha o que muitos consideram a mais importante obra filosófica moderna, do grande filósofo analítico do século XX Ludwig Wittgenstein. Essa obra de Montgomery chegou a ser chamada de "o equivalente apologético da *Missa em si menor* de Bach". Veja Craig A. Parton, *The defense never rests: a lawyer among the theologians* (Saint Louis: Concordia, 2015), p. 177. O próprio Montgomery a considera sua obra mais abrangente.

[2] O compromisso de Montgomery com as percepções da Reforma luterana é mais conhecido no evangelicalismo do que na sua própria igreja luterana, um fato que recebe uma análise mais detalhada depois neste artigo. Basta afirmar aqui que é um consenso amplo que seu volume sobre a fidedignidade e a autoridade totais das Escrituras (*Crisis in Lutheran theology* vols 1 & 2, 2. ed. [Minneapolis: Bethany, 1973]) foi a obra mais importante e abrangente que estourou a bolha da dúvida que estava como uma pústula na Igreja Luterana. Seu volume dedicado exclusivamente à obra de Martinho Lutero tem capítulos fascinantes como "Luther, libraries and learning". Veja John Warwick Montgomery, *In defense of Martin Luther* (Milwaukee: Northwestern, 1970).

[3] John Warwick Montgomery, *Myth, allegory & gospel* (Minneapolis: Bethany, 1974).

[4] John Warwick Montgomery, *The transcendent Holmes* (Ashcroft, British Columbia: Calabash, 2000). Aqui, ficamos sabendo sobre a evolução da posição religiosa de Holmes, o que inclui uma refutação da noção popular – que Montgomery demonstra como totalmente sem fundamento – de que Holmes acabou se tornando um adepto do budismo tibetano.

academia culinária de elite em Paris[5] e de uma sociedade de vinhos na Alsácia,[6] que fundou a primeira escola de direito a integrar teologia, direito e apologética; é membro da Sherlock Holmes Society of England; tem cidadania tripla (norte-americana, britânica e francesa); defende causas de importância internacional que envolvem liberdade religiosa e direitos humanos diante da Corte Europeia dos Direitos Humanos, em Estrasburgo;[7] debateu com gente como o infame ateu Madalyn Murray O'Hair, o teólogo da morte de Deus Thomas J. J. Altizer e o bispo liberal James Pike. E, de acordo com a última contagem, tem doze diplomas (incluindo diplomas avançados em direito, história, filosofia e teologia) de instituições tão diversas como a UC Berkeley e as Universidades de Chicago, de Essex, de Cardiff e de Estrasburgo. Ele publicou mais de 70 livros e 250 artigos em oito idiomas;[8] é o editor de um periódico internacional de teologia clássica e apologética;[9] foi responsável pelo tratamento definitivo da história dos esforços para localizar a arca de Noé, bem como conduziu pessoalmente duas expedições no Monte Ararate em busca da arca.[10] Com um histórico erudito tão interessante e abrangente, e por se envolver tão decididamente

---

[5] L'Academie Internationale des Gourmets et des Traditions Gastronomiques, em que ele está no nível Académicien, assento número 41 de 50, dedicado ao tradutor francês de Apício, Bertrand Guégan. Para sua obra mais recente que lida com gastronomia e teologia, veja John Warwick Montgomery, *A gastronomic vade-mecum: a Christian field guide to eating, drinking and being merry now and forever* (Irvine: 1517 Legacy, 2018).

[6] La Confrerie St-Etienne, onde obteve a posição mais elevada de Mestre com base em três conjuntos de testes cegos. Para uma análise mais completa da conexão entre a gastronomia e a metafísica, veja John Warwick Montgomery, "Transcendental gastronomy" *Christianity Today*, 22 Novembro, 1974.

[7] A obra decisiva de Montgomery sobre o tema geral dos direitos humanos e apologética é *Human rights and human dignity* (Grand Rapids: Zondervan, 1986). Seu papel jurídico no caso crítico de defesa da liberdade de pregar Cristo crucificado na Grécia, mas fora do domínio da Igreja Ortodoxa, é narrado em *The repression of evangelism in Greece* (Lanham: University Press of America, 2001). Essa obra, além de ser dedicada ao seu filho Jean-Marie e sua nora Laurence, contém a seguinte inscrição: "Para meus clientes leigos e suas organizações missionárias, como fez Paulo, pregarem o evangelho na Grécia".

[8] Para um catálogo dos escritos, debates, vídeos, filmes e preleções do Dr. Montgomery até ao menos 2007, veja "Bibliography of Dr. John Warwick Montgomery's writings", in: *Tough-minded Christianity: honoring the legacy of John Warwick Montgomery* (Nashville: Broadman & Holman, 2008), p. 704-34. Muitos dos livros e aulas de Montgomery agora estão disponíveis em 1517 The Legacy Project.

[9] Veja *Global journal of classical theology*, publicado por Concordia University Wisconsin. O periódico tem uma forte ênfase em apologética e em teologia clássica e reformada.

[10] John Warwick Montgomery, *The quest for Noah's ark* (Minneapolis: Bethany, 1972). O livro vale o que custa pelas fotos hilárias de Montgomery e seus guias montanhistas bastante sujos.

> em preleções públicas, e com a habilidade polêmica afiada de um advogado de cortes superiores britânicas e de um advogado norte-americano autorizado a advogar na Califórnia, Virgínia, Washington e diante da Suprema Corte dos Estados Unidos, John Warwick Montgomery (1931-) teve um impacto colossal a favor do evangelho de Jesus Cristo na era secular moderna.

CONTEXTO HISTÓRICO

John Warwick Montgomery nasceu em 18 de outubro de 1931, em Warsaw, Nova York, filho de Maurice Warwick e Harriet Smith Montgomery. O pai de John era dono de uma empresa de rações. Assim, ao descobrirem que John tinha uma alergia severa e potencialmente fatal a animais de fazenda, ele foi enviado para morar com sua avó, que era uma cristã devota. Como jovem adulto, John estudou na Universidade Cornell e se especializou nos clássicos, e foi em Cornell que teve seu primeiro contato com uma teologia ortodoxa e evangélica séria, convertendo-se ao cristianismo em 1949.[11] Montgomery imediatamente buscou determinar qual expressão do cristianismo era o reflexo mais claro das Escrituras, e, assim, ele comparou o texto grego do Novo Testamento com os 39 Artigos da Igreja Anglicana da Inglaterra, o Catecismo Reformado de Heidelberg e a Confissão de Augsburgo. Sua conclusão foi que o luteranismo era o reflexo mais fiel do texto bíblico e imediatamente se tornou um luterano confessional atuante na Igreja Luterana conservadora, Sínodo de Missouri. Montgomery apreciava a ênfase da teologia luterana na doutrina da justificação como a doutrina pela qual a igreja permanece em pé ou cai, e já no início dos seus estudos acadêmicos decidiu concentrar o foco na defesa e na proclamação do evangelho de Jesus ao mesmo tempo que defendia a fidedignidade das Escrituras.[12]

---

[11] O impacto de Herman John Eckelmann sobre Montgomery em Cornell é incalculável. Montgomery mais tarde editou um conjunto de ensaios em tributo a Eckelmann, todos de autoria de graduados em Cornell. Veja *Evidence for faith: deciding the God question*, ed. J. W. Montgomery (Irvine, CA: New Reformation, 2016). Os ensaios foram um resultado do The Cornell Symposium on Evidential Apologetics, que ocorreu em Ithaca, Nova York, 1986. Para a história completa do tempo de Montgomery em Cornell e sua conversão, veja o capítulo 3 da sua autobiografia, *Fighting the good fight: a life in defense of the faith* (Bonn: Culture & Science, 2015).

[12] Basta observar os títulos de duas das suas obras: *Faith founded on fact: essays in evidential apologetics* (Nashville: Nelson, 1978), n. 14 e *God's inerrant word*, infra, n. 25.

Ele concluiu seus estudos na Universidade Cornell, graduando-se em 1952 com honra e um diploma em filosofia. Seus estudos acadêmicos estavam longe de concluídos, ainda obtendo mais 11 diplomas, incluindo: um BLS (1954) e MA (1958) da Universidade da Califórnia – Berkeley, um MDiv (1958) e STM (1960) da Wittenberg University, um PhD (1962) da Universidade de Chicago, um ThD (1964) da Universidade de Estrasburgo, um LLB (1977) da LaSalle University, um diploma (1978) do Instituto Internacional de Direitos Humanos em Estrasburgo, França, um MPhil (1983) da Universidade de Essex, um título de doutor honoris causa (1999) do Instituto de Religião e Direito em Moscou, um LLM (2000) e LLD (2003) da Universidade de Cardiff, no País de Gales.

Montgomery se considera evangélico, mas essa adoção do nome evangélico não deve ser confundida com uma aceitação do evangelicalismo *sociológico* dos Estados Unidos. O compromisso, a instrução e o temperamento teológicos formais de Montgomery o definem claramente como um luterano confessional.[13] Suas raízes teológicas estão na Reforma de Lutero e na doutrina da liberdade cristã, e não no metodismo wesleyano focado no avivamento ou no arminianismo pietista e moralista do evangelicalismo norte-americano.

Isso explica em parte o fato de teólogos norte-americanos terem uma espécie de relação de amor e ódio com John Warwick Montgomery.[14] Na América do Norte, ele é mais conhecido nos círculos evangélicos, tendo ensinado em

---

[13] Como luterano "confessional", Montgomery "afirma a validade dos credos ecumênicos da cristandade" e a convicção reformada de que "as Escrituras Sagradas, como originalmente concedidas, são corretas, fidedignas e suficientes para apresentar à igreja e ao mundo uma verdade revelacional perspícua" e que "a resposta central à necessidade humana é um relacionamento pessoal e vivo com Jesus Cristo". Veja Montgomery, *Christ our advocate: studies in polemical theology, jurisprudence and canon law* (Bonn: Culture & Science, 2002), p. 10. Ele também é clérigo ordenado na Igreja Luterana, Sínodo de Missouri.

[14] Pode ser divertido imaginar como deve ter sido na carismática Melodyland School of Theology em Anaheim quando o Dr. Montgomery lecionou nessa escola teológica no fim da década de 1970 junto com o agora canonizado e então extremamente polêmico Walter Martin. O Dr. Rod Rosenbladt, caracterizado por J. I. Packer como "a personificação viva de Lutero", também fazia parte do corpo docente na época. Sabemos que, por causa da influência de Montgomery, essa escola se tornou o primeiro seminário no mundo a adaptar uma declaração doutrinária com compromissos hermenêuticos embutidos. Esses compromissos são um modelo para qualquer seminário ou faculdade dos dias atuais que já queiram começar com uma epistemologia correta e desejam estar devidamente armados para combater os cânceres gêmeos das abordagens hermenêuticas neo-ortodoxa e pós-moderna desconstrutivista. Para essa declaração doutrinária, veja Montgomery, *Faith founded on fact*, p. 225-ss. Praticamente a mesma declaração doutrinária se tornou o fundamento da posterior Simon Greenleaf School of Law, da qual Montgomery foi reitor na década de 1980.

muitas das melhores instituições evangélicas durante os últimos cinquenta anos. Mas por causa da sua orientação teológica sacramental luterana fundamentada na Reforma, ele com frequência é visto (ainda que erroneamente) como um intruso. E, embora tenha feito contribuições prodigiosas ao longo das últimas décadas, muitos cristãos norte-americanos ainda não estão cientes das contribuições significativas de Montgomery para o campo da apologética. Suas três décadas na Europa o tornaram invisível para o cristianismo contemporâneo norte-americano, e até mesmo entre aqueles familiarizados com ele, sua abordagem apologética singular como historiador, filósofo, teólogo e advogado nem sempre corresponde perfeitamente aos campos apologéticos tradicionais do evangelicalismo norte-americano.

CONTEXTO TEOLÓGICO

Quando nenhuma ortodoxia é confessada, não sobra quase nada para defender.[15] Essa simples afirmação apresenta o contexto de muitas das contribuições teológicas e apologéticas de Montgomery. Durante as décadas de 1960 e de 1970, o liberalismo teológico havia se infiltrado em muitas denominações norte-americanas. O liberalismo elevava os humanos e rebaixava Deus e sua Palavra, priorizando um chamado a uma nova vida e ação social acima de afirmações objetivas e proposicionais de verdades. A influência do liberalismo com frequência era acompanhada por uma atmosfera crescente de pluralismo, responsável por pouco interesse em uma reflexão intelectual rigorosa que levava as afirmações das Escrituras a sério.[16] Ao mesmo tempo, no outro lado do cristianismo norte-americano, havia uma pressão por parte de muitos para abraçar uma fé concentrada na conduta cotidiana prática com a rejeição de algumas das atividades intelectuais mais sérias, como a apologética ou *"lutar* pela fé".

Nas décadas de 1970 e de 1980, o luteranismo (assim como muitas denominações) experimentou uma série de conflitos teológicos centrados em visões opostas sobre a autoridade e a inerrância das Escrituras. Durante esses debates, Montgomery, um luterano do Sínodo de Missouri (um ramo muito conservador do luteranismo norte-americano), era uma real ameaça aos liberais, mas também não era benquisto por muitos dos chamados luteranos

---

[15] Para uma análise mais completa do impacto devastador do liberalismo no cristianismo norte-americano, veja "Protestant liberalism: a Christianity without a cross", in: Parton, *The defense never rests*, n. 1, 68-ss.

[16] Veja a devastação do liberalismo protestante em John Warwick Montgomery, *The suicide of Christian theology* (Minneapolis: Bethany, 1975), 180ss., intitulado "Bibliographical bigotry".

moderados. Durante a década de 1970, um segmento muito significativo no Sínodo de Missouri argumentou que as Escrituras continham erros e contradições e, do seu próprio modo peculiar, Montgomery chamou pelo nome aqueles que ele entendeu que estavam fazendo concessões ao mesmo tempo que documentava o vazio intelectual dos seus argumentos (que em muitos casos haviam sido refutados séculos antes).[17]

Sendo um luterano que falava francês sem um sobrenome alemão e desprovido de diplomas de instituições de ensino que contavam com a bênção do Sínodo,[18] muitos em círculos luteranos tradicionais viam Montgomery com bastante desconfiança. É um fato estranho que as críticas mais frequentes a Montgomery são acusações de ele ser ou um liberal (por estar disposto a ensinar todos os tipos de cristãos)[19] ou um arminiano (por valorizar argumentos como uma ferramenta para comunicar a mensagem cristã e convidar não cristãos a avaliar a evidência da veracidade das afirmações do cristianismo).[20] Até mesmo seu próprio corpo eclesiástico luterano alternou entre ignorar e

---

[17] Veja John Warwick Montgomery, *Crisis in Lutheran theology* Vols. 1 e 2, 2. ed. (Minneapolis: Bethany, 1973), n. 17. Montgomery continua a luta com seu próprio Sínodo, recentemente confrontando o suspeitoso crítico textual Jeffrey Kloha e expondo a metodologia de Kloha e sua defesa de um "texto maleável". Após o debate deles em Chicago, em 2016, Kloha deixou sua posição acadêmica no Concordia Seminary em St. Louis e agora está no Bible Museum em Washington D.C., onde é improvável que as implicações de sua metodologia sejam entendidas pelos seus mantenedores corporativos. Veja uma análise do artigo de Kloha, "Text and authority: theological and hermeneutical reflections on a plastic text", e a resposta de Montgomery e o resultado do debate em John Warwick Montgomery, *Defending the gospel in legal style: essays on legal apologetics & the justification of classical Christian faith* (Bonn: Culture & Science, 2017), p. 227-72.

[18] Seu diploma de mestre em teologia sacra da Wittenberg University aparentemente não conta.

[19] Montgomery ocupou cargos docentes na escola teológica de orientação carismática Melodyland School of Theology (localizada apropriadamente do outro lado da rua da Disneylândia), bem como na Trinity Evangelical Divinity School em Illinois. Ele também ensinou em numerosos grupos evangélicos estudantis em universidades por todo o país, incluindo Campus Crusade for Christ (agora Cru), Inter-Varsity and The Navigators, até mesmo falando no Veritas Forum, na UCLA, sobre "Why human rights are impossible without religion" ("Por que os direitos humanos são impossíveis sem a religião").

[20] "O sinergismo não se dá quando se espera que não cristãos aceitem evidências persuasivas e objetivas da verdade da Bíblia ou da sua mensagem do evangelho, da mesma forma que apelos evangelísticos por decisões por Cristo não são sinergistas. Apologetas (e evangelistas) operam fora do domínio da salvação; eles não são pastores ou teólogos sistemáticos que interpretam a experiência de conversão após sua ocorrência. O sinergismo apenas existe no caso de o homem justificado, após a conversão, ser levado a achar que de algum modo (racional, moral, volitivo) contribuiu para sua própria salvação". John Warwick Montgomery, "The Holy Spirit and the defense of the faith", *Bibliotheca Sacra* 154.616 (Out-Dez. 1997), p. 387-95.

se irritar com sua obra em um período em que sua redescoberta seria inestimável. Foi em grande medida por causa de pensadores como Montgomery e Robert Preus no fim da década de 1960 e início da década de 1970 que a Igreja Luterana, Sínodo de Missouri, teve êxito em desviar seu seminário do caminho do liberalismo teológico.[21] No entanto, apesar do papel essencial de Montgomery nessa reviravolta teológica, os luteranos em geral nunca o entenderam, muito menos o abraçaram, como parte do seu grupo. Porém, até mesmo essa rejeição requer que os luteranos tenham ouvido falar dele. A maioria deles não ouviu.

RESPOSTA APOLOGÉTICA E METODOLOGIA

Onde Montgomery melhor demonstra suas contribuições singulares para a tarefa apologética e sua defesa robusta da fé é na sua capacidade de integrar sua formação como teólogo, historiador, filósofo e advogado com um compromisso inabalável com a centralidade da mensagem salvadora de Jesus Cristo, contida em Escrituras totalmente fidedignas. Seu compromisso de centraliza sua apologética tanto nos princípios formais (Escrituras e sua fidedignidade) quando nos materiais (o Evangelho) é resultado direto da sua ortodoxia luterana. A abordagem apologética evidencialista de Montgomery tem uma ligação direta com o foco encarnacional da teologia luterana – o fato de Deus ter se tornado homem em um momento específico na história. Em resumo, o melhor modo de entender John Warwick Montgomery é vê-lo como um apologeta evangélico, evidencialista e de confissão luterana.

Apologeta evangélico

A vida e a obra de John Warwick Montgomery são, acima de tudo, *evangélicas* – isto é, seu teor e sua essência são um compromisso com a natureza intelectualmente defensável do evangelho, a fidedignidade completa do texto que contém esse evangelho e a apresentação ousada desse evangelho a todas as pessoas com a demanda de um compromisso pessoal com Jesus, o Salvador. Os primeiros luteranos foram chamados de "evangélicos", um termo que vem

---

[21] Montgomery, *Crisis in Lutheran theology*. Mas, felizmente, um dos melhores programas de rádio apologéticos agora é produzido pela Igreja Luterana, Sínodo de Missouri, e Montgomery tem sido um participante regular dele. Recentemente, o programa dedicou uma série de episódios de uma hora à discussão de cada capítulo da sua obra monumental *Tractatus Logico-Theologicus*. Veja www.issuesetc.org.

da palavra grega *evangelion*, ou *evangel*, que simplesmente significa "boas-novas" ou "evangelho". Os luteranos alemães do século XVI originariamente foram chamados de "evangélicos" por causa da sua ênfase na morte expiatória de Cristo e sua na ressurreição, e esse mesmo evangelho tem sido o foco da totalidade dos escritos, das falas e dos debates de Montgomery. Ele nunca fala sobre direitos humanos, gastronomia, Sherlock Holmes e filosofia analítica ou a música de J. S. Bach sem analisar as implicações desse tema para a proclamação e a defesa do evangelho com um nível de erudição elevadíssimo.

O foco evangélico de Montgomery está especialmente evidente nas suas apresentações públicas. *Sempre* podemos ter três certezas em uma fala de Montgomery. Em primeiro lugar, ele está preparado como um advogado no tribunal prestes a se dirigir ao júri. Montgomery tem uma percepção aguda de quem são seus ouvintes e é capaz de se comunicar em qualquer nível, seja qual for o tema, e não importa se há seiscentas, sessenta ou seis pessoas. Em segundo lugar, para Montgomery, é essencial que a defesa da verdade do evangelho de Jesus Cristo (a vida perfeita de Cristo, sua morte e sua ressurreição verificável) faça parte da sua apresentação de um modo que nunca seja artificial, sempre seja claro, infalivelmente defensável e enfatize a natureza *extra nos*[22] dessa defesa. Em terceiro lugar, sua apresentação exibe um nível elevado de erudição e tem tanto rigor acadêmico que ninguém precisa ter o mínimo temor de convidar um cético para ouvi-lo. Uma pessoa pode aconselhar alguém a ouvir Montgomery com a mesma segurança com que recomendaria a leitura de *Cristianismo puro e simples*, de C. S. Lewis.[23] Qualquer não cristão entre os ouvintes será respeitado, não será tratado como alguém inferior e não será submetido ao jargão cristão "esotérico". O evangelicalismo norte-americano dos dias atuais poderia se beneficiar de uma redescoberta desse discernimento apologético, uma abordagem que combina uma pesquisa rigorosa,

---

[22] *Extra nos* simplesmente significa "fora de nós", sendo a caracterização que Lutero faz do evangelho. Isso é evidenciado pelos debates de Montgomery, em que ele com frequência não hesita em deixar claro aos ouvintes que o debate consiste não nas personalidades dos debatedores, mas em uma verdade *extra nos* totalmente passível de ser analisada pelo investigador sério.

[23] Montgomery enviou a Lewis a monografia que se tornou a base de uma das primeiras (e ainda mais populares) obras de Montgomery, *History and Christianity* (Minneapolis: Bethany, 1964). Lewis, em uma carta a ele em agosto de 1963, disse que sua obra "foi benéfica para mim e constantemente a acharei útil [...] Não vejo como ela poderia ser aperfeiçoada". Id. em 6-7. O livro consistentemente popular agora é reimpresso como *History, law and Christianity* (Irvine: New Reformation, 2014). É fortemente recomendado como primeira leitura de Montgomery.

uma mensagem clara e uma aplicação ampla e que afirma a centralidade total do evangelho[24] como o foco digno de crédito intelectual no diálogo com a incredulidade.

Os reformadores chamavam o evangelho de "o princípio material de toda a teologia".[25] Reconhecendo a centralidade dessas boas-novas, Montgomery viu como óbvio o fato de um evangelho contido em um texto com erros e contradições não ser defensável intelectualmente. Se não podemos confiar nos textos que nos apresentam o evangelho (isto é, as Escrituras Sagradas, às vezes conhecidas como "o princípio formal de toda a teologia") quanto ao que dizem sobre como era o templo em Jerusalém, como podemos confiar nelas quando falam sobre a Jerusalém celestial? Montgomery percebeu as armadilhas lógicas criadas pelos teólogos neo-ortodoxos e certos evangélicos cheios de concessões na sua tentativa de afirmar o que ele considerava uma contradição incorrigivelmente não bíblica – um evangelho *inerrante* contido em Escrituras *errantes*. Montgomery não tolerava aqueles que buscavam enfraquecer esse fundamento teológico. Para ele, os que substituíam a inerrância pela "infalibilidade" e "inerrância parcial" estavam na mesma situação teológica dos dispostos a abandonar completamente a fé.[26] Como apologeta evangélico, ele encoraja os evangélicos modernos a redescobrir uma confiança total no evangelho[27] e a recuperar uma base vigorosa e intelectualmente defensável do evangelho em Escrituras totalmente fidedignas.

---

[24] Para a natureza cristocêntrica do seu esforço apologético inteiro, quer focado na apologética jurídica, quer na apologética literária ou estética ou em direitos humanos e apologética, veja seu volume *Christ as centre and circumference: essays theological, cultural and polemic* (Bonn: Culture & Science, 2012).

[25] Robert D. Preus, *The theology of Post-Reformation Lutheranism* (St. Louis: Concordia, 1970), p. 270-1, 331.

[26] Os artigos centrais de Montgomery sobre a inerrância e a fidedignidade completa das Escrituras se acham em Montgomery, *The suicide of Christian theology*, n. 13, esp. o artigo "Inductive inerrancy", p. 356-ss.; Montgomery, *Crisis in Lutheran theology*, vol. 1, n. 17, esp. "Inspiration and inerrancy: a new departure" e "Lutheran hermeneutics and hermeneutics today", p. 15-77; *God's inerrant word: an international symposium on the trustworthiness of Scripture*, ed. J. W. Montgomery (Minneapolis: Bethany, 1974), esp. "Biblical inerrancy: what is at stake?" e "Lessons from Luther on the inerrancy of Holy Writ", p. 15-42 e 63-94; *Ecumenicity, evangelicals and Rome* (Grand Rapids: Zondervan, 1969), esp. "The approach of new shape Roman catholicism to Scriptural inerrancy: a case study for evangelicals", p.73-93; e Montgomery, *Faith founded on fact*, n. 23, esp. "The fuzzification of Biblical inerrancy", p. 215ss.

[27] Veja Parton, "Whatever happened to the gospel?", in: Parton, *Defense never rests*, n. 1, p. 13ss.

Apologeta evidencialista

Montgomery usou uma abordagem evidencialista e apoiada em fatos na sua defesa do evangelho salvífico e do texto que o contém. Sua obra mais conhecida, *History, Law, and Christianity*, apresenta uma apologética "histórico-jurídica" que o diferencia de outros apologetas contemporâneos.[28] Essa obra propõe vários testes para determinar a fidedignidade dos Evangelhos no Novo Testamento. Montgomery se baseia nesses testes para produzir uma progressão evidencial muito coesa que culmina na demonstração da causa cristã de acordo com critérios jurídicos de probabilidade evidencial.[29]

O esboço do argumento histórico-jurídico exibe uma progressão de uma série de argumentos. Em primeiro lugar, Montgomery afirma que (1) os Evangelhos são documentos históricos fidedignos ou material de fontes primárias. Praticamente todos os estudiosos (até mesmo não cristãos) afirmam que Mateus, Marcos e Lucas foram escritos em um período de 50 anos após a morte de Cristo, e o consenso da maioria é que João foi escrito em um período de 65 anos após morte de Cristo. Os objetores podem verificar esses fatos em qualquer enciclopédia bíblica digna de crédito. Nesses Evangelhos, (2) Cristo afirma ser Deus em carne humana (veja Mateus 11:27; João 12:45; João 10:30; Mateus 16:13-17). Além disso, (3) há descrições muito detalhadas da ressurreição de Cristo em todos os quatro relatos dos Evangelhos. Em seguida, (4) a ressurreição de Cristo demonstra sua afirmação de sua natureza divina porque (5) se Cristo é Deus, tudo que ele diz é verdade, e (6) Cristo afirmou que o Antigo Testamento era infalível (Mateus 5:17-19) e que o Novo Testamento vindouro (escrito por apóstolos ou colaboradores próximos de apóstolos) também seria infalível (João 14:26,27; João 16:12-15).

O fluxo da defesa jurídica que Montgomery faz da fé revela sua formação como advogado de cortes superiores britânicas e de advogado

---

[28] Veja Montgomery, *History, law and Christianity*, n. 23. O teste de três partes para demonstrar a fidedignidade dos relatos dos Evangelhos são o *teste bibliográfico* (lida com a qualidade da tradição manuscrita que nos proporciona o presente texto), *o teste de evidência interna* (responde à pergunta de se os autores tinham os meios, os motivos e as oportunidades para ser testemunhas oculares precisas dos acontecimentos ou se são responsáveis por erros factuais) e o *teste de evidência externa* (determina se há outros materiais históricos que confirme ou negue o material bíblico).

[29] Esse material é um resumo da análise presente em John Warwick Montgomery, *The shape of the past: a Christian response to secular philosophies of history* (Minneapolis: Bethany, 1975). Veja também John Warwick Montgomery, "The jury returns: a juridical defense of Christianity", in: *Evidence for faith: deciding the God question* (Dallas: Probe, 1991), p. 319 et seq. (reimpresso por New Reformation Press, 2016).

norte-americano, e se baseia na obra inovadora do professor Simon Greenleaf, da Escola de Direito de Harvard. Seguindo a abordagem de Greenleaf, ele reduz grande parte das pressuposições apologéticas jurídicas ou legais a um mínimo absoluto na sua argumentação. O mínimo possível de dados é *pressuposto* (apenas pressuposições formais, como a objetividade do mundo externo, as operações inferenciais de indução e dedução, o valor da linguagem, a validade da lei da não contradição) para que o máximo possível de dados possa ser *descoberto*. Na apologética histórico-jurídica apresentada por Montgomery, as pessoas são convidadas a investigar as afirmações do cristianismo contidas nos documentos do Novo Testamento da mesma forma que investigariam qualquer outra obra antiga e a aplicar um raciocínio probabilístico e os cânones amplamente aceitos da argumentação jurídica.

Podemos observar a importância da ênfase apologética legal ou jurídica de Montgomery em ao menos três aplicações. Em primeiro lugar, no conceito do raciocínio probabilístico; em segundo lugar, no seu uso do princípio do "ônus da prova"; e, por fim, na sua insistência em que um *veredicto* seja proferido e que a defesa histórica leve uma pessoa além do mero reconhecimento intelectual das afirmações de Cristo à própria presença do Deus transcendente que se tornou homem no mistério da encarnação.

Montgomery usa o raciocínio probabilístico na sua afirmação de que a defesa do cristianismo, em última instância, está fundamentada na demonstração de certos fatos (em oposição à demonstração do cristianismo como o sistema mais "lógico"). Isso significa que, se certos acontecimentos centrais *não* ocorreram, o cristianismo é tanto falso quanto virulento. Uma vez que o cristianismo é centrado em fatos, um entendimento da natureza geral de afirmações factuais é necessário. Os fatos nunca alcançam o nível da demonstração didática, e *sempre* há a possibilidade de erro. Isso leva Montgomery à conclusão de que a demonstração do cristianismo nunca chega ao nível de certeza irrefutável, pois esse nível de certeza é possível somente em questões de lógica ou matemática puras. Em vez disso, é necessário avaliar as probabilidades, examinar a evidência como um advogado a examinaria na apresentação dela a um tribunal ou júri e, então, chegar a um veredicto. Não devemos exigir de afirmações religiosas um nível de certeza factual certamente não exigido em nenhum outro domínio.[30]

---

[30] Para mais trabalho nessa área, veja a segunda e terceira proposições de Montgomery, *Tractatus Logico-Theologicus*, ft.1, p. 23-128.

Em segundo lugar, Montgomery realça que o cristão tem o "ônus da prova" para demonstrar a veracidade do cristianismo, e essa afirmação tem várias implicações significativas e práticas. Em primeiro lugar, os cristãos devem reconhecer a importância de uma apresentação da defesa de Cristo no mercado das ideias com argumentos que podem ser analisados e verificados. Ao falar sobre um dos seus numerosos debates, Montgomery afirmou publicamente que seu objetivo é ganhar a pessoa na plateia que de fato não sabe de que lado está, mas está "em cima do muro".[31] Sua convicção de que o ônus da prova pertence ao cristão significa, na prática, que a sua apologética está centrada em argumentos positivos e apoiados em fatos para defesa do cristianismo, e não na demolição dos argumentos mais fracos de outras religiões mundiais.

Por causa da sua formação como advogado, ele sabe que, na situação de uma parte com o ônus da prova, o objetivo do seu argumento e apresentação é o resultado de um veredicto favorável. O direito reconhece que esse é o caso, pois até mesmo um indulto precisa ser "aceito" para ser válido.[32] Quando alguém está diante das afirmações do cristianismo, a mera aceitação dos fatos não é suficiente. Se a demonstração dos fatos é sólida – que, com base nas evidências esmagadoramente sólidas, os advogados do tribunal concluíram por séculos ser de fato o caso –, então um compromisso com esses fatos é central. Como o próprio Senhor disse: "Quem crê em mim, mesmo que morra, viverá" (João 11:25).

O ponto central de Montgomery aqui nos ajuda a entender o fato de advogados terem exibido uma inclinação maior à atividade apologética do que dentistas ou engenheiros. A razão disso não é que as Escrituras tenham uma ligação muito forte com o Direito, mas sim o fato de que as verdades afirmadas pelo cristianismo exigem uma verificação. Ele dedicou sua energia a demonstrar que o relato das testemunhas bíblicas não está sujeito a objeções baseadas

---

[31] Dallas K. Miller, "The role of public debate in apologetics", in: *Tough-minded Christianity: honoring the legacy of John Warwick Montgomery*, eds. William Dembski and Thomas Schirrmacher (Nashville: Broadman & Holman, 2008), p. 473.

[32] *United States v. Wilson 32 U.S. 150, 161*(1833). ("Assim, um prisioneiro não tem a obrigação de aceitar um indulto, quer condicional, quer não. O destinatário do indulto sempre tem a escolha de rejeitar a oferta de clemência e sofrer as consequências da sentença judicialmente imposta [...] Ou o prisioneiro aceita o indulto ou comutação como condicionado ou o rejeita. A escolha é clara e não uma alternativa intermediária"). Para uma exposição mais robusta da apologética legal ou judicial de Montgomery, veja sua obra Montgomery *Defending the gospel in legal style*, n. 17. Veja também Ross Clifford, *John Warwick Montgomery's legal apologetic: an apologetic for all seasons* (Bonn: Culture & Science, 2004).

em rumores, mas está à altura do interrogatório cruzado mais rigoroso.[33] Quer Montgomery esteja aplicando as regras de prova de liberdade condicional ou os princípios da regra do documento antigo, os documentos bíblicos são, em poucas palavras, as obras mais bem-atestadas de toda a antiguidade.[34]

Apologeta confessional luterano

A apologética de Montgomery é tanto evangélica quanto evidencial *por causa* da sua natureza luterana confessional. Os esforços apologéticos dele se concentram na vida perfeita e na morte expiatória do Jesus que sofreu sob Pôncio Pilatos. Sendo um luterano confessional, o foco de Montgomery e da sua abordagem é o evangelho de Jesus Cristo e, desde as suas primeiras preleções sobre o luteranismo e a defesa do evangelho bíblico,[35] ele fez uma exposição contínua de uma abordagem apologética da qual nunca se desviou e cuja qualidade, em vez disso, só cresceu e amadureceu. Ele permaneceu um proclamador fiel do Cristo crucificado para todos e preservou um compromisso firme com a verdade da fé cristã (como formulada nos documentos confessionais da Reforma luterana), com a, tipicamente luterana, liberdade do cristão em Cristo (que de fato nos libertou da lei do pecado e da morte), e com o senhorio de Cristo sobre a vida intelectual e cultural inteira. Isso o diferencia dos apologetas dos nossos dias atuais. Seu trabalho apologético é um desdobramento direto do seu compromisso com as percepções da Reforma luterana, no entanto, o que distingue Montgomery de outros luteranos confessionais sérios é o fato de ser não apenas um apologeta e um defensor contagiosamente zeloso da fé, mas também um evangelista. Em última instância, ele não enxerga tensão nenhuma entre ser um seguidor sério das percepções da Reforma luterana, um defensor zeloso

---

[33] John Warwick Montgomery, *The law above the law* (Irvine: New Reformation, 2015), veja esp. p. 84ss., que lida com o raciocínio legal e a apologética cristã.

[34] Lida com essas questões a obra de Montgomery *The law above the law*, bem como sua obra *Law and gospel: a study in jurisprudence* (Oak Park: Christian Legal Society, 1978), esp. p. 34-7. Para um tratamento atual, veja Parton, *The defense never rests*, n. 1, esp. "A lawyer's case for Christianity: an apologetic for the tough-minded", p. 99-ss.

[35] Esse material fundacional e crítico está presente em uma série de preleções apresentadas no Bethany College em Mankato, Minnesota, em uma época em que o canonizado Robert Preus era reitor da faculdade. John Warwick Montgomery, "Lutheranism and the defense of the Christian faith", *Lutheran Synod quarterly* 9.1 (Outono, 1970): 1-56. Para uma análise contemporânea, veja Parton, "Why distrust of evidential apologetics is not Lutheran", *The defense never rests*, n. 1, p. 79s-s.

do Cristo crucificado pelos descrentes e um proclamador de "muitas provas incontestáveis" que demandam um veredicto pessoal.

CONTRIBUIÇÕES PARA A APOLOGÉTICA

John Warwick Montgomery defendeu de modo contínuo a fidedignidade total das Escrituras e usou técnicas inovadoras de outras disciplinas nessa defesa. As percepções da filosofia analítica e da argumentação jurídica perpassam todas as suas obras que defendem a inerrância das Escrituras. De modo semelhante, sua defesa do evangelho encontrado nas Escrituras também se beneficiou da sua formação como jurista. Seu desenvolvimento de uma defesa histórico-jurídica de Cristo, a começar pelas afirmações factuais da qualidade das fontes primárias e da fidedignidade geral dos relatos nos Evangelhos, é singular entre os apologetas. Sua abordagem inexoravelmente evidencialista e jurídica à defesa do Cristo crucificado o diferencia de muitos apologetas modernos cujo foco é uma demonstração de um "teísmo genérico". Montgomery foi levado a buscar uma formação jurídica mais tarde na vida, indicando que fez isso com o propósito explícito de integrar o raciocínio jurídico com a defesa das afirmações centrais da fé cristã. Hoje, sua Academy of Apologetics, Evangelism & Human Rights em Estrasburgo, França, tem influenciado uma geração de advogados e juízes que têm assistido às preleções anuais em julho ou que receberam status de membros da academia.[36]

O impacto significativo de Montgomery na apologética não o impediu de participar de debates públicos robustos com secularistas renomados ou de ter uma carreira ativa litigando algumas das causas mais influentes de direitos humanos no Tribunal Europeu de Direitos Humanos. Ele defendeu a liberdade de pregação do evangelho na Grécia (fora da influência da Igreja Ortodoxa), bem como mais recentemente a possibilidade de cristãos na Moldávia praticarem a liberdade religiosa.

As contribuições de Montgomery podem ser em geral caracterizadas como focadas no evangelho de Cristo tanto para os mais resistentes que precisam de evidências concretas e práticas quanto para os de natureza mais sensível. Para o indivíduo mais resistente, ele apresenta um conjunto impressionante de

---

[36] Pessoas que já participaram de sessões da Academy incluem advogados e juízes de tribunal e de cortes superiores de Singapura, Malta, Jamaica, Austrália, Alemanha, França, Romênia, Nigéria, Malásia, Inglaterra, Canadá e Estados Unidos, apenas para mencionar alguns dos países representados. A Academy está chegando ao seu vigésimo quinto ano de formação de profissionais e leigos para a tarefa apologética. Veja www.apologeticsacademy.eu.

escritos apologéticos legais, históricos, filosóficos e evidenciais que terão um valor decisivo para futuros defensores da fé pelas próximas gerações. Para os indivíduos mais sensíveis – aqueles que talvez tenham um interesse maior por literatura, arte, música e estética –, ele apresenta obras que falam sobre como o evangelho proporciona a satisfação dos anseios mais profundos de um coração humano fraturado. Suas obras sobre o poder de histórias alegóricas e míticas convincentes, como as apresentadas por C. S. Lewis, J. R. R. Tolkien e Charles Williams, e refletidas na vida "transcendente" de Sherlock Holmes, realçam as possibilidades apologéticas inerentes aos chamados "arquétipos do inconsciente coletivo".

John Warwick Montgomery é um apologeta evangélico, evidencialista e confessional, um defensor da fé para todas as pessoas e para todos os tempos. A *raison d'être* de seus diplomas, livros, debates e contribuições incansáveis para a defesa da fé não é a busca de uma ideia esotérica ou um jogo de xadrez intelectual para ganhar almas humanas. Antes, é uma vida vivida *sub crucis* – sob a cruz – e dedicada à defesa e à apresentação ousadas de Cristo, crucificado pelos pecadores e ressurrecto para nossa justificação.

BIBLIOGRAFIA

CARNELL, E. J. *Introduction to Christian apologetics* (Grand Rapids: Eerdmans, 1948).

CLIFFORD, Ross. *John Warwick Montgomery's legal apologetic: an apologetic for all seasons* (Bonn: Culture & Science, 2004).

HORTON, Michael. "The new gnosticism". *Modern Reformation* (Jul/Ago 1995): 4-12.

KLOHA, Jeffery. "Text and authority: theological and hermeneutical reflections on plastic text", p. 33-4, in: John Warwick Montgomery, *Crisis in Lutheran theology*. Vol. 3 (Irvine: New Reformation, 2017).

METZGER, Will. *Tell the truth* (Downers Grove: InterVarsity Press, 1981).

MONTGOMERY, John Warwick. *A gastronomic vade-mecum: a Christian field guide to eating, drinking and being merry now and forever* (Irvine: 1517 Legacy Publishers, 2018).

_____. *Christ as centre and circumference: essays theological, cultural and polemic* (Bonn: Culture & Science, 2012).

_____. *Christ our advocate: studies in polemical theology, jurisprudence and canon law* (Bonn: Culture & Science, 2002).

_____. *Crisis in Lutheran theology*. Vols 1 e 2, 2. ed. (Minneapolis: Bethany, 1973).

_____. *Defending the gospel in legal style: essays on legal apologetics & the justification of classical Christian faith* (Bonn: Culture & Science, 2017).

_____. *Ecumenicity, evangelicals and Rome* (Grand Rapids: Zondervan, 1969).

_____, ed. *Evidence for faith: deciding the God question* (Irvine: New Reformation, 2016).

_____. *Faith founded on fact: essays in evidential apologetics* (Nashville: Nelson, 1978).

_____. *Fighting the good fight: a life in defense of the faith* (Bonn,: Culture & Science, 2015).

_____, ed. *God's inerrant Word: an international symposium on the trustworthiness of Scripture* (Minneapolis: Bethany, 1974).

_____. *History and Christianity* (Minneapolis: Bethany, 1964). Reimpresso como *History, law and Christianity* (Irvine: New Reformation, 2014).

_____. *Human rights and human dignity* (Grand Rapids: Zondervan, 1986).

_____. *In defense of Martin Luther* (Milwaukee: Northwestern, 1970).

_____. *Jurisprudence: a book of readings* (Strasbourg: International Scholarly, 1973).

_____. *Law and gospel: a study in jurisprudence* (Oak Park: Christian Legal Society, 1978).

_____. "Lutheranism and the defense of the Christian faith". *Lutheran Synod Quarterly* 9.1 (Fall 1970): 1-56.

_____. *Myth, allegory & gospel* (Minneapolis: Bethany, 1974).

_____. "The Holy Spirit and the defense of the faith". *Bibliotheca Sacra* 154.616 (Out-Dez 1997): 387-95.

_____. *The law above the law* (Irvine: New Reformation, 2015).

_____. *The quest for Noah's ark* (Minneapolis: Bethany, 1972).

_____. *The repression of evangelism in Greece* (Lanham: University Press of America, 2001).

_____. *The shape of the past: a Christian response to secular philosophies of history* (Minneapolis: Bethany, 1975).

_____. *The suicide of Christian theology* (Minneapolis: Bethany, 1975).

_____. *The transcendent Holmes* (Ashcroft: Calabash, 2000).

_____. *Tractatus Logico-Theologicus* (Bonn: Culture & Science, 2009).

_____. "Transcendental gastronomy", p. 415-7, in: John Warwick Montgomery, *Christ as centre and circumference* (Bonn: Culture & Science, 2012).

MOORE, Will. "Bibliography of Dr. John Warwick Montgomery's writings", p. 704-34, in: *Tough-minded Christianity: honoring the legacy of John Warwick Montgomery*. Ed. William Dembski; Thomas Schirrmacher (Nashville: Broadman & Holman, 2008).

PARTON, Craig A. *The defense never rests*. 2. ed (Saint Louis: Concordia, 2015).

RUSHDOONY, R. J. *The institutes of Biblical law* (Nutley: Presbyterian & Reformed, 1973).

SMITH, Wilbur. *Therefore stand* (Boston: Wilde & Co., 1945).

Charles Taylor
APOLOGÉTICA EM UMA ERA SECULAR

Bruce Riley Ashford

Matthew Ng

Charles Margrave Taylor (1931-) é um filósofo canadense e professor emérito da Universidade McGill.[1] Ele é mais conhecido pelas suas contribuições para filosofia política e social, história intelectual e filosofia da linguagem. Suas contribuições para a apologética do final do século XX e início do século XXI com frequência são ignoradas.[2] Embora tenhamos reservas quanto a algumas das suas interpretações não ortodoxas do cristianismo, Taylor permanece um guia importante para confrontar a amnésia da nossa era secular.

CONTEXTO HISTÓRICO

Charles Taylor nasceu em 5 de novembro de 1931, em Montreal, Quebec.[3] O lado materno da sua família falava francês, e o lado paterno, inglês. Taylor relata a influência que essa realidade bilíngue teve nas suas visões intelectuais, em particular sua atração pela teoria expressivista da linguagem e da personalidade defendida por Herder.[4] Na sua infância, Taylor observou duas abordagens diferentes à linguagem. Por um lado, havia os anglófonos, cuja abordagem à linguagem era instrumental, o inglês como meio de alcançar certos fins. Por outro lado, havia os francófonos, que viam o idioma francês como parte e "expressão" da sua identidade.[5] O fascínio de Taylor pela conexão entre linguagem, cultura e identidade nutriu seus interesses filosóficos e lançou as sementes do seu trabalho futuro sobre a "política do reconhecimento". De fato, mais tarde na vida, ele se tornaria um defensor incansável

---

[1] Nicholas H. Smith, *Charles Taylor: meaning, morals, and modernity* (Malden: Polity, 2002), p. 12.

[2] Gostaríamos de agradecer à Kampen Theological University pelo seu auxílio na pesquisa para este capítulo por meio da sua Advanced Theological Studies Fellowship.

[3] Smith, *Charles Taylor*, p. 12.

[4] Philippe de Lara; Charles Taylor, "From philosophical anthropology to the politics of recognition: an interview with Charles Taylor", *Thesis eleven* 52 (1998): p. 109.

[5] de Lara; Taylor, "From philosophical anthropology to the politics of recognition", p. 109.

do direito da província de Quebec de ser reconhecida como uma sociedade específica, mas sendo contra sua secessão do Canadá.[6]

Desde muito cedo, Taylor demonstrou interesse pelo ativismo político, tanto que, durante seu tempo como universitário em Oxford, ele liderou um abaixo-assinado pelo banimento da bomba de hidrogênio na Grã-Bretanha e se tornou o primeiro presidente da Campanha da Universidade de Oxford pelo Desarmamento Nuclear.[7] Quando a União Soviética invadiu a Hungria, em outubro de 1956, Taylor saiu da Grã-Bretanha e passou seis meses vivendo com refugiados húngaros em Viena.[8]

Mais tarde, durante seus estudos de pós-graduação sob a supervisão de Isaiah Berlin, Taylor lamentou "a distância enorme entre o discurso da ciência e da filosofia política e a realidade da vida e das paixões políticas".[9] Ele expressou uma frustração com "os limites da versão empirista então dominante da filosofia analítica em Oxford".[10] Insatisfeito com o reducionismo e a natureza impraticável dos paradigmas de pensamento predominantes, ele formou um grupo de estudantes de mesma mentalidade dedicado à leitura de livros fora do currículo, em especial aqueles do fenomenologista Maurice Merleau-Ponty.[11]

Após concluir seus estudos de pós-graduação, Taylor concorreu a um cargo político federal no Canadá quatro vezes, de 1962 a 1968, mas nunca foi eleito.[12] Em uma das eleições, ele recebeu o apoio do futuro primeiro-ministro do Canadá, Pierre Elliot Trudeau, que, curiosamente, mais tarde se tornaria o adversário político de Taylor.[13] Taylor chegou a ser "o principal consultor político no Novo Partido Democrata",[14] e seu ativismo político moldou sua filosofia de modo profundo: "A unidade entre a teoria e a prática é verdade para mim, no sentido de que meu envolvimento político me proporcionou um aprendizado enorme. Há coisas que aprendi assim que nunca poderia ter

---

[6] Smith, *Charles Taylor*, p. 12.
[7] Ibid., p. 12-3.
[8] Ibid.
[9] de Lara; Taylor, "From philosophical anthropology to the politics of recognition", p. 103.
[10] Ibid, p. 104. A dissertação de Taylor sob a supervisão de Berlin se tornou a base do seu primeiro livro, *The explanation of behavior* (New York: Routledge & Keegan Paul, 1964), que foi um ataque ao naturalismo e ao behaviorismo.
[11] Chris Bloor; Charles Taylor, "Interview with Charles Taylor", *Philosophy Now* 74 (2009), https://philosophynow.org/issues/74/Charles Taylor.
[12] Ruth Abbey, *Charles Taylor* (Princeton: Princeton University Press, 2000), p. 6.
[13] Smith, *Charles Taylor*, p. 14; Abbey, *Charles Taylor*, p. 6.
[14] Smith, *Charles Taylor*, p. 15.

aprendido em livros".¹⁵ De muitas formas, os interesses filosóficos de Taylor foram motivados pelos problemas políticos práticos gerados pelo pluralismo cultural, religioso e linguístico do Canadá.

No entanto, a carreira filosófica de Taylor alcançou muito mais êxito do que sua carreira política. Sendo professor de teoria social e política na Universidade de Oxford e professor de ciência política e filosofia na Universidade McGill, Taylor alcançou um amplo reconhecimento, recebendo muitos prêmios, incluindo o Prêmio Templeton, o Prêmio Kyoto e a Gold Medal por Achievement in Research do Social Sciences and Humanities Research Council.¹⁶ Seus livros incluem *Hegel*, *As fontes do self*, *The Malaise of Modernity* [O mal-estar da modernidade] e *Uma era secular*.

Os interlocutores de Taylor ao longo dos anos com frequência têm sido filósofos e cientistas políticos. O resultado disso é que às vezes a importância da sua fé religiosa para o seu trabalho acadêmico é negligenciada. No entanto, como James L. Heft observou, a fé cristã de Taylor tem sido um "elemento central, ainda que na maior parte das vezes implícito, dos seus escritos filosóficos".¹⁷ Taylor admite que questões teístas/religiosas têm "estado no centro do meu interesse durante décadas. Elas se refletiram na minha obra filosófica [...] [implicitamente] [...] por causa da natureza do discurso filosófico [...], que deve tentar persuadir pensadores honestos de toda e qualquer posição metafísica ou teológica".¹⁸

CONTEXTO TEOLÓGICO

O projeto de Taylor tem muitas semelhanças com o do teólogo e missionário britânico Lesslie Newbigin. Após quatro décadas como missionário na Índia, Newbigin voltou para a Inglaterra e encontrou um país que havia experimentado um processo de secularização radical. O choque cultural fez Newbigin escrever que agora há a necessidade de os cristãos abordarem a cultura ocidental do mesmo modo que missionários abordavam uma cultura estrangeira. Com a pressuposição ingênua de que a modernidade secular era neutra e

---

¹⁵ Ibid., p. 16-7.
¹⁶ Para uma bibliografia completa das obras de Taylor que passa por uma atualização bianual, veja https://www3.nd.edu/~rabbey1/index.html.
¹⁷ Charles Taylor, "A Catholic modernity?", in: *A Catholic modernity? Charles Taylor's Marianist Award Lecture*, ed. James L. Heft (New York: Oxford University Press, 1999), p. 3.
¹⁸ Ibid., p. 13.

desprovida de uma natureza cultural, a igreja ocidental não havia percebido o grau da sua adequação às estruturas de plausibilidade predominantes da modernidade. Citando um antigo provérbio chinês, Newbigin certa vez escreveu que, para saber o que é a água, "não pergunte a um peixe".[19] Em outras palavras, nunca tendo vivido em terra seca, um peixe não tem uma perspectiva externa capaz de uma caracterização precisa do ambiente dele. Por analogia, Newbigin argumentou que a igreja ocidental estava "nadando" nas águas da modernidade havia tanto tempo que tinha assumido de modo inconsciente os axiomas e as pressuposições básicos da modernidade.

Como Newbigin, Taylor também apela por uma "abordagem missionária" à cultura ocidental, uma abordagem que não pressupõe as estruturas de plausibilidade da modernidade, mas que busca expor e desafiar seus axiomas básicos. Taylor insiste que os cristãos ocidentais desenvolvam uma "interpretação ricciana da modernidade", referindo-se a Matteo Ricci, o missionário católico conhecido pelo seu trabalho pioneiro na China.[20] De acordo com Taylor, o mundo moderno contém frutos autênticos do evangelho, mas também grande parte dele o nega e, por estarmos imersos demais na modernidade para termos uma visão clara dos seus problemas, ele argumenta que precisamos de uma "perspectiva de ricciana" que crie uma distância suficiente entre nós e nossa cultura e possibilite um diagnóstico adequado das suas doenças. Para Taylor, a perspectiva que cria essa distância é a da história, e o *corpus* de escritos dele podem iniciar o leitor nessa perspectiva histórica.

RESPOSTA APOLOGÉTICA

O filósofo britânico Fergus Kerr faz a observação correta de que devemos ler o *corpus* de Taylor como um projeto unificado e de natureza profundamente apologética.[21] Entre os muito escritos dele, três se destacam como

---

[19] Lesslie Newbigin, *Foolishness to the Greeks: the gospel and Western culture* (Grand Rapids: Eerdmans, 1986), p. 21.

[20] Taylor, "A Catholic modernity?", p. 16; Taylor, "Concluding reflections and comments", in: *A Catholic modernity?*, p. 106.

[21] Fergus Kerr, "How much can a philosopher do?" *Modern Theology* 26:3 (July 2010): p. 321-6. Kerr, um frade católico, ficou contente com o desejo de Taylor de produzir uma apologética da fé cristã, mas o censurou pelo seu apelo à espiritualidade e teologia cristãs enquanto afirmava fazer filosofia. Kerr chegou ao ponto de acusá-lo de "afetação de palco", "exibicionismo". A resposta de Taylor foi que ele queria que sua apologética filosófica fosse "substancial" e que é impossível produzir uma filosofia e apologética substancial "de modo neutro". Charles Taylor, "Challenging issues about the secular age", *Modern Theology* 26:3 (Julho 2010): 404-16.

merecendo nossa exploração de modo especial – *Uma era secular, The Malaise of Modernity* e *As fontes do self*. Este capítulo examinará cada livro não apenas com respeito ao seu foco singular, mas também na sua relação orgânica com os outros.

As origens da nossa era secular

Por causa das quase 800 páginas de *Uma era secular*, é fácil ignorarmos uma de suas teses centrais, a saber, que as origens da secularização estão nos movimentos de reforma cristãos que começam na Idade Média.[22] Ao apresentar esse argumento, Taylor rejeita a visão comum da ascensão da secularização, os chamados relatos de "subtração".[23] No relato de subtração para a secularização, a religião é considerada uma construção social – um resíduo superficial que é retirado ou "subtraído" pela ciência e pela razão, na revelação de um cerne essencial de secularidade. Em contrapartida, Taylor vira o feitiço contra o feiticeiro: é o secular – *e não* o religioso – que é uma construção social. Além disso, e o que é ainda mais significativo, ele argumenta que o surgimento do secular seria *impossível* sem o religioso.[24] Em outras palavras, o humanismo exclusivo – a visão de que encontramos significado e sentido apenas no imanente sem um apelo ao transcendente – *somente* podia ter surgido do cristianismo.

Taylor inicia sua obra com uma apresentação de três tipos de secularização.[25] O secular 1 refere-se a uma situação em que a religião se retira da vida púbica e desempenha um papel diminuído nas instituições comuns da sociedade. O secular 2 se refere a um declínio na convicção da existência do sobrenatural, substituída por uma convicção de que o imanente contém todos os recursos para uma vida significativa. O secular 3 diz respeito à seguinte pergunta: como é que há quinhentos anos negar a existência de Deus ou do transcendente teria sido inimaginável, ao passo que agora a convicção da

---

[22] Charles Taylor, *A secular age* (Cambridge: Belknap Press of Harvard University Press, 2007) [no Brasil: *Uma era* secular (São Leopoldo: UNISINOS, 2010)].

[23] Ibid., p. 23.

[24] Com o emprego do termo *imaginário social*, a intenção de Taylor é ir além da mera "cosmovisão" e incluir mais do que o aspecto cognitivo. "O que estou tentando comunicar com esse termo é algo muito mais amplo e profundo do que os esquemas intelectuais que as pessoas venham a considerar ao pensarem sobre a realidade social em um modo desatrelado. Estou pensando antes nos modos em que elas imaginam sua existência social, qual seu lugar junto com outras pessoas, como se dá a relação entre elas e seus pares, as expectativas que normalmente são satisfeitas e as mais profundas noções e imagens normativas que subjazem essas expectativas". Taylor, *A secular age*, p. 171.

[25] Ibid., p. 1-3.

existência de Deus é apenas uma opção entre muitas? De acordo com Taylor, o motor dessas mudanças no imaginário social foram movimentos de reforma na própria cristandade latina. Em contraste com as versões de subtração do secularismo, Taylor chama seu relato de a Narrativa Mestre de Reforma.

O impulso de reforma

Taylor inicia sua análise da Narrativa Mestre de Reforma com a descrição de uma tensão que surgiu na espiritualidade pós-axial.[26] O foco principal das religiões pré-axiais havia sido o florescimento humano – prosperidade, saúde, longevidade, fertilidade e a prevenção de desastres naturais.[27] Mas, no século VIII a.C., a revolução axial se espalhou pelo mundo, dando origem a figuras como Confúcio, Gautama, Sócrates e os profetas hebreus. Em contraste com as religiões antes da era axial, as religiões dessa nova era (budismo, confucionismo, judaísmo) ensinavam que plenitude e transcendência espirituais eram impossíveis sem uma vida distinta das atividades ordinárias e mundanas da vida cotidiana. O ascetismo do Buda ou os ensinos radicais de Jesus aparentavam contrastar com a existência cotidiana normal. Para religiões pós-axiais, a transcendência e a plenitude apenas podiam ser alcançadas por virtuosos religiosos (por exemplo, monges, gurus, sábios filosóficos) separados ou desconectados do mundo da vida comum. A cristandade latina exibiu uma evolução gradual dessa tensão até se tornar uma distinção nítida entre o sobrenatural e o natural, que se manifestou, no catolicismo romano, em uma distinção entre as vocações religiosas e as leigas. Apenas alguns indivíduos – monges, freiras e sacerdotes – tinham um chamado e podiam alcançar uma vida de satisfação espiritual. Os leigos eram incapazes de alcançar uma vida plena.

Esse sistema de duas camadas acabou sendo questionado por movimentos de reforma, os mesmos que ironicamente foram responsáveis pela ascensão

---

[26] O termo *era axial*, cunhado pelo filósofo alemão Karl Jasper, refere-se às enormes mudanças religiosas e filosóficas que ocorreram na Ásia e na Europa de 800 a 200 a.C. Alguns dos pensadores que surgiram nesse período foram Sidarta Gautama (o fundador do budismo), Lao Zi (taoísmo), Confúcio, Zoroastro, Homero, Platão, Sócrates, Parmênides, Heráclito, Elias, Jeremias e Isaías. Veja Charles E. Farhadian, *Introducing world religions: a Christian engagement* (Grand Rapids: Baker Academic, 2015), p. 260.

[27] Taylor, *A secular age*, p. 147-53. Para mais uma análise da visão de Taylor da era axial, veja Charles Taylor, "What was the axial revolution?", in: *Dilemmas and connections: selected essays* (Cambridge: Belknap Press of Harvard University Press, 2014), p. 367-79.

da secularização.²⁸ Embora a Reforma tenha sido o fruto máximo do espírito de reforma, a Narrativa Mestre de Reforma não se limita ao protestantismo. Taylor observa que o impulso de reforma começou no século XI com Hildebrand e alcançou a Contrarreforma católica. No entanto, a Reforma é o exemplo *par excelence* do impulso reformador e foi o motor principal para o surgimento do secular. De acordo com Taylor, a Reforma contribuiu para a origem do secularismo de três modos.

Em primeiro lugar, a Reforma desencantou o mundo com seu ataque às práticas supersticiosas das massas, vistas como um resquício pagão. Por exemplo, havia uma crença extremamente comum nem magia entre o povo comum – espíritos malignos que habitavam a floresta ou poções mágicas que podiam fazer alguém ficar doente. Algumas dessas práticas até mesmo foram cristianizadas em crenças populares relacionadas à compra de indulgências e à veneração dos santos, que foram repudiadas pelos reformadores protestantes.

Em segundo lugar, além de desencantar o mundo, a Reforma contribuiu para o surgimento do secularismo com uma santificação da vida ordinária.²⁹ Para os reformadores, todas as pessoas são capazes de alcançar a plenitude religiosa, e não apenas as elites espirituais. O açougueiro e o fabricante de castiçais, e não apenas sacerdotes ou monges, têm uma vocação divina. Assim, as tentativas de uma pessoa ordinária de florescer no mundo cotidiano – casando, tendo filhos e trabalhando – são compatíveis com as nossas aspirações religiosas mais elevadas.

Por fim, a Reforma também produziu o que Taylor chama de a ascensão da "sociedade disciplinar" ou o "anseio intenso pela ordem" – um desejo de que todas as pessoas, e não apenas a elite espiritual, vivam à altura das exigências do evangelho.³⁰ O ascetismo, a renúncia e o impulso à santidade no monasticismo medieval se tornaram democratizados e se transformaram na vida diária. Nas palavras de Max Weber, um "ascetismo intramundano" se desenvolveu.³¹ Assim, a verdadeira piedade foi identificada com uma ética burguesa, idealizando "condutas ordeiras, sóbrias, disciplinadas e produtivas".³²

---

[28] Taylor, *A secular age*, p. 61-6; Taylor, "What was the axial revolution?", p. 377.
[29] Taylor, *A secular age*, p. 179.
[30] Ibid., p. 104.
[31] Max Weber, *The Protestant ethic and the spirit of capitalism*, trad. Talcott Parsons (New York: Scribner, 1958), p. 151 [no Brasil: *A ética protestante e o "espírito" do capitalismo* (São Paulo: Companhia das Letras, 2014)].
[32] Taylor, *A secular age*, p. 344.

Ao focarmos na disciplina pessoal, a esperança dos reformadores religiosos era que as sociedades se tornassem "mais pacíficas, mais ordeiras, mais diligentes".[33] As sociedades da Europa pré-moderna muitas vezes eram ambientes incivilizados. Taylor, por exemplo, compara a ética da nobreza inglesa durante a Guerra das Rosas com a ética da nobreza relacionada à casa de Tudor. A diferença é notável: enquanto o valor da nobreza inglesa antiga dependia de viver em um estado de guerra perpétua e conflito mortal, no tempo da casa de Tudor, o combate não era mais considerado uma parte normal da vida aristocrática.[34] O que explica essa mudança? De acordo com Taylor, foi esse anseio pela ordem inspirado pelos reformadores religiosos que domesticou resquícios da cultura pagã que celebrava a glória e a honra no combate.

Uma parte decisiva da formação de uma sociedade disciplinar foi o surgimento do "agente racional desatrelado".[35] O desencantamento liberou o indivíduo do determinismo de forças mágicas exteriores, e ele se torna um agente livre, não mais sujeito aos impulsos e caprichos de espíritos diferentes. Os indivíduos agora eram considerados responsáveis pelo cultivo de virtude e disciplina por meio da razão. Em outras palavras, o desencantamento cria um espaço em volta do eu e cria um espaço entre o indivíduo e o mundo, e essa abstração do indivíduo em relação ao mundo (desatrelamento) permite à razão um papel maior na recriação tanto do indivíduo quanto do mundo para satisfazer as exigências do evangelho. Aliás, como veremos em breve, foi a razão desatrelada que estimulou o crescimento do desenvolvimento científico.

O surgimento da estrutura imanente

De acordo com Taylor, uma das maiores ironias da história é que uma parte tão grande do "fruto da devoção e da fé prepara o caminho para uma fuga da fé, para um mundo puramente imanente".[36] Taylor via a marcha ocidental em direção da secularização como entrelaçada desde o início com o impulso

---

[33] Taylor, "What was the axial revolution?", p. 377.
[34] Taylor, *A secular age*, p. 101.
[35] Ibid., p. 135-7. Veja também Abbey, *Charles Taylor*, p. 81-4, 205-7. Taylor também analisa a razão desatrelada em Charles Taylor, *Sources of the self: the making of the modern identity* (Cambridge: Harvard University Press, 1989) [no Brasil: *As fontes do self* (São Paulo: Loyola, 1997)]. Veja o capítulo 8, "Descartes's disengaged reason", p. 143-58, e o capítulo 9, "Locke's punctual self", p. 159-76.
[36] Taylor, *A secular age*, p. 145.

a uma fé mais pessoal e devota.[37] Por exemplo, no seu desencanto do mundo com seu ataque a superstição, magia e sacramentalismo, a Reforma abriu a porta para o naturalismo e, por fim, para um mundo despido do sobrenatural. O eu amortecido [buffered self] permitiu ao indivíduo um maior senso de responsabilidade pelo cultivo da virtude pessoal, mas, sem perceber, criou um indivíduo isolado não apenas de forças mágicas, mas também da transcendência em geral. Com sua santificação da vida comum, o impulso reformador involuntariamente catalisou uma mudança antropocêntrica na qual o foco da sociedade passa a ser o florescimento humano quase exclusivamente na perspectiva da estrutura imanente. Por fim, Taylor argumenta que o anseio pela ordem, em conjunto à afirmação da vida comum, transformou-se em um hiper-racionalismo que buscava controlar a natureza, deixando pouco espaço para Deus e para a graça.

Com o avanço da história de vida de Taylor, esse impulso de reforma resulta em uma visão de uma parte cada vez maior da nossa vida em uma ordem impessoal e imanente de leis políticas, econômicas e físicas desconectadas de Deus. O desencanto se combinou com o nominalismo filosófico, por exemplo, e destruiu a ideia medieval da Grande Cadeia do Ser, que exibia uma organização hierárquica da sociedade que ia, em um estilo neoplatônico, dos camponeses aos nobres e dos reis ao clero. A destruição da Grande Cadeia do Ser exigiu a criação de uma nova base da ordem social, resultando no que Taylor chama de a "ordem moral moderna" – uma ordem social em que a sociedade se organiza com base em um autointeresse mútuo.[38] As leis políticas e econômicas mostram que o autointeresse é a base da organização social e, assim, vemos o surgimento da teoria do contrato social em John Locke e da "mão invisível" em Adam Smith.

Para Taylor, foram principalmente os ideais éticos do impulso pela reforma que produziram a ordem moral moderna. Em outras palavras, não foi simplesmente o caso que a razão tornou a ordem moral moderna convincente, embora a razão certamente desempenhe um papel, mas a força da ordem moral moderna era justamente isso, uma força *moral*. Já vimos a destruição efetuada pelo desencanto da Grande Cadeia do Ser, mas outros ideais do impulso reformador também têm seu papel. Por exemplo, a busca do nosso

---

[37] Charles Taylor, "Western secularity", in *Rethinking secularism*, eds. Craig J. Calhoun; Mark Juergensmeyer; Jonathan VanAntwerpen (Oxford: Oxford University Press, 2011), p. 37-8.
[38] Taylor, *A secular age*, p. 159-71.

autointeresse na política e na economia intensifica o florescimento humano e, assim, é consistente com a vontade da Providência na santificação da vida humana. A razão desatrelada e o anseio por ordem resultam em uma ética de trabalho puritana que enfatiza frugalidade, diligência e pontualidade, os quais combinam bem com a economia moderna. Taylor ainda vê a ordem moral moderna como uma forma secularizada do chamado cristão para o amor pela humanidade inteira, uma benevolência universal que contrastava de forma acentuada com o tribalismo pagão, chegando a afirmar que a ordem moral moderna nunca teria acontecido sem a benevolência presente no cristianismo.[39] Foram necessários sacrifícios para construir um sistema político e econômico que possibilitaria a harmonia do autointeresse, e os que fizeram esses sacrifícios o fizeram em nome de um amor pela humanidade em geral.

De modo semelhante à ascensão da ordem moral moderna, a ascensão da ciência e da tecnologia também foi ocasionada pelo impulso por reforma. No mundo desencantado do nominalismo, o mundo se torna destituído de *telos* ou propósitos, e buscamos a ciência – com seu domínio de causas eficientes e materiais – para impor sua vontade a uma realidade crua e informe. A santificação da vida comum e o anseio por ordem nos fazem buscar um controle maior sobre a natureza humana para promover o florescimento humano.

Quando o meio principal da relação da humanidade com Deus é uma ordem impessoal, torna-se mais fácil um abandono total da noção de Deus e, assim, o deísmo providencial participa da gênese do humanismo exclusivo. A ironia é que o próprio cristianismo contribuiu para o surgimento dessa ordem impessoal/imanente:

> Minha tese aqui é que, embora o cristianismo reformista (não apenas em suas versões protestantes) fosse parte significativa do motor subjacente [à modernidade], seu avanço exitoso cria uma situação difícil – em que na realidade vivemos em uma ordem imanente, de direito, ética e um universo governado pela lei natural – que pode ser interpretada na perspectiva da guinada antropocêntrica. De fato, na ausência de alguma forte percepção do que estamos excluindo, até mesmo poderíamos afirmar que ele convida essa interpretação.[40]

---

[39] Taylor escreve que o humanismo moderno "inovou em relação aos antigos, fazendo uso das formas de fé cristã das quais surgiu: reordenamento ativo; racionalidade instrumental; universalismo; benevolência. Mas obviamente, seu alvo também era a rejeição de aspirações cristãs à transcendência", Taylor, *A secular age*, p. 247. Ele depois diz: "Provavelmente não teria sido possível uma transição ao humanismo exclusivo com base em nenhuma outra coisa", Taylor, *A secular age*, p. 247.

[40] Ibid., p. 291.

Assim, a narrativa do secularismo apresentada por Taylor se baseia na chamada tese do "coveiro" da modernidade, que afirma que uma das grandes ironias da história é o fato de que os frutos do cristianismo (ciência, tecnologia, democracia liberal, e assim por diante) na verdade contribuíram para o enfraquecimento da fé.[41]

No entanto, Taylor argumenta que não devemos achar que o humanismo exclusivo surgiu por causa de argumentos *racionais* para não acreditar em Deus. Reiterando: foram razões morais que tornaram o humanismo tão poderoso, e essas razões morais foram extraídas do cristianismo. De acordo com o humanista exclusivo, afirmação da vida comum, benevolência, reordenação ativa e racionalidade instrumental teriam um resultado melhor no caso de uma concepção puramente imanente do mundo.

O poder moral percebido no humanismo moderno é o que o diferencia de humanismos da Antiguidade. Embora algo semelhante ao humanismo moderno tenha sido prenunciado por humanistas antigos como Lucrécio ou Demócrito, o humanismo antigo nunca foi capaz de catalisar um movimento de massa por nunca ter sido capaz de capturar a imaginação moral de um povo. De fato, Taylor argumenta que os bispos católicos "poderiam ter dormido tranquilamente" se suas únicas preocupações tivessem sido os céticos inspirados por Lucrécio ou os argumentos de Hume contra os milagres.[42] Embora haja uma semelhança vaga entre o humanismo antigo e o moderno, o idealismo moral do humanismo moderno o separa de modo significativo da sua contraparte antiga. O humanismo moderno, escreve Taylor, "inclui uma postura ativista e intervencionista com relação tanto à natureza quanto à sociedade humana. Ambas devem ser reordenadas, à luz da racionalidade instrumental, para servir aos propósitos humanos".[43] Além disso, o humanismo

---

[41] Peter L. Berger, *The sacred canopy: elements of a sociological theory of religion* (New York: Doubleday, 1969), p. 128-9 [no Brasil: *O dossel sagrado: elementos para uma teoria sociológica da religião* (São Paulo: Paulinas, 1985)]. Berger extrai essa ideia de Max Weber. Para mais uma análise da "tese do coveiro", veja Craig M. Gay, *The way of the (modern) world: or, why it's tempting to live as if God doesn't exist* (Grand Rapids: Eerdmans, 1999). Para um tratamento de nível popular desse tema, veja Os Guinness, *The last Christian on earth: uncover the enemy's plot to undermine the church* (Ventura: Regal, 2010). John G. Stackhouse menciona a "tese do coveiro" em sua resposta à Preleção Laing, proferida por Charles Taylor no Regent College. Veja Charles Taylor, "History, secularity, and the nova effect" (apresentado nas Laing Lectures, Regent College, 2001), e John G. Stackhouse, "History lessons for the Christian church (Response by John G. Stackhouse)" (apresentado nas Laing Lectures, Regent College, 2001).

[42] Taylor, *A secular age*, p. 268.

[43] Ibid, p. 246.

moderno se apropriou do universalismo a partir das suas raízes cristãs". Em outras palavras, "é necessário servir ao bem de todos no reordenamento das coisas".[44]

Não faz muito sentido uma comparação dos humanistas exclusivos da nossa era com Lucrécio. Os humanistas modernos defendem os direitos humanos, demandam justiça social em áreas remotas do mundo, desejam o progresso científico e se empenham para tornar o mundo um lugar melhor. Taylor observa estupefato quão extraordinária, em um sentido, é nossa cultura moral de acordo com as normas da história humana. Movimentos mundiais de simpatia e solidariedade surgem após desastres naturais. Organizações humanitárias corajosas como Anistia Internacional e Médicos sem Fronteiras surgem aos borbotões. A conclusão de Taylor é que tudo isso é possível por causa do imaginário social cristão que deu origem à nossa era secular.[45]

O mal-estar da modernidade

No entanto, apesar dos méritos percebidos da estrutura imanente, Taylor escreve que há uma inquietação disseminada quanto aos recursos disponíveis na estrutura imanente para a satisfação das nossas aspirações morais e espirituais mais profundas. A tentativa de lidar com a vida sem uma referência transcendente resulta no que Taylor chama de o "mal-estar da modernidade" – um sentimento de que tudo é raso e a tudo falta sentido, o que sugere a necessidade de algo além da ordem imanente. Em resposta a esse mal-estar, Taylor observa o surgimento do "contra-iluminismo imanente", representado pelo anti-humanismo nietzscheano, que rejeita o transcendente, mas também despreza a anemia espiritual da ordem moral moderna.

O mal-estar que sentimos por causa da limitação imposta pela estrutura imanente gera o que Taylor chama de "nova effect" ["efeito-nova"] uma explosão de novas religiões, ideologias, códigos morais e opções espirituais para preencher o vazio deixado pela substituição do cristianismo.[46] Desorientado e sufocado pelas restrições e ambiguidades espirituais-morais da estrutura imanente, o eu amortecido [*buffered self*] sofre uma "pressão cruzada" e está "fragilizado".[47] A "pressão cruzada" se deve a sentirmos as atrações

---

[44] Ibid.
[45] Taylor, "A Catholic modernity?", p. 26.
[46] Taylor, *A secular age*, p. 300.
[47] Ibid., p. 303-4.

gravitacionais gêmeas da imanência/desencanto, por um lado, e da transcendência/encanto, por outro.[48] Pelo fato de nosso modo de ver a vida ser apenas uma opção entre muitas, vemo-nos em uma situação de vulnerabilidade ou "fragilidade" epistemológica – permanentemente cientes da possibilidade de estarmos errados sobre nossas convicções fundamentais. Assim, o peso da ordem imanente introduz dúvida na mente da pessoa com fé. Mas a fragilização também funciona no sentido oposto: as convicções do humanista exclusivista também são fragilizadas, e há um sentido em que esse humanista é perseguido pelo transcendente. A combinação de mal-estar, do efeito-nova e da fragilização produz uma "supernova espiritual, um tipo de pluralismo galopante no plano espiritual".[49]

O mal-estar da modernidade e a ética da autenticidade

Em *Malaise of Modernity* [O mal-estar da modernidade], Taylor continua caracterizando o mal-estar da nossa era secular com um destaque de três aflições do mundo moderno. Em primeiro lugar, a ausência de sentido e significado por causa do desaparecimento de uma estrutura transcendente para entendermos o mundo e nossa vida nele. Em segundo lugar, a perda de propósito que resulta de uma racionalidade instrumental. E, por fim, a combinação da primeira com a segunda produz uma terceira aflição: a perda de liberdade, resultante da "tirania branda" de grandes instituições burocráticas.

Para Taylor, a origem do mal-estar da modernidade são versões corrompidas do que ele chama de "a ética da autenticidade" – uma ideia moral apresentada pelo romântico alemão J. G. Herder, que postula que cada indivíduo tem sua própria "medida" ou modo original de ser humano.[50] "[Há] certo modo de ser humano que é o *meu* modo. É meu dever viver minha vida desse modo, e não imitando qualquer outro".[51] De acordo com essa ética, se não expresso meu modo original de ser humano, não realizo o sentido da minha vida. Daí a importância na nossa cultura dada a "ouvir a própria voz interior" e "ser autêntico".

---

[48] Ibid., p. 302, 555.
[49] Ibid., p. 300.
[50] Charles Taylor, *The ethics of authenticity* (Cambridge: Harvard University Press, 1992), p. 28 [no Brasil: *A ética da autenticidade* (São Paulo: É Realizações, 2011)].
[51] Ibid., p. 59.

Parte do projeto de Taylor em *Malaise of Modernity* é reagir àqueles que veem a ética da autenticidade como simplesmente uma forma de relativismo, subjetivismo e autossatisfação.[52] Em vez de abandonar a ética da autenticidade, que Taylor considera uma grande realização moral (e com raízes cristãs), ele quer resgatar essa ética das suas versões corrompidas e adulteradas.

Segundo Taylor, a causa dessas versões corrompidas foi, em parte, a perda de horizontes morais – estruturas de significado e fundamentos de inteligibilidade. Afinal de contas, nosso mundo desencantado surgiu em uma ruptura com esses horizontes. Essa perda foi reforçada pelo individualismo criado pelas nossas instituições políticas e econômicas e por visões procedimentais da ética, que rejeitam caracterizações abrangentes do bem no discurso público. Sem horizontes de sentido, cada indivíduo agora deve escolher seu próprio padrão de sentido sem se sujeitar a uma ordem cósmica preexistente. Logo, na "era da autenticidade", todos os padrões de significado têm valor contanto que reflitam a própria escolha de uma pessoa, pois apenas a escolha é o que confere valor.[53]

No entanto, escreve Taylor, escolhas morais sempre ocorrem com relação a horizontes de significado. Por exemplo, Taylor afirma, posso tentar dizer que o que me define – o que me torna singular – é o fato de ter 3.732 fios de cabelo na minha cabeça ou de ter a mesma altura de uma árvore na planície da Sibéria.[54] No entanto, sabemos imediatamente que essas afirmações são absurdas. Em vez disso, determinamos o significado com base no que Taylor chama de "avaliadores fortes" ou "hiper-bens". Avaliadores fortes são padrões independentes que fazem diferenciações qualitativas entre nossos desejos, e hiper-bens são bens supremos que são a perspectiva pela qual todos os outros bens são avaliados.

Não apenas versões corrompidas da ética da autenticidade ignoram os horizontes morais, mas elas também partem da pressuposição falsa da autogeração *monológica* da identidade, independentemente da comunidade. Em contrapartida, Taylor argumenta que a identidade pessoal é *dialógica*: minha identidade nunca é exclusivamente uma questão de escolha pessoal, mas é sempre negociada face a face com outros, e às vezes em uma luta contra

---

[52] Ibid., p. 14, 72. Para uma análise que Taylor faz de Bellah, veja Taylor, *Sources of the self*, p. 508-9. Taylor tem em mente críticos da ética da autenticidade, como Allan Bloom, Christopher Lasch e Robert Bellah.
[53] Taylor, *The ethics of authenticity*, p. 37.
[54] Ibid., p. 36.

outros.⁵⁵ Na sua descrição da identidade dialógica, ele faz uso de Hegel e, embora considere a ontologia deste inacreditável e incompatível com o cristianismo, Taylor enxerga na filosofia de Hegel uma evidência de que a identidade depende do reconhecimento de outros.⁵⁶ Na nossa era secular, podemos observar esse fato na importância intensificada que nossa cultura dá aos relacionamentos românticos na formação da identidade de uma pessoa, bem como na ascensão da política identitária, que cada vez mais tem dominado nossa vida pública.⁵⁷

Assim, a ética da autenticidade, na sua forma ideal, inclui a pressuposição correta de horizontes de significado, avaliadores fortes e uma visão dialógica da identidade. Além disso, de acordo com Taylor, foram os horizontes teístas cristãos que deram origem à ética da autenticidade e, embora Herder seja a principal voz histórica da ética da autenticidade, as fontes morais dela são cristãs. Segundo Taylor, nossa noção contemporânea de complementaridade, "que pode ser traçada por meio de Humbolt a Herder, exibe na obra do último uma fonte cristã evidente, ainda que não explicitamente enraizada na teologia trinitária".⁵⁸ Diferentemente da identidade monológica e homogênea da tradição moderna, que nega a pluralidade e a diferença na humanidade, a doutrina trinitária postula que "a diversidade humana faz parte da nossa identidade como feitos à imagem de Deus".⁵⁹ Assim, a unidade-na-diversidade da Trindade sustenta e revela não apenas a comunalidade humana, mas também nossos modos plurais de ser. Essa "unidade-na-diferença" em oposição à "unidade-pela-identidade" é o que possibilita o enriquecimento e a complementaridade mútuos.⁶⁰

As fontes agostinianas do ser

A necessidade da recuperação de horizontes teístas de significado para confrontar o mal-estar da modernidade recebe uma afirmação mais explícita em *As fontes do self*, que é o relato do surgimento da identidade moderna

---

[55] Ibid., p. 47.
[56] Charles Taylor, *Hegel* (Cambridge: Cambridge University Press, 2005), p. 494; Taylor, *The ethics of authenticity*, p. 49.
[57] Taylor, *The ethics of authenticity*, p. 49.
[58] Taylor, "Concluding reflections and comments", in: *A Catholic modernity: Charles Taylor's Marinist Lectures* (Oxford: Oxford University Press, 1999), p. 114.
[59] Taylor, "A Catholic modernity?", p. 14-5.
[60] Ibid., p. 14.

apresentado por Taylor. Agostinho é o herói da narrativa de Taylor, e, na verdade, *As fontes do self* pode ser lido como uma exposição da mudança e mutação que a linguagem de interioridade de Agostinho experimenta ao longo do tempo. Para Taylor, as inúmeras transposições de Agostinho podem ser situadas em um espectro que vai do negativo ao positivo, a maioria delas estando em algum ponto intermediário.

A contribuição principal de Agostinho para a ascensão da identidade moderna, Taylor argumenta, é sua priorização de se voltar para o eu na dimensão da primeira pessoa como fundamental na nossa busca da verdade.[61] Agostinho foi o primeiro a introduzir a noção de "reflexividade radical". Enquanto a reflexividade simples é a consciência de que sou um ser que pensa e experimenta, a reflexividade radical diz respeito não apenas à nossa experiência do mundo, mas também à experiência *da nossa experiência* do mundo, ou nossa consciência da nossa consciência.[62] Para Taylor, a noção em Agostinho de um voltar-se radicalmente reflexivo para o eu não era um passo ao subjetivismo, mas um passo para Deus: o caminho interior conduz ao transcendente. Na visão de Agostinho, no ato de uma pessoa se voltar para dentro de si, ela se torna ciente da sua própria percepção e de seu próprio pensamento e, ao fazer isso, torna-se ciente da sua "dependência de algo além dela mesma".[63] Em outras palavras, uma reflexividade radical pressupõe algo ou alguém mais elevado do que o eu a que devemos nossa reverência.[64] Meu pensamento me coloca em contato com a perfeição, uma "verdade eterna e imutável" que é "pressuposta no nosso pensamento e que, no entanto, manifestadamente não tem origem em nós mesmos".[65] Assim, somos seres que exibem profundezas interiores, pois "o mundo não é o único local onde encontramos a Deus, mas o outro local desse encontro, ainda mais importante, é o próprio fundamento da pessoa [...] Deus será encontrado na intimidade da autopresença".[66]

Além disso, Taylor argumenta, Agostinho se apropriou da noção platônica de memória, mas lhe concede uma feição cristã singular. Enquanto Platão argumentou que todo o conhecimento é gerado pela recordação do

---

[61] Taylor, *Sources of the self*, p. 133.
[62] Ibid., p. 130-31.
[63] Ibid., p. 134.
[64] Ibid.
[65] Ibid., p. 140.
[66] Ibid., p. 134.

conhecimento de uma vida anterior, Agostinho rejeita a ideia de almas preexistentes, mas argumenta que "no âmago do nosso ser há um conhecimento implícito, e precisamos refletir arduamente para lhe conceder uma formulação consciente e explícita. Essa é nossa '*memoria*'".[67] O conteúdo desse conhecimento subjacente implícito e subentendido é, na visão de Agostinho, "o Mestre dentro de nós, a fonte da luz que ilumina todo homem que vem ao mundo, Deus".[68] Logo, "na própria raiz da memória, a alma encontra Deus, e podemos dizer que a alma 'se lembra' de Deus'".[69]

No entanto, Deus não apenas está presente, de modo implícito e préteórico, como o próprio fundamento do nosso pensamento; todavia, para Agostinho, Deus é a fonte, o poder e o *eros* que sustenta nossa jornada interior. Afinal de contas, nosso autoconhecimento é impedido pelo autoengano e por uma vontade imperfeita que obscurece nossa capacidade de perceber a verdade. É necessário que a graça de Deus nos guie. Assim, escreve Taylor: "No fim desta estrada percebemos que Deus é o poder que sustenta e dirige essa atividade. Compreendemos o inteligível não apenas porque o olho da nossa alma é dirigido a isso, mas principalmente porque somos dirigidos pelo Mestre dentro de nós".[70] Por trás do nosso "olho" epistemológico está Aquele cujas ideias tentamos discernir.

Taylor vê a noção agostiniana de interioridade como essencial para certos desenvolvimentos morais. A reflexividade radical é a precursora da razão desatrelada, que é decisiva para o desenvolvimento da ciência. Além disso, a reflexividade radical prepara o caminho para o anseio intenso pela ordem e a sociedade disciplinar, pois o eu se torna um "objeto" passível de ser refinado e aperfeiçoado (embora Agostinho não troque, na sua objetificação do eu, a visão da primeira pessoa pela perspectiva abstrata da terceira pessoa).[71] Por fim, é a espiritualidade de Agostinho, por intermédio dos reformadores, que produz a afirmação da vida comum e o impulso pela reforma.

No entanto, a reflexividade radical também pode gerar uma alternativa corrompida: o desatrelamento cartesiano. Embora haja uma semelhança superficial entre Agostinho e Descartes – isto é, ambos se voltam para o eu,

---

[67] Ibid., p. 135.
[68] Ibid.
[69] Ibid.
[70] Ibid., p. 136.
[71] Ibid., p. 131.

e ambos usam um argumento a favor da existência de Deus a partir da perfeição –, a filosofia de Descartes é uma "aberração" da tradição agostiniana.[72] De fato, a deformação do argumento agostiniano produzida por Descartes resulta em uma revolução radical em que a fonte da moral migra da divindade transcendente para o eu imanente.

Enquanto para Agostinho a descoberta de Deus no eu não pode ser separada de uma devoção a Deus, para Descartes o processo de pensamento no eu está separado do fundamento espiritual.[73] De modo semelhante, enquanto em Agostinho o pensamento interior intensifica nosso senso de dependência de Deus, em Descartes "a existência de Deus se tornou um estágio no *meu* progresso em direção à ciência pelo ordenamento metódico de percepções evidentes. A existência de Deus é um teorema no *meu* sistema de ciência perfeita".[74] Em outras palavras, Deus se torna uma inferência baseada em minhas capacidades de raciocínio, que, por sua vez, se baseiam em critérios de racionalidade autogerados.

Para Agostinho, as fontes morais mais elevadas estão situadas no nosso conhecimento implícito e soterradas por camadas de autoengano e paixões desordenadas. Em contrapartida, Descartes vê o eu como completamente transparente: o *cogito* tem acesso a ideias claras e evidentes. Em Agostinho, a reflexividade radical ainda faz uso de uma linguagem na primeira pessoa – a perspectiva na nossa concepção do eu é uma subjetividade encarnada. O caminho para Deus abraça as particularidades da vida de Agostinho como está relatado nas *Confissões*. No entanto, Descartes objetifica o eu com uma linguagem na terceira pessoa. A perspectiva é um "ponto de vista a partir do nada" – um eu desencarnado, abstraído da particularidade. Na visão de Agostinho, nossa identidade se encontra em um diálogo com o Mestre; na visão de Descartes, nossa identidade é o *cogito*, entendido de modo monológico. Em resumo, para Descartes, no meu ato de me voltar para dentro de mim, encontro não a Deus, mas a mim mesmo – a nova fonte moral.

Segundo Taylor, é o desatrelamento cartesiano que inicia o caminho para o subjetivismo moderno, que, por sua vez, dá origem às versões corrompidas da ética da autenticidade. Locke, por exemplo, negou noções inatas de verdade

---

[72] Ibid.
[73] Charles Taylor, "Reply and re-articulation", in: *Philosophy in an age of pluralism: the philosophy of Charles Taylor in question*, ed. James Tully (New York: Cambridge University Press, 1994), p. 216.
[74] "Seguindo o caminho de Agostinho, o pensador vem a perceber cada mais sua ausência de autossuficiência, vem a perceber cada mais que Deus age nele", Taylor, *Sources of the self*, p. 156-7.

ou moral, concebendo a mente humana como uma *tabula rasa* que efetua uma construção criativa e sintetizadora das nossas convicções e personalidades. A ênfase de Rousseau na "voz interior" desconecta ainda mais os valores morais de avaliadores fortes, e essa perda de normas externas recebe uma precisão maior na autonomia radical de Kant, o qual pensa que nem instintos, desejos, sentimentos, outras pessoas, nem mesmo Deus devem influenciar minha busca do bem, pois essas coisas, em última instância, enfraquecem minha dignidade como agente racional. A única base da ação moral deve ser o raciocínio formal do imperativo categórico. Ao chegarmos ao desconstrutivismo dos neonietzscheanos, já nos desviamos significativamente de Agostinho, ainda que essa linguagem de interioridade continue presente.

METODOLOGIA APOLOGÉTICA

Três aspectos do método apologético de Taylor se mostram especialmente significativos: ele é pressuposicional, histórico-narrativo e existencial.

A abordagem de Taylor é, antes de tudo, pressuposicional.[75] Ele rejeita uma metodologia exclusivamente evidencialista, argumentando que apologetas cristãos que empregaram métodos evidenciais reforçaram a estrutura imanente, enfraqueceram convicções transcendentes e auxiliaram o surgimento do humanismo exclusivo.[76] Em *Philosophy in an age of pluralism* [Filosofia em uma era de pluralismo], ele afirma:

> Não sobra muito espaço no meu relato para os cinco modos de demonstrar a existência de Deus propostos por Tomás de Aquino, na medida em que (o que de modo nenhum está livre de problemas) têm o objetivo de nos convencer de modo bem independente da nossa experiência moral e espiritual, como se fosse possível recebê-los ao um não cristão as receberia, como demonstrar a irrefutabilidade racional inescapável de certas conclusões, não importa seu significado espiritual para o pensador.[77]

Assim, Taylor não é contra usar as cinco vias em si, mas se opõe a usá-las de um modo que implique ou pressuponha "neutralidade".

---

[75] Pressuposicional aqui significa que, à semelhança de Francis Schaeffer, Taylor busca levar o humanismo secular às conclusões lógicas – e existencialmente insatisfatórias – das suas pressuposições e que ele emprega argumentos transcendentais.
[76] Taylor, *A secular age*, p. 225-6.
[77] Taylor, "Reply and re-articulation" p. 228.

Taylor é cético quanto a abordagens que ignoram o fato de a nossa racionalidade ser moldada pelo imaginário social. Ele tem uma dívida epistemológica para com Michael Polanyi, com seus argumentos pós-críticos contra o fundacionalismo clássico e seu compromisso com leis lógicas neutras e abstratas.[78] Fazendo uso de Polanyi, Taylor argumenta que todo o pensamento ocorre a partir de pressuposições implícitas (uma visão que também atribui a Heidegger e Wittgenstein).[79] De fato, uma característica importante de seu trabalho é sua articulação das convicções implícitas que com frequência são subentendidas ou pressupostas na nossa cultura.[80]

Em vez de argumentos evidencialistas, Taylor emprega métodos transcendentais na defesa do teísmo. Argumentos transcendentais usam uma certa verdade ou um fato da experiência e determinam as condições ou as pressuposições necessárias, sem as quais essa experiência seria impossível. Um argumento transcendental pode adotar uma forma "positiva" ou "negativa", embora alguns pressuposicionalistas argumentem que as duas formas são, em última instância, inseparáveis.[81] Por exemplo, um argumento transcendental "positivo" seria o seguinte: "Se há racionalidade, então há Deus; há racionalidade, portanto, há Deus". Em contrapartida, um argumento transcendental "negativo" tem uma abordagem indireta: ele parte das pressuposições de uma cosmovisão rival e, por meio de uma *reductio ad absurdum*, mostra as conclusões contraditórias e absurdas resultantes dessas pressuposições.

Taylor defendeu a validade de argumentos transcendentais tanto positivos quanto negativos; ambas as formas têm um papel importante em sua obra.[82] Por exemplo, em *As fontes do self*, ele apresenta um argumento transcendental importante que demonstra a pressuposição de estruturas e horizontes de significado em nossos valores morais, avaliadores de significado, hiper-bens

---

[78] Charles W. Lowney II, ed., *Charles Taylor, Michael Polanyi and the critique of modernity: pluralist and emergentist directions* (Cham: Palgrave Macmillan, 2017).

[79] Charles Taylor, "Converging roads around dilemmas of modernity", in: *Charles Taylor, Michael Polanyi and the critique of modernity*, p. 15-26.

[80] Ruth Abbey; Charles Taylor, "The articulated life: an interview with Charles Taylor", *Reason in practice* 1.3 (2001): p. 3.

[81] John M. Frame, *Apologetics to the glory of God: an introduction* (Phillipsburg: P&R, 1994), p. 75-7 [no Brasil: *Apologética para a glória de Deus* (São Paulo: Cultura Cristã, 2010)].

[82] Charles Taylor, "The validity of transcendental arguments", in: *Philosophical arguments* (Cambridge: Harvard University Press, 1997), p. 20-33; Deane-Peter Baker, "Charles Taylor's sources of the self: a transcendental apologetic?", *International journal for philosophy of religion* 47 (2000): 155–74; Deane Peter Baker, *Tayloring Reformed epistemology: Charles Taylor, Alvin Plantinga and the de jure challenge to Christian belief* (London: SCM, 2007).

e, em última instância, o teísmo. Mas ele também emprega um argumento transcendental negativo que expõe os compromissos pré-teóricos dos humanistas exclusivos, mostrando que eles não sustentam os valores morais elevados que desejam afirmar.

O argumento de Taylor também é histórico-narrativo de um modo que lembra *A cidade de Deus*, de Agostinho. O contexto imediato de Agostinho era o saque de Roma. Em resposta à acusação intelectual pagã de que o cristianismo era responsável pela queda de Roma, Agostinho reconta a história da ascensão e do desenvolvimento de Roma, expondo sua pretensão de justiça como um disfarce da avidez romana por domínio. De modo semelhante, o contexto imediato de Taylor é uma era secular em que intelectuais seculares, como os "novos ateus", afirmam que a origem dos males ocidentais são suas raízes cristãs. E, como Agostinho, Taylor apresenta uma narrativa da ascensão da secularidade que expõe a identidade do humanismo exclusivo com uma demonstração do uso parasitário que os valores morais empregados na crítica do teísmo fazem das suas raízes cristãs.

Por fim, Taylor busca revelar a inviabilidade existencial do humanismo exclusivo. Podemos observar esse objetivo na sua exploração do mal-estar da modernidade. Nesse relato, o humanismo exclusivo produz um "achatamento" existencial. De fato, para Taylor, bem como para Agostinho, os humanos são por natureza *homo religiosus*.[83] A ascensão da nossa era secular demonstra a orientação intrínseca dos seres humanos para o transcendente: foi o anseio de plenitude que produziu o impulso por reforma na cristandade latina. E foi o anseio de plenitude que gerou a reação contrailuminista de oposição ao mal-estar do mundo moderno, resultando no "efeito-nova" – uma explosão de opções espirituais morais.

CONTRIBUIÇÕES PARA A APOLOGÉTICA

A contribuição de Taylor para a apologética cristã não é insignificante, fato evidenciado pelo número crescente de recursos apologéticos que fazem forte uso da sua obra e pela admissão por parte de alguns críticos não teístas de que alguns dos argumentos de Taylor contra o teísmo ainda não receberam uma

---

[83] Taylor, *A secular age*, p. 639; Ruth Abbey, "Theorizing secularity 3: authenticity, ontology, fragilization", in *Aspiring to fullness in a secular age: essays on religion and theology in the work of Charles Taylor*, eds. Carlos D. Colorado; Justin D. Klassen (Notre Dame: University of Notre Dame, 2014), p. 114.

refutação satisfatória.[84] Ele certa vez caracterizou seus escritos como "a obra de um monomaníaco" cujo único foco é a incapacidade do humanismo de apresentar uma explicação adequada da humanidade e da sua vida neste mundo.[85] Achando o humanismo "terrivelmente implausível", ele o ataca de uma variedade de ângulos, incluindo não apenas os mencionados neste capítulo, mas também sua perspectiva de agência, intencionalidade e linguagem.

Uma das contribuições singulares da apologética de Taylor contra o naturalismo é sua afirmação de que a influência do naturalismo está relacionada menos a argumentos epistemológicos e racionais, que são "extremamente implausíveis", e mais a aspirações morais. De acordo com Taylor, as antropologias materialistas nos seduzem com sua apresentação de certa imagem de nós mesmos que aceitamos como *moralmente* superior:

> Acredito que eles obtêm sua força da imagem subjacente do eu e que isso exerce uma influência sobre nós por causa do ideal de desatrelamento e as imagens de liberdade, dignidade e poder relacionadas a ele. Mais especificamente, a afirmação é que, quanto mais somos levados a nos interpretar à luz da realidade desatrelada, a definir nossa identidade segundo esse critério, mais a epistemologia correspondente do naturalismo nos parecerá correta e apropriada. Ou, em outras palavras, um compromisso com essa identidade gera resistências poderosas a qualquer questionamento da perspectiva naturalista. Em resumo, seus pontos fracos epistemológicos são mais do que compensados pelo seu apelo moral.[86]

Em outras palavras, o fator principal no surgimento do naturalismo e do humanismo exclusivo são razões morais e espirituais, e não epistemológicas:

> Em todo o decorrer do desenvolvimento da identidade moderna, a motivação moral esteve entrelaçada com a epistemológica, como esta nunca têm sido uma motivação suficiente, mas sempre tem sido ultrapassada por aquela, mas quão paradoxalmente a própria natureza dessa identidade moderna tendeu a nos tornar

---

[84] Para exemplos de recursos apologéticos recentes que fazer forte uso de Taylor, veja Timothy Keller, *Making sense of God: an invitation to the skeptical* (New York: Viking, 2016); e Joshua D. Chatraw; Mark D. Allen, *Apologetics at the cross: an introduction for Christian witness* (Grand Rapids: Zondervan, 2018). Para um exemplo de um crítico não teísta notável que admite o poder do argumento de Taylor, veja Smith, *Charles Taylor*, p. 242.

[85] Charles Taylor, *Philosophical papers, Vol. 1: human agency and language* (New York: Cambridge University Press, 1985), p. 1.

[86] Taylor, *Philosophical papers*, 1:6.

relutantes em reconhecer essa dimensão moral. O próprio ideal do desatrelamento está em conflito com essa dimensão.[87]

De acordo com Taylor, padrões morais elevados exigem fontes morais fortes, e a crise da modernidade reside no fato de que, embora haja, em um sentido, um consenso notável sobre ideais morais, a visão teísta original responsável por essas ideais foi destruída. Nossas fontes morais são insuficientes para fundar nossos ideais elevados, e a epistemologia cartesiana e a antropologia materialista modernas sequer permitem uma referência a fontes morais.

A recepção erudita da interpretação que Taylor faz da modernidade tem sido mista. No entanto, uma ampla variedade de filósofos e teólogos elogiou a descrição que ele faz da ascensão e do desenvolvimento da modernidade secular.[88] Embora não tenha sido convencido pela defesa de que Taylor faz do teísmo, Nicholas H. Smith reconhece a força de seu argumento: a humanidade pode se basear em fontes morais que não são teístas? Smith escreve que os não teístas acharão essa pergunta "incômoda", mas que "agora cabe aos humanistas seculares aceitarem o desafio de Taylor".[89]

Agostinho, como observamos anteriormente, voltou-se para o eu como o modo de tornar explícito o que sempre esteve implícito no fundo do ser; isto é, Deus. Assim, "na própria raiz da memória, a alma encontra Deus, e, assim, podemos dizer que a alma 'se lembra' de Deus'".[90] O que Agostinho faz na sua análise do eu, Taylor faz na sua análise da cultura – ele nos ajuda a lembrar e explicitar as fontes teístas da modernidade que sempre estiveram inarticuladas na inteligibilidade implícita da nossa cultura.

Embora apreciemos as contribuições de Taylor para a apologética, temos algumas reservas quanto a algumas das suas interpretações não ortodoxas

---

[87] Ibid., 1:7.

[88] Um conjunto amplo de estudiosos louvaram a narrativa da ascensão da nossa era secular apresentada por Taylor. Veja, por exemplo, Richard Amesbury, "Charles Taylor, 'A secular age'", *Philosophical investigations* 33:1 (Jan 1, 2010): p. 67-74; Gregory Baum, "The response of a theologian to Charles Taylor's *A secular age*", *Modern theology* 26:3 (Julho 2010): p. 363-81; Collin Hansen, ed., *Our secular age: ten years of reading and applying Charles Taylor* (Deerfield, IL: The Gospel Coalition, 2017); John Kinsey, "A secular age - by Charles Taylor", *Philosophical investigations* 33:1 (1 Jan, 2010): 75-81; D. Stephen Long, "How to read Charles Taylor: the theological significance of a secular age", *Pro Ecclesia* 18:1 (2009): 93-107; James K. A. Smith, *How (not) to be secular: reading Charles Taylor* (Grand Rapids: Eerdmans, 2014) [no Brasil: *Como (não) ser secular: lendo Charles Taylor* (Monergismo: 2021)].

[89] Smith, *Charles Taylor*, p. 242.

[90] Taylor, *Sources of the self*, p. 135.

e idiossincráticas da doutrina cristã. Michael Horton, por exemplo, observa várias áreas em que Taylor se desvia de modo bem significativo de doutrinas tradicionais. Por exemplo, ele rejeita a substituição penal, a impassibilidade e a imutabilidade divinas, aprova o declínio da convicção da existência do inferno e compara Deus a um jogador de tênis que está sempre reagindo à sua criação.[91] Uma outra preocupação gerada pelo projeto de Taylor é seu modo de descrever a transcendência e a plenitude. A impressão transmitida é que a plenitude pode ser alcançada por uma variedade de religiões, como o budismo, bem como pela literatura e pela poesia.[92] Colin Jager, em um ensaio sobre o romantismo de Taylor, observa que a "separação entre escrituras e literatura desaparece em *As fontes do self*".[93] Jager observa que, na segunda metade de *Uma era secular*, a literatura se torna "uma janela privilegiada – talvez a janela privilegiada – para as engrenagens interiores das variedades do secularismo".[94] Taylor, na sua resposta a Jager, faz pouco para rechaçar essa acusação. Com relação ao romantismo, ele escreve o seguinte: "Sim, admito: sou um romântico alemão incorrigível da década de 1790".[95]

No entanto, Taylor continua sendo uma guia importante para confrontarmos a amnésia na nossa era secular. Simpatizamos com "a interpretação ricciana da modernidade" apresentada por ele, e a ética da autenticidade em sua obra, entendida de modo correto, pode ser vista como uma articulação moderna da noção protestante de ricciana. Por fim, Taylor está correto na sua defesa de um humanismo agostiniano cristão, cuja afirmação divina do humano é mais completa do que um humanismo exclusivo jamais conseguirá atingir sozinho.

No entanto, a narrativa do secularismo apresentada por Taylor fica incompleta sem sua localização mais explícita no contexto das Escrituras cristãs e sua narrativa abrangente.[96] A perspectiva para a crítica da cultura ocidental deve ser não apenas a história, mas também o mundo da Bíblia, a verdadeira

---

[91] Michael Horton, "The enduring power of the Christian story: reformation theology for a secular age", in *Our secular age: ten years of reading and applying Charles Taylor*, p. 24-9.
[92] Taylor, *A secular age*, p. 17.
[93] Colin Jager, "The detail, this history: Charles Taylor's romanticism", in *Varieties of secularism in a secular age* (Cambridge: Harvard University Press: 2010), p. 180.
[94] Ibid, p. 181.
[95] Charles Taylor, "Afterword: Apologia pro Libro suo", *Varieties of secularism in a secular age*, p. 320.
[96] Bruce Riley Ashford, "Politics and public life in a secular age", in: *Our secular age: ten years of reading and applying Charles Taylor*, ed. Collin Hansen, p. 87-98.

história do mundo. Participamos da narrativa bíblica por meio da comunidade que age como a hermenêutica dessa história – a igreja. A congregação local é, como Newbigin certa vez escreveu, uma comunidade em que, pela lembrança e repetição constantes da verdadeira história da natureza e do destino humanos, pode ser mantida uma atitude de ceticismo saudável, um ceticismo que permite a algumas pessoas participarem da vida da sociedade sem serem confundidas e iludidas pelas próprias convicções dessa sociedade sobre si mesma".[97] Em resumo, somente se estivermos situados na estrutura de plausibilidade da igreja seremos capazes de desafiar profeticamente nossa era secular a se lembrar do Deus de Abraão, Isaque e Jacó, o Deus que está presente, como Taylor mostrou, nos recônditos mais profundos do ser.

BIBLIOGRAFIA

ABBEY, Ruth. *Charles Taylor* (Princeton: Princeton University Press, 2000).

____. "Theorizing secularity 3: authenticity, ontology, fragilization", p. 98-124, in: *Aspiring to fullness in a secular age: essays on religion and theology in the work of Charles Taylor*. Ed. Carlos D. Colorado; Justin D. Klassen (Notre Dame: University of Notre Dame Press, 2014).

____; Charles Taylor. "The articulated life: an interview with Charles Taylor". *Reason in practice* 1.3 (2001): 3-9.

AMESBURY, Richard. "Charles Taylor, 'A secular Age'". *Philosophical Investigations* 33.1 (2010): 67-74.

ASHFORD, Bruce Riley. "Politics and public life in a secular age", p. 87-98, in: *Our secular age: ten years of reading and applying Charles Taylor*. Ed. Collin Hansen (Deerfield: The Gospel Coalition, 2017).

BAKER, Deane-Peter. "Charles Taylor's sources of the self: a transcendental apologetic?". *International journal for philosophy of religion* 47.3 (2000): 155-74.

____. *Tayloring Reformed epistemology: Charles Taylor, Alvin Plantinga and the De Jure challenge to Christian belief* (London: SCM, 2007).

BAUM, Gregory. "The response of a theologian to Charles Taylor's a secular age". *Modern theology* 26.3 (2010): 363–81.

---

[97] Lesslie Newbigin, *The gospel in a pluralist society* (Grand Rapids: Eerdmans, 1989), p. 228-9 [no Brasil: *O evangelho em uma sociedade pluralista* (Viçosa: Ultimato, 2016)].

BERGER, Peter L. *The sacred canopy: elements of a sociological theory of religion* (New York: Doubleday, 1969).

____. *O dossel sagrado: elementos para uma teoria sociológica da religião* (São Paulo: Paulinas, 1985).

BLOOR, Chris; Charles Taylor. "Interview with Charles Taylor". *Philosophy Now* 74 (2009). https://philosophynow.org/issues/74/Charles_Taylor.

CHATRAW, Joshua D.; ALLEN, Mark D. *Apologetics at the cross: an introduction for Christian witness* (Grand Rapids: Zondervan Academic, 2018).

DE LARA, Philippe; Charles Taylor. "From philosophical anthropology to the politics of recognition: an interview with Charles Taylor". *Thesis Eleven* 52 (1998): 103-12.

FARHADIAN, Charles E. *Introducing world religions: a Christian engagement* (Grand Rapids: Baker Academic, 2015).

FRAME, John M. *Apologetics to the glory of God: an introduction* (Phillipsburg: P&R, 1994).

____. *Apologética para a glória de Deus* (São Paulo: Cultura Cristã, 2010).

GAY, Craig M. *The way of the (modern) world: or, why it's tempting to live as if God doesn't exist* (Grand Rapids: Eerdmans, 1999).

GUINNESS, Os. *The last Christian on earth: uncover the enemy's plot to undermine the church* (Ventura: Regal, 2010).

HANSEN, Collin, ed. *Our secular age: ten years of reading and applying Charles Taylor* (Deerfield: The Gospel Coalition, 2017).

HORTON, Michael S. "The enduring power of the Christian story: reformation theology for a secular age", p. 23-38, in: *Our secular age: ten years of reading and applying Charles Taylor*. Ed. Collin Hansen (Deerfield: The Gospel Coalition, 2017).

JAGER, Colin. "This detail, this history: Charles Taylor's romanticism", p. 166-92, in: *Varieties of Charles Taylor 695 secularism in a secular age*. Ed. Michael Warner; Jonathan VanAntwerpen; Craig J. Calhoun (Cambridge: Harvard University Press, 2013).

KELLER, Timothy. *Making sense of God: an invitation to the skeptical* (New York: Viking, 2016).

KERR, Fergus. "How much can a philosopher do? *Modern theology* 26.3 (2010): 321-36.

KINSEY, John. "A secular age - by Charles Taylor". *Philosophical investigations* 33.1 (2010): 75–81.

LONG, D. Stephen. "How to read Charles Taylor: the theological significance of a secular age". *Pro Ecclesia* 18.1 (2009): 93-107.

LOWNEY, Charles W., II, ed. *Charles Taylor, Michael Polanyi and the critique of modernity: pluralist and emergentist directions* (Cham: Palgrave Macmillan, 2017).

____, ed. "Converging roads around dilemmas of modernity", p. 15-26, in: *Charles Taylor, Michael Polanyi and the critique of modernity: pluralist and emergentist directions.* (Cham: Palgrave Macmillan, 2017).

NEWBIGIN, Lesslie. *Foolishness to the Greeks: the gospel and western culture* (Grand Rapids: Eerdmans, 1986).

____. *The gospel in a pluralist society* (Grand Rapids: Eerdmans, 1989).

____. *O evangelho em uma sociedade pluralista* (Viçosa: Ultimato, 2016).

SMITH, James K. A. *How (not) to be secular: reading Charles Taylor* (Grand Rapids: Eerdmans, 2014.

____. *Como (não) ser secular: lendo Charles Taylor* (Monergismo: 2021)

SMITH, Nicholas H. *Charles Taylor: meaning, morals and modernity.* (Malden: Polity, 2002).

STACKHOUSE, John G. "History lessons for the Christian church (Response by John G. Stackhouse)" apresentado nas Laing Lectures, Regent College, 2001.

TAYLOR, Charles. "A Catholic Modernity?", p. 13-38, in: *A Catholic Modernity? Charles Taylor's Marianist award lecture.* Ed. James L. Heft (New York: Oxford University Press, 1999).

____. "Afterword: Apologia pro Libro Suo", p. 300-21, in: *Varieties of secularism in a secular age.* Ed. Michael Warner; Jonathan VanAntwerpen; Craig J. Calhoun (Cambridge: Harvard University Press, 2013).

____. *A secular age* (Cambridge: Belknap Press of Harvard University Press, 2009).

____. *Uma era* secular (São Leopoldo: UNISINOS, 2010)

____. "Challenging issues about the secular age". *Modern Theology* 26.3 (2010): 404-16.

_____. "Concluding reflections and comments", p. 105-26, in: *A Catholic modernity? Charles Taylor's marianist award lecture*. Ed. James L. Heft (New York: Oxford University Press, 1999).

_____. *Hegel* (Cambridge: Cambridge University Press, 2005).

_____. *Hegel. Sistema, método e estrutura* (São Paulo: É Realizações, 2008).

_____. "History, secularity, and the nova effect" presented at the Laing Lectures, Regent College, 2001.

_____. *Philosophical papers*. Vol. 1: Human Agency and Language (New York: Cambridge University Press, 1985).

_____. "Reply and re-articulation", p. 213-57, in: *Philosophy in an age of pluralism: the philosophy of Charles Taylor in question*. Ed. James Tully (New York: Cambridge University Press, 1994).

_____. *Sources of the self: the making of the modern identity* (Cambridge: Cambridge University Press, 1989).

_____. *As fontes do self* (São Paulo: Loyola, 1997).

_____. *The ethics of authenticity* (Cambridge: Harvard University Press, 1992).

_____. *A ética da autenticidade* (São Paulo: É Realizações, 2011).

_____. *The explanation of behavior* (New York: Routledge, 1964).

_____. "The validity of philosophical arguments", p. 20-33, in: *Philosophical arguments* (Cambridge: Harvard University Press, 1997).

_____. *Argumentos filosóficos* (São Paulo: Loyola, 2000).

_____. "Western secularity", p. 31-53, in: *Rethinking secularism*. Ed. Craig J. Calhoun; Mark Juergensmeyer; Jonathan VanAntwerpen (Oxford: Oxford University Press, 2011).

_____. "What was the axial revolution?", p. 367-79, in: *Dilemmas and connections: selected essays* (Cambridge: Belknap Press of Harvard University Press, 2014).

WEBER, Max. *The protestant ethic and the spirit of capitalism*. Trad. Talcott Parsons (New York: Scribner, 1958).

_____. *A ética protestante e o "espírito" do capitalismo* (São Paulo: Companhia das Letras, 2014).

ALVIN PLANTINGA
FILOSOFIA CRISTÃ COMO APOLOGÉTICA
James Beilby

Alvin Plantinga (1932-) é um filósofo da religião contemporâneo inserido na tradição filosófica analítica e cujas contribuições para as áreas de metafísica, epistemologia e filosofia da religião foram invariavelmente marcadas pela inovação. Ele é o autor de 17 livros e consideravelmente mais do que 150 artigos e ensaios; foi presidente da American Philosophical Association e da Sociedade de Filósofos Cristãos; também é membro da Guggenheim Foundation e da American Academy of Arts and Sciences. Além disso, foi eleito para dar palestras muito prestigiadas, incluindo duas Gifford Lectures (Universidade de Aberdeen), as Wilde Lectures (Universidade de Oxford) e a Suarez Lecture (Universidade Fordham). Ele recebeu títulos *honoris causa* da Universidade de Valparaíso, da Universidade Livre de Amsterdã, da Universidade Brigham Young, do North Park College e da Universidade de Glasgow, e Calvin College lhe deu o título de "ex-aluno com distinção" em 1986. Por fim, seu reconhecimento acadêmico mais recente foi ser laureado com o Prêmio Templeton de 2017.

CONTEXTO HISTÓRICO

Alvin Plantinga nasceu em 15 de novembro de 1932, em Ann Arbor, Michigan, como parte de uma família reformada holandesa que levava sua fé e sua educação muito a sério.[1] Após seu pai o apresentar a Platão, Plantinga decidiu que queria ser filósofo, o que o levou a se matricular no Calvin College na primavera de 1950. Durante o primeiro semestre, candidatou-se para uma bolsa substancial para estudar em Harvard, a qual ele obteve. Assim, no verão de 1950, ele se deslocou para o leste. Embora curto, seu tempo em Harvard foi impactante por duas razões: em primeiro lugar, ele encontrou não cristãos

---

[1] Para mais detalhes sobre a educação que Plantinga recebeu de seus pais e sua formação acadêmica, veja seus dois ensaios autobiográficos em *Alvin Plantinga*, eds. James Tomberlin; Peter van Inwagen (Dordrecht: Reidel, 1985), p. 3-97; e "A Christian life partly lived", in: *Philosophers who believe: the spiritual journeys of 11 leading Thinkers*, ed. Kelly James Clark (Downers Grove: InterVarsity Press, 1993), p. 47. Veja também James Beilby, *Epistemology as theology* (Aldershot: Ashgate, 2005), p. 3-32.

sérios e profundos pela primeira vez e relata ter ficado impressionado "com a enorme diversidade de opiniões sobre questões [religiosas], algumas delas afirmadas por pessoas extremamente inteligentes que apenas tinham desdém pelo que eu cria".[2] Essas opiniões contrárias o fizeram avaliar e questionar suas próprias convicções, mas nesse processo ele questionou se as objeções à fé cristã tradicional que muitos dos seus pares tomavam por certas tinham a substância que aparentavam ter. Em segundo lugar, certa noite, voltando para seu dormitório, Plantinga teve uma experiência religiosa que tem exercido um grande impacto na sua abordagem à fé em Deus:

> Subitamente, tive a impressão de que os céus tinham se aberto; ouvi, assim me pareceu, música de poder, grandeza e doçura esmagadoras; havia uma luz de esplendor e beleza inimagináveis; tive a impressão de estar vendo o próprio céu; e subitamente vi ou talvez tenha sentido com grande clareza, segurança e convicção – que o Senhor estava de fato presente e era o único conteúdo do meu pensamento.[3]

Comparados com essa experiência, os argumentos a favor e contra a existência de Deus aparentavam ser "meramente acadêmicos, sem nenhuma relevância existencial".[4] Embora Plantinga tenha apreciado muito seu tempo em Harvard, uma visita a seus pais durante a primavera de 1951 mudou seus planos. Durante seu tempo em casa, ele visitou a classe de William Harry Jellema. Plantinga gostou imensamente do ensino de Jellema e ficou particularmente impressionado com seu modo de lidar com objeções ao cristianismo, experiência esta que o fez se transferir de Harvard de volta para o Calvin.

Após se graduar no Calvin, Plantinga concluiu um mestrado em Michigan sob a supervisão de William Alston e um doutorado em Yale supervisionado por Paul Weiss e Brand Blanshard. A primeira posição de ensino dele na Wayne State University foi frutífera academicamente, em grande medida por causa da interação com os seus colegas departamentais. Plantinga caracterizou o departamento de filosofia em Wayne State como "menos um departamento de filosofia e mais uma sociedade de discussão vagamente organizada, mas extremamente intensa".[5] Apesar do solo intelectual fértil na Wayne State, em 1936 Plantinga aceitou uma oferta para substituir Jellema no

---

[2] Plantinga, "A Christian life partly lived", p. 51.
[3] Ibid.
[4] Ibid., p. 51,52.
[5] Plantinga, "Self-profile", p. 23.

Calvin. As razões dessa mudança não ficaram evidentes para alguns dos seus colegas, mas certamente foram muito semelhantes às razões de ele ter decidido se mudar de Harvard para o Calvin College – isto é, seu desejo de praticar filosofia em uma comunidade composta por pessoas que compartilhavam dos seus compromissos teístas e teológicos. Plantinga floresceu no Calvin durante 19 anos, mas, em 1982, ele surpreendeu muitos ao aceitar uma posição na Universidade de Notre Dame como professor da cátedra John A. O'Brien de filosofia. Sua mudança para Notre Dame possibilitou que ele ensinasse alunos de doutorado de qualidade elevada e compartilhasse com eles parte do seu aprendizado sobre a teologia filosófica e a atividade filosófica como cristão, e assim ter uma influência profunda sobre a próxima geração de estudantes. Ele se aposentou de Notre Dame em 2010 e, surpreendendo um total de zero pessoas, voltou para o Calvin como o ocupante inaugural da cátedra William Harry Jellema em filosofia cristã.

CONTEXTO TEOLÓGICO

O trabalho apologético de Plantinga foi influenciado por dois fatores contextuais significativos. O primeiro foi a postura antirreligiosa e antiteísta muito comum no mundo acadêmico e, em especial, em círculos filosóficos nas décadas de 1950 e de 1960. Não somente havia relativamente poucos cristãos dedicados à filosofia durante a década de 1950, como também os filósofos que eram cristãos tendiam a evitar temas religiosos e teológicos para evitar sua marginalização. Além disso, era muito comum as pessoas desses meios acharem (mesmo que com uma argumentação fraca) que a própria noção de investigação religiosa e metafísica era pouquíssimo útil ou fundamentalmente incoerente. Nesse contexto, a educação filosófica inicial de Plantinga ocorreu, nas suas próprias palavras, durante "o apogeu da disposição antimetafísica".[6] É na descrição que Plantinga faz do seu tempo na Wayne State University que podemos observar a influência desse contexto antiteísta mais claramente. Durante esse tempo, os colegas de Plantinga (Hector Castañeda, Edmund Gettier e em especial George Nakhnikian) o confrontaram "com argumentos antiteístas de uma profundidade e de uma sofisticação e persistência filosóficas até então desconhecidas para ele".[7] O fato de ser forçado a lidar com argumentos antiteístas de um nível e calibre tão elevados foi, de acordo com

---

[6] Ibid., p. 19.
[7] Plantinga, "A Christian life partly lived", p. 64.

Plantinga, "um grande estímulo para o rigor e a perspicácia no meu próprio trabalho".[8] No entanto, ele também sugere a existência de um outro impacto, menos positivo:

> Nunca fui capaz de ultrapassar uma espécie de postura defensiva. Meu foco foi argumentar (contra as afirmações dos meus colegas) que o teísmo não era *totalmente irracional* [...] Eu com frequência me sentia incomodado e, com relação à minha fé cristã, sozinho, isolado, fora do padrão, meio excêntrico ou esquisito, um animal um tanto exótico que gerava um interesse dos meus colegas que era amigável e, na maior parte das vezes, desprovido de censura, mas também incrédulo e perplexo. Essa atmosfera não produziu dúvidas sobre elementos centrais do cristianismo, contudo, meus horizontes filosóficos foram fortemente formados pelos meus colegas e amigos em Wayne.[9]

Esse ambiente foi responsável pelo fortalecimento do interesse apologético de Plantinga, mas sua metodologia apologética foi formada em uma direção extremamente defensiva e minimalista.

O segundo fator que influenciou a apologética de Plantinga foi o Calvin College, um lugar que ele chama de "a maior influência intelectual na minha vida".[10] O impacto da comunidade no Calvin College sobre Plantinga é certamente complexo e variado, mas duas linhas gerais de influência aparentam ter uma importância especial.[11] Em primeiro lugar, e do modo mais geral, Calvin proporcionou uma comunidade fértil para o desenvolvimento de um modo totalmente abrangente de ver o mundo como cristão e entender a tarefa e a natureza do estudo erudito cristão. Nas próprias palavras de Plantinga:

> Minha concepção do estudo erudito em geral e da filosofia em particular era como se fosse em grande medida um empreendimento comunitário: percepções promissoras, conexões interessantes, dificuldades sutis – essas coisas ocorrem de modo mais fácil e rápido em um grupo de pessoas com uma mentalidade semelhante do que no pensador solitário. Os temas que eu queria desenvolver eram os que havia

---

[8] Ibid.
[9] Ibid., p. 65, grifo meu.
[10] Plantinga, "Self-profile", p. 9.
[11] Embora a influência do Calvin College em Plantinga seja significativa, seria um erro concluir que sua teologia é inequivocamente calvinista. Sua soteriologia, por exemplo, é arminiana. E como presbítero na Igreja Cristã Reformada (CRC), ele subscreveu a Confissão de Fé Belga e a de Heidelberg, mas não os Cânones de Dort (correspondência pessoal).

conhecido na faculdade: a conexão entre a fé cristã e a filosofia (bem como as outras disciplinas) e a questão do melhor modo de ser cristão na filosofia.[12]

No Calvin, começando em 1964, um "trabalho filosófico comunitário" foi concretizado na forma do colóquio de terça-feira, cujos membros mais úteis foram Peter de Vos, Kenneth Konyndyk, Del Ratzsch e Nicholas Wolterstorff.[13] Podemos identificar uma segunda linha de influência, mais específica, do Calvin College sobre Plantinga. Em todas as suas interações acadêmicas na faculdade, desde sua primeira aula com Jellema até sua discussão com seus colegas no departamento de filosofia, houve uma ênfase contínua na ideia de que não existe "um empenho intelectual sério, substancial e relativamente completo que seja religiosamente neutro".[14] Essa mentalidade concedeu ao trabalho apologético de Plantinga uma independência que moldou de maneira poderosa tanto o conteúdo dos seus argumentos quanto sua metodologia apologética.

METODOLOGIA APOLOGÉTICA

Plantinga caracterizou seu trabalho da seguinte forma:

> Um dos meus interesses principais ao longo dos anos têm sido a teologia filosófica e a apologética: a tentativa de defender o cristianismo (ou, de modo mais geral, o teísmo) contra vários tipos de ataque apresentados contra ele [...] Mal sou capaz de lembrar um tempo em que eu não estava ciente das objeções ao cristianismo e dos argumentos contra ele, nem interessado neles.[15]

Suas contribuições para a apologética geraram o que muitas pessoas consideram uma nova metodologia apologética: a epistemologia reformada.[16] Mas chamar a epistemologia reformada de uma metodologia apologética específica é complicado. Parece melhor afirmar que a epistemologia reformada não é um método apologético específico, mas sim que ela tem diversas implicações para a apologética, para a natureza da filosofia cristã e para a

---

[12] Plantinga, "Self-profile", p. 30.
[13] Ibid., p. 31.
[14] Ibid., 13; Plantinga, "A Christian life partly lived", p. 47.
[15] Plantinga, "A Christian life partly lived", p. 69.
[16] A epistemologia reformada é classificada como uma metodologia separada em Steven B. Cowan, ed. *Five views on apologetics* (Grand Rapids: Zondervan, 2000) e mais recentemente em Brian K. Morley, *Mapping apologetics* (Downers Grove: InterVarsity Academic, 2015).

tarefa da epistemologia religiosa, e essas implicações têm uma importância fundamental para a apologética por serem um modo de pensar sobre como as convicções religiosas estão (e devem estar) relacionadas a argumentos, evidências e contraevidências.[17] Mas o emprego dessas percepções não se limita a uma só metodologia apologética; até mesmo evidencialistas poderiam adotar ao menos algumas das afirmações da epistemologia reformada.

Mesmo que o melhor modo de ver a epistemologia reformada de Plantinga não seja como uma metodologia apologética específica, ela certamente envolve um conjunto de afirmações que têm uma importância enorme de uma perspectiva apologética. A primeira dessas afirmações diz respeito à natureza da filosofia cristã e da erudição cristã em geral. O trabalho de Plantinga expressa a convicção da existência de diferenças fundamentais entre teístas e não teístas na sua abordagem a questões filosóficas importantes. Quais tipos de convicções são objetos de conhecimento possíveis? Há "verdades" que estão, por definição, além da compreensão dos seres humanos? A resposta de uma pessoa a essas perguntas será influenciada por muitas coisas: quer você considere ou não a realidade apenas material, que tipo de seres você acha que são os humanos, qual o tipo de faculdades cognitivas têm e quais tipos de convicções são o produto natural dessas faculdades cognitivas? E as respostas de uma pessoa a essas perguntas influenciarão sua avaliação do que você considera uma explicação adequada de uma determinada variedade de fatos. Obviamente, a filosofia é mais do que apenas uma expressão filosófica do conteúdo das convicções teológicas de uma pessoa. Antes, a questão é que a nossa filosofia é moldada pelas nossas convicções teológicas ou ausência delas – nosso modo de abordar a filosofia, quais perguntas achamos que vale a pena responder e quais tipos de resposta consideramos adequadas, tudo isso influencia nossa postura com relação a questões religiosas. Sendo assim, embora Plantinga fosse rejeitar com veemência a impossibilidade de teístas e não teístas participarem de discussões sobre questões filosóficas, ele afirma repetidamente que não há base neutra possível para essas conversas. Essa é a mensagem central em "Advice to Christian philosophers" [Conselho para

---

[17] Nicholas Wolterstorff se refere à obra de Plantinga como tratando a "epistemologia da filosofia". Veja de autoria dele "Then, now, and Al", in: *Reason, metaphysics, and mind: new essays on the philosophy of Alvin Plantinga*, eds. Kelly James Clark; Michael Rea (New York: Oxford University Press, 2012), p. 213.

filósofos cristãos].¹⁸ Nesse texto, Plantinga está convocando os filósofos cristãos para não se contentarem com uma briga filosófica reativa com a maioria acadêmica não cristã. Ele também queria que os filósofos cristãos parassem de permitir que as pressuposições não cristãs e não teístas estabelecessem os parâmetros e os limites do seu trabalho filosófico, mas antes se sentissem livres para explorar as questões que motivam e interessam os cristãos, não importa se o mundo cristão acha essas questões interessantes, valiosas ou até mesmo sensíveis.

Em segundo lugar, a epistemologia reformada envolve a rejeição da exigência evidencial para uma convicção da existência de Deus. Resumidamente, a exigência evidencial é a ideia de que a posição teísta depende de argumentos proposicionais – como os argumentos teístas produzidos pela teologia natural – para exibir uma condição epistêmica positiva (racionalidade, justificação, garantias etc.). Plantinga argumenta que a exigência evidencial apresenta diversas falhas (mais sobre isso a seguir) e que, em vez disso, a posição teísta pode ser apropriadamente básica – pode ser totalmente racional, justificada e avalizada mesmo que uma pessoa não conheça bons argumentos a favor da existência de Deus. Em outras palavras, a condição epistêmica da convicção da existência de Deus pode ser semelhante à da minha convicção memorial de que tomei café da manhã ou minha convicção perceptual de que há um copo de café muito quente na mesa perto do meu notebook, ambas ocorrendo na ausência de evidência proposicional. Essa afirmação é chamada de a "tese da paridade" e é um dos aspectos duradouros da epistemologia reformada de Plantinga.

Embora Plantinga não pense que os argumentos teístas sejam uma base necessária do conhecimento religioso, isso não significa que ele veja esses argumentos como inúteis. Na verdade, Plantinga escreveu um ensaio intitulado "2 dozen (or so) theistic arguments" [2 dúzias (mais ou menos) de argumentos teístas].¹⁹ Esses argumentos poderiam ter uma variedade de benefícios, incluindo a intensificação da justificativa que o cristão tem para

---

[18] Alvin Plantinga, "Advice to Christian philosophers", Faith and philosophy 1/3 (Julho 1984): p. 253-71.

[19] Foi desenvolvido pela primeira vez em 1986 e circulou por muito tempo como um folheto. Foi finalmente publicado como um apêndice em *Alvin Plantinga*, ed. Deane-Peter Baker, Contemporary philosophy in focus series (New York: Cambridge, 2007). Recentemente, Jerry Walls e Trent Doherty reuniram uma equipe impressionante comprometida com o objetivo de Plantinga de mostrar uma ampla variedade de bons argumentos a favor da existência de Deus. Veja *Two dozen (or so) arguments for God: the Plantinga project*, eds. Jerry Walls; Trent Doherty (New York: Oxford, 2018).

suas convicções religiosas, mas não demonstram com êxito a veracidade das convicções sobre Deus.[20]

> Sou incapaz de fazer algo que poderia sensivelmente ser chamado de uma "demonstração" de que qualquer um dos dois [o teísmo e o cristianismo] seja verdadeiro. Penso que há um grande número (ao menos duas dúzias) de bons argumentos a favor da existência de Deus; no entanto, nenhum deles pode realmente ser concebido como uma *prova* ou uma *demonstração* [...] Obviamente, isso de modo nenhum anula sua veracidade ou justificativa; muito pouco do que acreditamos pode ser "demonstrado" ou "provado".[21]

Em vez de basear a condição epistêmica positiva da convicção cristã em argumentos proposicionais, Plantinga argumenta a favor de uma base experiencial que corresponde, por exemplo, à minha convicção perfeitamente justificada de ver um copo de café na mesa. Nessa situação, em uma simplificação das metodologias apologéticas como apenas três – evidencial, experiencial e pressuposicional – a epistemologia reformada de Plantinga está no campo experiencial-pressuposicional do empreendimento apologético.[22]

CONTRIBUIÇÕES PARA A APOLOGÉTICA

Plantinga é um filósofo por excelência, mas seu trabalho filosófico em última instância tem servido a um propósito teológico ou apologético. Na perspectiva mais ampla possível, os esforços apologéticos de Plantinga podem ser caracterizados como a tentativa de escavar questões filosóficas importantes e expor as pressuposições filosóficas que não harmonizam facilmente com a cosmovisão cristã ou vão contra ela. Aliás, há um fio conceitual que perpassa todo o trabalho de Plantinga, que pode ser resumido assim: "Não há uma objeção, um conjunto de objeções ou uma teoria epistemológica plausíveis que excluem a convicção teísta como uma categoria de convicção epistemologicamente apropriada".[23] Plantinga desenvolveu essa afirmação de vários modos significativos.

---

[20] Plantinga analisa uma variedade de argumentos teístas no prefácio ao apêndice em Baker, *Alvin Plantinga*, p. 209.

[21] Alvin Plantinga, *Warranted Christian belief* (New York: Oxford, 2000), p. 170 [no Brasil: *Crença cristã avalizada* (São Paulo: Vida Nova, 2018)].

[22] Defendo a adequabilidade (e a fertilidade) de uma tipologia tripla com numerosas subcategorias em *Thinking about Christian apologetics* (Downers Grove: InterVarsity Academic, 2011).

[23] James Beilby, *Epistemology as theology*, p. 22.

Analisarei quatro contribuições específicas e concluirei com uma breve análise do impacto geral de Plantinga sobre a apologética cristã.

Linguagem religiosa

Plantinga iniciou sua carreira filosófica durante um período de hostilidade à filosofia "cristã". O positivismo lógico tinha um firme domínio sobre muitas partes do mundo filosófico ocidental, e seu modo proposto de pensar sobre a linguagem, a Teoria [ou Critério] Verificacionista do Significado, era amplamente influente. Segundo essa teoria, uma afirmação tem significado se, e somente se, é passível de verificação empírica. Para os positivistas lógicos, afirmações como "Deus me ama" sequer poderiam ser consideradas falsas; elas não comunicavam significado nenhum. Mesmo em lugares onde o positivismo não estava firmemente estabelecido (como Yale, onde Plantinga obteve o seu doutorado), o foco da filosofia da religião estava em conversas sobre Deus, e não em Deus. O livro de Plantinga *God and Other Minds* foi uma afronta radical a toda essa abordagem à linguagem religiosa. Ele não somente argumentou que o verificacionismo exibia uma incoerência de natureza autorreferencial – afinal de contas, a própria afirmação "uma proposição tem significado somente se é passível de verificação empírica" obviamente não é passível de verificação empírica –, como também falou sobre Deus de forma franca e destemida e pressupôs que afirmações poderiam se referir a Deus de forma significativa.[24] O resultado disso (embora certamente com a ajuda de outros) foi que o positivismo lógico e o verificacionismo "caíram no esquecimento que tão imensamente merecem".[25] E o mundo filosófico foi apresentado a um exemplo impressionante de como a filosofia da religião poderia ser sem as amarras das restrições amplamente aceitas, mas implausíveis, que ditavam o que afirmações religiosas poderiam ou não fazer.

O problema do mal

Em círculos apologéticos, Plantinga é possivelmente conhecido acima de tudo pela sua resposta ao problema do mal. Sua defesa a partir do livre arbítrio é uma resposta ao problema lógico do mal como exemplificado pelo artigo em 1955 de J. L. Mackie "Evil and Omnipotence" [O mal e a Onipotência], que

---

[24] A história de Wolterstorff sobre o impacto de *God and other minds* é poderosa e instrutiva (Wolterstorff, "Then, now, and Al", 204-08).

[25] Plantinga, "Advice to Christian philosophers", p. 258.

afirma que a coexistência de um Deus todo-poderoso e perfeitamente bom com o mal é uma contradição lógica.[26] Embora os cristãos, desde ao menos o Agostinho inicial,[27] tenham buscado responder ao problema do mal da perspectiva das escolhas livres dos seres humanos, a dificuldade para essa resposta ao argumento de Mackie está em explicar por que um Deus todo-poderoso não conseguiu criar pessoas que sempre escolheriam o bem livremente. Essa dificuldade gera uma série de perguntas metafísicas espinhosas sobre a natureza da necessidade (o que deve ser) e da possibilidade (o que poderia ser). Mas o clima antimetafísico das décadas de 1950 e de 1960 não proporcionou uma compreensão robusta desses conceitos. Em reposta a essa situação, Plantinga deu a esses conceitos de necessidade e de possibilidade uma atenção extensa,[28] resultando na sua obra inovadora *The Nature of Necessity* [A natureza da necessidade].[29] O entendimento de modalidade nesse volume lhe proporcionou as ferramentas necessárias para articular sua defesa a partir do livre-arbítrio – um argumento que usa uma semântica de mundos possíveis, uma descrição molinista da presciência de Deus e uma descrição liberista da liberdade para responder ao problema lógico do mal.[30] A percepção central da defesa a partir do livre-arbítrio é que, embora possa haver muitos mundos possíveis em que um saldo líquido tende mais para o bem do que o mal por causa da existência de criaturas significativamente livres em aos menos alguns desses mundos, é possível que nem mesmo um ser onipotente pudesse criar (ou concretizar) nenhum deles. Assim, a defesa a partir do livre-arbítrio

---

[26] J. L. Mackie, "Evil and omnipotence." *Mind* 64 (1955): p. 200-12.

[27] Veja de sua autoria *Sobre o livre-arbítrio*, livro 1, xvi, 34 and *Conf.* VII, 5.

[28] Obviamente, havia outros tratando dessas questões, o mais notável nisso sendo Saul Kripke. Veja sua obra *Naming and necessity* (Cambridge: Harvard University Press, 1972) [no Brasil: *O nomear e a necessidade* (Gradiva: 2012)].

[29] De modo simultâneo à publicação de *The Nature of Necessity*, Plantinga publicou uma versão simplificada (mas ainda bastante densa) da sua defesa com base no livre-arbítrio em *God, freedom, and evil* (New York: Harper & Row, 1974; 2nd ed., Grand Rapids: Eerdmans, 1977) [no Brasil: *Deus, liberdade e o mal* (São Paulo: Vida Nova, 2012). Não tenho a intenção de sugerir que o *único* propósito de Plantinga de uma reflexão sobre os conceitos modais de necessidade e de possibilidade era desenvolver sua defesa a partir do livre-arbítrio. Esses temas eram por si só interessantes para Plantinga e, além disso, seu trabalho sobre modalidade possibilitou o desenvolvimento da sua versão modal do argumento ontológico. Mas é difícil negar que seu trabalho filosófico tinha um *telos* intencionalmente apologético.

[30] Plantinga desenvolveu sua visão do conhecimento que Deus tem dos contrafactuais relativos à liberdade das criaturas de modo independente, sem o conhecimento da obra anterior de Luis de Molina (Plantinga, "Self-profile", p. 50).

apresentada por Plantinga responde à objeção de que a existência de Deus é logicamente incompatível com a existência do mal.

Embora alguns continuem argumentando que o problema lógico do mal sai incólume (ou ao menos não totalmente prejudicado) do argumento de Plantinga, a vasta maioria aceitou que seu argumento tem êxito. Nas palavras de Richard Gale (que não é teísta): "É uma admissão geral que Plantinga e seu grupo tiveram êxito em neutralizar o desafio lógico do mal".[31] Talvez a melhor evidência do êxito da defesa feita por Plantinga a partir do livre-arbítrio seja a mudança que ocorreu desde a publicação do seu argumento entre a vasta maioria dos ateus que apresentam o problema do mal. Seu foco passou a ser o problema evidencial do mal – o mal somente é mencionado como uma evidência contra a existência de Deus; ele não torna sua existência logicamente impossível.[32]

Epistemologia religiosa

Além da sua defesa a partir do livre-arbítrio, Plantinga é conhecido acima de tudo nos círculos apologéticos pelo seu trabalho sobre a epistemologia religiosa. Sua primeira contribuição apareceu em *God and Other Minds*, que argumenta que há um conjunto de convicções que estamos fortemente inclinados a aceitar como apropriadas epistemicamente – cujo exemplo paradigmático é a existência de outras mentes – para as quais não há argumentos ou evidências convincentes. Visto que parte do que acreditamos racionalmente, e até mesmo sabemos racionalmente, existe na ausência de evidências ou argumentos proposicionais – aliás, na ausência de qualquer noção clara quanto à construção de um argumento a favor dessas coisas –, surge a seguinte pergunta: por que é errado o cristão tratar suas convicções religiosas de modo semelhante? Sua conclusão controversa: "Se minha fé em outras mentes é racional, também o é minha fé em Deus. Mas obviamente a primeira é racional; portanto, a última também o é".[33] *God and Other Minds* estabeleceu a direção básica da epistemologia de Plantinga em dois sentidos fundamentais: as convicções religiosas

---

[31] Richard Gale, "Evil and Alvin Plantinga", in: Baker, *Alvin Plantinga*, p. 59. Além disso, o notável ateu William Rowe defendeu de objeções a argumentação que Plantinga faz do livre arbítrio em seu texto "In defense of the free will defense", *International Journal for Philosophy of Religion* 44/2 (Outubro 1998): p. 115-20.

[32] Plantinga também escreveu sobre o problema evidencial do mal. Por exemplo, veja de sua autoria *The evidential argument from evil*, ed. Daniel Howard-Snyder (Bloomington, IN: Indiana University Press, 1996), p. 244-61 e "Degenerate evidence and Rowe's new evidential argument from evil" *Nous* 32/4 (1998): p. 531-44.

[33] Plantinga, *God and other minds*, p. 271.

desfrutam de uma equivalência epistêmica em relação a outras convicções amplamente aceitas (como a fé em outras mentes) e, como essas convicções, elas não dependem de uma evidência proposicional para serem aceitáveis epistemicamente.

No início da década de 1980, uma explosão de artigos e ensaios ampliaram o argumento básico de Plantinga em *God and Other Minds*, sendo o maior deles "Reason and Belief in God" [Razão e fé em Deus].[34] Nessas obras, ele voltou ao argumento originariamente apresentado em *God and Other Minds* – que a fé em Deus poderia ser inteiramente racional até mesmo sem evidências proposicionais. Para amparar essa afirmação, Plantinga buscou mostrar que o evidencialismo – a hipótese de que crenças requerem evidências proposicionais para serem racionais – estava enraizado no fundacionalismo clássico, que era insustentável por causa de sua incoerência autorreferente. No fim da década de 1980, Plantinga publicou uma série de obras sobre epistemologia e epistemologia religiosa que indicaram uma transição na sua abordagem à epistemologia religiosa. Em vez de apenas defender a racionalidade ou a justificação das convicções religiosas, Plantinga fez duas perguntas anteriores: qual é a natureza da racionalidade ou da justificação? E o que transforma meras convicções verdadeiras em conhecimento? "Justification and Theism" foi o primeiro passo de Plantinga nessa jornada,[35] artigo este que esboçou a estrutura dessa nova abordagem à epistemologia religiosa. Central a essa abordagem foi a noção de *função apropriada*; a convicção da existência de Deus poderia ser considerada conhecimento apenas caso fosse produzida por faculdades cognitivas funcionando apropriadamente. Essa abordagem representou um afastamento significativo do seu modo anterior de lidar com questões epistemológicas. Antes, Plantinga havia analisado a racionalidade e a justificação como noções deontológicas, que envolviam o cumprimento de deveres epistêmicos. Mas, em sua nova descrição, a confiabilidade dos mecanismos de produção de convicções em uma pessoa tem primazia sobre deveres epistêmicos. Plantinga desenvolveu essa descrição da epistemologia em

---

[34] Em *Faith and rationality: reason and belief in God*, eds. Alvin Plantinga; Nicholas Wolterstorff (Notre Dame: University of Notre Dame Press, 1983). Veja também "Is belief in God rational?", in: *Rationality and religious belief*, ed. C. F. Delaney (Notre Dame: University of Notre Dame Press, 1979), p. 7-27; "The reformed objection to natural theology", in: *Proceedings of the American Catholic Philosophical Association*, p. 54, Philosophical Knowledge, eds. John B. Brough, Donald O. Dahlstrom; Henry B. Veatch, p. 49-62. Washington: American Catholic Philosophical Assoc, 1980; e "Is belief in God properly basic?" *Nous* 15 (1981): p. 41-51.

[35] Alvin Plantinga, "Justification and theism", *Faith and philosophy* 4 (Outubro 1987): p. 403-26.

uma série de artigos e de maneira mais decisiva em sua trilogia da avaliação: *Warrant: The Current Debate*, que criticou as epistemologias predominantes; *Warrant and Proper Function*, em que apresentou os detalhes da sua própria teoria do conhecimento; e *Crença cristã avalizada*, em que aplica sua descrição do conhecimento à convicção da existência de Deus.[36]

Em *Crença cristã avalizada*, Plantinga identifica duas categorias de objeções à convicção da existência de Deus: a objeção *de facto* e a objeção *de jure*. Uma objeção *de facto* é uma objeção à *verdade* da convicção cristã, e uma objeção *de jure* envolve a afirmação de que a convicção cristã exibe falhas epistêmicas. Em outras palavras, uma objeção *de jure* é que, mesmo que seja verdade que Deus existe, não há evidências, argumentos, bases ou razões suficientes para que uma convicção da existência de Deus seja racional, justificada ou avalizada. Plantinga desenvolve duas afirmações em *Crença cristã avalizada*. Em primeiro lugar, ele argumenta que objeções *de jure* não são independentes de interesses *de facto* – isto é, para uma crença religiosa ser avalizada ela depende decisivamente de se Deus existe e se criou os humanos com a capacidade de conhecê-lo. Em segundo lugar, ele apresenta um modo em que os cristãos possam pensar sobre a avaliação das suas convicções religiosas. Crenças cristãs avalizadas, segundo Plantinga, não são produzidas pela capacidade cognitiva originária da humanidade:

> Em vez disso, elas são um produto da obra do Espírito Santo, que nos leva a aceitar e nos faz acreditar nessas grandes verdades do evangelho. Essas convicções não são geradas pelo funcionamento normal das nossas faculdades noéticas; elas são uma dádiva sobrenatural.[37]

Essas convicções são produzidas nos humanos de um modo que satisfaz as condições de Plantinga para a avaliação – elas são o resultado de um processo de geração de convicções que está funcionando de modo apropriado em um ambiente cognitivo apropriado (aquele para o qual foi planejado) de

---

[36] Todos os três livros da trilogia da avaliação foram publicados por Oxford University Press. Recentemente, Plantinga publicou uma versão abreviada de *Warranted Christian belief*, chamada *Knowledge and Christian belief* (Grand Rapids: Eerdmans, 2015) [no Brasil: *Conhecimento e crença cristã* (Monergismo: 2017)].

[37] Plantinga, *Warranted Christian belief*, p. 245 [no Brasil: *Crença cristã avalizada* (São Paulo: Vida Nova, 2008)].

acordo com um projeto voltado de forma exitosa para a produção de convicções verdadeiras.[38]

Embora nem todos os cristãos aceitem o entendimento que Plantinga tem de avalização ou todos os detalhes do seu modelo para uma crença cristã avalizada, de uma perspectiva apologética, a epistemologia religiosa dele é significativa de dois modos. Ele apresenta um modo possível de avalização de convicções cristãs, invalidando a afirmação de que as convicções cristãs não podem exibir uma condição epistêmica positiva. Assim, ele mostra que os ateus não podem simplesmente fazer objeções *de jure* à convicção cristã; eles devem argumentar que a convicção cristã não é verdadeira (uma tarefa muito mais difícil).

A ciência e o naturalismo

A análise que Plantinga faz da relação entre a ciência e a religião produziu duas contribuições apologéticas: seu argumento contra o naturalismo metodológico e seu argumento evolucionário contra o naturalismo. O naturalismo metodológico, na definição dele, "é a ideia de que a ciência, propriamente dita, não pode envolver convicções ou compromissos religiosos".[39] Isso não significa que um cristão não possa se dedicar à atividade científica, mas, antes, que nessa atividade ele não deve deixar suas convicções religiosas influenciarem o conteúdo do seu trabalho científico. As ponderações de Plantinga sobre o naturalismo científico têm uma conexão direta com sua perspectiva sobre a natureza da erudição e resultam do seu compromisso com a ideia de que não há nenhum trabalho acadêmico importante razoavelmente completo que exiba neutralidade religiosa. Um cristão talvez queira saber qual será a resposta a uma pergunta científica se isolar suas convicções religiosas, mas – e esse é o ponto central de Plantinga – por que deveria fazer isso? Ele diz: "Não é perverso você se limitar a apenas uma parte do que sabe ou a apenas algumas fontes de conhecimento, se seu objetivo é chegar à verdade sobre o fenômeno em questão?".[40] Em vez disso, os cristãos devem ter a liberdade de levar em

---

[38] Ibid., p. 246.

[39] Alvin Plantinga, "Methodological naturalism", *Perspectives on science and Christian faith* 49 (September 1997): p. 143.

[40] Alvin Plantinga, "Sheehen's shenanigans: how theology becomes tomfoolery", in: *The analytic theist*, ed. James Sennett (Grand Rapids: Eerdmans, 1998), 326. Publicação original em *Reformed journal* 37 (Abril 1987): p. 19-25.

consideração tudo que sabem no seu envolvimento com a ciência e com a erudição em geral.

Embora uma ênfase anterior da carreira apologética de Plantinga fosse a apologética negativa, o último capítulo de *Warrant and Proper Function* apresenta um argumento contra o naturalismo que é uma amostra de apologética positiva.[41] Ele argumenta que a combinação do naturalismo metafísico (a visão de que apenas objetos, categorias e propriedades naturais são reais) com a teoria evolutiva contemporânea é autoanuladora; ou seja, uma pessoa que aceita tanto o naturalismo quanto a evolução tem um "anulador" da sua convicção de que mecanismos de geração de convicções, submetidos a essa evolução, são confiáveis. Esse anulador constitui um anulador de qualquer convicção que esses mecanismos produzem, incluindo as posições naturalistas e evolutivas. Portanto, mesmo que o naturalismo científico e a evolução sejam vistos tipicamente como estando em uma conexão muito forte e natural, essa combinação não pode ser considerada racional. Se esse argumento é correto, então alguma versão do sobrenaturalismo deve ser verdadeira.

Há uma abundância de compreensões equivocadas desse argumento, tornando importantes alguns esclarecimentos. Em primeiro lugar, o argumento de Plantinga não deve ser confundido com um argumento contra a teoria evolutiva contemporânea em si, mas, em vez disso, deve ser entendido contra uma evolução *não guiada*; é a combinação do naturalismo com a evolução que está na mira do argumento dele. Em segundo lugar, o argumento de Plantinga de modo nenhum sugere que os mecanismos de geração de convicções não são confiáveis, mas, antes, que o naturalista não está justificado em crer que são confiáveis por causa das implicações epistemológicas dos seus compromissos metafísicos. Por fim, o anulador que Plantinga propõe para a crença que o naturalista tem de que seus mecanismos de geração de convicções são confiáveis é de um tipo especial: ele é um anulador *puramente alético*. Um anulador alético especifica que as razões que uma pessoa venha a ter para afirmar uma convicção de confiabilidade cognitiva (e rejeitar anuladores dessa convicção) devem "se dirigir com êxito à verdade (isto é, à maximização de convicções verdadeiras e à minimização de convicções falsas) e nada mais".[42]

---

[41] Plantinga, *Warrant and proper function*, p. 216-37.
[42] Para mais sobre anuladores puramente aléticos, veja *Warranted Christian belief*, p. 363 [no Brasil: *Crença cristã avalizada* (São Paulo: Vida Nova, 2008)] e "Reply to Beilby's cohorts", p. 209.

Recentemente, Plantinga tratou da questão apologética maior de se há um conflito genuíno entre o cristianismo e a ciência, como é comumente proposto por detratores da fé cristã. Em sua obra *Ciência, religião e naturalismo: onde está o conflito?*, ele argumenta: "Há um conflito superficial, mas uma harmonia profunda entre a ciência e a religião teísta, porém, há uma harmonia superficial e um conflito profundo entre a ciência e o naturalismo".[43] Os supostos conflitos entre o cristianismo e a ciência são ou ilusórios ou superficiais. Exemplos do primeiro tipo são os supostos conflitos entre o cristianismo e a evolução e entre os relatos cristãos da ação divina exclusiva e a ciência. O primeiro caso se torna um conflito somente quando se pressupõe que as Escrituras ensinam que a terra é muito nova, e o segundo se torna um conflito genuíno somente quando se pressupõe que a terra é um sistema fechado de causa e efeito. E o alegado conflito entre as disciplinas da psicologia evolutiva e da crítica bíblica histórica, embora seja real, é apenas superficial – ele não representa necessariamente um anulador das convicções centrais da fé cristã. Além de haver, na melhor das hipóteses, somente um conflito superficial entre o cristianismo e a ciência, há, para Plantinga, uma harmonia profunda entre ambos. Ele expõe vários modos em que as faculdades cognitivas humanas correspondem ao mundo – uma *adaequatio intellectus ad rem*, na designação dos medievais – e que essa combinação possibilita nosso pensamento sobre as coisas do mundo. Essa combinação faz perfeito sentido na perspectiva da convicção cristã de que os seres humanos foram criados à imagem de Deus, mas, em uma perspectiva naturalista, isso é apenas pura sorte. À luz dessa situação, Plantinga insiste em que "é o teísmo, e não o naturalismo, que merece ser chamado de 'a cosmovisão científica'".[44] Por fim, não há somente uma harmonia maior entre o teísmo e a ciência do que entre o naturalismo a ciência, mas também há um conflito profundo entre o naturalismo e a ciência, que pode ser observado na natureza autoanuladora da combinação do naturalismo com a evolução – demonstrada pelo argumento evolucionista de Plantinga contra o naturalismo.

Contribuições sistêmicas e pessoais

A última contribuição apologética que analisaremos é de um tipo diferente. Por mais significativo que o impacto apologético das várias obras de Plantinga

---

[43] Alvin Plantinga, *Where the conflict really lies: science, religion, and naturalism* (New York: Oxford University Press, 2011), ix [no Brasil: *Ciência, religião e naturalismo: onde está o conflito?* (São Paulo: Vida Nova, 2018)].

[44] Ibid., p. 309.

tenha sido, é possível argumentar que a totalidade do seu impacto foi mais significativo do que a soma das suas partes. Plantinga não apenas defendeu a fé cristã; ele basicamente mudou o clima na academia com relação à convicção teísta e à filosofia da religião. E ele fez isso com sua disposição de falar sobre o próprio Deus, e não apenas sobre teologia; com seu envolvimento positivo e substancial com uma fé cristã robusta, e não apenas uma versão da fé cristã diluída ou academicamente palatável; e com sua postura de encorajar os cristãos no mundo acadêmico a exercer a atividade acadêmica abertamente como cristãos em vez de apenas tratarem de temas que a comunidade acadêmica considerava importantes ou interessantes. Kelly James Clark comenta sobre a influência de Plantinga:

> Na década de 1950, não havia uma só defesa publicada da convicção religiosa escrita por um filósofo notável; na década de 1990, já existiam literalmente centenas de livros e artigos, vindos de desde Yale até UCLA e desde Oxford até Heidelberg, que defendiam e desenvolviam a dimensão espiritual. A diferença entre as décadas de 1950 e de 1990 pode ser resumida em duas palavras: Alvin Plantinga.[45]

Do mesmo modo, Yoram Hazony, presidente do instituto Herzl em Jerusalém, falou sobre o impacto de Plantinga na academia:

> O cristianismo de Plantinga atingiu o velho ateísmo sonolento dos departamentos de filosofia universitários como um tornado arrebentando um monte de palha. A convicção teísta se tornou uma possibilidade disponível de novo. Todos nós que viemos depois dele estamos em dívida para com ele.[46]

De modo notável, o filósofo ateu Quentin Smith atribui à obra de Plantinga *God and Other Minds* a origem da "dissolução da secularização da academia tradicional e dominante".[47] Ele diz:

> Ficou claro para a profissão filosófica que este livro mostrou que os teístas realistas não eram inferiores aos naturalistas no tocante aos critérios mais valorizados da filosofia analítica: precisão conceitual, rigor argumentativo, erudição técnica e

---

[45] Kelly James Clark, "Alvin Plantinga and the revival of religious philosophy", *Huffington Post*, May 8, 2017, https://www.huffingtonpost.com/entry/alvin-plantinga-and-the-revival-of-religious-philosophy_us_59107108e4b056aa2363d70e.

[46] Anúncio do Prêmio Templeton de 2017. https://www.templetonprize.org/pdfs/2017/20170924-temple ton prize-ceremonypr.pdf.

[47] Quentin Smith, "The metaphilosophy of naturalism", *Philo* 4/2 (2001): 2.

uma defesa detalhada de uma cosmovisão original [...] Este livro, seguido sete anos depois pelo livro ainda impressionante de Plantinga, *The Nature of Necessity*, tornou evidente que um teísta realista estava escrevendo no nível mais elevado da filosofia analítica.[48]

Obviamente, Plantinga foi auxiliado na transformação da cultura na filosofia cristã. Nicholas Wolterstorff, William Alston, Eleonore Stump e outros participaram com ele da fundação da Sociedade de Filósofos Cristãos, e muitos outros estudiosos mais jovens levaram o conselho de Plantinga a sério e deram prosseguimento ao movimento. Mas dificilmente é concebível tudo isso acontecer sem o trabalho e a influência de Plantinga. Merecidamente, em reconhecimento da sua influência, ele recebeu o Prêmio Templeton de 2017.

A influência de Plantinga também teve uma manifestação mais pessoal. Ele tem feito questão de mostrar um interesse ativo em uma geração inteira de estudiosos mais jovens e se empenha em encorajá-los, dizendo:

> É [....] difícil conceber qualquer tarefa mais importante para um filósofo cristão do que fazer todo o possível para treinar e capacitar a geração seguinte de filósofos cristãos. Isso significa ver filósofos mais jovens, filósofos inexperientes e alunos de pós-graduação como tendo um valor imenso. Seu bem-estar e desenvolvimento como membros da comunidade dos filósofos cristãos é uma fonte de real preocupação: isso demanda nossos melhores esforços e todo encorajamento e ajuda que possamos fornecer. Afinal de contas, são eles que darão continuidade a essa tarefa da filosofia cristã após o desaparecimento da presente geração.[49]

Por causa da natureza profundamente pessoal desse aspecto da influência de Plantinga, é adequado concluir este ensaio com uma nota mais pessoal. Não há figura mais influente na minha fé e no meu desenvolvimento acadêmico do que Al Plantinga. Não somente sua obra foi profundamente decisiva na transformação da maneira que um estudante universitário rebelde durante uma crise de fé encarava a vida intelectual e a fé em Deus, mas ele continuamente foi muito além da sua obrigação no encorajamento do meu trabalho acadêmico, e isso sem eu nunca ter sido formalmente seu aluno. Isso incluiu uma carta de três páginas em espaçamento simples com conselhos que ele escreveu a um neófito filosófico que havia acabado de sair de uma crise de

---

[48] Ibid., p. 2.
[49] Plantinga, "A Christian life partly lived", p. 81.

fé, numerosas conversas transformadoras de natureza filosófica e pessoal durante partidas de "disc-golf" e colaborações em projetos acadêmicos. Se agora estou em uma situação em que posso encorajar a próxima geração, a razão é o investimento de Al na minha carreira acadêmica. E histórias como essa são "legião". Não é somente a contribuição apologética de Plantinga que é sem igual no mundo contemporâneo, mas também o seu estilo de vida é uma apologética da fé que seu trabalho tem defendido.[50]

BIBLIOGRAFIA

BAKER, Deane-Peter, ed. *Alvin Plantinga*. Contemporary Philosophy in Focus series (New York: Cambridge, 2007).

BEILBY, James. *Epistemology as theology* (Aldershot: Ashgate, 2005).

____, ed. *Naturalism defeated? Essays on Plantinga's evolutionary argument against naturalism* (Ithaca: Cornell, 2002).

CLARK, Kelly James. "Reformed epistemology apologetics", p. 265-84, in: *Five views on apologetics*. Ed. Steven B. Cowan (Grand Rapids: Zondervan, 2000).

____; REA, Michael. *Reason, metaphysics, and mind: new essays on the philosophy of Alvin Plantinga* (New York: Oxford, 2012).

MORLEY, Brian K. *Mapping apologetics* (Downers Grove: InterVarsity Academic, 2015).

PLANTINGA, Alvin. "A Christian life partly lived", p. 45-82, in: *Philosophers who believe: the spiritual journeys of 11 leading thinkers*. Ed. Kelly James Clark (Downers Grove: InterVarsity, 1993).

____. "Advice to Christian philosophers". *Faith and Philosophy* 1/3 (Julho 1984): 253-71.

____. "An initial statement of the argument", p. 1-12, in: *Naturalism defeated? Essays on Plantinga's evolutionary argument against naturalism*. Ed. James Beilby (Ithaca: Cornell University Press, 2002).

____. *God and other minds: a study in the rational justification of belief in God* (Ithaca: Cornell University Press, 1967; 2. ed., 1990).

---

[50] Este ensaio se beneficiou tanto de uma ajuda de edição de Sierra Beilby quanto a dispensa de lecionar um curso na Bethel University. Sou grato por ambas as coisas.

_____. *God, freedom and evil* (New York: Harper & Row, 1974; 2. ed., Grand Rapids: Eerdmans, 1977).

_____. *Deus, liberdade e o mal* (São Paulo: Vida Nova, 2012).

_____. "Justification and theism". *Faith and Philosophy* 4 (October 1987): 403-26.

_____. *The nature of necessity* (Oxford: Clarendon, 1974. 2. ed., 1989).

_____. "Reason and belief in God", p. 16-93, in: *Faith and rationality: reason and belief in God*. Ed. Alvin Plantinga; Nicholas Wolterstorff (Notre Dame: University of Notre Dame Press, 1983).

_____. "Reply to Beilby's cohorts", p. 204-75, in: *Naturalism defeated? Essays on Plantinga's evolutionary argument against naturalism*. Ed. James Beilby (Ithaca: Cornell University Press, 2002).

_____. "Self Profile", p. 3-97, in: *Alvin Plantinga*. Ed. James Tomberlin; Peter van Inwagen (Dordrecht: D. Reidel, 1985).

_____. *Warrant and proper function* (New York: Oxford University Press, 1993).

_____. *Warrant: the current debate* (New York: Oxford University Press, 1993).

_____. *Warranted Christian belief* (New York: Oxford University Press, 2000).

_____. *Crença cristã avalizada* (São Paulo: Vida Nova, 2008).

_____. *Where the conflict really lies: science religion, and naturalism* (New York: Oxford University Press, 2011).

_____. *Ciência, religião e naturalismo: onde está o conflito?* (São Paulo: Vida Nova, 2018).

_____; DENNETT, Daniel C. *Science and religion: are they compatible?* Point/Counterpoint Series (New York: Oxford University Press, 2010).

WALLS, Jerry L.; DOHERTY, Trent, eds. *Two dozen (or so) arguments for God: the Plantinga Project* (New York: Oxford University Press, 2018. 50).

Richard Swinburne
PIONEIRO DA APOLOGÉTICA ANALÍTICA

Greg Welty

Richard Swinburne (1934-) é um dos filósofos da religião mais influentes dos últimos cinquenta anos. Com uma aplicação persistente das ferramentas da filosofia analítica a temas de interesse religioso perene, ele acabou realizando o que nenhum outro filósofo contemporâneo conseguiu fazer: uma defesa de todas as doutrinas centrais do cristianismo contra a coleção impressionante de críticas filosóficas presentemente dirigida a elas. Com isso, Swinburne exerceu uma influência significativa no modo como essas questões são discutidas hoje em um contexto intelectual. Em uma conferência acadêmica de 2014 na Universidade de Purdue, muitos dos filósofos da religião mais ilustres do mundo se reuniram em celebração da obra de Swinburne e para honrá-lo por ocasião do seu aniversário de 80 anos.[1] Como observador, fiquei impressionado com o fato de que até mesmo os ensaios que discordavam dele destacaram a influência profunda do seu método: clareza de expressão e rigor argumentativo combinados com um apelo à filosofia, à ciência e à história como ferramentas para articular e defender visões religiosas. Muitos desses filósofos reconheceram publicamente a dívida deles para com sua influência.

CONTEXTO HISTÓRICO

Richard G. Swinburne nasceu em 26 de dezembro de 1934, em Smethwick, Staffordshire, Inglaterra, e estudou filosofia, política e economia no Exeter College, na Universidade de Oxford (recebendo seu bacharelado com distinção em 1957). Ele recebeu um diploma de mestrado em filosofia (BPhil, 1959), um diploma em teologia (University Diploma in Philosophy, St. Stephen's House, Oxford, 1960, na expectativa da ordenação como ministro anglicano) e então estudou a história da ciência durante os três anos seguintes com duas bolsas de estudo para pesquisa. Após sua formação, Swinburne ficou convencido de que faria o melhor uso dos seus dons em um ambiente acadêmico,

---

[1] Purdue University, "Faith and Reason: Themes from Swinburne", conferência realizada em 25-27 de setembro 2014. https://www.conf.purdue.edu/landing_pages/swinburne/.

e não como ministro ordenado da Igreja da Inglaterra, e, assim, tornou-se preletor de filosofia na Universidade de Hull (1963-1972), professor de filosofia na Universidade de Keele (1972-1984) e então ocupou o lugar de Basil Mitchell como Professor da cátedra Nolloth de Filosofia da Religião Cristã no Oriel College, Universidade de Oxford (1985-2002). Além de ocupar essas posições acadêmicas e durante toda a sua carreira, Swinburne tem sido professor visitante ou palestrante em ao menos 24 instituições acadêmicas diferentes ao redor do mundo, e ele continua exercendo uma presença internacional como preletor e professor. Ele foi anglicano sua vida inteira antes de se converter à ortodoxia oriental em 1995. As doutrinas que buscou defender foram as do "cristianismo ecumênico" (dos primeiros credos cristãos) e, nesse sentido, seu projeto tem alguma semelhança com o "cristianismo puro e simples" de C. S. Lewis, embora tenha sido executado com mais rigor filosófico e menos talento retórico e literário.

A partir de 1968, os primeiros livros de Swinburne foram sobre o espaço e o tempo (vistos à luz de teorias científicas como a relatividade) e a teoria da confirmação (o uso feito pela ciência da teoria da probabilidade para confirmar suas teses).[2] Mas seu novo foco logo veio a ser a articulação e a defesa do teísmo e da teologia cristã em um contexto acadêmico. Ele foi responsável por uma produção constante de monografias substanciais sobre praticamente todo tema importante na filosofia da religião e teologia filosófica, incluindo obras que defendiam a coerência do teísmo, a existência de Deus, a compatibilidade da fé com a razão, a relação entre o corpo e a alma, e as doutrinas cristãs da Trindade, encarnação, expiação, ressurreição, revelação bíblica e providência divina como a solução para o problema do mal. De fato, desde 1968, ele publicou 18 monografias (14 pela Oxford University Press), cinco volumes editados e 172 artigos em periódicos filosóficos muito importantes. Swinburne comentou na conferência em Purdue: "Uma dificuldade que tenho na minha defesa de críticas é que escrevi demais e às vezes esqueço onde exatamente disse algo!".[3]

---

[2] Richard Swinburne, *Space and time* (London: Macmillan, 1968) e Richard Swinburne, *An introduction to confirmation theory* (London: Methuen, 1973).

[3] Algumas das datas nesses últimos parágrafos foram extraídas de Richard Swinburne, "Short intelectual autobiography" (s.d.), http://users.ox.ac.uk/~orie0087/. Mais material foi adaptado de Greg Welty, "Review of *Reason and faith*: themes from Richard Swinburne. Michael Bergmann; Jeffrey E. Brower, eds. (New York: Oxford University Press, 2016), *Themelios* vol. 41, n. 2 (Agosto 2016), http://themelios.thegospelcoalition.org/review/reason-and-faith-themes-from-richard-swinburne.

CONTEXTO TEOLÓGICO

O contexto teológico na época da sua formação acadêmica apresentava dois obstáculos aparentemente insuperáveis para a defesa do teísmo cristão. Em primeiro lugar, muitos argumentavam que a atividade teológica era ininteligível; em segundo lugar, a pressuposição era que a ciência era a única, ou ao menos a principal, fonte de convicções justificadas sobre o mundo, e não sobre a religião. Por causa desses fatores culturais que influenciavam um contexto predominantemente anglo-americano, a filosofia da religião e a teologia filosófica se tornaram disciplinas basicamente moribundas.[4] Se convicções religiosas são tanto absurdas para serem levadas a sério quanto irracionais para acreditarmos nelas, a apologética cristã é interrompida bruscamente. A filosofia veio para enterrá-la, e não para ajudá-la.

Argumentando com o positivismo lógico como uma teoria do significado

Uma das razões de a filosofia analítica na primeira metade do século XX não ser favorável a uma reflexão filosófica produtiva sobre o conteúdo da teologia cristã foi porque um número significativo de filósofos estava preso a uma teoria do conhecimento conhecida como "empirismo": de modo bem geral, a visão de nosso conhecimento inteiro do mundo precisar partir da nossa experiência sensorial do mundo observável. Essa visão se transformou em uma teoria do significado que aparentava excluir qualquer significado de afirmações metafísicas ou religiosas. Filósofos como Rudolph Carnap e A. J. Ayer[5] ficaram impressionados com o empirismo por prometer proteger a lógica, matemática e as ciências naturais de absurdos pseudo-científicos. No cerne desse movimento positivista lógico na filosofia estava seu critério empirista para a capacidade de significado cognitivo: a não ser que uma afirmação pudesse ser verificada (confirmada, apoiada) ou falsificada (negada, desaprovada) em uma comparação com observações *empíricas* do mundo,

---

[4] Ao menos entre filósofos influenciados pelo protestantismo. Nas instituições católico-romanas de educação dos sacerdotes, a influência enorme e imbuída de autoridade de sistematizadores como Agostinho, Anselmo e Tomás de Aquino preservou em um grau muito elevado discussões acadêmicas vivas e proveitosas dessas questões.

[5] Rudolph Carnap, *Philosophy and logical syntax (psyche miniatures general series, No. 70)* (London: Kegan Paul, Trench, Trubner & Co., Ltd., 1937). A. J. Ayer, *Language, truth, and logic* (London: Gollancz, 1936) [no Brasil: *Linguagem, verdade e lógica* (Editorial Presença, 1991)].

essa afirmação deveria ser considerada de fato *sem significado*, uma amostra de linguagem que sequer tem a dignidade de poder ser verdadeira ou falsa.

No seu ensaio de 1950 amplamente lido "Theology and Falsification" [Teologia e falsificação], o filósofo britânico Antony Flew aplicou essas percepções à linguagem religiosa. Flew argumentou que a visão típica dos cristãos quanto às afirmações sobre Deus não são consideradas passíveis de falsificação empírica, pois os cristãos não abandonarão sua fé independente do que aconteça. Flew concluiu que a linguagem sobre Deus de fato não significa nada.[6] Filósofos da religião precisavam apresentar uma defesa alternativa do significado dos seus termos religiosos centrais. O próprio "critério de falseabilidade" no cerne dessa crítica precisava ser criticado para recuperar a teologia filosófica como uma disciplina viável.

Mas, ao mesmo tempo que Flew estava promovendo sua crítica positivista lógica da linguagem religiosa, os filósofos seculares estavam começando a questionar seus fundamentos.[7] Além disso, um grupo de filósofos cristãos, que incluía Swinburne, também apresentou diversas respostas.[8] Acabou se tornando um fato evidente que o critério empirista era tão rígido que precisaria excluir afirmações científicas normalmente aceitáveis. Seu critério também envolveu uma certa teorização metafísica. Nas palavras de Wolterstorff: "A própria fé exibida pelos positivistas na ciência natural não foi produto da ciência".[9] Aliás, é frequente na história da ciência que "cientistas convencidos da verdade

---

[6] Antony Flew; R. M. Hare; Basil Mitchell, "Theology and falsification: a symposium" (1950), reimpr. nas páginas 13-22 de Basil Mitchell, ed., *The philosophy of religion* (Oxford: Oxford University Press, 1971). A crítica de Flew está nas p. 13-5, 20-2 das discussões da mesa redonda.

[7] Carl Hempel, "Problems and changes in the empiricist criterion of meaning", *Revue Internationale de Philosophie* Vol. 4.11 (Janeiro 1950): 41-63. Willard Van Orman Quine, "Two dogmas of empiricism", *The philosophical review* 60 (1951): 20-43.

[8] Veja Basil Mitchell in: Flew et. al., "Theology and falsification", p. 18-20; William Alston "Are positivists metaphysicians?", *Philosophical Review* 63 (1954): 42-57 (cf. p. 52). William Alston, *Philosophy of language* (Englewood Cliffs: Prentice-Hall, 1964), p. 62-83 [no Brasil: *Filosofia da linguagem* (Rio de Janeiro, Zahar, 1977)]. William Alston, "Religious language and verificationism", in: Paul Copan; Paul Moser, eds., *The rationality of theism* (New York: Routledge, 2003), p. 17-34; Alvin Plantinga, *God and other minds: a study of the rational justification of belief in God* (Ithaca: Cornell University Press, 1967), p. 156-8; e Richard Swinburne, "Confirmability and factual meaningfulness", *Analysis* Vol. 33, Issue 3 (Janeiro 1973): 71-6. Richard Swinburne, *The coherence of theism* (Oxford: Oxford University Press, 1977) (2. ed., 2016, 40-43).

[9] Nicholas Wolterstorff, *Reason within the bounds of religion* (Grand Rapids: Eerdmans, 1976) (2. ed., 1984, 16).

de alguma teoria científica exibam a mesmíssima conduta que Flew enxerga nos crentes religiosos", isto é, uma conduta dogmática.[10]

Uma vez que o positivismo foi enfraquecido pelos argumentos tanto dos filósofos religiosos quanto dos filósofos seculares, os filósofos cristãos tinham liberdade de utilizar a linguagem religiosa e abertamente fazer referência a um Deus transcendente e não empírico sem qualquer constrangimento. Sendo assim, ao abordar as objeções à fé cristã de maneira clara e sistemática, esses filósofos ajudaram a estabelecer um sólido alicerce para o progresso contemporâneo da apologética cristã, deixando como legado para as futuras gerações uma riqueza de reflexões religiosas edificantes, perceptivas e intelectualmente deslumbrantes.

Confrontando a ciência como uma teoria do conhecimento

Um segundo obstáculo filosófico e cultural para a defesa do teísmo cristão no século XX foi criado não por dificuldades relativas à linguagem religiosa, mas pelo triunfo de modos de pensamento não religiosos. O êxito enorme da ciência não apenas na descoberta de verdades sobre o mundo, mas também no desenvolvimento de tecnologias e medicamentos para o bem humano aparentavam tolher as conquistas da religião. A ciência era um modo de conhecer o que *funcionava*, merecendo se tornar nosso paradigma de obtenção de conhecimento. Em comparação, a religião era, na melhor das hipóteses, uma conjectura baseada em ideias inadequadas.

Em uma tentativa de superar essa barreira, Swinburne fez um bom uso da sua formação acadêmica na história e na filosofia da ciência com várias observações. Em primeiro lugar, os cientistas com frequência tornam suas teses acessíveis entre si e para o público maior não apenas com usos literais diretos de palavras, mas ocasionalmente com analogias e metáforas, com o objetivo de explicar o desconhecido à luz do conhecido. Os cientistas (bem como os filósofos) também constroem experimentos mentais com uma linguagem literal, analógica e até mesmo metafórica com o propósito de esclarecer para outros as afirmações de teorias científicas sobre o mundo, o que ajuda outros não apenas a entender a verdade possível de teorias científicas, mas também a estar abertos a qualquer evidência da veracidade dessas teorias. Será que os crentes religiosos também não podem fazer essas coisas, definindo claramente

---

[10] Wolterstorff, *Reason*, p. 20.

seus termos, mas também usando analogias, metáforas e experimentos mentais no discurso religioso?[11]

Em segundo lugar, os cientistas regularmente postulam entidades inobserváveis para explicar efeitos observáveis. Os químicos postularam moléculas inobserváveis para explicar fenômenos químicos observáveis; os físicos postularam ondas e campos para explicar fenômenos eletromagnéticos e gravitacionais observáveis; os astrônomos postularam planetas inobserváveis (naquele momento) para explicar efeitos observáveis nas órbitas de outros planetas próximos. É necessário perguntar: por que os teístas não podem recorrer a argumentos do mesmo tipo na sua argumentação a favor da existência de Deus a partir de aspectos observáveis do mundo? O êxito da química, da física e da astronomia não demonstra que é totalmente válido intelectualmente explicar o observável a partir do inobservável?[12]

Em terceiro lugar, os cientistas não apoiam a verdade das suas teorias de modo aleatório. Em vez disso, eles apelam a critérios relevantes de cálculo probabilístico. Uma teoria científica é considerada uma boa explicação dos dados – e, portanto, *confirmada* ou *apoiada* pelos dados – na medida em que apresenta uma capacidade preditiva (nos leva a esperar o tipo de coisas que vemos), simplicidade (postula menos entidades e tipos de entidades em comparação com teorias alternativas) e combina com o conhecimento subjacente (é consistente com e não conflita com as várias coisas que já sabemos sobre o mundo). Mais uma vez, talvez os teístas possam argumentar a favor de Deus, as Escrituras, os milagres e até mesmo a ressurreição com uma defesa cuidadosamente argumentada que apela aos mesmos critérios.[13]

Por fim, raramente os cientistas apoiam suas teorias com um único argumento. Antes, vários argumentos resultantes de uma variedade díspar de dados são combinados na apresentação de "uma defesa cumulativa" da verdade da teoria, uma defesa que sobreviria a qualquer revisão posterior em um grau significativo. Quanto maior é o número de dados (quantitativamente) e maior é a diferença entre os tipos de dados (qualitativamente), maior é

---

[11] Richard Swinburne, "Part I. Religious language", in: *The coherence of theism*, 2. ed. (Oxford: Oxford University Press, 2016), p. 11-99.

[12] Richard Swinburne, "The argument from design", *Philosophy*, vol. 43, no. 165 (Julho 1968): 208. Cf. Richard Swinburne, *The existence of God*, 2. ed. (Oxford: Oxford University Press, 2004), p. 57-8 [no Brasil: *A existência de Deus* (Academia Monergista, 2015)].

[13] Swinburne, *The existence of God*, 2. ed., cap. 3 "The justification of explanation" [no Brasil: *A existência de Deus* (Academia Monergista, 2015)].

a probabilidade de a teoria *ser* a melhor explicação dos dados disponíveis. Mesmo que parte da defesa precise ser revisada à luz de considerações posteriores, a defesa total da teoria não colapsa. Assim, a verdade provável – uma teoria estabelecida como mais provável do que improvável ou ao menos mais provável do que suas alternativas – e não a certeza é o objetivo.[14]

Assim, Swinburne percebeu que o êxito da ciência na era moderna não é um obstáculo para a apologética cristã, mas um aliado na construção de uma defesa abrangente e robusta da fé. A resposta de Swinburne a essa segunda barreira cultural foi amplamente singular. Seu argumento extensivo a favor da coerência do teísmo por meio de experimentos mentais imaginativos e sua defesa cumulativa da existência de Deus a partir de dados empíricos por meio dos critérios do cálculo probabilístico são provavelmente suas realizações mais influentes.[15]

METODOLOGIA APOLOGÉTICA

"Primeiro filosofia, então teologia"

As percepções anteriores – a fé no uso comum da linguagem para expressar afirmações religiosas e a dependência de normas de racionalidade essenciais nas ciências empíricas – foram aplicadas por Swinburne com um grau notável de meticulosidade em uma série de sete volumes escritos ao longo de 21 anos. Esses volumes são a "trilogia" (sobre a filosofia do teísmo) e a "tetralogia" (sobre a filosofia da doutrina cristã), que, juntas, constituem sua obra mais influente.

Ler cada um desses volumes é descobrir um só método repetido sem interrupção, mas aplicado com criatividade, resumido no lema "primeiro filosofia, então teologia". Essa é a chave metodológica mestra para a porta de uma apologética cristã para absolutamente todo tema existente. Em um texto autobiográfico esclarecedor, Swinburne explica que o filósofo medieval Tomás de Aquino se tornou seu modelo mais influente para a defesa da fé cristã na era

---

[14] Swinburne, *The existence of God*, 2. ed., cap. 14 "The balance of probability" [no Brasil: *A existência de Deus* (Academia Monergista, 2015)].

[15] Possivelmente, o método de "defesa cumulativa" de Swinburne foi uma extensão de um estilo de argumento religioso inaugurado pelo predecessor de Swinburne em Oxford, Basil Mitchell. Cf. Basil Mitchell, *The justification of religious belief* (Oxford: Oxford University Press, 1981).

moderna.[16] De fato, descubra qual é a melhor filosofia e ciência do seu tempo e, então, demonstre a racionalidade das suas visões religiosas com relação a esse critério. Para Tomás de Aquino, isso era Aristóteles. Para Swinburne, era o melhor que a filosofia da linguagem ordinária e a ciência empírica e indutiva do século XX eram capazes de oferecer.

Sendo assim, Swinburne divide em duas partes cada um dos sete volumes que compõem a trilogia e a tetralogia. A primeira metade é sempre filosofia, expondo uma argumentação das suas visões em qualquer subdivisão filosófica que tenha o máximo de relevância para o subsequente conteúdo teológico do livro. A segunda metade então apresenta uma defesa de conclusões teológicas específicas à luz da filosofia que acabou de ser exposta. A leitura da trilogia e da tetralogia é uma apresentação totalmente abrangente à filosofia, com uma profundidade que permite um tratamento satisfatório das questões teológicas. O esboço a seguir nos ajuda a ver de modo imediato esse método duplo em ação.

Trilogia sobre a filosofia do teísmo[17]

The Coherence of Theism [A coerência do teísmo] (1977, versão revisada em 1993, segunda edição em 2016).

- Primeiro filosofia: filosofia da linguagem.
- Então teologia: a filosofia da linguagem nos ajuda a definir os atributos divinos sem contradições, tornando possível a existência de Deus.
- *The Existence of God* [A existência de Deus] (1979, versão revisada em 1991, segunda edição em 2004).
- Primeiro filosofia: princípios do cálculo probabilístico usados em teorias de confirmação empíricas.
- Então teologia: princípios do cálculo probabilístico nos ajudam em uma defesa cumulativa de que o fato da existência de Deus é mais provável do que improvável.

Faith and Reason [Fé e razão] (1981, segunda edição em 2005).

- Primeiro filosofia: a epistemologia de convicções racionais.

---

[16] Richard Swinburne, "Intellectual autobiography", in: Alan Padgett, ed., *Reason and the Christian religion: essays in honour of Richard Swinburne* (Oxford: Clarendon, 1994), p. 1-18.

[17] Essa trilogia tem um resumo de natureza popular em Richard Swinburne, *Is there a God?* (Oxford: Oxford University Press, 1996) [no Brasil: *Deus existe?* (Monergismo, 2014)].

- Então teologia: essa epistemologia de convicções racionais nos ajuda a perceber que os argumentos a favor do teísmo são totalmente satisfatórios como fundamento da fé que faz uma investigação séria e então se compromete com o caminho cristão.

Tetralogia sobre a filosofia da doutrina cristã[18]

Responsibility and Atonement [Responsabilidade e expiação] (1989).

- Primeiro filosofia: filosofia moral do dever, da responsabilidade e da culpa.
- Então teologia: a filosofia moral nos ajuda a perceber que a vida e a morte de Cristo são totalmente satisfatórias como uma oferta de expiação pelos pecados dos seres humanos, que têm a responsabilidade de conduzir uma vida de obediência a Deus, mas falharam nisso.

Revelation [Revelação] (1991, segunda edição em 2007).

- Primeiro filosofia: a filosofia da semântica e hermenêutica relativas a textos.
- Então teologia: a hermenêutica nos ajuda a entender que temos boas razões para acreditar que as Escrituras cristãs são a revelação escrita de Deus à humanidade, comunicando a mensagem da salvação.

The Christian God [O Deus cristão] (1994).

- Primeiro filosofia: metafísica da substância, das propriedades, da causação, da necessidade e do tempo.
- Então teologia: a metafísica nos ajuda a definir as doutrinas singularmente cristãs sem contradições, até mesmo podendo nos apresentar uma razão positiva *a priori* que possibilita o reconhecimento da veracidade delas.

Providence and the Problem of Evil [Providência e o problema do mal] (1998)

- Primeiro filosofia: filosofia moral dos direitos e deveres.
- Então teologia: a filosofia moral nos ajuda a argumentar a partir da ampla variedade de bens disponíveis para que Deus buscasse e, a partir das condições necessárias para essa busca, que Deus tem o direito de permitir de modo providencial a quantidade e os tipos de dor e sofrimento que observamos no mundo por causa de bens maiores.

---

[18] Essa tetralogia tem um resumo de natureza popular em Richard Swinburne, *Was Jesus God?* (Oxford: Oxford University Press, 2008).

RESPOSTA APOLOGÉTICA

Assim, qual foi a resposta apologética de Swinburne aos conflitos dos seus dias? O que vem a seguir é uma exposição do pensamento dele em dez áreas diferentes da filosofia da religião e teologia filosófica cristã – que são nomes diferentes para a apologética cristã.

A coerência do teísmo

Em *The Coherence of Theism*, Swinburne argumentou que o conceito de Deus não está sujeito a nenhuma incoerência óbvia. Em particular, ele argumentou que pode haver um espírito onipotente que é perfeitamente livre, o criador do universo, onipotente, onisciente, perfeitamente bom, uma fonte de deveres morais, eterno, imutável, necessariamente existente, santo e digno de culto. Em cada estágio do seu argumento, ele apresentou uma definição clara do atributo analisado, considerou se tinha coerência interna e, então, se era coerente com os atributos anteriores da lista. Swinburne apelou à filosofia da linguagem para demonstrar que as palavras teológicas podem ser palavras comuns com sentidos comuns. Mas, por Deus existir necessariamente e ter seus atributos necessariamente, ele apenas pode ser uma "pessoa" em um sentido analógico (pois pessoas comuns não existem necessariamente nem tem suas propriedades necessariamente no grau em que elas as têm).

A existência de Deus

Em *A existência de Deus*, sem dúvida alguma seu livro mais influente, Swinburne apresenta a existência de Deus como a melhor explicação de uma ampla variedade de dados empíricos conflitantes de outro modo: a existência de um universo físico complexo sujeito a leis da natureza relativamente simples, a existência de humanos com corpos que têm consciência, liberdade, ciência de verdades morais e oportunidades providenciais de fazer o bem a outros, milagres ocasionais (e "super-milagres", como a ressurreição) e aparentes experiências religiosas com Deus. Com uma aplicação cuidadosa da teoria probabilística contemporânea, Swinburne argumentou que todas essas coisas seriam extremamente improváveis sem a existência de Deus, e a nossa combinação desses argumentos produz uma "defesa cumulativa" poderosa da existência de Deus. A apresentação dele fez apelos repetidos aos três critérios para uma sólida "inferência para a melhor explicação": capacidade preditiva, simplicidade e correspondência com um conhecimento subjacente (isto é, outras coisas que sabemos ser verdadeiras).

A compatibilidade entre a fé e a razão

Em *Faith and Reason* [Fé e razão], Swinburne argumentou que o propósito da religião é alcançar a salvação e cultuar, e também obedecer, a Deus. Credos religiosos particulares, com sua explicação da natureza dessa salvação, explicam a maneira como uma prática religiosa específica alcança os objetivos dessa religião. Portanto, a fé envolve uma convicção de que é mais provável que uma via religiosa esboçada em um credo alcance os objetivos da religião do que as vias de qualquer outro credo. A obtenção dessa convicção de um meio para um fim envolve investigar quais credos exibem a maior probabilidade de veracidade (é necessário considerar tanto a plausibilidade moral quanto a autenticação miraculosa da ressurreição de Jesus) e investigar quais credos apresentam os objetivos religiosos mais vantajosos.

A Trindade

Em *The Christian God*, Swinburne defendeu a coerência da doutrina cristã da Trindade com um "trinitarianismo social" moderado. Ele desenvolveu uma estrutura metafísica que permite a existência de substâncias (incluindo almas individuais) com *thisness* (condições pertinentes a "isto"), possibilitando sua diferenciação de outras substâncias com todas as mesmas propriedades (assim, a realidade de todas as mesmas propriedades nas três pessoas da Trindade não impossibilita sua existência como três pessoas distintas). O "poder puro, ilimitado e intencional" em Deus acarreta que ele tem liberdade perfeita, onipotência e onisciência, e existe por uma necessidade metafísica.

O aspecto mais analisado do seu argumento é sua adaptação do argumento *a priori* de Ricardo de São Vitor a partir da razão a favor da doutrina da Trindade. "Penso haver uma razão predominante para um primeiro indivíduo divino gerar um segundo indivíduo e com ele gerar um terceiro indivíduo divino, mas nenhuma razão para ir além disso".[19] O motivo dessa situação é a natureza do amor. "O amor envolve compartilhar, dar ao outro o que de si mesmo é bom para o outro e receber do outro o que é bom nele para si mesmo; e o amor envolve uma cooperação mútua para o benefício de um terceiro. Este último é essencial para um amor que valha a pena".[20] Assim, "o tipo mais provável de Deus é tal que sua natureza inevitavelmente se torna tripessoal".[21]

---

[19] Richard Swinburne, *The Christian God* (Oxford: Oxford University Press, 1994), p. 176.
[20] Ibid.
[21] Ibid., p. 190.

O argumento de Swinburne aqui é um exemplo importante da sua disposição a se afastar das conclusões de Tomás de Aquino quando necessário, pois Tomás considerava a Trindade um artigo de fé.

A encarnação

Também em *The Christian God*, Swinburne argumentou que a encarnação é possível se confessarmos que Cristo é um só indivíduo com duas naturezas (divina e humana), incluindo duas mentes. Isso possibilita uma mente humana menos consciente do que a mente divina (explicando certos aspectos da sua humanidade expressos nas Escrituras), ao mesmo tempo que mantém a onisciência plena de Cristo. Swinburne defendeu essa visão como coerente com a ortodoxia de Calcedônia, superior e contrária a várias cristologias heréticas. É de interesse especial seu apelo às teorias tanto platônica quanto aristotélica da alma para evitar tanto o nestorianismo quanto o apolinarismo. Por fim, ao argumentar que Deus tem alguma razão para sua encarnação, Swinburne apresenta uma premissa decisiva para seu argumento histórico a favor da ressurreição de Cristo, pois as razões para a encarnação de Deus fazem parte da "evidência subjacente geral" que levamos ao nosso estudo do material histórico relevante (veja a seguir). Se Deus existe e tem uma boa razão para sua encarnação, então nossa *expectativa* seria Deus se encarnar e selar sua encarnação com um "super-milagre" como a ressurreição.

A expiação

Em *Responsibility and atonement*, Swinburne situou a doutrina da expiação de Cristo no esquema cristão da salvação e em uma teoria mais ampla de responsabilidade moral. Ele primeiro apresentou uma definição clara e uma defesa da importância de conceitos moralmente significativos como bondade moral, responsabilidade moral, livre-arbítrio, mérito, culpa, louvor, censura, recompensa e punição. Esses conceitos já são aplicáveis na vida humana cotidiana, e é somente à luz deles que podemos ter um entendimento satisfatório das doutrinas cristãs da expiação e do perdão. A expiação envolve pessoas que agiram errado e que se arrependem e pedem desculpas àqueles que prejudicaram, tipicamente também envolvendo reparações e penitências por parte desses indivíduos. A culpa da pessoa que agiu errado pode ser anulada quando, após seu processo de expiação, a vítima a perdoa. Mas, sem a expiação, esse indivíduo pode ser punido de modo justo. Uma vez que Deus existe e é nosso maior benfeitor, nós o ofendemos de muitas maneiras e precisamos nos expiar diante dele, mas, mesmo que nos arrependamos e peçamos desculpas a Deus, por causa do nosso pecado concreto e de uma propensão ao pecado herdada de Adão (o pecado original), é muito difícil, senão impossível, fazermos tudo que a expiação exige, em especial a execução da reparação e da penitência. Mas a vida perfeita e a morte sacrificial do Deus-homem Jesus Cristo podem ser apresentadas a Deus como a própria reparação e penitência que precisamos lhe apresentar. Usar ou não usar a expiação que Deus nos apresenta em Cristo faz uma diferença vital na nossa vida após a morte – no céu ou no inferno.

A ressurreição

Na visão de Swinburne, a vida perfeita e a ressurreição miraculosa de Cristo são evidências de que ele realmente é Deus encarnado. Swinburne organizou as evidências históricas disponíveis em uma defesa poderosa da ressurreição em *The Resurrection of God Incarnate*, continuando a aplicação da teoria probabilística empregada em *A existência de Deus*. Em primeiro lugar, há duas amostras importantes de "evidência subjacente", defendidas em outros volumes: Deus existe, e ele tem ao menos alguma razão para sua encarnação. Em segundo lugar, há dois tipos de "evidência histórica". Uma evidência histórica "anterior" (evidência que investigamos antes de passarmos à ressurreição) inclui fontes históricas que indicam que a vida e o ensino de Jesus apontam para sua perfeição moral, sua divindade, sua vida e sua morte como uma expiação pelo pecado e sua fundação de uma igreja que interpretariam seu ensino para o mundo. Uma evidência histórica "posterior" (com uma relação mais direta com a ressurreição) inclui o testemunho histórico das aparições do Senhor ressurreto e da tumba vazia e a visão dos primeiros discípulos do domingo como um dia santo. Em terceiro lugar, como seria possível *tanto* a evidência histórica anterior *quanto* a evidência histórica posterior se unirem na vida de *uma* só pessoa (Jesus), a não ser que essa pessoa fosse o Deus encarnado que ressuscitou dos mortos? Embora haja explicações dessa evidência histórica que não apelem à ressurreição literal de Jesus, o peso probabilístico da ressurreição é maior que o dessas teorias rivais, em especial após uma resposta ao argumento de Hume contra os milagres (um tema a que Swinburne se referiu pela primeira vez 32 anos antes em *The Concept of Miracle* [O conceito de milagre]).[22]

---

[22] Richard Swinburne, *The resurrection of God incarnate* (Oxford: Oxford University Press, 2003), p. 214. Ao mesmo tempo que Swinburne popularizou sua defesa de Deus em *Is there a God?*, ele também apresentou uma defesa mais popularizada da Trindade, encarnação, expiação e ressurreição em *Was Jesus God?*.

Revelação

Em *Revelation* [Revelação], Swinburne argumentou que a Bíblia cristã – em particular seu ensino doutrinário e moral – constitui uma verdade revelada. Em primeiro lugar, ele desenvolveu uma descrição do "significado" com conceitos usados amplamente na filosofia da linguagem para explicar os vários modos em que a literatura é capaz de comunicar alegadas verdades: história, alegoria, parábola, analogia e metáfora. Swinburne então argumentou que, se Deus existe, seria normal ele apresentar uma revelação escrita de si mesmo para nos dar conhecimento moral e satisfazer nossas necessidades espirituais. Há quatro testes para avaliar se uma suposta revelação é realmente de Deus: o fato de evitar uma improbabilidade intrínseca, uma confirmação miraculosa, uma interpretação dessa revelação que remonta ao profeta responsável pela revelação e uma interpretação plausível dela. Swinburne aplicou esses testes às Escrituras cristãs – concluindo que "a revelação cristã é muito provável" – e defendeu seu argumento da "objeção a partir de probabilidades diminuídas" apresentada por Plantinga.[23]

Swinburne realçou a necessidade de entendermos afirmações individuais na Bíblia da perspectiva da autoria suprema de Deus da Bíblia inteira (em oposição a um entendimento dela apenas da perspectiva do que teria sido a intenção do autor humano individual). Ele também afirmou que há a necessidade de que a igreja tanto autentique a Bíblia quanto interprete seu ensino para nós, e ele analisou princípios que possibilitam nossa identificação dessa igreja na história.

Swinburne apresentou uma defesa ampliada de ensinos morais cristãos tradicionais na segunda edição de *Revelation*, tratando dos temas da sexualidade (adultério, divórcio, fornicação, atos homossexuais, liderança familiar, contracepção, aborto), sacerdócio feminino, usura e escravidão.

O problema do mal

Em *Providence and the Problem of Evil*, Swinburne fugiu de qualquer apelo à inescrutabilidade divina (uma estratégia favorecida por William Alston e Alvin Plantinga) em prol de apresentar teodiceias que edifiquem a alma e que, na visão dele, sejam suficientes como resposta ao problema do mal. Para Deus prover coisas boas aos humanos, como beleza, pensamentos, sentimentos,

---

[23] Richard Swinburne, *Revelation*, 2. ed. (Oxford: Oxford University Press, 2007), p. 337, 354-6.

ações e atos de culto, ele também precisa permitir a possibilidade de várias coisas ruins. Assim, a permissão divina do *fato* dos males morais (isto é, casos significativos de dor e sofrimento gerados pelo livre-arbítrio, como assassinatos, estupros e genocídios) é justificada como pressuposta na maior dádiva que Deus deu aos humanos: seu livre-arbítrio. A permissão divina da *grande quantidade* de males morais é pressuposta na responsabilidade *significativa* que Deus deu aos humanos por si mesmos e por outros, uma responsabilidade que é um bem humano. A permissão divina de males naturais (isto é, casos significativos de dor e sofrimentos não gerados pelo abuso humano do livre-arbítrio, como fomes, pestes, doenças e desastres naturais) dá aos seres humanos um escopo maior de respostas corajosas e empáticas e de formação do seu caráter ao responder a tais crises. Na verdade, as leis da natureza que tornam possíveis vários males naturais dão aos humanos a possibilidade do conhecimento de como explorar os processos da natureza para o bem das criaturas.

O dualismo substancial alma-corpo

Em *The Evolution of the Soul* [A evolução da alma], Swinburne argumentou que o melhor modo de entender a natureza metafísica dos seres humanos é como uma forma modificada do dualismo de substância cartesiano, que é muito superior a teorias materialistas e combina muito bem com convicções cristãs sobre Deus e a vida após a morte. Ele argumentou em dois volumes subsequentes, *Mind, Brain, and Free Will* [Mente, cérebro e livre-arbítrio] e *Are We Bodies or Souls?* [Somos corpos ou almas?], que um dualismo cartesiano pode ser defendido à luz da filosofia da linguagem e das descobertas neurocientíficas mais recentes.

O argumento de Swinburne aqui está relacionado à sua apologética cristã geral de vários modos. Em primeiro lugar, em ambos os volumes, ele ainda desenvolve a defesa de um livre-arbítrio liberista como o tipo de livre-arbítrio que tanto podemos quanto devemos ter para exibir responsabilidade moral. Por sua vez, essa visão do livre-arbítrio é decisiva para sua descrição da onisciência divina (em *The Coherence of Theism* [A coerência do teísmo]), do tipo de liberdade necessário na busca da salvação cristã (em *Faith and Reason* [Fé e razão]), do tipo de responsabilidade moral que precisamos ter pelos pecados, que precisam ser expiados (em *Responsibility and Atonement* [Responsabilidade e expiação]), da natureza da liberdade divina (de novo em *The Coherence of Theism* e em *The Christian God* [O Deus cristão]) e da teodiceia envolvendo o livre-arbítrio que é tão central na sua resposta ao problema do mal (em *Providence and the Problem of Evil* [A providência e o problema do mal]).

A argumentação a favor de uma versão modificada do dualismo substancial corpo-alma cartesiano também é útil na defesa da coerência da doutrina cristã da sobrevivência após a morte e da ressurreição humana. Por fim, isso é uma proteção contra o materialismo reducionista com relação aos humanos tão em voga hoje, ao mesmo tempo que situa o aparecimento histórico dos humanos em um esquema evolutivo geral dependente do poder criador de Deus (Swinburne é "evolucionista teísta").

CONTRIBUIÇÕES PARA A APOLOGÉTICA

Vimos a resposta dupla de Swinburne ao seu contexto teológico, seu método duplo para a construção de uma apologética cristã e dez áreas de conflito apologético de que tratou diretamente. Como devemos analisar a contribuição de Richard Swinburne para o campo da apologética cristã para estudantes e leitores atuais? A exposição anterior permite o surgimento dos sete pontos de aplicação a seguir.

Em primeiro lugar, é possível ser um catalisador para muitos efeitos positivos na apologia cristã, no seu próprio tempo e lugar, muito além do que se consegue imaginar. Os "grandes" na apologética cristã não se limitam aos gigantes de um passado reverenciado e imutável. Swinburne não decidiu em 1954 (o ano em que entrou em Oxford como graduando) se tornar um filósofo da religião celebrado no cenário global 60 anos depois, em 2014. Ele não tentou ser uma influência fundacional da filosofia anglo-americana da religião do fim da década de 1970 até o presente. Antes, "ser cristão, afirmei para mim mesmo, era a coisa mais importante na minha vida".[24] Como parte desse chamado, "vim a acreditar que era minha vocação cristã tentar apresentar uma contribuição para esse processo" de tornar "a teologia cristã mais uma vez intelectualmente respeitável".[25] A "cosmovisão moderna" era uma "suposta visão contrária à cosmovisão cristã tradicional",[26] e isso o levou a estudar a história da questão e, assim, iniciou sua jornada. Seu objetivo era modesto – "tentar apresentar uma contribuição" –, mas sua realização fala por

---

[24] Swinburne, "Intellectual autobiography", p. 1.
[25] Ibid., p. 4.
[26] Ibid.

si. Encontramos aqui um encorajamento semelhante a qualquer filósofo ou apologeta cristão que não despreza as pequenas coisas do dia a dia.

Em segundo lugar, o planejamento, a dedicação e a persistência são extremamente importantes para a apologética cristã. A trilogia e a tetralogia não surgiram por acaso. Elas foram planejadas. Após uma pessoa adquirir as ferramentas argumentativas e a extensão histórica na sua própria disciplina, chegou o momento de pensar. O que você realmente quer alcançar? De quais áreas quer tratar? Quais aspectos da filosofia ou ciência ou história apoiarão quais linhas de raciocínio? Quais as supostas barreiras intelectuais para tentar ter êxito na defesa da fé cristã? Como você tratará delas? Por que os não cristãos chegam às conclusões que chegam? Há algo correto nas suas visões? Se esse é o caso, como pode usá-las para seu benefício? Há modos fundamentais em que essas visões erram? Se sim, como demonstrar isso? Quando você deve redirecionar as pressuposições desses não cristãos e quando deve questionar essas pressuposições? Swinburne deu atenção a todas essas perguntas e aplicou suas respostas na articulação de uma visão completa de como a cosmovisão cristã pode competir contra a cosmovisão moderna.

Em terceiro lugar, a ordem em que tratamos de temas na apologética cristã pode ser extremamente significativa. Não fará sentido nenhum argumentarmos que Deus existe se nosso interlocutor sequer está convencido de que ele *pode* existir! (por isso *The Coherence of Theism* [A coerência do teísmo] é anterior cronologicamente a *A existência de Deus*). Não será nada útil argumentar em favor de uma fé em Deus que a mente rejeita como impossível ou extremamente implausível (daí que *The Coherence of Theism* e *A existência de Deus* antecedem cronologicamente *Faith and Reason* [Fé e razão]). Não alcançaremos nada argumentando a favor da coerência do teísmo sem clareza de linguagem na nossa fala sobre questões transcendentes (assim, "Part I Religious Language" [Parte I – Linguagem religiosa] é anterior a "Part II" e "Part III" in *The Coherence of Theism* [A coerência do teísmo]). Por causa do método empregado por Swinburne de "primeiro filosofia, então teologia" em todos as suas obras, os exemplos aqui poderiam ser multiplicados. Mas uma apologética cristã eficaz envolve a elaboração de alguma noção de quais respostas dependem de respostas *anteriores*. Não trate os não cristãos como um amontoado confuso de roupa para ser colocado no cesto, não dando atenção à ordem da sua argumentação.

Em quarto lugar, não tenha medo de explorar novos caminhos no processo de aprendizado de realizações apologéticas do passado e empregá-las como fundamento. O próprio Swinburne admite que a abordagem geral de Tomás de Aquino ao ministério apologético exerceu uma influência enorme na sua própria abordagem ao contexto moderno. No entanto, ele não é um escravo dos detalhes dessa tradição. Aliás, é um tanto surpreendente o tipo de ecletismo filosófico que constatamos nas metades da "filosofia primeiro" na trilogia e na tetralogia. Não há um só filósofo, histórico ou contemporâneo, que endossaria o pacote completo das visões desenvolvidas por Swinburne (a não ser o próprio Swinburne!). Às vezes, temos a impressão de que ele vai escolhendo qual argumento de qual filósofo o agrada mais. Mas não há arbitrariedade nenhuma aqui; tudo depende da qualidade do argumento. *Qualquer* argumento na história de *qualquer* filósofo é um possível candidato a ser incorporado na nossa própria defesa cristã (obviamente, se estiver sujeito aos cânones da consistência). E por que não? Apenas as Escrituras são inspiradas e têm a autoridade final; todas as outras fontes de percepções acertam e erram. O desenvolvimento de uma abordagem apologética cristã consistente talvez conduza você a uma atitude *seletiva* na direção que recebe de qualquer pensador não canônico do passado. Nesse processo, esses pensadores não inspirados, mas úteis, acabam encontrando seu lugar apropriado – nem acima nem abaixo de você, mas ao seu lado.

Em quinto lugar, esteja preparado para aceitar e fazer as pazes com a natureza profundamente integrada da apologética cristã. Temos a impressão frequente de que uma coisa qualquer leva a tudo o mais! Isso é inevitável na filosofia, portanto, prepare-se para lidar com essa realidade, fazendo o melhor uso possível dela. Com frequência, falo a meus alunos sobre como a filosofia da religião busca usar ao máximo quaisquer descobertas feitas em *qualquer* das outras subdisciplinas filosóficas. Caminhamos sobre as realizações em outros domínios. A apologética cristã é um canivete suíço com um conjunto diverso e equilibrado de lâminas emprestadas. Anteriormente, observamos como, na trilogia e na tetralogia, o tema do livre-arbítrio foi integrado com inúmeros outros temas; assim, os argumentos de sete volumes distintos se reforçam mutuamente. Os exemplos poderiam ser multiplicados. Em *The Coherence of Theism* [A coerência do teísmo], Swinburne apresenta um argumento prolongado a favor da objetividade da ética contra vários tipos de teorias subjetivistas, para que mais tarde, no mesmo livro, ele possa caracterizar Deus como perfeitamente bom e a fonte de obrigações morais. Mas o argumento a favor da objetividade ética também é usado em *Responsability and Atonement* [Responsabilidade e expiação], que afirma que a expiação de Cristo é relevante precisamente por termos uma culpa *real* e objetiva diante de Deus. O argumento é pressuposto de novo em *Revelation* [Revelação], na argumentação de Swinburne de que precisamos de uma revelação divina como uma fonte de ensinos morais e (mais tarde no livro) no seu esclarecimento da natureza e do escopo do ensino moral bíblico em diversos temas. A defesa da "objetividade da ética" é muito relevante para uma ampla variedade de argumentos! Ou de novo, a *Introduction to Confirmation Theory* [Introdução à teoria da confirmação] foi submetida a um uso proveitoso primeiro na defesa da probabilidade do teísmo (em *A existência de Deus*), então usada na defesa da probabilidade da revelação cristã (em *Revelation*) e, por fim, usada na defesa da probabilidade da ressurreição (em *The Resurrection of God Incarnate* [A ressurreição do Deus encarnado]). E ao mesmo tempo que a caracterização de cada pessoa da Trindade como igualmente divina (em *The Christian God* [O Deus cristão]) pressupõe a definição anterior dos atributos da divindade (em *The Coherence of Theism* [A coerência do teísmo]), também a caracterização de Jesus como tanto Deus quanto homem [em *The Christian God* [O Deus cristão]) pressupõe a definição anterior da pessoa humana (em *The Evolution of the Soul* [A evolução da alma]). Por fim, princípios fundamentais de justificação epistêmica – "simplicidade", "credulidade" e "testemunho" – estão profundamente integrados na totalidade da obra de Swinburne, servindo para ancorar suas justificações religiosas em um conjunto de princípios claros que os próprios leitores podem avaliar. Essa natureza integrada da apologética cristã, a interdependência mútua de conjuntos de argumentos, talvez passe a impressão de ser perda de tempo, pois precisamos de muito tempo para aprender essas conexões! Mas, quando fazemos um uso prático disso, podemos ganhar tempo. As notas de rodapé em Swinburne estão repletas do equivalente de: "Como já argumentei em outro lugar [...]".

Em sexto lugar, esteja disposto a revisar seu trabalho apologético sempre que o equilíbrio argumentativo realmente o sugerir. Há sempre novas atualizações dos livros de Swinburne. A qual versão de *The Coherence of Teism* estamos nos referindo? À versão original de 1977, à edição revisada de 1993 ou à edição amplamente reescrita de 2016? E quanto à obra *A existência de Deus*, escrita em 1979, revisada em 1991 e que tem uma segunda edição amplamente reescrita de 2004? O caso de *Faith and reason* é semelhante, tendo sido escrito em 1981 e amplamente reescrito para uma segunda edição em 2005. Idem para *The Evolution of the Soul* (versão original de 1986, revisada em 1997) e *Revelation* (versão original em 1991, segunda edição em 2007). Qual é o exemplo que está sendo estabelecido aqui? Década após década, Swinburne interagiu de modo contínuo com seus detratores, buscando tratar de suas críticas e superá-las. Tipicamente, isso acontece nos periódicos primeiro, e depois seus livros e reedições se beneficiam dos frutos desses labores anteriores. Essa interação muito ampla com pares pode impedir que o autor sucumba à doença fatal e paralisadora do isolamento intelectual.

Em sétimo lugar, seja alguém capaz de beneficiar pessoas mesmo que discordem de você. Discordo de um número razoável das teses de Swinburne. Aceito a atemporalidade divina (Swinburne não aceita). Questiono o valor e a existência de um livre-arbítrio liberista (ele não). Aceito o argumento moral a favor da existência de Deus (ele não). Penso que a abordagem da inescrutabilidade divina ao problema do mal tem algum valor (ele não aconcorda). Acredito na existência de objetos abstratos como proposições, propriedades e mundos possíveis (diferentemente dele). Considerando tudo isso, ele deve ter se perguntado algumas vezes sobre a razão de eu ter viajado cerca de 8.800 quilômetros para escrever ensaios tutoriais contra ele e então entrar no gabinete dele para discutir com ele durante meus estudos de mestrado e doutorado em teologia filosófica.[27] Bem, para ser honesto, eu não estava ciente de metade dessas diferenças quando embarquei no avião, mas o fato realmente importante é que Swinburne é o tipo de pensador que beneficia você *nas* suas discordâncias dele.

Ele escreve de tal modo que provoca perguntas profundas nos seus leitores, precisamente por fazer questão de *argumentar* sua posição e realmente tentar apresentar uma argumentação clara, caridosa e completa. Isso é o mínimo que as pessoas que estamos tentando alcançar para Deus, pessoas criadas à sua imagem, merecem. Para mim, isso é uma parte tão importante do legado de Swinburne quanto qualquer outra coisa. Uma apologética cristã útil é incompatível com dois tipos de pessoa: o receoso e o confiante em excesso. Os receosos ficam com medo de colocar suas cartas na mesa, enquanto a pessoa confiante em excesso usa truques quando ninguém está olhando para ter resultados imediatos. Ambas as abordagens evitam a verdade, mesmo que por razões diferentes. Assim, nenhuma delas realmente apresenta um argumento satisfatório, mas as posturas de ocultamento receoso e de manipulação cínica costumam desapontar as pessoas realmente interessadas na verdade. Apresente um argumento! Confie que é capaz de fazê-lo (ponto 1 apresentado anteriormente), planeje ser persistente em fazê-lo (ponto 2), pense muito

---

[27] Normalmente minha situação nessas seções era a do atirador na torre sendo totalmente aniquilado pelas bombas do tanque alemão que avança de forma metódica.

sobre como fazê-lo (pontos 3 a 5) e então faça o melhor possível, estando disposto a ser corrigido por outros (ponto 6). Esse é o tipo de trabalho que pode ser muito benéfico. Quando leio Swinburne, fico me perguntando coisas como: "O que é tão especial na *minha* alternativa? Por que ela é melhor? Pensando bem, meus princípios não são mais questionáveis do que isso? Eu examinei a história do pensamento sobre esse tema?" Estou percebendo que meu desejo é produzir uma apologética que leve meus leitores a fazer as mesmas perguntas. Os resultados da apologética cristã sempre dependem de Deus. Mas seja um apologeta capaz de produzir bons resultados mesmo que não haja uma aceitação imediata das suas ideias.

CONCLUSÃO

Encerro com cinco das teses mais importantes geradas pela obra de Swinburne, defendidas por ele com grande rigor. Em primeiro lugar, a doutrina clássica de Deus como o Criador onisciente, onipotente, perfeitamente bom e pessoal de tudo que existe pode ser afirmada de modo literal e defendida como livre de incoerências óbvias.

Em segundo lugar, podemos intensificar a clareza da afirmação e a força da defesa de doutrinas especificamente cristãs (incluindo a Trindade, a encarnação, a expiação, a ressurreição e as Escrituras como palavras divinas) com um uso de distinções conceituais proporcionadas pelas ferramentas da filosofia analítica moderna.

Em terceiro lugar, podemos reformular argumentos tradicionais a favor da existência de Deus de uma perspectiva probabilística, indutiva e de "defesa cumulativa" para apresentar uma defesa contemporânea poderosa do teísmo. Muitos desses argumentos evitam objeções tradicionais, ao mesmo tempo que apelam a avanços no conhecimento científico fortemente confirmados.

Em quarto lugar, o argumento evidencial contra Deus a partir do mal não tem tanto êxito quanto poderia aparentar ter incialmente, uma vez que fazemos uso da teodiceia.

Em quinto lugar, a reflexão filosófica sobre afirmações religiosas centrais, extremamente importantes para a filosofia da religião e a teologia filosófica, pode fazer uso das melhores teorias proporcionadas pela filosofia sobre linguagem, lógica, modalidade, metafísica, epistemologia, ciência e ética. Toda a diversidade de ferramentas e percepções apresentadas por essas subdisciplinas filosóficas pode servir de modo eficaz à tarefa apologética cristã.

De todos esses modos e outros, Swinburne deixou as disciplinas da filosofia da religião, da teologia filosófica cristã e da apologética cristã muito mais saudáveis do que as encontrou.[28]

BIBLIOGRAFIA

ALSTON, William. "Are positivists metaphysicians?" *Philosophical Review* 63 (1954): 42-57

____. *Philosophy of language* (Englewood Cliffs: Prentice-Hall, 1964).

____. *Filosofia da linguagem* (Rio de Janeiro: Zahar, 1977).

____. "Religious language and verificationism", p. 17-34, in: *The rationality of theism*. Ed. Paul Copan; Paul Moser (New York: Routledge, 2003).

AYER, A. J. *Language, truth, and logic* (London: Gollancz, 1936).

____. *Linguagem, verdade e lógica* (Editorial Presença, 1991).

CARNAP, Rudolph. *Philosophy and logical syntax (Psyche Miniatures General Series, No. 70)* (London: Paul, Trench, Trubner & Co., Ltd., 1937).

FLEW, Antony, HARE R. M.; MITCHELL, Basil. "Theology and falsification: a symposium" (1950). Reimpr. páginas 13-22 de *The philosophy of religion*. Ed. Basil Mitchell (Oxford: Oxford University Press, 1971).

HEMPEL, Carl. "Problems and changes in the empiricist criterion of meaning". *Revue Internationale de Philosophie* Vol. 4.11 (Janeiro 1950): 41-63.

MITCHELL, Basil, ed. *The justification of religious belief* (Oxford: Oxford University Press, 1981).

____. *The philosophy of religion* (Oxford: Oxford University Press, 1971).

PLANTINGA, Alvin. *God and other minds: a study of the rational justification of belief in God* (Ithaca: Cornell University Press, 1967).

Purdue University. "Faith and reason: themes from Swinburne". Conferência realizada em 25-27 de setembro de 2014. https://www.conf.purdue.edu/landing_pages/swinburne/.

---

[28] Parte do material neste capítulo foi uma adaptação de um ensaio anterior de minha autoria que exibia um escopo muito maior, expondo o pensamento de Alvin Plantinga e Nicholas Wolterstorff além do de Swinburne: "Forerunners to contemporary philosophical theology", in: Greg Ganssle; Ben Arbour, eds., *Christian theology and the modern philosophers* (Zondervan Academic, forthcoming). Um foco apenas em Swinburne neste capítulo possibilitou uma expansão desse material anterior.

QUINE, Willard Van Orman. "Two dogmas of empiricism". *The philosophical review* 60 (1951): 20-43.

SHOEMAKER, Sydney; SWINBURNE, Richard. *Personal identity* (Oxford: Blackwell, 1984).

SWINBURNE, Richard. *Are we bodies or souls?* (Oxford: Oxford University Press, 2019).

____. "The argument from design". *Philosophy*. Vol. 43, no. 165 (Julho 1968): 199-212.

____. *The Christian God* (Oxford: Oxford University Press, 1994).

____. *The coherence of theism* (Oxford: Oxford University Press, 1977).

____. *The coherence of theism* (ed. rev.) (Oxford: Oxford University Press, 1993).

____. *The coherence of theism* (2. ed) (Oxford: Oxford University Press, 2016).

____. *The concept of miracle (new studies in the philosophy of religion)* (London: Macmillan, 1970.

____. "Confirmability and factual meaningfulness". *Analysis* Vol. 33, issue 3 (January 1973): 71-6.

____. *Epistemic justification* (Oxford: Oxford University Press, 2001).

____. *The evolution of the soul* (Oxford: Oxford University Press, 1986).

____. *The evolution of the soul* (ed. rev.) (Oxford: Oxford University Press, 1997).

____. *The existence of God* (Oxford: Oxford University Press, 1979).

____. *The existence of God* (ed. rev.) (Oxford: Oxford University Press, 1991).

____. *The existence of God* (2. ed.) (Oxford: Oxford University Press, 2004).

____. *A existência de Deus* (Academia Monergista, 2015).

____. *Faith and reason* (Oxford: Oxford University Press, 1981).

____. *Faith and reason* (2. ed.) (Oxford: Oxford University Press, 2005).

____. "Intellectual autobiography", p. 1-18, in: *Reason and the Christian religion: essays in honour of Richard Swinburne*. Ed. Alan Padgett (Oxford: Clarendon, 1994).

____. *An introduction to confirmation theory* (London: Methuen, 1973).

____. *Is there a God?* (Oxford: Oxford University Press, 1996).

_____. *Deus existe?* (Monergismo, 2014).

_____. *Mind, brain, and free will* (Oxford: Oxford University Press, 2013).

_____. *Providence and the problem of evil* (Oxford: Oxford University Press, 1998).

_____. *Responsibility and atonement* (Oxford: Oxford University Press, 1989).

_____. *The resurrection of God incarnate* (Oxford: Oxford University Press, 2003).

_____. *Revelation* (Oxford: Oxford University Press, 1991).

_____. *Revelation* (2. ed.) (Oxford: Oxford University Press, 2007).

_____. "Short intellectual autobiography" (s. d.) http://users.ox.ac.uk/~orie0087/.

_____. *Simplicity as evidence of truth* (Milwaukee: Marquette University Press, 1997).

_____. *Space and time* (London: Macmillan, 1968).

_____. *Was Jesus God?* (Oxford: Oxford University Press, 2008).

WELTY, Greg. "Forerunners to contemporary philosophical theology". In: *Christian theology and the modern philosophers*. Ed. Greg Ganssle; Ben Arbour (Grand Rapids: Zondervan Academic, a ser publicado).

_____. Review of *reason and faith: themes from Richard Swinburne*. Michael Bergmann; Jeffrey E. Brower, eds. New York: Oxford University Press, 2016".

Themelios. Vol. 41, n. 2 (Agosto 2016). http://themelios.thegospelcoalition.org/review/reason-and-faith-themes-from-richard-swinburne.

WOLTERSTORFF, Nicholas. *Reason within the bounds of religion*. 2. ed. (Grand Rapids: Eerdmans, 1984).

WILLIAM LANE CRAIG
FILÓSOFO COMO APOLOGETA

R. Keith Loftin

Sugere-se com bons motivos que William Lane Craig (1949-) talvez seja o apologeta cristão mais importante desde C. S. Lewis. Craig tem dois títulos de doutorado, o coração de um evangelista e um ministério apologético que transpõe a divisão entre o popular e o acadêmico. De acordo com o periódico The Chronicle of Higher Education, Craig é "o apóstolo mais ousado da filosofia cristã",[1] e The Best Schools o chamou de um dos "50 filósofos vivos mais influentes".[2] Proponente da apologética clássica, é evidente a influência de Craig no conteúdo e na forma das discussões contemporâneas, que vão desde os estudos sobre o Jesus histórico e a ressureição, passando por evidências cosmológicas e morais da existência de Deus, e chegando até a coerência do teísmo cristão. Em acréscimo às suas contribuições eruditas, Craig também é professor regular de escola dominical e o autor de uma série de livros infantis.

CONTEXTO HISTÓRICO

William Lane Craig nasceu em Peoria, Illinois, em 23 de agosto de 1949. O segundo de três filhos de Doris Irene Craig, dona de casa de tempo integral, e de Mallory John Craig, um executivo da ferrovia Toledo, Peoria, and Western, Craig foi educado em um lar não cristão, mas amoroso e de classe média. O senso de curiosidade e amor pelo aprendizado no menino Craig foram cultivados diligentemente pela sua mãe. Desejando um dia ser o diretor de um zoológico, ele tinha permissão para ter uma coleção de bichos (contanto que conseguisse capturá-los!) – desde cobras, sapos, gafanhotos até gatos e cachorros de rua, coelhos e um guaxinim. Com o propósito de estimular a educação dos seus filhos, a sra. Craig levou-os em várias visitas de aprendizado,

---

[1] Nathan Schneider, "The new theist: how William Lane Craig became Christian philosophy's boldest apostle", *The chronicle of higher education* (1 Julho 2013), disponível em https://www.chronicle.com/article/The-New-Theist/140019.

[2] https://thebestschools.org/features/most-influential-living-philosophers/.

incluindo fábricas das mais variadas, uma fábrica de laticínios, uma fábrica que fundia sucata e a enorme represa hidroelétrica no rio Mississipi, em Keokuk, Iowa, região da infância de Craig. Tudo isso instilou em um Craig ainda muito novo um amor pelo aprendizado.

Embora fosse um menino de modo geral feliz, Craig sofria da síndrome de Charcot-Marie-Tooth (CMT), uma doença neurológica rara que afeta menos de meio por cento da população norte-americana e que não tem cura. A CMT afeta os nervos periféricos do corpo, produzindo uma fraqueza e atrofia musculares cada vez piores. Quando Craig era garoto, essa situação o levava a andar de modo esquisito, constantemente na ponta dos pés, tornando-o chacota de outras crianças na escola. O efeito prejudicial da CMT no reflexo e no equilíbrio impossibilitou qualquer habilidade atlética em Craig, o que o alienou ainda mais dos seus pares.

Impossibilitado de qualquer êxito atlético, Craig foi tentar obter autoestima nos estudos acadêmicos. Encontrando na academia um domínio em que sua CMT era irrelevante, ele se dedicou totalmente aos seus estudos escolares, adquiriu uma obsessão por objetivos e se tornou motivado para ter êxito. Na sua adolescência, Craig fez as "grandes perguntas" da vida – qual o sentido da minha existência? Quem sou eu? Por que estou aqui? –, e essa sua busca por respostas, que incluiu um período indo à igreja, foi levada a sério. No entanto, ela não lhe trouxe satisfação. Sendo um adolescente tímido e um tanto cínico que tinha "uma percepção profunda da falta de sentido da vida e do desespero resultante",[3] Craig se tornou socialmente hermético. Ele ficou convencido, enquanto observava o comportamento falso e lisonjeiro daqueles à sua volta (em especial os alunos que se diziam cristãos), que todas as pessoas estão fingindo ser algo que não são. *Todas as pessoas*, ele pensou, *são hipócritas.* "*Elas são apenas um bando de falsos, mostrando uma máscara de plástico para o mundo, enquanto o que são de verdade está se escondendo, com medo de se mostrar e ser real*".[4]

Apenas mais tarde Craig veio a perceber que *ele* era o "falso", fingindo não precisar de ninguém ao mesmo tempo que ansiava hipocritamente por amor e relacionamentos significativos com outros. Em meio a esse tumulto interior, Craig entrou na sua aula de alemão do segundo ano no ensino médio. Era a

---

[3] William Lane Craig, *On guard: defending your faith with reason and precision* (Colorado Springs: Cook, 2010), p. 46 [no Brasil: *Em guarda: defenda a fé cristã com razão e precisão* (São Paulo: Vida Nova, 2011)].

[4] Ibid., p. 47.

primavera de 1965. Sentando-se atrás da sua colega Sandy Tiffan, uma cristã que irradiava alegria, ele perguntou: "Sandy, gostaria de saber qual o motivo de você estar sempre tão alegre". Ela respondeu: "Conheço Jesus Cristo como meu Salvador pessoal". Explicando o amor de Deus por ele, Sandy incentivou Craig a pensar seriamente sobre o evangelho. Pensando ser inacreditável que o Criador do universo teria algum interesse nele – muito menos que o *amava* –, Craig foi para casa e leu o Novo Testamento pela primeira vez, ali encontrando a vida e os ensinos de Jesus. Seis meses depois, em 11 de setembro de 1965, ele aceitou Cristo como seu salvador.

> Cheguei a um ponto de esgotamento total e clamei a Deus. Expressei toda a raiva e amargura que havia se acumulado em mim, ao mesmo tempo que senti uma infusão tremenda de alegria [...] Lembro correr para fora – era uma noite de verão clara do meio-oeste, e era possível ver a via láctea de um horizonte ao outro. Enquanto contemplava as estrelas, pensei: *Deus! O que acabei de conhecer é Deus!*[5]

O tempo restante de Craig na escola East Peoria Community High School adquiriu uma cor diferente. Sua vida agora estando impregnada de *sentido*, e ele teve a consciência imediata na sua conversão de estar sendo chamado para dedicar sua vida inteira à propagação do evangelho.

Influências vocacionais

Por recomendação de Sandy, Craig se matriculou no Wheaton College em 1967, e os anos que passou em Wheaton acabaram moldando sua fé e sua vocação. Tendo participado da equipe de debate da sua escola secundária durante quatro anos (sendo escolhido para a equipe de debate do estado), Craig continuou afiando suas habilidades como debatedor durante a faculdade, participando durante quatro anos da equipe de debate em Wheaton. Embora o debate se tornasse uma parte muito importante de seu ministério futuro, durante esse tempo ele via que isso era como uma espécie de esporte intelectual, e não uma preparação consciente para o ministério apologético.

Três influências vocacionais se destacam nos anos dele em Wheaton, a primeira sendo a cultura intelectual na instituição de enfatizar a integração da fé com o aprendizado. Ao lado da exigência de fazer cursos pertencentes à ampla tradição das humanidades como graduando em Wheaton, essa ênfase no pensamento integrado instilou em Craig uma estrutura importante

[5] Ibid., p. 48-9.

para a definição da sua vocação.⁶ Também o impactou a leitura que fez da obra de Carnell, *An introduction to Christian apologetics* [Uma introdução à apologética cristã], como aluno do último ano em Wheaton.⁷ Carnell, ele próprio um ex-aluno de Wheaton que depois obteve dois títulos de doutorado (um em teologia na Harvard Divinity School e o outro em filosofia na Universidade de Boston), impressionou Craig como um apologeta que apresentava uma defesa filosófica competente da fé. A esta altura já estando convencido de que exerceria um ministério apologético focado na apresentação de uma defesa intelectual da fé, Craig ficou fascinado com a análise que Carnell fazia sobre a natureza da verdade e sobre testes de veracidade – perguntas que o próprio Craig vinha fazendo – e também com o modo com que Carnell tornava essa análise relevante para o empenho apologético. De fato, o trabalho de Carnell convenceu Craig de que "a razão poderia ser usada em uma demonstração da consistência sistemática da fé cristã sem, desse modo, se tornar a base dessa fé".⁸

Sem dúvida alguma, a influência mais duradoura desses anos foi Stuart Hackett. Tendo obtido seu título de doutor em filosofia na Universidade de Syracuse, nessa época Hackett era professor de filosofia em Wheaton. Naquele tempo, como Alvin Plantinga recorda, "havia poucos filósofos cristãos nos Estados Unidos e ainda menos filósofos cristãos dispostos a se identificar como tais".⁹ Uma razão muito significativa dessa situação talvez tenha sido o domínio da década de 1920 até parte da década de 1960 exercido pelo verificacionismo. Uma das implicações dessa posição era a convicção de que a linguagem sobre Deus (juntamente com outras afirmações metafísicas não "verificáveis") era pior do que falsa: ela era *sem significado*. Há um amplo consenso sobre a publicação, em 1967, da obra de Plantinga *God and Other Minds* [Deus e outras mentes] como representando a transição da refutação apresentada pelos filósofos cristãos. A obra merece sua aclamação, mas é relevante

---

⁶ Cinquenta anos depois, em fevereiro de 2018, em uma fala ao corpo docente da Universidade Estadual da Carolina do Norte, Craig diria: "Toda verdade é a verdade de Deus, e de algum modo tudo isso faz parte de um todo integrado, de que apenas Deus tem um conhecimento perfeito. Nosso objetivo deve ser descobrir o lugar do nosso campo de estudo no esquema total da verdade de Deus" (https://tinyurl.com/y6v47e23). Cf., de Craig, "Concluding thoughts on the two tasks of the Christian scholar", in: *The two tasks of the Christian scholar: redeeming the soul, redeeming the mind*, eds. William Lane Craig; Paul M. Gould (Wheaton: Crossway, 2007), p. 185-7.

⁷ E. J. Carnell, *An introduction to Christian apologetics* (Grand Rapids: Eerdmans, 1948).

⁸ William Lane Craig; Joseph E. Gorra, *A reasonable response* (Chicago: Moody, 2013), p. 314.

⁹ Alvin Plantinga, "A Christian life partly lived", in: *Philosophers who believe*, ed. Kelly James Clark (Downers Grove: InterVarsity Press, 1993), p. 81.

observar que a obra de Hackett *The Resurrection of Theism* [A ressurreição do teísmo] foi publicada uma década antes[10] e é uma defesa completa de argumentos a favor da existência de Deus. Enquanto o corpo docente teológico em Wheaton tinha uma visão um tanto negativa da teologia natural – os professores de Craig depreciavam o uso de argumentos a favor da existência de Deus como inúteis –, Hackett era um notável promotor da teologia natural.

No primeiro ano em Wheaton, Craig se matriculou no curso de Hackett de Introdução à Filosofia. Sobre isso, ele diz o seguinte:

> Preciso confessar que o curso não me agradou muito. Era basicamente um curso que passava pela história da filosofia ocidental [...] Sem base filosófica, fiquei desnorteado com o desfile de pensadores – Platão, Aristóteles, Descartes, Hume, Leibniz, e assim por diante –, todos esguichando essas opiniões estranhas, contraditórias e também sem comprovação sobre as coisas. O trágico é que, mesmo que minha nota no curso tenha sido um "A", saí da experiência achando que a filosofia era simplesmente irrelevante.[11]

Apesar da experiência, Craig admirava e gostava de Hackett e continuou falando com ele em um nível pessoal. Pouco antes de se graduar, em 1971, com seu bacharelado em retórica e comunicação, Craig percebeu um exemplar de *The Resurrection of Theism* em liquidação na livraria do campus. Tendo ouvido falar muito bem do livro, ele o comprou. Craig relata: "Fiquei absolutamente pasmo com o que li. Em contraste com o que havia aprendido em Wheaton, Hackett, com uma lógica devastadora, estava defendendo argumentos a favor da existência de Deus e ainda apresentando refutações de toda objeção concebível a esses argumentos".[12] Essa experiência foi extremamente significativa para Craig, em especial porque o estimulou a começar a estudar filosofia. Ao ler a análise feita por Hackett da impossibilidade de uma regressão infinita de acontecimentos temporais, ele soube que esse seria o tema da sua dissertação se chegasse a fazer um doutorado. Apenas mais tarde, durante sua leitura de Frederick Copleston, que Craig descobriu que esse argumento não havia sido inventado por Hackett, mas tinha raízes antigas.

---

[10] Stuart C. Hackett, *The resurrection of theism: prolegomena to Christian apology* (Grand Rapids: Baker, 1957), agora reimpresso por Wipf & Stock.
[11] Craig, "Stuart Hackett", https://tinyurl.com/ya6chbet.
[12] Craig, *On guard*, p. 68.

Para o seminário

O ministério de Craig como evangelista começou no campus da Northern Illinois University no outono de 1971, quando fez parte por dois anos do quadro de obreiros da Cruzada Estudantil e Profissional para Cristo (rebatizada de "Cru" em 2011) compartilhando o evangelho com estudantes universitários. No semestre da primavera de 1972, Norman Geisler – então parte do corpo docente da Trinity Evangelical Divinity School (TEDS) – fez uma palestra no centro estudantil da NIU sobre Deus e o mal. Tendo ficado impressionado não apenas com a palestra de Geisler, mas também com o programa filosófico que ele representava, Craig decidiu obter o mestrado em filosofia da religião na TEDS. Durante sua preparação para o exame Graduate Record Exam em filosofia, Craig se dedicou a uma investigação atenta da obra em vários volumes de Frederick Copleston *A History of Western Philosophy* [Uma história da filosofia ocidental].[13] É um fato significativo que Geisler não foi a única pessoa que impressionou Craig na NIU. Foi aqui que ele conheceu Jan Coleman, que havia se graduado recentemente na Universidade de Dakota do Norte e também fazia parte do quadro de obreiros da Cruzada. Os dois se casaram em 13 de maio de 1972.

Craig se matriculou na TEDS no semestre do verão de 1973, imediatamente fazendo o curso de apologética de John Warwick Montgomery (tendo como colegas de classe Ravi Zacharias e Tim Erdel). Além do curso de Montgomery, Craig participou de cursos ministrados por Norman Geisler, Clark Pinnock, John Woodbridge, David Wolfe, Paul Feinberg, David Wells, J. I. Packer e Murray Harris. Embora nunca tenha sido um aluno de um curso de Carl F. H. Henry, Craig pôde conversar com ele em várias ocasiões durante seu tempo na TEDS. É um fato extraordinário que em apenas dois anos Craig concluiu não apenas o mestrado em filosofia da religião, mas também o mestrado em história da igreja.[14]

Perto de se graduarem na TEDS, o casal Craig certa noite estava sentado discutindo seus planos após o seminário. "Se dinheiro não fosse um empecilho", perguntou Jan, "o que você realmente gostaria de fazer depois da formatura?". Nessa época, Craig ainda não previa o fascínio que a filosofia viria

---

[13] Frederick Copleston, *A history of Western philosophy*, 9 vols. (New York: Image Books, 1962).

[14] Os dois foram concluídos ao mesmo tempo, mas as regras então não permitiam o recebimento de ambos os diplomas em junho de 1975. Daí o recebimento do diploma em história da igreja em 1976.

a exercer sobre ele, e, embora reconhecesse a relevância de estudos em um doutorado para a apologética e o evangelismo (seu objetivo era o desenvolvimento de um argumento a favor de Deus a ser usado nesse ministério), obter um doutorado também alcançaria o estabelecimento de credenciais para seu ministério. "Se o dinheiro não fosse um empecilho", Craig respondeu, "o que eu realmente gostaria de fazer seria ir para a Inglaterra e fazer um doutorado com John Hick".[15]

Para Birmingham

Hick estava entre os pouquíssimos filósofos do mundo então dedicados a um trabalho sério sobre os argumentos a favor da existência de Deus. Após uma resposta positiva de Hick à proposta apresentada por Craig de um estudo do argumento cosmológico, em agosto de 1975 os Craig se mudaram para a Universidade de Birmingham, na Inglaterra. Embora Hick não fosse um cristão conservador nem concordasse com as teses de Craig, este último encontrou nesse supervisor uma espécie de figura paternal.[16] Embora Hick tivesse a reputação de um supervisor um tanto formal, até mesmo indiferente, a recordação que Craig tem dele é de um homem afetuoso e simpático, e o casal Craig passou muito tempo pessoal como o casal Hick. Com a aprovação de Hick e de Anthony Kenny, o avaliador externo de Craig, este recebeu o doutorado em filosofia da Universidade de Birmingham em 1977.

Perto do fim do seu período em Birmingham, Craig ainda achava que sua vocação era evangelismo e apologética, e sua visão incluía uma posição de ensino em período integral. Assim, ele solicitou várias vagas de emprego em universidades norte-americanas, mas em vão. Um tanto desencorajado, os Craig mais uma vez se viram sentados diante da mesa certa noite discutindo seu futuro. "Se dinheiro não fosse um empecilho", Jan perguntou de novo, "o que você *gostaria* de fazer a seguir?". Craig recorda bem o momento:

> Eu ri porque me lembrei de como o Senhor havia usado a pergunta dela para nos guiar no passado. "Se o dinheiro não fosse um empecilho, o que eu realmente gostaria de fazer seria ir para a Alemanha e estudar com Wolfhart Pannenberg [...]

---

[15] Craig, *On guard*, p. 69.

[16] Notavelmente, o volume editado de Hick *The myth of God incarnate* (Philadelphia: Westminster, 1977) foi concluído durante o tempo de Craig em Birmingham. Para mais sobre a vida de Hick, veja sua autobiografia *John Hick: an autobiography* (London: Oneworld, 2002), em que recorda seu ex-aluno como "brilhante" e "muito inteligente e cheio de energia".

Se pudesse estudar com ele, poderia desenvolver uma apologética histórica a favor da ressurreição de Jesus.[17]

Sempre pronta para novas aventuras, Jan descobriu na biblioteca da universidade uma literatura sobre a Fundação Alexander von Humboldt, cujo propósito "é proporcionar oportunidades para acadêmicos jovens extremamente qualificados [...] de executar projetos de pesquisa na República Federal da Alemanha".[18] A bolsa que essa fundação oferecia era uma bolsa completa. Na situação financeira em que os Craig estavam, isso parecia bom demais para ser verdade. Conseguiram reunir os materiais e as condições necessários para a candidatura à bolsa, e, em novembro de 1976, despediram-se de Birmingham.

Para Munique

Por sugestão de Jan, os Craig se matricularam no Centre Missionaire, uma escola francesa de idiomas escondida nos pitorescos Alpes Franceses em Albertville, França. Sua formação nessa escola começou em janeiro de 1977 e durou nove meses. Mas, antes disso, os Craig ficaram sem casa durante dezembro de 1976, e sem pensar muito foram para Paris para resolver sua situação de alguma maneira. Sem recursos para praticamente nada, eles tiveram permissão para ficar em Armée du Salut (que na época era quase um edifício abandonado e sem aquecimento do Exército da Salvação), graças à intermediação de um pastor local.

Logo após sua chegada a Albertville, os Craig se apressaram para completar a solicitação para a Humboldt-Stiftung. Agora com barba para parecer mais velho na foto para a solicitação, Craig enviou os materiais exigidos. A fundação levaria cerca de sete meses para avaliar e responder à solicitação de Craig, e, assim, eles se dedicaram a aprender francês durante esse período. Em junho, Craig recebeu um convite para falar em um evento da Campus für Christus em Munique, e foi durante a preparação para essas falas que Craig "topou com um esquema que acabou sendo muito útil para mim no esclarecimento da diferença entre a fé e a razão – isto é, a diferença entre *saber* que o cristianismo é verdadeiro e *demonstrar* que o cristianismo é verdadeiro".[19]

---

[17] Craig, *On guard*, p. 177.
[18] https://www.humboldt-foundation.de/web/chronology.html.
[19] Craig; Gorra, *A reasonable response*, p. 315. Falo mais sobre essa distinção na seção da metodologia mais adiante.

Com seu tempo em Albertville chegando ao fim, os Craig haviam se tornado proficientes em francês, o próprio Craig "pregando em francês na nossa pequena igreja" e Jan tendo tido "a alegria de levar nossos vizinhos franceses à fé em Cristo".[20]

Junho de 1977 terminou e julho começou. A fundação Humboldt-Stiftung escreveu para informar Craig de que havia obtido uma bolsa para estudar a ressurreição de Jesus sob Wolfhart Pannenberg, um dos mais influentes teólogos protestantes do século XX. A bolsa incluía toda a sua educação e os custos de vida, incluindo um apartamento muito agradável exatamente em frente aos English Gardens, bem como dinheiro ocasional para ser usado conforme suas necessidades. Todo o trabalho de estudos de Craig em Munique – as atividades no decorrer do curso, a dissertação, *Rigorosum* (um exame oral que cobria de modo geral a área de estudo escolhida pelo examinado e mais duas disciplinas) – seria conduzido em alemão, que Craig não havia estudado desde o ensino médio. Portanto, os Craig ficaram no Goethe-Institut em Göttingen de janeiro até abril, antes da sua mudança, em maio de 1978, para Munique, várias centenas de quilômetros ao sul de Göttingen.

Mesmo sendo aluno de Pannenberg de maio de 1978 até o natal de 1979, Craig teve pouquíssima interação pessoal com o famoso teólogo. Aliás, Craig achou seu novo supervisor condescendente e impaciente – um claro contraste com John Hick. No entanto, Craig participou dos seminários e das aulas de Pannenberg, e se dedicou com afinco à sua pesquisa. Uma vez que a controvérsia deísta dos séculos XVII e XVIII era central aos seus estudos sobre a ressurreição, Craig dedicou o verão de 1978 na Universidade de Cambridge a um estudo meticuloso dos textos de fontes primárias desse debate (uma escolha que não agradou Pannenberg).

No fim de 1979, Craig já havia concluído e obtido a aprovação da sua tese, tendo feito acréscimos significativos ao seu projeto em resposta à rejeição, por parte de Pannenberg, de sua exegese bíblica como excessivamente "fundamentalista". Tudo que ainda precisava fazer era passar no *Rigorosum*, agendado para o fim de dezembro. Mas Craig não passou no exame.[21] Felizmente, antes no verão de 1979, Warren Benson, então reitor interino da TEDS, ofereceu a Craig uma posição de professor assistente de filosofia com condições

---

[20] Craig, *On guard*, p. 180.
[21] Craig relata essa experiência em vários lugares, incluindo sua obra *Hard questions, real answers* (Wheaton: Crossway, 2003), p. 64-6.

generosas, que ele de bom grado aceitou. Assim, foi com um sentimento ambivalente que os Craig deixaram a Alemanha e foram para Deerfield, onde, de janeiro de 1980 até maio de 1986, Craig ocupou a vaga no corpo docente criada pela mudança de Norman Geisler para o Seminário Teológico de Dallas.

Os Craig se reestabeleceram em Deerfield, indo morar na sua primeira casa naquele setembro. Um prazer especial para Craig foi reencontrar seu ex-professor, Stuart Hackett, que havia vindo de Wheaton havia pouco tempo. Craig se manteve ocupado durante seus primeiros dois anos na TEDS: preparou e deu aulas de diversas matérias, revisou sua segunda dissertação para ser publicada, publicou meia dúzia de artigos e capítulos profissionais, e conduziu um grupo de discipulado para seus alunos na segunda-feira. Durante esse tempo, ele também estava se preparando mais uma vez para o *Rigorosum*. Tendo recebido auxílios estudantis providenciais durante uma breve estadia em Erlangen no verão de 1981, os Craig – também a filha Charity, que havia nascido em maio de 1982 – voltaram para Munique no verão de 1982 e, dessa vez, Craig foi aprovado no *Rigorosum*. Uma vez que nessa época era exigência em Munique que uma tese fosse publicada antes da concessão do diploma, Craig não recebeu um diploma pelo seu segundo doutorado até conseguir um editor, o que aconteceu somente em 1984.[22]

Transições vocacionais

Tendo concluído seus estudos em Munique, Craig leu a obra *The God of the philosophers* [O Deus dos filósofos], de Anthony Kenny, descobrindo nas suas páginas uma visão intrigante da onisciência divina chamada "conhecimento médio". Isso solidificou sua escolha da "coerência do teísmo" como seu grande tema de pesquisa seguinte (a que se dedicaria por mais de três décadas), que começaria com a natureza da onisciência. Ao voltar para os Estados Unidos, Craig se dedicou a uma pesquisa sobre a presciência divina e a liberdade humana na biblioteca da Universidade do Arizona durante um período sabático com sua família em Tucson de setembro de 1982 até o verão de 1983. É relevante observar que o trabalho de Craig sobre a onisciência foi concluído muito antes da ascensão do "teísmo aberto", em meados da década

---

[22] William Lane Craig, *The historical evidence for the resurrection of Jesus during the deist controversy* (Lewiston: Mellen, 1985).

de 1990, embora ele tenha feito um forte uso da sua pesquisa na sua crítica à visão aberta.[23]

Após sete anos de trabalho sobre a doutrina da onisciência, Craig então dedicou 11 anos ao estudo da natureza do tempo e da eternidade divina antes de dedicar 13 anos à difícil doutrina da asseidade divina. De fato, a coerência do teísmo (e não, como se diz com frequência, os argumentos a favor da existência de Deus) é a especialidade de Craig.

Voltando para a TEDS no outono de 1983, Craig ensinou ali até o fim do trimestre da primavera de 1985. Embora gostasse de ensinar, seu desejo cada vez mais intenso era se dedicar a um ministério itinerante; ele percebeu que sua vocação não era ensinar em período integral. No fim da primavera, os Craig – que agora também incluíam o filho John, que havia nascido em março de 1984 – viajaram à Paris para o restante do que acabaria sendo um ano conturbado e no qual dois acontecimentos se destacam. O primeiro deles começou com Craig indo de trem de Paris para Bruxelas com o objetivo de fazer uma palestra no Instituto Bíblico Belga. Enquanto estava ali, o amigo de Craig, Bruce Benson, o levou para conhecer a Universidade Católica de Louvain. Craig ficou impressionado não apenas com a beleza da universidade histórica, mas também com suas bibliotecas impressionantes de filosofia e de teologia. Pouco tempo depois, ocorreu o segundo evento: Craig viajou para Mülheim, Alemanha Ocidental, onde conheceu Kalevi Lehtinen, o diretor europeu da Agape Europe (um ministério da Cruzada Estudantil e Profissional para Cristo), que o convidou para fazer parte do quadro de obreiros da Agape. Embora essa posição oferecesse muitos atrativos para Craig, sua intenção era continuar ensinando na TEDS. Somente ao voltar para Deerfield que ele viria a descobrir que o sucessor de Benson havia decidido fechar o programa de filosofia da religião e dissolver o departamento – isto é, Craig e Hackett.

Craig só ficou sabendo dessa decisão ao voltar ao campus e ser chamado para conversar com o novo reitor. Ele estava chocado. "Stu foi vergonhosamente transferido para a faculdade de graduação e eu fiquei desempregado, agora com dois filhos para sustentar".[24] Essa circunstância foi decisiva para

---

[23] Veja, por exemplo, Clark Pinnock et. al., *The openness of God: a biblical challenge to the traditional understanding of God* (Downers Grove: InterVarsity Press, 1994). Craig critica e rejeita o teísmo aberto em *Divine foreknowledge: four views*, eds. James K. Beilby; Paul R. Eddy (Downers Grove: InterVarsity, 2009) e em *God under fire: modern scholarship reinvents God*, eds. Douglas S. Huffman; Eric L. Johnson (Grand Rapids: Zondervan, 2002).

[24] Craig, at https://tinyurl.com/ya6chbet.

que Craig aceitasse, no fim das contas, o convite de Lehtinen para integrar o quadro de obreiros da Agape Europe.

Com a decisão de integrar Agape, os Craig prontamente se mudaram para Santa Barbara, onde Craig foi professor de estudos religiosos no Westmont College para o ano acadêmico de 1986-1987, ao mesmo tempo que estava muito ocupado angariando recursos. Em julho de 1987, os Craig se mudaram para Bruxelas, Bélgica – perto da cidade universitária que havia impressionado Craig imensamente dois anos antes – para ajudar a propagar o evangelho por toda a Europa e por causa do trabalho de pesquisa de Craig. Os Craig moraram em Bruxelas pelos sete anos seguintes. Durante esse período, ele falou por toda a Europa oriental e ocidental, a antiga União Soviética e a América do Norte. Além de ser um pregador itinerante, Craig dedicou um tempo considerável na Universidade Católica da Lovain à pesquisa e à escrita, concluindo seu estudo da onisciência divina antes de focar na questão complexa da eternidade divina.

Desejando uma educação norte-americana para seus filhos, agora com 12 e 10 anos, a família Craig se mudou, em setembro de 1994, para Atlanta, Georgia. Craig passou da Agape Europe ao Christian Leadership Ministries (que viria a se chamar "Faculty Commons"), um ramo estadual da Cruzada Estudantil, onde houve então uma continuação do seu ministério anterior. Logo após a chegada da família Craig a Atlanta, a segunda edição de *Apologetics: an introduction* – agora com o novo título *Reasonable Faith* – foi publicada.[25] Foi também aproximadamente nessa mesma época que Craig aceitou uma posição no departamento de filosofia em formação na Talbot School of Theology – que então contava apenas com J. P. Moreland, Scott Rae e Douglas Geivett – como professor pesquisador de filosofia, ensinando apenas durante os semestres de janeiro. Em 2014, ele aceitou uma posição semelhante como professor de filosofia na Houston Baptist University.

De 1994 até 2004, Craig, ainda dedicado em tempo integral à Cruzada Estudantil, foi notavelmente produtivo. Além de ensinar em Talbot, falar em e participar de debates e ocupar a posição de presidente da Sociedade Filosófica Evangélica (1996-2005), ele publicou quase 20 livros e aproximadamente 60 artigos aprovados pela sociedade acadêmica em periódicos – sem mencionar contribuições com capítulos, resenhas de livros e textos populares.

---

[25] William Lane Craig, *Reasonable faith: Christian truth and apologetics*, 3. ed. (Wheaton: Crossway, 2008) [no Brasil: *Apologética contemporânea: a veracidade da fé cristã*. (São Paulo: Vida Nova, 2012)].

Ao mesmo tempo, Craig estava frustrado com os "porta-vozes" cristãos na esfera pública, mas também estava insatisfeito com a aparente falta de impacto do seu próprio ministério. Motivado por essas preocupações, ele reexaminou em oração sua estratégia ministerial, cada vez mais convencido da necessidade de uma plataforma apologética nova e singular. Ele ainda estava refletindo sobre essas questões em agosto de 2005, mês em que participou como preletor do cruzeiro apologético para o Alasca realizado por Stand to Reason. A bordo, Craig teve uma conversa imensamente significativa com Curt Swindoll, que o convenceu a iniciar um ministério *online* (precisamos nos lembrar de que, embora a internet tenha sido inventada em meados da década de 1980, ela apenas se tornou popular e amplamente usada na primeira parte do novo milênio). Apesar das preocupações de Craig com os aparentes riscos e altos custos desse empreendimento, o conselho de Swindoll demonstrou ser presciente. Em 2007, Craig fundou Reasonable Faith (www.ReasonableFaith.org) como organização independente sem fins lucrativos.

METODOLOGIA APOLOGÉTICA

William Lane Craig é fundamentalmente um evangelista e considera possível e apropriado apresentar uma defesa com rigor intelectual e positiva do teísmo cristão. Como ele mesmo explica:

> Durante a leitura de Atos dos Apóstolos, fica evidente que era o procedimento comum dos apóstolos argumentar a favor da veracidade da cosmovisão cristã, tanto diante de judeus quanto diante de pagãos (por exemplo, Atos 17:2,3,17; 19:8; 28:23,24). Diante de ouvintes judeus, os apóstolos apelavam às profecias cumpridas, aos milagres de Jesus e, em especial, à ressurreição de Jesus como evidências da sua natureza messiânica (Atos 2:22-32). Diante de ouvintes gentios [...], os apóstolos apelavam à obra divina na natureza como evidência da existência do Criador (Atos 14:17). Então, era feito um apelo ao testemunho ocular da ressurreição de Jesus para uma demonstração específica de que Deus havia se revelado em Jesus Cristo (Atos 17:30,31; 1Co 15:3-8).[26]

Nessa linha, a metodologia apologética de Craig prioriza a demonstração da existência de Deus e da autorrevelação de Deus em Jesus (em especial

---

[26] Craig, *Reasonable faith*, p. 21-2. Craig também afirma um papel para a apologética além do evangelismo (*Reasonable faith*, p. 16-21, 86ss).

como evidenciada na ressurreição de Jesus) como os dois pilares da fé cristã, uma abordagem comumente conhecida como "apologética clássica".

A abordagem apologética de Craig é informada por uma certa epistemologia religiosa.[27] Embora rejeite o racionalismo teológico, que afirma que argumentos e evidências são necessários como base da fé, Craig insiste em que a fé é racional. Baseando-se no trabalho de Alvin Plantinga, ele faz a diferenciação entre um cristão *saber* que a fé é verdadeira e *mostrar* que o cristianismo é verdadeiro.[28] A ideia é que o primeiro caso não precisa envolver absolutamente nenhum argumento; o testemunho interior do Espírito Santo que habita o cristão "nos concede uma garantia imediata e legítima da veracidade" do cristianismo, tornando a convicção da veracidade do cristianismo uma convicção apropriadamente básica.[29] "Deus não é", Craig mostra, "a conclusão de um silogismo; ele é o Deus vivo de Abraão, Isaque e Jacó que habita em nós".[30] Portanto, o testemunho interior do Espírito apresenta uma base perfeitamente racional da fé. Sendo claro: Craig aqui está apenas falando sobre a confiança renovada do cristão na veracidade do cristianismo, e *não* sobre o modo de um não cristão vir à fé. Assim, há um sentido em que o fato de um cristão "saber" que o cristianismo é verdadeiro é diferente da tarefa apologética.

É a *demonstração* do cristianismo como verdadeiro que Craig considera a verdadeira tarefa da apologética. Aqui, de novo, o papel do Espírito Santo é central, agora em "abrir o coração do não cristão obstinado para dar atenção à argumentação e ser convencido por ela".[31] Assim, "quando uma pessoa se recusa a vir a Cristo [...] [a razão desse fato] é que ela ignora e rejeita de modo intencional a atração do Espírito no seu coração [...] Mas toda pessoa que responde à atração do Espírito de Deus com uma mente e um coração abertos pode ter certeza da veracidade do cristianismo, pois o Espírito de Deus a convencerá desse fato".[32] Fica claro que Craig afirma o papel essencial do Espírito

---

[27] Isso é explanado em Craig, "Classical apologetics", in: *Five views on apologetics*, ed. Steven B. Cowan (Grand Rapids: Zondervan, 2000), p. 26-55, bem como Craig, *Reasonable faith*, p. 29-60.

[28] Veja esp. Plantinga, "Reason and belief in God", in: *Faith and rationality*, eds. Alvin Plantinga; Nicholas Wolterstorff (Notre Dame: University of Notre Dame Press, 1983), p. 16-93 e Alvin Plantinga, *Warranted Christian belief* (New York: Oxford University Press, 2000) [no Brasil: *Crença cristã avalizada* (São Paulo: Vida Nova, 2008)].

[29] Craig, "Classical apologetics", p. 28.

[30] Craig, *Reasonable faith*, p. 46. Craig defende que há uma abundância de fundamentação bíblica para essa afirmação.

[31] Craig, "Classical apologetics", p. 38.

[32] Craig, *Reasonable faith*, p. 47 (cf. "Classical apologetics", p. 53).

em circunstâncias apologéticas junto com o papel central de argumentos e evidências, que, em última instância, são *meios* humanos que o Espírito usa para demonstrar a veracidade do cristianismo. Segundo Craig, a apresentação de argumentos ou evidências não deve ser vista como rival ou como uma alternativa à obra do Espírito. Quando recordamos que a própria conversão de Craig ao cristianismo não envolveu apologética, não é de admirar que ele reconheça sem dificuldade a natureza acidental da apologética para a conversão. Obviamente, Deus acha adequado usar vários meios de atrair as pessoas para si mesmo. No entanto, a apologética tem muito valor, na visão de Craig, além do evangelismo pessoal: fortalecer a fé dos cristãos, por exemplo, bem como ajudar a "criar e sustentar um ambiente cultural em que o evangelho pode ser ouvido como uma opção intelectualmente viável para homens e mulheres que pensam".[33]

É evidente que Craig tem uma visão elevada da teologia natural, que ele define como "o ramo da teologia que busca apresentar uma justificava para a convicção da existência de Deus sem os recursos de uma revelação proposicional imbuída de autoridade".[34] A teologia natural não é entendida como idêntica à revelação natural; a primeira é um desenvolvimento da contemplação humana da segunda.[35] Para Craig, um argumento que é uma expressão de teologia natural tem êxito se exibe uma validade (lógica) tanto formal quanto informal e se exibe premissas tanto verdadeiras quanto mais plausíveis do que suas negações.

Na construção da sua defesa positiva do cristianismo, Craig apela amplamente à revelação geral de Deus, esse sendo o local (ou talvez a inspiração) para seus argumentos. Por exemplo, a tese de doutorado dele em Birmingham desenvolveu e defendeu a versão *kalām* do argumento cosmológico. O argumento cosmológico *kalām* (vem do termo árabe para "fala") pode ser apresentado como um simples silogismo:

1. Tudo que começa a existir tem uma causa de sua existência.
2. O universo começou a existir.

---

[33] William Lane Craig, "Faith, reason and the necessity of apologetics", in: *To everyone an answer*, eds. Francis J. Beckwith; William Lane Craig; J. P. Moreland (Downers Grove: InterVarsity Press, 2004), p. 22.
[34] William Lane Craig; J. P. Moreland, "Introduction", in: *The Blackwell companion to natural theology*, eds. William Lane Craig; J. P. Moreland (Oxford: Wiley–Blackwell, 2009), p. ix.
[35] Isso é semelhante à visão desenvolvida em C. Stephen Evans, *Natural signs and knowledge of God* (Oxford: Oxford University Press, 2010).

3. Portanto, o universo tem uma causa de sua existência.[36]

Sem entrarmos em uma avaliação completa desse argumento, é relevante observar que Craig apela não apenas à filosofia, mas também a uma cosmologia de *"big bang"* como apoio do seu argumento. A ideia central do *kalām* é que, se o universo começou a existir, há um tempo finito, e tudo que começa a existir tem uma causa de sua existência, então, é necessário haver uma causa da existência do universo.

Para demonstrar a premissa 2, Craig precisa mostrar que a série de acontecimentos passados deve ser finita; deve haver um início do universo no tempo. Um modo de ele fazer isso é a argumentação de que uma regressão temporal infinita de acontecimentos seria um infinito efetivo.[37] Pois bem, a história (a coleção de acontecimentos anteriores) é uma coleção determinada, isto é, um conjunto de acontecimentos discretos que se estende para o passado. Como membros do conjunto de acontecimentos anteriores, esses fatos temporais são ou foram efetivos; eles ocorreram na realidade. Isso significa que, se a história consiste em um conjunto infinito de fatos temporais (por exemplo, dias ou anos), então esse conjunto seria um infinito efetivo. Mas, Craig continua, tentativas de traduzir ou postular a noção de um infinitivo efetivo no mundo real somente podem resultar no absurdo. Isso fica evidente, Craig argumenta, em tentativas de realizar operações inversas com números transfinitos (por exemplo, subtrair infinito de infinito tem resultados conflitantes: zero e infinito).[38] Assim, a consequência é que a noção da história como um conjunto infinito de acontecimentos passados é logicamente absurda. Em outras palavras, o conjunto de fatos temporais passados não pode ser infinito. O universo precisa ter tido um início em algum ponto do passado finito, e somos obrigados a considerar a *causa* do início do universo. A melhor explicação, Craig argumenta, é que Deus existe como o agente pessoal que escolheu fazer o universo existir. A pesquisa de Craig em Birmingham sobre o argumento *kalām* produziu três livros: *The Kalām Cosmological Argument* [O argumento cosmológico

---

[36] William Lane Craig, *The* Kalām *cosmological argument* (New York: Macmillan, 1979), p. 63. A formulação de Craig é praticamente idêntica à do filósofo árabe do século XI Algazali (William Lane Craig, *The cosmological argument from Plato to Leibniz* [London: Macmillan, 1980], p. 103-4).

[37] Craig, *The* Kalām *Cosmological argument*, p. 65-6. Para entender isso, precisamos diferenciar um infinito *potencial* de um infinito *efetivo*. Segundo Craig, infinitos potenciais não são infinitos em nenhum sentido determinado, mas no sentido de ser possível uma contagem interminável deles – por mais tempo que essa contagem leve – que nunca alcança o fim (imagine contar durante anos: "um, dois, três [...] *infinito*!"). Mas infinitos efetivos são definidos como totalidades determinadas.

[38] Craig, *The* Kalām *Cosmological argument*, p. 80-2.

kalām], *The Existence of God and the Beginning of the Universe* [A existência de Deus e o início do universo] e *The Cosmological Argument from Plato to Leibniz* [O argumento cosmológico de Platão a Leibniz].

Na demonstração do segundo pilar da fé cristã, a revelação de Deus em Jesus Cristo, Craig enfatiza a historicidade da ressurreição física de Jesus. Pelo fato de ele aqui estar construindo uma defesa histórica, o foco de Craig é o uso das evidências históricas relevantes de acordo com as normas da historiografia moderna. De modo específico, Craig concentra o foco na demonstração de fatos mínimos centrais à fé cristã na ressurreição de Jesus, e várias evidências apoiam cada um desses três fatos específicos, Craig argumenta. Após a demonstração deles, a abordagem de Craig é – como a de um detetive – inferir desses fatos uma explicação que melhor explique as três.[39]

O primeiro fato é que a tumba de Jesus foi encontrada vazia após sua morte, e há, Craig explica, uma variedade de evidências que apoiam esse fato. Em primeiro lugar, o relato da tumba vazia está presente em várias fontes independentes, o que apresenta uma corroboração dessa afirmação. Além disso, o local da tumba de Jesus era bem conhecido, e os Evangelhos relatam o "fato embaraçoso" de que quem fez a descoberta inicial foram várias das *mulheres* que eram seguidoras de Jesus. Como Craig realça, na sociedade judaica do primeiro século, o testemunho feminino não era bem-visto. Assim, a mera inclusão desse detalhe é um indicativo da veracidade das narrativas da ressurreição.[40]

O fato das aparições de Jesus após sua morte tem, na avaliação de Craig, uma confirmação muito ampla. Em 1Coríntios 15, Paulo lista numerosas testemunhas de aparições do Senhor Jesus após sua morte na cruz, cada uma delas com atestação independente. Após analisar a plausibilidade de cada afirmação de aparição, Craig resume: "A lista de testemunhas de aparições de Jesus após sua morte torna incontestável o fato de que indivíduos e grupos tiveram essas experiências".[41] Em uma ampliação do escopo dessa análise com a inclusão de relatos de aparição nas narrativas dos Evangelhos, Craig mostra que essas aparições tiveram uma natureza física e corporal.

---

[39] William Lane Craig, "Did Jesus rise from the dead?", in: *Jesus under fire*, eds. Michael J. Wilkins; J. P. Moreland (Grand Rapids: Zondervan, 1995), p. 143-4.

[40] Craig, *Reasonable faith*, p. 367-9.

[41] Ibid., p. 380.

Por fim, o fato de os discípulos terem vindo a depositar sua fé nele como o Messias é significativo. "É difícil exagerar", Craig explica, "o desastre que a crucificação foi para a fé dos discípulos. A morte de Jesus significou o fim humilhante de qualquer esperança que tinham de ele ser o Messias".[42] No entanto, os mesmos seguidores vieram a pregar com ousadia (por exemplo, Atos 2:23-26) que Jesus é de fato o Messias, com frequência colocando em grande risco seu bem-estar.

Após uma demonstração firme desses fatos centrais, Craig considera, uma após outra, várias tentativas naturalistas de explicá-los, demonstrando a inadequação de cada uma dessas tentativas.[43] A melhor explicação, ele argumenta, é a explicação sobrenatural de que Deus ressuscitou Jesus dos mortos.

Embora seja verdade que Craig enfatiza esses três fatos, a abordagem apologética aqui não deve ser confundida com a abordagem de "fatos mínimos". A marca dessa abordagem é um apelo apenas a fatos que a maioria dos estudiosos (tanto cristãos quanto céticos) aceitam, enquanto o trabalho de Craig vai além desses fatos – incluindo, na verdade defendendo totalmente, a fidedignidade das narrativas da ressurreição no Novo Testamento. Como antes em Birmingham, a pesquisa de Craig produziu três livros: *The Son Rises* [O Filho se levanta], *The Historical Evidence for the Resurrection of Jesus during the Deist Controversy* [A evidência histórica a favor da ressurreição de Jesus durante a controvérsia deísta] e *Assessing the New Testament Evidence for the Historicity of the Resurrection of Jesus* [Avaliando as evidências do Novo Testamento a favor da historicidade da ressurreição de Jesus].

CONTRIBUIÇÕES PARA A APOLOGÉTICA

As contribuições apologéticas de William Craig, tanto escritas quanto não escritas, são consideráveis, e o êxito dele em usar a internet em favor do seu ministério é extraordinário. Funcionando tanto como um escritório virtual quanto uma distribuidora de materiais para o ministério, o site online de Craig tem muitos dos seus escritos (tanto populares quanto eruditos) e respostas à "Pergunta da Semana" enviada por leitores, além de incluir vídeos de entrevistas, pregações e debates, bem como *links* para seu podcast regular ("Reasonable

---

[42] Ibid., p. 388.
[43] Craig, "Did Jesus rise from the dead?", p.162-5.

Faith",[44] também no iTunes) e a aula semanal "Defenders" de escola dominical que ele dá. Com cerca de 83.300 visitantes mensais, essa plataforma disponibiliza o trabalho de Craig a pessoas espalhadas pelo mundo inteiro.[45]

Talvez a contribuição mais reconhecível de Craig à apologética seja sua participação em debates profissionais. Na primavera de 1982, a Cruzada Estudantil-Canadá pediu que Craig viajasse à Universidade de Calgary para um debate com o ateu Kai Nielsen.[46] Após oito anos competindo em debates durante seu tempo como estudante, esse foi o primeiro debate profissional dele. O ambiente "eletrificado" e um público de tamanho relativamente grande atraído pelo debate impressionaram Craig. De fato, "ficou muito claro [para ele] que o debate era realmente o fórum para o evangelismo no campus universitário hoje".[47]

Desde então, Craig participou de mais de 150 debates profissionais. Notável entre esses debates foi o que ele teve com o então filósofo ateu Antony Flew.[48] Foi após esse debate, em uma consideração da defesa feita por Craig do argumento do desígnio, que Flew "viu razões para acreditar que um argumento do desígnio tem uma força substancial" e acabou rejeitando o ateísmo.[49] Em 1º de fevereiro de 2013, Craig debateu com Alex Rosenberg, professor de filosofia na Universidade Duke. A grande plateia no local e a plateia online geraram um total de mais de 14 mil pessoas de mais de seis países que assistiram a esse debate.[50] A maioria dos debates de Craig, como os debates com Flew e com Rosenberg, é sobre a questão da existência de Deus, mas, em 11 de abril de 2011, Craig debateu com o neurocientista e notável neoateu Sam Harris na Universidade de Notre Dame sobre a pergunta "O fundamento da moral é natural ou sobrenatural?". Durante seu discurso inicial, Harris gracejou

---

[44] O programa pode ser ouvido também pelo Spotify: https://open.spotify.com/show/55RPDUm9fOQXHu2sjNqcuh?si=bae2dba9fa7e4878

[45] Isso além de 800 mil seguidores no Facebook, muito perto de 90 mil seguidores no Twitter e aproximadamente 90 mil inscritos no YouTube. Números em 11 de junho de 2018.

[46] O áudio desse debate infelizmente não está mais disponível, mas os dois debateram de novo em fevereiro de 1991 (https://tinyurl.com/y9mshzj2).

[47] Entrevista sem data com "The Best Schools", https://thebestschools.org/features/william-lane-craig-interview/.

[48] Veja Stan W. Wallace, ed., *Does God exist? The Craig-Flew debate* (Burlington: Ashgate, 2003), que contém o texto completo do debate.

[49] Carta pessoal de Flew a Stan W. Wallace de 8 de dezembro de 2000, https://tinyurl.com/y8ld7q8w. Cf. Gary Habermas; Antony Flew, "My pilgrimage from atheism to theism: a discussion between Antony Flew and Gary Habermas", *Philosophia Christi* 6.2 (2004): p. 197-211.

[50] Veja Corey Miller; Paul Gould, eds. *Is faith in God reasonable?* (New York: Routledge, 2014), p.5.

que Craig é "o único apologeta cristão que parece ter colocado o temor de Deus nos meus colegas ateus!".[51] O que atrai e constrange nesses debates é a consistência de Craig no seu apelo ao argumento cosmológico, ao argumento teleológico e ao argumento moral para demonstrar o teísmo e na sua defesa subsequente da historicidade de Jesus para demonstrar o teísmo cristão.[52] Considerados juntos, os debates de Craig alcançaram um total de sete milhões de visualizações no YouTube.

Não obstante, o grande número de pessoas alcançadas pelo seu trabalho não escrito, a contribuição mais duradoura de Craig para o campo da apologética é seu trabalho escrito. Repudiando a tendência exibida em alguns de igualar a "apologética" a obras "amadoras", os interesses apologéticos de Craig dirigiram sua pesquisa profissional. Tendo em vista públicos diferentes, sua prática é escrever livros de natureza erudita e depois uma destilação de nível popular da mesma pesquisa – incluindo uma série de livros infantis.[53] Craig escreveu ou editou cerca de 50 livros (sem contar suas mais de 80 contribuições com capítulos de livros) e publicou mais de 125 artigos científicos revisados por pares em periódicos. Suas obras populares são lidas por inúmeros apologetas leigos, e as publicações eruditas de Craig são uma leitura essencial em muitas salas de aula e continuam exigindo uma interação nos níveis mais elevados da academia.

Refletindo sua metodologia apologética, a obra escrita de Craig tem dois focos. O primeiro, a teologia natural e a evidência histórica, diz respeito à existência de Deus e à revelação de Deus em Jesus. Obviamente, isso inclui o trabalho de Craig sobre o argumento cosmológico *kalām* e a ressurreição de Jesus, bem como sua crítica do naturalismo e suas análises dos argumentos ontológico, teleológico e moral a favor da existência de Deus. O segundo foco, a teologia filosófica, é identificável no desenvolvimento em Craig da visão molinista da presciência divina e liberdade humana, seu trabalho extensivo sobre a eternidade divina ao lado da sua filosofia do tempo, seu trabalho sobre

---

[51] https://www.youtube.com/watch?v=yqaHXKLRKzg.
[52] As transcrições da maioria dos debates de Craig estão disponíveis em www.reasonablefaith.org/media/debates.
[53] A série, chamada What is God Like?, é composta por dez volumes ilustradas, cada um deles apresentando um atributo diferente de Deus a crianças. https://www.reasonablefaith.org/store/popular-books/.

a asseidade divina e a natureza de objetos abstratos e (mais recentemente) seu tratamento da doutrina da expiação.[54]

BIBLIOGRAFIA

CRAIG, William Lane. *The cosmological argument from Plato to Leibniz* (London: Macmillan, 1980).

____. *Hard questions, real answers* (Wheaton: Crossway, 2003).

____. *The historical evidence for the resurrection of Jesus during the deist controversy.* (Lewiston: Mellen, 1985).

____. *The Kalām cosmological argument* (New York: MacMillan, 1979).

____. *On guard: defending your faith with reason and precision* (Colorado Springs: David C. Cook, 2010).

____. *Em guarda: defenda a fé cristã com razão e precisão* (São Paulo: Vida Nova, 2011)

____. *Reasonable faith: Christian truth and apologetics.* 3. ed (Wheaton: Crossway, 2008).

____. *Apologética contemporânea: a veracidade da fé cristã.* (São Paulo: Vida Nova, 2012).

____; COPAN, Paul, eds. *The Kalām cosmological argument*, vol. 1: *Philosophical arguments for the finitude of the past* (New York: Bloomsbury, 2018).

____; ____, eds. *The Kalām cosmological argument*, vol. 2: *Scientific evidence for the beginning of the universe* (New York: Bloomsbury, 2018).

MILLER, Corey; Paul M. Gould, eds. *Is faith in God reasonable? Debates in philosophy, science, and rhetoric* (New York: Routledge, 2014).

MORELAND, J. P.; CRAIG, William Lane, eds. *The Blackwell companion to natural theology* (Oxford: Wiley-Blackwell, 2009).

WALLACE, Stan W., ed. *Does God exist? The Craig-Flew debate* (Burlington: Ashgate, 2003).

---

[54] Gostaria de agradecer a Wiliam Lane Craig por várias entrevistas e por responder a várias perguntas enviadas por e-mail relacionadas a seção introdutória deste capítulo. Também sou grato a J. P. Moreland, Stephen Mizell e Mark Janzen.

Gary R. Habermas
UM MINISTÉRIO DE FATOS MÍNIMOS PARA DISCÍPULOS E CÉTICOS

W. David Beck

Benjamin C. F. Shaw

Gary Habermas (1950-) é mais conhecido por sua "abordagem dos fatos mínimos" à historicidade da ressurreição de Jesus. Essa abordagem tem sido considerada tão influente que é a mais usada na apologética cristã quando o assunto é a ressurreição de Jesus. A abordagem dos fatos mínimos tenta usar (1) fatos históricos altamente confirmados em torno da ressurreição de Jesus sobre os quais (2) há concordância de praticamente todos os estudiosos de um grande leque de antecedentes teológicos, incluindo os céticos. Hipóteses naturalistas não têm conseguido explicar adequadamente esses "fatos mínimos", ao passo que a ressurreição de Jesus o faz de maneira confortável. Além disso, Habermas contribuiu para várias outras áreas da apologética, tais como a filosofia, as experiências de quase-morte, o aconselhamento para quem tem dúvidas e o Sudário de Turim.

CONTEXTO HISTÓRICO

Gary Robert Habermas nasceu em Detroit em 18 de junho de 1950. Seu interesse pela apologética começou, assim como outros interesses, com uma crise existencial na sua infância: a morte de sua avó. Embora a perda de um avô ou avó seja difícil para qualquer criança, no caso de Habermas foi especialmente desafiador, visto que ela era sua melhor amiga. Mesmo que ele tenha crescido em uma igreja batista alemã, a perda da sua avó lançou várias sementes de dúvida emocional em seu coração, cujos resultados mais tarde se manifestaram na adolescência na forma de dúvidas de fato.

Habermas começou a investigar as afirmações do cristianismo, bem como de outras religiões, com mais atenção, e o importante foi que ele estava interessado nas afirmações que tinham componentes empíricos com potencial de serem confirmados ou negados. Era crucial para ele que suas crenças fossem fundamentadas, visto que várias afirmações religiosas com frequência eram feitas sem fundamentação nenhuma. Ele também dialogou com cristãos e não cristãos a respeito de dados empíricos para suas crenças. A certa altura durante esse período, Habermas considerou o budismo, visto que ele pensava que era consistente com os modelos da física naquele período.

Mesmo que ele enxergasse que de fato havia valor nos argumentos clássicos a favor do teísmo, eles não conseguiam ancorar a verdade específica do cristianismo. De forma semelhante, embora enxergasse a confiabilidade dos argumentos do Novo Testamento como sólidos, eles pareciam carecer do tipo de confiança na verdade do cristianismo que ele estava buscando. Acima de tudo, era o tópico da ressurreição de Jesus que Habermas considerava a pedra angular do cristianismo (1Coríntios 15:13-19). Ele reconheceu que a verdade do cristianismo está centrada na ressurreição de Jesus e examinou os dados em mais detalhes.

Habermas usou seu tempo na faculdade para ir atrás desses diversos interesses de pesquisa e formou-se no William Tyndale College, onde teve três áreas principais de concentração (Bíblia, ciências sociais e educação cristã) e três áreas secundárias (grego, filosofia e inglês e retórica). Ele obteve um mestrado (MA) da Universidade de Detroit, uma escola jesuíta, onde estudou teologia filosófica e religiões mundiais. Em seguida, obteve seu doutorado em história e filosofia da religião da Michigan State University em somente dois anos e se formou em 1976. Sua tese, *The Ressurection of Jesus: A Rational Inquiry* [A ressurreição de Jesus: uma investigação racional], analisou a ressurreição das perspectivas histórica, filosófica e teológica.[1] Visto que sua graduação integrou nesses três campos, ele precisou cumprir as exigências de três departamentos para que sua dissertação fosse aprovada.

No preparo da sua dissertação, um dos membros da sua comissão lhe disse que não havia problemas em ele usar a Bíblia na sua pesquisa desde que a usasse de forma crítica. O que isso queria dizer era que ele não podia simplesmente afirmar que algo era verdadeiro porque a Bíblia o dizia; antes, precisava usar argumentos críticos que fundamentassem a veracidade de determinado texto. Usando esses argumentos, Habermas não somente apresentou refutações sólidas às teorias naturalistas, mas também compilou uma lista de fatos que a erudição, incluindo os historiadores seculares, amplamente

---

[1] Gary R. Habermas, *The resurrection of Jesus: a rational inquiry* (Ann Arbor: University Microfilms, 1976).

os considera serem historicamente confiáveis.[2] Habermas concluiu que "não é somente a evidência da eliminação de todas as teorias alternativas que torna a ressurreição plausível, mas há realmente fatos 'concretos' que também demonstram que esse evento é o mais provável".[3]

Suas descobertas sobre a ressurreição forneceram a âncora firme para o cristianismo que Habermas havia buscado, que garantia a verdade do cristianismo com um evento real que podia ser confirmado. Os dados factuais em torno da ressurreição de Jesus forneceram uma medida substancial de conforto emocional para Habermas, visto que outras questões, dúvidas e preocupações podiam ser colocadas em sua perspectiva adequada em virtude da promessa da vida eterna.

Depois de se formar na MSU, Habermas começou a lecionar em Lewistown, Montana, no Montana Institute of the Bible (mais tarde Big Sky Bible College), e então, em 1979, ele se mudou para uma posição de professor no William Tyndale College, novamente no seu lugar de origem, em Detroit. Em 1981, começou a trabalhar na Liberty University, que na época era chamada de Liberty Baptist College.[4] Além de lecionar, também treinou o time masculino de hóquei no gelo por quase uma década. Atualmente, ele é um professor pesquisador laureado e chefe do departamento de filosofia.

Duas perdas de pessoas queridas moldaram grande parte da compreensão apologética de Habermas. A primeira perda deu início a sua jornada apologética, ao passo que a segunda a colocou em xeque. Essa segunda grande perda na sua vida aconteceu quando sua esposa há 23 anos faleceu em 1995. Ela foi ao médico inicialmente porque achava que estava com uma gripe, mas, infelizmente, descobriu-se que ela tinha um sério câncer no estômago, e ela morreu quatro meses depois. Essa tragédia rápida e inesperada afetou profundamente não só ele, mas também seus quatro filhos, tanto que Habermas ainda hoje descreve esse fato como "a pior coisa que poderia ter acontecido comigo".[5]

Assim como o falecimento de sua avó, a perda de sua mulher também o levou a refletir sobre seu cristianismo, mas, diferentemente de como tinha sido

---

[2] Com relação a essa lista de fatos, ele recorreu à obra de George Eldon Ladd, *I believe in the resurrection of Jesus* (Grand Rapids: Eerdmans, 1975), p. 93-4. Veja também p. 13, 132.
[3] Habermas, *The resurrection of Jesus*, p. 317. Veja também p. 320.
[4] Habermas também serviu como professor visitante em mais de 15 outras escolas.
[5] Gary R. Habermas, *The risen Jesus and future hope* (Lanham: Rowman & Littlefield, 2003), p. 187. Para o seu relato completo, veja p. 187-97.

no caso do falecimento de sua avó, a obra apologética que Habermas havia feito até aquele momento lhe ofereceu uma maneira de ser consolado. Como veremos adiante, o ministério da apologética contribuiu para o processo de cura ao prover uma âncora na realidade da ressurreição de Jesus e na promessa da vida eterna. É evidente que isso não quer dizer que foi um processo fácil.

CONTEXTO TEOLÓGICO

Houve algumas transformações notáveis nos aspectos teológicos da filosofia, da história e do método apologético durante a carreira de Habermas. As mudanças que ocorreram nos últimos anos do século XX foram, em muitos sentidos, mudanças para posições mais conservadoras.

Teologia e filosofia

O positivismo lógico (também conhecido como empirismo lógico ou verificacionismo), por exemplo, foi em grande parte um movimento filosófico popular nas décadas 1920 a 1950 e foi semelhante ao que muitos hoje chamariam de "cientismo". Ele considerava as questões relacionadas à filosofia da religião (por exemplo, metafísica, ontologia etc.) como sendo sem sentido, visto que não podiam ser testadas experimentalmente.[6] Uma das falhas desse movimento foi que frustrava seus próprios critérios e derrotava a si mesmo. O positivismo lógico foi ele mesmo incapaz de ser testado experimentalmente, e em parte foi isso que causou o declínio desse movimento na década de 1960, fazendo com que fosse praticamente abandonado na década de 1970.

Também houve uma mudança no cenário da teologia filosófica: o crescimento explosivo no número de filósofos teístas e cristãos. Isso levou, por exemplo, à fundação da Sociedade de Filósofos Cristãos e da Sociedade Filosófica Evangélica por volta de 1978. Habermas foi ativo nas duas. O impacto desses filósofos na academia foi reconhecido em 2001 por Quentin Smith em um artigo que ele escreveu para *Philo*, o periódico da Sociedade de

---

[6] Um proeminente proponente de fala inglesa dessa perspectiva foi A. J. Ayer (1910-1989). Embora antes desse movimento, a famosa linha de Hume pode ser considerada a precursora desse tipo de pensamento. "Se tomarmos em nossa mão qualquer volume, seja de teologia, seja de metafísica escolar, por exemplo. Perguntemos então: *Será que contém algum raciocínio abstrato no que diz respeito a quantidade ou número?* Não. *Será que contém algum raciocínio experimental no que diz respeito à questão de ato e existência?* Não. Então lance isso no fogo – pois não pode contar nada além de sofisma e ilusão". David Hume, *Enquiry concerning human understanding* (Chicago: Open Court, 1900), p. 176.

Filósofos Humanistas.[7] É incrível que ele escreva que não somente era fato que a academia estava passando por um processo de "dessecularização" que começou no fim da década de 1960, mas que a maioria de filósofos naturalistas não tem justificativa nas suas crenças de que o naturalismo é verdadeiro e também não tem justificativa para afirmar que o teísmo é falso! Um dos fatores que contribuiu para isso foi a erudição de filósofos cristãos como Alvin Plantinga, Richard Swinburne e muitos outros.

Teologia e história

Os historiadores durante esse mesmo período estavam tratando, de muitas maneiras, da questão de fé e evidências. Durante todo o século XVIII e também o século XIX, muitos historiadores tentaram extrair o Jesus "real" do Novo Testamento por meio do desenvolvimento de uma grande variedade de ferramentas e métodos históricos.[8] Em 1906, Albert Schweitzer ressaltou, de maneira que se tornou notável, que muitas descrições históricas de Jesus pareciam ter sido feitas à imagem do historiador (e de seu tempo), e não à imagem de Jesus![9] Por essa razão, em combinação com a percepção crescente de que a história não era tão "objetiva" ou tão "neutra" quanto em geral se pressupunha, a relação entre as evidências históricas e a fé se tornou cada vez mais fragmentada.

Isso pode ser visto nas obras de dois teólogos muito influentes do início e da metade do século XX. Karl Barth e Rudolf Bultmann eram conhecidos por usarem abordagens que estavam menos interessadas em questões de história da fé cristã.[10] Bultmann é de importância especial, visto que ele não foi somente alguém que Habermas leu quando era adolescente, mas também porque ele defendia vários ensinamentos da *Religionsgeschichtliche Schule* (Escola da História da Religião). Essa escola argumentava a favor da influência do helenismo e de várias religiões de mistério sobre o Novo Testamento. Além disso, Bultmann defendia que o homem moderno cria que o mundo era um sistema

---

[7] Quentin Smith, "The metaphilosophy of naturalism", *Philo* 4.2 (2001): p. 195-215.

[8] Com relação ao número de tentativas de escrever uma "vida de Jesus", Michael Grant escreve que "houve mais delas do que sobre qualquer outro homem ou outra mulher na história; 60 mil foram escritas somente no século XIX". Michael Grant, *Jesus: an historian's review of the Gospels* (New York: Simon & Schuster, 1995), p. 197.

[9] Albert Schweitzer, *The quest of the historical Jesus: a critical study of its progress from Reimarus to Wrede*, traduzido para o inglês por W. Montgomery (New York: Macmillan, 1978 [1906]), p. 309.

[10] Stanley J. Grenz; Roger E. Olson, *20th-Century Theology: God and the world in a transitional age* (Downers Grove: IVP Academic, 1993), p. 75 (Barth), p. 96-7 (Bultmann).

fechado de causa-e-efeito, o que quer dizer que os milagres bíblicos são formas de mito, não história.[11] A fé era uma decisão existencial em direção à vida autêntica no significado continuado do evangelho, não o resultado da vida, da morte e da ressurreição históricas de Jesus.

Durante meados do século XX, os estudiosos reconheceram que o pêndulo tinha fugido demais do valor da história para a fé. Embora tenha havido aqueles que, como Oscar Cullmann, argumentaram a favor da atenção crescente a questões históricas na sua relação com a fé, foi um dos alunos de Bultmann, Ernst Käsemann, a quem muitos atribuíram o reavivamento da "busca" pelo Jesus histórico em 1953.[12] Mesmo que ainda permaneça uma dicotomia entre as evidências históricas e a fé para muitos, N. T. Wright, o proeminente erudito do Novo Testamento, observou a importância tanto da história quanto da fé, e que tal dicotomia deve ser evitada porque certas teologias, particularmente teologias cristãs, requerem a sua integração.[13]

Tudo isso foi parte crucial da formação de Habermas, que precisava vencer não somente suas próprias dificuldades interiores, mas também todo um ambiente antagonista até mesmo à possibilidade da confiabilidade histórica do Novo Testamento.

Teologia e metodologia apologética

Por fim, houve extensos debates nas décadas de 1960 a 1980 sobre a adequabilidade dos diferentes métodos apologéticos. As abordagens pressuposicionalistas de Cornelius Van til ou Gordon Clark realçaram as potenciais limitações das evidências para o incrédulo, que pode suprimir as evidências de acordo com Romanos 1. Os evidencialistas, como Habermas ou John Warwick Montgomery, acreditavam que o uso de evidências era importante na defesa da fé, recorrendo a Atos 17 ou 1Coríntios 15:3-8. Esses debates parecem ter

---

[11] Esta sua afirmação se tornou famosa: "É impossível usar a luz elétrica e a radiotelegrafia e se beneficiar de descobertas médicas e cirúrgicas modernas e, ao mesmo tempo, crer no mundo dos espíritos e milagres do Novo Testamento". Rudolf Bultmann, "New Testament and mythology: the mythological element in the message of the New Testament and the problem of its re-interpretation", in: *Kerygma and myth: a theological debate*, editado por Hans Werner Bartsch, traduzido para o inglês por Reginald H. Fuller, ed. rev. (New York: Harper & Row, 1966), p. 5.

[12] Para mais informações, veja Stephen Neill; N. T. Wright, *The interpretation of the New Testament, 1861-1986*, nova ed. (Oxford: Oxford University Press, 1988).

[13] N. T. Wright, *The New Testament and the people of God*, vol. 1 (Minneapolis: Fortress, 1992), p. 94-5.

se tornado um pouco mais calmos ao longo dos últimos anos, e parece que as abordagens divergentes encontraram mais terreno comum.[14]

RESPOSTA APOLOGÉTICA E METODOLOGIA

A abordagem dos fatos mínimos

Em resposta à oposição histórica, filosófica e teológica em seu entorno daqueles dias, Habermas desenvolveu o que é chamado de "abordagem dos fatos mínimos" (AFM).[15] A AFM usa uma lista de "fatos mínimos" (FsMs) em torno dos quais há concordância por parte de praticamente todos os historiadores, incluindo os céticos.[16] Quando essa lista de fatos é examinada, fica claro que as teorias naturalistas não conseguem explicá-los adequadamente e, o que é mais importante, que as aparições depois da ressurreição de Jesus são a melhor explanação dos FsMs.[17]

A lista de FsMs pode variar dependendo do contexto ou do ceticismo do interlocutor no debate. Assim, por exemplo, ainda que Habermas liste doze fatos conhecidos em uma situação, ele pode reduzir o número a seis, e mesmo quatro, se necessário, em prol da discussão.[18] A razão para a apresentação das listas diversas é que, assim, se podem evitar questões irrelevantes ou tópicos que desviem a discussão do seu foco e começar com o "menor denominador comum" de fatos críticos aceitos.[19] Uma lista abreviada de FsMs seria mais ou menos assim:

---

[14] Steven B. Cowan, ed., *Five views on apologetics* (Grand Rapids: Zondervan, 2000).

[15] Tecnicamente, Habermas começou a desenvolver a abordagem dos fatos mínimos antes da conclusão de sua dissertação. Entre 1970 e 1973, ele estava tentando lidar com a teoria da lenda usando somente dados que eruditos críticos permitissem. Isso deu início a seu interesse em usar dados que eram altamente evidenciados e atestados por eruditos críticos.

[16] Mesmo que também ele trate disso na sua dissertação (1976), Habermas trata a AFM em Gary R. Habermas, *The ressurection of Jesus: an apologetic* (Grand Rapids: Baker, 1980). Para análises mais recentes, veja Gary R. Habermas, "Evidential apologetics," in: *Five views on apologetics*, editado por Steven B. Cowan (Grand Rapids: Zondervan, 2000), p. 100, 115–21; Habermas, *Risen Jesus*, p. 8–31; Gary R. Habermas; Michael Licona, *The case for the resurrection of Jesus* (Grand Rapids: Kregel, 2004), p. 43-7; Gary Habermas, "Resurrection research from 1975 to the present: what are critical scholars saying?," *Journal for the Study of the Historical Jesus* 3.2 (January 1, 2005): 135–53; Gary R. Habermas, "The Minimal Facts Approach to the resurrection of Jesus: the role of methodology as a crucial component in establishing historicity," *Southeastern Theological Review* 3.1 (2012): 15-18.

[17] Habermas, *Risen Jesus*, p. 31-2.

[18] Habermas, p. 9-10 (lista de doze), p. 26-7 (lista de seis). Uma lista ainda mais curta (quatro mais um) é o fundamento para a obra de Habermas e Licona, *The case for the resurrection of Jesus*, p. 48-77.

[19] Habermas, "The Minimal Facts Approach," p. 16-7.

1. Jesus morreu por crucificação romana.
2. Os discípulos tiveram experiências que eles creem ter sido aparições reais do Jesus ressurreto.
3. Os discípulos foram transformados profundamente, de modo que estavam inclusive dispostos a morrer por essa crença.
4. A proclamação apostólica da ressurreição começou logo cedo, quando a igreja estava ainda na sua infância.
5. Tiago, irmão de Jesus e anteriormente cético, tornou-se cristão por causa de uma experiência que ele acreditou ter sido uma aparição do Jesus ressurreto.
6. Saulo (Paulo), o perseguidor da igreja, tornou-se cristão por causa de uma experiência que ele acreditou ter sido uma aparição do Jesus ressurreto.

Assim, mesmo com somente seis fatos históricos centrais, as aparições após a ressurreição de Jesus continuam sendo a explanação mais plausível, ao passo que nisso as teorias naturalistas falham. Muitos estudiosos têm apresentado listas de fatos em torno dos quais há concordância geral, como George Eldon Ladd, Robert Funk, Geza Vermes, E. P. Sanders et. al. Mas a contribuição de Habermas é desenvolver critérios específicos que um fato precisa satisfazer para ser considerado um FM. O fato precisa (1) estar fundamentado em diversas linhas de evidências e (2) precisa ser amplamente aceito por estudiosos reconhecidos com experiência nessa área. Desses dois critérios, o primeiro é o mais crucial porque fornece os argumentos de sustentação. O segundo critério é menos significativo, visto que a opinião dos eruditos pode mudar ou os eruditos podem simplesmente estar equivocados. Mesmo assim, é importante porque "a força principal da abordagem dos fatos mínimos é argumentar, sempre que possível, em terrenos mais limitados, tanto para desafiar o campo mais amplo de pensadores quanto para mostrar que nossa base é excepcionalmente sólida".[20] Também abranda a propensão contrária à confirmação, visto que inclui estudiosos de um amplo leque de antecedentes teológicos, desde céticos seculares até crentes.

Um breve esboço é importante aqui para dar um exemplo do que se quer dizer com a condição de que um FM deve satisfazer o primeiro critério. A morte de Jesus por crucificação em torno de 30 d.C., é abundantemente

---

[20] Habermas, "Evidential apologetics," p. 100.

evidenciada como fato histórico de várias maneiras.[21] Em primeiro lugar, é atestada de múltiplas maneiras em uma série de fontes (tais como 1Coríntios 15:3-5; Marcos 15:20-47; Tácito, *Anais* 15:44). Em segundo lugar, os relatos datam de logo no início (especialmente o credo primitivo em 1Coríntios 15:3-5, bem como em Marcos, o Evangelho mais antigo). Em terceiro lugar, é uma admissão constrangedora que Jesus recebeu a morte em uma cruz, um castigo reservado para aqueles que eram considerados como estando debaixo de maldição ou para escravos (1Coríntios 1:23). Em quarto lugar, o processo de crucificação tinha sido designado para matar suas vítimas, e os executores certamente fizeram bem seu trabalho. Muitas linhas adicionais de evidências poderiam ser fornecidas para esse FM, mas o ponto que queremos destacar aqui é que cada um dos FsMs tem múltiplas linhas de argumentação criticamente elaboradas que demonstram sua historicidade.[22] Esses argumentos, então, também explicam por que a maioria dos estudiosos de panos de fundo amplamente divergentes confirmam esses detalhes históricos.[23]

Embora alguns possam estar preocupados com o aspecto de que a abordagem de Habermas entregue terreno demais no debate, um de seus benefícios é que, ao fazê-lo, evita muitas discussões que, em geral, previnem a outra pessoa de analisar, ao menos uma vez, as evidências a favor da própria ressurreição. Sua abordagem não requer que alguém prove que Deus existe, e não requer que a pessoa aceite a inerrância ou a inspiração das Escrituras antes de examinar as evidências. Nem mesmo requer que a pessoa acredite que a Bíblia é, em geral, uma coleção de escritos fidedignos ou confiáveis. Aliás, em muitas palestras Habermas começa dizendo que há, em termos gerais, três grupos de pessoas: os que acreditam que a Bíblia é inerrante e inspirada, os que acreditam que a Bíblia contém erros, mas é, em geral, confiável, e os que acreditam que a Bíblia, em geral, não é confiável. Habermas então ressalta

---

[21] Habermas, *Risen Jesus*, p. 16-7. Para um estudo aprofundado dos argumentos a favor da morte de Jesus, veja Michael R. Licona, *The resurrection of Jesus: a new historiographical approach* (Downers Grove: IVP Academic, 2010), p. 303-18.

[22] Outro argumento seria a famosa crítica de David Strauss à teoria da morte aparente de Jesus na qual ele argumenta que, se Jesus não tivesse morrido na cruz, os discípulos teriam gritado para que achassem um médico em vez de proclamar o ensanguentado, surrado e parcamente vivo Jesus como Senhor da vida e Conquistador da sepultura!

[23] Bart Ehrman, um estudioso reconhecidamente cético, fornece um exemplo de tais estudiosos quando ele escreve: "O elemento mais seguro da tradição sobre Jesus é que ele foi crucificado sob a ordem do prefeito romano da Judeia, Pôncio Pilatos". Bart D. Ehrman, *The New Testament: a historical introduction to the early Christian writings*, 2. ed. (New York: Oxford University Press, 2000), p. 233, 241, 247-50.

que, independentemente do grupo em que a pessoa esteja, a ressurreição pode ainda assim ser demonstrada com base nos FsMs. Habermas observa que a

> vantagem mais óbvia de usar dados historicamente confirmados é que há pouca possibilidade de eles serem rejeitados como não históricos. O resultado de tal metodologia é uma defesa em potencial da ressurreição que é aceitável mesmo segundo procedimentos de pesquisa críticos. Aliás, esse trabalho de base nem mesmo está fundamentado no aspecto de o Novo Testamento ser um texto confiável.[24]

Assim, a abordagem, de maneira muito semelhante à sua dissertação para a Michigan State University, não pressupõe que a Bíblia seja inerrante, inspirada, nem mesmo confiável.

É importante entender o significado desse ponto porque, com demasiada frequência, a discussão em torno da ressurreição de Jesus se torna uma discussão de supostas contradições no Novo Testamento, de inerrância, ou alguma outra questão de grande abrangência.[25] A AFM permite à pessoa ceder esses pontos *em prol da argumentação* para que esta se concentre em fatos históricos.[26] Assim, se há contradições, se a Bíblia é inerrante, e assim por diante, são questões que podem ser deixados de lado para outra discussão, uma vez que nenhum dos FsMs é estabelecido pelos dados que são tão claramente evidenciados que estudiosos de panos de fundo muito amplos os aceitam. Essa abordagem, então, possibilita que o inquiridor avance diretamente para a factualidade da ressurreição e suas implicações.

A abordagem tem sido extraordinariamente influente na erudição e no ministério. Aliás, até mesmo os que pensam que a abordagem de Habermas é muito restritiva reconhecem seu impacto; e houve alguém entre esses eruditos que até sugeriu que a AFM atingiu um "uso quase que exclusivo na apologética cristã".[27] Ao empregar dados históricos em torno dos quais já há concordân-

---

[24] Habermas, *Risen Jesus*, p. 16.

[25] Outra compreensão equivocada é que a pessoa não está apta a usar a Bíblia de forma alguma, especialmente se ela não é considerada "confiável". Mas não é assim que os historiadores que consideram a Bíblia como não confiável fazem história. Os historiadores céticos usam a Bíblia e aplicam métodos histórico-críticos para melhor determinar o que eles acreditam ser um evento confiável com base em um texto não confiável. Então, se eles o usam, com certeza os crentes também devem usá-lo.

[26] Embora a abordagem de Habermas não exija uma posição conservadora em relação à Bíblia, ele, não obstante, é bem conservador em sua visão da Bíblia.

[27] Lydia McGrew, *Hidden in plain view: undesigned coincidences in the Gospels and Acts* (Chillicothe: DeWard, 2017), p. 220-1.

cia, com cada um tendo múltiplas linhas de evidências, e apresentando um modelo simples e direto, a abordagem de Habermas é tanto academicamente rigorosa quanto apologeticamente prática, tendo em vista que evita questões mais difíceis e às vezes técnicas, ao mesmo tempo que – o que é mais importante – mantém o foco na ressurreição de Jesus como elemento central do evangelho.

Lidando com a dúvida

Um segundo aspecto da obra apologética de Habermas lida com a dúvida teológica. Como observamos anteriormente, foi a dúvida que contribuiu para a pesquisa dele em questões apologéticas. Enquanto pesquisava as questões factuais, Habermas também estava consciente de que outras questões pareciam segui-lo. Desde cedo na sua carreira, Habermas investiu muito tempo em conversas com cristãos angustiados com dúvidas. Era comum ele fazer anotações a respeito dos tipos de perguntas que elas faziam, e ele descobriu que havia diferentes formas de dúvidas. Esses tipos de perguntas levaram Habermas a fazer uma pesquisa adicional no campo da psicologia, incluindo um seminário com o renomado psicólogo Albert Ellis, que se especializara em Terapia Racional-Emotiva Comportamental – TREC (Rational Emotive Behavioral Therapy – REBT). Isso acabou levando Habermas a publicar diversos livros muito perceptivos que davam sugestões e apresentavam métodos e estratégias para lidar com a dúvida.[28]

É interessante observar que Habermas admite que, embora a área de apologética fosse seu tópico favorito e que uma boa dose de evidências responderia a todas as suas dúvidas, "O que eu descobri, muitos anos e milhares de livros depois, foi que, ainda que ter um firme fundamento era muito útil como base, e certamente tratava de alguns tipos de perguntas, ele era impotente para outras formas de dúvidas, e descobrir isso foi um choque.[29]

Alguém pode se admirar e perguntar: que tipos de dúvidas não são tratadas pelas evidências que Habermas estudou? C. S. Lewis fornece uma ilustração muito útil de tais dúvidas do dia a dia ao escrever:

---

[28] Gary R. Habermas, *Dealing with doubt* (Chicago: Moody, 1990); Gary R. Habermas, *The Thomas Factor: using your doubts to draw closer to God* (Nashville: Broadman & Holman, 1999); Gary R. Habermas, *Why is God ignoring me?: what to do when it feels like he's giving you the silent treatment* (Carol Stream: Tyndale, 2010).

[29] Habermas, *The Thomas Factor*, p. 6.

> Minha razão está perfeitamente convencida pelas evidências de que os anestésicos não me sufocam e que cirurgiões adequadamente treinados não começam a operar antes que eu fique inconsciente. Mas isso não muda o fato de que, quando eles me colocam na mesa e inclinam a sua máscara horrível sobre o meu rosto, começa um pânico infantil dentro de mim. E eu passo a pensar que vou sufocar, e tenho medo de que eles vão começar a me cortar e abrir antes que eu esteja devidamente apagado. Em outras palavras, eu perco a minha fé nos anestésicos.[30]

Habermas observou uma característica semelhante na dúvida religiosa. Havia certas dúvidas emocionais que eram impenetráveis a evidências concretas. Ele ressalta que as dúvidas emocionais "*não constituem evidência nenhuma contra o cristianismo*".[31] Antes, elas fazem perguntas do tipo "E se...?" independentes dos dados ("E se eu estiver equivocado(a) sobre o cristianismo?", ou: "E se eu não estiver salvo(a)?"). Com frequência, esses cenários fictícios causados por perguntas "E se...?" passam a ser consideradas como cenários verdadeiros. Nessas situações, essas crenças equivocadas podem ser a *causa* de agonia, dor e sofrimentos muito intensos.[32]

Em 1990, Habermas escreveu *Dealing with Doubt* [Lidando com a dúvida], no qual ele identifica três variedades de dúvida que moldariam sua abordagem ao longo das décadas seguintes. A dúvida factual lida com questões de evidências a favor do cristianismo. Em segundo lugar, está a dúvida emocional, que é a mais comum e *mais dolorida*, e que surge de qualquer tipo de reação subjetiva com relação à maneira em que uma pessoa se sente sobre uma questão ou situação.[33] É muito importante o que Habermas observou, ou seja, que a dúvida emocional com maior frequência se mascara como dúvida intelectual e, consequentemente, não revela imediatamente sua base emocional disfarçada".[34] Por último, a dúvida volitiva é associada à vontade da pessoa e pode ser a menos dolorida, mas a mais perigosa.[35]

---

[30] C. S. Lewis, *The complete C.S. Lewis Signature Classics* (New York: HarperOne, 2007), p. 115-6 [No Brasil: *Clássicos selecionados C. S. Lewis* (Rio de Janeiro: Thomas Nelson Brasil, 2021)].

[31] Habermas, *The Thomas Factor*, p. 91 (grifo no original).

[32] Um livro escrito por dois psicólogos cristãos que com frequência é mencionado nas preleções de Habermas é William Backus; Marie Chapian, *Telling yourself the truth: find your way out of depression, anxiety, fear, anger, and other common problems by applying the principles of misbelief therapy* (Minneapolis: Bethany, 1980). Habermas também comenta a sua experiência com isso. Habermas, *Risen Jesus*, p. 194.

[33] Habermas notes the intense pain that this type of doubt causes. Habermas, *The Thomas Factor*, p. 48.

[34] Habermas, *Dealing with doubt*, 63; Habermas, *The Thomas Factor*, p. 48.

[35] Habermas, *The Thomas Factor*, p. 44.

As primeiras incursões de Habermas na exploração da dúvida aconteceram quando ele perdeu sua avó. Depois de tratar dessas dúvidas, em 1995 ele sofreu o evento mais devastador de sua vida, a perda de sua esposa, mãe dos quatro filhos deles. Esse acontecimento foi indubitavelmente uma experiência emocional e espiritualmente muito dolorida; mas a pergunta é: como a experiência anterior de Habermas ministraria a ele durante esta tragédia?

Habermas reagiu a esse sofrimento terrível voltando-se para exemplos bíblicos como Jó. Assim como Jó, Habermas se imaginou tendo uma discussão com Deus. Ele imaginou Deus lhe perguntando repetidamente se Jesus havia ressuscitado, ao que Habermas sempre lhe respondia que sim.[36] Habermas, o especialista mundial em evidências a favor da ressurreição, precisou lembrar a si mesmo repetidamente do fato de que a ressurreição garantia o que resulta desse fato. *A coisa importante não era simplesmente a realidade da ressurreição, mas também o que resulta dela*, isto é, a promessa de vida eterna para os crentes, inclusive sua esposa. Essas conversas interiores, de acordo com Habermas, lhe deram alívio imenso e o levaram a confiar em Deus ao se lembrar de maneira persistente que "ele criou o mundo, ressuscitou seu Filho, preparou o caminho da salvação para nós, respondeu às nossas orações e preparou o céu para nós"[37].

Esse exemplo realça a realidade de que os ministérios apologéticos têm significado prático e pessoal na vida das pessoas que estão passando por sofrimento ou fazendo perguntas. Para Habermas, "a apologética não é somente útil para os crentes, mas pode ser o seu valor maior. Essa é uma área em que precisamos aplicar a teoria à vida de várias maneiras, e devemos fazê-lo de maneira radical. Precisamos estar tão comprometidos com a tarefa prática desse ministério como estamos com a busca acadêmica".[38] Foi o que se seguiu da sua apologética histórica da ressurreição de Jesus que o ajudou a aliviar a dor e o sofrimento causados por esse tipo de dúvidas. A *aplicação* dos fatos históricos com relação ao cristianismo fornece ajuda aos que estão se debatendo com diversas dúvidas.

METODOLOGIA APOLOGÉTICA

Habermas é um dos mais conhecidos representantes do evidencialismo.[39] Em *Five Views on Apologetics* [Cinco visões sobre a apologética], ele foi o

---

[36] Habermas, *Risen Jesus*, p. 192-4.
[37] Habermas, p. 195.
[38] Habermas, "Evidential Apologetics", p. 98. Veja também p. 121.
[39] Brian K. Morley, *Mapping apologetics: comparing contemporary approaches* (Downers Grove: IVP Academic, 2015), p. 334-50.

representante escolhido da posição evidencialista e ali argumentou que o evidencialismo é uma abordagem "de um passo" em que "as evidências históricas podem servir a uma espécie de argumento a favor de Deus".[40] Isso é diferente de abordagens "de dois passos", como a de William Lane Craig e outros, que tentam demonstrar a existência de Deus antes de examinar as evidências específicas a favor do cristianismo.

Como observado anteriormente, Habermas tem um interesse concreto nas aplicações práticas ao ministrar a outros crentes com respeito ao emprego da apologética na ajuda para tratar dúvidas. Ele também vê esse método como um método que poderia ser "útil no testemunho aos incrédulos pelo poder do Espírito Santo. Uma vantagem do método evidencial está na apresentação do evangelho [...] O evidencialismo se especializa na abordagem de um passo, chegando a uma apresentação mais direta do evangelho ao usar os dados que já são muito persuasivos."[41] O evidencialismo, então, é uma abordagem dupla, pois consegue se dirigir, ao mesmo tempo, a crentes e também a incrédulos.

Habermas argumenta que há diversos princípios importantes do evidencialismo que fazem dele um método apologético significativo e eficaz.[42] Argumentos históricos sem dúvida são significativos para Habermas, entretanto, a história não fornece fatos brutos, mas sempre contém um fator humano subjetivo. Isso *não* significa que a história seja relativa ou que não possamos ter conhecimento objetivamente verdadeiro do passado, mas nos lembra de estarmos atentos e em guarda, visto que inclinações subjetivas podem invadir de forma inadequada a investigação histórica.

O evidencialismo *não busca coagir ninguém a se tornar cristão. Ele reconhece a necessidade de se considerar os efeitos do pecado, bem como da graça de Deus e do papel do Espírito Santo.*[43] Mas há terreno *epistemológico* comum entre crentes e incrédulos, tal que ambos possam concordar, em princípio, acerca de certos fatos sobre a realidade (histórica, científica etc.).[44] Além

---

[40] Habermas, "Evidential Apologetics," p. 92.
[41] Ibid., p. 121.
[42] Para a sua descrição complete, veja Habermas, p. 94-9.
[43] Veja, por exemplo, Gary R. Habermas, "The personal testimony of the Holy Spirit to the believer and Christian apologetics", *Journal of Christian Apologetics* 1.1 (1997): 49-64.
[44] Devemos considerar Pinchas Lapide, historiador judeu, como exemplo aqui. Ele acreditava que Jesus ressuscitou, mas não acreditava que Jesus era o Messias para o povo judeu. Pinchas Lapide, *The resurrection of Jesus: a Jewish perspective* (Eugene: Wipf & Stock, 2002). Além disso, pode-se pensar em versículos como Tiago 2:19 como sendo consistentes com o terreno epistemológico comum, mas uma vontade que se recusa a adorar a Deus.

disso, mesmo que os evidencialistas estejam, em grande parte, interessados na apologética "concreta", o evidencialismo consegue operar também de maneira polêmica. Ao fazê-lo, ele pode recorrer livremente a uma variedade de disciplinas (filosofia, ciência, teologia etc.). "Argumentos evidenciais", escreve Habermas,

> podem ser empregados de forma muito útil no fortalecimento de crentes que têm perguntas ou mesmo dúvidas factuais para estabelecer um fundamento teológico sobre o qual possam construir (em combinação com a aplicação de métodos não apologéticos adicionais) para aqueles que têm certas lutas emocionais com relação a suas crenças.[45]

O Espírito Santo pode operar por meio da apologética ao levar os incrédulos ao arrependimento, e ele pode também garantir a segurança aos crentes que se angustiam com diversas formas de dúvidas.

O método evidencialista é eclético. Embora Habermas seja bem conhecido por sua aplicação desse método na AFM, ele o aplicou também a outras áreas. Dada a sua *expertise* em questões relacionadas à morte e ressurreição de Jesus, é compreensível que aplicasse o mesmo método a áreas relacionadas como as experiências de quase-morte (EQMs) ou o Sudário de Turim.[46] Por exemplo, Habermas contribui recentemente para a maior parte das pesquisas mais avançadas sobre evidências das EQMs.[47] As EQMs acontecem quando alguém experimenta a morte clínica, volta à vida e, então, relata diversos eventos ou observações que ocorreram enquanto ela estava "morta" e que podem depois ser verificadas.

Essas EQMs evidenciadas fornecem ao menos duas contribuições concretas para a apologética. Em primeiro lugar, fornecem evidências de que a vida

---

[45] Habermas, "Evidential Apologetics," p. 121.
[46] Embora tenhamos espaço aqui somente para discutir as EQMs apresentadas, Habermas fez muitas preleções sobre o Sudário de Turim e foi coautor de um livro com um dos principais cientistas do Projeto de Pesquisa do Sudário de Turim em 1978. Kenneth E. Stevenson; Gary R. Habermas, *Verdict on the Shroud: evidence for the death and resurrection of Jesus Christ* (Ann Arbor, MI: Servant, 1981); Stevenson e Habermas, *The Shroud and the controversy* (Nashville: Nelson, 1990).
[47] Em um artigo recente para *The Blackwell Companion to Substance Dualism*, Habermas argumentou que há muitas EQMs evidenciadas, podem ser classificadas em cinco categorias. Gary R. Habermas, "Evidential near-death experiences," in: *The Blackwell companion to substance dualism*, editado por Jonathan J. Loose; Angus J. L. Menuge; J. P. Moreland (Oxford: Wiley-Blackwell, 2018), p. 227-46. Para sua obra anterior, veja Gary R. Habermas; J. P. Moreland, *Immortality: the other side of death* (Nashville: Nelson, 1992).

continua depois da morte. Isso não somente acrescenta apoio à ressurreição de Jesus, pelo fato de que a vida continua depois da morte, mas Habermas incluiu as EQMs nas suas discussões sobre a dúvida, visto que elas podem ser reconfortantes para aqueles que estão angustiados.[48] Em segundo lugar, elas fornecem uma polêmica contra as visões de mundo materialistas e naturalistas. De acordo com essas visões de mundo, não deve acontecer nada depois que a pessoa morre, mas temos muitos casos documentados de pessoas que estavam "mortas", voltaram e mais tarde forneceram relatos de suas experiências que foram corroborados. Assim, para Habermas, as EQMs *são um encaixe confortável tanto em sua área principal de expertise* – a ressurreição de Jesus – quanto em seu método evidencialista na argumentação contra o naturalismo.

CONTRIBUIÇÕES PARA A APOLOGÉTICA

A principal contribuição de Habermas ao campo da apologética tem sido o desenvolvimento e a implementação de sua AFM, que, como vimos anteriormente, é amplamente usada na apologética.[49] Essa lista breve de fatos pode ser facilmente lembrada, fornece evidências concretas a favor da ressurreição de Jesus e realça o fracasso das teorias naturalistas. A abordagem evita as questões que são secundárias à ressurreição e aos fatos estabelecidos (por exemplo., as alegadas contradições). O argumento pode ser apresentado de tal maneira que alunos do ensino fundamental possam captar ou de tal maneira que satisfaça o rigor de um contexto acadêmico avançado.[50] Essa abordagem também tem sido usada em outros tópicos e adaptada por historiadores.[51]

Outra consequência importante da AFM é como ela é integrada ao ministério. Habermas tem ajudado muitos dos que têm se angustiado com diversos tipos de dúvidas ao lembrá-los dos fatos relacionados à ressurreição de Jesus,

---

[48] Habermas, *The Thomas Factor*, 63; Habermas, *Why Is God Ignoring Me?*, p. 15-7.

[49] Embora, talvez, a maior contribuição de Habermas ainda não tenha ocorrido. Durante os últimos anos, ele tem trabalhado na culminação da obra de sua vida sobre a ressurreição para produzir sua obra magna. Espera-se que seja uma obra em vários volumes com o foco na ressurreição de Jesus e tratando-a de vários ângulos.

[50] Isso também se aplica ao "Argumento da linha do tempo" ("Timeline Argument"), em que Habermas descreve a importância do credo inicial em 1Coríntios 15 e Gálatas 1 e 2.

[51] Habermas o aplica à divindade de Jesus e à veracidade do Novo Testamento em Habermas, *Risen Jesus*, p. 89-121, 213-24. Também tem sido aplicado ao Sudário de Turim. Tristan Casabianca, "The Shroud of Turin: a historiographical approach", *Heythrop Journal* 54.3 (May 2013): 414–23. Uma aplicação recente desse método à ressurreição foi usado por Licona, *The resurrection of Jesus*.

e também de como as consequências desse evento devem impactar a sua vida no presente. Sua obra nessa área tem fornecido um exemplo imensamente útil de aplicação da apologética no contexto do ministério.

Habermas já contribuiu com um número enorme de escritos (mais de 40 livros, 80 capítulos e 150 artigos e resenhas), mas também é bem conhecido por sua participação em diversos debates, diálogos, entrevistas e preleções, muitos dos quais estão disponíveis no seu site gratuitamente.[52] Entre seus muitos interlocutores, um dos mais conhecidos foi o filósofo ex-ateu Antony Flew.[53] Embora Flew tenha se tornado teísta, mas não cristão, esses debates ajudaram a divulgar os argumentos a favor da ressurreição muito influentes de Habermas, bem como as deficiências das teorias naturalistas.[54] Ele participou de debates ou diálogos subsequentes com outros eruditos notáveis como Thomas Sheehan, John Hick, James Crossley, Michael Rude, Evan Fales e outros.

Ele também é muito conhecido por seu trabalho com as EQMs. Seu interesse aqui começou já cedo logo que leu sobre tais ocorrências em Elisabeth Kübler-Ross. Ele viu ali algo que poderia ser relevante para a compreensão da ressurreição, bem como de nossa própria morte. Ele tem feito contribuições significativas para o estudo das EQMs, e o resultado disso é que ele está na comissão de editores do periódico *Journal of Near-Death Studies*. Habermas não somente tem escrito muito sobre o assunto, mas com frequência também inclui esse tipo de evidências em suas falas e palestras públicas.

Ele apresenta as EQMs como evidências sólidas de que (1) há dados empíricos a favor da consciência além da morte mensurável do coração e do cérebro e de que (2) a visão naturalista de consciência como função cerebral física é obrigatoriamente falsa. Combinados, esses dois fatores fornecem um argumento apologético muito forte, não somente para a visão cristã da morte, mas especialmente para a possibilidade da ressurreição humana.

E, por último, ele fez contribuições importantes para o estudo e o uso apologético do Sudário de Turim, contribuindo, em coautoria com Ken Stevenson, com dois livros e numerosos artigos e palestras sobre o assunto. Mesmo que ele tenha dito que as evidências estabeleçam a probabilidade de

---

[52] www.garyhabermas.com.

[53] O primeiro debate (de três) entre eles ocorreu em 1985. Gary R. Habermas; Antony G. N. Flew, *Did Jesus rise from the dead?: the resurrection debate*, editado por Terry L. Miethe (San Francisco: HarperCollins, 1987).

[54] Antony Flew; Roy Abraham Varghese, *There is a God: how the world's most notorious atheist changed his mind* (New York: HarperOne, 2007).

o Sudário ser o pano de sepultamento de Jesus em aproximadamente 80%, a verdadeira importância e o valor apologético estão na argumentação a favor da necessidade de a história e a ciência operarem de mãos dadas no trabalho da apologética. O estudo do Sudário em si já situa a ressurreição claramente como um objeto de pesquisa científica e histórica, e, assim, evidencia que os cristãos precisam estar envolvidos na ciência e na história; além disso, ele afirma claramente aos céticos que os cristãos não evitam tal pesquisa erudita.

Concluindo, para Habermas, a apologética tem dois objetivos: ela não deve ministrar somente a crentes, mas, pela misericórdia e graça do Espírito Santo, deve apresentar o evangelho aos incrédulos.[55] Seu trabalho sobre a ressurreição de Jesus, a dúvida, as EQMs, a filosofia naturalista e o Sudário de Turim tem sido direcionado a ajudar tanto a crentes quanto a incrédulos.

BIBLIOGRAFIA

BACKUS, William; Marie Chapian. *Telling yourself the truth: find your way out of depression, anxiety, fear, anger, and other common problems by applying the principles of misbelief therapy* (Minneapolis: Bethany, 1980).

BULTMANN, Rudolf. "New Testament and mythology: the mythological element in the message of the New Testament and the problem of its re-interpretation", p. 1-44, in: *Kerygma and myth: a theological debate*. Editado por Hans Werner Bartsch. Traduzido para o inglês por Reginald H. Fuller. Ed. rev. (New York: Harper & Row, 1966).

CASABIANCA, Tristan. "The Shroud of Turin: a historiographical approach." *Heythrop Journal* 54.3 (May 2013): 414-23.

COWAN, Steven B., ed. *Five views on apologetics* (Grand Rapids: Zondervan, 2000).

EHRMAN, Bart D. *The New Testament: a historical introduction to the early Christian writings*. 2. ed. (New York: Oxford University Press, 2000).

FLEW, Antony; Roy Abraham Varghese. *There is a God: how the world's most notorious atheist changed his mind* (New York: HarperOne, 2007).

GRANT, Michael. *Jesus: an historian's review of the Gospels* (New York: Simon & Schuster, 1995).

---

[55] Habermas, "Evidential aplogetics", p. 121.

GRENZ, Stanley J.; Roger E. Olson. *20th-century theology: God and the world in a transitional age* (Downers Grove: IVP Academic, 1993).

HABERMAS, Gary R. *Dealing with doubt* (Chicago: Moody, 1990).

____. "Evidential apologetics.", p. 92-121, in: *Five views on apologetics*. Ed. Steven B. Cowan (Grand Rapids: Zondervan, 2000).

____. "Evidential near-death experiences", p. 227-46, in: *The Blackwell companion to substance dualism*. Eds. Jonathan J. Loose Angus J. L. Menuge; J. P. Moreland (Oxford: Wiley-Blackwell, 2018).

____. "The Minimal Facts Approach to the resurrection of Jesus: the role of methodology as a crucial component in establishing historicity". *Southeastern Theological Review* 3.1 (2012): 15-26.

____. "The personal testimony of the Holy Spirit to the believer and Christian apologetics." *Journal of Christian Apologetics* 1.1 (1997): 49-64.

____. *The resurrection of Jesus: a rational inquiry* (Ann Arbor: University Microfilms, 1976).

____. *The resurrection of Jesus: an apologetic* (Grand Rapids: Baker, 1980).

____. "Resurrection research from 1975 to the present: what are critical scholars saying?" *Journal for the Study of the Historical Jesus* 3.2 (Janeiro 1, 2005): 135-53.

____. *The risen Jesus and future hope* (Lanham: Rowman & Littlefield, 2003).

____. *The Thomas Factor: using your doubts to draw closer to God* (Nashville: Broadman & Holman, 1999).

____. *Why is God ignoring me?: what to do when it feels like he's giving you the silent treatment* (Carol Stream: Tyndale, 2010).

____; Antony G. N. Flew. *Did Jesus rise from the dead?: The resurrection debate*. Ed. Terry L. Miethe (San Francisco: HarperCollins, 1987).

____; Michael Licona. *The case for the resurrection of Jesus* (Grand Rapids: Kregel, 2004).

____; J. P. Moreland. *Immortality: the other side of death* (Nashville: Nelson, 1992).

____; Kenneth E. Stevenson. *The Shroud and the controversy*. Nashville: Nelson, 1990.

____; Kenneth E. Stevenson. *Verdict on the Shroud: evidence for the death and resurrection of Jesus Christ* (Ann Arbor: Servant, 1981).

LADD, George Eldon. *I believe in the resurrection of Jesus* (Grand Rapids: Eerdmans, 1975).

LAPIDE, Pinchas. *The resurrection of Jesus: a Jewish perspective* (Eugene: Wipf & Stock, 2002).

LEWIS, C. S. *The complete C.S. Lewis Signature Classics* (San Francisco: HarperOne, 2007).

____. *Clássicos selecionados C. S. Lewis* (Rio de Janeiro: Thomas Nelson Brasil, 2021)

LICONA, Michael R. *The resurrection of Jesus: a new historiographical approach* (Downers Grove: IVP Academic, 2010).

MCGREW, Lydia. *Hidden in plain view: undesigned coincidences in the Gospels and Acts* (Chillicothe: DeWard, 2017).

MORLEY, Brian K. *Mapping apologetics: comparing contemporary approaches* (Downers Grove: IVP Academic, 2015).

NEILL, Stephen; N. T. Wright. *The Interpretation of the New Testament, 1861-1986*. Nova ed. (Oxford: Oxford University Press, 1988).

SCHWEITZER, Albert. *The quest of the historical Jesus: a critical study of its progress from Reimarus to Wrede.* Traduzido para o inglês por W. Montgomery (New York: Macmillan, 1978).

SMITH, Quentin. "The metaphilosophy of naturalism". *Philo* 4.2 (2001): 195-215.

WRIGHT, N. T. *The New Testament and the people of God.* Vol. 1. 3 vols. (Minneapolis: Fortress, 1992).

ALISTER E. MCGRATH
CIENTISTA E TEÓLOGO COMO APOLOGETA

James K. Dew Jr.
Jordan L. Steffaniak

Alister E. McGrath (1953-) é uma das maiores autoridades teológicas do mundo evangélico nas áreas de teologia histórica e de relações entre a teologia e a ciência. Profundamente comprometido com o ateísmo e o marxismo quando jovem, McGrath se converteu à fé em Cristo enquanto estudava ciências na Universidade de Oxford, na qual ele deu prosseguimento aos estudos para obter doutorado em biofísica molecular e posteriormente obteve mais dois doutorados, um em teologia histórica (DD) e outro na intersecção entre a ciência e a teologia (DLitt). A obra de McGrath no campo da apologética, visto que ele é um dos principais críticos do "Neoateísmo", concentrou os esforços em evidenciar como a teologia e a ciência podem se beneficiar mutuamente como parceiros de diálogo. E seu acesso à teologia natural oferece um relato mais histórico e potencialmente mais promissor desse importante empreendimento teológico.[1]

CONTEXTO HISTÓRICO

Alister E. McGrath nasceu em 23 de janeiro de 1953 em Belfast, Irlanda do Norte. Depois, cresceu em Downpatrick, que ele descreve como "uma cidade-mercado de aproximadamente três mil pessoas no condado de Down, na Irlanda do Norte".[2] Durante seus anos do ensino médio, era um ateu convicto que achava que cristianismo não era nada mais que "uma relíquia de uma era passada, para a qual o futuro não tinha lugar".[3] O cristianismo era, "para

---

[1] Em virtude da proeminência de Alister McGrath na apologética contemporânea, nós (Ben e Josh) decidimos que este capítulo era essencial para este volume e já nos primeiros estágios do projeto o incumbimos de escrevê-lo, antes de Alister ser recrutado como coeditor.

[2] Alister E. McGrath, "Contributors: an appreciation and response," in: *Alister E. McGrath & evangelical theology*, ed. por Sung Wook Chung (Devon: Paternoster, Exeter, 2003), p. 333.

[3] Alister E. McGrath, *A scientific theology* (Grand Rapids: Eerdmans, 2001), 1:xii.

os meus olhos tão jovens, uma presença inerentemente violenta na cultura ocidental, cuja eliminação era somente uma questão de tempo".[4] Seu ateísmo convicto era também fervoroso. Era o que ele chamava de "uma decisão bem fundamentada de *rejeitar* a crença em Deus".[5] Sua rejeição de Deus era estimulada em grande parte pelo marxismo e pelas obras de A. J. Ayer e Bertrand Russell.[6] Quando McGrath começou seus estudos no Methodist College em Belfast, eles estava "convencido de que o futuro estava no ateísmo e que a religião ou morreria de exaustão ou seria eliminada pela humanidade ressentida ainda no seu tempo de vida".[7] Ele até tentou fundar uma Sociedade Ateísta durante o seu período no Methodist College, mas não teve êxito.[8] Segundo McGrath, eram as ciências naturais, e não a religião, que conseguiriam explicar tudo no universo, por isso ele pensava que "a religião era uma superstição irracional, que dependia da fé cega por parte de pessoas muito obtusas".[9] Nessa época, as ciências naturais eram claramente a sua maior paixão, e, como ele lembra, foi estimulada por um tio-avô que era patologista e lhe deu um microscópio velho que lhe permitiu começar o estudo sério da biologia.[10] Assim, foi no Methodist College que McGrath começou o seu primeiro estudo significativo de matemática pura e aplicada, de física e de química de 1966 a 1971.[11] Durante o seu último ano no Methodist College, ele estudou história e a filosofia da ciência antes de começar seus estudos em Oxford no outono de 1971.[12] Oxford foi o lugar em que as aspirações de vida e de carreira de McGrath mudaram drasticamente. Ele comenta sobre esse tempo fundacional para sua vida dizendo: "No final de meu primeiro período em Oxford, eu estava em um estado de efervescência mental. Eu havia sofrido a imensa inconveniência de descobrir que o cristianismo não poderia ser descartado tão facilmente como eu havia imaginado. Aliás, na verdade, parecia que havia

---

[4] Alister McGrath, *The twilight of atheism: the rise and fall of disbelief in the modern world* (New York: Doubleday, 2004), p. 176.
[5] McGrath, *Twilight*, p. 175.
[6] McGrath, *A scientific theology*, vol. 1, xii; McGrath, *Twilight*, p. 176.
[7] Alister E. McGrath, *The science of God* (Grand Rapids: Eerdmans, 2004), p. 3.
[8] McGrath, *Twilight*, p. 176.
[9] Ibid.
[10] McGrath, *The science of God*, p. 2.
[11] McGrath, "Contributors: an appreciation and response", p. 334.
[12] McGrath, *Science of God*, p. 3.

muito a seu favor".[13] Em vez de tentar suprimir seu recém-descoberto respeito pelo cristianismo, ele o abraçou. Diz ele:

> Eu comecei a descobrir que o cristianismo era muito mais emocionante do que eu havia percebido. Enquanto eu havia sido durante crítico ao cristianismo como jovem, nunca havia aplicado a mesma avaliação crítica ao ateísmo, tendendo a pressupor que era correto de forma autoevidente e, portanto, estava isento de ser avaliado dessa forma. Durante outubro e novembro de 1971, comecei a descobrir que a defesa intelectual do ateísmo era insubstancial. O cristianismo, por outro lado, parecia mais interessante [...] Também descobri que eu sabia muito menos sobre o cristianismo do que supunha. Pouco a pouco, ficou claro para mim que eu havia rejeitado um estereótipo religioso.[14]

Assim, ao final do seu primeiro período completo em Oxford, McGrath tinha se convertido ao cristianismo, crendo que este era "tanto intelectualmente convincente quanto pessoalmente satisfatório e realizador".[15] Ele relata: "Eu me converti ao cristianismo em novembro de 1971 e me vi tendo de repensar inúmeras questões, e a menor delas não era a questão quanto ao que eu faria com o restante da minha vida".[16] Depois da sua conversão, ele considerou abandonar seus estudos de ciências naturais para se dedicar somente à teologia cristã, mas foi "dissuadido disso e acabou concluindo [seu] primeiro diploma em Química e prosseguiu na área para obter um doutorado em biofísica molecular em Oxford".[17] Ele diz: "A conclusão à qual cheguei foi muito simples. Eu terminaria meus estudos em química. Aliás, faria mais do que isso: faria pesquisas em algum aspecto das ciências naturais, e então mudaria de curso para teologia e tentaria estabelecer a conexão entre as duas.[18] Então, durante esse tempo, ele empenhava parte de seu tempo trabalhando em bioquímica e gastava o restante do tempo tentando dominar os fundamentos da teologia cristã".[19] Em 1978, McGrath tinha obtido seu doutorado (DPhil) em biologia molecular, bem como em teologia com honrarias de primeiro nível.

---

[13] McGrath, *A scientific theology*, 1:xiv.
[14] McGrath, *Science of God*, p. 4.
[15] McGrath, *A scientific theology*, 1:xiv.
[16] McGrath, "Contributors: an appreciation and response", p. 334.
[17] McGrath, *A scientific theology*, 1:xiv.
[18] McGrath, *Science of God*, p. 4.
[19] Ibid., p. 7.

Pouco tempo depois, em 1980, ele foi ordenado diácono na Igreja da Inglaterra antes de ser ordenado sacerdote em setembro de 1981. Como resultado de seu ministério, o compromisso de McGrath com a fé cristã – particularmente com o evangelicalismo – foi fortalecido de forma muito significativa. Ele comenta:

> Eu percebia que minha confiança na vitalidade intelectual e espiritual do evangelicalismo era revigorada como resultado do meu ministério pastoral e de pregação. Pregar regularmente a uma igreja da região suburbana da cidade, semana após semana, me convenceu da necessidade de ser capaz de interpretar a tradição teológica cristã em termos que pessoas comuns conseguissem compreender, e de maneiras que transmitissem sua relevância para a vida delas. Como muitos outros, comecei a ficar impaciente com a teologia acadêmica, que às vezes parecia deixar de lado as questões e preocupações de cristãos comuns e falar uma linguagem que ninguém conseguia entender. Meu lar natural é o mundo da comunidade de fé cristã, e não nas fileiras de teólogos acadêmicos em declínio, por isso preciso admitir minhas preocupações quanto à viabilidade destes.[20]

Depois disso, em 1983, ele foi designado professor assistente em doutrina e ética cristã no Wycliffe Hall, Oxford. Então, foi eleito professor assistente de pesquisa em teologia na Universidade de Oxford em 1993, e aí serviu concomitantemente como professor de pesquisa de teologia no Regent College, Vancouver (Canadá), de 1993 a 1997. Em 2001, recebeu seu doutorado (DD) em teologia histórica e sistemática, e, em setembro de 2004, tornou-se o primeiro diretor do Centro para Apologética Cristã de Oxford. Então, em setembro de 2008, McGrath assumiu a cátedra de Teologia, Ministério e Educação no King's College, em Londres. Mais recentemente, em 2013, McGrath recebeu seu doutorado (DLitt) da divisão de Ciências Humanas em Oxford por sua pesquisa em ciência e religião, e aceitou a cátedra Andreas Idreos em Ciência e Religião na Universidade de Oxford. Ele não tem somente três doutorados obtidos pelo estudo, mas também tem três doutorados *honoris causa* das seguintes instituições: Virginia Theological Seminary, Union Theological Seminary e Wycliffe College, que faz parte da Universidade de Toronto.

---

[20] McGrath, "Contributors: an appreciation and response," p. 336.

CONTEXTO TEOLÓGICO

Considerando o pano de fundo e os interesses de McGrath, não é de admirar que seus principais oponentes teológicos fossem o ateísmo (particularmente o "Neoateísmo"), o irmão gêmeo do ateísmo – o naturalismo –, e a cria ateísta da incompatibilidade científica e religiosa.

Para começar, o principal desafiante de McGrath era o ateísmo em geral, de modo que ele considerou o ateísmo como o principal "império da mente moderna".[21] O império do ateísmo estava destinado a capturar a mente e a lealdade das massas se somente tivesse o tempo suficiente para isso. Como diz McGrath, "a ideia de que não há Deus captura a mente e a imaginação do ser humano, oferecendo libertação intelectual e inspiração espiritual a gerações que se viram presas mentalmente e, com frequência (é preciso dizer), fisicamente, ao passado religioso".[22] A religião era opressiva e o ateísmo, libertador. Aliás, até McGrath concordava com isso no período inicial de sua vida, e é por isso que é revelador inquirir quanto a suas razões pessoais de se apegar tão ferrenhamente ao ateísmo, pois fazer isso vai revelar um grau significativo de seus próprios interlocutores e oponentes. Ele pensava que o ateísmo era atraente por quatro razões centrais. A primeira, que ele oferecia a libertação do passado religioso, que era repleto de rivalidades, violência e opressão. A segunda, ele fazia certo sentido do mundo. Como ele diz: "Não havendo Deus, a vida era o que nós decidíamos fazer dela".[23] Havia grande medida de preto e branco, sem sombras de cinza para complicar as coisas.[24] A terceira, o ateísmo oferecia esperança e um futuro que podia ser mudado e moldado para melhor.[25] Quarta, foi a ciência que estimulou grande parte do seu desprezo pela religião, visto que a ciência era considerada inimiga da religião.[26] Por essas razões, já muito cedo McGrath estava inclinado a pensar que a ciência moderna tinha destruído Deus, pois as evidências científicas provavam que Deus não podia existir, e o ateísmo era a única alternativa séria.[27] Por isso,

---

[21] McGrath, *Twilight*, p. xi.
[22] Ibid., p. xii.
[23] Ibid, p. 177.
[24] Ibid, p. 258.
[25] Ibid, p. 177.
[26] McGrath, *A scientific theology*, 1:xvi.
[27] Alister McGrath; Joanna Collicutt McGrath, *The Dawkins delusion? Atheist fundamentalism*.

essas doutrinas principais do ateísmo ofereciam um solo muito útil para a interação apologética de McGrath.

O desafio do ateísmo era não somente um fenômeno geral e vago que McGrath precisava refutar. Ele também assumia forma em desafiadores específicos, como o "Neoateísmo".[28] Os novos ateus eram aqueles no século XXI que eram militantes na sua empreitada de livrar o mundo de pontos de vista alternativos – particularmente os de persuasão religiosa. Assim, o seu combate com o ateísmo mirava especialmente pessoas como Richard Dawkins e Daniel Dennett, cujo darwinismo ácido deveria corroer até mesmo os fundamentos teístas mais sólidos.[29] Mas foi Dawkins que fez mais barulho, levando McGrath a publicar um livro em resposta.[30] O que é interessante sobre Dawkins é o quanto ele foi semelhante a McGrath. Como McGrath explica:

> Dawkins e eu, então, viajamos em direções totalmente diferentes, mas essencialmente pelas mesmas razões. Somos ambos acadêmicos de Oxford que amam as ciências naturais. Ambos cremos fervorosamente no pensamento fundamentado em evidências e somos críticos daqueles que defendem crenças apaixonadas por razões inadequadas. Ambos gostaríamos de pensar que mudaríamos de opinião sobre Deus se as evidências o exigissem. Porém, com base em nossa experiência e análise do mesmo mundo, chegamos a conclusões radicalmente diferentes sobre Deus.[31]

Em segundo lugar, McGrath lutava continuamente com o desafio do naturalismo. A começar no século XVII, a ideia de que as explanações naturalistas eram superiores a todas as outras explanações começaram a criar raízes. Uma vez isso tendo iniciado, o naturalismo ganhou velocidade e envergadura, e os intelectuais pensaram que "o mundo poderia explicar suas propriedades mediante a referência a si mesmo, em vez de exigir a invocação de Deus".[32]

---

[28] "New atheism" (neoateísmo) foi um movimento no início da década de 2000 que ocasionou um ressurgimento do pensamento ateísta. Diferentemente de movimentos ateístas anteriores que se expressavam de forma mais marcante em círculos acadêmicos, o "Neoateísmo" estava arraigado muito mais na cultura popular. Especificamente, pensadores como Sam Harris, Daniel Dennett, Christopher Hitchens e Richard Dawkins argumentaram que a crença religiosa em geral – mas a fé cristã em particular – era (1) não somente irracional, mas também (2) moralmente repugnante por causa dos efeitos negativos que teve sobre o mundo.

[29] Alister E. McGrath, *Darwinism and the divine: evolutionary thought and natural theology* (Oxford: Blackwell, 2011), p. 281.

[30] McGrath and McGrath, *The Dawkins delusion?*

[31] Ibid., p. 9.

[32] McGrath, *A scientific theology*, 1:100.

A expressão plena do naturalismo exigia que toda a realidade fosse completa e somente explicável por meio da ciência como a única fonte epistemológica da verdade.[33] Exigia a eliminação da metafísica na reflexão filosófica e ética, edificando-se somente sobre o puro materialismo.[34] Em suma, o naturalismo veio a ser a visão de que somente métodos científicos empíricos eram válidos e que a natureza era somente o que essas ciências naturais pudessem descobrir que fosse e nada mais.[35] McGrath observa que o "resultado disso é completamente imprevisível. Visto que Deus não pode ser observado pelos métodos das ciências naturais, Deus não existe. Os que fazem afirmações que se referem a Deus estão, portanto, equivocados ao fazê-lo, e uma explanação puramente natural deve ser buscada".[36] É evidente que o naturalismo era um desafio. Se verdadeiro, atingiria a essência do cristianismo e do teísmo em geral, mas, sem um método epistemológico que possa explicar Deus, ele simplesmente não pode existir. Se ele existe, não pode ser conhecido.

Em terceiro lugar, o constante e derradeiro desafiante de McGrath era a presumida incompatibilidade entre ciência e religião. Em virtude do que McGrath chama de escola "de guerra" de interpretação, barreiras hostis foram erigidas entre a ciência e a religião, tanto que o diálogo era tipicamente eliminado por completo.[37] Aqueles como Richard Dawkins encontraram na posição anticientífica do fundamentalismo norte-americano um alvo fácil e o retrataram como a representação de toda a religião.[38] Mas essa perspectiva prevalece somente no nível popular – infectando as massas influenciadas pelo pensamento não técnico de Dawkins. Mas, no nível acadêmico, existe o que McGrath chama de "o mito de que uma ciência ateísta baseada em fatos está em permanente conflito com uma religião baseada na fé".[39] O consenso verdadeiramente acadêmico sabia que essas duas áreas não eram incompatíveis. Apesar do mito, até mesmo McGrath admitiu ter acreditado nele por algum tempo. Ele diz:

---

[33] Ibid., 1:124–25.
[34] Ibid., 1:125
[35] Ibid., 1:126.
[36] Ibid., 1:127.
[37] Alister E. McGrath, *The foundations of dialogue in science & religion* (Oxford: Blackwell, 1998), p. 20.
[38] Ibid., p. 21.
[39] McGrath, *Twilight*, 87.

> Tendo pensado anteriormente – em termos mais acríticos que eu agora percebo terem sido formados pelo relato hostil e impreciso da relação do cristianismo com as ciências proposto por Andrew Dickson White – que as ciências naturais eram inimigas da religião, eu agora comecei a perceber que a situação era bem mais complexa (e interessante), exigindo uma resposta mais nuançada e informada.[40]

Assim, mesmo que a incompatibilidade entre ciência e religião fosse *e continue sendo* um mito, ele permaneceu como um desafio significativo em virtude de seu apelo e de sua força populares. Mas McGrath não conseguiu ficar sentado e sossegado quando percebeu que o mito era só isso – um mito. Durante o verão de 1976, ele teve uma epifania. Ele iria explorar a relação entre a teologia cristã e as ciências naturais, e seria fiel à tradição cristã histórica, mas estaria aberto para a ciência e os *insights* científicos. Isso seria uma proposta para a sinergia,[41] por isso ele enfrentou diretamente o desafio da fé e da ciência, em paralelo com os desafios do ateísmo e do naturalismo.

RESPOSTA APOLOGÉTICA

Diferentemente de alguns apologetas cristãos que usam argumentos analíticos rígidos como apoio ao deísmo cristão, McGrath concentra o foco mais em mostrar que, no cristianismo, o mundo faz sentido. Como disse C. S. Lewis em uma frase famosa: "Eu creio no cristianismo assim como creio que o sol nasceu, não somente porque eu o vejo, mas porque por meio dele eu vejo tudo o mais".[42] A abordagem apologética de McGrath tem ressonância profunda com essa maneira de ver as coisas. O cristianismo, em resposta aos três desafios teológicos desenvolvidos anteriormente, fornece uma compreensão muito mais robusta do mundo do que as alternativas. Tudo o mais no mundo se torna claro do ponto de observação do cristianismo. Mas como McGrath aplicou esse *insight* especificamente a cada um dos desafios em particular?

Em primeiro lugar, ele combateu o ateísmo por meio de diversos livros e debates, tanto populares quanto acadêmicos. O "Neoateísmo" proposto por pessoas como Richard Dawkins ridicularizava o deísmo continuamente por ter sido pego na armadilha da ilusão sem evidências. As únicas pessoas comprometidas com o teísmo estavam cegadas pela fé. Mas McGrath rejeita

---

[40] McGrath, *A scientific theology*, 1:xvi.
[41] Ibid., 1:xi.
[42] C. S. Lewis, *The weight of glory* (San Francisco: HarperOne, 2001), p. 140.

fortemente essa percepção da ciência e da teologia cristã. Por exemplo, ele criticou severamente o fundamento do método de Dawkins: "Como Dawkins pode ter tanta certeza de que suas crenças atuais são verdadeiras quando a história mostra um padrão consistente de abandono de teorias científicas à medida que abordagens melhores aparecem? Que historiador da ciência não percebe que o que já foi considerado conhecimento seguro no passado depois foi corroído pelo passar do tempo? Dawkins, de forma muito conveniente, fecha um olho para a história. E ele fecha outro olho (quantos olhos ele tem?) para a filosofia da ciência".[43]

Nesse aspecto, a tática de McGrath está clara: ele vira a mesa diante do ateísta. Os ateístas, como Dawkins, deixaram de considerar os limites de seu próprio método científico. McGrath certamente não tem intenção alguma de ridicularizar os feitos da ciência, mas ele claramente tem a intenção de mostrar seus limites. A ciência simplesmente não pode explicar seus fundamentos ontológicos ou epistemológicos. Somente algo tão vasto e profundo como o cristianismo pode explicar as regularidades e as verdades da ciência. Isto é, somente o cristianismo pode fornecer o fundamento apropriado sobre o qual as ciências naturais podem operar.

Em segundo lugar, ele combateu o naturalismo ao argumentar a favor de uma robusta doutrina cristã da criação, e começou oferecendo um elemento mutuamente pacífico: a regularidade e a inteligibilidade no universo. Tanto as ciências naturais quanto a teologia cristã reforçam sua verdade fundamental: o mundo é tanto ordenado quanto racional. Ele então considerou se o naturalismo completo e radical pode oferecer uma explanação legítima. Podemos "enxergar tudo o mais" somente por meio das lentes estreitas do naturalismo? Sua conclusão é que o naturalismo falha porque o todo da realidade não pode ser entendido por meio da lente do mundo natural somente. Ele não tem os recursos para explanar ordem e razão e está destinado a ser circular no seu raciocínio, visto que privilegia as ciências naturais a explicarem toda a realidade, que também acaba sendo nada mais do que o mundo natural. Embora o naturalismo consiga oferecer coerência interna, que é necessária para qualquer narrativa verdadeira, é insuficiente para justificar qualquer teoria verdadeira, pois não há maneira de justificar o naturalismo a não ser o próprio naturalismo. McGrath conclui: "De um ponto de vista naturalista, não há fundamentos adequados para afirmar que o naturalismo

---

[43] McGrath, *Twilight*, p. 95.

é verdadeiro".[44] Em virtude disso, o naturalismo geralmente resulta em nada mais do que em "uma validação *a posteriori* das noções e dos valores existentes do observador supostamente neutro".[45] Ele diz, por exemplo: "Não há critérios significativos pelos quais uma visão de mundo 'darwinista' possa ser proposta como um sistema ideológico supremo que seja em si mesmo vulnerável à corrosão do seu próprio ácido universal. A circularidade máxima da noção do meme [unidade mínima de memória], especialmente quando associado à sua notória subdeterminação evidencial, ilustra como os estrategistas do 'darwinismo universal' conseguiram chegar ao ponto em que declaram que ocupam uma 'zona de invulnerabilidade' intelectual da corrosividade de suas próprias ideias".[46]

McGrath oferece, em vez disso, a doutrina cristã da criação, que é fundamentalmente abordar a natureza da perspectiva do cristianismo.[47] Ele explica sua importância da seguinte maneira:

> A doutrina cristã da criação é, portanto, de significado meta-tradicional. A tradição científica, por exemplo, descobre que precisa pressupor a uniformidade e a ordem da Criação; a teologia cristã oferece uma razão para isso. A tradição científica reconhece que o mundo natural tem uma lógica que a racionalidade humana consegue discernir e sistematizar; a teologia cristã, no entanto, oferece uma explicação de por que isso é assim.[48]

Assim, o cristianismo oferece uma razão para o terreno comum da ordem e da racionalidade, ao passo que o naturalismo falha nesse ponto.

A explicação do conteúdo dessa doutrina da criação está no cerne de todo o empreendimento apologético de McGrath – é o motor que move a sua obra. Falando em termos bíblicos, a criação é um ato de *sabedoria* que apresenta a razão por trás de sua lógica inerente. Deus não só criou o mundo; ele o criou "por sua sabedoria" (Provérbios 3:19).[49] Além disso, o Novo Testamento explica que há uma dimensão cristológica na criação, em que Cristo, como a

---

[44] McGrath, *A scientific theology*, 1:131.
[45] Ibid., 1:132.
[46] McGrath, *Darwinism and the Divine*, p. 282.
[47] McGrath, *A scientific theology*, 1:137.
[48] Alister E. McGrath, *The order of things: explorations in scientific theology* (Oxford: Blackwell, 2006), p. 64.
[49] McGrath, *A scientific theology*, 1:149.

sabedoria de Deus, é o princípio ordenador fundamental da criação *ex nihilo*.[50] É por meio dessa criação cristologicamente formada que os seres humanos são criados também à imagem dele – sendo eles inerentemente racionais também.[51] Portanto, na compreensão cristã, a racionalidade e a ordem presentes na Criação são explicadas por meio dos propósitos criativos de Deus; e mais: a racionalidade e a ordem não precisam ser noções místicas de puro acaso como o são no naturalismo.

Mas a doutrina cristã da criação é ainda mais interessante, visto que dá espaço para a criação tanto como ato *quanto* como processo. Em geral, está claro que a criação envolve o ato singular de Deus, mas o que se quer dizer por criação como processo? Ele retoma a obra de Agostinho em certa medida significativa para esse aspecto e comenta o seguinte: "Implícita na concepção que Agostinho tem da criação está a noção de que a criação engloba a originação de uma realidade potencialmente multinivelada, cujas propriedades *emergem* sob certas condições que ou não existiam ou não eram consideradas apropriadas para serem desenvolvidas na origem do universo".[52] Por isso, a doutrina cristã da criação não exclui o novo crescimento ou surgimento do ato inicial da criação. Visto que não requer teorias científicas particulares, ela é suficientemente flexível para ser compatível com qualquer coisa que a ciência vier a descobrir. Assim, a doutrina cristã da criação fornece um fundamento adequado sobre o qual as ciências naturais podem operar – um fundamento que falta ao naturalismo. McGrath explica isso dizendo: "O que as ciências naturais são obrigadas a pressupor – no sentido de que isso não pode ser formalmente demonstrado sem cair em alguma forma de argumento ou demonstração circular – é legitimado pela compreensão cristã da 'sabedoria', com base na revelação divina e correlacionado com a existência de um Deus Criador transcendente, responsável tanto pela ordenação do mundo quanto pela capacidade humana de captar e discernir isso".[53]

A criação fundamenta a ordem e a racionalidade, que são princípios em torno dos quais há concordância mútua. O naturalismo não está à altura da tarefa. Em vez de encerrar a inquirição científica, o cristianismo a abre para possibilidades de compreensão muito maiores. McGrath comenta:

---

[50] Ibid., 1:155.
[51] Ibid., 1:200.
[52] McGrath, *Darwinism and the Divine*, p. 226.
[53] McGrath, *A scientific theology*, 1:222.

"Uma teologia natural cristã está fundamentalmente aberta a um engajamento mais profundo com a realidade".[54] Acaba se mostrando que o naturalismo é o ponto de vista que falha por não conseguir se engajar com a realidade com a capacidade de inquirição mais profunda.

Em terceiro lugar, ele combateu a bifurcação artificial entre ciência e religião. Embora a origem exata dessa fenda não esteja clara, McGrath a localiza em algum ponto do século XVI, potencialmente nos comentários aristotélicos do final da Renascença de autores como Jacopo Zabarella.[55] Seja qual for a exata origem da tese "da guerra", McGrath observa que "não há dúvida de que precisamente essa percepção permanece arraigada profundamente na vida e na cultura acadêmica ocidental".[56] Mas, de acordo com McGrath, tal tese é um mito ateísta.[57] A ciência não está em guerra com a religião; aliás, "a ciência chega a seu ponto mais interessante quando se engaja em um diálogo com outras disciplinas – incluindo a teologia, a religião e a espiritualidade".[58] E a religião, como evidenciado na doutrina cristã da criação, tem todas as ferramentas necessárias para interagir com a ciência de maneira robusta e útil, apropriando-se de todas as questões de *insight*. Mas então como o mantra de Lewis – "Eu creio no cristianismo assim como creio que o sol nasceu, não somente porque eu o vejo, mas porque por meio dele eu vejo tudo o mais" – se aplica aqui? McGrath se contrapõe à suposta guerra entre ciência e teologia oferecendo a teologia cristã como a base suficiente para casar as ciências naturais com todas as ciências humanas (especialmente a religião).[59] O divórcio percebido entre os dois objetos não é necessário, visto que o cristianismo pode prover um fundamento substancial para que ambos sejam buscados juntos em diálogo e enriquecimento mútuos.[60]

METODOLOGIA APOLOGÉTICA

A metodologia teológica e apologética de McGrath está em evidência em suas interações com seus adversários teológicos, mas é útil sistematizar seus

---

[54] McGrath, *Darwinism and the Divine*, p. 12.
[55] McGrath, *A scientific theology*, 1:28.
[56] Ibid., 1:33.
[57] McGrath, *Twilight*, p. 87.
[58] McGrath, *Darwinism and the Divine*, p. 2.
[59] McGrath, *A scientific theology*, 1:34.
[60] Para os interessados em uma síntese proposta desses dois objetos, recomendamos a obra de McGrath *A scientific theology*.

métodos para dar mais clareza a seus fundamentos. Ele é um autor prolífico, de modo que resumir esses métodos e *insights* pode parecer uma tarefa intimidadora à primeira vista. Mas McGrath é um pensador coerente que fornece diversas pressuposições fundamentais em todas as suas obras, incluindo: (1) seus compromissos com posicionamentos evangélicos e ortodoxos; (2) sua epistemologia realista crítica e a maneira como ela fundamenta grande parte do seu engajamento apologético; e (3) sua compreensão da *ancilla theologiae* ou o papel auxiliar (como uma serva) da ciência na construção teológica.

Ortodoxia cristã confessional

Em primeiro lugar, McGrath está comprometido com a ortodoxia cristã confessional tradicional. Na visão dele, "a teologia cristã tem a obrigação de prestar atenção respeitosa e obediente ao testemunho bíblico e permitir ser moldada e remodelada por aquilo que ela encontra registrado ali".[61] Essa abordagem evangélica "é uma abordagem à teologia que insiste em que a teologia precisa ser nutrida e governada em todos os pontos pelas Sagradas Escrituras, e que busca oferecer uma explicação fiel e coerente do que encontra ali".[62] Assim, o método apologético de McGrath precisa se conformar à revelação bíblica se a pretensão é ser coerente e precisa. Sendo assim, qualquer método ou conclusão que entre em conflito com as Escrituras deve ser rejeitado. Com ortodoxia confessional tradicional ele quer dizer a mais "autêntica forma de cristianismo, que represente o consenso das comunidades de fé ao longo de um extenso período de tempo".[63] Na busca do cristianismo tradicional, ele rejeita a novidade e a criatividade teológica. Qualquer coisa carente de fundamentação histórica significativa deve estar sob suspeita como um impostor teológico. Isso não quer dizer que não possam surgir e não possam se formar novos *insights*, mas significa de fato que qualquer coisa que esteja em conflito com a concordância universal da igreja ao longo da história é possivelmente falha. Por isso, seu método apologético exige fundamentação histórica e não pode se afastar das declarações clássicas da igreja cristã. Assim, autoridades como Agostinho, Atanásio, Tomás de Aquino e João Calvino têm, todos, um papel significativo como tutores e guias metodológicos. Nessa tradição

---

[61] Alister E. McGrath, "Engaging the great tradition: evangelical theology and the role of tradition," in: *Evangelical futures: a conversation on theological method*, ed. John G. Stackhouse Jr. (Grand Rapids: Regent, 2000), p. 140.

[62] McGrath, *A scientific theology*, 1:xix.

[63] Ibid., 1:36.

multiforme, as respostas à maioria dos problemas apologéticos encontram sua solução, ou ao menos os recursos sobre os quais construir uma solução contemporânea.[64]

Epistemologia realista crítica

Em segundo lugar, McGrath sustenta uma epistemologia realista crítica. Para entender melhor o que ela é e por que ele a aceita, é útil considerar brevemente as teorias concorrentes que ele rejeita como inadequadas. Primeiro, ele nega o fundacionalismo clássico, visto que sua compreensão e suas exigências para o conhecimento como infalível, incorrigível e indubitável são rigorosas demais.[65] Sendo assim, exigir que todo o conhecimento seja baseado em tal fundamento leva a desafios significativos em grande parte do que os cristãos querem dizer. Segundo, ele também nega o "coerentismo", visto que é insuficiente para determinar a verdade. O longo comentário de McGrath é bastante útil:

> A posição coerentista, tomada como é, é perfeitamente capaz de validar uma visão de mundo internamente consistente que não tem ponto de contato significativo algum com o mundo real ou que até foge totalmente desse contato. A coerência não garante a verdade – somente a consistência lógica dessa visão. Uma crença pode ser consistente com todas as outras crenças dentro de um sistema e mesmo assim não ter apoio independente que a fundamente. Uma teologia científica afirma a importância crítica tanto de uma referência extrassistêmica quanto a consistência intrassistêmica, defendendo que uma compreensão adequada da realidade espiritual vai garantir ambas.[66]

Por fim, McGrath também nega o antirrealismo pós-moderno, visto que deixa de explicar "as duas mais desconfortáveis pedras de tropeço", as ciências naturais e a matemática, que não admitem o relativismo exigido pelo projeto pós-moderno.[67] Se o antirrealismo pós-moderno consiste em rejeitar todas as normas objetivas, a aceitação de *qualquer* norma objetiva é mortal para o projeto como um todo. Todavia, a maioria não está disposta a negar a objetividade das ciências naturais.

---

[64] McGrath, *Darwinism and the Divine*, p. 280.
[65] McGrath, *The science of God*, p. 97.
[66] McGrath, *A scientific theology*, 2:19.
[67] McGrath, *The science of God*, p. 107.

Com essas teorias como pano de fundo, como o realismo crítico se encaixa no quadro metodológico? O realismo crítico encontra seu caminho em algum lugar no meio entre o realismo direto (ingênuo) do Iluminismo e o antirrealismo da pós-modernidade. O realismo crítico insiste que há uma realidade objetiva (daí realismo em vez de antirrealismo), mas também postula que essa realidade é apreendida pela mente humana, que tenta entender, expressar e acomodar essa realidade o melhor que consegue (daí crítico em vez de ingênuo). Para ajudar a distinguir o realismo crítico de outras perspectivas epistemológicas, McGrath sugere o seguinte:

1. Realismo ingênuo: a realidade impacta diretamente a mente humana, sem reflexão nenhuma por parte do conhecedor humano. Uma realidade objetiva dentro do mundo determina diretamente o conhecimento resultante.
2. Realismo crítico: a realidade é apreendida pela mente humana que tenta expressar e acomodar essa realidade o melhor possível com as ferramentas à sua disposição – como fórmulas matemáticas ou modelos mentais.
3. Antirrealismo pós-moderno: a mente humana constrói livremente suas ideias sem referência nenhuma a um suposto mudo externo.[68]

Assim, como McGrath o explica, o realismo crítico reconhece "o envolvimento ativo do conhecedor no processo do conhecimento".[69] McGrath ainda dá mais esclarecimento ao realismo crítico e seus contrastes com outras formas de epistemologia quando diz:

> Em contraste com o pós-modernismo, o realismo crítico afirma que há uma realidade, que pode ser conhecida, e temos para com ela a obrigação moral e intelectual de a investigar e representar da melhor maneira possível. Em contrapartida a diversos tipos de modernismo, o realismo crítico afirma que o conhecedor humano está envolvido no processo do conhecimento, suscitando, assim, imediatamente a possibilidade do emprego de 'construções' – tais como analogias, modelos e construtos sociais mais específicos – como meios adequadamente adaptados para representar o que se descobriu.[70]

O conhecimento não é uma busca puramente objetiva ou puramente subjetiva: em vez disso, requer os dois aspectos a fim de resultar em compreensão.

---

[68] McGrath, *A scientific theology*, 2:195.
[69] Ibid., 2:196.
[70] McGrath, *The science of God*, p. 142.

Isso se mostra no seu método apologético, especialmente na sua desconstrução da "noção intelectualmente plástica" da natureza.[71] Embora haja uma realidade objetiva da natureza, ela é condicionada culturalmente de forma significativa e exige reflexão intelectual, visto que não é puramente subjetiva nem puramente objetiva.

Ancilla Theologiae

Em terceiro lugar, McGrath usa a ciência como uma *ancilla theologiae* – fonte natural de conhecimento que complementa e serve a teologia como parceira de diálogo, e isso é particularmente verdadeiro com relação à maneira em que ele entende a teologia natural, que difere de outras versões mais contemporâneas da teologia natural. Primeiro, diferentemente de outros modelos contemporâneos, o método de McGrath não concentra seu foco em argumentos específicos a favor da existência de Deus (por exemplo, os argumentos cosmológico, ontológico ou teleológico). Sua visão da teologia natural sugere que a natureza e a ciência natural servem com um papel confirmatório das afirmações teológicas. Especificamente, ele entende a teologia natural como sendo "o empreendimento de enxergar a natureza como Criação, o que tanto pressupõe quanto reforça as declarações teológicas cristãs fundamentais".[72] Segundo, ele situa sua teologia natural em um conjunto pressuposto de crenças colhidas previamente da revelação especial. A natureza foi designada para operar como um auxílio divinamente concedido para a compreensão da revelação especial – como um parceiro de diálogo muito útil – em vez de um mestre com autoridade normativa sobre a revelação especial. Nesse papel, a teologia natural é limitada. Ela não está autorizada a operar como o fundamento da revelação especial, embora seja elevada a uma posição privilegiada de instrução.[73] McGrath explica sua abordagem de limitar, mas mesmo assim promover a teologia natural: "Há uma longa tradição na teologia cristã de buscar recursos fora da tradição cristã como um meio de desenvolver uma visão teológica, e essa abordagem com frequência é referida pela expressão latina *ancilla theologiae*, 'uma serva da teologia'. A ideia básica é que os sistemas filosóficos podem ser uma maneira muito útil de estimular tanto o desenvolvimento teológico quanto a abertura de um diálogo entre pensadores cristãos e seu contexto cultural. Os dois exemplos

---

[71] Alister E. McGrath, *The open secret: a new vision for natural theology* (Malden: Blackwell, 2008), p. 9.
[72] McGrath, *The science of God*, p. 113.
[73] McGrath, *A scientific theology*, 1:7–8.

históricos mais importantes dessa abordagem à teologia são os diálogos com o platonismo e o aristotelianismo.[74] Isso significa que toda a criação de Deus fornece *insights* muito úteis para levar à compreensão de quem ele é e do que é o mundo; em outras palavras, nada deve ser descartado como irrelevante para a compreensão de Deus e de seu mundo.

Com essa compreensão da teologia natural em mãos, para McGrath, as ciências naturais são uma serva excepcionalmente útil para explorar e compreender a teologia. Com relação a isso, McGrath diz: "As ciências naturais hoje oferecem à teologia cristã precisamente o papel que o platonismo ofereceu aos nossos antepassados patrísticos e o aristotelianismo ofereceu aos nossos antepassados medievais. Uma teologia científica vai tratar as pressuposições e os métodos de trabalho das ciências naturais como apresentando um papel de apoio e esclarecimento para o empreendimento teológico cristão, tanto dando assistência à reflexão teológica quanto identificando e permitindo a exploração de possibilidades e estratégias apologéticas".[75]

Assim, a teologia natural não é antagônica ao cristianismo nem à supremacia das Escrituras, mas sim projetada para ajudar e complementar a revelação divina escrita, assim como a visão de mundo platônica ajudou os pais da igreja e a visão de igreja aristotélica ajudou Tomás de Aquino e os escolásticos. Como diz McGrath: "A teologia natural obtém sua plausibilidade e deriva seus fundamentos intelectuais de dentro da tradição cristã. Suas raízes estão *intra muros ecclesiae*, mesmo que sua relevância se estenda *extra muros ecclesiae*".[76] Longe de tomar de Deus o posto de autorrevelação na Palavra escrita, ela realça essa posição e a assiste. Assim, coisas como a ciência podem funcionar como uma dádiva divina para a compreensão do cristão, em vez de um inimigo declarado da fé. Desse modo, McGrath encontra solo fértil nas ciências naturais para beneficiar a fé cristã, solo este que deve ser "pilhado" para a obtenção de suas contribuições para a cosmovisão cristã em vez de rejeitado ou ignorado.

CONTRIBUIÇÕES PARA A APOLOGÉTICA

As contribuições que McGrath oferece à apologética são muito numerosas. Além de suas obras de engajamento específicas e práticas, há diversos

---

[74] McGrath, *The science of God*, 18.
[75] McGrath, *A scientific theology*, 1:7.
[76] Ibid., 2:74.

princípios gerais que podem ser reunidos. Oito deles serão mostrados aqui. Primeiro, McGrath quer apresentar, de forma consistente, uma "teologia pública" que forneça o máximo de terreno comum, e ele pensa que a doutrina cristã da criação pode prover tal fundamento.[77] Isso é significativo porque é um *insight* que serve a todos no mundo cristão, não somente a uma seita seleta ou a um subgrupo com suas idiossincrasias teológicas. Para ser pública no verdadeiro sentido, a apologética precisa ter apoio amplo, e todos os quadrantes da igreja cristã devem se beneficiar do seu método apologético e usá-lo. Como no caso do apóstolo Paulo em Atos 17, a criação é o terreno principal de McGrath para o engajamento apologético.

Segundo, para McGrath, a teologia e a apologética estão profundamente arraigadas na vida da igreja. Com demasiada frequência, a apologética está divorciada da igreja local, fazendo contato somente por meio de palestrantes visitantes ocasionais que vêm falar a um grupo de jovens sobre os desafios da evolução. Mas, para McGrath, toda a sua abordagem está enraizada na igreja, e um exemplo disso é a maneira como ele emprega a teologia natural. Ele diz: "A teologia natural não é um empreendimento individual; ela está enraizada na vida e no ministério da comunidade cristã. Por meio da fé, os cristãos desenvolvem hábitos de engajamento com o mundo natural que permitem que ele seja visto, entendido e avaliado de novas maneiras".[78] Esses "hábitos" cristãos são desenvolvidos por meio do cuidado da igreja, que é a fonte do cuidado e da imaginação intelectuais e apologéticos. Mais do que a igreja ser a fonte para o sólido pensamento apologético, diz McGrath, "a igreja é assim chamada a ser um inquiridor ativo, não um endossador passivo, de visões seculares e secularizantes do mundo. Ela é chamada a proclamar, exibir e incorporar seu 'imaginário social' que está profundamente enraizado no evangelho por um lado e, por outro, tem a capacidade de transformar a reflexão e a prática".[79] A igreja deve ser o arauto principal das boas-novas da criação e do evangelho, tendo em mente que a apologética não é principalmente a ferramenta do acadêmico desencantado e isolado, mas da igreja crescente e pujante.

Terceiro, McGrath considera que as exigências intelectuais da apologética são pragmaticamente úteis. Ele comenta em uma de suas obras que "tudo isso parece tornar o escrever livros como este algo meio sem sentido, exceto pelo

---

[77] McGrath, *Darwinism and the Divine*, p. 62.
[78] Ibid., p. 285.
[79] Ibid., p. 286.

fato de que eu também já fui ateu e fui despertado do meu sono dogmático por meio da leitura de livros que chacoalharam minha visão de mundo em franco e rápido processo de petrificação".[80] Este é um lembrete a todos os que temem ou até desprezam o trabalho rigoroso e às vezes solitário da academia teológica. A profundidade intelectual na escrita acadêmica não é simplesmente um exercício intelectual, mas é intensamente prática para muitos que estão lutando e buscando encontrar sentido na vida e, como tal, pode ser usado por Deus de maneira poderosa.

Quarto, McGrath promove continuamente o diálogo acima do combate hostil,[81] algo que, no clima contemporâneo em que ele interage, é uma raridade. O apóstolo Paulo exorta Timóteo a corrigir seus adversários com mansidão (2Timóteo 2:25), e tal postura é exemplificada nas obras de McGrath, que fornece uma espécie de modelo e inspiração para os que estão buscando se engajar no mundo com sua fé com mansidão e respeito, como é obrigação dos cristãos.

Quinto, McGrath promove a compreensão clássica da teologia natural que não a obriga a começar de pontos de partida "objetivos" ou "neutros", como o Iluminismo exigia que se fizesse. Como McGrath lamenta, a teologia natural percebeu estar em épocas difíceis no ambiente contemporâneo, em grande medida por causa de gente como Karl Barth e do pressuposicionalismo reformado. Entretanto, ele tenta resgatar sua utilidade e a distingue e protege significativamente mais do que muitos modelos correntes fizeram, o que acaba proporcionando uma base comum maior para aqueles que suspeitam da teologia natural.

Sexto, a humildade pessoal e a determinação de McGrath para entender seu objeto profundamente deve inspirar as pessoas. A certa altura da vida dele, por causa de suas realizações científicas e teológicas, pediu-se a ele que "considerasse escrever um livro sobre o tema do cristianismo e as ciências naturais, em particular para responder ao livro *O gene egoísta*, de Richard Dawkins. Considerei muito seriamente essa proposta. No entanto, cheguei à conclusão de que eu teria de imergir em mais estudos da religião, e especialmente na história da teologia cristã, antes de poder fazer uma contribuição concreta e bem informada a esse campo".[82] Esse tipo de resposta é raro no

---

[80] McGrath and McGrath, *The Dawkins delusion?*, p. 15.
[81] McGrath, *Foundations of dialogue*, p. 28.
[82] McGrath, "Contributors: an appreciation and response," p. 335.

cristianismo hoje. Com demasiada frequência, os cristãos são rápidos em oferecer argumentos com o propósito de construir sua própria plataforma, mesmo que sua compreensão da filosofia ou da ciência seja limitada demais para ser de impacto significativo. Mas McGrath oferece um caminho diferente – o caminho da humildade, da honestidade e da clareza. Lutar em defesa da fé não é para os que buscam fama e honra, mas para os que perseguem a verdade e a honra de Cristo.

Sétimo, em anos recentes, McGrath também tem sido pioneiro na abordagem narrativa à apologética, ressaltando o potencial apologético dos relatos bíblicos, bem como realçando o papel da narração de histórias na apologética de C. S. Lewis e J. R. Tolkien.[83] Tal abordagem oferece benefícios significativos ao ambiente cultural atual extasiado tanto com narrativas quanto com a narração de histórias. Histórias têm um poder singular sobre a mente e a imaginação da cultura atual como um todo, e a abordagem de McGrath é tanto nuançada quanto acessível a quase todas as pessoas. Isso lhes dá poder e valor pragmático para a apologética como um todo.

Oitavo e último, McGrath oferece lembretes muito úteis com relação à cautela diante de tendências teológicas passageiras, apresentando advertências sábias para aqueles que estão considerando afastar-se da ortodoxia clássica do cristianismo. Ele afirma: "Historicamente, as alternativas à ortodoxia cristã tendem a ser desdobramentos transitórios, com frequência associados a situações históricas específicas que, com o passar do tempo, levam à erosão da plausibilidade da variante de teologia cristã que está sendo proposta".[84] Na verdade, com frequência é somente um estado cultural de inflexibilidade e hostilidade com o passado e com o que se julgam ser instituições poderosas em vez de um argumento teológico rigoroso que conduz a pessoa a se desviar do caminho histórico.[85] Afastar-se da grande tradição só leva a um cristianismo empobrecido, em que faltam os muitos recursos desenvolvidos ao longo das eras. Por essas razões, a obra de McGrath é extremamente valiosa para a apologética evangélica.

---

[83] Veja Alister E. McGrath, *Narrative apologetics: sharing the relevance, joy, and wonder of the Christian faith* (Grand Rapids: Baker, 2019).
[84] McGrath, *A scientific theology*, 1:36.
[85] Ibid., 1:37.

BIBLIOGRAFIA

LEWIS, C. S. *The weight of glory* (New York: HarperOne, 2001).

____. *O peso da glória* (Rio de Janeiro: Thomas Nelson Brasil, 2017).

MCGRATH, Alister E. "Contributors: an appreciation and response", p. 333-64, in: *Alister E. McGrath & evangelical theology*. Ed. Sung Wook Chung (Devon: Paternoster, Exeter, 2003).

____. *Darwinism and the Divine: evolutionary thought and natural theology* (Oxford: Blackwell, 2011).

____. "Engaging the great tradition: evangelical theology and the role of tradition", p. 139-58, in: *Evangelical futures: a conversation on theological method*. Ed. John G. Stackhouse Jr. (Grand Rapids: Regent, 2000).

____. *The foundations of dialogue in science & religion* (Oxford: Blackwell, 1998).

____. *Narrative apologetics: sharing the relevance, joy, and wonder of the Christian faith* (Grand Rapids: Baker, 2019).

____. *The order of things: explorations in scientific theology* (Oxford: Blackwell, 2006).

____. *The science of God* (Grand Rapids: Eerdmans, 2004).

____. *A scientific theology* (Grand Rapids: Eerdmans, 2001).

____. *The twilight of atheism: the rise and fall of disbelief in the modern world* (New York: Doubleday, 2004).

____; McGrath, Joanna Collicutt. *The Dawkins delusion? Atheist fundamentalism and the denial of the Divine* (Downers Grove: InterVarsity Press, 2007).

Timothy Keller
O PASTOR COMO APOLOGETA

Joshua D. Chatraw

É raro encontrar um profissional que seja um executor exímio e prático na sua área de atuação e que também seja um intelectual perspicaz, mas Timothy Keller (1950-) é claramente alguém assim, e é essa combinação singular que lhe tem proporcionado reconhecimento como um destacado apologeta da fé cristã. E a revista *Newsweek* até declarou que Keller está se portando como "um C. S. Lewis para o século XXI".[1] Entretanto, Keller tem sido muito hesitante em abraçar essa comparação entre ele e o celebrado apologeta britânico.[2] Mas isso não tem impedido os críticos de traçar esses paralelos – e não é difícil entender o porquê. Esses dois homens contribuíram com coleções substanciais de escritos, comunicam em estilos que são tanto eruditos quanto compreensíveis, agradam tanto à cabeça quanto ao coração e continuam tendo um impacto global. No entanto, apesar dessas semelhanças, bem como da profunda admiração de Keller pela obra de Lewis, uma analogia linear pode ocultar mais do que revela. A comparação se mostra mais instrutiva se alguns contrastes significativos também forem destacados.

Lewis foi professor de literatura que lecionou em Oxford e em Cambridge. Sem dúvida, sua vocação e o contexto na academia deram forma a como ele abordava a apologética. Os escritos de Lewis incluem uma grande variedade de gêneros e, em sua maior parte, foram inicialmente imaginados ou formulados como projetos de escrita ou aulas.[3] Em resumo, Lewis era um distinto autor e professor.

---

[1] Lisa Miller, "The smart shepherd," *Newsweek*, February 9, 2008, http://www.newsweek.com/smart-shepherd-93595.

[2] Anthony Sacramone, "An interview with Timothy Keller", *First Things*, February 25, 2008, https://www.firstthings.com/web-exclusives/2008/02/an-interview-with-timothy-kell. Nessa entrevista, Keller explica: "Eu não mereço nem ser mencionado na mesma frase que um escritor como C. S. Lewis. E mesmo assim todo mundo está fazendo isso, e eu o aceito como um elogio, mas isso é muito indevido. Mas, já que ele é o referencial, então todo mundo vai ser comparado a ele".

[3] Sem dúvida, *Cristianismo puro e simples* é uma exceção disso, visto que o conteúdo foi primeiramente transmitido como uma série de palestras no rádio.

> Tim Keller é pastor, e ele não demora para lembrar as pessoas disso. Ele certamente é apologeta e escritor, mas é, acima de tudo, pastor. Keller, diferentemente de Lewis, não escreve romances imaginativos e não passa seus dias mentoreando alunos nos elementos mais refinados da literatura medieval. Os livros principais de Keller foram escritos, todos, na parte mais avançada do seu pastorado e foram desenvolvidos a partir dos sermões e das conversas cotidianas nos seus aproximadamente 30 anos de ministério na cidade de Nova York. Como ele mesmo costuma dizer, "sou um simples executor".[4]
>
> Pois é, um "simples" executor que leu três vezes *Uma era secular*, a obra maciça e – para muitos – impenetrável de 800 páginas de Charles Taylor e com frequência insere referências a informações acadêmicas de alto nível em suas conversas normais com pessoas. Keller não é um típico "executor".[5] Mas ele tem razão. Seus livros são forjados a partir do gabinete do pastor – onde ele também aconselhou membros da igreja, chorou com pais no seu luto, comemorou o nascimento de novos convertidos e preparou seus sermões semanais. E esse contexto social faz toda a diferença. As tarefas e as rotinas semanais formativas de qualquer pessoa não devem ser minimizadas. Em outras palavras, o ambiente vocacional de Keller e sua autoconcepção não devem ser saltados para passar logo para como ele o faz. Essencial para entender a abordagem apologética de Keller é entender quem ele é (sua história e suas influências formativas) e seu ministério (sua missão e sua identidade vocacional).

CONTEXTO HISTÓRICO

Timothy J. Keller nasceu em 1950 em Lehigh Valley, Pensilvânia. Foi aí que ele cresceu – aproximadamente a 160 quilômetros a oeste da cidade de Nova York e da igreja metropolitana que ele plantaria e pastorearia mais tarde. Foi criado numa casa tradicional protestante do nordeste do país e, como adolescente, passou por dois anos de classe confirmatória na igreja luterana que ele frequentava com seus pais e dois irmãos. Mas, quando saiu de casa para ir para a

---

[4] Timothy Keller, entrevista para o autor em Nova York, 11 de dezembro de 2017.

[5] Timothy Keller, *Making sense of God: an invitation to the skeptical* (New York: Viking, 2016) [no Brasil: *Deus na era secular: como céticos podem encontrar sentido no cristianismo* (São Paulo: Vida Nova, 2018)]; Timothy Keller, *Walking with God through pain and suffering* (New York: Dutton, 2013) [no Brasil: *Caminhando com Deus em meio à dor e ao sofrimento* (São Paulo: Vida Nova, 2016)].

Bucknell University, Keller se descreve como não se sentindo "muito enraizado em coisa nenhuma".[6] Ele fez a transição para a faculdade em 1967 e sentiu o impacto das mudanças morais revolucionárias que estavam ocorrendo em todos os *campi* norte-americanos nas décadas de 1960 e 1970.[7]

Foi no início da década de 1970, por meio do ministério da InterVarsity Fellowship [grupos de estudo bíblico – ABU], que Keller se converteu à fé. Ele passou de um *"nerd* típico, cheio de dúvidas e medos" a verdadeiro seguidor de Cristo.[8] No seu livro *Encontros com Jesus*, Keller descreve como ele foi lançado para a liderança dos grupos de estudo bíblico na faculdade mesmo antes de ter certeza de onde ele próprio estava em relação à sua fé. À medida que ele conduzia esses estudos, ele explica,

> eu comecei a perceber mais do que nunca que a Bíblia não era um livro comum. Sim, ela trazia a estranha beleza da literatura de um passado distante; mas havia algo mais. Foi por meio desses estudos de encontros com Jesus que eu comecei a perceber uma vida e um poder inexplicáveis no texto. Essas conversas de séculos atrás eram estranhamente relevantes e incisivas para mim – *exatamente agora*. Comecei a buscar nas Escrituras não somente estímulo intelectual, mas encontrar Deus.[9]

Em meio aos distúrbios do início da década de 1970, Keller descreve como seu pequeno grupo de cristãos participou das greves de estudantes em Bucknell. Os protestos incluíam um púlpito para discursos e, como Keller explica: "Nosso pequeno grupo se tornou radical a certa altura, e começamos a colocar cartazes na praça. Eu ainda lembro o que dizia neles: 'A ressurreição de Jesus Cristo é intelectualmente crível e existencialmente satisfatória'".[10] Aqui, vemos surgindo os vislumbres do Tim Keller apologeta: "Ficamos ali

---

[6] Timothy Keller, "Life, ministry, and books with Tim Keller–Part 1: life", entrevista concedida a Mark Dever, 9 *Marks*, em 9 de fevereiro de 2015, https://www.9marks.org/interview/life-ministry-and-books-with-tim-keller-part-1-life/.

[7] "Foi uma mudança muito, muito grande, exatamente ali. O sexo nos dormitórios e as drogas e tudo aquilo era realmente um afastamento [...] [e] [...] a maioria dos funcionários da administração e dos professores [...] achava que estava acontecendo uma revelou de verdade." Ibid.

[8] Joseph Hooper, "Tim Keller wants to save your yuppie soul", *NYMag*, November 29, 2009, http://nymag.com/nymag/features/62374/index1.html.

[9] Timothy Keller, *Encounters with Jesus: unexpected answers to life's biggest questions* (New York: Penguin, 2013), p. xvi [No Brasil: *Encontros com Jesus* (São Paulo: Vida Nova, 2015)].

[10] Timothy Keller; James K. A. Smith, "Catechesis for a secular age: what if the common good just might depend on conversions?" *Comment* 35.3 (Fall 2017): 58.

numa tenda, pois o espaço era livre, sem controle. Tínhamos dezenas de pessoas passando ali no ponto mais frequentado e disputado do campus e elas vinham falar conosco sobre por que o cristianismo é tão relevante, e assim por diante. No setembro seguinte, apareceram entre 120 e 130 pessoas no nosso primeiro encontro. Antes, a frequência média tinha sido de quinze pessoas".[11]

Mais tarde, quando Keller se tornou um ministro renomado, ficou conhecido por interagir de maneira cordial com outras tradições e incorporar *insights* de uma grande variedade de perspectivas. É essa perspectiva "lewisiana" – que tem sido tão atraente para tantas pessoas – que pode ser vista desde seus primeiros dias na InterVarsity Fellowship de Bucknell, quando ele começou a ler vorazmente livros de teologia e de apologética, especialmente obras de C. S. Lewis e Francis Schaeffer. Schaeffer e Lewis se mostraram cruciais para a apologética inicial de Keller e tiveram uma influência permanente sobre Keller no desenvolvimento de sua abordagem.[12]

Keller explica como sua seleção inicial de leitura – em uma época em que a erudição evangélica na América do Norte ainda estava em grande parte adormecida – teve um efeito de longo prazo sobre ele:

> Até em torno de 1975, se você era um evangélico formado em uma faculdade na América do Norte, praticamente não tinha um autor norte-americano à disposição para ler [...] Todos os que você lia eram britânicos [...] Preciso dizer para você que os primeiros livros que você lê e as primeiras coisas em que você imerge criam uma camada fundacional que, tenho certeza, não desaparece mais; então eu não sou muito norte-americano nas minhas inclinações.[13]

Keller alude aqui ao fato de que os evangélicos no Reino Unido são com frequência menos tribais, em parte como resultado do impacto da secularização que encorajou a interação e o trabalho em equipe entre diferentes tradições cristãs. Ao depender tanto de autores britânicos nesses primeiros dias da sua peregrinação cristã, ele se tornou um "pouco menos sectário", o que explica em parte por que ele não "tem problema em se misturar com evangélicos de outras tradições".[14]

---

[11] Ibid., p. 58
[12] Keller, interview by author, 2017.
[13] Keller, "Part 1: Life," entrevista para Mark Dever, 2015.
[14] Ibid.

Um apologeta improvável

Depois de se formar em Bucknell em 1972, Keller se matriculou no Gordon--Conwell Theological Seminary, em Boston, Massachusetts, para obter um mestrado em teologia. Durante seus três anos em Boston, ele também começou como obreiro associado da InterVarsity. Do seu tempo no Gordon-Conwell, Keller dá crédito a seus professores Richard Lovelace e Roger Nicole por sua influência e instrução piedosas. Ele também foi impactado pela abordagem homilética de Edmund Clowney e pelas obras do teólogo reformado do Grande Avivamento, Jonathan Edwards. Por mais incomum que pareça para alguém que agora é reconhecido como um dos principais apologetas cristãos, Keller não investiu de maneira substancial no aprendizado de apologética durante o seu tempo no seminário. Em vez disso, seu treinamento inicial foi dedicado a estabelecer o fundamento teológico, bíblico e histórico para o ministério pastoral, que mais tarde serviria para um arcabouço mais amplo para a sua apologética.

Foi durante o seminário que ele conheceu Kathy, com quem se casou logo antes da formatura, em 1975. Kathy impactaria a abordagem apologética de Keller de algumas maneiras significativas. Por um lado, porque ela era leitora voraz de C. S. Lewis. Quando menina, ela havia trocado cartas com o famoso autor britânico, e seu amor por Lewis parece ter estimulado a apreciação de seu marido pela obra dele. Tim e Kathy também trabalharam juntos formalmente em três livros, embora Kathy tenha servido como colaboradora em muitos dos projetos de autoria dele.[15]

Aos 25 anos, Keller mudou-se para Hopewell, Virginia, uma cidade rural ao sul de Richmond, para pastorear a igreja West Hopewell Presbyterian Church. Durante esse tempo, ele também serviu como diretor de plantação de igrejas para a Presbyterian Church in America (PCA) e obteve seu doutorado em ministério no seminário de Westminster (WTS) (1979-1982). Durante esse período de nove anos servindo em West Hopewell, Keller tinha as responsabilidades que fazem parte do típico trabalho de um pastor em uma pequena cidade em uma área rural: aconselhamento, organização, pregação três vezes por semana, realizar casamentos, oficiar funerais e visitar as famílias. Não era uma igreja grande, em que as tarefas podiam ser distribuídas e delegadas a especialistas em diferentes áreas; ele era "pau pra toda obra".

---

[15] Sacramone, "An interview with Timothy Keller," 2008; Timothy Keller, entrevista para o autor, 2017.

Durante seu tempo em Hopewell, Keller investiu pouco ou nenhum tempo em apologética. Nessa área rural nas décadas de 1970 e 1980, a maioria das pessoas professava algum tipo de fé cristã. A maioria dos seus membros mais idosos não tinha nem feito o ensino médio, e vários deles eram analfabetos. Poucos teriam identificado esse ambiente como campo de treinamento para um dos mais renomados apologetas da atualidade, mas, repetindo, em uma inspeção mais atenta, percebe-se que esse foi exatamente o tipo de experiência formativa que era essencial para forjar Keller como pastor-apologeta.

Mais tarde, Keller se tornaria conhecido por sua abordagem holística ao ministério e à persuasão. Vemos as raízes dessa ênfase nos seus primeiros e formativos dias, no seu trabalho em Hopewell, onde aprendeu com seus congregantes sobre o ministério de misericórdia prática:

> Se você simplesmente os deixasse livres para fazer o que quisessem em uma família que tinha algum tipo de problema prático, alguma família em necessidade, carentes de cuidado das crianças, carentes de treinamento, alguns deles simplesmente sabiam o que fazer. E, assim, fui forçado a me interessar pelo lado prático de como uma igreja cuida de seus membros e, em certa medida, do seu próximo [...] quando eu apareci lá, não tinha ideia nenhuma disso.[16]

Em 1984, os Keller se mudaram para Filadélfia para que Tim exercesse o cargo de professor assistente de teologia prática e diretor do programa de Doutorado em Ministério no Westminster Theological Seminary. Durante esse tempo, ele e Kathy se envolveram no ministério urbano, e ele serviu como diretor de Ministérios de Misericórdia na PCA.

Em 1989, a essa altura já com três meninos, os Keller mudaram para Manhattan, Nova York, a fim de plantar a igreja Redeemer Presbyterian Church. A ideia de plantar uma igreja na cidade de Nova York foi concebida pela denominação de Keller, e pediram a ele que ajudasse na escolha do pastor para a nova igreja. Depois que os primeiros dois candidatos recusaram o convite, o próprio Keller aceitou a posição. "Eu simplesmente achei que seria uma atitude covarde da minha parte não aceitar", ele explica, "mas tínhamos um tipo de dor e enjoo no estômago todos os dias".[17] O primeiro culto em abril de 1989 contou com a participação de aproximadamente 75 pessoas, mas no outono do mesmo ano a igreja estava realizando dois cultos semanais

---

[16] Keller, "Part 1: life," entrevista a Mark Dever, 2015.
[17] Hooper, "Tim Keller wants to save your yuppie soul".

no domingo com até 250 pessoas.[18] Quando Keller se aposentou do pastorado em 2017, a igreja Redeemer tinha oito cultos dominicais com mais de cinco mil participantes.[19]

Depois de 15 anos de hiato da apologética – ao menos com a apologética ocupando a prioridade na sua mente –, a plantação de igreja na cidade de Nova York forçou Keller a retornar novamente à apologética.[20] E aqui, novamente, levando em consideração sua atual reputação de apologeta, é de admirar que tenha havido esse enorme intervalo. No entanto, como já sugerimos antes, parece que esse trilho nada convencional o preparou de maneira singular para o seu êxito como apologeta.

Keller há muito já era um leitor voraz e tinha um intelecto afiado, além de uma memória extraordinária. Estudar no Gordon-Conwell, pastorear uma igreja em uma área rural e depois dirigir um programa de ministério prático no Westminster foram sementes que ajudaram a estimular diversos aspectos apologéticos que o distinguem. Em primeiro lugar, seu pano de fundo o equipou com uma sólida base teológica que havia sido afiada para o ministério prático. Ao servir como pastor em Hopewell, pregar 1.500 sermões ao longo de nove anos e cuidar de provações e preocupações diárias de suas ovelhas, Keller se desenvolveu como um teólogo muito hábil, aprendendo a se dirigir tanto à cabeça quanto ao coração. Em segundo lugar, seus livros de apologética revelam uma sensibilidade genuína para com o próximo e um nível elevado de inteligência emocional, o que certamente se deve, em alguma medida, aos seus anos de ministério pastoral. Em terceiro lugar, o ministério de Keller também tem argumentos apologéticos equilibrados pela "apologética incorporada", uma referência à comunidade cristã que é consistente com a ênfase no Novo Testamento (por exemplo, considere 1Pedro), incorporando um tipo de apologética na maneira como ela serve e cuida dos que estão à sua volta. Essa ênfase foi produzida não somente pelo seu ministério pastoral em Hopewell, mas também por sua liderança nos ministérios de misericórdia enquanto lecionava na Filadélfia.

---

[18] Ibid.

[19] Kate Shellnutt, "Tim Keller stepping down as Redeemer Senior Pastor", *Christianity Today*, February 26, 2017, http://www.christianitytoday.com/news/2017/february/tim-keller-stepping-down-nyc-redeemersenior-pastor.html.

[20] "Meu interesse pela apologética e pelo evangelismo dos tempos da faculdade simplesmente tinha adormecido, em certo sentido, e foi somente quando cheguei aqui em 1989 que de repente eu percebi, sim, eu consigo fazer isso. Assim, de alguma maneira, eu tinha perdido o meu interesse por isso." Keller, entrevista ao autor, 2017.

Quando Keller começou sua nova igreja em Nova York, para sua surpresa, descobriu que havia muito mais céticos nos cultos regulares da igreja Redeemer do que ele tinha visto em igrejas em outros lugares do país. Ele estimou que entre 15% a 20% do seu público nos domingos eram incrédulos, e muitos deles estavam ávidos por uma conversa particular. Ele também foi convidado a apresentar o cristianismo em *campi* universitários na cidade de Nova York, como Columbia, New York University e Juilliard. A necessidade prática havia lançado Keller de volta à apologética.

Em combinação com seu conhecimento prévio de Lewis e Schaeffer, no início da década de 1990 Keller interagiu com as obras de filósofos contemporâneos como Alvin Plantinga, Nicholas Wolterstorff e George Mavrodes.[21] A comunicação de conceitos acadêmicos cristãos para não especialistas em combinação com os escritos de C. S. Lewis foram ambos elementos importantes para a sua apologética do cotidiano e, mais tarde, para seu livro *A fé na era do ceticismo. Como a razão explica Deus*.

RESPOSTA APOLOGÉTICA E METODOLOGIA

A fé na era do ceticismo: a apologética moldada pelo ministério na cidade

Com *A fé na era do ceticismo*, *best-seller* do *New York Times*, Tim Keller surgiu no mapa nacional como um apologeta cristão.[22] E, no entanto, para os que conheciam Keller pessoalmente, o sucesso do livro não foi surpresa. *A fé na era do ceticismo* era uma extensão de anos de ensino e evangelismo na cidade de Nova York. Ele trabalhou no livro durante seis anos, em grande parte nas férias. A ideia foi encorajada por pessoas na sua igreja que tinham vindo de ambientes não cristãos pedindo-lhe que tornasse mais facilmente disponível para seus parentes e amigos o ensino dele que os havia ajudado a fundamentar e justificar suas crenças. Ele havia evitado escrever livros no início de seu ministério porque tinha percebido que estava em desenvolvimento, mas, quando chegou aos 50 anos, decidiu que era hora de pôr alguns de seus ensinos na forma impressa. Sua paciência também significou que a essa altura tinha muito material ao qual podia recorrer.[23]

---

[21] Keller, entrevista para o autor, 2017.
[22] Timothy Keller, *The reason for God: belief in an age of skepticism* (New York: Dutton, 2008) [no Brasil: *A fé na era do ceticismo. Como a razão explica Deus* (São Paulo: Vida Nova, 2015)].
[23] Sacramone, "An Interview with Timothy Keller," 2008.

Keller se refere ao livro *A fé na era do ceticismo* como sua apologética mais tradicional. É dividido em duas seções gerais. A parte 1 apresenta respostas a sete razões comuns pelas quais as pessoas rejeitam o cristianismo, respostas estas que expõem uma compreensão dos motivos e das preocupações subjacentes por trás dessas objeções. Ele com frequência pede ao leitor que considere como ele ou ela pode se aproximar do cristianismo com pressuposições culturais em geral muito estreitas e, ao fazê-lo, ele usa o próprio desdém da cultura ocidental pelo etnocentrismo para abrir a porta para uma reflexão mais profunda sobre a doutrina cristã em questão. Afinal, se Deus é Deus, ele transcende a cultura e vai questionar diferentes culturas em diferentes aspectos. O alvo dessa primeira seção é tirar do caminho as objeções comuns para que os leitores estejam dispostos a considerar a defesa do cristianismo na segunda seção do livro.

A parte 2 elabora uma defesa afirmativa e concreta do cristianismo mediante o uso de evidências históricas, da lógica, ciência, sociologia, filosofia e teologia. Keller prepara o cenário com muito cuidado ao destacar os limites de tais argumentos, pois não está tentando "provar" o cristianismo no sentido tradicional e estrito do termo. Em vez disso, propõe que, de maneira análoga às teorias científicas, o cristianismo pode ser testado pela comparação com suas principais alternativas para ver se oferece a melhor explicação para o que vemos no mundo. Resumindo argumentos de pensadores contemporâneos como Alvin Plantinga, Francis Collins e N. T. Wright, bem como luminares mais antigos como Soren Kierkegaard, Flannery O'Connor e, claro, C. S. Lewis, Keller não somente constrói uma defesa do cristianismo, mas também explica como a compreensão que o evangelho tem do mundo faz sentido. E aqui, novamente, a sensibilidade pastoral de Keller e o seu tom cativante contribuem para que o livro seja tão apreciado.

Mesmo que *A fé na era do ceticismo* seja comparado frequentemente com *Cristianismo puro e simples* de Lewis, Keller explicou uma diferença fundamental. Por um lado,

> Lewis definitivamente viveu em uma época em que as pessoas em geral tinham mais certeza de que a racionalidade empírica e linear era a maneira pela qual você determinava o que era verdade, e simplesmente não há esse mesmo nível de certeza agora. Além disso, quando Lewis estava escrevendo, as pessoas tinham a capacidade de seguir argumentos bem fundamentados que tinham uma série de pontos que construíam uns sobre os outros. Eu acho que posso dizer que agora temos um tipo de "déficit-de-racionalidade-e-atenção". Você pode construir uma argumentação

baseada em uma sólida argumentação, pode usar a lógica, mas ela precisa ser relativamente evidente. Você precisa chegar ao seu objetivo rapidamente.[24]

Por outro lado, ele explica que, no seu contexto moderno na cidade de Nova York,

> Essas pessoas são muito inteligentes, são pessoas muito bem formadas, mas, mesmo na metade da década de 1990, eu tinha percebido que [...] *Cristianismo puro e simples* [...] não tinha capturado o interesse delas, porque elas de fato não conseguiam acompanhar a argumentação. As argumentações eram muito longas. Essa longa cadeia de raciocínio silogístico não era algo em que elas haviam sido treinadas. Não penso que elas sejam irracionais; elas são tão racionais [quanto as pessoas nos dias de Lewis], mas querem uma espécie de mistura de lógica e envolvimento pessoal [...] Uma das razões pelas quais eu comecei a fazer isso foi que pensei que precisava de algo que lhes desse argumentos mais curtos, mais simples e mais acessíveis.[25]

Nas explicações de Keller, essa abordagem contextual à apologética é evidente. Ele não está simplesmente teorizando sobre apologética para pessoas hipotéticas, mas, antes, sua apologética foi construída para as pessoas reais com as quais ele interage diariamente em seu ambiente. Para Keller, os não cristãos "não são abstrações, eles são ou não cristãos gregos, ou não cristãos judeus, ou não cristãos budistas, ou algo assim. E, assim, a apologética é automaticamente contextualização".[26]

Quando a "razão" não é suficiente

Apesar da popularidade de *A fé na era do ceticismo*, Keller não descansou sobre os seus louros apologéticos. Duas razões o levaram a desenvolver mais um nível na sua apologética. A primeira foi que o ministério o fez considerar com mais reflexão sobre como interagir com os desinteressados no tipo de argumentos encontrados em *A fé na era do ceticismo*. Por meio de uma série de eventos de evangelismo que sua igreja organizou para incrédulos, Keller percebeu que, embora *A fé na era do ceticismo* e sua abordagem em geral se mostrassem eficazes para não cristãos que já estavam interessados no

---

[24] Ibid.
[25] Ibid.
[26] Keller, entrevista com o autor, 2017.

cristianismo, ela era menos convincente para os mais céticos.[27] Assim, ele começou a trabalhar em como se conectar com os mais cínicos mediante a interação com crenças fundacionais – pressuposições fundamentais com relação a aspectos da vida, tais como sentido, valor, propósito e moralidade. A segunda é que, no começo da década de 2010, mais um grupo de autores influenciou a sua apologética. No topo da lista estava Charles Taylor e seu *Uma era secular*, ao qual Keller se refere como "um dos livros mais importantes que eu li em toda a minha vida".[28] Esses dois eventos o levaram a escrever *Deus na era secular: Como céticos podem encontrar sentido no cristianismo*, livro ao qual Keller se refere como "prequela" [obra anterior] de *A fé na era do ceticismo*.

Onde você começa com alguém que acredita que o cristianismo é irrelevante – "O que é, afinal, a razão de a religião estar morrendo" –, ou, ainda pior, que acredita que a religião organizada é opressora – "É só olhar para o histórico da religião"? Oferecer propósito e realização por meio da religião pode soar bastante estranho para o investidor de Wall Street que, antes de chegar aos trinta, já galgou rapidamente os degraus da meritocracia de Manhattan – "Minha vida está muito boa, obrigado". A moralidade cristã soa sufocante para o hedonista moderno que busca realização pessoal; os argumentos pensados para a cabeça podem parecer bem aleijados quando os ídolos modernos capturaram a cabeça. Se você está interagindo com um humanista secular cujas estruturas de plausibilidade cultural fazem o cristianismo parecer, *prima facie*, irracional, infantil e abusivo, terá sorte se obtiver um mesmo um olhar passageiro se começar a declamar uma lista de evidências a favor da ressurreição ou se oferecer silogismos lógicos em apoio à ideia de um Criador.[29]

Por essas razões, Keller reconhece a necessidade de questionar o que a apologética tradicional com frequência deixou de tratar de forma adequada: a cultura que fornece tacitamente uma rede de plausibilidade e cultiva o coração em direção a uma visão do "bem". Esse "imaginário social" moderno opera debaixo do radar das reflexões intelectuais da maioria das pessoas – tornando

---

[27] Ibid.

[28] Ibid. Keller também mencionou o impacto de Alasdair MacIntyre, Jonathan Haidt e Phillip Rieff no seu desenvolvimento intelectual.

[29] *Estrutura de plausibilidade cultural* é um termo cunhado por Peter Berger e corresponde ao que diversos autores de diferentes campos de estudo descrevem como pressuposições herdadas sobre o mundo que as pessoas tomam por certo, as "pré-compreensões" ou o "conhecimento tácito", ou, o que Charles Taylor menciona como o "imaginário social moderno". Peter L. Berger e Thomas Luckmann, *The social construction of reality: a treatise in the sociology of knowledge* (1966; reimpr., New York: Anchor, 1967); Charles Taylor, *A secular age* (Cambridge: Harvard University Press, 2007).

o cristianismo menos plausível. O "imaginário social" em si necessita ser questionado. No seu livro *Pregação*, Keller prenunciou uma abordagem que é evidenciada em *Deus na era secular* ao enfatizar a necessidade de ampliar a compreensão de como a apologética cristã é exercida: "A secularidade não é simplesmente uma ausência de crenças. Os cristãos com frequência aceitam essa alegação e reagem desempacotando suas provas e outros artigos de fé. Calma aí [...] O secularismo é sua própria teia de crenças que devem estar sujeitas à análise".[30] Para que apelos apologéticos tradicionais recebam um ouvido mais atento e sério, Keller primeiro caminha lado a lado com seus leitores seculares, ajudando-os a articular suas próprias crenças e pressuposições. O primeiro passo é ajudá-los a ver que eles na verdade também têm fé – crenças não comprováveis por pura lógica ou por observação empírica.

Deus na era secular: a necessidade de começar mais atrás

Na primeira seção de *Deus na era secular*, Keller se propõe expor o que Charles Taylor denomina uma "história de subtração" do modernismo tardio.[31] Nessa história, a secularização é o que acontece quando os mitos religiosos do passado são negados e os fatos neutros sobre o mundo têm liberdade para serem descobertos pela ciência e pela razão. O surgimento dessa sociedade esclarecida, como a história é contada com frequência, vai conduzir a um mundo menos religioso, mais justo e livre. Essa é a narrativa do amadurecimento secular que Keller ousa desmascarar. Usando diversas fontes, ele esboça o que tem sido um desenvolvimento surpreendente para muitos teóricos que antes prediziam a queda da religião com a crescente modernização. Falando em termos gerais, a fé religiosa conservadora parece estar crescendo.

Em seguida, Keller argumenta que "cada pessoa adota sua própria cosmovisão por uma série de fatores racionais, emocionais, culturais e sociais".[32] Para que não seja mal interpretado, ele não está tentando criar um tipo de campo "neutro" em que os argumentos apologéticos devem ser debatidos até que se chegue a uma conclusão final. Em vez disso, seguindo o filósofo

---

[30] Timothy Keller, *Preaching: communicating faith in an age of skepticism* (New York: Penguin, 2015), p. 126 [no Brasil: *Pregação: comunicando a fé na era do ceticismo* (São Paulo: Vida Nova, 2017)].

[31] Uma vez que *Deus na era secular* [*Making sense of God*] parte de abordagens à apologética mais tradicionais, reservamos mais espaço nesta seção para fornecer uma explanação mais detalhada.

[32] Timothy Keller, *Making sense of God: an invitation to the skeptical* (New York: Viking, 2016), p. 4 [no Brasil: *Deus na era secular: como céticos podem encontrar sentido no cristianismo* (São Paulo: Vida Nova, 2018)].

Alasdair MacIntyre, o filósofo-cientista Michael Polanyi, bem como uma miríade de outros pensadores (e, certamente, as intuições de sua tradição reformada), Keller nega quaisquer " 'padrões de verdade e justificação racional' que sejam independentes e possam ser usados para julgar todos os pontos de vista, porque qualquer padrão que alguém propuser virá de uma dessas cosmovisões – e a pressuporá – de modo a assumir que todas as outras estão equivocadas".[33]

Keller nivela o campo para que o secularista moderno não se sinta liberado a pressupor que ele ou ela está somente usando o senso comum e a razão para chegar às suas conclusões. Todos nós – religiosos e não religiosos – pressupomos arcabouços confiáveis dentro dos quais opera o nosso raciocínio. Keller sublinha a impossibilidade de qualquer pessoa ser capaz de *simplesmente olhar para os fatos* enquanto também tenta refutar a caricatura falsa da religião como estando apoiada simplesmente em fé cega.[34] Tanto o religioso quanto o não religioso adotam sua visão de mundo por razões tanto objetivas quanto subjetivas. Todos nós usamos "razão" e "fé", portanto, as crenças religiosas não podem ser descartadas tão prontamente.

Depois que Keller adverte os leitores de suas próprias pressuposições e da inevitabilidade de algum tipo de "fé", a parte 2 dá sequência e faz uma defesa do cristianismo. Mas sua abordagem não começa em algum tipo de terreno teórico ou lógico sobre o qual se possa construir, um tijolo de lógica de cada vez, para provar o cristianismo. Nas notas de rodapé, Keller argumenta que, quando alguém está avaliando as provas clássicas a favor de Deus, esses juízos racionais não estão acontecendo em um vácuo hermeticamente isolado de diversas tradições de racionalidade, que devem ser presumidas quando se faz qualquer avaliação crítica. Isso significa que simplesmente começar com provas apologéticas clássicas e presumir que "ou elas funcionam ou não funcionam" toma por certo um *consenso* universal com relação a estruturas de racionalidade que não existem.[35]

Em uma importante nota de rodapé, que nos permite espiar dentro do arcabouço filosófico por trás dessa abordagem, Keller esboça a proposta de Alasdair MacIntyre de *respeitar* a maneira como as tradições filosóficas e

---

[33] Ibid., p. 280.
[34] Derek Rishmawy, âncora, "With Tim Keller, on 'Making Sense of God,'" *Mere fidelity*, podcast, December 13, 2016, https://mere orthodoxy.com/mere-fidelity-tim-keller-making-sense-god/.
[35] Keller, *Making sense of God*, p. 280.

morais fornecem diferentes arcabouços de racionalidade *sem abrir mão da expectativa de converter alguém de uma cosmovisão rival*.

> Primeiro, a pessoa precisa "passar a entender o que é pensar nos termos determinados por aquela tradição antagonista particular". Ela precisa fazer de tudo que ela puder para se colocar, de maneira empática, no lugar daquele outro ponto de vista [...] Segundo, tanto na sua própria cosmovisão quanto na cosmovisão que está analisando, ela deve identificar "questões não resolvidas e problemas não resolvidos – não resolvidos e não explicados *pelos padrões daquela tradição*". Um tipo de problema é a inconsistência, de modo que algumas crenças daquela cosmovisão contradizem as outras. Outro tipo de problema é a incapacidade de ser praticada, de modo que algumas crenças são impossíveis de serem praticadas por aqueles que as defendem.[36]

Um passo crucial para identificar crenças inconsistentes ou que não podem ser praticadas é "quando se descobre que adeptos de uma cosmovisão contrabandeiam ideias e valores de outras cosmovisões a fim de dar conta das contradições e inconsistências de sua própria tradição".[37] Essa é a meta-abordagem de *Deus na era secular*. Os secularistas modernos assumem um conjunto de crenças que são inconsistentes e impraticáveis; assim, e em geral involuntariamente, eles precisam pegar emprestado do cristianismo, o que dá sustentação à conclusão de que o cristianismo faz mais sentido "emocional, cultural e racionalmente" do que o seu principal rival ocidental.[38]

Esse arcabouço filosófico para a abordagem dele é mais plenamente articulado nas notas de rodapé, ao passo que no corpo de sua obra Keller valida, primeiro, a busca humana por sentido, satisfação, liberdade, identidade, moralidade e esperança, e, então, desmembra como cada um desses aspectos essenciais da experiência humana é minado pelas pressuposições seculares e é mais bem explicado pelo cristianismo.

Um esboço de como Keller trata do tópico da identidade nos capítulos seis e sete, só como exemplo, esclarece ainda mais sua abordagem geral. Ele explica que a formação da identidade normalmente é imposta sobre nós de maneira invisível pelas culturas em que habitamos. Nas culturas tradicionais, o senso do eu é desenvolvido à medida que os indivíduos assumem seu papel

---

[36] Ibid.
[37] Ibid.
[38] Ibid., p. 281.

na família e na comunidade. De forma inversa, no Ocidente somos ensinados o seguinte: "seja verdadeiro consigo mesmo", "não se preocupe com o que os outros pensam" e "seja livre e encontre o seu caminho". A história de herói que é absorvida mediante a imaginação popular é uma história de autoafirmação em vez da antiga história de autossacrifício.

Mesmo que a identidade moderna tenha problemas enormes que Keller venha a questionar, ele, antes, valida aspectos das aspirações da cultura. Nas sociedades tradicionais, a condição social era amarrada às ordens hierárquicas com pouca esperança de progresso. As pessoas deveriam "saber o seu lugar", e aquelas pertencentes aos degraus inferiores da condição social com frequência eram exploradas. O individualismo ocidental atual desafia essa ordem hierárquica e opressora; muitos de nós não conseguiriam imaginar uma "boa" sociedade hoje funcionando de outra maneira. Em outras palavras, o desenvolvimento da identidade moderna leva consigo alguns avanços e algumas aspirações que nossa teologia (por exemplo, os seres humanos são feitos à imagem de Deus e ágape) requer que confirmemos.

No entanto, Keller mostra que essa nova visão de identidade não pode cumprir o que promete. Ela é (1) *incoerente*, porque se espera do eu moderno que seja construído sobre desejos pessoais, mas nossos desejos interiores com frequência se contradizem, mudam e são enganosos. Ela é (2) *ilusória* no sentido de que simplesmente não conseguimos deixar de nos importar com o que os outros pensam. "Ninguém consegue validar ou abençoar a si mesmo".[39] Outra pessoa precisa validar e afirmar o nosso valor. Ela é (3) *opressora* porque nossa busca de criar a nossa própria identidade, provar o nosso significado e ser validado com frequência vai resultar em ansiedade e estresse sufocantes. E, por fim, a identidade moderna é (4) *fragmentadora*, à medida que os relacionamentos e a comunidade são minados quando as outras pessoas são tratadas de forma instrumental para alcançarmos nossa própria realização pessoal. Keller adentrou na visão de identidade do período posterior da modernidade, explicou-a e então a desconstruiu para mostrar que no fim das contas ela não se sustenta.

Em seguida, ele se volta a mostrar como o cristianismo se encaixa melhor com nossas aspirações mais profundas e leva ao florescimento humano. Em vez de olhar primordialmente para fora (visões tradicionais) ou para dentro (nova visão), o cristianismo nos chama a olharmos para cima, para Deus, na

---

[39] Ibid., p. 134.

busca da nossa identidade. O que interessa no fim das contas e acima de tudo é o que Deus pensa, e sua aprovação não pode ser conquistada; essa é uma identidade que precisa ser recebida. Aqui, Keller pede ao leitor que "imagine" e "considere" como seria crer no evangelho e abraçar e receber a promessa que Jesus fez – ter aceitação incondicional e viver uma vida plena de sentido e serviço aos outros a partir do amor de Deus. Keller pede ao descrente, que agora vê os problemas de sua abordagem cultural atual à identidade, que imagine como Cristo vai mudar a sua vida:

> Agora, por exemplo, você busca uma carreira não para encontrar o seu "eu" e conquistar autoestima. Faça isso para servir a Deus e ao bem comum. O seu trabalho ainda é parte da sua identidade, assim como o são sua família, sua nacionalidade, e assim por diante. Mas esses elementos estão libertos do terrível peso de serem a fonte suprema do eu e do valor pessoal. Eles já não podem distorcer a sua vida como fazem quando são forçados a esse papel [...] O trabalho já é algo que você usa de forma desesperada para se sentir bem consigo mesmo. Ele se torna simplesmente mais uma boa dádiva de Deus que você pode usar para servir a outros.[40]

O argumento dele, que não podemos expor plenamente aqui por falta de espaço, segue e explica como o eu moderno estabelece a identidade pela exclusão dos outros (basta pensar, por exemplo, na política de identidade). O cristianismo, em contrapartida, oferece uma identidade singular que capacita as pessoas a viverem em paz umas com as outras: "Perdoar e abraçar, em vez de excluir e subjugar, requer uma autoimagem que de fato se fortalece mediante a definição desses contrastes".[41] Isso requer, paradoxalmente, tanto humildade radical quanto confiança sustentadora, que estão disponíveis somente na cruz de Cristo. Aceitar que o Filho morreu pelos nossos pecados conduz à profunda humildade (foram os meus pecados que exigiram tal sacrifício) e confiança (ele morreu por mim). Em contraste com a autoafirmação, o cristianismo fornece, assim, os recursos para o perdão, a reconciliação e o eu estável.

Esse exemplo de como ele compara a visão cristã da identidade com suas contrapartes seculares ilustra a abordagem de Keller em todos esses capítulos mais importantes:

---

[40] Ibid., p. 137-8.
[41] Ibid., p. 146.

1. Articular aspirações e valores culturais modernos
2. Confirmar elementos que se sobrepõem com os do cristianismo
3. Realçar onde a posição secular é inconsistente, mina suas aspirações mais profundas e é impossível de ser vivida na prática
4. Explicar como o cristianismo oferece uma maneira de viver mais consistente, mais praticável e mais racional

A parte 3 investiga os argumentos a favor da razoabilidade do cristianismo – a defesa de Deus (capítulo 11) e de Jesus (capítulo 12) –, o que ele chama de visão de dez mil metros de altura da defesa concreta da fé. Essa seção funciona como uma versão compacta de *A fé na era do ceticismo*, que, mesmo que tenha sido escrito antes de *Deus na era secular*, funciona como uma continuação lógica. Em virtude do resumo de *A fé na era do ceticismo* na seção anterior, há pouca necessidade de recapitular sua abordagem nesses capítulos finais. Uma maneira de expressar isso é que a parte 1 e a parte 2 de *Deus na era secular* argumentam que o cristianismo faz mais "sentido emocional e cultural", ao passo que a parte 3, ou em sua forma expandida *A fé na era do ceticismo*, faz a defesa racional do cristianismo.

Outros livros relevantes

Além de suas duas obras gerais de apologética, *A fé na era do ceticismo* e *Deus na era secular*, Keller escreveu diversos outros livros que ou funcionam de maneira apologética ou treinam os cristãos para interagir com incrédulos. Em vista da limitação de espaço, podemos incluir somente um resumo breve de cada livro aqui.

O Deus pródigo

Em uma cultura secular, parte do papel da apologética é resolver mal-entendidos e esclarecer a mensagem central do evangelho. Em *O Deus pródigo*, usando a história bíblica do filho pródigo, Keller explica "os elementos essenciais da mensagem cristã" como uma "introdução à fé cristã para aqueles que não estão familiarizados com seus ensinos ou que estiveram afastados deles por algum tempo".[42]

---

[42] Timothy Keller, *The prodigal God: recovering the heart of the Christian faith* (New York: Riverhead, 2008), p. xi [no Brasil: *O Deus pródigo: recuperando a essência da fé cristã* (São Paulo: Vida Nova, 2018)].

Deuses falsos

Em *Deuses falsos*, Keller mira os ídolos que levaram ao que Alexis de Tocqueville chama de uma "estranha melancolia" encontrada nos Estados Unidos. Seguindo a teologia de Santo Agostinho, *Deuses falsos* observa como esse profundo desespero e inquietação são palpáveis no Ocidente e aponta os leitores para o "único Senhor que, se você o encontrar, pode preenchê-lo plenamente, e se você o decepcionar, ele pode verdadeiramente perdoar você".[43]

Igreja centrada

Igreja centrada é o único livro-texto que Keller escreveu. O livro, fundamentado e sustentado por uma visão teológica, serve como um guia prático para o ministério. "Terceira parte: contextualização do evangelho" desenvolve uma abordagem bíblica à contextualização e instrui os leitores a como interagir com as pressuposições céticas do período final do modernismo.

Caminhando com Deus em meio à dor e o sofrimento

A primeira parte de *Caminhando com Deus em meio à dor e o sofrimento* serve como uma defesa e um estudo de caso da racionalidade experiencial e lógica da compreensão cristã do mal e do sofrimento. Ao explorar primeiramente o fenômeno do sofrimento, Keller esboça as diversas maneiras pelas quais as diferentes culturas – tanto antigas quanto modernas – têm compreendido e buscado viver com a experiência universal da dor. O cristianismo, conforme argumenta, oferece o melhor recurso para viver com o sofrimento. Além disso, ao incorporar algo a que os filósofos se referem como "teísmo cético", mas talvez mais adequadamente seja chamado de "teísmo humilde",[44] Keller argumenta que, se alguém pressupõe que o Deus da Bíblia existe, é coerente concluir que os seres humanos não estão em condições epistêmicas de entender a maioria das razões pelas quais Deus permite o sofrimento.

---

[43] Timothy Keller, *Counterfeit gods: the empty promises of money, sex, and power and the only hope that matters* (New York: Penguin, 2009), p. xxiv [no Brasil: *Deuses falsos: as promessas vazias do dinheiro, sexo e poder, e a única esperança que realmente importa* (São Paulo: Vida Nova, 2018)].

[44] Stephen Wykstra, "A skeptical theist view," in: *God and the problem of evil: five views*, eds. ChadMeister; James K. Dew Jr. (Downers Grove: InterVarsity Press, 2017), p. 111.

Encontros com Jesus

Encontros com Jesus começou como dois conjuntos de palestras apologéticas. A primeira metade começou como uma série de palestras proferidas em 2012 em Oxford Town Hall, em Oxford, Inglaterra, a um grupo de estudantes, em que a maioria era constituída de céticos quanto ao cristianismo. A segunda metade do livro está baseada em uma série que Keller ensinou no Harvard Club da cidade de Nova York, em que ele falou a um grupo de líderes da cidade. Em *Encontros com Jesus*, Keller analisa os relatos bíblicos em que Jesus conduz conversas a respeito de questões de vida universais cruciais e fundamentais, e expõe a relevância da vida e do ensino de Jesus para as aspirações atuais.

Pregação

Mesmo que *Pregação* não concentre seu foco na apologética, os capítulos 4 ("Pregando Cristo à cultura") e 5 ("A pregação e a mente moderna (tardia)") esboçam como fazer apologética do púlpito. Ambos os capítulos estão repletos de instruções práticas, e há um guia para as implicações da obra *Uma mente secular,* de Charles Taylor, para a pregação apologética.

CONTRIBUIÇÕES PARA A APOLOGÉTICA

O pastor apologeta por excelência

O ensino e os escritos de Keller estão abarrotados de exemplos da cultura, da literatura, dos intelectuais e de periódicos populares. Um apologeta renomado, bem conhecido por seus próprios méritos, certa vez comentou comigo em um aparte: "Não consigo entender como Keller consegue ler tanto e reter tanto. É impressionante". Levando em consideração que Keller exerceu sua carreira como pastor, com todas as responsabilidades e demandas que acompanham a plantação e liderança de uma igreja, suas notas de rodapé enciclopédicas são um testemunho de seu disciplinado calendário de leitura, de aprendizado profundo e de memória afiada. Mas não é só verdade que Keller é inteligente: ele também é perspicaz e sábio, conhecido amplamente por sua sensibilidade ao contexto e por suas intuições pastorais. Ao aprender a praticar a contextualização com as características de sua comunidade em Manhattan, Keller lapidou sua habilidade de encapsular os pontos mais incisivos e relevantes de pensadores de alto nível e traduzi-los em conversas, sermões e livros, e ele faz isso ao mesmo tempo que consegue evitar o intelectualismo árido que questiona somente ideias, porque, como ele reforça muitas vezes, as pessoas "não mudam simplesmente ao mudarem sua maneira de pensar, mas ao mudarem o que elas mais amam. Tal mudança exige nada *menos* do que mudar a maneira de pensar, mas engloba mais".[45]

Liderando um movimento mundial

Em 2017, Keller se aposentou do pastorado, mas continua sendo pastor emérito da igreja Redeemer Presbyterian Church e atua como "mestre-treinador" para líderes de igreja.[46] Seu foco no ministério agora é desenvolver um movimento de igrejas evangélicas reformadas nas principais cidades do mundo. Com esse alvo à frente de tudo o mais, ele continua servindo como vice-presidente da Gospel Coalition (Coalizão do Evangelho), "uma comunhão de igrejas evangélicas na tradição reformada profundamente comprometidas com a renovação da fé no evangelho de Cristo e com a reforma de nossas práticas ministeriais para que se conformem completamente às Escrituras".[47] Ele também fundou e atua como presidente do conselho de Redeemer City to City, uma organização de desenvolvimento de liderança "para ajudar líderes a desenvolver movimentos do evangelho nas cidades".[48] Quando este capítulo foi escrito, City to City já tinha ajudado a dar início a 632 igrejas em 75 cidade em todo o mundo. Além de liderar essas organizações, Keller está se concentrando em escrever livros necessários para treinar e executar o ministério nas principais cidades do mundo, ajudando "plantadores de igrejas a darem às pessoas uma visão" para o ministério e servir leitores muito além do alcance imediato dele.[49]

De Milão a Manhattan

Na abertura deste capítulo, sugerimos que, embora a comparação comumente feita com C. S. Lewis seja compreensível, ela pode anuviar a percepção que uma pessoa tem de Tim Keller se os dois não forem também contrastados. Se é pertinente uma analogia histórica que corresponda à vocação e ao contexto de Keller, talvez um encaixe melhor seja Ambrósio, o bispo que

---

[45] Ibid., p. 159.
[46] Shellnutt, "Tim Keller stepping down as Redeemer Senior Pastor".
[47] "Foundation documents," The Gospel Coalition, https://www.thegospel coalition.org /about/foundation-documents/.
[48] "About", Redeemer City to City, https://www.redeemercitytocity.com/about/.
[49] Timothy Keller, "Life, ministry, and books with Tim Keller–Part 2", entrevista a Mark Dever, 2015.

contextualizou sermões para a intelectualmente sofisticada cidade de Milão e impactou profundamente o jovem prodígio Agostinho.[50]

Com características que em certa medida espelham Keller, Agostinho relata em detalhes a reputação de Ambrósio pelo serviço aos outros, pelo aprendizado profundo, por ser um leitor voraz e por sua eloquência como pregador. "Em Milão eu fui ao bispo Ambrósio, que tinha uma reputação mundial, era vosso servo devoto e um homem cuja eloquência naqueles dias era abundantemente dispensada [...] Muitas vezes quando íamos a ele [...], nós o encontrávamos lendo..." E quando o ouviu pregando, antes de Agostinho se converter, ele relata como o ensino de Ambrósio o impactou:

> Junto com a linguagem, que eu admirava, o assunto do conteúdo também, ao qual eu era indiferente, começou a entrar na minha mente. Na verdade, eu não conseguia separar um do outro. E quando eu abri meu coração para reconhecer quão eloquentemente ele falava, ocorreu-me ao mesmo tempo (embora essa ideia tenha vindo gradualmente) quão verdadeiramente ele falava. Primeiro percebi que os pontos que ele estava afirmando podiam ser defendidos [...] parecia-me agora que essa fé podia ser sustentada em terreno racional.[51]

Pode-se imaginar facilmente um "manhattanita" descrever Keller com tais termos.

Mas Ambrósio é mais conhecido por servir como exemplo e influência pastoral para Agostinho, o teólogo mais importante da tradição ocidental.

O que podemos dizer sobre o legado permanente de Keller? A sabedoria requer paciência antes que se tente articular tudo o que isso vai incluir, porque a história de Keller ainda não terminou. Não obstante, é muito provável que, se um movimento vibrante de igrejas evangélicas reformadas surgir nas principais cidades do mundo com pastores sendo exemplos de apologetas nos próximos anos, a igreja vá louvar o Senhor por ter tornado Timothy Keller um pastor-apologeta exemplar que abriu e pavimentou o caminho. E, quem sabe, talvez – só talvez – surja outro líder que marque época, que foi inicialmente convencido por Keller de que "essa fé podia ser sustentada em terreno racional".[52]

---

[50] Agradeço a James K. A. Smith por trazer essa comparação à minha atenção.
[51] Agostinho, *Confissões* 5.13.23, 5.14.24.
[52] Ibid.

BIBLIOGRAFIA

"About". Redeemer City to City. https://www.redeemercitytocity.com/about/.

BERGER, Peter L.; LUCKMANN, Thomas. *The social construction of reality: a treatise in the sociology of knowledge* (1966. Reimpr., New York: Anchor, 1967).

"Foundation documents." The Gospel Coalition. https://www.thegospelcoalition.org /about/foundation-documents/.

HOOPER, Joseph. "Tim Keller wants to save your yuppie soul". *NYMag*. November 29, 2009. http://nymag.com/nymag/features/62374/index1.html.

KELLER, Timothy. *Center church: doing balanced, gospel centered ministry in your city* (Grand Rapids: Zondervan, 2012).

_____. *Igreja centrada: desenvolvendo em sua cidade um ministério equilibrado e centrado no evangelho* (São Paulo: Vida Nova, 2014).

_____. *Counterfeit gods: the empty promises of money, sex, and power and the only hope that matters* (New York: Penguin, 2009).

_____. *Deuses falsos: as promessas vazias do dinheiro, sexo e poder, e a única esperança que realmente importa* (São Paulo: Vida Nova, 2018).

_____. *Encounters with Jesus: unexpected answers to life's biggest questions* (New York: Penguin, 2013).

_____. *Encontros com Jesus: respostas inusitadas aos maiores questionamentos da vida* (São Paulo: Vida Nova, 2015).

_____. Entrevista a Joshua Chatraw. Entrevista pessoal. New York, December 11, 2017.

_____. "Life, ministry, and books with Tim Keller–Part 1: life". Entrevista a Mark Dever. *9 Marks*. February 9, 2015. https://www.9marks.org/interview/life-ministry-and-books-with-tim-keller-part-1-life/.

_____. "Life, ministry, and books with Tim Keller–Part 2: ministry". Entrevista a Mark Dever. *9 Marks*. February 17, 2015. https://www.9marks.org/interview/life-ministry-and-books-with-tim-keller-part-2-ministry/.

_____. *Making sense of God: an invitation to the skeptical* (New York: Viking, 2016).

_____. *Deus na era secular: como céticos podem encontrar sentido no cristianismo* (São Paulo: Vida Nova, 2018).

_____. *Preaching: communicating faith in an age of skepticism* (New York: Penguin, 2015).

_____. *Pregação: comunicando a fé na era do ceticismo* (São Paulo: Vida Nova, 2017).

_____. *The prodigal God: recovering the heart of the Christian faith* (New York: Riverhead, 2008).

_____. *O Deus pródigo: recuperando a essência da fé cristã* (São Paulo: Vida Nova, 2018).

_____. *The reason for God: belief in an age of skepticism* (New York: Dutton, 2008).

_____. *A fé na era do ceticismo: como a razão explica Deus* (São Paulo: Vida Nova, 2015).

_____. *Walking with God through pain and suffering* (New York: Dutton, 2013).

_____. *Caminhando com Deus em meio à dor e ao sofrimento*. Tradução de Eulália Pacheco Kregness (São Paulo: Vida Nova, 2016).

_____; SMITH, James K. A. "Catechesis for a secular age: what if the common good just might depend on conversions?" *Comment* 35.3 (Fall 2017): 54-61.

MILLER, Lisa. "The smart shepherd". *Newsweek*. February 9, 2008. http://www.newsweek.com/smart-shepherd-93595.

RISHMAWY, Derek. "With Tim Keller, on 'Making sense of God'". *Mere fidelity*. Podcast audio, December 13, 2016. https://mere orthodoxy.com/mere-fidelity-tim-keller-making-sense-god/.

SACRAMONE, Anthony. "An interview with Timothy Keller". *First Things*. February 25, 2008. https://www.firstthings.com/web-exclusives/2008/02/an-interview-with-timothy-kell.

SHELLNUTT, Kate. "Tim Keller stepping down as Redeemer Senior Pastor". *Christianity Today*. February 26, 2017. http://www.christianitytoday.com/news/2017/february/tim-keller-stepping-down-nyc-redeemer-senior-pastor.html.

TAYLOR, Charles. *A secular age* (Cambridge: Harvard University Press, 2007).

_____. *Uma era secular* (São Leopoldo: Unisinos, 2010).

WYKSTRA, Stephen. "A skeptical theist view". Capítulo 5 na edição Kindle de *God and the problem of evil: five views*. Ed. Chad Meister; James K. Dew Jr. (Downers Grove: InterVarsity Press, 2017).

ÍNDICE REMISSIVO

A Perturbação de 1843, 591
A. E. Taylor, 647, 651-672
   contexto histórico, 651-653
   contexto teológico, 653-658
   contribuições para a apologética, 667-670
   Does God exist?, 654
   Faith of a moralist, 647, 654, 658, 665, 667
   metodologia apologética, 664-667
   Plato: the man and his work, 653
   resposta apologética, 658-664
abordagem de "fatos mínimos" (à historicidade da ressurreição de Jesus), 905-906, 911
Adão e Eva, 143, 148, 752, 756
Adriano (imperador romano), 40, 74
adultério, 144, 878
advogados, função dos (no NT), 456, 457
agnosticismo, 518
agnósticos, 568
Agostinho de Hipona, 31, 157-181, 249-253, 264, 363, 364, 367, 413, 534, 563, 628, 633, 752, 755, 759, 780, 832-835, 837, 839, 854, 867, 941, 943, 970, 973
   A cidade de Deus, 157, 166, 173-174, 178, 837

Confissões, 157, 160, 162, 173, 175, 178, 834, 973
   contexto histórico, 158-164
   Contra os acadêmicos, 164-166
   contribuições para a apologética, 178-179
   resposta apologética e metodologia, 164-178
   Sobre a Trindade, 171
alegria, meio da, 690
Aliança Bíblica Universitária, 771, 955
Alister E. McGrath, 19, 729, 931-951
   A scientific theology, 931-933, 935-936, 938, 940-947, 950
   ancilla theologiae, 943, 946
   contexto histórico, 931-934
   contexto teológico, 935-938
   contribuições para a apologética, 947-950
   Darwinism and the divine, 936, 940-942, 944, 948
   metodologia apologética, 942-947
   resposta apologética, 938-942
   The Dawkins delusion?, 935-936, 949
   The foundations of dialogue in science and religion, 937
   The open secret, 946
   The order of things, 940
   The science of God, 932, 944-947
   The twilight of atheism, 932

Alvin Plantinga, 263, 288, 289, 413, 780, 796, 845-864, 878, 892, 902, 915, 960, 961
   "Advice to Christian Philosophers", 850-851, 853
   contexto histórico, 845-847
   contexto teológico, 847-849
   contribuições para a apologética, 852-863
   God and other minds, 796, 853, 855-856, 861, 892
   "Justification and Theism", 856
   metodologia apologética, 849-852
   "Reason and belief in God", 289, 856
   The nature of necessity, 854, 862
   Warrant and proper function, 857, 859
   Warrant: the current debate, 857
   Warranted Christian belief, 288, 368, 852, 857, 859
   Where the conflict really lies, 860
Ambrósio de Alexandria, 116-117
Ambrósio de Milão, 118
Amônio, o "pai" do neoplatonismo, 116
Anaxágoras (filósofo grego), 69
anglicanismo, 476, 677

anglicanos, 407, 673
anjos, 36, 64, 67, 176-177, 320, 448, 480, 684
Anselmo de Cantuária, 184, 243-266, 367
  Argumentos para a existência de Deus, 253-261, 263
  contexto histórico, 243-245
  contexto teológico, 245-246
  contribuições para a apologética, 263-265
  Cur Deus Homo, 245, 248, 253
  De concordia, 245
  metodologia apologética, 246-250
  Monologion, 250, 252, 254-256, 258
  Proslogion, 252, 254-261, 263
  resposta apologética, 250-263
  Sobre a encarnação do Verbo, 245
anticristo, 199-200
Velha Escola de Princeton, 533
Antissemitismo, 101, 106, 751
antítese aliancística entre o cristão e o não cristão, 585
antropologia, 56, 86, 89, 91, 785, 838-839
aparições pós-ressurreição, 877, 905, 917-918
apologetas
  contemporâneos, 795-975
  da patrística, 29-181
  do período moderno, 335-438
  do século XIX, 439-549
  europeus do século XX, 647-793
  medievais, 181-333
  norte-americanos do século XX, 551-646
apologética
  apologética reformada, 577-578, 584, 588-589
  clássica, 544, 597, 599-600, 602, 605, 889, 902
  contextual, 493
  dois elementos centrais da (Schaeffer), 552
  e evangelismo, 598, 895, 959
  evidencialista, 441, 577, 597, 805

função principal da, 598, 698
histórica, 283, 286, 492, 535, 542, 544, 896
propósito duplo da (Schaeffer), 614
social, 413
duas categorias gerais da, 597
três coisas que precisamos reconhecer e nunca confrontar em nosso envolvimento com a, 588
três ramos diferentes, 537-538
apologética no período pré-Cambridge de Lewis, 741-743
apostasia, 206, 468
argumentação
  argumento cosmológico, 15, 389, 412, 588, 895, 903-905, 908
  Argumento cosmológico Kalam, 278, 903-905, 908
  argumento histórico-legal (a favor dos Evangelhos), esboço do, 808
  argumento ontológico modal, 263-264, 845
  argumento silogístico, condições necessárias para concluir um, 312-313
  argumento transcendental, 836-837
  argumentos a favor da existência de Deus
    cosmológico, 15, 389, 412, 588, 895, 903-905, 908
    do desígnio, 263, 410-413, 907
    ontológico, 256-259, 263-264, 389, 854
    teleológico, 412
arianismo, 137-139, 171
arianos, 119, 124, 137, 463, 469
Ário (sacerdote), 31, 137-139, 171
Aristides de Atenas (apologeta cristão antigo), 36
Aristo de Pela (apologeta cristão antigo), 36
Aristóteles, 69, 76, 81, 110, 233, 243, 247, 254-255, 267, 268-272, 285, 291, 302, 312-314, 344, 367, 593, 599, 687, 872, 893

arminianismo, 342, 802
arminianos, 341, 804
Armínio, Jacó, 341-342
arrependimento, 64, 148, 350, 366, 434, 603, 641-642, 925
arte como a assinatura do homem, 684-692
artes liberais, as sete, 116, 244, 473
ascetismo, 34n4, 129, 822-823
astronomia, 34, 130, 233, 268, 310, 385, 870
Atanásio de Alexandria, 31, 135-155
  contexto histórico, 135-137
  contexto teológico, 137-138
  Contra Gentes, 31, 138-145, 154
  Contra os arianos, 137
  contribuições para a apologética, 155-156
  De Incarnatione, 31, 139-141, 154
  metodologia apologética, 153-155
  resposta apologética, 138-153
ateísmo, 42, 73, 79, 82, 99, 336, 378-379, 523-524, 655, 680, 729-732, 738, 752, 861, 907, 931-933, 935-936, 938
Atenágoras de Atenas, 30, 73-93
  contexto histórico, 73-75
  contexto teológico, 76-78
  contribuições para a apologética, 85-90
  Embaixada, 74, 77-84, 88, 90
  resposta apologética e metodologia, 78-85
  Ressurreição, 84-85
ateus, 42, 82, 146, 664, 677, 837, 908, 936
autoria da Bíblia, 878
Averróis (filósofo islâmico), 271-272
B. B. Warfield, 441-442, 522, 531-549, 551, 557, 574, 576, 577, 579, 581-585, 589, 625, 633
  contexto histórico, 531-534
  contexto teológico, 534-537

Índice remissivo

contribuições para a
  apologética, 546-547
Counterfeit miracles, 534, 537
Introduction to the textual criticism of the New Testament, 534, 539
Lord of glory, 534
metodologia apologética, 544-546
O plano da salvação, 537
resposta apologética, 537-544
Barlaão de Seminara, 309, 311-316, 319-22, 325-326
Barth, Karl, 389, 402, 543, 574, 604, 609, 614, 648, 649, 703, 749, 754, 755, 759, 781, 915, 949
Basílio de Cesareia, 118, 300
batismo, 63, 105, 126, 193, 281-282, 379
batistas, 561
Bavinck, Herman, 537-538, 574, 577
beleza, 91, 141, 169, 173-174, 179, 254, 300, 337, 381, 394, 421, 479-480, 616, 628n14, 660, 673, 684-687, 704, 734, 846, 878, 899, 955
Bellah, Robert, 830
Bentham, Jeremy, 414, 471
Bento XII (papa), 311
Berger, Peter, 827, 963
Berlin, Isaiah, 818
Bíblia
  autoridade da (AT), 56, 57, 200, 343, 387, 471, 535, 538, 797
  inerrância da, 521, 522, 535, 591, 597, 604-605, 614, 616, 803, 807, 812, 919, 920
  inspiração da (NT), 381, 919
Bíblia Hebraica, 151
Blaise Pascal, 337, 359-379, 383, 431, 436, 440
  contexto histórico, 359-362
  contexto teológico, 362-366
  contexto apologético, 366-369
  metodologia apologética, 369-378
  a aposta, 359, 368-379, 431, 436

contribuições para a
  apologética, 378-379
A arte de persuasão, 367
Pensées, 364, 366-368, 372-375, 377, 383
Boécio (estudioso romano), 247, 254, 264
bondade, 86, 91, 111, 116, 142, 177, 213, 255, 262, 279-280, 302, 303, 322, 349, 411, 414, 430, 445, 587, 630, 636-637, 657-659, 684, 715, 876
Bonifácio VIII (papa), 164
Bridgeheads, 720-721
Brunner, Emil, 440, 614, 649
Buber, Martin (*Eu e Tu*), 755, 781, 784
Buda, 159, 416, 822
Budismo, 799n4, 822, 840, 912
Bultmann, Rudolf, 915-916
C. S. Lewis, 287, 390, 407, 414, 446, 648, 685, 703, 721, 729-745, 806, 813, 866, 889, 921-922, 938, 950, 953, 956-957, 960-961, 972
  A anatomia de uma dor, 742-743
  apologética em Cambridge, 741-743
  Cartas de um diabo a seu aprendiz, 731
  contexto histórico, 729-732
  contribuições para a apologética, 743-744
  Cristianismo puro e simples, 648, 731, 734, 736, 739, 742, 806, 866, 953, 961
  Crônicas de Nárnia, 648, 729, 737-740
  Lendo os Salmos, 741
  metodologia apologética, 732-736
  Milagres, 733, 742
  O problema da dor, 730-733, 742, 743
  O regresso do peregrino, 730
  Os quatro amores, 741
  Surpreendido pela alegria, 648, 730, 737, 742
  Trilogia cósmica, 738
Calcedônia
  Concílio de, 29, 171
  fórmula de, 232, 522, 876

Calvin College, 573, 576, 845, 847-849
calvinismo, 401, 557, 558, 589, 591, 593, 594, 597, 598, 606
calvinistas, 341, 381, 384, 467, 512, 596
Calvino, João, 173, 178, 288, 391, 534, 545, 563, 577, 586, 587, 597, 780, 943
Campus Crusade for Christ, 804
Camus, Albert, 613
Cânon
  das Escrituras, 29
  do Novo Testamento, 535
canonização, 96, 324
cartesiano
  desatrelamento, 824, 833, 834, 838, 839
  dualismo de substância, 879
  epistemologia, 839
Catecismo Reformado de Heidelberg, 801, 848,
catolicismo romano, 178, 677, 822
católicos-romanos, 407
causa final, 85, 254
causalidade, 254, 276, 279, 344
ceia do Senhor, 102
Celestino V (papa), 305
Celso (filósofo grego), 30, 31, 76, 95, 120-123, 125, 128, 130
ceticismo, 84, 158, 160, 162, 164-166, 178, 271, 315, 337, 388, 426, 518, 540, 541, 605, 655, 658, 780, 787, 795, 841, 917
céticos, 43, 128, 155, 160, 164-166, 168, 355, 396, 399, 459, 558, 568, 827, 906, 911, 917, 918, 920, 928, 960, 963, 971
céu(s), 45, 64, 122, 144, 150, 169, 198, 200, 234, 236, 237, 280, 284, 347, 376, 391, 425, 448, 458, 476, 480, 525, 542, 566, 634, 676, 690, 698, 737, 846, 877, 923.
Charles Taylor, 797, 817-844, 954, 963, 971
  A secular age, 819-828, 835, 837, 839, 840, 963

contexto histórico, 817-819
contexto teológico, 819-820
contribuições para a
  apologética, 837-841
metodologia apologética,
  835-837
*Philosophy in an age of
  pluralism*, 834, 835
resposta apologética, 820-835
Sources of the self, 819, 824,
  834, 839
The malaise of modernity, 819
Chenu, Marie-Dominique, 289
Christianity Today, 604
Cícero, 158, 159, 160
ciência, 90, 112, 273, 293, 476,
  520, 568, 582, 665, 669, 683,
  710, 714, 778, 783, 797, 826,
  858, 860, 867, 869, 872, 928,
  931, 935, 937, 938, 939, 942,
  946, 947.
  Conflito entre o cristianismo
    e a, 860
  demonstração científica (ou
    scientia), 273, 683
  Plantinga sobre a, 858-860
cínicos, 36, 69, 963
Cipriano de Cartago, 95
circuncisão, 199
Clarke, Samuel, 420, 423
Clemente de Alexandria, 393
Clowney, Edmund, 957
Coalizão pelo Evangelho (The
  Gospel Coalition), 972
Coleridge, Samuel Taylor, 381,
  393, 399, 400, 401
Collins, Anthony (autor de *Um
  discurso de livre pensamento*),
  424
Concílio de Constantinopla, 171
Concílio de Niceia, 137, 171
concílios ecumênicos, 135, 171,
  193
Confissão de Augsburgo, 801
Confissão de Bethel, 765
Confissão de Fé de Westminster,
  591
Confúcio, 822,
Congresso Eucarístico
  Internacional, 696

conhecimento
  a fonte de todo o, 51
  discussão com o cientificismo
    com uma teoria do,
    869-871
  dois tipos de, 635
conhecimento médio (visão da
  onisciência divina), 898
conquistas islâmicas, 294
consciência, 437, 474, 619, 638,
  641, 663, 832
consistência lógica, 552, 603,
  625, 644, 944
Constantino I (imperador), 31,
  135, 136, 183, 231, 349, 773,
  775
construção de pontes, 184, 241
contracepção, 878
Contrarreforma, 823
controvérsia fundamentalista,
  559, 566, 627
conversão, como a Bíblia
  descreve a, 395-396
Copérnico, Nicolau, 362
Copleston, Frederick, 170, 270,
  272, 277, 289, 893, 894
Cornelius Van Til, 545, 546, 552,
  553, 558, 573-590, 780, 916
  contexto histórico, 573-575
  contexto teológico, 575-579
  contribuições para a
    apologética, 588-589
  método apologético, 586-588
  resposta apologética, 579-586
corrupção, 147, 148, 149, 152,
  176, 177, 208, 213, 215, 447,
  521, 718, 751, 757, 783
cosmovisão cristã, 157, 511,
  514-521, 527, 552, 603, 626,
  679, 852, 880, 881, 901
  defesa de Orr da, 515-521
  os princípios centrais da,
    516-517
  um dos grandes pontos fortes
    da, 517-518
Covenant Theological Seminary,
  620
Credo Apostólico, 105
Credo Niceno, 193, 304
credos ecumênicos, 455, 802

crença avalizada; crenças cristãs
  avalizadas, 288, 857, 545
Criação (o evento), 335, 416,
  519, 676
  superioridade do cristianismo
    na explicação da, 141, 202,
    296, 336, 339, 343, 352
cristandade latina, 822
cristianismo
  apologética de Justino
    baseada na singularidade
    do, 45-46
  baseado em fatos verificáveis,
    contidos em relatos de
    testemunhas oculares, 201,
    447, 455, 541
  inimigo principal do
    (Warfield), 540
  ocidental, 31, 157, 183, 795
  ortodoxo oriental, 157
  razoabilidade do 151, 199,
    383, 408, 507, 969
  superioridade ao paganismo
    do, 30, 141-151
cristianismo ecumênico, 866
cristologia, 31, 66, 67, 193, 513,
  518, 522, 759, 764, 766
crítica textual, 128, 511, 514,
  521, 534, 547
crucificação, 45, 108, 149, 150,
  199, 200, 237, 238, 392, 450,
  451, 524, 741, 754, 906, 918,
  919
cruz, 100, 149, 150, 151, 153,
  217, 565, 566, 695, 698, 769,
  772, 813, 968
Cruzada Estudantil e
  Profissional para Cristo, 894
Cruzadas, 293, 304, 305
culto imperial, 103, 131
Dante Alighieri, 287, 707
Darwin, Charles, 410, 411
Darwinismo, 519, 520, 684,
  936, 940
Dawkins, Richard, 411, 797, 936,
  937, 938
Declaração Teológica de
  Barmen, 749, 765
deísmo, 381, 382, 384, 386-388,
  392, 410, 419, 421-425, 435-
  437, 826, 938

os Cinco Artigos do, 423
deístas, 352, 383, 386-389, 394, 401, 410, 419, 421-424, 427, 432, 433, 435, 513
    quatro tipos de, 423-424
demônios, 36, 42, 43, 46, 69, 83, 103, 146, 153, 348, 377, 480, 694
desastres naturais, 822, 828, 879
Descartes, René, 166, 361-363, 372, 662, 681, 833, 834, 893
descontentamento divino, na experiência humana, 734
desígnio (designador) inteligente, 412, 431
Deus
    a glória e a invisibilidade de, 149, 169, 217, 314, 317, 321, 544
    Agostinho sobre a existência e a natureza de, 169-173
    argumentos a favor da existência, 851, 893, 895, 899
    benefícios de acreditar em, 374
    diferença entre a existência de coisas boas em seres criados e sua existência em, 168, 176, 213, 214, 250, 255, 256, 714, 878
    duas categorias de objeções à convicção da existência de, 857
    governo moral de, 428-435
Deus-homem, 245, 248, 506, 514, 676, 877
diabo, 150, 220, 345, 674
Dietrich Bonhoeffer, 647, 649, 747-768
    contexto histórico, 747-749
    contexto teológico, 750-752
    contribuições para a apologética, 766-767
    Discipulado, 749, 752, 757, 760, 764
    metodologia apologética, 763-766
    Resistência e submissão, 752, 760, 761, 763, 766
    resposta apologética, 752-756
    Sanctorum Communio, 751, 753, 756

Vida em comunhão, 752, 758
dignidade, três padrões de dever que outros precisam respeitar para proteger nossa, 638-640
dilema divino, 147
dilema e questão (estratégia), 67, 68
Diocleciano (imperador romano), 135
direitos humanos, 445, 458, 613, 639, 800, 804, 806, 807, 812
discernimento, 215, 267, 398, 478, 679, 689, 752, 782, 806
disciplina e alegria, 691, 692
distributivismo, 677
divindade de Jesus Cristo, 171, 183, 184, 193, 199, 200, 237, 319, 335, 383, 388, 392, 506, 534, 558, 559, 560, 926
docetismo, 110
docetistas, 119
dogma cristão, 715, 717, 719, 724
dogmática como apologética, 381, 384, 401
donatismo, 174
dor e sofrimento, 743, 873, 879, 922
Dorothy L. Sayers, 647, 648, 680, 703-727
    "Aristotle on detective fiction" (preleção), 712
    Cat O'Mary (romance incompleto), 704
    Clouds of witnesses, 705
    contexto histórico, 703-707
    contexto teológico e resposta apologética, 707-716
    contribuições para a apologética, 724-725
    Creed or chaos 707, 709
    metodologia apologética, 716-724
    "Oedipus Simplex" (ensaio), 712
    Padrões na verdade, 711-716
    "The human-not-quite-human" (ensaio), 722, 723
    The man born to be king (peça), 706

The mind of the maker, 720-722
    "The religions behind the nation" (fala durante a guerra), 714
    "Triumph of Easter" (artigo), 713, 716
    "Vote of thanks to Cyrus" (ensaio), 709
    Whose body (romance de detetive), 705
doutrina
    da humanidade, 519
    do pecado, 515
doutrina calvinista, 382
drama, sobre apresentar a fé cristã por meio do, 698, 716, 717, 719
dualismo, 56, 57, 66, 178, 519, 762, 879, 880
Duchamp, Marcel, 613
Dulles, Avery, 164, 386, 467, 763
economia (*oikonomia*) (de uma trama), 62
ecumenismo, 771, 772
educação religiosa, 565
Edward John Carnell, 553, 623-646
    Christian commitment: an apologetic, 630
    contexto histórico, 623-625
    contexto teológico, 626-627
    contribuições para a apologética, 643-644
    Introduction to Christian apologetics, 553, 625, 632, 892
    Kingdom of love and the pride of life, 631, 642
    metodologia apologética, 632-643
    Philosophy of the Christian religion, 629, 635
    resposta apologética, 627-632
Eleutério (bispo romano), 53
Empédocles (filósofo grego), 69
empirismo, 394, 600, 605, 633, 634, 776, 867
encarnação, 124, 140, 141, 146-149, 151-153, 184, 205, 208, 243, 245, 302, 393, 419, 494, 495, 504, 505, 518, 544, 648,

676, 680, 715, 717, 736, 737, 743, 754, 757, 782, 876
entusiasmo (a ideia de que Deus comunica verdades a um grupo seleto), 386, 394, 396
Epicuro, 69, 81
epistemologia, 88, 89, 166, 169, 259, 378, 545, 596, 598, 628, 630-633, 666, 667, 802, 838, 839, 845, 849, 850, 851, 852, 855-858, 872, 873, 885, 902, 943, 944-946
   realista crítica, 943, 944-946
   reformada, 545, 849-852
   religiosa, 850, 855-858, 902
era axial, 822
escada da fé (Agostinho), 253
escatologia, 115, 594
Escola de Direito de Harvard (Harvard Law School), 444
Escolástica, 297, 325, 327
Escravidão, 402, 445, 677, 878
Escrituras
   inerrâncias das, 597, 605, 614, 803, 812
   inspiração das, 919
espinosismo, 523
Espinosa, Baruch, 519
Espírito Santo, 38, 52, 64, 75, 122, 128, 171, 172, 234, 236, 234, 245, 246, 284-286, 303, 304, 312, 316, 326, 356, 386, 395, 396, 476, 478, 542, 543, 545, 547, 558, 566, 584, 586, 588, 617, 755, 779, 786, 857, 902, 924, 925, 928
Estoicismo, 34, 75, 111, 119, 130
Estoicos, 34, 36, 81, 130
estrutura de plausibilidade cultural, 963
estruturas de plausibilidade, 154, 655, 820, 963
eterno, tensão entre o temporal e o, 660
ética, 44, 73, 80, 81, 85, 89, 90, 130, 349, 356, 364, 397, 414, 479, 489, 490, 497, 498, 551, 556, 585, 586, 627, 630, 631, 638, 655, 663, 665, 668, 676,

715, 755, 758, 766, 823, 824, 826, 829-831, 840, 882, 934
ética da autenticidade, 829-831
eucaristia, 46, 193, 421
eugenia, 676, 677, 682
Eurípedes, 81
evangelho
   como narrativa, 780-784
   como uma história maior do que estamos acostumados a contar, 784-786
   como verdade pública, 649, 777-780
evangelhos gnósticos, 99-100
Evangelhos, os
   teste de cinco partes para determinar a precisão de, 449-456
   teste de três partes para demonstrar a fidedignidade de, 808
evangelicalismo, 553, 593, 604, 625-627, 643, 799, 802, 803, 806, 934
evangelismo, 302, 405, 564-566, 573, 598, 602, 603, 605, 607, 619, 769-771, 787, 790, 895, 901, 903, 907, 959, 960, 962
evangelistas (Mateus, Marcos, Luca, João), teste de cinco parte para determinar a evidência, 446-456
   da razão correta e evidência histórica, 350-351
   pode persuadir, mas não assegurar a fé, 346
evolução, 411, 511, 514, 519, 520, 684, 685, 859, 860
exegese, 98, 99, 107, 108, 115, 127, 128, 283, 296, 533, 537, 583, 897
existencialismo, 440, 630, 786
experiências de quase-morte (EQMs), 911, 925
expiação, 184, 245, 387, 422, 467, 741, 769, 772, 866, 873, 876, 877, 879, 882, 885, 909
expiação substitutiva. *Veja* expiação
fé

e razão, 164-169, 173, 179, 243, 267, 309, 325, 327, 394, 474, 872, 875
   em busca de compreensão (*fides quaerens intellectum*), 389
   preâmbulos da (Aquino), 281-283
   o que impede os não cristãos de experimentarem o arrependimento e a (de acordo com Grotius), 350-351
felicidade, a sabedoria do cristianismo para uma suprema e duradoura, 629-630
Félix, Minúcio (apologeta latino), 96
fideísmo, 109, 101, 605
Filo de Alexandria, 75
Filosofia
   da doutrina cristã, tetralogia de Swinburne sobre a, 871, 873
   grega, 51, 73, 75, 78, 82, 87, 91, 126, 129, 229, 609, 653
   secular, 30, 489, 762
fim dos tempos, 610
Finney, Charles, 537
física, 90, 165, 167, 429, 523, 531, 539, 586, 660, 687, 707, 734, 905, 912, 932
Frame, John, 598, 599, 780, 836
Francis A. Schaeffer, 487, 552, 553, 595, 609-622, 835, 956, 960,
   A morte da razão, 612
   Christian manifesto, 612
   Como viveremos?, 612
   contexto histórico, 609-612
   contexto teológico, 613-614
   contribuições para a apologética, 619-621
   Great evangelical disaster, 612
   metodologia apologética, 616-619
   Morte na cidade, 619
   O Deus que intervém, 612, 615
   O Deus que se revela, 612
   resposta apologética, 614-616
franciscanos, 267, 305

Francisco de Assis, 677, 685

Fundação Alexander von Humboldt-Stiftung, 896

Fundação Francis Schaeffer, Instituto Francis Schaeffer, 620

fundamentalismo, 553, 625-627, 643, 937

fundamentalistas, 567, 569, 623, 626

G. K. Chesterton, 647, 648, 673-701,719, 737
  Christendom in Dublin, 696
  contexto histórico, 673-677
  contexto teológico, 677-679
  contribuições para a apologética, 697-699
  Heretics (G. K. Chesterton), 683
  Lepanto (G. K. Chesterton), 677
  metodologia apologética, 679-680
  O homem eterno, 677, 685, 686
  Ortodoxia, 676, 677, 680, 684, 685, 686, 689
  resposta apologética, 680-697
  The ball and the cross 677-679, 695
  The ballad of the white horse, 677, 698
  The defendant, 676, 677
  The man who was Thursday, 677
  The Napoleon of Notting Hill, 677

Galeno (físico-filósofo), 76, 77, 90, 95

Galileu, 362, 710

Gamaliel (do sinédrio), 455, 456

Gary Habermas, 527, 795, 796, 911-930
  contexto histórico, 911-914
  contexto teológico, 914-917
  contribuições para a apologética, 926-928
  Dealing with doubt, 921, 922
  metodologia apologética, 923-926
  resposta apologética e metodologia, 917-923
  The resurrection of Jesus: a rational inquiry, 912

Geisler, Norman L., 287, 288, 598, 780, 789, 894, 898

Gifford Lectures (palestras Gifford), 654, 660, 667, 668, 845

gnose (conhecimento), 54-56, 58

gnosticismo, 29, 30, 53-58, 66, 67, 70, 97, 99, 159, 518

gnósticos, 53-69, 95, 98-100, 105, 119, 130, 142

Goheen, Michael, 771, 785

Gordon Haddon Clark, 552, 591-608
  A queixa contra sua ordenação, 596
  An introduction to Christina philosophy, 599-602
  contexto histórico, 591-594
  contexto teológico, 594-596
  contribuições para a apologética, 604-607
  Karl Barth's theological method, 604
  metodologia apologética, 601-604
  pressuposicionalismo de, 599-601
  respostas apologéticas e teológicas, 597-601
  Uma visão cristã dos homens e do mundo, 603

governo moral de Deus, 428-434

graça barata, 757

graça comum, 85, 91

Graham, Billy, 500, 553, 591-593, 606,

Grande Avivamento de 1740-41, 382, 441, 957

Grande Cadeia do Ser, 680, 825

Gregório de Nazianzo, 118, 137, 192

Gregório de Nissa, 31, 192

Gregório Palamas, 183, 309-333
  contexto histórico, 309-310
  contexto teológico, 311-314
  contribuições para a apologética, 324-327
  hesicasmo, 316-319, 324
  Os cento e cinquenta capítulos, 310, 323
  resposta apologética e metodologia, 314-324

Triads, 326

Gregório Taumaturgo (também conhecido como Teodoro), 117, 129

Gregório VII (também conhecido como Hildebrando), 243

Guerras Napoleônicas, 439

Guinness, Os, 620, 705, 827

handbook of Christian apologetics, A (Kreeft), 287

Harnack, Adolf von, 119, 464

Hawking, Stephen, 362

Hegel, G. W. F. (Georg Wilhelm Friedrich), 396, 402, 463, 464, 466, 488-490, 493, 505, 615, 831.

hegelianismo, 506

hegelianos, 493

Heidegger, Martin (filósofo), 836

Henry, Carl F. H., 282, 526, 553, 592, 593, 603, 606, 626, 684
  Contemporary evangelical thought, 597, 603
  Uneasy conscience of modern fundamentalism, 626

Heráclito (filósofo grego), 42, 822

hereges, 98, 99, 104-106, 113, 116, 144, 283, 447, 677

heresias cristológicas, 207, 230, 232

hermenêutica, 106, 108, 173, 178, 779, 784, 786-788, 841, 873

hesicasmo, 316, 324

hexapla, 116, 118

Himmelfarb, Gertrude, 479

hinduísmo, 376

hiper-bens, 830, 836

hipóteses, 62, 63, 65, 66, 97, 143, 260, 385, 427, 586, 624, 629, 664, 760, 856, 911

História eclesiástica (Historia Ecclesiastica), Eusébio, 53, 54, 75, 77, 115

Hodge, Charles, 532, 557

Holmes, Sherlock, 799, 800, 806, 813
Horton, Michael, 840
Hugo Grotius, 336, 339-357
  apelo à unidade cristã, 343, 352-353
  contexto histórico, 339-340
  contexto teológico, 340-343
  contribuições para a apologética, 353-356
  De veritate, 336, 339-347, 350-356
  metodologia apologética, 350-353
  Ordinum pietas, 342
  resposta apologética, 343-350
  Sobre a lei da guerra e da paz, 354
humanismo, 344, 350, 612, 673, 678, 761, 821, 826-828, 835, 837, 840
humanismo exclusivo, 821, 826, 835, 837, 838, 840
humanitarismo, 518, 563
Hume, David, 339, 410, 413, 513, 577, 914
Idade Média, 38, 105, 163, 173, 297, 306, 384, 821
idealismo, 389, 466, 574, 653, 827
idealismo britânico, 653
idolatria, 67, 69, 141, 145, 152, 153, 587
igreja
  como o lugar onde o evangelho faz mais sentido, 786-789
  de Arão e a igreja de Moisés, 749, 757
  e Estado, relação entre, 341, 570
  militante e a igreja triunfante, 697
Igreja Católica Romana. 96, 463, 469
Igreja Confessante, 749
Igreja da Escócia, 591
Igreja da Inglaterra, 421, 441, 464, 466-469, 703, 731, 866
Igreja Oriental, 30, 229, 236
Igreja Ortodoxa Oriental, 191

Igreja primitiva, 29, 55, 57, 70, 85, 95, 102, 105, 108, 345, 469, 470, 471, 478, 523, 536, 541, 694
igreja protestante, 342
Igreja Remonstrante, 342
Iluminismo, 335, 343, 362, 386, 393, 394, 396, 398, 422, 432, 558, 750, 761, 777, 828, 945, 949
imaginário social, 821, 822, 828, 836, 948, 963, 964
imoralidade, 66, 69, 70, 77, 131, 162
imperativo moral, 637, 657
Império Bizantino, 206, 230, 323, 324
Império Persa, 183
Império Romano, 30, 31, 40, 73, 99, 102, 135, 160, 171, 183, 188, 362, 392
inferno, 177, 284, 359, 374, 376, 458, 674, 694, 840, 877
influência cultural, 130
início da modernidade, o contexto intelectual do, 384, 385-387
International Academy of Apologetics, Evangelism, and Human Rights, 799, 812
Irineu de Lyon, 30, 53-72
  contexto histórico, 53-55
  contexto teológico, 55-58
  Contra as heresias (ou *Adversus haereses*), 54, 55, 57, 58, 61, 67, 68, 69
  contribuições para a apologética, 70
  outras estratégias apologéticas, 66-70
  resposta apologética e metodologia, 58-66
ironia (como ferramenta apologética), 68
islã, 99, 183, 184, 189-192, 194-196, 198, 200, 206, 232, 233, 241, 296, 349, 388, 392
ismaelitas, 187, 191-195, 197, 198-200, 202, 239
J. Gresham Machen, 534, 551, 555-571, 573, 574

"Christian Scholarship and the Defense of the Faith" (preleção), 558, 566
Christianity and liberalism, 556, 568
  contexto histórico, 555-557
  contexto teológico, 557-558
  contribuições para a apologética, 568-570
  metodologia apologética, 564-568
  resposta apologética, 558-563
The origin of Paul's religion 559
The virgin birth of Christ, 561, 562
What is faith? 559, 560
James Orr, 440, 511-529
  contexto histórico, 511-513
  contexto teológico, 513-514
  contribuições para a apologética, 526-527
  David Hume and his influence on philosophy and theology, 513, 514
  defesa da cosmovisão cristã, 515-521
  defesa da ressurreição, 521-526
  resposta apologética e metodologia, 514
  Revelation and inspiration, 514, 520, 521
  The Christian view of God and the World, 512, 515
  The resurrection of Jesus, 514, 522, 525
jansenismo. *Veja* teologia jansenista, 364
Jansenius, Cornelius (bispo católico holandês), 363
Jasper, Karl, 822
Jerônimo, 74, 95, 117, 118
Jerusalém, 105, 109, 111, 216, 271, 292, 294, 455-457, 524, 525, 807, 861
jesuítas, 366
Jesus Cristo
  divindade de, 171, 183, 184, 193, 199, 200, 237, 319, 335, 383, 388, 392, 506, 534, 558, 559, 560, 926
  duas amostras de evidências que devem ser explicadas

diante de qualquer objeção
  a, 524
julgamento de, 443, 446, 454
morte, 101, 148, 149, 150,
  233, 237, 240, 450, 808,
  906, 918
ressurreição, 47, 49, 84, 150,
  238, 354, 381, 382, 392,
  449, 455, 457, 520, 521,
  524, 535, 540, 541, 542,
  544, 559, 766, 808, 875,
  876, 896, 897, 901, 902,
  905, 906, 911-914, 917,
  918, 920, 921, 923, 926, 928
superioridade da cruz de,
  149-150
união hipostática de, 232, 235
João Crisóstomo, 100
João Damasceno, 183, 187-204
  A fonte de conhecimento, 189,
    192, 194
  Abordagem apologética ao
    islã, 195-197
  contexto histórico, 187-190
  contexto teológico, 190-194
  contribuições apologéticas,
    202-203
  De fide orthodoxa, 192
  *Dialética (os capítulos
    filosóficos)*, 189, 192
  *Disputa entre um cristão e um
    sarraceno*, 191, 193, 195
  Heresia dos ismaelitas, 187,
    191-195, 197, 198, 202
  metodologia apologética,
    197-202
  resposta apologética, 194-197
  *Sobre as heresias (De
    Haeresibus)*, 192
John Henry Newman, 439,
  463-485
  "Repent while yet there is
    time", 471
  "Sinner, hearken to the voice
    of the Lord", 471
  Apologia pro vita sua, 467,
    470
  Callista (romance), 479
  contexto histórico, 463-466
  contexto teológico, 466-470
  contribuições para a
    apologética, 478-480
  *Discourses on the scope and
    nature of university*, 470,
    472

*Ensaio a favor de uma
  gramática do assentimento*,
  477
*Ensaio sobre o
  desenvolvimento da
  doutrina cristã*, 470, 472
Idea of a university, 439, 473,
  478
*Lectures on the doctrine of
  justification*, 476
metodologia apologética,
  474-478
Parochial and plain sermons,
  476
resposta apologética, 470-474
*Sermons, chiefly on the theory
  of religious*, 477
*The arians of the fourth
  century*, 463, 469
Tracts for the times, 471
Via media, 473, 476
John Warwick Montgomery,
  284, 445, 447, 452, 458, 644,
  799-815, 894
  contexto histórico, 801-803
  contexto teológico, 803-805
  contribuições para a
    apologética, 812-813
  History, law, and Christianity,
    808
  *Human rights and human
    dignity*, 452, 800
  resposta apologética e
    metodologia, 805-811
Jonathan Edwards, 337, 381-
  404, 957
  *A history of the work of
    redemption*, 383
  *A treatise concerning religious
    affections* (Afeições
    religiosas), 382
  contexto histórico, 381-383
  contexto teológico, 383-387
  contribuições para a
    apologética, 398-403
  Divine light (sermão), 395
  End of creation (Jonathan
    Edwards), 397
  Freedom of the will, 382, 384,
    390
  Miscellanies, 389
    o argumento externo,
      387-393
    o argumento implícito,
      396-398
    o argumento interno, 393-396

Original sin, 384
  resposta apologética e
    metodologia, 387-398
  *Some thoughts concerning the
    present revival*, 382
  *The distinguishing marks of a
    work of the Spirit of God*,
    382
  The life of David Brainerd, 382
  True virtue, 397, 398
José de Arimateia, 455
Joseph Butler, 336, 386, 406,
  419-438, 552, 577
  Analogia da religião, 419-421,
    425
  contexto histórico, 419-421
  contexto teológico, 421-424
  contribuições para a
    apologética, 435-437
  metodologia apologética,
    424-427
  probabilidade (como
    ensinado por), 426-427
  Quinze sermões, 420
  resposta apologética, 427-435
Journal of Near-Death Studies,
  927
judaísmo, 29, 30, 36, 37, 50, 55,
  88, 97, 103, 107, 185, 194,
  298, 302, 337, 343, 348, 349,
  352, 376, 422, 424, 523, 559,
  822
judaísmo helenista, 55
justificação (remoção da culpa),
  288, 467, 801, 813
Justino Mártir, 33-52, 82, 90,
  100, 109, 493
  contexto histórico, 33-35,
  contribuições para a
    apologética, 50-52
  Diálogo com Trifão (Justino
    Mártir), 29, 33, 34, 36, 37,
    39, 40, 48, 49
  resposta apologética e
    metodologia, 37-50
Kant, Immanuel, 257, 262, 394,
  489, 490, 513, 617, 641, 657,
  659, 661, 750, 835
Keller, Kathy, 957, 958
King, Martin Luther, Jr., 747
Koop, C. Everett, 612
Kreeft, Peter, 287

Kuyper, Abraham, 538, 558, 574, 577, 579-585
L'Abri, 609, 611, 612, 617, 619, 620
Ladd, George Eldon, 913, 918
Lamoreaux, John, 196, 205, 210-213, 215-221
Lao Zi (fundador do taoísmo), 822
Lei da Justiça, 638, 639
lei da não-contradição, 246
Lei do Amor, 627, 629, 636, 638, 640-643
lei do terceiro excluído, 489, 493
lei internacional, 339, 457
Lesslie Newbigin, 649, 769-793, 819
 A word in season, 782
 "Can the West be converted?", 774, 776
 contexto histórico, 769-770
 contexto teológico, 771-776
 contribuições para a apologética, 789-790
 Newbigin sobre o fim da cristandade, 773-775
 Proper confidence, 783
 resposta apologética e metodologia, 776-789
 Sin and salvation, 785
 The gospel in a pluralist society, 781, 841
 "The reunion of the church", 771, 772
liberalismo, 439, 463-465, 467, 468, 470478, 480, 481, 513, 546, 551, 552, 555, 556, 559, 560, 566, 568, 579, 591, 597, 604, 606, 613, 614, 616, 803, 805
liberalismo teológico, 463-465, 467, 468, 470-478, 480, 481, 546, 551, 591, 606, 803, 805
liberdade humana, 246, 446, 474, 898, 908
liberdade religiosa, 458, 611, 800, 812
Lindbeck, George, 402
Liturgia, 191, 471, 695
livre-arbítrio, 170, 176, 178, 210, 243, 245, 341, 351, 413, 496, 854, 855, 876, 879, 880, 882, 884
livros inspirados, 151, 347
Locke, John, 383, 385, 386, 394-397, 406, 408, 414, 423, 825, 834
lógica, 76, 79, 83, 85, 111, 170, 191, 202, 245, 248, 251, 287, 312-315, 370, 396, 410, 500, 505, 518, 564, 597, 664, 713
lógica aristotélica, 111, 312, 313, 315
Logos de Deus, 154
Logothetes, 188
Lombardo, Pedro, 269
Luís XIV (rei), 366, 369
luteranismo, 801, 803, 811
Lutero, Martinho, 173, 178, 389, 503, 506, 534, 748, 750, 755, 757, 759, 780, 799, 802, 806, 811
MacDonald, George, 685
MacIntyre, Alasdair, 682, 963, 965
mal
 a origem do, 176, 829
 o problema do, 61, 143, 161, 174-177, 178, 179, 369, 412, 413, 430, 661-664, 853-855, 866, 873, 878-879, 880, 884
mal-estar da modernidade, 819, 828-831
maniqueísmo, 158-161, 163, 174
Maomé, 183, 187, 194, 197-200, 202, 232-234, 238-241, 283, 294, 295, 243, 346, 349, 388, 598
Marcião, 34, 36, 57, 61, 99, 104, 107, 110
marcionistas, 119, 144
Marco Aurélio (imperador romano), 35, 40, 41, 74, 75, 77-79, 84
Marcuse, Herbert, 613
Maria, mãe de Jesus, 198, 284
Mártires, 78, 96, 98, 103, 104, 151, 155, 479, 492, 747
Martírio, 35, 77, 78, 82, 116-18, 123, 202, 479
Marx, Karl, 439
marxismo, 616, 931, 932
McDermott, Gerald, 388, 392, 393
médio platonismo, 75
meditação, 252, 296
melquitas/seita/grupo confessional melquita (caldedônio), 190, 196, 205, 207
metafísica, 154, 166, 177, 261, 288, 381, 397, 567, 578, 585, 563, 664, 668, 669, 680, 782, 783, 800, 819, 845, 847, 854, 867, 868, 873, 875, 879, 885, 892, 914, 937
metanarrativas, 779, 782, 784
metodismo, 802
metodistas, 421, 651, 652
método alegórico de interpretação (ou exegese alegórica), 115, 118, 119, 125, 127, 128
milagres, 44, 123, 178, 212, 217, 238, 239, 241, 284-286, 324, 345, 348, 349, 354, 355, 373, 382, 383, 387, 391, 392, 395, 399, 400, 410, 419, 422, 426, 432434, 449, 459, 502, 511, 513, 514, 523, 524, 540, 559, 614, 616, 827, 870, 874, 877, 901, 916
milenismo dispensacionalista, 595
Milton, John, 673
misticismo, 385, 536, 540, 616, 617
mitologia grega, 46
modalidade, 854, 885
modernidade
 o contexto intelectual do início da, 384, 385-387
 o mal-estar da, 828-831
modernismo, 566, 592, 594, 597, 604, 613, 945, 964, 970
monastérios, a importância dos, 230, 267, 292, 293, 304, 305
Mônica, Santa (mãe de Agostinho), 158
monismo, 524

monofisistas, 213
monoteísmo, 30, 81, 172, 208, 391
montanismo, 96
moralidade, 102, 112, 121, 267, 398, 399, 423, 424, 431, 963
Moreland, J. P., 284, 287, 900, 903
mormonismo, 448
morte
  o chamado de Deus leva à, 758
  o destemor dos cristãos diante da, 39, 151
  vida após a, 299, 376, 388, 390, 410, 423, 425, 427-428, 436, 437, 664, 877, 879
movimento de Oxford, 463, 466, 468
movimentos de reforma, 822
muçulmanos, 185, 187, 192-196, 198, 199, 202, 205-208, 221, 229, 233-235, 237, 240, 241, 283, 291, 297, 304-306, 324
mulheres
  humanidade das, 722-724
  testemunho das (acerca da ressurreição), 905
nacionalismo, 749
nacional-socialismo, 747, 748, 775
Nag Hammadi, biblioteca de, 56, 58
nascimento virginal de Cristo, 108, 151, 238, 561, 562
National apostasy (Apostasia nacional) (sermão de Keble), 468
naturalismo, 373, 376, 408, 412, 416, 665, 667, 668, 670, 825, 838, 858-860, 908, 915, 935-942
  ciência e o, 858-860
  crítica ao, 667-669
  o principal fator que contribuiu para o surgimento do, 838, 839
naturalismo metodológico, 665, 668, 858

natureza divina, 159, 171, 235, 251, 252, 280, 322, 416, 471, 808
natureza humana, 90, 148, 213, 219, 220, 235, 239, 283, 322, 349, 397, 422, 503, 518, 567, 568, 573, 580, 628, 632, 637, 692, 734, 756, 762, 826
neoevangelicalismo, 553, 625-627
neo-ortodoxia, 574, 614, 616, 618, 802, 807
neoplatonismo, 116, 120, 127, 160-162, 173
neoplatônicos, 130, 161, 167, 169, 176, 270
Nero (imperador romano), 41
nestorianismo, 230, 876
nestorianos, 189, 196, 207, 305
Nestório de Constantinopla, 230, 232
New Yale School, 402
Newton, Isaac, 336, 362, 385, 397
Nicodemos, 455, 456
Nicolaítas, 57
Niebuhr, H. Richard, 401, 402,
Niebuhr, Reinhold, 415, 614, 627, 628, 629, 636, 640
Nietzsche, Friedrich, 655, 678, 750, 751, 761
Noll, Mark, 545, 621
Nonjuring High Churchmen, 421
novo ateísmo, 931, 935, 938
novos ateus, 837, 936
o eu racional, 629, 632-635
O'Connell, Robert, 157
O'Connor, Flannery, 961
objeção de jure (à convicção da existência de Deus), 857
objetividade da ética, 882, 883
Ockenga, Harold, 626
Ofitas (seita gnóstica), 57
Oliphint, Scott, 526, 573
ordem dominicana, dominicanos, 267-270, 295, 296, 302

ordem moral moderna, 825
ordenas mendicantes, a criação das, 267, 291
Orígenes, 30, 31, 76, 96, 115-133, 229, 393
  contexto histórico, 115-118
  contexto teológico, 118-120
  Contra Celso (ou *Contra Celsum*), 117, 120, 121, 125, 129
  contribuições para a apologética, 127-132
  Demócrito (bispo e grande inimigo de), 69, 827
  Leônidas de Alexandria (pai de Orígenes), 115
  metodologia apologética, 125-127
  resposta apologética, 120-124
  Sobre os princípios (*De Principiis*), 117
ortodoxia cristã confessional, 943-944
ortodoxia reformada, 534, 545, 546, 557
Packer, J. I., 802, 894
paganismo, 46, 48, 99, 118, 131, 140, 141, 145, 146, 151, 155, 337, 343, 347, 479, 694, 770
pagão, significado da palavra, 99
pagãos, os, 35, 44, 45, 47, 48, 51, 83, 86, 91, 98, 99, 102, 111, 146, 149, 343, 347, 348, 393
pais da igreja, 95, 96, 101, 105, 108, 118, 131, 230, 470, 476, 947
Pannenberg, Wolfhart, 895, 897
Panteísmo, 518, 524, 615, 685
Panteno (filósofo estóico), 74
Papado, 506
Papilas e Carpo (mártires cristãos), 77
Parábolas, 60, 63, 77
Paradosis, 67
Parmênides (filósofo grego), 822
Paródia, 66-68
Patrício (pai de Agostinho), 158
Pearcey, Nancy, 620

pecado
  a consequência natural do, 431
  definição socrática do, 496
  doutrina do, 515
pecado original, 178, 381, 393, 641, 673
pecaminosidade humana, 558, 561
Pedro (apóstolo), 25, 276, 450, 451, 635, 696
Pentateuco, 345
percepção espiritual, 393-396
perguntas e dilema (estratégia), 66, 67
período bizantino, 309, 317
período patrístico, 496
peripatéticos, 34, 687
Perpétua (mártir do início da igreja), 96
perseguição, perseguições, 42, 51, 53, 77, 78, 83, 95, 102, 111, 115, 118, 135, 189, 196, 231, 232, 524
pessimismo, 692
piedade, 123, 131, 135, 148, 149, 255, 267, 364, 468, 556, 823
Pieper, Josef, 289
pietismo, 440
pitagorismo, 65
pitagóricos, 34, 69, 81
Platão, 31, 35, 36, 38, 39, 40, 42, 45, 61, 69, 76, 81, 106, 119, 142, 160, 161, 164, 166, 250, 264, 393, 447, 652-654, 659, 661, 662, 667, 739, 822, 832, 845, 893, 905
platonismo cristão, 45-46, 119
platônicos de Cambridge, 407, 408, 414
Plínio, o Jovem, 41
Plotino (filósofo antigo), 116, 161, 175
pluralismo, 649, 775, 777, 803, 819, 829, 835
poesia, 189-191, 232, 292, 482, 587, 662, 666, 688, 737, 840
Polanyi, Michael, 783, 784, 787, 836, 965

Policarpo, 53, 77
Politeísmo, 30, 202, 343
Popper, Karl, 778, 783
Porfírio (filósofo grego), 140, 161
positivismo lógico, 853, 867, 914
pós-modernidade, 775-777, 779, 780, 784, 945
Praescriptio, 104, 106
Pragmatismo, 574,
preâmbulos da fé (Tomás de Aquino), 281, 282, 284
predestinação, 246, 467, 610
presbiterianismo, 591
presbiterianos, 533, 536, 556, 557, 561, 691
presciência divina, 246, 898, 908
pressuposicionalismo, 551, 558, 588, 598, 599, 605, 618, 647, 949
pressuposicionalistas, 546, 598, 780, 836, 916
Primeira Guerra Mundial, 440, 513, 558
Princeton Theological Journal, 557
Princípio de Grandeza (PG), 259, 261
princípio do "ônus da prova", 84, 796, 810
profecias, 47-50, 108, 125, 152, 197, 200, 201, 237-239, 345, 373, 383, 399, 708, 901
profetas, 35, 39, 40, 43, 47, 49, 64, 82, 88, 89, 118, 123, 125, 159, 169, 200, 201, 235, 237-241, 285, 422, 822
proposições, 56, 67, 146, 165, 172, 246, 249, 254, 255, 262, 293, 313, 360, 600, 782, 784, 804, 884
protestantismo, 341, 386, 467, 469, 476, 551, 556, 561, 562, 564, 625, 628, 643, 644, 750, 823, 867
protestantismo holandês, 341
prova, significado duplo da palavra (Aquino), 285

punição, 81, 85, 90, 195, 213, 219-221, 244, 349, 390, 429, 431, 663, 695, 876
purgatório, 469, 480
Quadrato (apologeta do início da igreja), 36
quatro causas (de Aristóteles), 255
Queda, 36, 143, 516, 519, 547, 565, 567, 570, 580, 615, 752, 756, 785
Quintiliano (retórico), 65
raciocínio analógico, 427
racionalismo, 422, 488, 489, 492-495, 502, 540, 599, 605, 618, 681, 682, 684, 737, 738, 787, 902
racionalismo cristão, 624, 632, 633
Raimundo Lúlio, 118, 291-308
  contexto cultural e teológico, 293-296
  contexto histórico, 291-293
  Libre de passatge, 306
  Livro sobre a contemplação de Deus, 306
  O livro do gentio e os três sábios, 298, 301
  resposta apologética e metodologia, 296-306
  Tratado sobre o modo de converter infiéis, 306
  Vita coaetanea, 291, 292, 295, 296, 304, 305
Ratio fidei, 243, 248, 251
rationes aeternae, 631, 633
razão
  "correta", 350-351
  Agostinho sobre fé e, 164-169
  da fé, 251, 252
  e o cristianismo, 495-506
  fé e, 164-169, 173, 179, 243, 267, 309, 325, 327, 474
  humana, 112, 251, 272-274, 285, 326, 327, 345, 389, 471, 474, 489-491, 493-495, 498, 504, 536, 537, 596, 597, 599, 711, 714, 730, 739, 754
  ligação entre
    "verdades provadas demonstrativamente" e

Índice remissivo

"verdades conhecidas por meio da", 273
persuasive, 274, 275, 285, 286
Reasonable Faith (ministério online de Craig), 900-902
Redeemer City to City, 972
Redeemer Presbyterian Church, 795, 958, 972
Reforma, 562, 799, 802, 811, 823, 825
Reforma Luterana, 799, 802, 811
reformadores, 178, 393, 422, 577, 750, 807, 823, 824, 833
regeneração, 543, 545-547, 573, 580, 581
regra de fé, 63-65, 105, 119, 120, 130
regra do documento antigo, 448, 811
relativismo, 440, 497, 615, 649, 783, 830, 944
religião
  cinco marcas essenciais da religião natural ou não-corrompida, 423
  como sinais do poder divino dão testemunho da veracidade da religião cristã, 217
  natural, 354, 386, 387, 410, 423, 425, 431-433, 435, 437
  sobre a identificação da verdadeira, 212-215
religiões, como as pessoas escolhem as, 215-216
responsabilidade moral, 876, 879
ressurreição
  racionalização de Atenágoras da, 84-85
  física / dos mortos, 523
retidão (integridade moral), 38, 39, 346, 623, 630, 637, 640, 641
revelação
  divina, 49, 51, 240, 273, 282, 381, 386, 387, 393, 394, 408, 471, 517, 518, 546, 559, 679, 681, 692, 883, 941, 947
  especial, 59, 284, 407, 408, 425, 426, 520, 544-546, 598, 946
  geral, 520, 545, 903
  na visão de Butler, 432-435
Revolução Americana, 382, 413
Revolução Francesa, 439
Richard Swinburne, 408, 451, 769, 865-887, 915
  Are we bodies or souls?, 879
  cinco das teses mais importantes que surgem do conjunto da sua obra, 885-886
  contexto histórico, 865-866
  contexto teológico, 867-871
  contribuições para a apologética, 880-885
  Faith and reason, 865, 872, 875, 881, 883
  Is there a God?, 872, 877
  método da "defesa cumulativa", 885
  metodologia apologética, 871-873
  Mind, brain, and free will, 879
  Providence and the problem of evil, 873, 878, 880
  Responsibility and atonement, 873, 876, 882
  resposta apologética, 874-880
  Revelation, 873, 878, 883
  The Christian God, 873, 875, 876, 879, 883
  The coherence of theism, 870, 872, 879, 881, 882, 883
  The concept of miracle, 877
  The evolution of the soul, 879, 883
  The existence of God, 870, 871, 872
  The resurrection of God incarnate, 877, 883
  Was Jesus God?, 873, 877
Roma, 30, 33-35, 42, 46, 53, 58, 77, 78, 82, 97, 158, 159, 160, 163, 174, 231, 268, 306, 388, 652, 694, 837
Romantismo, 840
Rookmaaker, Hans, 611
Rousseau, Jean-Jacques (filósofo), 674, 835
Sacramentalismo, 825
sacrifício humano, 102
salvação, 30, 39, 50, 51, 57, 64-66, 100, 101, 112, 141, 152, 155, 159, 168, 174, 208, 217, 219, 235, 245, 283, 285, 341, 345, 350, 363, 367, 368, 401, 405, 422, 426, 432, 433, 467, 469, 471, 475, 479, 500, 517, 518, 537, 542, 556, 559-562, 564-567, 569, 592, 619, 633, 680, 757, 762, 765, 779, 780, 785, 804, 873, 875, 876, 879, 896, 923
Sartre, Jean-Paul, 613
Satanás, 122, 388, 450
Saturnino de Antioquia (mestre gnóstico), 57
Schaeffer, Edith Seville (esposa de Schaeffer), 609, 610, 612
Schaff, Philip, 532,
Schleiermacher, Friedrich, 393, 399-401, 750
Secularismo, 603, 649, 658, 675, 752, 797, 821-824, 827, 840, 964
  as origens do, 797, 821-822
  filosofia secular, 30, 489, 762
  três modos da Reforma ter contribuído para o surgimento do, 822-824
  três tipos diferentes de, 821, 822
Segunda Guerra Mundial, 610, 626, 647, 714, 718, 731
self (eu),
  livre (ou volitivo), 623, 629, 632, 635-637, 879
  moral, 623, 632, 637, 641
  racional, 623, 629, 632, 634, 635
  vital, 623, 629, 632
Seminário Teológico de Princeton / Universidade de Princeton, 401, 531, 532-535, 561, 573, 575, 592
Seminário Teológico Fuller, 625
Sêneca, 258
sensus divinitatis (conhecimento de Deus), 586, 587
sentimento judicial, 638, 640-642
sete "virtudes criadas", as, 298, 301

significado, discussão com o positivismo lógico como uma teoria do, 867-869
silogismo(s), 57, 246, 247, 255, 314, 315, 327, 712, 902, 903, 963
Simon Greenleaf, 441, 443-461, 795, 802, 809
　contexto histórico, 443-445
　contexto teológico, 445-446
　contribuições para a apologética, 456-458
　os cinco testes apologéticos de, 449-454
　resposta apologética e metodologia, 446-456
　The testimony of the Evangelists, 443, 446
sinergismo, 804
Sínodo de Dort, 342
Smith, Adam, 825
sobrenaturalismo, 465, 481, 488, 489, 493, 514, 525, 541, 559, 859
Sociedade Filosófica Evangélica, 914
Sócrates, 42, 43, 75, 81, 247, 314, 393, 497, 630, 638, 822
Sofrimento, 53, 111, 174, 184, 217-220, 238, 299, 349, 430, 454, 479, 665, 692, 695, 698, 699, 706, 732, 733, 742, 743, 873, 879, 922, 923, 970
Soren Kierkegaard, 389, 415, 440, 487-509, 615, 627, 961
　a razão e o cristianismo, 495-506
　contexto apologético, 490-494
　contexto histórico, 488
　contexto teológico, 488-490
　contribuições para a apologética, 506-508
　Migalhas filosóficas, 490, 496, 501, 502
　O conhecimento de Deus em Cristo, 503-506
　resposta apologética, 494-495
Sproul, R. C., 287, 288, 558, 605, 780
Superstição, 102, 422, 660, 678, 825, 932

Suposição, 37, 59, 67, 305, 435, 458, 540, 716
Taciano (teólogo sírio), 34, 231
Teísmo, 256, 263, 282, 288, 359, 268, 373, 379, 405, 408, 412, 414-416, 421, 423, 424, 499, 517, 518, 589, 602, 606, 655, 658, 664, 667, 670, 730, 740, 796, 812, 836, 837, 848, 852, 860, 866, 867, 869, 871-874, 879, 881-883, 885, 889, 898, 899, 901, 908, 912, 915, 937, 938
　a coerência do, 796, 866, 867, 872, 874, 879, 881, 882, 883, 889, 899
　trilogia de Swinburne sobre a filosofia do, 871-873
teísmo cristão, 30, 256, 263, 288, 414, 416, 589, 602, 606, 867, 869, 889, 908
Temple, William (arcebispo), 703
Teodiceia, 170, 176-178, 430, 878, 880, 885
Teodoro Abucara, 184, 205-227
　contexto histórico, 205
　contexto teológico e cultural, 206-208
　contribuições para a apologética, 221
　obras apologéticas, 208-211
　resposta apologética, 211-221
　Tratado sobre a existência do Criador e a verdadeira religião, 212, 215
teologia
　da "Nova Inglaterra", 399
　dialética, 614, 649
　do "ser perfeito", 264
　do cristianismo bizantino, 173, 183, 309, 323, 324
　jansenista, 367, 369, 377
　narrativa, 402, 717
　natural, 288, 336, 393, 404, 414-416, 419, 421, 437, 517, 518, 655, 658, 692, 781, 851, 893, 903, 908, 931, 942, 946-949
　reformada, 536, 562, 575-579, 585, 589, 595, 598
　sistemática, 117, 385, 441, 533, 583, 649

teologia liberal, 511, 514, 561, 613, 750, 751, 756
teologia liberal alemã, 511, 514
teoria da coerência (da verdade), 601
teoria da correspondência (da verdade), 776
teoria da evolução. *Veja* darwinismo; evolução
teoria da probabilidade, 361, 365, 866
Tertuliano de Cartago, 30, 95-114
　contexto histórico, 95-98
　contexto teológico, 98-101
　Contra Marcião (Tertuliano), 104
　Contra os judeus, 106-109
　contribuições para a apologética, 111-113
　metodologia apologética, 109-111
　resposta apologética, 101-109
tese do "coveiro", 827
teste e tribulação, 430-432
testemunho do Espírito Santo, 545, 547
textos demonstrativos messiânicos (em Tertuliano), 108
Tillich, Paul, 385, 614
Timóteo de Bagdá, 184, 229-242
　A apologia de Timóteo, o patriarca, diante do califa Mahdi, 233
　contexto histórico, 229-230
　contexto islâmico, 232-233
　contexto teológico, 230-233
　contribuições para a apologética, 241
　metodologia apologética, 240-241
　resposta apologética, 233-239
　sobre Maomé ser mencionado na Bíblia, 238-239
Timothy Keller, 795, 953-975
　A fé na era do ceticismo, 960-964, 949
　Caminhando com Deus em meio a dor e ao sofrimento, 954, 970

contribuições para a
    apologética, 971-973
Deus na era secular, 954, 963,
    964, 966, 969
Deuses falsos, 970,
Encontros com Jesus, 955, 971
Igreja centrada, 970
O Deus pródigo, 969
Pregação, 971
resposta apologética e
    metodologia, 960-971
Tolkien, J. R. R. 648, 688, 694,
    720, 730, 737, 740, 741, 799,
    813, 950
Tomás de Aquino, 173, 184, 254,
    256, 267-290, 295-297, 302,
    312, 344, 364, 390, 534, 654,
    677, 687, 688, 835, 867, 872,
    876, 943, 947
    as cinco vias, 256, 276, 277
    contexto histórico, 267-270
    contexto teológico, 270-272
    contribuições para a
        apologética, 286-289
    De ente et essentia, 276
    metodologia apologética,
        275-286
    os artigos de fé, 275, 281-286
    resposta apologética, 272-275
    Summa contra os gentios, 185,
        257, 270, 273, 276, 279,
        282, 283, 302, 344, 654
    Summa Theologiae (ou *Suma
        Teológica*), 185, 270, 273,
        276, 279, 282, 285, 287
Tomismo, 288, 599
tomismo analítico, 288
tomistas, 286-289
Torá, 235, 238-241
Torrell, Jean-Pierre, 268, 269,
    271
tradição wesleyana, 467, 470
transcendência, 49, 137, 218,
    219, 505, 737, 750, 754, 755,
    822, 825, 826, 829, 840
transformação moral e a força
    da explicação teísta, 670
Tratados Bridgewater, 414
Tribalismo, 826

Trindade, 49, 122, 124, 135, 166,
    171-173, 178, 183, 191, 193,
    198, 199, 205, 233, 234, 236,
    238-240, 243, 245, 296, 302-
    305, 321, 335, 353, 382, 383,
    387, 393, 397, 422, 494, 518,
    522, 720, 725, 736, 831, 866,
    875-876, 877, 883, 885
    argumento de Lúlio a favor
        da, 302-304
    defesa de Swinburne da,
        875-876
    explicação de Timóteo de
        Bagdá da, 236-237
trinitarianismo, 171, 875
trinitas, 96
Trinta e Nove Artigos (da Igreja
    Anglicana da Inglaterra), 469
Triteísmo, 171, 236
tumba vazia, 522, 524, 525, 539,
    877, 905
união hipostática de Cristo,
    232, 235
unidade cristã, 352-353
Universidade de Cambridge,
    406, 407, 410, 897
Universidade de Oxford, 465,
    469, 477, 652, 653, 703, 729,
    818, 819, 845, 865, 866, 931,
    934
utilitarismo, 406, 414, 465, 669
valentinianos, 62, 69, 70
Valentim (filósofo gnóstico), 57,
    58, 65, 68, 69
valor, coerência do fato e do,
    659-660
verdade
    evidência histórica e a,
        500-502
    objetiva, 492, 497, 500-502,
        542, 543, 545, 565, 711
    Sayers sobre o significado e a
        comunicação da, 711
    Sayers sobre padrões na,
        711-716
voluntarismo doxástico, 377-378
Vos, Geerhardus, 574

Wainwright, William, 389
Weber, Max, 823, 827
Weltanschauung, 515, 526
Wesley, John, 178, 386, 652
Westminster Theological
    Seminary, 563, 958
Wheaton College, 593, 595,
    623, 891
William Lane Craig, 288, 598,
    796, 889-909, 924
    Apologetics: an introduction,
        789, 900
    contexto histórico, 889-901
    contribuições para a
        apologética, 906-909
    metodologia apologética,
        901-906
    On guard, 890, 893, 895-897
    Reasonable faith, 284, 288,
        900-902, 905
    *The cosmological argument
        from Plato to Leibniz*, 904,
        905
    *The existence of God and the
        beginning of the universe*,
        905
    *The Kalām cosmological
        argument*, 278, 904
William Paley, 336, 399, 405-
    417, 459
    contexto histórico, 405-407
    contexto teológico, 407-408
    Horae Paulinae, ou *Truth of
        the Scripture*, 408
    metodologia e contribuições
        para a apologética, 414-416
    Natural theology, 408-411,
        414, 415
    resposta apologética, 408-414
    *The principle of moral and
        political philosophy*, 406
    *View of the evidences of
        Christianity*, 399, 408
Wolterstorff, Nicholas, 545, 849,
    850, 853, 862, 886, 960
Woolf, Virginia, 682
Wright, N. T., 710, 916, 961
Yale Divinity School, 402
Zoroastro, 159, 822

Este livro foi impresso em 2022, pela Lisgráfica,
para a Thomas Nelson Brasil. A fonte usada
no miolo é Minion Pro corpo 11 pt.
O papel do miolo é pólen 70 g/m².

NO MÁRTIR · IRINEU DE LYON · ATENÁGORAS DE ATENAS ·
TINHO DE HIPONA · JOÃO DAMASCENO · TEODORO ABUCA
AIMUNDO LÚLIO · GREGÓRIO PALAMAS · HUGO GROTIUS
R · SIMON GREENLEAF · JOHN HENRY NEWMAN · SØREN K
LIUS VAN TIL · GORDON HADDON CLARK · FRANCIS A. SC
OTHY L. SAYERS · C. S. LEWIS · DIETRICH BONHOEFFER · L
N PLANTINGA · RICHARD SWINBURNE · WILLIAM LANE CRA
E LYON · ATENÁGORAS DE ATENAS · TERTULIANO DE CAR
O DAMASCENO · TEODORO ABUCARA · TIMÓTEO DE BAGD
ÓRIO PALAMAS · HUGO GROTIUS · BLAISE PASCAL · JONA
N HENRY NEWMAN · SØREN KIERKEGAARD · JAMES ORR ·
ON CLARK · FRANCIS A. SCHAEFFER · EDWARD JOHN CARI
· DIETRICH BONHOEFFER · LESSLIE NEWBIGIN · JOHN WA
BURNE · WILLIAM LANE CRAIG · ALISTER E. MCGRATH · TII
AS · TERTULIANO DE CARTAGO · ORÍGENES · ATANÁSIO D